Zwei Wege nach Moskau

SERIE PIPER
Band 1346

Zu diesem Buch

Wenige der großen Ereignisse dieses Jahrhunderts sind häufiger beschrieben, leidenschaftlicher diskutiert und mit mehr Legenden befrachtet worden als der deutsche Angriff auf die Sowjetunion im Juni 1941. Ziel des vorliegenden Werkes ist es, einem breiten Publikum einen umfassenden Einblick in den internationalen Forschungsstand und die zentralen wissenschaftlichen Kontroversen zu vermitteln. Das Spektrum der Themen reicht vom Hitler-Stalin-Pakt 1939 bis zum Scheitern des deutschen Blitzkrieges Ende 1941, von der Erfahrungswelt des Landsers bis zu den Wandlungen der internationalen Mächtebeziehungen, wobei auch bislang weniger bekannte Aspekte (z. B. der sowjetischen Politik und Kriegführung) berücksichtigt werden.

Bernd Wegner, Dr. phil., geboren 1949, ist wissenschaftlicher Mitarbeiter am Militärgeschichtlichen Forschungsamt in Freiburg (siehe auch Autorenverzeichnis am Ende des Bandes).

Zwei Wege nach Moskau

Vom Hitler-Stalin-Pakt
bis zum
»Unternehmen Barbarossa«

Im Auftrag des
Militärgeschichtlichen Forschungsamtes
herausgegeben von
Bernd Wegner

Piper
München Zürich

ISBN 3-492-11346-X
Originalausgabe
April 1991
© R. Piper GmbH & Co. KG., München 1991
Umschlag: Federico Luci
Fotos: Süddeutscher Bilderdienst
Satz: Militärgeschichtliches Forschungsamt, Freiburg
Druck und Bindung: Clausen & Bosse, Leck
Printed in Germany

Inhalt

Vorwort

Das »Dritte Reich« entfesselte am 1. September 1939 den Zweiten Weltkrieg, der das Weltstaatensystem grundlegend veränderte. Das Militärgeschichtliche Forschungsamt ist sich der besonderen Verantwortung bei der Aufarbeitung dieses Krieges bewußt und versteht ihn daher als zentrales Forschungsanliegen. Das auf 10 Bände konzipierte Reihenwerk »Das Deutsche Reich und der Zweite Weltkrieg«, dessen 6. Band nunmehr vorliegt, kann als allgemein anerkanntes Ergebnis hierfür genannt werden.

Anstoß für diese Aufsatzsammlung gab »Der Zweite Weltkrieg. Analysen — Grundzüge — Forschungsbilanz, hrsg. von Wolfgang Michalka« — eine Veröffentlichung des Militärgeschichtlichen Forschungsamtes, die starke Beachtung erfahren hat. Es ist deshalb beabsichtigt, auch weiterhin Forschungsergebnisse zu zentralen Ereignissen und Problemkreisen des Zweiten Weltkrieges einem möglichst breiten Leserkreis zugänglich zu machen. Geplant ist beispielsweise für das Jahr 1993 eine kritische Aufarbeitung der Ursachen und Folgen der Schlacht von Stalingrad 1942/1943, die als Zenit des Zweiten Weltkrieges gilt. Schließlich ist für 1995 eine Bilanz des Jahres 1945 geplant, die die vielfältigen Veränderungsprozesse des kriegerischen Geschehens von 1939 bis 1945 zu bewerten und zugleich die sich für den Miterlebenden bereits abzeichnenden, aber aus der Rückschau viel deutlicher ersichtlichen Perspektiven der Nachkriegszeit zu skizzieren versuchen wird.

Das vorliegende Taschenbuch zeichnet sich vor allem dadurch aus, daß erstmals Historiker aus der Sowjetunion als Autoren gewonnen werden konnten. Als Leiter des Instituts für Militärgeschichte des Verteidigungsministeriums der UdSSR, gleichsam eines »Schwesterinstituts« des Militärgeschichtlichen Forschungsamtes, arbeiten sie an der Revision der bisherigen offiziellen Darstellung des »Großen Vaterländischen Krieges« mit dem Ziel, eine neue wissenschaftliche Konzeption der Geschichte des Zweiten Weltkrieges zu entwickeln. Die inzwischen aufgenommene Zusammenarbeit beider militärhistorischer Einrichtungen zeigt erste Ergebnisse, die sich in dieser Aufsatzsammlung niedergeschlagen haben.

Darüber hinaus konnten neben Mitarbeitern des Militärgeschichtlichen Forschungsamtes Historiker des In- und Auslandes — besonders auch aus der während der Planung dieses Bandes noch existierenden

DDR — gewonnen werden, die Einblick in ihre aktuellen Forschungs-
projekte gewähren und damit der wissenschaftlichen Diskussion neue
Impulse vermitteln können.

Ihnen und besonders auch Herrn Dr. Bernd Wegner, Wissenschaftlicher Oberrat am Militärgeschichtlichen Forschungsamt, der die Konzeption entwickelt, die Autoren gewonnen hat und diese Aufsatzsammlung herausgibt, sowie den zahlreichen nicht Genannten, die zum
Gelingen dieses Bandes beigetragen haben, danke ich herzlich. Diesen
Dank verbinde ich mit dem Wunsch, daß diese Veröffentlichung neben
ihrer wissenschaftlichen Absicht vor allem auch einen Beitrag leisten
möge zur weiteren Verbesserung der deutsch-sowjetischen Beziehungen. Insgesamt wünsche ich diesem Buch einen möglichst breiten und
interessierten Leserkreis.

Dr. Günter Roth
Brigadegeneral und Amtschef
des Militärgeschichtlichen Forschungsamtes

Einführung

Am 23. August 1939 machte sich der deutsche Außenminister, Joachim v. Ribbentrop, auf den Weg nach Moskau, um nach kurzen Abschlußverhandlungen in den Morgenstunden des folgenden Tages jenen Nichtangriffspakt zu unterzeichnen, der wenige Tage später zum Auslöser des verheerendsten Krieges der europäischen Geschichte wurde. Keine zwei Jahre später war ihm auch die Sowjetunion zum Opfer gefallen, befand sich ein Millionenheer deutscher Soldaten auf dem Marsch gegen die sowjetische Hauptstadt. Beide Wege nach Moskau — der Ribbentrops und jener der Wehrmacht — bilden ein untrennbares Ganzes: Weder ist der deutsche Überfall des Jahres 1941 ohne den so unseligen Pakt der Diktatoren zu erklären, noch wäre dieser ohne Hitlers Kalkül eines späteren Angriffs auf den Partner denkbar gewesen. Das vorliegende Buch ist der Versuch, die Interdependenz der vielfältigen Ereignisse zwischen 1939 und 1941 in Erinnerung zu rufen und damit zumindest ein Stück jener Komplexität deutlich zu machen, die sich hinter der so glatten Chiffre vom »Zweiten Weltkrieg« verbirgt.

I.

Die selbst von Fachhistorikern oftmals unterschätzte Komplexität eines Krieges, der eben nicht nur das verwirrende Geschehen auf zahllosen Schlachtfeldern umfaßt, sondern die Wirklichkeit auf buchstäblich allen Ebenen — angefangen vom internationalen Mächtesystem über die gesellschaftlichen Binnenstrukturen der beteiligten Nationen bis hin zur mentalen Verfassung von Millionen Individuen — grundstürzend und nachhaltig veränderte, erscheint paradoxerweise in den letzten Jahren eher noch verwirrender als früher. Dies vor allem aus drei Gründen: Zum einen hat sich im Gefolge der bisherigen historiographischen Arbeiten über das »Dritte Reich« und den Zweiten Weltkrieg das Interesse der Forschung gegenüber dem deutsch-sowjetischen Krieg vielleicht nicht verschoben, aber doch erweitert[1]. So etwa hat, um nur ein Beispiel zu nennen, die mittlerweile recht genaue Kenntnis der nationalsozialistischen Herrschaftsmechanismen in den letzten Jahren zu einem verstärkten Interesse an der Frage geführt, wie und in welchem Ausmaß diese Herrschaft die Menschen — in unserem Falle: die Soldaten im Osten — in ihrem *Alltag* prägte, welchen sonstigen Zwängen sie unterworfen waren und über welche Handlungsspielräume sie verfügten. Die Beiträge von Birn, Schröder und Bartov im vorliegenden Band spiegeln dieses gewachsene Interesse an einer Geschichte des Krieges »von unten«.

Hinzu kommt ein Zweites: Die Geschichtswissenschaft hat sich in den letzten ein- bis anderthalb Jahrzehnten langsam, aber beharrlich auch mancher jener Themen bemächtigt, die aufgrund einer aus wissenschaftlicher Sicht unverantwortlichen, sich erst in jüngster Zeit langsam liberalisierenden Archivpolitik vor allem in der Sowjetunion allzu lange im Schatten der europäischen und internationalen Historiographie gestanden haben. Ganz bewußt sind einige dieser »neuen« Themen — wie etwa die sowjetische Besatzungsherrschaft im früheren Ostpolen oder das Schicksal nationaler Minderheiten in der UdSSR nach der Entfesselung des Krieges — in die vorliegende Bilanz aufgenommen worden.

Daß u. a. gerade diese Themen über ihre genuin historische Bedeutung hinaus inzwischen einen beträchtlichen Aktualitätsgrad gewonnen haben, verweist auf einen dritten Umstand, der den Blick auf die Ereignisse der Jahre 1939—1941/45 reicher und komplexer gemacht hat: Der gegenwärtige gesellschaftliche Umbruch in Osteuropa nämlich hat, wie es scheint, unser Bewußtsein für die Dimension des durch den deutsch-sowjetischen Krieg und sein Vorspiel bedingten Strukturwandels außerordentlich geschärft. Wenn so mancher der nachfolgenden Beiträge sich heute frischer und aktueller, teilweise aber auch beklemmender liest, als dies noch vor wenigen Jahren der Fall gewesen wäre, so mag das ein Indiz dafür sein, daß der vielberufene Prozeß der »Historisierung« jenes Krieges sich nicht unbedingt und überall in Europa parallel mit dem wachsenden zeitlichen Abstand zu ihm vollzieht.

II.

Forschung, historische Forschung zumindest, bedeutet stets eine Reduktion von Komplexität, und eine Forschungs*bilanz* demnach eine nochmalige Abstraktion, nämlich die Reduktion umfassender Forschungsleistungen auf ein auch für den interessierten Laien zumutbares Maß. Eben darin liegen gleichermaßen Reiz und Schwierigkeit einer Bilanz, wie sie der vorliegende Band sein will. Für die Auswahl der Autoren unseres Projekts bedeutete dies, daß — von unvermeidlichen praktischen Erwägungen abgesehen — die *Forschungspraxis* des einzelnen, seine Vertrautheit mit dem historischen Material und den daraus erwachsenden

Problemen, das entscheidende Kriterium war. Demgegenüber ging es nicht darum, dem Leser eine in sich geschlossene, inhaltlich kohärente Interpretation des Gesamtgeschehens oder gar einen pädagogisch leicht verwertbaren »Gesinnungsband« anzubieten. Ganz im Gegenteil: dieses Buch soll Kontroversen sichtbar machen. Schließlich sind *sie* es (die *wissenschaftlichen* Kontroversen wohlgemerkt, nicht die *politischen* im Gewande der Wissenschaft, was bei aller Instrumentalisierbarkeit wissenschaftlicher Aussagen immer noch einen Unterschied macht!), die den Motor jeden Erkenntnisfortschritts darstellen. Beispiele voneinander abweichender, teils implizit, teils explizit kontroverser Interpretationen finden sich in den folgenden Beiträgen denn auch zuhauf — sei es in den streitbaren Thesen Schramms und Fleischhauers über die Genese des Hitler-Stalin-Paktes, sei es in Kroeners Auseinandersetzung mit den Positionen Milwards und Overys zur deutschen »Blitzkriegsstrategie«, in der Kritik Longerichs an den Erklärungsansätzen Krausnicks und Arno Mayers über die Anfänge der systematischen Massentötungen im Osten oder auch in der doch recht unterschiedlichen Bewertung der sowjetischen Reaktionen auf den deutschen Überfall durch Harrison und Chor'kov.

Die Reihe der Beispiele ließe sich leicht verlängern, aber nur eines von ihnen bedarf einer kurzen Erläuterung, da es bereits in der breiteren Öffentlichkeit Wellen geschlagen und zu Mißverständnissen Anlaß gegeben hat[2]: die Frage nach dem Stand der militärischen Vorbereitungen der Sowjetunion im Frühjahr 1941. Oder, präziser formuliert: die Frage, ob es möglich und gerechtfertigt ist, von der Struktur des militärischen Instruments, seiner Einsatzdoktrin und Dislozierung auf konkrete Offensivabsichten Stalins und der sowjetischen Führung zu schließen. Die Auseinandersetzung über diese Fragen — in unserem Band durch drei gegensätzliche Beiträge von Gorodetsky, Hoffmann und Kiršin dokumentiert — ist allein schon aufgrund der noch immer undurchsichtigen sowjetischen Quellenlage zweifellos legitim, mögen die gefundenen Antworten auch nicht alle gleichermaßen plausibel sein (was zu beurteilen zunächst einmal Sache des Lesers ist). Nicht legitim erscheint uns freilich, die hier genannte Problematik mit der logisch wie empirisch ganz anders gearteten Frage nach den Motiven des *deutschen* Angriffs vom Juni 1941 zu verquicken, wie dies in der öffentlichen Diskussion um den angeblichen deutschen »Präventivkrieg« wiederholt geschehen ist. Der Entscheidungsprozeß auf deutscher Seite nämlich läßt sich, im Unterschied zur sowjetischen, anhand zahllos verfügbarer Akten und Dokumente nahezu lückenlos rekonstruieren.

Dabei zeigt sich, wie Andreas Hillgruber, Jürgen Förster und andere nachgewiesen haben, daß — ungeachtet sonstiger Interpretationsunterschiede — die Angst vor einem unmittelbar bevorstehenden sowjetischen Angriff (und nur diese Annahme würde die »Präventivkrieg«-These retten) für die deutsche Entscheidung zum Krieg mit Sicherheit *nicht* ursächlich gewesen ist, ja, daß konkretisierbare Bedrohungsvorstellungen, welcher Art auch immer, in diesem Zusammenhang überhaupt keine Rolle gespielt haben. Kaum zufälligerweise gibt es denn auch keine einzige aus den Quellen gearbeitete Studie, die das Gegenteil zu belegen versuchte. Damit aber erweist sich die Auseinandersetzung über die »Präventivkrieg«-Frage im Gegensatz zu jener nach der sowjetischen Politik im ersten Halbjahr 1941 als ein rein politisch-ideologisch motivierter Streit, der, wissenschaftlich längst erledigt, uns in diesem Band nicht weiter zu interessieren braucht.

III.

»Zwei Wege nach Moskau« bilanziert nicht nur ein komplexes und kontroverses Forschungsgeschehen, sondern dokumentiert als Gemeinschaftswerk von 35 Historikern aus neun Nationen zugleich einen bestimmten Stand internationaler wissenschaftlicher Kommunikation. Unter Historikern aus acht dieser Länder ist die Zusammenarbeit über Grenz-, Sprach- und Denkbarrieren hinweg seit langem der Normalfall; in Hinblick auf die Sowjetunion ist sie in dieser Form, d. h. als ein gemeinsames Buchprojekt unter maßgeblicher Beteiligung der zentralen militärhistorischen Institute beider Länder, ein Novum. Als solches dokumentiert sie aber nicht nur die dringend erwünschte Normalisierung des wissenschaftlichen Verkehrs, sondern zugleich den Stand der offiziösen sowjetischen Militärgeschichtsschreibung zu einem Zeitpunkt, da diese sich anschickt, die Geschichte des »Großen Vaterländischen Krieges« neu aufzuarbeiten[3]. Daß dieser Stand heute, anders als früher, sich nicht mehr als homogenes Meinungsbild darstellt, kann den, der die sowjetische Fachpresse der jüngsten Zeit verfolgt, nicht überraschen und ist auch bei den in diesem Band vertretenen sowjetischen Autoren augenfällig.

Ein Signal setzen sollte der vorliegende Band, als er vor etwa einem Jahr konzipiert wurde, nicht nur in Hinblick auf die Kooperation mit sowjetischen, sondern auch mit Historikern in der DDR, deren staatliche Existenz damals noch nicht unmittelbar zur Disposition gestanden hatte. Zwar ist inzwischen alles, was sich seinerzeit mit der Erwartung einer zwischenstaatlichen Normalisierung der Wissenschaftsbeziehungen verband, von »der Geschichte« längst eingeholt und überholt worden, gleichwohl bleibt, soviel scheint leider sicher, die Herstellung wirklicher »Normalität« im Umgang zwischen ost- und westdeutschen Historikern noch eine Zukunftsaufgabe.

IV.

Thematisch gliedert sich das Buch in fünf große Komplexe, die vier verschiedene Aspekte des deutsch-sowjetischen Konflikts 1941 — Politik, Strategie und Kriegführung auf deutscher und sowjetischer Seite (Teile II und V), den exzeptionellen Charakter des Krieges als Vernichtungskrieg (Teil III) sowie seine Stellung im internationalen System (Teil V) — widerspiegeln.

Lediglich der *erste* Teil ist chronologisch konzipiert; sein Thema ist die »Zeit der Partnerschaft«, d. h. Genese und Folgen jenes Moskauer Vertrages vom August 1939, der eine — zum Teil bis heute andauernde — Neuaufteilung des gesamten ost- und südosteuropäischen Raumes nach sich zog. Dabei geht es freilich nicht nur um eine Rekonstruktion der historischen Ereignisse als solcher sondern zugleich um die Analyse jener Zustände und Strukturen, die, wie etwa die deutsch-sowjetischen Wirtschaftsbeziehungen oder die Erfahrungen der Besatzungsherrschaft in Polen, für die Planung und Vorbereitung des deutschen Krieges gegen die Sowjetunion konstitutiv waren.

Dieser Planungs- und Vorbereitungsprozeß selbst, seine Durchführung und die Ursachen seines Scheiterns stehen im Zentrum des *zweiten* Teiles. Die Fülle der damit verbundenen Einzelthemen und der — ganz im Gegensatz zu den späteren Phasen des Ostkrieges — überwältigende Reichtum an Forschungsbeiträgen zum »Fall Barbarossa«[4] machten hier eine Beschränkung auf wenige zentrale, besonders umstrittene oder aber trotz aller Literaturflut noch immer unterbelichtete Probleme unumgänglich, während andere, unzweifelhaft wichtige Themenkomplexe nur am Rande Berücksichtigung finden konnten. Zu Letzteren gehört insbesondere die Frage nach der inneren Verfassung des »Dritten Reiches« und der Rolle seiner politischen und gesellschaftlichen »Eliten« in der Vorbereitungsphase des Krieges — eine Thematik, die im Zentrum gleich mehrerer jüngst erschienener Sammelbände steht[5] und darum in der vorliegenden Anthologie nur an zwei Beispielen, nämlich der Lage der Wehrmacht- bzw. Heeresführung sowie der Haltung des deutschen diplomatischen Vertreters in Moskau, Graf v. der Schulenburg, aufgegriffen wird. Auch die Geschichte der operativen Abläufe und der damit verbundenen Führungsprobleme kann hier, nachdem sie bereits verschiedentlich historisch-kritisch aufgearbeitet worden ist[6], allein schon aus Platz- und Ausstattungsgründen (Karten) nicht noch einmal zusammenhängend dargelegt werden; sinnvoller erschien es, exemplarisch solche Problemfelder der militärischen Kriegführung abzuhandeln, deren ganze Bedeutung für den operativen Ausgang des Feldzuges sich der Forschung erst in letzter Zeit (wie im Fall der logistischen Probleme des »Barbarossa«-Unternehmens) oder aber, wie das Thema der nachrichtendienstlichen Aufklärung zeigt, noch gar nicht voll erschlossen hat.

Auch im *dritten* Teil des Bandes bleibt die deutsche Kriegführung das Thema, doch wechselt die Perspektive. In den Vordergrund tritt nunmehr, was den rassisch und ideologisch motivierten Kampf im Osten vom — oft mißverständlich als »Normalkrieg« apostrophierten — Kriegsgeschehen an den anderen Fronten unterschied: seine sich im Verhalten der Wehrmacht wie in den Strukturen der entstehenden Besatzungsverhältnisse manifestierende Gnadenlosigkeit, die ihm eigene Verknüpfung von »Kriegsnotwendigkeit« und Genozid sowie die oft genug traumatischen Rückwirkungen all dieser und anderer, aus den Gegebenheiten des Kriegsschauplatzes resultierender Erfahrungen auf das Denken und Handeln des einzelnen Soldaten. Bezüglich vieler der in diesem Kontext wichtigen Themenfelder hat die Forschung in den letzten Jahren spürbar an Kontur gewonnen, zugleich jedoch ein neues Desiderat sichtbar werden lassen: Worum es der Forschung neben der fortgesetzten Aufarbeitung sektoraler Probleme in Zukunft gehen dürfte, ist vor allem die Aufdeckung der offenkundig engen *Zusammenhänge* von Herrschaftshandeln, Kriegführung und Alltagserleben. Omer Bartovs im besten Sinne streitbare Thesen scheinen mir hier einen wichtigen Weg zu weisen.

Der *vierte* Teil ist ausschließlich der Lage in der Sowjetunion und ihrer Politik gewidmet. Neben der schon erwähnten Kontroverse über den Stand der Kriegsvorbereitungen im Frühjahr 1941 stehen vornehmlich zwei Themenkomplexe im Vordergrund: zum einen die Frage nach den Ursachen der Beinahe-Katastrophe in den dem deutschen Angriff folgenden Wochen und Monaten. Dabei werden insbesondere Stalins persönlicher Führungsstil sowie die Folgen der durch ihn wenige Jahre vor dem Krieg initiierten und bis heute oft als »Säuberungen« verharmlosten Enthauptung der Roten Armee diskutiert. Zum anderen geht es um die Reaktionen der sowjetischen Führung auf den deutschen Überfall. Neben den militärischen werden auch die kriegswirtschaftlichen und administrativen Maßnahmen bis hin zu den Massendeportationen unliebsamer Minderheiten in den Blick genommen. Fast alle Beiträge dieses Teils basieren auf Forschungen, die erst in den letzten Jahren durchgeführt wurden oder publiziert werden konnten. Sie demonstrieren, daß der Stand unserer Kenntnisse über die sowjetische Gesellschaft im Kriege noch immer erschreckend gering ist, jedenfalls unvergleichlich geringer als der über die deutsche Gesellschaft jener Jahre, die seit nunmehr 40 Jahren Gegenstand freier Forschung ist.

Ungeachtet seines geographisch entlegenen Schauplatzes und des ihm in vielerlei Hinsicht eigenen Ausnahmecharakters war der deutsch-sowjetische Krieg kein isoliertes Geschehen, sondern Teil — für Europa fraglos der entscheidende Teil — eines ungleich komplexeren Konflikts, der sich bis zum Jahresende 1941 zu einem globalen Krieg ausweiten sollte[7]. Der abschließende *fünfte* Teil des Bandes versucht diesem Umstand Rechnung zu tragen, indem er die Außenwirkungen der deutsch-sowjetischen Beziehungen im Übergang von der Bündnisphase zum Krieg auszuloten versucht. In diesem Zusammenhang geht es vornehmlich um die Ausstrahlung des deutsch-sowjetischen Verhältnisses auf die Politik dritter Staaten: die sich mit der Sowjetunion zur »Anti-Hitler-Koalition« verbindenden angelsächsischen Seemächte, die wichtigsten Verbündeten des Deutschen Reiches sowie ausgewählte neutrale Länder. Eine Rolle spielen daneben aber auch die Rückwirkungen der internationalen Entwicklung auf die zwei miteinander im Krieg liegenden Kontinentalmächte, insbesondere auf die Überlebensfähigkeit der UdSSR sowie auf die strategischen und bündnispolitischen Spielräume des Deutschen Reiches.

V.

Historiographische Bilanzen sind, der Natur ihrer Wissenschaft entsprechend, stets nur *Zwischen*bilanzen. So kann und soll auch der vorliegende Band keine endgültigen Antworten geben, sondern allenfalls vorläufige. Wichtiger freilich noch als die Antworten, die er gibt, scheinen uns die Fragen zu sein, die er aufwirft. Nur sie können den Plafond bilden, von dem aus alte Probleme neu ausgeleuchtet und neue Zusammenhänge entdeckt werden.

Verbunden mit dieser Hoffnung geht mein Dank an die Autoren, die sich über zum Teil tiefgreifende Auffassungsunterschiede hinweg zu diesem Projekt zusammengefunden haben. Er gilt nicht minder den Übersetzerinnen und Übersetzern des Bundessprachenamtes, der Wehrbereichsverwaltung V sowie des Militärgeschichtlichen Forschungsamtes, wo die Manuskripte schließlich auch für die Drucklegung vorbereitet wurden. Wenn ich den Damen und Herren der Schriftleitung hierfür meinen besonderen Dank sage, so darum, weil sie sich mit gleichbleibender Freundlichkeit und einem stets unbestechlichen Sinn für die Sorgfalt ihrer Arbeit einem bisweilen ungebührlichen Zeitdruck beugten, der durch nichts als die Einsicht gerechtfertigt war, daß sich Gedenktage nun einmal nicht verschieben lassen.

Freiburg i. Br., im Dezember 1990 *Bernd Wegner*

Anmerkungen

[1] Einen Überblick über die neuere Forschung bietet der von Jürgen Rohwer und Hildegard Müller herausgegebene Band: Neue Forschungen zum Zweiten Weltkrieg. Literaturberichte und Bibliographien, Koblenz 1990 (= Schriften der Bibliothek für Zeitgeschichte, Bd 28); siehe ferner die kommentierten Literaturhinweise von Gerd R. Ueberschär in: Der deutsche Überfall auf die Sowjetunion. »Unternehmen Barbarossa« 1941, hrsg. von Gerd R. Ueberschär und Wolfram Wette, Frankfurt a.M. 1991.

[2] Beginnend mit V. Suvorovs kurzem Beitrag: Who was planning to attack whom in June 1941, Hitler or Stalin?, in: Journal of the Royal United Services Institute for Defence Studies (RUSI), 1985, 2, S. 50—55, sowie den sich ausschließenden Kommentaren von Suvorov und Gorodetsky, ebd., 1986, 2, S. 69—74; vgl. ferner den Artikel von G. Gillessen, Der Krieg der Diktatoren, in: FAZ, 20.8.1986, sowie die sich daran anschließende Leserbriefdiskussion.

[3] Vgl. dazu V. G. Krochmaljuk, V. G. Oppokov, Velikaja Otečestvennaja ..., in: Voenno-istoričeskij žurnal, 1988, H. 9, S. 9—17, sowie R. A. Savuškin, Kakim budet desjatitomnik?, in: ebd., H. 10, S. 71—74.

[4] Nähere Angaben bei Bernd Wegner, Kriegsgeschichte — Politikgeschichte — Gesellschaftsgeschichte. Der Zweite Weltkrieg in der westdeutschen Historiographie der siebziger und achtziger Jahre, in: Rohwer, Müller, Neue Forschungen (wie Anm. 1), S. 102—129, hier S. 105 ff.

[5] Die deutschen Eliten und der Weg in den Zweiten Weltkrieg, hrsg. von Martin Broszat und Klaus Schwabe, München 1989; Der Weg deutscher Eliten in den zweiten Weltkrieg, hrsg. von Ludwig Nestler, Berlin (Ost) 1990; ferner

demnächst: Das Rußlandbild im Dritten Reich (Arbeitstitel), hrsg. von Hans-Erich Volkmann und Ludwig Nestler.

[6] Vgl. in diesem Zusammenhang vor allem Klaus Reinhardt, Die Wende vor Moskau. Das Scheitern der Strategie Hitlers im Winter 1941/42, Stuttgart 1972; Ernst Klink, Die Operationsführung, in: Horst Boog u. a., Der Angriff auf die Sowjetunion, Stuttgart 1983 (= Das Deutsche Reich und der Zweite Weltkrieg, Bd 4), S. 451—652.

[7] Vgl. hierzu die jüngst erschienene umfassende Studie von Horst Boog u. a., Der globale Krieg. Die Ausweitung zum Weltkrieg und der Wechsel der Initiative 1941—1943, Stuttgart 1990 (= Das Deutsche Reich und der Zweite Weltkrieg, Bd 6).

Erster Teil

Die Zeit der Partnerschaft

Gottfried Schramm

Grundmuster deutscher Ostpolitik
1918—1939

Wer dem dramatischen Schlag auf den Grund gehen will, der mit den Unterschriften von Ribbentrop und Molotov unter ein böses Dokument die kurzfristige Komplizenschaft zweier ideologischer Todfeinde einleitete, tut gut daran, sich zunächst einen Überblick über die Vorgeschichte zu verschaffen. Dabei darf das eigentliche Untersuchungsfeld des vorliegenden Bandes nicht etwa ausgedehnt werden. Sinnvoll erscheint lediglich eine Vogelschau über die Phasen, die das deutsch-sowjetische Verhältnis während der Weimarer Republik und der Anfangsjahre der nationalsozialistischen Herrschaft durchlaufen hat. Allein die groben Umrisse, die Grundlinien, dürfen uns interessieren, während jede Feinzeichnung nur verwirren würde. Was hatten beide Partnerstaaten miteinander erlebt, seitdem jeder von ihnen in gründlich gewandelter politischer Gestalt aus dem Ersten Weltkrieg hervorgegangen und in ein internationales Kräftespiel eingetreten war, das sich nicht weniger grundstürzend verändert hatte?

In der deutschen Novemberrevolution waren die diplomatischen Beziehungen zwischen Berlin und Moskau abgerissen; erst in Rapallo, im April 1922, wurde erneut vereinbart, sich gegenseitig anzuerkennen und Botschafter auszutauschen. Die Sorge für die Kriegsgefangenen, die sich hüben und drüben nach baldiger Heimkehr sehnten, war über die Wende des deutschen Zusammenbruchs hinweg ein Ziel geblieben, das beide Seiten einvernehmlich ansteuern mußten. In Moritz Schlesinger, bei Kriegsende noch ein schlichter Vizefeldwebel und Gefangenenbewacher, fand sich sogleich ein Mann, der sich beherzt und zäh dieses Austauschanliegens annahm und darüber zum Brückenbauer zwischen den zwei Staaten wurde. Auch auf verschiedenen anderen Feldern waren vor Rapallo bereits Kontakte geknüpft worden. So gab es bereits Handelsmissionen, die sogar zu diplomatischen Vertretungen aufgewertet worden waren. Ein anderes Feld, auf dem das Weimarer Deutschland und der Sowjetstaat gleichsam aufeinander zudrifteten, stellte der militärische Bereich dar, der uns später noch beschäftigen wird. Nicht nur Einzelfragen, sondern eine grundlegende Rollenähnlichkeit verband, vorerst nur unvollkommen wahrgenommen, das geschlagene, von den Siegermächten hart herangenommene Deutschland mit dem ersten sozialistischen Experiment, das sich vorerst aus dem internationalen Mächtekonzert ausgeschlossen sah. Churchill bezeichnete die Gemeinsamkeit der beiden zu Außenseitern gewordenen Länder als »Kameradschaft des Unglücks«. Diese Kameradschaft erlebte, als das Reich (und die deutschen Hafenarbeiter von Danzig) sich weigerten, westliche Waffen für das von Sowjetrußland angegriffene Polen durchzulassen, ihre erste Bewährungsprobe. Was verzögerte die »vollen Beziehungen«?

Die neue Reichsführung vom November 1918 war, die tatsächliche Gefahr von links überschätzend, der Meinung, der neue Staat mit seinem Kurs auf eine parlamentarische Republik müsse vor dem Würgegriff der deutschen Schüler Lenins geschützt werden, denen eine dem Vorbild des russischen Oktobers folgende Radikalisierung der Novemberwende vorschwebte. Daß sich 1919 zwei Räterepubliken in Deutschland und eine in Ungarn formierte, hat in Berlin wie in Moskau die Illusion genährt, die Revolution sei weiterhin auf dem Vormarsch begriffen. Was in Deutschland über ein weites Spektrum politischer Richtungen hinweg als Alptraum durch die Köpfe geisterte, strahlte im bolschewistischen Rußland als große, gleichsam eschatologische Hoffnung, die über die Härten des Bürgerkriegs und über die beklemmende Misere des Alltags, über Hunger und Kälte, hinwegtröstete. Die Bol'ševiki warteten, so hat man es sich ausgemalt, auf die Revolution in Europa wie die ersten Christen auf die Wiederkehr des Herrn[1]. Es mußte erst eine geraume Weile verstreichen, ehe man sich in Moskau darauf verstand, mit zwei Zungen zu reden: professionell-diplomatisch, geschickt-vermittelnd über den fleißigen Schreibtischarbeiter Georgij Čičerin (der als Außenkommissar auf Trockij gefolgt war, ohne wie dieser zur bolschewistischen Führungsmannschaft zu gehören) und daneben aufrüttelnd-umstürzlerisch, seit 1919 besonders von der Bühne der Dritten Internationalen. Mit auswärtigen Regierungen lernte die Sowjetmacht erst allmählich in nüchtern-geschäftlicher Weise umzugehen, während sie mit den Völkern in der Sprache der Revolution redete. Erst recht erforderte es Zeit, bis man in Berlin gelernt hatte, mit der gleichen Sowjetregierung, die zum Sturz des kapitalistischen Regimes aufrief, ebenso sachlich wie mit anderen Regierungen zu verhandeln. 1919 feuerten Lenins Funksprüche die Münchner Räterepublik an, während die Reichsregierung aufgefordert wurde, die zerrissenen diplomatischen Beziehungen zwischen Deutschland und dem Sowjetstaat wieder anzuknüpfen: Damals war man in Berlin begreiflicherweise noch nicht soweit, die beiden Melodien auseinanderzuhalten und die gebotene Chance ohne Verschreckung wahrzunehmen.

Ein zweiter verzögernd wirkender Faktor war, daß während des russischen Bürgerkriegs, in Deutschland nicht anders als in Westeuropa, lange das Urteil überwog, die Bol'ševiki würden sich nicht halten können. »Sowjet-Rußland«, so formulierte es Generalmajor Graf Rüdiger v. der Goltz in einer Denkschrift vom 4. November 1919, »hat sicher keine Zukunft. Mit ihm sich einzulassen ist eine große Gefahr[2].« Vermutlich spielte in seine Ansicht hinein, daß er als Finnland- und Baltikumkämpfer nun einmal gegen die Bol'ševiki festgelegt war. Hans v. Seeckt — durch seine persönlichen Erfahrungen nicht in gleicher Weise geprägt und zudem durch den Fortgang des Bürgerkriegs belehrt, schätzte Ende Januar 1920, wenige Wochen vor seiner Berufung zum Chef der Heeresleitung, die Lage anders ein und sah einen Sieg der Roten über die Weißen voraus[3]. Kein Wunder also, daß es schon 1920 zu ersten Fühlungnahmen im Militärbereich kam.

Was Seeckt im geheimen riskierte, mochte sich die Reichsregierung noch lange nicht offen herausnehmen. Mußte sie doch befürchten, sich dadurch bei Engländern und Franzosen nachhaltig zu schaden. Auf eine Milderung der Deutschlandpolitik der Entente sowie auf westliche Finanzhilfe kam es ihr aber mehr als auf alles andere an. In dieser Situation versprachen offizielle, unverhüllte Beziehungen zu Sowjetrußland, ohne einen nennenswerten wirtschaftlichen Nutzen hereinspielen zu können, lediglich Verärgerung und Mißtrauen zu stiften. Wie es dann doch in der Osternacht des Jahres 1922 zum vielbestaunten »Wunder von Rapallo« kommen konnte, ist mittlerweile mit Sorgfalt rekonstruiert und feinfühlig nachempfunden worden[4]. Nur wenig von dem freilich, was die Forschung zu diesem immer von neuem lockenden Thema erbracht hat, ist für unsere Zwecke wichtig. Wer damals, als eine Welle internationaler Konferenzen zur Lösung der europäischen Probleme anlief, in die Planung der deutschen oder sowjetischen Außenpolitik einbezogen war, sah sich zwischen Scylla und Charybdis. Auf deutscher Seite trug die Bedrohung das Etikett »Artikel 116« (Völkerbundssatzung) und bedeutete: Die Russen, von ihren westlichen Schuldnern bedrängt, könnten gleichsam eine Anzahlung leisten, indem sie ihre Reparationsansprüche gegenüber Deutschland, wie sie ihnen in Versailles zugebilligt worden waren, an England und Frankreich abträten. In Rußland hieß der entsprechende Alptraum »Internationales Konsortium«. Ein solches Gremium hatte sich Walther Rathenau ausgedacht, um die unterschiedlichen Stärken der westlichen Sieger und des deutschen Verlierers zwecks gemeinsamer Nutzung des brachliegenden russischen Marktes zusammenzuspannen. Die Deutschen sollten dabei ihre unausgelasteten Produktionskapazitäten sowie ihre alte Vertrautheit mit Rußland einbringen, während vom Westen das Kapital erwartet wurde. Hinter diesem Plan, der bei Lloyd George auf Interesse gestoßen war, witterte man in Moskau eine zweite Offensive des Kapitalismus: nach dem Scheitern der militärischen Intervention nun der Angriff mit den Waffen wirtschaftlicher Überlegenheit. Die Deutschen, so schien es, waren dabei, die unsympathische Rolle des Störenfrieds im kapitalistischen Lager abzustreifen und sich bei den Siegern als Teilnehmer an einer »konzertierten Aktion« gegen den Sozialismus anzubiedern. Jede dieser Gefahren, die damals durch die Köpfe spukten, war, rückschauend betrachtet, eher eingebildet als real; aber auch Einbildungen können nun einmal zu geschichtlichen Realitäten werden. In Deutschland reduzieren sich die wirklichen »Träger der Rapallopolitik«, bei Lichte besehen, auf den Reichskanzler Wirth und den ehrgeizigen, seine Chance witternden Leiter der Ostabteilung des Auswärtigen Amtes, Ago v. Maltzan, die ihr Zusammenspiel wohlweislich vor dem Reichspräsidenten Ebert wie auch vor Rathenau verborgen hielten, an den Wirth am 1. Februar 1922 das Außenministerium abgetreten hatte. Ebert und Rathenau nämlich setzten beide gradlinig auf einen Ausgleich mit dem Westen.

Für Rußland dagegen darf man annehmen, daß unter den Lenkern der Politik hinreichende Einigkeit über den in der Außenpolitik zu steuernden Kurs bestand. Deshalb konnten die bestehenden Chancen des Augenblicks kühl kalkulierend genutzt werden. Gegenüber Deutschland bluffte man erfolgreich (als sei man mit den Westmächten schon weit gediehen) und übernahm in der Endrunde der Verhandlungen sogar die Regie. Während die deutsche Delegation, zugespitzt gesprochen, in eine Übereinkunft hineintaumelte, die einigen Beteiligten ebenso überraschend kam wie der verdutzten Öffentlichkeit, hatten es die Russen, so scheint es, auf dieses Ergebnis angelegt. Offensichtlich versuchten sie in Genua gar nicht ernsthaft, sich auf Kosten des Reiches mit den Westmächten zu einigen. Vielmehr hielten sie die Delegation aus Berlin in der Absicht hin, sie in jene oft geschilderte Osternachtsstimmung hineingleiten zu lassen, in der schließlich ein Telefonanruf genügte, um eine Entscheidung anzustoßen, die dem Außenminister und Delegationsmitglied Rathenau eben noch als Irrweg erschienen war. Deutschland scherte damit aus der Front jener Staaten aus, die Sowjetrußland nach wie vor die Anerkennung verweigerten, auf der

Zahlung von Schulden bestanden und für Verstaatlichungen entschädigt werden wollten. Der Coup gelang zum einen, weil auf deutscher Seite nur noch Restbedenken gegenüber Moskau zu überwinden waren; zum zweiten aber auch und vielleicht vor allem darum, weil der Kurs, den die Russen steuerten, von vornherein Parteigänger auch in der deutschen Führung besaß. Es gibt sogar Indizien, daß von russischer Seite das Oster-Szenario von Rapallo mit den »Aufgeschlossensten« in der deutschen Delegation vorher abgestimmt worden war.

Selbst professionellen Historikern fällt es bis heute vielfach schwer, sich bei der Beurteilung des Vertrages von dem Mythos freizumachen, der den Namen »Rapallo« umwölkt. Das Ereignis von 1922 wird zwar unterschiedlich ausgelegt, aber sehr oft gehen die Interpreten wie selbstverständlich von der Vorannahme aus, es müsse sich um etwas weltgeschichtlich Wichtiges, Schicksalschweres und Folgenträchtiges handeln. So kann man etwa lesen, Rapallo und der Berliner Vertrag von 1926, der die 1922 eingeleitete Zusammenarbeit konkretisierte, seien, zusammen mit dem Hitler-Stalin-Pakt, »Kulminationspunkte einer Ost-Option deutschen Groß- und Weltmachtstrebens« gewesen. 1922—1926 wie 1939 habe Deutschland eine zeitweilige Allianz geschlossen: als Rückendeckung für einen Kampf mit den westlichen Demokratien um die Vorherrschaft in Europa. Diese groteske Fehleinstufung wird sogar für die Feinanalyse instrumentalisiert: Im Sommer 1922 soll es zu einer »Aktivierung der Ost-Option« gekommen sein[5]. Die Wirklichkeit von 1922 war so spektakulär nicht. Die deutschen Politiker wußten genau, wie eng der diplomatische Spielraum des Reiches war und wie leicht die Westmächte den in Rapallo gewagten Alleingang zum Anlaß nehmen konnten, Deutschland noch weiter in die Enge zu treiben. In der Tat hat Poincaré den überraschenden Schritt der deutschen Genua-Delegation als eine dreiste Herausforderung begriffen und auszuschlachten versucht. Das eigentliche »Wunder von Rapallo« war, wie rasch die Engländer, besonders Lloyd George, vom zunächst aufwallenden Ärger zur Gelassenheit zurückfanden. Eben dies und nicht etwa eine deutsche »Ost-Option« war zukunftweisend. Die wahre Hoffnung Deutschlands lag — darüber konnte es unter nüchtern Denkenden keinen Zweifel geben — nicht in einer Hinwendung nach Moskau, die das ausgeblutete Reich von den einzig kapitalkräftigen Mächten abgekoppelt und mit einem Partner zusammengespannt hätte, der selbst am Boden lag und Importe größeren Ausmaßes nicht zu bezahlen vermochte.

Zuviel Bedeutung wird auch dem Berliner Vertrag von 1926 unterstellt, wenn er sich mit dem Locarno-Abkommen von 1925 »in der

Weise« ergänzt haben soll, daß beide »die Neubildung einer englisch-französischen Entente wie auch einer französisch-russischen Allianz verhinderten«[6]. Nein, Frankreich setzte auf Polen und wurde in seinem Kalkül noch bestärkt, als im Mai 1926, wenige Wochen nach dem Berliner Vertrag, ein Staatsstreich den energischen Militär Piłsudski in Warschau an die Macht brachte. Damit war die Grundlage für eine Stabilisierung der Verhältnisse in Frankreichs jungem Partnerstaat gelegt. Es gab — wie immer sich die deutsch-sowjetischen Verhältnisse entwickelten — für Paris vorerst also keinen Grund, einen Pakt mit den Russen zu suchen. Erst als zu Beginn des nächsten Jahrzehnts der deutsche Drang nach Wiederaufrüstung sichtlich und bedrohlich anschwoll, setzten sich die Franzosen über polnische Bedenken hinweg und bemühten sich bei der sowjetischen Führung um einen zweiten Sicherheitskordon im Osten. Wenn wirklich, wie behauptet worden ist, in England unter dem Eindruck von Rapallo das Argument Boden gewonnen haben sollte, man müsse einem Abdriften Deutschlands zu den Russen vorbauen[7], so bezeugt das noch keine tiefgreifenden historischen Wirkungen des Ostereignisses von 1922. Vielmehr artikulierte sich hier in einem neuen Argument das in London längst angelegte Gefühl, es sei an der Zeit, dem ehemaligen Kriegsgegner wieder mehr Spielraum, mehr Entwicklungsmöglichkeiten einzuräumen. Eben dies ließ sich jetzt durch den zusätzlichen Hinweis rechtfertigen, man wolle keine unangenehmen Überraschungen erleben. (Indes wirklich neu war nicht einmal dieser Hinweis: Lloyd George hatte ihn bereits in einem Gutachten für die Versailler Friedensverhandlungen verwendet.)

Mit anderen Worten: weder Rapallo noch der Eindruck, den Rapallo im Westen machte, haben die Deutsche Republik aus ihrer anfänglichen Isolierung herausgeführt, sondern vor allem eine steigende Aufgeschlossenheit für die Lage Deutschlands, die sich in England abzeichnete. Wäre man dort ernsthaft der Meinung gewesen, das Reich sei auf einen »russischen Kurs« eingeschwenkt, dann hätte diese Aufgeschlossenheit Schaden leiden müssen. Aber sie litt ihn nicht.

Was ließ sich mit dem Tor, das in Rapallo aufgestoßen — oder besser: nur weiter geöffnet — worden war, anfangen? Darüber hat sich damals in der Tat eine Diskussion entsponnen: In welchem Maße sollte sich die deutsche Außenpolitik in welche Richtung wenden?

Bei genauerer Betrachtung der abgegebenen Voten drängt sich freilich der Eindruck auf, in der Beurteilung der internationalen Machtverhältnisse und den deutschen Manövriermöglichkeiten habe sich im Grunde durch Rapallo nichts geändert. Eine Denkschrift von Ulrich

v. Brockdorff-Rantzau (den die Reichsregierung als ersten Amtsträger in der neu zu errichtenden Moskauer Botschaft ausersehen hatte) entwarf am 15. August 1922 folgendes Bild von den Rahmenbedingungen deutscher Außenpolitik: »Weder dem Westen noch dem Osten ist unsere Ohnmacht verborgen. Das Zünglein an der Waage sind wir längst nicht mehr, aber die geringste Unvorsichtigkeit, die wir begehen, genügt, einen Weltbrand zu entzünden, der das Reich zertrümmert und dem deutschen Volke die Existenz kosten kann. [...] Eine ausschließlich nach Osten orientierte deutsche Politik wäre im gegenwärtigen Augenblick nicht nur verfrüht und gefährlich, sondern aussichtslos und darum verfehlt. Verfrüht ist sie, weil wir wirtschaftlich ebenso wie Rußland noch außerstande sind, uns auf ein derartiges Experiment einzulassen. Gefährlich ist sie, weil wir uns der völlig skrupellosen Sowjetregierung durch Abmachungen, die *uns* militärisch verpflichten, in die Hand geben. Man wird in Moskau, wo man begreiflicherweise größeren Wert auf eine Verständigung mit der mächtigen Entente, als mit dem um seine eigene Existenz ringenden Deutschland legt, keinen Augenblick zögern, unter der Drohung des Verrates der militärischen Vereinbarungen, Erpresserpolitik mit uns zu treiben. Aussichtslos ist die Politik, weil wir bei einem Angriff Rußlands auf Polen — und diese Kombination kann doch nur ernsthaft in Frage kommen — im Westen dem französischen Einmarsch nahezu wehrlos gegenüberstehen würden, [...][8].«

Die größtmögliche Abweichung von dieser klaren Option war bei Seeckt zu erwarten, der ja in seiner bereits erwähnten Denkschrift vom Februar 1920 formuliert hatte, Deutschland werde seine Weltmachtstellung nur »im festen Anschluß an ein Groß-Rußland« wiedergewinnen können. 1922 warnte er denn auch Wirth davor, gerade jetzt einen »Pazifisten« wie Brockdorff nach Moskau zu entsenden. Eine Gegendenkschrift vom 11. September 1922 präzisierte den Meinungsunterschied: »Wer als Grundlage seiner politischen Gedankengänge die eigene Ohnmacht annimmt, wer nur Gefahren sieht, wer nur stillhalten will, treibt keine Politik und sollte von dem Schauplatz des Handelns weit ferngehalten werden.« Talleyrand 1814—1815, die mutige Politik der Sowjetregierung mitten im Bürgerkrieg und schließlich Kemal Paschas Türkei in ihrem Abwehrkampf gegen die griechische Invasion solle man sich, so Seeckt, zu Beispielen nehmen. Die Frage »West- oder Ostorientierung« sei »tatsächlich gar nicht aufgeworfen«. Frankreich werde sich durch keine Versöhnungs- und Verständigungspolitik von seinem Ziel, der »Vernichtung Deutschlands«, abbringen lassen. »England treibt dem neuen historischen Konflikt mit Frankreich zu, auch wenn es nicht unmittelbar vor dem Kriege steht. Dieser lauert im Hintergrund [...]. Der Augenblick kommt und muß kommen, in dem England sich nach den kontinentalen Bundesgenossen umsieht. In diesem Augenblick wird es den erstarkenden Söldner vorziehen und wird ihn selbst noch stärken müssen.« Angesichts der französischen Gefahr stelle sich in Großbritannien »das mit Deutschlands Hilfe erstarkte Rußland« als »eine in weiter Ferne liegende Bedrohung« dar. Die Folgerung für das Reich: »Die Haltung Deutschlands Rußland gegenüber kann und braucht [...] durch Rücksicht auf England nicht beeinflußt zu werden[9].«

Selbst Seeckt befürwortete also erst für eine fernere Zukunft, keineswegs aber für die Gegenwart eine »Orientierung nach Osten«. Die tatsächliche Differenz zu Brockdorff schrumpft somit auf die Überzeugung zusammen, man brauche bei sowjetischen Kontakten keine Zimperlichkeit walten zu lassen, die Engländer würden sich damit schon abfinden. Das war nach der Art, wie man in London auf Rapallo reagiert hatte, so falsch nicht berechnet.

Wie aber verhielt sich die Linie, die Brockdorff eingehalten wissen wollte, zur »Westorientierung« Stresemanns? Wie Seeckt, dessen Beziehungen zum Botschafter sich 1924 bis 1926 allmählich besserten, war Brockdorff strikt dagegen, daß Deutschland ohne Vorbehalte dem Völkerbund beitrat. Dem neuen Reichspräsidenten Hindenburg versuchte er klarzumachen, eine solche Politik, die das »Diktat« von Versailles anerkenne, versperre den Weg nach Osten[10]. Der Meinungsunterschied, der damit konstruiert wurde, war noch künstlicher und scheinbarer als der Dissens von Brockdorff und Seeckt 1922. Gewiß zeigte sich 1924/25 und vielleicht noch mehr 1927/28 die Sowjetregierung verärgert darüber, daß Deutschland häufig genug im Fahrwasser der Westmächte schwamm. Doch unangenehme Folgen für die deutsche Handlungsfreiheit zeitigte dies eigentlich niemals. Hätte sich nämlich der Kreml von Berlin abgewandt, so wäre er nur noch weiter in seine Isolierung hineingesteuert.

Wie wenig Rapallo der Rang einer großen historischen Weichenstellung zukommt, wird erhärtet, wenn man sich klarmacht, wie schnell sich in den Folgejahren das Gesamtgefüge der internationalen Beziehungen verschob. 1924 kam es — mit der ersten Labourregierung unter Ramsay Macdonald als Vorreiter — zu einer Welle von Anerkennungen der Sowjetunion durch europäische Staaten, die bis zum Jahresende aus dem Alleingang Deutschlands von 1922 einen Normalfall machte. Wenig später, seit 1926, wurde die Stimme Polens im Mächtekonzert lauter, und das hieß gleichzeitig: die sowjetische Stimme leiser. Deutschland, 1922 im eigenen Bewußtsein noch ein Geächteter, wurde mit jedem Mal mehr zum Stammgast am Tisch der Geachteten, von dem die Russen, trotz formaler Anerkennung, nach wie vor ausgeschlossen blieben. Wir dürfen folgern: Die Bedeutung von Rapallo schrumpfte schließlich auf die Anbahnung von wirtschaftlichen Kontakten zusammen. Welche Erfahrungen machte nun die deutsche Industrie, die gerne, wie vor 1914, ihre Waren nach Rußland exportiert hätte und hohe Bereitschaft zeigte, sich an einer Industrialisierung des Landes zu beteiligen?

Als Lieferant des Sowjetstaates wurde Deutschland, das im Berliner Vertrag mit 300 Millionen Mark der Sowjetunion ihre bis dahin höchste Kredithilfe zur Verfügung stellte, nur in einem einzigen Jahr, und zwar von den Vereinigten Staaten, überrundet: 1932 kamen 46 Prozent der sowjetischen Einfuhren aus dem Reich. Aber die traurige Gegenrechnung lautete, daß 1913 30 Prozent der deutschen Ausfuhren nach Rußland gegangen waren, 1928 aber nur noch 3,3 Prozent. Was die Sowjetunion insgesamt aus dem Ausland importierte, machte 1931 2,7 Prozent, 1932 noch bescheidenere 2,3 Prozent der Weltimporte aus. Im Außenhandel spielte das östliche Riesenreich damit keine größere Rolle als die Schweiz oder Schweden. Ein Krebsschaden, der sich bis heute fortsetzt, war schon damals angelegt: Die sowjetische Seite hatte für ausländische Abnehmer wenig Interessantes anzubieten. Während der Weltwirtschaftskrise sank sogar das Interesse an den Agrarprodukten, die neben dem Holz das sowjetische Exportangebot bestimmten; zudem war die sowjetische, durch die Kollektivierung schwer getroffene Landwirtschaft jahrelang kaum noch ausfuhrfähig. Gerade in der großen Krise indes war Deutschland dringend auf die Abnahme von Industriegütern angewiesen, doch fehlte die Möglichkeit, den Partner durch großzügige Kredite in die Lage zu versetzen, deutsche Produkte, die er gern bezogen hätte, im großen Stile zu kaufen.

Eine zweite Bremse, die den Fortgang der Wirtschaftsbeziehungen verlangsamte, war das sowjetische Außenhandelsmonopol. Bis die Perestrojka unserer Tage auch diese Festung zu schleifen begann, mußte es der Kremlführung als eine besondere Stärke des sozialistischen Organisationsmodells erscheinen, daß man mit ausländischen Anbietern und Abnehmern über eine einzige Agentur verhandeln konnte. Dies ermöglichte es, den einen gegen den anderen auszuspielen, während man selber dagegen gefeit schien, zum Opfer kapitalistischer Ränke zu werden. Diesen Systemvorteil wird, wer die Erfahrung anders organisierter

Entwicklungsländer zum Vergleich heranzieht, nicht gering veranschlagen wollen. Er blieb der sowjetischen Seite zu einem guten Teil auch dann noch erhalten, als seit 1928 ein »Rußlandausschuß der deutschen Wirtschaft« die deutschen Interessen koordinierte und mit ähnlicher Geschlossenheit zu kontern versuchte. Denn dabei zeigte sich, daß soviel Gleichschaltung wie im zentral gesteuerten Sozialismus in einem kapitalistischen Lande wie Deutschland ganz einfach nicht zu bewerkstelligen war. (Zudem konnten die Moskauer Außenhändler, wenn nötig, auf andere kapitalistische Partnerstaaten ausweichen.) Das Instrument des Außenhandelsmonopols dürfte das Selbstbewußtsein der Staatslenker in Moskau vermutlich gehoben haben, schien man damit doch an den Verhandlungstischen, wo über Preise und Quoten gefeilscht wurde, endlich einmal in einer begünstigten Position. Aber, wenn wir den Klagen deutscher Industrieller trauen dürfen, zeitigte die institutionelle Stärke der sowjetischen Seite zugleich die bedauerliche Folge, daß die Ausländer sich in der Sowjetwirtschaft weniger engagierten, als selbst angesichts einer — namentlich in Deutschland — kurzen Kapitaldecke möglich gewesen wäre. Das sowjetische System war seiner Struktur nach auf eine schwunghafte Entfaltung des Außenhandels nicht angelegt.

Dies gilt um so mehr, wenn man die inneren Verhältnisse des jungen Staatswesens in Rechnung stellt. Nachdem um die Mitte der 20er Jahre der sowjetische Produktionsstand von 1913 wieder erreicht worden war, stand nunmehr eine zweite Industrialisierungswelle an. Der Beitrag, der dabei dem Westen zukam, sollte sich nicht auf die Lieferung von Waren, insbesondere von Maschinen, beschränken. Vielmehr wollte man, an Vorkriegstraditionen anschließend, die entwickelteren Länder, namentlich Deutschland, am Aufbau vor Ort beteiligen. Ausländisches Kapital sollte investiert und die Produktion mit Hilfe von fremden Betriebsingenieuren angekurbelt werden. Ausländische Firmen durften darum sowjetische Arbeitskräfte einstellen und entlohnen. Ja, man vergab sogar Nutzungskonzessionen, die kapitalistischen Firmen innerhalb des sozialistisch durchorganisierten Landes gleichsam Inseln einräumten, in denen nach einem anderen, nicht-sozialistischen Prinzip gewirtschaftet werden durfte. Die Erfahrung zeigte indes bald, daß Einsprengsel von Kapitalismus nicht in die sowjetische Wirklichkeit zu integrieren waren. Wer in Rußland einen Betrieb aufbauen wollte, verfing sich bald in den Netzen eines kleinlichen Bürokratismus; wer die Leistung der sowjetischen Arbeiter, die er beschäftigte, durch höhere Löhne, als sie von heimischen Firmen gezahlt wurden, heben wollte, spürte sogleich den Gegenwind eines Systems, in dem die ökonomische Vernunft hinter dem Prinzip der Gleichbehandlung aller Bürger zurücktreten mußte. Und im Šachtyprozeß von 1928 erlebte die ausländische Industrie zu ihrem Schrecken, daß deutsche Ingenieure zu Sündenböcken in einer Inszenierung ausersehen waren, in der es eigentlich um eine innenpolitische Abrechnung ging: Das skandalöse Urteil, mit dem das Verfahren endete, eröffnete den Feldzug gegen die »alten Wirtschaftseliten«, die nun Zug um Zug durch proletarische Aufsteiger ersetzt werden sollten.

Es gibt also viele Gründe, die vielberufenen Wirkungen von Rapallo kräftig zusammenzustreichen. Aber soviel bleibt doch: Von einem einzigen Jahr abgesehen exportierte die Weimarer Republik mehr als jeder andere Staat in die Sowjetunion. Deren Anteil am deutschen Gesamtexport, der 1930 nur 3 Prozent betragen hatte, stieg bis 1932 — in Krisenjahren, in denen Deutschland dringend auf Auslandsaufträge angewiesen war — auf stattliche 11 Prozent. Das jedoch war, wohlgemerkt, nur ein relativer Zuwachs, der im Verhältnis zu einem insgesamt schrumpfenden Volumen deutscher Ausfuhren gesehen werden muß.

Noch eine andere Überlegung muß einbezogen werden: Das Ausmaß der wirtschaftlichen Beziehungen zwischen Deutschland und der Sowjetunion hat mit dem politischen Brückenschlag von Rapallo weniger zu tun, als gemeinhin angenommen wird. Nichts deutet darauf hin, daß deutsche Firmen nur deshalb den Zuschlag erhielten, weil sie zu einem Land gehörten, das auf durchlaufend guten Beziehungen zu Moskau mehr Wert legte als alle anderen großen Industriestaaten. Eher im Gegenteil: 1927/28, als sich das Verhältnis zu England und Frankreich verdüsterte, hat das sowjetische Außenhandelsmonopol — zum Ärger der Deutschen — gerade das Mittel der Auftragslenkung eingesetzt, um die Westmächte wieder an sich zu binden. Das lehrreichste Vergleichsbeispiel liefern die Vereinigten Staaten. Sie wurden — umwoben vom Mythos technischen Fortschritts, der hier am weitesten gediehen schien, und der perfekten Rationalität des Taylorismus — für die junge Sowjetunion immer mehr zum wirtschaftlichen Wunschpartner, obwohl Washington offizielle Beziehungen, d.h. ein »amerikanisches Rapallo«, bis zum Beginn der Ära Roosevelt hartnäckig verweigerte. Der Außenhandel war indes auf Formalität der Beziehungen keineswegs angewiesen. Ja, er ließ sich geradezu als Instrument zur Anbahnung solcher Beziehungen benutzen. Wenn die USA gleichwohl nur in einem einzigen Jahr die Deutschen als Handelspartner der Russen überrundeten, so nicht, weil ihnen Moskau die kalte Schulter gezeigt hätte. Vielmehr wirkte sich dabei aus, daß Amerika vor 1914, anders als Deutschland, mit Rußland nur einen sehr beschränkten Handel getrieben hatte. Außerdem fiel ins Gewicht, daß in diesem einzigen großen und entwickelten Lande, das in der Lage gewesen wäre, die Deutschen auf die Dauer auszustechen, der Wilsonsche Geist einer strikten, gegenüber kommerziellen Interessen weitgehend blinden Ablehnung des Sowjetsystems fortwirkte und sich in der »Fisher-Kommission« sogar ein wirksames Organ schuf.

Was also bleibt von der Bedeutung des Vertragsabschlusses von Rapallo? Er spielte eine gewisse symbolische Rolle zu einer Zeit, als Deutschland sich aus der europäischen Staatenfamilie ausgeschlossen fühlte. Er wirkte als Selbstbestätigung, daß man wieder Akteur und nicht mehr bloßes Opfer der Geschichte war. Rapallo nahm damit gleichsam in einer Vorblende vorweg, was sich ohnehin anbahnte, aber eben weder hüben noch drüben bislang als sicher, als unausweichlich gelten konnte. Mehr, so ist man versucht zuzuspitzen, war — bei Lichte besehen — nicht daran.

Eine andere Sache freilich sind die deutsch-sowjetischen Militärbeziehungen, die sich, wohlgemerkt, nicht aus dem Vertragsabschluß von Rapallo ergaben. Vielmehr hatte Seeckt schon nach dem bolschewistischen Sieg im Bürgerkrieg in einer zunächst erfolglos bleibenden Fühlungnahme, dann aber seit Herbst 1921 kontinuierlich an jenem Knoten geknüpft, den erst Hitler zerreißen sollte. Danach sollte der Sowjetstaat Rüstungsgüter liefern, die Deutschland weder herstellen noch legal einführen durfte; zudem sollte er der Reichswehr erlauben, Nachwuchs in militärischen Sparten auszubilden, die dem Reich ebenfalls verwehrt waren. Weil die rote Seite auf diesen Wunsch bereitwillig einging, konnte die Grundlage für eine deutsche Luft- und Panzerwaffe, ja, für einen neuen Gaskrieg gelegt werden. Seeckt hatte diese Zündschnur hinter dem Rücken des Reichspräsidenten gelegt und war nach Rapallo bestrebt, an dem ihm verhaßten Botschafter Brockdorff-Rantzau vorbei seine eigene Rußlandpolitik zu betreiben. Wenn es schließlich doch gelang, den militärischen Strang stärker in die allgemeine Rußlandpolitik einzubinden, dann mit dem Ergebnis, daß er nun zum integralen Bestandteil der diplomatischen Beziehungen zwischen der Weimarer Republik und der Sowjetunion wurde. Im Grunde freilich, so darf man sagen, war er das — über alle Eifersüchteleien zwischen zivilen und militärischen Ressorts hinweg und trotz aller Sorge des Auswärtigen Amtes, die Militärkontakte würden, einmal bekannt geworden, den Westen alarmieren — von vornherein gewesen. Dabei war es für die meisten, die an der Außenpolitik mitwirkten, geradezu typisch, nicht primär an Rüstungsgütern und Ausbildungsplätzen, sondern vor allem am Fernziel einer Erledigung Polens interessiert zu sein. Hier waren — soll man sagen: leider? — auch Wirth und Brockdorff mit von der Partie. Kein Politiker der Weimarer Republik hat sich bezeichnenderweise je unterfangen, auch nur in einem Gedankenexperiment zu überschlagen, ob man nicht weiterkomme, wenn man das Steuer in der Ostpolitik herumwerfen und freundlicher mit dem *unmittelbaren* Nachbarn im Osten, mit Polen, umgehen würde. Das allerdings hätte erfordert, eine »Fixierung der ersten Stunde der Republik« über Bord zu werfen, ja, wäre, solange Deutschland eine Demokratie war, kaum unter die Leute zu bringen gewesen.

Die meisten deutschen Studien zu Rapallo verfolgen eine defensive Grundtendenz und betonen, 1922 habe niemand eine Abwendung vom Westen geplant. Aber Graml machte mit Recht geltend, schon damals habe man jene Zange schmieden wollen, die es eines Tages möglich machen würde, das verhaßte Polen niederzuwerfen, die Ostgrenze von 1919 zu revidieren und das Versailler System zum Einsturz zu bringen[11]. Hier stoßen wir auf eine Gemeinsamkeit zwischen Weimarer Ostpolitik und Hitler-Stalin-Pakt, die nicht einfach das Teil einer Rapallolegende entlarvt und als historisch irrelevant beiseite geschoben werden kann. Sie verlangt, ernst genommen zu werden.

Es bezeichnet die eigentümliche Harmlosigkeit von Rapallo, daß die revisionistische Tendenz der deutschen Außenpolitik, die das Reich nach verbreiteter Meinung auf den Sowjetstaat als politischen Partner verwies, bis 1933 niemals zu Taten, nie zu fühlbaren Einwirkungen auf den Gang der Geschichte führen konnte, weil, um im Bilde zu bleiben, die Zange sich vorerst gar nicht drücken ließ. Was brachte schon die antipolnische Interessengemeinschaft ein, solange die Reichswehr nur hunderttausend Mann zählte und die Sowjetunion — nach Großmachtmaßstäben gemessen ebenfalls eher untergerüstet — mit ihren inneren Problemen ausgelastet war? Polen, so hatte Seeckt in seiner schon erwähnten Rußlanddenkschrift von 1922 gemeint, »muß verschwinden und wird verschwinden durch eigene, innere Schwäche und durch Rußland mit unserer Hilfe. Mit Polen fällt eine der stärksten Säulen des Versailler Vertrages.« Dieses Zukunftsbild hatte sich 1933 nicht, ja noch nicht einmal im Ansatz bewahrheitet.

Aber Hitler zeigte, wie man durch energisches Ausscheren aus dem Weimarer Kurs dem gesteckten Ziel auf einen Schlag näherkommen konnte. Er ließ 1933 die Beziehungen zur Sowjetunion abkühlen, ja weitgehend einfrieren und schuf damit ein Klima, in dem seine Initia-

tive für eine Verbesserung des deutsch-polnischen Verhältnisses glaubhaft wirkte. Die gegenseitige Nichtangriffserklärung Berlins und Warschaus vom 26. Januar 1934 wurde denn auch das, wozu man Rapallo
zu Unrecht hat machen wollen: die einzige dramatische und folgen-
reiche Wende, die Deutschlands Ostpolitik zwischen der Kapitulation
des kaiserlichen Deutschlands und dem Hitler-Stalin-Pakt durchlaufen hat. Sie brach, so wenig die Polen dies wahrhaben wollten, die polnische Säule aus dem Versailler System heraus und machte ausgerechnet jenen Staat zum wohlwollenden Partner, der eben noch, hellhöri-
ger und mißtrauischer als der Westen, ins Auge gefaßt hatte, die ersten
Ansätze Hitlerdeutschlands zu einer offensiven Großmachtpolitik
durch massive Gegendrohungen zu durchkreuzen; selbst punktuelle,
präventive Einsätze bewaffneter Gewalt wurden erwogen. Jetzt aber
entkrampften sich die Beziehungen zu Berlin erstaunlich schnell, und
bis zum Herbst 1938, als Polen sich an der Ausschlachtung der Tschechoslowakei beteiligte, sollte es zwischen beiden Staaten keine ernsthaften Probleme geben. Hitler hatte mit friedlichen Methoden, durch eine
deutsch-polnische Annäherung, erreicht, was die Weimarer Republik
über ein deutsch-sowjetisches Zusammengehen im Rahmen eines kaum
friedlich zu nennenden Kalküls gerade nicht erreicht hatte. Polen wurde
nun endgültig untauglich für die ihm zugedachte Rolle, die Nachfolge
des Zarenreiches als Sicherheitspartner Frankreichs im Osten anzutreten. Hitler, dessen antisowjetischer Kurs ihm Sympathien auch im
Westen einbrachte, faßte als erster den kühnen Gedanken, das Versailler System, das man bislang vergeblich durch eine antipolnische Politik zum Einsturz hatte bringen wollen, gerade *mit* polnischer Hilfe
zu fällen. Eben dies werde, so sein Kalkül, eines Tages den Weg zu einer
Zerschlagung auch Polens freigeben.

In der Absicht, den Weg zu einer neuen polnischen Teilung zu ebnen,
stehen Rapallo 1922 und Moskau 1939 in einer gewissen Kontinuität. In
der Wahl der Mittel hingegen, mit denen dieses Ziel erreicht werden
sollte, sind sie durch einen kurzfristigen, radikalen Wechsel getrennt.

Es mag bei erstem Hinsehen so scheinen, als sei Polen dann im Sep-
tember 1939 gleichsam im Rückschwenk auf das antipolnische Kalkül
Seeckts und seinesgleichen zerschlagen worden: nämlich durch einen
Zangengriff[12]. Aber im Grunde half Stalin ja dem deutschen Dikta-
tor nicht etwa bei seinem Blitzkrieg, sondern griff erst ein, als Polens
Schicksal schon besiegelt war. Ihm schwebte beim Paktabschluß auch
keineswegs als Primärziel vor, mit Hitlers Hilfe zu einem Gewinn an
Territorium zu kommen. Vielmehr ging es ihm vor allem darum, daß

nun endlich der Krieg zwischen jenen beiden Lagern ausbrechen sollte, in die sich der Kapitalismus gespalten hatte. Stalin hatte sich ausgerechnet, Hitler werde sich, wie es ein vernünftiges Sicherheitskalkül zwingend erscheinen ließ, auf einen großen Waffengang nur einlassen, wenn er Rückenfreiheit durch ein Bündnis mit der Sowjetunion besäße.

Es war darum Stalin, der die Annäherung einleitete und immer, wenn das Reich zögerte, über die Hürden brachte. Daß Hitler, gewiß zu Stalins wachsendem Erstaunen, nicht früher und nicht zäher auf ein Abkommen mit Moskau drängte, dürfte sich der Mann im Kreml damit erklärt haben, daß man in Berlin immer noch auf die Karte eines Ausgleichs mit England setzte. Eben diesen Ausgleich aber, der mit Sicherheit eine antisowjetische Spitze haben würde, fürchtete Stalin fürs erste mehr als alles andere. In Wirklichkeit hatte der Hasardeur Hitler den Angriff auf Polen längst beschlossen, noch ehe er sich mit Stalin einigte. Dies aber bedeutet, daß mit den Unterschriften Ribbentrops und Molotovs gar keine große historische Wende vollzogen wurde. Denn das wirklich Wichtige und Zukunftsbestimmende waren der Überfall auf Polen und der Weltkrieg, den er auslöste. Dieser Überfall im Osten wurde eben nicht erst durch die Unterschriften der Außenminister ermöglicht, sondern stand seit dem Mai fest. Stalins Gebietserwerbungen von 1939/40 andererseits, die sich auf das Geheime Zusatzprotokoll gründeten, erwiesen sich 1941 als eine ungeschützte Beute, die in wenigen Wochen wieder verloren ging.

Geschichte dagegen machte, daß Stalin am 1. September 1939 dem Irrtum erlag, er habe durch eine klug entworfene Politik die letzte Barriere niedergerissen, die den Kapitalismus noch von seiner Selbstzerfleischung trennte. Was sich in jenen Septemberwochen vollzog, ließ ja durchaus die falsche Ausdeutung zu, Hitler kämpfe nur unter der Voraussetzung, daß er den Rücken frei habe. Die wichtigste Folge des Hitler-Stalin-Pakts ist also — so möchte ich meine These zuspitzen und damit schließen — jene verhängnisvolle Illusion des Kremlherrn, von der er sich bis zum Überfall vom Juni 1941 nie befreien sollte: Solange England nicht nachgegeben habe, sei die Sowjetunion vor Deutschland hinreichend sicher, und ein Einlenken des Inselreiches, das sich auf die Hilfe der Vereinigten Staaten verlassen könne, stehe nicht zu befürchten. Ein zweites Mal (und diesmal mit schrecklichen Folgen für sein Land) verkannte dabei Stalin, daß er nicht einem bei aller Kühnheit und Aggressivität immer noch rationalen Rechner, sondern einem Hasardeur gegenüberstand, der fähig war, sich über alle Gebote der Klugheit hinwegzusetzen.

Anmerkungen

[1] Raymond Aron, Der permanente Krieg, Frankfurt a.M. 1953, S. 151.

[2] Zit. nach Francis L. Carsten, Reichswehr und Politik 1918—1933, Köln ²1965, S. 77 f.

[3] Friedrich von Rabenau, Seeckt. Aus seinem Leben 1918—1936, Leipzig 1940, S. 252.

[4] Zum Stand der Rapallo-Forschung vgl. Hermann Graml, Die Rapallo-Politik im Urteil der westdeutschen Forschung, in: Vierteljahrshefte für Zeitgeschichte, 18 (1970), S. 366—391; Peter Alter, Rapallo — Gleichgewichtspolitik und Revisionismus, in: Neue Politische Literatur, 19 (1974), S. 509—517; Hartmut Pogge von Strandmann, Rapallo — Strategy in Preventive Diplomacy: New Sources and New Interpretations, in: Germany in the Age of Total War, hrsg. von V.R. Berghahn, M. Kitchen, London 1981, S. 123—146.

[5] Rolf-Dieter Müller, Das Tor zur Weltmacht. Die Bedeutung der Sowjetunion für die deutsche Wirtschafts- und Rüstungspolitik zwischen den Weltkriegen, Boppard am Rhein 1984 (= Wehrwissenschaftliche Studien. Abteilung Militärgeschichtliche Studien, Bd 32), S. 343, 98.

[6] Friedrich Arnold Krummacher, Helmut Lange, Krieg und Frieden. Geschichte der deutsch-sowjetischen Beziehungen. Von Brest-Litowsk zum Unternehmen Barbarossa, München 1970, S. 184.

[7] Ebd., S. 155 f.

[8] Otto-Ernst Schüddekopf, Das Heer und die Republik. Quellen zur Politik der Reichswehrführung 1918 bis 1933, Hannover 1955, S. 155—160.

[9] Zit. nach Hans-Adolf Jacobsen, Mißtrauische Nachbarn, Deutsche Ostpolitik 1919/1970. Dokumentation und Analyse, Düsseldorf 1970, S. 30—33. Vgl. auch Schüddekopf (wie Anm. 8), S. 160—165.

[10] Vgl. Herbert Helbig, Die Moskauer Mission des Grafen Brockdorff-Rantzau, in: Forschungen zur osteuropäischen Geschichte, 2 (1955), S. 321 (28.11.1925).

[11] Vgl. Graml (wie Anm. 4). Schon der die westdeutsche Nachkriegsdiskussion über Rapallo eröffnende Aufsatz von Paul Kluke, Deutschland und Rußland zwischen den Weltkriegen, in: Historische Zeitschrift, Bd 171 (1951), S. 519—552, sah zwischen dem Sowjetstaat und der Weimarer Republik eine »ganz besondere Interessengemeinschaft« im »Verhältnis zu dem wiedererstandenen Polen« (S. 520 f.).

[12] Im folgenden resümiere ich Überlegungen, die ich in dem von mir hrsg. dritten Band des »Handbuchs der Geschichte Rußlands« (Stuttgart 1983, S. 873—891) zu Stalins Außenpolitik angestellt habe. Ich erkenne nicht, daß sie im Fortgang der wissenschaftlichen Diskussion berücksichtigt worden wären.

Ingeborg Fleischhauer

Die sowjetische Außenpolitik und die Genese des Hitler-Stalin-Paktes

Die Diskussion über die Entfesselung des Zweiten Weltkrieges mißt der Haltung der Sowjetunion in der Zeitspanne zwischen dem Münchner Abkommen und dem Beginn des Polenfeldzugs besondere Bedeutung bei. Im Vordergrund des Interesses steht hierbei der Hitler-Stalin-Pakt. Die Beurteilung seiner funktionalen Bedeutung für die Auslösung des Krieges variiert. Einstimmigkeit besteht darüber, daß Hitler sich durch dieses Stillhalteabkommen mit der UdSSR den Weg zum Kriege gegen Polen unter Ausschaltung der Gefahr eines Zweifrontenkrieges bahnen wollte. Gravierende Unterschiede bestanden hingegen lange Zeit in der Bewertung des sowjetischen Verhaltens. Während die ältere deutschsprachige Geschichtsforschung[1] zu der Ansicht neigte, Stalin habe Hitler durch dieses Bündnis zur Entfesselung des Krieges veranlaßt, gelangen neuere Analysen[2], in Anknüpfung an ältere und neuere angelsächsische Untersuchungen[3], zu einer stärker relativierenden Betrachtung. In letzter Zeit ist dabei zwischen den Standpunkten der Zeitgeschichtler der UdSSR[4] und der DDR[5] und denen der westlichen Geschichtsforschung eine zunehmende Annäherung festzustellen. Aus dieser Annäherung resultiert eine neue, synthetische Betrachtungsweise. Diese hat in weiten Strecken die Erörterungen der vom Kongreß der Volksdeputierten der UdSSR eingesetzten Kommission zur politischen und rechtlichen Bewertung des deutsch-sowjetischen Nichtangriffspakts von 1939 und durchgängig den von A. Jakovlev verlesenen Abschlußbericht dieser Kommission bestimmt[6]. Mit ihm ist die internationale Diskussion in der Bewertung der für die sowjetische Außenpolitik jener Zeit wesentlichen Fragen zu einer gewissen Übereinstimmung gelangt.

Einigkeit herrscht nunmehr insbesondere in der zunehmenden Anerkennung der äußerst komplexen Entscheidungssituation der Sowjetregierung im Angesicht des herannahenden Krieges. Diese resultierte stärker, als dies für andere beteiligte Mächt galt, aus einer besonderen Interdependenz außen- und innenpolitischer Handlungszwänge, unter denen das Stalin-Regime gegen Ende der dreißiger Jahre stand. Auf der einen Seite hatte Stalin die Außenpolitik seines Staates durch die Besonderheiten seiner Innenpolitik (Säuberungen und Liquidierung eines funktionsfähigen Partei- und Verwaltungsapparats, Tuchačevskij-Affäre und Dezimierung des Militärapparats) zu fast vollständiger militärischer Handlungs- und, in ihrer Folge, politischer Bündnisunfähigkeit verurteilt: Die Achse Moskau—Paris—Prag war extrem geschwächt[7] und England noch weniger als zuvor an einem System kollektiver Sicherheit mit dem stalinistischen Sowjetstaat interessiert[8]. Vor diesem Hintergrund mußte die zunehmend aggressive Expansionspolitik des »Dritten Reiches« aus der Perspektive Moskaus als existenzbedrohend erscheinen.

Auf der anderen Seite müssen die Sonderentwicklungen der Innen- wie auch der Außenpolitik des stalinistischen Rußland in der Zeit des Nationalsozialismus im Zusammenhang mit dem immensen Machtgewinn Hitlers in Mitteleuropa und dessen Eroberungsplänen in Osteuropa bis hin zum Ural betrachtet werden. Eine isolierte Betrachtung würde ihren letzten genetischen Zusammenhängen nicht in allen entscheidenden Bezügen gerecht. In der Tat bestehen hinreichende Gründe, in wesentlichen außenpolitischen Maßnahmen der Sowjetregierung unter Stalin eine reaktive Umsetzung einer erkannten, tatsächlich bestehenden, Gefahr in das defensive Denken und Planen der staatlichen und persönlichen Machterhaltung zu erkennen. Darüber hinaus sollte nach Öffnung der sowjetischen Archive — als ein notwendiges methodisches Korrelat zur revisionistischen Geschichtsbetrachtung des Nationalsozialismus sowie besonders im Interesse der innersowjetischen Geschichtsaufarbeitung — die Frage nach den Auswirkungen der nationalsozialistischen Außenpolitik auch auf die innenpolitischen Maßnahmen Stalins gestellt werden. Dies betrifft in erster Linie die bisher unberührte Frage, ob und inwieweit nicht auch die — zumindest psychologisch nicht unbegründete — Furcht Stalins vor einem Krieg der »imperialistischen« Mächte gegen den Sowjetstaat im allgemeinen (in Fortsetzung der Interventionskriege) und dem deutschen Eroberungskrieg im besonderen ein spezielles Bezugsnetz für seine Innenpolitik geschaffen und sein Repressionssystem (mit)konditioniert hat.

Eine vorschnelle grundsätzliche Gleichsetzung der Methoden der Innen- und Außenpolitik Stalins[9] sollte dabei allerdings vermieden werden, so sehr spätere Vorgehensweisen Stalins bei oberflächlicher Betrachtung auch dazu verleiten könnten: Eine solche würde eine umfassende Kenntnis der innen- und außenpolitischen Entscheidungshintergründe und -mechanismen voraussetzen, die die Forschung (noch) nicht besitzt. Von dem Axiom einer organischen Übereinstimmung der Innen- und Außenpolitik Stalins, wie es jüngst für diesen und den nachfolgenden Zeitraum postuliert wurde[10] — kann vorerst nicht oder nur mit großen Vorbehalten gesprochen werden.

In der Tat war die außenpolitische Entscheidungssituation der Sowjetunion mit Aufkommen der nationalsozialistischen Gefahr äußerst komplex und widerspruchsvoll, wobei die unangemessenen vulgärmarxistischen Bewertungsmaßstäbe der politischen und Klassenideologie des Stalinismus eine zusätzlich verwirrende, verhängnisvolle Rolle spielten[11]. Stalin war von der »Machtergreifung« Hitlers in hohem Maße alarmiert. Nicht anders als die Komintern, der zweite Arm der damaligen sowjetischen Außenpolitik, erkannte auch das Außenkommissariat die Gefahr eines zweiten Weltkrieges am Horizont. Noch im selben Jahr brach Stalin die militärische Zusammenarbeit der Roten Armee mit der Reichswehr ab. Sein Hauptinteresse konzentrierte sich auf die Erhaltung des Status quo im Ostseegebiet und in der Ukraine, wo die nationalsozialistische Propaganda deutsche Interessen anmeldete. Nach Aufhebung des in Osteuropa bestehenden Kräftegleichgewichts durch den deutsch-polnischen Nichtangriffspakt (26. Januar 1934) suchte er über Initiativen des Volkskommissars für Auswärtige Angelegenheiten, M. M. Litvinov, zunächst Deutschland durch bilaterale Verträge zum Verzicht, dann die Gruppe der betroffenen Staaten durch das multilaterale Schema eines »Ost-Locarno« zu einer Festlegung im Hinblick auf die Baltischen Staaten zu bewegen. Dies mißlang. Daraus zog die sowjetische Außenpolitik die erforderlichen Schlüsse und stellte sich 1935 vollends auf ein Bündnissystem mit den Westmächten unter Einbeziehung der eventuellen Pufferstaaten um. Sie stellte frühere, ernsthafte Bemühungen um die Wiederherstellung besonderer deutsch-sowjetischer Beziehungen, wie sie von oppositioneller deutscher Seite zum Zwecke der Stabilisierung der deutschen Ost-Politik erhofft wurden, ein[12]. Die deutsch-sowjetischen Beziehungen waren und blieben in tiefster Vereisung. Die oft angenommene Vorliebe Stalins für Hitler selbst auf den Höhepunkten der deutsch-sowjetischen Konfrontation (1935—1939) war und bleibt ein Mythos. Besäße dieser einen wahren Kern[13], so beschränkte er sich auf mentale oder auf tiefenpsychologische Dispositionen — in der Praxis des außenpolitischen Handelns, die anderen als subjektiven Zwängen folgen mußte, fand er bis zum Paktabschluß, ja, bei kritischer Betrachtung selbst bis tief in die Paktzeit hinein, keinen Niederschlag.

In den Jahren 1936—1938 sah die Sowjetregierung dem Machtgewinn des nationalsozialistischen Deutschland, nicht anders als die Regierungen Frankreichs und Großbritanniens, mit wachsender Sorge zu. Der

»Große Terror« scheint von jenen Veränderungen unabtrennbar. Er schien unter anderem darauf angelegt, eine konfliktfreie, homogenisierte Gesellschaft zu schaffen, die im kritischen Moment in zementierter Geschlossenheit dem Willen des einen »Führers« folgen würde. Im Unterschied zu parallelen Gleichschaltungsprozessen Hitlers, die letztlich seinen Welteroberungsplänen folgten, könnten die Maßnahmen Stalins primär unter präventiven und defensiven Gesichtspunkten erfolgt sein.

Nach der ernüchternden Erfahrung des widerstandslosen Vormarschs der deutschen Wehrmacht nach Osten (Anschluß Österreichs) und der geringen Wirkung des bestehenden Bündnissystems mit Frankreich und der Tschechoslowakei (Sudetenkrise) richtete sich die vorrangige Sorge Stalins auf die Ukraine und das Baltikum.

Das Verhalten Frankreichs und Englands auf der Münchner Konferenz sowie, in den nachfolgenden Monaten, in ihren bilateralen Beziehungen zu Deutschland fügte der Sowjetregierung und -diplomatie eine Kette schwerster Enttäuschungen zu, die ihre antiimperialistische Verdachtshaltung vertiefte. Gleichzeitig hatte sich ihre außenpolitische Handlungsfähigkeit extrem verringert: Unter Mißachtung ihrer Bündniszugehörigkeit in München aus der Gemeinschaft der verhandlungsfähigen Nationen ausgeschlossen und in internationale Isolation versetzt, stand der Sowjetregierung Anfang Oktober 1938 bei wachsender Kriegsgefahr nur noch ein enggeknüpftes Netz außenpolitischer Optionen zur Verfügung. Es bestand in:
1. der Fortsetzung ihrer Bemühungen um Errichtung eines Gebäudes der kollektiven Sicherheit mit den Westmächten unter Nutzung der Möglichkeiten des Völkerbundes trotz der mit beiden gemachten Erfahrungen;
2. einer Politik der Selbstisolation und Stärkung der eigenen Machtmittel in Vorbereitung auf den Kriegsfall;
3. einer Politik der Bündnisse mit den Randstaaten;
4. einem Arrangement mit dem Feind.

Alle vier Optionen waren zu diesem Zeitpunkt für eine wirksame Verteidigungspolitik ungenügend. Während die erste unter den Voraussetzungen der britischen Beschwichtigungspolitik momentan schwer zu verwirklichen war und insofern nur auf längere Sicht die erforderlichen Sicherheiten versprach, mußten die drei anderen Optionen aus unterschiedlichen Gründen als temporäre Lösungen erscheinen: Die zweite Option war — schon aufgrund der Doppelbelastung durch die japanischen Aktivitäten und der ständig wachsenden Gefahr eines Zweifrontenkrieges unter den Vorzeichen des Antikominternpakts — nur beschränkt erfolgversprechend. Die dritte Option stieß kurzfristig auf den Widerstand der meisten der in Frage kommenden Staaten. Die vierte schließlich erschien der Sowjetregierung nicht nur ideologisch und politisch im hohen Maße abwegig: Sie war sich auch der Tatsache bewußt, daß der Aggressor ein solches Arrangement nur unter kurzfristigen, taktischen Erwägungen eingehen würde. Es konnte also nur dann unter bestimmten Bedingungen eingegangen werden, wenn die anderen Optionen ausfielen.

Das Ungenügen jeder ihrer Optionen machte die UdSSR in der gegebenen innen- und außenpolitischen Situation in hohem Maße verletzlich — eine Tatsache, die Stalin und seine handelnden Organe im In- und Ausland zu größter Aufmerksamkeit und Flexibilität in der Einstellung auf neue Entwicklungen zwang.

In den ersten Monaten (Oktober 1938 bis Januar 1939) verließ sich Stalin ausschließlich auf die Stärkung der eigenen Machtmittel. Diese machte eine gewisse wirtschaftliche Beschwichtigung gegenüber Deutschland notwendig — die Sowjetregierung ging auf deutsche Vorschläge zur Wiederbelebung der Kredit- und Handelsbeziehungen ein. Der schrittweise Wegfall der vorrangigen Sorge um eine deutsche Expansion in der Ukraine durch den Verzicht Hitlers auf die sogenannte Karpatho-Ukraine (Dezember 1938/März 1939) und um einen antisowjetischen Kampfbund zwischen Deutschland und Polen aufgrund der Verweigerung Polens (Januar/April 1939) verschaffte der Sowjetregierung eine erste Entspannung. Dabei signalisierte ihr Hitler durch sein Entgegenkommen gegenüber dem Sowjetbotschafter in Berlin auf dem Neujahrsempfang des diplomatischen Korps (12. Januar 1939) sowie durch seine ostentative Zurückhaltung gegenüber der UdSSR in der vielbeachteten Reichstagsrede vom 30. Januar zum ersten Male Rücksichtnahme. Diese neuartigen und international als sensationell empfundenen Gesten Hitlers fanden ein erstes Echo: Stalin autorisierte mit der Pravda-Wiedergabe (31. Januar) eines Artikels des der Sowjetvertretung in London nahestehenden britischen Journalisten Vernon Bartlett (News Chronicle, 30. Januar) rauhe Warnungen an die Adresse der britischen Regierung und wies unmißverständlich auf das Dilemma der sowjetischen Bündnissituation hin.

Die effektive Zurückstellung der Ukraine-Pläne als Nahziele des »Dritten Reichs«, die später, bei der Besetzung der sogenannten »Rest-Tschechei« (15. März), auch militärisch dokumentiert wurde, gab Stalin allerdings nur scheinbar eine erste außenpolitische Bewegungsfreiheit, die durch die gleichzeitige Kenntnis der expansiven Nahziele Hitlers in Westeuropa (Ende Februar/Anfang März 1939) abgesichert schien. So basierte die Selbstsicherheit, die er im Rechenschaftsbericht zur Eröffnung des XVIII. Parteitags der KPdSU (10. März) ausstrahlte, bereits auf einem ersten Trugschluß, zu dem ihn das Verhalten Hitlers verleitet hatte: Er bestand in einer gewissen Überbewertung der Gefahren der »kriegstreiberischen« Absichten der Westmächte gegenüber jenen der längerfristigen Kriegspläne Hitlers. So hat Stalin mit den sarkastischen Bemerkungen, er sei nicht länger willens, sich für die britische Kriegsplanung einspannen zu lassen (die Formulierung, er wolle nicht länger für die westlichen Demokratien »die Kastanien aus dem Feuer holen«, beruht auf freien, westlichen Übersetzungen!) zwar psychologisch den Bann der »imperialistischen Einkreisung« gebrochen; politisch spielte er damit der in Moskau akkreditierten Diplomatie der Achsenmächte einen Trumpf zu, der sich später zu seinem Nachteil auswirken mußte. Inwieweit er auch — über ein schlichtes taktisches Manöver hinaus — im Sinne seiner vierten Option zugleich eine gewisse Öffnung gegenüber einer weiteren deutschen Annäherung (in Fortsetzung der Januar-Signale Hitlers) bekunden wollte, bleibt in Ermangelung einleuchtender Hinweise, wenn schon nicht überzeugender Beweise, eine offene Frage. Die Sicherheit, mit der Journalisten und Historiker bis heute die »Kastanien-Rede« Stalins als ein direktes Angebot an Deutschland interpretieren, ist in jedem Falle verfehlt, die Beweislage, einschließlich der Bemerkungen Molotovs und selbst Stalins in der Nacht der Unterzeichnung des Pakts, keineswegs schlüssig. Es bedurfte der extremen Interessiertheit der deutschen Rußland-Diplomatie und der mit dieser kooperierenden Kräfte im Auswärtigen Amt, um aus seinen Bemerkungen eine solche Möglichkeit herauszuhören. Die Kräfte der »alten« Wilhelmstraße haben im deutschen nationalen Interesse auf diese Möglichkeit gebaut und Ribbentrop für sie zu gewinnen versucht, während Hitler sie charakteristischerweise zu diesem Zeitpunkt nicht wahrnahm. Als Taktiker besaß er in diesem Falle den besseren Instinkt: Zwar betonte Stalin mit den einschlägigen Passagen seiner Rede, nach denen zu anhaltender Feindschaft zwischen Deutschland und Rußland »keine sichtbaren Gründe« bestünden, eine gewisse außenpolitische Offenheit, auch gegenüber Deutschland; doch blieb unklar, warum es dies tat: Hatte er das Ziel nicht aufgegeben, die Westmächte an den Verhandlungstisch zu führen, so konnte es zweckmäßig erscheinen, ihnen seine Unabhängigkeit vor Augen zu führen, die auch ein gewisse Offenheit gegenüber

Deutschland einschloß. Insofern war seine Rede in erster Linie eine deutliche Warnung an die Westmächte in Fortsetzung des Pravda-Artikels vom 31. Januar 1939. In zweiter Linie zielte sie darauf ab, einen weiteren Keil in das Lager der potentiell gegen ihn verbündeten »imperialistischen« Mächte zu treiben. Kein Grund indes berechtigt zu der Annahme, Stalin hätte sich zu diesem Zeitpunkt bereits für eine Umstellung seines Bündnissystems auf die Achsenmächte entschieden.

Die westliche Reaktion auf die deutsche Besetzung der Tschechoslowakei, einschließlich der britischen Garantie für Polen[14], hat das Gewicht der UdSSR schlagartig vergrößert: Zum ersten Mal kamen die Westmächte zwangsläufig auf Stalin zu. Dies bedeutete an sich noch keinen Gewinn an Sicherheit: Vom Verhandeln allein versprach sich Stalin — auch hierin zweifellos ein größerer Realist als seine britischen Partner — keine Abschreckungswirkung auf Hitler. Dies um so weniger, als mit dem 3./11. April 1939 dessen Kriegsplanung für Polen (»Plan Weiß«) feststand.

Allerdings veränderte sich damit seine Optionenfolge. Er faßte jetzt mit neuer Hoffnung auf Erfolg die Orientierung auf ein Bündnis mit den Westmächten (Option 1) unter weitestgehender Beteiligung der Randstaaten (Option 3) ins Auge. Dies war um so notwendiger, als eine isolierte Stärkung der eigenen Machtmittel (Option 2) mit dem (zeitweiligen) Ausfall der Rüstungsimporte aus der besetzten Tschechoslowakei sowie der Einstellung der deutschen Warenangebote aus Gründen des wachsenden eigenen Rüstungsbedarfs einerseits, mit dem Ausbruch der japanischen Feindseligkeiten (11. Mai 1939) andererseits, keine ausreichende Sicherheit versprach.

Zuerst intensivierte die Sowjetregierung ihre Bemühungen um geeignete Bündnisse mit ihren Randstaaten (Option 3): Sie erteilte Estland und Lettland ungebetene Garantieerklärungen (28. März 1939) und schickte den ersten stellvertretenden Volkskommissar für Äußeres, Potëmkin, auf eine Erkundungsreise durch die Länder der Kleinen Entente, die Türkei und Polen. In Warschau stieß Potëmkin mit dem sowjetischen Vorschlag eines sowjetisch-polnischen Beistandspakts auf Ablehnung (10. Mai 1939), die der polnische Botschafter in Moskau, W. Grzybowski, am darauffolgenden Tage in seinem Gespräch mit dem neuernannten Außenkommissar V. Molotov explizit bestätigte. Damit war das sowjetische Sicherheitskonzept im Sinne der dritten Option am wichtigsten der betroffenen Randstaaten gescheitert. Stalin dürfte zu der Einsicht gelangt sein, daß Polen im Kriegsfalle kein wirkungsvoller militärischer Beistand geleistet werden könne. Er mußte zugleich den geheimen deutschen Angeboten zur Wahrung der sowjetischen Interessen in Polen — Angebote, die nach Erlaß der Weisung für den »Fall Weiß« massiv und mit steigender Frequenz an die Sowjetregierung herangetragen wurden und auf ein Stillhalteabkommen hinausliefen — entnehmen, daß die deutschen Ziele in Polen begrenzt seien und die an die UdSSR angrenzenden ostpolnischen Gebiete nicht tangierten.

Die Sowjetregierung konzentrierte fortan ihr Hauptinteresse auf die Sicherheit des östlichen Ostseegebiets im Rahmen eines kollektiven Konzepts gleicher Pflichten und Leistungen mit England und Frankreich unter (passiver) Einbeziehung der von der deutschen Expansion bedrohten Randstaaten. Ihre Sorge um die Unverletzlichkeit der Baltischen Staaten und Finnlands war nicht zuletzt durch die exponierte Lage Leningrads, der zweiten Hauptstadt der Union, bedingt und aufgrund der räumlichen Enge auf die Strategie der Vorwärtsverteidigung[15] gestützt. Die Sowjetregierung hielt diese Strategie in der durch »Plan Weiß« vorgezeichneten Lage für unverzichtbar und suchte sie in den am 16. April aufgenommenen politischen Verhandlungen zu einem »Dreimächtepakt« mit England und Frankreich in der Definition der »indirekten Aggression« und — nach deren Scheitern — in den Beratungen der drei Mächte über eine *Militär*konvention in der Forderung des Durchmarschrechts für sowjetische Truppen durch Polen und Rumänien und der zeitweiligen gemeinsamen Besetzung von Stützpunkten an der Ostseeküste zu verankern. Die Regierungen der Westmächte erkannten die Berechtigung dieses strategischen Konzepts — anders als zeitgenössische Beobachter mit tieferer Kenntnis der russischen strategischen Denkweise[16] — nicht an. Infolgedessen wurden die Dreimächteverhandlungen sowohl in ihrem politischen als auch in ihrem militärischen Teil von der Disproportionalität in der Einschätzung dieser Zweck-Mittel-Relation belastet. Sie scheiterten formal an der mangelnden Annäherung der Standpunkte.

Während die westlichen Regierungschefs dem sowjetischen Vorschlag eines (gemeinsamen) präventiven Vorgehens gegen die deutsche Einflußnahme im Ostseegebiet die Anerkennung versagten, wichen die Regierungen der betroffenen Länder (in erster Linie Finnland, Estland und Lettland) dem sowjetischen Drängen aus, indem sie anderswo Zuflucht suchten. Die Tatsache, daß sie in ihrer zunehmend verzweifelten Suche nach Sicherheit partiell nach Deutschland tendierten, war Stalin ebenso gut bekannt wie allen anderen Beteiligten[17]. Sie war geeignet, seine Forderung nach Sicherheit im Ostseegebiet gradweise zu verschärfen.

Vieles spricht dafür, daß sich unter jenen das sowjetische politische und strategische Denken bestimmenden Voraussetzungen um die Mitte August — elf Tage vor dem deutschen Angriffstermin auf Polen (26. August)! — das Netz der vier ursprünglichen außenpolitischen Optionen der Sowjetregierung auf die vierte verengt hatte: Es blieb ihr, nachdem der Volkskommissar für Verteidigung, Marschall Kliment Vorošilov, als Leiter der sowjetischen Militärmission vergebens die »Kardinalfrage« (14. August 1939) nach dem Durchmarschrecht für sowjetische Truppen in Polen und Rumänien gestellt hatte, nurmehr die letzte Möglichkeit — den Stier bei den Hörnern zu packen.

Bis zu diesem Zeitpunkt, dem 15. August 1939, ist kein substantielles Eingehen der sowjetischen Gesprächspartner auf die deutschen Angebote zu verzeichnen. Die Gesprächssituation war bis dahin von einer die deutsche Seite frustrierenden Einseitigkeit bestimmt. Von einer doppelten Verhandlungsführung, gar einem »Doppelspiel« der Sowjetregierung konnte aus Kenntnis der deutschen Gesprächspartner bis zu diesem Zeitpunkt keine Rede sein: Zwar hatte die Sowjetregierung auch in den Sommermonaten 1939 wiederholt ihren Unmut über die westliche Verschleppungstaktik zum Ausdruck gebracht und die westlichen Regierungen — in Fortsetzung des Pravda-Artikels vom 31. Januar und der Stalin-Rede vom 10. März — auf ihr Dilemma hingewiesen und implizit oder explizit gewarnt (Demission Litvinovs am 3. Mai, Rede Molotovs vom 31. Mai, Aufsatz A. A. Ždanovs vom 29. Juni). Doch hatte sie es im Gespräch mit der deutschen Seite ausdrücklich abgelehnt, sich auf ein solches Spiel einzulassen (Molotov gegenüber Botschafter Graf v. der Schulenburg u.a. am 20. Mai). Sie hatte es streng vermieden, den Eindruck eines Ausspielens des einen gegen den anderen Interessenten zu erwecken (Bekanntgabe der Wirtschaftsverhandlungen mit Deutschland am 31. Mai und 22. Juli). Auch die Feststellung Molotovs vom 20. Mai gegenüber Schulenburg, die Sowjetregierung sei zu dem Schluß gelangt, daß »für den Erfolg von Wirtschaftsverhandlungen eine entsprechende politische Basis geschaffen sein müßte«[18], muß nach ihren vorausgegangenen Erfahrungen in erster Linie als ein »statement of principle« gesehen werden. In zweiter Linie sprach aus ihr der Wunsch, in der gegebenen Situation den Weg für eine Festigung der politischen Beziehungen und damit nicht zuletzt für eine Einengung der politisch-militärischen Optionen Hitlers in Osteuropa zu bereiten. Erst in dritter Instanz enthielt dieses Statement eine implizite Aufforderung zur Präzisierung der deutschen Vorschläge. Denn am 31. Mai kündigte Molotov öffentlich die Wiederaufnahme von Wirtschaftsverhandlungen mit Italien und Deutschland an, obgleich eine politische Grundlage ebensowenig bestand wie zuvor. Tatsächlich war, wie beiden Seiten klar war, eine »politische Basis« aufgrund der extremen Diskrepanz ihrer Zielvorstellungen nur äußerst schwer und — wie sich in dem sich überschlagenden, hektischen deutschen Drängen ab Mitte August zeigte — unter den Bedingungen der unmittelbaren Vorkriegssituation zu schaffen. Zu unterschiedlich waren die Voraussetzungen der beiden Seiten:

Stalin suchte die vertragliche Sicherheit durch

— ein deutsches Nichtangriffsversprechen in bezug auf das Territorium der UdSSR, wenn möglich im Verein mit dem Antikominternpartner Japan,

— durch beiderseitige Garantieerklärungen hinsichtlich der Baltischen Staaten

— und durch die deutsche Verzichterklärung in Hinblick auf die ostpolnischen Gebiete.

Hitler benötigte die bedingungslose Neutralität der UdSSR im Rahmen eines Abkommens, das er ungehindert in ein Offensivbündnis wenden konnte.

Eine neue Situation war im letzten Drittel des Monats Juli 1939 entstanden: Die Dreimächtegespräche waren festgefahren, und England stellte sich allem Anschein nach auf Ausgleichsverhandlungen mit Deutschland ein; damit schien Option 1 erneut zu versanden. An der mongolisch-mandschurischen Front schwollen die sowjetisch-japanischen Grenzscharmützel zu einem regelrechten Krieg an; England schien ihn anzuheizen, indem es Japan im Arita-Craigie-Abkommen Unterstützung gewährte. Damit war nicht nur Option 2 gefährdet — es entstand sogar der Verdacht einer deutsch-britisch-japanischen Interessengemeinschaft gegen die UdSSR. Die Gefahrensignale einer »imperialistischen Einkreisung« leuchteten auf. Darüber hinaus hatte Deutschland einige Randstaaten stärker an sich herangezogen (Nichtangriffspakte mit Estland und Lettland am 7. Juni, Besuche von Halder und Canaris in Estland und Finnland), während England jede Einflußnahme auf andere Randstaaten (Polen und Rumänien) zum Zwecke ihres Einlenkens gegenüber eventuellen sowjetischen Wünschen oder Forderungen ablehnte. Damit drohte Option 3 endgültig auszufallen.

In dieser Lage machte Stalin mit der Bekanntgabe der Aufnahme der Wirtschaftsverhandlungen in Berlin (22. Juli 1939) noch einmal sein Entscheidungsdilemma publik: Sollte auf seiten Englands und der Randstaaten kein Umdenken erfolgen, so war er nun gehalten, eine weitergehende Verbesserung der Beziehungen zu Deutschland ins Auge zu fassen, um die Gefahren zu neutralisieren, die ein deutsches Vorgehen gegen Polen für die UdSSR mit sich brächte.

Dennoch läßt sich bis zum 15. August kein Eingehen auf die Substanz der deutschen Angebote erkennen — Stalin wollte die Militärberatungen abwarten, um seine Optionen definitiv zu überprüfen.

So ließ er dem sowjetischen Geschäftsträger in Berlin, Georgij Astachov, zwar am 29. Juli — vor dem Hintergrund seines Ärgers über britische Unterhauserklärungen bezüglich des sowjetischen Griffs nach den Baltischen Staaten und nach wiederholten deutschen Versuchen, die deutsch-sowjetischen Wirtschaftsverhandlungen zur Schiene einer etappenweisen politischen Annäherung zu machen (24. und 26. Juli) — zum ersten Male eine positive Weisung zugehen[19]. Doch blieb diese angesichts der gegebenen Umstände erstaunlich formal und wich im Wortlaut nicht von den seit 1925 bestehenden Grundsätzen der sowjetischen Politik der friedlichen Koexistenz ab: Eine etappenweise Verbesserung, so lautete sie, sei im Prinzip möglich, insofern die Sowjetregierung »jede Verbesserung der politischen Beziehungen zwischen zwei Ländern« begrüße. Hinsichtlich Deutschlands aber, an dessen Friedfertigkeit bisher Zweifel bestanden hätten, würden die Bedingungen gelten, daß es seine Einstellung nicht nur in Worten, sondern in der Tat (»iskrenne«, »dejstvitel'no«) ändere und daß es seinerseits geeignete Vorschläge mache: »Die Sache hängt hier ganz und gar von den Deutschen ab.«

Diese Bedingungen konnten sich — nachdem von deutscher Seite bereits das ganze Arsenal möglicher Angebote vorgeführt worden war — nur auf das Prinzipielle richten: Stalin wünschte eine Garantie für die deutsche Friedfertigkeit gegenüber der UdSSR im Sinne einer glaubwürdigen Erklärung des Verzichts auf jede Angriffsabsicht und erwartete von der deutschen Seite politische Vorschläge für eine sichere »politische Basis« (Molotovs Wort vom 20. Mai) dieser Art.

Die Diskrepanz im politischen und strategischen Denken Stalins und Hitlers wurde hier noch einmal schlaglichtartig evident: Stalin wünschte Ruhe und grundlegende politische Sicherheiten — von Deutschland die Anerkennung der Unverletzlichkeit des Status quo und damit die unverrückbare Stabilität in Osteuropa. Hitler war von Unruhe getrieben und wünschte seine baldige gewalttätige Veränderung. Diese grundlegende Divergenz in den politischen Motiven war unter anderem Ausdruck der umgekehrten Proportionalität in der Wirtschafts- und Sozialentwicklung: Die deutsche Finanz- und Wirtschaftskraft, die in einer vergleichweise kurzen »tour de force« zu Höchstleistungen getrieben worden war, stand kurz vor ihrer totalen Erschöpfung, der Hitler durch Expansion und Einbeziehung neuer, gigantischer Ressourcen zu entgehen suchte. Die sowjetische Wirtschaft war in vergleichsweise langen, schwerfälligen Mühen in den Stand beginnender Leistungsfähigkeit versetzt worden und versprach nur auf lange Sicht Gesundung. Während Hitler — bildlich gesprochen — mit einem tickenden Zeitzähler am Ende einer Sackgasse herumirrte, stand Stalin gestärkt am Beginn einer breiten Allee; er benötigte, um Schulenburg zu paraphrasieren, für seine gewaltigen Pläne vor allem äußere Ruhe und im Innern Zeit.

Hitler beging den Fehler, Stalin mit seinem Maß zu messen. Er warf ihm neue Ländereien und bewegliche Grenzen hin, wo Stalin die intensive Bewirtschaftung des eigenen Landes und die Stabilität der bestehenden Grenzen suchte. Stalin fragte nach politischer Sicherheit, Hitler bot ihm das halsbrecherische Wagnis.

Wie weit sich Stalin dieser fundamentalen Diskrepanz der Voraussetzungen jeweils bewußt war, bleibt unbekannt. Daß die Angebote Hitlers bestimmt waren, ihm ein gefährliches Glacis zu eröffnen, ahnte er zweifellos. Daher seine übergroße Vorsicht und Reserviertheit, seine beharrlichen Hinweise auf die bösen deutschen Absichten und seine Bedingung, zunächst konkrete Vorschläge der deutschen Seite zur Prüfung zu erhalten. Sie allein sind in den Dokumenten beider Seiten mannigfach verbürgt.

Die Fragen, ob und gegebenenfalls wann daneben in ihm als mitbestimmende Motive eine Neigung zur Mittäterschaft, zu militärischem Expansionismus mit dem Ziele einer gemeinsamen Revision der Versailler Ordnung durch die Verlierermächte und ein neuartiges Bedürfnis nach imperialer Grandeur, verbunden mit dem Wunsch, die Polen und gegebenenfalls auch die Westmächte für ihren Unverstand und Starrsinn zu strafen, wachgeworden sind, werden wohl immer Gegenstand von Spekulationen bleiben. Das Verhalten und die außenpolitischen Maßnahmen Stalins lassen, sofern sie Niederschlag in prüfbaren Aussagen und Dokumenten gefunden haben, keinen positiven Schluß in dieser Richtung zu; in ihnen dominierte ausschließlich der kühle und beherrschte, wenig wendige Verstand sowie der kaltblütige, defensive Pragmatismus des Realpolitikers.

So sah auch die zweite, positive Weisung, die Molotov Astachov am 11. August 1939 im Auftrag Stalins erteilte[20], weniger ein substantielles als ein formales Eingehen auf die deutschen Gesprächsangebote vor: Sie gab zu, daß auf sowjetischer Seite Interesse an einem Gedankenaustausch bestehe, wollte diesem allerdings zunächst entsprechende Vorbereitungen vorausgehen lassen. Allerdings hat Stalin das Politbüro an diesem 11. August — genau an jenem Tage, an dem das deutsche Ringen um die »russische Gunst«[21] aus der Sicht Berlins sein Ziel definitiv verfehlt zu haben schien[22] — auf die Möglichkeit einer Aufnahme von politischen Gesprächen mit Deutschland aufmerksam gemacht[23]. Doch erst als die »Kardinalfrage« der Sowjetregierung an die Regierungen Englands und Frankreichs (14. August 1939) unbeantwortet blieb, hat er diese Möglichkeit definitiv ergriffen. Am 15. August ging Molotov im Gespräch mit Botschafter Schulenburg zum ersten Male ausdrücklich auf die deutschen Vorschläge ein[24]: Charakteristischerweise griff er in diesem Moment nicht auf die weitreichenden Territorialangebote zu einer einvernehmlichen Abgrenzung der Interessensphären in Europa »von der Ostsee bis zum Schwarzen Meer« zurück, die den sowjetischen Auslandsvertretern wiederholt von Weizsäcker, Schnurre und Ribbentrop sowie Molotov von Schulenburg unterbreitet worden waren; vielmehr griff er ältere, engmaschige, aber konkrete Pläne der wilhelminisch orientierten deutschen Rußland-Diplomatie auf. Die Wiederbelebung des Berliner Vertrags (von 1926) mit seiner Neutralitätsbedingung des »friedlichen Verhaltens« (Art. 2) der Gegenseite, erweitert durch einen Anhang über den deutschen Gewaltverzicht im Baltikum und einen deutsch-japanischen Gewaltverzicht in Ostasien sowie einen geeigneten Wirtschaftsaustausch, kam dem sowjetischen Sicherheitsdenken unter den gegebenen Umständen noch am weitesten entgegen. Die Sowjetregierung hätte damit die ersten drei Optionen wiederbelebt, insofern ein Defensivbündnis mit den Westmächten neben einem deutsch-sowjetischen Neutralitätspakt durchaus Platz gehabt hätte, ohne doch definitiv die vierte Option zu ergreifen. Sie wäre damit faktisch unangreifbar geworden.

Molotovs Eingehen auf den »Plan Schulenburg« bezeichnete den Höhepunkt der sowjetischen Sicherheitsdiplomatie unter den Ausnahmebedingungen des bevorstehenden Krieges. Die Sowjetregierung bewies darin wohlweislich eine aus deutscher Sicht »erstaunliche Mäßigung«[25] und ließ sich nicht auf die abschüssigen Geleise der Expansion ziehen. Sie folgte ausschließlich dem langfristigen Sicherheitsinteresse ihres Staates: Ein Abschluß unter diesen Voraussetzungen hätte der UdSSR die in der gegebenen Lage maximalen Sicherheiten gebracht.

Hitler war nicht bereit, ihr diese zu gewähren. Er benötigte die Komplizenschaft Stalins. Um diese zu erzielen, bombardierte er ihn in den bis zum Angriffstermin verbleibenden Tagen mit globalen Territorialangeboten und bombastischen Deklarationen Ribbentrops sowie — als auch diese ihr Ziel verfehlten — seiner persönlichen Huldigung an »Herrn Stalin Moskau«[26].

Die Frage, ob und gegebenenfalls inwieweit sich Stalin von diesen Anerbieten beeindrucken und beeinflussen ließ, bleibt erneut Gegenstand von Mutmaßungen. Die Dokumente geben auch dafür eine positive Interpretation nicht her. Und angebliche Bestätigungen, wie etwa Mitteilungen über eine Rede Stalins vor dem Politbüro am Abend des 19. August 1939, haben sich als Fälschungen erwiesen[27].

Allerdings läßt sich in den Tagen zwischen dem 17. und 21. August ein partielles Verlassen der Position vom 15. August und ein stärkeres formales Eingehen auf die deutschen Angebote feststellen, ohne daß allerdings auch hier inhaltlich substantielle Zugeständnisse gemacht worden wären: Am 17. August erklärte Molotov[28], daß die Sowjetregierung den »Abschluß eines Nichtangriffspakts oder die Bestätigung des Neutralitäts-Pakts von 1926« nach einer angemessenen Übergangs- und Vorbereitungszeit wünsche, und dies »bei gleichzeitiger Vereinbarung eines speziellen Protokolls, das die Interessen der vertragschließenden Teile an diesen oder jenen Fragen der auswärtigen Politik regelt und das einen integrierenden Bestandteil des Paktes bildet«. Dabei ist zu bedenken, daß auch der Berliner Vertrag ursprünglich ein Protokoll als Anhang besitzen sollte, dessen Inhalt schließlich in einem Notenwechsel festgehalten wurde. Nach Molotov sollte in dem jetzt geplanten »Protokoll« unter anderem »die deutsche Erklärung« vom 15. August Niederschlag finden: Diese Erklärung Ribbentrops vom 14. August[29], die Schulenburg Molotov am darauffolgenden Tage verlesen hatte, gipfelte im deutschen Gewaltverzicht gegenüber der UdSSR, der Anerkennung der gegenseitigen »Lebensräume« und der Regelung von Territorial-Fragen wie »Ostsee, Baltikum, Polen, Südost-Fragen usw.« Da Molotov am selben 15. August im Gespräch mit Schulenburg großes Interesse an den zwei Punkten des politischen Anhangs zum »Plan Schulenburg« — beiderseitige Garantierung der Baltischen Staaten und mildernde deutsche Einflußnahme auf Japan — manifestiert hatte, ist davon auszugehen, daß Stalin in erster Linie diese Fragen (d.i. »Ostsee, Baltikum«) der Erklärung Ribbentrops interessierten. Er blieb möglicherweise auch für andere Fragen offen — Molotov erbat von deutscher Seite jedenfalls die entsprechende Vorlage und Präzisierung als Bedingung für weitere Gespräche und Vorbedingung der Reise Ribbentrops.

Stalin und Molotov waren sich der Tatsache bewußt, daß sie mit einem nicht der Veröffentlichung unterliegenden Protokoll als Anhang zum Vertrag unter den gegebenen Voraussetzungen den im ersten außenpolitischen Akt Lenins, dem Dekret über den Frieden, vorgezeichneten Weg der Offenheit völkerrechtlicher Abmachungen verließen. Die Äußerung Molotovs zu Schulenburg am 17. August (»Natürlich können die Fragen, die in der deutschen Erklärung vom 15. August berührt sind, nicht in den Vertrag eingehen können, sie müssen ins Protokoll eingehen.«) setzte eine längere innere Auseinandersetzung mit diesem Problem voraus und bezeichnete zugleich ein Zugeständnis an die deutsche Adresse und — wenn man so will — an den Geist der »bourgeoisen« Diplomatie. Dieses Abweichen und die in ihm enthaltene Anpassung an die Spielregeln der etablierten westlichen Staaten, Aussagen über souveräne Drittstaaten zu machen, wird ihnen heute, nicht zu Unrecht, zum Vorwurf gemacht[30]. Allerdings sollte dabei — als Beweis für das sowjetische Ringen um Legalität — nicht übersehen werden, daß das zusätzliche »besondere Protokoll« laut sowjetischem Entwurf für den Nichtangriffsvertrag vom 19. August[31] zumindest im Postscriptum des veröffentlichten Vertragstexts erwähnt und als ein organischer Teil des Vertrags bezeichnet werden sollte, in welchem bestimmte Punkte der auswärtigen Politik von gemeinsamem Interesse behandelt würden. Mit der Projektierung dieses Postscriptums im Vertragsentwurf forderte Molotov zugleich erneut eine deutsche Vorlage zum Protokoll an. Er bezeichnete seinen Inhalt nun als »eine sehr ernste Sache« und die Einstellung der Sowjetregierung zu Verträgen, die sie schließe, als »sehr ernst«: »sie halte Verpflichtungen, die sie übernehme, und erwarte das gleiche von ihren Vertragspartnern[32].« Diese Worte brachten die sowjetische Besorgnis über die Unwägbarkeiten eines geheimen Zusatzabkommens sehr deutlich zum Ausdruck.

Die Bedingung der Aufnahme dieses Postscriptums in den Nichtangriffsvertrag — ein sowjetisches Entgegenkommen an die deutsche Seite auf halbem Wege — entsprach den deutschen Wünschen nicht und wurde in den nächtlichen Verhandlungen im Kreml (23./24. August), möglicherweise unter dem Eindruck des erst dort vorgelegten deutschen Protokollentwurfs, fallengelassen.

Der sowjetische Entwurf des Nichtangriffsvertrags enthielt ein weiteres Entgegenkommen auf halbem Wege. Es ließ die Bedingung des »friedlichen Verhaltens« (Art. 2) formal fallen. Indessen wäre es verfehlt, im Fehlen der traditionellen Kündigungsklausel bereits Angriffsabsichten Stalins erkennen zu wollen[33]. Während Stalin nämlich durch Molotov ausdrücklich den Wunsch überbringen ließ, daß der deutsch-sowjetische Nichtangriffspakt im Wortlaut den anderen von der UdSSR geschlossenen Nichtangriffspakten — mit ihrer Bedingung der eingeschränkten Neutralität — entsprechen sollte, erschien ihm (neben anderen, in der Endfassung auf sein Drängen entfallenen blumigen Wendungen) auch die Feststellung eines »friedlichen Verhaltens« seines deutschen Partners möglicherweise ein Akt unnötiger Heuchelei. (In den Vorgesprächen zum Berliner Vertrag von 1926 hatte umgekehrt die Sowjetregierung die Bedingung des »friedlichen Verhaltens« als eine Unterstellung kriegerischer Absichten von sich gewiesen, während derselbe Völkerrechtsexperte der Wilhelmstraße, der auch jetzt die deutschen Entwürfe fertigte, der Leiter der Rechtsabteilung Dr. Friedrich Gaus, mit Vorbedacht an ihr festgehalten hatte!). Die reduzierte Kündigungsklausel des sowjetischen Entwurfs vom 19. August 1939 sah immerhin noch vor, daß Deutschland »Gegenstand eines Gewaltaktes oder Angriffs seitens einer dritten Macht werden«, d. h. (zuerst) angegriffen werden mußte, damit das Neutralitätsversprechen wirksam würde. Sie zog damit für den Fall einer deutschen (Erst-)Angriffshandlung Bündnisfreiheit nach sich.

Das Doppelbündnis, das die Sowjetregierung nach Stalins Zusage zur Reise Ribbentrops dann in der Tat mit Vehemenz über alle ihr zur Verfügung stehenden Organe propagierte[34], sollte diese Freiheit, und die aus ihr resultierende gesteigerte Sicherheit, fest verankern und die Sowjetunion aus der erdrückenden Umarmung eines deutsch-sowjetischen Exklusivbündnisses befreien.

Was Stalin dann in letzter Instanz doch noch veranlaßt hat, dem Drängen Ribbentrops nachzugeben und diesen Weg der gefährlichen Vereinsamung an der Seite Deutschlands zu wählen, der ihm in seinen Konsequenzen früher oder später geringere Sicherheiten bot, kann nicht mit letzter Gewißheit gesagt werden. Die Überlegungen über die Hintergründe seines verfehlten Kalküls dauern an[35]. Der äußere Rahmen für diese Entscheidung ist hinlänglich geklärt:

— Die definitive Weigerung Polens (und damit das endgültige Ausfallen der 3. Option) als formaler Grund mit zweifellos starker emotionaler Nebenwirkung[36];

— der ungenügende französische und besonders britische Einsatz, auch bei ihrer Einflußnahme auf Polen und Rumänien (und damit die mangelnde Verwirklichung der 1. Option) als materialer Grund;

— die gesteigerten Erfordernisse der militärischen Planung zur ersten sowjetischen Großoffensive gegen Japan (20. August) und damit verbunden die Bedürfnisse nach Wirtschaftsgütern und Technologie (im Sinne der 2. Option) sowie nach zeitweiliger Entlastung der westlichen Landesgrenzen durch die deutsche Verzichterklärung.

Darüber hinaus dürfte der Wunsch, eine deutsch-englische Einigung (»imperialistische Einkreisung«) nicht zustandekommen zu lassen und ein »zweites München« zu verhindern, Stalin zum schnellen Paktabschluß gedrängt haben[37]. Genau damit aber hatte er sich bereits in das Kalkül Hitlers einspannen lassen.

Wie stark sich Stalin bei aller Klarheit seiner verminderten politischen und militärischen Optionen dieses letzthin undurchsichtigen Faktors der Planung Hitlers bewußt war, erhellt aus seiner tiefen Niedergeschlagenheit am Morgen des 24. August[38] und seiner künstlich wirkenden, forcierten Euphorie am Abend dieses Tages. Stalin setzte Chruščev, Malenkov und Bulganin mit der Erklärung über seinen vermeintlichen taktischen Sieg über Hitler in Kenntnis, daß er ihn »getäuscht habe. Von sich selbst sagte er: ›ich habe [ihn] getäuscht ... getäuscht‹, als ich den Vertrag unterzeichnete. ... [Stalin meinte:] Dieser Krieg wird für eine gewisse Zeit an uns vorbeigehen, — es wird ein Krieg zwischen Deutschland, Frankreich und England beginnen, möglicherweise werden die USA hineingezogen. Wir werden die Möglichkeit haben, ... neutral zu bleiben[39].«

Die Schilderung N. Chruščevs verdeutlicht den Kern dieser Entscheidung: Das staatsmännische Interesse Stalins bei Eingehen dieses Paktes bestand letztlich in einer hinhaltenden Politik der Beschwichtigung; der Pakt selbst war vorrangig ein Instrument sowjetischer Beschwichtigungspolitik. Hinsichtlich etwaiger weiterer sowjetischer Absichten bleibt der Pakt, einschließlich seines Geheimen Zusatzprotokolls, bei präziser historischer und rechtlicher Untersuchung[40] in entscheidenden Fragen interpretationsfähig, wobei unbestritten ist, daß er eine Verletzung der Rechte souveräner dritter Staaten einschloß. Allerdings lassen die extreme Unklarheit der Texte und die beiderseitige Unabgeklärtheit der jeweiligen Begriffe, besonders der zentralen Begriffe des Geheimen Zusatzprotokolls, vor dem damaligen Hintergrunde eine Vielzahl von sowjetischen Verständnismöglichkeiten offen. Dies betrifft in erster Linie den Zweck der territorialen Abgrenzung durch Festlegung einer Linie und den Umfang des Begriffs »Interessensphäre« (nicht zufällig wird dieser Begriff in der gegenwärtigen innersowjetischen Debatte — in der Regel durch Rückübersetzung aus dem Englischen — häufig mit »Einflußsphäre« wiedergegeben). Wenn selbst die Formulierung vom »Fall einer territorial-politischen Umgestaltung (»v slučae territorial'no-političeskoj pereustrojstva«) nach dem Empfinden des gegenwärtigen Historikers nicht zwangsläufig Krieg, sondern möglicherweise die friedliche Aufteilung durch eine zweite Münchner Konferenz bedeutet[41], so darf man dies in Kenntnis der besonderen Umstände der Verhandlungen und überstürzten Unterzeichnung wohl a fortiori dem historisch wenig gebildeten Stalin konzedieren, zumal wenn man die Fragwürdigkeit der ihm vorgelegten, im Wortlaut zweifelhaften Übersetzungen vor Augen hat (das Wort »pereustrojstvo«, zu deutsch wörtlich: Umbau, genauer: »Neueinrichtung, Reorganisation«, hat keine kriegerische Konnotation)!

Als unzweifelhaft hingegen erweist sich im Rahmen einer vertieften Analyse des komplexen Bezugssystems dieser außenpolitischen Entscheidungen die Tatsache, daß der in der Nacht vom 23. auf den 24. August erfolgte sowjetische Akt der Beschwichtigung gegenüber dem angriffslüsternen Deutschland ein nach sowjetischer Sicht- und Denkweise logischer Ausweg aus der hoffnungslosen Verengung des internationalen Systems der denkbaren außenpolitischen Optionen der UdSSR darstellte. (Einige der »perestrojščiki« unter den sowjetischen Historikern neigen zu einer Negierung der damaligen komplexen Situation und stellen diese Tatsache auf ahistorische Weise in Frage.) Die Randstaaten und besonders die Westmächte hatten nicht wenig zu dieser Verengung beigetragen. Sie hatten — nach dem kenntnisreichen Urteil des französischen Botschafters in Moskau (und, ab November 1938, in Berlin) — »Stalin, nachdem sie Hitler in München zu Stalin gestoßen hatten,« ab Frühjahr 1939 unaufhaltsam »zu Hitler gestoßen«[42].

Anmerkungen

[1] Neben den Arbeiten von Walther Hofer und Philipp W. Fabry siehe in diesem Zusammenhang vor allem Andreas Hillgruber, Sowjetische Außenpolitik im Zweiten Weltkrieg, Königstein, Düsseldorf 1979, und verstärkt: Andreas Hillgruber, Klaus Hildebrandt, Kalkül zwischen Macht und Ideologie. Der Hitler-Stalin-Pakt, Parallelen bis heute?, Zürich 1980.

[2] Vgl. zuletzt Heinrich Bartel, Frankreich und die Sowjetunion 1938—1940. Ein Beitrag zur französischen Ostpolitik zwischen dem Münchner Abkommen und dem Ende der Dritten Republik, Stuttgart 1986; Reinhold W. Weber, Die Entstehungsgeschichte des Hitler-Stalin-Paktes 1939, Frankfurt a. M., Bern, Civencester 1980; Ingeborg Fleischhauer, Der Pakt. Hitler, Stalin und die Initiative der deutschen Diplomatie, Berlin 1990.

[3] Wie u. a. Gerhard L. Weinberg, Germany and the Soviet Union 1939—1941, Leiden 1971 (Nachdruck der Erstausgabe von 1954), aus der älteren und Keith Middlemas, Diplomacy of Illusion. The British Government and Germany, 1937—39, London 1972; Anthony Adamthwaite, France and the Coming

of the Second World War, 1936—1939, London 1977, und Geoffrey Roberts, The Unholy Alliance: Stalin's Pact with Hitler, Bloomington, Ind. 1989, aus der jüngeren Forschung.

[4] Vgl. V. J. Sipols, Die Vorgeschichte des deutsch-sowjetischen Nichtangriffsvertrags, Köln 1981; ders., Vnešnjaja politika Sovetskogo Sojuza, 1936—1939 gg., Moskau 1987; ders., Diplomatičeskaja bor'ba nakanune vtoroj mirovoj vojny, Moskau 1979, sowie die Sammelbände: Al'ternativy 1939 goda. Dokumenty i materialy, Moskau 1989, und: 1939 god. Uroki istorii, Moskau 1990. Daneben ist auf die breite Diskussion in den sowjetischen Zeitungen und Zeitschriften (Novoe Vremja, Literaturnaja Gazeta, Kommunist, Moskau News u. a.) zu verweisen.

[5] Günther Rosenfeld, Die Sowjetunion und das faschistische Deutschland am Vorabend des zweiten Weltkrieges, in: Der Weg in den Krieg. Studien zur Geschichte der Vorkriegsjahre (1935/36 bis 1939), hrsg. von Dietrich Eichholtz und Kurt Pätzold, Berlin (Ost) 1989, S. 345—380, sowie Heinz Kühnrich, Der deutsch-sowjetische Nichtangriffsvertrag vom 23. August 1939 aus der zeitgenössischen Sicht der KPD, ebd., S. 517—552.

[6] Vgl. Izvestija CK KPSS, Nr. 7, 1989, ferner die Pravda vom 24.12.1989 (S. 1 f.) sowie vom 28.12.1989 (S. 4).

[7] Vgl. zur Vorbereitung und Auswirkung der Tuchačevskij-Affaire auf die sowjetische Bündnispolitik: Ivan Pfaff, Prag und der Fall Tuchatschewskij, in: Vierteljahrshefte für Zeitgeschichte, 35 (1987), S. 95—134, und Rudolf Ströbinger, Stalin enthauptet die Rote Armee. Der Fall Tuchatschewskij, Stuttgart 1990.

[8] Vgl. Robert Manne, The British Decision for Alliance with Russia, May 1939, in: Journal of Contemporary History, 9 (1974), Nr. 3, S. 3—26.

[9] Dieser Tendenz folgte u. a. V. I. Dašičev in der Diskussion der Komsomol'skaja Pravda vom 8. August 1989, S. 3: Uroki istorii: Tak kak že ėto bylo?

[10] Heino Arumäe, Noch einmal zum sowjetisch-deutschen Nichtangriffspakt, in: Hitler-Stalin-Pakt 1939. Das Ende Ostmitteleuropas? Hrsg. von Erwin Oberländer, Frankfurt a. M. 1989, S. 114.

[11] Vgl. etwa Leonid Luks, Entstehung der kommunistischen Faschismustheorie. Die Auseinandersetzung der Komintern mit Faschismus und Nationalsozialismus 1921—1935, Stuttgart 1984.

[12] Von der entgegengesetzten Annahme war, auf überwiegend deutsche Materialien gestützt, Bianca Pietrów ausgegangen: Stalinismus, Sicherheit, Offensive. Das »Dritte Reich« in der Konzeption der sowjetischen Außenpolitik 1933—1941, Melsungen 1983, sowie dies., Stalin-Regime und Außenpolitik in den dreißiger Jahren. Eine Zwischenbilanz des Forschungsstandes, in: Jahrbücher für Geschichte Osteuropas, NF 33 (1985), S. 495—517. Als tendenziöse Zusammenstellung und Kommentierung der jener Annahme zugrundeliegenden Texte ausschließlich deutscher Provenienz vgl. Stalin und Hitler. Pakt gegen Europa, hrsg. von J. W. Brügel, Wien 1973.

[13] Angebliche lobende Äußerungen Stalins über den »Prachtkerl« Hitler (was immer sie auch besagen mögen) waren 1939 durch den übergelaufenen sowjetischen Agenten Krivickij (Walter Ginsburg) im Westen berichtet worden. Sie sind kürzlich durch V. M. Berežkov (unter Berufung auf eine persönliche Mitteilung A. Mikojans) bestätigt worden (»Da sieht man, was Hitler für ein Prachtkerl ist! So also muß man mit seinen politischen Gegnern

umgehen!«, in: Komsomol'skaja Pravda, 8. August 1989, Tak, S. 3). Mikojan war für seine Freude an bilderreicher Sprache bekannt!

[14] Vgl. Lothar Kettenacker, Die Diplomatie der Ohnmacht. Die gescheiterte
Friedensstrategie der britischen Regierung vor Ausbruch des Zweiten Weltkrieges, in: Die Großmächte und der Europäische Krieg, hrsg. von Wolfgang Benz und Hermann Graml, Stuttgart 1979, S. 223—279.

[15] Stalin hatte dieses strategische Konzept in seiner Neujahrsbotschaft 1939
(Pravda vom 1.1.1939) im Zuge einer propagandistischen Abschreckungs-
kampagne zur Sprache gebracht. Der Leiter der politischen Hauptverwaltung der Roten Armee, Mechlis, hatte es auf dem XVIII. Parteitag der KPdSU
unter Drohungen nach Osten und Westen wiederholt. Schwerlich hat diesem Konzept in der damaligen Bewußtseinslage der Führung des militärisch
extrem schwachen Sowjetstaats die Finalität innegewohnt, die ihm westliche Experten später, angesichts des territorialen Zugewinns der UdSSR durch
die Kriegs- und Nachkriegsereignisse, zugesprochen haben.

[16] Wie etwa der frühere deutsche Botschafter in Moskau, Rudolf Nadolny, oder
die britischen Oppositionspolitiker W. Churchill und D. Lloyd George.

[17] Diese Tatsache ist lange Zeit nur ungenügend beleuchtet worden. Neuere
Forschung hat sie eindrucksvoll belegt: So Gert von Pistohlkors, Der Hitler-
Stalin-Pakt und die Baltischen Staaten, in: Hitler-Stalin-Pakt (wie Anm. 10),
S. 75—97, und in Ansätzen: Armin Heinen, Der Hitler-Stalin-Pakt und Ru-
mänien, ebd., S. 98—113, und Kalervo Hovi, Der Hitler-Stalin-Pakt und Finn-
land, ebd., S. 61—74. Vgl. auch Myllyniemis Beitrag im vorliegenden Band.

[18] Gespräch Schulenburgs mit Molotov am 20. Mai 1939, in: Akten zur deutschen auswärtigen Politik 1918—1945. Aus dem Archiv des Deutschen Auswärtigen Amtes (ADAP). Serie D: 1937—1945, 13 Bde, Baden-Baden, Göttingen 1950—1970, Bd VI, Nr. 414, Anm. 2, S. 454, und Nr. 424, Anlage,
S. 464ff., sowie Istoriko-diplomatičeskoe upravlenie Ministervstva Vnešnich
Del SSSR, Archiv Vnešnej Politiki (= AVP) SSSR, f. 06, op. 1, p. 1, d. 2,
l. 24—26, veröffentlicht in: Al'ternativy (wie Anm. 4), S. 193 f.

[19] Telegramm Molotovs an Astachov vom 29. Juli 1939, in: AVP SSSR, f. 059,
op. 1, d. 2038, l. 93, sowie veröffentlicht in: Al'ternativy (wie Anm. 4), S. 228.

[20] Telegramm Molotovs an Astachov, in: AVP SSSR, f. 053, op. 1, d. 2038,
l. 105, sowie veröffentlicht in: Al'ternativy (wie Anm. 4), S. 244.

[21] Am 20. August 1939 hielt Staatssekretär Ernst v. Weizsäcker in seinem Tagebuch fest: »Wir machen eine Parforce-Jagd [...] um die russische Gunst.« Die
Weizsäcker-Papiere 1933—1950, hrsg. von Leonidas Hill, Berlin 1974, S. 159.

[22] Vom Propaganda-Ministerium erfuhr die deutsche Presse am 11. August,
»die Möglichkeit, Rußland aus dem Einkreisungsring heraushalten zu können, ist also zumindest so gering geworden, daß man sie nicht mehr in Rechnung stellen kann.« Ein wirkliches Gespräch mit Moskau sei nie zustande-
gekommen, »obwohl manchmal Wunschbilder das nüchterne Urteil trüb-
ten«. Informationsbericht Nr. 84 vom 11. August 1939, in: Bundesarchiv
Koblenz, ZSg 101, 34, S. 409.

[23] A. N. Jakovlev in der Mitteilung der Kommission, in: Pravda vom
24. Dezember 1989, S. 2.

[24] ADAP, D, VII, Nr. 70, S. 63 f., und Nr. 79, Anlage, S. 72—75, sowie AVP
SSSR, f. 0745, op. 15, d. 8, l. 122—128, veröffentlicht in: Al'ternativy (wie
Anm. 4), S. 248 ff., und in: Meždunarodnaja žizn', September 1989, S. 97 f.

[25] So Schulenburg an Weizsäcker, 16. August 1939, in: ADAP, D, VII, Nr. 88, S. 82f.

[26] Ebd., Nr. 142, S. 131.

[27] Vgl. Winston S. Churchill, The Second World War, London ³1985, I, S. 350, dagegen: Eberhardt Jäckel, Über die angebliche Rede Stalins vom 19. August 1939, in: Vierteljahrshefte für Zeitgeschichte, 6 (1958), S. 380—389.

[28] ADAP, D, VII, Nr. 132, S. 124f., sowie AVP SSSR f. 0745, op. 19, d. 4, l. 122—128, veröffentlicht in: Al'ternativy (wie Anm. 4), S. 256—258, und Meždunarodnaja žizn', September 1989, S. 100f.

[29] ADAP, D, VII, Nr. 56, S. 51f.

[30] Vor allem von Lev Bezymenskij aus historischer Sicht und R. A. Mjullerson aus rechtlicher Sicht, u. a. in: Vtoraja mirovaja vojna: Istoki i vyvody, in: Pravda, 11. August 1989, S. 5.

[31] ADAP, D, VII, Nr. 133, S. 125f.

[32] Gespräch Schulenburgs mit Molotov am 19. August 1939, in: ADAP, D, VII, Nr. 132, S. 124f., sowie AVP SSSR, f. 0745, op. 32, d. 3, l. 47—51, veröffentlicht in: Al'ternativy (wie Anm. 4), S. 256ff., und Meždunarodnaja žizn', September 1989, S. 102f.

[33] So u. a. Rolf Ahmann in: Der Hitler-Stalin-Pakt: Nichtangriffs- oder Angriffsvertrag, in: Hitler-Stalin-Pakt (wie Anm. 10), S. 26—42, hier S. 26, 38ff.

[34] So über die Presse- und Informationsabteilung des Narkomindel, die sowjetischen Auslandsvertretungen, die Komintern und nicht zuletzt über die internationale Presse (Havas-Meldung vom 22.8.1939). Vgl. in diesem Zusammenhang ferner die Äußerungen Molotovs gegenüber dem britischen und dem französischen Botschafter (Foreign Relations of the United States [= FRUS] 1939, Bd I, Nr. 468, S. 343f.; Georges Bonnet, Fin d'une Europe, Paris 1948, S. 245f.) sowie jene Vorošilovs gegenüber den Leitern der britischen und der französischen Militärmission (Documents on British Foreign Policy, Serie 3, Bd VI, Nr. 11, S. 613; André Beaufre, Le drame de 1940, Paris 1954, S. 176).

[35] Vgl. hierzu u. a. V. Berežkov, Prosčet Stalina, in: Meždunarodnaja žizn', Nr. 8, 1989; D. A. Volkogonov, Drama rešenij 1939 goda, in: Novaja i novejšaja istorija, 1989, Nr. 4, und R. A. Medvedev, Diplomatičeskie i voennye prosčety Stalina v 1939—1941 gg., ebd.

[36] Vgl. hierzu neben früheren Hinweisen dieser Art: A. N. Ponomarev, in: »Vojna«, in: Pravda, 11. August 1989, S. 5.

[37] Vgl. hierzu die neueren Überlegungen von V. M. Falin, M. I. Semirjaga, L. Bezymenskij u. a. in: »Stol«, und von L. Pozdeeva, in: »Vojna«, in: Pravda, 11. August 1989, S. 5.

[38] Aleksandr Jakovlev in einem Pravda-Interview zum 23.8.1989, deutsche Übersetzung in: Nowosti, Köln, 24.8.1989, S. 10.

[39] Nikita Chruščëv, Vospominanija, Izbrannye otryvki, New York 1982, Bd I, S. 39.

[40] Vgl. etwa R. A. Mjullerson, Sovetsko-germanskie dogovorennosti 1939 g. v aspekte meždunarodnogo prava, in: Sovetskoe gosudarstvo i pravo, 9 (1989).

[41] F. Meyer in der Titelgeschichte des »Spiegel« vom 7. August 1989, S. 94.

[42] Robert Coulondre, De Staline à Hitler. Souvenirs de deux ambassades 1936—1939, Paris 1950, S. 264.

Tomasz Szarota

Polen unter deutscher Besatzung, 1939—1941: Vergleichende Betrachtungen

Über Polen unter deutscher Besatzung sind — vornehmlich in Polen und Deutschland, in jüngster Zeit aber auch in den USA — bereits Dutzende von Büchern und hunderte, wenn nicht tausende wissenschaftlicher Aufsätze verfaßt worden. Ziel des vorliegenden Beitrages soll es darum nicht so sehr sein, längst bekannte Tatsachen und Ereignisse erneut in Erinnerung zu rufen, sondern die deutsche Besatzungsherrschaft aus einer vergleichenden Perspektive zu beleuchten. Dabei geht es sowohl um die Unterschiede und Parallelen zwischen den Verhältnissen in den sogenannten ins Reich eingegliederten Ostgebieten und jenen im »Generalgouvernement« als auch um einen Vergleich mit den Besatzungsverhältnissen in Westeuropa sowie jenen in Polen während des Ersten Weltkrieges. Schließlich soll — trotz einer diesbezüglich noch höchst unbefriedigenden Quellenlage — auch der Versuch unternommen werden, die sowjetische Besatzungspolitik Ostpolens während der Anfangsjahre des Zweiten Weltkrieges in unseren Vergleich einzubeziehen.

1. Besatzung oder Annexion?

Der polnische Historiker Czesław Madajczyk unterscheidet drei Besatzungssysteme: Besatzung als Annexion (Regierungsverwaltung), Besatzung im Kolonialstil (Kolonialverwaltung) sowie Besatzung als Kontrolle (Aufsichtsverwaltung)[1]. In manchen Ländern wie z.B. Frankreich wurden von den Deutschen zwei und sogar mehr Besatzungssysteme gleichzeitig eingeführt. Zu einer unmittelbaren Annektierung von Teilen des Territoriums kam es in der Tschechoslowakei (Sudetenland), in Litauen (Memel), in Polen (sogenannte eingegliederte Ostgebiete), in Belgien (Eupen, Malmédy und Moresnet) sowie in Frankreich (Elsaß und Lothringen). In der von der deutschen Propaganda im Zweiten Weltkrieg benutzten Terminologie hieß es dementsprechend niemals, Posen oder Straßburg stünden »unter deutscher Besatzung«. Luxemburg wiederum, bei dem man von »Besatzung« sprach, wurde fast auf die gleiche Weise verwaltet und germanisiert wie das annektierte Elsaß.

Uns interessiert hier jedoch vor allem die Situation in den vom Dritten Reich besetzten polnischen Gebieten. Die Annexion von Teilen des polnischen Staates erfolgte aufgrund eines Dekrets Hitlers vom 8. Oktober 1939. Aus urpolnischem Gebiet entstand der »Reichsgau Posen«, der am 29. Januar 1940 in »Reichsgau Wartheland« umbenannt wurde, wobei diesem Gebiet nicht nur das Gebiet Großpolens, das bis 1918 zum sogenannten »preußischen Teilungsgebiet« gehört hatte, sondern auch ein Teil des ehemaligen »russischen Teilungsgebiets«, u. a. Łódź, das in Litzmannstadt umbenannt wurde, eingegliedert wurden. Andere annektierte Gebiete Vorkriegspolens kamen entweder zu den bereits bestehenden Provinzen Schlesien und Ostpreußen oder zu der neugebildeten Verwaltungseinheit »Reichsgau Danzig-Westpreußen«. Die deutschen Behörden hatten nicht den leisesten Zweifel, daß die eroberten Gebiete für immer beim Reich verbleiben würden; man sprach demnach von einer Wiedergewinnung der 1918 verlorenen Gebiete, nicht jedoch von einer vorläufigen Besetzung. Auch begann man unverzüglich mit der Vertreibung der dort ansässigen Polen. Diejenigen, die zu entfernen nicht mehr oder überhaupt nicht gelang, sowie diejenigen, die als »rassisch brauchbar« angesehen wurden, ließ man am Ort — die einen sollten ausgemerzt, die anderen »germanisiert« werden.

Aus den übrigen vom Dritten Reich im September 1939 eroberten Teilen Vorkriegspolens wurde aufgrund eines Hitler-Dekrets vom 12. Oktober 1939 ein neues Gebilde geschaffen, das die Bezeichnung »Generalgouvernement für die besetzten polnischen Gebiete« erhielt. Die feierliche Proklamation erfolgte am 26. Oktober 1939 und wurde von Generalgouverneur Hans Frank unterzeichnet. Bemerkenswert ist hier der Zusatz »für die besetzten polnischen Gebiete«. Zur Erinnerung: Arthur Seyss-Inquart war in Holland Reichskommissar für die besetzten niederländischen Gebiete, und Alexander v. Falkenhausen in Brüssel gab ein »Verordnungsblatt des Militärbefehlshabers in Belgien und Nordfrankreich für die besetzten Gebiete Belgiens und Nordfrankreichs« heraus; diese Tatsachen legen eine gewisse Ähnlichkeit der Besatzungssysteme nahe. Am 2. März 1940 machte Frank nach einem Gespräch mit Hitler seinen Mitarbeitern folgende Mitteilung: »Das Generalgouvernement ist zunächst bestimmt, die Heimstätte der Polen zu sein, und zwar der Polen, die unter der deutschen Machthoheit, aber nicht als deutsche Staatsbürger, hier eine Art Reservation erhalten sollen.« Zur Begründung dieser Entscheidung sowie des Verzichts (seit dem 1. Dezember 1939), das betreffende Gebiet »als Beute« zu bezeichnen, sagte Frank: »Man dachte und denkt dabei immer an die Möglichkeit, daß das besetzte Gebiet Polens beim kommenden Friedensschluß Verhandlungsobjekt sein wird. Z. B. spielt das Generalgouvernement bei den Besprechungen des Staatspräsidenten Roosevelt eine kolossale Rolle. Das Generalgouvernement wird auch als stolzer Beweis für die milde und edle Behandlung des polnischen Volkes in dieser Debatte eine großartige Rolle spielen können[2].« Vergleichen wir diese Aussage mit dem, was Frank am 6. Februar 1940 in einem Interview des »Völkischen Beobachters« sagte: »Wenn ich für je sieben erschossene Polen ein Plakat aushängen lassen wollte, dann würden die Wälder Polens nicht ausreichen, das Papier herzustellen für solche Plakate. — Ja, wir mußten hart zugreifen[3].«

Zu Friedensverhandlungen ist es bekanntlich nie gekommen. Nach dem Siegeszug im Westen war es auch nicht mehr nötig, den Anschein der »milden und edlen Behandlung des polnischen Volkes« zu wahren. Am 8. Juli 1940 forderte Hitler im Gespräch mit Frank, daß aus der Bezeichnung »Generalgouvernement« mit sofortiger Wirkung der Zusatz »für die besetzten polnischen Gebiete« zu streichen sei. In seinem Bericht über den Verlauf dieses Gesprächs während einer Abteilungsleitersitzung in Krakau am 12. Juli 1940 stellte Frank fest: »Daß es sich hierbei nicht nur um eine Umformung des Titels handelt, geht daraus hervor, daß der Führer sagt: Die neue Bezeichnung soll zum Ausdruck bringen, daß das Generalgouvernement ein wesentlicher Bestandteil des Deutschen Reiches ist und für alle Zukunft bleiben wird. Der Führer hat mir gesagt, daß er keinen Quadratkilometer dieses Gebietes hergeben wird[4].« Drei Monate vor dem Angriff auf die Sowjetunion kam es erneut zu einem Treffen zwischen Frank und Hitler. Am 25. März 1941 schrieb Frank in sein Diensttagebuch: »mit Juden werden auch die Polen dieses Gebiet verlassen. Der Führer ist entschlossen, aus diesem Gebiet im Laufe von 15 bis 20 Jahren ein rein deutsches Land zu machen. Das Wort von der Heimstätte des polnischen Volkes wird auf dieses Gebiet des bisherigen Generalgouvernements und einige Erstreckungen nun nicht mehr anwendbar sein.« Am nächsten Tag folgte eine Ergänzung: »Der Führer hat mir versprochen, daß das Generalgouvernement in absehbarer Zeit von Juden völlig befreit sein werde. Außerdem ist klar entschieden, daß das Generalgouvernement in Zukunft ein deutscher Lebensbereich sein wird. Wo heute 12 Millionen Polen wohnen, sollen einmal 4 bis 5 Millionen Deutsche wohnen. Das Generalgouvernement muß ein so deutsches Land werden wie das Rheinland[5].«

Diese Worte machen deutlich, daß nicht nur die dem Reich eingegliederten polnischen Gebiete von den Deutschen als nicht unter vorübergehender Besetzung angesehen wurden, sondern auch das Gebiet des Generalgouvernements (weiter GG) bereits im Sommer 1940 von ihnen nicht mehr als »besetztes Gebiet« angesehen wurde. Hier zeigt sich die Tendenz zur Annektierung expressis verbis.

2. Die »Rechtslage« der Polen in den eingegliederten Gebieten und im »Generalgouvernement«

Beginnen wir mit der Feststellung, daß der polnische Staat für die nach Polen einmarschierenden Einheiten der Wehrmacht, die polizeilichen Einsatzgruppen und die sich auf die Übernahme von Dienstposten in Polen vorbereitenden deutschen Beamten ein Gebilde der verhaßten Versailler Ordnung war und ihre Einstellung zum polnischen Volk von Feindseligkeit, gepaart mit Verachtung und Überlegenheitsgefühlen, geprägt war. Die im Frühjahr 1939 einsetzende Goebbels-Propaganda stimulierte diese Stimmungen geschickt, indem sie den Polen als hinterlistigen Feind und primitiven Untermenschen darstellte. Auf diese Weise wurde die Aggression psychologisch vorbereitet[6]. Auch nach Beendigung des Polenfeldzuges griff man auf die eingewurzelten Stereotypen zurück. Hier Auszüge aus der Anweisung Nr. 1306, die am 24. Oktober 1939 im Anschluß an eine Pressekonferenz im Propaganda-Ministerium erging: »Es muß auch der letzten Kuhmagd in Deutschland klargemacht werden, daß das Polentum gleichwertig ist mit Untermenschentum. Polen, Juden und Zigeuner stehen auf der gleichen unterwertigen menschlichen Stufe. [...] Dieser Tenor soll immer nur leitmotivartig anklingen und gelegentlich in feststehenden Begriffen wie ›Polnische Wirtschaft‹, ›Polnische Verkommenheit‹ und ähnlichen treten, bis jeder in Deutschland jeden Polen, gleichgültig ob Landarbeiter oder Intellektuellen, im Unterbewußtsein schon als Ungeziefer ansieht[7].«

Sowohl in den eingegliederten Gebieten als auch im GG sollten die Polen eigentlich dieselbe Rolle spielen, nämlich Diener und dem Willen und den Befehlen ihres deutschen Herrn untergeordnete Sklaven sein. Die Art, wie man sie behandelte, erinnerte sehr an koloniale Verhältnisse. Das Vorgehen der deutschen Behörden gegen die Polen in den beiden besetzten Gebieten hatte, ungeachtet einiger zum Teil recht wesentlicher Unterschiede, von denen gleich die Rede sein wird, auch zahlreiche augenfällige Ähnlichkeiten: physische Extermination der polnischen Intelligenz, Verfolgung von Kirche und Religion, Beschlagnahme und Raub von Eigentum des polnischen Staates, von Institutionen und Privatpersonen, Organisation von Razzien und Verschickung von Polen zur Zwangsarbeit ins Reich, Einführung eines die Polen diskriminierenden Arbeitsrechts (Lohnsystem, erhebliche Einschränkung der sozialen Rechtsansprüche) sowie einer diskriminierenden Kartenzuteilung, Behinderungen beim Zugang zu den Massenmedien (u. a. durch die schon im Herbst 1939 erfolgte Konfiszierung der Rundfunkempfänger), Erlaß von Vorschriften über das Verhalten gegenüber Polen, die gesellschaftliche Kontakte, das Sitzen am selben Tisch und die ohnehin als Rassenschande bezeichneten Intimbeziehungen verboten.

Die »Rechtslage« der Polen in den eingegliederten Gebieten und im GG war jedoch nicht identisch. Wer in jenem Gebiet lebte, das von den Deutschen als integraler Bestandteil des Reiches angesehen wurde, hatte zweifellos die meisten Demütigungen zu ertragen. Viele der Beschränkungen, Gebote und Verbote, die den dort lebenden Polen auferlegt waren, galten im GG nur für Juden. Dazu ein paar Beispiele. Bekannt sind die Verfügungen lokaler deutscher Behörden in den eingegliederten Gebieten, mit denen die Polen gezwungen wurden, die Deutschen zu grüßen, ihnen den Weg frei zu machen und die Kopfbedeckung vor ihnen zu ziehen, was in Warschau vor Errichtung des Gettos von den Juden ebenfalls verlangt wurde[8]. Im GG wurde Juden bereits im Januar 1940 die Benutzung der Bahn verboten, und in den eingegliederten Gebieten galt das Verbot, außerhalb der Stadtgrenzen mit Bus oder Bahn zu fahren, auch für Polen (Fahrräder durften nur für den Weg von und zur Arbeitsstelle benutzt werden). Nachdem in Warschau im Sommer 1940 eine Verfügung ergangen war, mit der Juden verboten wurde, sich auf die in den Straßen und Parks aufgestellten Bänke zu setzen, trugen in Posen die Bänke ab März 1941 die Aufschrift »nur für Deutsche«. Sowohl im GG als auch später in den besetzten Ländern Westeuropas wurden Verfügungen erlassen, die auf die Eliminierung der Juden aus bestimmten Berufen abzielten; ebensolche Bestimmungen für die eingegliederten Gebiete bezogen sich auf die Polen (beispielsweise war es ihnen verboten, als Sänger oder Musiker tätig zu sein oder eine Apotheke zu besitzen).

Erhebliche Unterschiede wies die Kulturpolitik der deutschen Behörden in den eingegliederten Gebieten und im GG auf. Unter der Regierung Frank wurden zwar die Hochschulen und Oberschulen geschlossen, jedoch blieben die Berufsschulen sowie die Volksschulen, an denen die Unterrichtssprache Polnisch war, erhalten (die Fächer Geschichte, Geographie und polnische Literatur wurden aus den Lehrplänen gestrichen). In den eingegliederten Gebieten konnten polnische Kinder nur Volksschulen besuchen, deren Unterrichtssprache Deutsch war[9]. Die Beseitigung aller Spuren des Polentums, Veränderungen in der Namensgebung sowie die Bekämpfung der polnischen Kultur, Tradition und Sprache waren Bestandteile der Germanisierung, die auf diesem Gebiet wesentlich schneller und umfassender vorangetrieben wurden als im GG[10]. Dort erschienen immerhin 10—20 Zeitungen und Zeitschriften in polnischer Sprache und von Zeit zu Zeit auch Bücher (meist Ratgeber, Nachschlagewerke, Trivialliteratur und Propagandaschriften), die natürlich vom Propagandaamt kontrolliert wurden, wohingegen die polnische Presse sowie das polnische Verlagswesen in den eingegliederten Gebieten aufhörten zu existieren. Im GG durften kleine Revuetheater spielen (wobei man übrigens ein möglichst niedriges Unterhaltungsniveau anstrebte), in den eingegliederten Gebieten jedoch wurden Auftritte polnischer Künstler verboten, und für den Besuch eines deutschen Theaters drohte den Polen eine Gefängnisstrafe.

Die Funktion der lokalen Administration sowie der Selbstverwaltungsinstitutionen zeigte in den eingegliederten Gebieten ein völlig anderes Bild als im GG. Während hier nämlich die unter deutscher Aufsicht stehenden Stadtverwaltungen weiterhin tätig waren, die Posten der Orts- und Dorfvorsteher von Polen bekleidet wurden und die polnische Polizei zwar den Deutschen unterstellt wurde, jedoch im Amt blieb, wurden im annektierten Gebiet alle vergleichbaren polnischen Ämter und Institutionen aufgelöst und durch deutsche ersetzt. Dort wurden zwar auch Polen beschäftigt, jedoch nie in Führungspositionen.

3. Die deutschen Besetzungen in zwei Weltkriegen

Im September 1939 erlebten viele Polen nach der Okkupation der Jahre 1915—1918 bereits zum zweiten Mal, daß ihr Land besetzt wurde. Damals, im Ersten Weltkrieg, bedeutete der Einmarsch der Deutschen in das russische Teilungsgebiet zwar noch nicht das Ende der Fremdherrschaft, jedoch wenigstens die Befreiung der Polen aus der zaristischen Sklaverei. Ein Teil der polnischen Öffentlichkeit verband sei-

nerzeit mit dem Sieg der Mittelmächte Hoffnungen auf eine Wiedergewinnung der Autonomie und hielt bei günstiger Entwicklung der
politischen Lage sogar einen Neuaufbau der polnischen Staatlichkeit
für möglich. Die deutschen Besatzungsbehörden stellten sich den polnischen Nationalbestrebungen nicht nur nicht entgegen, sondern för-
derten sie sogar. Die Städte erhielten ihr polnisches Aussehen zurück,
und die russisch beschrifteten Laden- und Straßenschilder verschwanden ebenso wie die von den Russen aufgestellten Denkmäler. Den Polen
wurde die Gründung eigener Gesellschaften, die Errichtung eines Schul-
wesens und die Organisation patriotischer Kundgebungen gestattet. Ferner wurden Banknoten mit dem weißen Adler ausgegeben[11].

Obwohl die Polen die Vandalismusakte und die Grausamkeit der
Deutschen während der ersten Besetzung (wie etwa das Niederbren-
nen der Stadt Kalisch [Kalisz] sowie die Repressionen gegen die Angehörigen der Untergrundorganisationen) nicht vergessen hatten, verbanden sie die Herrschaft der Deutschen jener Tage dennoch nicht mit
Anarchie und Terror. Wer geglaubt hatte, die neuerliche Besetzung würde mit der aus den Jahren des Ersten Weltkrieges irgendwelche Gemeinsamkeiten haben, wurde bereits durch den Verlauf des Septemberfeld-
zuges eines Besseren belehrt. Die Deutschen mißachteten in Polen die
internationalen Konventionen über Kriegführung, sie bombardierten
offene Städte, Flieger beschossen aus Flugzeugen Menschen auf den
Straßen, Zivilpersonen und Kriegsgefangene wurden erschossen und
Wohn- und Gotteshäuser in Brand gesteckt[12]. Die ersten Tage der
Besetzung raubten den Polen die Reste ihrer Illusionen. Das Verhalten
der Deutschen, ihre Grausamkeit, die Ausschreitungen gegen die Juden,
die Massenaussiedlungen der in den eingegliederten Gebieten lebenden Polen, deren Besitz überdies beschlagnahmt wurde, sowie die Tatsache, daß Raub und Plünderungen an der Tagesordnung waren, wurden von ihnen mit größter Überraschung zur Kenntnis genommen.
Die von den Besatzungsbehörden erlassenen Verordnungen, die Todes-
urteile und die Anwendung der kollektiven Vergeltung (in Wawer bei
Warschau erschossen die Deutschen am 27. Dezember 1939 107 unschuldige Menschen) machten den Polen klar, daß die neue deutsche
Besetzung mit der ersten nichts gemeinsam hatte.

Wurden während der ersten Besetzung am 15. November 1915 die
Universität Warschau und das Polytechnikum feierlich eröffnet, so wurde die sogenannte »Sonderaktion Krakau« vom 6. November 1939, d. h.
die Festnahme der Professoren der Jagiellonen-Universität und der Akademie für Bergbau und Hüttenwesen sowie deren Einlieferung ins Kon-

zentrationslager Sachsenhausen, zum Symbol für die zweite Besetzung. Sogar einige Deutsche waren entsetzt über das, was in Polen geschah. Am 21. November 1939 schrieb Major Helmuth Stieff aus Warschau in einem Brief an seine Familie: »Man bewegt sich dort nicht als Sieger, sondern als Schuldbewußter. [...] Die blühendste Phantasie einer Greuelpropaganda ist arm gegen die Dinge, die eine organisierte Mörder-, Räuber- und Plündererbande unter angeblich höchster Duldung dort verbricht. [...] Diese Ausrottung ganzer Geschlechter mit Frauen und Kindern ist nur von einem Untermenschentum möglich, das den Namen ›Deutsch‹ nicht mehr verdient. Ich schäme mich, ein Deutscher zu sein[13].«

Wenn das vom Okkupanten errichtete Terrorregime bei den Polen Angst und geballten Haß hervorrief, so führten Mißbrauch und einfache Diebstähle zu Spott und Verachtung. Bereits im Herbst 1939 machte in Warschau der Witz die Runde, das polnische Reisebüro »Orbis« veranstalte Berlin-Reisen unter dem Motto »Erkenne deine Möbel wieder«. Bald darauf sollte das geflügelte Wort aufkommen: »Wenn einzelne klauen, dann sind das Kleptomanen. Wenn ein ganzes Volk klaut, dann sind das Germanen[14].« Stanislaw Dzikowski schrieb in seinem gleich nach dem Krieg erschienenen schmalen Bändchen »Niemiec wyszdzony« (Der verhöhnte Deutsche)[15]: »In der direkten Auseinandersetzung waren eben wir die Vertreter der humanistischen und menschlichen Kultur, sie hingegen deren Verneinung. [...] Zwischen Beethoven und Goethe einerseits und dem heutigen Polen andererseits besteht mehr geistige Verwandtschaft als zwischen diesen beiden und dem heutigen Germanien. [...] Ein Deutscher, der ein Buch kaufte, der sich für irgendein Wissens- oder Kunstgebiet interessierte, war in Warschau eine überaus große Seltenheit, weitaus seltener als im Ersten Weltkrieg.« Daß der moralische Verfall sogar die intellektuelle Elite der Deutschen erfaßt hatte, geht aus dem Tagebuch des Arztes und Professors an der Reichsuniversität in Posen, Hermann Voß, nur allzu deutlich hervor. Am 24. Mai 1941 schrieb Voß: »Hier im Institutsgebäude ist auch im Kellergeschoß eine Verbrennungseinrichtung für Leichen. Sie steht jetzt ausschließlich im Dienst der Geheimen Staatspolizei. Die von ihr erschossenen Polen werden hier nachts eingeliefert und verbrannt. Wenn man doch nur die ganze polnische Gesellschaft veraschen könnte!« Eine weitere Eintragung vom 2. Juni 1941 lautet: »Ich glaube, man muß diese Polenfrage ganz ohne Gefühl betrachten, rein biologisch. Wir müssen sie vernichten, denn sonst vernichten sie uns. Und deshalb bin ich froh über jeden Polen, der nicht mehr lebt[16].«

Erlebten die Polen im September 1939 bei ihrem Kontakt mit den Deutschen, die sich von denen aus den Ersten Weltkrieg doch so stark unterschieden, eine Enttäuschung, so war für die Belgier, die die damalige deutsche Besatzungszeit mit blutigem Terror verbanden, das korrekte Verhalten der Deutschen im Mai 1940 eine große Überraschung. Auch die Franzosen staunten im Juni über die Haltung, die guten Manieren, die Höflichkeit und zuweilen sogar Ritterlichkeit der Okkupanten. Von Demütigung des Besiegten konnte keine Rede sein. Die Siegesparade nahm Hitler bekanntlich in Berlin und nicht in Paris ab (während er in Warschau persönlich anwesend war).

Die Anweisungen, die an die Dänemark und Norwegen besetzenden deutschen Truppen ergingen, machten deutlich, daß man nicht den Boden eines Feindes betrat. Die Soldaten hatten Befehl, sich der Bevölkerung gegenüber korrekt zu benehmen, nationale Gefühle und die örtlichen Gebräuche zu achten. Die Holländer, die über die von den Deutschen in Polen verübten Verbrechen bereits Bescheid wußten, begannen nun, am Wahrheitsgehalt dieser Informationen zu zweifeln[17]. Das Verhältnis zwischen der Bevölkerung in den besetzten Ländern Westeuropas und den Deutschen war anfangs nicht von Feindseligkeit geprägt. Man bemühte sich eher, die Deutschen zu übersehen, hielt Abstand, übte Zurückhaltung und ergab sich der Notwendigkeit der Anpassung an die neuen Verhältnisse.

Mit der Zeit wurde die Unzufriedenheit wegen des sich in die Länge ziehenden Aufenthalts der »ungebetenen Gäste« freilich immer größer, der Unwille nahm zu, Wut kam auf, die leicht in Haß umschlug. Man erkannte immer deutlicher die von den Besatzern betriebene wirtschaftliche Ausbeutung, die zunehmende Verschlechterung der Versorgungslage, den Raub von Volkseigentum, darunter auch von Kunstschätzen, die Verstärkung der Repressionen, die Einschränkungen der Bürgerrechte sowie die immer brutaler werdenden Interventionen der Polizei und der Truppe bei patriotischen Manifestationen. Nach und nach kam für jedes der von den Deutschen besetzten Länder Westeuropas der Augenblick, wo die Bezeichnung »milde Besatzung« ihre Berechtigung verloren hatte. Früher oder später zeigte das Hitlerregime überall sein wahres Gesicht, das die Polen bereits seit den ersten Tagen der Besetzung nur zu gut kannten. In Westeuropa kam es jedoch nirgendwo zu einer vollen Enthüllung dieses Gesichts. Die in Polen ziemlich lange angewandten Herrschaftsmethoden sollten für die übrigen

Völker eine Art Warnung sein, und die drohende »Polonisierung« sollte zur Kollaboration mit den Deutschen und zur Einstellung jeglicher gegen sie gerichteter Aktivitäten führen. Der Gedanke an eine politische Kollaboration wurde jedoch nirgendwo von der Masse der Bevölkerung mitgetragen. Statt dessen nahm überall die Aktivität der Widerstandsbewegungen zu, besonders nach dem Angriff Deutschlands auf die Sowjetunion. Die Antwort auf die zahlreichen Sabotage- und Diversionsakte und Anschläge waren blutige Repressionen und Geiselerschießungen, womit man also auf die in Polen erprobten Methoden zurückgriff, die später auch in Jugoslawien und in den besetzten Sowjetrepubliken angewendet wurden.

Wenn wir die Berichte der deutschen Besatzungsbehörden aus den westeuropäischen Gebieten zur Hand nehmen, können wir feststellen, daß die ersten Anzeichen für eine Verschlechterung der Stimmungslage bereits im Herbst 1940 auftauchen. Am frühesten traten sie wohl in Holland und Luxemburg auf. Es wäre zu überlegen, in welchem Maße neben den bereits erwähnten Faktoren auch die vom Okkupanten eingeführte antijüdische Gesetzgebung dazu beigetragen hat, das Ansehen der deutschen Herrschaft zu kompromittieren. Sie stand nämlich in Widerspruch zu dem in den westeuropäischen Gesellschaften geltenden Wertesystem und war mit den Grundsätzen der Demokratie, der Gleichheit vor dem Gesetz und der Toleranz unvereinbar. Der erste Streik in Amsterdam, der von den Deutschen im Februar 1941 blutig beendet wurde, war ein Protest gegen die Verfolgung der jüdischen Mitbürger.

5. Die Polen unter deutscher und sowjetischer Besatzungsherrschaft

Beginnen möchte ich mit den Parallelen bei den von beiden Besatzungsmächten durchgeführten Massendeportationen der polnischen Bevölkerung. Aus den Gebieten, die vor dem Krieg zu Polen gehörten, siedelten die sowjetischen Behörden bis Juni 1941 rund 1 250 000 polnische Staatsangehörige, darunter einige zehntausend Juden, ins Landesinnere der UdSSR aus, während die Deutschen im gleichen Zeitraum über 400 000 Polen aus den eingegliederten Gebieten ins GG abtransportierten[18]. Beide Vertreibungsaktionen waren in bezug auf Durchführung und Verlauf absolut identisch: Die Menschen wurden unvermittelt aus der Wohnung bzw. vom Hof geworfen, durften nur Handgepäck mitnehmen und wurden unter entsetzlichen, für so manchen Betroffenen tödlichen Bedingungen transportiert.

Ein weiteres für beide Besatzungssysteme charakteristisches Merkmal waren die Repressionen und Terrorakte: Massenverhaftungen, dieselben Verhörmethoden und Folterungen in den Gefängnissen des NKVD (Narodnyj Komissariat Vnutrennych Del = Volkskommissariat des Innern) und der Gestapo, dieselben Verfolgungen von Vertretern der polnischen Intelligenz, in der beide Besatzungsmächte die Keimzelle von Unabhängigkeitsbestrebungen und die Organisatoren der Widerstandsbewegung sahen.

Ein weiterer Bereich, in dem das Verhalten der beiden Besatzungsmächte völlig identisch war: Raub von Eigentum des polnischen Staates und polnischer Institutionen sowie der Abtransport von Maschinen, Industrieanlagen und der in Lagern und Großhandlungen aufbewahrten Rohstoffe und Waren aus dem GG ins Reich bzw. aus den von den Sowjets besetzten Gebieten ins Landesinnere der UdSSR. Sowohl in den deutschen als auch in den sowjetischen Besatzungsgebieten kam es ferner zu Verfolgungen der katholischen Kirche und des katholischen Glaubens, die sich in der Entehrung von Kultstätten, der Schließung von Kirchen, der Reduzierung der Zahl der Gottesdienste und der Festnahme und Inhaftierung von Priestern und Mönchen äußerten.

Sowohl unter der deutschen als auch unter der sowjetischen Besatzungsherrschaft mußte die polnische Stadtbevölkerung Lebensbedingungen hinnehmen, die wesentlich schlechter waren als die vor dem Krieg. Pauperisierung, Primitivierung der Lebensverhältnisse, Schwierigkeiten bei der Versorgung, Not und Hunger machten sich sowohl unter deutscher als auch unter sowjetischer Herrschaft in gleicher Weise bemerkbar.

Trotz all dieser Parallelen darf man nicht vergessen, daß zwischen der deutschen und der sowjetischen Herrschaft in Polen in bezug auf die Lage der Bevölkerung zahlreiche recht deutliche Unterschiede bestanden. Wenn ich mich nicht irre, wird in diesem Zusammenhang besonders häufig das so unterschiedliche Schicksal der gefangengenommenen polnischen Offiziere angeführt. Die entscheidende Mehrheit der in deutschen Offizierlagern Inhaftierten hat den Krieg überlebt, und das in der Regel sogar unter anständigen Bedingungen, hingegen wurden bekanntlich zehntausende polnischer Offiziere und Unteroffiziere der Reserve von den Sowjets ermordet[19]. Man muß jedoch hinzufügen, daß sie in den Gefangenenlagern selbst bis zu ihrer Liquidierung korrekt behandelt wurden.

Für die sowjetischen Behörden war so gut wie jeder Pole die Personifizierung des Klassen- und Weltanschauungsfeindes und Systemgegners, aber nicht, wie für die Deutschen, der Vertreter eines verachtenswerten Volkes oder einer minderwertigen Rasse. Dieser Unterschied in der Betrachtung der Polen hatte auf das Verhalten der beiden Besatzungsmächte gegenüber dem polnischen Volk und auf seine Bekämpfung zwar kaum Auswirkungen (die Zahl der Opfer, die Materialverluste und das Ausmaß physischen Leidens waren ungefähr gleich), sie spielte im Verhalten gegenüber den Polen im Alltag indes eine große Rolle. Unter sowjetischer Besatzung mußten die Polen nicht auf Schritt und Tritt mit Demütigungen und dauernden Schikanen rechnen, niemand machte den Versuch, sie zu erniedrigen, ihre nationale Würde wurde nicht dauernd mit Füßen getreten. Anders als die Deutschen erließen die Sowjets keine Verordnungen, die *nur* die Polen oder *nur* die Juden betrafen, sie führten weder eine Segregation noch eine nationale Diskriminierung ein.

Wenig Gemeinsamkeiten hatte auch die Bildungspolitik der beiden Besatzungsmächte. Obwohl die Sowjets ebenso wie die Deutschen die Fächer Geographie und polnische Geschichte aus den Lehrprogrammen strichen und das private Schulwesen abschafften, ging unter sowjetischer Besatzungsherrschaft der Unterricht an den staatlichen Volks- und Oberschulen mit Polnisch als Unterrichtssprache weiter, und der Zugang zu den Hochschulen wurde den jungen Polen ebensowenig verwehrt. In einigen Gebieten war die Zahl der polnischen Kinder, die eine Oberschule besuchten, während der Besatzungszeit größer als vor dem Krieg[20]. Die Lehrer bildeten eine von den Sowjetbehörden geachtete und anerkannte Berufsgruppe.

Ein völlig unterschiedliches Bild zeigen auch die Kulturpolitik und die Einstellung der beiden Besatzungsmächte zur polnischen nationalen Tradition. Unter sowjetischer Herrschaft gingen in den polnischen Schauspielhäusern (im Generalgouvernement hingegen nur in den kleinen Revuetheatern) die Aufführungen weiter[21]. Es wurden schöngeistige Werke herausgegeben, und die polnische Presse wurde zwar zensiert, jedoch wesentlich anspruchsvoller als die »Reptilienpresse« im GG. Dieser Kontrast wird noch deutlicher, wenn man folgendes bedenkt: Während die Deutschen in Krakau und Posen die Mickiewicz-Denkmäler stürzten (in Warschau entfernten sie u. a. das Chopin-Denkmal), begingen die sowjetischen Behörden hingegen festlich und mit großem Aufwand den 85. Todestag des Dichters. Der an der Spitze der Warschauer Kommandantur stehende Oberst v. Unruh schrieb in seinem Bericht vom 20. März 1941: »Noch mehr wie vorher wird von einem unmittelbar bevorstehenden Krieg mit Rußland gesprochen. Während man aber früher einen Sieg der Russen nicht wünschte, ist jetzt die Stimmung dahin umgeschlagen, daß man eine russische Herrschaft den dauernden deutschen Mißhandlungen vorzieht, zumal die Russen, wie bekannt wurde, in letzter Zeit die Polen ausgesucht gut behandeln. So wurde zum Beispiel auch für den polnischen Nationaldichter Mickiewicz — eine Art Schiller für das polnische Volk —, dessen Denkmal in Krakau entfernt worden ist, in Rußland eine Gedenkwoche von der Sowjetregierung angeordnet[22].«

6. Der deutsch-sowjetische Krieg und seine Konsequenzen

Man kann darüber streiten, ob der 22. Juni 1941 in der Geschichte der deutschen Herrschaft in Polen eine große Zäsur bildet. Tatsache ist, daß das gesamte Gebiet Vorkriegspolens erst infolge des Überfalls auf die UdSSR unter deutsche Herrschaft geriet. Bestimmte Entscheidungen gingen dem eigentlichen Kriegsausbruch übrigens schon voraus, obwohl sie in engem Zusammenhang mit diesem Feldzug standen, wie etwa die bereits im März von Hitler gefaßten Beschlüsse über das weitere Schicksal des GG. Entsprechende Maßnahmen wurden bereits früher eingeleitet, wie zum Beispiel die am 4. März 1941 ergangene Verordnung über die Deutsche Volksliste und die deutsche Staatsangehörigkeit in den eingegliederten Ostgebieten (deren Zweck unter anderem darin bestand, die Auffüllung der deutschen Armee mit gebürtigen Polen zu ermöglichen), der Übersiedlungsstop deutscher Bauern in das Wartheland und die von der SS getroffenen Vorbereitungen einer deutschen Kolonisierung im Distrikt Lublin im GG.

Der Angriff auf die Sowjetunion war für das Dritte Reich zweifellos das Signal, die geplante »Endlösung der Judenfrage« in Angriff zu nehmen und den Plan zur Vernichtung aller europäischen Juden in die Tat umzusetzen. Obwohl der erste Abschnitt des Holocaust auf polnischem Boden sich bereits im Herbst 1939 abgespielt hatte, begann die eigentliche Massenvernichtung erst nach dem 22. Juni 1941. Anfangs waren es von Einsatzgruppen des SD und der Sicherheitspolizei in den besetzten sowjetischen Gebieten begangene Morde. Am 8. Dezember 1941 wurde auf dem Boden der eingegliederten polnischen Gebiete das Vernichtungslager für Juden in Kulm (Chełmno) am Ner in Betrieb genommen, und kurze Zeit später entstanden weitere Lager dieser Art im GG (Sobibór, Betiec, Majdanek, Treblinka). Da man wußte, wie groß die Zahl der in Polen lebenden Juden war, jedoch keinen Massenmord vor den Augen der Westeuropäer begehen wollte, wurde auf der Wannseekonferenz vom 20. Januar 1942 als Vernichtungsort für das europäische Judentum das besetzte Polen gewählt. Die Judentransporte aus Frankreich, Belgien, Holland und Norwegen ins GG erfolgten zur selben Zeit wie die Liquidierung von rund 300 000 Juden aus dem Warschauer Getto in den Gaskammern von Treblinka.

All dies deutet darauf hin, daß die Deutschen vorhatten, nach der »Endlösung« der Judenfrage die Lösung der Polenfrage in Angriff zu nehmen. Die Lage an den Fronten des Zweiten Weltkrieges machte die Durchführung dieses Vorhabens jedoch unmöglich. Es fehlte ganz einfach an Zeit und Gelegenheit; und ein Hindernis waren auch der Widerstand der polnischen Gesellschaft und die bewaffneten Aktionen des polnischen Untergrunds. Die Versuche der »Eindeutschung« des GG (im Herbst 1942 wurde die Aktion »Zamość« durchgeführt) mußten aufgegeben werden[23].

Erst 1943 begannen die deutschen Besatzungsbehörden im GG darüber nachzudenken, ihre Politik gegenüber dem polnischen Volk zu ändern, den Kurs zu liberalisieren und zu versuchen, sie für den »antibolschewistischen Kreuzzug« zu gewinnen[24]. Die deutsche Propaganda in Zusammenhang mit dem Fall Katyń brachte jedoch nicht den erhofften Erfolg, und auch spätere Propagandaaktionen, die die Polen zu einer Zusammenarbeit mit den Deutschen bewegen sollten, blieben ergebnislos. Zu lang war die Liste der Opfer, zu groß waren das Unrecht und die Demütigungen, als daß die Polen zu irgendeinem Kompromiß mit den Deutschen bereit gewesen wären, und das nicht erst in den Jahren 1943 oder 1944, sondern bereits 1941. Die deutsche Herrschaft in Polen hatte in den Jahren 1939 bis 1941 nur allzu deutlich das wahre Gesicht des Aggressors enthüllt, seine Ziele, Methoden und Absichten in bezug auf den polnischen Staat und das polnische Volk offenbart. An die wenigen Deutsche, die mit ihrem Verhalten den guten Ruf des deutschen Volkes bewahrten, werden sich die Polen noch in Jahren mit Achtung und Dankbarkeit erinnern[25].

Anmerkungen

[1] Czesław Madajczyk, Die Herrschaftssysteme in den Okkupationsgebieten der Achsenmächte (1938—1945). Ein Vergleich, in: Europäischer Widerstand im Vergleich, hrsg. von Ger van Roon, Berlin 1985, S. 16—37; Madajczyk ist der Autor des zweibändigen Werks Faszyzm i okupacje 1938—1945. Wyko-

nywanie okupacji przez państwa Osi w Europie (Faschismus und Besatzungen 1938—1945. Der Vollzug der Besetzungen durch die Achsenmächte in Europa, Poznań 1983—1984.

[2] Das Diensttagebuch des deutschen Generalgouverneurs in Polen 1939—1945, hrsg. von Werner Präg, Wolfgang Jacobmeyer, Stuttgart 1975, S. 128f.

[3] Ebd., S. 104.

[4] Ebd., S. 251.

[5] Ebd., S. 335f. und 338f.

[6] Näheres bei Jutta Sywottek, Mobilmachung für den totalen Krieg. Die propagandistische Vorbereitung der deutschen Bevölkerung auf den Zweiten Weltkrieg, Opladen 1976; vgl. auch Tomasz Szarota, Poland and Poles in German Eyes during World War II, in: Polish Western Affairs, 1978, Nr. 2, S. 229—254.

[7] Die Fotokopie des Dokuments (Bundesarchiv Koblenz, Zsg.101/4) wurde in Madajczyks Standardwerk: Polityka III Rzeszy w okupowanej Polsce, Bd 1, Warszawa 1970, nach S. 400 reproduziert. Dieses Buch ist in einer verkürzten deutschen Übersetzung erschienen: Die Okkupationspolitik Nazideutschlands in Polen 1939—45 [ins Deutsche übertragen und wissenschaftlich bearbeitet von Berthold Puchert], Berlin (Ost) 1987.

[8] Für einen Vergleich beispielsweise der Situation in Warschau und Posen empfehlen sich sehr die Chroniken dieser beiden Städte: Władysław Bartoszewski, 1859 dni Warszawy (1859 Tage Warschau), Kraków 1974, sowie Czesław Łuczak, Dzień po dniu w okupowanym Poznaniu (Tag für Tag im besetzten Posen), Poznań 1989; vgl. auch Tomasz Szarota, Warschau unter dem Hakenkreuz. Leben und Alltag im besetzten Warschau 1.10.1939 bis 31.7.1944, Paderborn 1985.

[9] Aus den eingegliederten Gebieten wurde keine Verwaltungseinheit gebildet, weshalb jeder der »Statthalter« (Bracht, Forster, Greiser und Koch) bei der Bekämpfung des Polentums etwas andere Methoden anwandte. Selbst gleiche Vorschriften wurden nicht überall gleichermaßen streng eingehalten.

[10] Vgl. Georg Hansen, »Damit wurde der Warthegau zum Exerzierplatz des praktischen Nationalsozialismus«. Eine Fallstudie zur Politik der Einverleibung, in: September 1939. Krieg, Besatzung, Widerstand in Polen, hrsg. von Christoph Kleßmann, Göttingen 1989, S. 55—72.

[11] Vgl. Krzysztof Dunin-Wąsowicz, Warszawa w czasie pierwszej wojny światowej (Warschau während des Ersten Weltkrieges), Warszawa 1974.

[12] Die umfangreichste Dokumentation zu diesem Thema ist in zwei Werken von Szymon Datner enthalten: Zbrodnie Wehrmachtu na jeńcach wojennych w II wojnie światowej (Die Verbrechen der Wehrmacht an den Kriegsgefangenen im Zweiten Weltkrieg), Warszawa 1961, sowie: 55 dni Wehrmachtu w Polsce. Zbrodnie dokonane na polskiej ludności cywilnej w okresie 1.9.—25.10.1939 (55 Tage Wehrmacht in Polen. Die an der polnischen Zivilbevölkerung vom 1.9.—25.10.1939 begangenen Verbrechen), Warszawa 1967.

[13] Ausgewählte Briefe von Generalmajor Helmuth Stieff, hrsg. von Hans Rothfels, in: Vierteljahrshefte für Zeitgeschichte, 2 (1954), H. 3, S. 299 (im Jahre 1944 wurde der Verfasser dieses Briefes, ein aktives Mitglied der militärischen Anti-Hitler-Opposition, ermordet).

[14] Vgl. Tomasz Szarota, Germans in the Eyes of Poles during World War II, in: »Acta Poloniae Historica«, Bd 47, 1983, S. 151—194.

[15] Warszawa 1946, S. 117f.

[16] Umfangreiche Fragmente des Tagebuchs von Prof. Hermann Voß wurden bereits 1955 von Karol Marian Pospieszalski im »Przegląd Zachodni« (Westliche Umschau) veröffentlicht (in deutscher Sprache). Pospieszalski kannte das Schicksal des Autors nicht. Erst 1987 kam heraus, daß Voß bis 1962 an den Universitäten Halle, Jena und Greifswald gelehrt hatte.

[17] Vgl. Tomasz Szarota, Alltag in Warschau und anderen besetzten Hauptstädten, in: September 1939 (wie Anm. 10), S. 73—94.

[18] Angaben zu den Polentransporten ins Landesinnere der UdSSR: Piotr Żaroń, Ludność polska w Związku Radzieckim w czasie II wojny światowej (Die polnische Bevölkerung in der Sowjetunion während des Zweiten Weltkrieges), Warszawa 1990, S. 125—143, sowie Julian Siedlecki, Losy Polaków w ZSRR w latach 1939—1986 (Das Schicksal der Polen in der UdSSR in den Jahren 1939—1986), London 1987, S. 44—63; Angaben zu den von den Deutschen durchgeführten Aussiedlungen: Czesław Łuczak, Polityka ludnościowa i ekonomiczna hitlerowskich Niemiec w okupowanej Polsce (Die Bevölkerungs- und Wirtschaftspolitik Hitler-Deutschlands im besetzten Polen), Poznań 1979, S. 117—128, ferner Włodzimierz Jastrzębski, Hitlerowskie wysiedlenia z ziem polskich wcielonych do Rzeszy w latach 1939—1945 (Die hitleristischen Aussiedlungen der Polen aus den eingegliederten Gebieten in den Jahren 1939—1945), Poznań 1968.

[19] Welche Motive die Sowjets für dieses Verbrechen hatten, ist nie ganz geklärt worden. In Katyń entdeckten die Deutschen nur Gräber von Gefangenen aus dem Lager Kozel'sk. Erst im Juni 1990 stieß man in einem Wald in der Nähe von Char'kov auf einen mutmaßlichen Exekutionsort von Gefangenen aus dem Lager Starobelsk, während der Ort, an dem die Offiziere aus dem Lager Ostaškov hingerichtet wurden, bis heute unbekannt ist.

[20] Davon zeugt das von Żaroń angeführte Zahlenmaterial (wie Anm. 18), S. 103.

[21] Nähere Angaben über die von den Deutschen herausgegebenen Presseerzeugnisse bei Lucjan Dobroszycki, Die legale polnische Presse im Generalgouvernement 1939—1945, München 1977.

[22] Institut für Zeitgeschichte, München, MA 679/2, Bl. 1111.

[23] Vgl. Zamojszczyzna — Sonderlaboratorium SS. Zbiór dokumentów polskich i niemieckich z okresu okupacji hitlerowskiej (Sonderlaboratorium SS. Eine Sammlung polnischer und deutscher Dokumente aus der Zeit der hitleristischen Besatzung), 2 Bände, unter der Redaktion von Czesław Madajczyk, Warszawa 1979.

[24] Ich denke hierbei vor allem an Hans Franks Denkschriften für Hitler vom 25.5. und 19.6.1943, auszugsweise in: Die faschistische Okkupationspolitik in Polen (1939—1945), Dokumentenauswahl und Einleitung von Werner Röhr unter Mitarbeit von Elke Heckert (u.a.), Berlin (Ost) 1989.

[25] Vgl. Zehn Gerechte. Erinnerungen aus Polen an die deutsche Besatzungszeit 1939—1945, gesammelt und eingeleitet von Jan Turnau, Übertragung aus dem Polnischen: Wolfgang Grycz, Mainz, München 1989.

Jan T. Gross

Die Sowjetisierung Ostpolens
1939—1941*

Der Zweite Weltkrieg begann am 1. September 1939 mit dem deutschen Überfall auf Polen. Da die Luftwaffe Adolf Hitlers als Angriffsspitze navigatorische Unterstützung brauchte, wurde an diesem verhängnisvollen Morgen folgendes Telegramm von Berlin nach Moskau geschickt: »Der Chef des Generalstabs der Luftwaffe wäre dem Volkskommissariat für Telegraphie und Telefonie besonders dankbar, wenn der Rundfunksender Minsk bis auf weiteres und ab sofort für dringende Navigations-Versuche in den freien Zeiten seines Programms andauernden Strich mit eingestreuten Rufzeichen: ›Richard Wilhelm 1.0.‹ und im Verlauf seines Programms möglichst oft den Namen ›Minsk‹ senden könnte.« Der deutsche Botschafter in Moskau, Graf v. der Schulenburg, übermittelte unverzüglich die sowjetische Antwort: »Sowjetregierung ist bereit, dortigen Wünschen in der Weise entgegenzukommen, daß Rundfunksender Minsk im Verlaufe seines Programms, das zu diesem Zwecke um zwei Stunden verlängert werden könnte, möglichst oft das Wort Minsk sendet. Sie bittet anzugeben, ob hierfür bestimmte Zeiten besonders erwünscht sind. Darüber hinausgehende Rufzeichen möchte Sowjetregierung unterlassen, um Aufsehen zu vermeiden[1].«

In der neueren Geschichte Polens ist das Land wiederholt den imperialistischen Zielen seiner mächtigen Nachbarn zum Opfer gefallen. Im Jahre 1939 aber entwickelten sich die Ereignisse mit einer noch nie dagewesenen Geschwindigkeit. Am 23. August, kaum eine Woche vor den ersten Schüssen des Krieges, schlossen die Außenminister Hitlers und Stalins in Moskau den Nichtangriffspakt. Der Vertrag enthielt ein geheimes Zusatzprotokoll, in dem die nördliche Grenze Litauens als Trennlinie zwischen den sowjetischen und deutschen Interessensphären im Baltikum festgelegt und das polnische Territorium entlang der Linie der Flüsse Narew, Weichsel und San geteilt wurde[2]. Die militärische Zusammenarbeit zwischen den beiden Diktatoren begann, sobald sie sich über die Aufteilung großer Teile Europas geeinigt hatten. Zunächst stritten sie sich freilich noch über Formfragen. Die Sowjets waren den Deutschen gegenüber zwar sehr entgegenkommend, fürchteten aber, sie könnten mit den Kriegsanstrengungen Hitlers offen identifiziert werden. Die Deutschen dagegen waren bemüht, ihre Zusammenarbeit mit der UdSSR amtlich werden zu lassen.

Am 3. September, dem Tag der Kriegserklärung Frankreichs und Englands an Deutschland, bat Außenminister Ribbentrop um Auskunft, ob die Sowjetunion nicht die militärische Besetzung des ihr im geheimen Zusatzprotokoll zugestandenen Teils von Polen für »geboten« erachte. Noch nicht, antwortete Molotov, natürlich aber werde die Sowjetunion zu gegebener Zeit »konkrete Aktionen« unternehmen. »Es ist möglich, daß wir uns irren,« fuhr er in einer für einen sowjetischen Staatsmann ungewohnt zaghaften Ausdrucksweise fort, »es scheint uns aber, daß durch Übereilung der Sache geschadet und der Zusammenschluß der Gegner gefördert werden könnte[3].« Während der folgenden Woche, in der schwere Kämpfe an der deutsch-polnischen Front stattfanden, wurden gelegentliche Höflichkeiten zwischen sowjetischen und deutschen Diplomaten ausgetauscht (wie zum Beispiel Molotovs Glückwunschnote an die Reichsregierung, nachdem Truppenverbände der Wehrmacht die Vororte Warschaus erreicht hatten), und die Sowjets verfügten erste Maßnahmen mit dem Ziel, den Marschbefehl für die Rote Armee früher zu erteilen, als ursprünglich geplant. Gleichzeitig suchten sie nach einer diplomatischen Rechtfertigung für ihre bevorstehende Überschreitung der polnischen Grenze. Im Kreml wurde beschlossen, bekanntzugeben, die Rote Armee sei in Polen einmarschiert, um den bedrohten Ukrainern und Weißrussen zu Hilfe zu kommen. »Mit dieser Begründung sollte den Massen das Eingreifen der Sowjetunion plausibel gemacht« werden, so Molotov zu Botschafter Schulenburg anläßlich eines Treffens am 10. September, gleichzeitig sollte »vermieden werden, daß die Sowjetunion als Angreifer erscheint.« Molotov bat Schulenburg um Auskunft, wann die Deutschen mit der Einnahme Warschaus rechneten — »Für die politische Untermauerung sowjetischen Vorgehens [...] sei es von größtem Werte, erst dann zur Aktion zu schreiten, wenn das Regierungszentrum Polens [...] gefallen sei[4].«

Der deutsche Außenminister war verständlicherweise irritiert. Eine solche Rechtfertigung, erklärte er in einem langen Telegramm an seinen Botschafter in Moskau, würde die beiden »Staaten vor der Welt als Gegner in Erscheinung treten lassen.« Doch die sowjetischen Führer maßen der Propaganda sowie der Sicherung ihres noch verbleibenden internationalen Rufes eine sehr große Bedeutung bei. So räumte Molotov zwar ein, daß die vorgesehene Begründung »für das deutsche Empfinden einen kleinen Schatten enthalte,« ersuchte aber die deutschen Führer, »im Hinblick auf die schwierige Lage der Sowjetregierung über diesen Strohhalm nicht zu stolpern; die Sowjetregierung sieht für eine andere Motivierung leider keine Möglichkeit«, da sie »ihr jetziges Eingreifen nach außen irgendwie begründen müsse[5].«

Als am 17. September, um 2 Uhr morgens, der deutsche Botschafter in den Kreml gerufen wurde, wurde er von Stalin, Molotov und Vorošilov empfangen, die ihn von der unmittelbar bevorstehenden Überschreitung der polnischen Grenze durch die Rote Armee in Kenntnis setzten. Gleichzeitig wurde ihm die Erklärung gezeigt, die zur Aushändigung an den polnischen Botschafter bestimmt war. Der »mir vorgelesene Entwurf«, meldete Graf v. der Schulenburg per Eiltelegramm noch am gleichen Morgen nach Berlin, »enthielt drei für uns unannehmbare Stellen. Auf meine Einwände änderte Stalin den Wortlaut bereitwilligst so ab, daß die Note mir nunmehr als für uns tragbar erscheint[6].« Somit war die diplomatische Erklärung, welche der stellvertretende Volkskommissar für Auswärtige Angelegenheiten Potëmkin um 3 Uhr morgens an den polnischen Botschafter Wacław Grzybowski aushändigte, ein gemeinsamer Entwurf deutscher und sowjetischer Staatsmänner, genauso wie der Nichtangriffspakt vom 23. August, der diese Erklärung ermöglichte[7].

Erst jetzt, als die Wehrmacht und die Rote Armee bereits auf polnischem Boden standen, erklärte sich Stalin bereit, eine gemeinsame russisch-deutsche Erklärung abzugeben. Wiederum lehnte er den deutschen Entwurf des Communiqués ab, »da es den Tatbestand mit allzu großer Offenheit darlege«, und schrieb selbst einen neuen Entwurf: »Zur Verhütung von irgendwelchen unbegründeten Gerüchten hinsichtlich der Aufgaben der deutschen und sowjetischen Truppen, die in Polen tätig sind, erklären die Deutsche Reichsregierung und die Regierung der UdSSR, daß die Handlungen dieser Truppen keinerlei Ziele verfolgen, die den Interessen Deutschlands und der Sowjetunion zuwiderlaufen und dem Geiste und Buchstaben des zwischen Deutschland und der UdSSR geschlossenen Nichtangriffsvertrages widersprechen. Die Aufgabe dieser Truppen besteht, im Gegenteil, darin, in Polen Ordnung und Ruhe herzustellen, die durch den Zerfall des polnischen Staates zerstört wurden, und der Bevölkerung Polens zu helfen, die Bedingungen seines staatlichen Daseins neu zu regeln[8].« Ob die Erklärung überhaupt Gerüchte bannte, ist fraglich, denn nur sechs Wochen später verpackten die Sowjets ihre öffentlichen Äußerungen nicht mehr in solch äsopische Sprache: »Nach einem schnellen Schlag gegen Polen, zuerst vom deutschen Heer und dann von der Roten Armee, blieb von diesem häßlichen Ergebnis des Versailler Vertrages nichts mehr übrig,« erklärte Außenminister Molotov am 31. Oktober in seiner programmatischen Siegesrede vor dem Obersten Sowjet der UdSSR[9].

Die sowjetische Seite war trotz ihres kleineren militärischen Beitrages der Hauptverfasser *aller* deutsch-sowjetischen Dokumente, die im Spätsommer und Frühherbst des Jahres 1939 das Schicksal Polens besiegelten. In der Tat wurde die endgültige Grenze zwischen der UdSSR und Deutschland, eine ganz andere, als im Nichtangriffspakt vom August ursprünglich vorgeschlagen, schließlich nach den Wünschen Stalins gezogen. Das gemütliche Klima der gegenseitigen Zusammenarbeit zwischen den beiden Diktatoren ist in deren diplomatischer Korrespondenz gut festgehalten. In einem besonders aufschlußreichen Briefwechsel bat das deutsche Auswärtige Amt erfolgreich um mehrere hundert Quadratkilometer dicht bewaldeten Gebietes in der Nähe der Stadt Augustowo, die nach den vereinbarten Grundsätzen für das Teilen der Beute Rußland hätte erhalten sollen. Joachim v. Ribbentrop war ein passionierter Jäger und glaubte, er würde in diesen Wäldern viel Wild erlegen können. Als Stalin darauf aufmerksam gemacht wurde, widmete er der Sache sein persönliches Interesse. »Das Gebiet«, beschloß Stalin, »solle Deutschland wegen der guten Hirsche für seinen Reichsaußenminister zugesprochen werden[10]«.

Als die Rote Armee am 17. September 1939 in Polen einmarschierte, waren die örtliche Bevölkerung sowie die zivilen und militärischen Behörden über die Ziele des sowjetischen Einfalls völlig verwirrt. »Wohin marschierte diese graue, mit roten Sternen dekorierte Armee? Brachte sie uns Hilfe oder die endgültige Niederlage? Was hatte das alles zu bedeuten?«, fragte sich damals ein Augenzeuge aus der Woiwodschaft Nowogrod[11]. Bei der polnischen Regierung und beim Oberkommando der Streitkräfte herrschte völliges Durcheinander. Als sie vom sowjetischen Einmarsch erfuhren, bereiteten sie sich auf die Flucht über die rumänische Grenze vor. Das Grenzverteidigungskorps (KOP), das für die Sicherung der Grenze verantwortlich war, erhielt nach dem sowjetischen Einmarsch in Polen keine Befehle vom Oberkommando. Die Verwirrung gewann vollends die Oberhand. In Tarnopol forderte der Kreispräfekt die Bevölkerung über Lautsprecher auf, der eintreffenden Sowjetarmee einen freundlichen Empfang zu bereiten. In Stanislau ließ der Bürgermeister überall in der Stadt Plakate aufhängen, die zu einer ruhigen und freundlichen Begrüßung der Sowjets aufriefen. In Rowno erschien der Kreispräfekt persönlich mit einem aus Kreisbeamten bestehenden Gefolge, um die Spitze der sowjetischen

Kolonne zu begrüßen. Einheiten der Roten Armee marschierten Seite an Seite mit Abteilungen des polnischen Heeres durch die Straßen von Luzk, und beide Seiten ließen einander an Straßenkreuzungen den Vorrang[12]. Dieses friedliche Miteinander währte nicht lange. Doch bevor die örtlichen Beamten schließlich verhaftet und die Soldaten entwaffnet und gefangengenommen wurden, muß jedes freundschaftliche Zusammentreffen den verworrenen Gerüchten, die sich in Windeseile überall ausgebreitet hatten, einen zusätzlichen Nährboden verschafft haben. Da die sowjetischen Soldaten nach der amtlichen Rechtfertigung des Einmarsches gekommen waren, um ihre »Blutsbrüder« in der Westukraine und im westlichen Weißrußland zu schützen, waren sie auch möglicherweise über ihren Auftrag im unklaren.

Vom September 1939 bis Juni 1941 verwaltete die Sowjetunion ungefähr die Hälfte des Vorkriegsterritoriums des polnischen Staates. Das Gebiet umfaßte ca. 200 000 Quadratkilometer und war von über 13 Millionen Einwohnern bewohnt. Getreu seinem umgangssprachlichen Namen »Polen B« handelte es sich um den Hinterhof eines Staates im Hinterhof Europas. Volkspolen waren in diesem Gebiet eine Minderheit — sie stellten nur etwa ein Drittel der Gesamteinwohnerzahl[13]. Ein weiteres Drittel waren Ukrainer. Bei dem verbleibenden Rest handelte es sich zu etwa gleichen Teilen um Juden, Weißrussen und um rückständiges orthodoxes Landvolk (weitestgehend Bewohner der Polessje), die keinen ausgeprägten nationalen Identitätssinn hatten und sich selbst als »Einheimische« bezeichneten. Slavische Nationalitäten konzentrierten sich regional auf bestimmt Gebiete, während die Juden sich eher in Städten konzentrierten, die über das ganze Gebiet verstreut waren. Die Juden waren dem mosaischen Glauben verhaftet, dagegen gehörten die Polen fast ausnahmslos der römisch-katholischen Kirche an. Die in Ost-Galizien wohnenden Ukrainer waren griechisch-katholisch, wohingegen die Ukrainer Wolhyniens orthodox waren, genau wie die Weißrussen und die Bewohner der Polessje.

Die Osthälfte Polens ließ sich in drei Zonen von Nord nach Süd teilen. Im Süden wohnte eine deutliche ukrainische Mehrheit (mit Ausnahme einiger Gegenden, in denen die Zahl der Polen und ihrer ukrainischen Nachbarn mehr oder weniger gleich waren). Im mittleren Teil, d. h. in der Polessje und in Wolhynien, stand eine kleine polnische Minderheit einem größtenteils orthodoxen Landvolk gegenüber — Ukrainer im Süden, dann »Einheimische« und schließlich am nördlichen Rande zunehmend Weißrussen. Im nördlichen Teil waren die Polen in der Mehrheit, sie standen aber einer zahlenmäßig starken weißrussischen

Minderheit gegenüber. In den Städten stellten die Juden das Hauptgegenstück zu den Polen dar. Insgesamt handelte es sich um eine verarmte Agrargesellschaft (81 Prozent ländliche Bevölkerung), in der der materielle Lebensstandard unter dem nationalen Durchschnitt lag[14].

Auch unter den günstigsten Voraussetzungen hätte eine Verwaltung, die dem Wiederaufbau eines Nationalstaates verpflichtet ist (wie es die polnischen Regierungen in der Zeit zwischen den Kriegen waren), Schwierigkeiten, eine derart zersplitterte Peripherie zu durchdringen. Die Unbeständigkeit der Nationalfrage im Europa der zwanziger und dreißiger Jahre, die gesellschaftlich explosive Frage der ländlichen Überbevölkerung und der Agrarreform, die aufgrund des polnisch-sowjetischen Krieges 1920 so spürbar gewordene Gefahr eines kommunistischen Umsturzes — das Zusammenwirken all dieser Faktoren führte zu einer ziemlich grobschlächtigen Politik der Polonisierung in diesen Gebieten über zwei volle Jahrzehnte der wiedergewonnenen polnischen Unabhängigkeit (1918—1939). Dadurch wurden die nationalen Minderheiten, die in diesen Landstrichen eine Mehrheit darstellten, sehr wirksam entfremdet. Und da der polnische Verwaltungsapparat unmittelbar nach dem deutschen Überfall zusammenbrach, was zu einem Machtvakuum führte, explodierten die im Laufe der Jahre angewachsenen Ressentiments und Gefühle von Unrecht und Feindseligkeit und forderten viele Menschenopfer.

Die polnischen Bauern, die in den zwanziger und dreißiger Jahren von der Regierung als sogenannte Militärkolonisatoren in diesem Gebiet angesiedelt worden waren, traf die Hauptwucht des Zorns der ethnischen Minderheiten (aber auch ukrainische und weißrussische Bauern und gelegentlich jüdische Schtetel wurden Opfer solcher Übergriffe)[15]. Die einmarschierenden Sowjets bedienten sich der Schlagworte »nationale Befreiung« und »Klassenemanzipation«[16]. Ein bereits während des polnisch-sowjetischen Krieges 1920 in der sowjetischen Propaganda benutzter Begriff — *polskie pany* (polnische Herren)[17] — verband die beiden Schlagworte. So sollten Weißrussen und Ukrainer in einem Kunststück gleichzeitiger Klassenemanzipation und nationaler Befreiung von der polnischen Vorherrschaft befreit werden. Aufgeregte Mengen ukrainischer Bauern, die solche Parolen allzu wörtlich nahmen, wurden recht bald in ihren Erwartungen gedämpft. Als sie nämlich den langersehnten Zusammenbruch des polnischen Staates ganz in Hochstimmung auch mit Fahnen in den blau-gelben ukrainischen Nationalfarben feiern wollten, wurden sie vom ersten sowjetischen Beamten, dem ihre Begrüßung gegolten hatte, auf den Boden der Tatsachen zurückgeholt.

Empört mußten sie die Aufforderung zur Kenntnis nehmen, ihre »Lappen« wieder einzurollen und stattdessen ein rotes Banner zu hissen[18]. In gleicher Weise führten eifrige Fragen von jungen Zionisten (die hoch erfreut waren, als sie feststellten, daß es in der Roten Armee auch jüdische Offiziere gab) über die Aussichten auf die Auswanderung nach Palästina jedesmal zur sowjetischen Antwort, daß die neuen Behörden ein Palästina für Juden »gerade hier« schaffen würden[19].

Doch während einmal erweckte nationale Sehnsüchte immer wieder zunichte gemacht wurden, durfte die soziale Emanzipation weitergehen. Während der ersten Wochen nach dem Einmarsch griffen die Sowjets in die »Begleichung von Rechnungen« nicht ein. Infolgedessen starben mehrere tausend Menschen, größtenteils polnische Militärsiedler, die von ihren Nachbarn ermordet wurden. Diese Intimität der Gewalt war es wohl, die sich am nachhaltigsten auswirkte. Denn sie zeigte, daß *innerhalb* der betroffenen Gemeinden eine zerstörerische Kraft schlummerte, die sich mit verheerenden Folgen entfesseln ließ. Natürlich diente der Eindringling von außen als Katalysator, doch die Geschichte zeigt ohne Zweifel, daß die Gemeinden vor Ort in erster Linie gleichsam von innen, durch eigene Kraft, ausgehebelt und unterworfen wurden[20].

Im gesamten Gebiet der Westukraine und des westlichen Weißrußland, in Weilern, Dörfern und Städten, wurde die Rote Armee von kleineren oder größeren, auf jeden Fall aber sichtbaren und freundlichen Menschenmengen begrüßt. Diese setzten sich weitgehend aus jungen Menschen sogenannter ethnischer Minderheiten — Weißrussen, Juden und Ukrainern — zusammen. Da aber die ethnischen Minderheiten in diesen Regionen eine Mehrheit darstellten, waren solche Empfangskomitees in der Tat über das gesamte besetzte Gebiet verstreut. Die Menschenmengen hatten Triumphbögen errichtet und rote oder gelb-blaue Fahnen gehißt. Ankommende Truppen wurden manchmal mit Blumen überschüttet, umarmt, geküßt oder entsprechend einer traditionellen Geste der Gastfreundschaft durch Darbietung von Brot und Salz begrüßt. Die Mehrheit der Ukrainer feierte zweifellos den Zusammenbruch des polnischen Staates, wenn sie der Roten Armee zujubelten. Denn aus der Sicht der nationalistisch gesinnten Ukrainer verbarg sich hinter dem militärischen Vormarsch der Sowjets ein unmittelbarer, spürbarer Vorteil, nämlich die Wiedervereinigung der Ukraine. Natürlich wäre ihnen eine deutsche Besatzung lieber gewesen, wie dies durch den Ablauf der im gesamten Gebiet unverzüglich einsetzenden Völkerwanderung deutlich wurde. Wann immer es zu Gebietskorrekturen kam, bei denen die Wehrmacht Territorien zugunsten der sowjetischen Besatzungszone aufgab, zogen die Ukrainer gemeinsam mit den Deutschen ab. Dagegen folgten die Juden lieber den Sowjets[21].

Was Polen und Ukrainer oft mit beißendem Spott berichten, wird von den Juden nicht abgestritten. Eine beträchtliche Anzahl Juden bereitete der Roten Armee 1939 einen herzlichen Empfang. Da gab es unter ihnen zunächst eine größere Gruppe kommunistischer Sympathisanten (groß nicht in absoluten Zahlen, sondern im Vergleich zu anderen Nationalitäten). »Was wir damals empfunden haben, dürfte etwa dem entsprechen, was die Juden, die auf den Messias warten, bei dessen Ankunft empfinden«, erinnerte sich ein Begeisterter. »Man findet nur sehr schwer Worte, dieses Gefühl, das Warten und dann das Glück zu beschreiben[22].« Gewiß muß eine solche Begeisterung deutlich erkennbar gewesen sein, auch wenn in all den Gemeinden nur wenige von diesen Gefühlen überwältigt gewesen sein dürften. Doch unter den grüßenden Menschenmengen befanden sich nicht nur bekehrte Marxisten, sondern auch gottesfürchtige Juden, die jedoch Angst vor den Deutschen hatten. Dieser Umstand war wahrscheinlich die Haupterklärung für die freudige Stimmung, die beim Einmarsch der sowjetischen Truppen herrschte: Wohin sie kamen, dahin kamen keine Deutschen. Man darf aber auch nicht den sich aus der Lage ergebenden Zusammenhang vergessen. Im Machtvakuum, das für einige Tage oder sogar nur einige Stunden vor der Besetzung eines bestimmten Gebietes durch die Rote Armee entstand, fühlten sich die Juden gefährdet[23]. In diesen Gebieten stellten sie eine religiös und ethnisch abgegrenzte und ungeliebte Minderheit dar. Wie zu allen Zeiten der jüdischen Diaspora konnte nur eine zentrale Staatsgewalt sie vor der sie umgebenden Bevölkerung schützen. Und da die Juden nun keinen Grund hatten, dem nicht mehr existierenden polnischen Staat nachzuweinen, begrüßten sie die Sowjets — zwar nicht ohne Vorbehalte, aber dennoch mit sichtbarer Erleichterung, gemischt mit einer gewissen Genugtuung darüber, daß die Polen, die sie mit Herablassung behandelt hatten, nun gedemütigt wurden. »Ihr wolltet ein Polen ohne Juden, jetzt habt ihr Juden ohne Polen,« hänselten sie die Polen, indem sie ein polnisches nationalistisches Schlagwort aus der Zeit vor dem Krieg umdrehten[24].

Wie es bei den meisten Besatzungsarmeen üblich ist, verhängten die sowjetischen Militärbehörden zunächst eine nächtliche Ausgangssperre und forderten jedermann auf, unverzüglich an seinen Arbeitsplatz zurückzukehren. Während der nächsten Tage wurden mehrere Bekanntmachungen herausgegeben, die den allgemeinen Rahmen der neuen Ordnung in den eroberten Gebieten herstellten. Die Bekanntmachung, die sich am unmittelbarsten auf das Leben in Ostpolen auswirkte, war die Einführung des Rubels als gesetzlichen Zahlungsmittels in den besetzten Gebieten, wobei der Rubel den gleichen Wert wie der polnische Zloty erhielt. Gleichzeitig mit dieser Bekanntmachung wurde angeordnet, daß alle Geschäfte geöffnet bleiben und die Ladenbesitzer ihre Waren zu Vorkriegspreisen anzubieten hatten. Angeblich galten diese Beschlüsse in erster Linie dem Wohlergehen der einheimischen Bevölkerung. Eben dies aber hatten die sowjetischen Bekanntmachungen nicht zur Folge, denn die sowjetischen Offiziere und Soldaten kauften innerhalb kurzer Zeit Unmengen von Lebensmitteln, nachdem sie festgestellt hatten, daß die Abgabemengen nicht begrenzt waren. Ein Lehrer aus einer Kleinstadt meinte, daß mit der sowjetischen Invasion in Polen »eine hungrige Welt und eine satte Welt miteinander in Kontakt kamen«[25].

Als Folge der sowjetischen Invasion fand eine radikale Umverteilung des Eigentums statt, die bald die materielle Existenzgrundlage fast aller Einwohner unterminierte. Die Masse der von den sowjetischen Behörden beschlagnahmten Mittel diente der Versorgung der Besatzungsarmee und des ständig wachsenden, aus der UdSSR importierten Polizei- und Verwaltungsapparats oder wurde einfach in die Sowjetunion verfrachtet. Außerdem wurden Öl, Nahrungsmittel und Vieh aus diesem Gebiet gemäß der Klausel über wirtschaftliche Zusammenarbeit des mit Hitler geschlossenen Grenz- und Freundschaftsvertrages nach Deutschland transportiert[26].

Die schwerste Last der sowjetischen Wirtschaftspolitik hatten die wohlhabenden Schichten der polnischen Gesellschaft zu tragen, und zwar allein deswegen, weil sie Dinge besaßen, die man ihnen wegnehmen konnte. Doch weder die Bauern noch die Arbeiterklasse des westlichen Weißrußland und der Westukraine profitierten vom neuen Wirtschaftssystem. Zwar wurden die ärmeren Bauern in den ersten Monaten nach der Aufstellung der Dorfkomitees ermuntert, sich bei den Grundstücken und Gütern zu bedienen, die die neuen Behörden den Grundbesitzern oder den polnischen Militärkolonisten enteignet hatten. Aber schon nach kurzer Zeit wurden die Bauern hoch besteuert; sie mußten zurückliegende Steuern zahlen, die sie dem polnischen Staat schuldeten; sie mußten Frondienste leisten und wurden regelmäßig aufgefordert, der Roten Armee »Geschenke« zu machen. Dorfkomitees stellten detaillierte Verzeichnisse des Viehbestandes und der Haushaltsgegenstände im Besitz aller Familien zusammen und verhängten strenge Beschränkungen hinsichtlich deren Benutzung. Ohne die Genehmigung des Komitees durfte nichts verkauft oder übertragen werden. In gleicher Weise benötigten die Bauern eine Sondergenehmigung, um ein Kalb, Schwein oder Huhn schlachten zu dürfen[27]. Eigentumsrechte wurden wirksam außer Kraft gesetzt.

Dies ist nicht verwunderlich, wenn man bedenkt, daß langfristige sowjetische Planungen die Kollektivierung vorsahen (bereits im Frühjahr 1940 begann die örtliche Presse damit, die Vorzüge der kollektiv betriebenen Landwirtschaft zu propagieren). Nachdem die Sowjets beschlossen hatten, die bisherigen ostpolnischen Territorien, also die Westukraine und das westliche Weißrußland, der UdSSR einzuverleiben, wurde keine andere Lösung des Agrarproblems erwogen. Damit handelte es sich bei der Umverteilung von Grundstücken, die in den ersten Tagen durchgeführt wurde und in erster Linie den armen ukrainischen und weißrussischen Bauern zugute kam, lediglich um eine vorübergehende Maßnahme. Sie war höchstwahrscheinlich eine List, mit der die aktive Beteiligung der unteren Schichten der einheimischen Gesellschaft gewonnen werden sollte mit dem Ziel, die Gesellschaftsstruktur zu verwandeln, da man mit dem Schlagwort der Enteignung der Reichen in jeder Gemeinde Gefahr lief, Bürgerwehren zu mobilisieren.

Der Verwaltungsapparat, der in den ersten Wochen der sowjetischen Besatzung in den ländlichen Gegenden aufgestellt wurde, rekrutierte sich in erster Linie aus Gruppen und Komitees, die sich konstituiert hatten, um während der Zeit der Anarchie ihre Gemeinden zu schützen, Flüchtlinge zu beunruhigen oder Nachbarn anzugreifen. Wer im September 1939 die einmarschierenden Sowjets begrüßt und sich irgendwie hervorgetan hatte, wurde angenommen und als Milizionär oder als Mitglied eines Dorfkomitees eingesetzt. In Wirklichkeit unterschieden sich die Aufgaben, die der sich neu formierenden Verwaltung auf dem Lande zugewiesen wurden, kaum von denen, die die Bürgerwehren in Eigenverantwortung wahrgenommen hatten. Die Sowjets hatten dem Aspekt der Zuverlässigkeitsüberprüfung von Personen, die in den unteren Ebenen des Verwaltungsapparats eingestellt wurden, wenig Beachtung geschenkt. Diese Positionen wurden zumeist auf die Eigeninitiative interessierter Bewerber hin vergeben. Wenn sich keine Freiwilligen meldeten, wurden ganz willkürlich ausgesuchte Personen mit der Wahrnehmung solcher Aufgaben betraut. Als es darum ging, daß diese neue Verwaltung nun über das reine Terrorisieren der Bevölkerung und den Abbau von Überresten alter Autoritäts- und Einflußstrukturen hinaus auch konstruktive Aufgaben übernehmen sollte, erwies sich ihre tatsächliche Brauchbarkeit oft als fragwürdig. Folglich gab es während der ersten Wochen einen schnellen Personalwechsel auf örtlicher Ebene[28].

In größeren Dörfern und Städten erfolgte die Ablösung der polnischen Verwaltung nach einem anderen Muster. Die Verantwortung wurde einer Interimsverwaltung unter der Führung sowjetischer Militärs und durch Partei- oder Polizeibeamte übertragen. Manchmal wurde ein leitender Posten mit einem neu beförderten örtlichen Anhänger besetzt, wie z. B. Karmazyn, einem Kutscher in einer Lemberger Brauerei, der zum stellvertretenden Vorsitzenden der Lemberger Interimsverwaltung ernannt wurde. In der Regel aber blieben zunächst die meisten polnischen Beamten (mit Ausnahme von Polizisten, Justiz- und hohen Verwaltungsbeamten) im Amt, bis die Nachfolger mit ihren Aufgaben vertraut waren. Erst nachdem sich die neuen sowjetischen Ersatzleute die notwendigen Kenntnisse erworben hatten, wurden die polnischen Beamten entlassen[29].

Die Tatsache, daß man sich in vielen Fällen auf ausgebildetes Personal stützte, das früher bei der örtlichen polnischen Verwaltung beschäftigt war, gefährdete anscheinend nicht das sowjetische Ziel, städtische soziale Milieus zu durchdringen, wo die Umgliederung von Gemeinschaften, ob in Wohnbezirken oder in Betrieben, größere Möglichkeiten bot. Um überhaupt eingestellt zu werden, mußte man der entsprechenden Gewerkschaft (profsojuz) beitreten, die in jedem Betrieb, Amt und Berufsverband gegründet wurde. Jeder mußte einen detaillierten Fragebogen ausfüllen oder seinen Lebenslauf bei einer offenen Versammlung vortragen, wo jeder Arbeitskollege die Richtigkeit seiner Aufgaben anzweifeln oder ihm Fragen stellen konnte. Gleichzeitig wurde eine sehr strenge Überwachung am Wohnort eingeführt. Alle Einwohner mußten sich bei den Behörden melden, und Hausmeister wurden, soweit vorhanden, mit der Aufgabe betraut, die Mieter zu überwachen. Innerhalb der Stadtteil- und Arbeitsplatzgemeinschaften wurde die erste Massenmobilisierung im Namen des neuen Regimes durchgeführt — die Wahlen zu den Nationalen Volksversammlungen der Westukraine und des westlichen Weißrußland vom Oktober 1939. Sie prägte nachhaltig die Gesellschaft der Westukraine und des westlichen Weißrußland.

Stalins Absicht war es, das neu erworbene Gebiet der Sowjetunion einzuverleiben. Demgemäß hatte die sowjetische Verwaltung die Aufgabe, es nach dem Vorbild der bereits existierenden sowjetischen Gesellschaft zu formen. Der erste bewußte Schritt in Richtung Sowjetisierung (nach der anfänglichen Terrorwelle) wurde sofort unternommen:

Während der ersten drei Wochen des Oktober 1939 waren alle Bewohner im gesamten Gebiet der Westukraine und des westlichen Weißrußland mit den Wahlen beschäftigt[30]. Die Straßen waren mit Wahlkampftransparenten und -plakaten behängt. In den Betrieben mußten die Beschäftigten jeden Tag an einer Wahlkampfveranstaltung teilnehmen. Am Abend des gleichen Tages wurden sie oft in einer Wohnung zusammengetrieben, um einem Stadtteilagitator zuzuhören. Der Hauptgedanke während des gesamten Wahlkampfes war es, jedem klar zu machen, daß er am Wahltag zu den Urnen zu gehen hatte. (Dabei war es weniger klar, worum es bei diesen Wahlen ging: Die Frage der Vereinigung der Westukraine und des westlichen Weißrußland mit der Sowjetunion wurde während des Wahlkampfes selten aufgeworfen.) Den Einwohnern der Westukraine und des westlichen Weißrußland wurde wiederholt gesagt, daß sie entlassen, verhaftet oder nach Sibirien verschickt würden, wenn sie ihre Stimme nicht abgäben. Die Einschüchterung und der Zwang, der angewandt wurde, um die Teilnahme an den Wahlkampfversammlungen sicherzustellen, verliehen diesen Drohungen ein Höchstmaß an Glaubwürdigkeit. Die Versammlungen, bei denen die Kandidaten gewählt wurden, verliefen nach einem einfachen Schema[31]. Der vorsitzende Agitator stellte einen Kandidaten vor und stellte anschließend die Gretchenfrage: Wer ist *gegen* die Wahl des Kandidaten? In den allermeisten Fällen herrschte Schweigen, niemand meldete sich zu Wort, worauf die Versammlung geschlossen wurde.

Am Wahltag erinnerten die Hausmeister ab dem frühen Morgen die Hausbewohner immer wieder daran, daß sie ihre Stimme abgeben müßten. Gegen Mittag erschienen dann Milizionäre, um sich zu erkundigen, wer noch nicht gewählt habe und warum. Ab dem frühen Nachmittag wurden die Leute mit bewaffneter Begleitung zu den Wahllokalen gebracht. An den Wahllokalen waren Milizionäre, sowjetische Beamte oder Soldaten in Uniform sichtbar präsent. Der Name jedes Wahlberechtigten wurde mit einer Liste verglichen. Dann erhielt der Wähler einen Stimmzettel, der oft in einen Umschlag zu stecken war. Viele Wähler stellten fest, daß die Umschläge numeriert waren. In einigen Wahllokalen erhielten die Wähler einen verschlossenen Umschlag mit der Anweisung, diesen in die Wahlurne zu werfen. In einem Dorf mußten die Bauern den Stimmzettel unterschreiben, bevor sie ihn in die Urne warfen. Kurzum, die Stimmabgabe wurde überwacht. Diejenigen, die die Namen von Kandidaten auf dem Stimmzettel durchstrichen, wurden häufig identifiziert und zur Rechenschaft gezogen. Dennoch gaben viele trotz der bedrohlichen Sichtbarkeit der Sowjets und deren Häscher nicht nach. Einige strichen Namen von Kandidaten durch oder schrieben Obszönitäten auf den Stimmzettel. Nicht wenigen gelang es, der Wahlurne gänzlich fernzubleiben. Am 26. und 28. Oktober traten die Nationalversammlungen der Westukraine bzw. des westlichen Weißrußland in Theatern in Lemberg bzw. Bialystok zusammen und beschlossen, die Vereinigung mit der Sowjetunion zu beantragen. Fünf Tage später wurde diesem Antrag im Obersten Sowjet der UdSSR stattgegeben.

Die Einwohner der Westukraine und des westlichen Weißrußland erlebten bei den Oktober-Wahlen zum ersten Mal eine moderne politische Massenmobilisierung. Es war Anschauungsunterricht auf dem Gebiet der Einschüchterung und der Kollaboration und eine hervorragende Einstimmung für die Untertanen sowie die Vollstrecker der neuen Ordnung. Während der Oktober-Wahlen erlebten sie hautnah die Ausübung nackter Gewalt. Sie mußten unsinnigen Reden zuhören und konnten sich bei niemandem beschweren, wenn man sie schikanierte. Die Mehrheit der Einwohner der Westukraine und des westlichen Weißrußland hatten ihre Schuldlosigkeit verloren, indem sie sich den Behörden unterworfen und einen Stimmzettel abgegeben hatten. Sie hatten somit einen Beitrag zur neuen Ordnung geleistet. Denn die einzige sinnvolle Deutung des sonst absurden Zusammentreibens der Menschen zu den Wahlkampfversammlungen und dann zu den Wahllokalen liegt in der Erkenntnis, daß die sowjetischen Behörden von der in ihrem Gewahrsam befindlichen Bevölkerung niemals deren *Engagement*, sondern allein ihre Komplizenschaft gesucht haben.

Die Hauptmerkmale der sowjetischen Politik in der Westukraine und im westlichen Weißrußland lassen sich stichwortartig wie folgt zusammenfassen: Verstaatlichung der Wirtschaft, Entpolonisierung und Säkularisierung. Das Zusammenwirken dieser Aspekte förderte zunächst die Chancengleichheit, was bei den sogenannten nationalen Minderheiten, die während der Zeit der polnischen Verwaltung auf subtile — und nicht so subtile — Weise diskriminiert worden waren, ein Hochgefühl hervorrief. Es dauerte mehrere Monate, bis die Juden, Ukrainer und Weißrussen begriffen, daß das, was die Sowjets zu bieten hatten, eine Nivellierung war. Wenn es nämlich in diesen Landstrichen keine Bürger zweiter Klasse mehr gab, dann deswegen, weil alle entrechtet worden waren und es keine Bürger mehr gab, sondern lediglich Untertanen. Es gab zwar mehr Schulen, erweiterte Möglichkeiten für eine Hochschul- oder Berufsausbildung, kostenlose Schulbildung, Unterricht in der Muttersprache, eine Förderung der körper-

lichen und künstlerischen Entwicklung und neue Beschäftigungsmög-
lichkeiten. Diese entstanden aber vor dem Hintergrund einer Unordnung des wirtschaftlichen Lebens, von Enteignungen, einer allmählichen Kollektivierung des Landvolkes, von Mängeln, Inflation und einer
generellen Verschlechterung der materiellen Verhältnisse für alle. Wie
einer der von Milena Rudnycka befragten Ukrainer damals sagte: »Jeder
lebte, aß und kleidete sich schlechter als zuvor[32].«

Es gab in der Tat jene Zehntausende zumeist junger Leute — größtenteils aus der jüdischen oder ukrainischen Volksgruppe stammend
—, denen sich nun die niemals erträumte Möglichkeit zu sichtbaren
politischen Aktivitäten eröffnete, die nicht mehr auf die jeweiligen ethnischen Gettos beschränkt bleiben mußten, sondern vor der breiten
allgemeinen Öffentlichkeit entfaltet werden durften. Doch die ehemals
diskriminierten Minderheiten mußten bald feststellen, daß das, was man
ihnen unter dem Deckmantel der Chancengleichheit angeboten hatte, in Wahrheit die Pflicht zur Uniformität beinhaltete. Es handelte
sich — und dies machte die Sache so verwirrend — um eine Umkehrung jenes klassischen Diskriminierungsmusters, mit dem vor allem
die Juden durch ihre jahrhundertelangen Erfahrungen mit Verfolgung
vertraut waren. Solange sie unter sich blieben, wurden die Minderheiten toleriert. Wann immer jedoch der gesellschaftliche Veränderungs-
prozeß sie aus ihrer sich selbst auferlegten Isolation herausführte, oder
wenn sie aktiv eine Assimilation anstrebten, provozierten sie damit
Zorn, Schmähung und Gewalt von seiten ihrer Nachbarn. Unter dem
Sowjetregime galt das Gegenteil. Hier konnte ihre insulare Lage, ihre
freiwillige Isolation von der übrigen Gesellschaft nicht geduldet werden. Die Juden konnten zwar die sowjetische Staatsbürgerschaft erwerben, einschließlich aller Rechte und Ansprüche, die mit dieser »Ehre«
verbunden waren; allerdings war es ihnen fortan verwehrt, ihr Gemein-
deleben aufrechtzuerhalten. Auch diesmal konnten sie nicht gleichzeitig
Juden *und* Bürger des Staates sein, der nunmehr die Gerichtsbarkeit
über sie beanspruchte. Mit diesem »Entweder-Oder« mußten also die
Juden sowohl vor als auch nach der Revolution leben.

Im gleichen Ausmaß, wie die Grenzen und Absurditäten dieser neu-
en Gesellschaft zutage traten, schwand nun auch der Enthusiasmus.
Wer eine berufliche Laufbahn als Krankenschwester, Ingenieur oder
Arzt anstreben wollte, konnte durchaus damit rechnen, irgendwann
in der Zukunft dieses Ziel zu erreichen. Und dies war natürlich wichtig. Wie aber sah es aus, wenn man darüber hinaus *auch noch* Jude,
Ukrainer oder Pole, oder aber auch noch wohlhabend oder unabhän-

gig sein wollte? Die Freiheit wurde beschnitten, die wirtschaftlichen Verhältnisse verschlechterten sich, und ein nationales Identitätsgefühl brachte einen Menschen in den Verdacht, »Nationalist« zu sein — eine geradezu kriminelle Kategorie. Ukrainische Patrioten wurden in Scharen verhaftet und in den Gefängnissen brutalen Verhören unterzogen. Jüdische Flüchtlinge meldeten sich massenweise für die Rückkehr in den unter deutscher Besatzung stehenden Teil Polens, der inzwischen Generalgouvernement hieß. Infolgedessen wurden mehrere Hunderttausende in das Innere der Sowjetunion deportiert. Denn die neuen Behörden schreckten nicht vor der Anwendung von Zwang zurück, um die Bevölkerung ihren Wünschen gefügsam zu machen.

Während der sowjetischen Verwaltung waren — vorsichtigen Schätzungen zufolge — die Gefängnisse, verglichen mit ihrer ursprünglichen Kapazität, durchschnittlich etwa fünffach belegt. Außerdem wurden viele Gebäude, wie z. B. Schweineställe, Bürohäuser und Klöster, eilig umgebaut, um zusätzliche Gefängniskapazität zu schaffen. Die überfüllten Zellen und die materiellen Haftbedingungen waren schrecklich. »Ich dachte, das wären Banditen, die bereits seit Jahren da waren,« so erinnert sich Aleksander Wat in seinen außergewöhnlichen Memoiren »My Century« an den Augenblick, in dem er die Zelle im Lemberger Hauptgefängnis betrat. Es war aber der Januar des Jahres 1940. Keiner in diesem kunterbunten Haufen aus Studenten, Offizieren, Beamten, Anwälten und Kaufleuten war länger als drei Monate im Lemberger Zamarstynow-Gefängnis. »Während der ersten Tage der Einkerkerung«, erinnerte sich Wat, »konnte ich nicht zwischen vierzigjährigen und siebzigjährigen Männern unterscheiden[33].« In der Regel waren die Bedingungen in den Behelfsgefängnissen schlechter als in den regulären Gefängnissen.

Zwischen 1939 und 1941 wurden während der 21 Monate dauernden Sowjetherrschaft in der Westukraine und im westlichen Weißrußland ca. eine halbe Million Menschen inhaftiert. Bei einer Gesamtbevölkerung von 13 Millionen ist dies eine erschütternde Zahl. Da es sich bei über 90 Prozent der Verhafteten um Männer handelte, wurde etwa jeder zehnte männliche Erwachsene in diesem Gebiet inhaftiert. Viele starben in den Gefängnissen an den Folgen von Folter während der Verhöre oder an Verwahrlosung. Das furchtbarste Kapitel des sowjetischen Terrors wurde aber während der ersten Woche nach dem Ausbruch des Krieges zwischen der Sowjetunion und Nazideutschland aufgeschlagen, als sich die deutschen Verbände im Vormarsch befanden. Von wenigen Ausnahmen abgesehen wurden sämtliche Gefangenen in der Westukraine und im westlichen Weißrußland entweder in den Osten verlegt oder umgebracht, oder sogar beides. Man kann nicht einmal behaupten, daß die Massenhinrichtungen durch den NKVD nur als letzter Ausweg, nach gescheiterten Versuchen einer Evakuierung der Gefangenen, durchgeführt wurden. Ukrainer, Deutsche, Polen, Juden und Weißrussen haben nicht weniger als 25 Gefängnisse identifiziert, in denen Insassen von den sowjetischen Behörden massenweise hingerichtet wurden, bevor die Wehrmacht das Gebiet im Sommer 1941 besetzte. Es haben viel mehr Massengräber, als die im Wald bei Katyn entdeckten, den Boden entstellt, den die sowjetischen Kommunisten beherrschten.

Neben den Inhaftierungen gab es vier Massendeportationswellen aus der Westukraine und dem westlichen Weißrußland. Bei der ersten Welle, die im Februar 1940 stattfand, wurden hauptsächlich Landbewohner nach Osten verschickt. Bei der zweiten im April 1940 waren vor allem die Familien solcher Personen betroffen, die bereits vorher verhaftet worden waren. Diesmal stellten Frauen und Kinder die Masse der Opfer dar. Die dritte Welle im Juni 1940 setzte sich größtenteils aus Flüchtlingen aus Mittel- und Westpolen, in erster Linie Juden, zusammen. Bei der vierten Deportation im Juni 1940, waren alle Kategorien von Personen betroffen. Sie war außerdem die kleinste Welle, da sie vom Ausbruch des deutsch-sowjetischen Krieges unterbrochen worden war. Insgesamt wurden bei diesen Deportationen etwa eine halbe Million Menschen nach Osten verschickt. Rund 50 Prozent der Deportierten waren Volkspolen, 30 Prozent Juden und 20 Prozent Ukrainer und Weißrussen. Arbeiter und Bauern bildeten zusammen ca. 31 Prozent der Deportierten, Handwerker ca. 25, Polizisten und Soldaten 12, Staatsbeamte 8 und Lehrer 4 Prozent. 36 Prozent aller Deportierten waren Frauen, 29 Prozent Kinder unter 14 Jahren[34].

Die Brutalität der Deportationen war betäubend und führte zu vielen Toten unter den Opfern. Während der Februar-Deportation gab es wegen der Wetterbedingungen bei Kindern und älteren Personen die ersten Todesfälle, bevor man sie überhaupt zum Abtransport versammelt hatte. »Ich erinnere mich an diesen frostigen Tag, an dem wir von unserem Dorf zum Bahnhof gebracht wurden. Die Sowjets gingen von einem Wagen zum anderen. Sie trugen erfrorene Kinder unter dem Arm und fragten zamershchikh rebiat niema? (gibt es erfrorene Kinder?)[35].« Die abfahrenden Transporte (aus bis zu 60 Wagen bestehende Güterzüge, vollgepfropft mit Menschen und fest verschlossen), hinterließen eine lange Spur von Leichen. Bei jedem Halt wurden Leichen aus den Wagen entfernt. Während der Sommertransporte starben die Menschen an Durst und Flüssigkeitsmangel; die Lebensbedingungen, die die Deportierten am Zielort erwarteten, brachten nur wenig Erleichterung. Norman Davies schätzt, daß »fast die Hälfte« aller polnischen Bürger, die im Zeitraum 1939 bis 1941 nach Rußland deportiert wurden, bis zum Zeitpunkt der Amnestierung im Sommer 1941 gemäß dem in London unterzeichneten Sikorski-Majskij-Pakt tot waren[36].

Wenn wir die Schäden vergleichend bewerten, die die nationalsozialistische und die sowjetische Verwaltung im jeweils von ihr beherrschten Teil Polens vom September 1939 bis Juni 1941 — also *vor* Beginn des »Holocaust« — anrichteten, und wenn wir die Qualen der polnischen Bürger an der Zahl der Toten, an den Leiden, die ihnen die Zwangsumsiedlung zufügte, und an den materiellen Verlusten durch Beschlagnahme und steuerliche Maßnahmen beurteilen, dann erweisen sich die Handlungen der Sowjets im Verhältnis als viel grausamer als die der Nationalsozialisten.

Anmerkungen

[*] Der Princeton University Press und der Hoover Institution Press danke ich herzlich für die Genehmigung, in diesem Aufsatz Auszüge aus meinen Büchern »Revolution from Abroad« und »War Through Children's Eyes« verwenden zu dürfen.

[1] Akten zur deutschen auswärtigen Politik 1918—1945. Aus dem Archiv des Deutschen Auswärtigen Amtes (ADAP). Serie D: 1937—1945, 13 Bde, Baden-Baden, Göttingen 1950—1970, Bd 7, Dok. 496, S. 400.

[2] Ebd., Dok. 228 und 229, S. 205 ff. Siehe auch Adam Ulam, Expansion and Coexistence: The History of Soviet Foreign Policy, 1917—1967, New York, Washington 1968, S. 260—279.

[3] ADAP, D, Bd 7, Dok. 567, S. 450 f.; Bd 8, Dok. 5, S. 3 f.

[4] Ebd., Bd 8, Dok. 46, S. 34 f., Dok. 63, S. 47.

[5] Ebd., Bd 8, Dok. 70, S. 53 f., Dok. 78, S. 60.

[6] Ebd., Bd 8, Dok. 80, S. 62.

[7] Documents on Polish Soviet Relations (DPSR). Hrsg. vom General Sikorski Historical Institute London 1961, Bd 1, S. 47, 71—90.

[8] ADAP, D, Bd 8, Dok. 94, S. 74 ff.

[9] DPSR, Bd 1, S. 65.

[10] Einige Monate später erhielt Botschafter Schulenburg vom Außenminister die Anweisung, »Herrn Molotov oder Herrn Stalin selbst zu sagen, daß es mit den Augustower Hirschen nichts sei«, ADAP, D, Bd 8, Dok. 115, S. 88, Dok. 122, S. 95, Dok. 283, S. 254 f. Unter den bitteren Früchten der deutsch-sowjetischen Zusammenarbeit ließ sich diese vermutlich am leichtesten verdauen.

[11] Jan T. Gross, Revolution from Abroad. The Soviet Conquest of Poland's Western Ukraine and Western Belorussia, Princeton, N.J. 1988, S. 22.

[12] Ebd., S. 23.

[13] Verschiedene Schätzungen z.B. in: Janusz Żarnowski, Społeczeństwo Drugiej Rzeczypospolitej. PWN, Warschau 1973, S. 372—376; Stephen Horak, Poland and the National Minorities, New York 1961, S. 88 f., 101.

[14] Fast die Hälfte der polnischen Juden wohnte in Städten mit über 20 000 Einwohnern. Ca. 30 Prozent der Einwohner von Lemberg und Wilna waren Juden, und in zahlreichen kleineren Städten stellten Juden eine Mehrheit dar. Siehe Gross (wie Anm. 11), »Introduction«.

[15] Versprengte Abteilungen der polnischen Armee, die sich in Richtung rumänische oder ungarische Grenze bewegten, oder Gruppen von Soldaten, die vom Krieg heimkehrten, ließen sich gelegentlich zu Übergriffen gegen bäuerliche Gemeinden hinreißen, nachdem sie in einen Hinterhalt geraten waren oder ein Dorf erreicht hatten, in dem die Einwohner sich darauf vorbereiteten, die Rote Armee zu begrüßen, oder in dem Übergriffe gegen polnische Kolonisten stattgefunden hatten.

[16] Gross (wie Anm. 11), S. 22—40.

[17] Im Polnischen bedeutet Pan »Herr« und »Herrscher« gleichermaßen. Es ist eine höfliche, allgemein übliche Anredeform für Fremde. Die sowjetische Propaganda versteifte sich auf die zweite Bedeutung des Wortes. In diesem Sinn ist »Pan« ein komprimierter Ausdruck zur Bezeichnung des Klassenfeindes der Arbeiter- und Bauernschaft.

[18] Gross (wie Anm. 11), S. 25.

[19] »Einer von ihnen, selbst Jude, sagte uns: »Sie wollen nach Palästina? Schön, l'shana Habaah Biyerushalayim — nächstes Jahr werden wir alle in Jerusalem sein. Auch die Sowjets werden da sein« (Hashomer Hatzair), Youth Amidst the Ruins: A Chronicle of Jewish Youth in the War, New York 1941, S. 88, 90. Siehe auch Chaika Grossman, The Underground Army. Fighters of the Bialystok Ghetto, New York 1987, S. 3, 4.

[20] Siehe Gross (wie Anm. 11), S. 35—45.

[21] Ebd., S. 31 ff. Siehe auch Volodymyr Kubiiovych, The Ukrainians in the Generalgouvernement, 1939—1941, Chicago 1975, S. 47, 60, 182.

[22] Gross (wie Anm. 11), S. 35.

[23] Nach wenigen Tagen gelangten die Polen zu einer ähnlichen Erkenntnis. Erst *nachdem* sich die sowjetische Staatsgewalt in einem bestimmten Gebiet etabliert hatte, wurde es sicherer, und sie konnten ihre Verstecke verlassen und in ihre Häuser zurückkehren.

[24] Gross (wie Anm. 11), S. 33.

[25] Ebd., S. 47. Siehe auch War Through Children's Eyes. Hrsg. von Irena Grudzinska-Gross und Jan T. Gross, Stanford 1981, Dokumente Nr. 19, 67, 78.

[26] War Through Children's Eyes (wie Anm. 25), S. 13. Siehe auch Dokumente Nr. 19, 74, 80, 85.

[27] Siehe z.B. ebd., Dokumente Nr. 4, 46, 106.

[28] Siehe Gross (wie Anm. 11), insbesondere S. 52 ff.

[29] Da die Kommunistische Partei Polens ein Jahr zuvor von Stalin aufgelöst worden war, erhielten ihre ehemaligen Mitglieder in der Regel keine verantwortungsvollen Stellungen.

[30] Eine ausführliche Darstellung der Oktober-Wahlen findet sich bei Gross (wie Anm. 11), Kap. 2.

[31] Die zu wählenden Kandidaten waren in ihren Wahlkreisen größtenteils unbekannt. Unter anderem wurden sowjetische Truppenführer und Parteifunktionäre nominiert. Unter den Kandidaten befanden sich auch einige nichtsahnende Bürger, die man wahllos herausgegriffen hatte.

[32] Western Ukraine under the Bolsheviks, IX.1939—VI.1941, hrsg. von Milena Rudnycka, New York 1958, S. 82.

[33] Aleksander Wat, Mój wiek, London 1977, Bd 1, S. 324. Englischsprachige Ausgabe der University of California Press (1988).

[34] Ausführliche Darstellungen der Deportationen finden sich in Gross (wie Anm. 11), Kap. 6.

[35] Ebd., S. 217, 218.

[36] Norman Davies, God's Playground: A History of Poland, New York 1982, Bd 2, S. 451.

Seppo Myllyniemi

Die Folgen des Hitler-Stalin-Paktes für die Baltischen Republiken und Finnland

Im Frühjahr 1939 bezeichneten die führenden Militärs Finnlands und Estlands, Marschall Mannerheim und General Laidoner, ein Zusammengehen Deutschlands und der Sowjetunion als eine vom Standpunkt ihrer Länder aus höchst bedenkliche Möglichkeit, da es dann an einem ausgleichenden Gegengewicht im Ostseeraum fehlen würde. Die Neutralitätspolitik Finnlands wie auch Estlands stützte sich nämlich auf den Interessengegensatz zwischen Deutschland und der Sowjetunion, und die Militärs fürchteten, ein Einvernehmen beider werde zu Lasten der zwischen ihnen gelegenen Pufferstaaten gehen[1]. Am 23. August war dann die von Mannerheim und Laidoner befürchtete Entwicklung, an die im Frühjahr nur wenige geglaubt hatten, eingetreten, mochten die tatsächlichen Folgen des Vertrages für Finnland und das Baltikum auch noch im dunkeln liegen.

Hitler hatte in geheimen Zusatzprotokollen zunächst Finnland, Estland und Lettland sowie nach Beendigung des Polenfeldzuges auch Litauen als Teile der sowjetischen Interessensphäre anerkannt, wobei zugleich das Interesse Litauens am Vilnaer Gebiet festgestellt wurde. Die Sowjetunion begann nun unverzüglich, ihre Stellung im Baltikum auszubauen. Nach einer intensiven Verhandlungsphase schloß sie Beistandspakte und, gekoppelt damit, Verträge über die Gewährung von Stützpunkten mit Estland (28.9.1939), Lettland (5.10.1939) und Litauen (11.10.1939) ab. Sie bediente sich dabei einer ultimativen Verhandlungstaktik, wobei Stalin und Molotov den Unterhändlern Lettlands und Litauens ohne jede Umschweife klarmachten, was über die Abgrenzung der gegenseitigen Interessensphären mit Deutschland vereinbart worden war[2]. Der litauische Außenminister, Juojas Urbšys, versuchte in den Verhandlungen der Sowjetunion ein Militärabkommen anzubieten, das nur im Falle eines Krieges gegen eine dritte Macht hätte wirksam werden sollen. Stalin und Molotov genügte dieser Vorschlag indes ebensowenig wie jener, wonach sowjetische Truppen nur im Raum Vilna stationiert werden sollten; man wollte die Truppen unbedingt über das gesamte litauische Gebiet verteilen, obwohl Urbšys darauf aufmerksam machte, daß dies einer Besetzung Litauens gleichkomme[3]. Aufgrund der abgeschlossenen Verträge erhielt die Sowjetunion das Recht, auf dem Territorium der drei Baltischen Staaten Land-, See- und Luftstützpunkte in der Größenordnung von 20000—30000 Soldaten zu errichten.

In Estland hatte man Ende September die Möglichkeit eines bewaffneten Widerstandes erwogen, aber aus verschiedenen Gründen letztlich davon Abstand genommen. Die Sowjetunion nämlich hatte in der zweiten Septemberhälfte 160000 Mann, 700 Geschütze, 600 Panzer und ebensoviele Flugzeuge an der estnischen Grenze konzentriert. Die estnische Wehrpflichtarmee bestand zur gleichen Zeit aus rund 15000 Mann mit 200 Geschützen, 16 Panzern und 16 Kampfflugzeugen. Anders als die Nachbarn Polens, Litauen und Lettland, hatte Estland Anfang September noch keine Teilmobilmachung durchgeführt. Bei einer Generalmobilmachung rechnete man zwar damit, nach dem dritten Mobilmachungstag eine Armee von 100000 Mann verfügbar zu haben, aber der Generalstab bezweifelte angesichts der gewaltigen zahlenmäßigen und technischen Überlegenheit der Sowjetunion den Sinn einer solchen Maßnahme, zumal die Rote Armee gleich nach Beginn der Vertragsverhandlungen mit Aufklärungsflügen über dem estnischen Luftraum begonnen hatte. Laidoner verbot, die eingedrungenen sowjetischen Maschinen zu beschießen; gleichwohl war am grundsätzlichen Verteidigungswillen und der Verteidigungsfähigkeit der estnischen Armee nicht zu zweifeln. Präsident Päts fürchtete jedoch, bewaffneter Widerstand könne die Existenz der Nation als solche aufs Spiel setzen; zudem hatte, wie Laidoner feststellte, das Schicksal Polens den nationalen Selbstbehauptungswillen geschwächt. Im übrigen fehlte es Estland auch an einer eigenen Rüstungsindustrie, und der Import von Waffen war unmöglich, solange Deutschland und die Sowjetunion die Ostsee beherrschten. So entschlossen sich sowohl Päts als auch Laidoner für den Verhandlungsweg. Für Stalin und Molotov war allein schon das Ausbleiben der Mobilmachung ein Zeichen, daß Estland sich beugen werde. Als Estland dann auch in den Verhandlungen um die Stützpunktfrage nachgab, war klar, daß auch Lettland und Litauen seinem Beispiel folgen würden[4].

Allem offiziellen Optimismus zum Trotz erschütterten die mit der Sowjetunion geschlossenen Verträge und die Errichtung der sowjetischen Stützpunkte die Fundamente der Baltischen Republiken. Viele führende Persönlichkeiten, wie z.B. Laidoner oder die Außenminister Munters und Urbšys, waren hinsichtlich der Endgültigkeit der Verträge äußerst pessimistisch. So versicherte Munters unter anderem, ungeachtet aller Beteuerung der Sowjetunion bleibe die Tatsache bestehen, daß die Einhaltung dieser Verträge ausschließlich von der »bona fide« Moskaus abhänge, die ihrerseits durch die Entwicklung der Gesamtlage bestimmt werde. Düstere Ahnungen hinsichtlich der Zukunft weckte auch die Umsiedlung der Baltendeutschen aus Estland und Lettland. Auch von den diplomatischen Beobachtern wurde die Lage sehr pessimistisch gesehen. Der englische Konsul in Tallinn (Reval), W.H. Gallienne, schrieb am 9. Oktober unter Berufung auf »informierte Kreise«, es gebe für Estland nur eine geringe Chance, eine Spur seiner Selbständigkeit zu bewahren[5].

In Estland hatte man gleich nach Vertragsabschluß mit Sondierungen über die Möglichkeit einer verbreiterten Regierungsgrundlage begonnen, deren Ziel die Bildung einer Regierung der nationalen Einheit war; in ihr sollten Repräsentanten des gesamten politischen Spektrums, angefangen vom rechtsradikalen Verband der Freiheitskämpfer bis hin zu den Sozialdemokraten, vertreten sein. Päts übertrug die Aufgabe der Regierungsbildung Professor Jüri Uluots, dem Sprecher der ersten Kammer des Parlaments. Mit dem Versuch, Oppositionspolitiker in die Regierung aufzunehmen, ohne ihre — seit 1935 aufgelösten — Parteien formell anzuerkennen, stand Uluots freilich vor einer unlösbaren Aufgabe. Unterstützung aus den Reihen der Opposition war schließlich nur von den Liberalen zu gewinnen, für die Professor Ants Piip als neuer Außenminister in die Regierung eintrat[6]. In Lettland und Litauen blieben die bestehenden autoritären Regime an der Macht, ohne daß ein Versuch zur Verbreiterung ihrer politischen Basis gemacht worden wäre.

In Lettland gewannen linke Gruppierungen nach Eintreffen der Russen in Kreisen der Arbeiter Unterstützung, obwohl gerade diese bislang gegenüber dem Regime von Ulmanis positiv eingestellt gewesen waren. Es wurden nämlich Gerüchte verbreitet, wonach die Sowjetunion bald das ganze Land erobern und es dann nicht nur der Bourgeoisie, sondern auch jenen Arbeitern schlecht ergehen werde, die auf seiten der früheren Machthaber stünden. An verschiedenen Arbeitsstellen in Riga herrschte im Oktober und November ein regelrechter Linksterror, welchen die Staatspolizei im Dezember durch eine Reihe von Verhaftungen zu brechen versuchte. Auf diese Weise konnte die Ordnung bis zum Frühjahr 1940 wiederhergestellt werden[7].

Was Finnland angeht, so verhielt es sich, nachdem auch in Helsinki eine Einladung zu Verhandlungen nach Moskau eingetroffen war, anders als die Baltischen Staaten. Am 6. Oktober, dem Tage nach Eingang des Molotovschen Verhandlungsangebotes, beschloß die finnische Regierung die Verlegung einer »Friedenstruppe« auf die Karelische Landenge. Auch begann man in den folgenden Tagen damit, Reservisten zu sogenannten außerplanmäßigen Wehrübungen einzuziehen. Am 14. Oktober wurde der Aufmarsch der Feldarmee eingeleitet, und eine Woche später trafen die Verbände in den vorgesehenen Verfügungsräumen ein, wo sie unverzüglich zu Festungs- und Schanzarbeiten zwecks Verbesserung der Verteidigungsanlagen eingesetzt wurden. Die Kopfstärke der Gesamtarmee stieg derweil auf 337 000 Mann[8]. Stalin, dem während der Verhandlungen im Kreml die finnischen Verteidigungsvorbereitungen nicht entgangen waren, stellte am 14. Oktober Paasikivi gegenüber fest: »Sie haben mobil gemacht und evakuieren die Städte[9].«

In materieller Hinsicht wiesen die Verteidigungsvorkehrungen zum Teil erhebliche Mängel auf, insbesondere bei der Panzer- und Luftabwehr, auf dem Artilleriesektor sowie vor allem bei der Geschützmunition. Andererseits zeichnete sich zum Beispiel die finnische Infanterie durch eine auch nach internationalen Maßstäben ungewöhnlich hohe Feuerkraft aus. Die gesamte Zwischenkriegszeit hindurch hatte Finnland einen im Vergleich zu anderen europäischen Staaten bemerkenswert hohen Teil seiner Staatsausgaben in die Landesverteidigung investiert. In den 30er Jahren, nach Ende der Wirtschaftskrise, lag der Anteil der Verteidigungsausgaben am finnischen Staatshaushalt bei gut 20 Prozent, was einem Anteil von knapp 4 Prozent des Nationaleinkommens entsprach. 1938 wurde ein Beschaffungsprogrammm für die Jahre 1938 bis 1941 verabschiedet, wodurch der Anteil der Verteidigungsausgaben am Gesamthaushalt noch im gleichen Jahre auf ein Viertel des Gesamthaushaltes anstieg; für 1939 hatte sogar ein Drittel der Staatsausgaben für militärische Zwecke verwendet werden sollen, was einem Anteil von 5 Prozent am Nationaleinkommen entsprochen hätte (zum Vergleich: In Schweden lag der Anteil des Verteidigungsetats am Nationaleinkommen 1938 bei nur 2 Prozent)[10].

Obgleich Finnland sich im Herbst 1939 den Forderungen der Sowjetunion allein gegenübersah, war es politisch doch nicht so vollkommen isoliert wie die Baltischen Staaten. Schon seit Mitte der 30er Jahre hatte sich die finnische Außenpolitik auf die nordische Neutralität hin orientiert. In dieser Zeit war u. a. Marschall Mannerheim nachdrücklich für die nordische Orientierung seines Landes eingetreten, wobei er die aus kriegswirtschaftlichen Gründen zentrale Bedeutung der Verbindungen nach Schweden betont hatte, bedeuteten diese doch im Kriegsfall die Sicherung der einzigen brauchbaren Straßenverbindung ins Hinterland. Die Kooperationsgespräche zwischen Helsinki und Stockholm, bei denen es aus finnischer Sicht primär um die Gewinnung schwedischer Unterstützung gegen die Sowjetunion ging, gewannen vor allem in den Verhandlungen über eine Befestigung der demilitarisierten Ålandinseln konkrete Gestalt, scheiterten aber schließlich im Frühjahr 1939 gerade in diesem Punkt am Widerstand der Sowjetunion[11]. Der finnischen Seite scheint nie in den Sinn gekommen zu sein, daß Schweden in Verhandlungen über ein tatsächliches Verteidigungsbündnis zweifellos auf dem Prinzip der Gegenseitigkeit bestanden hätte. Dies wäre insofern delikat gewesen, als der schwedische Generalstab schon in den Jahren von 1937 bis 1939 die Gefahr eines deutschen Angriffs in seinen Verteidigungsplanungen als den wahrscheinlichsten Fall vorausgesetzt hatte[12].

Obgleich Finnland keine konkreten schwedischen Zusagen hinsichtlich einer Unterstützung erhalten hatte, glaubte man in Helsinki im Herbst 1939 gleichwohl an eine Rückendeckung durch Stockholm. Überzeugt hiervon zeigte sich insbesondere Außenminister Erkko; dabei hatte Schweden zur selben Zeit unzweideutig klargemacht, daß es sich an einem möglichen militärischen Konflikt zwischen Finnland und der Sowjetunion nicht beteiligen werde.

Innenpolitisch stellte sich Finnland als eine geschlossene Front dar. Die Erinnerungen an den zwei Jahrzehnte zurückliegenden blutigen Bürgerkrieg waren verblichen; die seit 1937 amtierende Mitte-Links-Regierung Professor Cajanders, eine Art Volksfrontregierung, deren Basis die Bauernpartei und die Sozialdemokraten bildeten, war selbst schon ein Zeichen für die Überwindung der inneren Gräben im Lande. Zudem hatte die offene Aggressionspolitik der Großmächte im Ostseeraum — die Besetzung der »Rest-Tschechei« im März 1939, die Teilung Polens im September desselben Jahres und schließlich das Schicksal der Baltischen Länder — den Boden für die nationale Einheit bereitet.

In den Verhandlungen mit der Sowjetunion verhielt sich Finnland anders als die Baltischen Staaten. Anders aber verhielt sich auch die Sowjetunion gegenüber Helsinki: Moskau schlug eine sehr viel flexiblere Verhandlungstaktik ein. So leistete sich die Sowjetunion im Falle Finnlands mehrere Verhandlungsrunden; auch verzichteten Stalin und Molotov schon beim ersten Treffen auf den zunächst geforderten Beistandspakt.

Was wollte die Sowjetunion im Herbst 1939 überhaupt von Finnland? Zunächst einmal ging es sicherlich um die Frage bestimmter Sicherheitsgarantien, über die schon seit dem Frühjahr 1938 Geсpräche geführt worden waren. Des weiteren verfolgte Moskau gegenüber Finnland in jenem Herbst insofern auch gewisse hegemoniale Ziele, als das Land zu Zugeständnissen bewogen werden sollte, welche es zumindest de facto in die sowjetische Interessensphäre überführt hätten. In diesem Sinne betraf denn auch das aus finnischer Sicht schwierigste Problem die Verpachtung Hankos (am Finnischen Meerbusen) als sowjetischer Stützpunkt — eine Forderung, die Finnland denn auch ablehnte. Ungeachtet des Molotov-Ribbentrop-Paktes versuchten die Finnen so, die Grundzüge ihrer bisherigen Außenpolitik — Neutralität und nordische Zusammenarbeit — zu bewahren[13].

Anscheinend war die Sowjetunion jedoch bereits im Sommer 1939 entschlossen, ihre Sicherheitsbedürfnisse gegenüber Finnland notfalls auch mit Waffengewalt durchzusetzen. In Finnland drehte sich im Herbst 1939 die Diskussion gleichwohl nicht um die Alternative, entweder den Forderungen Moskaus nachzugeben oder aber einen Verteidigungskrieg zu beginnen; diskutiert wurde vielmehr das Maß der Zugeständnisse, welches möglich war, ohne die Unabhängigkeit des eigenen Landes zu gefährden. Obwohl die Regierung die Einleitung militärischer Notfallmaßnahmen angeordnet hatte, glaubte sie offensichtlich nicht, daß die Sowjetunion alle machtpolitischen Mittel ausschöpfen werde. Wie groß die Zuversicht der finnischen Regierung hinsichtlich einer friedlichen Lösung war, zeigte sich daran, daß noch im November erwogen wurde, die mobilgemachten Verbände aus Kostengründen zu entlassen — ein Vorhaben, das schließlich am Widerstand des Verteidigungsministers scheiterte. Viele Regierungsmitglieder hielten sogar die Kündigung des Nichtangriffspaktes (von 1932) durch die Sowjetunion nur für ein Druckmittel Moskaus. Erst das Heulen der Sirenen am 30. November 1939 rief den Finnen die kalte Wirklichkeit des Krieges ins Bewußtsein.

Unmittelbar nach Kriegsausbruch bemühte sich die finnische Regierung um einen neuen Verhandlungskontakt mit der Sowjetunion. Den Friedensfühlern stand jedoch nun eine von Stalin vorgeschobene Marionettenregierung im Wege. Diese von der Sowjet-Union am 1. Dezember 1939 eingesetzte »Volksregierung« unter Leitung von Otto Ville Kuusinen bestand aus finnischen Kommunisten, die als Emigranten in der Sowjetunion lebten[14]. Erst Ende Januar 1940 zeigte sich die Sowjetunion bereit, mit der legalen finnischen Regierung zu verhandeln. Über die Motive dieses Schrittes besteht ziemliche Übereinstimmung: Der Finnlandfeldzug war vom Standpunkt der Sowjetunion aus gesehen nicht so verlaufen wie erhofft. Der Krieg hatte in einem viel größerem Maße als erwartet sowjetische Kräfte gebunden. Der Widerstand der Finnen, der sich erfolgreicher als erwartet erwies, sowie besonders die militärischen Erfolge im Dezember und Januar hatten die Voraussetzungen dafür geschaffen, daß die Westalliierten mit der Planung einer großangelegten Unterstützung Finnlands begannen[15]. Infolge der geplanten Intervention der Alliierten (die allerdings in erster Linie der Eroberung der Erzfelder in Nordschweden galt), wurde der finnische Krieg für die Sowjetunion viel zu riskant. Die Vorsicht riet zum Frieden, und so wurden Friedensverhandlungen eingeleitet.

Im dreieinhalbmonatigen Winterkrieg verlor Finnland ca. 23 000 Gefallene, und 400 000 Karelier wurden genötigt, ihre Heimat zu verlassen. Die Sowjetunion zwang Finnland, viel größere Gebiete abzutreten als jene, die im Herbst 1939 gefordert worden waren, aber diese territorialen Erwartungen kosteten einen hohen politischen Preis: Die zwischen Deutschland und der Sowjetunion im August 1939 vereinbarte Abgrenzung der Interessensphären wurde infolge des Winterkrieges hinsichtlich Finnlands nun zunehmend in Frage gestellt.

Der Winterkrieg berührte die in unmittelbarer Nähe gelegenen Baltischen Staaten in vielerlei Hinsicht und konfrontierte sie zugleich mit einer komplizierten Situation. Finnland nämlich suchte Unterstützung für seinen Abwehrkampf auch von den südlichen Ostseeanrainern, insbesondere aus Estland, zu gewinnen. Daß die allgemeine Stimmung im Baltikum profinnisch war, stand außer Frage, wenngleich Estland, Lettland und Litauen sich nach Kriegsausbruch aus verständlichen Gründen für neutral erklärt hatten. Dessenungeachtet gerieten die genannten Staaten im Herbst 1939 insofern in eine schwierige Lage, als sich entsprechend den mit Moskau abgeschlossenen Verträgen sowjetische Militärstützpunkte auf ihrem Territorium befanden. Indem die Rote Armee ihre dort — insbesondere in Estland — stationierten Luftstreitkräfte für Einsätze gegen Finnland heranzog, wurde die Neutralität der Baltischen Staaten verletzt[16]. Die Benutzung der estnischen Luftstützpunkte im Krieg gegen Finnland widersprach dem am 28. September mit Moskau abgeschlossenen Beistandspakt, der nur dann in Kraft treten sollte, falls eine europäische Großmacht einen der Vertragspartner angriff oder mit Angriff bedrohte[17]. Wären die Grundsätze der Neutralität streng befolgt worden, so hätte Estland die auf dem Rückflug von ihren Einsätzen notlandenden Maschinen beschlagnahmen, ihre Besatzungen internieren und gegenüber der Sowjetunion Protest einlegen müssen. (Von zumindest einem Vorfall auf lettischem Territorium ist bekannt, daß er zu einem offiziellen Protest Lettlands in Moskau führte.) So bestätigten sich hinsichtlich der Rolle der Luft-stützpunkte zumindest im Falle Estlands jene Zweifel, die der engli-sche Gesandte in Riga bereits im Oktober 1939 geäußert hatte: »Die Politik der Rettung der lettischen Selbständigkeit und Neutralität, die unter Einhaltung einer unerschütterlichen Friedenspolitik verwirklicht worden ist, hat Lettland den Frieden, aber nicht die Neutralität gelas-sen — weil sein Territorium als Aufmarschgebiet für militärische Ope-rationen gegen ein befreundetes Land benutzt werden kann, ohne daß es auch nur theoretischen Protest einlegen könnte — und faktisch auch in keiner Hinsicht die Selbständigkeit[18].«

Sympathie für die Sache Finnlands zeigte sich im Baltikum auf vie-lerlei Weise. So war der Tenor der estnischen Presse während des Win-terkrieges der Sowjetunion gegenüber durchaus feindselig. Auch kamen während jener Monate estnische Freiwillige nach Finnland, obwohl ein Verlassen ihres Heimatlandes nach Kriegsausbruch nur mehr auf Schleichwegen möglich war. Der bekannteste der wenigen lettischen Freiwilligen, die am finnischen Winterkrieg teilnahmen, war Gustavs Celmiņš, der Anfang der 30er Jahre Führer der rechtsradikalen Bewe-gung der Donnerkreuzler gewesen und von der Regierung Ulmanis später aus Lettland ausgewiesen worden war. Sogar in Litauens Haupt-stadt Kaunas meldeten sich beim finnischen Konsulat über 200 Frei-willige, zum größten Teil freilich polnische Flüchtlinge[19].

Nachrichtendienstliches Material über Bewegungen der Roten Armee erreichte die Finnen sowohl aus Estland wie aus Lettland. So beschaff-te der finnische Gesandte in Riga, Edvard Palin, regelmäßig Nachrich-ten über die Operationen der Roten Armee an der Finnlandfront. Sei-ne als geheime Depeschen nach Helsinki gedrahteten Meldungen gaben detailliert Auskunft über sowjetische Truppenbewegungen, die Versor-gungslage der Feindverbände und andere wichtige Umstände. Als Infor-mationsquelle kam nur der von den Finnen abgehörte lettische Armee-sender in Frage. Die Nachrichtenabteilung der lettischen Armee erbat über Palin denn auch finanzielle Mittel für ihre Tätigkeit, und man wird davon ausgehen dürfen, daß Helsinki diese Dienste, die ohne Zwei-fel mit Wissen, wenn nicht gar im Auftrag des Oberbefehlshabers der lettischen Streitkräfte, General Krisjanis Berkis, geleistet wurden, in der Tat für unterstützungswürdig erachtete[20].

Wie nun beurteilten angesichts des finnisch-russischen Krieges die führenden Kreise in den Baltischen Republiken die Zukunft ihrer Län-der? Auch für sie war, wie für Helsinki, der Ausbruch des Winterkrieges eine Überraschung gewesen. Der sowjetische Angriff und insbesondere die Ausrufung der »Volksregierung« Kuusinens weckten Zweifel an den eigentlichen Zielen der Sowjetregierung auch gegenüber ihren Staaten, um deren eigene Chancen es nun womöglich noch schlechter bestellt sein mochte als während der Verhandlungen über die Beistandspakte im Herbst. Um so mehr bemühte man sich nun, da die Streitfragen um Vilna und Memel — bislang Stolpersteine auf dem Wege einer engeren Zusammenarbeit — beigelegt waren, um eine verstärkte Kooperation untereinander, insbesondere auf politischem und wirtschaftlichem Gebiet. Auch hatte sich mittlerweile eine Art militärische Zusammenarbeit zwischen den Baltischen Republiken entwickelt. Zwischen den Generalstäben der drei Länder gab es rege Kontakte; bei Höflichkeits- und Antrittsbesuchen wurden dabei auch spezifisch militärische Fragen, wie z. B. Probleme der Standardisierung im Rüstungs- und Munitionsbereich, erörtert. Auch wurde zur Verbesserung der Verteidigungsbereitschaft sowohl in Estland als auch in Lettland die Dienstzeit der aktiven Kader verlängert.

Auf der Tagesordnung der Baltischen Außenministerkonferenz im März 1940 standen Fragen einer näheren Zusammenarbeit auf politischer und wirtschaftlicher Ebene. Auch einigte man sich über einen Informationsaustausch hinsichtlich aller die russischen Garnisonen betreffenden Fragen. Dies erschien notwendig, um die Sowjetunion daran zu hindern, ein Land gegen das andere auszuspielen, indem sie entweder eines nach dem anderen mit Forderungen überzog oder aber mit der Behauptung operierte, eines der Nachbarländer habe einer bestimmten Forderung bereits grundsätzlich zugestimmt.

Offenkundig also rechnete man im Baltikum mit der Möglichkeit, daß die Entwicklung der militärischen Lage in Europa die außenpolitische Konstellation der Region entscheidend verändern werde. Der lettische Außenminister Munters setzte seine Hoffnung darauf, daß »die Sowjetunion in den großen Krieg gezogen wird und dabei versagt«[21]. Im Falle Litauens ging die Entwicklung gar so weit, daß Präsident Smetona im Februar 1940 durch Vermittlung seines Chefs der Staatspolizei das Land insgeheim Deutschland als Protektorat anbot. In den Baltischen Ländern bereitete man sich mithin politisch, moralisch und militärisch auf den Zeitpunkt eines deutsch-sowjetischen Zusammenpralls vor.

Schwieriger zu beurteilen ist, wie die Absichten Moskaus eingeschätzt wurden. Möglich ist, daß die Aktivitäten der Sowjetunion vom Herbst 1939 an auf einen Anschluß der Baltischen Länder an die UdSSR abzielten. Wenn dem so war, so war man sich in den betroffenen Ländern freilich kaum im klaren darüber, nach welchem Zeitplan und auf welche Art und Weise sich eine solche Entwicklung vollziehen würde. Im Herbst 1939 jedenfalls schienen sich die Dinge noch durchaus reibungslos zu entwickeln. Annäherungsversuche örtlicher Linksgruppen wurden von den betreffenden sowjetischen Botschaften abgelehnt. Auch das Verhalten der Garnisontruppen in den Stützpunkten war überall korrekt. Als der Oberbefehlshaber der estnischen Armee, General Laidoner, im Dezember 1939, kurz nach Ausbruch des Winterkrieges, mit einer Delegation Moskau besuchte, waren die sowjetischen Gastgeber sichtlich bemüht, Spannungen und Mißtrauen abzubauen. Bei einem Festessen zu Ehren Laidoners im Kreml machte sich Stalin sogar zum Fürsprecher der kleinen Völker und ihrer Kulturen. Dabei zeigte er sich Laidoner gegenüber äußerst liebenswürdig und bat ihn, sich jederzeit an ihn zu wenden, sofern ein Grund dazu vorliege[22]. Ein gutes halbes Jahr später sollte Laidoner Anlaß haben, sich dieser Worte zu erinnern, wurde er doch im Sommer 1940 zusammen mit seiner Familie gefangengenommen und in die Sowjetunion verschleppt.

Wann nun entstanden die Reibungen in den Beziehungen zwischen der Sowjetunion und den Baltischen Ländern, und welcher Art waren sie? Ab Ende Januar begannen die auswärtigen diplomatischen Vertreter im Baltikum festzustellen, daß die Repräsentanten der Sowjetmacht sich mit der Lage im Baltischen Raum unzufrieden zeigten, wenngleich die Gründe dieser Unzufriedenheit noch nicht genau auszumachen waren. Probleme bereiteten z.B. zahlreiche Fragen im Zusammenhang mit den sowjetischen Stützpunkten. So etwa wollten die Russen auf den dortigen Baustellen eine größere Zahl russischer Arbeiter beschäftigen; desgleichen verlangte man Einreisegenehmigungen für die Familien der Garnisonangehörigen. Auch konnte für die Sowjetunion kein Geheimnis sein, wie die Balten über den Krieg gegen Finnland dachten, und auf wessen Seite die Sympathien der Bevölkerung lagen. Wenn man in Moskau dieses Wissen mit den Erkenntnissen addierte, die man über die gegenseitigen Kontakte der Baltischen Generalstäbe gewonnen hatte, wenn man ferner die traditionell guten Beziehungen zwischen der estnischen und der deutschen Wehrmacht berücksichtigte, so konnte man im Kreml schwerlich besonderes Vertrauen in die militärische Zuverlässigkeit der Baltischen Republiken im Falle eines deutsch-russischen Konfliktes haben[23].

Hinzu kam, daß in unmittelbarer Nachbarschaft des Baltikums, nämlich in den von der Sowjetunion im September 1939 annektierten polnischen Gebieten, der Sowjetisierungsprozeß bereits eingesetzt hatte;

im Februar 1940 war es dort zu ersten Zwangsumsiedlungen gekommen. Als Folge davon schossen in jenem Gebiet Widerstandsorganisationen wie Pilze aus dem Boden. Für sie bot sich insbesondere der Litauen zugeschlagene Gebietsstreifen um Vilna, wo eine große polnische Minderheit lebte, als Operationsbasis an[24].

Aus Moskauer Sicht sprach vieles dafür, alle diese Umstände in einem Gesamtzusammenhang zu sehen. Daß alle im Baltikum tätigen sowjetischen Botschafter, Wirtschaftsrepräsentanten und Garnisonbefehlshaber im Februar 1940 nach Moskau beordert wurden, war denn auch ein augenfälliges Signal für die Absicht des Kreml, seine Baltikumpolitik insgesamt einer Neubewertung zu unterziehen. Dabei dürfte man zu dem Schluß gekommen sein, daß die Balten auf eine für die Sowjetunion ungünstige Entwicklung der gesamtpolitischen Lage spekulierten, welche ihren Ländern die Chance geben würde, sich aus dem Griff Moskaus zu befreien. Derartige Tendenzen waren aus sowjetischer Sicht natürlich äußerst gefährlich, da sie die Bedeutung der abgeschlossenen Beistandspakte auszuhöhlen drohten.

Welche strategische Konsequenz daraus zu ziehen war, lag auf der Hand: Die Verhältnisse im Baltikum mußten stabilisiert werden, und zwar noch bevor Deutschland Rückenfreiheit im Westen gewonnen hatte. Dies war das primäre Ziel, dem sich in zweiter Linie die Forderung anschloß, auch auf ideologischer Ebene aktiv zu werden. Dies wiederum hatte zur Voraussetzung, daß die Tätigkeit der kommunistischen Parteien in den Baltischen Ländern den sowjetischen Plänen entsprechend koordiniert werden mußte, auch wenn ihnen letztlich nur die bescheidene Rolle von Statisten zugedacht war[25]. Die damit verbundenen Risiken schienen sehr gering, betrachteten zahlreiche ausländische Beobachter die Baltischen Republiken doch ohnehin schon längst als de facto ihrer Unabhängigkeit beraubt.

Die Sowjetisierung des Baltikums im Sommer 1940 vollzog sich denn auch ganz und gar nach dem Drehbuch Moskaus. Nach einigen von der Sowjetunion inszenierten Provokationen durfte Litauen am 15. Juni ein Ultimatum der Moskauer Regierung entgegennehmen; entsprechende Schritte gegenüber Lettland und Estland folgten einen Tag später. In allen drei Fällen wurde die Bildung einer sowjetfreundlichen Regierung sowie der ungehinderte Zugang der Roten Armee ins Baltikum gefordert.

Widerstand kam zu diesem Zeitpunkt bereits nicht mehr in Frage. In Estland etwa zählte man im Juni bereits 35 000 (statt der vertragsmäßig vereinbarten Zahl von 25 000) Sowjetsoldaten, dazu rund 10 000 in den Stützpunkten tätige Rüstungsarbeiter, letztere überwiegend aus dem Raum Leningrad und Pihkova stammende Esten oder Ingermanländer[26].

Nachdem die Regierungen der Baltischen Staaten die sowjetischen Forderungen angenommen hatten, kamen die Emissäre der Moskauer Regierung, um die Dinge in die Hand zu nehmen: Ždanov nach Tallinn, Vyšinski nach Riga und Dekanozov nach Kaunas. Ihre Aufgabe war es, die Kulisse für die sogenannte »Revolution von 1940« herzurichten. Aus vorwiegend linkssozialistischen Gruppen wurden sogenannte sowjetfreundliche Regierungen gebildet, denen man das Aussehen einer Art von »Volksfrontregierung« zu geben bemüht war, obwohl ihre eigentliche Bedeutung für die weitere Entwicklung der Dinge minimal sein sollte. Kommunisten gab es in den Baltischen Ländern zu jener Zeit freilich nur sehr wenige, da Stalin ihre Führungskader bereits Ende der 30er Jahre vernichtet hatte. Auch fehlte es den Parteien an den nötigen Verbindungen nach Moskau; so etwa gab es zumindest unter den lettischen Kommunisten durchaus noch trockijistische Tendenzen. Da Moskau jedoch über die bereits erwähnten Importarbeiter auf den sowjetischen Baustellen verfügte, um sie zur Demonstration des »Volkswillens« einzusetzen, war man auf die Hilfe der örtlichen Kommunisten nicht sonderlich angewiesen.

Am 30. Juni machte Molotov dem litauischen Außenminister Kreve-Mickevicius gegenüber unmißverständlich klar, daß über das Schicksal der Baltischen Völker bereits in Moskau entschieden worden sei. Molotov erklärte dem erschütterten Außenminister, man werde die Litauer auf die in den Sowjetrepubliken übliche Weise fragen, »ob sie sich der Familie der Sowjetvölker anschließen wollten.« Zugleich versicherte Molotov, man werde der Bevölkerung schon beibringen können, daß »ihr Wohlstand diesen Anschluß erfordert, weil sie nur unter dem Schutz der Sowjetunion in Frieden leben« könnten. Dekanozov erklärte sogar, daß sich ganz Europa »unter der Roten Fahne vereinigen« werde[27].

Anfang Juli erging die Weisung, in den Baltischen Republiken am 14./15. Juli Parlamentswahlen durchzuführen. Diese wurden ganz nach sowjetischem Muster organisiert, alle oppositionellen Kräfte dabei von den Wahllisten verbannt; die Wahlgesetze wurden entgegen den Bestimmungen der Verfassung auf dem Verordnungswege geändert. Nach den Wahlen trafen sich die im Baltikum tätigen Sowjetemissäre zu einer Besprechung in Tallinn, um ihr weiteres Vorgehen abzusprechen. Mit der Konstituierung der neuen Parlamente wurden nun alle drei Hauptstädte zu Schauplätzen völlig analoger Entwicklungen. Solchermaßen unter Druck geraten, fanden sich die Volksvertretungen schließlich mit der ihr zugedachten Rolle ab: Estland, Lettland und Litauen erklärten sich zu Sowjetrepubliken und bekundeten ihren Willen, sich der UdSSR anzuschließen. Anfang August wurde der Anschluß dann in einer Sitzung des Obersten Sowjet offiziell besiegelt[28].

Der Sowjetisierungsprozeß in den Baltischen Ländern umfaßte alle Ebenen des gesellschaftlichen Lebens. Nach sowjetischem Sprachgebrauch handelte es sich dabei freilich nicht um einen Übergang zur Sowjetherrschaft, sondern um deren »Wiederherstellung« — eine zumindest in Hinblick auf Estland sehr gewagte Bezeichnung, denkt man an das territorial sehr begrenzte und zeitlich nur kurze Zwischenspiel sowjetischer Herrschaft in diesem Lande während der Jahre 1918/19. Der Begriff war jedoch insofern für die Sowjetmacht charakteristisch, als er die Zeit der baltischen Selbständigkeit zu einer historischen Episode bagatellisierte. Ohnehin ging es darum, diese »Episode« aus dem Bewußtsein der Bevölkerung zu tilgen: So wurden Denkmäler des Befreiungskrieges zerstört, Bücher verboten und verbrannt, und in den Schulen schon im Schuljahr 1940/41 statt der nationalen Gedenktage der Jahrestag der Oktoberrevolution, Stalins Verfassungstag (im Dezember) sowie Lenins Todestag (im Januar) gefeiert[29].

Spätestens nach Molotovs erfolglosem Berlinbesuch im November 1940 wurde im Baltikum mit der Registrierung und Zwangsumsiedlung »antisowjetischer Elemente« begonnen, um jeden potentiellen Widerstand gegen die Besatzungsmacht zu brechen. Diese Registrierung betraf sehr unterschiedliche gesellschaftliche Gruppen, darunter Mitglieder früherer bürgerlicher und sozialdemokratischer Parteien, ehemalige Offiziere der zaristischen Armee, Adlige, Geschäftsleute, Großgrundbesitzer und andere mehr. Im Zuge der Massendeportationen im Juni 1941 wurden dann aus Estland ca. 11 000, aus Lettland 16 000 und aus Litauen 21 000 Personen ins Innere der Sowjetunion verschickt. Die Deportationen betrafen ganze Familien; die unter Sechzehnjährigen machten z. B. in Estland zahlenmäßig 30 Prozent aller im Juni deportierten Personen aus[30]. So war die gesellschaftliche Struktur der Baltischen Länder schon am Vorabend der deutschen Besetzung in mancher Hinsicht verändert und erschüttert worden.

Was Finnland anbetrifft, so hat die Besetzung Dänemarks und Norwegens durch die Deutschen im April 1940 die strategische Position dieses Landes erheblich geschwächt. Die Möglichkeit, daß Finnland bei einem bewaffneten Konflikt zwischen der Sowjetunion und Deutschland seine Neutralität bewahren könnte, schien von nun an sehr theoretisch. Vom sowjetischen Standpunkt hatte sich das finnische Problem völlig in ein baltisches verwandelt. Das kam in Molotovs Worten gegenüber dem litauischen Außenminister Kreve-Mickevicius im Juni 1940 klar zum Ausdruck: »Sie müssen in dem Maße Realisten sein, daß Sie verstehen, daß die kleinen Völker in Zukunft verschwinden werden. Ihr Litauen zusammen mit den anderen Baltischen Völkern, Finnland mitgerechnet, wird in die glorreiche Familie der Sowjetvölker aufgenommen werden[31].« Molotov versuchte so, auch der finnischen Geschichte ihren Weg vorzuzeichnen.

Der Sowjetunion fehlten jedoch in dieser Phase des Krieges die politischen und militärischen Mittel, Finnland in ihren Interessenbereich zu zwingen, obgleich sie im Sommer 1940 auf manchen Gebieten politischen Druck auf Finnland ausübte. Vielmehr geschah jetzt das Umgekehrte: In dem Maße, da in Hitlers Strategie das Rußlandproblem in den Vordergrund trat, offenbarte sich — etwa seit August 1940 — ein wachsendes kriegswirtschaftliches und strategisches Interesse Deutschlands an Finnland.

Kriegswirtschaftlich interessierte sich Deutschland besonders für das finnische Kupfer und Nickel, während sich das strategische Hauptinteresse zunächst auf Nordfinnland konzentrierte. Die führenden Kreise Finnlands, denen die Zukunft ihres isolierten Landes bislang äußerst düster erschienen war, empfanden es geradezu als Erleichterung, als Deutschland Waffenlieferungen anbot; verbunden damit war deutscherseits das Ersuchen um militärischen Transitverkehr durch Nordfinnland nach Norwegen.

Das deutsche Interesse an Finnland wurde alsbald auch in Moskau registriert, zumal Deutschland jetzt die Handlungsfreiheit der Sowjetunion in ihrer eigenen Interessensphäre einzuschränken begann. Unter diesen Umständen gewannen auch geringfügige Gesten von deutscher Seite an die Adresse Helsinkis große politische Bedeutung, widersprach doch ein Abgleiten Finnlands in den Interessenbereich Deutschlands den sowjetischen Zielen. So gesehen ist es verständlich, daß für Molotov die finnische Frage anläßlich seiner Berliner Besprechungen im November 1940 sehr wichtig war; indes gab ihm Hitler keine freie Hand in Finnland[32].

Helsinki bemühte sich noch im Herbst 1940 um eine Alternative, indem es sich nach Möglichkeiten einer engeren Zusammenarbeit mit Schweden erkundigte. Doch ließen sich die finnisch-schwedischen Beziehungen von den globalpolitischen Konstellationen nicht isolieren. Die Versuche, ein politisches Gleichgewicht zu suchen, wurden ebenso von

Deutschland wie von der Sowjetunion zunichte gemacht. Das damit in die Position eines Baltischen Staates gedrängte Finnland sah sich vor die Alternative gestellt, zwischen dem Deutschen Reich und der Sowjetunion wählen zu müssen[33].

Die deutsch-finnischen Kontakte auf militärischer Ebene im Winter 1940/41 gaben den Finnen allmählich eine Vorstellung von der operativen Planung der Deutschen, insoweit sie die nördliche Front und das finnische Territorium betraf. Die Gespräche bedeuteten, daß sich Finnland faktisch, wenn auch nicht formell, verpflichtete, an den deutschen Operationen gegen die Sowjetunion teilzunehmen. Das hieß zugleich, daß die finnische Regierung ihren Glauben an die Möglichkeit einer Neutralitätspolitik verloren hatte[34]. Sie konnte schließlich nur noch bestrebt sein, das Land nicht zum Kriegsschauplatz zweier feindlicher Armeen werden zu lassen.

Was das Baltikum angeht, so wechselten dort die Formen der Gewaltherrschaft im Sommer 1941, als deutsche Machthaber der Sowjetgewalt folgten. Für die Besatzungsverwaltung wurde das Reichskommissariat »Ostland« gebildet, das gebietsmäßig außer Estland, Lettland und Litauen auch Weißrußland umfaßte. Die Zusammenfassung all dieser Territorien zu einem einzigen Reichskommissariat wurde vor allem mit der Zweckmäßigkeit der Verwaltung begründet. Aber zugleich war die Gründung des Reichskommissariates »Ostland« ein Beweis dafür, daß die ehemaligen Baltischen Staaten, verglichen mit dem sonstigen besetzten Gebiet der Sowjetunion, eben keinen administrativen Sonderstatus genießen sollten.

Die neue Besatzungsmacht hatte mit der Wiederherstellung der Selbständigkeit der Baltischen Republiken und der Wiederbelebung früherer gesellschaftlich-politischer Einrichtungen keine Eile. Nicht einmal eine Art politische Autonomie wurde zugestanden; die sogenannte »Landeseigene Selbstverwaltung« war lediglich ein Hilfsorgan der deutschen Besatzungsverwaltung. Hatte die einheimische Bevölkerung anfangs damit gerechnet, daß die von der Sowjetunion durchgeführten Verstaatlichungsmaßnahmen sofort aufgehoben und die alten Eigentumsverhältnisse wiederhergestellt würden, so erklärte die deutsche Besatzungsverwaltung am 19. August 1941 alles Eigentum der Sowjetunion für beschlagnahmt und nahm so das Wirtschaftsleben der Länder in die eigene Hand. Dennoch behielten alle, die solchart Eigentum in Besitz hatten, weiterhin ein Nutzungsrecht, sofern nicht der Reichskommissar oder eine von ihm bevollmächtigte Behörde die Übergabe an die deutsche Zivilverwaltung forderte. Die grundsätzliche Beschlagnahme allen sowjetischen Eigentums bedeutete u. a., daß die Bauern den Status von Pächtern hatten und jederzeit von ihren Höfen vertrieben werden konnten, wenn sie nicht mehr das Vertrauen der deutschen Behörden genossen. Die deutschen Monopolgesellschaften hatten ferner alle Großunternehmen in Besitz genommen, was bei der einheimischen Bevölkerung als Beweis dafür ausgelegt wurde, daß sich ihr in Zukunft nur im Bereich der Kleinindustrie Betätigungsmöglichkeiten bieten würden. Die ablehnende Haltung der Deutschen gegenüber der Aufstellung nationaler Truppenverbände und deren Beteiligung am Kampf gegen den Bolschewismus zerstörte die letzte Hoffnung der einheimischen Bevölkerung auf eine deutsch-baltische Zusammenarbeit.

Die deutsche Zivilverwaltung betrachtete die Zeit der Unabhängigkeit und die nationalen Bestrebungen der baltischen Nationen ebenso ablehnend wie die frühere Sowjetmacht. Fernziel war vielmehr die Umwandlung des Baltikums in ein deutsches Land. Dieses Ziel sollte durch Eindeutschung der rassisch »positiv« zu bewertenden Elemente, durch Kolonialisierung »germanischer« Völker und durch Aussiedlung und Liquidierung unerwünschter Volksgruppen verwirklicht werden[35]. In einem Punkt wurde das Programm schon im Jahre 1941 restlos verwirklicht: Die jüdische Bevölkerung wurde mittels Massenerschießungen nahezu vollzählig ermordet; in Estland fanden schätzungsweise 1000, in Lettland 66 000 und in Litauen 170 000 Opfer den Tod[36].

Die Maßnahmen der deutschen Besatzungsverwaltung schufen in den betroffenen Ländern die Voraussetzungen für die Entstehung breiter nationaler Einheitsfronten gegen die deutsche Verwaltung. Charakteristisch für die Haltung dieser Einheitsfronten war eine Mischung von Widerstand und Zusammenarbeit — eine Haltung, die allmählich auch die Tätigkeit der landeseigenen Selbstverwaltung prägen sollte. Das politische Ziel dieser sich allmählich organisierenden Gruppen war die Wiederherstellung der Souveränität der Baltischen Republiken. Gerade deshalb kämpften sie an zwei Fronten: einmal gegen Deutschland, zum anderen gegen die Sowjetunion[37].

Anmerkungen

[1] Martti Julkunen, Suomi keväästä 1938 talvisotaan, in: Kansakunta sodassa I, Helsinki 1989, S. 103—105; Seppo Myllyniemi, Die baltische Krise 1938—1941, Stuttgart 1979, S. 48.
[2] Myllyniemi, ebd., S. 57—68.

[3] Juozas Urbšys, Lietuva lentingaisiais 1939—1940 metais, Wilno 1988, S. 28.

[4] Küllo Arjakas, Eesti Vabarigi välispolitiika 1939 aastal III, in: Vikerkaar, 12/1988, S. 472; Übersichtsplan für die Mobilisierung der estnischen Armee, in: Molotovi Ribbentropi paktist baaside lepinguni. Dokumente ja materjale, Tallinn 1989, S. 30—35.

[5] Myllyniemi, Die baltische Krise (wie Anm. 1), S. 72—74.

[6] Alvin Isberg, Med demokratin som insats. Politisk-konstitutionellt maktspel i 1930 talets Estland, Uppsala 1988, S. 120 f.

[7] Bericht des Vizechefs der Staatspolizei Lettlands Robert Stieglitz, 8.7.1940, in: Reichsarchiv Helsinki, Bestand Staatspolizei Finnlands.

[8] Seppo Myllyniemi, Suomi sodassa, Keuruu 1982, S. 59 f.

[9] Juhani K. Paasikivi, Toimintani Moskovassa ja Suomessa 1939—1941, Porvoo 1959, S. 47 (deutsche Ausgabe u.d.T.: Am Rande einer Supermacht, Hamburg 1966).

[10] Silvo Hietanen, Maanpuolustus ja yhtenäistyvä kansakunta, in: Kansakunta sodassa I, Helsinki 1989, S. 74 ff.; Antero Karvinen, Antti Juutilainen, Kestokyky ja sotatapahtumat. Talvisota, Jyväskylä 1989, S. 116.

[11] Myllyniemi, Suomi sodassa (wie Anm. 8), S. 26 f., 31, 44 f.

[12] Krister Wahlbäck, Ruotsi ja Suomen turvallisuus 1936—1939, in: Kanava, 6/1989, S. 376.

[13] Seppo Myllyniemi, Die Neutralitätspolitik der baltischen Staaten und Finnlands am Vorabend und in der Anfangsphase des Zweiten Weltkriegs, in: Les États neutres européens et la Seconde Guerre mondiale, Neuchâtel 1985, S. 225 f.

[14] Die neueste und ausführlichste Darstellung zur Problematik der Kuusinen-Regierung: Osmo Jussila, Terijoen hallitus, Helsinki 1985.

[15] Siehe Jukka Nevakivi, The Appeal that was never Made, The Allies, Scandinavia and the Finnish Winter-War 1939—1940, London 1976.

[16] Bis Ende Januar 1940 hatten fast 40 sowjetische Flugzeuge auf dem Rückflug von Bombeneinsätzen gegen Finnland in Estland notlanden müssen; vgl. Das Estnische Staatsarchiv, F. 957-14-761.

[17] Text des Beistandpaktes in: Molotoví Ribbentropi paktist (wie Anm. 4), S. 171 ff.

[18] Myllyniemi, Die baltische Krise (wie Anm. 1), S. 74.

[19] Ebd., S. 96.

[20] Berkis hatte von jeher besonders gute Beziehungen zu Finnland: Er hatte bereits als zaristischer Offizier in Finnland gedient, dort geheiratet und auch später das Land in teils offizieller, teils privater Funktion wiederholt besucht.

[21] Myllyniemi, Die baltische Krise (wie Anm. 1), S. 102 f., 105—108.

[22] Das Estnische Staatsarchiv, F. 957-14-702.

[23] Myllyniemi, Die baltische Krise (wie Anm. 1), S. 104, 111.

[24] Jan Gross, Und wehe du hoffst. Die Sowjetisierung Ostpolens nach dem Hitler-Stalin-Pakt 1939—1941, Freiburg 1988, S. 118, 178.

[25] Myllyniemi, Die baltische Krise (wie Anm. 1), S. 113 f.

[26] Ülo Uluots, 1940. A. Juuni ja juulikuu sündmused Eestis, in: Looming, 9/1988, S. 1237.

[27] Myllyniemi, Die baltische Krise (wie Anm. 1), S. 126 und 122 ff.

[28] Ebd., S. 133—137.

[29] Romuald J. Misiunas, Rein Taagepera, The Baltic States. Years of Depence 1940—1980, S. 36ff.

[30] Myllyniemi, Die baltische Krise (wie Anm. 1), S. 142—144.

[31] Ebd., S. 126.

[32] Myllyniemi, Neutralitätspolitik (wie Anm. 13), S. 226f.

[33] Ohto Manninen, Toteutumaton valtioliitto. Suomi ja Ruotsi talvisodan jälkeen, Rauma 1977, S. 188, 198f.

[34] Die grundlegende Darstellung betreffend die Hintergründe des Fortsetzungskrieges: Mauno Jokipii, Jatkosodan synty, Keuruu 1987, besonders S. 154—186. Vgl. auch M. Mengers Beitrag im vorliegenden Band.

[35] Seppo Myllyniemi, Die Neuordnung der baltischen Länder 1941—1944. Zum nationalsozialistischen Inhalt der deutschen Besatzungspolitik, Helsinki 1973, S. 87, 11, 135, 138, 179.

[36] Misiunas, Taagepera, The Baltic States (wie Anm. 29), S. 61f.

[37] Myllyniemi, Die Neuordnung (wie Anm. 35), S. 140.

Manfred Zeidler

Deutsch-sowjetische Wirtschaftsbeziehungen im Zeichen des Hitler-Stalin-Paktes

I. Einleitung

Das deutsch-sowjetische Kreditabkommen vom 19. August bildete den unmittelbaren Auftakt zum nur vier Tage später unterzeichneten Hitler-Stalin-Pakt vom 23. August 1939[1]. Die »Pravda« schrieb in ihrem damaligen Leitartikel vom 21. August, in einer Atmosphäre gespannter politischer Beziehungen entstanden, sei das Abkommen berufen, diese Atmosphäre zu klären[2]. Wie nicht selten in der modernen Geschichte zwischenstaatlicher Beziehungen war die wirtschaftliche Verständigung der politischen vorangegangen.

Eindreiviertel Jahre später, am 22. Juni 1941, endete mit dem Einmarsch der deutschen Wehrmacht in die Sowjetunion ein völkerrechtliches Vertragsverhältnis, das näher zu bestimmen aus vielerlei Gründen bis heute kontrovers bleibt. War das, was in den 22 Monaten davor zwischen beiden Staaten bestanden hatte, ein Bündnis, eine Partnerschaft oder lediglich ein korrektes Neutralitätsverhältnis, wie es die sowjetische Historiographie in ihren Standarddarstellungen zur Geschichte des 20. Jahrhunderts jahrzehntelang behauptet hat[3]?

Neben den Geheimabmachungen über die gegenseitigen Einflußsphären war auch das, was damals auf wirtschaftlichem Gebiet zwischen Deutschland und der Sowjetunion bestand, mehr als sich auf den Generalnenner von Neutralität und Nichtangriff allein bringen ließe. Stalin selbst hat dies während der Schlußverhandlungen um das große Wirtschaftsabkommen vom 11. Februar 1940 gegenüber seinen deutschen Verhandlungspartnern in denkwürdiger Weise zum Ausdruck gebracht, als er erklärte, »die Sowjetunion sehe diesen Vertrag nicht als einen gewöhnlichen Warenaustauschvertrag an, sondern als einen Vertrag gegenseitiger Hilfeleistung«. Sein anschließender Satz verwies auf das Schwergewicht des sowjetischen Interesses am damaligen Wirtschaftsaustausch mit dem Dritten Reich: »Die Sowjetunion wolle von Deutschland lernen und dies besonders auf dem Gebiet der militärischen Rüstung[4].«

Bis vor wenigen Jahren noch bewertete die sowjetische Zeitgeschichtsforschung die deutsch-sowjetischen Wirtschaftsbeziehungen ganz im

Rahmen der vielstrapazierten Zeitgewinnthese — soweit überhaupt auf diesen heiklen Zeitraum eingegangen wurde. Die Analyse des Warenverkehrs in den 18 Monaten der Jahre 1940/1941 rechtfertigte die Behauptung, so lautete noch ein sowjetisches Resümee des Jahres 1982, »daß der Handel mit Deutschland für die beschleunigte Entwicklung der UdSSR in der Vorkriegsperiode keine geringe Bedeutung hatte«[5]. Mit der Neubewertung der eigenen Geschichte im Zeichen der Perestrojka hat sich auch hier das zuvor so einheitliche Bild gewandelt. Neueste sowjetische Publikationen bewegen sich zwischen einer im Urteil vorsichtigen, um die detaillierte Aufarbeitung der handelsstatistischen Daten bemühten Vorgehensweise und einer Tendenz, die dazu neigt, nicht zuletzt auf dem wirtschaftlichen Gebiet Stalin als den am Ende betrogenen Werber um die Gunst Hitlers darzustellen[6].

Ein tragfähiges Urteil auf der Basis von Zahlen und Fakten wird jenseits aller machtpolitischen Implikationen zunächst einmal die ökonomischen Hauptmotive beider Seiten, bedingt durch die Ausgangslage beider Volkswirtschaften im Jahre 1939, ins Auge nehmen müssen, wobei die in diesem Jahre eingetretene Entwicklung in den Kontext der gegenseitigen Wirtschaftsbeziehungen seit 1933 zu stellen ist. Wir wollen mit dem letzteren beginnen.

II. Das Kreditabkommen vom 19. August und seine Vorgeschichte

Auch in den Jahren des stärksten politischen Gegensatzes nach 1933 hatte der Handelsverkehr zwischen beiden Ländern nie aufgehört. Deutschland blieb stets unter den drei wichtigsten Importländern der Sowjetunion und bestritt selbst in den Jahren 1933—1938 ein bis zwei Drittel des für die sowjetische Industrialisierung so wichtigen Werkzeugmaschinenimports[7]. Auch Wirtschafts- und Kreditabkommen gab es weiterhin, wenngleich der Wirtschaftsverkehr angesichts der einschneidenden deutschen Handels- und Devisenbestimmungen nach 1935 nur noch auf der Basis kurzfristiger Verrechnungsabkommen erfolgte, die bis Ende 1938 alljährlich verlängert wurden[8]. Angesichts der sich weiter verschärfenden deutschen Devisenlage bei einem durch die forcierte Aufrüstung gesteigerten Rohstoffbedarf ging im Laufe des Jahres 1938 die Initiative zu einem neuen Kreditabkommen von Berlin aus. Das deutsche Verhandlungsziel lief darauf hinaus, die Sowjetunion zu einer vorzeitigen Ablösung des Kredits von 1935 durch verstärkte Rohstofflieferungen zu bewegen und ihr dafür quasi als Lockmittel einen weiteren 200-Millionen-Kredit in Aussicht zu stellen[9]. Im Januar 1939 signalisierte die sowjetische Seite ihre Bereitschaft, über die Bedingungen eines neuen Kreditabkommens zu verhandeln[10]. Im Mai hob Molotov gegenüber Botschafter v. d. Schulenburg die Frage der künftigen Wirtschaftsbeziehungen erstmals auf die politische Ebene, indem er den Fortgang von Wirtschaftsverhandlungen für inopportun erklärte, solange nicht »die notwendige politische Grundlage« dafür geschaffen sei[11].

Nachdem der Juli mit dem Beginn ernsthafterer Verhandlungen zwischen den Westmächten und der Sowjetunion und einer zunehmenden Kriegsentschlossenheit Hitlers gegen Polen die europäische Szenerie weiter verschärft hatte, ging in den ersten Augusttagen 1939 eine erneute Initiative von deutscher Seite aus. Dazu empfing v. Ribbentrop am 2. August den geschäftsführenden Botschafter Astachov, um ihm mitzuteilen, ein Handelsabkommen sei »eine gute Etappe auf dem Weg der Normalisierung der deutsch-russischen Beziehungen«, wobei, so der Reichsaußenminister wörtlich, »unsererseits Interesse an baldiger Konkretisierung« bestünde[12].

Die folgenden beiden Wochen verliehen der Situation eine ungeahnte Dynamik. Die lange nebulös gebliebene Frage nach der »politischen Grundlage« zwischen beiden Seiten begann sich zu klären; die deutsche Seite drängte entschieden zur Eile. Nach v. Ribbentrops »Selbsteinladung« vom 15. August nannte Molotov am 19. des Monats v. d. Schulenburg gegenüber die sowjetischen Bedingungen für einen Empfang des Reichsaußenministers in Moskau. Der Abschluß eines Wirtschaftsabkommens war jetzt auf einmal Vorbedingung für einen Neutralitäts- und Nichtangriffsvertrag[13]. Molotov hatte seine Haltung vom Mai, wonach die politische Klärung der wirtschaftlichen vorangehen sollte, ins Gegenteil verkehrt. Der Zeitdruck durch die von Hitler vorgegebenen Termine zur Kriegführung diktierte von jetzt an das weitere Geschehen. Von Ribbentrop drängte seine Sachverständigen fast stündlich, das Wirtschaftsabkommen endlich perfekt zu machen, das nun zum Schlüssel für die weitere Entwicklung der politischen Beziehungen geworden war. Noch am 18. August hatten Astachov und der deutsche Verhandlungsführer Schnurre in Berlin Einigung über alle Sachfragen erzielt. Erst nach einer weiteren erklärenden Unterredung zwischen Molotov und v. d. Schulenburg in Moskau erfolgte schließlich in der Nacht vom 19. auf den 20. August 1939 der Abschluß des Abkommens in Berlin[14].

Das »Kreditabkommen zwischen dem Deutschen Reich und der Union der Sozialistischen Sowjetrepubliken« gewährte der Sowjetunion einen Wechselkredit in Höhe von 200 Millionen RM bei einer Laufzeit von 7 Jahren und einem effektiven Zinssatz von 4,5 Prozent. Der Kredit sollte im Laufe der nächsten zwei Jahre zum Einkauf von Investitionsgütern in Deutschland dienen und durch sowjetische Rohstofflieferungen ab 1946 getilgt werden. Die Finanzierung schloß eine hundertprozentige Reichsgarantie ein und bewegte sich in der finanztechnischen Abwicklung ansonsten ganz im Rahmen der seit Mitte der 20er Jahre eingespielten Formen des gegenseitigen Kreditverkehrs. Um dem Abkommen auch für die deutsche Seite einen Gegenwartswert zu geben, verpflichtete sich die Sowjetunion, im Rahmen des »laufenden Geschäfts« Rohstoffe im Wert von 180 Millionen RM in den nächsten zwei Jahren zu liefern, woraufhin die deutsche Seite Moskau ein zusätzliches Bestellvolumen für Industriegüter im Umfang von 120 Millionen RM einräumte[15].

Das Abkommen war der Beginn einer Umkehr in den Wirtschaftsbeziehungen beider Länder im Sinne einer Normalisierung; nach Schnurres Wertung hatte es »die traditionelle Form des Rußlandgeschäfts auf Kreditgrundlage wiederhergestellt«[16]. Konnte es allein noch nicht als der Beginn einer deutsch-sowjetischen Wirtschaftspartnerschaft gelten, waren doch, im ganzen gesehen, die Bedingungen des Abkommens für Moskau mehr als günstig. Während die Kredite der Weimarer Republik nur für 2—3 Prozent über dem geltenden Reichsbankdiskont zu bekommen waren, lag jetzt der effektive Zinssatz nur knapp über dem Diskontsatz von 4 Prozent, und dies bei einer ebenfalls einmalig günstigen Laufzeit[17]. Molotov selbst wies in der Pravda vom 21. August 1939 auf die außergewöhnlichen Vorteile des Abkommens hin: »Dieses Wirtschaftsabkommen«, so der Sowjetaußenminister, »unterscheidet sich vorteilhaft nicht nur von dem Abkommen von 1935, sondern auch von allen früheren Verträgen; ganz abgesehen davon, daß wir mit England, Frankreich oder irgendeinem anderen Land niemals ein so vorteilhaftes Wirtschaftsabkommen erreicht haben[18].« Seine besonderen politischen Umstände bedingten auch einen »politischen Zins«. Karl Schnurre unterstrich in einer Erläuterung des Abkommens für das Auswärtige Amt noch einmal von deutscher Seite diesen besonderen Charakter: »Abgesehen vom wirtschaftlichen Gewicht des Vertrages liegt seine Bedeutung darin [...], auch politisch den Faden zu Rußland wiederaufzunehmen, und daß der Kreditvertrag von beiden Seiten als erster entscheidender Schritt zur Neugestaltung der politischen Beziehungen betrachtet wurde[19].« Mit der Unterzeichnung war für v. Ribbentrop der Weg frei nach Moskau zum Abschluß des Nichtangriffspakts vom 23. August. Eine Woche später begann Hitler seinen Blitzkrieg gegen Polen.

Bereits nach wenigen Kriegstagen hatte sich erwiesen, daß entgegen Hitlers Wünschen der Krieg nicht auf Polen allein beschränkbar blieb. Die englisch-französische Kriegserklärung vom 3. September zwang die NS-Führung, die deutsche Volkswirtschaft auf die Bedingungen eines langandauernden Kriegszustandes einzustellen.

Die eindrucksvollen Fertigungszahlen einiger rüstungswirtschaftlicher Sektoren konnten nicht darüber hinwegtäuschen, daß Deutschland eher eine »Breiten«- als eine »Tiefenrüstung« besaß. Insbesondere konnte das eigentliche Herzstück nationalsozialistischer Wirtschaftspolitik, der seit 1936 mit großem propagandistischem Aufwand betriebene Vierjahresplan, seine für das Jahr 1940 verkündeten Autarkieziele auch nicht annähernd erreichen. 1939 war das Deutsche Reich auf fast allen rohstoffstrategischen Sektoren immer noch in ganz erheblichem Ausmaß importabhängig.

Bei den Grundnahrungsmitteln besaß es in seinen Grenzen von 1939 immerhin einen Selbstversorgungsgrad von 80 Prozent, wenngleich die deutsche »Fettlücke« zu 50 Prozent durch Einfuhren zu schließen war[20]. Im rohstoffchemischen Bereich lag beim Kautschuk, trotz der seit 1936 angelaufenen Buna-Produktion, die Importabhängigkeit bei 80 Prozent, wobei die Versorgung durch die Hauptexporteure in Fernost extrem blockadegefährdet war[21]. Auch beim Mineralöl betrug, trotz aller Fortschritte bei der Kohlehydrierung, die Einfuhrabhängigkeit noch 60 Prozent. Bei einem angenommenen Mobilisierungsbedarf von ca. 8 Millionen Tonnen für 1939 mußte die Importlücke von über 4 Millionen Tonnen zu gut zwei Dritteln aus Übersee beschafft werden, wodurch die britische Blockade auch hier einen zentralen Angriffspunkt besaß[22]. Beim Eisenerz — 1939 war ein Selbstversorgungsgrad von 35 Prozent erreicht — brachte der Kriegsbeginn einen Ausfall von 36 Prozent des bisherigen Einfuhrvolumens[23]. Eine herausgehobene strategische Bedeutung kam beim deutschen Rohstoffbedarf den Nichteisenmetallen zu, unter ihnen im besonderen den Stahlveredlern. Bei dem für Panzerstähle unersetzlichen Chrom betrug die Einfuhrabhängigkeit nahezu 100 Prozent; im Zeichen forcierter Aufrüstung verbrauchte das Reich allein für die 8 Friedensmonate 1939 mehr als das Fünffache des gesamten Jahres 1933. Der Verlust Südafrikas und der Türkei als der wichtigsten Bezugsländer führte mit Kriegsbeginn zu einem Einfuhrausfall von 80 Prozent. Ähnliches galt für Mangan, Wolfram und Molybdän, wo die Lage der bedeutendsten Weltexporteure auf dem asiatischen und amerikanischen Kontinent ebenfalls den Import nahezu zum Erliegen brachte. Parallel dazu beschnitt die aufs äußerste angespannte Devisenlage die deutschen Aktionsmöglichkeiten auf dem Weltmarkt und trug ihren Teil dazu bei, eine angemessene Vorratsbewirtschaftung nahezu unmöglich zu machen.

Letztlich mußte gerade auf dem Gebiet der Stahlveredelungsmetalle »die Außenpolitik [...] ein Problem lösen, das durch Aktivitäten der Vierjahresplanbehörden aufgrund natürlicher Gegebenheiten nicht verändert werden konnte«[24]. Nicht zufällig waren es die Vierjahresplan-Dienststellen Görings, aus denen Ende 1938 die ersten Initiativen gekommen waren, die prekäre Rohstoff- und Devisenlage des Reiches durch eine Wiederbelebung der »Russengeschäfte« zu entschärfen. Auch nach Ansicht des Wehrwirtschaftsstabes beim Oberkommando der Wehrmacht war unmittelbar vor Kriegsbeginn 1939 eine echte Blockadesicherheit Deutschlands nur auf der Grundlage eines engeren wirtschaftlichen Zusammenschlusses mit der UdSSR zu gewährleisten. Das Kreditabkommen vom 19. August 1939 war nur der erste Schritt in diese Richtung.

Die Sowjetunion war Ende der 30er Jahre mit Abstand der weltgrößte Produzent von Mangan, der zweitgrößte von Chrom und Platin und behauptete bei Rohöl, Eisenerz und Nickel den dritten Platz in der Welterzeugung. Durch die seit 1929 forciert betriebene Industrialisierung war jedoch ein wachsender Anteil dieses Rohstoffaufkommens durch den eigenen Bedarf gebunden.

Mit dem Jahr 1938 war die UdSSR in ihren 3. Fünfjahresplan eingetreten, erstmals verkündete die Staatsführung die Losung vom »Einholen und Überholen der entwickeltsten kapitalistischen Länder Europas und der USA«. Doch ließ sich nicht verdecken, daß die sowjetische Wirtschaft in den Jahren 1938/1939 in einer Phase deutlicher Stagnation, ja sogar des teilweisen Rückschritts steckte. Die desorganisierende Wirkung der Säuberungen zeigte ihre verheerenden Folgen auch auf dem volkswirtschaftlichen Sektor. Das Tempo der industriellen Entwicklung erlitt gerade in den strategischen Bereichen gefährliche Einbrüche.

Im März 1939 verkündete der XVIII. Parteitag die neuen Direktiven des 3. Fünfjahresplans und beschloß energische Maßnahmen gegen das Zurückbleiben wichtiger Industriesektoren[25]. Der 3. Fünfjahresplan wurde zum »Fünfjahrplan der Spezialstähle und der Chemie«; für seine Schwerpunkte Maschinenbau und chemische Erzeugung wurden bis 1942 Zuwachsraten von über 130 Prozent projektiert. Die Gewinnung strategischer Rohstoffe wie Kupfer und Aluminium sollte verdrei- bzw. vervierfacht, bei den Nichteisenmetallen und Stahlveredlern »ein hohes Tempo sichergestellt werden«.

Ein großes Sorgenkind bildete die Verteidigungsindustrie. Die Munitionserzeugung besonders für die Artilleriekaliber sank dramatisch[26]. Im Flugzeugbau hinterließen die schmerzlichen Erfahrungen des Spanienkriegs einen beträchtlichen Schock. »Stalin nahm sich unsere Mißerfolge in Spanien sehr schwer zu Herzen [...] Eine große Sorge über das Zurückbleiben der sowjetischen Luftstreitkräfte befiel uns alle Ende 1938«, erinnerte sich der Flugzeugkonstrukteur Aleksandr Jakovlev[27]. Gleichzeitig war auf der Grundlage einer neuen Seekriegsdoktrin ein ehrgeiziges Flottenbauprogramm angelaufen. Der Bau von Schlachtschiffen, Kreuzern und Großzerstörern, zu deren Ausstattung und Bewaffnung eine moderne Schiffs- und Küstenartillerie zu entwickeln war, bekam erste Priorität[28].

Der gesamte Verteidigungssektor erhielt mit dem 3. Fünfjahresplan allerersten Vorrang; die Zuwachsraten der Rüstungsindustrie lagen ab 1938 über dem Dreifachen des industriellen Durchschnitts, mehr als ein Viertel aller industriellen Investitionen flossen in die Landesverteidigung[29].

Die hochgesteckten Ziele des 3. Fünfjahresplans bedingten, wie schon zuvor, einen erheblichen Technologieimport der Sowjetwirtschaft. Als Technologielieferant waren in erster Linie die USA vorgesehen, die 1938 über 60 Prozent und selbst 1939 noch knapp die Hälfte des sowjetischen Importbedarfs an Maschinen und Industrieausrüstungen bestritten[30]. Neben den Investitionsgütern hoben sich zwei andere Schwerpunkte des sowjetischen Import- und Technologieinteresses deutlich heraus: die Luftrüstung und der Kriegsschiffbau. Obwohl noch Anfang August 1939 das Handelsabkommen von 1937 verlängert worden war und die sowjetischen Maschinenbestellungen für den September das Jahresmaximum erreichten, endete mit dem Abschluß des Hitler-Stalin-Pakts abrupt die amerikanische Bereitschaft, Moskau auf dem Rüstungssektor weiter zu unterstützen[31]. Als Anfang Dezember 1939 mit dem Beginn des Finnlandkrieges Roosevelt sein »moralisches Embargo« gegen die Sowjetunion verhängte, die russischen Abnahmeingenieure aus der amerikanischen Flugzeugindustrie entfernt, und bereits bezahlte Bestellungen zurückgehalten wurden, schien Moskau für sein Arrangement mit Hitler einen hohen wirtschaftlichen Preis zahlen zu müssen. Nach dem fast vollständigen Ausfall des Handelsverkehrs mit England und Frankreich kam als Ersatz aufgrund der neuen politischen Konstellation nur das Deutsche Reich in Frage. So war die weitere Entwicklung der deutsch-sowjetischen Wirtschaftsbeziehungen in den Wochen und Monaten nach Kriegsbeginn nicht zuletzt auch ein Resultat der einschneidenden Veränderungen im Verhältnis zwischen Moskau und Washington.

Ausgangspunkt für die weitere Entwicklung des deutsch-sowjetischen Verhältnisses nach der Zerschlagung Polens war der »Deutsch-sowjetische Grenz- und Freundschaftsvertrag« vom 28. September 1939, in dessen Rahmen die beiden Außenminister in einem gesonderten Briefwechsel auch die Grundrichtung des zukünftigen Handelsverkehrs fixierten.

Dabei erklärten sie einleitend ihren Willen, »mit allen Mitteln die Wirtschaftsbeziehungen und den Warenaustausch zwischen Deutschland und der Sowjetunion zu entwickeln«. Im folgenden Satz, dessen spätere Interpretation in den anschließenden Verhandlungen zu manchem Tauziehen Anlaß geben sollte, hieß es: »Zu diesem Zweck wird von beiden Seiten ein Wirtschaftsprogramm aufgestellt werden, nach welchem die Sowjetunion Deutschland Rohstoffe liefern wird, die Deutschland seinerseits durch industrielle, auf längere Zeit zu erstreckende Lieferungen kompensieren wird.« Dabei sollte im Endergebnis der gemeinsame Warenaustausch »seinem Volumen nach das in der Vergangenheit erzielte Höchstmaß wieder erreichen«[32].

Mit seinem Telegramm vom 4. Oktober gab v. Ribbentrop in der Woche darauf den Startschuß für die neue Verhandlungsrunde, indem er in Moskau eine deutsche Sachverständigendelegation anmeldete, die bereits wenige Tage später Mikojan und Molotov eine umfangreiche Forderungsliste präsentierte. Danach sollte die Sowjetunion im Laufe eines Jahres Rohstoffe im Wert von 1,3 Milliarden RM liefern, die im selben Zeitraum durch deutsche Gegenlieferungen von 800 Millionen RM kompensiert werden sollten, wobei der verbleibende Rest »durch große, über mehrere Jahre sich erstreckende Investitionslieferungen« abgetragen werden sollte[33].

Umgekehrt begann Ende Oktober eine 45köpfige sowjetische Fachkommission unter dem Volkskommissar für Marineschiffbau Ivan Tevosjan und dem Divisionsgeneral (Komdiv) Georgj Savčenko eine mehrwöchige Instruktionsreise durch Deutschland, um nach industriellen und militärischen Kompensationsgütern Ausschau zu halten.

Mit »höchstem Erstaunen« reagierte man in Berlin, als die Sowjets Ende November ihre Gegenforderungen übergaben, enthielten doch die russischen Bestellwünsche bei einem geschätzten Wert von einer bis anderthalb Milliarden RM fast alles, »was an modernstem Gerät bei der Wehrmacht eingeführt oder in Entwicklung begriffen« war. Ein solches Programm, bei dem allein 700 Millionen RM auf den Marinesektor entfielen, stellte nach deutscher Auffassung die September-

Vereinbarung »geradezu auf den Kopf«, in der zum einen eine sowjetische Liefervorleistung vorgesehen, zum anderen von Industrie- anstatt von Rüstungsgütern die Rede gewesen war[34].

In diesen beiden Punkten verhandelte im Laufe des Dezember eine deutsche Wirtschaftskommission unter Sonderbotschafter Karl Ritter in Moskau, ohne in der Sache wesentlich voranzukommen. Es war jene dreistündige Sitzung im Kreml vom 31. Dezember, in der Stalin das Wort von der »gegenseitigen Hilfeleistung« gebrauchte, die durch das persönliche Eingreifen des Sowjetdiktators den Wendepunkt brachte.

Ein persönliches Schreiben v. Ribbentrops an Stalin vom 3. Februar 1940, in dem der Reichsaußenminister nachdrücklich an die politischen Vorteile erinnerte, die die Sowjetunion aus der Verbindung mit dem Reich gewonnen habe, sorgte schließlich dafür, daß die letzten Hürden überwunden wurden und nach einem monatelangen zähen Ringen das Wirtschaftsabkommen am 11. Februar in Moskau unterzeichnet werden konnte[35].

Dem Abkommen war eine Präambel vorangestellt, die es als die Ausführung der in seiner Interpretation so lange umstritten gebliebenen September-Vereinbarung der beiden Außenminister kennzeichnete[36]. Die UdSSR verpflichtete sich im Laufe des ersten Jahres, d. h. bis zum Februar 1941, Rohstoffe im Wert von 420—430 Millionen RM zu liefern, die Deutschland durch wertmäßig gleiche Gegenlieferungen in einem Zeitraum von 15 Monaten, also bis zum 11. Mai 1941 kompensierte. In den darauf folgenden 6 Monaten, d. h. ab dem 11. Februar 1941 sagte Moskau weitere Lieferungen im Umfang von 220—230 Millionen RM zu, die von deutscher Seite innerhalb der 12 Monate nach dem 11. Mai 1941 zu kompensieren waren.

So war der vereinbarte wertmäßige Gesamtrahmen des Güteraustauschs von 620—630 Millionen RM von der Sowjetunion in 18 Vertragsmonaten bis zum 11. August 1941 aufzubringen, während das Deutsche Reich dafür insgesamt 27 Monate, also bis zum 11. Mai 1942, Zeit hatte. Zur größeren Sichereit der sowjetischen Vertragsseite wurde ein halbjährlicher proportionaler Ausgleich der gegenseitigen Lieferungen festgelegt. Für den ersten Vertragsabschnitt galt, daß schon nach den ersten 6 Monaten, wie nach Ablauf des ersten Jahres das vereinbarte sowjetische Liefervolumen jeweils zu 80 Prozent durch deutsche Gegenlieferungen kompensiert sein mußte. Falls im Sinne dieses Fahrplans kein proportionaler Ausgleich erzielt war, hatte die jeweils in Vorleistung gegangene Partei das Recht, ihre Lieferung so lange einzustellen, bis ein solcher Ausgleich erreicht war.

Die Austauschgüter waren, nach ihren Lieferfristen unterteilt, in 5 verschiedenen Warenlisten dem Abkommen angefügt, wobei neben einem großen Buntmetallkontingent 1 Million Tonnen Futtergetreide, 900 000 Tonnen Erdöl sowie 100 000 Tonnen Chromerz und je 500 000 Tonnen Phosphate und Eisenerz die bedeutendsten Positionen auf der sowjetischen Rohstoffliste ausmachten. Die 4 deutschen Lieferlisten gliederten sich zu je zwei in die Bereiche Kriegsgeräte und Industriegüter. Neben dem Schiffskörper des Kreuzers Lützow, einer Anzahl schwerer Geschütztürme und 31 000 Tonnen Schiffspanzerplatten zählten zwei Dutzend militärische Flugzeugmuster, Pioniergerät, eine komplette Flakbatterie (dazu ein Panzer III mit voller Ausrüstung) sowie über 300 Werkzeugmaschinen für zivil- und rüstungswirtschaftliche Zwecke zu den wertmäßig bedeutendsten Posten. Neben Munitionselementen und umfangreichen Ausrüstungen für die Bergbau- und Erdölindustrie war Steinkohle im Wert von 52,5 Millionen RM der einzige wertmäßig bedeutende Rohstoff, den Deutschland an die UdSSR zu liefern hatte. Das Abkommen — nach Schnurres Worten »für uns das weit geöffnete Tor im Osten« — war ein Kompromiß; die gefundene Lösung in der Kompensationsfrage bedeutete eine deutliche Liefervorleistung Moskaus, wenngleich sie nicht den ursprünglichen deutschen Vorstellungen über die Interpretation des September-Briefwechsels entsprach[37]. Mit ihm war ein Rahmen gesetzt worden, den es in den folgenden Monaten durch hunderte von Einzelabschlüssen auszufüllen galt.

IV. Das erste Vertragsjahr und das Wirtschaftsabkommen vom 10. Januar 1941

Nur zögernd kam der vertraglich fixierte Warenaustausch im Laufe des Jahres 1940 in Gang. Der Hauptgrund war, daß sich die Unterbringung sowjetischer Industriebestellungen bei deutschen Unternehmen in den ersten Monaten des Jahres zu einem ernsten Problem entwickelte.

Ende März trugen Tevosjan und Savčenko, die sich zum zweiten Mal mit einer großen Einkaufsdelegation in Deutschland aufhielten, bei einem Besuch in Karinhall Göring die sowjetischen Beschwerden vor. Deutsche Firmen würden auf Bestellanfragen entweder überhaupt nicht antworten oder ganz unakzeptable Lieferfristen bei unverhältnismäßigen Preisforderungen nennen[38]. Umgekehrt klagte die deutsche Seite über eine willkürliche, von Branchenunkenntnis geprägte Verhandlungsführung der sowjetischen Unterhändler, häufige Änderungswünsche und eine kleinliche Abnahmepraxis. Ein weiteres Hindernis für das Ingangkommen der deutschen Gegenlieferungen sei die starke Konzentration der Russen auf wenige renommierte Weltfirmen, während freie Kapazitäten in der mittelständischen Industrie kaum genutzt würden[39]. Mit vereinten Anstrengungen gelang es im April und Mai, die ersten großen Einzelabschlüsse über Kohle, Erdöl und den Kreuzer Lützow zu realisieren und bis zur Jahresmitte sowjetische Aufträge für rund 600 Millionen RM bei der deutschen Industrie unterzubringen.

Dennoch standen, als am 11. August 1940 vertragsmäßig die erste Halbjahresbilanz fällig wurde, sowjetische Lieferungen im Wert von 190 Millionen RM deutschen Gegenlieferungen für gerade 90 Millionen RM gegenüber, womit die sowjetische Seite zu diesem Zeitpunkt ihre Vertragsverpflichtungen zu 90 Prozent, die deutsche Seite die ihren nur zu 53 Prozent erfüllt hatte[40]. Die Ende August in Moskau beginnenden Verhandlungen der Schiedskommission dienten dem Ziel, Wege zur Überwindung des deutschen Lieferrückstandes zu finden, der Anfang November einen Fehlbetrag von 82 Millionen RM erreichte[41]. Inzwischen belastete auch das im September des Jahres eingeleitete große deutsche Heeresrüstungsprogramm für ein 180-Divisionen-Heer den Handelsverkehr mit der UdSSR. Es bedurfte der vereinten Anstrengungen von Reichswirtschaftsminister Funk und Ernährungsminister Darré, um mit Görings Hilfe die Lieferungen an Moskau sicherzustellen, wozu sie schließlich mit deutschen Rüstungsfertigungen der Dringlichkeitsstufe Ia gleichgestellt wurden[42].

Wenn mit Jahresende 1940 der deutsche Lieferrückstand nicht mehr weiter wuchs, lag das auch daran, daß die Sowjetunion seit dem Herbst begonnen hatte, ihre Vorlieferungen spürbar zu drosseln und ihre Kaufgesuche in Deutschland auf solche Güter zu konzentrieren, die der unmittelbaren und kurzfristigen Stärkung ihrer Verteidigungskraft dienten[43]. Im Schlußquartal 1940 fielen ihre Gesamtlieferungen auf unter die Hälfte des vorherigen und betrugen im gesamten zweiten Vertragshalbjahr gerade noch 120 Millionen RM gegenüber den 190 Millionen RM des ersten, womit Moskau am Ende des ersten Jahres am 11. Februar 1941 im Rahmen des Wirtschaftsabkommens Lieferungen in Höhe von 310,3 Millionen RM geleistet hatte[44] Damit war von sowjetischer Seite der Vertrag im ersten Jahr dem vereinbarten Umfang nach zu 74 Prozent erfüllt worden, während der deutsche Rückstand, aufgrund der inzwischen in größerem Umfang angelaufenen Gegenlieferungen, sich auf etwa 30 Millionen RM vermindert hatte[45]. Schließlich erklärten beide Seiten in einem gemeinsamen Protokoll vom

18. April 1941 das Wirtschaftsabkommen von 1940 unter der Voraussetzung für erfüllt, daß Deutschland bis zum 11. Mai d. J. seine Gegenlieferungen mit denen des sowjetischen Februarstandes ausgleiche[46].

Bereits beim Abschluß des Februarabkommens von 1940 war in Aussicht genommen worden, rechtzeitig vor Ablauf des ersten Vertragsjahres neue Verhandlungen mit dem Ziel aufzunehmen, »den Umfang des Warenaustauschs für das zweite Vertragsjahr zu vervollständigen und noch über den Umfang des ersten Vertragsjahres hinaus zu steigern«[47].

Doch hatte sich seit dem Sommer 1940 die politische Szenerie Europas einschneidend verändert. Die Besetzung Norwegens und der Sieg über Frankreich hatten Deutschland zur Hegemonialmacht des europäischen Kontinents gemacht, womit sich neben den gewachsenen industriellen Kapazitäten auch die Rohstofflage des Reiches deutlich verbessert hatte[48]. Umfangreiche Vorräte vor allem an Treibstoffen waren den deutschen Truppen im Westen in die Hände gefallen. Der Besitz des Minettegebiets veränderte die deutsche Eisenversorgungslage grundlegend, Norwegens Gruben deckten den Großteil des deutschen Molybdänbedarfs. Rumänien hatte Ende Mai 1940 in den Öl-Waffen-Pakt eingewilligt und wurde damit zum wichtigsten Erdöllieferanten Deutschlands, Schweden begann, seinen gesamten Außenhandel auf den deutschen Machtbereich hin zu orientieren, während die gewonnene Landverbindung zur iberischen Halbinsel dem Reich Zugang zu den spanischen und portugiesischen Wolframgruben verschaffte. An die Stelle der ursprünglichen Vorstellung einer exklusiven Wirtschaftspartnerschaft mit Moskau, wie sie noch dem Februarabkommen von 1940 zugrunde gelegen hatte, trat auf deutscher Seite die Konzeption eines auf das Reich zentrierten europäischen Großwirtschaftsraumes, in dessen Rahmen den sowjetischen Lieferungen nur noch eine ergänzende Bedeutung zufiel.

Als Ende Oktober 1940 eine deutsche Wirtschaftsdelegation in der sowjetischen Hauptstadt die Verhandlungen über ein zweites Wirtschaftsabkommen aufnahm, war, nach Aussage von Delegationschef Schnurre, die deutsche Rohstofflage längst nicht mehr so gespannt wie noch im Jahr zuvor. Die zunächst von Mikojan im Laufe des November noch hart und kompromißlos geführten Verhandlungen wurden durch das Eingreifen Molotovs Ende des Monats zur Überraschung der deutschen Seite mit einem nahezu totalen Nachgeben Moskaus in fast allen strittigen Punkten abgeschlossen[48]. Das Resultat, das deutsch-sowjetische Wirtschaftsabkommen vom 10. Januar 1941, war nach den Worten Karl Schnurres »das größte, das Deutschland je abgeschlossen hat«, und ging über das Februarabkommen des Vorjahres noch erheblich hinaus[49]. Es ersetzte die Teile des alten Abkommens, die Liefervereinbarungen über die Zeit nach dem 11. Februar bzw. 11. Mai 1941 enthielten[50].

Für den Zeitraum zwischen Februar 1941 und dem 1. August 1942 verpflichtete sich die UdSSR zu Lieferungen im Umfang von 620—640 Millionen RM. Deutschland hatte dafür ab dem 11. Mai 1941, bis zu dem das nach dem alten Abkommen noch bestehende Defizit auszugleichen war, Industrielieferungen in gleicher Höhe zum selben Endtermin zu leisten, wobei Moskau bis zum August 1941 mit 168 Millionen RM wiederum in Vorleistung gehen mußte. Zwei Warenlisten, eine sowjetische und eine deutsche, fixierten die einzelnen Austauschgüter; im Mittelpunkt der sowjetischen Verpflichtungen standen 2,5 Millionen Tonnen Getreide und 1 Million Tonnen Mineralölprodukte neben beträchtlichen Bunt- und Edelmetallkontingenten.

Fast euphorisch über den erzielten Erfolg schrieb Karl Ritter in einem an alle deutschen Vertretungen im Ausland gerichteten Runderlaß: »Während England und die Vereinigten Staaten mit ihren Bemühungen bei der Sowjetunion bisher auf keinem Gebiet einen Erfolg gehabt haben, schließt die Sowjetunion mit Deutschland das größte wirtschaftliche Vertragswerk ab, das je zwischen zwei Staaten abgeschlossen worden ist[52].«

Wie schon bei Stalins persönlichem Eingreifen beim ersten Abkommen konnte auch diesmal das überraschenden Nachgeben Moskaus Ende November 1940 nur politisch bedingt gewesen sein. Nach den im Grunde gescheiterten Gesprächen Molotovs Mitte des Monats in Berlin und den seit dem Spätsommer des Jahres aufgekommenen machtpolitischen Rivalitäten beider Mächte auf dem Balkan galt es, die deutsche Seite auf anderen Feldern zu beschwichtigen. So war ein eindeutiges wirtschaftliches Entgegenkommen letztlich der Preis für die Verweigerung der offenen politischen Bindung, die Molotov in Berlin mit der Ablehnung des Beitritts zum Dreimächtepakt hatte deutlich werden lassen.

V. Die zahlenmäßige Entwicklung des Handelsverkehrs und die Bilanz am 22. Juni 1941

Ein Überblick über die quartalsmäßige Entwicklung des deutsch-sowjetischen Warenverkehrs zeigt bereits im letzten Vierteljahr 1939 als Folge des Kreditabkommens vom August einen ersten Anstieg der sowjetischen Lieferungen, die ab Frühjahr 1940 unter dem Einfluß des Wirtschaftsabkommens vom Februar eine rasante Aufwärtsentwicklung nehmen, um im 3. Jahresquartal ihren Höhepunkt zu erreichen. Zwischen Juli und September 1940 bezog das Deutsche Reich über 16 Prozent seiner Einfuhren direkt aus der UdSSR; den fernöstlichen Transithandel hinzugerechnet, empfing es sogar fast 19 Prozent seiner gesamten Importe in diesen Monaten direkt oder indirekt durch die Sowjetunion. Angesichts des beträchtlichen Zurückbleibens der deutschen Kompensation reduzierte Moskau seine Lieferungen im Halbjahr zwischen Herbst 1940 und Frühjahr 1941 spürbar, um sie als Folge des Januarabkommens von 1941 in den letzten drei Monaten vor Kriegsbeginn wieder deutlich ansteigen zu lassen[53].

Die deutschen Gegenlieferungen setzten erst mit dem 2. Quartal 1940 nennenswert ein, ohne jedoch die sich verstärkt öffnende Schere zu den sowjetischen Vorlieferungen zu schließen. Am Jahresende 1940 belief sich das deutsche Handelsdefizit gegenüber Moskau auf 174 Millionen RM. Erst am Ende des 1. Quartals 1941 überholten die deutschen Lieferungen die sowjetischen. Mit über 150 Millionen RM erbrachte die deutsche Seite im letzten Vierteljahr vor Kriegsausbruch ihr Maximum; Deutschland lieferte im letzten Halbjahr vor »Barbarossa« mehr Güter in die UdSSR als in den drei Jahren von 1937 bis 1939 zusammen. Das war der Preis, den das großangelegte Täuschungsprogramm im Vorfeld des Überfalls vom 22. Juni 1941 verlangte; die Sowjetunion war durch eine möglichst pünktliche Einhaltung der deutschen Lieferverpflichtungen bis zuletzt von der vermeintlichen Friedfertigkeit der deutschen Absichten zu überzeugen[54]. Bei einer ganzen Reihe von Warengruppen war die UdSSR 1940 Deutschlands Haupteinfuhrland. Besonders stark war ihr Importanteil im Getreidesektor, wo er bei Roggen, Gerste und Hafer zeitweise fast 100 Prozent betrug[55]. Gemessen am deutschen Eigenaufkommen bewegten sich die Zahlen jedoch nur in der Größenordnung von wenigen Prozent, lediglich bei Gerste erreichte 1940 der sowjetische Import mit ca. 700 000 Tonnen ein Fünftel der deutschen Jahresernte. Bei Chrom, Mangan und Platin, bei denen neben einer kurzzeitigen Vorratshaltung der Import allein das Gesamtaufkommen bestritt, lag der russische Einfuhranteil über 70 Prozent. Einschließlich der einverleibten Baltenländer war die UdSSR 1940 für das Deutsche Reich mit 9 Prozent das drittgrößte Einfuhr- und mit 5 Prozent das neuntgrößte Ausfuhrland[56].

Viel stärker veränderte sich im selben Zeitraum die Struktur der sowjetischen Außenwirtschaft, die unter dem Einfluß der Wirtschaftsabkommen mit dem Deutschen Reich allein von 1939 bis 1940 zu einer Steigerung ihres Gesamtexports um nahezu das Zweieinhalbfache, darunter einer Verdoppelung ihrer Erdöl- und einer Vervierfachung ihrer Getreideausfuhren, gezwungen war. Je dreiviertel ihres Erdöl- und Getreide-, zweidrittel ihres Baumwoll- und über 90 Prozent ihres Holzexports gingen 1940 allein ins Deutsche Reich, in das 53 Prozent aller sowjetischen Ausfuhren flossen. Nahezu gleichauf mit den USA teilte sich Deutschland mit 31 Prozent den Großteil des sowjetischen Importbedarfs und war mit 46 Prozent Anteil wieder der größte Werkzeugmaschinenlieferant der UdSSR[57].

Am 22. Juni 1941 betrug nach der deutschen Außenhandelsstatistik das Handelsdefizit Deutschlands gegenüber der Sowjetunion für die Jahre 1940 und 1941 146 Millionen RM; sowjetischen Lieferungen für insgesamt 596,6 Millionen RM standen deutsche für 450,9 Millionen gegenüber[58]. Die Verpflichtungen aus dem Kreditabkommen vom August 1939 in Höhe von 180 Millionen RM eingerechnet, hatte die UdSSR ihre bis zum 19. August 1941 fälligen Gesamtverpflichtungen aus allen drei Abkommen von 775 Millionen RM bis zum 22. Juni 1941 zu 79 Prozent erfüllt, das Deutsche Reich die seinen in der Gesamthöhe von 547 Millionen RM zum selben Zeitpunkt zu 83 Prozent. Am Tag von Hitlers Überfall unterhielt die Sowjetunion in Deutschland Bankguthaben von ca. 220 Millionen RM, sowjetische Aufträge von fast einer dreiviertel Milliarde RM befanden sich zur selben Zeit auf deutschen Werkbänken in der Fertigung[59]. Eine umfassende Schadensbilanz wird deutscherseits auch die Verluste aus den Kreditabkommen von 1935 und 1939 sowie schwebende Forderungen aus Bargeschäften mitberücksichtigen müssen. Eine interne Schadenserhebung des Reichswirtschaftsministeriums bezifferte diese auf eine Gesamtgrößenordnung von etwa 300 Millionen RM[60].

Nie zuvor hatten beide Länder einen so intensiven Wirtschaftsaustausch betrieben wie in jenen 18 Monaten der Jahre 1940/1941. Stalin sah in der möglichst tiefen und langfristigen ökonomischen Bindung beider Mächte zweifellos ein Instrument der Friedenserhaltung[61]. Eine Einschätzung, in der ihn das deutsche Liefermaximum mit über 230 Millionen RM im ersten Halbjahr 1941 bis zuletzt bestärkt haben mag. Hitler jedoch entschloß sich zum Griff nach der uneingeschränkten kontinentaleuropäischen Hegemonie und dazu, die Sowjetunion politisch und militärisch auszuschalten, ihre ökonomischen Ressourcen aber weiter zu nutzen. Dies sollte jedoch nicht mehr in den Formen eines regulären zwischenstaatlichen Handelsverkehrs stattfinden, sondern durch ein koloniales Ausbeutungssystem im Rahmen der »Wirtschaftsorganisation Ost«.

Anmerkungen

[1] Die bis heute wichtigsten Arbeiten zum Thema der deutsch-sowjetischen Wirtschaftsbeziehungen dieses Zeitraums sind (in zeitlicher Reihenfolge): Helmut Berlin, Die handelspolitischen Beziehungen zwischen Deutschland und der Sowjetunion von 1922—1941. Diss. Köln 1953; Karl Helmer, Der Handelsverkehr zwischen Deutschland und der UdSSR in den Jahren 1933—1941, Berlin 1954 (= Berichte des Osteuropa-Instituts der Freien Universität Berlin, H. 13); Ferdinand Friedensburg, Die sowjetischen Kriegslieferungen an das Hitlerreich, in: Vierteljahrshefte zur Wirtschaftsforschung, 1962, S. 331—338; Gerhard Eichler, Die deutsch-sowjetischen Wirtschaftsbeziehungen vom August 1939 bis zum faschistischen Überfall im Juni 1941, Diss. Halle 1965; Wolfgang Birkenfeld, Stalin als der Wirtschaftspartner Hitlers (1939—1941), in: Vierteljahrschrift für Sozial- und Wirtschaftsgeschichte (VSWG), 53 (1966), 4, S. 477—510; Manfred Pohl, Die Finanzierung der Russengeschäfte zwischen den beiden Weltkriegen. Die Entwicklung der 12 großen Rußlandkonsortien, Frankfurt 1975 (= Beiheft 9 der Zeitschrift Tradition); Hartmut Schustereit, Die Mineralöllieferungen der Sowjetunion an das Deutsche Reich 1940/41, in: VSWG, 67 (1980), 3, S. 334—353; Rolf Dieter Müller, Von der Wirtschaftsallianz zum kolonialen Ausbeutungskrieg, in: Horst Boog u.a. Der Angriff auf die Sowjetunion, Stuttgart 1983 (= Das Deutsche Reich und der Zweite Weltkrieg, Bd 4), S. 98—189; Hans Jürgen Perrey, Der Rußlandausschuß der Deutschen Wirtschaft. Die deutsch-sowjetischen Wirtschaftsbeziehungen der Zwischenkriegszeit. Ein Beitrag zur Geschichte des Ost-West-Handels, München 1985 (= Studien zur modernen Geschichte, Bd 31). Allgemein: Hans-Erich Volkmann, NS-Außenhandel im »geschlossenen Kriegswirtschaftsraum« (1939—1941), in: Kriegswirtschaft und Rüstung 1939—1945, hrsg. von Friedrich Forstmeier, Hans-Erich Volkmann, Düsseldorf 1977, S. 92—133.

[2] Eichler (wie Anm. 1), S. 73 f.

[3] Zuletzt noch: Istorija meždunarodnych otnošenij i vešnej politiki SSSR, Bd 1, Moskau 1986, S. 224 f. Vgl. G. Ginsburg, The Soviet Union as a Neutral 1939—1941, in: Soviet Studies, July 1958, S. 12—31.

[4] Akten zur deutschen auswärtigen Politik 1918—1945. Aus dem Archiv des Deutschen Auswärtigen Amtes (ADAP), Serie D: 1937—1945, 13 Bde, Baden-Baden 1950—1970, Bd VIII, Dok. 499.

[5] I.K. Kobljakow, Wer hat den Zweiten Weltkrieg entfacht?, Moskau 1982, S. 338.

[6] Zur ersten Gruppe gehört: G.M. Ivanickij, Sovetsko-germanskie torgovo-ėkonomičeskie otnošenija v 1939—1941 gg., in: Novaja i Novejšaja istorija, 5/1989, S. 28—39; zur letzteren eher: V.M. Berežkov, Prosčët Stalina, in: Meždunarodnaja Žizn', 8/1989, S. 14—27, sowie: Genlt. Nikolai Pawlenko, Stalins Krieg gegen die Rote Armee, in: Moskau News, Nr. 6, Juni 1989, S. 6 f.

[7] Helmer (wie Anm. 1), S. 22.

[8] Gustav Hilger, Wir und der Kreml, Frankfurt, Berlin ²1956, S. 269 f.

[9] Birkenfeld (wie Anm. 1), S. 480.

[10] Hilger (wie Anm. 8), S. 271.

[11] ADAP (wie Anm. 4), D, VI, Dok. 414.

[12] Ebd., Dok. 760.

[13] Ebd., VII, Dok. 56 und 105.

[14] Ebd., S. 257 f.

[15] Ebd., Dok. 131 und 436.

[16] Karl Schnurre, Das deutsch-sowjetische Wirtschaftsabkommen vom 11. Februar 1940, in: Der Vierjahresplan. Zeitschrift für nationalsozialistische Wirtschaftspolitik, März 1940, S. 218.

[17] Eichler (wie Anm. 1), S. 65; Werner Beitel, Jürgen Nötzold, Deutsch-sowjetische Wirtschaftsbeziehungen in der Zeit der Weimarer Republik, Baden-Baden 1979, S. 71. Vgl. auch Pohl (wie Anm. 1), S. 45.

[18] Eichler (wie Anm. 1), S. 75.

[19] ADAP (wie Anm. 4), D, VII, Dok. 436.

[20] Birkenfeld (wie Anm. 1), S. 482; ebenso: Hans-Erich Volkmann, Die NS-Wirtschaft in Vorbereitung des Krieges, in: Wilhelm Deist u. a., Ursachen und Voraussetzungen der deutschen Kriegspolitik, Stuttgart 1979 (= Das Deutsche Reich und der Zweite Weltkrieg, Bd 1), S. 177—368, hier S. 359.

[21] Rolf Wagenführer, Die deutsche Industrie im Kriege 1939—1945, Berlin ²1963, S. 17 f.

[22] Eichler (wie Anm. 1), S. 285 (Anlage 10).

[23] Im folgenden nach: Jörg Johannes Jäger, Die wirtschaftliche Abhängigkeit des Dritten Reiches vom Ausland, dargestellt am Beispiel der Stahlindustrie, Berlin 1969, S. 131—161.

[24] Dietmar Petzina, Der nationalsozialistische Vierjahresplan von 1936. Entstehung, Verlauf, Wirkungen, Diss. Mannheim 1965, S. 127.

[25] Im folgenden: Die KPdSU in Resolutionen und Beschlüssen der Parteitage, Konferenzen und Plenen des ZK 1898—1954, Bd 10, Berlin (Ost) 1957, S. 13—36; Industrija vom 8.1.1940.

[26] Geschichte des zweiten Weltkrieges 1939—1945, hrsg. von H. Hoffmann u. a., 12 Bde, Berlin (Ost) 1975—1985. Bd 2: Am Vorabend des Krieges, Berlin (Ost) 1975, S. 232 f.

[27] Alexander Jakowlew, Ziel des Lebens, Moskau 1976, S. 175, 182.

[28] Geschichte des zweiten Weltkrieges (wie Anm. 26), Bd 2, S. 241, und Bd 3, S. 465; ebenso: N. G. Kusnezow, Am Vorabend, Berlin (Ost) ²1979, S. 263—274.

[29] Geschichte des zweiten Weltkrieges (wie Anm. 26), Bd 3, S. 459 f.

[30] Vešnjaja Torgovlja SSSR, Statističeskij sbornik 1918—1966, Moskau 1967, S. 37.

[31] Antony C. Sutton, Western Technology and Soviet Economic Development, Bd 2 (1930—1945), Stanford 1971, S. 209; ders., Der leise Selbstmord. Amerikas Militärhilfe an Moskau, Bern 1976, S. 96 und 214 f. Allgemein: Franz Knipping, Die Amerikanische Rußlandpolitik in der Zeit des Hitler-Stalin-Pakts 1939—1941, Tübingen 1974, S. 16 f., 95, 231.

[32] ADAP (wie Anm. 4), D, VIII, Dok. 162.

[33] Ebd., Dok. 237 (Anm. 1) und 208.

[34] Ebd., Dok. 412 und 442.

[35] Ebd., Dok. 594 und 600; ebenso: Gerhard Kegel, In den Stürmen unseres Jahrhunderts, Berlin (Ost) 1987, S. 152 f.

[36] Im folgenden ADAP (wie Anm. 4), D, VIII, Dok. 607. Zu den von den Sowjets eingekauften Flugzeugen siehe: A. I. Šachurin, Aviacionnaja promyšlennost' nakanune velikoj otečestvennoj vojny (iz vospominanij narkoma), in: Voprosy Istorii, 2/1974, S. 96.

[37] ADAP (wie Anm. 4), D, VIII, Dok. 636.

[38] Ebd., IX, Dok. 32, sowie VIII, Dok. 582 und 677.

[39] Ebd., IX, Dok. 238.

[40] Birkenfeld (wie Anm. 1), S. 499.

[41] ADAP (wie Anm. 4), XI, Dok. 128 und 318.

[42] Birkenfeld (wie Anm. 1), S. 501. Wegen der vielen Sonderklassen bei den Dringlichkeitsstufen war die beschleunigende Wirkung dieser Maßnahme nur begrenzt.

[43] ADAP (wie Anm. 4), D, XI, Dok. 409.

[44] Birkenfeld (wie Anm. 1), S. 501 f.

[45] Ebd., S. 502 (Anm. 97). Die Zahl 30 Millionen RM nennt Kobljakow (wie Anm. 5), S. 330, für den 1. Februar 1941.

[46] ADAP (wie Anm. 4), D, XII, Dok. 369.

[47] Ebd., VIII, Dok. 636.

[48] Im folgenden nach Jäger (wie Anm. 23), S. 179, 248 ff., 270 ff., 286 ff.; siehe auch die Beutelisten bei Harald Winkel, Die »Ausbeutung« des besetzten Frankreich, in: Kriegswirtschaft und Rüstung 1939-1945 (wie Anm. 1), S. 333—374, hier S. 340 und 344.

[49] ADAP (wie Anm. 4), D, XI, Dok. 377, 409 und 412.

[50] Ebd., Dok. 568.

[51] Im folgenden ebd., Dok. 637, 612 und 568.

[52] Ebd., Dok. 640.

[53] Im folgenden nach Eichler (wie Anm. 1), S. 284 (Anlage 9). Statistische Quelle: Sondernachweise. Der Außenhandel Deutschlands, hrsg. vom Statistischen Reichsamt, Berlin, Jge. 1939, 1940, 1941.

[54] Umgekehrt ließ auch Stalin bis zuletzt liefern. In den 21 Tagen des Juni 1941 noch 135 000 Tonnen Getreide, mindestens 35 000 Tonnen Erdölprodukte und 12 000 Tonnen Manganerz. Nach Eichler (wie Anm. 1), S. 295 ff. (Anlage 17).

[55] Ebd., S. 286 f. (Anlagen 11 und 12).

[56] Friedensburg (wie Anm. 1), S. 334, 336; Jäger (wie Anm. 23), S. 196; Eichler (wie Anm. 1), S. 283 (Anlage 8).

[57] Vnešnjaja Torgovlja SSSR (wie Anm. 30), S. 18—23, Tabellen I, IX und X.

[58] Eichler (wie Anm. 53). Friedensburg (wie Anm. 1), S. 338, errechnete für denselben Zeitraum ein deutsches Handelsdefizit von 239 Millionen RM; Birkenfeld (wie Anm. 1), S. 509, nennt 233 Millionen RM; Volkmann (wie Anm. 20), S. 358, spricht von einem Kompensationsgrad der deutschen Gegenlieferungen von 57—67 Prozent.

[59] Eichler (wie Anm. 1), S. 200; Pohl (wie Anm. 1), S. 45; Birkenfeld (wie Anm. 1), S. 504, nennt einen sowjetischen Auftragsbestand von 600 Millionen RM.

[60] Eichler (wie Anm. 1), S. 199 f.

[61] Vgl. Dmitrij Volkogonov, Triumf i tragedija, Buch II, Teil 1, Moskau 1989, S. 14; ebenso Ivanickij (wie Anm. 6), S. 29.

Zweiter Teil

Der »Fall Barbarossa«:
Politische Voraussetzungen,
strategische Planung
und militärische Konsequenzen

Jürgen Förster

Hitlers Wendung nach Osten.
Die deutsche Kriegspolitik 1940—1941

Das Jahr 1941 ist ebenso wie das Jahr 1937 als ein »Wendejahr« (K. Hildebrand) der Weltgeschichte anzusehen, und zwar in mehrfacher Hinsicht. Mit dem 22. Juni 1941 wurde der europäische Krieg territorial ausgeweitet, die Kriegführung radikalisiert und der Mord an den europäischen Juden begonnen. Am Jahresende 1941 steigerte sich die europäische Auseinandersetzung zum Weltkrieg. Die seit 1937 getrennten Kriegsschauplätze, Europa und Asien, waren nun durch den japanischen Überfall auf Pearl Harbor und die deutsche Kriegserklärung an Washington miteinander verbunden. Die damals einsetzende Beschleunigung der revisionistischen und expansionistischen Politik Deutschlands und Japans, die auf den Sturz des von Großbritannien und den USA dominierten internationalen Systems abzielte, erreichte 1941 ihren Kulminationspunkt. Es war allerdings die vom Dritten Reich verteufelte Sowjetunion, die durch das siegreiche Bestehen des Krieges schließlich zu einer den USA ebenbürtigen Weltmacht aufstieg.

Der deutsch-sowjetische Krieg war das für Deutschland und Europa wichtigste Phänomen des Zweiten Weltkrieges. Seine Folgen sind noch deutlich in der politischen Gegenwart spürbar. Sie führen jetzt — fünfzig Jahre nach dem 22. Juni — zu der Vereinigung und Souveränität des getrennten Deutschlands sowie zur Anerkennung der polnischen Westgrenze. Allerdings besteht noch immer keine Einigkeit über den Charakter des deutsch-sowjetischen Krieges. Die Bandbreite seiner Deutungen, von 1941 bis heute, reicht vom Präventivkrieg bis zum Weltanschauungskrieg, vom unvermeidbaren Entscheidungskampf zwischen Nationalsozialismus und Bolschewismus bis zum faschistischen Überfall auf den ersten sozialistischen Staat, von der Idee, London über Moskau zu schlagen, bis zu der eines europäischen Kreuzzuges gegen den Bolschewismus. Der über vierzigjährige Kalte Krieg verhinderte die notwendige Demontage der von den beiden Diktatoren aufgebauten Feindbilder. Auch in der Sowjetunion haben nun Historiker damit begonnen, der Bevölkerung die Vergangenheit unverzerrt vor Augen zu bringen. Wir sollten uns allerdings davor hüten, Hitlers Untaten ursächlich auf die Stalins zurückzuführen, deutsche Verbrechen mit sowjetischen zu verrechnen oder von Stalins mörderischer Innenpolitik einfach auf dessen Außenpolitik zu schließen. *Historische* Einsicht in das Vergangene ist notwendig, damit der Wandel im deutsch-sowjetischen Verhältnis endlich eine tragfähige Basis erhält. Neue Einsichten, zu deren Vermittlung auch Gedenktage beitragen können, aber haben es schwer. Sie müssen sich nicht nur gegen den zähen Widerstand des Überlieferten, sondern auch gegen das fast noch unbelehrbarere Mißverständnis durchsetzen.

»Der Hauptakteur dieses Jahres 1941 [in Europa] war zweifellos Adolf Hitler[1].« Er dominierte die Kriegspolitik des nationalsozialistischen Deutschland. »Konstanten seines Weltbildes« (J. Fest) bildeten axiomatische Vorstellungen, die um Lebensraum, Rasse, Judentum, Wirtschaftsautarkie und Weltmachtstellung für Deutschland kreisten und die nur die grandiose Alternative Sieg oder Vernichtung zuließen. Sein »Programm«[2] *und* die strategische Lage im Sommer 1940 bildeten die Basis für Hitlers Blickwendung nach Osten. Neun Monate nach Kriegsbeginn waren Polen, Dänemark, Norwegen, Belgien, Luxemburg und die Niederlande besetzt, Frankreich niedergeworfen. Besonders der schnelle Sieg über den »Erbfeind« Frankreich bedeutete für Hitler und die Deutschen, die die deutsche Niederlage im Ersten Weltkrieg noch erlebt hatten, das Auslöschen eines Makels: der »Schmach vom November 1918«. Nun war der deutsche Ehrenschild wieder blank. Emotional überwältigt pries der Oberbefehlshaber des Heeres, Generaloberst Walther v. Brauchitsch, Hitler als den »ersten Soldaten des Reiches«, um den sich alle in »unermeßlichem Vertrauen« scharten[3]. Ein führender Kopf des deutschen Widerstandes, Botschafter z. D. Ulrich v. Hassell, beurteilte die »unvorstellbar großen Erfolge« der Wehrmacht so: »Man könnte verzweifeln unter der Last der Tragik, sich an den größten nationalen Erfolgen nicht wahrhaft freuen zu können[4].« Denn dadurch war auch den Bedenken der militärischen Führung gegen Hitlers Kriegskurs der Boden entzogen, dessen unumschränkte Autorität in politischen und militärischen Fragen gesichert. Hitler war durch den vermeintlichen Triumph seiner Kriegführung aber nicht nur persönlich »sehr glücklich«[5], sondern er schwamm auch auf einer Woge der Begeisterung in Deutschland. Sein Mythos als Führer des deutschen Volkes war bestätigt. In der Bevölkerung war man überzeugt, daß auch die Engländer in höchstens sechs Wochen nach Angriffsbeginn besiegt sein würden[6].

Hitler dagegen erwartete von der militärischen Entscheidung im Westen einen politischen Erfolg. Dem ganzen Sieg sollte der volle Friede folgen. Er ging davon aus, daß Großbritannien angesichts seiner militärischen Schwäche »klein beigeben« werde, wie er sich gegenüber Brauchitsch am 23. Juni ausdrückte[7]. Dafür, daß sich London vom europäischen Festland zurückzog und damit die deutsche Hegemonie anerkannte, wollte Hitler den Briten »Flotte und See« lassen. Ihm war nicht an einer Zerstörung des Empire gelegen, allerdings an einer Zurückgewinnung der Kolonien und Mandatsgebiete sowie an einer Entschädigung, wohl für entgangene Gewinne und das Deutschland zugefügte »Unrecht«[8]. Der Erwartung, mit Großbritannien zu einem Ausgleich in weltumspannender Dimension zu kommen, entsprach auch seine bereits während der laufenden Operationen geäußerte und am 14. Juni 1940 verfügte Absicht, 39 Divisionen sofort aufzulösen und das Heer stufenweise auf den Friedensstand zurückzuführen[9]. Der Rüstungswirtschaft wurde zehn Tage später versichert, sie könne mit der Entlassung von 500 000 Mann aus der Fronttruppe rechnen. Auch nach dem britischen Schlag gegen Teile der französischen Flotte in Mersel-Kebir am 3. Juli 1940, mit dem Churchill seine Durchhaltepolitik demonstrierte, wartete Hitler auf dem Obersalzberg weiter ab. Wunschdenken und ideologische Prämissen blockierten mehrere Wochen eine realistische Sicht der Dinge. London aber war nicht zu einem Einlenken bereit. Es kämpfte weiter in der Hoffnung auf die Unterstützung durch die USA und auf eine Änderung des deutsch-sowjetischen Verhältnisses. So hatte Hitler gegenüber dem Oberbefehlshaber des Heeres am 23. Juni 1940 zwar auch schon einmal die Möglichkeit einer kompromißlosen Haltung Großbritanniens erklärt, sie aber nicht wahrhaben wollen. Mitte Juli 1940 blieb ihm nichts anderes übrig, als die Situation so zu sehen, wie sie war: der Friede war in weite Entfernung gerückt. Dies führte zu einem Umschwung in Hitlers Lagebeurteilung. Der letzte öffentliche »Appell an die Vernunft« Londons am 19. Juli 1940 war deshalb mehr eine Schuldzuweisung für den laufenden Krieg als ein Friedensangebot. Er diente damit der Einstimmung der deutschen Bevölkerung auf den weiteren Kampf[10]. Die Würfel waren schon längst gefallen, bevor Großbritannien durch Außenminister Lord Halifax am 22. Juli 1940 Hitlers Appell zurückwies.

Für die deutsche politische und militärische Führung stand die Frage im Vordergrund, wie der Krieg siegreich beendet werden könne. Alle waren entschlossen, auch weiterhin das Gesetz des Handelns zu bestimmen. Vor den Spitzen von Heer, Marine und Luftwaffe nannte Hitler am 21. Juli 1940 als Pflicht der deutschen Führung, »die amerikanische und russische Frage stark zu erwägen«, wie sich Großadmiral Erich Raeder notierte[11]. Wie aber sollte der langfristig angenommenen Bedrohung der deutschen Machtstellung in Europa durch die angelsächsischen Seemächte und die Sowjetunion begegnet werden? Den Zeitfaktor beurteilte Hitler, verglichen mit der Lage im Ersten Weltkrieg, nun günstiger als im Oktober 1939. Die Westfront sei weggefallen und Deutschland auf allen Gebieten auch für einen langen Krieg gerüstet. Abgesehen von der Tatsache, daß letztere Einschätzung objektiv falsch war, konnte Berlin der von den USA ausgehenden Bedrohung nur indirekt begegnen. Diesem Ziel diente der am 27. September 1940 zwischen Deutschland, Japan und Italien abgeschlossene »Dreimächtepakt«, der Washington von einer Kriegsausweitung abschrecken sollte. Zur schnellen Beendigung des Krieges mit Großbritannien schien nun auch Hitler eine Invasion das wirksamste Mittel zu sein. Den damit verbundenen Risiken war er sich durchaus bewußt. Als Voraussetzungen für das Unternehmen »Seelöwe« nannte Hitler am 21. Juli 1940 die völlige Luftherrschaft und den Abschluß der Vorbereitungen für die Landung bis Ende September 1940. Sollten beide Bedingungen bis zu diesem Zeitpunkt nicht zu erreichen sein, mußten »andere Pläne« erwogen werden. In welche Richtung Hitler dabei dachte, wurde deutlich, als er in derselben Besprechung Brauchitsch damit beauftragte, die Lösung des »russischen Problems« planerisch in Angriff zu nehmen[12]. Erst jetzt trat bei Hitler ein Krieg gegen die Sowjetunion in den Vordergrund seiner strategischen Überlegungen, und nicht schon, wie bisweilen vermutet, ab Anfang Juni 1940[13]. Grundlage für eine solche Interpretation sind die oft zitierten Äußerungen von Generalleutnant Georg v. Sodenstern aus dem Jahre 1954. Hitler soll danach im Hauptquartier der Heeresgruppe A in Charleville am 2. Juni 1940 erklärt haben, nun habe er »endlich die Hände frei für seine große und eigentliche Aufgabe: die Auseinandersetzung mit dem Bolschewismus.« Diese Quelle muß deshalb als zweifelhaft eingestuft werden, weil andere Teilnehmer an der Besprechung in Charleville, wie Generaloberst Wilhelm Ritter v. Leeb und Generalleutnant Hans Felber, in ihren zeitgleichen Tagebüchern zwar Hitlers Kriegsziele gegenüber Großbritannien und Frankreich notierten, aber mit keinem Wort irgendwelche Intentionen in Richtung Osten[14]. Sodenstern hat wohl frühere oder spätere ideologische Äußerungen Hitlers falsch datiert. Auch die Tagebücher von Goebbels enthalten für den Zeitraum Juni bis Juli 1940 keine diesbezüglichen Urteile Hitlers. Die operativen Stäbe in den Oberkommandos des Heeres und der Wehrmacht reagierten also mit ihren Planungen für einen Krieg gegen die Sowjetunion nicht auf Äußerungen ihres obersten Oberbefehlshabers, sondern wollten auf eine solche strategische Option vorbereitet sein.

Nach dem Waffenstillstand mit Frankreich hatte der Chef des Generalstabes des Heeres, General der Artillerie Franz Halder, in einer Ansprache vor Generalen und höheren Generalstabsoffizieren in Versailles lapidar festgestellt, daß es im Westen für das Heer auf lange Zeit nichts mehr zu siegen gebe[15]. Der Schwerpunkt der Kriegführung werde, solange die politische Lage so bleibe, bei Luftwaffe und Marine liegen. Unter »bestimmten Voraussetzungen« sei es jedoch möglich, daß er wieder auf das Heer übertragen werde. Dabei dachte Halder weniger an eine Landung in England als an einen »militärischen Schlag« gegen die Sowjetunion, um diese auf den Status einer zweitrangigen Macht herabzudrücken und damit die deutsche Hegemonie in Europa abzusichern. Um die dafür notwendige »Schlagkraft im Osten« aufzubauen, wurde nicht nur die von Hitler angeordnete partielle Demobilmachung des Heeres unterlaufen, sondern auch eine eigenständige Offensivplanung auf Generalstabs- und Armeee-Ebene in Gang gesetzt[16]. Deshalb konnte Brauchitsch in der Besprechung am 21. Juli 1940 Hitler bereits detailliert über eine Operation gegen die Sowjetunion vortragen, die auf die Besetzung der baltischen Staaten, Weißrußlands und von Teilen der Ukraine abzielte. Die Heeresführung stellte dabei 50 bis 75 »gute« sowjetische Divisionen in Rechnung. Auf deutscher Seite wurden 80 bis 100 Verbände für »nötig« erachtet, deren Aufmarsch vier bis sechs Wochen dauern würde. Doch Hitler nahm zu diesem Vorschlag für einen begrenzten Angriffskrieg gegen die Sowjetunion nicht Stellung[17].

Der Befund autonomer militärischer Planungen könnte zu zwei Mißverständnissen Anlaß geben, nämlich Hitler nur als einen gleichgewichtigen Faktor neben den militärischen Oberkommandos anzusehen oder aber deren operative Vorarbeiten als rein militärfachliche Vorbereitung auf eine Eventualität einzustufen. Sie waren indes zugleich eine aus politischer Übereinstimmung in Grundfragen geprägte Mit- und Zuarbeit. »Denn letztlich handelte es sich nicht um eine offensiv zu führende Defensive im Rahmen eines laufenden Feldzuges, sondern um einen Akt, der die Kriegseröffnung bedeutete[18].« Unzweifelhaft ist, daß die deutsche Kriegspolitik im Entscheidungsjahr 1940/41 von Hitlers machtpolitischem Kalkül und seinen ideologischen Fixierungen bestimmt wurde. Er war, besonders nach dem Triumph über Frankreich, die beherrschende Figur in der deutschen Führung: »Alles wartet[e] auf die Entscheidungen des Führers[19].«

Ende Juli 1940 hatte das Warten ein Ende. Hitler hatte sich entschieden. Auf dem Obersalzberg eröffnete er seinen obersten militärischen

Beratern seinen »bestimmten Entschluß«, Rußland im Frühjahr 1941 zu »erledigen«[20].

Auffällig an dieser entscheidenden Besprechung der Gesamtkriegslage ist dreierlei: Erstens gab es weder während noch anschließend ein mit der Vorgeschichte des Krieges gegen Frankreich »vergleichbares Ringen um die Grundentscheidung und danach um den Operationsplan als Ganzes«[21]. Dies ist deshalb erstaunlich, weil einen Tag zuvor Brauchitsch und Halder noch die Fortsetzung der deutsch-sowjetischen Kooperation im Weltmaßstab erwogen hatten. Der Wille Hitlers, sich die Herrschaft in Europa über die Zerschlagung der Sowjetunion zu sichern, traf allerdings auch auf ähnliche Überlegungen der Heeresführung zu. Übereinstimmung herrschte in der Einschätzung der sowjetischen Absichten. Eine offensive Verwendung der im grenznahen Raum dislozierten Verbände der Roten Armee gegen Deutschland wurde ausgeschlossen. Ganz im Gegenteil: Generalmajor Erich Marcks, der Bearbeiter des ersten Operationsentwurfes nach Hitlers Auftrag vom 21. Juli 1940, sprach bedauernd davon, daß die Russen den Deutschen »nicht den Liebesdienst eines Angriffs erweisen« würden[22]. Damit ist auch offenkundig, daß die von der Sowjetunion im Sommer 1940 vorgenommene Erweiterung ihres strategischen Glacis nach Westen und Südwesten — das ein Jahr zuvor geschlossene Interessenbündnis mit dem weltanschaulichen Gegner bildete dafür die Basis — nicht die Ursache für die deutschen militärischen Planungen war. Hier wirkten vielmehr ältere Vorstellungen über die Gewinnung und Nutzung Rußlands, von einer deutschen Hegemonie in Europa sowie über das Fernhalten des Bolschewismus aus diesem Raum nach.

Auffällig an der Besprechung vom 31. Juli 1940 ist zweitens, daß Hitler seinen Entschluß zu einem Angriffskrieg gegen die Sowjetunion strategisch und nicht ideologisch begründete. Halder notierte sich: »Englands Hoffnung ist Rußland und Amerika. Wenn [Englands] Hoffnung auf Rußland wegfällt, fällt auch Amerika weg [...] Rußland [ist] ostasiatischer Degen Englands und Amerikas gegen Japan [...] Rußland [ist der] Faktor, auf den England am meisten setzt [...] Ist aber Rußland zerschlagen, dann ist Englands letzte Hoffnung getilgt. Der Herr Europas und des Balkans ist dann Deutschland[23]!«

Diese weltpolitische Begründung und das »Festlanddegen«-Argument sollten nicht dazu verleiten, die Symbiose von Kalkül und Dogma, Strategie und Ideologie, Welt- und Rassenpolitik in Hitlers Kriegspolitik zu übersehen. Das machtpolitische Interesse, den Gesamtkrieg erfolgreich zu bestehen, war in Hitlers Strategie untrennbar verknüpft mit seiner langfristigen Lebensraumprogrammatik. Diese bestand wiederum aus einem Amalgam von wirtschaftlichen, rassischen, militärgeographischen und machtpolitischen Vorstellungen, das auch die Vernichtung des »jüdischen Bolschewismus« einschloß. Das Ausgreifen nach Osten, *das Ziel* seit den zwanziger Jahren, erschien Hitler nun auch als Mittel, Deutschland aus der strategischen Situation offensiv zu befreien, in die es durch seine Kriegseröffnung 1939, das unerwartete Weiterkämpfen Großbritanniens sowie die globalen Interessen Roosevelts geraten war. Das Risiko eines neuen Krieges schien erträglicher als das Abwarten einer gemeinsamen Reaktion der angloamerikanischen Seemächte auf die Festigung der deutschen Hegemonie in Europa. Vor dem Hintergrund seiner sozialdarwinistischen Alternative für die Führung des Lebenskampfes des deutschen Volkes — entweder klarer Sieg oder restlose Vernichtung — wollte Hitler die Verantwortung für die Sicherung des notwendigen Lebensraumes nicht einer späteren Generation überlassen. Im Sommer 1940 setzte Hitler auf die »Gunst des Augenblicks« gegenüber der sich abzeichnenden Konstellation des Ersten Weltkrieges. Erst für 1942 schätzte er die USA für kriegsfähig ein. Seiner Ansicht nach waren bis 1941 Deutschlands Rücken und Flanken noch frei für den Gewinn des »russischen Raumes«. Dieses alte Ziel erschien nun auch als Grundvoraussetzung für eine entscheidende Wende des Gesamtkrieges, denn für einen jahrelangen Abnutzungskrieg wie 1914—1918 war die bis 1940 gewonnene wirtschaftliche Basis des Reiches noch zu schwach. Hitler hielt es für notwendig und möglich, die Sowjetunion vor einem Eingreifen der USA auf britischer Seite zu zerschlagen. Der Entschluß zum Unternehmen »Barbarossa« fiel also nicht wegen, sondern trotz der kompromißlosen Haltung Londons[24]. Gerade die rüstungswirtschaftlichen Weichenstellungen unterstreichen, daß die Entscheidung für einen Krieg im Osten nicht im November[25], sondern im Juli 1940 getroffen wurde.

Es ist kritisch eingewandt worden, daß es keine zeitgleichen Belege für eine direkte Verbindung von Programm und Politik bei Hitler im Sommer 1940 gebe[26]. Diese Kritik müßte dann freilich auch für die Interpretation von Hitlers Weisungen für die Vernichtung des »jüdischen Bolschewismus« vom Frühjahr 1941 gelten, allerdings mit umgekehrten Vorzeichen. Es gibt aber keinerlei Belege dafür, daß Hitler seine ideologischen Intentionen mit Stalins politischem Verhalten in jener Zeit begründete. Wenn also dafür allein Hitlers axiomatische Ziele bestimmend waren, so ist es wenig wahrscheinlich, daß er seine Lebensraumprogrammatik im Sommer 1940 vergessen und sich erst im Frühjahr 1941 wieder daran erinnert haben sollte. Außerdem belegen nun die Tagebücher von Goebbels, daß Hitler auch zu jener Zeit den Bolschewismus als den »Weltfeind Nr. 1« betrachtete[27]. Gerade weil Hitlers Programm eine Symbiose von Strategie und Ideologie darstellt, ist es müßig, eine Rangfolge zwischen den einzelnen Motiven oder ihrer temporären Priorität herstellen zu wollen; vielmehr ist dieses Programm als »adäquate Verursachung« (im Sinne Max Webers) sowohl des Entschlusses zum Krieg als auch dessen spezifischen Charakters anzusehen.

Auffällig an der Besprechung vom 31. Juli 1940 ist drittens, und das ist neu, daß die Entscheidung über die Erhöhung des Kriegsheeres auf 180 Divisionen bereits einige Tage zuvor gefallen war, und zwar ohne Beteiligung der »operativen« Heeresführung! Am 28. Juli 1940 waren der Chef der Heeresrüstung und Befehlshaber des Ersatzheeres, Generaloberst Fritz Fromm, und sein Chef des Stabes, Oberst Kurt Haseloff, zum Vortrag bei Hitler auf dem Obersalzberg. Ihnen verkündete Hitler, daß das Heer, »unabh[ängig] v[on] d[en] Operationen des Jahres, falls Krieg nicht beendet, nächstes Jahr so stark als möglich« sein müsse. 180 Divisionen seien »notwendig«. Bis zum 1. Mai 1941 sei »viel Zeit zur Vorbereitung« vorhanden. »Ab Sept[ember könne] begonnen werden — also acht Monate!« stünden zur Verfügung, um 25 Panzer-, 12 motorisierte Divisionen und 143 Infanteriedivision bis »Ende April angriffsbereit« aufzustellen und auszustatten. Hitler sprach davon, 50 Divisionen auf »Arbeitsurlaub« in die Rüstungswirtschaft zu schicken und zwischen Ende März und Mitte April wieder einzuberufen. Die Soldaten sollten ihre eigenen Waffen und Munition produzieren! Fromm äußerte zu den personellen Auswirkungen dieser Hitler-Entscheidung »keine Bedenken« und zu den Konsequenzen auf dem materiellen Sektor: »wird gehen!« Allerdings hielt er einen »rücksichtslosen Eingriff« in die Wirtschaft im Frühjahr 1941 für »nötig«[28]. Durch diese neue Quelle und ihren Hinweis auf die Beurlaubung von Soldaten für die Kriegswirtschaft Ende September finden nun ältere Belege ihre Bestätigung, daß Hitler bereits Ende Juli von einem endgültigen Verzicht auf das Unternehmen »Seelöwe« ausging[28]. Als frühester Termin für eine Landung in England war nämlich der 15. September 1940 vorgesehen.

Die rüstungsmäßige Umsetzung der Entscheidung Hitlers verdeutlicht — vielleicht noch stärker als die operative Planung —, daß die deutsche politische und militärische Führung der Auseinandersetzung mit der Sowjetunion von Anfang an eine andere Strategie als gegen Frankreich zugrundelegte. Dem Blitzsieg im Westen sollte der Blitzkrieg im Osten folgen. Vor der Westoffensive hatte die Heeresführung noch unter

Hinweis auf die mangelhafte Rüstung gewarnt. Unter der Hybris des Sieges und der Fehleinschätzung des anvisierten Gegners protestierte der verantwortliche Chef der Heeresrüstung nicht gegen die von Feldmarschall Wilhelm Keitel am 17. August 1940 konkretisierte Aufgabe, bis zum 1. April 1941 180 Divisionen mit Zuschlägen (für Heeres- und Korpstruppen, Rechensatz 20 Divisionen) und einem »größtmögliche[n] Vorrat« aufzustellen. Das »Endziel« einer »volle[n]« personellen und materiellen Ausstattung der 180 Divisionen mit »alle[n] Zuschläge[n]«, d. h. 50 Divisionen, sollte erst in drei Jahren erreicht sein[30]. Aufgrund dieser Vorgaben erarbeitete Fromm einen Vorschlag, den er Hitler im Beisein des Oberbefehlshabers des Heeres am 26. August 1940 vortrug. Da sich dieser, außer in zwei kleineren Punkten, »einverstanden« erklärte, konnte Fromm den entsprechenden Befehl für das Rüstungsprogramm B am 28. August erlassen[31]. Damit waren drei Monate nach der französischen Kapitulation die Würfel für den Krieg gegen die Sowjetunion gefallen. Auf eine volle Ausstattung des geplanten Kriegsheeres von 180 Divisionen, Feld- und Ersatzheer nebst Landesschutzeinheiten, mit einer Gesamtsollstärke von 141 352 Offizieren, 35 653 Beamten, 646 562 Unteroffizieren und 3 911 838 Mannschaften am 1. Mai 1941[32] wurde von vornherein verzichtet. »Das sollte sich als die entscheidende Wende der Heeresrüstung im Dritten Reich erweisen[33].«

Auch die Entscheidungen im Verteilungskampf um den »Sparstoff Mensch« (W. Keitel) zwischen Wehrmacht und Rüstungsindustrie ab Sommer 1940 — etwa 260 000 Metallarbeiter aus Verbänden des Feldheeres wurden in Rüstungsbetriebe beurlaubt und fehlten bei der notwendigen Ausbildung des in Zellteilung befindlichen Heeres — zeigen eine politische und militärische Führung, die vom Erfolg ihrer strategischen Planung überzeugt war. Der offenkundige Rückstand in der Heeresrüstung und die angespannte Ersatzlage wurden als ein tragbares Risiko angesehen, weil bei »Barbarossa« keine überdurchschnittlichen personellen und materiellen Verluste eingeplant wurden. Bereits ein halbes Jahr vor Beginn des Krieges im Osten wurde darum der Marine- und Luftrüstung die Priorität zu Lasten des Heeres eingeräumt. Der Führer-Befehl vom 20. Dezember 1940 nahm auf dem Sektor der Personalbewirtschaftung eine Entwicklung voraus, die dann am 14. Juli 1941 — im Gefühl des sicheren Sieges über die Sowjetunion — generell beschlossen wurde[34].

Wenngleich Hitlers Wendung nach Osten im Sommer 1940 keineswegs als »point of no return« eingestuft werden kann, so folgten ihr doch sofort rüstungswirtschaftliche, operative und politische Entscheidungen, die eine Eigendynamik auslösten. Unverkennbar ist auch ein Umschwung in der Außenpolitik des Reiches. Der geplante Krieg gegen die Sowjetunion führte zu einer Neubewertung von Staaten, die nach Geist und Buchstaben des Hitler-Stalin-Paktes zur Interessensphäre Moskaus gehörten. Nun galt es, in Finnland und Rumänien deutsche strategische Interessen gegenüber gleichgelagerten sowjetischen Einflußversuchen zu sichern. Hitler zeigte sich entschlossen, dafür das machtpolitische Gewicht Deutschlands in die Waagschale zu werfen und eine tiefe Verstimmung Stalin in Kauf zu nehmen. Beide Länder wurden als willkommene Mitstreiter im Kampf gegen den Bolschewismus angesehen, während Hitler auf die Hilfe Japans und Italiens verzichten zu können glaubte[35].

Die operative Planung des Krieges gegen die Sowjetunion überließ Hitler den Generalstäben. Er selbst war im Herbst 1940 einerseits mit einer politischen Blockbildung Westeuropas gegen Großbritannien beschäftigt. Sie stand eindeutig unter dem »Primat der Ostpolitik« (M. Bormann). Der Versuch, Spanien und Vichy-Frankreich für eine antibritische »kontinentale Koalition« zu gewinnen, scheiterte indes nicht nur an den französisch-spanischen Gegensätzen sowie an den italienischen Ansprüchen, sondern auch daran, daß Großbritannien noch nicht besiegt war und Hitler Madrid und Vichy keine positive Zukunft im Rahmen der Neuordnung Europas unter deutscher Hegemonie aufzeigen konnte. Andererseits bot der Besuch des sowjetischen Außenministers Vjačeslav M. Molotov am 12. und 13. November 1940 in Berlin Hitler Gelegenheit zu demonstrieren, daß Deutschland und die UdSSR eher »Brust an Brust« als »Rücken an Rücken« standen[36]. Das Konzept einer Herrschaftsteilung im Weltmaßstab zwischen Deutschland, Italien, Japan und der Sowjetunion auf Kosten des britischen Empire muß also vor dem Hintergrund der deutschen Planungen für »Barbarossa« als ein taktisches Manöver bewertet werden. Am 4. November 1940 hatte Hitler vor der Heeres- und Wehrmachtführung betont, daß Rußland »das große Problem Europas« bleibe. Alles müsse getan werden, um zur »großen Abrechnung« bereit zu sein[37].

Deshalb hatte er noch vor seinem ersten Gespräch mit Molotov die »Weisung Nr. 18« unterzeichnet, in der es klar hieß, daß gleichgültig, welches Ergebnis die deutsch-sowjetische Besprechungen haben würden, die bisher nur mündlich befohlenen Vorbereitungen für den Krieg im Osten fortzuführen seien. Auch die von Molotov genannten Voraussetzungen für einen Beitritt der Sowjetunion zum »Dreimächtepakt« sind eher als taktische Maximalforderungen für spätere Verhandlungen denn als »Kriegszielprogramm Stalins«[38] zu bewerten. Diesen Schluß legen die zehn Tage später schriftlich übermittelten, moderateren Bedingungen nahe. Sie blieben aber unbeantwortet. Die von Molotov mündlich vorgebrachten Wünsche wurden allerdings von deutscher Seite als Erpressung und langfristige Bedrohung der Machtstellung des Reiches in Europa aufgefaßt. Diese galt es auszuschalten. Deshalb fand Raeder Hitler auch nach Molotovs Besuch »*immer noch* geneigt, die Auseinandersetzung mit Rußland zu betreiben«[39]. Hitler hatte seit Ende Juli 1940 für den von ihm gleichermaßen als Kriegsziel und Kriegsmittel eingeschätzten Krieg gegen die Sowjetunion optiert; die Beherrschung des »russischen Raumes« sollte auch die entscheidende Wende im Krieg gegen Großbritannien herbeiführen. Hitler fühlte sich gezwungen, »1941 alle kontinentaleuropäischen Probleme lösen« zu müssen, »da ab 1942 [die] USA in der Lage wäre[n], einzugreifen«[40].

Militärisch entschied sich Hitler am 5. Dezember 1940 für den von der Heeresführung erarbeiteten Operationsplan, mit dem die Sowjetunion in einem schnellen Feldzug niedergeworfen werden sollte. In seiner strategischen Analyse trug Hitler die gleichen Argumente wie am 31. Juli 1940 vor: »Die Entscheidung über die europäische Hegemonie fällt im Kampf gegen Rußland[41].« Die Operationsabsichten der Heeresführung billigte er pauschal, obwohl sie in wesentlichen Punkten von seinen abwichen. Übereinstimmung herrschte darüber, zunächst die Masse der Roten Armee westlich der Dnepr—Dvina-Linie zu vernichten und den Rückzug kampfkräftiger Teile nach Osten zu verhindern. Die deutlichen Auffassungsunterschiede über den Ansatz der zweiten Operationsphase wurden allerdings nicht ausdiskutiert. Für Hitler stand immer die Gewinnung kriegswirtschaftlicher Basen im Norden und Süden der Sowjetunion im Vordergrund, einerseits, um die eigene Versorgung aus dem Lande zu erleichtern und andererseits, um dem Gegner die Grundlagen für einen personellen und materiellen Neuaufbau seiner Kräfte zu entziehen. Die Heeresführung wollte dagegen die Kriegsentscheidung durch einen konzentrierten Stoß auf Moskau herbeiführen. Die spätere Auseinandersetzung um die Vorrangigkeit der sowjetischen Hauptstadt als Operationsziel — gegenüber Leningrad und dem Besitz des ukrainischen und kaukasischen Potentials — war damit vorprogrammiert[42]. Dies auch deshalb, weil der Gegner sich nicht in der gewünschten Weise verhielt, nachdem er schon der Wehrmacht den »Liebesdienst« verweigert hatte, selbst anzugreifen. Im Dezember 1940 herrschten allerdings weder bei Hitler noch bei der Heeresführung irgendwelche Zweifel darüber, daß es gelingen würde, die Sowjetunion in einem Blitzkrieg zu besiegen und die Linie Volga-Archangel'sk innerhalb von wenigen Wochen zu erreichen.

Wie beurteilte die deutsche Führung den anvisierten Gegner? Am 5. Dezember 1940 erklärte Hitler: »Der russische Mensch ist minderwertig. Die Armee ist führerlos. Ob die in letzter Zeit gelegentlich festgestellten richtigen Erkenntnisse der [sowjetischen] Führung in der Armee ausgewertet werden, ist mehr als fraglich. Die innere Neuorientierung der russischen Armee wird im Frühjahr noch nicht besser sein. Wir haben im Frühjahr einen sichtlichen Höchststand in Führung, Material, Truppe, die Russen einen unverkennbaren Tiefstand. Wenn diese russische Armee einmal geschlagen ist, dann ist das Desaster unaufhaltsam[43].« Auch in der Einschätzung des deutschen Generalstabes hatte die Rote Armee, das »riesige Kriegsinstrument«, seit dem Sommer 1940 begonnen, deutsche taktische Erfahrungen im Frankreichfeldzug zu übernehmen und sich damit zu einer modernen Armee zu entwickeln; der Masse fehlte aber noch die Qualität der Wehrmacht. Da die Rote Armee noch nicht zu einer weiträumigen Großoffensive fähig war, wurde eine akute Bedrohung des Reiches auch für 1941 ausgeschlossen. Die Anspruchslosigkeit, Härte und Tapferkeit des einzelnen sowjetischen Soldaten wurden dagegen positiv hervorgehoben, die Rote Armee in der Verteidigung als besonders leistungsfähig beurteilt[44].

Sowjetische Maßnahmen im März 1941, wie die Durchführung einer Teilmobilmachung und das Aufschließen von Truppen zur Grenze mit dem Reich, wurden als defensive Reaktion auf den erkannten deutschen Aufmarsch eingeschätzt[45]. Aufgrund der bisherigen politischen Haltung der Sowjetunion hielt Halder Anfang Juni 1941 eine Großoffensive der Roten Armee für »wenig wahrscheinlich« und beurteilte ihre Dislozierung als defensiv. Aus diesem Grund sei sie in den vorgeschobenen Räumen um Lemberg und Białystok besonders stark, wie der Chef der Operationsabteilung im Generalstab des Heeres, Oberst i. G. Rudolf Heusinger, auf der großen Besprechung mit den Heeresgruppen-, Armee- und Panzergruppenchefs ergänzte[46]. Da Stalin keine Angriffs*absicht* unterstellt wurde, waren Hitler und die militärische Führung auch nicht durch die Kriegs*fähigkeit* der Roten Armee beunruhigt. Hitlers größere Sorge war vielmehr, daß Stalin ihm durch eine Geste des Entgegenkommens noch das Konzept verderben könne. Hitler wollte das strategische Dilemma Deutschlands durch einen weiteren kriegerischen Akt lösen und zugleich »Lebensraum im Osten« erobern. Für die weiterhin versuchte Deutung von »Barbarossa« als Präventivkrieg fehlen also nicht nur die unabdingbar notwendigen subjektiven, sondern auch die objektiven Voraussetzungen. Es genügt eben nicht, von der Art der sowjetischen Truppenaufstellung an der Westgrenze auf offensive Motive der Führung zu schließen[47]. Trotz aller detaillierter Warnungen der Westmächte und der eigenen Aufklärungsorgane vor einem deutschen Angriff hielten Stalin und Molotov an ihrem Kalkül fest, daß Deutschland *keine* zweite Front im Osten eröffnen werde und daß der deutsche Aufmarsch nur einem politischen Zweck diene. Deshalb ging er auf den Vorschlag der militärischen Führung vom 15. Mai 1941, einen präventiven Schlag gegen die aufmarschierende Wehrmacht zu führen, nicht ein[48]. Die erkannte Massierung der Roten Armee in den Räumen um Lemberg und Białystok löste also auf deutscher Seite keine Beunruhigung aus. Im Gegenteil, sie kam ihren Absichten in zweifacher Hinsicht entgegen. Zum einen erleichterte sie das operative Konzept der Umfassung und Einkesselung, zum anderen diente sie der deutschen Propaganda dazu, den deutschen Angriff »dahin auszunutzen [...], daß der Russe ›sprungbereit‹ aufmarschiert war und somit das deutsche Vorgehen eine absolute militärische Notwendigkeit gewesen sei[49].« Hier, im Juni 1941, liegt der Ursprung aller Thesen vom deutschen Präventivkrieg!

Als Beispiel für die damalige Einschätzung des sowjetischen Gegners und des eigenen Leistungsvermögens seien die Ausführungen Blumentritts anläßlich einer Generalstabsbesprechung beim Armeeoberkommando 4 am 18. April 1941 zitiert: »Vielleicht hat [der Russe] doch die Absicht, sich zwischen Westgrenze und dem Dnjepr dem deutschen Angriff zu stellen, was sehr wünschenswert ist [...] Schon die kaiserliche Armee kam gegen die deutsche Führung nicht auf, um wieviel weniger die heutigen russischen Führer. Die mittlere Führung ist noch mangelhafter [...] Der Nimbus der deutschen Waffen, jetzt durch den Krieg gegen Jugoslawien noch gesteigert, wird sich bald auswirken! Es wird 14 Tage schwerer blutiger Kämpfe geben. Wir hoffen, es dann geschafft zu haben[50].« Auch Generaloberst Halder erwartete nach schweren Grenzkämpfen ein »Vakuum« beim Gegner, in das die Panzergruppen hineinstoßen sollten. Da die Panzerdivisionen des Jahres 1941 mit denen des Frankreichfeldzuges nicht zu vergleichen waren, empfahl der Chef des Generalstabes den Truppenführern das »Ausschöpfen aller Behelfsmöglichkeiten« im eigenen Bereich[51]! Ein System von Aushilfen sollte es ermöglichen, mit der rauhen Wirklichkeit zu leben, daß nur zwanzig Prozent des Ostheeres für den anvisierten schnellen und weiträumigen Bewegungskrieg geeignet waren!

Auch die Lösung des Versorgungsproblems — weiter Raum — weite Ziele — keine Bahnen — mit Lastkraftwagen als einzigem Nachschubmittel, offenbart die Hybris des Siegers über Frankreich. Die Strecke bis zur Dnepr—Dvina-Linie, also rund 500 km, wurde einfach mit der zwischen Luxemburg und der Loire-Mündung gleichgesetzt! Wieder wurden Aushilfen, diesmal zwischen Heer und Luftwaffe, und eine geschmeidige Organisation empfohlen, damit die auf eine schnelle Zerschlagung der Roten Armee angelegte Operation nicht ins Stocken gerate[52].

Das »doppelte Gesicht« des deutschen Angriffskrieges gegen die Sowjetunion, von dem Feldmarschall Erich v. Manstein als Zeuge vor dem Internationalen Militärgerichtshof in Nürnberg gesprochen hatte, nämlich das militärische und weltanschauliche, enthüllt sich allerdings erst, wenn neben der strategischen Zielsetzung und der operativen Planung auch die ideologische Aufladung betrachtet wird. Wie aber gelang es Hitler, dem Unternehmen »Barbarossa« den Stempel eines Vernichtungskrieges gegen Bolschewismus und Judentum aufzudrücken? Hitler war nicht nur der »Führer« des deutschen Volkes in seinem »Lebenskampf« und Oberster Befehlshaber der Wehrmacht, sondern hatte sich auch bereits im Februar 1939 zum obersten weltanschaulichen Führer der Wehrmacht ernannt. Auch in dieser Eigenschaft seien ihm die Offiziere auf Gedeih und Verderb verpflichtet: da der nächste Krieg ein »reiner Weltanschauungskrieg, d.h. bewußt ein Volks- und Rassenkrieg« sein werde, müsse der Offizier sowohl taktischer als auch weltanschaulicher Führer seiner Soldaten sein[53]. Das Endziel aus Hitlers Sicht in dem im September 1939 »ausgebrochenen Rassenkampf«, nämlich die rassische Umgestaltung Europas, bestimmte zwar von Anfang an auch die Mittel, d.h. die Kriegführung, aber erst im Vernichtungskrieg gegen den »jüdisch-bolschewistischen Todfeind« waren Ziel und Mittel identisch. Militärische Operationen zur Eroberung von Lebensraum und politisch-polizeiliche Maßnahmen zur endgültigen Beseitigung des rassischen Gegners waren für Hitler nur verschiedene Seiten eines einzigen großen Krieges. Im harten Kampf für die eigene und damit gegen fremde Rassen konnte es auch keine gesetzlichen Einschränkungen geben. Dem Stärkeren gehörte die Zukunft. Im Unterschied zum Feldzug in Polen war das Vernichtungskonzept nunmehr von Beginn an integraler Bestandteil der Operationen. Hitler betrachtete das Unternehmen »Barbarossa« eben nicht als einen bloßen »Kampf der Waffen«, sondern auch als die entscheidende Auseinandersetzung mit dem »jüdischen Bolschewismus«. Die »jüdisch-bolschewistische Intelligenz [müsse] beseitigt werden[54].« Die Offiziere müßten ihre soldatischen Bedenken überwinden und ihre Truppe auch weltanschaulich führen. Im »Vernichtungskampf« gegen die feindliche Weltanschauung könne es keine traditionelle Kriegführung geben. Das zielbewußte rassenpolitische Vorgehen seiner »Weltanschauungstruppe«, die Einsatzgruppen der Sicherheitspolizei und des SD[55], gegen den »jüdisch-bolschewistischen Todfeind« sollte dadurch unterstützt werden, daß das Heer mit äußerster Rücksichtslosigkeit und größtem Vernichtungseffekt gegen die Rote Armee, ihre Kommissare, gegen bolschewistische Funktionäre, Juden und Freischärler vorging.

Weltanschaulicher und militärischer Kampf konnten von Hitler miteinander verschmolzen werden, weil seine ideologischen Intentionen von hohen Offizieren und Juristen im Frühjahr 1941 in Befehle gegossen wurden: »Regelung des Einsatzes der Sicherheitspolizei und des SD im Verbande des Heeres« vom 28. April 1941, »Erlaß über die Ausübung der Kriegsgerichtsbarkeit im Gebiet ›Barbarossa‹ und über besondere Maßnahmen der Truppe« vom 13. Mai 1941, »Richtlinien über das Verhalten der Truppe in Rußland« vom 19. Mai 1941 und die »Richtlinien für die Behandlung politischer Kommissare« vom 6. Juni 1941. Die befohlene Erschießung der Truppenkommissare in der Roten Armee war im Rahmen des Weltanschauungskrieges zwar konsequent, aber ebenso rechtswidrig wie die von Zivilisten bei bloßem Verdacht der Freischärlerei. Deshalb wurde mit dem Erlaß vom 13. Mai 1941 über die Einschränkung der Militärgerichtsbarkeit eine präventive Amnestie für Verbrechen von Soldaten gegenüber Sowjetbürgern verfügt, die natürlich auch für die rechtswidrige Erschießung von Kommissaren nach ihrer Gefangennahme galt.

Das Hitlersche Vernichtungskonzept konnte nur darum integraler Bestandteil der Operationen werden, weil die Heeresführung bereit war, die Truppe auch den »weltanschaulichen Kampf mit durchfechten« zu lassen[56]. Sie und andere höhere Truppenführer, darunter spätere Angehörige des Widerstandes, waren wie Hitler davon überzeugt, daß zwischen dem nationalsozialistischen Deutschland und der bolschewistischen Sowjetunion eine unüberwindbare Kluft klaffe, rassisch und weltanschaulich. Die rasche Ausschaltung wirklicher und potentieller Gegner im Operationsgebiet, sei es durch die Einsatzgruppen oder die Truppe, sollte »deutsches Blut sparen« helfen. Im Unterschied zu den Morden in Polen stießen weder die geplanten »Maßnahmen« der SS noch die Einbindung des Heeres in die nationalsozialistische Vernichtungspolitik auf scharfe Kritik in der höheren Führung. Die bewußte Verzahnung von ideologischen und militärischen, strafenden mit vorbeugenden Gesichtspunkten in den relevanten Erlassen trug erheblich dazu bei, ihre Rechtswidrigkeit zu verschleiern. Weil Hitler im Krieg gegen die Sowjetunion auch als weltanschaulicher Führer akzeptiert wurde, konnten »Befehle in Weltanschauungssachen« zu »Befehlen in Dienstsachen« werden, konnte auch das Heer, wie Partei und SS, zur »kämpferischen Truppe einer Weltanschauung« werden[57].

Eine »Aufklärung« der Soldaten an der Ostfront über den Sinn des Krieges setzte erst mit dem Angriffstag ein. Ein Aufruf Hitlers, Tagesbefehle der Truppenführer, die erwähnten Richtlinien für das eigene Verhalten und Merkblätter über die zu erwartende »heimtückische« Kriegführung der Roten Armee sollten den Soldaten auf den speziellen Charakter des Krieges gegen die Sowjetunion einstimmen. Daß der Kampf im Osten aber eine besondere Qualität bekam, lag nicht nur an dem entsprechenden Vorgehen von Wehrmacht und SS, sondern auch an der spezifischen sowjetischen Reaktion auf den deutschen Einmarsch. Auch Stalin definierte den Kampf gegen die Invasoren nicht als einen »gewöhnlichen Krieg« zwischen zwei Armeen, sondern als einen von der Partei angeleiteten erbarmungslosen Volkskrieg des Sowjetstaates gegen den »deutschen Faschismus«. Diesen Aufruf vom 3. Juli 1941 begriff Hitler wiederum als willkommene Gelegenheit, das Vernichtungskonzept gegen den »jüdischen Bolschewismus« noch wirkungsvoller als militärische Notwendigkeit darzustellen[58].

Wie paßt nun dieser Befund über die Planung des Krieges gegen die Sowjetunion in die größere historische Diskussion über den Charakter des Nationalsozialismus? Der Verfasser hält die Unterscheidung der Historiker, die sich mit der Struktur des Dritten Reiches beschäftigen, in »Intentionalisten« und Funktionalisten« für künstlich. Die Entwicklung des Lebensraumkonzepts verlief zwar eher evolutionär als dogmatisch, aber dennoch war es Hitler, der die entscheidenden Befehle im Sommer 1940, Frühjahr und Sommer 1941 gab. Die Transformation von langfristigen Vorstellungen wie Lebensraum, Vernichtung der Juden und Rassenkrieg sollte nicht aus einer Nach-Barbarossa-Perspektive gesehen werden. »Nazi racial policy was radicalized in quantum jumps«[59] zwischen 1939 und 1941, wobei der Krieg als Stimulans wirkte. Er schuf nicht nur günstige Gelegenheiten für ideologisch fixierte Ziele, sondern veränderte sie auch durch seine eigene Dynamik. Die Verbindung zwischen Strategie und Massenmord wurde nicht schon 1939, sondern erst 1941 erreicht. Durch die Vision des Sieges über den »jüdischen Bolschewismus« im Juli 1941 erfuhr nicht nur Hitlers ursprüngliche Lebensraumprogrammatik eine Ausweitung, sondern auch für die

»Lösung der Judenfrage« wurde nun eine radikale Antwort gefunden[60].
Im Unternehmen »Barbarossa« offenbarte sich wie in keinem anderen
Feldzug die unauflösbare Verbindung von ideologischen und macht-
politischen Zielen mit den sozialdarwinistischen Wertvorstellungen des
Dritten Reiches.

Anmerkungen

[1] Peter Krüger, Das Jahr 1941 in der deutschen Kriegs- und Außenpolitik,
in: Das Jahr 1941 in der europäischen Politik, hrsg. von Karl Bosl, München, Wien 1972, S. 7—38, hier S. 11.

[2] Vgl. Horst Boog u. a., Der Angriff auf die Sowjetunion, Stuttgart 1983 (= Das
Deutsche Reich und der Zweite Weltkrieg, Bd 4), S. 18—23 (Beitrag Förster).

[3] Tagesbefehl vom 25.6.1940, Bundesarchiv-Militärarchiv, Freiburg (BA-MA),
RH 19 I/50.

[4] Die Hassell-Tagebücher 1938—1944, hrsg. von Friedrich Frhr. Hiller v. Gaer-
tringen, Berlin 1988, S. 195 (29.5.1940) und S. 199 (24.6.1940).

[5] Tagebuch des Chefs des Stabes beim Chef der Heeresrüstung und Befehlshaber des Ersatzheeres, Eintrag vom 23.5.1940. Imperial War Museum, London (IWM), MI 14/981/1. Vgl. Die Tagebücher von Joseph Goebbels. Sämtliche Fragmente, hrsg. von Elke Fröhlich im Auftrag des Instituts für Zeitgeschichte und in Verbindung mit dem Bundesarchiv. Teil I: 1924—1941,
Bd 4: 1.1.1940—8.7.1941, München 1987, S. 205 (16.6.1940): »Der Führer
ruft an ganz beglückt und begeistert.« Und zwei Tage später notiert Goebbels: »Der Führer ruft an: er teilt mir die Kapitulation mit. Ganz bewegt
und auf das Tiefste ergriffen.« Ebd., S. 207.

[6] Meldungen aus dem Reich. Auswahl aus den geheimen Lageberichten des
Sicherheitsdienstes der SS 1939—1944, hrsg. von Heinz Boberach, Neuwied,
Berlin 1965, S. 79 (27.6.1940).

[7] Notizen des Wehrmachtführungsamtes, BA-MA, RW 4/v. 581.

[8] Vgl. Goebbels-Tagebücher (wie Anm. 5), S. 121 (21.4.1940) und S. 218
(25.6.1940), sowie die Tagebuchnotizen General Felbers vom 2.6.1940, BA-
MA, N 67/2.

[9] Zu den Demobilmachungsplänen auf deutscher Seite vgl. Das Deutsche Reich
und der Zweite Weltkrieg, Bd 4 (wie Anm. 2), S. 259 ff. (Beitrag Klink) und
mit anderer Akzentsetzung den Beitrag Kroener in: ders., Rolf-Dieter Müller, Hans Umbreit, Organisation und Mobilisierung des deutschen Machtbereichs. Kriegsverwaltung, Wirtschaft und personelle Ressourcen
1939—1941, Stuttgart 1988 (= Das Deutsche Reich und der Zweite Weltkrieg, Bd 5/1), S. 833 ff.

[10] Max Domarus, Hitler, Reden und Proklamationen 1932—1945, kommentiert von einem deutschen Zeitgenossen. Bd 2, Wiesbaden 1973, S. 1540—
1559. Vgl. auch Goebbels-Tagebücher (wie Anm. 5), S. 246 f. (19.7.1940) und
S. 250 (24.7.1940).

[11] Kriegstagebuch der Seekriegsleitung, Teil A, BA-MA, RM 7/14, S. 236.

[12] Franz Halder, Kriegstagebuch. Tägliche Aufzeichnungen des Chefs des Generalstabes des Heeres 1939—1942, bearb. von Hans-Adolf Jacobsen, hrsg. vom Arbeitskreis für Wehrforschung, 3 Bde, Stuttgart 1962—1964. Bd 2: Von der geplanten Landung in England bis zum Beginn des Ostfeldzuges (1.7.1940—21.6.1941), Stuttgart 1963, S. 32 (22.7.1940), (zit. Halder KTB).

[13] So Gerd R. Ueberschär, »Der Pakt mit dem Satan, um den Teufel auszutreiben«. Der deutsch-sowjetische Nichtangriffspakt und Hitlers Kriegsabsicht gegen die UdSSR, in: Der Zweite Weltkrieg. Analysen — Grundzüge — Forschungsbilanz, hrsg. von Wolfgang Michalka, München ²1990, S. 568—585, hier S. 576.

[14] Generalfeldmarschall Wilhelm Ritter von Leeb. Tagebuchaufzeichnungen und Lagebeurteilungen aus zwei Weltkriegen. Aus dem Nachlaß hrsg. und mit einem Lebensabriß versehen von Georg Meyer, Stuttgart 1976, S. 233 (= Beiträge zur Militär- und Kriegsgeschichte, Bd 16). Zu Felber, der — wie Sodenstern — Chef des Stabes einer Heeresgruppe war, vgl. Anm. 8.

[15] Am 28.6.1940. Siehe Stichwortprotokoll bzw. Notizen, BA-MA, RH 19 III/141 und 18. Armee, 17 562/2.

[16] Vgl. Das Deutsche Reich und der Zweite Weltkrieg, Bd 4 (wie Anm. 2), S. 9—10 (Beitrag Förster), S. 202—210 und 259—262 (Beitrag Klink) sowie Bd 5/1 (wie Anm. 9), S. 833—836 (Beitrag Kroener).

[17] Halder KTB II (wie Anm. 12), S. 32 f. Erstaunlich ist, daß Esmonde M. Robertson in seinem Aufsatz: Hitler Turns from the West to Russia, May—December 1940, in: Paths to War. New Essays on the Origins of the Second World War. Ed. by Robert Boyce, Esmonde M. Robertson, Basingstoke, London 1989, S. 367—382, hier S. 373, diesen Operationsplan immer noch Hitler zuschreibt.

[18] Das Deutsche Reich und der Zweite Weltkrieg, Bd 4 (wie Anm. 2), S. 210 (Beitrag Klink).

[19] Goebbels Tagebücher (wie Anm. 5), S. 237 (12.7.1940).

[20] Halder KTB II (wie Anm. 12), S. 49 (31.7.1940).

[21] Andreas Hillgruber, Hitlers Strategie. Politik und Kriegführung 1940—1941, München ²1982, S. 211.

[22] Der »Operationsentwurf Ost« des Generalmajors Marcks vom 5. August 1940. Hrsg. und eingel. von Ingo Lachnit, Friedhelm Klein, in: Wehrforschung, 4 (1972), S. 114—123, hier S. 116.

[23] Halder KTB II (wie Anm. 12), S. 49 (31.7.1940).

[24] Die Ansicht, daß Hitler London über Moskau besiegen wollte, vertritt Hartmut Schustereit, Vabanque, Herford, Bonn 1988.

[25] So Robertson (wie Anm. 17), S. 378, der sich auf H. W. Koch und M. L. van Creveld stützt.

[26] So Bernd Stegemann, Hitlers Ziele im ersten Kriegsjahr 1939/40. Ein Beitrag zur Quellenkritik, in: Militärgeschichtliche Mitteilungen, 27 (1980), S. 93—105.

[27] Goebbels-Tagebücher (wie Anm. 5), S. 273 (9.8.1940). Allerdings zeigen diese Eintragungen auch, daß Goebbels von den militärischen Planungen entweder nichts wußte oder sie für zu geheim hielt, um sie in seinem Tagebuch zu erwähnen.

28 Tagebuch des ChdSt b. Chef HRust u. BdE, Eintrag vom 28.7.1940, IWM, MI 14/981/1. Es scheint so, als ob Brauchitsch an dieser Besprechung nicht teilgenommen habe. Sie fand auch keinen Niederschlag bei Halder.

29 Vgl. Das Deutsche Reich und der Zweite Weltkrieg, Bd 5/1 (wie Anm. 9), S. 836 f. (Beitrag Kroener).

30 Eintrag vom 17.8.1940, IWM, MI 14/981/1 (vgl. Anm. 28) über die Besprechung Keitel — Haseloff.

31 Ebd., Eintrag vom 25.8.1940. Vgl. Das Deutsche Reich und der Zweite Weltkrieg, Bd 5/1 (wie Anm. 9), S. 513 (Beitrag Müller) und S. 837 f. (Beitrag Kroener).

32 Vortragsnotizen des Allgemeinen Heeresamtes für das Oberkommando der Wehrmacht vom 9.9.1940. IWM, MI 14/981/2. Um die Sollzahl von 180 Felddivisionen zu erreichen, mußten 37 Divisionen neu aufgestellt werden.

33 Das Deutsche Reich und der Zweite Weltkrieg, Bd 5/1 (wie Anm. 9), S. 513 (Beitrag Müller).

34 Vgl. den Beitrag von Bernhard R. Kroener in diesem Band.

35 Vgl. Das Deutsche Reich und der Zweite Weltkrieg, Bd 4 (wie Anm. 2), S. 333—347 und S. 367—371 (Beiträge Förster und Ueberschär).

36 Ebd., S. 29—32 (Beitrag Förster). Vgl. aus sowjetischer Sicht Dimitri Wolkogonow, Stalin. Triumph und Tragödie, Düsseldorf 1989, S. 500 f. und 535 f.

37 Halder KTB II (wie Anm. 12), S. 165, und Tagebuch ChdSt b. Chef HRüst u. BdE, Eintrag vom 7.11.1940, IWM, MI 14/981/1.

38 Klaus Hildebrand, Krieg im Frieden und Frieden im Krieg. Über das Problem der Legitimität in der Geschichte der Staatengesellschaft 1931—1941, in: Historische Zeitschrift, 244 (1987), S. 1—28, hier S. 24.

39 Lagevorträge des Oberbefehlshabers der Kriegsmarine vor Hitler 1939—1945, hrsg. von Gerhard Wagner, München 1972, S. 154 (14.11.1940), Hervorhebung des Verfassers.

40 Kriegstagebuch des Oberkommandos der Wehrmacht (Wehrmachtführungsstab) 1940—1945. Geführt von H. Greiner und Percy E. Schramm. Im Auftrag des Arbeitskreises für Wehrforschung hrsg. von Percy Ernst Schramm, 4 Bde, Frankfurt a. M. 1961—1979. Bd 1: 1. August 1940—31. Dezember 1941. Zusammengestellt und erläutert von H.-A. Jacobsen, Frankfurt 1965, S. 996 (17.12.1940).

41 Halder KTB II (wie Anm. 12), S. 212 (5.12.1940).

42 Vgl. die Interpretation von Ernst Klink in: Das Deutsche Reich und der Zweite Weltkrieg, Bd 4 (wie Anm. 2), S. 235—241.

43 Halder KTB II (wie Anm. 12), S. 214. Vgl. die Denkschrift des Chef des Stabes der 4. Armee, Oberst i. G. Günther Blumentritt, »Über den inneren Wert und die Kampfart des russischen Gegners« vom 29.12.1940, abgedruckt bei Olaf Groehler, Zur Einschätzung der Roten Armee durch die faschistische Wehrmacht im ersten Halbjahr 1941, dargestellt am Beispiel des AOK 4, in: Zeitschrift für Militärgeschichte, 7 (1968), H. 5, S. 724—738, hier S. 729—733.

44 Dienstschrift des Generalstabes des Heeres, Abteilung Fremde Heere Ost vom 15.1.1941. Die Kriegswehrmacht der UdSSR. Vgl. Das Deutsche Reich und der Zweite Weltkrieg, Bd 4 (wie Anm. 2), S. 191—202 (Beitrag Klink).

45 Lagebericht Nr. 1 der Abteilung Fremde Heere Ost des Generalstabes des Heeres vom 15.3.1941, BA-MA, RH 19/III/722.

[46] Vgl. die übereinstimmenden Notizen von mehreren Teilnehmern an der Besprechung in Zossen am 4. Juni 1941, BA-MA, RH 20-17/23, RH 20-18/71 und RH 21-3/v.46.

[47] So Joachim Hoffmann in: Das Deutsche Reich und der Zweite Weltkrieg, Bd 4, S. 69f. Zur jüngsten Kontroverse über die Präventivkriegsthese vgl. Bianka Pietrow-Ennker, Deutschland im Juni 1941 — ein Opfer sowjetischer Aggression, in: Der Zweite Weltkrieg (wie Anm. 13), S. 586—607. Vgl. ferner J. Hoffmanns Beitrag im vorliegenden Band.

[48] Vgl. Wolkogonow (wie Anm. 36), S. 547f.

[49] Weisung des Wehrmachtführungsstabes, Abteilung Landesverteidigung an die Abteilung Wehrmachtpropaganda vom 21.6.1941, BA-MA, RW 4/v. 578.

[50] BA-MA, RH 20-4/114. Vgl. Groehler (wie Anm. 43), S. 728.

[51] Besprechung vom 4.6.1941 (wie Anm. 46).

[52] Vgl. Halder KTB II (wie Anm. 12), S. 181 (15.11.1940), S. 258 (28.1.1941) und S. 269 (2.2.1941), sowie den Beitrag von Klaus F. Schüler in diesem Band.

[53] So in seiner Rede vor den Truppenkommandeuren des Heeres am 10.2.1939, Bundesarchiv Koblenz (BA), NS 11/28. Abgedruckt in: Jost Dülffer, Jochen Thies, Josef Henke, Hitlers Städte. Baupolitik im Dritten Reich, Köln 1978, S. 289—313.

[54] Notizen Halders von Hitlers Rede am 30.3.1941, Halder KTB II (wie Anm. 12), S. 336f. Vgl. Das Deutsche Reich und der Zweite Weltkrieg, Bd 4 (wie Anm. 2), S. 413—447 (Beitrag Förster).

[55] Vgl. Helmut Krausnick, Hans-Heinrich Wilhelm, Die Truppe des Weltanschauungskrieges, Stuttgart 1981 (= Quellen und Darstellungen zur Zeitgeschichte, Bd 22).

[56] Halder KTB II (wie Anm. 12), S. 399 (6.5.1941).

[57] Vgl. das bis heute unübertroffene Gutachten von Hans Buchheim über Befehl und Gehorsam, in: Anatomie des SS-Staates, Bd 1, Olten, Freiburg ³1982, S. 222—231 (= dtv-Dokumente, Bd 2915).

[58] Vgl. Das Deutsche Reich und der Zweite Weltkrieg, Bd 4 (wie Anm. 2), S. 1030—1062, hier S. 1036f., und Theo J. Schulte, The German Army and Nazi Policies in Occupied Russia, Oxford, New York, München 1989, S. 117—149.

[59] Christopher Browning, Nazi Resettlement Policy and the Search for a Solution to the Jewish Question, in: German Studies Review, 9 (1986), S. 497—519. Wie Browning nimmt der Verfasser im Streit der »Funktionalisten« und »Intentionalisten« eine mittlere Position ein. Vgl. Jürgen Förster, La campagne de la Russie et la radicalisation de la guerre: stratégie et assassinats de masse, in: La Politique Nazie d'Extermination. Ed. par François Bédarida, Paris 1989, 177—195, hier S. 192f.

[60] Ebd., S. 519.

Bernhard R. Kroener

Der »erfrorene Blitzkrieg«.
Strategische Planungen der deutschen Führung gegen die Sowjetunion und die Ursachen ihres Scheiterns

»Ich habe nie das Wort Blitzkrieg verwendet, weil es ein ganz blödsinniges Wort ist«, äußerte Hitler in einer Rede im November 1941, zu einem Zeitpunkt also, als die deutsche Offensive vor Moskau in Regen und Schlamm zu versinken drohte[1]. Es hat den Anschein, als ob der Diktator selbst mit dem Ausdruck »Blitzkrieg« nicht viel anzufangen wußte. Noch Anfang 1942 disqualifizierte er ihn als »italienische Phraseologie«[2].

So ist es wenig verwunderlich, daß auch die wissenschaftliche Diskussion unserer Tage zunächst noch nicht einmal die Herkunft des Begriffes offenzulegen vermochte, geschweige denn zu einer verbindlichen Definition vorstieß. Inzwischen kann als gesichert gelten, daß der Ausdruck »Blitzkrieg« bereits in den Jahren vor Ausbruch des Zweiten Weltkrieges in der wehrwissenschaftlichen Diskussion verwendet worden ist. Offenbar konnte er sich aber im allgemeinen militärischen Sprachgebrauch nicht durchsetzen[3].

Seine Herkunft aus der Zwischenkriegszeit ermöglicht aber erhellende Rückschlüsse auf seine primäre Definition. »Blitzkrieg« bezeichnet danach in erster Linie eine Form operativer Führung, in der durch den verstärkten Einsatz moderner technischer Kampfmittel, wie etwa Panzer, Flugzeuge und Luftlandetruppen, eine qualitativ neue Stufe des Bewegungskrieges erreicht wird. Zweifellos bildeten die Erfahrungen eines kräftezehrenden Stellungskrieges das negative Gegenbild zu diesen in den zwanziger und dreißiger Jahren angestellten Überlegungen zur Wiedererlangung der operativen Handlungsfreiheit im industriellen Massenkrieg. Die bewußte Konfrontation mit den Materialschlachten des Ersten Weltkrieges ließ gerade den deutschen Theoretikern des modernen Krieges die strategische Dimension des Problems deutlich werden. In diesem Zusammenhang hatte man am Vorabend des Zweiten Weltkrieges festgestellt: »Die Möglichkeiten, mittels eines »Blitzkrieges« einen gleichwertigen Gegner zu besiegen, sind gleich Null [...] Mit anderen Worten: Die militärische Kraft ist nicht mehr am stärksten, sondern die wirtschaftliche Kraft ist die größte Kraft in der modernen Welt geworden[4].«

Insofern ist es nicht verwunderlich, daß die Weltöffentlichkeit nach dem unerwartet raschen Zusammenbruch Frankreichs im Sommer 1940 an ein deutsches Blitzkriegskonzept, ja sogar an eine Blitzkriegsstrategie zu glauben begann, deren operative Komponente in eine entsprechende politisch-ökonomische Rahmenplanung eingebunden sei. Kein Wunder also, wenn die Spezialisten des United States Strategic Bombing Survey (USSBS) nach 1945 in den deutschen Akten nach den Spuren eines derartigen Konzepts suchten[5]. Erstaunlicherweise ließ sich diese Auffassung aus den Quellen nicht ohne weiteres bestätigen. Daher lag die Schlußfolgerung nahe, daß das Regime in der ersten Kriegshälfte aus primär politisch-ideologischen Erwägungen heraus eine umfassende Mobilisierung der deutschen Volkswirtschaft nicht angestrebt habe. Diese Erkenntnis wurde in der Folgezeit von Wirtschaftswissenschaftlern und Historikern übernommen.

Mitte der sechziger Jahre suchte Alan Milward in seiner bestechend geschriebenen Darstellung zur deutschen Kriegswirtschaft abschließend festzustellen, daß eine nur partielle Mobilisierung der deutschen Rüstungskapazitäten von der nationalsozialistischen Führung als Bestandteil einer festumrissenen Blitzkriegsstrategie bewußt intendiert gewesen und von ihr auch bis zur Jahreswende 1941/1942 durchgehalten worden sei[6]. Das in diesem Zusammenhang unterstellte geniale Konzept einer »Blitzkriegswirtschaft« ging von einer auf die Dauer und den Umfang der zu erwartenden Kampfhandlungen abgestellten begrenzten kriegswirtschaftlichen Mobilisierung aus. Die ökonomische Ausbeutung der auf diesem Wege eroberten Gebiete sollte dazu dienen, wie Timothy Mason wenig später ergänzte, die sozialen Spannungen in der durch das nationalsozialistische Herrschaftssystem innenpolitisch nur mühsam befriedeten deutschen Gesellschaft zu mindern[7]. Inzwischen sind an den Thesen Milwards wie auch Masons zum Teil erhebliche Korrekturen angebracht worden. So vertritt Richard Overy in jüngster Zeit sogar eine extreme Gegenthese, derzufolge das NS-Regime durchaus bemüht gewesen sei, bereits zu Beginn des Krieges eine totale Mobilisierung der deutschen Wirtschaft zu erreichen, an dieser Aufgabe aber in der ersten Kriegshälfte elend gescheitert sei. Dennoch sei nicht zu übersehen, daß die Bevölkerung insgesamt einen erheblichen Konsumverzicht habe auf sich nehmen müssen, und daß auch der Mobilisierungsgrad der Industriearbeiterschaft größer gewesen sei als bisher angenommen[8]. Damit scheint, ein halbes Jahrhundert nach dem Beginn des Zweiten Weltkrieges, die Frage nach dem strategischen Konzept des nationalsozialistischen Regimes in der ersten Kriegshälfte weiterhin offen zu sein.

Eine umfassende Analyse der vorhandenen Quellen zur personellen und materiellen Rüstung des Dritten Reiches, wie sie in letzter Zeit für die Jahre 1939—1942 versucht worden ist, läßt eine vermittelnde Position zwischen den extremen Interpretationen von Milward und Overy als die wahrscheinlichste Antwort auf die gestellte Frage erscheinen[9].

Durch die geopolitische Mittellage des Reiches mußte das operative Konzept kurzer Kriege fast notwendigerweise zum Dogma werden. Nachdem das Scheitern dieses Führungsprinzips im Ersten Weltkrieg offenbar geworden war, suchte das nationalsozialistische Regime in den dreißiger Jahren seine unzureichende Rohstoff- und Rüstungsbasis in Mitteleuropa auf Kosten seiner schwächeren Nachbarn zu erweitern, ohne dabei in eine Konfrontation mit den Großmächte zu geraten. Diesem Zweck dienten die als »besondere Einsätze« getarnten Überfälle gegen Österreich und die Tschechoslowakei. Sie wurden im Stile von Polizeiaktionen, ohne Kriegserklärung, ohne eine vollständige Mobilmachung des Kriegsheeres und vor allem ohne eine Mobilisierung der Kriegswirtschaft durchgeführt. Nach diesem Schema, wenngleich gewaltsamer, sollten auch die Operationen gegen Polen ablaufen. So erfolgte erst nach der Kriegserklärung der Westmächte am 3. September 1939 der Befehl zur Mobilmachung der Wirtschaft.

Bereits zu diesem Zeitpunkt wurde erkennbar, daß weder die organisatorischen Voraussetzungen einer partiellen Mobilisierung, wie sie Milward zu erkennen glaubte, noch die einer totalen Mobilmachung im Sinne Overys geschaffen worden waren. So fehlten den Zentralbehörden der zivilen Wirtschaft, wie dem Vierjahresplan oder dem Generalbevollmächtigten für die Wirtschaft (GBW), aber auch der militärischen Wehrwirtschaftsbürokratie die für eine gesteuerte Mobilmachung notwendigen volkswirtschaftlichen Plandaten. So befand sich die »Volkskartei«, das heißt das zentrale Instrument zur Erfassung und Verteilung der Gesamtbevölkerung im Kriegsfall, erst im Stadium theoretischer Überlegung. Mit der Zurückstellung kriegswichtiger Arbeitskräfte vom Wehrdienst war erst begonnen worden. Durch die verspätet ausgerufene Mobilmachung der Wirtschaft waren viele der reklamierten Arbeitskräfte bereits zur kämpfenden Truppe eingezogen worden und konnten erst nach Beendigung der Kämpfe in Polen, und dann auch nur gegen erhebliche Widerstände der militärischen Führung, wieder an ihre Arbeitsplätze zurückgeführt werden[10].

Wie die Führungsgremien der Wirtschaft waren auch die Spitzen der Wehrmachtteile im Herbst 1939 von einem einheitlichen Blitzkriegskonzept weit entfernt. Innerhalb weniger Monate wurde die strategische Konzeption des Reiches gleich dreimal grundlegend verändert. Die Bandbreite reichte dabei vom »besonderen Einsatz« mit begrenzten Kräften, über eine mehrjährige Kriegsdauer, die man nach dem 3. September nicht mehr ausschließen mochte, bis hin zur schnellen Kriegsentscheidung unter Mobilisierung aller kurzfristig verfügbaren Kapazitäten, die unter dem Eindruck der »drôle de guerre« gegen Ende des Jahres erfolgversprechend erschien. Einem derartigen Wechselbad war die Kriegswirtschaft jedoch nicht gewachsen. Hitlers Trauma von einer unzureichenden Munitionsausstattung des Feldheeres, die der eigentliche Auslöser der »Munitionskrise« im Winter 1939 gewesen ist, an deren Ende die Ernennung Fritz Todts zum Reichsminister für Bewaffnung und Munition stand, ist ein deutliches Zeichen dafür, wie sehr die politische und militärische Führung des Dritten Reiches von den Erfahrungen des Ersten Weltkrieges geprägt gewesen ist. Noch Anfang Mai 1940 standen die Erfordernisse eines munitionszehrenden Abnutzungskrieges an der Spitze der rüstungswirtschaftlichen Prioritäten, während die klassischen Kampfmittel des Blitzkrieges, Panzer und Kraftfahrzeuge, erst am Ende der Produktionsskala rangierten. Hitler selbst favorisierte in den Monaten vor Beginn des Frankreichfeldzuges vor allem die Entwicklung der schweren Artillerie, einer Waffe, die er in den Stellungskämpfen des Ersten Weltkrieges schätzen und fürchten gelernt hatte[11].

Daß er sich gegen den Rat seiner engsten militärischen Berater den »Sichelschnittplan«, das heißt, das operative Konzept eines Panzervorstosses durch die Ardennen, zu eigen machte, deutet einerseits daraufhin, daß er vor einer Neuauflage des »Schlieffenplans« zurückschreckte, daß aber auch der Generalstab des Heeres offenbar kein alternatives Blitzkriegskonzept besaß. Im Gegenteil, die militärische Führung hat den operativen Plan eines Außenseiters, als der der Truppengeneralstäbler Manstein zu diesem Zeitpunkt zweifellos angesehen wurde, bis in seine Verwirklichung hinein bekämpft. Mehr noch, anstatt die Heeresmotorisierung, Grundlage jeder Blitzkriegsführung, energisch voranzutreiben, setzte die Heeresführung auf die Aufstellung einer umfassenden personellen Reserve in Form wenig beweglicher Infanteriedivisionen. Sie sollten ganz im Sinne der Erfahrungen des Ersten Weltkrieges die notwendige personelle Reserve eines erwarteten Stellungskrieges bilden. Zweifellos war das Risiko eines Angriffs über die Maas bei Sedan unverhältnismäßig hoch. Der Überraschungseffekt, gepaart mit unentschuldbaren Fehlern auf seiten der alliierten Führung, haben den Erfolg erst möglich gemacht und damit den Mythos vom »Blitzkrieg« entstehen lassen[12].

Der Durchbruch bei Sedan, auf geschichtsträchtigem Boden, wo der ältere Moltke bereits 1870 einen entscheidenden Sieg gegen Frankreich hatte erringen können, verbunden mit den bei vielen Angehörigen der deutschen militärischen Elite noch wachen Erinnerungen an ein vierjähriges Ringen gegen Frankreich, in das man mit einer Armee eingetreten war, die in vieler Hinsicht als höherwertig angesehen wurde als die deutsche Wehrmacht des ersten Kriegsjahres, nährte nicht nur in der politischen und militärischen Führung des Reiches die Vorstellung, daß man nun das Rezept gefunden habe, mit Hilfe einer genialen operativen Führungskunst der unaufhebbaren Mängel auf dem Sektor von Wirtschaft und Rüstung endgültig Herr zu werden.

Der unerwartete Blitzsieg im Westen ließ den Blitzkrieg im Osten erst möglich werden. Es bedurfte in der deutschen militärischen Führung erst dieses Sieges über den Angstgegner des Ersten Weltkrieges, damit die Hybris entstehen konnte, die den Nährboden für eine strategische und operative Planung bildete, deren Realitätsferne den rückschauenden Betrachter unserer Tage gleichermaßen fasziniert und entsetzt.

Bereits am 18. Juni 1940, als es über die Niederlage Frankreichs keinen Zweifel mehr geben konnte, sich andererseits die Lage im Baltikum und in Rumänien verschärfte, führte der Chef des Generalstabes des Heeres, Franz Halder, ein Gespräch mit Reinhard Gehlen, der zu diesem Zeitpunkt noch der Abteilung Landesbefestigung im Oberkommando des Heeres (OKH) angehörte. In dieser Unterredung entwickelte Halder erstmals das Konzept einer »offensiven Verteidigung« im Osten[13]. Damit stand er in deutlichem Gegensatz zu Hitler, der noch wenige Tage zuvor erklärt hatte, daß die Aufgaben des Heeres in diesem Kriege im wesentlichen erfüllt seien[14]. Entsprechend forderte er eine erhebliche Demobilmachung der Landstreitkräfte und eine Umsteuerung der Rüstungskapazitäten auf die Bedürfnisse von Luftwaffe und Kriegsmarine, die von nun an die Hauptlast eines Krieges gegen England zu tragen hätten. Aus dieser Frontstellung heraus wurden in den ersten Wochen nach Abschluß des Frankreichfeldzuges vom Oberkommando der Wehrmacht (OKW) und vom OKH zum Teil sich widersprechende Anweisungen an das Feld- und Ersatzheer herausgegeben. Halders Kampf gegen eine Demobilisierung des Heeres entsprang der Überzeugung, daß ein Waffengang gegen die Sowjetunion schon allein aufgrund der antagonistischen Gesellschaftsordnungen zwangsläufig stattfinden müsse[15]. Offensichtlich wollte der Generalstab des Heeres, der sich noch immer als der Gralshüter der preußischen operativen Führungsfähigkeiten begriff, nicht noch einmal durch die erfolgreichen Planungen eines Außenseiters desavouiert werden. Tatsächlich gelang es, bis Ende Juli 1940 wesentliche personelle Einbußen des Heeres zu vermeiden und gleichzeitig die Rüstungskapazitäten des Heeres trotz eines gegenteiligen Befehls Hitlers zur »Umsteuerung der Rüstung« vom 13. Juli 1940 zu sichern[16]. Bereits wenige Tage nach der Reichstagsrede vom 19. Juli 1940, die erkennen ließ, daß Hitler an einen friedlichen Ausgleich mit England nicht mehr glaubte, besprach er mit den Oberbefehlshabern des Heeres und der Kriegsmarine den Fortgang der Operationen[17]. Nach dieser Unterredung verdichtete sich bei Hitler offensichtlich die Absicht, den Kampf gegen die Sowjetunion zum frühestmöglichen Zeitpunkt aufzunehmen. Das bedeutet, daß der Umsteuerungsbefehl für die Rüstung bereits eine Woche nach seiner Ausfertigung Makulatur geworden war. Milwards Annahme, die Umsteuerungsbefehle vom Juli und September 1940 und vom Juli 1941 seien sichtbare Zeugnisse einer funktionierenden Blitzkriegswirtschaft, kann daher nicht länger Gültigkeit beanspruchen[18]. Am 28. Juli 1940 ließ Hitler sich von Generaloberst Fritz Fromm, dem Chef der Heeresrüstung und Befehlshaber des Ersatzheeres, über die personellen und materiellen Voraussetzungen eines Angriffs auf die Sowjetunion Vortrag halten. In dieser Besprechung wurde der Umfang der für einen Feldzug gegen die Sowjetunion benötigten Heereskräfte auf 180 Divisionen veranschlagt und der zeitliche Rahmen für die Produktion der dazu benötigten Waffen, Geräte und Munitionsvorräte festgelegt[19].

Bezogen auf den vorgesehenen Angriffstermin 1. Mai 1941 schien bei Waffen und Gerät eine Erstausstattung und ein Monatsvorrat, bei Munition eine Erstausstattung sowie zwölf Monatsvorräte durchaus ausreichend. Damit begannen sich die planerischen Konturen eines strategischen Blitzkriegskonzepts deutlich abzuzeichnen. So wurde der Angriffsbeginn bewußt auf ein Kriegsheer bezogen, dessen materielle und personelle Reserven nur eine zeitlich begrenzte Kriegführung ermöglichten. Diesem Befund entsprechen auch die weiteren Planungen im OKH, die von einer angenommenen Feldzugsdauer von vier bis fünf Monaten ausgingen[20].

Der militärischen Führung stellte sich Anfang August 1940 die Frage, ob man mit dem vorhandenen Produktionsvolumen der Rüstungsindustrie den geplanten Heeresausbau für den Feldzug gegen die Sowjetunion werde realisieren können. Der Chef OKW, Generalfeldmarschall

Keitel, nahm zu diesem Problem dezidiert Stellung, indem er ausführte: »Es sei ein Verbrechen zur Zeit Kapazitäten zu errichten, die nach 1941 zum Tragen kämen.« Zum jetzigen Zeitpunkt solle nur noch durchgeführt werden, »was zur Erreichung eines Zieles noch wirksam [würde] und nötig sei«[21]. Damit wurden langfristig angelegte Kapazitäten, die eine gleichbleibende Versorgung in einem fortdauernden Konflikt gesichert hätten, zugunsten eines auf den Angriffstag hin geplanten begrenzten Produktionsausstoßes vernachlässigt. Bereits Mitte August 1940 waren damit auch die rüstungswirtschaftlichen Weichen für einen Blitzkrieg im Osten gestellt.

Als Hitler Ende September 1940 das erweiterte Rüstungsprogramm des Heeres (Rüstungsprogramm B) endgültig in Kraft setzte, bestand zwar die Notwendigkeit zu einer Kapazitätserweiterung auf dem Sektor der Heeresrüstung, einer »Umsteuerung der Rüstung« bedurfte es hingegen nicht. Engpässe ergaben sich nur auf dem Sektor des Arbeitskräfteeinsatzes. Durch die Notwendigkeit, die Wehrmacht personell erheblich zu verstärken, die weiterhin geübte extensive Uk-Stellungspraxis, bei der ganze Belegschaften vom Kriegsdienst freigestellt wurden, sowie durch die primär aus ideologischen Erwägungen erschwerte großräumige Umsetzung von Kriegsgefangenen und die Schwierigkeiten, die vorhandene weibliche Arbeitskräftereserve zu mobilisieren, verfiel die militärische Bürokratie auf eine auf den ersten Blick faszinierende, der Blitzkriegsstrategie kongeniale Lösung.

Durch eine umfassende Urlaubsaktion von Soldaten des Feld- und Ersatzheeres wurden der Rüstungsindustrie die Arbeitskräfte zur Verfügung gestellt, derer sie zur Herstellung des benötigten Kriegsgeräts und der Munition dringend bedurfte. Der Soldat schuf sich somit seine eigenen Waffen. Auf diese Weise ließ sich auch ideologisch-propagandistisch das Bild von der innigen Verschmelzung von Front und Heimat geradezu plakativ im Bewußtsein der Bevölkerung abbilden. Das Projekt konnte jedoch nur Erfolg haben, wenn der beabsichtigte Feldzug keine überdurchschnittlichen personellen wie materiellen Verluste verursachte. Trat dieser Fall ein, so wog jeder Verlust doppelt schwer, da nun nicht nur der Kämpfer, sondern auch die zur Wiederbeschaffung der verlorengegangenen Waffen und Geräte benötigte Arbeitskraft zu ersetzen waren. Geringe Verluste waren aber nur zu erwarten, wenn der Feldzug gegen einen von vornherein als unterlegen eingeschätzten Gegner in kürzest möglicher Frist siegreich beendet werden konnte.

Wie bewußt sich zumindest die militärische Planungsbürokratie über die Gratwanderung war, auf der sie sich befand, lassen die einschränkenden Hinweise erkennen, zu denen sich der Chef der Heeresrüstung und Befehlshaber des Ersatzheeres bereits Anfang September 1940, also noch vor Herausgabe des Führerbefehls vom 28. September, gezwungen sah. Das Programm ließ sich danach in dem vorgesehenen zeitlichen wie materiellen Rahmen nur erfüllen, wenn eine volle Rohstoffzuteilung und vor allem die benötigten Arbeitskräfte zur Verfügung gestellt werden konnten[22]. Die als Lösung ins Auge gefaßte Beurlaubung von Soldaten erwies sich gerade für den Chef der Heeresrüstung und Befehlshaber des Ersatzheeres als ein schier unlösbares Dilemma. Wollte er eine ausreichende Verbandsausbildung der neu zusammengestellten Großverbände sicherstellen, mußte er die Soldaten wenigstens einige Monate vor Angriffsbeginn aus der Rüstungsindustrie herausziehen. War aber diese Frist zu kurz bemessen, so standen nicht die Waffen zur Verfügung, mit denen die Verbandsausbildung sinnvoll betrieben werden konnte. Da die Truppe die Freistellung der Soldaten aus Eigeninteresse hinauszögerte, Hitler aber durch neue Dringlichkeiten in der Rüstungsproduktion die dem Heer zur Verfügung stehenden Rohstoff- und Fertigungskapazitäten weiter abbaute, schlugen das Heereswaffenamt und das Wehrwirtschafts- und Rüstungsamt im OKW im November 1940 Alarm. Nach ihrer Einschätzung ließ sich zwar die im Rüstungsprogramm B geforderte materielle Ausrüstung des Kriegsheeres mit einigen Ausnahmen »im großen und ganzen« sicherstellen, für die entsprechenden Munitionsmengen mußte dagegen ein Fertigungszeitraum bis Anfang 1942 ins Auge gefaßt werden[23].

Im Kampf der Wehrmachtteile um die Sicherung ihrer Rüstungspotentiale wurde bereits im Spätjahr 1940 erkennbar, daß die Heeresrüstung den Forderungen von Luftwaffe und Marine, deren Oberbefehlshaber bei Hitler über einen deutlich größeren Einfluß verfügten als Brauchitsch oder Fromm, nicht gewachsen sein würde. Hinzu kam, daß die Heeresführung aus den Erfahrungen gegen Frankreich den Schluß gezogen hatte, gegen die Sowjetunion werde man notfalls auch mit einer eingeschränkten personellen wie materiellen Ausstattung bestehen können. Wichtiger aber noch ist, daß man im Heereswaffenamt und beim Befehlshaber des Ersatzheeres bis unmittelbar vor Beginn des Ostkrieges mit Planmengen operierte, deren tatsächliche Ausbringung aber nie ernsthaft in Zweifel gezogen wurde. Die Vertreter einer militärischen »Kommandowirtschaft« glaubten offenbar noch 1940, ein Führerbefehl schütze sie gegen die Ansprüche rivalisierender Machtträger und garantiere mittelfristig die von ihnen geforderte Bevorzugung der Heeresrüstung.

Aus dieser Haltung akzepierte das Heer den Führerbefehl vom 20. Dezember 1940, demzufolge überall dort, wo auf dem Sektor der Heeresrüstung die vorhandene Bevorratung oder der zu erwartende Verbrauch es ermöglichten, die Fertigungstermine hinausgeschoben werden sollten. In Hinblick auf die rüstungswirtschaftlichen Prioritäten legte Hitler bereits zu diesem Zeitpunkt eindeutig fest, daß: »Die Fortsetzung der *Kriegführung gegen England* durch die Kriegsmarine und die Luftwaffe [...] entscheidend abhängig [sei] von der Durchführung der *für die Kriegsmarine und die Luftwaffe befohlenen Rüstung*«[24].

Diese Entscheidung Hitlers lag durchaus in der Logik einer praktizierten Blitzkriegsstrategie. Bei Erreichen der für den angenommenen Konflikt erforderlichen Fertigungsmengen wurden bereits vor Beginn der Feindseligkeiten die rüstungswirtschaftlichen Kapazitäten auf die Bedürfnisse des nachfolgenden Feldzuges ausgerichtet. Was nutzte es Fromm, wenn er bereits wenige Wochen später feststellte, daß das OKW gegebene Zusagen in bezug auf die Eisenkontingente des Heeres, die eine Voraussetzung seiner Zustimmung zum Führerbefehl gewesen seien, nicht eingehalten habe[25]? Wenig später zwang ihn der anhaltende Mangel auf dem Pulver- und Sprengstoffsektor zu dem Eingeständnis, daß allein für die leichte Feldhaubitze, die artilleristische Standardwaffe des Heeres, 7 000 000 Schuß nur als unverfüllte Kartuschen vorhanden seien[26]. Auf der anderen Seite gelang es der Luftwaffe, mit Rückendeckung Görings, Soldaten der Urlaubsdivisionen über den vereinbarten Rückstellungstermin hinaus in Betrieben der Luftrüstung zurückzuhalten und so die Einsatzbereitschaft einzelner Divisionen des Feldheeres zu verzögern. Sie wurde zusätzlich durch die schleppende Bereitstellung von Kraftfahrzeugen erschwert, deren Zuweisung noch im Frühjahr 1941 etwa 30 Prozent hinter den Forderungen des Rüstungsprogramms B zurückgeblieben war[27]. Es rächte sich nun, daß man zwar das Panzer-Programm in die erste Dringlichkeitsstufe der Rüstungsprioritäten aufgenommen hatte, nicht aber die zur Unterstützung der Blitzkriegsoperationen notwendigen motorisierten Nachschubkolonnen. Der nicht vorhergesehene Verschleiß während des Balkanfeldzuges tat noch ein übriges.

Einsichtige hätten im Herbst und Winter 1940 feststellen können, daß das Blitzkriegskonzept zu diesem Zeitpunkt bereits in seiner Anlage gescheitert war. Aus der spezifisch militärischen Denkweise heraus, daß gerade im autoritären Führerstaat Zeitraum und Umfang rüstungswirtschaftlicher Vorhaben realistisch vorausbestimmt werden könnten, hatte sich der Chef der Heeresrüstung auf das eingeschränkte Rüstungsprogramm B eingelassen, anstatt, ähnlich wie vor und während des Frankreichfeldzuges, einen Rüstungshochlauf bis zum Ende des geplanten Feldzuges gegen die Sowjetunion zu fordern. Im Kampf der Bedarfsträger bei Hitler unterlag die wenig bewegliche militärische Bürokratie den einflußreicheren Vertretern der Partei. Andererseits hätte der Chef der Heeresrüstung offenbar weder im OKW noch bei den Operateuren im OKH Unterstützung gefunden, wenn er auf die zunehmend deutlicher zutage tretende Kräftediskrepanz zwischen den erkannten sowjetischen und den vorhandenen deutschen Kräften oder auf das ungünstige Verhältnis von Raum, Straßenverhältnisse und Transportkapazitäten hingewiesen hätte. In der deutschen militärischen Führung war die Hybris nach dem Frankreichfeldzug ebenso groß, wie zuvor die Angst vor dem französischen Gegner gewesen war.

Am 22. Juni 1941 überschritten in breiter Front mehr als drei Millionen Soldaten mit rund 600 000 Kraftfahrzeugen und mehr als einer halben Million Pferden die Grenze zur Sowjetunion. Die Frontlinie betrug etwa 2 130 Kilometer. Das Blitzkriegskonzept sah vor, daß innerhalb weniger Wochen Operationsziele zu erreichen waren, die etwa 1 500 Kilometer vom Ausgangspunkt entfernt lagen. Das Deutsche Reich hatte zu diesem Zweck alle kurzfristig verfügbar zu machenden Reserven mobilisiert. Hatte man bei der Ersatzgestellung für die im Juli und August zu erwartenden Verluste noch einigermaßen vorsorgen können, so standen für die Septemberverluste im Ersatzheer nurmehr 46 600 Mann zur Verfügung. Gleichzeitig stiegen die Uk-Stellungen weiter an und erreichten im September 1941 mit 5,6 Millionen Wehrfähigen ihren höchsten Stand innerhalb der ersten Kriegshälfte. Hatte man zu Beginn des Frankreichfeldzuges Uk-Stellungen aus der kämpfenden Truppe in die Heimat bis auf weiteres ausgesetzt, so wurden sie im Sommer 1941 nur auf drei Monate befristet und sollten Ende September wieder aufgenommen werden[28].

Die personelle Rüstung entsprach somit in jeder Hinsicht den theoretischen Erfordernissen des Blitzkriegskonzepts. Für einen zeitlich genau festgelegten Feldzugsverlauf stand eine auf die zu erwartenden Feindkräfte berechnete Armee zur Verfügung, die daher nur wenige Reserven und Ersatzreserven benötigte.

Auf dem Materialsektor war der Anteil aus der Neuproduktion vergleichsweise gering, vieles stammte aus Beutebeständen oder war nur instandgesetzt und überholt. Die Vielfalt auf dem Kraftfahrzeugsektor war beeindruckend. Etwa 2 000 verschiedene Typen, zum Teil wenig veränderte Zivilfahrzeuge, warteten auf ihren Einsatz. Zu ihrer Instandsetzung benötigte eine Heeresgruppe allein etwa eine Million verschiedene Ersatzteile[29]. Die sich daraus ergebenden Folgen auf dem Nachschubsektor konnte nur der auf sich nehmen, der von einem kurzen Waffengang überzeugt war. Wie überzeugt die politische und militärische Führung vom Erfolg ihres Konzeptes war, lassen die Planungen für den »Heeresumbau nach Barbarossa« nur allzudeutlich erkennen. Die Weichen dafür waren bereits im Führerbefehl vom 20. Dezember 1940 gestellt worden. Auf dringliche Vorstellungen Fromms hatte Keitel ihm bereits Mitte Januar 1941 unmißverständlich zu verstehen gegeben, daß er »auf bindende Weisungen des Führers«, der seinerseits »unter Berücksichtigung aller operativer Absichten und in Würdigung aller militärischen Bedenken die Verantwortung« dafür übernehme, eine stärkere Berücksichtigung der Heeresbelange ablehnen müsse[30].

Diese Entscheidung sicherte einer verstärkten Luft- und Marinerüstung bereits Monate vor Beginn des Ostkrieges Hitlers Rückendeckung für ein expansives Fertigungsprogramm zur endgültigen Niederwerfung Englands. Bereits Mitte Februar 1941 hatte er erste Überlegungen zur Fortsetzung der entsprechenden Operationen nach Abschluß des Ostkrieges angestellt. Da das englische Mutterland offenbar nicht im direkten Angriff genommen werden konnte, schien der Umweg über seine kolonialen Besitzungen als die einzig praktikable Lösung.

Bereits einen Monat später suchten Brauchitsch und Fromm die Auswirkungen entsprechender Planungen auf das Heer auszuloten[31]. Dabei ließen sie sich nicht unwesentlich von wehrmachtteilspezifischen und innenpolitisch motivierten Machtinteressen leiten. Das Heer hatte nach dem Sieg über Frankreich einen erheblichen Prestigegewinn zu verzeichnen gehabt. Nach Abschluß des Ostkrieges stand »an der Grenze keine zahlenmäßig gleichwertige Wehrmacht« mehr[32]. Damit bestand die Gefahr, daß die Landstreitkräfte als innenpolitischer Machtfaktor einer Nachkriegsordnung erheblich an Einfluß verlieren und auf reine Besatzungsaufgaben beschränkt werden könnten, während Luftwaffe und Kriegsmarine mit megalomanen Aufrüstungsplänen sich auf die eine globale Auseinandersetzung vorzubereiten begannen. Daher setzte im OKH schon Monate vor Beginn des Ostkrieges eine intensive Planung für den Einsatz des Heeres nach »Barbarossa« ein. Offensichtlich spielten bei den wehrmachtteilbezogenen strategischen Planungen für die Zeit nach Abschluß des Ostfeldzuges Machtrivalitäten zwischen den militärischen Führungseliten eine entscheidende Rolle. Es konnte kein Zweifel bestehen, daß ein zukünftiger Einsatz der Landstreitkräfte nur außerhalb Europas stattfinden würde, also über noch weitere Entfernungen geführt werden müßte[33]. Vor diesem Hintergrund legte das Heereswaffenamt im Mai 1941 das »Panzerprogramm 41« vor, das allein die Fertigung von 40000 gepanzerten Fahrzeugen und 126000 Zugmaschinen bis Ende 1944 vorsah[34]. Mit diesen nahezu die gesamten Rüstungskapazitäten des Reiches beanspruchenden Forderungen glaubte die Heeresführung neben den anderen Wehrmachtteilen bestehen zu können und wenigstens einen Teil der benötigten Produktionskapazitäten zugewiesen zu bekommen.

Unter dem Eindruck der erwarteten raschen Erfolge im Osten initiierte Hitler im Juli 1941 die »Weisung Nr. 32«, die — wenngleich nicht ausgefertigt — bis zum Jahresende 1941 die planerische Grundlage für eine Ausweitung des Krieges auf den außereuropäischen Raum darstellte. Daß diese Überlegungen der Heeresführung unmittelbare Auswirkungen auf die personelle und materielle Lage des Feldheeres nach sich zogen, läßt sich an einigen Beispielen anschaulich herausarbeiten. Für die geplanten Operationen des Jahres 1942, die über Transkaukasien bis in den Irak geführt werden sollten, wurde die gesamte Neuproduktion an Panzerwagen in der Heimat zurückgehalten, obwohl bereits Anfang September 1941 mehr als die Hälfte der Panzer des Ostheeres als nicht einsatzbereit gemeldet wurden[35]. Durch die bereits zu Beginn des Jahres befohlene Einschränkung der Munitionsfertigung und entsprechende Vollmachten für die Luftrüstung standen zudem in der zweiten Jahreshälfte 1941 keine Fertigungskapazitäten zur Verfügung, die eine rasche Behebung des sich abzeichnenden Munitionsmangels im Osten ermöglicht hätten[36].

Noch Mitte August versprach Fromm zur Realisierung des Führerbefehls vom 14. Juli 1941 der Rüstungsindustrie nach Abschluß der Operationen die erneute Freistellung von 300000 Soldaten und die Entlassung von 200000 Weltkriegsgedienten[37]. Offensichtlich begann sich das Blitzkriegskonzept unter dem Eindruck der zu erwartenden Niederlage der Sowjetunion zu perpetuieren. Als sich der Umschwung im Herbst 1941 abzuzeichnen begann, sahen sich die Militärbürokratie wie auch die Rüstungsindustrie außerstande, rasch für Abhilfe zu sorgen. Erschwerend kam hinzu, daß die Operateure im OKH, aber auch einige Frontbefehlshaber nicht in der Lage waren, logistische Probleme in ihrer Tragweite realistisch einzuschätzen. Mitte November 1941 war die Kampfkraft der Panzerdivisionen auf durchschnittlich 35 Prozent gesunken. Guderians Panzerkorps, das etwa 1150 Panzer zur Verfügung gehabt hatte, wurde auf 150 Fahrzeuge reduziert. Die motorisierten Transportkolonnen des Ostheeres, die bereits bei

Angriffsbeginn über weniger Ladekapazität als geplant verfügt hatten, konnten im November 1941 nurmehr 15 Prozent ihres Parks einsatzbereit melden. Unter diesen Bedingungen trat die Heeresgruppe Mitte zu einem letzten Vorstoß auf Moskau an. Aber selbst zu diesem Zeitpunkt glaubte der Chef des Generalstabes des Heeres, noch nach Abschluß der Operationen 15 Divisionen auflösen zu können. Der Ostkrieg sei weitgehend gewonnen, so meinte er am 23. November, und könne mit Wiedergenesenen und Rekruten des Jahrganges 1922 beendet werden. Tatsächlich fehlten dem Ostheer bereits zu diesem Zeitpunkt mehr als 300000 Mann, denen in der Heimat nur ein verfügbarer Ersatz von 33000 Mann gegenüberstand[38].

Wenige Tage nachdem der deutsche Angriff etwa 30 Kilometer vor dem Moskauer Kreml bei Temperaturen von —35° C buchstäblich erfroren war, endete mit der russischen Gegenoffensive der einzige Blitzfeldzug, den die deutsche Führung im Zweiten Weltkrieg bewußt geplant und vorbereitet hatte. Eine nur aus den Erfahrungen des Ersten Weltkrieges und dem Erlebnishorizont des Frankreichfeldzuges verstehbare Überschätzung operativer Entscheidungen für die Führung eines modernen industrialisierten Massenkrieges und eine grandiose Fehleinschätzung von Gegner und Terrain haben in Winter 1941/1942 der deutschen militärischen Führung bereits das Menetekel zukünftiger Niederlagen am Horizont erscheinen lassen.

Was bleibt also letztlich von dem Konzept einer langfristig vorbereiteten und effizient gesteuerten »Blitzkriegswirtschaft«, wie sie Milward bis Ende 1941 zu erkennen glaubte? Während bis zum Beginn des Frankreichfeldzuges die latente Angst vor einer Wiederholung der Stellungskriege die Gemüter beherrschte, schien nach dem umso unerwarteteren Sieg über Frankreich das »Blitzkriegskonzept« als die geniale Lösung zur Überwindung der bestehenden ökonomischen Unterlegenheit angesehen worden zu sein. Der von Hitler selbst geförderte Machtkampf der nachgeordneten militärischen Führungszentren verhinderte aber eine entsprechende einheitliche Rüstungsplanung und -lenkung im OKW. Dadurch erhielt das Ostheer noch nicht einmal die als erforderlich angesehene Ausrüstung. Die Angst vor einer Überbeanspruchung der deutschen Bevölkerung, gepaart mit einer grandiosen Selbstüberschätzung, der die deutschen militärischen Eliten seit dem Sommer 1940 anheim gefallen waren, bewirkte zwei katastrophale Fehlentscheidungen, durch die das Blitzkriegskonzept von vornherein zum Scheitern verurteilt wurde. So bestand, im Gegensatz zur Auffassung Overys, nicht einmal die Absicht, die vorhandenen Leistungsreserven der deutschen Volkswirtschaft bis zur endgültigen Niederwerfung der Sowjetunion vollständig auszuschöpfen. Vergleichbares gilt auch für die Heeresrüstung, die durch eine zu frühe Umstellung zugunsten von Luftwaffe und Kriegsmarine und durch unverantwortliche Anschlußplanungen der Heeresführung nicht in der Lage war, die materielle und personelle Ausstattung des Feldheeres vor und vor allem während der Operationen im Osten adäquat sicherzustellen.

Trotz ihrer spätestens 1938 erfolgten politischen Entmachtung hatten die deutschen militärischen Eliten, einem engen wehrmachtteilbezogenen Ressortdenken verhaftet, offenbar noch 1940 und 1941 die Überzeugung besessen, im Herrschaftszentrum die Entscheidungen Hitlers mitbestimmen zu können. Durch die Zentrifugalkraft der systemimmanenten Gruppenkonflikte waren sie bereits zu diesem Zeitpunkt an die Peripherie der Macht abgedrängt worden, von der aus sie bis zum Untergang des Dritten Reiches keinen wesentlichen Einfluß mehr auf die Entscheidungen im Machtzentrum nehmen konnten. Das Scheitern des einzigen von der deutschen militärischen Führung während des Zweiten Weltkrieges bewußt geplanten »Blitzkrieges« markiert gleichzeitig das Ende des seit dem ausgehenden 19. Jahrhundert unangefochten vertretenen Primats strategisch-operativer Führungsentscheidungen der deutschen militärischen Elite.

Anmerkungen

[1] Max Domarus, Hitler. Reden und Proklamationen 1932—1945. Kommentiert von einem deutschen Zeitgenossen, 2 Bde, Wiesbaden 1973, Bd 2, S. 1776.

[2] Adolf Hitler, Monologe im Führerhauptquartier 1941—1944. Die Aufzeichnungen Heinrich Heims, hrsg. von Werner Jochmann, Hamburg 1980, S. 173 (3./4.1.1942).

[3] Vgl. hierzu: Bernhard R. Kroener, Die personellen Ressourcen des Dritten Reiches im Spannungsfeld zwischen Wehrmacht, Bürokratie und Kriegswirtschaft 1939—1942, in: ders., Rolf-Dieter Müller, Hans Umbreit, Organisation und Mobilisierung des deutschen Machtbereichs. Teilband 1: Kriegsverwaltung, Wirtschaft und personelle Ressourcen 1939—1941, Stuttgart 1988 (= Das Deutsche Reich und der Zweite Weltkrieg, Bd 5/1), S. 693—1001, hier S. 990—1001.

[4] Stefan Th. Possony, Die Wehrwirtschaft des totalen Krieges, Wien 1938, S. 82.

[5] United States Strategic Bombing Survey, hrsg. von David MacIsaac, New York, London 1976, hier in Bd 1: Overall Report (European War), September 1945; vgl. auch: Burton H. Klein, Germany's Economic Preparations for War, Harvard 1959, S. 27.

[6] Alan S. Milward, Die deutsche Kriegswirtschaft 1939—1945, Stuttgart 1966 (= Schriftenreihe der Vierteljahrshefte für Zeitgeschichte, Bd 12).

[7] Timothy W. Mason, Innere Krise und Angriffskrieg 1938/39, in: Wirtschaft und Rüstung am Vorabend des Zweiten Weltkrieges. Für das Militärgeschichtliche Forschungsamt hrsg. von Friedrich Forstmeier und Hans-Erich Volkmann, Düsseldorf 1975, S. 158—188.

[8] Richard J. Overy, Mobilization for Total War in Germany, in: The English Historical Review, 103 (1988), S. 613—639; ders. »Blitzkriegswirtschaft«, Finanzpolitik, Lebensstandard und Arbeitseinsatz in Deutschland 1939—1942, in: Vierteljahrshefte für Zeitgeschichte, 36 (1988), S. 379—435.

[9] Bernhard R. Kroener, Squarring the Circle. Blitzkrieg Strategy and Manpower Shortage, 1939—1942, in: The German Military in the Age of Total War, ed. Wilhelm Deist, Leamington Spa 1985, S. 282—303; ders., Der Kampf um den »Sparstoff Mensch«. Forschungskontroversen über die Mobilisierung der deutschen Kriegswirtschaft 1939—1942, in: Der Zweite Weltkrieg. Analysen — Grundzüge — Forschungsbilanz. Im Auftrag des Militärgeschichtlichen Forschungsamtes hrsg. von Wolfgang Michalka, München, Zürich [2]1990, S. 402—417; Rolf-Dieter Müller, Die Mobilisierung der deutschen Wirtschaft für Hitlers Kriegführung, in: Das Deutsche Reich und der Zweite Weltkrieg, Bd 5/1 (wie Anm. 3), S. 349—689.

[10] Hierzu im einzelnen: Kroener (wie Anm. 3), S. 740—766.

[11] Müller, Mobilisierung (wie Anm. 9), S. 409.

[12] Eine umfassende Würdigung der Operation »Sichelschnitt« und der Genese eines operativen Blitzkriegskonzepts neuerdings bei: Karl-Heinz Frieser, Der Westfeldzug und die »Blitzkrieg«-Legende, in: Ideen und Strategien 1940. Ausgewählte Operationen und deren militärgeschichtliche Aufarbeitung. Hrsg. vom Militärgeschichtlichen Forschungsamt, Herford, Bonn 1990 (= Operatives Denken und Handeln in deutschen Streitkräften, 3), S. 159—204.

[13] Ernst Klink, Die militärische Konzeption des Krieges gegen die Sowjetunion, in: Horst Boog u. a., Der Angriff auf die Sowjetunion, Stuttgart 1983 (= Das Deutsche Reich und der Zweite Weltkrieg, Bd 4), S. 190—326, S. 203.

[14] Kroener, Ressourcen (wie Anm. 3), S. 833.

[15] Klink (wie Anm. 13), S. 213, vgl. auch in diesem Band den Beitrag Förster. Auch die Seekriegsleitung hatte in einer Ausarbeitung »Betrachtungen über Rußland«, die am 28. Juli 1940 vorgelegt wurde, darauf hingewiesen, daß »diese chronische Gefahr (gemeint die SU) in Bälde so oder so« zu beseitigen sei. Michael Salewski, Die deutsche Seekriegsleitung 1935—1945, 3 Bde, Frankfurt 1970—1973, Bd 3, S. 137—144; Gerhard Schreiber, Revisionismus und Weltmachtstreben. Marineführung und deutsch-italienische Beziehungen 1919—1944, Stuttgart 1978 (= Beiträge zur Militär-und Kriegsgeschichte, Bd 20), S. 74 f.

[16] Kroener, Ressourcen (wie Anm. 3), S. 787.

[17] Franz Halder, Kriegstagebuch. Tägliche Aufzeichnungen des Chefs des Generalstabes des Heeres 1939—1942, hrsg. vom Arbeitskreis für Wehrforschung Stuttgart, bearb. von Hans-Adolf Jacobsen, in Verbindung mit Alfred Philipi, Bde 1—3, Stuttgart 1962—1964, Bd 2, S. 30—33 (22.7.1940); Lagevorträge des Oberbefehlshabers der Kriegsmarine vor Hitler 1939—1945, hrsg. von Gerhard Wagner, München 1972, S. 120 f. (21.7.1940).

[18] Milward (wie Anm. 5), S. 35; für die entsprechenden militärischen Planungen ebenfalls nicht mehr zutreffend: Burkhart Müller-Hillebrand, Das Heer

1933—1945. Entwicklung des organisatorischen Aufbaues, 3 Bde, Darmstadt 1954—1969, Bd 2, S. 65.

[19] Vortrag Generaloberst Fromm und Oberst Haseloff (Chef des Stabes beim Chef HRüst u BdE) bei Hitler am 28.7.1940, Imperial War Museum, London (IWM), M I 14/981/1; vgl. dazu auch in bezug auf die gesamtstrategische Bedeutung den Beitrag Förster in diesem Band.

[20] Klink (wie Anm. 13), S. 248—252.

[21] Kriegstagebuch des Oberkommandos der Wehrmacht (Wehrmachtführungsstab) 1940—1945. Geführt von H. Greiner und P. E. Schramm. Im Auftrag des Arbeitskreises für Wehrforschung hrsg. P. E. Schramm. Bd 1: 1. August 1940—31. Dezember 1941, zusammengestellt und erläutert von H.-A. Jacobsen, Frankfurt a. M. 1965, S. 38 f. (gekürzt), (17.8.1940).

[22] OKH/Chef HRüst u BdE, Stab II (Rüst), Nr. 1851/40 gKdos. vom 16.9.1940, Bundesarchiv-Militärarchiv, Freiburg (BA-MA), Wi/IF 5. 120 Teil 1.

[23] Rolf-Dieter Müller, Von der Wirtschaftsallianz zum kolonialen Ausbeutungskrieg, in: Das Deutsche Reich und der Zweite Weltkrieg Bd 4 (wie Anm. 13), S. 98—189, S. 176.

[24] Der Führer und Oberste Befehlshaber der Wehrmacht, WFSt/Abt. L II, Nr. 2295/40 g.K. vom 20.12.1940, BA-MA RH 14/14, fol. 70 f. Hervorhebungen im Original.

[25] Der Chef der Heeresrüstung und Befehlshaber des Ersatzheeres, Stab II (Rüst) Nr. 24/41 g.K. vom 6.1.1941, ebd., fol. 85 f.

[26] OKH/ChefHRüst u BdEStab Rüst IIa, Nr. 1049/41 gKdos. vom 22.4.1941, ebd., fol. 113.

[27] ChefHRüst u BdE Stab IIc (Rüst), Vermerk betr. LKW-Ausstoß vom 25.1.1941, BA-MA, RH 8/v. 1068.

[28] Kroener, Squaring (wie Anm. 9), S. 413.

[29] Müller, Wirtschaftsallianz (wie Anm. 23), S. 960.

[30] Der Chef OKW/WFSt/Abt. L II, Nr. 33468/41 g.Kdos. Chefs. Schreiben an ChefHRüst u BdE vom 15.1.1941, BA-MA, RH 2/427.

[31] ChefHRüst u BdE, Vortrag beim ObdH am 15. März 1941, IWM, M.I. 14/981 (2).

[32] OKH/GenStdH/Org.Abt.(I), Nr. 507/41 gKdos. Chefs. vom 7.4.1941, BA-MA, RH 2/427, Vortragsnotiz: Welche Forderungen sind an die Organisation des Heeres nach der militärischen Niederringung Gesamteuropas zu stellen?

[33] Kroener, Ressourcen (wie Anm. 3), S. 859—870.

[34] WaA, Nr. 1100/41 g.Kdos. WaStab Ia, Die Schwerpunktprogramme des Heeres, Mai 1941, BA-MA, RH 8/v. 1130.

[35] Müller, Wirtschaftsallianz (wie Anm. 23), S. 974; Kroener, Squaring (wie Anm. 9), S. 864.

[36] ChefHRüst u BdE, Stab Rüst II, Vermerk über die Sitzung des »Ausschusses für Austausch von Fertigungsstätten« am 9.7.1941, g.Kdos. vom selben Tag, BA-MA, RH 14/14.

[37] OKW/WiRüAmt /Rü (IIa), Nr.2747/41 g.Kdos. vom 18.8.1941, Niederschrift, Besprechung Chef OkW mit den Wehrmachtteilen am 16.8.1941 über »Die Auswirkungen der Richtlinien des Führers vom 14.7.1941 sowie die Durchführbarkeit der sich daraus ergebenden neuen Schwerpunkt-Programme«. BA-MA, RW 19/177.

[38] Kroener, Squaring (wie Anm. 9), S. 869.

Richard Lakowski

Zwischen Professionalismus und Nazismus: Die Wehrmacht des Dritten Reiches vor dem Überfall auf die UdSSR

Im Sommer 1941, nach nahezu zwei Jahren Krieg, hatte das von Hitler und seiner Partei geführte Deutsche Reich Europa mit Ausnahme der sowjetischen Gebiete und der britischen Inseln seiner Hegemonie weitgehend unterworfen. In kurzen, schnellen Feldzügen waren die Armeen Polens und anderer Staaten, insbesondere Frankreichs, zerschlagen, die Länder in das deutsche Herrschaftssystem gezwungen worden. In den Morgenstunden des 22. Juni überfielen die siegesgewohnten deutschen Verbände die UdSSR. Die ersten Wochen des Krieges bestätigten zunächst die bisherige Erfolgsserie der deutschen Militärs, doch nach kurzer Zeit scheiterte das operative Konzept. Trotz großer Schlachten mit gewaltigen sowjetischen Gefangenenzahlen und bedeutsamem Raumgewinn zog sich der auf wenige Wochen berechnete Feldzug in die Länge. Der Krieg nahm schließlich einen völlig anderen Verlauf als in den deutschen Stäben erwartet.

I.

Die immer wieder gestellte Frage nach den Ursachen für die Erfolge der deutschen Armee im Sommer 1941 wurde bisher in der sowjetischen Literatur sowie in Veröffentlichungen der DDR stets dahingehend beantwortet, daß die quantitative Stärke der Wehrmacht anhand entsprechender Angaben besonders betont wurde. Trotz Ansätzen differenzierter Betrachtung galt zusammengefaßt die Feststellung, daß die Wehrmacht am Vorabend des Überfalls auf die UdSSR »die stärkste imperialistische Landstreitmacht« war[1]. Neuerdings hebt im Unterschied hierzu ein sowjetischer Autor vor allem die qualitative Überlegenheit der Wehrmacht sowie die Vernachlässigung dieses Faktors auf sowjetischer Seite hervor, wo seitens der Führung vor allem auf Quantität geachtet wurde. Die *qualitative* Überlegenheit der Wehrmacht an modernen Verbänden und Waffen aber bildete demnach »den entscheidenden Faktor ihrer Erfolge in der Anfangsperiode des Großen Vaterländischen Krieges«[2].

Sehr detailliert auf die Vorbereitung der Wehrmacht für den Krieg gegen die UdSSR eingehend gelangt R.D. Müller zu einer anderen Auffassung. Er benutzt das Bild eines »Flickenteppichs«, den das Ostheer geboten habe. Eine unter Ausnutzung der »Blitzkriegswirtschaft und einer Ausbeutung der besetzten Gebiete [...] gewaltige einheitlich ausgestattete Militärmacht« kann er — wohl zu Recht — nicht erkennen[3].

Doch gerade die relativen Schwächen der Wehrmacht, setzt man sie ins Verhältnis zu der ihr 1941 gestellten Aufgabe, provozieren die Fragen, was sie eigentlich befähigte, bis zu dieser Zeit fast ganz Europa zu unterwerfen und die Sowjetunion an den Rand der Niederlage zu bringen. Über bisherige Antworten hinaus, die etwa das operative und taktische Können der Offiziere und Unteroffiziere auf deutscher Seite und die verschiedenen Fehler auf sowjetischer hervorheben, soll im folgenden anhand weniger Grundthesen der Versuch unternommen werden, die Wehrmacht vor Beginn des Krieges im Osten zu charakterisieren.

Noch im Ersten Weltkrieg war es so gewesen, daß bald nach dem ersten Schuß die Militärs zu den eigentlichen Entscheidungsträgern wurden. Doch zeigte sich bereits vor 1918 — und in den militärtheoretischen Denkmodellen der zwanziger Jahre in Deutschland wurde diese Erfahrung vertieft und verarbeitet —, daß künftige Kriege im zwanzigsten Jahrhundert nicht mehr nur ein »militärfachliches« Problem sein konnten[4]. Einzelne Elemente der Bewaffnung, personelle und materielle Reserven sowie andere berechenbare und im wesentlichen von darauf spezialisierten Militärs zu organisierende Größen genügten nicht mehr, um einen Krieg erfolgreich zu bestehen. Der moderne Krieg — das wurde im Ersten Weltkrieg deutlich — erforderte eine Kombination politischer, militärischer, ökonomischer, ideologischer und psychologischer Elemente, die noch vor Beginn des bewaffneten Kampfes organisiert und mobilisiert werden mußten. Der bewaffnete Kampf bildete zwar die Hauptform des Krieges, über dessen Erfolg oder Mißerfolg entschieden jedoch Faktoren, die weit über den »eigentlichen« Krieg hinausreichten. Dazu gehörte insbesondere die Führung, Mobilisierung und Aktivierung der breiten Masse des Volkes für den Krieg, wobei dieses so geführt und gelenkt werden mußte, daß es auch über längere Zeit höchste Anspannung willig, zumindest ohne Widerstand, ertrug.

Die Ergebnisse dieser Überlegungen wurden zum Kriterium, nach dem führende deutsche Militärs ihr Verhältnis zum nationalsozialistischen Staat bestimmten. Es ergab sich nahezu zwangsläufig aus der Frage, welche Staatsform im Falle eines Krieges in Hinblick auf die genannten Aufgaben die günstigste sei[5]. Standen in den schriftlichen Ausarbeitungen aus den zwanziger Jahren allgemeinste Vorstellungen von autoritären, diktatorischen Regierungsformen im Vordergrund, in denen dem Militär die bestimmende Stellung zufiel, so gestaltete sich die konkrete Situation anders. Bald sah man sich der Tatsache gegenüber, daß sich seit 1933 die Diktatur einer Partei in Deutschland ausformte, die im wesentlichen durch Hitler und seine engere Umgebung geprägt wurde. Bestrebungen, eine durch andere Kräfte und Vorstellungen bestimmte autoritäre Staatsform zu errichten, hatten sich gegen die Politik Hitlers nicht durchsetzen können. Die durch die NSDAP und Hitler betriebene Politik der »Wehrhaftmachung« des Volkes fußte ebenso auf der Idee eines »totalen Krieg«, wie die der militärischen Fachleute und kam daher ihren Intentionen am weitesten entgegen.

Die tatsächliche Politik nach 1933, der Rüstungsboom mit der Vergrößerung von Heer, Luftwaffe und Kriegsmarine, die zunehmende Vorbereitung der Gesellschaft auf den Krieg und die außenpolitischen Erfolge der Regierung Hitlers entsprachen den grundlegenden Erwartungen der Militärelite. Die Zusammenfassung und Aktivierung des materiellen und personellen Potentials für den Krieg (wobei die NSDAP über den Staatsapparat sowie über ihre eigenen Parteistrukturen immer stärker an Einfluß gewann) hatten Deutschland zu einem militärischen Faktor erster Ordnung werden lassen. Nicht zu vergessen den von der NSDAP aufgebauten und betriebenen Indoktrinations- und Terrorapparat, dem bei der Vorbereitung und Führung eines Krieges eine besonders wichtige Rolle zufiel[6].

II.

Streitkräfte werden in hohem Maße von dem gesellschaftlichen Umfeld, in dem sie existieren, beeinflußt. Zugleich wirken sie in unterschiedlichem Ausmaß auf die Gesellschaft zurück. Das trifft auch auf die Wehrmacht des Dritten Reiches zu. Die Veränderungen in der deutschen Gesellschaft nach Errichtung der nationalsozialistischen Diktatur waren von einem grundlegenden Wandel der Stellung der Militärelite begleitet, die im Ergebnis ihres »Marsches in den Krieg«, kurz gesagt, zu einer reinen Funktionselite degenerierte[7]. Die Wehrmacht insgesamt entwickelte sich zu einem Gewaltinstrument nazistischer Prägung[8]. Zu den Hauptursachen dafür, daß sich die deutsche Armee bis 1938 selbst gleichschaltete[9], gehörten ihre Bemühungen um die beste Organisation des Staates für einen künftigen Krieg.

Entsprechend den Auffassungen über den »totalen Krieg« und im Wechselverhältnis mit ihnen waren bis 1938/1939 die »Strategie« und, darauf aufbauend, die »Kampfmittel und Grundsätze der Kampfführung« entwickelt worden[10]. Das heißt, es waren jene operativen und taktischen Vorstellungen ausgearbeitet und in die Ausbildung und Bewaffnung des Heeres eingebracht worden, die nach Auffassung der führenden Militärs den Anforderungen des modernen Krieges und der besonderen Lage Deutschlands am besten entsprachen. Dem ordnete sich weitgehend die Luftwaffe unter, während die noch in den Anfängen ihres Aufbaues befindliche Kriegsmarine neue seekriegstheoretische Grundsätze verfolgte, ohne sie jedoch durchsetzen zu können[11].

Für die operativen Grundsätze des Heeres hat sich in der Literatur der Begriff des »Blitzkrieges« eingebürgert. Nicht selten wird der Wortinhalt ausgeweitet und von einer »Doktrin« bzw. »Konzeption« gesprochen, nach der die militärische und kriegswirtschaftliche Vorbereitung auf den Krieg erfolgte. Nach dieser Auffassung wurde in den dreißiger Jahren die »Blitzkriegskonzeption« vorherrschend und bildete von nun an den Ausgangspunkt für den Aufbau der Wehrmacht, die Ausbildung des Heeres sowie für die Erarbeitung der Operationspläne[12]. Durch die sorgfältige Vorbereitung auf den Krieg gegen die UdSSR war die Wehrmacht 1941 demnach die »Blitzkriegsstreitkraft« schlechthin.

Mit Blick auf ihre Erfolge von 1939 bis zum Beginn des Krieges im Osten scheint dies ein einleuchtendes Interpretationsmuster. Es erklärt die überraschenden Erfolge der deutschen Armee, doch genügt es nicht, um auch die Schwächen gerade des Jahres 1941 zu verstehen.

Den Krieg möglichst schnell zu beenden ist seit jeher ein Grundanliegen militärischer Führungskunst gewesen. In Deutschland bildete es insbesondere seit 1870/71 den zentralen Eckpfeiler jeder militärischen Planung[13]. Das galt auch für den Ersten Weltkrieg, nur zeigte sich hier gerade, daß es aufgrund der modernen Waffentechnik äußerst schwierig wurde, die Stellungsverteidigung im strategischen Ausmaß zu durchbrechen. Für die deutsche Seite erwuchs daraus infolge der geostrategischen und wirtschaftlichen Lage des Reiches, vor allem aber bedingt durch die revisionistische und hegemoniale Zielsetzung der deutschen Politik, die Notwendigkeit, alle Möglichkeiten zu nutzen, um den Krieg, an dessen Funktion als Mittel künftiger Politik niemand zweifelte, wieder in Bewegung zu bringen. Die Voraussetzungen hierfür ergaben sich aus der Weiterentwicklung der Kampftechnik nach Beendigung des Ersten Weltkrieges.

Mit der Mechanisierung und Motorisierung der Streitkräfte, den Möglichkeiten der Luftkriegführung, der Entwicklung chemischer Kampfstoffe, der militärischen Nutzung der modernen Nachrichtenmittel und weiterer Neuerungen der Naturwissenschaften und Technik entstanden die notwendigen Voraussetzungen, um einen Gegner schnell und nachhaltig niederzuwerfen. In Deutschland wurden diese Überlegungen besonders rasch und konsequent in die militärische Praxis umgesetzt. Dabei erwies sich als günstig, daß die deutsche militärische Elite nicht mit den psychologischen Folgen eines Sieges belastet war. Niederlage und einschränkende Bestimmungen des Versailler Vertrages zwangen zur unvoreingenommenen und gründlichen Analyse der bestehenden Mängel; zugleich hatten die Behinderungen durch die Friedensvertragsbestimmungen für die Modernisierung der Streitkräfte weniger gravierende Folgen, als es die Propaganda jener Jahre glauben machen wollte. Doch waren die modernen Auffassungen nicht unumstritten; es bedurfte der Überwindung verschiedenster Widerstände und manch praktischer Erfahrungen bis zum Sommer 1940, ehe sich die neuen operativen Grundsätze durchsetzten.

Zugleich bleibt festzustellen, daß das Streben nach neuen Kampfverfahren nicht auf Deutschland begrenzt blieb. Die ebenfalls vor dem fast völligen Neubeginn stehende Rote Armee gelangte in der ersten Hälfte der dreißiger Jahre zu ähnlichen Kriegsauffassungen wie die Militärs in Deutschland[14]. Eine Studie der gut informierten II. Abteilung des Generalstabes der Polnischen Armee teilt darüber folgendes mit: In Frankreich sei beabsichtigt, Panzer beim Angriff der Infanterie einzusetzen, während man sich in Deutschland hauptsächlich auf deren selbständigen operativen Einsatz einstelle. Hierbei würden die Deutschen auf das Zusammenwirken mit der Fliegertruppe besonderen Wert legen. Die Sowjetunion verfolge einen zwischen dem französischen und dem deutschen Vorgehen liegenden Mittelweg[15]. Eine deutsche Analyse der sowjetischen Felddienstordnung aus dem Jahre 1936 unterstreicht diese Feststellung. Sie weist auf die Ähnlichkeiten zu den deutschen Anschauungen hin und arbeitet zugleich die Unterschiede zur eigenen »Truppenführung« heraus[16]. Über den Stand der Entwicklung bei den potentiellen Westgegnern heißt es in einem anderen deutschen Dokument, daß Frankreich über die Elemente zur Aufstellung Schneller Verbände verfüge und die Engländer »Kavalleriedivisionen in einem Sinne umzustellen beginnen, der auf die Entwicklung zum selbständigen Panzerverband hindeutet«[17].

Bereits dieser kurze Exkurs — eine gründliche Analyse der Auffassungen und Pläne für den modernen Krieg in den Armeen der Großmächte steht noch aus — läßt erkennen, daß es Bestrebungen zum Aufbau gepanzerter Großverbände auch in anderen Ländern gab. Damit wurden auch im Ausland die Voraussetzungen für die Überwindung des Stellungskrieges zugunsten letztlich kurzer, beweglich geführter Kriege geschaffen. So gesehen ist die Entwicklung seit 1936 im deutschen Heer keine Besonderheit. Der hier erfolgte Aufbau der Panzer- und motorisierten Infanteriedivisionen hatte zum Ziel, »die Materialschlacht zu überwinden und wieder zu freiem Bewegungskrieg und freier Operation zurückzukehren«[18]. Diese Vorstellungen bildeten insgesamt jedoch keine in sich geschlossene Konzeption für den sich seit 1936 vollziehenden Aufbau des Angriffsheeres in allen seinen Gliederungen[19]. Vielmehr waren es flexibel verwertbare Versatzstücke operativer Vorstellungen, die ab 1938 in die militärischen Planungen eingearbeitet und vervollkommnet sowie beim Überfall auf Polen erstmals im Krieg angewandt wurden.

III.

Die seit 1938 zu verzeichnende veränderte Stellung der Militärs im nationalsozialistischen Staat mit ihren Folgen für das Verhältnis zwischen NSDAP und Wehrmacht resultierte in hohem Maße aus weitgehend identischen Auffassungen über den künftigen Krieg und seine Unausweichlichkeit[20]. Das erwähnte Ringen um eine moderne Operationsführung und die Herstellung der hierfür benötigten Waffen war ein wesentlicher Teil dieses Beziehungsgeflechtes, in welchem Hitlers Rolle sich immer weniger darauf beschränkte, die innen- und außenpolitischen Rahmenbedingungen für eine Machtausweitung des Reiches zu schaffen. Gerade ihm nämlich fielen zunehmend Entscheidungen über die Rüstungsplanung sowie über die Operationsabsichten zu. Nicht selten ging Hitler bei der Durchsetzung moderner Ideen der Kriegführung konsequenter vor als mancher seiner Generale[21].

Nachdem es der Hitlerregierung im Sommer 1939 nicht gelungen war, Frankreich und England aus dem Krieg gegen Polen herauszuhalten, konnte jede weitere Expansion nur noch unter Inkaufnahme eines größeren Kriegsrisikos, insbesondere eines Zweifrontenkrieges, erfolgen. Bedenken einzelner Generale, die das Heer im Sommer 1939 als noch nicht kriegsfähig beurteilten, blieben ungehört[22], belegen jedoch, daß die durchschlagende Wirkung der neuen Kampfverfahren (nämlich mit Hilfe moderner militärischer Mittel und Methoden zahlenmäßig weitaus stärkere Gegner zu schlagen), nicht unbestritten war. Im übrigen zeigt die Nichtbeachtung der von führenden Militärs erhobenen Bedenken erneut die veränderte Stellung der Streitkräfte in Deutschland. Von nun an war die Bewertung der »militärischen Realitäten« ausschließlich Sache des »Staatsmannes«, d. h. Hitlers. Dieser ging davon aus, daß eine im vollen Maße kriegsbereite Wehrmacht ein nicht erreichbares, ja nicht einmal wünschenswertes Ziel darstelle: »Wollte ein Staatsmann« auf die absolute Kriegsbereitschaft seiner Streitkräfte warten, käme er »nicht zum Handeln«[23].

Der relative Vorsprung, den die deutsche Armee und das Land insgesamt auf bestimmten Gebieten gegenüber den anderen Großmächten erreicht hatten, förderte die Risikobereitschaft der politischen Führung; zugleich schwanden die Bedenken der auf das Gebiet der reinen Operationsführung zurückgedrängten Militärs. »Ein erheblicher wehrtechnischer Vorsprung kann eine entschlossene Staatsführung dazu bringen, einen an sich unvermeidlichen Kampf frühzeitig unter wehrtechnisch möglichst günstigen Bedingungen zu beginnen, statt zu warten, bis der Gegner den Vorsprung eingeholt hat«, hatte es bereits 1934 geheißen[24]. Für das Eingehen dieses Risikos sprach vor allem die fortgeschrittene Formierung des Staates und der Gesellschaft durch das Hitlerregime, welche im Hinblick auf die zu gewärtigenden Anforderungen eines modernen Krieges einen Stand erreicht hatte, der deutlich über dem der potentiellen Gegner lag. Insgesamt erschien der Führung Deutschlands die Situation als so günstig, daß sie den Übergang zu einer neuen Phase der Expansionspolitik nicht nur für möglich, sondern auch für notwendig hielt, denn nur weitere »Erfolge« konnten den Vorsprung des Dritten Reiches erhalten und im Hinblick auf seine weiteren Ziele ausbauen[25].

Eine der Wurzeln für die Haltung der Militärs, die trotz Bedenken und Kenntnis der eigenen Schwächen in den Krieg gingen, macht eine Marinedenkschrift vom Januar 1939 deutlich. Dort heißt es: »Das Zutrauen zur Führung des Staates ist so groß, daß kein Zweifel aufkommen kann, daß [...] zur geeigneten Zeit die bestehenden Schwierigkeiten politischer Art überwunden werden, um die deutsche Flotte auch zahlenmäßig in die Lage zu versetzen, den ihr zufallenden Aufgaben gerecht werden zu können[26].«

Neben dem »Zutrauen« in die Führung lag für die Militärs die »Lösung des — in Wirklichkeit unauflösbaren — Widerspruchs zwischen Zielen und Möglichkeiten«[27], eben in der Nutzung aller Möglichkeiten der modernen Kriegführung. Die Alternative hierzu, bei der Durchsetzung der politischen Ziele auf den Krieg als wichtigstes Mittel zu verzichten, lag außerhalb ihres Gesichtskreises, wobei sie sich hierin freilich nicht grundsätzlich von der Mehrzahl ihrer ausländischen Berufskollegen jener Zeit unterschieden. Je konsequenter die Militärs aber die modernen Kriegsbildvorstellungen verfolgten, desto mehr banden sie sich an die NSDAP und damit an Hitler — eine Entwicklung, die sich nach Kriegsbeginn beschleunigte und 1940/1941 ihre entscheidende Ausprägung erfuhr.

IV.

Nach dem 1. September 1939 sollte sich zeigen, ob die bisherigen militärischen Entwicklungen den Realitäten des Krieges entsprachen. In diesem Zusammenhang mußte letztlich auch das Verhältnis zwischen Militär und NS-Partei seine Feuerprobe bestehen und die Stellung der Militärelite im Dritten Reich endgültig geklärt werden. Die Antwort auf diese Fragen hing in letzter Konsequenz vom Verlauf der militärischen Operationen ab.

Die zunächst bestimmende Auffassung im Offizierskorps wie fast in der gesamten Gesellschaft war die, daß man, da sich Deutschland nun einmal im Krieg befinde, in dieser Zeit zu seinem Vaterland stehen müsse. Doch zugleich »herrschte bei Kriegsausbruch furchtbare Angst«; ein Zweifrontenkrieg wurde »als sichere Katastrophe« eingeschätzt. Obwohl nach dem Erfolg in Polen die Stimmung im Volk umschlug und sogar die Hoffnung aufkam: »vielleicht gewinnen wir doch«[28], zeigten sich gerade die Militärs, d.h. die Fachleute für den Krieg, weit weniger optimitisch. Zwar war der erste Waffengang deutscher Truppen seit 1918 überraschend schnell und sehr erfolgreich zu Ende gegangen, doch schätzten Heeresleitung und Stäbe die eigenen Leistungen in den internen Auswertungen äußerst zurückhaltend ein. Kennzeichnender Grundton in den Berichten über die ersten Kriegswochen war, »daß die gewonnenen Erfahrungen gerade auf Eindrücken des gegebenen Feldzuges und des gegebenen Kriegsschauplatzes beruhen, und es bedarf sorgsamer Prüfung, ob sie auch für Westverhältnisse und überhaupt allgemein zutreffen«[29].

Die nun einsetzende Auseinandersetzung um den Angriff, seinen Zeitpunkt und den Operationsplan im Westen zeigen[30], wie sehr noch die Erfahrungen des Ersten Weltkrieges unter den führenden Offizieren vorherrschten. Zugleich wird darin deutlich, wie wenig beispielsweise Halder von einer vorgefertigten Konzeption, sondern von den realen Kriegserfahrungen ausging. Dazu gehörte die durchaus zutreffende Ansicht von den Sonderbedingungen in Polen, die eine ähnliche Vorgehensweise in Frankreich, d. h. gegen die stärkste Landmacht jener Jahre und den Sieger von 1918, wenig erfolgversprechend erscheinen ließen. Vor allem wird in dem Ringen um den Operationsplan im Westen sichtbar, daß der Generalstabschef und mit ihm führende Generale zwar ihr Handwerk perfekt beherrschten, die neuen Dimensionen des modernen Krieges jedoch nicht in ihrem Gesamtzusammenhang sahen oder sehen wollten. Andere Offiziere traten in den Vordergrund, die, wie die Geschichte der Operationsplanung gegen Frankreich zeigt, von Hitler persönlich unterstützt, das Neue in der Kriegführung durchsetzten[31].

Diese Entwicklung verstärkte die »Ausdifferenzierung« des Soldatenstandes, indem sie den Funktionswandel des Militärs seit 1938 verfestigte. Gerade das Fehlen eines geschlossenen Konzepts in bezug auf die Kriegführung und der »Erosionsprozeß einer einheitlichen militärischen Führung«, der sich »vor allem in den Differenzen um Einsatzplanungen« und in der operativen Führung des Krieges fortsetzte[32], wirkten sich gravierend auf das Verhältnis zwischen Wehrmacht und NSDAP aus. Ganz sicher gab es hierbei zwischen Heer, Luftwaffe und Kriegsmarine Unterschiede, doch trifft unsere Feststellung für die Streitkräfte als Institution des Staates ganz allgemein wie auch insbesondere für das Heer als die wichtigste Teilstreitkraft in hohem Maße zu. In welchem Ausmaße in dieser Phase der Einfluß von Nationalsozialismus und Partei auf die militärischen Belange zunahm zeigt besonders deutlich die wachsende Rolle des »Führers« innerhalb der militärischen Spitzenorganisation.

Hitler, der seit Februar 1938 den Oberbefehl über die Wehrmacht »unmittelbar und persönlich« innehatte, beschränkte sich bald immer weniger auf die oberste politische und militärische Führung, sondern griff verstärkt auch in die Operationsplanung ein. Eine Entwicklung, die noch vor Kriegsbeginn von mehr rhetorisch-propagandistischer Bedeutung zu sein schien, wurde nunmehr Realität. Am 23. November 1939 bezeichnete sich Hitler in seiner Rede vor den höchsten Offizieren ganz allgemein als unersetzbar, als er erklärte: »Das Schicksal des Reiches hängt von mir ab[33].« Aus weiteren Verlautbarungen geht hervor, wie sich in den folgenden Monaten Hitlers Einfluß auf die Führung des Krieges von der strategischen bis hinunter auf die operative Ebene ausweitete. Im Januar 1940 teilte Keitel den drei Oberbefehlshabern der Wehrmachtteile mit, der »Führer« wünsche, »daß die Studie ›N‹ unter seinem persönlichen und unmittelbaren Einfluß und in engstem Zusammenhang mit der Gesamtkriegführung weiter bearbeitet wird«[34]. Am 10. Mai 1940 gab das OKW bekannt, »um die Gesamtoperationen der Wehrmacht zu leiten, hat sich der Führer und Oberste Befehlshaber an die Front begeben«[35]. Über das Inkrafttreten des deutsch-französischen Waffenstillstandsvertrages heißt es im Kriegstagebuch der Seekriegsleitung schließlich: »Die Art, wie der Führer und Oberste Befehlshaber der Wehrmacht die Niederwerfung Frankreichs vollzog und in den Waffenstillstandsbedingungen dokumentierte, bietet das Fundament für eine neue Entwicklung und Neuordnung in Europa[36].«

Indem sich der »Oberste Befehlshaber der Wehrmacht« gegen die wichtigsten militärischen Instanzen und seine professionell zuständigen Berater sowie gegen eine gewichtige Zahl höchster Truppenbefehlshaber, die ursprünglich gegen Hitlers Offensivabsichten im Westen gewesen waren, nicht nur durchsetzte[37], sondern damit zugleich auf dem Schlachtfeld siegreich blieb, baute er seine Stellung und seine unmittelbaren Einflußmöglichkeiten auf die Operationen aus. Entscheidend dabei war, daß Hitler seinen Erfolg auf einem Gebiet hatte erringen können, welches das ureigenste der Militärelite war, nämlich dem der operativen Führung des Krieges. Entgegen den Bedenken der Fachleute, entgegen ihren Vorbehalten hatte der »Dilettant Hitler« unkonventionelle Auffassungen durchgesetzt, gehandelt und Recht behalten. Der Opposition, die, so Messerschmidt[38], »stärker an der Militär- und Außenpolitik zu partizipieren — ja, im Kriege hier das entscheidende Wort sprechen zu können glaubte«, hatte vor allem der Frankreich-Feldzug den Boden entzogen[39]. An Boden gewonnen hatte mit Hitler dessen Partei, die nun für die Organisation des Krieges immer unersetzlicher wurde.

Die Reaktion im OKW, der Heeresleitung, dem Generalstab, bei Luftwaffe und Kriegsmarine, in der gesamten Wehrmacht, war nach Abschluß der Kämpfe in Frankreich in gewissem Sinne konsequent und folgerichtig. Vorbehalte gegen neue Aggressionspläne, ähnlich jenen vor dem Westfeldzug, gab es von nun an nicht mehr. Im Zusammenhang mit dem bedeutsamsten Entschluß, dem zum Krieg gegen die UdSSR, begann die Heeresführung mit der Ausarbeitung ihrer Operationsplanungen sogar schon, bevor entsprechende Weisungen Hitlers vorlagen[40]. Was auch immer hierfür die Motive gewesen sein mögen, damit, und indem die höchsten militärischen Führungsinstanzen den

Krieg gegen die Sowjetunion zumeist unter rein operativen Gesichtspunkten betrachteten, verzichteten sie unausgesprochen, aber doch endgültig auf das von ihnen traditionell beanspruchte Recht, in gesamtpolitischen Fragen ein entscheidendes Wort mitzusprechen.

V.

Jede Armee, erst recht eine, die sich nach dem Prinzip der allgemeinen Wehrpflicht ergänzt, ist Teil des Volkes, dem sie entstammt[41]. Die Streitkräfte sind daher sowohl den Krisenbewegungen der jeweiligen Gesellschaft ausgesetzt, der sie angehören, als auch deren wirklichen oder eingebildeten »Hoch«-Zeiten. Letzteres war in den Monaten nach dem Frankreichfeldzug im besonderen Maße der Fall. Die Militärelite war vom allgemeinen Stimmungsaufschwung nicht weniger betroffen als die Mehrzahl der Deutschen. Es war gelungen, die stärkste Landmacht, den Sieger des Ersten Weltkrieges, Frankreich, in einer die Welt in Erstaunen versetzenden Zeit und Art zu Boden zu werfen. Nach mehr als 70 Jahren marschierten deutsche Soldaten erneut durch die Straßen von Paris. Die Frage nach den Folgen dieses Sieges war nicht das Problem der Mehrzahl der Zeitgenossen, auch nicht jener in Uniform.

Was diese dachten, spiegelt in gewisser Hinsicht ein Sopade-Bericht vom März 1940 wider. Dort werden die Worte eines Offiziers zitiert: »Aber warum sollte man im Heere mit dem Nationalsozialismus nicht einverstanden sein? Daß wir eine starke Armee und im Volk wieder einen Wehrwillen haben, das ist doch sein Verdienst. Er hat den Generälen mehr bewilligt, als sie haben wollten, von der militärischen Jugendertüchtigung angefangen. Und dann« — so fügt er zögernd hinzu — »haben sie, wenn es im Gegensatz zu unsrem festen Siegesglauben nicht gut gehen sollte, sicherlich viel weniger zu fürchten als die maßgebenden Leute der Partei. Diese tragen vor dem Volk die Verantwortung und nicht die militärische Exekutive[42].«

Diese Zufriedenheit mit dem Nationalsozialismus steigerte sich nach dem Triumph im Westen noch beträchtlich. Von ihrem »Obersten Befehlshaber« öffentlich hoch geehrt und gewürdigt, erlag die deutsche militärische Führung im Gegensatz zur Zeit nach dem Polenfeldzug dem Erfolgsrausch. Die Reichstagsrede Hitlers vom 19. Juli 1940 mit den dort ausgesprochenen Beförderungen und den lobenden Worten an alle Wehrmachtteile verfehlte ihre Wirkung nicht[43]. Vor diesem Hintergrund wurde die Übereinstimmung zwischen Hitler und der militärischen Führung nahezu total. Hierbei spielten die militärtheoretischen und -praktischen Grundsätze, deren Wirksamkeit sich von 1938 bis zum Sommer 1940 immer wieder bestätigt hatte, eine entscheidende Rolle. Bei aller Übereinstimmung zwischen Partei und Militärs in den unterschiedlichsten Bereichen hätte ein Mißerfolg auf militärischem Gebiet die Einordnung der Streitkräfte und ihrer Führungselite in die durch Hitler geprägte Diktatur, wie es nach der Kapitulation Frankreichs und vor dem Überfall auf die UdSSR so reibungslos geschah, nicht erlaubt.

Zu dieser Zeit herrschte in den Stäben und im Offizierskorps der Wehrmacht das Gefühl vor, die Grundsätze des modernen Krieges zu beherrschen. Erst im Ergebnis der bis dahin abgelaufenen Ereignisse kann daher von einer »Blitzkriegskonzeption« bzw. »Blitzkriegsdoktrin« gesprochen werden. Erstmals wurde mit den Planungen für den Überfall auf die Sowjetunion eine Aggression tatsächlich umfassend und in ganz konkreten Zeitabläufen geplant. Der »kurze Krieg«, ursprünglich angestrebt, um die gesamtstrategischen Ziele in den Griff zu bekommen, sollte von nun an, wie es in dem im allgemeinen Sprachgebrauch üblich werdenden Begriff »Blitzkrieg« zum Ausdruck kam, der Schlüssel für den Sieg sein.

Aus den überlieferten Dokumenten wird ersichtlich, wie detailliert im OKW und beim Heer der Krieg gegen die UdSSR vorbereitet wurde. Neben der strategisch-operativen Planung und den sich daraus ergebenden Schritten wie Ausbildung, Aufmarsch, Logistik gingen die Arbeiten in Breite und Tiefe weiter als bei jedem der bisherigen »Fälle«[44].

Die Sorgfalt, mit der alle Einzelheiten vorbereitet wurden, ist nur bedingt mit der »Größe der Aufgabe« zu erklären, denn gerade diese wurde, indem die Mängel der Roten Armee überbewertet wurden, schließlich unterschätzt. Die methodische Vorbereitung des Krieges im Osten deutet eher darauf hin, daß in der militärischen wie auch in der politischen Führung die Auffassung vorherrschte, man habe jetzt ein »Rezept« für den Sieg im modernen Krieg gefunden. Dieses strengstens befolgend, habe man trotz der noch nicht vollendeten und der Aufgabenstellung kaum angemessenen Vorbereitungen den Erfolg im Osten gleichsam in der Tasche.

Für das Verhältnis von Wehrmacht und Nationalsozialismus bedeutete dies eine zumindest teilweise Neubestimmung des Koordinatensystems. Die Entwicklung auf dem militärischen Sektor bildete nunmehr eine wesentliche Grundlage für die Einordnung der Militärelite in die nationalsozialistische Diktatur. Mit anderen Worten: indem die triumphalen Erfolge des »Dritten Reiches« die in der deutschen Armee am weitesten fortgeschrittenen Methoden moderner Kriegführung zu rechtfertigen schienen, bestätigten sie zugleich die überragende Stellung Hitlers sowie die dominierende Rolle der Partei in der Organisation und Mobilisierung der »Heimatfront« und damit genau jene Tendenzen, die ihrerseits für die Einschränkung der Prärogative des Generalstabes auf das ›Kriegshandwerk‹ im engeren Sinne verantwortlich waren.

VI.

In diesem Zusammenhang erhebt sich nun die Frage, ob den Kriegen des 20. Jahrhunderts mit ihren immer totaler werdenden Formen und Methoden nicht grundsätzlich die Tendenz zu autoritären Führungsstrukturen innewohnt? Fördern Kriege in derartigen Dimensionen, wie sie jener von 1939 bis 1945 besaß, nicht schon aufgrund militärischer Sachzwänge diktatorische Züge in der Führung des Staates?

Ïn Deutschland hatte das einseitige Streben der traditionell politisch einflußreichen Militärelite nach Beherrschung des »technisch-industriellen« Krieges[45], der nach wie vor als das wichtigste Mittel zur Lösung zwischenstaatlicher Probleme angesehen wurde, sowohl zur Akzeptanz der nationalsozialistischen Diktatur als auch zur freiwilligen Einordnung der Wehrmacht in eine auf den Krieg orientierte Gesellschaft geführt. Der dadurch tatsächlich erreichte militärische Vorsprung war eine der Ursachen für die Erfolge der deutschen Armee bis 1941. Er hatte jedoch zugleich zur Folge, daß die Wehrmacht sich unlösbar mit Hitler und der Diktatur der NSDAP verband, ihren Verbrechen nicht nur den Boden bereitete, sondern schließlich an ihnen beteiligt war. Die Einordnung der Streitkräfte in den von der NSDAP und ihrem »Führer« geprägten Staat war somit letztlich auch Ausdruck der dem modernen Krieg für die Gesellschaft innewohnenden Gefahren. Sie erwies sich als so total, daß 1945 schließlich »der Punkt nicht mehr aufzufinden war, von dem aus zwischen der Katastrophe des Nationalsozialismus und Deutschlands unterschieden werden konnte«[46].

Die teils erzwungene, teils sich selbst auferlegte Beschränkung auf den militärisch-professionellen Bereich schloß Meinungsverschiedenheiten bei operativen Problemen (wie bei der Planung für »Barbarossa«) oder das Bemühen um strategische Alternativen (wie durch die Marineführung nach dem Frankreichfeldzug) allerdings nicht aus[47]. Sie gehörten zur Aufgabenstellung der Institution »Wehrmacht«, ihrer

Teilstreitkräfte und Stäbe. Trotz des in vielerlei Hinsicht »nazistischen« Charakters der Wehrmacht ist nie ein Punkt erreicht worden, an dem aus ihr eine nationalsozialistische Parteiarmee geworden wäre. Der eindrucksvollste Beleg hierfür ist, daß gerade in den Streitkräften aus militärfachlicher Opposition grundsätzlicher Widerstand erwuchs. Es waren Wehrmachtsangehörige, Offiziere, deren Aktion im Juli 1944 das sichtbarste Zeichen *gegen* Hitler und seine Diktatur setzte. (Daß sich dieser Widerstand vor allem im Heer organisierte, ist im übrigen ein Hinweis auf die andauernde »Ausdifferenzierung« des Soldatenstandes in der zweiten Hälfte des Krieges.)

Damit erwies sich auch für die politische Führung, daß sie auf dem Weg zur völligen Einvernahme der Streitkräfte die letzte Schwelle noch nicht überschritten hatte. Ungeachtet dessen bestimmte der 1940/1941 erreichte Zustand das Verhältnis zwischen Regime und Wehrmacht. Er rührte aus einem Komplex sich gegenseitig bedingender Faktoren, unter denen die militärtheoretischen besonderes Gewicht besaßen. Sie lieferten die fachspezifischen Begründungen für die Notwendigkeit der Hitlerdiktatur. Die innen- und außenpolitischen Erfolge des »Dritten Reiches« bis zum Sommer 1941 bestätigten in den Augen der Militärs die Richtigkeit der auch von Hitler vertretenen Auffassungen vom modernen Krieg und festigten damit sein persönliches Ansehen ebenso wie die Stellung der Partei gegenüber der Wehrmacht. Angesichts der Tatsache, daß deren Einbindung in das Regime und ihre Identifikation mit ihm so überaus stark waren, konnte sich die Hoffnung, daß, sollte der Krieg verlorengehen, insbesondere »die Politik« verantwortlich gemacht werden würde, freilich nicht erfüllen. Ohne daß die Wehrmacht eine »nationalsozialistische Volksarmee« geworden wäre[48], hatte sie so viel an Identität verloren, daß sie in den Strudel des Untergangs des Dritten Reiches hinabgezogen wurde.

VII.

Abschließend bleibt festzustellen: Das Verhältnis zwischen Wehrmacht und NSDAP im Sommer 1941 entsprach dem seit 1938 vollzogenen Funktionswandel der Militärelite. Dieser war nicht zuletzt ein Ergebnis der Durchsetzung bestimmter militärtheoretischer Ansichten über die zweckmäßigste Mobilisierung der Gesellschaft für einen künftigen Krieg sowie der Einführung moderner operativer Anschauungen.

Die Erfolge der deutschen Armee bis 1941 schienen die neu angewandten Grundsätze der Kriegsvorbereitung und Kriegführung zu bestätigen. Dadurch wurde einerseits die Stellung der Militärelite in der nationalsozialistischen Diktatur so gefestigt, daß sie bis Kriegsende im wesentlichen unerschüttert blieb, andererseits aber auch die entscheidende Rolle Hitlers und der NSDAP endgültig festgeschrieben.

Vor Beginn des Überfalls auf die UdSSR war die Wehrmacht die Armee der nationalsozialistischen Diktatur, ohne daß sie zur »nationalsozialistischen Volksarmee« geworden war. Ihre Stärke beruhte in ihrem Vorsprung bei der Anwendung als richtig erkannter Führungs- und Organisationsprinzipien des modernen Krieges. Diese Anwendung erfolgte jedoch nach keinem Gesamtkonzept, sondern bis zum Frühjahr 1940 nur schrittweise und nicht selten als Ergebnis zum Teil heftiger Auseinandersetzungen.

Nach den aufsehenerregenden Siegen besonders gegen die überlegenen Briten und Franzosen blieben tiefgreifende Diskussionen um den Fortgang des Krieges aus. Die Generalstäbe, sich auf die ihnen zugewiesene Rolle als Techniker des Krieges beschränkend, glaubten für die Lösung der operativen Probleme mit den bisherigen Erfahrungen über ein sicheres Siegeskonzept zu verfügen. Die Negierung des Mißverhältnisses zwischen den hegemonialen Ansprüchen und dem vorhandenen Potential des Reiches sowie die Überschätzung der errungenen partiellen Vorteile der deutschen Armee führten schließlich zu ihrer Niederlage.

Anmerkungen

[1] Gerhard Förster, Heinz Helmert, Helmut Schnitter, Der zweite Weltkrieg. Militärhistorischer Abriß, 4. Aufl., durchg., bearb. und erg. von Paul Heider und Richard Lakowski, Berlin 1989, S. 106.

[2] A. S. Jakusevskij, Osobennosti podgotovki vermachta k napadeniju na SSR, in: Voenno-istoričeski žurnal, 5 (1989), S. 63—75.

[3] Rolf-Dieter Müller, Von der Wirtschaftsallianz zum kolonialen Ausbeutungskrieg, in: Horst Boog u.a., Der Angriff auf die Sowjetunion, Stuttgart 1983, (= Das Deutsche Reich und der Zweite Weltkrieg, Bd 4), S. 188.

[4] Zur Frage der militärtheoretischen Entwicklung nach 1918 siehe: Gerhard Förster, Totaler Krieg und Blitzkrieg. Die Theorie des totalen Krieges und des Blitzkrieges in der Militärdoktrin des faschistischen Deutschland am Vorabend des zweiten Weltkrieges, Berlin 1967.

[5] Paul Heider, Richard Lakowski, Theorie vom totalen Krieg, Blitzkriegskonzeption und Wehrmacht in Vorbereitung des zweiten Weltkrieges, in: Militärgeschichte, 28 (1989), H. 4, S. 291—300.

[6] Kurt Pätzold, Manfred Weßbecker, Hakenkreuz und Totenkopf. Die Partei des Verbrechens, Berlin 1981, S. 303—327.

[7] Klaus-Jürgen Müller, Armee und Drittes Reich 1933—1939. Darstellung und Dokumentation unter Mitarbeit von Ernst Willi Hansen, Paderborn 1987.

[8] Richard Lakowski, Die Wehrmacht 1938 — Aggressionsinstrument des faschistischen deutschen Imperialismus, in: Der Weg in den Krieg, hrsg. von Dietrich Eichholtz und Kurt Pätzold, Berlin 1989, S. 91—112.

[9] Manfred Messerschmidt, Militärgeschichtliche Aspekte der Entwicklung des deutschen Nationalstaates, Düsseldorf 1988, S. 39.

[10] Bundesarchiv-Militärchiv Freiburg i. Br. (BA-MA), RM 6/57, Schlußbesprechung des Kriegsspiels des OKM vom Februar/März 1939, Bl. 6.

[11] Richard Lakowski, Werner Wunderlich, Zwischen Flottenschlacht und Zufuhrkrieg. Die Entwicklung des seestrategischen Denkens im imperialistischen Deutlschland in Vorbereitung des zweiten Weltkrieges, Berlin 1978.

[12] Gerhard Förster, Totaler Krieg. Deutschland im zweiten Weltkrieg, Bd 1; Vorbereitung, Entfesselung und Verlauf des Krieges bis zum 22. Juni 1941. Leitung Gerhard Hass, Berlin 1974. Vgl. zur neueren Diskussion auch den Beitrag von Bernhard R. Kroener im vorliegenden Band.

[13] Bernhard R. Kroener, Die personellen Ressourcen des Dritten Reiches im Spannungsfeld zwischen Wehrmacht, Bürokratie und Kriegswirtschaft 1939—1942, in: ders., Rolf-Dieter Müller, Hans Umbreit, Organisation und Mobilisierung des deutschen Machtbereichs. Teilband 1: Kriegsverwaltung, Wirtschaft und personelle Ressourcen 1939—1941, Stuttgart 1988 (= Das Deutsche Reich und der Zweite Weltkrieg, Bd 5/1), S. 693—697; S. 990—1001.

[14] R. A. Savushkin, Razvitije sovetskich voorushenich sil i vojennogo iskusstva v meshvojennii period (1921—1941), Moskau 1989.

[15] Richard Lakowski, Die Wehrmacht 1938 (wie Anm. 8), S. 99.

[16] Militärarchiv der DDR (im folgenden MA), WF 10/22627, o. Bl., Vortragsnotiz vom 11.11.1937. Vorläufige Felddienstordnung der Roten Arbeiter- und Bauernarmee 1936.

[17] MA, WF 10/18099, o. Bl., Denkschrift unbekannter Herkunft vermutlich aus dem Jahre 1938.

[18] Ebd.

[19] Wilhelm Deist, Die Aufrüstung der Wehrmacht, in: ders. u. a., Ursachen und Voraussetzungen der deutschen Kriegspolitik, Stuttgart 1979 (= Das Deutsche Reich und der Zweite Weltkrieg, Bd 1), S. 371—529.

[20] Manfred Messerschmidt, Die Wehrmacht im NS-Staat, in: Nationalsozialistische Diktatur 1933—1945. Eine Bilanz, hrsg. von Karl Dietrich Bracher, Manfred Funke, Hans-Adolf Jacobsen, Düsseldorf 1983, S. 465—479.

[21] Deist (wie Anm. 19), S. 427; Hans Umbreit, Der Kampf um die Vormachtstellung in Westeuropa, in: Klaus A. Maier u. a., Die Errichtung der Hegemonie auf dem europäischen Kontinent, Stuttgart 1979 (= Das Deutsche Reich und der Zweite Weltkrieg, Bd 2), S. 235—319.

[22] Deist (wie Anm. 19), S. 448.

[23] MA, WF 01/1582, Bl. 29 f., Entwurf einer Weisung Hitlers vom 9.10.1938.

[24] Karl Becker, Persönlichkeit und Wehrtechnik, in: Zeitschrift des Vereins deutscher Ingeneure, 8 (1934), S. 249.

[25] Erhard Moritz, Einschätzung der »Luftlage in Europa« im Frühjahr 1939 durch die deutsche Luftwaffenführung, in: Militärgeschichte, 28 (1989), H. 4, S. 365—380.

[26] MA, WF 04/35471, o. Bl., Grundlagen und Probleme des Seekrieges, 20. 1. 1939.

[27] Dietrich Eichholtz, Geschichte der deutschen Kriegswirtschaft 1939—1945, Bd 1, Berlin 1984, S. 21.

[28] Deutschland-Berichte der Sozialdemokratischen Partei Deutschlands (Sopade), 1. Jg, 1939, Frankfurt a. M. 1980, S. 29.

[29] MA, H. 11.02.01/5, Bl. 22; Bericht des Oberstleutnant des Generalstabes Freiherr von Berchtolsheim vom 25. 9. 1939 über den Verlauf der Dienstreise zum XIII. A.K.

[30] Umbreit (wie Anm. 21), S. 235—319.

[31] Ebd., S. 252.

[32] Jost Dülffer, Vom Bündnispartner zum Erfüllungsgehilfen im totalen Krieg. Militär und Gesellschaft in Deutschland 1933—1945, S. 286—300, in: Der Zweite Weltkrieg. Analysen, Grundzüge, Forschungsbilanz. Im Auftrag des Militärgeschichtlichen Forschungsamtes hrsg. von Wolfgang Michalka, München, Zürich ²1990, hier S. 288.

[33] Max Domarus, Hitler. Reden und Proklamationen 1932—1945, Bd 2: Untergang, 1. Halbbd 1939—1940, München 1965, S. 1424.

[34] Ebd., S. 1449.

[35] Ebd., S. 1510.

[36] Kriegstagebuch der Seekriegsleitung 1939—1945, Teil A, Bd 10, hrsg. von W. Rahn und G. Schreiber unter Mitwirkung von H. Maierhöfer, Bd 10, Juni 1940, Herford, Bonn 1988, S. 259.

[37] Klaus-Jürgen Müller, Das Heer und Hitler. Armee und nationalsozialistisches Regime 1933—1940, Stuttgart 1969, S. 478.

[38] Messerschmidt, Militärgeschichtliche Aspekte (wie Anm. 9), S. 38.

[39] Den erreichten Grad der Übereinstimmung nach dem Frankreichfeldzug bringt Goebbels in seinen Tagebüchern treffend zu Papier. Er beschreibt den Empfang der heimkehrenden 1. Reserve-Infanteriedivision am 19. Juli 1940 in Berlin mit folgenden Worten: »Hunderttausend Menschen sind auf den Beinen«, zuerst sprach der Befehlshaber des Ersatzheeres Fromm, ihm folgte Goebbels. Dann der Propagandaminister wörtlich: »Am 30. Januar 1933 marschierte die Partei, heute marschiert unsere Wehrmacht durch das Brandenburger Tor. Der Kreis schließt sich«. Die Tagebücher von Joseph Goebbels. Hrsg. von Elke Fröhlich, Teil I, Aufzeichnungen 1924—1941, Bd 4, 1. 1. 1940—8. 7. 1941, München usw. 1987, S. 244.

[40] Jürgen Förster, Der historische Ort des Unternehmens »Barbarossa« (wie Anm. 3), S. 626—651. Vgl. auch den Beitrag Försters im vorliegenden Band.

[41] Klaus-Jürgen Müller, Das Heer und Hitler (wie Anm. 37), S. 9.

[42] Sopade (wie Anm. 28), S. 166.

[43] Archiv der Gegenwart, V. Jg», 1940, Wien 1962, S. 4624.

[44] Fall Barbarossa. Dokumente zur Vorbereitung der faschistischen Wehrmacht auf die Aggression gegen die Sowjetunion (1940/41), ausgew. u. eingel. von Erhard Moritz, Berlin 1970; Förster, Totaler Krieg (wie Anm. 12); Das Deutsche Reich und der Zweite Weltkrieg, Bd 4 (wie Anm. 3).

[45] Klaus-Jürgen Müller, Armee und Drittes Reich (wie Anm. 7), S. 26.
[46] Messerschmidt, Militärgeschichtliche Aspekte (wie Anm. 9), S. 145.
[47] Michael Salewski, Die deutsche Seekriegsleitung 1935—1945. Bd 1: 1935—1941, Frankfurt a. M. 1970.
[48] Bestrebungen hierzu werden in den Unterlagen der Kanzlei der NSDAP seit dem Juli 1944 sichtbar. So in der Akte NS 6/782 im Bundesarchiv Koblenz. Vgl. im übrigen: Jürgen Förster, Vom Führerheer der Republik zur nationalsozialistischen Volkssarmee, in: Deutschland in Europa. Kontinuität und Bruch. Gedenkschrift für Andreas Hillgruber, hrsg. von Jost Dülffer (et al.), Frankfurt a. M., Berlin 1990, S. 311—328.

Andreas Hillgruber

Das Rußland-Bild der führenden deutschen Militärs vor Beginn des Angriffs auf die Sowjetunion*

In seinem Beitrag zur Festschrift für Fritz Fischer »Der Komplex ›Die russische Gefahr‹ und sein Einfluß auf die deutsch-russischen Beziehungen im 19. Jahrhundert«[1] hat Fritz T. Epstein mit Nachdruck auf die »große, noch ungenügend erforschte Rolle« hingewiesen, die in der Geschichte der Neuzeit »Gefahrenkomplexe — Bedrohung und Angst« spielen. Er selbst hat dem — trotz aller Bedeutung der »Erbfeind«-Ideologie mit Blick auf Frankreich und der temporär dominierenden Vorstellung vom »perfiden Albion« — für die Geschichte der preußisch-deutschen Großmacht wichtigsten »Feindbild«, dem Rußland-»Komplex«, im Zeitraum zwischen dem Krimkrieg und der Wilhelminischen Ära besondere Aufmerksamkeit geschenkt. Dabei trat das Doppelgesicht des Rußland-Bildes, das dem »Komplex« zugrunde lag, einerseits die Auffassung, daß das Russische Reich ein »tönerner Koloß« und noch nicht so fest gefügt sei, daß es nicht mit einigen kräftigen Stößen von außen zum Einsturz gebracht und in seine Bestandteile zerlegt werden könnte, andererseits die alptraumartige Vorstellung von einem ungeheuren Wachstum Rußlands, das bei seinem »Drang nach Westen« alles überrollen werde, wenn ihm nicht frühzeitig Einhalt geboten werde, deutlich heraus. Im Effekt wirkten schließlich beide »Gesichter« des verzerrten Rußland-Bildes, die Unterschätzung wie die Überschätzung der Stärke des Russischen Reiches insofern zusammen, als sie die verlockende Möglichkeit oder aber die zwingende Notwendigkeit eines Kampfes gegen Rußland suggerierten[2].

Für das 20. Jahrhundert fehlen gründliche, die volle Breite der deutschen öffentlichen Meinung mit einbeziehende Untersuchungen[3] zu der Fortdauer oder dem Wandel des Rußland-Bildes und des Rußland-»Komplexes« aufgrund der Veränderungen durch die bolschewistische Revolution in Rußland und die mehrfachen politischen Umbrüche in Mitteleuropa seit 1917/18, auch wenn etwa für den zentralen Bereich des Nationalsozialismus und speziell Hitlers schon eine Reihe von Studien vorliegt[4]. Die folgende Skizze beschränkt sich darauf, die Rußland-Vorstellungen eines relativ kleinen Personenkreises in einer Schlüsselposition, der führenden deutschen Militärs, aus ihren in Primärzeugnissen überlieferten Äußerungen aus dem letzten Jahr vor Beginn des Angriffs auf die Sowjetunion, also aus den Monaten der Planungen und Vorbereitungen hierfür von Juli 1940 bis Juni 1941, herauszuarbeiten. Dies ist gewiß eher eine Art Momentaufnahme; aber es kann auf diese Weise doch gezeigt werden, wieweit traditionelle Klischees und wieweit spezifisch nationalsozialistische Komponenten ihre konkrete Ausprägung in dem Rußland-Bild einer sozialen Führungsgruppe gefunden haben, die eine hohe Mitverantwortung für die am 22. Juni 1941 beginnende Katastrophe trug.

Unmittelbar nach der deutschen Kapitulation, am 15. Mai 1945, erklärte Generaloberst Jodl, der als Chef des Wehrmachtführungsstabes den ganzen Krieg über der erste militärstrategische und operative Berater Hitlers gewesen war, in der von den Alliierten noch nicht besetzten »Enklave« Flensburg im vertrauten Kreis: »Wir haben [...] den Angriff gegen Rußland nicht geführt, weil wir den Raum haben wollten, sondern weil Tag für Tag der Aufmarsch der Russen gewaltig weiterging und zum Schluß zu ultimativen Forderungen geführt hätte. Der Generalstab des Heeres hatte auch eingesehen, daß dieser Krieg notwendig war. Wir alle [sind] und besonders jeder Soldat [ist] in diesen Krieg gegen Rußland mit einem beklemmenden Gefühl gegangen beim Gedanken an seinen Ausgang[5].« Hier tritt uns — zweckgerichtet gleichsam mit Blick auf die künftige Geschichtsschreibung oder unbewußt in Auswirkung des vierjährigen erbitterten, opferreichen Ringens auf dem russischen Kriegsschauplatz — in zeitbedingter Form das eine »Gesicht« des traditionellen Rußland-Bildes entgegen: die Notwendigkeit der Abwehr gegen den von Osten drohenden übermächtigen »Koloß«.

Wenden wir uns von dieser für die Situation 1945 kennzeichnenden, die Entscheidung von 1941 dementsprechend umdeutenden Aussage fort, den Äußerungen der führenden Militärs aus dem Jahr 1940/41 zu, wobei wir den Bogen vom Oberkommando des Heeres (OKH), das zuerst mit dem geplanten Ostfeldzug befaßt war, über das Oberkommando der Wehrmacht/Wehrmachtführungsstab (OKW/WFSt), die Seekriegsleitung (SKl), die Abteilung Fremde Heere Ost, den deutschen Militärattaché Moskau und einige Oberbefehlshaber und Chefs der Generalstäbe von Heeresgruppen und Armeen bis zum Wirtschafts- und Rüstungsamt im Oberkommando der Wehrmacht schlagen wollen, ehe wir im Zuge der zusammenfassenden Analyse noch einmal kurz zu Jodls Äußerung vom Mai 1945 zurückkehren.

Die ersten stichwortartig überlieferten Äußerungen eines führenden Militärs aus der Phase der Vorüberlegungen für einen Angriff auf die

Sowjetunion, die Rückschlüsse auf sein Rußland-Bild zulassen, stammen vom Oberbefehlshaber des Heeres, Generalfeldmarschall v. Brauchitsch. Ohne Zweifel unter dem bestimmenden Eindruck des so überraschend erfolgreichen Westfeldzuges und des schnellen militärischen Triumphes über Frankreich, das bis dahin allseits als stärkste Militärmacht auf dem europäischen Kontinent angesehen worden war, meldete v. Brauchitsch Hitler am 22. Juli 1940, daß der deutsche Aufmarsch für einen Feldzug gegen die Sowjetunion nur vier bis sechs Wochen dauern und daß hierfür 80—100 deutsche Divisionen benötigt würden, denen »50—75 gute Divisionen« auf sowjetischer Seite gegenüberstünden[6]. Bedenken gegen die Wendung nach Osten lassen sich aus den Notizen über diese Meldung nur hinsichtlich Englands, das im Falle eines deutschen Angriffs auf die Sowjetunion im Herbst 1940 »luftmäßig entlastet« würde, und hinsichtlich der USA, die »an England und Rußland liefern« könnten, nicht jedoch hinsichtlich der Sowjetunion selbst herauslesen[7]. Soweit sich aus den wenigen überlieferten weiteren Äußerungen v. Brauchitschs erkennen läßt, blieb dieser bis zum Angriffsbeginn bei höchst vagen, leichtfertigen Prognosen. Nachdem die Vorbereitungen abgeschlossen waren und der Erfolg des deutschen Balkanfeldzuges erneut Anlaß zu Hyperoptimismus zu bieten schien, meinte er am 30. April 1941, daß der Feldzug gegen die Sowjetunion nach »voraussichtlich heftigen Grenzschlachten« mit einer Dauer »bis zu vier Wochen« im wesentlichen beendet sein und es sich danach nur noch um Säuberungsaktionen gegen »geringfügigen Widerstand« bei der Inbesitznahme des gewaltigen Raumes handeln werde[8].

Die Hauptursache für diesen leichtfertigen Optimismus ist — von allen mitwirkenden sonstigen Faktoren abgesehen — bei den führenden Vertretern des Oberkommandos des Heeres in dem Primat des operativen Denkens im preußisch-deutschen Generalstab (seit Moltke und Schlieffen) zu suchen[9]. Die vorrangige Suche nach operativen Entscheidungen (beherrschende Vorstellung: die »Vernichtungsschlacht«)[10] ließ die Feindbeurteilung und die logistischen Probleme als vermeintlich zweit- oder drittrangige Fragen weit zurücktreten. Exponent dieses Denkens in operativen Entscheidungen war in der uns interessierenden Zeit der Chef des Generalstabes des Heeres, Generaloberst Halder. Für ihn war der Triumph über die Sowjetunion ausschließlich eine Frage des »richtigen« operativen Ansatzes. Auf der Grundlage eines von ihm nicht einmal in Stichworten für notierwürdig erachteten Vortrages des Chefs der Abteilung Fremde Heere Ost, Oberstleutnant d. G. Kinzel, über Rußland entwarf er am 26. Juli 1940 gleichsam aus dem

Stegreif die Grundzüge »seines« Feldzugsplans in einer Art Mischung von »Sichelschnitt« und Schlieffen-Konzept, indem er konstatierte, »daß die günstigste Operationsmöglichkeit mit der Anlehnung an die Ostsee Richtung Moskau nimmt und dann die russische Kräftegruppe in der Ukraine und am Schwarzen Meer von Norden her zum Kampf mit verkehrter Front zwingt«[11]. Am folgenden Tage verdeutlichte er seine Zielsetzung: »Die sicherlich starken feindlichen Südkräfte [müßten] durch eine von Moskau aus nach Süden geführte schnelle Operation zur Schlacht mit verkehrter Front« gezwungen werden[12]. Demgegenüber trugen der Chef der Operationsabteilung im Generalstab des Heeres, Oberst d. G. v. Greiffenberg, und Oberstleutnant d. G. Feyerabend, die Alternative in Gestalt einer Operation mit Schwerpunkt in der Ukraine und Aufrollung der sowjetischen Front von Süd nach Nord vor[13], ein Gedanke, der kurze Zeit später auch von Generalmajor Marcks, dem zur Ausarbeitung einer umfassenden »Studie« in den Generalstab des Heeres abgeordneten Chef des Generalstabes der 18. Armee, noch einmal aufgegriffen, in der »Studie« selbst aber verworfen wurde[14]. Auch eine insbesondere vom Chef des Generalstabes der Heeresgruppe A, General d.Inf. v. Sodenstern, verfochtende Leitidee, in einer Art totaler Umkehrung des Greiffenberg-Feyerabend-Marcksschen Ansatzes mit einem starken Nordflügel über Minsk—Leningrad—Moskau in die Ost-Ukraine vorzustoßen, wurde nicht weiterverfolgt. Von unserer Problemstellung her wesentlich ist, daß die Kontroverse ausschließlich um den operativen Ansatz, nicht um die Einschätzung des künftigen Gegners geführt wurde.

Marcks ging in seiner in fünf Tagen erstellten »Studie« davon aus, daß die »Russen [...] uns nicht den Liebesdienst eines Angriffs erweisen« werden. (Er sah also im Juli 1940 nicht nur keinerlei militärische Bedrohung Deutschlands aus dem Osten, sondern bedauerte aus operativen Gründen auch, daß die sowjetische Seite nicht offensiv vorgehen würde.) »Andererseits« — darauf gründete Marcks seine Erwartung auf eine rasch durchschlagende Entscheidung zugunsten der deutschen Angriffsarmeen — »kann sich der Russe nicht wie 1812 jeder Entscheidung entziehen. Eine moderne Wehrmacht von 100 Divisionen kann ihre Kraftquellen nicht preisgeben. Es ist anzunehmen, daß sich das russische Heer in einer Verteidigungsstellung zum Schutz Großrußlands und der östlichen Ukraine zum Kampf stellt«. »Rußlands kriegswirtschaftliche Hauptgebiete liegen in dem Lebensmittel- und Rohstoffgebiet der Ukraine und des Donezbeckens und in den Rüstungszentren um Moskau und Leningrad. Die östlichen Industriegebiete sind noch nicht leistungsfähig genug. Unter diesen Gebieten bildet Moskau den wirtschaftlichen, politischen und geistigen Mittelpunkt der SSSR. Seine Eroberung zerreißt den Zusammenhang des Russischen Reiches[15].« »Nach der Einnahme von Charkow, Moskau und Leningrad wird es keine geschlossene russische Wehrmacht mehr geben.« Eine völlige Besetzung des Gebiets bis zur Linie Don—Volga—nördliche Dvina, wie als Ziel einleitend umrissen, ist allerdings — so schränkte er ein — »nicht möglich und nicht nötig«. »Gesamtzeitbedarf des Feldzuges bis zum gesteckten Ziel [...] zwischen 9 und 17 Wochen«[16]. Sibyllinisch im Vergleich zu diesen insgesamt von Zuversicht getragenen Annahmen auf äußerst schmaler Informationsbasis über die Sowjetunion klingt der nachfolgende Einschub in der »Studie«: »Wenn die Sowjetregierung nicht stürzt oder Frieden schließt, kann es notwendig werden, noch bis zum Ural weiterzugehen. Wenn Rußland nach der Zerschlagung seiner Wehrmacht und dem Verlust seiner wertvollsten europäischen Gebiete auch nicht mehr zu aktiven Kriegshandlungen fähig ist, kann es doch noch, gestützt auf Asien, auf unabsehbare Zeit im Kriegszustand verharren[17].«

Die parallel zu den Operationserwägungen und -planungen im OKH auch im OKW/WFSt vorangetriebenen Überlegungen fanden in der Studie des Oberstleutnants d. G. v. Loßberg, des ersten Generalstabsoffiziers des Heeres in der Abteilung Landesverteidigung (unter Generalmajor Warlimont), vom 15. September 1940 ihren ersten umfassenden Niederschlag[18]. Auch in ihr sind operative Gedanken (mit einem starken Akzent auf dem Vorrang einer Gewinnung Leningrads) vorherrschend. Die Geringschätzung des russischen Gegners wird hier offener ausgesprochen, während sie in den ersten grundlegenden OKH-Studien gleichsam als stillschweigende Voraussetzung mit gegeben war. »Die russische Führung ist derart schwerfällig, das russische Eisenbahnnetz in seiner Ausnutzung durch die Kommandostellen als so unzureichend anzusehen, daß jeder neue Aufmarsch zu großen Reibungen führen und entsprechende Zeit in Anspruch nehmen wird[19].« »Als erheblicher Vorteil für die Operationen im Süden wird ins Gewicht fallen, daß die Russen voraussichtlich in der Ukraine bald innere Schwierigkeiten haben werden, die sich, gesteuert durch unsere Abwehr-II-Arbeit, vor allem durch Störung der wenigen dort führenden Bahnlinien auswirken können. Ist die Ukraine besetzt, so wird sich dort voraussichtlich bald eine unseren Wünschen entsprechende tragfähige Regierung bilden lassen, welche die Beaufsichtigung des weiträumigen rückwärtigen Gebietes erleichtern kann[20].« Aus diesem Passus ist die

Kontinuität des einen »Gesichts« des alten Rußland-Bildes, der Vorstellung vom »tönernen Koloß«, ebenso deutlich erkennbar wie aus der folgenden Überlegung: »Welches, räumlich gesehen, das militärische Endziel ist, wird wesentlich davon abhängen, ob und wann Rußland nach deutschen Anfangserfolgen von innen her zusammenbricht. Daß Rußland noch aktionsfähig bleibt, nachdem seine Westgebiete und der Anschluß an die Meere verlorengegangen [sind], scheint auch dann ausgeschlossen, wenn das russische Rüstungsgebiet am Ural [...] berücksichtigt wird[21].« Insgesamt wird man, obwohl die Quellen aus dem OKW/WFSt-Bereich für diese frühe Phase wesentlich knapper sind, resümieren können, daß Keitel, Jodl und Warlimont die sowjetischen Kräfte doch ein wenig stärker einschätzten als die Spitze des OKH und aus diesem Grunde Hitler von seiner Absicht, den Angriff gegen die Sowjetunion schon im Herbst 1940 zu führen, abbrachten. Ferner ist festzuhalten, daß in dieser Zeit sowohl bei den führenden Militärs im OKH als auch im OKW Elemente des traditionellen Rußland-Bildes und militärfachliche Grundeinstellungen, vor allem der Primat des operativen Denkens, die entscheidende Rolle spielten, nicht hingegen spezifisch nationalsozialistische Faktoren des Rußland-Bildes (Herrschaft einer »jüdisch-bolschewistischen« Führungsschicht über die Masse der Slawen).

Diese Faktoren rückten erst in den Vordergrund, nachdem Hitler im März 1941 seine Entschlossenheit verkündet hatte, den bevorstehenden Feldzug gegen die Sowjetunion als einen rassenideologischen Vernichtungskrieg zu führen. In der Vorbereitung der »verbrecherischen Befehle« (»Erlaß über die Ausübung der Kriegsgerichtsbarkeit im Gebiet Barbarossa« vom 13. Mai 1941, Disziplinar-Erlaß v. Brauchitschs vom 24. Mai 1941 und »Kommissar-Befehl vom 6. Juni 1941), an der Vertreter des OKW und des OKH beteiligt waren[22], zeigte sich dann allerdings, in welchem Ausmaß die nationalsozialistische Doktrin das konventionelle Rußland-Bild einiger führender Militärs überlagert hatte, während andere sich bemühten, die Ausführung dieser Befehle zu verhindern oder einzuschränken und nach Feldzugsbeginn dann ihre Aufhebung zu erreichen. Exponenten waren schließlich einerseits der Chef des Amtes »Ausland/Abwehr« im OKW, Admiral Canaris, der am 15. September 1941 Bedenken »vom grundsätzlichen Standpunkt« gegen die Behandlung sowjetischer Kriegsgefangener erhob, während der Chef OKW, Generalfeldmarschall Keitel, am 23. September 1941 diese mit der Bemerkung abwies, »es handele sich um die Vernichtung einer Weltanschauung« und er »billige« und »decke« die mit dem Kriegsrecht nicht zu vereinbarenden Maßnahmen[23]. Keitel hatte auch am 19. Mai 1941 die berüchtigten »Richtlinien des Chefs OKW für das Verhalten der deutschen Truppen in der Sowjetunion« ausgegeben, die das national-sozialistische Rußland-Bild in extremer Form widerspiegeln: »Der Bolschewismus ist der Todfeind des nationalsozialistischen deutschen Volkes. Dieser Kampf verlangt rücksichtsloses und energisches Durchgreifen gegen bolschewistische Hetzer, Freischärler, Saboteure, Juden und restlose Beseitigung jedes aktiven und passiven Widerstandes [...] Besonders die asiatischen Soldaten der Roten Armee sind undurchsichtig, unberechenbar, hinterhältig und gefühllos [...] Der deutsche Soldat sieht sich in der UdSSR nicht einer einheitlichen Bevölkerung gegenüber. Die UdSSR ist ein Staatsgebilde, das eine Vielzahl von slawischen, kaukasischen und asiatischen Völkern in sich vereinigt und das zusammengehalten wird durch die Gewalt der bolschewistischen Machthaber. Das Judentum ist in der UdSSR stark vertreten.«

So bestimmend die Konsequenzen der nationalsozialistischen Umformung des überlieferten Rußland-Bildes auch bei führenden Militärs für den Verlauf und den Ausgang des Ostkrieges, vor allem für seine Nachwirkungen bis in die Gegenwart werden sollten, für die Bewertung des künftigen Gegners hatten nicht sie, sondern die traditionellen Elemente des Rußland-Bildes in den Monaten der Feldzugsvorbereitung eine größere Bedeutung. Von einer wirklichen Verschmelzung traditioneller und nationalsozialistischer Elemente im Rußland-Bild kann nur bei wenigen die Rede sein — am stärksten kam sie wohl in dem berüchtigten Befehl des Oberbefehlshabers der 6. Armee, Generalfeldmarschall v. Reichenau, vom 10. Oktober 1941[24] zum Ausdruck, der allerdings erst aus der Kriegssituation einige entscheidende Monate später voll »verständlich« wird.

Bezeichnend für die Unsicherheit und Unklarheit, die bei den führenden Militärs im Sommer 1940 herrschten, waren die »Betrachtungen über Rußland«, die der Chef des Stabes der SKl, Admiral Fricke, am 28. Juli 1940 unterzeichnete[25], also zu einer Zeit, als im OKH bereits die Kontroverse über den operativen Ansatz eines Ostfeldzuges ausgetragen wurde. »Rußland ist noch heute für uns ein Rätsel«, so heißt es in den »Betrachtungen«. »Die Nachrichten aus Rußland klingen sehr widerspruchsvoll. Sicher scheint, daß die Masse des Volkes unglücklich ist. Wie weit sie dann von verzweifelten Taten, die sich in inneren Kämpfen, Revolutionen abspielen, entfernt ist, steht dahin [...] Die Unsicherheit der Entwicklung im Inneren Rußlands und die Gefahr für die angrenzenden Völker liegt auch weiterhin in dem Geist des Bolschewismus. Daß diese chronische Gefahr in Bälde so oder so beseitigt wird, liegt im Interesse Europas [...] Die militärischen Kräfte der russischen Wehrmacht sind gegenüber unseren kriegserfahrenen Truppen als weit unterlegen anzusehen. Die Besetzung eines Raumes bis zur Linie Ladogasee—Smolensk—Krim wird militärisch durchführbar sein, um aus diesem Besitz heraus die Friedensbedingungen festzulegen.« Auch wenn Fricke eher dazu neigte, das russische Problem auf politischem Wege zu lösen — gerade weil er die Sowjetunion für so schwach ansah, meinte er, sie müsse sich politischem Druck fügen —, stimmten seine »Betrachtungen« doch mit den Erwägungen und Planungen im OKH und im OKW insofern überein, als auch er die Inbesitznahme eines großen Teils des europäischen Rußlands für eine relativ einfach zu bewältigende Aufgabe ansah. Übereinstimmend war auch die Vorstellung, nach Erreichen einer bestimmten Linie — die von Fricke genannte war die westlichste; v. Loßberg hatte dagegen für die am weitesten östliche: Archangel'sk—Volga (bis Stalingrad)—Don-Mündung plädiert (Hitler erweiterte sie in der »Weisung Nr. 21« vom 18. Dezember 1940 im Südosten zu der bekannten Archangel'sk—Astrachan'-Linie) — ein Kriegsende und einen »Quasi-Frieden« erzwingen zu können. Nur Marcks hatte die Möglichkeit einer langen Fortdauer eines (kleinen?) Krieges nicht ganz ausgeschlossen. Allen gemeinsam waren die »Großzügigkeit« und die Unbekümmertheit in den Argumenten und Schlußfolgerungen angesichts der Unkenntnis des künftigen Gegners — Folge des einen jetzt eindeutig dominierenden »Gesichts« des traditionellen Rußland-Bildes, der Vorstellung vom »tönernen Koloß«.

Sah dieses Bild bei den Rußland-»Experten« unter den führenden Militärs anders aus? Als solche mußte man bei Anlegen normaler Maßstäbe in erster Linie den Chef der Abteilung Fremde Heere Ost und den deutschen Militärattaché Moskau betrachten. Für ersteren, Oberstleutnant d.G. Kinzel, galt dies jedoch keinesfalls. Zu den Aufgaben der Abteilung Fremde Heere Ost gehörte übrigens damals nicht nur die Sammlung von Nachrichten über die Rote Armee (und andere unter »Ost« zusammengefaßte Heere), sondern auch über China, Japan, die USA und die gesamte »westliche Hemisphäre«[26]. Kinzel hatte weder eine nachrichtendienstliche Spezialausbildung genossen, noch sprach er russisch oder hatte irgendwelche besonderen Kenntnisse über die Sowjetunion — ein für sich selbst »sprechender« Beleg für die Geringschätzung dieser Aufgaben im Generalstab des Heeres im Vergleich zu dem absoluten Vorrang der operativen Planungen. Der deutsche Militärattaché in Moskau, Generalleutant (bzw. ab 31. August 1940 General der Kavallerie) Köstring, konnte demgegenüber wegen seiner langen Tätigkeit in der sowjetischen Hauptstadt (1931 bis 1933 und erneut seit 1. Oktober 1935) und wegen seiner sprachlichen und fachlichen Fähigkeiten zu Recht als Rußland-Experte unter den deutschen Militärs gelten[27]. Er war mit den älteren führenden Vertretern der Roten Armee aus der Zeit der Zusammenarbeit mit der Reichswehr bekannt und hatte in den Berichten an den Generalstab die Konsequenzen der »Großen Säuberung« der Offizierskader der Roten Armee (1937/1938) dargelegt. »Vor anderthalb bis zwei Jahren«, so meldete er am 25. Dezember 1937, »waren sich alle Beobachter einig, daß das Land sich in langsamer Konsolidierung und gewissem Aufstieg befand, wenn auch die Hauptmasse der Bauern in uns unvorstellbarer Armut dahinlebte [...] [Stalin] hat [nun] die Armee selber auf längere Zeit geschwächt. Daß er das tun würde, konnten die pessimistischsten Beobachter nicht vorausschauen. Es war auch nur in diesem Lande möglich. Die *Folgen aller Vorgänge zusammenfassend:* Ein Absinken der Sowjetunion von einer gewissen in der Weltgeltung erreichten Höhe. Ein Waffengang des Kolosses wird noch unwahrscheinlicher. Im Innern zeitweilige Stagnation, selbst Rückschritt. Es wird beides zum Stehen kommen, denn es ist vorläufig nicht zu erkennen, was dem *etwas* wankenden Bau den entscheidenden Stoß gibt, was an seine Stelle treten soll[28].«

Acht Monate später, während der sogenannten »Sudetenkrise«, war die Prognose Köstrings vorsichtiger geworden (22. August 1938): »Durch die Beseitigung der weitaus größten Anzahl von höheren Offizieren, die durch ein Jahrzehnt der Übung und des theoretischen Lernens ihr Handwerk teilweise recht gut beherrschten, ist die Rote Armee in ihrem operativen Können gesunken [...] Die besten Führer fehlen. Es läßt sich aber durch *nichts* erkennen und belegen, daß die Schlagkraft der *Masse* so weit gesunken ist, daß die Armee nicht einen sehr beachtenswerten Faktor bei einer kriegerischen Auseinandersetzung darstellt[29].«

In den Jahren danach wurde die Berichterstattung Köstrings unsicher, wobei der immer geringer werdende Informationsfluß und die subjektiven Auswirkungen der deutschen militärischen Siege 1939/1940 im Vergleich zu den wenig überzeugenden Aktionen der Roten Armee gegen das zusammenbrechende Polen und das kleine Finnland sicher die Hauptursachen hierfür waren. Es fehlen für diese Zeit auch — jedenfalls in der Überlieferung — große zusammenfassende Berichte Köstrings. Einzelbeobachtungen bestimmten die Korrespondenz der letzten Monate vor dem deutschen Angriff auf die Sowjetunion im Juni 1941.

Nach der Veröffentlichung der erbeuteten Geheimakten des französischen Generalstabes, aus denen die Absichten der Alliierten, die Kaukasus-Erdölzentren zu bombardieren, hervorgingen, meinte Köstring, gleichsam einen Lichtstrahl auf die eigene Einschätzung der Sowjetunion werfend, am 4. Juli 1940: »Nach Feststellung amerikanischer Sachverständiger hätten dort einige Brandbomben genügt, um Baku auf Jahre stillzulegen. Es ist die von mir seit langem vertretene gleiche Auffassung, als noch Operationen gegen die Sowjetunion von uns in Erwägung gezogen wurden[30].« Mit dieser Einschätzung und den vielen Einzelmeldungen, die er nach Berlin leitete, stimmt — aufs Ganze gesehen — das überein, was als Ergebnis einer ausführlichen Aussprache mit ihm vom Chef des Generalstabes des Heeres, Generaloberst Halder, am 3. September 1940 stichwortartig festgehalten wurde: »Köstring: Urteile über die russische Armee: Im Aufsteigen. Bis sie wieder auf frühere Höhe kommt, vier Jahre nötig. Schwierigkeiten der Feststellung infolge der Überwachung GPU — Rolle Baku — Unterweisung über unsere Absichten — Aussprache über Gelände und Verkehrsverbindungen in den verschiedenen Teilen Rußlands. Betonung der Schwierigkeiten für motorisierte Verbände — Erkundungsaufträge[31].«

Auch Hitler fand in den Berichten und in einem Vortrag Köstrings die Bestätigung, »daß Sowjets schwach«[32]. Andererseits kam die Abteilung Fremde Heere Ost am 17. Oktober 1940 aufgrund der sehr allgemein gehaltenen Berichte Köstrings doch zu dem Schluß[33], »daß die Rote Armee ein ernstzunehmender Faktor sei und über eine beachtliche Defensivkraft verfüge, daß sie jedoch keinen Bewegungskrieg im großen Rahmen führen könne.« Auch wurde auf die für die sowjetische Seite vorteilhaften Faktoren Zeit und Raum, die schlechten Verkehrsverhältnisse und die klimatischen Bedingungen für einen Ostfeldzug hingewiesen.

Wie wenig konkret insgesamt die Unterlagen waren, auf die sich die deutsche militärische Planung stützen konnte, zeigte in besonders krasser Weise das »Handbuch« über die »Kriegswehrmacht der UdSSR«, das die Abteilung Fremde Heere Ost am 1. Januar 1941 herausgab[34]. Hier wurde zugegeben, daß man über die sowjetische Kriegsgliederung faktisch nichts wußte. Dennoch wurde behauptet, daß die Rote Armee »für einen modernen Krieg nicht geeignet und nicht in der Lage [sei], einer kühn geführten, modern ausgerüsteten Streitmacht entscheidend Widerstand entgegenzustellen«. Die inzwischen eingeleiteten Reformen würden bis zu ihrer Realisierung »noch Jahre, wenn nicht Jahrzehnte in Anspruch nehmen«. »Die Sowjetunion bewahrt heute nur noch die äußere Form, nicht aber den Inhalt der eigentlichen marxistischen Lehre«, hieß es einleitend. »Der Staat wird getragen von einem Stalin blind ergebenen

Beamtenapparat, die Wirtschaft von Ingenieuren und Leitern, die dem neuen Staat alles verdanken und ihm treu ergeben sind. Die Wehrmacht soll, besonders nach den Erfahrungen des finnischen Krieges, auf eine neue Grundlage gestellt werden. Von bolschewistischem Größenwahn gigantischer Manöver und großer Übungen kehrt man zurück zur Kleinarbeit der Einzelausbildung bei Offizier und Mann.«

Das traditionelle Rußland-Bild schimmerte deutlich aus der Feststellung hervor: »Der russische Volkscharakter: Schwerfälligkeit, Schematismus, Entschluß- und Verantwortungsscheu, ändert sich nicht [...] Die Schwäche [der Roten Armee] liegt in der Schwerfälligkeit der Führer aller Grade, dem Kleben am Schema, der modernen Ansprüchen nicht genügenden Ausbildung, der Scheu vor Verantwortung und dem auf allen Gebieten fühlbaren Mangel an Organisation.« Bei allen gelegentlichen vagen Einschränkungen galt somit als große Leitlinie der Beurteilung die Überzeugung, daß der Modernisierungsrückstand auf sowjetischer Seite, deren Unfähigkeit zu flexiblem Handeln und zu Improvisationen beziehungsweise die technische Überlegenheit und die operative Führungskunst der deutschen Seite eine schnelle Entscheidung zu eigenen Gunsten herbeiführen würden[35].

Während die Rußland-Vorstellungen (Zuversicht auf einen Sieg in kürzester Zeit) auf den bisher behandelten Führungsebenen (OKH, OKW, Seekriegsleitung, Fremde Heere Ost, Militärattaché Moskau) relativ einheitlich waren, unabhängig davon, ob man im Blick auf den ja noch keineswegs beendeten Krieg gegen England den Angriff auf die Sowjetunion für sinnvoll ansah oder nicht (Brauchitsch und Halder tauschten untereinander Zweifel aus; Raeder suchte Hitler gar vom Ost-Angriff abzubringen), waren die Auffassungen auf der Ebene der Heeresgruppen- und Armeeführungen, soweit dies die verfügbaren Quellen erkennen lassen, geteilt. Vom Oberbefehlshaber der Heeresgruppe Nord, Ritter v. Leeb, ist nur die kurze, skeptisch klingende Bemerkung bekannt: »Muß denn das auch noch sein? Dazu reichen ja unsere Kräfte nicht. Das muß doch die Politik vermeiden[36].« Der Oberbefehlshaber der Heeresgruppe Mitte, v. Bock, wurde am deutlichsten, als er Hitler gegenüber am 2. Februar 1941 bemerkte, daß er zwar den militärischen Sieg über die Rote Armee für möglich halte, sich aber nicht vorstellen könne, »wie die Sowjets zum Frieden zu zwingen seien«[37]. Der Oberbefehlshaber der Heeresgruppe Süd, v. Rundstedt, beschränkte sich auf den zweideutigen Kommentar: »Dann also auf Wiedersehen in Sibirien«, als er sich am 4. Mai 1941 von Ritter v. Leeb verabschiedete[38].

Die Rußland-Vorstellungen der Armeeoberbefehlshaber und der Chefs der Generalstäbe von Heeresgruppen und Armeen lassen sich infolge der Zufälligkeit der Überlieferungsdichte (für die in der Mitte der Ostfront eingesetzte 4. Armee ist sie besonders gut) nur beispielhaft ermitteln. Generaloberst Guderian, der im Rahmen dieser Armee die Panzergruppe 2 führen sollte, hatte schon am 10. August 1940 Hitler persönlich über seine »Eindrücke und Erfahrungen mit Roter Armee September/Oktober 1939 in Brest-Litowsk usw.« berichtet[39]. Der Heeresadjutant, Major Engel, hielt darüber in seinen Notizen fest: »Berichte sehr ungünstig über Bewaffnung und Haltung der Sowjets. Besonders Panzerfahrzeuge alt und unmodern. Nachrichtenmittel ebenfalls sehr rückständig[40].« Bei einer Besprechung beim Oberbefehlshaber der 4. Armee, v. Kluge, wenige Wochen vor Angriffsbeginn, am 20. Mai 1941, wiederholte Guderian seine Auffassung vom Zustand der sowjetischen Panzerwaffe. »Die deutsche Panzerwaffe [hatte] 1939 elf Jahre theoretischer Vorbereitungen hinter sich [...], und trotzdem traten bei Kriegsbeginn große Schwierigkeiten auf. Die russischen großen Panzerverbände, die erst im Winter gebildet sind, können also nicht gut jetzt schon schlagkräftig sein. Die Erfahrungen, die der Generaloberst persönlich bis 1930 mit den zur Ausbildung nach Deutschland entsandten russischen Offizieren gemacht hat, bestätigen, daß diese damals sich in ihrem Denken in völlig schematischen Gleisen bewegten[41].« Auch v. Kluge sprach von dem »Stumpfsinn« der Russen, der eine schnelle Entscheidung ermöglichen werde. Am ausführlichsten ging der Chef des Generalstabes der 4. Armee, Blumentritt, auf die Stichworte »Schematismus« und »Formalismus« der Russen ein, obwohl er zugab, daß »alle Unterlagen über das russische Heer [...] sehr unsicher und unklar« seien[42]. Schon am 8. Mai 1941 hatte Blumentritt sein Rußland-Bild umrissen: »Die Geschichte aller russischen Kriege zeigt, daß der Russe als Kämpfer, Analphabet und Halbasiate anders denkt und fühlt. Daher ist er unempfindlich gegen Witterungsunbilden, sehr genügsam, wenig blut- und verlustscheu und standfest. Daher waren alle Kämpfe von Friedrich dem Großen an bis zum Weltkrieg blutig. Trotz dieser Eigenschaften der Truppe hat das Russische Reich fast niemals gesiegt. Die *untere* Führung ist schematisch, ohne Selbständigkeit und wenig wendig. Wir sind ihm hierin *weit* überlegen! *Unsere* Unterführer packen kühn zu, ohne Angst vor Verantwortung. Die *obere* Führung war von jeher der unserigen unterlegen, weil sie zögernd, formal denkend und mißtrauisch ist. Die *heutigen*, noch verbliebenen hohen Führer sind — mit wenigen Ausnahmen — noch weniger zu fürchten als die früheren, gut ausgebildeten kaiserlich-russischen Generale [...] Die ersten 8—14 Tage kann es harte Kämpfe geben, aber dann wird wie bisher der Erfolg nicht ausbleiben, und wir werden auch hier siegen. Wir wollen den *Ruf und Nimbus* der Unbesiegbarkeit nicht vergessen, der unserer Wehrmacht überall vorausgeht, und gerade auf die wenig ›offensive‹ Mentalität der Russen besonders lähmend wirken wird[43]!« Diese pointiert Optimismus herauskehrenden Wendungen, die ungeachtet der Siegeszuversicht, die sie ausdrücken sollten, doch eine unterschwellige Besorgnis nicht ganz verdecken konnten, spiegeln wohl am treffendsten die Haltung der meisten höheren Militärs vor dem 22. Juni 1941 wider (obwohl wenige so viel zu Papier brachten wie Blumentritt). Demgegenüber war die Bemerkung des Chefs des Generalstabes der Heeresgruppe Süd, v. Sodenstern, bei einem Planspiel im Januar 1941: »Seid Ihr Euch eigentlich im klaren, daß nunmehr dieser Krieg verloren ist[44]?«, die atypische Äußerung eines intellektuell den meisten weit überlegenen einzelnen. Durchweg wurde von den Chefs der Generalstäbe von Heeresgruppen und Armeen mit einer Feldzugsdauer von acht bis zehn Wochen gerechnet.

Wie die Abteilung Fremde Heere Ost des Generalstabes des Heeres, so besaß auch das Wirtschafts- und Rüstungsamt im OKW unter General Thomas nur höchst unzulängliche Informationen über die Sowjetunion. Die Angaben stammten größtenteils aus dem Jahre 1938. Thomas, der sich in der Vorkriegszeit mit seiner Auffassung, daß auch der nächste Krieg ein »totaler«, ein »Weltkrieg« sein werde, und mit seinem Eintreten für eine deutsche »Tiefenrüstung«, um diesem gewachsen zu sein, Hitler gegenüber exponiert hatte[45], war insgesamt pessimistischer hinsichtlich eines schnellen Sieges über die Sowjetunion. »Die UdSSR ist in der Rangordnung der großen Industriestaaten der Welt von der fünften Stelle 1929 heute hinter USA und Deutschland an die dritte Stelle getreten. Die Produktionsgüterindustrie ist bei ihr ungewöhnlich stark gegenüber der Verbrauchsgüterindustrie bevorzugt«, so lautete das Gesamturteil über die Sowjetunion in einer umfangreichen Zusammenstellung über das Kriegspotential der Sowjetunion durch das Wirtschafts- und Rüstungsamt vom März 1941[46]. Aber die Auffassung, daß Transportschwierigkeiten eine Versorgung der motorisierten Teile der Roten Armee äußerst erschweren und bald unmöglich machen würden, vor allem aber, daß rund 75 Prozent der sowjetischen Rüstungsindustrie und fast 100 Prozent der feinmechanischen und optischen Industrie westlich der Archangel'sk—Astrachan'-Linie lägen, führte insgesamt doch zu der beruhigenden Überzeugung, durch einen Vormarsch bis zu dieser Linie die Sowjetunion »tödlich« treffen zu können, insbesondere dann, wenn, wie Thomas nahelegte, das Kaukasus-Erdölgebiet gleich im ersten Zuge mit besetzt würde. Zur Entwicklung eines realistischen Rußland-Bildes fehlten Thomas die Informationen. So blieb es in der für Göring angefertigten zusammenfassenden Aufzeichnung vom 13. Februar 1941 bei einigen skeptischen Zwischentönen[47].

Die Erwartung, daß die deutsche Kriegsmaschine die Sowjetunion in kurzer Zeit überrollen werde, war indessen nicht nur in der deutschen militärischen Führung weitestgehend Opinio communis, sondern sie wurde auch von britischen und amerikanischen Militärs und Politikern geteilt, die an dem einseitig die Schwächen hervorkehrenden Rußland-Bild sogar bis weit in den deutsch-sowjetischen Krieg hinein festhielten. Der britische Geheimdienst rechnete im Mai/Juni 1941 mit zehn Tagen, Botschafter Cripps mit einem Monat und der Chef des Empire-Generalstabes Dill mit sechs Wochen vom Beginn des deutschen Angriffs bis zum Kollaps der Sowjetunion[48]. Der amerikanische Marineminister Knox sprach von sechs bis acht Wochen, Kriegsminister Stimson von einem bis drei Monaten[49]. Dies deutet darauf hin, daß die verschiedenen Gesichter des verzerrten Rußland-Bildes auch im westlichen Ausland ihre Entsprechung hatten und eine umfassende Studie zu diesem Thema daher auch diesen weiteren Rahmen berücksichtigen müßte.

Beschränken wir uns hier auf die Analyse des Rußland-Bildes führender deutscher Militärs in den Wochen vor Beginn des deutschen Angriffs auf die Sowjetunion, so wird man resümieren können, daß in dieser Zeit das eine, quasi das optimistische »Gesicht« des traditionellen Bildes, die Vorstellung vom »tönernen Koloß«, der bei einem starken Stoß von außen schnell zusammenbrechen werde, eindeutig dominierte. Auffällig ist, daß das Stichwort »Brest-Litowsk« als politisches Ziel von niemandem direkt genannt wurde, auch wenn insbesondere von der SKl, aber auch von einzelnen Heeresoffizieren die Frage des »Friedens« nach dem »Sieg« meist kurz gestreift wurde. Der schnelle Triumph über Frankreich, die erfolgreichen »Blitzfeldzüge« insgesamt, zuletzt noch in dem schwierigen Gelände in Südosteuropa, hatten jenes hybride Überlegenheitsbewußtsein hervorgerufen, das insbesondere für den Generalstab des Heeres das russische Problem nur noch zu einer Frage des richtigen Operationsansatzes werden ließ. Die Klischees von der schwerfälligen, schematisch denkenden und handelnden, verantwortungsscheuen Roten Armee, die in Polen und in Finnland alles andere als militärisch überzeugende Leistungen vollbracht hatte (bemerkenswert, daß außer von Köstring die Erfolge der Roten Armee im Fernen Osten gegen Japan 1938/1939 überhaupt nicht »realisiert« wurden), trugen zusammen mit der überkommenen Vorstellung, daß die Absprengung von Teilen des Russischen Reiches (besonders der Ukraine) gelingen werde, wesentlich zu der Erwartung bei, daß die deutsche technische und führungsmäßige Überlegenheit den raschen durchschlagenden Erfolg herbeiführen werde. Der Mangel an Informationen über die Sowjetunion, das Fehlen einer konkreten Vorstellung vom Gegner, wurde demgegenüber nicht als gravierend betrachtet. Aufs Ganze gesehen bestimmte — um es abschließend noch einmal zu betonen — das traditionelle Rußland-Bild die Vorstellungswelt der meisten Militärs, mochte es Hitler auch infolge der systematischen Propagierung des nationalsozialistischen Rußland-Bildes in der deutschen Öffentlichkeit in den Jahren vor 1939 in der Entscheidungssituation des Frühjahrs 1941 nicht schwer gefallen sein, sich zur Durchsetzung seiner Konzeption des rassenideologischen Vernichtungskrieges auch der davon mitbestimmten Sprache einiger führender Militärs zu bedienen. Dies konnte später um so leichter »verdrängt« werden, als die meisten Militärs nicht mit diesem nationalsozialistischen, sondern mit dem traditionellen Rußland-Bild die Vorbereitungen und Planungen für den »Ostfeldzug« betrieben hatten. In diesem aber war, auch wenn quasi das optimistische Gesicht (»tönerner Koloß«) in den Monaten Juli 1940 bis Juni 1941 eindeutig dominiert hatte, die pessimistische Kehrseite (Rußland als der alles bedrohende und potentiell überrollende »Koloß«) nie völlig ausgelöscht worden, wie einzelne skeptische Bemerkungen und Untertöne in den Äußerungen führender Militärs 1940/1941 erkennen ließen. Ohne daß hier die sicher nicht völlig mit dem Kriegsverlauf konform gehende, aber ihm insgesamt folgende Verschiebung nachgezeichnet werden könnte, besteht doch kein Zweifel daran, daß dieses andere Gesicht des Rußland-Bildes in den Jahren von 1941 bis 1945 immer mehr in den Vordergrund rückte und schließlich absolut dominierend wurde. Jodls Äußerung vom 15. Mai 1945 ist vor diesem allgemeinen Hintergrund ein herausragendes Zeugnis dafür, bis zu welchem Grade sich in dieser Zeit die Akzente innerhalb des über das Kriegsende weiterwirkenden traditionellen Rußland-Bildes verschoben hatten.

Anmerkungen

[*] Wiederabdruck aus: Andreas Hillgruber, Die Zerstörung Europas. Beiträge zur Weltkriegsepoche 1914 bis 1945, Frankfurt a. M., Berlin 1988, S. 256—272. Die Schreibweise der russischen Namen wurde — mit Ausnahme der Quellenzitate — den Regeln der wissenschaftlichen Transliteration angepaßt.

[1] Vgl. I. Geiss, B. J. Wendt (Hrsg.), Deutschland in der Weltpolitik des 19. und 20. Jahrhunderts, Düsseldorf 1973, S. 143 ff.

[2] Hierzu A. Hillgruber, Deutsche Rußland-Politik 1871—1918: Grundlagen — Grundmuster — Grundprobleme, in: Saeculum, 27 (1976), S. 94 ff., bes. S. 98 f.

[3] Eine Ausnahme bildet die zum Forschungsprogramm Günther Stökls gehörende Studie von H. Hecker, Die Tat und ihr Osteuropa-Bild 1909—1939, Köln 1974. Dieses Forschungsprogramm sucht die in der deutschen Publizistik des Kaiserreiches den sozialen Führungsschichten vermittelten »Bilder« von Rußland und den ostmitteleuropäischen Völkern und Ländern zu erfassen.

[4] Vor allem W. Laqueur, Deutschland und Rußland, Berlin 1965; G. Schubert, Anfänge nationalsozialistischer Außenpolitik, Köln 1963; E. Jäckel, Hitlers Weltanschauung. Entwurf einer Herrschaft, Tübingen 1969; A. Kuhn, Hitlers außenpolitisches Programm. Entstehung und Entwicklung 1919—1939, Stuttgart 1970.

[5] Kriegstagebuch des Oberkommandos der Wehrmacht (Wehrmachtführungsstab) 1940—1945. Geführt von H. Greiner und P. E. Schramm. Im Auftrag des Arbeitskreises für Wehrforschung hrsg. von P. E. Schramm, 4 Bde, Frankfurt a. M. 1961—1979. Bd 4, 1961, S. 1503.

[6] Generaloberst Halder, Kriegstagebuch. Tägliche Aufzeichnungen des Chefs des Generalstabes des Heeres, 1939—1942, bearb. von H.-A. Jacobsen, hrsg. vom Arbeitskreis für Wehrforschung, 3 Bde, Stuttgart 1963—1964. Bd 2, 1963, S. 32 f.

[7] Ebd., S. 33.

[8] Der Prozeß gegen die Hauptkriegsverbrecher vor dem Internationalen Militärgerichtshof (International Military Tribunal), Nürnberg 14. November 1945—1. Oktober 1946, 42 Bde, Nürnberg 1947—1949 (IMT), XXVI, Dok. PS-873: Aufzeichnung über die Besprechung am 30.4.1941.

[9] Hierüber Korrespondenz mit Oberst Dr. Wolfgang Seiz (Hamburg) — Briefe vom 15.3. und 18.3.1977.

[10] Hierzu J. L. Wallach, Das Dogma der Vernichtungsschlacht. Die Lehren von Clausewitz und Schlieffen und ihre Wirkungen in zwei Weltkriegen, Frankfurt a. M. 1967.

[11] Halder (wie Anm. 6).

[12] Ebd., S. 39.

[13] Ebd.

[14] Vollständiger Text der »Studie«: Der »Operationsentwurf Ost« des Generalmajors Marcks vom 5. August 1940. Hrsg. und eingel. von I. Lachnit und F. Klein, in: Wehrforschung, (1972), H. 4, S. 114 ff. — Zu Marcks ferner O. Jacobsen, Erich Marcks. Soldat und Gelehrter, Göttingen 1971, S. 88 ff. In einem Privatbrief Marcks' vom 23.8.1940 meinte er: Englands »einziger wertvoller Verbündeter wäre Rußland — aber daran ist heute nicht zu denken« (ebd., S. 88). Die Kompliziertheit Marcks' wird aus seinen Äußerungen vom Herbst 1938

(auf dem Höhepunkt der »Sudetenkrise«) deutlich: »Das ist die Totenglocke von Europa« (ebd., S. 77), ebenso vom September 1939 (nach dem Sieg über Polen): Ihn erfülle »das stolze Gefühl, daß die Arbeit der letzten zwanzig Jahre nicht umsonst gewesen sei« (S. 78), und vom 19.6.1940 (nach dem Triumph über Frankreich): »Das Verhältnis ist etwa wie das der Revolutionsheere von 1796 zu denen der Koalition; nur sind wir diesmal die Revolutionäre und Sansculotten« (S. 88). Zum Sodenstern-Ansatz vgl. Lachnit, Klein, S. 116.

[15] Lachnit, Klein (wie Anm. 14), S. 116.

[16] Ebd., S. 121.

[17] Ebd.

[18] Erstmals veröffentlicht aus sowjetischen Beute-Akten von L. Besymenski, Sonderakte Barbarossa, Stuttgart 1968, S. 307 ff.; mit anderem »Kopf« unter Hinweis auf Besymenski wieder abgedr. bei E. Moritz (Hrsg.), Fall Barbarossa. Dokumente zur Vorbereitung der faschistischen Wehrmacht auf die Aggression gegen die Sowjetunion (1940/41), Berlin (Ost) 1970, S. 126 ff.

[19] Besymenski (wie Anm. 18), S. 308.

[20] Ebd., S. 311.

[21] Ebd.

[22] In die komplizierte Frage nach dem Anteil der verschiedenen Beteiligten aus OKW und OKH sind am tiefsten eingedrungen M. Messerschmidt, Die Wehrmacht im NS-Staat. Zeit der Indoktrination, Hamburg 1969, S. 396 ff., und H. Krausnick, Kommissarbefehl und »Gerichtsbarkeitserlaß Barbarossa« in neuer Sicht, in: Vierteljahreshefte für Zeitgeschichte, 25 (1977), S. 682—738.

[23] Zu diesem gesamten Komplex vor allem H.-A. Jacobsen, Kommissarbefehl und Massenexekution sowjetischer Kriegsgefangener, in: H. Buchheim, M. Broszat, H.-A. Jacobsen, H. Krausnick, Anatomie des SS-Staates II, Freiburg i. Br. 1965, S. 163 ff.; H. Uhlig, Der verbrecherische Befehl, in: Vollmacht des Gewissens, Frankfurt a. M. 1965, S. 289 ff.; daraus auch das folgende Zitat (S. 223 f.); ferner: Fall Barbarossa (wie Anm. 18), S. 318 f.

[24] IMT, XXXV, S. 84. — Das in einzelnen Artikeln militärischer Zeitschriften 1937/1938 verbreitete Rußland-Bild mit den nationalsozialistischen Elementen antibolschewistischer und antisemitischer Prägung (Beispiele dafür bei H.-H. Wilhelm, wie Anm. 26) fand vor Kriegsbeginn (22.6.1941) nur in den Dokumenten zum Komplex »verbrecherische Befehle« ihren Niederschlag.

[25] M. Salewski, Die deutsche Seekriegsleitung 1935—1945. Bd 3: Denkschriften und Lagebetrachtungen 1938—1944, Frankfurt a. M. 1973, S. 137 ff.

[26] Zu Kinzel und der von ihm geleiteten Abteilung Fremde Heere Ost: H.-H. Wilhelm, Die Prognosen der Abteilung Fremde Heere Ost 1942—1945, in: ders. und L. de Jong, Zwei Legenden aus dem Dritten Reich, Stuttgart 1974, S. 12 ff.; A. Seaton, Der russisch-deutsche Krieg 1941—45, Frankfurt a. M. 1973, S. 59 ff.

[27] Zu Köstring vor allem: General Ernst Köstring. Der militärische Mittler zwischen dem Deutschen Reich und der Sowjetunion 1921—1941. Bearb. v. H. Teske, Frankfurt a. M. 1966.

[28] Ebd., S. 189 f.

[29] Ebd., S. 202.

[30] Ebd., S. 255.

[31] Halder (wie Anm. 6), Bd 2, S. 86. Zu den Widersprüchen zwischen den zeitgenössischen und den Nachkriegsäußerungen Köstrings: A. Hillgruber, Hitlers

Strategie. Politik und Kriegführung 1940—1941, München ²1982, S. 228.

³² Heeresadjutant bei Hitler 1938—1943. Aufzeichnungen des Majors Engel, hrsg. und kommentiert von H. v. Kotze, Stuttgart 1974, S. 92.

³³ Zusammenfassung nach Seaton (wie Anm. 26), S. 61.

³⁴ Auszugsweise veröffentlicht in: Fall Barbarossa (wie Anm. 18), S. 79 f.; ferner Seaton (wie Anm. 26), S. 62.

³⁵ Auch rein zahlenmäßig (Gesamtstärke, Panzer-, Flugzeugzahlen usw.) wurde die Rote Armee in allen von deutscher Seite vorgenommenen Schätzungen erheblich unterschätzt. Vgl. die Gegenüberstellung in: Deutschland im zweiten Weltkrieg, Bd 1, hrsg. von einem Autorenkollektiv unter Leitung von W. Schumann und G. Hass, Berlin (Ost) 1974, S. 526.

³⁶ Generalfeldmarschall Wilhelm Ritter v. Leeb. Tagebuchaufzeichnungen und Lagebeurteilungen aus zwei Weltkriegen, hrsg. von G. Meyer, Stuttgart 1976, S. 58 f.

³⁷ G. E. Blau, The German Campaign in Russia. Planning and Operations (1940—1942), Washington, D. C. 1955, S. 30.

³⁸ G. Blumentritt, Generalfeldmarschall v. Rundstedt (Masch.-Ms, Bundesarchiv-Militärarchiv Freiburg i. Br.), zitiert in: A. Hillgruber, Field-Marshal Gerd von Rundstedt, in: The War Lords. Ed by Field-Marshal Sir M. Carver, London 1976, S. 193.

³⁹ Heeresadjutant bei Hitler (wie Anm. 32), S. 86.

⁴⁰ Ebd. — Zu Guderian vgl. auch Wilhelm (wie Anm. 26), S. 15, Anm. 35.

⁴¹ Fall Barbarossa (wie Anm. 18), S. 112 f.

⁴² Ebd., S. 111.

⁴³ Ebd., S. 258 f. Vgl. auch O. Groehler, Zur Einschätzung der Roten Armee durch die faschistische Wehrmacht im ersten Halbjahr 1941, dargestellt am Beispiel des AOK 4, in: Zeitschrift für Militärgeschichte, 7 (1968), S. 729 ff. — Hierzu auch K. Reinhardt, Die Wende vor Moskau. Das Scheitern der Strategie Hitlers im Winter 1941/42, Stuttgart 1972, S. 21 f. Dort auch Herausarbeitung der unterschiedlichen Interpretation der Ursachen für die Fehleinschätzung von Roter Armee und UdSSR insgesamt durch die beiden DDR-Historiker Moritz (»reaktionäre Klassenpositionen und [...] besondere Aggressivität der deutschen Imperialisten«) und Groehler (»rassistischer Überlegenheitsdünkel«). — Zu der sich während der ersten Monate des Ostkrieges vollziehenden Wandlung des Rußland-Bildes der Offiziere »unterhalb« der Armeen vgl. die Edition der »›Fahrtberichte‹ aus der Zeit des deutsch-sowjetischen Krieges 1941. Protokolle des Begleitoffiziers des Kommandierenden Generals LIII. Armeekorps«. Eingel. und hrsg. von W. Lammers, Boppard a. Rh. 1988.

⁴⁴ Vollmacht des Gewissens (wie Anm. 23), S. 210.

⁴⁵ G. Thomas, Geschichte der deutschen Wehr- und Rüstungswirtschaft (1918—1943/45), hrsg. von W. Birkenfeld, Boppard a. Rh. 1966; B. A. Carroll, Design for Total War. Arms and Economics in the Third Reich, Den Haag, Paris 1968.

⁴⁶ Fall Barbarossa (wie Anm. 18), S. 89 ff.

⁴⁷ Ausführliche Zitate daraus in: Hillgruber, Hitlers Strategie (wie Anm. 31), S. 266 ff.

⁴⁸ A. J. P. Taylor, The Second World War, London 1965, S. 98 f.

⁴⁹ W. L. Langer, S. E. Gleason, The Undeclared War 1940/41, New York, London 1953, S. 538; R. E. Sherwood, Roosevelt und Hopkins, Hamburg 1950, S. 235 f.

Sigrid Wegner-Korfes

Botschafter Friedrich Werner Graf von der Schulenburg und die Vorbereitung von »Barbarossa«

Graf v. d. Schulenburg war etwa eineinhalb Jahre nach der Machtüber-nahme der Nationalsozialisten in Deutschland, im Herbst 1934, Bot-schafter in Moskau geworden.

Der damals fast 59 Jahre alte Diplomat galt als Kenner des zaristi-schen Rußland und der UdSSR. Er verfügte über jahrzehntelange Kenntnisse von Außen- und Außenwirtschaftspolitik der Regierungen in Petersburg und in Moskau und hatte unschätzbare Einblicke in die Geschichte der Nationalitätenpolitik in diesem großen Vielvölkerstaat gewonnen. Schon vor dem Ersten Weltkrieg hatte er bis zum Sommer 1914 über sieben Jahre lang im konsularischen Dienst des Auswärti-gen Amts des wilhelminischen Deutschlands im Zarenreich — in War-schau und in Tiflis — gestanden; von Mitte 1915 bis zum Ende des Krieges hatte er — Kenner des Kaukasus — an verschiedenen Plätzen des Nahen Ostens, im Herrschaftsgebiet des türkischen Verbündeten des Deutschen Kaiserreichs und der Habsburger Monarchie gewirkt. Als deutsche Truppen 1917 den Kaukasus besetzten, wurde er als Ver-treter des Deutschen Kaiserreichs nach Tiflis versetzt. Er galt dort nach der Oktoberrevolution als einer der Geburtshelfer der Georgischen Republik, die von 1918 bis 1921 existierte, und unterstützte deren Unab-hängigkeitsbestrebungen. Im Januar wurde der Graf zunächst zum Geschäftsträger, eineinhalb Jahre später zum Gesandten der Weimarer Republik in Teheran ernannt und im Sommer 1931 als Gesandter nach Bukarest geschickt[1].

Doch nicht allein seine Erfahrungen und seine Kompetenz waren für seine Vorgesetzten im Auswärtigen Amt der Grund gewesen, ihm den Posten in der UdSSR anzuvertrauen. Er galt in der Wilhelmstraße im Unterschied zu seinem Vorgänger in Moskau, Rudolf Nadolny — zu dem er den Kontakt aufrechterhielt —, nicht als eigenwillig oder auf-sässig, sondern »eher als ein etwas zu ruhiger und farbloser Beamter, von dem ausgeprägte eigene Meinungen und Initiativen nicht zu befürch-ten waren«[2]. Denn Hitler beabsichtigte, die Beziehungen Deutschlands zur UdSSR zunächst auf ein Mindestmaß zu reduzieren, bis er die Vor-

aussetzungen dafür geschaffen hatte, »die Sowjetunion in einem Erobe-
rungs- und Vernichtungskrieg für immer auszuschalten.« Für diese
Periode bis zum Casus belli schien der ausgeglichene, ja willfährig schei-
nende konservative Beamte gerade der richtige Mann zu sein[3].

Doch, wie sich nach und nach zeigen sollte, hatten sich Ribbentrop
und das Auswärtige Amt in der Beurteilung des Grafen geirrt. Seine
preußisch-protestantischen Grundsätze und Wertvorstellungen, der
hohe moralische Anspruch, den er an sich als wichtigsten Vertreter
Deutschlands in Moskau stellte, sein tiefes, in Jahren entstandenes Verständnis für die Handlungsweise oder die Handlungszwänge der Politiker des Kreml gegenüber einem erstarkenden Deutschland, sein Ver-
antwortungsbewußtsein gegenüber den Geschicken der deutschen
Nation und seine auf breiten historischen Einsichten und eigenen Erfahrungen beruhenden Auffassungen über die anzustrebende Entwicklung
der Beziehungen zwischen dem Deutschen Reich und der UdSSR sollten seine Tätigkeit in Moskau bestimmen. Als Gegner des Naziregi-
mes und dessen außenpolitischer Ziele verfolgte er in der sowjetisch-
ischen Metropole sachlich, ohne Hast, doch beharrlich eine seinen
Überzeugungen entsprechende Politik, die ihn schließlich in ernste
Konflikte mit seinen Berliner Auftraggebern brachte.

Hauptanliegen seines Wirkens in Moskau war es zunächst, dazu bei-
zutragen, die nach der Machtübernahme der Nationalsozialisten in
Deutschland gefährdeten und in relativ kurzer Zeit stark eingeschränkten Beziehungen zwischen dem Deutschen Reich und der UdSSR nicht
noch weiter abreißen zu lassen. Schulenburg versuchte zwischen Berlin und Moskau dahingehend zu vermitteln, daß die noch bestehenden Kontakte aufrechterhalten und nach und nach Grundlagen für
deren Wiederaufleben und weiteren Ausbau geschaffen wurden. Denn
der wenige Jahre nach der Bismarckschen Reichsgründung am 20. November 1875 geborene Graf war mit dem außenpolitischen und militärpolitischen Gedankengut des ersten deutschen Reichskanzlers speziell gegenüber Rußland eng verbunden. Er war davon überzeugt, daß
das russische Reich und Deutschland einander — vor allem auch öko-
nomisch — gut ergänzen könnten. Das hatte ihm sein eigenes Miterle-
ben, in beschränktem Maße auch Mitgestalten der Beziehungen zwischen dem kaiserlichen Deutschland und dem Zarenreich vor 1914
bestätigt. Er lehnte die Lösung von Konflikten zwischen den beiden
Staaten durch einen Krieg kategorisch ab. Er war fest davon überzeugt,
daß jedes noch so starke Deutschland bei einer militärischen Auseinandersetzung mit dem großen und mächtigen Reich im Osten — unab-

hängig von der hier herrschenden Ideologie und Gesellschaftsdoktrin — wie einst Napoleon scheitern müsse. Die Erfahrungen des Ersten Weltkrieges und dessen Folgen — Revolutionen und erniedrigende Friedensverträge — hatten ihm dies bewiesen. In einer dem 1926 von Außenminister Gustav Stresemann abgeschlossenen Berliner Vertrag etwa entsprechenden Gestaltung des Verhältnisses zwischen dem Deutschen Reich und der UdSSR sah Schulenburg vor und nach 1933 die Voraussetzung für das ökonomische Wiedererstarken Deutschlands und die Basis jeglicher erfolgreicher deutscher Außenpolitik — speziell auch bei der Revision der Bedingungen des Vertrages von Versailles.

In eben diesem Sinne hatten der Graf und seine wichtigsten Mitarbeiter und Vertrauten an der Botschaft[4] gewirkt und versucht, zwischen den beiden totalitären Staaten, dem nationalsozialistischen Deutschland und der stalinistischen Sowjetunion, während all der schweren innen- und außenpolitischen Krisen der dreißiger Jahre zu vermitteln, auszugleichen, der antibolschewistischen Propaganda in Deutschland trotz des immer stärker werdenden stalinistischen Terrors möglichst wenig neuen Zündstoff zu liefern und ihre sowjetischen Gesprächspartner möglichst zur Nachsicht gegenüber den Wortexzessen Hitlers, Rosenbergs und später Ribbentrops zu bewegen[5].

Schulenburg und seine Mitarbeiter an der Botschaft bemühten sich darum, ihre Auffassungen über das ihrer Meinung nach im beiderseitigen Interesse einzig realistische deutsch-sowjetische Verhältnis auch im nazistischen Deutschland zu verbreiten. Insbesondere, nachdem der Botschafter die antisowjetischen Ausfälle Hitlers und dessen Gebiets- und Rohstoffforderungen an die UdSSR im September 1936 auf dem Nürnberger Parteitag der NSDAP hatte mit anhören müssen und nach anfänglichem Zögern zu der Auffassung gekommen war, daß die Angriffsabsichten Hitlers gegenüber der Sowjetunion ernst gemeint sein könnten[6], versuchten er und seine engsten Mitarbeiter an der Botschaft, sich diesen mit allen ihnen zur Verfügung stehenden Mitteln in den Weg zu stellen. Sie wußten, daß sie in ihrer kategorischen Ablehnung eines Krieges gegen die UdSSR in Berliner Regierungskreisen — hier besonders unter den für Osteuropa Zuständigen im Auswärtigen Amt — Gleichgesonnene hatten und daß sie auch innerhalb der militärischen Führungsschicht Anhänger ihres Standpunktes besaßen.

Eine besonders günstige Gelegenheit, über die der Botschaft zur Verfügung stehenden diplomatischen Kanäle hinaus einen breiten Hörerkreis von ihren Auffassungen über die Gefahr eines Krieges mit der Sowjetunion zu informieren, bot sich dem Grafen im November 1937, als er auf Einladung des Chefs des Wehrmachtamtes im Reichskriegsministerium, General Keitel, in der Berliner Wehrmachtakademie einen Vortrag über die UdSSR hielt[7]. Spätestens bei dieser Gelegenheit wird er erfahren haben, daß Hitler am 5. November vor dem Reichskriegsminister, den Oberbefehlshabern des Heeres, der Luftwaffe und der Kriegsmarine sowie dem Reichsaußenminister eine Rede über Ziele und Zeitpunkt seines Expansionsprogramms vor allem gegenüber den südöstlichen Nachbarn Deutschlands, Österreich und der ČSR, gehalten hatte: beide Staaten sollten mit Waffengewalt dem Dritten Reich möglichst bald angegliedert werden. Blomberg, Fritsch und Neurath waren diesen Ausführungen des Reichskanzlers entgegengetreten. Sie hatten vor dem wahrscheinlichen Eingreifen Frankreichs und Englands, möglicherweise auch Polens und der UdSSR, und somit vor dem Ausbruch eines zweiten Weltkrieges gewarnt. Sie hatten Hitler mit ihren Argumenten jedoch nicht von der Gefährlichkeit seiner Pläne überzeugen können[8].

Zwanzig Tage nach diesem Auftritt Hitlers hielt Schulenburg vor einem breiten Hörerkreis hoher Offiziere und leitender Beamter aus verschiedenen Ministerien und Dienststellen des Dritten Reichs seinen Vortrag über »Politische Beziehungen Deutschlands zur Sowjetunion«. Auch er warnte im wesentlichen mit den gleichen Argumenten wie Blomberg, Fritsch und Neurath, die wenige Monate später ihre Posten verloren, vor Hitlers gefährlichen Plänen, zwei Nachbarstaaten des deutschen Reiches zu liquidieren.

Im Mittelpunkt der Rede des Botschafters stand jedoch das Problem der deutsch-russischen Beziehungen. Selbstverständlich lehnte Schulenburg das in der UdSSR nach 1917 geschaffene ökonomische, politische und ideologische Regime ab. Doch sachlich ging er auf die verschiedensten Sphären des gesellschaftlichen Lebens dieses Staates ein. Er versuchte seinen Hörern klarzumachen, daß dieses riesige Land, das über ein Sechstel der Erdoberfläche einnehme, dessen Bevölkerung etwa 170 Millionen Menschen stark sei, das unbegrenzte Bodenschätze und für sein Volk nahezu alle lebensnotwendigen Rohstoffe besitze und seine Industrialisierung und speziell seine Rüstungsproduktion bedeutend gesteigert habe, ein ernstzunehmender Staat sei. Die Sowjetunion, erklärte er, stelle »gegenwärtig einen Machtfaktor dar, der dem alten Rußland kaum nachstehen dürfe und mit dem die Welt und insbesondere Deutschland infolge seiner geographischen Lage und seiner wirtschaftlichen Bedürfnisse rechnen müssen.«

Der Graf ging besonders auf die Außenpolitik der Sowjetunion ein und versuchte auch dabei, viele im nationalsozialistischen Deutschland dominierenden Fehleinschätzungen speziell auch dieses Problemkreises richtig zu stellen. Mit den verschiedensten Argumenten, darunter auch historischen Rückblicken, setzte er sich für die politische Entspannung und die Verstärkung der wirtschaftlichen Zusammenarbeit zwischen Deutschland und der UdSSR ein. »Die große Rolle, die das alte Rußland in der preußisch-deutschen Geschichte der letzten zwei Jahrhunderte gespielt hat«, hieß es in der Rede, »brauche ich nicht besonders zu unterstreichen. Sie kennen die Bedeutung, die die Haltung Rußlands für die Bismarcksche Politik in der Zeit der Reichsgründung gehabt hat, sowie die Rolle, die die wirtschaftlichen Beziehungen zwischen Deutschland und Rußland bis zum Weltkrieg gespielt haben.« Schulenburg setzte sich dafür ein, diese Traditionen fortzusetzen und warnte vor einem Krieg gegen die UdSSR. Die Sowjetregierung sei »ganz offensichtliche bemüht [...], jeglichen kriegerischen Komplikationen aus dem Wege zu gehen.« Die Reformen in der Roten Armee und die Erweiterung der Rüstungsproduktion trügen Verteidigungscharakter und »jedem Angreifer, der Gelüste auf russisches Territorium verspüren sollte«, sei »das gleiche Schicksal wie Napoleon beschieden.« Außer der stärker gewordenen Wehrfähigkeit ihres Landes kämen der UdSSR gegenwärtig bei einem Verteidigungskriege »alle durch die geographischen Verhältnisse und durch den Volkscharakter bedingten Vorteile zugute, die Rußland im Verlaufe seiner Geschichte schon so oft zu Hilfe gekommen sind. Die besten Verteidigungsmöglichkeiten Rußlands sind seine großen Entfernungen sowie die große Zähigkeit, Anspruchslosigkeit und Indolenz seiner Bevölkerung. Dazu kommt, daß die Sowjetregierung im Laufe der letzten Jahre den Begriff der Heimatliebe und des Sowjetpatriotismus in einem Umfang gefördert hat, der im Falle eines Verteidigungskrieges zu einer sehr wirksamen Waffe entwickelt werden kann.«

Speziell zum Verhältnis der Sowjetunion zu Deutschland betonte der Botschafter, daß die sowjetische Außenpolitik darum bemüht sei, »kriegerische Verwicklungen zu vermeiden.« Doch »seit dem Einbruche Japans in die Mandschurei glaubte die Sowjetunion mit der ständig drohenden Gefahr eines Zweifrontenkrieges rechnen zu müssen [...] Die Machtergreifung des Nationalsozialismus in Deutschland im Jahre 1933, das Streben der deutschen Politik, sich mit anderen Staaten gegen den Kommunismus zusammenzuschließen, das Antikommintern-Abkommen mit Japan und später mit Italien, der deutsch-polnische Ausgleich und vor allem die ständig steigende militärische Macht Deutschlands«, erklärte er, »haben in der Sowjetunion von neuem und in unvergleichlich stärkerem Maße als früher die Furcht vor einem Zweifrontenkrieg wachgerufen. Heute ist die Angst vor Deutschland das Leitmotiv der sowjetischen Außenpolitik geworden. Deutschland ist in den Augen der Sowjetunion der gefährlichste Feind, gegen dessen Angriff es sich mit allen Mitteln zu rüsten gilt [...] Heute besteht kein Zweifel, daß die sowjetischen Machthaber [...] von den aggressiven Tendenzen des nationalsozialistischen Deutschland fest überzeugt sind [...]« Dem ordne sie ihre ganze Außenpolitik unter: »Die wachsende Furcht vor Deutschland hat dazu geführt, daß die Beziehungen der Sowjetunion zu den anderen Staaten in immer steigendem Maße zu einer Funktion des Verhältnisses zu Deutschland geworden sind[9].«

Schulenburg versuchte seinen Hörern somit klarzumachen, daß es in erster Linie an der Politik der Führer des Dritten Reichs liege, die Beziehungen zur UdSSR wieder zu verbessern. Zugleich war seine Rede eine Warnung vor einem deutschen Kriegsabenteuer gegen diesen starken Staat.

Das Plädoyer des Botschafters fand, wie Reichskriegsminister Werner v. Blomberg ihm privat mitteilte, »›den vollen Beifall der Hörer‹. Er rief beträchtliche Aufmerksamkeit hervor. Zahlreiche Personen in Führungspositionen, wie etwa Blomberg selbst, baten um Zusendung des Manuskripts. Der Tenor dieses Vortrages lief den Vorstellungen Hitlers und den Richtlinien der von Reichsminister Goebbels diktierten Propaganda so eindeutig entgegen, daß seine Wirkung schwerlich ihrer Aufmerksamkeit entging[10].« Schulenburg hatte Gedanken öffentlich ausgesprochen, die im wesentlichen auch von Außenminister Neurath und Staatssekretär v. Mackensen, vom ehemaligen Botschafter in Rom, Ulrich v. Hassell, vom damaligen Botschafter in Warschau, Hans Adolf Graf v. Moltke — eines Vetters James Graf v. Moltkes — und von führenden Militärs, besonders dem damaligen Generalstabschef Generaloberst Ludwig Beck und anderen geteilt wurden[11].

Der Graf blieb wie seine Vertrauten an der Moskauer Botschaft dieser Ende 1937 in Berlin öffentlich vertretenen Auffassung über die Gefahren eines Krieges Deutschlands gegen die Sowjetunion bis zum 22. Juni 1941 treu. Er fand darin Resonanz und in gewissem Maße auch Unterstützung bei dem im Frühjahr 1938 eingesetzten Staatssekretär des Auswärtigen Amtes, Ernst Freiherr v. Weizsäcker. Auch diesem war es, wie er später in seinen Erinnerungen schrieb, »in der ganzen nationalsozialistischen Ära unklar geblieben, weshalb wir unseren zahlreichen Gegnern als Ausgangspunkt für ihre Politik die unabänderliche Gewißheit der deutschen Feindschaft mit Rußland in die Hand gegeben hatten. Weder existierte ein Grenzstreit mit der Sowjetunion, noch hatte diese bei uns einen politisch fühlbaren Einfluß[12].«

Die Botschaft in Moskau sah nach dem ersten Vorrücken deutscher Truppen mit Billigung der Westmächte in Richtung Osten, in die Sudeten, von den ersten Oktobertagen 1938 an einen Angriff auch auf die UdSSR näherkommen. Schon vor dem Münchener Abkommen — davon war auch sie überzeugt — wäre Hitler bereit gewesen, einen Weltkrieg zu entfesseln. Dies war Ende September 1938 zwar verhindert worden — doch nur für eine gewisse Frist. Denn Hitlers Expansionsabsichten in Richtung Osten waren längst nicht gestillt. Anders als Staatssekretär Ernst v. Weizsäcker, der zunächst eine außenpolitische »Schwebelage« Deutschlands zwischen Ost und West beibehalten wollte[13], war aus der Sicht der Moskauer Botschaft der Diplomatie nun die Aufgabe gestellt, ein außenpolitisches Paktsystem zu schaffen, das eine Wiederholung einer ähnlichen Situation, die unausweichlich zu einem großen Kriege führen mußte, verhinderte. Ihrer Auffassung nach hielt die Sowjetregierung den Schlüssel zum Erreichen dieses Zieles in den Händen. »Sie mußte in kurzer Zeit mit energischen Schritten dazu bewegt werden, ihr weltpolitisches Gewicht zur Stabilisierung der Lage Mittel- und Osteuropas in die Waagschale zu werfen[14].«

Schulenburg und seine engsten Mitarbeiter spielten nach Erkennen dieser Aufgabe die entscheidende Rolle in dem komplizierten Annäherungsprozeß zwischen der nach dem Münchener Abkommen außenpolitisch isolierten Sowjetunion und dem nazistischen Deutschland sowie bei der Einleitung und Fortsetzung der langwierigen und schwierigen Verhandlungen zwischen Berlin und Moskau, die dann schließlich am 23. August 1939 mit der Unterzeichnung des Nichtangriffspaktes zwischen dem Deutschen Reich und der UdSSR durch Ribbentrop und Molotov endeten.

Doch der Inhalt dieses Vertragswerkes sah anders aus, als der Graf sich dies vorgestellt hatte. Sein Plan war gewesen, durch Abschluß eines Abkommens eine friedliche Regelung der deutsch-polnischen Differenzen durchzusetzen, die Unantastbarkeit der drei baltischen Staaten durch Moskau und Berlin sicherzustellen, mit deutscher Hilfe den sowjetisch-japanischen Konflikt im Fernen Osten beizulegen und durch einen Wirtschaftsvertrag die ökonomische Zusammenarbeit zwischen Deutschland und der Sowjetunion maximal zu erweitern[15]. Ein solcher Pakt hätte sich als ein Instrument des Friedens erweisen können. Er war der Meinung gewesen, »daß, sobald Deutschland sich eine russische Rückendeckung verschafft haben würde, England und Frankreich Polen zur Mäßigung und Nachgiebigkeit zwingen würden. Als Folge davon erwarteten wir,« wie Hilger später schrieb, »eine deutsch-polnische Verständigung auf der Basis einer Rückgabe Danzigs an Deutschland und der Einräumung eines ›Korridors durch den Korridor‹ [...] Eine derartige Lösung des polnischen Problems betrachteten wir als die einzige Möglichkeit, einen zweiten Weltkrieg zu verhindern [...][16].«

Im Laufe der Verhandlungen wurde ihnen klar, daß Hitler keine Verständigung, sondern Krieg gegen Polen wollte und sich die Sowjetunion durch den Abschluß des geheimen Zusatzabkommens dabei faktisch zum Verbündeten machte: Unter anderem wurde die Zerschlagung und Teilung Polens durch beide Seiten und die Angliederung der drei baltischen Staaten an die UdSSR vereinbart[17].

Schulenburg sah im Abschluß des Nichtangriffspaktes zwar die Befreiung vom Alpdruck des Ausbruchs eines Krieges zwischen Deutschland und der Sowjetunion, aber im Zusatzabkommen auch ein Mittel, Hitlers Expansionsgelüste gegenüber Teilen Mittelosteuropas zu zügeln. Doch er war zutiefst bedrückt. Der Besuch Ribbentrops hatte all seine Hoffnungen zerstört. Am frühen Morgen des 24. August vertraute er sich v. Herwarth an: »Seine diplomatische Initiative war mißbraucht, der Nichtangriffspakt — ein Instrument der Friedenserhaltung — durch die Unterzeichnung des von Ribbentrop mitgeführten Teilungsprotokolls gleichsam in sein Gegenteil, ein Bündnis zum Kriege, verkehrt worden [...] Die Tatsache, daß Schulenburg an so prominenter Stelle an den Vorarbeiten zu diesem Pakt beteiligt gewesen war, wurde [...] nun zu seiner Tragödie[18].« Er sagte ihm: »Ich habe mit all meiner Kraft für gute Beziehungen zwischen Deutschland und der Sowjetunion gearbeitet und in gewisser Weise habe ich mein Ziel erreicht. Aber Sie wissen selbst, daß ich in Wirklichkeit nichts erreicht habe. Dieser Vertrag bringt uns den Zweiten Weltkrieg und stürzt Deutschland ins Verderben [...] Dieser Krieg wird ebenso wie der Erste Weltkrieg sehr, sehr lange dauern[19].«

An Alwine v. Duberg, seine Lebensgefährtin in Berlin, schrieb Schulenburg am 27. August, »daß der Krieg beinahe noch stärker droht als im vergangenen Jahre. Gott gebe, daß alles gut geht!« Acht Tage später vertraute er ihr an: »[...] Nun ist also doch das Schreckliche geschehen und der große Krieg ausgebrochen. Ich hätte nicht geglaubt, daß ich das zweimal erleben würde! Ich hatte so fest gehofft, daß nach dem Abschluß mit der Sowjet-Union die polnische Frage friedlich werde gelöst werden [...] Ich kann mich gar nicht mehr [...] über den großen diplomatischen Erfolg hier in Moskau freuen. Vielleicht ist er gar kein Glück für Deutschland gewesen[20]!«

Doch zunächst war ein Krieg Nazideutschlands gegen die UdSSR ad acta gelegt — dem Vertrage nach für ein Jahrzehnt.

In den ersten Monaten des Zweiten Weltkrieges, der mit dem Überfall Deutschlands auf Polen, der Kriegserklärung Großbritanniens und Frankreichs, der unerwartet schnellen Zerschlagung des polnischen Staates und dem Abschluß eines Grenz- und Freundschaftsvertrages zwischen den Regierungen Moskaus und Berlins am 27. September 1939 begonnen hatte, schien das deutsch-sowjetische Verhältnis tatsächlich ungetrübt.

Beide Vertragspartner unterwarfen sich innerhalb eines Jahres bedeutende Teile Europas und gewannen erheblich an Stärke. Sie hatten sich außerdem am 11. Februar 1940 durch den Abschluß eines neuen Wirtschaftsabkommens weitestgehende gegenseitige ökonomische Hilfe zugesichert. Drei Monate vor dem Überfall auf Frankreich hatte sich die Regierung Moskaus zur Bereitstellung umfangreicher kriegswichtiger Lebensmittel und Rohstoffe an Deutschland verpflichtet und ihm zugesichert, das Territorium der UdSSR als Transitland für die Lieferung von kriegswichtigen Rohstoffen aus südost- und ostasiatischen Staaten zur Verfügung zu stellen. Damit half Stalin Hitler vom ersten Kriegsjahr an, den britischen Blockadering zu sprengen. Die Lieferung aus der Sowjetunion nach Deutschland und umgekehrt erfolgten jedoch nicht in dem Umfang und Tempo, wie dies vereinbart worden war. Das führte auf beiden Seiten zu Verstimmungen, die Botschaft und Auswärtiges Amt zu schlichten versuchten[21].

Zunehmende Differenzen traten zwischen den Vertragspartnern besonders seit Sommer 1940 auch auf der Balkanhalbinsel auf: bei der Einverleibung Bessarabiens und der Nordbukowina durch die UdSSR, der Entsendung einer Militärmission Deutschlands nach Rumänien, durch den zweiten Wiener Schiedsspruch zugunsten Ungarns und Bulgariens, durch zunehmende Sicherheitsforderungen der Sowjetunion gegenüber der Türkei und dem Iran[22]. Auch Formulierungen Molotovs in seiner Rede vor dem Obersten Sowjet mußten aufhorchen lassen: »Wir haben viele neue Erfolge gehabt«, erklärte er am 1. August 1940, »aber wir beabsichtigen nicht, uns mit dem zufrieden zu geben, was wir erreicht haben. Um weitere unerläßliche Erfolge für die Sowjetunion zu gewährleisten, müssen wir immer an die Worte des Genossen Stalin denken: ›Wir müssen unser ganzes Volk in einen Zustand der Mobilisierung, des Vorbereitetseins auf die Gefahr eines militärischen Überfalls halten, so daß kein ›Zufall‹ und keine Tricks unserer äußeren Feinde uns unvorbereitet treffen. Wenn wir alle immer an diese unsere heilige Verpflichtung denken, so werden uns keinerlei Ereignisse überraschen, und wir werden der Sowjetunion neue und noch ruhmreichere Erfolge erringen‹[23].«

All das belastete und beunruhigte Botschafter Schulenburg natürlich. Er versuchte zu vermitteln, zu erklären, zu schlichten. Doch diese und andere Ereignisse erschienen ihm kein Grund zu einem ernsten Zerwürfnis zwischen Berlin und Moskau zu sein. Er ahnte nicht, daß Hitler noch während seines unerwartet erfolgreichen Feldzugs gegen Frankreich den Entschluß gefaßt und Generaloberst Alfred Jodl, dem Chef des Wehrmachtführungsstabes des OKW, anvertraut hatte, die UdSSR, sobald dies Deutschlands militärische Lage erlaubt, zu überfallen[24]. Auch v. Weizsäcker schien dies erfahren zu haben oder rechnete damit. In seinen Aufzeichnungen heißt es bereits am 23. Mai 1940: »Immer unter der Voraussetzung eines solchen überwältigenden Sieges im Westen liegt es ja nahe, auch im Osten, wo Raum ist und flüssige Grenzen, eine Ordnung herzustellen, die hält. Ob nun England gleich nachgibt oder ob man sich mit Bomben zur Friedensliebe bewegt — im Osten wird es wohl noch eine weitere Abrechnung geben [...] Ruhe wird nicht so schnell eintreten[25].« Doch seinem Botschafter in Moskau machte Weizsäcker über diese Vermutungen oder Kenntnisse keine Andeutungen.

Ende Juni 1940 tauschten Weizsäcker und der Chef des Generalstabes des Heeres, Generaloberst Franz Halder, ihre Informationen und Meinungen zum Krieg gegen Rußland aus. Trotz oder wegen der Erfolge gegenüber Frankreich gäbe es keine Aussicht auf Frieden, schrieb Halder danach in sein Tagebuch. Hitlers Augen seien »stark auf den Osten gerichtet [...]«[26]. Dies und Konkreteres dazu erfuhren streng vertraulich nach und nach auch andere führende Militärs — zum Beispiel Oberst Bernhard v. Lossberg, der Sachbearbeiter für Heeresfragen bei Jodl, ein Vetter v. Herwarths, sowie Hasso v. Etzdorf, seit Kriegsbeginn der Vertreter des Auswärtigen Amtes beim OKH. Diese beiden Männer baten v. Herwarth Mitte August 1940 darum, bei einem Privatbesuch in Moskau den deutschen Botschafter über folgendes geheim in Kenntnis zu setzen:

Hitler hatte am 21. Juli 1940 den Oberbefehlshabern von Heer, Luftwaffe und Marine im Beisein von Generaloberst Wilhelm Keitel, Chef des OKW, und Generaloberst Jodl auf dem Obersalzberg seinen Entschluß bekannt gegeben, die UdSSR möglichst noch im Herbst 1940, spätestens im Frühjahr — wahrscheinlich im Mai 1941 — zu überfallen und zu vernichten. Dafür sollte eine geheime Studie ausgearbeitet werden. Hitler ginge dabei unter anderem von den Überlegungen aus: »Die Sowjetunion wird jedes Jahr stärker und mit der Zeit eine tödliche Gefahr für Deutschland werden [...] Deutschland braucht Lebensraum und Rohstoffe, die es sich in Rußland holen wird.«

Hitler sei davon überzeugt, »daß die Sowjetunion unter dem Ansturm der deutschen Wehrmacht innerhalb von sechs Wochen militärisch und politisch zusammenbrechen werde«[27].

Dem Wunsche Hasso v. Etzdorfs entsprechend, beauftragte Schulenburg, auch er außer sich über diese Mitteilung aus Berlin, umgehend seinen neuen persönlichen Referenten, Botschaftsrat Gebhardt v. Walther, gemeinsam mit den anderen wichtigsten Mitarbeitern der Botschaft eine Denkschrift auszuarbeiten. Sie war am 10. Oktober 1940 fertiggestellt. In diesem Dokument wurde mit den verschiedensten Argumenten eindringlichst vor einem Angriffskrieg Deutschlands auf die UdSSR gewarnt. Die Sowjetunion, hieß es darin, würde ihrerseits einen Überfall auf Deutschland keinesfalls wagen. Bei einem Verteidigungskrieg würde aber »zweifellos die ganze Bevölkerung hinter der Regierung stehen.« Dies garantiere der tiefverwurzelte Patriotismus der sowjetischen Bevölkerung und ihrer Armee, die außergewöhnliche Entbehrungsfähigkeit der Bewohner dieses großen Staates sowie das Fehlen von Zersetzungserscheinungen in der Gesellschaft. Die Sowjetunion könne zwar unter für deutsche Truppen günstigen Wetterbedingungen territorial »zunächst die Ukraine, Weißrußland und die baltischen Staaten« verlieren. Diese Gebiete stellten für Deutschland aufgrund der dort bestehenden Kollektivstruktur jedoch nur eine wirtschaftliche Belastung dar. Und das Industriepotential werde die deutsche Armee wohl vernichtet vorfinden. Die »Bombardierung der hinter der Sowjet-Front liegenden Gebiete würde zwar dem sowjetischen Wirtschaftsapparat schwerste Schädigung hervor bringen [...]. Ob jedoch ein Zusammenbrechen der für die Armee notwendigen Versorgung mit Waffen und Material zu erreichen wäre«, erscheine zweifelhaft. Mit beschwörenden Worten hob die Denkschrift in ihrem außenpolitischen Teil hervor, daß es für Stalin nur eine Kriegsgefahr gebe: Deutschland. Stalin habe kein Ziel gegen Deutschland, sondern nur das einzige Ziel, »jede kriegerische Verwicklung mit Deutschland zu vermeiden«[28].

Hasso v. Etzdorf legte die Denkschrift aus Moskau Generalstabschef Halder vor. Dieser zeichnete sie am 2. November 1940 als »erhalten« ab. Doch zwei Tage später, in seinem Vortrag bei Hitler über die

Vorbereitungen des OKH für den Ostaufmarsch, erwähnte er sie nicht. Er verwandte auch keines ihrer Argumente, um Hitler dadurch von seinem Plan, die UdSSR zu überfallen, abzubringen[29].

Ein weiteres Mittel, Hitler von einem Angriff auf die UdSSR abzuhalten oder wenigstens Zeit zu gewinnen, sah die deutsche Botschaft in Moskau darin, durch Verhandlungen und möglichst auch eine Erweiterung der Verträge zwischen Berlin und Moskau entstandene Differenzen beizulegen. Schulenburgs beharrlichem Drängen war es vor allem zu verdanken, daß sich die NS-Führungsspitze dazu bereit erklärte, Molotov — dem wie Stalin an Verhandlungen mit Deutschland gelegen war — Mitte November in ihrer Hauptstadt zu empfangen. Dabei hatte der Botschafter den Eindruck, »daß Berlin tatsächlich wünschte, die entstandene Verstimmung zu begraben und das deutsch-russische Verhältnis im Sinne der Verträge von 1939 weiter zu pflegen«[30]. Auch Weizsäcker erhoffte sich von dem Besuch »eine Wendung zum Guten«. Diese Hoffnung sollte sich jedoch zerschlagen.

Molotov wurde schon am Tage seiner Ankunft und am folgenden Tage von Hitler persönlich zu einem langen Dialog empfangen. Offensichtlich lag diesem daran, selbst zu überprüfen, in welchem Grade die Regierung Stalins zu weiterer Zusammenarbeit mit dem kriegführenden Deutschland bereit war, und vor allem, wie weit sie selbst neue Gebietserweiterungen und in welcher Richtung anstrebe — um davon die Frage von Krieg und Frieden zwischen den beiden Staaten abhängig zu machen.

Die Verhandlungen Hitlers und Ribbentrops mit Molotov in Berlin — zu denen zwar Gustav Hilger, Botschafter Schulenburg aber unter Verstoß gegen das übliche Protokoll nicht zugelassen wurde — brachte die Pläne Hitlers gegen die Sowjetunion schnell zum Reifen.

Molotov kritisierte unter anderem wiederum Deutschlands Vorgehen in Rumänien, forderte die Übergabe der Südbukowina an die UdSSR und meldete sowjetische Ansprüche auf Bulgarien, die Dardanellen, Finnland und andere Gebiete in Nordeuropa an. Hitler versuchte, dem Vertreter Moskaus einen Vorstoß auf den Persischen Golf schmackhaft zu machen, ließ ihm vorschlagen, daß sich die UdSSR dem Dreimächtepakt anschlösse und ignorierte den hartnäckigen Versuch seines Gesprächspartners, dessen Fragen über die sowjetischen Interessen in Europa klar zu beantworten. Offensichtlich wollte Hitler die UdSSR in einen Konflikt mit England treiben und hätte dann den Vertrag mit Stalin noch nicht gebrochen. Doch es kam anders. Weizsäcker bewertete das Ergebnis des Molotov-Besuches in Berlin folgendermaßen:

»Wenn Hitler mit schlechtem Willen an Molotow herangegangen war, so hat auch dieser von einer Bereitschaft oder Vollmacht zum Interessenausgleich wenig merken lassen«. »Die Wunschliste des Volkskommissars« schien dem Staatssekretär »daran nicht unschuldig«[31].

Nach diesem Besuch machte die deutsche Seite keinen Versuch mehr, die politischen Verhandlungen mit der UdSSR fortzusetzen. Die Note Stalins vom 25. November 1940 wurde nicht beantwortet[32]. In der ersten Dezemberhälfte wurde vom Wehrmachtsführungsstab die »Weisung Nr. 21« für den »Fall Barbarossa« ausgearbeitet, Hitler am 17. Dezember vorgelegt und auf dessen Befehl am 18. Dezember an die Wehrmacht weitergeleitet. Die Vorbereitungen für einen Überfall auf die Sowjetunion waren damit endgültig angelaufen[33].

Dem Auswärtigen Amt blieb dies offiziell vorenthalten. Weizsäcker kam jedoch damals schon durch private Nachrichten zu der Schlußfolgerung, daß Hitler im Frühjahr 1941 zum Krieg gegen Rußland entschlossen sei[34].

Schulenburg erfuhr davon erst im Februar 1941 — wiederum streng vertraulich durch v. Herwarth, der nach Moskau gekommen war. Dieser unterrichtete den Botschafter auch darüber, daß die militärischen Vorbereitungen zur Realisierung von »Barbarossa« im von deutschen Truppen besetzten Polen in vollem Gange seien. »Jetzt war auch Schulenburg überzeugt, daß Hitler zum Krieg entschlossen sei, denn er hatte keinerlei Weisung erhalten, den politischen Dialog mit der Sowjetunion fortzusetzen«, berichtete Herwarth später. »Schulenburg war zutiefst bestürzt, um so mehr, weil am 10. Januar 1941 umfassende Wirtschaftsvereinbarungen zwischen Deutschland und der Sowjetunion von Mikojan und meinem alten Freund Schnurre geschlossen worden waren [...]«[35]. Für das Zustandekommen dieser Vereinbarung hatte sich der Graf selbst mit der Absicht sehr eingesetzt, dem Argument Hitlers zu begegnen, nur durch einen Krieg und die Besetzung weiter Teile der Sowjetunion könne Deutschland zu den notwendigen Rohstoffen aus dem Osten kommen. Dabei wußte der Botschafter, wie sehr zusätzliche Lieferungen an Deutschland die sowjetische Wirtschaft belasteten und daß der Kreml in seinem Entgegenkommen gegenüber Berlin bis an die Grenze des für sein Land zur Zeit Erträglichen gegangen war. Schulenburg konnte nicht fassen, warum Hitler Krieg gegen diesen Staat führen wollte, von dem er die notwendigen Produkte auf friedlichem Handelswege erhalten konnte. Er begann zu begreifen, daß sein jahrelanger Einsatz in Moskau für die Erhaltung des Friedens zwischen dem Deutschen Reich und der UdSSR von seiner eigenen Regierung hinterrücks verraten worden war und daß er selbst seit 1939 »zu einem skrupellos angelegten Betrugsmanöver mißbraucht wurde, mit dem Hitler sich vor allem die Möglichkeit verschaffen wollte, die Sowjetunion zeitweilig zu neutralisieren, um sich eine breitere Plattform für den nach wie vor geplanten großen und entscheidenden Krieg gegen Moskau zu schaffen«[36].

Weizsäcker, vom militärischen Erfolg Deutschlands in der UdSSR überzeugt, verfaßte am 6. März eine Niederschrift für Außenminister Ribbentrop, die er jedoch nicht ablieferte[37]. Darin hieß es: »Der Gedanke ist verlockend, jetzt bei dem großen Aufräumen in Europa der Sowjetunion, diesem letzten imperialistischen Gegner Deutschlands auf dem Kontinent, den Garaus zu machen. Unsere militärischen Machtmittel dazu sind mobilisiert. Sie sind kaum mehr zu steigern. Rußland dagegen steht heute noch auf schwachen Füßen. Ehe es uns über Jahr und Tag gefährlich werden könnte, würde die deutsche Überlegenheit jetzt ausreichen, um die kommunistischen Heere zu schlagen und vielleicht sogar dem kommunistischen System den Todesstoß zu geben [...].«

Entfesselte Deutschland den Krieg gegen Rußland, so bliebe dabei freilich offen, »ob ein so expansives Unternehmen wie die Besetzung Rußlands nebst Sibirien in einem lohnenden Verhältnis zu dem dazu nötigen Kraftaufwand stünde und ob wir das Gewonnene trotz der bekannten passiven Resistanz der Slawen ausnützen könnten. Ich bezweifele das.«

England, hieß es weiter, würde einen deutschen Angriff auf Rußland sicher begrüßen. Der Krieg würde sich dann aber verlängern und England wider Erwarten doch Rußlands Alliierter werden. Sollte Deutschland, um dies zu verhindern, nicht prüfen, ob Rußland nicht nur wie bisher zum »stillen Wirtschaftspartner«, sondern auch zum Bundesgenossen gemacht werden könnte? Rußland selbst böte Berlin doch seit dem Herbst ein Offensiv-Bündnis gegen England an. Und Weizsäcker kam zu der Schlußfolgerung: »Darauf einzugehen und Rußland gegen die Meerengen sowie gegen die Gebiete südlich Batum/Baku in der Richtung auf den Persischen Gold anzusetzen, wäre für England ein viel empfindlicherer Schlag als der Versuch, das russische Territorium in unser Kriegssystem zwangsweise einzubauen. Rußland einmal im Süden gegen England engagiert, wäre für uns kein Sorgenpunkt mehr [...]«[38]. Der Staatssekretär tendierte im März somit immer noch zu der Auffassung, die Hitler und Ribbentrop Molotov im November 1940 hatten einreden wollen.

Die deutsche Botschaft in Moskau verstärkte in der gleichen Zeit ihre verzweifelten Bemühungen, das von Hitler beschlossene Verbrechen aufzuhalten. Gemeinsam mit Hilger und Köstring verfaßte Schulenburg ein Memorandum an Hitler über das deutsch-sowjetische Verhältnis. Noch einmal versuchten die drei Männer vor allem durch fundierte Warnungen vor der Unterschätzung der Kampfkraft der Roten Armee, der Verteidigungsfähigkeit der UdSSR und der Verteidigungsbereitschaft seiner Bevölkerung, Hitler von dem für das Deutsche Reich gefährlichen Risiko eines Angriffskrieges gegen die UdSSR abzuhalten. Deutschland könnte selbst bei einem langen Krieg und stärkstem Einsatz von Truppen und modernsten Waffen dieses Land nicht besiegen. Sie versuchten Hitler zu überzeugen, daß der Kreml Deutschland gegenüber keine Kriegspläne habe[39].

Schulenburg brachte dieses Memorandum persönlich nach Berlin, ließ es Hitler umgehend zuleiten und setzte durch, daß er von diesem am 28. April empfangen wurde. Am gleichen Tag mußte v. Weizsäcker vorher in Eile eine Stellungnahme an Ribbentrop ausarbeiten. Im Unterschied zu Schulenburg von den militärischen Siegeschancen Deutschlands überzeugt, ging der Staatssekretär bei seiner Warnung nur von machtpolitischen Aspekten aus. Er bezweifelte, »daß wir das Gewonnene gegen die bekannte passive Resistenz der Slawen ausnutzen könnten. Ich sehe im Russischen Reich keine tragfähige Opposition, welche das kommunistische System ablösen und sich anschließen sowie sich uns dienstbar machen könnte. Wir hätten also wahrscheinlich mit dem Fortbestand des Stalin-Systems in Ostrußland und in Sibirien und dem Wiederaufleben von Feindseligkeiten im Frühjahr 1942 zu rechnen [...][40].«

In der halben Stunde, die ihm Hitler gewährte, versuchte Schulenberg diesem klarzumachen, daß in letzter Zeit in Moskau Gerüchte über Angriffsabsichten Deutschlands auf die Sowjetunion zunehmen und Beunruhigung schaffen würden. Er betonte, daß der Kreml den Nichtangriffspakt nicht zu brechen beabsichtige. Doch Hitler winkte ab, von Diplomaten und Generälen halte er immer weniger, und beendete das Gespräch mit der Bemerkung, daß die sowjetischen Rohstofflieferungen »durch die Transportverhältnisse begrenzt seien«[41]. Bei der Verabschiedung des Botschafters ließ er ganz unvermittelt den Satz fallen: »Und noch eins, Graf Schulenburg, einen Krieg gegen Rußland beabsichtige ich nicht!«

Zwei Tage später, bei seiner Rückkehr nach Moskau, vertraute der Botschafter Gustav Hilger an: »Die Würfel sind gefallen, der Krieg ist beschlossene Sache.« Hitler »hat mich eben mit Absicht angelogen«[42].

In seiner Verzweiflung über die drohende Kriegsgefahr unternahm der Graf einen für einen alten Diplomaten ungewöhnlichen Schritt: Er und Hilger versuchten, den Kreml vor dem drohenden Überfall zu warnen. Sie luden V. Dekanosov, den sowjetischen Botschafter in Berlin, der gerade in Moskau war, zusammen mit dem Leiter der Deutschland-Abteilung bei Molotov — V. Pavlov, einen Vertrauten auch Stalins — zu sich in die Botschaft. Sie wiesen ihre Gäste auf den Ernst der Lage hin und empfahlen ihnen, ihrer Regierung sofortige Schutzmaßnahmen anzuraten. Doch diese reagierten mit Mißtrauen und Ratlosigkeit. So war auch dieser Versuch vergeblich[43].

Die Botschaft in Moskau unterließ auch in den letzten Wochen im Mai und Juni nichts, ihre Regierung in Berlin doch noch zu Einsicht und Vernunft zu bringen. Die erhoffte Resonanz blieb aus. Schulenburg hatte in den letzten Wochen vor dem vertragsbrüchigen Überfall auch keine Gelegenheit mehr, Molotov zu sprechen. Seine Möglichkeiten waren erschöpft, in den verhängnisvollen Lauf der Ereignisse einzugreifen. Vielmehr war der alte Diplomat dazu verurteilt, in den ersten Morgenstunden des 22. Juni 1941, als der massive deutsche Angriff an allen Fronten bereits im Gange war, zusammen mit Hilger den schwersten Auftrag seines bisherigen Lebens zu erfüllen: Molotov im Kreml die Kriegserklärung Hitlers zu überbringen.

Anmerkungen

[1] Zur Biographie Schulenburgs vgl. unter anderem Wilhelm Joost, Hingerichtet — ein politischer Märtyrer: Werner Graf von der Schulenburg, in: Botschafter bei den roten Zaren, Wien 1967, S. 275—328; Sigrid Wegner-Korfes, Graf von der Schulenburg — Mitverschwörer des 20. Juli 1944. Zur außenpolitischen Konzeption des Botschafters des faschistischen Deutschlands in Moskau, in: Zeitschrift für Geschichtswissenschaft, 32 (1984), 8, S. 681—699; Gerhard Kegel, Ein Diplomat dreier Deutschlands: Friedrich Werner Graf von der Schulenburg, in: Horizont, 13 (1984), H. 11; Erich Franz Sommer, Botschafter Graf Schulenburg, Der letzte Vertreter des Deutschen Reiches in Moskau, Asendorf 1987.

[2] Gerhard Kegel, In den Stürmen unseres Jahrhunderts, Berlin 1983, S. 172.

[3] Ebd.

[4] Schulenburgs wichtigste Mitarbeiter in Moskau waren der in Rußland aufgewachsene und seit Anfang der zwanziger Jahre dort tätige Beauftragte für Wirtschaftsfragen, der spätere Botschaftsrat Dr. G. Hilger, der gleichfalls in Rußland großgewordene Militärattachée General E. Köstring, Botschaftsrat W. v. Tippelskirch, ferner als persönliche Referenten der in sowjetischen Ange-

legenheiten ebenfalls erfahrene H. Herwarth v. Bittenfeld (bis zum Spätsommer 1939) und sein Nachfolger A. v. Walther.

[5] Vgl. Ingeborg Fleischhauer, Der Pakt. Hitler, Stalin und die Initiative der deutschen Diplomatie 1938—1939, Berlin, Frankfurt a.M. 1990, S. 27—31, 42—50; dies., Der Widerstand gegen den Rußlandfeldzug. Beiträge zum Widerstand 1933—1945, Nr. 31, Berlin 1987, S. 6ff.

[6] Hans v. Herwarth, Zwischen Hitler und Stalin. Erlebte Zeitgeschichte 1931 bis 1945, Frankfurt a.M., Berlin, Wien 1982, S. 121.

[7] Zentrales Staatsarchiv (=ZStA) Potsdam, Deutsche Botschaft in Moskau, 0902, Nr. 34, Bl. 106.

[8] Vgl. das sogenannte Hoßbach-Protokoll, in: Der Prozeß gegen die Hauptkriegsverbrecher vor dem Internationalen Militärgerichtshof (International Military Tribunal), Nürnberg 14. November 1945—1. Oktober 1946, 42 Bde, Nürnberg 1947—1949. Bd 25, S. 403—413.

[9] Politisches Archiv des Auswärtigen Amts (=PAAA), Bonn, Botschaft Moskau, geheim, Politische Beziehungen Deutschlands zur Sowjetunion, Abschrift zu Pol. I 163/38g (V), 429977—430016.

[10] Fleischhauer, Pakt (wie Anm. 4), S. 47 f.

[11] Vgl. Sigrid Wegner-Korfes, Friedrich Werner Graf von der Schulenburg, Botschafter Nazideutschlands in Moskau und Mitverschwörer des 20. Juli 1944, in: Olaf Groehler (Hrsg.), Alternativen. Schicksale deutscher Bürger, Berlin 1987, S. 244 f.; dies., Otto von Bismarck und Rußland. Des Reichskanzlers Rußlandpolitik und sein realpolitisches Erbe in der Interpretation bürgerlicher Politiker (1918—1945), Berlin 1990, S. 211—221.

[12] Ernst v. Weizsäcker, Erinnerungen. Hrsg. von Richard v. Weizsäcker, München 1950, S. 108.

[13] Vgl. Marion Thielenhaus, Zwischen Anpassung und Widerstand. Deutsche Diplomaten 1938—1941. Die politischen Aktivitäten der Beamtengruppe um Ernst von Weizsäcker im Auswärtigen Amt, Paderborn 1984, S. 90—116.

[14] Fleischhauer, Pakt (wie Anm. 4), S. 50.

[15] Vgl. ebd., S. 316 f., 319.

[16] Gustav Hilger, Wir und der Kreml. Deutsch-sowjetische Beziehungen 1918—1941, Frankfurt a.M., Berlin 1956, S. 291.

[17] Erstmals über den Verlauf der Verhandlungen in Moskau vgl. Fleischhauer, Pakt (wie Anm. 4), S. 364—398 sowie 543—546. Vergleiche die erstmalige Darstellung des »Geheimen Zusatzprotokolls« durch einen Historiker der DDR: Günter Rosenfeld, Die Sowjetunion und das faschistische Deutschland am Vorabend des Zweiten Weltkrieges, in: Der Weg in den Krieg, hrsg. von Dietrich Eichholz und Kurt Pätzold, Berlin 1989, S. 345—380, hier: S. 377 ff.

[18] Fleischhauer, Pakt (wie Anm. 4), S. 400.

[19] Ebd., S. 188, 187.

[20] Ebd., S. 403.

[21] Vgl. G. M. Ivanizkij, Sovetsko-germanskie torgovo — ėkonomičeskie otnošenija v 1939—1941 gg., in: Novaja — i novejšaja istorija, Moskau 1989, Nr. 5, S. 30 f.

[22] Vgl. Dietrich Geyer (Hrsg.) Osteuropa-Handbuch, Sowjetunion, Außenpolitik 1917—1955, Köln, Wien 1972, S. 291—295; Andreas Hillgruber, Hitler, König Carol und Marschall Antonescu, Wiesbaden 1965; Akten zur deut-

schen auswärtigen Politik 1918—1945. Aus dem Archiv des Deutschen Auswärtigen Amtes. Serie D: 1937—1945, 13 Bde, Baden-Baden 1950—1970, Bd X/2, Nr. 4; Bd XI/1, Nr. 1, 4, 7 (zit. ADAP).

[23] Rede Molotovs auf des Sitzung der Obersten Sowjets der UdSSR am 1.8.1940, in: Voenno-istoričeskij Žurnal, 1940, H. 8, S. 3—9, hier: S. 7ff.

[24] Vgl. Ingeborg Fleischhauer, Die Chance des Sonderfriedens. Deutsch-sowjetische Geheimgespräche 1941—1945, Berlin 1986, S. 12.

[25] Die Weizsäcker-Papiere 1933—1950, hrsg. von Leonidas E. Hill, 2 Bde, Frankfurt, Berlin, Wien 1974—1982, S. 204f.

[26] Generaloberst Halder, Kriegstagebuch. Tägliche Aufzeichnungen des Chefs des Generalstabes des Heeres, 1939—1942, bearb. von Hans-Adolf Jacobsen, hrsg. vom Arbeitskreis für Wehrforschung, 3 Bde, Stuttgart 1962—1964, Bd 1, S. 374.

[27] Herwarth (wie Anm. 5), S. 206f.

[28] Robert Gibbons, Opposition gegen »Barbarossa« im Herbst 1940. Eine Denkschrift aus der deutschen Botschaft in Moskau, Dokumentation, in: VfZG, 23 (1975), H. 3, S. 337—340.

[29] Vgl. Fleischhauer, Sonderfrieden (wie Anm. 25), S. 16—19; vgl. Herwarth (wie Anm. 5), S. 209f.

[30] Hilger (wie Anm. 15), S. 301.

[31] Weizsäcker (wie Anm. 11), S. 304f.; vgl. ADAP, Serie D, Bd XI/1, Dok. Nr. 325—326, 328—329.

[32] Ebd., Bd XI/2, Dok. Nr. 404, Nr. 669; vgl. Hilger (wie Anm. 15), S. 315f.

[33] Vgl. Halder, Bd 2 (wie Anm. 25), S. 209.

[34] Vgl. Weizsäcker (wie Anm. 11), S. 306.

[35] Hilger (wie Anm. 15), S. 212; vgl. Ivanizkij (wie Anm. 20), S. 36; ADAP, Serie D, Bd XI/2, Nr. 637.

[36] Kegel (wie Anm. 2), S. 172f.

[37] Thielenhaus (wie Anm. 12), S. 217.

[38] Weizsäcker (wie Anm. 11), S. 239ff.

[39] Vgl. ADAP, Serie D, Bd XII/2, Nr. 423; vgl. Kegel (wie Anm. 2), S. 173f.

[40] Weizsäcker (wie Anm. 11), S. 250; vgl. Thielenhaus (wie Anm. 12), S. 220.

[41] Joost (wie Anm. 1), S. 318f.

[42] Hilger (wie Anm. 15), S. 306.

[43] Ebd., S. 308f.; vgl. Ovidij Gorčvakov, Nakanune ili tragedija Kassandry. Povest' v dokumentach, in: »Nedelja«, 1988, Nr. 43, S. 18.

Klaus Schüler

Der Ostfeldzug als Transport- und Versorgungsproblem

Als das deutsche Ostheer am 22. Juni 1941 antrat, um die Sowjetunion in einem »blitzkriegartigen« Feldzug innerhalb weniger Wochen niederzuwerfen, hatte Hitler alles auf eine Karte gesetzt. Nur die rasche Zerschlagung und Eroberung der Sowjetunion — sein großes Ziel, seit er in den zwanziger Jahren sein außenpolitisches Expansions-»Programm« konzipiert hatte — schien in seinen Augen die Gewähr dafür zu bieten, den Gesamtkrieg zu seinen Gunsten entscheiden und seine Kriegsziele sowohl im Osten als auch anschließend gegenüber den anglo-amerikanischen Seemächten erreichen zu können.

Warum es nicht gelang, den Feldzug gegen die Sowjetunion den Planungen entsprechend in der zweiten Jahreshälfte 1941 siegreich abzuschließen, das Unternehmen »Barbarossa«, der Kern von Hitlers Gesamtkriegsplan, vielmehr scheiterte, ist unter strategischen, operativen und taktischen Aspekten in einer schon nicht mehr überschaubaren Fülle von Darstellungen, Studien und Analysen untersucht worden. Logistische Aspekte, Fragen des Transport- und Versorgungswesens, haben demgegenüber kaum Beachtung gefunden.

Tatsächlich aber war die alle bisherigen Dimensionen sprengende Aufgabe, dem deutschen Ostheer angesichts seiner enormen zahlenmäßigen Stärke, der gewaltigen Ausdehnung der Front, der weitgespannten operativen Zielsetzungen und der schwierigen infrastrukturellen Bedingungen des russischen Kriegsschauplatzes den erforderlichen Kriegsbedarf zuzuführen, ein in seiner Bedeutung nicht zu unterschätzendes Kardinalproblem. Die wesentlichen Ursachen und Auswirkungen des Transportproblems — das in erster Linie ein Problem des Hauptnachschubträgers, der Eisenbahn, war — sollen hier in einem groben Überblick dargestellt werden[1].

Das deutsche Verkehrs- und Transportwesen befand sich schon lange vor Beginn des Unternehmens »Barbarossa« in einer angespannten Lage. Es war, als Hitler mit dem Angriff auf Polen im September 1939 den Zweiten Weltkrieg auslöste, auf die damit verbundenen Anforderungen in keiner Weise vorbereitet. Dies galt insbesondere, nach einem Prozeß der materiellen Schwächung seit dem Ende des Ersten Weltkrieges, für Zustand und Leistungsfähigkeit der Eisenbahnen. Schon in den letzten Vorkriegsjahren waren sie auf Grund ihrer begrenzten Mittel und Möglichkeiten, vor allem infolge des gravierenden Engpasses auf dem Sektor der Fahrzeugwirtschaft, durch die ständig steigenden Anforderungen deutlich überbelastet. Zusätzlichen Beanspruchungen im Falle militärischer Auseinandersetzungen konnten sie nach Einschätzung der Fachleute in einem räumlich wie zeitlich nicht aufs engste begrenzten Krieg aller Voraussicht nach nicht gewachsen sein[2].

Die mit Verkehrs- und Transportfragen befaßten zivilen Behörden und militärischen Dienststellen hatten die deutsche Führung immer wieder mit aller Deutlichkeit auf die erheblichen Schwächen und Mängel im Eisenbahnverkehrswesen hingewiesen. Mehrfach hatten sie rasche, umfangreiche und durchgreifende Verbesserungsmaßnahmen verlangt und vor den bei dilatorischer Behandlung ihrer Forderungen unausweichlichen negativen Konsequenzen für die Schlagkraft der Wehrmacht und die Leistungsfähigkeit der Wirtschaft gewarnt. Ihre Hinweise, Forderungen und Warnungen waren jedoch ohne nachhaltige Wirkung geblieben.

Die Gründe hierfür lagen keineswegs primär in den zweifellos begrenzten wirtschaftlichen Ressourcen des Reiches, sondern vielmehr in der Hauptsache darin, daß die deutsche Führung keinerlei zwingende Notwendigkeit zu sehen glaubte, die Eisenbahn durch größere Anstrengungen wirksam stärken zu müssen. Die daraus resultierende Vernachlässigung ihrer Belange während der deutschen Aufrüstung war wiederum Ausdruck und Folge jener sich in ihren Auswirkungen auch auf dem Transportsektor niederschlagenden, den Aufbau von Wehrmacht und Rüstungswirtschaft bestimmenden und der Realisierung seiner weitgespannten »programmatischen« außenpolitischen Zielvorstellungen gleichsam als methodischer Gedanke zugrundeliegenden strategischen Konzeption Hitlers. Diese im operativ-taktischen Bereich ganz auf Schnelligkeit, Beweglichkeit und Überraschung angelegte »Blitzkriegskonzeption« schien eine deutliche Schwerpunktverlagerung bei Wahl, Förderung und Einsatz der geeigneten Transportmittel zu verlangen. Nach Auffassung Hitlers war eine Ablösung der Eisenbahn von ihrer bisher dominierenden Position zugunsten des diesen Kriterien allem Anschein nach eher entsprechenden Kraftwagens erforderlich. Die schon unmittelbar nach der nationalsozialistischen Machtübernahme beschleunigt vorangetriebene Motorisierungskampagne ging deshalb erheblich zu Lasten der Eisenbahn.

Der Kraftwagenbestand hatte jedoch auch zu Beginn des Krieges noch keineswegs eine als ausreichend erachtete Höhe erreicht. Die wehrwirtschaftliche Lage des Reiches zog einer Motorisierung der Kampfverbände und Nachschubeinheiten zur Überwindung größerer Entfernungen und dem Aufbau selbständiger Lastkraftwagenkolonnen zur geschlossenen Durchführung von Truppen- und Nachschubtransporten enge Grenzen. Zudem stießen Hitlers Motorisierungsabsichten in der Reichswehr bzw. der Wehrmacht keineswegs auf ungeteilte Zustimmung. Während dieser nachdrücklich den Primat des Kraftwagens gegenüber der Eisenbahn vertrat, hielt man dort überwiegend in traditionellem Denken am Vorrang der Eisenbahn fest. Insbesondere die für Transport- und Versorgungsfragen zuständigen Abteilungen im Generalstab des Heeres warnten vor einer einseitigen Überschätzung der Möglichkeiten der Motorisierung und einer Verkennung der Bedeutung der Eisenbahn.

Wenn sowohl vor Kriegsbeginn als auch noch lange darüber hinaus derartige Warnungen keine entsprechende Beachtung fanden, so nicht zuletzt auch deshalb, weil innerhalb der Wehrmacht und insbesondere im Generalstab des Heeres Fragen des Transportwesens und der Versorgungsführung gegenüber dem Primat der operativen Führung traditionell unterbewertet wurden — ein dann auch die operativen Planungen vor Beginn und die Entschlußfassungen im Verlauf des Feldzuges gegen die Sowjetunion ständig überschattendes Problem. Entscheidend war jedoch, daß die latent vorhandene, sich im Reichsgebiet schon in einer Verkehrsmisere mit erheblichen Störungen des Wirtschaftslebens niederschlagende Krise des Eisenbahnverkehrswesens in den Feldzügen vor »Barbarossa« auf Grund der günstigen militärischen, geographischen und infrastrukturellen Bedingungen nicht voll zum Ausbruch kam, so daß die Schwächen weitgehend überdeckt und ohne nachhaltige negative Folgen für die Gesamtentwicklung ausgeglichen werden konnten. Für die deutsche Führung schien daher keine zwingende Veranlassung zu bestehen, dem Zustand des Eisenbahnverkehrswesens mehr Aufmerksamkeit und der Eisenbahn mehr Unterstützung als bisher zuteil werden zu lassen.

Daß sich im Stile des »Blitzkriegkonzepts« auch ein Feldzug gegen die Sowjetunion, für den die militärischen Planungen im Sommer 1940 anliefen, innerhalb von nur wenigen Wochen zu einer siegreichen Entscheidung bringen lassen würde, war bei Hitler wie bei den führenden Militärs »communis opinio«. Bei den Planungen wurde daher die Frage der Durchführbarkeit des Feldzuges im wesentlichen auf das beherrschende Problem des »richtigen«, am schnellsten und vollständigsten den militärischen Erfolg versprechenden operativen Ansatzes reduziert. Ausgehend von der grundsätzlich vorausgesetzten Überlegenheit von Truppe, Material und Führung beruhte der dem Feldzug schließlich zugrundeliegende operative Gedanke in seinem Kern auf der festen Überzeugung, die Masse der Roten Armee in schnellen und kühnen Operationen unter weitem Vortreiben von Panzerkeilen noch westlich der Linie Dnepr—Dvina einkesseln, vernichten und anschließend in der Verfolgung des schon entscheidend geschlagenen Gegners die in dem sich trichterförmig nach Osten ausweitenden Operationsraum exzentrisch auseinanderstrebenden Zielräume ohne nennenswerten Widerstand in Besitz nehmen zu können.

Die Schwierigkeiten, die das Problem aufwerfen mußte, einem Millionenheer an einer über 2000 km langen Front auf einem Kriegsschauplatz, der sich in geographischer, klimatischer und infrastruktureller Hinsicht von mittel- und westeuropäischen Verhältnissen grundlegend unterschied, den für derartig schnelle und weiträumige Operationen benötigten Nachschub über Hunderte von Kilometern zuzuführen, waren dabei keineswegs unerkannt geblieben. Ihr Ausmaß und ihre Auswirkungen auf die Versorgungslage und damit auch auf die Operationsführung wurden jedoch in Erwartung eines schnellen Sieges insgesamt äußerst gering eingeschätzt. Weder die Oberste Führung noch die mit den entsprechenden Studien, Berechnungen und Planspielen im Oberkommando des Heeres und im Oberkommando der Wehrmacht befaßten Offiziere sahen in dem Transport- und Nachschubproblem einen Faktor, der den geplanten Operationsverlauf wesentlich verzögern oder gar gefährden könnte.

Angesichts der übergeordneten operativen Prämissen des schnellen, »blitzkriegartig« angelegten Unternehmens setzte man im Oberkommando des Heeres zumindest in der ersten, entscheidenden Phase des Feldzuges gänzlich auf eine motorisierte, straßengebundene Nachschubführung. Hierbei lag die Überlegung zugrunde, daß mit einer leistungsfähigen Eisenbahn in den ersten zwei Wochen des Feldzuges nicht zu rechnen sein werde, da sich trotz der vorausgesetzten großen Schnelligkeit des Vormarsches nicht mit letzter Gewißheit absehen ließ, in welcher Zeit, in welchem Umfang und in welchem Zustand die russischen Eisenbahnstrecken und insbesondere das rollende Material in deutsche Hände fallen würden. Darüber hinaus mußte die neben der möglichst weitgehenden Ausnutzung der russischen Breitspurstrecken in gewissen, maßgeblich von dem Umfang des erbeuteten rollenden Materials bestimmten Grenzen von vornherein für notwendig erachtete Umspurung auf die engere deutsche Spurweite einen erheblichen

Zeitaufwand erfordern, der im Hinblick auf das angestrebte Ziel, die Rote Armee in einem schnellen Feldzug noch westlich der Linie Dnepr—Dvina entscheidend zu schlagen, untragbar schien.

Die materielle Basis der motorisierten Nachschubführung war allerdings schon für diese erste Phase bedenklich eng und zwang zu ungewöhnlichen und komplizierten Lösungen bei der Gestaltung des von Generalquartiermeister Eduard Wagner entwickelten Nachschubsystems, mit dessen Hilfe man die Versorgung bis zur Dnepr—Dvina-Linie sicherstellen zu können glaubte. Berechnungen, Studien und Planspiele aber hatten ergeben, daß man spätestens mit Erreichen dieser Linie auf einen leistungsfähigen Eisenbahnbetrieb angewiesen sein würde, da zur Versorgung weiterreichender Operationen die zunächst in den jeweiligen Aufmarschräumen für jede der drei Heeresgruppen eingerichteten Versorgungsbezirke sprungweise vorverlegt werden mußten, die Auffüllung der vorgezogenen Versorgungsbezirke in Anbetracht der großen Distanzen aber nur noch mit Hilfe der Eisenbahn möglich war. Deshalb wurde vorgesehen, die erforderlichen Nachschubtransporte nach Überqueren der Dnepr—Dvina-Linie in einer Kombination von Lastkraftwagen und Eisenbahn durchzuführen. Dabei sollte der Eisenbahn die Aufgabe zufallen, die benötigten Versorgungsgüter möglichst weit nach vorn zu transportieren, während die Lastkraftwagen die Transporte von den bahnbeschickten Versorgungsbasen bis zur Truppe übernehmen sollten.

Die den Heeresgruppen und Armeen für die erste Operationsphase gesteckten räumlichen Ziele lagen zum Teil jedoch bereits deutlich jenseits der für die motorisierte Nachschubführung ermittelten Leistungsgrenze. Sämtliche Überlegungen und Studien stimmten deshalb in der Schlußfolgerung überein, daß möglichst rasch ein leistungsstarker Eisenbahnbetrieb in den eroberten sowjetischen Gebieten aufgenommen werden mußte, um den motorisierten Transportraum entscheidend zu entlasten, die vorzuschiebenden Versorgungsstützpunkte zu bevorraten und eine ungehemmte Entwicklung der Operationen zu ermöglichen. Ernstliche Probleme durch die unterschiedliche Spurweite oder sowjetische Zerstörungsmaßnahmen glaubte man dabei nicht befürchten zu müssen. Vielmehr hatte sich im Laufe der Planungen die sich aus der Geringschätzung des Gegners ergebende feste Erwartung durchgesetzt, schon nach verhältnismäßig kurzer Zeit große Teile der russischen Breitspurbahnen mit nur unerheblichen Beschädigungen am Streckennetz und lediglich geringfügigen Verlusten an rollendem Material in Besitz nehmen zu können.

Diese in der Planungsphase des Feldzuges entwickelten Überlegungen und Erwartungen bestimmten dann auch entscheidend den Rahmen der im Frühjahr 1941 für die Instandsetzung und den Betrieb der Eisenbahnen auf dem russischen Kriegsschauplatz getroffenen Vorbereitungen. Sie blieben deshalb nur auf ein unter den gegebenen Prämissen für notwendig erachtetes Minimum beschränkt und wiesen dadurch in personeller und organisatorischer, insbesondere aber auch in materieller Hinsicht gravierende Schwächen und Mängel auf.

Schon in der Anfangsphase des Feldzuges stießen die Bemühungen um die rasche Aufnahme eines möglichst leistungsfähigen Eisenbahnbetriebs jedoch auf Schwierigkeiten, die in Vielfalt, Ausmaß und Gesamtwirkung weit über jedes vor Beginn des Krieges erwartete Maß hinausgingen. Die Erwartung, große Teile des russischen Eisenbahnnetzes und des rollenden Materials in betriebsfähigem Zustand übernehmen zu können, wurde durch die nach dem Abklingen des ersten Überraschungsmoments unverzüglich eingeleiteten umfangreichen sowjetischen Räumungs- und anschließenden Zerstörungsmaßnahmen schon frühzeitig zunichte gemacht. Da es nicht gelang, den Gegner an dem im Zuge der Räumungs- und Evakuierungstransporte betriebenen Abzug der Masse seines rollenden Breitspurmaterials, vor allem der Lokomotiven, entscheidend zu hindern und die Beute dementsprechend gering war[3], sah man sich gezwungen, in beträchtlichem Maße deutsches Normalspurmaterial aus dem zahlenmäßig äußerst beschränkten und ohnehin stark überbeanspruchten Heimatbestand einzusetzen[4] und daher die russischen Breitspurstrecken in erheblich größerem Umfang als ursprünglich vorgesehen auf die deutsche Normalspurweite umzuspuren[5]. Für eine gründliche, oftmals einen völligen Neubau erfordernde Wiederherstellung der nach operativen Gesichtspunkten systematisch zerstörten Eisenbahnverkehrseinrichtungen fehlte es infolge der auf der Basis gänzlich anderer Prämissen getroffenen, sich nun als unzulänglich erweisenden, Vorbereitungen an Personal und Material. Zudem stand man angesichts der operativen Entwicklung unter erheblichem Zeitdruck, da sich die deutschen Truppen im Zuge ihres Vormarsches schon sehr rasch auf solche Distanzen nach Osten zu entfernen begannen, daß diese von der motorisierten Nachschubführung nicht mehr überbrückt werden konnten. Daher blieb keine andere Wahl, als die notwendigen Instandsetzungsarbeiten in quantitativer Hinsicht zunächst auf einige wenige Hauptstrecken zu beschränken und in qualitativer Hinsicht auf ausgesprochen provisorischer Basis durchzuführen. Für eine geregelte Betriebsführung mit entsprechend hohen Leistungen fehlten somit praktisch alle grundlegenden Voraussetzungen. Die Leistungsfähigkeit der Eisenbahn blieb daher hinter den Erwartungen und Anforderungen von Führung und Truppe zurück.

Schon frühzeitig jedoch wurde die Eisenbahn zu einem Faktor von übergeordneter Bedeutung für den Verlauf des Feldzuges, als im Zuge des ersten Operationsabschnittes bis etwa Mitte/Ende Juli 1941 zwar die gesteckten räumlichen Ziele, mit gewissen Abstrichen im südlichen Frontabschnitt, erreicht werden konnten, nicht aber das eigentliche militärische Hauptziel, die Vernichtung der Masse der Roten Armee westlich der Dnepr—Dvina-Linie. Die Entwicklung der Transport- und Versorgungslage bestätigte im großen und ganzen die ursprüngliche Annahme, eine ausreichende Versorgung des Ostheeres mit Hilfe des motorisierten Transportraums höchstens bis Dnepr und Dvina sicherstellen zu können, spätestens dann jedoch eine Operationspause zum Aufbau einer frontnahen Versorgungsbasis einlegen zu müssen, für deren Auffüllung man auf einen leistungsstarken Eisenbahnbetrieb angewiesen war. Damit aber setzte eine immer stärkere, im Grunde über eine äußerliche Kombination von Schiene und Straße hinausgehende Schwerpunktverlagerung auf eine letztlich von der Leistungsfähigkeit der Eisenbahn abhängige Nachschubführung ein. Der motorisierte Transportraum war angesichts der immer länger werdenden Nachschubwege und der widrigen Verkehrsverhältnisse an seiner Leistungsgrenze angelangt, zudem bereits arg strapaziert und in seinem Bestand empfindlich dezimiert, so daß der Eisenbahn künftig die entscheidende Aufgabe zufiel, die benötigten Versorgungsgüter möglichst weit nach vorne zu transportieren, von wo aus sie mit Hilfe des dadurch erheblich entlasteten motorisierten Transportraums der Truppe zugeführt wurden. Die Eisenbahn sah sich daher schon frühzeitig ständig steigenden Transportanforderungen ausgesetzt und geriet zunehmend in die Rolle des Hauptnachschubträgers — eine Rolle, zu deren hinreichender Bewältigung es ihr allerdings an den erforderlichen Voraussetzungen mangelte.

Die unbefriedigende Transportlage hatte schon in dieser Phase des Feldzuges an allen Abschnitten der Ostfront zu ersten Nachschubschwierigkeiten geführt. Diese schlugen sich besonders dort hemmend auf die operative Entwicklung nieder, wo die Offensive, wie im nördlichen und mittleren Frontabschnitt, gemäß der ersten räumlichen Zielsetzung und durch überaus optimistische Prognosen des Generalquartiermeisters Wagner versorgungsmäßig scheinbar abgesichert, bereits recht weit über die von Dvina und Dnepr markierte Versorgungsgrenze hinaus vorangetrieben worden war. Nicht zuletzt bei der Heeresgruppe Mitte im Raum östlich von Smolensk zeigte sich, daß die von der Leistungsfähigkeit der Transportmittel bestimmten Möglichkeiten der Versorgungsführung der Operationsführung enge, klar abgesteckte Grenzen zogen, bei deren weiträumigem Überschreiten ein Erlahmen der Offensivkraft und entsprechende Rückschläge gegen einen sich zunehmend versteifenden Widerstand des Gegners nicht ausbleiben konnten.

Damit aber mußten die unter den Prämissen der Planungsphase weithin ignorierten Divergenzen zwischen den stark begrenzten transporttechnischen Möglichkeiten und den weitgespannten operativen Absichten immer offener zutagetreten, zumal es, ungeachtet der veränderten Lage und der auch von Hitler registrierten steigenden Bedeutung des Transportwesens, weder zu einer grundlegenden Verbesserung der transporttechnischen Voraussetzungen noch zu einer engeren Anpassung der Operationsziele an die tatsächlichen Transportmöglichkeiten kam. Vielmehr vertraute man darauf, daß sich die Leistungsfähigkeit der Eisenbahn trotz aller Schwierigkeiten auf ein den Anforderungen in etwa entsprechendes Maß steigern und sich mit Hilfe des motorisierten Transportraums trotz seines schon erheblich angegriffenen Zustands eine weiträumige Versorgung von den im Aufbau befindlichen, bahnbeschickten Basen aus gewährleisten lassen würde.

Indessen konnten die Probleme des im Anschluß an die erste Operationsphase notwendigen Neuaufbaus einer ausreichenden, den Erfordernissen der veränderten Lage entsprechenden Versorgungsbasis angesichts der auch weiterhin hinter den Anforderungen zurückbleibenden Leistungsfähigkeit der Eisenbahn in der gebotenen Kürze der Zeit nicht befriedigend gelöst werden. Die Fortsetzung der Offensive im nördlichen Frontabschnitt auf Leningrad verzögerte sich daher um mehrere Wochen, während im Süden vorerst kaum Aussicht bestand, die Truppe für weiträumige Operationen jenseits des Dnepr mit entsprechenden Vorräten ausstatten und den weiteren Nachschub sicherstellen zu können. Weder standen eine ausreichend aufgefüllte Versorgungsbasis noch eine intakte Eisenbahnverbindung über den Fluß zur Verfügung[6].

Die wachsenden Transport- und Versorgungsschwierigkeiten wurden jedoch überlagert durch das langwierige und heftige Ringen um die weiteren Führungsentschlüsse, das Ende August durch die vor allem von wehrwirtschaftlichen Erwägungen bestimmte Entscheidung Hitlers beendet wurde, die Offensive im mittleren Abschnitt der Ostfront auf Moskau zugunsten der Operationen auf den beiden Flügeln mit Schwerpunkt im Süden vorerst zurückzustellen. Zwar stand diese Entscheidung in diametralem Gegensatz zu den Absichten der Heeresführung, doch fehlte es — ohne daß dies freilich bei den Überlegungen innerhalb der deutschen Führung eine Rolle gespielt hätte — zu diesem Zeitpunkt im mittleren Frontabschnitt ohnehin an den für eine Offensive erforderlichen Voraussetzungen. Die Transportleistungen der Eisenbahn reichten dort nicht einmal aus, den laufenden Verbrauch zu decken, von der unabdingbaren Vorratsbildung ganz zu schweigen[7].

Die Transportkapazität der Eisenbahn vermochte auch im September nicht den Erfordernissen zu entsprechen[8]. Die Auffüllung der vorgeschobenen Versorgungsbasis befand sich daher erst in den Anfängen, als sich Hitler unter dem Eindruck der sich anbahnenden Erfolge auf den Flügeln entschloß, nun doch zur Großoffensive auf Moskau anzusetzen, um damit die Entscheidung des Feldzuges zu erzwingen. Dessenungeachtet gab sich der Generalquartiermeister hinsichtlich der Reichweite einer ausreichenden Versorgung überaus optimistisch, zumal Wagner im Vertrauen auf ein rasches Durchschlagen der Offensive davon ausging, die Versorgung ohnehin nur über einen kurzen Zeitraum bis zum Eintritt des entscheidenden Erfolges sicherstellen zu müssen. Angesichts der problematischen Transport- und Versorgungslage war die Anfang Oktober unter dem Decknamen »Taifun« beginnende Offensive mit einem schwerwiegenden Risiko verbunden. Blieb der entscheidende Erfolg aber aus und verlängerte sich die Dauer der Operation — was freilich nicht ernsthaft ins Kalkül gezogen wurde —, so ließ sich unter den gegebenen Umständen bereits eindeutig absehen, daß aller Voraussicht nach keinerlei Möglichkeit bestand, die angesetzten Kräfte bis zum Erreichen der operativen Ziele hinreichend mit Nachschub versorgen zu können.

Die Folgen der mangelnden Koordination zwischen den operativen Absichten und den transport- und versorgungsmäßigen Grundlagen zeigten sich, als der Vormarsch des Ostheeres von Mitte Oktober an zusehends ins Stocken und schließlich Anfang November gänzlich zum Stehen kam. Die operative Entwicklung war im Verlauf der Offensive zunehmend in direkte und völlige Abhängigkeit von der Transportlage geraten, die sich drastisch verschlechtert hatte. Die enormen Nachschubschwierigkeiten machten weitere größere Offensivhandlungen unmöglich und erzwangen die vorläufige Einstellung des Angriffs und das Einlegen einer Auffrischungspause.

Die transportbedingten Versorgungsschwierigkeiten hatten zwar schon unmittelbar nach Beginn der Offensive abermals eingesetzt, doch vor allem die Auswirkungen der Herbstschlammperiode, die in der zweiten Oktoberhälfte ihren Höhepunkt erreichte, verschärften die schwierige Transportlage wesentlich. Dies betraf zunächst den schon seit geraumer Zeit erheblich überstrapazierten und ohnehin unzureichenden motorisierten Transportraum. Infolge des witterungsbedingten Straßen- und Wegezustandes brach die motorisierte Nachschubführung zeitweise vollständig zusammen. Damit aber konzentrierten sich alle Hoffnungen und Anforderungen von Truppe und Führung um so stärker auf die Eisenbahn. Sie gewann nun endgültig, wie jetzt sowohl die Kommandostellen an der Front als auch der Generalstab des Heeres und Hitler übereinstimmend feststellen mußten, nicht nur für die Transport- und Versorgungslage, sondern darüber hinaus für die gesamte operative Entwicklung eine überragende Bedeutung. Die Transportleistungen der Eisenbahn aber blieben infolge der anhaltenden Betriebsschwierigkeiten weit hinter den ständig steigenden Anforderungen zurück[9]. Die krisenhafte Zuspitzung der Nachschublage war daher keineswegs, wie man auf deutscher Seite glaubte, primär Ausdruck einer kurzzeitigen, rein witterungsbedingten Anspannung, sondern vielmehr einer latenten Dauerkrise, die nun, sich wesentlich beschleunigend und verschärfend, immer deutlicher in Erscheinung trat.

Unter dem Druck der wiederholt vorgetragenen Lagebeurteilungen der Kommandostellen an der Front schien nun auch das Oberkommando des Heeres das Ausmaß der Transport- und Versorgungsschwierigkeiten erkannt zu haben. Man war sich darin einig, daß nur durch einen raschen, verstärkten Nach- und Ausbau der Eisenbahnstrecken bis in unmittelbare Nähe der Front sowie durch eine erhebliche Steigerung der Betriebsleistungen Aussicht bestehen konnte, die enormen Nachschubschwierigkeiten zu meistern. Auch im Hinblick auf die nun einsetzenden Überlegungen zur Wiederaufnahme der Angriffsoperationen, daran ließen die Meldungen von der Front keinen Zweifel, mußte dem Gesichtspunkt der Transport- und Versorgungslage eine ausgesprochen zentrale Bedeutung zukommen.

Es bestanden aber gravierende Auffassungsunterschiede hinsichtlich der Beurteilung der unter den gegebenen Umständen noch verbleibenden operativen Möglichkeiten. Die weiträumigen Zielsetzungen, die von der Obersten Führung vertreten wurden, muteten den Frontkommandostellen gänzlich irreal und geradezu utopisch an, da sie vollkommen außerhalb der ihnen tatsächlich verbliebenen Möglichkeiten lagen, die nicht von auch noch so dringend wünschenswert erscheinenden operativen Absichten, sondern, wie sie immer wieder betonten, von der Entwicklung der Eisenbahntransport- und der Versorgungslage bestimmt wurden. In dieser Hinsicht aber bestand keinerlei Anlaß zu Zuversicht. Die Eisenbahntransportlage schloß bei nüchterner Betrachtung die als Grundvoraussetzung einer Wiederaufnahme größerer Angriffsbewegungen erforderliche umfangreiche Bevorratung für den erhöhten Bedarf einer neuen Offensive, die mit Blick auf die fortgeschrittene Jahreszeit und die daher möglichst kurz zu haltende Vorbereitungsphase entsprechend schnell erfolgen mußte, und darüber hinaus die hinreichende Deckung des zu erwartenden Verbrauchs an Versorgungsgütern praktisch aus.

Innerhalb der deutschen Führung herrschte hingegen Einigkeit über die Notwendigkeit einer möglichst raschen Wiederaufnahme der Offensivoperationen. Bedenken hinsichtlich der prekären Transport- und Versorgungslage wurden demgegenüber trotz der unlängst gemachten Erfahrungen hintangestellt, obwohl dem Oberkommando des Heeres diese Schwierigkeiten und deren hemmende Auswirkungen bekannt waren und man sich des Risikos eines auf unzureichender Nachschubbasis aufgebauten, zu frühen Angriffs durchaus bewußt war. Ungeachtet der tatsächlichen Entwicklung und wohl nicht zuletzt auch auf Grund der Analyse der Transportschwierigkeiten im Oktober als vermeintlich ausschließliche Folge der Herbstschlammperiode vertraute das Oberkommando des Heeres jedoch auf eine rasche Verbesserung der Transport- und Versorgungslage und glaubte daher, mit einer ausreichenden Nachschubbasis bei Wiederaufnahme der Offensive rechnen zu können.

Dieser Optimismus erwies sich aber schon bald als Illusion, da eine rasche und grundlegende Verbesserung der Transport- und Versorgungslage unter den gegebenen Umständen vollkommen außerhalb der tatsächlichen Möglichkeiten der nach wie vor mit enormen Betriebsschwierigkeiten kämpfenden Eisenbahn lag, deren Transportleistungen weit hinter den Mindestanforderungen zurückblieben[10].

Daher sahen sich sowohl das Oberkommando des Heeres als auch das Oberkommando der Heeresgruppe Mitte, das eine unverzügliche und erhebliche Steigerung der Eisenbahntransportleistungen zur entscheidenden Bedingung des Wiederantretens gemacht hatte, Mitte November mit der eindeutigen Erkenntnis konfrontiert, daß die transport- und versorgungsmäßigen Grundvoraussetzungen für die von ihnen befürworteten Angriffsoperationen nicht gegeben waren. Obwohl kein Zweifel bestehen konnte, daß die Vorräte in der Versorgungsbasis nicht ausreichen würden und der Nachschub auf Grund der viel zu geringen Leistungsfähigkeit der Eisenbahn und des mangelhaften Zustands des motorisierten Transportraums nicht zu gewährleisten sein würde, glaubte man in der deutschen Führung, das enorme Risiko des Angriffs, der unter diesen Umständen bereits im Ansatz den Keim eines höchstwahrscheinlichen Scheiterns in sich barg, dennoch tragen zu müssen und zu können.

Die Folgen dieser Bereitschaft, im Dienst des operativen Gedankens in Transport- und Versorgungsfragen das äußerste Risiko einzugehen, schlugen sich in der Entwicklung an der Front nieder, wo sich die Nachschubkrise drastisch weiter verschärfte und alle stillen Hoffnungen, den Angriff bis zum Erreichen der Ziele entgegen den Berechnungen und Voraussagen doch noch irgendwie versorgen zu können, zunichte machte. Anfang Dezember 1941 mußte das deutsche Ostheer seine Angriffsoperationen schließlich einstellen. Die Initiative an der Front ging an die Rote Armee über, die nun zur Gegenoffensive ansetzte.

Für Hitler wurde es damit zur Gewißheit, daß das »Blitzkriegunternehmen ›Barbarossa‹«, der Kern seines Gesamtkriegsplans, gescheitert war. Die Hauptschuld für das endgültige Liegenbleiben der Offensive maß er den ungünstigen Witterungsverhältnissen bei und legte damit den Grundstein für die zählebige Legende, das deutsche Ostheer sei nur wegen der Auswirkungen der Herbstschlammperiode und des russischen Winters zur Einstellung des Angriffs gezwungen worden. In der Tat traf der russische Winter, der seit Anfang November eingesetzt hatte, das deutsche Ostheer weitestgehend unvorbereitet, da es an entsprechender Bekleidung und Ausrüstung fehlte. Diese stand zunächst ohnehin in Erwartung eines schnellen Sieges nur für einen — als Besatzungsarmee vorgesehenen — Teil der Kräfte bereit. Bemühungen, sie in größerem Umfang beschleunigt zuzuführen, waren dann daran gescheitert, daß die dafür vorgesehenen Züge hinter den dringlicheren Munitions-, Betriebsstoff- und Verpflegungstransporten hatten zurückstehen müssen. Die Angriffsoperationen des deutschen Ostheeres waren allerdings keineswegs primär als Folge des Kälteeinbruchs, sondern in erster Linie wegen des ungebrochenen sowjetischen Widerstandes, der völligen Erschöpfung der eigenen Angriffskraft und nicht zuletzt der drastischen Zuspitzung der sich schon seit geraumer Zeit abzeichnenden Eisenbahntransportkrise und der daraus resultierenden, vollkommen unzureichenden Versorgungslage wegen zum Stillstand gekommen.

Hitler war über die drastische Verschärfung der Eisenbahntransportkrise nicht im unklaren geblieben, wie er sich auch im bisherigen Verlauf des Feldzuges über die Entwicklung der Transportlage stets orientiert gezeigt hatte. Seinen Lippenbekenntnissen über die Abhängigkeit des Operationsverlaufs von gesicherten nachschubmäßigen Grundlagen hatte er allerdings keinerlei entsprechende Konsequenzen folgen lassen. Sie hatten Hitler — insbesondere gegenüber seinen ausländischen Verbündeten — lediglich als willkommene Erklärung und augenscheinlich logische, ihn zudem nach außen als umsichtigen militärischen Fachmann ausweisende Begründung für die Ende Juli/Anfang August und dann Ende Oktober abermals eingetretene Stagnation der Offensive gedient. An dieser Argumentationsweise hielt Hitler auch auf dem Kulminationspunkt der Lage an der Ostfront fest, indem er nun die bestehenden Transportschwierigkeiten neben den ungünstigen Witterungsbedingungen als zweiten entscheidenden Faktor für das Liegenbleiben der Offensive ins Feld führte. Dabei stellte er beide Faktoren in einen direkten Zusammenhang, da er, in Ergänzung seiner Grundthese, die sich verschärfende Eisenbahntransportkrise auf die Auswirkungen des frühzeitigen Wintereinbruchs zurückführte. Demgegenüber kann freilich keine Rede davon sein, daß die Transportschwierigkeiten, die lange vor Einbruch des Winters ein kritisches Stadium erreicht hatten, erst Folgen der Witterungsunbilden gewesen seien. Die Dauerkrise der Eisenbahn begann sich, trotz erster, aber noch geringer auf die Kälte zurückzuführender Ausfälle seit Ende November, auf dem Hintergrund der die bestehenden Schwierigkeiten nur noch zusätzlich erheblich verschärfenden Witterungsbedingungen erst seit Anfang Dezember, zu einem Zeitpunkt also, als auch Hitler schon hatte erkennen müssen, daß die Offensive gescheitert war, zu der Transportkatastrophe des Winters 1941/1942 auszuwachsen.

Während sich die operative Lage im Zuge der sowjetischen Gegenoffensive dramatisch zuspitzte, erreichten die Betriebsschwierigkeiten der Eisenbahn nun ihren Höhepunkt; denn trotz frühzeitiger Überlegungen und Anordnungen befanden sich zu Beginn des Winters weder die für solche Witterungsverhältnisse ungeeigneten deutschen Lokomotiven noch die Betriebsanlagen in einem Zustand, der hinreichend Gewähr bieten konnte, den Betrieb auch unter den verschärften klimatischen Bedingungen wenigstens in dem bisherigen Umfang aufrechtzuerhalten. Bei der mangelnden Wintersicherung des Eisenbahnbetriebs hatte zwar die feste Erwartung auf eine schnelle Beendigung des Feldzuges noch vor Einbruch des Winters und eine damit verbundene erhebliche Reduzierung der Transportanforderungen ebenfalls eine gewisse Rolle gespielt, ausschlaggebend war jedoch die Tatsache, daß sich die unter dieser Prämisse vor Feldzugbeginn getroffenen personellen und materiellen Vorbereitungen angesichts des Ausmaßes der Zerstörungen für eine gleichzeitige sowohl möglichst rasche als auch gründliche Wiederherstellung der Strecken und Anlagen als völlig unzureichend erwiesen hatten. Der eklatante Mangel an Personal und Material sowie die Notwendigkeit, der vorrückenden Truppe, die schon frühzeitig in enge Abhängigkeit von der Eisenbahn geraten war, möglichst schnell folgen zu müssen, hatten keine andere Wahl gelassen, als zugunsten der Schnelligkeit eine nur behelfsmäßige Wiederherstellung und einen lediglich provisorischen Ausbau in Kauf zu nehmen und auf eine rechtzeitige Wintersicherung zu verzichten.

Während das Oberkommando des Heeres Anfang Dezember noch davon ausging, daß die Eisenbahntransportlage während des Winters eine wenigstens dem bisherigen Umfang entsprechende Versorgung gestatten würde, eine weitere Verschärfung der Transportkrise also nicht in Rechnung stellte, sanken die Transportleistungen der Eisenbahn auf einen Tiefststand[11]. Der Truppe fehlte es daher selbst an den elementarsten Grundlagen für Kampfkraft und Beweglichkeit. Angesichts dieser Entwicklung und unter dem Druck der Frontkommandostellen, die den Eindruck hatten, daß das Ausmaß der Transportkrise und ihre gravierenden Rückwirkungen auf die operative Lage von der Obersten Führung immer noch nicht mit der gebotenen Klarheit erkannt worden war und mit allem Nachdruck auf sofortige, durchgreifende Verbesserungsmaßnahmen drängten, rückten Transport- und Versorgungsfragen und damit die schwierige Lage des Hauptnachschubträgers, der Eisenbahn, nun in wesentlich stärkerem Maße als bislang in das zentrale Blickfeld der deutschen Führung und insbesondere Hitlers selbst.

Dies galt um so mehr, als das Transportproblem für Hitler zu einer Kernfrage der Durchführbarkeit seiner operativen Entscheidungen für die weitere Kampfführung des Ostheeres wurde. Sein Mitte Dezember erteilter kategorischer »Haltebefehl« beruhte zum einen auf der Voraussetzung, daß es möglich war, umgehend Reserven in beträchtlichem Umfang heranzuführen; zum anderen setzte er stillschweigend voraus, daß die Truppe über die elementarsten nachschubmäßigen Grundlagen ihrer Kampfkraft verfügte. Beide Voraussetzungen aber hingen entscheidend von der Transportlage ab. Diese ließ jedoch weder die Zuführung von Reserven noch von Nachschub in der erforderlichen Schnelligkeit und dem benötigten Umfang zu.

Von den auf ein bewegliches Ausweichen drängenden Frontbefehlshabern immer wieder auf die Diskrepanz zwischen seinem »Haltebefehl« und den Führung und Truppe verbliebenen Möglichkeiten sowie auf die in diesem Zusammenhang zentrale Bedeutung des Transportproblems eindringlich hingewiesen, hielt Hitler dessen ungeachtet grundsätzlich an den von ihm getroffenen Entscheidungen fest. Die Durchführung seines Befehls gefährdende Risikofaktoren wie die zahlenmäßige Schwäche der Front und die stark abgesunkene Kampfkraft der Truppe gedachte er durch eine mit allen Mitteln durchzusetzende erhebliche Steigerung der Transportleistungen der Eisenbahn zur beschleunigten Zuführung umfangreicher Reserven und zur Verbesserung der prekären Nachschublage auszuschalten.

Als sich die Lage entgegen der von Transportchef Rudolf Gercke in Aussicht gestellten positiven Entwicklung auch um den Jahreswechsel 1941/1942 weiter verschärfte und Hitler deshalb die Durchführung seiner Absichten zunehmend gefährdet sah, entschloß er sich nun erstmals zu konkreteren Maßnahmen zur Leistungssteigerung der Eisenbahn. Sie erstreckten sich außer auf den personellen und materiellen Bereich auch auf den organisatorischen Sektor, indem er, im Widerspruch zu den Ansichten der Frontkommandostellen, nahezu den gesamten Eisenbahnbetrieb in den besetzten sowjetischen Gebieten dem Reichsverkehrsminister übertrug und damit die Betriebsführung weitestgehend in zivile Hände legte. Dahinter stand vor allem seine Absicht, auch die letzten Ressourcen der Reichsbahn für die Ostfront zu mobilisieren.

Während sich die von Hitler eingeleiteten Maßnahmen schon auf Grund des dafür erforderlichen Zeitbedarfs allenfalls mittel- und langfristig auszuwirken vermochten, ging er davon aus, die Grundlagen für eine rasche, erhebliche Steigerung der Eisenbahntransportleistungen gelegt zu haben. Mit diesbezüglichen, realitätsfernen Versprechungen untermauerte er seinen »Haltebefehl« gegenüber den nach wie vor auf Ausweichbewegungen drängenden Frontbefehlshabern.

Erst Mitte Januar, als die Eisenbahntransportkrise ihren Höhepunkt erreichte, erkannte Hitler, daß seine daran geknüpften Hoffnungen und Erwartungen getrogen hatten[12]. Er fühlte sich bei der Durchführung seines Plans, mit dem er die Krise an der Ostfront zu meistern gedachte, und der Umsetzung seiner Befehle und Anordnungen, die Front unter allen Umständen zu halten und die Risikofaktoren durch eine schnelle und umfangreiche Steigerung der Transportleistungen zur beschleunigten Zuführung von Reserven und zur gründlichen Beseitigung der Nachschubkrise auszuschalten, von der Eisenbahn im Stich gelassen. Die Maßnahmen hatten sich weder hinsichtlich Schnelligkeit noch Umfang realisieren lassen, weshalb er sich schließlich unter dem Druck der operativen Entwicklung widerstrebend zur Zurücknahme eines größeren Abschnitts im mittleren Frontbereich hatte bereitfinden müssen. Dem Versagen der Eisenbahn wies Hitler nun die Schuld an der operativen Krise zu und ging zu unverhohlenen Drohungen und repressiven Maßnahmen gegenüber den vermeintlich Schuldigen über[13].

Zwar befahl er, unter dem Druck der Meldungen und Forderungen von der Front, in zunehmend schärferen Auseinandersetzungen mit dem Reichsverkehrsministerium auch weiterhin, unter Einsatz aller Mittel und Kräfte, ohne Rücksicht auf die Lage im Reichsgebiet, für eine rasche und deutliche Leistungssteigerung der Eisenbahn zu sorgen, doch sah die deutsche Führung im Grunde keine Möglichkeit mehr, das Transportdesaster eindämmen zu können. Nicht nur Hitler, sondern ebenso führende Militärs im Oberkommando des Heeres, vor allem aber auch die betroffenen Frontkommandostellen, fühlten sich in ihrer, mit den wachsenden Schwierigkeiten in zunehmendem Maße gewonnenen Überzeugung bestärkt, die Eisenbahn habe aus eigenem Verschulden versagt und die Front schmählich im Stich gelassen. Hatte man ihr schon seit dem Liegenbleiben der Angriffsoperationen einen maßgeblichen Teil der Verantwortung für den Mißerfolg und die entstandene operative Krise zugeschoben, wurde die Eisenbahn nun noch stärker als bisher das Ziel massiver Vorwürfe und Angriffe.

Die ersten Anzeichen eines allmählichen Abflauens der akuten Transportkrise im März 1942 schienen die deutsche Führung in ihrer Auffassung zu bestätigen, daß es sich bei dem Desaster des Winters um eine zwar ernste, aber letztlich rein witterungsbedingte und daher vorübergehende Zuspitzung gehandelt hatte, den Mängeln im Eisenbahntransportwesen im übrigen durch verstärkten Druck und entsprechende Drohungen durchaus abzuhelfen war. Schon bald jedoch mußte man erkennen, daß die Probleme keineswegs überwunden waren. Die bedrohliche Verschlechterung der Betriebslage im Reichsgebiet, wo die Reichsbahn vor allem des chronischen Mangels an rollendem Material wegen nicht mehr in der Lage war, den Transportanforderungen der Rüstungswirtschaft nachzukommen, offenbarte vielmehr mit zunehmender Deutlichkeit, daß sich das deutsche Eisenbahnverkehrswesen in einer tiefgreifenden Dauerkrise befand. Die Reichsbahn, schon bei Kriegsbeginn auf zusätzliche Anforderungen nicht eingestellt, wurde durch die enormen Belastungen, die der Feldzug gegen die Sowjetunion — vor allem infolge des Fehlschlagens des ihm zugrundeliegenden operativen Kerngedankens — in ständig steigendem Maße mit sich brachte, einer permanenten Überforderung ausgesetzt. Diese hatte sich inzwischen so weit akkumuliert, daß sich die Reichsbahn schließlich im Frühjahr 1942 außerstande erklären mußte, ihren Aufgaben länger nachkommen zu können. Der vollständige Zusammenbruch des Eisenbahnverkehrswesens mit verheerenden Folgen für die deutsche Kriegführung stand bevor.

Durch Albert Speer, der zu der angestrebten Steigerung der Rüstungsproduktion auf eine erhebliche Verbesserung der Eisenbahntransportlage angewiesen war, seine Aufgabe aber durch die lähmenden Auswirkungen der Transportkrise stark gefährdet sah, immer wieder zu energischen und durchgreifenden Maßnahmen gedrängt, sah sich Hitler nun genötigt, das Eisenbahntransportproblem gründlicher als bisher anzugehen. Infolge des Zusammenwirkens der von ihm befohlenen, im Sommer 1942 eingeleiteten zahlreichen Maßnahmen, die in erster Linie darauf abzielten, den eklatanten Mangel an verfügbarem rollenden Material zu beheben, gelang es, den drohenden frühzeitigen Zusammenbruch des Eisenbahnverkehrswesens abzuwenden. Die kategorische Forderung Hitlers jedoch, das Eisenbahntransportproblem nun ein für allemal zu beseitigen, ließ sich, wie schon die im Herbst dieses Jahres abermals einsetzende erhebliche Verschlechterung der Transportlage deutlich machte, unter den gegebenen Umständen nicht mehr realisieren.

So blieb das deutsche Eisenbahnverkehrswesen auf Grund der — in den Grundzügen schon zu Beginn des Krieges angelegten, durch die »Blitzkriegsiege« zunächst jedoch weitestgehend überdeckten — Dauerdiskrepanz zwischen Anforderungen und Leistungsvermögen, die vor allem im Zuge des Scheiterns der »Blitzkriegkonzeption« immer krassere Formen angenommen hatte, auch weiterhin einer permanenten Überbeanspruchung ausgesetzt, die es schon frühzeitig und mit immer stärkeren Auswirkungen zu einer Achillesferse der deutschen Kriegführung hatte werden lassen.

Anmerkungen

[1] Der Beitrag fußt auf der umfangreichen und detaillierten Untersuchung, die der Verfasser zu diesem Thema vorgelegt hat. Für das folgende wird deshalb auf diese Studie verwiesen: Klaus A.F. Schüler, Logistik im Rußlandfeldzug. Die Rolle der Eisenbahn bei Planung, Vorbereitung und Durchführung des deutschen Angriffs auf die Sowjetunion bis zur Krise vor Moskau im Winter 1941/42. Mit einem Vorwort von A. Hillgruber, Frankfurt a.M. 1987.

[2] Die rückläufige Entwicklung nach dem Ersten Weltkrieg verdeutlicht die Tatsache, daß die Reichsbahn im Herbst 1939 über weniger Lokomotiven und rollendes Material verfügte als 1914. Auch die Neubauziffern lagen erheblich unter denen des Ersten Weltkrieges.

[3] Von den rund 1 000 sowjetischen Lokomotiven, die bis Ende August 1941 in deutsche Hand fielen, war nur etwa die Hälfte betriebsfähig.

[4] Bis Anfang Oktober 1941 waren bei einem Gesamtbestand von rund 22900 betriebsfähigen Lokomotiven schon mehr als 2000 im Osten im Einsatz. Bis Ende 1941 waren es bereits fast 4000, im Frühjahr 1942 schon rund 6000.

[5] Bis Ende 1941 wurden mehr als 23000 km Gleis von russischer Breitspurauf deutsche Normalspurweite umgespurt.

[6] Der Heeresgruppe Nord waren statt der geforderten 34 Nachschubzüge pro Tag nur 18 zugesagt worden; selbst diese Zahl wurde mitunter noch deutlich unterschritten. Auch bei der Heeresgruppe Süd konnte die zugesagte Quote von 12 Nachschubzügen täglich nicht erreicht werden und sank zeitweise bis auf die Hälfte.

[7] Die Heeresgruppe Mitte benötigte zu diesem Zeitpunkt mindestens 24 Nachschubzüge täglich, um den laufenden Bedarf zu decken. War diese Zahl schon bislang zum Teil erheblich unterschritten worden, sank sie in der ersten Augusthälfte sogar zeitweise bis auf kaum die Hälfte. Zwar wurde daraufhin eine Steigerung auf 35 Nachschubzüge täglich zugesagt, es trafen jedoch nur 18 Züge ein.

[8] Dies galt nicht nur für den Bereich der Heeresgruppe Mitte. Der Heeresgruppe Nord liefen statt des erforderlichen Minimums von 18 Nachschubzügen pro Tag nur durchschnittlich 15 zu, der Heeresgruppe Süd statt der Mindestzahl von 24 durchschnittlich nur rund 14.

[9] Waren im September für die gesamte Ostfront noch 2093 Nachschubzüge gefahren worden, was ohnehin schon nicht ausreichte, sank diese Zahl im Oktober auf insgesamt 1860 ab.

[10] Die Heeresgruppe Mitte benötigte Anfang November mindestens 32, die Heeresgruppe Süd 22, die Heeresgruppe Nord 20 Nachschubzüge pro Tag, um den laufenden Bedarf decken zu können. Mit durchschnittlich 16 Zügen bei der Heeresgruppe Mitte, 15 bei der Heeresgruppe Süd und 19 bei der Heeresgruppe Nord konnte das erforderliche Minimum nicht annähernd erreicht werden.

[11] Die von Transportchef Rudolf Gercke zugesagten Zugzahlen, die ohnehin schon deutlich unter den zur Bedarfsdeckung erforderlichen Mindestquoten lagen, konnten meist nicht einmal zur Hälfte erreicht werden. An günstigen Tagen trafen etwa 50 Prozent der zugesagten Züge in den Auslandebahnhöfen ein, an manchen Tagen aber kein einziger. Infolge der Kälte stiegen die Ausfälle bei den Lokomotiven schon Anfang Dezember auf 70 Prozent.

[12] Nachdem die Zahl der Nachschubzüge für die gesamte Ostfront schon im Dezember mit 1643 gegenüber dem Vormonat (1701) abermals deutlich abgefallen war, sackte sie im Januar auf 1420 ab. Daraus ergäbe sich theoretisch eine durchschnittliche Zahl von 53 Zügen pro Tag im Dezember und rund 45 im Januar. Abgesehen davon, daß die Deckung des laufenden Bedarfs allein bei der Heeresgruppe Mitte die Zuführung von mindestens 32 Versorgungszügen täglich erfordert hätte, erfassen die genannten Zahlen nur die den drei Heeresgruppen zulaufende, nicht die Anzahl der tatsächlich in den Ausladebahnhöfen eintreffenden Züge, die noch weit darunter lag.

[13] Dem Staatssekretär im Reichsverkehrsministerium drohte Hitler mit der Gestapo. Zwei leitende Reichsbahnbeamte ließ er verhaften und in ein Konzentrationslager bringen.

Doron Arazi

Horchdienst und Blitzkrieg:
die deutsche militärische Funkaufklärung
im Unternehmen »Barbarossa«

Das Unternehmen »Barbarossa« stellte zugleich den Höhe- und Endpunkt der Blitzkriegs-Ära in der deutschen Militärgeschichte dar[1]. Der Begriff selbst wurde in den 1930er Jahren geprägt und, bezogen insbesondere auf die Panzer(mechanisierte)-Kriegführung, meistens von nichtdeutschen Beobachtern benutzt; jedoch erfaßte er eine eigentümliche, unverkennbar deutsche Art der Kriegführung, deren Wurzeln weit in die Vergangenheit zurückgehen. Ein weithin unbekannter Aspekt dieser Kriegsform war der Einsatz der deutschen operativen Funkaufklärung, und die Darstellung ihrer Rolle im gewagtesten Blitzkriegsunternehmen aller Zeiten, die hier skizzenweise versucht wird, kann vielleicht auch zum besseren Verständnis des Verhältnisses zwischen Technik und Kriegführung beitragen.

Der Blitzkriegsgedanke, gewachsen aus Deutschlands Mittellage und seiner ständigen zahlenmäßigen Unterlegenheit in den europäischen Kriegen, setzte sich im Kern die Herbeiführung der militärischen Entscheidung durch schnelle, durchgreifende operative Bewegungen zum Ziel, welche die gegnerischen Kräfte isolieren und stückweise in großen Vernichtungsschlachten zerschlagen sollten[2]. Seine typischen Merkmale waren die Betonung, ja, Überbetonung der Operationskunst und insbesondere der Offensive, die Erziehung zum schnellen Entschluß und unabhängigen Handeln auch auf unterer Führungsebene (»Auftragstaktik«), die Inkaufnahme von Risiken in bezug auf Feind-, Zeit- und Raumverhältnisse sowie ein ständiges Wechselspiel zwischen Vorausplanung und Improvisation — durchweg Charakteristika also, die sehr hohe Maßstäbe für militärisches Können setzten. Im deutschen Generalstab jahrzehntelang auf höchstem professionellen Niveau perfektioniert, schenkten sie den deutschen Waffen ihre glänzendsten Siege, bestimmten das Weltbild der Militärs, gewannen die Hochachtung von militärischen Beobachtern in der ganzen Welt — und vermochten trotz brillant gewonnenen Schlachten die verheerende Niederlage Deutschlands im Ersten Weltkrieg nicht zu verhindern. Dies stürzte das deutsche militärische Denken (und die Militärs persönlich) in eine tiefe Identitätskrise[3].

Eine mögliche Reaktion darauf war die Einsicht in die Unmöglichkeit, den modernen Krieg auf operativer Ebene zu entscheiden, was für Deutschland zumindest temporär den Verzicht auf Krieg als politisches Mittel bedeuten mußte. Eine andere war der Versuch (besser: die Versuchung), den Blitzkriegsgedanken durch Weiterentwicklung der Operationskunst, diesmal mit modernen technischen Mitteln, zu erneuern. Beides hatte übrigens auch politische Folgen: Der erste Weg, durch Generalstabschef Beck verkörpert, mußte schließlich zum Widerstand gegen Hitlers Kriegskurs führen, während die Erneuerer und späteren Praktiker des Blitzkrieges — Guderian, v. Manstein, v. Reichenau, Hoth — ihm mehr oder weniger begeistert, zumindest aber loyal bis zum Ende dienten. Ob die Versuchung, ihre militär-theoretischen Visionen endlich verwirklichen zu können, dieses Bündnis motivierte, oder umgekehrt, die Identifikation mit nationalsozialistischen Zielen der Suche nach einem neuen Siegesrezept zu Grunde lag, sei dahingestellt. Jedenfalls entstand aus ihren Bemühungen jene moderne, technisierte Form des Blitzkrieges, die, mit ihrer Kombination von Panzer- und Luftangriffen, Deutschlands große Siege in den ersten zwei Jahren des Zweiten Weltkrieges herbeiführte und damit den Triumph der Blitzkriegführung zu offenbaren schien. In ihren Reihen trat auch ein Militärfachmann auf, der in seiner Person die Verschmelzung von Technik und Kriegführung nahezu perfekt verkörperte und dessen Beitrag zur Entstehung des modernen Kriegswesens (wie der Militärhistoriker Martin van Creveld vor kurzem hervorhob)[4] trotz seiner entscheidenden Rolle bislang weitgehend ignoriert worden ist: der General der Nachrichtentruppe Erich Fellgiebel.

Fellgiebel, der während zehn der insgesamt zwölf Jahre des Dritten Reiches (1934—1944) das Nachrichtenwesen des deutschen Heeres leitete, war mehr als bloß ein hervorragender Fachmann auf seinem engen Sachgebiet. Seine gesamte Dienstzeit stand unter dem Leitgedanken, mittels moderner Fernmeldetechnik den im Ersten Weltkrieg verlorengegangenen Geist des Blitzkrieges wiederzubeleben. Als junger Offizier führte er eine bewegliche Funkstation in einem der Kavallerie-Korps, die im Sommer 1914 in der Hoffnung einer schnellen, blitzkriegsartigen Kriegsentscheidung in Frankreich einmarschierten; dort erlebte er das doppelte Versagen des Heeresnachrichtenwesens, das eine bewegliche Operationsführung unmöglich machte: den Zusammenbruch der Fernmeldeverbindungen einerseits und der Funksicherheit andererseits[5]. Letzterer ermöglichte dem gut funktionierenden französischen Abhördienst eine ständige Unterrichtung über die deutschen

Dislozierungen und Absichten. Als Reaktion auf die erste Herausforderung entwickelte Fellgiebel das Konzept eines für bewegliche, motorisierte Operationen geeigneten Führungssystems, das vor allem das modernste aller Fernmeldemittel, den Funk, benutzte. (Nicht zufällig war der brillanteste Praktiker dieses Führungssystems, Generaloberst Guderian, ursprünglich ebenfalls Nachrichtenoffizier in demselben Korps bei derselben Schlacht gewesen.) Ein weniger bekanntes, aus der zweiten Herausforderung entwickeltes Konzept war die Idee einer beweglichen, motorisierten Funkaufklärung, die der operativen Führung sichere Unterlagen für die Feindbeurteilung liefern sollte.

Damit war mehr als bloßer technischer Fortschritt verbunden. Im operativ-offensiv orientierten deutschen Militärdenken war das Gebiet der Feindnachrichtenbeschaffung stets unterschätzt worden; Feindlagebeurteilungen wurden nicht selten auf der Grundlage eher theoretischer Überlegungen als fundierter Kenntnisse getroffen. (Das bekannteste Beispiel: der Entschluß zum Rückzug in der Marne-Schlacht 1914.) Die operative Funkaufklärung sollte dem opportunistischen Element des Blitzkrieges ein neues, dem Tempo der mechanisierten Kriegführung angepaßtes Fundament geben. Da Fellgiebels Generalstabslaufbahn ihn auch in Ic (= Feindnachrichtenoffizier)-Stellen verschiedener Stäbe führte, besaß er neben fernmeldetechnischem Wissen auch Einblick in die Informationsbedürfnisse der operativen Führung. Es war seine Leistung, binnen relativ kurzer Zeit aus diesen Erkenntnissen heraus einen gut funktionierenden »Horchdienst« (so die offizielle Bezeichnung) aufzubauen.

Dieser Horchdienst war in zwei Arbeitsbereiche unterteilt: den traditionelleren stationären Dienst, betrieben seit dem Ersten Weltkrieg von Festen Horchstellen in den Wehrkreisen, und den beweglichen, getragen von den von Fellgiebel neugeschaffenen motorisierten Horchkompanien, die mit den angreifenden Truppen vorrücken sollten. An seiner Spitze stand die Horchleitstelle, die Fellgiebel unmittelbar unterstand und ausschließlich für die *operative* Funkaufklärung zuständig war. (Eine andere Dienststelle, die Chiffrierwesen-Abteilung, nahm Aufgaben der *strategischen* Funkaufklärung wahr.) Die Kriegslehre der Funkaufklärung wurde in einer Heeresdruckvorschrift zusammengefaßt, die mit nur wenigen Veränderungen während des ganzen Weltkrieges hindurch grundlegend blieb[6]. Die Funkaufklärung gewann nach anfänglichen Schwierigkeiten im Polen- und Frankreichfeldzug das Vertrauen der operativen Führung und unterlag einem Prozeß der Dezentralisierung, der durchaus den Prinzipien des Blitzkrieges entsprach.

Aufgrund der Erfahrungen in diesen Feldzügen verzichtete Fellgiebel auf eine straffe Lenkung der Funkaufklärung von oben, die sich als zu schwerfällig und inflexibel erwiesen hatte, und lockerte die Kontrolle der Horchleitstelle über die Horcheinheiten. Auf operativer, d.h. Heeresgruppenebene, bildete er Stäbe von »Kommandeuren der Horchtruppen« und gewährte ihnen eine weitreichende operative Unabhängigkeit[7]. Diese Auffassung verdeutlicht den Gegensatz zwischen dem deutschen und dem mehr strategisch ausgerichteten britischen Konzept der Funkaufklärung, da die Briten stets auf eine streng zentralisierte Lenkung ihres berühmten »Ultra«-Horchunternehmens in Bletchley Park setzten.

Natürlich war die Sowjetunion ein permanentes Ziel der deutschen Funkaufklärung. Nach der Revolution in Rußland beschäftigte die Chiffrierwesen-Abteilung zumindest einen »weißen« russischen ehemaligen Entzifferer[8], nahm sorgfältig die Erfolge der polnischen Funkaufklärung gegen die Sowjets im Krieg von 1920 zur Kenntnis[9], und entzifferte während der 20er und 30er Jahre erfolgreich zahlreiche sowjetische militärische und diplomatische Geheimschlüssel[10]. Der bewegliche Horchdienst bekam erst im Spanischen Bürgerkrieg Gelegenheit, gleichsam einen »Stellvertreter-Krieg« gegen das sowjetische Heeresfunkwesen zu führen, da die republikanische Armee hauptsächlich mit sowjetischem Nachrichtengerät versorgt wurde. Eine dorthin abgestellte, im Dienste der Nationalisten operierende Horchkompanie konnte — wie nicht nur deutsche, sondern auch spanische Quellen bestätigen — beachtliche Erfolge erzielen[11]. Wie für viele andere Gebiete diente dieser Krieg der deutschen Funkaufklärung als eine Art Versuchslabor und als Generalprobe für den Zweiten Weltkrieg. Die systematische Auswertung von erbeuteten sowjetischen Funkgeräten und Geheimschlüsseln, die Vernehmung gefangengenommenen Nachrichtenpersonals und die in der Horchtätigkeit gesammelten Erfahrungen über sowjetische Funkvorschriften bildeten eine wichtige Grundlage für den späteren Einsatz gegen die Sowjetunion[12]. Ebenso beobachteten die im Polenfeldzug 1939 eingesetzten Horchkompanien den Funkverkehr der offiziell verbündeten, in Ostpolen einmarschierenden Roten Armee und gewannen einen lebendigen Eindruck von der schlechten sowjetischen Funkdisziplin und den unzureichenden Funksicherheitsmaßnahmen[13]. Als die meisten Horchkompanien für den Feldzug gegen Frankreich in den Westen verlegt wurden, verblieb im besetzten Polen ein »Kommandeur der Horchtruppen Ost«, der von seiner Kommandostelle in Posen aus mit den Festen Horchstellen Königsberg/Cranz und Striegau und den Horchkompanien 3./7 und 3./18 die Rußland-Beobachtung weiterbetrieb[14]. Nach dem Westfeldzug wurde er dem nach Osten verlegten Heeresgruppenkommando B (später »Mitte«) unterstellt. Mit dem massiven deutschen Aufmarsch vor »Barbarossa« wurden gemäß dem erwähnten Prinzip der Dezentralisierung ähnliche Stäbe auch bei den anderen Heeresgruppen gebildet und der Beobachtungsraum zwischen ihnen geteilt. Am Vorabend des deutschen Überfalls gliederte sich die deutsche Funkaufklärung im Osten in 8 Horcheinheiten, was auf einer Angriffsbreite von ca. 1000 Kilometern ein Verhältnis von insgesamt 250 Empfangsgeräten gegenüber schätzungsweise 10 000 Sendern bei der Roten Armee ergab — ein erstaunliches, jedoch im Rahmen des Blitzkriegsgedankens annehmbares Mißverhältnis, das im Vertrauen auf die eigene qualitative Überlegenheit in Kauf genommen und überwunden werden sollte[15].

Dieses Mißverhältnis spiegelte natürlich nur jenes allgemeine Mißverhältnis wider, in dessen Zeichen das ganze Unternehmen »Barbarossa« von Anfang an stand — und schließlich scheiterte. Bei aller aus heutiger Sicht fast unverständlichen Überheblichkeit, mit der die deutsche militärische Führung die von Hitler gesetzten Ziele erreichen zu können glaubte, war ihr das Wagnis dieses Unterfangens durchaus bewußt, ebenso die daraus entstehenden, äußerst hohen Anforderungen an die eigene Operationskunst und das Urteilsvermögen. Hier bot die operative Funkaufklärung, wenn nicht ein Patentrezept, so doch ein höchst willkommenes Führungsmittel, um die stets an der Schwelle der Überforderung operierenden Kräfte mit maximaler Effizienz einzusetzen. Als solches war sie unentbehrlich. Eine detaillierte Darstellung des Einflusses der Funkaufklärung auf den Verlauf der Operationen kann natürlich in dem hier gegebenen Rahmen nicht unternommen werden. Analysiert man jedoch die typischen Führungsprobleme, die immer wieder — und zwar schon in der ersten, scheinbar erfolgreichen Phase von »Barbarossa« — die operativen Kommandozentralen heimsuchten, so tritt diese Unentbehrlichkeit nur um so deutlicher in Erscheinung. Die Fragen waren immer grundsätzlicher Art: Wo sollten die trichterförmig vorstoßenden Truppen den Einkreisungsring um möglichst viele sowjetischen Truppen möglichst sicher schließen, ohne ihre nächsten, noch weit vorwärts liegenden Ziele zu verfehlen? Oder: wo und wann würden die Sowjets mit ihrer zahlenmäßigen Überlegenheit zum Gegenangriff gegen die chronisch exponierten Flanken übergehen? Solche Probleme riefen ein ständiges Bangen um »große« und »kleine« Lösungen hervor und drückten sich in wiederholten operativen Krisen aus, die nur mit zunehmender Mühe gemeistert werden konnten. Die Informationen über sowjetische Gliederungen und Absichten, die zur Überbrückung dieser Spannung notwendig waren, vermochte nur die Funkaufklärung rechtzeitig zu liefern. So konnte das Ostheer sein operatives Gleichgewicht — jedenfalls vorläufig — bewahren.

Die folgende Beispiele mögen die Breite und den Ertrag der Horchtätigkeit veranschaulichen.

Der Kommandeur der Horchtruppen der Heeresgruppe Nord konnte bereits im ersten Monat des deutschen Angriffs eine vollständige Kriegsgliederung der sowjetischen Streitkräfte im Baltikum liefern und aus den Netzzusammenhängen des Funkverkehrs Rückschlüsse auf ihre Befehlsstruktur und Operationsfähigkeit gewinnen. So meldete er am 24. Juli 1941, daß »der Frontstab ›Nordwest‹ *nur* mit der 11. Armee in regelmäßiger und ziemlich lebhafter Funkverbindung [stehe], zu der 22. und 27. Armee gar nicht, zur 8. Armee nur einmal taktisch und wenige Male technisch«; damit zeichneten sich die Auflösungserscheinungen der sowjetischen »Nordwestfront« ab, die dann eine stückweise Zerschlagung ihrer Kräfte ermöglichten. Bei der »Nordwestfront« im allgemeinen, so das Fazit der Funkaufklärung, »kam operative Führung nicht zum Ausdruck«. Darüber hinaus konnte die Funkaufklärung vorausschauend auch eine neue Armee zwischen der sowjetischen 11. und 8. Armee im Raum südlich von Leningrad feststellen sowie Vermutungen über deren Unterstellung und Aufgabe bei der Verteidigung Leningrads anstellen[16]. Diese Informationen erwiesen sich einige Wochen später als zutreffend, als die Heeresgruppe Nord bei ihrem Angriff gegen Leningrad tatsächlich auf die sowjetische 42. Armee stieß.

Die Heeresgruppe Nord lieferte auch ein Beispiel für den Einfluß der Funkaufklärung auf deren Oberbefehlshaber persönlich. Dieser, Generalfeldmarschall Ritter v. Leeb, hatte mit der Funkaufklärung seit dem Feldzug in Frankreich positive Erfahrungen gesammelt[17]. Entsprechend seiner Führungstechnik pflegte er, außer der normalen Lageunterrichtung durch seinen Stab, die fünf bis sechs wichtigsten Unterlagen tagtäglich in seinen persönlichen Handakten zu sammeln, wo während der ganzen Zeit seines Oberbefehls hindurch auch die Feindfunklagemeldungen in Abschrift zu finden waren[18]. Offenbar wollte Leeb sich nicht mit der zusammenfassenden Feindlagebeurteilung seines Ic-Offiziers begnügen, sondern benutzte die Funklagemeldungen »roh«, wie zahlreiche Stellen in seinen Tagebuchnotizen und persönlich diktierten Lagebeurteilungen zeigen. So konnte er z. B. einen sowjetischen Versuch zur Stabilisierung der Front vorhersagen, als »durch den

Horchdienst auf dem Funkwege mehrere Divisionen ostwärts Rositten [Rezekne] festgestellt« wurden[19], oder notierte besondere Vorkommnisse wie die ebenfalls durch Funkaufklärung erkannte Anwesenheit des sowjetischen Marschalls Vorošilov in Demjansk in seinem Tagebuch[20]. Während des Vorstoßes auf Leningrad erfuhr er von der Schwerpunktverlagerung der gegnerischen Verteidigung (insbesondere der hastig neuaufgestellten sowjetischen 48. Armee) östlich des Volchov bereits kurz nach Erteilung der einschlägigen Stavka-Befehle und damit rechtzeitig genug, um die Heeresgruppe entsprechend zu disponieren[21]. Später mußte er freilich auch — und das ist wohl die Kehrseite der Medaille — aufgrund von Horchergebnissen, die »keinerlei Feindeindrücke« ergaben, welche »auf Auswirkungen des eigenen Angriffs schließen« ließen[22], erste Zeichen für das Scheitern seines Unterfangens registrieren.

Auch der Oberbefehlshaber der Heeresgruppe Mitte, Generalfeldmarschall Fedor v. Bock, schenkte den Meldungen der Funkaufklärung seine persönliche Aufmerksamkeit. Sein Wissen über die Führungsschwierigkeiten des Gegners in der großen Kesselschlacht bei Smolensk, insbesondere seine Zuversicht, daß die sowjetischen Verbände in die ihnen gestellte operative Falle gehen, d. h. die Stadt verteidigen und nicht ausweichen würden, fußten, wie seine Tagebuchaufzeichnungen zeigen, auf Horcherkenntnissen. So konnte der Kommandeur der Horchtruppen Mitte ihm am 17. Juli 1941 einen nur wenige Stunden zuvor vom sowjetischen Frontstab West abgesandten Funkspruch vorlegen, in dem der Befehlshaber der in Smolensk eingeschlossenen Verbände, General M. F. Lukin, scharf getadelt wurde. (»Ihr Schweigen ist empörend [...] Wann werden Sie endlich verstehen? Um Ihre Gesundheit ist man besorgt [...] Geben Sie alle zwei Stunden einen Lagebericht.«) Später erhielt Bock auch den Befehl des Marschalls Timošenko an Lukin, Smolensk unter allen Umständen zu halten[23]. Bezeichnend für die Arbeitsweise der Funkaufklärung war, daß Lukin — bedingt auch durch die zeitweise konfusen sowjetischen Befehlsverhältnisse — als Oberbefehlshaber bald der 19., bald der 16. Armee identifiziert wurde[24]. Ebenso herrschte Unklarheit über die Identität des Absenders, General Malandin, der zunächst nur vage als »bekannt beim Frontstab West« bezeichnet wurde, bis seine tatsächliche Stellung entschlüsselt wurde[25]. Dieses Beispiel veranschaulicht einerseits die unaufhörliche Kleinarbeit in der Ergänzung und Richtigstellung der Horchergebnisse, andererseits aber auch die Fähigkeit, bei aller Ungenauigkeit im Detail ein für die operative Führung brauchbares »Bild im großen« zu gewinnen.

Während der Umfassung von Smolensk konnte Bock weitere Meldungen Lukins an Bulganin (den späteren Marschall und Minister, damals Parteivertreter im Kriegsrat der Westfront) über die Kampfhandlungen mitlesen und mittels abgehörter Funksprüche die zunehmende Nervosität und Zerrissenheit der sowjetischen Führung beobachten, die etwa »wieder in drohender Form die Wiedernahme von Smolensk verlangte« oder gar nach altem Stalinschen Muster die Verhaftung eines Kommandeurs anordnete[26]. Schließlich konnte er nach Auffangen des Klartext-Funkspruches Nr. 191774 von Bulganin an Lukin, der den Angriff auf Smolensk unter Angabe der Stoßrichtungen befahl[27], fast gleichzeitig mit dem rechtmäßigen Adressaten einen unübertrefflichen Einblick in die Absichten seines Gegners gewinnen. Manchmal lieferte die Funkaufklärung durch Abhören der sowjetischen Feindlagemeldungen sogar Aufschluß über die Lage und Wirksamkeit der eigenen Truppen — und zwar schneller als auf dem normalen Meldeweg: Ein aufgefangener Bericht des sowjetischen 5. Panzerkorps an die 20. Armee vom 31. Juli, der in einer der Divisionsabschnitte »Gegner ohne besondere Aktivität« meldete, war für Bock Anlaß nicht nur zu einer sarkastischen Tagebuchnotiz (»auch den Russen scheinen wir dort nicht sonderlich zu imponieren«), sondern auch zu sofortigen Ferngesprächen mit der eigenen 9. Armee sowie dem VII. Armeekorps, um sie zu energischerem Handeln zu drängen[28].

Bei der Heeresgruppe Süd, die angesichts ihres großen Operationsraumes mit dem stärksten Kontingent an Horcheinheiten ausgestattet war, ist für die hier interessierende Kriegsphase die Tätigkeit der Funkaufklärung am umfangreichsten und am vollständigsten (allerdings sehr verstreut) dokumentiert. Sie enthält nicht nur die Ergebnisse der Abhörtätigkeit in Form von Funklagemeldungen und -skizzen, sondern auch die Kommandobefehle des Kommandeurs der Horchtruppen Süd, die Aufschluß über den inneren Betrieb und die Arbeitsweise der Funkaufklärung geben[29]. Der Kommandeur, Oberstleutnant Randewig, war ein Veteran der Rußland-Beobachtung und ein Befürworter der Dezentralisierung, die er Fellgiebel vor dem Frankreichfeldzug 1940 vorschlug und durchsetzte. Seinem in drei Kommandogruppen gegliederten Stab wurden die Horchauswertestelle Süd mit drei Auswertungsgruppen und zwei, später drei motorisierten Horchkompanien unterstellt. Seine Aufgabe bestand darin, den Horchkompanien die Beobachtungsräume zuzuweisen, Aufträge und Schwerpunkte aufgrund der laufenden Lageunterrichtung zu erteilen, die Ergebnisse der Funkaufklärung zusammenzufassen und der Führung zu übermitteln sowie die Zusammenarbeit mit anderen Truppenteilen, insbesondere den Armeen der Heeresgruppe, zu regeln. Das Mißverhältnis zwischen den ihm zu Verfügung stehenden Empfangskapazitäten (eine Horchkompanie konnte 36 Empfänger, bei durchgehendem Einsatz 24 gleichzeitig besetzen) und der Größe des Operationsraumes schloß eine flächendeckende Beobachtung aus und zwang zur Schwerpunktbildung je nach der operativen Lage. Trotzdem gelang es, den Überblick über die sowjetische Kriegsgliederung und Kräfteeinteilung nicht zu verlieren. Das Horchverfahren wurde den Besonderheiten des gegnerischen Funkverkehrs in der jeweiligen Situation angepaßt. Der Schwerpunkt wurde je nach Bedürfnis einmal auf Klartext-Sprüche (zur Erkennung von Auflösungserscheinungen beim Gegner), dann wieder auf die aufwendigere Entzifferungsarbeit (wenn es darauf ankam, Absichten des Gegners zu erkennen), bisweilen auch auf die Verkehrsauswertung (wenn nicht genug Material für eine Entschlüsselung zur Verfügung stand) gelegt. So entstand ein gut funktionierender »Informationskreislauf«: Die Horchkompanien lieferten dem Kommando »technische Funklagemeldungen«, die die Ergebnisse der Verkehrsauswertung (sowjetische Wellen, Netzbeziehungen, Ruf- und Betriebszeichen) zusammenfaßten, und »VN-Meldungen«, die unter dem Decknamen »Verläßliche Nachricht« die Ergebnisse der Inhaltsauswertung, d. h. Klartext- oder sofort entschlüsselte Funksprüche, enthielten. Vordringliche Informationen sollten sofort als »Vorausmeldung« telefonisch oder fernschriftlich, in besonders dringenden Fällen auch durch Funk weitergegeben werden. Die Horchauswertestelle faßte diese Meldungen zu einem vollständigen Funkbild zusammen, und ihre Entzifferungs- und Übersetzergruppen versuchten, die bei den Horchkompanien nicht dechiffrierbaren Sprüche zu entschlüsseln. Schließlich wurde eine umfassende Feindfunklagemeldung, bezogen auf die Ergebnisse eines Zeitraumes von 24 Stunden, erstellt und dem Ic-Offizier der Heeresgruppe übermittelt. Der Kreis der Verteiler dieser Meldungen wurde allmählich erweitert, bis er auch den Luftwaffenkommandeur, Fliegerverbindungsoffizier und Nachrichtenführer der Heeresgruppe sowie die Ic-Offiziere der unterstellten Armeen einschloß. Diese Verteilungsfreudigkeit nach unten steht in bemerkenswertem Gegensatz zu den Anstrengungen der Westalliierten, die Zahl der in das Geheimnis ihrer eigenen Funkaufklärung Eingeweihten möglichst zu begrenzen und die gewonnenen Informationen nur unter strenger Kontrolle von oben und in getarnter Form zu verteilen[30]. Sie veranschaulicht nicht nur das Prinzip »Wirkung geht vor Deckung«, das die deutsche Funkaufklärung stets leitete, sondern auch die unterschiedliche operative Auffassung, die eben nicht auf Lenkung von oben ausgerichtet war, sondern den unteren Führungsebenen Unterlagen zur Entwicklung eigener Initiativen zu geben bemüht war. Dies war die klassische Auffassung des operativen Blitzkriegsgedankens.

Auch die Horchleitstelle war mehr auf Unterstützung als auf Lenkung der untergebenen Horcheinheiten hin orientiert. Sie erhielt von ihnen, meist per Fernschreiben, die besonders komplizierten und schwer lösbaren Funksprüche, um ihre eigenen, hochqualifizierten Entzifferungsgruppen darauf anzusetzen. Nach erfolgreicher Entschlüsselung wurden sie zurück an die Horchauswertestelle gemeldet und in den Funklagemeldungen als »Nachträge der Horchleitstelle« aufgeführt. Ihrerseits meldete die Horchleitstelle ihre Ergebnisse über einen Verbindungsoffizier an die im Oberkommando des Heeres für die Feindnachrichten zuständige Generalstabs-Abteilung »Fremde Heere Ost«, für deren Gesamtlagebeurteilung sie, wie zahlreiche einschlägige Verweise zeigen, eine beträchtliche Rolle spielten. Einige dieser Meldungen nahm auch der Chef des Generalstabes, Generaloberst Halder, persönlich zur Kenntnis, dies allerdings eher selten[31].

Ebenso distanziert zeigte sich der Oberbefehlshaber der Heeresgruppe Süd, Generalfeldmarschall v. Rundstedt. Seine im Kriegstagebuch der Heeresgruppe eingetragenen Lagebeurteilungen enthalten, im Gegensatz zu jenen Leebs und Bocks, keine Anhaltspunkte, die auf ein persönliches Interesse an der Funkaufklärung schließen lassen. Vielmehr basierten sie auf den allgemeinen Feindlagemeldungen des Ic-Bearbeiters. Aber eben für diese Meldungen war die Funkaufklärung von überragender Bedeutung. In den Tabellen der erkannten sowjetischen Truppen, in denen auch die jeweiligen Informationsquellen aufgeführt wurden, überwiegt — insbesondere bei der Feststellung von höheren Stäben — die Funkaufklärung im Vergleich zu allen anderen Quellen (Gefangenenaussagen, Beuteakten usw.) mit 60 bis 80 Prozent. Der Beitrag der inhaltlichen Auswertung für die Erkennung der gegnerischen Operationsabsichten ist nicht zu quantifizieren.

Für die Horchtätigkeit bei der Heeresgruppe Süd waren die Prinzipien des Blitzkrieges und der Auftragstaktik ausschlaggebend. Die Größe des Operationsgebietes, das schwierige Gelände und die geschickte Führung der sowjetischen Verteidigung zwangen zu einer weitgehenden operativen Unabhängigkeit der unterstellten Verbände (6., 11. und 17. Armee und Panzergruppe 1). Daraus entwickelte sich auch eine gewisse Selbständigkeit der Horchkompanien, was einem »Dezentralisierer« wie

Randewig ins Konzept paßte: Er paarte die Horchkompanien mit den Armeen und schloß sie ihren Fernmeldeverbindungen an, so daß eine sofortige Übermittlung wichtiger Ergebnisse im Armeebereich unmittelbar und unter Umgehung des Oberbefehlshabers möglich wurde. Es entwickelte sich also ein »Neben-Informationskreislauf«, der für die Armeen eine erhebliche Zeitersparnis bei der Beschaffung der Feindnachrichten bedeutete. Dabei kam es insbesondere auf eine frühzeitige Vorwarnung vor sowjetischen Gegenangriffen an. Im Gegensatz zu den anderen Heeresgruppen stieß die Heeresgruppe Süd nämlich auf hartnäckigen und effektiven sowjetischen Widerstand seitens der Kräfte der Südwestfront. Speziell die 5. Armee (Gen. M.I. Potapov) vermochte es, ihre Befehlsstruktur einigermaßen intakt zu halten und durch wiederholte Flankenangriffen aus dem Pripjat'-Gebiet heraus ernsthafte operative Krisen im Bereich der Heeresgruppe auszulösen. Das Konzept des operativen Blitzkrieges drohte hier aus den Fugen zu geraten: Wenn die Parole: »ohne Rücksicht auf offene Flanken« nicht mehr gelten konnte, da die entlang derselben aufmarschierten Feindkräfte »programmwidrig« nicht kollabierten, sondern attackierten, mußte der Blitzkrieg zwangsläufig und schnell seine Effektivität verlieren. Er wurde in derartigen Situationen häufig von der Funkaufklärung gerettet. Besonders auffällig war das in dem wiederholten Duell zwischen der sowjetischen 5. und der deutschen 6. Armee, deren Befehlshaber, Generalfeldmarschall v. Reichenau, ein brillanter Praktiker des Blitzkrieges war und bereits im Polenfeldzug gelernt hatte, die Funkaufklärung allen anderen Nachrichtenquellen vorzuziehen. Die Vorhersage der Kräfteverteilung und der vermutlichen Operationsabsichten von Potapovs Armee, eine fast ausschließlich durch Horchergebnisse erzielte Leistung, ermöglichte Reichenau jenes geschickte Taktieren, das nach einigen Zitterpartien zur Überwindung der Krise führte und schließlich in den riesigen Umfassungssiegen von Uman' und Kiev gipfelte.

Aber hier — das können wir aus heutiger Sicht feststellen — wurden auch die Grenzen der Wirksamkeit der Funkaufklärung im Rahmen des Blitzkrieges erkennbar. Die wichtigen strategischen und rüstungswirtschaftlichen Ziele nämlich, die der Heeresgruppe Süd gesetzt worden waren, wurden — mit verhängnisvollen Auswirkungen für die deutsche Kriegführung — trotz alledem nicht rechtzeitig erreicht. Nicht, daß die Funkaufklärung technisch versagt hätte; vielmehr war sie oberhalb einer schwer festzustellenden, jedoch spürbaren Grenze der Truppe so weit voraus, daß kein operativer Nutzen aus ihren Ergebnissen mehr gezogen werden konnte; sie blieben also rein akademisch. Hinter den Siegen der Heeresgruppe Süd (die damals natürlich begeistert gefeiert und von Hitler und der Heeresführung durchaus als Verwirklichung ihrer Ziele bewertet wurden) zeigten sich schon die zunehmenden Schatten der Überforderung. Kein Blitzkrieg, und sei er auch noch so technisch hoch perfektioniert, konnte schließlich die grundsätzliche Diskrepanz im Kräfteverhältnis zwischen dem Deutschen Reich und der Sowjetunion überwinden oder außer Kraft setzen. Hatte sich dies schon bei der Wiederaufnahme des deutschen Angriffs im Herbst 1941 gezeigt, so wurde die Funkaufklärung seit der Abwehr der sowjetischen Winteroffensiven im Dezember endgültig in eine defensive Rolle gedrängt, aus welcher sie — vom kurzen Intermezzo der deutschen Sommeroffensive 1942 abgesehen — nicht mehr heraustreten sollte. In dieser Situation blieb ihr allenfalls übrig, durch eine technisch weiter verbesserte Geräteausstattung und Organisation die Agonie des Dritten Reiches in den Abwehrschlachten von 1942 bis 1945 zu verlängern. Als ihr Vorgesetzter und Förderer, General Fellgiebel, die innere Wandlung von einem loyalen Diener Hitlers zu einem Mitverschwörer im militärischen Widerstand vollzog, war damit sicher auch eine Einsicht in die Aussichtslosigkeit des nach seinem eigenem Konzept mit modernsten Nachrichtenmitteln geführten Blitzkrieges verbunden. Aber für die Illusion, Deutschland könne mittels einer militärtechnischen Flucht nach vorn einen Weltkrieg gewinnen, bezahlten Millionen Menschen mit ihrem Leben.

Anmerkungen

Alle Dokumente ohne Angabe des Archivs stammen aus dem Bundesarchiv-Militärarchiv, Freiburg i. Br. Andere Abkürzungen: NA = National Archives, Washington, D.C.; SHM = Servicio Histórico Militar, Madrid.

[1] Vgl. L. Addington, The Blitzkrieg Era and the German General Staff, 1865—1941, New Brunswick, N.J., 1971.
[2] Siehe J. L. Wallach, Das Dogma der Vernichtungsschlacht. Die Lehren von Clausewitz und Schlieffen und ihre Auswirkungen in zwei Weltkriegen, Frankfurt a. M. 1967.
[3] Siehe im allgemeinen M. Geyer, Aufrüstung oder Sicherheit. Die Reichswehr in der Krise der Machtpolitik, 1924—1936, Wiesbaden 1980.
[4] M. van Creveld, Technology and War, New York 1989, S. 180.
[5] E. Fellgiebel, Die Schwierigkeiten für die Nachrichtenverbindungen vorausgesandter Heereskavallerie (2. Kav.-Korps, Herbst 1914), in: Die F-Flagge,

8. Jg (1932), S. 130—133; ders., Verwendung von Nachrichtenmitteln im ersten Kriegsjahr und Lehren daraus für heute, in: Militär-Wochenblatt, 119 (1935), Nr. 34, Sp. 1331—1336.

[6] RHD 5/17; Heeresdruckvorschrift (geheim) 17, »Aufklärung durch Nachrichtenmittel«, 2 Hefte, vom 15.3. und 25.5.1938. Siehe auch Nachlaß Gen. d. Nachr.Tr. Praun, N 591/176, S. 40—65: »Das Horchverfahren« (eine Nachkriegsausarbeitung).

[7] Siehe D. Arazi, Die deutsche militärische Funkaufklärung im Zweiten Weltkrieg. Versuch eines Überblicks, in: Der Zweite Weltkrieg. Analysen — Grundzüge — Forschungsbilanz. Im Auftrag des Militärgeschichtlichen Forschungsamtes hrsg. von W. Michalka, München ²1990, S. 506f.

[8] NA, Record Group 457, SRMA-10 (declassified 19.3.1986): French Knowledge of German Cryptanalysis, S. 1.

[9] RWM/Heeresleitung Nr. 63/29 Wehramt In 7/Chi vom 10.3.1929, Auszüge aus dem Buch »Die Funktelegraphie als Nachrichtenquelle über den Feind« des poln. Obersten Sciezinski, RH 12-7/13. Auch das sowjetische Verteidigungsministerium hat das Werk übrigens übersetzt. Siehe I. T. Peresypkin, Voennaja Radiosvjaz', Moskau 1962, S. 109.

[10] Siehe Quartalberichte der Abteilung Chi, RW 5/v. 731.

[11] OKH/Genst.d.H. 139/39 geh. O.Qu. III vom 30.2.1939, »Bericht über die Beteiligung und Erfahrungen des deutschen Heeres im Spanischen Bürgerkrieg«, S. 27, 31—33, 37, RH 2/1552; SHM, AGL/ZN, Cuartel General del Generalísimo (C.G.G.), Rollo 199, Legajo 232, Carpeta 9 de Marzo 1937 (dort dechiffrierte Sprüche der republikanischen Regierung); ebd., C.G.G., Ia Sección, Rollo 56, Legajo 368, Carpeta 6: Radios captadas del enemigo — operaciones sobre Vizcaya.

[12] NA, Record Group 162, Box 743: War Dept/G-2, Interrogation Files, »Notes on the Russian Signal Equipment and Signal Industry« vom 25.3.1946, S. 1f., 9; SHM, AGL/ZN, C.G.G., Rollo 199, Legajo 232, Carpeta 12, Radios captadas de la Division Karl Marx comunista.

[13] H.Kp. 3./18, Funklagemeldung Nr. 1 vom 24.9.1939, RH 20-14/73a, S. 69.

[14] N 591/176, S. 69f.; Funklagemeldungen des Kommandeurs der Horchtruppen Ost, 17.3.—9.8.1941, RH 21-3/434; siehe auch K. Randewig, 50 Jahre Deutsche Heeres-Funk-, Nachrichten- und Fernmelde-Aufklärung, in: Wehrwissenschaftliche Rundschau, 14 (1964), S. 686ff.

[15] N 591/176, S. 140ff.

[16] Kdr. d. H.Tr. Nord, Funklagemeldung 27/7 vom 27.7.1941, RH 19 III/669.

[17] Siehe Arazi, Funkaufklärung (wie Anm. 7), S. 504, 507f.

[18] Handakten des Oberbefehlshabers der Heeresgruppe Nord, 22.6.1941—18.1.1942, passim, RH 19 III/668—683.

[19] Generalfeldmarschall Wilhelm Ritter v. Leeb. Tagebuchaufzeichnungen und Lagebeurteilungen aus zwei Weltkriegen, hrsg. von G. Meyer, Stuttgart 1976, S. 286f., Eintragung vom 3.7.1941.

[20] Ebd., S. 339, Eintragung vom 21.8.1941; Kdr. d. H.Tr. Nord, Funklagemeldung vom 20.8.1941 (Geheim), RH 19 III/672.

[21] Leeb (wie Anm. 19), S. 344, Eintragung vom 26.8.1941; Kdr. d. H.Tr. Nord, Funklagemeldung 25/8 vom 25.8.1941, RH 19 III/672.

[22] Kdr. D. H.Tr. Nord, Funklagemeldung 17/10 vom 17.10.1941, RH 19 III/676.

[23] N 22/9, Nachlaß v. Bock, Tagebuchnotizen Osten I, S. 32, Eintragung vom 17.7.1941; Kdr. d. H.Tr. Ost, Funklagemeldung 25/7 vom 17.7.1941 (abgeschlossen 17.7. 1600 Uhr), RH 21-3/434, fol. 120.

[24] Kdr. d. H.Tr. Ost, Funklagemeldung 31/7 vom 20.7.1941, RH 21-3/434, fol. 126.

[25] Kdr. d. H.Tr. Ost, Funklagemeldung 27/7 vom 18.7.1941, ebd., fol. 122.

[26] Eintragung vom 20.7.1941, N 22/9, S. 37.

[27] Kdr. d. H.Tr. Ost, Funklagemeldung 1/8 vom 1.8.1941, RH 21-3/434, fol. 155.

[28] Eintragung vom 1.8.1941, N 22/9, S. 50.

[29] Kommandobefehle des Kdr. d. H.Tr. Süd: Nr. 2 in RH 20-6/514, S. 216ff.; Nr. 3 in RH 20-6/513, S. 120f.; Nr. 4 in RH 20-6/515, S. 391; Nr. 5 in RH 20-6/516, S. 209f.; Nr. 6 in RH 21-1/153, S. 81ff.; Nr. 7, ebd., S. 103; Nr. 8, ebd., S. 141—145. Siehe auch AOK 17, Anlagen zum Tätigkeitsbericht Ic 22.6.—15.10.1941, RH 20-17/284—286; und AOK 11, Anlagen zum Kriegstagebuch Ic 22.6.—31.12.1941, RH 20-11/37—193, passim.

[30] Vgl. NA, Record Group 457, SRH-006, Synthesis of Experiences in the Use of Ultra Intelligence by U.S. Army Field Commands in the European Theater of Operations (declassified 12.12.1978).

[31] F. Halder, Kriegstagebuch. Tägliche Aufzeichnungen des Chefs des Generalstabes des Heeres, 1939—1942, bearb. von Hans-Adolf Jacobsen, hrsg. vom Arbeitskreis für Wehrforschung, 3 Bde, Stuttgart 1962—1964, Bd 3, Eintragung vom 13.7.1941.

Dritter Teil

Vernichtungskrieg als Politik und Erfahrung

Hans Umbreit

Strukturen deutscher Besatzungspolitik in der Anfangsphase des deutsch-sowjetischen Krieges

Die deutsche Besatzungsherrschaft in den Ländern Europas, die die Wehrmacht im Zweiten Weltkrieg erobert hatte, stellt das wohl dunkelste Kapitel in der Geschichte dieses schließlich weltweiten Konfliktes dar. Mit der Demütigung, Unterdrückung, Entrechtung und Ausbeutung der Bevölkerungen, mit der ungeheuerlichen Anzahl von Deportationen und Liquidierungen lud das nationalsozialistische Deutschland eine Schuld auf sich, die für lange Zeit schwer abzutragen sein wird und noch immer politische Auswirkungen hat.

Für die Repräsentanten der Besatzungsregime war die völkerrechtswidrige bis verbrecherische Machtausübung in den besetzten Gebieten aber nur selten ein Problem, das ihr Gewissen berührte. Für sie stellte sich in erster Linie die Frage der Effizienz, und daß sich in dieser Hinsicht bei der Organisation, Planung und Durchführung gravierende Mängel gezeigt hatten, war einer der wenigen Punkte, in dem die vielen miteinander konkurrierenden Zentralbehörden und lokalen Dienststellen übereinstimmten. Tatsächlich waren die Strukturen der Besatzungsherrschaft, mit denen die Deutschen die unterworfenen Länder überzogen hatten, auch nach eigener Erfahrung und Einsicht so dilettantisch gewesen, daß sie den angestrebten Zweck nur unvollkommen erfüllt, gelegentlich sogar konterkariert hatten.

Die meiste Kritik lösten, und das nicht erst nach dem Kriege, die Verhältnisse in den besetzten Ostgebieten aus. Daß es dort nicht gelang, die anfallenden Probleme zum eigenen Vorteil zu lösen, war für den Chef der Militärverwaltung beim Oberkommando der Heeresgruppe Mitte, wie er im August 1944 mutig in seinen Schlußbericht schrieb, ein Beweis dafür, »daß der deutsche Mensch in der Breite noch nicht reif ist für die Behandlung fremder Völker«[1]. Er wandte sich gegen die »Maßlosigkeit des politischen Denkens, die die völkische Kraft des russischen Volkes außer acht ließ«. Deutlicher wollte und konnte er vermutlich in seiner Verurteilung einer verfehlten Besatzungspolitik nicht werden, die zwar wider alle Vernunft, von der Führung des Reiches aber so gewollt war. Am Anfang einer chaotischen Herrschaftsausübung im Osten hatten politische Entscheidungen gestanden, aus denen sich die strukturellen Schwächen des Besatzungsregimes zum Teil erst ergaben.

Gauleiter Erich Koch, der als Reichskommissar für die Ukraine in der Durchführung einer besonders rücksichtslosen Besatzungspolitik stets Rückendeckung bei Hitler und Bormann gefunden hatte, zum Schluß noch seinen Amtskollegen Hinrich Lohse im Reichskommissariat für das Ostland ersetzte und ungestraft seinem Minister trotzen konnte, ließ dagegen derartige Bedenken nicht gelten. Er war auch nach dem Verlust seiner Satrapie davon überzeugt, »daß seine politische Linie auch bei einer Wiederbesetzung der Ukraine eingehalten wird«[2]. Während sein Minister, Alfred Rosenberg, die Reichskommissariate für die Zukunft ganz abschaffen wollte und die Militärverwaltung der Heeresgruppe Mitte empfahl, der einheimischen Bevölkerung grundsätzlich eine größere Rolle bei der Regelung der sie betreffenden Fragen sogar im russischen Kerngebiet, nicht nur in den ohnehin besser behandelten Randgebieten Ostland, Kaukasus und — mit Abstand — Ukraine zuzugestehen, plagte Koch eine ganz andere Sorge. Er wollte dennoch schließlich nicht glauben — entsprechende Tendenzen waren überdeutlich geworden —, daß die »Bestrebungen, die Verwaltung der Ukraine der SS zu übertragen, vom Führer gebilligt werden«. Auch wenn die Informationen, die bei Koch diese Befürchtungen ausgelöst hatten, nachträglich schwer zu ermitteln sein dürften, so wiesen sie doch auf einen Grundzug hin, der die Entwicklung des NS-Regimes zunehmend bestimmte. Die SS war von Anfang an bestrebt gewesen, die besetzten Gebiete zu durchdringen und jede Gelegenheit zu nutzen, die eigene Machtbasis kontinuierlich zu erweitern. Himmler hielt allein seine Organisation für befähigt, die »politische Verwaltung« im deutschen Herrschaftsbereich zu übernehmen.

Hitler war kein Krieg »aufgezwungen« worden, wie die deutsche Propaganda seit September 1939 der eigenen Bevölkerung und dem neutralen Ausland weiszumachen suchte. Richtig ist lediglich, daß sein Ablauf auch in der ersten, noch erfolgreichen Hälfte ursprünglich in dieser Weise nicht gewollt gewesen war, weder was die Zahl der Gegner noch die Reihenfolge ihrer militärischen Ausschaltung anlangte. Nicht alle Besetzungen bis Mitte 1941 waren also von Anfang an intendiert gewesen. Hitler hielt es allerdings für abwegig, erst ein Land zu unterwerfen und ihm anschließend wieder die Freiheit zurückzugeben[3]. Hinzu kam, daß er ohnehin nicht die Absicht hatte, sich vor Kriegsende — in der, wie er hoffte, dann für ihn günstigsten Lage — in diesen schwierigen Fragen bereits festzulegen. Das hatte ein unterschiedliches politisches Interesse des Reiches an den besetzten Ländern zur Folge und blieb nicht ohne Auswirkungen auf ihre Behandlung und die Strukturen der deutschen Besatzungsregime, die zur Sicherstellung der Reichsinteressen eingesetzt wurden. Die Einrichtung einer Zivilverwaltung kann als Indiz dafür gewertet werden, daß das Reich, stärker noch als in den Gebieten unter Militärverwaltung, mehr oder weniger offen zugegebene politische Ziele verfolgte. Das galt insbesondere für die de jure oder de facto annektierten Gebiete, für die Länder mit »germanischen« Bevölkerungen und vor allem für jene Teile Europas, die als Siedlungsgebiete im erweiterten deutschen »Lebensraum« zur Kolonisierung vorgesehen waren: das Protektorat Böhmen und Mähren, das Generalgouvernement in Polen und auf sowjetischem Territorium zunächst die Reichskommissariate für das Ostland und für die Ukraine. Hier reichte es nach deutscher Auffassung nicht aus, das besetzte Land lediglich zu »verwalten«, etwa in der Art, wie die Militärverwaltung in Frankreich teilweise noch ihre Aufgabe verstand. Im Osten, vor allem gegenüber der slawischen Bevölkerung, sollte »geführt« werden, was zumeist nur eine schwammige Umschreibung für die rücksichtslose Durchsetzung der deutschen Ansprüche bedeutete. Und bestenfalls eine Vermischung von Theorie und Illusion war die Beschreibung der Führungskunst, wie sie die Militärverwaltung der Heeresgruppe Mitte von einem höheren Beamten erwartete: »Er muß in der Lage sein, durch seine Persönlichkeit so stark auf die ihm unterstellten leitenden Russen einzuwirken, daß diese in unverbrüchlicher Gefolgschaft zu ihm stehen. Es genügt nicht allein, daß er Menschen führen kann, sondern es ist notwendig, daß er aus dem [...] formlosen Menschenbrei Einzelpersönlichkeiten heranbildet, mit Hilfe deren er die breite Masse beherrschen und lenken kann[4].«

Mit einer späten und halbherzigen Kritik an den bloßen Methoden deutscher Besatzungsherrschaft[5], unter opportunistischer Außerachtlassung ihrer politischen Voraussetzungen, nämlich der erklärten Ziele Hitlerscher »Ordnungs«-Pläne, war aber eine unverkennbar abträgliche Entwicklung schon längst nicht mehr aufzuhalten. Nicht nur der für das nationalsozialistische Deutschland ungünstige Kriegsverlauf, der den Widerstand gegen die Besatzungsmacht im gesamten deutschen Machtbereich ermutigte und der ohnehin nicht sehr stark ausgeprägten Kollaborationsbereitschaft endgültig den Boden entzog, sondern auch eine Reihe schon im eigenen Interesse vermeidbarer Defizite auf organisatorischem und politischem Gebiet hatte dazu geführt, daß sich der Nutzen, den die besetzten Länder erbringen sollten, immer weiter reduzierte und sich die deutsche Position nur noch mit brutalsten Mitteln mehr schlecht als recht behaupten ließ. Doch war Hitler weder zu mehr als kosmetischen Änderungen bereit, weil Konzessionen als Eingeständnis von Schwäche aufgefaßt werden könnten, noch ließen sich jetzt noch die Folgen langjähriger Fehlentscheidungen korrigieren, die ihre Gründe in der Sorglosigkeit, dem Desinteresse und der schließlichen Resignation der Wehrmacht, den hybriden Ansprüchen der politischen Führung und den unstillbaren Machtgelüsten von Partei und SS gehabt hatten.

Traditionsgemäß war die Ausübung der vollziehenden Gewalt in einem Operationsgebiet der deutschen Streitkräfte — Rechtsetzung, Verwaltung, Rechtsprechung — eine Aufgabe der Armeeführer, die von den zentralen militärischen Dienststellen mit den nötigen Weisungen versehen wurden. Zuständig für die Planung war seit den 30er Jahren, als sich die Wehrmacht im Zuge der Kriegsvorbereitungen auf eine Operationsführung zuerst im eigenen Land, dann vorwiegend auf fremdem Staatsgebiet einstellte, der Generalstab im Oberkommando des Heeres (OKH) mit seiner 6. Abteilung. Major, bald Oberstleutnant i. G. Eduard Wagner, ab Sommer 1940 selbst Generalquartiermeister des Heeres und unmittelbar mit allen Fragen der vollziehenden Gewalt befaßt, schuf für diesen Zweck die Einrichtung des »Chefs der Zivilverwaltung« (CdZ). Ausgewählt als CdZ und in die Mobilmachungsplanung einbezogen wurden vornehmlich Oberpräsidenten, Vertreter von Landesregierungen oder Regierungspräsidenten, deren Amtsbereich sich ganz oder teilweise mit einem innerdeutschen Operationsgebiet deckte. Sie unterstanden fachlich dem Armeeoberbefehlshaber, beamtenrechtlich dem Reichs- und Preußischen Innenminister, und sie hatten mit einem kleinen Stab von Fachleuten gegebenenfalls für die Fortführung der Verwaltungstätigkeit in einem Armeebereich zu sorgen, ebenso für die Aufrechterhaltung der Wirtschaft und die Gewähr geordneter Zustände[6]. Sogenannte »CdZ Feindesland« sollten den Armeeoberkommandos in gleicher Funktion bei der Besetzung fremden Staatsgebiets zur Verfügung stehen.

Nach Ausweis des — allerdings nur teilweise überlieferten — Schriftgutes der 6. Abteilung, aus der sich bei Kriegsbeginn die Dienststelle des Generalquartiermeisters des Heeres bildete, wurden die Vorbereitungen für die Ausübung der Exekutivbefugnisse nicht sonderlich intensiv betrieben. Die nötigsten Bestimmungen waren zwar in die geheime Heeresdruckvorschrift (H.Dv.g.) 90 »Versorgung des Feldheeres« und in das »Handbuch für den Generalstabsdienst im Kriege« (H.Dv.g. 92) aufgenommen worden, und es gab auch Besprechungen mit den vorgesehenen Verwaltungschefs. Gleichzeitig aber bestanden Befürchtungen, daß regionale Schwerpunkte bei der Zusammenstellung von CdZ-Stäben Rückschlüsse auf gezielte operative Planungen erlauben könnten, und ein allgemeines Desinteresse der militärischen Dienststellen, für die Verwaltungsfragen nicht gerade vorrangige Bedeutung besaßen. Eher neigten sie zur Selbstüberschätzung, nämlich zu dem Glauben, die als lästig und unsoldatisch empfundene Aufgabe der vollziehenden Gewalt notfalls »mit gesundem Menschenverstand« leicht miterledigen zu können. Das Anfang 1936 gesetzte Ziel, einen »wohlvorbereiteten Apparat zu schaffen, der im Ernstfall ein reibungsloses Zusammenarbeiten zwischen Wehrmacht und Zivilverwaltung gewährleistet«[7], wurde jedenfalls nicht erreicht.

Die vielfältigen Schwächen, die der CdZ-Organisation anhafteten, kamen im Oktober 1938 zutage. Je ein Chef der Zivilverwaltung war den fünf Heeresgruppenkommandos zugewiesen worden, die nach der Münchener Konferenz die einzelnen Gebietsteile besetzten, welche die Tschechoslowakei an das Deutsche Reich abtreten mußte. Wie sich aus den durchweg kritischen Erfahrungsberichten militärischer Stäbe ergibt, wurde die Ausübung der vollziehenden Gewalt unter den gegebenen Bedingungen teilweise als »Farce« empfunden[8]. Beklagt wurden nicht nur die ungenügenden Befugnisse, die das Heer gegenüber anderen Behörden besaß, sondern vor allem die Unzulänglichkeiten der CdZ-Organisation: die geringe Personalstärke, kein ausreichender territorialer Unterbau, die zu späte Arbeitsfähigkeit, das Fehlen einheitlicher Richtlinien. Im Sudetenland hatte sich, wie der Oberregierungsrat Georg Freiherr v. Fritsch aus der Abteilung Landesverteidigung im Oberkommando der Wehrmacht (OKW) kritisierte, »die Unfähigkeit des Staates in der Verwaltung erstmals in krassester Form« herausgestellt[9].

Der zweite Einsatz der CdZ-Organisation beim Einmarsch in die »Resttschechei« im März 1939 verlief offenbar mit weniger Friktionen. Oberst Wagner hatte das Gefühl, daß alle Fäden bei ihm zusammenliefen und er dadurch »den ganz großen Überblick hatte«. Mit dem Selbstbewußtsein der Soldaten, die mit ihrer »gradlinigen Denkart diese Dinge viel klarer und rascher lösen können«, glaubte er, sich in die Gedankenwelt Ludendorffs versetzen zu können, »der auch so vieles anpacken und lösen mußte, was eben der Zivilist in kurzer Zeit nicht fertigbrachte. Und was ist es anders als die Kriegsverwaltung in Belgien, was ich z. Zt. mit ein paar tüchtigen Leuten schmeißen muß. Es ist doch alles

Organisation und gesunder Menschenverstand[10].« Es brauchte wenig mehr als ein halbes Jahr, um Wagner eines Besseren zu belehren.

Schon vor dem dritten Einsatz der CdZ-Organisation bei der Eroberung Polens, nach dem der Generalquartiermeister des Heeres eiligst eine neue Form der Besatzungsverwaltung entwickelte, wurden einige Voraussetzungen und Grundzüge erkennbar, welche die Ausübung der vollziehenden Gewalt — und das im wesentlichen bis zum Ende des Krieges — bestimmten bzw. charakterisierten:

— Die Beherrschung und Verwaltung fremden Staatsgebiets waren kein »militärisches Grundrecht«, das die bewaffnete Macht für sich fordern konnte, sondern aus der Sicht der politischen Führung von derartiger Tragweite, daß Hitler selbst über die Art der Besatzungsverwaltung entschied und sich ein Höchstmaß an direkter Einflußnahme bewahrte. Dabei gab er zivilen Persönlichkeiten seines Vertrauens den Vorzug vor Generalen, denen er grundsätzlich »politischen Instinkt« absprach.

— Die Ausübung der vollziehenden Gewalt durch das Heer galt Hitler nur als zeitweise notwendiges Übel. Vor allem stellte sie eine Übergangsregelung dar, und ihre Ablösung durch eine Zivilverwaltung konnte von Hitler jederzeit befohlen werden.

— Die Wehrmacht hat diesem Grundsatz trotz gelegentlicher Unzufriedenheit[11] niemals widersprochen. Die Heeresführung, nicht zuletzt der Oberbefehlshaber des Heeres als höchster Inhaber der vollziehenden Gewalt in einem Operationsgebiet, empfand diese zusätzliche Aufgabe eher als Belastung und war froh, wenn Hitler dem Heer die Exekutivbefugnisse wieder entzog.

— Die Einwirkungsmöglichkeiten der militärischen Befehlshaber auf die ihnen unterstellten CdZ waren gering, wenn politisch einflußreiche Persönlichkeiten diese Posten bekleideten. Gauleiter, wie sie mit Konrad Henlein und Josef Bürckel erstmals bei der Besetzung Böhmens und Mährens ernannt worden waren, besaßen direkte Kontakte zu Hitler und erachteten es von ihrer Stellung im NS-System her nicht für notwendig, sich einem militärischen Führer unterzuordnen.

— Nicht zu übersehen war bereits von Beginn des Krieges an der Widerwille der SS, sich mit der geltenden Regelung zur Ausübung der vollziehenden Gewalt abzufinden — vermutlich schon in der Überzeugung, diese Aufgabe besser durchführen zu können. Beim Einmarsch ins Sudetenland hatte Himmler dagegen opponiert, daß dem Heer die Exekutive übertragen wurde. Später maß er dem weniger Bedeutung zu, da diese Regelung erfahrungsgemäß nie von langer Dauer war.

Dem Kampf mit den »politischen Kräften«, wie das Oberkommando der 4. Armee im nachhinein absichtlich unbestimmt formulierte, oder, wie sich Wagner ausdrückte, den »unsichtbaren Gewalten«[12] war das Heer während des Polenfeldzuges noch weniger gewachsen als bei dem Einsatz gegen die Tschechoslowakei. Die Pläne, die Hitler und mit ihm vor allem die SS und die Partei für den neuen deutschen »Lebensraum« in Polen gefaßt hatten, überstiegen sowohl die Kompetenz wie das Vorstellungsvermögen des OKH. Das Prinzip einer »Einheit der Verwaltung« wurde immer dann außer Kraft gesetzt, wenn die politische Führung ein Eingreifen für notwendig hielt, um die gewünschte Entwicklung zu initiieren. Bei der Wehrmacht, die ganz in Übereinstimmung mit dem Diktator in der Kriegführung ihre eigentliche »soldatische« Aufgabe sah, erhob sich daher auch kein nennenswerter Widerstand. Die von ihr wiederum vorbereitete CdZ-Organisation zur Verwaltung der eroberten Gebiete in Polen war unter diesen Prämissen noch weniger geeignet, der für die Position der bewaffneten Macht abträglichen Entwicklung entgegenzuwirken.

Der Generalstab des Heeres hatte sechs CdZ Feindesland mit ihren Stäben aufgestellt und wies ihnen nach und nach Landräte mit einer bescheidenen Anzahl an Personal für den Aufbau und die Führung der Verwaltung im besetzten Land zu. Für die westlichen Landesteile Polens, deren Annexion von vornherein feststand, gab sich Hitler aber mit einem relativ unpolitischen Besatzungsregime, wie es von der Wehrmacht zu erwarten war, nicht zufrieden. Er setzte sich über die personellen Planungen des OKH hinweg und ernannte den Gauleiter Danzigs, Albert Forster, zum Verwaltungschef in Danzig-Westpreußen und beauftragte den Danziger Senatspräsidenten Arthur Greiser als CdZ beim Militärbefehlshaber in Posen mit der Errichtung eines neuen Reichsgaues. Noch weniger als diese Parteigrößen, zu denen noch Erich Koch in Königsberg mit seinem Interesse am nördlichen Polen (Südostpreußen) hinzu kam, waren die Reichsminister Arthur Seyß-Inquart und Hans Frank, letzterer Mitte September zum »Oberverwaltungschef« beim neuen Oberbefehlshaber Ost ernannt, bereit, sich in die militärische Hierarchie einzufügen. Frank war nicht einmal willens, seine Tätigkeit ernsthaft aufzunehmen, solange die Militärverwaltung in Polen noch bestand[13]. Erleichtert wurde ihm dieses Verhalten sowohl durch die geringe Geschlossenheit der CdZ-Organisation als auch durch die von Hitler mit Absicht unterlassene eindeutige Abgrenzung der Zuständigkeiten im nationalsozialistischen Deutschland, die auch Frank selbst schnell verzweifeln ließ, als er vom 26. Oktober 1939 an als Generalgouverneur die nicht dem Reich zugeschlagenen Teile Polens zu verwalten begann.

Unter den reichsdeutschen Instanzen, die die Einheit der Verwaltung in den besetzten Gebieten nur solange respektierten, wie es ihnen im Verfolg ihrer Interessen und zur Erledigung der von Hitler erteilten Aufträge opportun erschien, stand die SS an erster Stelle. Sie ließ sich keine Gelegenheit entgehen, das Heer zu kritisieren und ihm — etwa beim Festhalten an einer Gerichtsbarkeit über die Landeseinwohner, wegen gesellschaftlichen Umgangs mit Polen — mangelndes politisches Verständnis vorzuwerfen. Himmler hatte es auch bei der Eroberung Polens von Anfang an verstanden, seinen Einfluß zu verankern. Hilfreich waren ihm seine zahlreichen Funktionen im NS-System: als Staatssekretär im Reichsministerium des Innern bei der Auswahl von Verwaltungsbeamten, als Reichsführer, indem er Chefs der Zivilverwaltungen einen Rang in der Allgemeinen SS verlieh, um sie auf diese Weise von sich abhängig zu machen, und seine Einsatzgruppen mit besonderen »volkstumspolitischen« Aufträgen versah, und als Chef der deutschen Polizei, der Polizeiverwaltungen in den besetzten Gebieten einrichtete. Himmlers Ernennung zum »Reichskommissar für die Festigung deutschen Volkstums« verlieh ihm weitere, in ihrer Tragweite nahezu unbegrenzte Vollmachten, die keinen Sektor, nicht einmal den Agrarbereich und die gewerbliche Wirtschaft, unberührt ließen. Daß er sich als kompromißloser Vollstrecker der von Hitler verfolgten destruktiven Pläne bei der »Neuordnung« des Kontinents, vor allem im neuen deutschen »Lebensraum«, verstand, machte seine Position fast unangreifbar. Beim »Führer« fand er im Konfliktfall stets die nötige Rückendeckung.

Für das OKH, das, wie Hitler selbst erklärte, froh sein konnte, von der Verantwortung für die Besatzungsherrschaft über das besetzte Polen entbunden zu werden, gab es an der Unzweckmäßigkeit der von ihm jahrelang vorbereiteten Art der Besatzungsverwaltung keinen Zweifel mehr. Der Generalquartiermeister des Heeres schuf vom Herbst 1939 an ein neues Instrument, die sogenannte »reine Militärverwaltung«. Sie kam während des Westfeldzuges erstmals zum Einsatz, und ihre Strukturen waren im Vergleich mit der Organisation der früheren Chefs der Zivilverwaltungen — deren Amtsbezeichnung für einen anderen Typ von Verwaltungschef noch weiterbenutzt wurde — auch tatsächlich verbessert. Die gewohnten politischen Implikationen blieben aber auch den einzelnen Militärverwaltungen nicht erspart. Gegebenenfalls ersetzte Hitler nach kurzer Übergangszeit, wenn die Kriegführung es gestattete, die militärische Exekutive durch jenen Typ von Besatzungsverwaltung, der ihm für den jeweiligen Zweck angezeigt schien, und davon machte er in Vorbereitung des Überfalls auf die Sowjetunion auch konsequent Gebrauch. Eine Militärverwaltung, der ohnehin nicht seine Sympathien galten, ließ er grundsätzlich nur in dem Maße bestehen, wie sie ihm aus militärischen Gründen, gelegentlich auch aus politischer Rücksichtnahme, unerläßlich schien.

Die uneinheitlichen Strukturen des deutschen Besatzungsregimes in den besetzten Teilen der Sowjetunion, die für die charakteristische nationalsozialistische »Ämterwucherung« einen besonders günstigen Nährboden darstellen[14], ergaben sich folgerichtig aus dieser Entwicklung. Der Generalstab des Heeres hatte bis 1941 schon so viele Schwierigkeiten mit der Ausübung der vollziehenden Gewalt, vor allem mit den Ansprüchen diverser Reichsbehörden, gehabt, daß zu dem vorherigen geringen Interesse noch ein gehöriges Ausmaß an Resignation gekommen war. Über den Typ der Besatzungsverwaltung entschied nun einmal die politische, nicht die militärische Führung, und entsprechend bescheiden waren die Erwartungen der Wehrmacht in den Fällen, wo ihr die Ausübung der Exekutive noch überlassen wurde. Für die Militärverwaltung in Serbien wollte sich Wagner bereits damit begnügen, »daß wir nur die militärische Sicherung vornehmen und die Verwaltung überschatten (Turner[15]), im übrigen aber Gewalten der Polizei und des Vierjahresplans sich gegenseitig bekämpfen lassen«[16]. Als Hitler daran ging, für die besetzten Ostgebiete eine Besatzungsverwaltung einzurichten, in der die Rolle des Heeres auf ein unumgängliches Mindestmaß herabgedrückt werden sollte, brauchte er mit energischen Einsprüchen seitens der Wehrmacht nicht zu rechnen. Teils aus Identifikation mit den Absichten Hitlers, teils wohl eher aus Konfliktscheu und Indifferenz zogen sich die Soldaten auf ein enges und zugleich bequemes Verständnis ihres Handwerks zurück. Sie glaubten, sich so der Verantwortung entziehen zu können, überließen aber dadurch erst recht jenen Kräften das Feld, die noch weniger rechtliche Normen für den Weltanschauungs- und Vernichtungskrieg gegen die Sowjetunion gelten lassen wollten und in deren Handeln die Wehrmacht dennoch verstrickt wurde.

Nach den Vorstellungen des OKH sollte beim Ostfeldzug eine straffer als 1940 organisierte und stärker nach den Kriegsbedürfnissen ausgerichtete Militärverwaltung zum Einsatz kommen[17]. Die Weite des Raumes, die angeblich primitiven Verhältnisse im Lande und der Mangel an geeignetem Personal auf deutscher Seite wurden als Grund für eine anfänglich weniger intensive Durchdringung des eroberten Gebiets genommen. Erst später sollten, wie schon beim Balkanfeldzug angeordnet, Maßnahmen für eine planmäßige Verwaltung und die Ausnutzung der Wirtschaft getroffen werden, und dies sah die Militärverwaltung nicht mehr als ihre Aufgabe an. Dem Chef des OKW hatte Hitler schon Anfang März 1941 erklärt, daß er die politischen Aufgaben im Osten dem Heer nicht zumuten könne[18], und wie schon im Oktober 1939, bei der Einrichtung des Generalgouvernements, legte die bewaffnete Macht auch keinen Wert darauf. Wagner war bald froh, »diesmal mit den ganzen politischen Dingen nichts zu tun zu haben«[19]. Die Unterstellung von Teilen des besetzten Landes unter eine Zivilverwaltung sah der Generalquartiermeister sogar als einen Vorteil an, sofern diese Gebiete nicht für die Bedürfnisse der unmittelbaren Kriegführung benötigt wurden.

Das Besatzungsregime in den besetzten Ostgebieten war in seiner tatsächlichen Ausformung von den Vorschlägen des OKH gar nicht einmal so weit entfernt. Die zunächst vorgenommene Aufteilung des Operationsgebiets in Armeegebiete und, wenn diese zu groß geworden waren, zusätzlich in rückwärtige Heeresgebiete entsprach durchaus den vom Generalquartiermeister des Heeres vorgesehenen Regelungen[20]. Die Ausübung der vollziehenden Gewalt durch die Oberbefehlshaber der Armeen bzw. die Befehlshaber der rückwärtigen Heeresgebiete, die letzteren nach Weisungen der jeweiligen Heeresgruppe, lag ebenfalls auf der Linie der bisherigen Praxis. Die ihnen zur Verfügung gestellten Exekutivorgane — Sicherungstruppen und personell unzureichend ausgestattete Kommandanturen, bei denen eine Abteilung VII für die eigentliche Militärverwaltung zuständig war — gestatteten allerdings nicht mehr als die Durchführung der vordringlichsten Maßnahmen, so wie es sich das OKH im übrigen auch vorgestellt hatte. Nicht in seinem Sinne[21] dürfte es dagegen gewesen sein, daß die Wehrwirtschaft und — wie es zuvor schon für Serbien angeordnet worden war — selbst die zivile Wirtschaft von der Militärverwaltung getrennt wurden und eine selbständige Organisation unter einem Wirtschaftsführungsstab Ost bildeten. Die einheimischen Stellen, deren Mitarbeit auf lokaler Ebene einkalkuliert und dringend benötigt wurde, sahen sich einer schwer überschaubaren Anzahl deutscher Behörden gegenüber, deren Anordnungen und Forderungen selten aufeinander abgestimmt waren. Erst später wurde die Zuständigkeit wenigstens für die Finanzen auf die Militärverwaltung übertragen.

Keine Bedenken hatte das OKH gegen die Anwesenheit der SS-Organisation schon in den rückwärtigen Teilen des Operationsgebiets gehabt. Hatte es 1940 noch verstanden, Himmlers Organe von der Teilnahme am Westfeldzug fast völlig auszuschließen, so sah der Generalstab des Heeres für den Ostfeldzug in den der Wehrmacht nur in besonderen Fällen unterstellten Höheren SS- und Polizeiführern und deren Einheiten eine begrüßenswerte Verstärkung der unzureichenden deutschen Ordnungskräfte. Und daß im Gefolge des Heeres auch wieder Einsatzgruppen aus SS, Polizei und SD tätig werden konnten, obwohl deren unselige Aktionen seit der Besetzung Polens hinlänglich bekannt waren und damals teilweise noch Empörung ausgelöst hatten, unterstreicht die besondere Qualität, die auch die Wehrmacht dem Krieg gegen die Sowjetunion beizumessen bereit war[22].

Die Strukturen der Besatzungsverwaltung, die das Reich für die eroberten sowjetischen Gebiete als ausreichend ansah, konnten weder den Ansprüchen einer geordneten Verwaltung noch der eigenen Zielsetzung, ein Höchstmaß an Nutzen aus seinem Machtbereich zu ziehen, gerecht werden. In dieser Hinsicht waren sich alle Stellen einig, die spätestens gegen Kriegsende, nach dem Zusammenbruch der deutschen Herrschaft im Osten, über die Gründe für die chaotischen Zustände und die, gemessen an den eigenen Absichten, unbefriedigenden Ergebnisse nachdachten. Die Militärverwaltung war davon ausgegangen, daß sie in einem schnell beendeten Feldzug nur für eine Übergangszeit von drei Monaten benötigt wurde, und zwar in einem Operationsgebiet, das nach dem erklärten Willen Hitlers möglichst klein gehalten werden sollte und das nur aufgrund eines unerwarteten Verlaufs des Krieges einen ungewollt großen Umfang annahm. Hinter dem Heer wartete bereits eine Zivilverwaltung auf ihren Einsatz, die von der Wehrmacht nicht einhellig begrüßt wurde[23], nach Ansicht eines Vertreters der Abteilung Kriegsverwaltung in der Dienststelle des Generalquartiermeisters Wagner — der vielleicht nicht nur seine persönliche Meinung wiedergab — aufgrund der Erfahrungen im Westen aber sogar noch vorteilhafter für das besetzte Land als eine Militärverwaltung sein sollte[24]. Diese Erwartungen erfüllte das zivile Besatzungsregime im Osten keineswegs. Der von Hitler — um ihn zu beschäftigen und weil er keine bessere Lösung wußte[25] — zum »Reichsminister für die besetzten Ostgebiete« ernannte Rosenberg, der sich einen gewaltigen Apparat aus Reichs-, General-, Haupt- und Gebietskommissaren zugelegt hatte, verschliß sich ebenso wie andere Spitzen der Besatzungsverwaltungen vor ihm in unaufhörlichen internen Streitigkeiten und Machtkämpfen mit anderen Ressorts. Daß der ironisch als »Chaosministerium« apostrophierten Obersten Reichsbehörde spezifische strukturelle Schwächen anhafteten, war dabei nicht einmal ausschlaggebend.

Die Durchführung des gigantischen Plans, die Gewinnung eines zusätzlichen deutschen »Lebensraums« von riesigen Ausmaßen, war auf vier miteinander konkurrierende Gewalten (»Säulen«) verteilt: Heer, Vierjahresplan, Reichsführer SS und Reichsministerium für die besetzten Ostgebiete. Daß die SS damit einen Einfluß erhalten hatte, um den sie in anderen besetzten Gebieten noch kämpfen mußte, stellte sie noch längst nicht zufrieden. Der Anspruch auf die »politische Verwaltung« wurde nur noch massiver erhoben.

Unter den gegebenen Bedingungen — den von Hitler dekretierten politischen Vorgaben, den Ambitionen seiner Paladine, der Aufteilung der Zuständigkeiten, dem Personalmangel trotz der von der Ostverwaltung vornehmlich herangezogenen Parteiorganisation, dem für das Reich ungünstigen Kriegsverlauf und dem zunehmenden Widerstand, den die deutsche Herrschaft bei der betroffenen Bevölkerung provozieren mußte — war jedem Typ von Besatzungsverwaltung der Mißerfolg vorherbestimmt. Die ohne jede Weitsicht geschaffenen Strukturen für die Besatzungsherrschaft im Osten taten allerdings noch ein übriges, um diesen Prozeß zu beschleunigen. Die Unfähigkeit des nationalsozialistischen Deutschland in der Verwaltung[26], von der schon 1938 die Rede gewesen war, ließ sich durch ein optimistisches Vertrauen auf die Intuition der »Führer« und deren Kunst der Improvisation nicht beheben — und erst recht nicht durch brutale Gewalt, zu der vermutlich die SS gegriffen hätte, wenn sie, wie Koch trotz einer entsprechenden Entwicklung im Reichskommissariat Ostland nicht hoffte[27], bei einer Wende im Ostkrieg die Verwaltung der Ukraine übernommen hätte.

Anmerkungen

[1] Der Chef der Militärverwaltung beim Obkdo. der H.Gr. Mitte Nr. 1409/44 g.Kdos. vom 10.8.1944 — Erfahrungsbericht der Militärverwaltung beim Oberkommando der Heeresgruppe Mitte (vom 22.6.1941 bis August 1944). Bundesarchiv-Militärarchiv Freiburg i.Br. (BA-MA), RH 19 II/334.

[2] Vermerk des Reichsministers der Finanzen Y 5216 — 90V vom 12.5.1944. Bundesarchiv Koblenz, R 2/30579.

[3] Adolf Hitler, Monologe im Führerhauptquartier 1941—1944. Die Aufzeichnungen Heinrich Heims, hrsg. von Werner Jochmann, Hamburg 1980, S. 311 (3.3.1942); Bernhard R. Kroener, Rolf-Dieter Müller, Hans Umbreit, Organisation und Mobilisierung des deutschen Machtbereichs. 1. Halbbd: Kriegsverwaltung, Wirtschaft und personelle Ressourcen 1939—1941, Stuttgart 1988 (= Das Deutsche Reich und der Zweite Weltkrieg, Bd 5), S. 95.

[4] Der Chef der Militärverwaltung beim Obkdo. der H.Gr. Mitte Nr. 1409/44 g.Kdos. vom 10.8.1944 (wie Anm. 1).

[5] So auch das Planungsamt des Reichsministers für Rüstung und Kriegsproduktion schon im September 1943. Vgl. Karl-Heinz Schlarp, Wirtschaft und Besatzung in Serbien 1941—1944. Ein Beitrag zur nationalsozialistischen Wirtschaftspolitik in Südosteuropa, Stuttgart 1986 (= Quellen und Studien zur Geschichte des östlichen Europa, Bd 25), S. 170.

[6] Hans Umbreit, Deutsche Militärverwaltungen 1938/39. Die militärische Besetzung der Tschechoslowakei und Polens, Stuttgart 1977 (= Beiträge zur Militär- und Kriegsgeschichte, Bd 18), S. 16; Das Deutsche Reich und der Zweite Weltkrieg, Bd 5/1 (wie Anm. 3), S. 6.

[7] Die Stellung und die Aufgaben des Chefs der Zivilverwaltung, BA-MA, RH 2/990 b.

[8] Das Deutsche Reich und der Zweite Weltkrieg, Bd 5/1 (wie Anm. 3), S. 19 f.

[9] Ebd.

[10] Der Generalquartiermeister. Briefe und Tagebuchaufzeichnungen des Generalquartiermeisters des Heeres General der Artillerie Eduard Wagner, hrsg. von Elisabeth Wagner, München, Wien 1963, S. 86 (Brief Wagners an seine Frau vom 28.3.1939).

[11] So bei der frühen Ablösung des Militärbefehlshabers in den Niederlanden durch einen Reichskommissar, die der Chef des Generalstabes des Heeres, General der Art. Franz Halder, als Zeichen der »Unaufrichtigkeit der obersten Führer« wertete. Vgl. Franz Halder, Kriegstagebuch. Tägliche Aufzeichnungen des Chefs des Generalstabes des Heeres 1939—1942, bearb. von Hans-Adolf Jacobsen, hrsg. vom Arbeitskreis für Wehrforschung, 3 Bde, Stuttgart 1962—1964. Bd 1, Stuttgart 1962, S. 302 (Eintragung zum 17.5.1940).

[12] Das Deutsche Reich und der Zweite Weltkrieg, Bd 5/1 (wie Anm. 3), S. 32; Der Generalquartiermeister (wie Anm. 10), S. 135 (Brief Wagners an seine Frau vom 21.9.1939).

[13] Umbreit (wie Anm. 6), S. 107 ff.

[14] Dieter Rebentisch, Führerstaat und Verwaltung im Zweiten Weltkrieg. Verfassungsentwicklung und Verwaltungspolitik 1939—1945, Stuttgart 1989 (= Frankfurter historische Abhandlungen, Bd 29), S. 303.

[15] Harald Turner, Chef der Militärverwaltung beim Militärbefehlshaber bzw. Befehlshaber in Serbien.

[16] Halder (wie Anm. 11), Bd 2, Stuttgart 1963, S. 366 (Eintragung zum 15.4.1941).

[17] Das Deutsche Reich und der Zweite Weltkrieg, Bd 5/1 (wie Anm. 3), S. 80; Rolf-Dieter Müller, Kriegsrecht oder Willkür? Helmuth James Graf v. Moltke und die Auffassungen im Generalstab des Heeres über die Aufgaben der Militärverwaltung vor Beginn des Rußlandkrieges, in: Militärgeschichtliche Mitteilungen, 42 (1987), S. 125—151, hier S. 130.

[18] Rebentisch (wie Anm. 14), S. 310.

[19] Der Generalquartiermeister (wie Anm. 10), S. 201 (20.9.1941).

[20] Entwurf von Anordnungen des Generalquartiermeisters des Heeres über militärische Hoheitsrechte, Sicherung und Verwaltung im rückwärtigen Gebiet und Kriegsgefangenenwesen vom Februar 1941, abgedr. bei Müller (wie Anm. 17), S. 139 ff.

[21] Vgl. Vortragsnotiz der Abteilung Kriegsverwaltung für den Generalquartiermeister vom 10.2.1941, abgedr. ebd., S. 142-145.

[22] Ruth Bettina Birn, Die Höheren SS- und Polizeiführer. Himmlers Vertreter im Reich und in den besetzten Gebieten, Düsseldorf 1986, S. 227.

[23] Das Deutsche Reich und der Zweite Weltkrieg, Bd 5/1 (wie Anm. 3), S. 87.

[24] Aktennotiz des Referenten Ausl. VI c, Hauptmann der Reserve Professor Dr. Ernst Martin Schmitz, vom 4.3.1941, abgedr. bei Müller (wie Anm. 17), S. 145 f.

[25] Rebentisch (wie Anm. 14), S. 312.

[26] Vgl. S. 241.

[27] Vgl. S. 238.

Peter Longerich

Vom Massenmord zur »Endlösung«.
Die Erschießungen von jüdischen Zivilisten in den ersten Monaten des Ostfeldzuges im Kontext des nationalsozialistischen Judenmords

Im Juni 1941 drangen Spezialeinheiten des deutschen SS- und Polizeiapparates unmittelbar hinter den angreifenden Truppen auf sowjetisches Gebiet vor, um — teils unter passiver Duldung, teils mit aktiver Unterstützung der Wehrmacht — Hunderttausende von Zivilisten zu erschießen, die als tatsächliche oder potentielle Gegner angesehen wurden[1]. Die vier, insgesamt nur etwa 3000 Mann starken »Einsatzgruppen«, deren Angehörige sich aus den verschiedenen Polizeizweigen, aus dem SD sowie aus der Waffen-SS rekrutierten, gliederten sich in mehrere »Kommandos«, die selbständig vorgingen. Opfer der von diesen Einheiten begangenen Massenmorde waren ganz überwiegend jüdische Menschen: Bis zum 15. Oktober 1941 meldete die Einsatzgruppe A[2] alleine aus den Baltischen Staaten und Weißruthenien 118430, Einsatzgruppe C für den Zeitraum bis zum 20. Oktober etwa 75000 getötete Juden[3]; Einsatzgruppe B[4] nannte am 14. November die — spätestens am 31. Oktober erreichte — Zahl von insgesamt 45467 und Einsatzgruppe D am 12. Dezember die von 54696 Ermordeten, zu mindestens 90 Prozent ebenfalls Juden[5].

Zusätzlich operierten im besetzten sowjetischen Gebiet weitere SS- und Polizeieinheiten, die in eigenständigen »Aktionen« die rückwärtigen Gebiete durchkämmten. So wurden durch die ostpreußische Gestapo und durch den Befehlshaber der Sicherheitspolizei und des SD im Generalgouvernement Kommandos aufgestellt, die im Grenzgebiet sogenannte »Säuberungen« vornahmen, während die Höheren SS- und Polizeiführer in den besetzten Ostgebieten mit eigenen Polizeikräften und mit den ihnen zeitweise zur Verfügung stehenden SS-Brigaden, einer Verfügungstruppe Himmlers, weitere Massenerschießungen vornahmen. Die Zahl der von diesen Verbänden erschossenen Juden dürfte weit über 100000 liegen, so daß die furchtbare Gesamtbilanz für die ersten fünf Monaten des Ostfeldzuges rund eine halbe Million ermordeter jüdischer Menschen betragen dürfte.

Der Massenmord wurde während des Winters 1941/1942 fortgesetzt; so meldete allein die Einsatzgruppe A für den Zeitraum vom 16. Oktober 1941 bis Ende Januar 1942 weitere 229 052 erschossene Juden[6]. Die Erschießungen mündeten nun in den gesamteuropäischen Prozeß der »Endlösung der Judenfrage« ein; nach einer Phase der »Umsiedlung« der Juden in Ghettos folgte im August bis November eine zweite Tötungswelle. Ein Dokument aus dieser Zeit erwähnt die Zahl von weiteren 363 211 jüdischen Opfern[7].

I.

So etwa ist in aller Kürze der grauenhafte Massenmord zu beschreiben, der in zahlreichen Gerichtsverhandlungen detailliert aufgehellt und in einschlägigen historischen Arbeiten ausgiebig dargestellt wurde. Wenn auch der Ablauf und das ungefähre Ausmaß dieser furchtbaren Ereignisse feststehen, wird doch die historische Einordnung der in den ersten Monaten des Ostfeldzuges begangenen Massenerschießungen in den Gesamtkomplex der Ermordung der europäischen Juden unterschiedlich interpretiert. So sind in jüngster Zeit zwei Kontroversen zu verzeichnen, die auf unterschiedliche Weise die Frage nach dem historischen »Ort« der Massenerschießungen aufwerfen. Es handelt sich dabei zum einen um den umstrittenen Versuch einer Gesamtdarstellung des Judenmordes, verfaßt von dem amerikanischen Historiker Arno Mayer[8], zum anderen um die Kontroverse zwischen zwei durch einschlägige wissenschaftliche Arbeiten ausgewiesene Spezialisten, nämlich zwischen Helmut Krausnick, dem ehemaligen Direktor des Instituts für Zeitgeschichte und Gutachter in zahlreichen Einsatzgruppenprozessen, sowie Alfred Streim, dem seit Jahrzehnten in der Ermittlung von NS-Verbrechen tätigen Leiter der Ludwigsburger Zentralstelle.

Mayer unternimmt in seinem Buch den Versuch, den Mord an den Juden, für den er die Bezeichnung »Judeozid« wählt, als einen integralen Bestandteil einer komplexen Krisensituation zu begreifen, die sich über die gesamte Epoche von 1914 bis 1945 erstreckte. Mayer sieht innerhalb der NS-Bewegung drei große, nebeneinander bestehende Ziele, nämlich die Eroberung von Lebensraum, die Bekämpfung des Bolschewismus und den Antisemitismus. Beim deutschen Angriff auf die Sowjetunion habe die Absicht, den sowjetischen Raum zu erobern und das kommunistische System zu zerstören, zunächst im Vordergrund gestanden. Wenn Mayer den deutschen Ostfeldzug als einen »Kreuzzug«

gegen den »Judeobolschewismus« bezeichnet, so will er damit zum Ausdruck bringen, daß die Juden zunächst als Träger des bolschewistischen Systems bekämpft wurden; es habe im Sommer 1941 also nicht die Absicht bestanden, die sowjetischen Juden zu vernichten. Vielmehr habe auf deutscher Seite ursprünglich die Intention vorgeherrscht, die europäischen Juden, einschließlich der sowjetischen, in einer Art Reservat zwischen Volga und Ural unterzubringen. Zwar habe es in den besetzten sowjetischen Gebieten grausame Pogrome unmittelbar nach dem Eintreffen deutscher Truppen gegeben, doch sei dies das Werk lokaler Milizen, aber nicht der Wehrmacht und der Einsatzgruppen gewesen. Es habe in den ersten vier oder fünf Wochen der Operation »Barbarossa« keine systematischen, durch die SS geleiteten Massaker von Juden gegeben. Erst im Herbst und Winter, angesichts der sich verschlechternden militärischen Lage, habe sich die deutsche Kriegführung radikalisiert, sei der Übergang zum systematischen Massenmord an den sowjetischen Juden erfolgt[9]. Den Entschluß, auch die übrigen Juden zu ermorden, setzt Mayer noch später an, in jedem Fall nach der sogenannten »Wannseekonferenz«[10].

Das Anliegen, das er mit seinem Buch in erster Linie verfolgt, macht Mayer in einem »Prolog« deutlich: Der Autor vertritt die Ansicht, daß die an sich wertvollen Erinnerungen der Überlebenden sich in einen Kult mit sektiererischen Zügen verwandelt hätten, der seine eigenen Zeremonien, seine eigenen Feiertage und Schreine, seine Denkmäler und Wallfahrtsorte besitze. So wichtig diese seien, um die Erinnerung wach zu halten, so sehr hätten sie jedoch dazu beigetragen, die jüdische Katastrophe aus ihren historischen Zusammenhängen herauszulösen. Mit dem Konzept des religiös belasteten Wortes »Holocaust« werde eine kollektive Erinnerung vorgegeben, die ein kritisches und zusammenhängendes Denken über die jüdische Katastrophe zunehmend unzugänglich mache. Das jüdische Schicksal unter Nazi-Deutschland werde auf diese Weise zu einem absolut einzigartigen Ereignis erhoben, das jeder historischen Vorstellungskraft entzogen werde. Diesem Befund stellt Mayer den Anspruch entgegen, den Judenmord zu historisieren.

Das Buch hat bereits bei Erscheinen der englischen Ausgabe außerordentlich scharfe, ja wütende Rezensionen hervorgerufen. Zum einen werden bestimmte Behauptungen Mayers, so seine Darstellung der Pogrome und die behauptete Zurückhaltung der Einsatzgruppen in der Anfangsphase, zurückgewiesen; dabei wird insbesondere bemängelt, daß Mayer seine provozierenden Thesen nicht durch Fußnoten belegt hat. Zum anderen wird sein Versuch der Historisierung und die ihm zugrundeliegende Analyse der Grundintentionen nationalsozialistischer Politik als falsch und irreführend abgelehnt. Verfälschung von Tatsachen im Sinne einer vorgefaßten Ideologie lautet der Tenor dieser Kritik[11].

Während hier grundsätzliche Fragen des historischen Verständnisses des Judenmords berührt werden, scheint es sich bei der Debatte Krausnick—Streim auf den ersten Blick um einen Streit um einen vergleichsweise untergeordneten Aspekt zu handeln: Die beiden Spezialisten setzen sich mit der Frage auseinander[12], zu welchem Zeitpunkt die Führer der Einsatzgruppen und -kommandos über ihren Auftrag, alle sowjetischen Juden zu ermorden, informiert wurden. Während Krausnick als Gutachter und als Autor stets die Meinung vertreten hat, ein solcher allgemeiner Befehl sei kurz vor Beginn des Rußlandfeldzuges ergangen, stellt Streim diese These, die sich in der Urteilspraxis der Gerichte[13] und in der Literatur[14] als herrschende Meinung durchgesetzt hat, in Frage; seiner Auffassung nach ist ein solcher allgemeiner Befehl erst zu einem späteren Zeitpunkt, etwa im Juli/August 1941 bekanntgegeben worden. Streim bestreitet jedoch nicht, daß ein allgemeiner Plan zur Ermordung aller sowjetischen Juden bereits zu Beginn des Feldzuges existiert habe.

In diesem Aufsatz soll nun noch einmal der in beiden Kontroversen behandelte Zusammenhang von Massenerschießungen und »Endlösung« thematisiert werden. Zu diesem Zweck sollen die Quellen über die Tätigkeit der Einsatzgruppen nach Aussagen befragt werden, die Aufschlüsse über den Auftrag der Einsatzgruppen enthalten; sodann soll der Versuch unternommen werden, die Massenerschießungen auf der Basis dieser Informationen in einen historischen Kontext zu stellen.

II.

Die Mehrzahl der Kommandoführer folgte in ihren Aussagen während des sogenannten »Einsatzgruppenprozesses«[15] den Angaben, die der Führer der Einsatzgruppe D, Ohlendorf, bereits im Nürnberger Hauptprozeß[16] gemacht hatte: Danach sei den im Aufstellungsraum Pretzsch versammelten Einsatzkommandoführern kurz vor Beginn des Ostfeldzuges durch den Amtschef I des Reichssicherheitshauptamtes, Streckenbach, ein »Führerbefehl« zur Vernichtung aller sowjetischen Juden übermittelt worden. Außerdem erwähnten drei Angeklagte eine Besprechung mit Heydrich im Reichssicherheitshauptamt in Berlin — für den 17. Juni ist eine solche Unterredung nachweisbar —, auf der dieser Ausführungen allgemeiner Art über den bevorstehenden Einsatz gemacht habe. Lediglich der Führer des Einsatzkommandos (Ek) 5, Erwin Schulz, wich von diesen Angaben ab und sagte aus, er habe den allgemeinen Mordbefehl erst im August 1941 erhalten[17].

Nachdem der tot geglaubte Streckenbach 1955 aus sowjetischer Gefangenschaft zurückkehrte und vehement bestritt, einen solchen Befehl übergeben zu haben, änderten die Kommandoführer — mittlerweile zum Teil begnadigt und nach wenigen Jahren Freiheitsstrafe aus der Haft entlassen — ihre Aussagen: Sie nannten nun nicht mehr Streckenbach, sondern Heydrich und/oder Müller als Überbringer des Befehls[18] (wobei sie auch hinsichtlich des genauen Zeitpunktes und des Ortes unterschiedliche Erinnerungen hatten), oder sie schwenkten auf die von Schulz vorgegebene Linie ein[19] und gaben Juli/August als Zeitpunkt für die Befehlsübermittlung an. Nur einer der Kommandoführer hielt an der Streckenbach-Version fest[20].

Streim hat nach sorgfältiger Auswertung der verschiedenen Aussagen die These aufgestellt, Ohlendorf habe die Einsatzkommandoführer in Nürnberg auf eine Verteidigungslinie gebracht und sie zu einer wissentlich falschen Aussage veranlaßt, um die Untaten der Kommandos als von Anfang an unter Befehlszwang begangene Handlungen darzustellen. Nach dem unerwarteten Auftauchen Streckenbachs mußte diese Konstruktion zusammenbrechen, was die zahlreichen Abweichungen in den Details (Ort, Person, genauer Zeitpunkt) erklären könnte. Krausnick hat hingegen in seinen weiteren Publikationen zu diesem Thema die These Streims bestritten und seine Auffassung bekräftigt.

Bei der näheren Untersuchung der verschiedenen Aussagen und der von Streim und Krausnick beigebrachten Argumente stößt man auf eine äußerst komplizierte und widersprüchliche Quellenlage, zumal die meisten der Befragten sich zu verschiedenen Zeitpunkten unterschiedlich geäußert haben und Erinnerungslücken unvermeidlich sind. Ferner liegt natürlich die Absicht der Angehörigen der Einsatzgruppen auf der Hand, durch ihre Aussagen sich selbst bzw. ihre »Kameraden« zu entlasten. Zusätzlich verwickelt wird die Interpretation dadurch, daß neben der Verteidigungsstrategie, die Streim in den Aussagen über die frühe Befehlsgebung entdeckt zu haben glaubt, auch die Aussage, der Befehl sei erst zu einem späteren Zeitpunkt erfolgt, als Schutzbehauptung interpretiert werden kann[21].

In diesem Beitrag können nicht alle Aussagen und alle Einzelheiten der Interpretation eingehend erörtert werden. Es ist aber klar, daß es weder Streim noch Krausnick gelingt, alle Angaben der SS-Führer ohne weiteres widerspruchsfrei mit ihrer Darstellung in Übereinstimmung zu bringen. Streim versucht, die Aussagen, die auf eine Befehlsgebung vor dem 22. Juni hindeuten und damit seiner These widersprechen, auf zweierlei Weise zu entkräften: In drei Fällen bezeichnet er die Angaben über den frühen Vernichtungsbefehl als »Vorläufer« oder als »Rahmenbefehl«[22], dem der eigentliche Befehl zur Ermordung aller Juden folgen sollte, in fünf Fällen weist er auf die Möglichkeit von Verwechslungen oder taktischen Absichten der Kommandoführer hin[23].

Aber auch Krausnick kann die Argumente, die für eine Befehlsgebung im Juli oder August sprechen, nicht völlig entkräften: In einem Fall (Bradfisch) kann er zwar eine Zeugenaussage[24] anführen, die den Angaben dieses Kommandoführers widerspricht, in einem weiteren Fall (Herrman) bezieht er sich auf eine andere Vernehmung[25] als Streim, in drei weiteren Fällen hingegen (Schulz, Noßke, Ehrlinger) geht er nicht näher auf die Argumente seines Kontrahenten ein, sondern bekräftigt die einmal gewonnene Überzeugung.

Auch ohne daß hier auf weitere Details aus dieser komplizierten Diskussion zweier Fachleute eingegangen werden kann, dürfte doch klar sein, daß sich für beide Versionen in den Quellen Belege und Gegenbelege finden lassen und eine eindeutige Klärung des tatsächlichen Sachverhalts aus den Angaben der Täter kaum möglich ist. Es soll daher auf zwei weitere Quellengruppen zurückgegriffen werden, nämlich auf die für die Tätigkeit der Einsatzgruppen maßgeblichen Befehle sowie auf die Meldungen der Einsatzgruppen, die im Reichssicherheitshauptamt gesammelt und von hier aus unter dem Titel »Ereignismeldungen UdSSR« weitergeleitet wurden.

III.

Die Aufgabenstellung der Einsatzgruppen ist nur im Zusammenhang mit der allgemeinen Situation zu Beginn des Rußlandfeldzuges zu verstehen. »Eroberung von Lebensraum« und Vernichtung des »jüdischen Bolschewismus« waren die beiden zentralen strategischen Ziele, mit denen die deutsche Führung den Rußlandfeldzug im Sommer 1941 begann[26]. Kriegführung und Besatzungsherrschaft, die diesen Zielen dienten, waren durch hochgradige Ideologisierung und äußerste Brutalität gekennzeichnet und besaßen eine bis dahin nicht gekannte inhumane Qualität. Durch den Angriff auf die Sowjetunion, so scheint es, wurden mit einem Schlag verschiedene, bisher utopisch erscheinende Zielsetzungen des Nationalsozialismus auf rassistischem, wehrwirtschaftlichem und politischem Gebiet miteinander verkoppelt und mit aller Radikalität in die Wirklichkeit umgesetzt: die Vernichtung des osteuropäischen Judentums, die Ausschaltung des Kommunismus, die Unterwerfung der Slawen, die Gewinnung von »Lebensraum« für deutsche Kolonisatoren und die Schaffung der notwendigen Lebensmittel- und Rohstoffbasis zur Fortsetzung des jetzigen und zur Vorbereitung neuer Kriege.

Im folgenden soll noch einmal das an rassistischen Vorstellungen orientierte Ziel der »Vernichtung« anhand der zentralen Weisungen, die innerhalb der politischen und militärischen Führung des Deutschen Reiches in den Monaten vor dem 22. Juni 1941 erarbeitet wurden, aufgezeigt werden[27].

Welche Richtung einzuschlagen war, hatte Hitler im März 1941 gegenüber der Wehrmachtführung in grundlegenden Ausführungen deutlich gemacht, die sich insbesondere in Anfang des Monats erlassenen Weisungen an den Chef des OKW[28] und in einer Ende des Monats gehaltenen Ansprache an die Generalität nachweisen lassen. Tenor dieser Ausführungen war der bevorstehende Schicksalskampf zweier diametral entgegengesetzter Weltanschauungen und die damit gegebene völlig neue Dimension der künftigen Kriegführung, die sie von konventionellen Waffengängen unterschied.

Die Umsetzung dieser Vorgaben läßt sich auf militärischer Seite in vier grundlegenden Befehlen nachvollziehen:

— In den vom Chef OKW am 13. März — nach der erwähnten einschlägigen Weisung Hitlers von Anfang März — erlassenen »Richtlinien auf Sondergebieten Barbarossa« wurden Himmler zur »Vorbereitung der politischen Verwaltung Sonderaufgaben im Auftrag des Führers« übertragen, die sich »aus dem endgültig auszutragenden Kampf zweier entgegengesetzter politischer Systeme« ergäben und die er »selbständig« und in »eigener Verantwortung« durchzuführen habe[29].

— Ein vom Generalquartiermeister des Heeres nach Verhandlungen mit Heydrich am 26. März vorgelegter Befehlsentwurf, der am 28. April 1941 durch das OKH erlassen wurde[30], setzte die Wehrmachteinheiten davon in Kenntnis, daß Sonderkommandos der Sicherheitspolizei selbständig »in eigener Verantworlichkeit« hinter der Front operieren sollten und innerhalb des rückwärtigen Heeresgebietes insbesondere die »Erforschung und Bekämpfung der staats- und reichsfeindlichen Bestrebungen« vorzunehmen hätten.

— Durch den von Hitler gezeichneten »Erlaß über die Ausübung der Kriegsgerichtsbarkeit im Gebiet Barbarossa und über besondere

Maßnahmen der Truppen«[31] vom 13. Mai wurden unter anderem Straftaten sowjetischer Zivilpersonen ausdrücklich aus dem Zuständigkeitsbereich der deutschen Militärgerichtsbarkeit ausgenommen; die Entscheidung über die Erschießung von Tatverdächtigen blieb statt dessen Offizieren der Wehrmacht überlassen. Außerdem wurde der Verfolgungszwang im Falle von Vergehen deutscher Soldaten gegen feindliche Zivilpersonen ausgesetzt.

— Der »Kommissarbefehl«[32], bekanntgegeben durch Befehl des OKW vom 6. Juni 1941, sah schließlich die Erschießung aller sowjetischen Armeekommissare allein aufgrund ihrer Funktion vor; darüber hinaus war die Exekution von Zivilkommissaren angeordnet, wenn diese eine irgendwie geartete Feindseligkeit erkennen ließen.

Dieser Befehlsgebung auf militärischer Seite standen innerhalb des SS/Polizei-Komplexes die ebenfalls bekannten Befehle für die Tätigkeit der Einsatzgruppen gegenüber, nämlich das Fernschreiben Heydrichs vom 29. Juni betr. »Selbstreinigungsaktionen«[33] sowie sein Einsatzbefehl[34] an die Höheren SS- und Polizeiführer vom 2. Juli. Letzterer enthält eine detaillierte Aufzählung derjenigen Gegner, die durch die Einsatzgruppen zu exekutieren waren:

»Funktionäre der Komintern (wie überhaupt die kommunistischen Berufspolitiker schlechthin)
die höheren, mittleren und radikalen unteren Funktionäre der Partei, der Zentralkommitees, der Gau- und Gebietskomitees
Volkskommissare
Juden in Partei- und Staatsstellungen
sonstige radikale Elemente (Saboteure, Propagandeure, Heckenschützen, Attentäter, Hetzer usw.).«

Neben diesen Exekutionen sah Heydrichs Befehl — wie sein Fernschreiben vom 29. Juni — für die Zeit der militärischen Besetzung vor, die einheimische Bevölkerung zu Pogromen aufzustacheln. Den »Selbstreinigungversuchen antikommunistischer oder antijüdischer Kreise in den neu zu besetzenden Gebieten«, so die Formulierung, seien »keine Hindernisse zu bereiten. Sie sind im Gegenteil, allerdings spurenlos, zu fördern, ohne daß sich diese örtlichen ›Selbstschutz‹-Kreise später auf Anordnungen oder gegebene politische Zusicherungen berufen können.« Heydrich stellte weiter klar, daß »aus naheliegenden Gründen ein solches Vorgehen nur innerhalb der ersten Zeit der militärischen Besetzung möglich« sei.

Der Befehl Heydrichs muß, vor dem Hintergrund der erwähnten Weisungen Hitlers und der einschlägigen Richtlinien der Wehrmacht, als eine Generalermächtigung der Einsatzgruppen zum Massenmord unter der jüdischen Zivilbevölkerung gesehen werden. Es wäre ein vollkommenes Mißverständnis, wollte man in dieser Order lediglich eine Anweisung zur Erschießung bestimmter, unter dem sowjetischen Regime besonders hervorgetretener Juden (in »Partei -und Staatsstellungen«) sehen; bereits die Erwähnung der vorgesehenen Pogrome (die, einmal begonnen, ein unkontrollierbares Ausmaß annehmen mußten, ja sollten), läßt eine solche begrenzte Absicht unmöglich erscheinen[35].

IV.

Die in dem Befehl zum Ausdruck gebrachte Zielsetzung des Massenmordes unter der jüdischen Bevölkerung wird vollends deutlich, wenn man bei der Interpretation die übereinstimmende Aufnahme dieser Weisung durch die Einsatzgruppen heranzieht, wie sie aus den Ereignismeldungen der folgenden Tage und Wochen hervorgeht.

a) Die Berichte der Einsatzgruppen über die sogenannten »Selbstreinigungsbestrebungen« machen die von Heydrich angestrebte Lenkung und Steuerung der Pogrome durch die deutsche Seite sehr deutlich. Bereits wenige Tage nach dem Einmarsch in sowjetisches Gebiet berichten die Kommandos über von ihnen angezettelte Pogrome, so das EK 1b unter dem 30. Juni (»Litauische Partisanen-Gruppen in den letzten 3 Tagen mehrere Tausend Juden bereits erschossen«), das EK 7a in der Meldung vom 1. Juli (»Selbstreinigungsbestrebungen antikommunistischer und antijüdischer Kreise werden intensiviert«) und das EK 9 unter dem 5. Juli (»Pogrome eingeleitet«)[36]. Die Einsatzgruppe A schließlich meldete ebenfalls unter dem 5. Juli, sie habe außer einer einheimischen Hilfspolizeitruppe zwei »weitere selbständige Gruppen zur Durchführung von Pogromen« aufgestellt[37], und vermerkte als Ergebnis: »Sämtliche Synagogen zerstört; bisher 400 Juden liquidiert.«

b) Auch die Durchführung des Befehls, »Juden in Partei- und Staatsstellungen« zu erschießen, läßt sich alsbald in den Meldungen[38] der Einsatzkommandos nachweisen. In den Berichten wird deutlich, daß der Begriff der »Juden in Partei- und Staatsstellungen« bewußt unscharf gehalten worden war, um gegebenenfalls gegen eine vollkommen willkürlich umrissene jüdische Oberschicht angewendet werden zu können. Wie absurd die Vorstellung wäre, die Einsatzkommandos hätten irgendwelche Ermittlungsarbeiten über die soziale Stellung oder die Funktion ihrer Opfer angestellt, soll an einem Beispiel verdeutlicht werden; es handelt sich um einen Bericht[39] des EK 4b über die Ermordung von »Intelligenzjuden« in Vinnica. Zunächst, so der Bericht, hatte eine »Überholung der Stadt nach führenden jüdischen Persönlichkeiten ein kaum befriedigendes Ergebnis gezeigt.« Aus diesem Grunde sei der Führer des Kommandos zu einer neuen Methode übergegangen: »Er hat sich den maßgeblichen Rabbiner der Stadt kommen lassen und diesem zur Auflage gemacht, innerhalb von 24 Stunden sämtliche jüdische Intelligenz zu ermitteln, die für bestimmte Registrierungsarbeiten benötigt würden. Als die erste Sammlung zahlenmäßig nicht genügte, wurden die erschienenen Intelligenzjuden mit der Weisung weggeschickt, von sich aus nochmals mehrere Intelligenzjuden zu erfassen und mit diesen am nächsten Tag zu erscheinen. Diese Maßnahmen wurde noch ein drittesmal durchgeführt mit dem Ergebnis, daß auf diese Weise nahezu die gesamte Intelligenzschicht erfaßt und liquidiert werden konnte.«

c) Vor allem aber zeigte sich an den hohen Zahlen jüdischer Opfer, daß die Einsatzgruppen die in dem Befehl Heydrichs vage gehaltene Gegnerbeschreibung »sonstige radikale Elemente« (mit dem bezeichnenden »usw.« hinter den nachfolgenden Beispielen) als Generalermächtigung verstanden hatten, vor allem gegen die jüdische Bevölkerung vorzugehen, wobei die Vorwände nahezu beliebig waren: »Vergeltung«, »Säuberung«, Unterbindung von »Plünderungen«, Bekämpfung von irgendwelchen »Unruhen« oder Bestrafung für irgendein unbotmäßiges Verhalten. Die Berichte machen deutlich, daß der Ausdruck »sonstige radikale Elemente« eine Chiffre darstellte, über deren wahre Bedeutung die Einsatzkommandos über die schriftlichen Befehle hinaus sehr wohl informiert gewesen sein mußten.

Die Beliebigkeit[40], mit der die Einsatzgruppen die für die Erschießungen maßgeblichen Gründe anführten, läßt sich an zahlreichen Beispielen aufzeigen. So heißt es etwa in einem Bericht der Einsatzgruppe A von Anfang Juli 1941, es seien »durch ein Kommando der Sicherheitspolizei und des SD 100 Juden erschossen« worden, weil angeblich ein deutscher Kriegsgefangener durch »einen Juden aus Riga« erschlagen worden war. Das EK »z.b.V.« meldete in einem Tätigkeitsbericht von Mitte August: »In der Nähe von Pinsk wurde ein Milizangehöriger aus dem Hinterhalt erschossen. Dafür wurden 4500 Juden liquidiert.« Die Einsatzgruppe C berichtet am gleichen Tag aus dem Ort Januszpol, es hätten »vor allem die jüdischen Frauen ein freches und anmaßendes Verhalten an den Tag gelegt« und »sich und ihren Kindern hierbei die Kleider vom Leibe« gerissen; daraufhin seien als »vorläufige Vergeltungsmaßnahme [...] von dem erst nach Wiederherstellung der Ruhe eingetroffenen Kommando zunächst 15 männliche Juden erschossen worden. Weitere Vergeltungsmaßnahmen folgen[41].«

Häufig vermischte man auch die verschiedenen Motive bzw. Gegnerkategorien miteinander, so etwa die Einsatzgruppe B in einer Meldung vom 24. Juli, in der 381 Erschossene pauschal als »jüdische Aktivisten, Funktionäre und Plünderer«[42] bezeichnet wurden, oder wenige Tage später die Einsatzgruppe C, die in Shitomir »insgesamt etwa 400 Juden, Kommunisten und Zuträger des NKWD erschossen« hatte. Teilweise verzichtete man auch völlig auf Begründungen und übermittelte lakonisch die erzielten Liquidationszahlen.

d) Während die Motive, die für die Erschießungen angegeben wurden, beliebig waren, lassen die Berichte andererseits ein planmäßiges Vorgehen der Mordkommandos erkennen.

So bemerkte etwa der Führer der Einsatzgruppe B, der unter dem 13. Juli über eine Serie von Massenerschießungen[43] berichtete: »Die Exekutionen erfolgen in gleicher Stärke laufend weiter.« In den Städten Grodno und Lida, so heißt es hier weiter, seien »zunächst in den ersten Tagen nur 96 Juden exekutiert worden. Ich habe Befehl gegeben, daß hier erheblich zu intensivieren sei.« Und: »Die Tätigkeit aller Kommandos hat sich zufriedenstellend entwickelt. Vor allem haben sich die Liquidierungen eingespielt, die jetzt täglich in größerem Maße erfolgen. Die Durchführung der notwendigen [!] Liquidierungen wird jedenfalls unter allen Umständen gewährleistet.« In einem anderen Bericht der Einsatzgruppe C von Anfang August heißt es: »Schließlich werden nach wie vor planmäßig Vergeltungsmaßnahmen gegen Plünderer und Juden durchgeführt.«

Daß die Erschießungen sich von Anfang an eben nicht nur gegen Juden in »Partei- und Staatsstellungen« richteten, sondern daß den Einsatzgruppen darüber hinaus eine weitergehende Vollmacht gegeben worden war, wie sie in der Chiffre »sonstige radikale Elemente« angedeutet wurde, läßt sich eindeutig aus einer Formulierung eines Berichts des Einsatzkommados 8 nachweisen, der in der Ereignismeldung vom 9. Juli 1941 enthalten ist: »Liquidierungen von Funktionären des Staats- und Parteiapparates vorgenommen. Betreff der Juden wurde im gleichen Sinne nach den Befehlen gehandelt.«

Wenn sich aus den Meldungen der Einsatzgruppen auch unzweideutig ein in den ersten Tagen des Feldzuges beginnender, umfangreicher Massenmord ergibt, so blieben doch in den ersten Wochen des Krieges Frauen und Kinder überwiegend von den Erschießungen verschont.

Die von Krausnick vertretene Behauptung von einem umfassenden Vernichtungsbefehl erscheint daher nur dann plausibel, wenn man annimmt, daß die Führer der Mordkommandos sich in der ersten Zeit bewußt zurückgehalten hätten[44].

Auch gegen ein weiteres Argument, das von Krausnick wiederholt zum Beleg seiner These angeführt wurde, nämlich die sogenannten »Säuberungen«, die seit Ende Juni 1941 durch ostpreußische Kräfte der Gestapo und des SD (»Einsatzkommando Tilsit«) in einem Streifen jenseits der Grenze mit Litauen vorgenommen wurden, lassen sich erhebliche Einwände erheben. Zwar wurde im Zuge dieser »Säuberungen« eine erhebliche Zahl von Menschen, zumeist Juden, ermordet (nach den Ereignismeldungen bis zum 18. Juli 1941 insgesamt 3302 Personen[45]), darunter auch Frauen und Kinder, doch erfolgten diese Erschießungen keineswegs in demselben Umfang und mit jener systematischen Mordabsicht, wie sie bei der späteren »Endlösung« der Judenfrage festzustellen ist. Krausnick führt denn auch zur Stützung seines Arguments die Festellungen zweier Gerichte an, nach denen dem verantwortlichen Stapostellenleiter durch den Führer der Einsatzgruppe A, Stahlecker, am Vorabend dieser Aktion eröffnet worden sei, er habe sämtliche Juden, einschließlich aller Frauen und Kinder, umzubringen. Diese Feststellung beruht natürlich wiederum auf einer Zeugenaussage[46], für die die oben bereits erörterte Quellenproblematik gilt. Aber selbst wenn man diesen Einwand beiseite läßt, ist auch Krausnicks Versuch, aus dem angeblichen Befehl an den Führer des »Einsatzkommandos Tilsit« einen Analogieschluß hinsichtlich des ursprünglichen Befehls an alle Einsatzkommandoführer zu ziehen, keineswegs zwingend: Es erscheint durchaus möglich, daß die für die »Säuberung« im Grenzgebiet gegebenen Befehle schärfer gefaßt waren als die übrigen Anweisungen.

Als einen weiteren Beleg für einen frühen, umfassenden Befehl führt Krausnick ein erst vor einigen Jahren aufgefundenes Memorandum[47] des Führers der Einsatzgruppe A, Stahlecker, vom 6. August 1941 an, in dem Richtlinien, die der Reichskommissar Lohse für die Behandlung der Juden in seinem Gebiet entworfen hatte, als zu milde kritisiert werden, da dieser davon absehe, die im Ostraum »erstmalig mögliche radikale Behandlung der Judenfrage« ins Auge zu fassen; weiter verweist Stahlecker auf »grundsätzliche, schriftlich nicht zu erörternde Befehle von höherer Stelle an die Sicherheitspolizei«. Aber auch mit dieser Äußerung läßt sich die These von einem Befehl zur Ermordung *aller* Juden vor dem 22. Juni 1941 nicht zwingend belegen, zumal Stahlecker, wie noch näher zu schildern sein wird[48], im Oktober bekannte, es habe sich bereits bei den ersten größeren Erschießungen in Litauen und Lettland (das war bereits im Juli) gezeigt, daß eine »restlose Beseitigung« der Juden zur Zeit nicht möglich sei.

Ende Juli/Anfang August zeichnet sich eine gewisse Veränderung im Vorgehen der Einsatzgruppen ab. Hat man bei der Lektüre der ersten Ereignismeldungen den Eindruck eines sich schnell einspielenden, fast routinemäßigen Vorgehens, so häufen sich nun die Hinweise auf Schwierigkeiten und Behinderungen; andererseits wurden die Erschießungen nun systematisch auf Frauen und Kinder ausgedehnt.

Die erwähnten Schwierigkeiten lassen sich auf zwei Ursachen zurückführen. Zum einen zeigte sich, wie Heydrich bereits in seinem Befehl vom 2. Juli vorausgesehen hatte, daß nun, vier bis sechs Wochen nach Angriffsbeginn, die »Selbstreinigungsbestrebungen« nicht mehr in der beabsichtigten Weise fortgeführt werden konnten. So meldete beispielsweise die Einsatzgruppe A unter dem 11. Juli aus Kowno, es seien zwar »teils durch Pogrom, teils durch Erschießungen von litauischen Kommandos [...] nunmehr insgesamt 7 800 Juden erledigt«[49] worden, fügte aber hinzu: »Weitere Massenerschießungen sind nicht mehr möglich«. Ähnlich waren die Erfahrungen der gleichen Einsatzgruppe im Nachbarstaat: »Selbstreinigungbestrebungen kamen in Lettland erst allmählich in Gang [...] Die Unverschämtheit der Juden hat dazu beigetragen, die Selbstreinigung stärker zu betreiben [!], so daß es allmählich in Lettland in allen Städten zu Pogromen, Zerstörung der Synagogen und Liqidierung von Juden und Kommunisten kam. [...] Die Selbstreinigung in Lettland dauert z.Zt. noch an.« Je weiter die Einsatzgruppen durch die 1939 an die Sowjetunion gefallenen Randgebiete hindurch auf sowjetisches Kerngebiet vordrangen, desto geringer wurde im allgemeinen — sieht man von der Ukraine ab — die Möglichkeit, »Selbstreinigungsbestrebungen« zu organisieren. So berichtete etwa die Einsatzgruppe B Anfang August aus der Weißrussischen Republik: »Ebenso fehlt, wie auch schon in Minsk und den ehemals polnischen Gebieten beobachtet, ein ausgesprochener Antisemitismus. Die Bevölkerung hat wohl allgemeine Haß- und Wutgefühle gegenüber den Juden und billigt die deutschen Maßnahmen [...], ist aber nicht imstande, von sich aus die Initiative in der Judenbehandlung zu ergreifen.« Weitere Meldungen über die nachlassende Pogrombereitschaft häuften sich.

Die zweite Schwierigkeit, auf die die Einsatzgruppen trafen, war die Massenflucht der Juden. »70—90 Prozent der ursprünglich vorhandenen Juden geflüchtet«, hieß es beispielsweise am 11. September in einem Bericht der Einsatzgruppe C, und in einem am 4. September verbreiteten Report der Einsatzgruppe B wird die Feststellung getroffen, es sei infolge der hohen Fluchtzahlen »kaum möglich, die Liquidierungsziffer auf der bisherigen Höhe zu halten, eben weil das jüdische Element dabei in nicht unwesentlichem Umfange ausfällt[50].«

Aus den Meldungen der Einsatzgruppen geht aber ganz eindeutig hervor, daß ihre Aktionen etwa zur gleichen Zeit, in der diese Schwierigkeiten zu vermelden waren, nämlich im August, einen erneuten Schub erhielten. Man dehnte die Erschießungen nun systematisch auf Frauen und Kinder aus und ging dazu über, die gesamte jüdische Bevölkerung, die man in den einzelnen Gemeinden antraf, zu ermorden. Neben der zu diesem Zeitpunkt sich verändernden Gesamtsituation, die nun immer deutlicher auf eine »Endlösung« im europäischen Rahmen abzielte, kann man hierin wohl auch eine Reaktion auf die nachlassende Pogrombereitschaft und die Massenflucht sehen, die die bereits an ein bestimmtes Vorgehensmuster gewöhnten und von bestimmten »Planziffern« ausgehenden Einsatzgruppen dazu veranlaßten, den Kreis ihrer Opfer auszudehnen.

Der sogenante Jäger-Bericht, die vom Führer des EK 3 am 1. Dezember 1941 verfaßte »Gesamtaufstellung« der von ihm durchgeführten Exekutionen, zeigt denn auch deutlich, daß die Zahl der erschossenen Jüdinnen, die sich bereits seit Anfang August auffallend erhöht hatte, vom 9. August an sprunghaft anstieg, ja zum Teil die der ermordeten Männer übertraf, während gleichzeitig auch erstmalig die Erschießung von Kindern vermerkt wurde; in einigen Fällen war das Kommando nun in die bereits von Männern »gesäuberten« Orte zurückgekehrt, um auch die Frauen und Kinder umzubringen[51]. Auch in anderen, etwa zur gleichen Zeit verfaßten Berichten nahm der Anteil der erschossenen Jüdinnen[52] sprunghaft zu. Die Einsatzgruppe C berichtete in der Meldung vom 22. August, es sei beabsichtigt, »in bestimmten Dörfern die gesamten Juden zusammenzutreiben, sie zu vernichten und die Dörfer dem Erdboden gleichzumachen«.

Schrittweise scheint sich bei den Kommandos die Vorstellung durchgesetzt zu haben, einzelne Städte, größere Landstriche und schließlich das gesamte Einsatzgebiet »judenfrei« zu machen. Dieser Begriff (bzw. die Vorstellung, bestimmte Regionen vollständig von Juden »gesäubert« zu haben), taucht nun verstärkt in den Berichten auf, so beim EK 5 in der Meldung[53] vom 17. September (»Damit ist dieses Gebiet [...] weitgehend gereinigt«), beim EK 3 am 19. September (bezogen auf insgesamt fünf litauische Kreise), ferner in einer Meldung der Einsatzgrupe D am 20. September, während die Einsatzgrupe C einige Tage später von einer »restlosen Säuberung« bestimmter Ortschaften berichtete. Zur gleichen Zeit taucht nun in den Berichten der Einsatzgruppen ein neues Motiv für die Erschießungen auf, das bisher nicht erwähnt wurde: Die Seuchengefahr[54] wurde in den Katalog der von den Juden angeblich ausgehenden Bedrohungen aufgenommen und als Motiv für die Massenerschießungen angegeben.

Die Tatsache, daß die Einsatzgruppen im August/September zur Erschießung der allgemeinen jüdischen Bevölkerung übergingen, schließt nicht von vornherein die von Krausnick angenommene umfassende Befehlsgebung vor dem 22. Juni 1941 aus. Denkbar wäre ja, daß die Führer der Gruppen und Kommandos eine Art Zeitplan erhielten, ihre Mannschaften also langsam mit dem vollen Umfang der wahren Mordplanung bekannt machten. Auch diese theoretische Möglichkeit läßt sich indes widerlegen, wenn man nämlich jene Berichte heranzieht, in denen sich die Führer der Einsatzgruppen über Sinn und Endziel ihrer Tätigkeit auslassen.

So wird in den Ereignismeldungen vom 23. Juli ein Bericht der Einsatzgruppe B[55] zitiert, in dem es heißt: »Eine Lösung der Judenfrage während des Krieges erscheint in diesem Raum undurchführbar, da sie bei der übergroßen Zahl der Juden nur durch Aussiedlung erreicht werden kann.« Im dem zusammenfassenden Report[56] des Führers der Einsatzgruppe A vom 15. Oktober 1941, dem sogenannten Stahlecker-Bericht, heißt es zwar einerseits, die »sicherheitspolizeiliche Säuberungsarbeit gemäß den grundsätzlichen Befehlen« hätte »eine möglichst umfassende Beseitigung der Juden zum Ziel gehabt«, andererseits jedoch habe sich bereits »nach Durchführung der ersten größeren Exekutionen in Litauen und Lettland gezeigt, daß eine restlose Beseitigung der Juden nicht durchführbar ist, zumindest nicht zum jetzigen Zeitpunkt«. Zur Begründung führte Stahlecker an, das Handwerk in Litauen und Lettland befinde sich zum großen Teil, in bestimmten Berufen fast ausschließlich, in jüdischen Händen. Auch in der Einsatzgruppe C hatte man bereits Anfang September 1941 auf die Tatsache hingewiesen[57], es sei kaum möglich, in der Ukraine die Juden ganz aus dem Handel auszuschließen, habe ihr Anteil doch vor Kriegsbeginn 95 Prozent betragen; auch bei Kleingewerbebetrieben werde man weiterhin auf Juden angewiesen sein.

In einem weiteren Report, in einem »Erfahrungsbericht«[58] des EK 5 über die bisherige Entwicklung in der Ostukraine, heißt es am 17. September über die gegenüber den Juden einzuschlagende Politik: »Selbst dann, wenn eine sofortige hundertprozentige Ausschaltung des

Judentums möglich wäre, würde dadurch doch noch nicht der politische Gefahrenherd beseitigt. Die bolschewistische Arbeit stützt sich auf Juden, Russen, Georgier, Armenier, Polen, Letten, Ukrainer; der bolschewistische Apparat ist in keiner Weise mit der jüdischen Bevölkerung identisch. Bei dieser Sachlage würde das Ziel einer politisch-polizeilichen Sicherung verfehlt werden, würde man die Hauptaufgabe der Vernichtung des kommunistischen Apparates zugunsten der arbeitsmäßig leichteren Aufgabe, die Juden auszuschalten, in die zweite oder dritte Reihe stellen. Die Konzentration auf den bolschewistischen Funktionär nimmt überdies dem Judentum die fähigsten Kräfte, so daß die Lösung des Judenproblems mehr und mehr zu einem reinen Organisationsproblem wird.« Außerdem sei in der »westlichen und mittleren Ukraine [...] das Judentum nahezu identisch mit der städtischen Arbeiter-, Handwerker- und Händlerschicht. Wird auf die jüdische Arbeitskraft in vollem Umfang verzichtet, so ist ein wirtschaftlicher Wiederaufbau der ukrainischen Industrie, sowie der Aufbau der städtischen Verwaltungszentren fast unmöglich.« Somit bleibe nur eine Möglichkeit, die die deutsche Verwaltung im Generalgouvernement »lange Zeit verkannt« habe: »Lösung der Judenfrage durch umfassenden Arbeitseinsatz der Juden. Das würde eine allmähliche Liquidierung des Judentums zur Folge haben — eine Entwicklung, die den wirtschaftlichen Gegebenheiten des Landes entspricht.«

Einen anderen Gesichtspunkt hebt eine am 12. September verbreitete Meldung[59] des EK 6 hervor: »70—90 % der jüdischen Bevölkerung, in manchen Fällen 100 %« seien geflüchtet. Darin könne aber »ein indirekter Erfolg der Arbeit der Sicherheitspolizei erblickt werden, denn die kostenlose Abschiebung von Hunderttausenden von Juden — dem Vernehmen nach in den meisten Fällen über den Ural hinüber — stellt einen beachtlichen Beitrag zur Lösung der Judenfrage in Europa dar.«

Diese Aussagen scheinen mir die wichtigsten Argumente gegen einen umfassenden Befehl zur Vernichtung aller sowjetischen Juden vor Feldzugsbeginn zu enthalten, da sich hier, bis in den September 1941 hinein, trotz gleichzeitig erfolgender umfangreicher Massenerschießungen, noch alternative Vorstellungen über eine »Endlösung« zeigen.

V.

Demnach ergibt sich für die Frage nach der Befehlsgebung an die Einsatzgruppen folgendes Bild: Die Führer der Vernichtungseinheiten erhielten in den Tagen vor dem 22. Juni 1941 eine Art Generalermächtigung zum zahlenmäßig nicht begrenzten Mord an der jüdischen Bevölkerung in den eroberten Gebieten, der sich zunächst im wesentlichen gegen Männer richtete. Etwa im August 1941 wurde damit begonnen, diese Massenerschießungen systematisch auf die übrige jüdische Bevölkerung auszudehnen, immer größere Gebiete wurden im September »judenfrei« gemacht. Hierfür lassen sich sowohl die enthemmende Wirkung des mörderischen Tuns wie auch eine Neuorientierung der Kommandos angesichts einer durch nachlassende Pogrombereitschaft und Massenflucht veränderten Lage anführen, aber auch die allgemeine Verschärfung der deutschen »Judenpolitik«, auf die noch einzugehen ist. Die Vorstellung, durch Erschießungen eine vollständige »Endlösung« herbeizuführen hatte sich aber auch im September noch nicht vollständig durchgesetzt. Die Behauptung einiger Täter, einen Befehl zur Vernichtung aller sowjetischen Juden bereits vor dem 22. Juni 1941 erhalten zu haben, ist hingegen eine nachträglich vorgenommene Verkürzung; sie ist allerdings insofern richtig, als die Befehle zu Beginn des Feldzuges bewußt offen gehalten wurden und die Tendenz zu einem Massenmord ohne Ausnahme in sich trugen.

Richtet man nun den Blick auf die Entwicklung der »Judenfrage« außerhalb der Sowjetunion, so ist die Parallele zwischen den geschilderten Massenerschießungen und den sogenannten Repressalien der Wehrmacht in Serbien[60] offenkundig. Hier ging die deutsche Militärverwaltung nach dem Angriff auf die Sowjetunion dazu über, von den jüdischen Gemeinden die Stellung von Geiseln zu verlangen; unter den Geiseln, die dann seit Ende Juni 1941 als Vergeltung für Angriffe kommunistischer Aufständischer liquidiert wurden, waren von Anfang an auch Juden. Anfang Oktober begann die Militärverwaltung damit, für jeden getöteten deutschen Soldaten 100 Geiseln zu erschießen, wobei sie in erster Linie auf internierte männliche Juden zurückgriff. Die Identifikation des jüdischen und des kommunistischen Feindbildes war auch innerhalb der Wehrmachtführung in Serbien zu diesem Zeitpunkt soweit fortgeschritten, daß die als »Vergeltung« bezeichneten Erschießungen noch im Herbst 1941 bis zur Ermordung aller jüdischen Männer fortgeführt wurden.

Wie die Erschießungen in der Sowjetunion ging auch dieser Massenmord der eigentlichen »Endlösung« voraus. Der Entscheidungsprozeß zur vollständigen Vernichtung der gesamten europäischen Juden vollzog sich allerdings in bemerkenswerter zeitlicher Parallele zu der etwa im August 1941 feststellbaren Radikalisierung im Vorgehen der

Einsatzgruppen: Am 31. Juli ließ sich Heydrich von Göring die bekannte Vollmacht[61] ausstellen, »alle erforderlichen Vorbereitungen in organisatorischer, sachlicher und materieller Hinsicht zu treffen für eine Gesamtlösung der Judenfrage im deutschen Einflußgebiet in Europa«. Aus den autobiographischen Angaben von Höß, dem Kommandanten von Auschwitz, wissen wir, er sei im »Sommer 1941« von Himmler über die durch Hitler angeordnete Vernichtung aller Juden im deutschen Machtbereich informiert worden; zur Begründung hieß es u. a., die »bestehenden Vernichtungsstellen im Osten sind nicht in der Lage, die beabsichtigten großen Aktionen durchzuführen«. Eichmann sagte aus, etwa zwei bis drei Monate nach Beginn des Rußlandfeldzuges durch Heydrich mit Hitlers Befehl zur physischen Vernichtung der Juden konfrontiert worden zu sein. Auf diese mehrfach bezeugte grundsätzliche Entscheidung des Spätsommers folgte eine Phase technischer und administrativer Vorbereitungen der »Endlösung«, bis dann schließlich am 8. Dezember die ersten Gasmorde an polnischen Juden einsetzen und am 20. Januar die Spitzen der Verwaltung durch Heydrich über den nunmehr konkrete Gestalt annehmenden Gesamtplan informiert wurden. In das Bild einer Zwischenphase, in der die grundlegende Entscheidung über die Endlösung bereits gefallen war, die Durchführung aber erst allmählich Konturen gewann und der Kreis der Eingeweihten nur allmählich erweitert wurde, fügt sich die noch im September feststellbare Orientierungslosigkeit der Einsatzgruppenführer über die weitere Entwicklung des Massenmordens ein.

Schließlich ist noch auf zwei größere Komplexe zu verweisen, die mit der Ingangsetzung der Endlösung in diesem Zeitraum zusammenhängen: Ulrich Herbert hat unlängst darauf aufmerksam gemacht, daß die »Endlösung« nur erfolgen konnte, nachdem im Oktober 1941 die Entscheidung für den Arbeitseinsatz sowjetischer Kriegsgefangener getroffen worden war; dieser Entschluß signalisiert zugleich den vorläufigen Verzicht auf jüdische Arbeitskräfte, deren Beschäftigung in den zitierten Meldungen der — die Situation nur ausschnittweise erfassenden — Einsatzgruppenführer noch als Alternative zum sofortigen Massenmord genannt wurde. Czeslaw Madajczyk schließlich hat auf den zeitlichen Zusammenhang hingewiesen, der zwischen den Vorbereitungen zur »Endlösung der Judenfrage« und den etwa im Herbst 1941 einsetzenden Arbeiten am »Generalplan Ost«, dem gigantischen Aussiedlungs- und Kolonisierungsprogramm, besteht[62].

Die sich aus den Ereignismeldungen UdSSR ergebende Vorgehensweise der Einsatzkommandos, wie sie in diesem Aufsatz in aller Kürze geschildert wurde, genügt bereits, um die von Mayer vorgetragenen Behauptungen über die anfängliche Passivität der Einsatzgruppen angesichts der Pogrome und den angeblichen Zusammenhang von sich abzeichnender Niederlage und deutscher Vernichtungsabsicht ad absurdum zu führen. Es zeigt sich, daß Mayer diese Hauptquelle weder benutzt noch die auf diesen Quellen fußenden Werke zur Kenntnis genommen hat. Dieses Verhalten ist völlig unverantwortlich; Mayer hat sich damit selbst außerhalb der Diskussion gestellt.

Während das Buch von Mayer an einem Mangel an Kenntnis leidet, so könnte man umgekehrt sagen, daß die Diskussion zwischen Krausnick und Streim durch eine zu enge Interpretation der Quellen gekennzeichnet ist. Bei der Frage, wie die Einsatzgruppen auf ihre Aufgabe vorbereitet wurden, handelt es sich um ein Problem, das sich nicht auf das Schema von Befehlsgebung und Befehlsausführung reduzieren läßt. In diesem Zusammenhang ist auch die Frage zu stellen, ob das letztlich durch die prozessuale Beweisführung geschulte Vorgehen beider Kontrahenten nicht die Gefahr einer zu geringen Distanz zu den Quellen beinhaltet, die dem Gesamtphänomen einer von Tausenden aktiven Tätern betriebenen und Zehntausenden von Helfern in Gang gehaltenen Mordmaschinerie möglicherweise nicht völlig gerecht wird. Während sich Krausnicks Annahme eines frühen, umfassenden Vernichtungsbefehls eindeutig widerlegen läßt, müßte man andererseits noch deutlicher als Streim betonen, daß der den Einsatzgruppen vor dem 22. Juni gegebene Auftrag einen nicht näher umgrenzten Massenmord beinhaltete, der die Tendenz zur vollständigen Vernichtung bereits in sich trug und das Ausmaß der Tötungsaktionen bewußt der Einsatzbereitschaft der Mordkommandos überließ. Wir haben es hier mit einer auf Interaktion angelegten Befehlstechnik zu tun, die durchaus in nationalsozialistischer Tradition steht.

Im Zusammenhang mit einem anderen »Höhepunkt« der »Judenpolitik« des NS-Regimes, der sogenannten »Reichskristallnacht«, ist ein Dokument[63] überliefert, das diese Befehlstechnik erklärt. Es handelt sich dabei um den Abschlußbericht des Obersten Parteigerichts der NSDAP, das der Frage nachzugehen hatte, was mit denjenigen Parteigenossen zu geschehen habe, die anläßlich des Pogroms Straftaten begangen hatten. Das Gericht führte aus, es sei »den aktiven Nationalsozialisten aus der Kampfzeit selbstverständlich [...], daß Aktionen, bei denen die Partei nicht als Organisator in Erscheinung treten will, nicht mit letzter Klarheit und in allen Einzelheiten befohlen werden. Er ist infolgedessen gewohnt, aus einem solchen Befehl mehr herauszulesen, als wörtlich gesagt ist, wie es auch auf der Seite des Befehlsgebers vielfach Übung geworden ist, im Interesse der Partei — gerade wenn es sich um illegale politische Kundgebungen handelt — nicht alles zu sagen und nur anzudeuten, was er mit dem Befehl erreichen will.«

Die Kontroverse um das Buch von Mayer, darauf ist bereits hingewiesen worden, hängt nicht nur mit den schwerwiegenden faktischen Irrtümern des Autors zusammen, sondern sicher auch mit seinem Versuch, im Sinne einer »Historisierung« bestimmte Rezeptionsmuster des »Holocausts« in Frage zu stellen, also sein amerikanisches Leserpublikum auf den Antikommunismus der Nationalsozialisten als ein unterschätztes Phänomen aufmerksam zu machen und den »Holocaust« aus einer dem analytischen Zugriff entrückten Sphäre ahistorischer Singularität zurückzuholen.

Aber auch der Spezialistenstreit zwischen Streim und Krausnick dient nur vordergründig der Klärung eines Datierungsproblems oder der detailgetreuen Rekonstruktion eines Entscheidungsablaufs. Streim hat in seinem letzten Beitrag deutlich auf die Stoßrichtung seiner Argumentation aufmerksam gemacht: Auf die von Krausnick vertretene Version einer Befehlsgebung vor dem Angriff auf die Sowjetunion stützten nämlich zahlreiche Gerichte ihre Urteile, in denen sie die Führer der Kommandos als »Gehilfen« und nicht als »Täter« verurteilten und so die Tötung Tausender von Menschen als gemeinschaftliche Beihilfe zum Mord zum Teil mit wenigen Jahren Freiheitsentzug ahndeten. Wenn Streim in diesem Zusammenhang auf die Tendenz von Historikern zur »exclusive jurisdiction«[64] hinweist, so ist damit der subjektive Hintergrund seiner Debatte mit Krausnick bezeichnet.

In diesem Zusammenhang sollten aber zwei Dinge klargestellt werden: Erstens darf für die fragwürdige Urteilspraxis der Gerichte nicht der nach bestem Wissen gutachtende Fachhistoriker verantwortlich gemacht werden; zweitens kann die zum Teil sicher berechtigte Kritik die Verdienste, die sich der mittlerweile verstorbene Helmut Krausnick um die historische Aufarbeitung der Einsatzgruppenmorde erworben hat, insgesamt nicht beeinträchtigen. Allerdings erhält die von Krausnick vertretene Auffassung über die von Anfang an klar vorgegebene Aufgabenstellung der Einsatzgruppen, die der »intentionalistischen« Schule zugerechnet werden kann, durch ihre Wirkungsgeschichte innerhalb der justiziellen Aufarbeitung der NS-Verbrechen auch außerhalb der akademischen Diskussion ihre besondere zeitgeschichtliche Bedeutung.

Anmerkungen

[1] Hierzu ausführlich die Standardwerke von Raul Hilberg, Die Vernichtung der europäischen Juden, Berlin 1982, S. 197 ff., und Helmut Krausnick, Hans-Heinrich Wilhelm, Die Truppe des Weltanschauungskrieges. Die Einsatzgruppen der Sicherheitspolizei und des SD 1938—1942, Stuttgart 1981.

[2] Institut für Zeitgeschichte (IfZ), Nürnberger Dokumente (ND), L 180; hinzu kamen 3 387 als Kommunisten bezeichnete Opfer.

[3] IfZ, Fb 114: Der Chef der Sicherheitspolizei und des SD, Ereignismeldungen UdSSR (im folgenden: EM); hier: EM 128, 3.11.1941; die Gesamtzahl der Opfer betrug rund 80 000.

[4] Ebd., EM 133.

[5] Ebd., EM 145.

[6] IfZ, Fb 101/35, Gesamtbericht EG A, Anlage 7.

[7] IfZ, ND, NO 511, Meldung an den Führer über Bandenbekämpfung, Nr. 51, vom 20.12.1942.

[8] Arno J. Mayer, Why did the Heavens not Darken? The »Final Solution« in History, New York 1988 (deutsch: Der Krieg als Kreuzzug, Reinbek bei Hamburg 1989); für das folgende S. 201, S. 237, S. 257 und S. 263.

[9] Ebd., S. 274. — Mayer führt damit — allerdings in sehr überspitzter Form — eine Argumentationslinie weiter, die früher bereits thesenartig durch Aufsätze von Martin Broszat, Hitler und die Genesis der »Endlösung«, in: Aus Anlaß der Thesen von David Irving, in: Vierteljahrshefte für Zeitgeschichte (VfZg), 25 (1977), S. 737—775, und Hans Mommsen, Die Realisierung des Utopischen. Die »Endlösung der Judenfrage« im »Dritten Reich«, in: Geschichte und Gesellschaft, 9 (1983), S. 383—420, vertreten worden war. Bedauerlicherweise sind Mayer die Gegenargumente, die Christopher R. Browning, Zur Genesis der »Endlösung«. Eine Antwort an Martin Broszat, in: VfZg, 29 (1981), S. 96—109, sowie The Decision Concerning the Final Solution, in: ders., Fateful Months. Essays on the Emergence of the Final Solution, New York, London 1985, S. 9—38, vorgebracht hat, nicht bekannt.

[10] Mayer, Heavens (wie Anm. 8), S. 279.

[11] So übereinstimmend Lucy Dawidowicz, Perversions of the Holocaust, in: Commentary, 88 (1989), H. 4, S. 56—60, und Daniel J. Goldhagen, False Witness, in: New Republican, 17.4.1989, S. 39 ff.

[12] Helmut Krausnick, Judenverfolgung, in: Anatomie des SS-Staates, hrsg. von Hans Buchheim u. a., München ²1979, S. 235—365, bes. S. 297 ff. (im Auschwitz-Prozeß 1964 vorgetragenes Gutachen); über den »Auftrag der Einsatzgruppen« siehe Krausnick, Wilhelm (wie Anm. 1), S. 150; Alfred Streim, Die Behandlung sowjetischer Kriegsgefangener im »Fall Barbarossa«: Eine Dokumentation, Heidelberg 1981, S. 74 ff.; ders., The Tasks of the SS Einsatzgruppen, in: Simon Wiesenthal Center Annual, 4 (1987), S. 309—328; ferner die Beiträge der beiden Kontrahenten in: Der Mord an den Juden im Zweiten Weltkrieg. Entschlußbildung und Verwirklichung, hrsg. von Eberhard Jäckel, Jürgen Rohwer, Frankfurt a.M. 1987, S. 88—106 und 107—119; weitere Stellungnahmen Krausnicks und Streims in: Simon Wiesenthal Center Annual, 6 (1989), S. 311—347; zur Wertung der beiden Standpunkte vgl. die weiterführenden Überlegungen bei Browning, Decision (wie

Anm. 9), S. 17ff. — Im Rahmen dieses Beitrages kann die wissenschaftliche Literatur nicht vollständig angegeben werden; es sei daher auf die Diskussionsbeiträge in dem von Jäckel, Rohwer 1987 herausgegebenen Sammelband verwiesen (S. 179—198) sowie auf zwei neuere Arbeiten: Yaacov Lozowick, Rollbahn Mord: The Early Activities of Einsatzgruppe C, in: Holocaust and Genocide Studies, 2 (1987), S. 221—241; Ronald Headland, The Einsatzgruppen. The Question of their Initial Operations, in: Holocaust and Genocide Studies, 4 (1989), S. 401—412.

[13] Landgericht (LG) Ulm vom 29.8.1958; LG München I vom 21.7.1961; LG Koblenz vom 12.6.1961; LG Köln vom 12.5.1964; gedruckt in: Justiz und NS-Verbrechen. Sammlung deutscher Strafurteile wegen nationalsozialistischer Tötungsverbrechen 1945—1966, hrsg. von Irene Sagel-Grande, H.H. Fuchs, C.F. Rüter, Amsterdam 1968ff., Bd 15, S. 1ff., Bd 17, S. 657ff. und 497ff., Bd 20, S. 163ff.

[14] So Eberhard Jäckel in dem Vorwort zu dem von ihm herausgegebenen Sammelband (wie Anm. 12), S. 16f.; Jürgen Förster, Das Unternehmen »Barbarossa« als Eroberungs- und Vernichtungskrieg, in: Horst Boog u.a., Der Angriff auf die Sowjetunion, Stuttgart 1983 (= Das Deutsche Reich und der Zweite Weltkrieg, Bd 4), S. 426; Andreas Hillgruber, Die »Endlösung« und das deutsche Ostimperium als Kernstück des rassenideologischen Programms des Nationalsozialismus, in: VfZg, 20 (1972), S. 133—155.

[15] Streim, Behandlung (wie Anm. 12), S. 75f.; die diesbezügliche Aussage Blumes, des Führers des Sonderkommandos 7a, ist wiedergegeben in: Die Ermordung der europäischen Juden. Eine umfassende Dokumentation des Holocaust, hrsg. von Peter Longerich unter Mitarbeit von Dieter Pohl, S. 113f.

[16] Der Prozeß gegen die Hauptkriegsverbrecher vor dem Internationalen Militärgerichtshof (International Military Tribunal), Nürnberg 14. November 1945—1. Oktober 1946, 42 Bde, Nürnberg 1947—1949, Bd IV, S. 350.

[17] Trials of War Criminals before the Nuernberg Military Tribunals, Bd IV, S. 519; Affidavit, 26.5.1947, ebd., S. 135ff.

[18] Streim, Behandlung (wie Anm. 12), S. 76ff., der hier ein Urteil des LG Darmstadt referiert.

[19] Ebd., S. 85: Noßke, Schulz (August 1941), Bradfisch (vielleicht Mitte Juli), Ehrlinger (gab zunächst 29. Juni an, widerrief später aber diese Aussage), Herrmann (zunächst sei Befehl, der inhaltlich dem vom 2.7. entsprach, ergangen, später — vielleicht Mitte, Ende Juli — sei dieser Befehl auf Juden ausgedehnt worden); Streim verweist außerdem auf die Aussagen weiterer, namentlich nicht genannter SS-Führer, die den Kommandos zugeteilt waren und den Zeitpunkt Juli/August bestätigten. Die Aussagen von Schulz, Noßke und Herrmann sind gedruckt in Longerich, Ermordung (wie Anm. 15), S. 114f.

[20] Ebd., S. 82; S. 80f.

[21] Krausnick, Hitler (Beitrag in dem Konferenzband, wie Anm. 12), S. 91, verweist darauf, daß sich auf diese Weise die Beteiligung an den Erschießungen als unschuldige Verstrickung in einen von Anfang an nicht überschaubaren Vorgang darstellen ließ.

[22] Streim, Behandlung (wie Anm. 12), S. 87f.: Batz, Jäger, Blume (zu Blume auch Streim, Beitrag in Simon Wiesenthal Center Annual [wie Anm. 12], S. 337f.).

[23] Streim, Behandlung (wie Anm. 12), S. 89: Blobel, Ehlers, Filbert, Klingel-
höfer, Sandberger, Zapp.

[24] Krausnick, Beitrag in Simon Wiesenthal Center Annual (wie Anm. 12), S. 317.

[25] Krausnick, Beitrag in Simon Wiesenthal Center Annual (wie Anm. 12),
S. 323; hierzu wiederum Streim in der gleichen Zeitschrift, S. 339.

[26] Zum Gesamtkomplex: Hillgruber, Endlösung (wie Anm. 14).

[27] Vgl. hierzu Förster (wie Anm. 14), S. 421 ff.

[28] Kriegstagebuch des Oberkommandos der Wehrmacht (Wehrmachtführungsstab) 1940—1945. Geführt von H. Greiner und P. E. Schramm, 4 Bde, Frankfurt a. M. 1961—1979, Bd 1, S. 340 f.; siehe auch Bd 2, S. 336 ff.

[29] IfZ, ND, NOKW 2080, gedruckt bei Hans-Adolf Jacobsen, Kommissarbefehl und Massenexekutionen sowjetischer Kriegsgefangener, in: Anatomie
(wie Anm. 12), Bd 2, S. 137—232, S. 166 ff.

[30] IfZ, ND, NOKW 2080, gedruckt ebd., S. 171 ff. — Förster (wie Anm. 14),
S. 423, weist daraufhin, daß auch der am 2.4. erlassene Befehl betr. den Einsatz der Sicherheitspolizei und des SD im Rahmen des Balkanfeldzuges Kommunisten und Juden ausdrücklich als Gegner bezeichnete.

[31] IfZ, ND, NOKW 209; gedruckt bei Jacobsen (wie Anm. 29), S. 181 ff.

[32] Richtlinien für die Behandlung politischer Kommissare, IfZ, ND, NOKW
1076, gedruckt ebd., S. 189 ff.; der Einstimmung der Truppe auf die vor ihnen
liegenden Aufgaben dienten die von der Abteilung Wehrmachtpropaganda
im Mai 1941 fertiggestellten »Richtlinen für das Verhalten der Truppe in
Rußland«, die unmittelbar nach Angriffsbeginn bekanntgegeben wurden:
IfZ, ND, NOKW 1692, gedruckt ebd., S. 187 f.

[33] BA, R 70 Sowjetunion/32; gedruckt in Longerich, Ermordung (wie Anm.
15), S. 118 f.

[34] BA, R 70 Sowjetunion/32; gedruckt ebd., S. 116 ff.

[35] Insofern scheint mir die von Streim, Behandlung (wie Anm. 12), S. 84, vor-
getragene Argumentation zu eng an den Wortlaut der Befehle von 29.6. und
2.7. angelehnt.

[36] IfZ, EM 8, EM 9, EM 13.

[37] Krausnick, Beitrag in Simon Wiesenthal Center Annual (wie Anm. 12),
S. 323; hierzu wiederum Streim in der gleichen Zeitschrift, S. 339.

[38] Siehe z. B. IfZ, EM 11, Bericht des EK 7a, aus Wilna, 3.7.1941: »Funktionäre der Komsomol und jüdische KP-Funktionäre liquidiert.«

[39] IfZ, EM 47, 9.8.1941.

[40] Vgl. hierzu auch Headland (Anm. 12), S. 404 f.

[41] IfZ, EM 58.

[42] IfZ, EM 32; EM 37, 29.7.1941; EM 24, 16.7.1941: »Durch das EK. 1b wurden bis jetzt 1150 Juden in Dünaburg erschossen.« Die Einsatzgruppe B
gab während der ersten Monate des Feldzuges generell ihre Liquidationszif-
fern an, ohne irgendwelche Motive für ihr Vorgehen zu nennen.

[43] IfZ, EM 21; für das folgende EM 47 und EM 17.

[44] So argumentiert Krausnick in dem von Jäckel herausgegebenen Konferenzband (wie Anm. 12), S. 99 f.

[45] IfZ, EM 19 und EM 26.

[46] Es handelt sich dabei um die Aussage des Leiters der Stapostelle Tilsit, der
angibt, daß der mündliche Befehl durch ein Blitzfernschreiben des RSHA

bestätigt wurde: LG Ulm, 29.8.1958 (wie Anm. 13). Außerdem sagte dieser Zeuge aus, er habe eine »Geheime Reichssache« erhalten, die erst am Morgen des 22. Juni zu öffnen gewesen sei und den Befehl zur »Sonderbehandlung« der Kommunisten und Juden enthielt. Es ist nicht ersichtlich, warum die Bedenken, die Krausnick gegen diesen angeblichen Befehl geltend macht, nicht auch für das »Blitzfernschreiben gelten sollen; Krausnick, Truppe (wie Anm. 1), S. 162 f.

[47] Gedruckt in: Herrschaftsalltag im Dritten Reich, hrsg. von Hans Mommsen, Düsseldorf 1988, S. 467—471.

[48] Siehe unten, Anm. 56.

[49] IfZ, EM 19; EM 40, 1.8.1941; EM 43, 5.8.1941; EM 47, 9.8.1941, Einsatzgruppe C; EM 67, 29.8.1941, Einsatzgruppe B; EM 81, 12.9.1941, EK 6.

[50] IfZ, EM 80; EM 73.

[51] IfZ, Fb 101/29, gedruckt in: NS-Prozesse. Nach 25 Jahren Strafverfolgung: Möglichkeiten — Grenzen — Ergebnisse, hrsg. von Adalbert Rückerl, Karlsruhe 1971.

[52] So wird etwa in IfZ, EM 88 gemeldet, ein Kommando des HSSPF habe am 1. und 2.9.41 in Berdičev »1303 Juden, darunter 876 Jüdinnen über 12 Jahre, exekutiert.« Für das folgende IfZ, EM 60. Siehe auch EM 80, 11.9.41, Erschießungen des Sonderkommandos 4a in Fastov.

[53] IfZ, EM 86. Die Behauptung von Lozowick (wie Anm. 12), S. 234, der Ausdruck »judenfrei« tauche zum ersten Mal am 20.10. auf, ist demnach falsch. Siehe auch EM 88, EM 89 und EM 94 vom 19.9., 20.9. und 25.9.1941.

[54] Einsatzgruppe C, EM 88, 19.9.1941, und EM 92, 23.9.1941.

[55] IfZ, EM 31, 23.7.1941, Stimmung und Lage in den besetzten Gebieten. — Dadurch, daß er die drei Worte »während des Krieges« unberücksichtigt läßt, erschließt sich Headland (wie Anm. 12), S. 407, der Sinn dieses Satzes nicht.

[56] IfZ, ND, L 180.

[57] IfZ, EM 74, 5.9.1941.

[58] IfZ, EM 86.

[59] IfZ, EM 81.

[60] Christopher Browning, Wehrmacht Reprisal Policy and the Murder of the Male Jews in Serbia, in: ders, Fateful Months (wie Anm. 12), S. 39—56.

[61] Der Prozeß (wie Anm. 16), Bd 26, S. 266 f.

[62] Besteht ein Synchronismus zwischen dem »Generalplan Ost« und der Endlösung der Judenfrage?, in: Der Zweite Weltkrieg. Analysen, Grundzüge, Forschungsbilanz. Im Auftrag des Militärgeschichtlichen Forschungsamtes hrsg. von Wolfgang Michalka, München, Zürich ²1990, S. 858—873.

[63] Der Prozeß (wie Anm. 16), Bd 32, S. 20 ff.

[64] Streim, Behandlung (wie Anm. 12), S. 332.

Ruth Bettina Birn

Zweierlei Wirklichkeit?
Fallbeispiele zur Partisanenbekämpfung
im Osten

Der Einmarsch der deutschen Truppen in die Sowjetunion ging so schnell vonstatten, daß schon nach kurzer Zeit die rückwärtigen Gebiete unter Militärverwaltungen gestellt werden konnten, die für Sicherungszwecke sowie den Aufbau einer rudimentären landeseigenen Verwaltung zuständig waren[1]. »Rücksichtsloses und energisches Durchgreifen gegen bolschewistische Hetzer, Freischärler, Saboteure, Juden« war gefordert[2]; nach den in den grundlegenden Erlaßen zum Unternehmen »Barbarossa« niedergelegten Intentionen Hitlers sollte jede mögliche Gegnerschaft rasch eliminiert werden[3].

I.

Befehlshaber des Rückwärtigen Heeresgebietes Mitte wurde General v. Schenckendorff. Für Sicherungs- und Ordnungsaufgaben hatte er neben eigenen Kräften auch SS- und Polizeieinheiten, die unter dem Befehl des Höheren SS- und Polizeiführers Rußland-Mitte standen, zur Verfügung. Schenckendorff wurden das 1. und das 2. SS-Kavallerie-Regiment unterstellt, die am 21. Juli 1941 von Lyck in Ostpreußen in Richtung Baranoviči abrückten[4]. Am 28. Juli beauftragte er sie mit einem Säuberungsunternehmen im Raum von Pinsk[5].

Der Auftrag wurde zur Zufriedenheit ausgeführt: »Die SS-Reiter-Brigade hat im wesentlichen ihre Säuberungsaktion im Gebiet zwischen Rollbahn 1 und Pripjat' abgeschlossen. Die in dem Gebiet befindlichen Ortsfremden sowie Rotarmisten und jüdischen Kommissare wurden von der SS gefaßt und zum größten Teil erschossen. Durch Einsetzung von Bürgermeistern, Aufstellung von Hilfspolizei und Niederdrückung der Juden dürfte das Gebiet als befriedet angesehen werden[6].«

Die Tätigkeit der auch weiterhin unter Schenckendorff eingesetzten SS-Einheiten (mittlerweile in der SS-Kavallerie-Brigade zusammengefaßt)[7] in der Partisanenbekämpfung wurde von diesem zur weiteren Nachahmung empfohlen: »Der Vielgestaltigkeit des Kampfes der

Partisanen muß eine gleichermaßen bewegte Vielgestaltigkeit der Kampfesweise der Sicherungsdivisionen entgegengestellt werden. Der geistigen Aufgeschlossenheit und der Erfindungsgabe der Divisions- und Truppenkommandeure ist ein reiches Feld soldatischer Tätigkeit eröffnet.

Die SS-Kav.Brigade übt zurzeit folgendes Verfahren: Die zur Überprüfung einer Ortschaft angesetzte Abteilung stößt ohne jede Aufklärung im Morgendämmern mit voller Geschwindigkeit überraschend in den Ort hinein und bis zum andern Ende durch, besetzt nach vorher festgelegter Einteilung im Handumdrehen den Außenrand des Ortes in seiner gesamten Ausdehnung und holt dann die gesamte Einwohnerschaft, einschl. Frauen und Kinder, zur Überprüfung zusammen. Vielfach wird dann Geschick und Erfahrung des kommandierenden Offiziers und der zugeteilten SD und GFP-Gruppen mit ihren Dolmetschern über die Zusammensetzung der männlichen Einwohner und ihre Betätigung sowie über ihr Schicksal zur Säuberung und Befriedung des Gebietes entscheiden[8].«

Am 16. September 1941 teilte Schenckendorff mit, daß auf seinen Antrag zahlreichen Angehörigen der SS-Kavallerie-Brigade Auszeichnungen verliehen worden seien. Der Kommandeur des SS-Kavallerie-Regiments 2, Franz Magill, und einige seiner Führer wurden mit dem EK II ausgezeichnet[9].

II.

In den sechziger Jahren wurde ein Ermittlungsverfahren gegen Franz Magill und das 2. SS-Kavallerie-Regiment angestrengt. Die ehemaligen Angehörigen der Einheit wurden vernommen, und aus ihren Aussagen ergab sich, daß die »Säuberungsaktionen« in den Pripjat'sümpfen nichts anderes als Massenerschießungen von Juden gewesen waren.

Die erste und die vierte Schwadron waren in Pinsk im Einsatz. Hier war der Bevölkerung durch Plakatanschläge bekanntgegeben worden, daß sich alle jüdischen Männer zwischen sechzehn und sechzig Jahren zum Arbeitseinsatz beim Bahnhof einzufinden hätten. Von dieser Sammelstelle aus wurden die noch nichts ahnenden Opfer von den SS-Reitern zu einem außerhalb der Stadt vorbereiteten Erschießungsplatz gebracht. Sie mußten Wertsachen abgeben und die Oberbekleidung ablegen[10] (»Ich habe heute noch deutlich den Schuhberg vor Augen«)[11], sich mit dem Gesicht auf den Boden legen, bis sie an der

Reihe waren, an die Erschießungsgrube zu treten. Kinder unter vierzehn Jahren wurden gesondert erschossen[12].

Der Hergang der Ereignisse entspricht in allen Details den bei den Einsatzgruppen der Sicherheitspolizei und des SD oder anderen Mordkommandos üblichen Massenmordaktionen.

Bei der späteren zweiten Aktion in Pinsk durchsuchten die SS-Einheiten unter Führung einheimischer Miliz jüdische Wohnungen; die gefaßten Juden wurden in gleicher Weise außerhalb der Stadt erschossen[13].

Bei den Aktionen der 2., 3. und 4. Schwadron in den kleineren Orten im Pripjat'gebiet ging es ähnlich zu. In den Ortschaften wurden zunächst Bürgermeister eingesetzt, dann wurden die Dörfer nach Juden durchkämmt, oder diese wurden den SS-Einheiten von der einheimischen Bevölkerung übergeben. Die Opfer wurden in den Sümpfen erschossen. Handwerker, wie Sattler, die noch zu Arbeiten für die SS-Kavallerie benötigt wurden, wurden zunächst ausgenommen[14].

Es ist schwierig, einen Überblick über die Tatorte und das räumliche Ausmaß dieser Erschießungen zu gewinnen, weil die Täter zumeist nur ungefähr den Tathergang wiedergaben, nicht aber Ortsnamen nannten. Die ermittelnde Sonderkommission ist von folgenden Tatorten ausgegangen: Pohost Zagordski, Hancewicze, Janow, Motel, Brzesc, Telechany, Lachiszyn, Lachowicze, Bogdanowski, Lunin, Luninec, Lachwa, Koziangrodek, Stolin und Mosyr'[15]. Auf Grund der Erfahrungen aus vergleichbaren Ermittlungen kann man davon ausgehen, daß die berichteten Taten nur die Spitze des Eisbergs darstellen.

Für alle Beteiligten war klar erkennbar, daß es sich nicht um die Bekämpfung eines wie auch immer gearteten Feindes handelte. Der »Gegner« war nicht bewaffnet, Frauen und Kinder waren unter ihnen, die Bevölkerung stand den deutschen Truppen nicht feindselig gegenüber. Die Juden leisteten zumeist nicht einmal Widerstand, sondern sie wurden »einfach aus ihren Wohnungen geholt und erschossen«[16]. Sie versuchten allenfalls zu entkommen; so berichtet einer der wenigen Überlebenden der Aktion in Pinsk, wie mehrere Personen auf dem Marsch zu den Erschießungsgruben zu fliehen versuchten. Einige versuchten sich in den Kartoffelfeldern zu verstecken; der Zeuge selbst rannte weg, wurde von einem SS-Reiter zu Pferde verfolgt, der dann absaß, auf ihn schoß, traf und ihn dann blutend für tot liegen ließ[17]. Im allgemeinen gingen die Opfer aber gefaßt ihrem Tod entgegen; die Täter berichten, wie diese während der Wartezeit an den Massengräbern beteten und dann »einen Gesang anstimmten«[18].

Auch Frauen und Kinder wurden in die Aktionen einbezogen. Himmler hatte in einem Kommandobefehl vom 28. Juli 1941 Anweisungen zu hartem Durchgreifen gegeben, besonders einer — wie in Sumpfgebieten zu erwarten — »rassisch und menschlich minderwertigen« Bevölkerung gegenüber[19]. Dieser Befehl wurde in einem Funkspruch dahingehend präzisiert, daß alle Juden zu erschießen, »Judenweiber« in die Sümpfe zu treiben seien[20]. Jüdische Frauen und Kinder wurden gesammelt und unter Mithilfe der einheimischen Miliz in langen Zügen aus den Ortschaften getrieben. Das Wasser in den Sümpfen erwies sich aber als nicht tief genug. Die ins Wasser getriebenen Frauen hielten ihre Kinder hoch, um sie vor dem Ertrinken zu bewahren[21]. Magill mußte dem Reichsführer einen Fehlschlag melden[22].

III.

Die nichtjüdische einheimische Bevölkerung stand den deutschen Besatzern im Sommer 1941 nicht feindselig gegenüber. Vielfach wurden diese sogar freundlich, mit Salz und Brot begrüßt; in einem Fall war zu ihrer Begrüßung eine Musikkapelle aufmarschiert[23]. Übereinstimmend wird bezeugt, daß von Partisanen noch nichts zu bemerken war; in echte Kampfhandlungen wurde das SS-Kavallerie-Regiment erst *nach* den oben geschilderten Aktionen verwickelt. Die Aktionen gegen die Juden wurden nicht nur von der Miliz, sondern auch seitens der Bevölkerung unterstützt. Zunächst nämlich mußten die Juden, die zu diesem Zeitpunkt noch nicht gekennzeichnet waren, von Einheimischen bezeichnet werden, dann wurde von diesen das Ausheben der Gruben und Zuschütten der Massengräber ausgeführt. Bei den Erschießungsaktionen fanden sich größere Zuschauermengen ein, denen hinterher die Kleidung der Juden überlassen wurde[24]. An den Wertgegenständen, wie Uhren oder Ringe, bereicherten sich auch die SS-Angehörigen[25]. Denunzierung von Juden war häufig[26].

Vom Großteil der ehemaligen Angehörigen des SS-Kavallerie-Regiments wird auch offen bekannt, daß sie sich über das Unrechtmäßige ihres Tuns durchaus im klaren, und nicht im Glauben waren, sich in Kampfhandlungen zu befinden. Aussagen wie: »das konnte doch nicht Aufgabe unserer Soldaten sein« finden sich häufig. Zudem war ihnen in einigen Fällen auch am Abend zuvor erklärt worden, daß eine Judenaktion bevorstehe[27]. Gelegentlich wird pauschal behauptet, ›immer nur im Partisaneneinsatz gewesen zu sein‹ (aber *nicht*, die Juden alle für Partisanen gehalten zu haben. Diese Behauptungen sind interessanterweise oft mit Äußerungen verbunden, die auf eine immer noch bestehende positive Einstellung zur SS hindeuten)[28].

Von den Einheitsführern wurden die Befehle Himmlers zunächst mit Unglauben und Ablehnung aufgenommen[29]; von den Mannschaften, die zum guten Teil über die ländliche Reiter-SS in das Kavallerie-Regiment gekommen waren und nicht unbedingt den Typ des »Alten Kämpfers« darstellten, wird Erschütterung, Abscheu und Ekel während der Aktionen bezeugt[30]: »ich befand mich auch in einer regelrechten Verzweiflung. Ich habe gelernt, das 5. und 7. Gebot zu achten und mußte plötzlich morden[31].« Besonders die Beschreibung der Wohnungsdurchsuchungen, bei denen man sich den Opfern in ihrer normalen menschlichen Umgebung Auge in Auge gegenübersah, lassen Unbehagen spüren: »Ich bin in Privatwohnungen gewesen, ich sah einen alten Mann, der in der Bibel las. Ich habe ihn nicht mitgenommen, wahrscheinlich aus Mitleid. Ich war allein[32].« Bei den Erschießungen wurde es einigen schlecht, wenn ihnen Gehirnteile ins Gesicht spritzten[33]. Die Truppenköche berichten, daß nach den Aktionen viele nichts essen wollten[34]. Natürlich ist bei diesen Aussagen zu bedenken, daß es sich um spätere Entschuldigungsversuche handeln kann, sie gehen aber häufig mit ehrlichen Bekenntnissen über die damaligen Ereignisse und die eigene Beteiligung einher; als Beispiel: »Bei meiner letzten staatsanwaltlichen Vernehmung war ich so durcheinander, daß ich nicht den Mut aufgebracht habe, die Wahrheit zu sagen. Wie ich bereits bei der Kriminalpolizei inzwischen ausgesagt habe, habe ich aber keine Ruhe gefunden und habe deshalb um diese erneute Vernehmung gebeten.« Derselbe Zeuge fährt dann fort, nachdem er seine eigene Rolle nicht beschönigt hatte: »Diese Vorgänge waren für mich einfach grauenvoll. Ich war wie benommen und völlig durcheinander. [...] Von mir weiß ich, daß ich so fertig war, daß ich drei Tage nichts gegessen habe[35].«

Natürlich gibt es auch Fälle, in denen die SS-Angehörigen die Judenaktionen »ganz in Ordnung fanden« und Rohheit und Sadismus an den Tag legten. Auf den Marschwegen wurden Juden getreten und geschlagen[36]. Ein SS-Führer drängte bei einer Erschießung aus eigenem Antrieb auf Beteiligung. Von demselben wird auch berichtet, daß er während des Vormarsches eigenmächtige Erschießungen ihm irgendwie verdächtig erscheinender Personen vornahm und dabei als Herr über Leben und Tod im Gefühl des Machtrausches schwelgte. Das Bewußtsein, mit den Juden, und bis zu einem bestimmten Grad auch mit der russischen Bevölkerung, nach Belieben verfahren zu können, führte zu einer ganzen Reihe eigenmächtiger Aktionen, bei denen Leute einfach aufgegriffen, mißhandelt und getötet wurden[37].

Aber, auch wenn man die Ablehnungsbekundungen von vielen der Vernommenen ernst nehmen will, bleibt als Fazit, daß sie alle willig mitgemacht haben. Die Führer gaben die Befehle weiter, organisierten und leiteten die Aktionen, die Mannschaften führten sie durch — selbst wenn ihnen, wie in einem Fall bezeugt, die Beteiligung freigestellt wurde[38]. Es ist kein Fall von Verweigerung bekannt. Diese Diskrepanz zwischen innerer Ablehnung und äußerer Konformität kann man in vielen Ermittlungsverfahren feststellen.

Sicherlich hat dazu beigetragen, daß von seiten der höheren Führung die Aktionen unterstützt und auf Durchführung der Befehle gedrängt wurde. Der Höhere SS- und Polizeiführer v. dem Bach-Zelewski erschien während der Erschießungen bei Pinsk in seinem Fieseler Storch und äußerte sich lobend[39]. Auch Himmler hatte das Regiment in Lyck vor seinem Abmarsch, wenn auch in allgemein gehaltenen Worten, auf eine schwere Aufgabe vorbereitet[40]. Außerdem wurden Erklärungen über die Notwendigkeit der Aktionen gegeben, so, daß die Juden sich als Heckenschützen betätigt hätten oder SS-Kameraden verstümmelt aufgefunden worden seien. Das konnte aber durchaus als Propaganda durchschaut werden. So sagte ein Zeuge, daß er angenommen habe, die wirklichen Schuldigen seien die »Polen« gewesen[41].

Als Begründung für die eigene Beteiligung wird immer angeführt, daß man sonst selbst einen Genickschuß oder sonstige schwere Strafen zu erwarten gehabt habe. Zur Untermauerung werden Beispiele für die Härte und Strenge der Vorgesetzten angegeben; es bleibt aber festzuhalten, daß in diesem wie in den meisten anderen Fällen niemand auch nur den Versuch gemacht hat, sich der Beteiligung an den Erschießungen zu entziehen. Auf Grund der Ermittlungen der Zentralen Stelle der Landesjustizverwaltungen ist im übrigen kein einziger Fall bezeugt, in dem Schäden für Leib und Leben Folge der Verweigerung eines Erschießungsbefehls waren. Festzustellen bleibt eine Mischung von Autoritäts- und Befehlsgläubigkeit, der Angst, »weich« zu erscheinen und dem Gefühl einer aussichtslosen Verstrickung, der man sich schon aus Rücksicht auf und unter Druck der Kameraden nicht entziehen zu können glaubte[42]. So hat ein Zeuge bei der Durchsuchung einer jüdischen Wohnung den dort angetroffenen Kindern — seinen normalen Impulsen folgend — zunächst Schokolade geben wollen, bis ihn sein Kamerad mit den Worten »mach jetzt keinen Mist« in die jetzt verbindliche Realität zurückrief[43].

Die im Prozeß vor dem Schwurgericht in Braunschweig angeklagten Führer (Mannschaften waren nicht angeklagt) versuchten nicht einmal, sich mit Befehlsnotstand zu verteidigen. Trotzdem wurde ihnen die innere Ablehnung der Erschießungsbefehle sehr stark in Rechnung gestellt. Franz Magill wurde wegen Beihilfe (weil er die Tat nicht als eigene gewollt habe) zum Mord in mindestens 5284 Fällen zu fünf Jahren Zuchthaus verurteilt, seine Mitangeklagten zu noch geringeren Strafen[44].

Nun sind Unterschied in der Berichterstattung der SS-Kavallerie-Brigade an die Wehrmacht oder an die SS-Führung deutlich erkennbar. Die Meldungen an den Befehlshaber des Rückwärtigen Heeresgebietes lassen die glatte Oberfläche einer Säuberungsaktion auf Grund militärischer Notwendigkeiten intakt, während die gleichfalls erhalten gebliebenen Berichte an den Reichsführer-SS ebenso wie dessen Befehle trotz auch hierin verwendeter Tarnausdrücke (»jüdische Plünderer«) an Deutlichkeit nichts zu wünschen übrig lassen. Es wäre aber verfehlt, daraus ablesen zu wollen, daß die SS die ihnen zugewiesenen Säuberungsaufgaben als Deckmantel benutzt habe, unter dem sie ohne Wissen der Wehrmacht die Vernichtung der Juden forciert hätte.

IV.

Der Krieg gegen die Sowjetunion war ein »Krieg der Weltanschauungen«. Dabei wurden das bolschewistische System und das Judentum gleichgesetzt und die »jüdisch-bolschewistische Intelligenz« zu beseitigen versucht. Diese Vorstellungen bilden den Hintergrund für die von Hitler für das Unternehmen »Barbarossa« gegebenen Sonderbefehle, wie »Kommissarbefehl« und den sogenannten Gerichtsbarkeitserlaß. Es kam eben nicht nur darauf an, den militärischen Erfolg zu sichern, sondern einen vorgestellten ideologischen Gegner zu vernichten[45]. Diese Gleichsetzung — die keine Schöpfung Hitlers darstellt, sondern ihre Wurzeln in der Vorstellungswelt seiner Zeit (so u.a. in der Mentalität der Freikorpskämpfer) hat — fand breite Zustimmung, nicht nur in NSDAP und SS, sondern auch in der Wehrmacht und in weiten Kreisen der Bevölkerung. Von seiten der Wehrmacht wurde die Vorstellung, den Krieg gegen die Sowjetunion unter grundsätzlich anderen Bedingungen zu führen, die dementsprechend auch gänzlich andere Maßnahmen als der »Normalkrieg« erforderten und rechtfertigten, in weiten Teilen akzeptiert und geteilt; diese Vorstellungen durchziehen schon die Planungen des Rußlandfeldzuges und zeigen sich gleichermaßen in seiner Durchführung, so zum Beispiel in der Behandlung sowjetischer Kriegsgefangener, die nicht im Einklang mit dem im Völkerrecht gebräuchlichen Gepflogenheiten stand[46].

Dieselbe Gleichsetzung von militärischem Zweck- und ideologischem Vernichtungsdenken findet sich auch im Fall des Befehlshabers des Rückwärtigen Heeresgebiets Mitte und SS-Kavallerie-Brigade. So versah Schenckendorff eine Meldung des Führers Brigade, Fegelein, über Erfahrungen im Partisanenkampf mit zustimmenden Marginalien; in ihr wurde ausgeführt: »Verbindungen der Partisanenabteilungen untereinander werden vor allem durch Juden aufrecht erhalten. Dörfer und Gehöfte, die judenfrei sind, waren bisher in keinem Fall Stützpunkt der Partisanen, wurden aber häufig durch Banden überfallen und geplündert.« (Dieselbe Begründung wurde übrigens auch für die Einbeziehung von Zigeunern in die Erschießungsaktionen gegeben, nämlich daß diese als Zwischenträger und Informanten tätig seien[47].)

Aus den der Wehrmacht zugänglichen Berichten war zudem klar erkennbar, daß die Menge der erschossenen Juden in keinem Verhältnis zu etwaiger Partisanentätigkeit stand. So findet sich in der Ereignismeldung Nr. 58 über die »Hetze und Wühlarbeit« der Juden die Meldung, daß in Pinsk die Juden auf die Stadtmiliz geschossen hätten und in der Nähe von Pinsk ein Milizangehöriger aus dem Hinterhalt erschossen worden sei. Dafür wurden 4500 Juden liquidiert[48]. Daß hier Anlaß und Vergeltung in keinem Verhältnis zueinander standen, bedarf keines Kommentars; außerdem waren, wie oben angeführt, selbst die Mannschaften des SS-Kavallerie-Regiments fähig, sich darüber Gedanken zu machen, ob Heckenschützen denn wirklich immer Juden sein müßten. In vielen anderen Meldungen, die auch der Wehrmacht zugingen, fällt auf, daß die Zahl erschossener Plünderer oder Partisanen*verdächtiger* ungleich höher ist, als die der tatsächlich im Kampf erschossenen Partisanen. Zudem kontrastiert sie mit der Höhe der deutschen Verluste und der Anzahl der erbeuteten Waffen[49]. Das alles zeigt den ideologischen Hintergrund dieser Aktionen, die nichts mit den Notwendigkeiten der Gegnerbekämpfung zu tun hatten.

Die Beziehungen zwischen Wehrmacht und SS im Bereich Rußland-Mitte waren im übrigen durchaus gut; so vermerkt der Höhere SS- und Polizeiführer Bach-Zelewski in seinem Kriegstagebuch verschiedentlich Zustimmung, Lob und Auszeichnung von Seiten Schenckendorffs[50]. Kurze Zeit nach Beendigung der Pripjetaktion lud Schenckendorff Bach-Zelewski und den Führer der Einsatzgruppe B, Nebe, als Redner zu einem Lehrgang über die Partisanenbekämpfung ein, auf dem die

Teilnehmer die Grundformel: »Wo der Partisan ist, ist auch der Jude, und wo der Jude ist, ist auch der Partisan« vermittelt bekamen[51].

Stalin hatte, in einer raschen Reaktion auf den deutschen Angriff, die Bevölkerung der Sowjetunion am 3. Juli zum Partisanenkampf gegen die deutschen Besatzer aufgerufen. In der Literatur werden daher zum Teil die »Bandenkampfaktivitäten« der Deutschen (der »verherrlichende« Begriff »Partisan« war von Himmler verboten worden)[52] als reine Reaktion auf die sowjetischen Partisanen beschrieben, die sich durch Druck und Gegendruck zu immer brutaleren Formen gesteigert habe[53].

Das ist so nicht richtig. Sicherlich sind viele Maßnahmen als reine Reaktion der Wehrmacht auf ein so nicht gewohntes und zudem völkerrechtswidriges Phänomen zu verstehen. Sicherlich mögen manchem einfachen Wehrmachtsangehörigen die Partisanen in seinem subjektiven Erleben als ein unerwarteter Angriff aus dem Hinterhalt erschienen sein, dem man sich nur schwer erwehren konnte. Es wäre aber verfehlt, die Brutalität der Kriegführung im Osten als ein der deutschen Seite aufgezwungenes Moment zu sehen. Dem steht schon Hitlers Reaktion auf den sowjetischen Aufruf zum Partisanenkrieg entgegen, durch den dieser jetzt die Möglichkeit sah, »auszurotten, was sich gegen uns stellt«[54].

Die Anwendung »brutalster Mittel« war in Hitlers Konzeption für das Unternehmen »Barbarossa« also von Anfang an enthalten. Brutalität war nicht nur als Verbalaggression in Hitlers Sprache präsent, sondern stellt die Realisierung eines der höchsten dem Nationalsozialismus inhärenten Werte dar. Auch in der Entwicklung der Auseinandersetzungen um die Zuständigkeit für die »Bandenbekämpfung«, in denen sich die Gewichte zunehmend zugunsten der SS und zu Lasten der Wehrmacht verschoben, zeigt sich, daß die Anwendung brutalster Mittel nicht eine aus Hilflosigkeit entstandene Reaktion, sondern ein erfolgsqualifizierendes Kriterium war. Nicht nur Stalins Aufruf, sondern auch das deutsche Vorgehen in der Sowjetunion hatte bald zur Folge, daß sich, anders als in den ersten Wochen im Sommer 1941, in immer stärkerem Maße wirkliche Partisanen formierten, die für die deutsche Besatzung in der Sowjetunion zunehmend zum Problem wurden. Himmler legte die Erfolgsmeldungen seiner SS- und Polizeieinheiten im Partisanenkampf Hitler persönlich vor, in denen er demonstrierte, wie nur durch härtestes Durchgreifen ein Erfolg gewährleistet werden könne. Das wurde damit honoriert, daß ab dem 18. August 1942 alle Anti-Partisanenaktionen außerhalb der Operations- und Rückwärtigen Heeresgebiete durch den Reichsführer-SS befehligt wurden.

Der in diesen Dingen schon zuvor besonders aktive Höhere SS- und Polizeiführer (HSSPF) Rußland-Mitte, Bach-Zelewski, wurde daraufhin zum »Bevollmächtigten des Reichsführers-SS für die Bandenbekämpfung« ernannt und mit der zentralen Planung und Lenkung aller Aktionen betraut; 1943 wurde die Stellung zum »Chef der Bandenkampfverbände« aufgewertet[55].

Bei diesen Auseinandersetzungen zeigte sich, daß »Härte und Brutalität« nicht nur als Mittel zum Zweck gewertet, sondern als die an sich im rassischen Endkampf richtigen Mittel gesehen wurden. Vorschläge, durch einen anderen Kurs, durch mehr Entgegenkommen und vor allem mehr Gerechtigkeit in der Lagebeurteilung (also nicht durch Präventivschläge gegen Unschuldige) der Partisanenfrage beizukommen, wie sie gerade von seiten der vor Ort mit dem Problem konfrontierten Wehrmachtstellen vorgebracht wurden, konnten bei der nationalsozialistischen Führung erst durchdringen, als die zunächst eingeschlagene Methode erkennbar gescheitert war — und wurden auch dann noch äußerst zögernd akzeptiert.

V.

Der Partisanenkampf darf nicht isoliert als Problem der Bekämpfung eines speziellen Gegners gesehen werden, sondern steht im Kontext des Vernichtungs- und Ausbeutungskrieges, den der Feldzug gegen die Sowjetunion darstellte. Die Bevölkerung des von den Deutschen besetzten Ostens sollte rassisch gesiebt, soweit sie als minderwertig angesehen wurde, ausgerottet, ansonsten zu billigen und unwissenden Arbeitskräften niedergedrückt und versklavt werden. Großangelegte Umsiedlungsaktionen sollten Platz für die deutschen Siedler schaffen. In diesem Rahmen sind die »gegen Partisanen« getroffenen Maßnahmen nichts Ungewöhnliches: weder die Vernichtung der jüdischen Bevölkerung, noch die wahllose Tötung von Verdächtigen, die Zerstörung von Dörfern oder die Verschleppung der Einwohner. Für die nationalsozialistische Führung, die gewohnt war, in den Kategorien von Versklavung und millionenfachem Hungertod zu denken, war die Räumung ganzer »bandenverseuchter« Gebiete von jeder Bevölkerung umproblematisch[56]. Als die Beschaffung von Zwangsarbeitern immer mehr zum Problem für die deutsche Wirtschaft wurde, wurden Partisanenunternehmungen auch in den Dienst der Arbeitsbeschaffung gestellt[57]. »Bandenverdächtige Kinder«, deren Eltern bei den Partisanenunternehmen getötet, oder in Arbeitslager verschleppt worden waren, sollten, soweit »rassisch wertlos«, in Zwangsarbeitslager gebracht und dort zu einem reinen Sklavendasein erzogen werden: »Ihre Erziehung hat im Unterricht zu Gehorsam, Fleiß, bedingungsloser Unterordnung und zur Ehrlichkeit gegenüber den deutschen Herren zu erfolgen.« Oder sie wurden einfach umgebracht, da »bei älteren Kindern der Rache- und Haßgedanke nicht mehr auszulöschen sein wird«[58].

Auch die späteren, in Weißruthenien im Jahre 1943 vom dort zuständigen HSSPF, v. Gottberg, in großer Zahl durchgeführten Großunternehmen zur Bandenbekämpfung zeigen alle Elemente dieser deutschen Politik — wie Rassenvernichtung, pauschale Repression mit brutalsten Methoden und Vernichtung der landwirtschaftlichen Subsistenzmittel —, obwohl zu diesem Zeitpunkt für jeden Einsichtigen längst klar war, daß den politischen und militärischen Erfordernissen einer wirklichen Beseitigung der Partisanen damit nicht gedient war.

Für Gottberg stellte die Partisanenbekämpfung eine vordringliche Aufgabe dar, in deren Rahmen er durch die Vernichtung der sogenannten »Randghettos« zugleich die »Endlösung der Judenfrage« in seinem Bereich durchführte[59]. Beim Unternehmen »Hornung« (10.—20. Februar 1943) wurde als Auftakt am 8. Februar das Ghetto von Sluck endgültig liquidiert. Zu dieser als »Umsiedlung« deklarierten Aktion wurden auch Kräfte des Kommandeurs der Sicherheitspolizei Minsk herangezogen. Der Einsatzbefehl dieser Dienststelle zeigt, worum es sich bei der Umsiedlung handelte: »Umsiedlungsgelände: Auf dem Umsiedlungsgelände befinden sich acht Gruben. An jeder Grube arbeitet je eine Gruppe von 10 Führern und Männern, die sich alle 2 Stunden ablösen.« Nachdem die Erschießung in den Gruben vorbei war und man annahm, daß sich noch Juden im Ghetto versteckt hielten, ließ Gottberg die Holzhäuser anzünden und, mit dem Feuerschein als Beleuchtung, die in brennenden Kleidern aus ihren Verstecken flüchtenden Juden erschießen. »Im Scheine des Feuers wurden sie als gut sichtbare Zielscheibe an Ort und Stelle erschossen[60].« Auch der weitere Verlauf von »Hornung« war von solcher Brutalität gekennzeichnet, daß selbst der Chef der Bandenkampfverbände Zweifel anmeldete, ob hier wirklich noch militärisch gekämpft oder nur die Bevölkerung vernichtet worden sei. Es wurden 2 219 Feindtote, 7 378 Sonderbehandelte, 3 300 erschossene Juden, 65 Gefangene verzeichnet; an eigenen Verlusten wurden 3 deutsche und 33 fremdvölkische Gefallene gemeldet. Dem Kommandeur des Sicherungsgebiets Weißruthenien wurden diese Zahlen mitgeteilt[61].

Vergleichbare Meldungen finden sich auch für die anderen Aktionen. Im Verlauf des Unternehmens »Hermann« (30. Juni bis 5. August 1943) wurden die Ghettos in Glubokoe und Lida liquidiert. Im weiteren Verlauf von »Hermann« wurden drei Dörfer niedergebrannt, die Bevölkerung erschossen, alles was vernichtet werden konnte, zerstört. Wehrmachteinheiten waren beteiligt[62]. Mit dem Unternehmen »Cottbus« (28. April bis 21. Juni 1943), dem größten seiner Art in Weißruthenien, sollte eine »Bandenrepublik« in der Gegend des Paliksees vernichtet werden[63]. Zusätzlich zu den SS und Polizeieinheiten wurden vom Kommandeur des Sicherungsbereichs Weißruthenien — in, wie Bach-Zelewski vermerkt, »fast über seine Interessen hinaus« reichendem Entgegenkommen — Kräfte der Sicherungsdivisionen unterstellt[64]. Das Unternehmen war von Bach-Zelewski auch mit Schenckendorff besprochen worden[65]. Insgesamt waren etwa 16 660 Mann beteiligt. Als Ergebnis wurde gemeldet: 4 500 Feindtote, 5 000 bandenverdächtige Tote, 59 deutsche Verluste; 2 062 männliche und 450 weibliche Arbeitskräfte erfaßt[66].

Auf die 4 500 Feindtoten entfielen 492 erbeutete Gewehre. Es erscheint sogar fraglich, ob überhaupt alle Opfer der Aktion in diesen Zahlen erfaßt wurden, denn Bach-Zelewski notierte in seinem Kriegstagebuch, daß allein beim Räumen von Minenfeldern schätzungsweise 2 000 bis 3 000 Landeseinwohner in die Luft geflogen seien[67]. Russische Zeugenaussagen nach dem Krieg zeigen, wie man sich diese »Bandenunternehmung« vorzustellen hatte: die deutschen Kräfte marschierten zum Beispiel im Dorf Ljutec am 13. Juni 1943 als Strafexpedition ein; die Bevölkerung, die nach der Eroberung des Gebiets voller Vertrauen zu den Deutschen in ihre Dörfer zurückgekehrt war, wurde zusammengetrieben und 53 Männer, 55 Frauen und 108 Kinder erschossen; 58 Häuser und die Leichen wurden verbrannt[68]. An anderen Orten wurde die Bevölkerung in Scheunen getrieben und diese dann angezündet. Selbst Reichskommissar Lohse meldete an den Reichsminister für die besetzten Ostgebiete, Rosenberg, daß dieses Verfahren unangebracht sei, schon weil die Erschossenen besser als Arbeitskräfte im Reich hätten verwendet werden können. »Männer, Frauen und Kinder in Scheunen zu sperren und diese anzuzünden, erscheint selbst dann keine geeignete Methode der Bandenbekämpfung zu sein, wenn man die Bevölkerung ausrotten will[69].« Ein vom Generalkommissar in Minsk der Kampfgruppe beigegebener Propagandafachmann meldete, daß er keine Möglichkeit für seine Tätigkeit sehe, »da man nichts der Bevölkerung zu sagen vermag, was zu unseren Gunsten spricht«[70].

Diese Art des »Bandenkrieges« diente nicht zur Bekämpfung von Gegnern, sondern war das sicherste Mittel, die Reihen der Partisanen zu verstärken.

Anmerkungen

[1] Dazu: Jürgen Förster, Die Sicherung des »Lebensraumes«, in: Horst Boog u. a., Der Angriff auf die Sowjetunion, Stuttgart 1983 (= Das Deutsche Reich und der Zweite Weltkrieg, Bd 4), S. 1030—1078, ferner Hans Umbreits Beitrag im vorliegenden Band.

[2] 19. 5. 1941, Richtlinien des OKW, zit. nach Förster, ebd., S. 1034.

[3] Jürgen Förster, Das Unternehmen »Barbarossa« als Eroberungs- und Vernichtungskrieg, in: Der Angriff auf die Sowjetunion (wie Anm. 1), S. 413—447.

[4] 21. 7. 1941, Bef.Rück.HGebMitte, Korpsbefehl, Zentrale Stelle, Ludwigsburg (im weiteren: ZSt), Verschiedenes 18, S. 12; auch: Helmut Krausnick, Hans-Heinrich Wilhelm, Die Truppe des Weltanschauungskrieges. Die Einsatzgruppen der Sicherheitspolizei und des SD 1938—1942, Stuttgart 1981, S. 222 f.

[5] 28. 7. 1941, Bef.Rück.HGebMitte, Korpsbefehl, ZSt Verschiedenes 18, S. 13 ff.

[6] 10. 8. 1941, Bef.Rück.HGebMitte an OKH/Gen Qu, ebd., S. 89 ff.

[7] 5. 9. 1941, Bef.Rück.HGebMitte, Anweisung für SSKavBrigade, ebd., S. 49.

[8] 14. 9. 1941, Bef.Rück.HGebMitte, Korpsbefehl, ebd., S. 53 f.

[9] 16. 9. 1941, Bef.Rück.HGebMitte, Korpstagebefehl, ebd., S. 55.

[10] Vgl. die Aussagen der Beteiligten, zit. im ›Zwischenbericht‹, ZSt 204 AR-Z 296/60, S. 23, 81, 103, 123 ff., 357, 383, 446, 525, 528, 786, 808, 833, 843, 891.

[11] Ebd., S. 823.

[12] Ebd., S. 357 und 1140.

[13] Siehe Anm. 10.

[14] 27. 7. 1941, SSKavRgt 1, Regimentsbefehl, ZSt Verschiedenes 17, S. 2 ff.; vgl. auch die zahlreichen Aussagen des Zwischenberichtes (wie Anm. 10), S. 248, 297, 313, 336, 365, 371, 378, 388, 418, 434, 440, 459, 514, 549, 657, 895, 1015, 1028, 1060, 1210, 1235, 1338.

[15] Siehe Zwischenbericht (wie Anm. 10).

[16] Ebd., S. 383.

[17] Ebd., S. 308.

[18] Vermutlich handelt es sich bei dem erwähnten Gesang um das »Schema Israel«. Siehe ebd., S. 1015 und 1028.

[19] 27. 7. 1941, SSKavRgt 1, Regimentsbefehl: Verbrecherdörfer »müssen ohne Rücksicht ausgerottet werden. Juden sind zum großen Teil als Plünderer zu behandeln.« ZSt Verschiedenes 17, S. 2.

[20] Mehrere Regimentsangehörige, vor allem die Funker, bezeugen, das Fernschreiben gesehen zu haben; FS vom 1. 8. 1941, ZSt CSSR 147.

[21] Zwischenbericht (wie Anm. 10), S. 85, 378, 418, 1028, 1187, 1207, 1254. Dieser Vorgang wird von den Zeugen mit deutlicher Zurückhaltung behandelt.

[22] 12. 8. 1941, SSKavRgt 2, ZSt Verschiedenes 17, S. 9: »Weiber und Kinder in die Sümpfe zu treiben, hatte nicht den Erfolg, den es haben sollte, denn

die Sümpfe waren nicht so tief, daß ein Einsinken erfolgen konnte. Nach einer Tiefe von 1 m kam man in den meisten Fällen auf festen Boden (wahrscheinlich Sand), so daß ein Versinken nicht möglich war.«

23 Zwischenbericht (wie Anm. 10), S. 85, 739, 1119; 12.8.1941, SSKAvRgt 2, ZSt Verschiedenes 17, S. 9ff.

24 Zwischenbericht (wie Anm. 10), S. 843, 891, 1119 und 1262.

25 Ebd., S. 843 und 1033.

26 So berichtet ein Zeuge, daß ein jüdischer Schuster nicht allein ins Ghetto zurück wollte, aus Angst, von den Ukrainern totgeschlagen zu werden; ebd., S. 739 und 1223.

27 Ebd., S. 357, 413, 823 und 833.

28 So leugnete einer der später Angeklagten zunächst strikt; schließlich doch zu Auskünften genötigt, verteidigte er sich damit, er habe die »Diffamierung« der Waffen-SS verhindern wollen. Vgl. ebd., S. 644, 687, 720, 745, 779, 791, 817, 847, 1140.

29 Vgl. die Aussagen ebd., S. 647, 814, 990, 1207 und 1265.

30 Ebd., S. 297, 446, 1015, 1126, 1262.

31 Ebd., S. 1210.

32 Ebd., S. 786.

33 Ebd., S. 378, 436, 459, 1109.

34 Ebd., S. 525 und 786.

35 Ebd., S. 1137.

36 Ebd., S. 371, 1235, 1915.

37 Auf dem Marsch wurden acht aufgegriffene Personen, darunter auch Frauen, von dem Angeklagten Z.-N. auf Grund sehr willkürlicher Verdachtsmomente erschossen. Einen jungen Mann, der wenigstens rasch von den Qualen der Todesangst erlöst sein wollte, stieß Z.-N. mit den Worten: »warte bis du an der Reihe bist«, zurück und erschoß ihn als letzten; vgl. ebd., S. 808, 1200 und 1338.

38 Ebd., S. 80.

39 Nach den Aktionen wurde Alkohol ausgegeben, ebd., S. 413, 528, 645, 895, 1210.

40 Ebd., S. 313.

41 Ebd., S. 365, 647, 720, 745, 823, 1223.

42 Bisweilen wurde das Verhalten von Juden untereinander zur Rationalisierung des eigenen Verhaltens gebraucht, so wenn ein Vorarbeiter die anderen schlug; vgl. ebd., S. 297, 440, 647, 880, 1052, 1063, 1235, 1237.

43 Ebd., S. 1137.

44 Urteil 2 Ks 1/63. In einem ebenfalls verhandelten Mordfall erfolgte Freispruch, da das Schwurgericht die Verteidigung des Angeklagten, er habe sich mit einer Jüdin auf dem Weg vom Sammelplatz zur Grube dahingehend verständigt, er werde danebenschießen und sie solle sich tot stellen, trotz der gegenteiligen Aussage von Tatzeugen nicht verwerfen wollte. Derselbe Führer war von mehreren Zeugen wegen Akten individueller Grausamkeit erwähnt worden.

45 Siehe dazu die Darstellungen bei Förster, »Barbarossa« (wie Anm. 3), Krausnick (wie Anm. 4) sowie Christian Streit, Keine Kameraden. Die Wehrmacht und die sowjetischen Kriegsgefangenen 1941—45, Stuttgart 1978.

⁴⁶ Streit (wie Anm. 45), ferner Alfred Streim, Die Behandlung sowjetischer Kriegsgefangener im »Fall Barbarossa«. Eine Dokumentation, Heidelberg 1981, sowie Streims Beitrag im vorliegenden Band.

⁴⁷ 3.9.1941, SS KavBrigade, Zusammengefaßte Meldung, ZSt Verschiedenes 18, S. 42ff. Zur Erschießung von Zigeunern: ZSt, NS-Verbrechen und Partisanenkampf in der UdSSR, Materialsammlung, 3 Bde, (künftig: Materialsammlung).

⁴⁸ 20.8.1941, Ereignismeldung 58, ZSt 204 AR-Z 296/60, Bd 1.

⁴⁹ So die Abschlußmeldung zum Unternehmen »Sumpffieber«: »389 Banditen im Kampf, 1274 Verdächtige, 8350 Juden exekutioniert«. Meldung HSSPF Jeckeln, 6.11.1942, ZSt CSSR 392; vgl. Meldungen in ZSt CSSR VII. Vortrag Gottbergs in Minsk, 10.4.1943, nennt in einem Überblick über die Erfolge im Bandenkampf »9432 Bandenangehörige, 12964 Verdächtige erschossen, weitere Verluste 11000 Juden, 233 Gefangene, ZSt UdSSR 1/27, S. 766ff. Vielfach befanden sich auch Gruppen von Juden im Wald, die bei einer Ghettoliquidierung entkommen konnten und hofften, in Verstecken zu überleben. Unter ihnen befanden sich meist alte Leute und Kinder.

⁵⁰ Kriegstagebuch v. dem Bach-Zelewski, Bundesarchiv Koblenz (BA), R 20/45b.

⁵¹ 23.9.1941, Tagesordnung, ZSt Verschiedenes 118; Bach-Zelewski sprach über das »Erfassen von Kommissaren und Partisanen«; vgl. dazu Krausnick (wie Anm. 4), S. 248f.

⁵² 31.7.1942, Befehl Reichsführer-SS, ZSt Findbuch USA I/654.

⁵³ So Erich Hesse, Der Sowjetrussische Partisanenkrieg 1941—44 im Spiegel deutscher Kampfanweisungen und Befehle, Göttingen 1969, S. 51ff. Zu den Partisanen als »neue Waffengattung« siehe ZSt Materialsammlung, S. 25ff.

⁵⁴ Aufzeichnung Bormanns, 6.7.1941, zit. nach Förster, Lebensraum (wie Anm. 1), S.1037; es wird auch der Ausspruch Hitlers kolportiert, man »müsse jeden, der nur schief schaue, totschießen« (ebd.).

⁵⁵ SS-Befehl, 21.6.1943, Berlin Document Center, SS-Akte Bach-Zelewski; RFSS, 28.8.1942, ZSt UdSSR 404; 21.6.1943, BA, NS 19/2664; 22.7.1943, R 70 Sowjetunion 21.

⁵⁶ RFSS an HSSPF Ost, 30.10.1942; Brandt an HSSPF Ostland, 9.2.1943, Vermerk RFSS, 6.1.1943, Februar 1943, sämtlich: BA, NS 19 neu/1436.

⁵⁷ Zum Beispiel das Unternehmen »Fritz«, 24.9.—6.10.1943, BA, R 70 Sowjetunion 14.

⁵⁸ 6.1.1943, NO 2031; 6.1.1943, 25.1.1943, 27.3.1943, 18.4.1943, 6.5.1943, 22.6.1943, 15.5.1943, 9.6.1943, 8.6.1943, 25.6.1943, 2.7.1943, alle NO 2513. Vgl. ZSt Materialsammlung, S. 55. Siehe dazu die beschönigende Darstellung bei Hesse (wie Anm. 53), S. 236ff.

⁵⁹ Zum Beispiel: Unternehmen »Nürnberg«, 19.—28.11.1942; »Hamburg«, 10.—21.12.1942; »Altona«, 22.—25.12.1942; »Franz«, 5.—14.1.1943; »Erntefest«, 18.1.—5.2.1943. Im Einsatzbefehl zu »Hamburg« ordnete Gottberg an: »Als Feind ist anzusehen jeder Bandit, Jude, Zigeuner, Bandenverdächtige«, 7.12.1942, ZSt UdSSR VI/27, S. 214; Einstellungsverfügung StA Regensburg, ZSt 202 AR 932/65.

⁶⁰ Schwurgericht Koblenz, Urteil gegen Heuser u.a., 9 KS 1/62.

⁶¹ Bach-Zelewski, Eintragung vom 22.2.1943, BA, R 20/45b; Einstellungsverfügung StA Regensburg, ZSt 202 AR 932/65; Kdr.Sich.Gebietes Weißruthe-

nien (Oberfeldkommandantur 292), 18.2.1943, ZSt USA Film 7, S. 455; Schwurgericht Koblenz, Urteil gegen Heuser u.a., 9 Ks 2/62; 3.2.1932, Einsatzbefehl KdS Minsk, ZSt Ordner 107, S. 108; o.D., Einsatzbefehl KdS Minsk, ZSt UdSSR 107, S. 104 ff.; Affidavit Adolf Rübe, 23.10.1947, No 5498.

[62] Handschrftl. Entwurf, 14.8.1943; Abschlußbericht v. Gottberg, 20.8.1943, ZSt UdSSR 245d.

[63] Befehle SSPF Weißruthenien, 15.5.1943, 18.5.1943, 31.5.1943, 28.6.1943; Befehl KdS Minsk, 17.5.1943, ZSt, Materialsammlung.

[64] StA Regensburg, Einstellungsverfügung, ZSt 202 AR 932/65; Bach-Zelewski, Eintragung 23.6.1943, BA, R 20/45b.

[65] Bach-Zelewski, Eintragung 25.4.1943, BA, R 20/45b.

[66] KdS Minsk/Abschlußbericht 17.5.1943, 13.6.1943, Anlage dazu, ZSt UdSSR Heft 1, S. 27947.

[67] Die Verminung des Geländes »machte die besondere Schutzmaßnahme für das Leben der eingesetzten Truppe notwendig«, Bach-Zelewski, Eintragung 23.6.1943, BA, R 20/45b; 31.5.1943, Zusatzbefehl Kampfgruppe von Gottberg, ZSt Materialsammlung.

[68] 17.10.1944, Untersuchungsbericht, Protokolle von Dorfbewohnern als Anlage dazu, ZSt Materialsammlung.

[69] 3.6.1943, 5.7.1943, Generalkommissar Minsk an Reichsminister für die Besetzten Ostgebiete; 18.6.1943, Reichskommissar Ostland an Reichsminister für die Besetzten Ostgebiete; ZSt Materialsammlung.

[70] 2. Juni 1943, Bericht Lauch/Generalkommissariat Minsk, ZSt Materialsammlung.

Alfred Streim

Das Völkerrecht und
die sowjetischen Kriegsgefangenen

1. Der Schutz der Kriegsgefangenen

Die Kriegsgefangenen waren lange Zeit schutzlos dem Gegner ausgesetzt. Erst nach dem Dreißigjährigen Krieg bildeten sich allmählich humane Regelungen heraus, die im 19. Jahrhundert als gewohnheitsrechtliche Normen Anerkennung fanden. Mit dem Jahre 1864 begann ein Wandel zum Positivismus[1]. Vorläufiger Höhepunkt des damit einhergehenden Kodifikationsprozesses war schließlich das »Abkommen betreffend die Gesetze und Gebräuche des Landkrieges« vom 18. Oktober 1907[2], das in seiner Anlage, der sogenannten Haager Landkriegsordnung (HLKO), die Rechte und Pflichten der Kriegsgefangenen grundsätzlich regelte[3]. Der völkerrechtliche Vertrag galt natürlich nur zwischen den Vertragsmächten. Eine gewisse Relativierung der Verbindlichkeit des Abkommens stellte die sogenannten Allbeteiligungsklausel (clausula si omnes) dar, die alle Kriegführenden von der Einhaltung der getroffenen Regelungen befreite, falls einer von ihnen nicht Vertragspartner war (Artikel 2). Nach den Erfahrungen des Ersten Weltkrieges bemühte man sich, die Vorschriften der HLKO zu verbessern. Ausfluß dieser Bemühungen war das am 27. Juli 1929 in Genf abgeschlossene »Abkommen über die Behandlung der Kriegsgefangenen«, das jedoch die HLKO nicht außer Kraft setzte, sondern als deren Ergänzung angesehen wurde (Art. 89). In Abweichung von der HLKO fehlte im Genfer Kriegsgefangenenabkommen die Allbeteiligungsklausel. Ausdrücklich war jedoch bestimmt, daß die Vertragsparteien auch für den Fall an die Konvention gebunden sind, wenn einer der am Konflikt Beteiligten nicht zu den Vertragspartnern gehörte (Art. 82).

Von den am Zweiten Weltkrieg beteiligten Staaten hatten die meisten das »Abkommen betreffend die Gesetze und Gebräuche des Landkrieges« nebst Anhang (HLKO) und das Genfer Kriegsgefangenenabkommen ratifiziert oder waren ihm später beigetreten. Nicht zu den Vertragspartnern des Haager Abkommens gehörte zum Beispiel die Sowjetunion. Zwar hatte das zaristische Rußland seinerzeit die Konvention ratifiziert und prinzipiell wäre die UdSSR trotz interner Veränderung der Staatsstruktur gemäß Völkerrecht hieran gebunden gewesen[4]; sie hatte sich jedoch aus grundsätzlichen Erwägungen und aus politischer Notwendigkeit von allen mit dem Zarenreich abgeschlossenen Verträgen losgesagt, sofern sie sie nicht ausdrücklich anerkannt hatte. Letzteres ist hinsichtlich der HLKO nicht geschehen. Die Genfer Konvention war von Finnland und Japan nicht ratifiziert worden und die Mongolei, die UdSSR, die ukrainische sowie die weißrussische SSR waren ihr nicht beigetreten. Im Gegensatz hierzu hatten Finnland, Japan und die UdSSR das Genfer »Abkommen zur Verbesserung des Loses der Verwundeten und Kranken der Heere im Felde«, ebenfalls vom 27. Juli 1929, welches auf das schon 1864 getroffene »Abkommen zur Verbesserung des Loses der verwundeten Soldaten der Armeen im Felde« zurückzuführen ist, anerkannt. Die Allbeteiligungsklausel war auch hier fallengelassen worden; wie das Genfer Kriegsgefangenenabkommen erklärte es jedoch seine Bestimmungen für alle an dem Abkommen beteiligten Kriegführenden für verbindlich, wenn ein Kriegführender nicht Vertragspartner war (Art. 25).

Das vertraglich vereinbarte völkerrechtliche Kriegsrecht verpflichtete naturgemäß nur die Staaten, nicht die einzelnen Staatsangehörigen. Zwecks Bindung der Einzelpersonen war daher der Inhalt der völkerrechtlichen Abkommen in das innerstaatliche Recht zu übernehmen[5]. Im Deutschen Reich erfolgte die Übernahme des Haager Abkommens und der Genfer Konvention durch Veröffentlichung im Reichsgesetzblatt[6]. Eingang in die deutschen Streitkräfte fanden die Bestimmungen durch besondere Anweisungen und Vorschriften, z.B. durch die Heeres-, Marine- und Luftwaffendienstvorschriften (H.Dv., M.Dv., L.Dv.) Nr. 38 (78) des für das Kriegsgefangenenwesen zuständigen Oberkommandos der Wehrmacht/Allgemeines Wehrmachtsamt (OKW/AWA)[7].

Unmittelbar vor Beginn des Rußlandfeldzuges waren für die Behandlung der in deutschem Gewahrsam befindlichen Kriegsgefangenen von der Wehrmacht *allgemein* zu beachten: Das »Abkommen betreffend die Gesetze und Gebräuche des Landkrieges« (IV. Haager Abkommen) mit seiner Anlage, der Haager Landkriegsordnung, die Genfer Kriegsgefangenen- und Verwundetenabkommen, das Handbuch für den Generalstab (H.Dv. 92 geheim) vom 1. August 1939[8], die Heeres-, Marine- und Luftwaffendienstvorschriften 38 (78), 2[9], 4 bis 12 sowie eine größere Anzahl von Einzelerlassen. Für das bevorstehende »Unternehmen Barbarossa« war ferner der Erlaß des OKW/AWA (Abteilung Kriegsgefangene) vom 16. Juni 1941 betreffend »Kriegsgefangenenwesen im Fall Barbarossa« zu berücksichtigen[10], der wegen des Nichtbeitritts der

UdSSR zum Genfer Kriegsgefangenenabkommen im wesentlichen dessen analoge Anwendung vorsah.

2. Die Anwendung von Völkergewohnheitsrecht im »Fall Barbarossa«

Mit dem Erlaß des OKW vom 16. Juni 1941 wäre der konventionslose Krieg nicht rechtlos gewesen, zumal er eine Verbindung zu den geltenden, auf der Genfer Konvention beruhenden Dienstvorschriften und Einzelerlassen herstellte. In Verfolgung seines politischen Zieles, der Vernichtung des »jüdisch-bolschewistischen Systems«, war Hitler jedoch nicht gewillt, die zum Schutze der Gefangenen bestehenden Vorschriften auf gefangene Rotarmisten anzuwenden[11]. Bereits am 30. März 1941, bei der Bekanntgabe des bevorstehenden Rußlandfeldzuges, hatte er der Generalität unmißverständlich erklärt, daß es sich bei dem »Fall Barbarossa« um einen Vernichtungskrieg handele, in welchem vom Standpunkt des soldatischen Kameradentums abgerückt werden müsse[12]. Rechtlich berief er sich insoweit auf den Nichtbeitritt der Sowjetunion zum Genfer Kriegsgefangenenabkommen, und an die HLKO sah er sich wegen Lossagung der UdSSR von allen durch das Zarenreich abgeschlossenen Verträgen nicht gebunden[13]. Von dieser Ansicht nahm er auch nicht Abstand, als die Sowjetunion dem Deutschen Reich unter anderem[14] über Schweden mit Verbalnote vom 17. Juli 1941 mitteilte, daß sie bereit sei, sich unter der Bedingung der Gegenseitigkeit an die Bestimmungen der HLKO zu halten, und sich ähnlich noch einmal in einer an die japanische Botschaft in Moskau gerichteten Note vom 8. August 1941 äußerte[15]. In der Antwort ließ er das Auswärtige Amt lediglich »sein äußerstes Erstaunen« zum Ausdruck bringen, »daß sich die Sowjetregierung trotz des bisherigen Verhaltens ihrer Truppen gegenüber den in ihre Hand gefallenen deutschen Soldaten noch für berechtigt hält, von der Anwendung völkerrechtlicher Regeln bei der Behandlung von Kriegsgefangenen zu sprechen und dabei die Frage der Gegenseitigkeit aufzuwerfen«[16]. In seinen Akten vermerkte das Ministerium, das Angebot der UdSSR könne nicht als Beitrittserklärung im Sinne des Grundabkommens der HLKO gewertet werden und im übrigen müsse im Hinblick auf die Allbeteiligungsklausel ein Beitritt der Sowjetunion zu diesem Abkommen für den deutsch-sowjetischen Krieg schon deshalb als bedeutungslos angesehen werden, weil Verbündete des Deutschen Reiches der Konvention nicht beigetreten seien[17].

In formeller Hinsicht war diese Begründung insoweit nicht zu beanstanden. Die UdSSR hatte stets erklärt, daß die Revolution von 1917 von Grund auf alle wirtschaftlichen, sozialen sowie politischen Beziehungen früherer Regierungen zerstört habe und durch die Rechtsfolgen der auch im Völkerrecht geltenden »clausula rebus sic stantibus«[18] deshalb Bindungen an internationale Abkommen aus dem Zarenreich in der Regel als gelöst anzusehen seien; soweit ein Vertrag nicht unter die »clausula« falle und als fortbestehend angesehen werde, würden die UdSSR betreffenden Verträge ausdrücklich von Fall zu Fall bezeichnet[19], was in vielen Fällen auch tatsächlich geschehen ist. Rechtlich unbeachtlich war auch das Angebot an das Deutsche Reich, sich unter der Bedingung der Gegenseitigkeit an die HLKO zu halten, denn die Anerkennung der Konvention setzt nicht einen Vertrag zwischen Konfliktparteien voraus, sondern eine Beitrittserklärung gemäß Art. 6 des Haager Grundabkommens durch Anzeige bei der Regierung der Niederlande unter gleichzeitiger Übergabe der Beitrittsurkunde. Dahingestellt bleiben kann die Erörterung der Frage, ob die Note der UdSSR vom 17. Juli 1941 als Offerte zum Abschluß eines bilateralen Vertrages in Anlehnung an die HLKO zu werten ist, da Hitler das Angebot in jeder Hinsicht ablehnte, wie unter anderem aus dem Wortlaut der Antwort des Auswärtigen Amtes an die UdSSR zu entnehmen ist.

Im wesentlichen ähnlich äußerte sich das Amt Ausland/Abwehr des OKW unter Admiral Canaris in einer Denkschrift vom 15. September 1941, als das OKW/AWA unter Aufhebung seines Erlasses vom 16. Juni 1941 betreffend die analoge Anwendung des Genfer Kriegsgefangenenabkommens für sowjetische Kriegsgefangene und weiterer Vorschriften in einem Grunderlaß vom 8. September 1941[20] Anordnungen für die Behandlung sowjetischer Kriegsgefangener in allen Kriegsgefangenenlagern erließ, die der Humanität zum größten Teil widersprachen. Gleichzeitig betonte es jedoch mit Nachdruck, daß in dem konventionslosen Krieg die Grundsätze des allgemeinen (Kriegs-) Völkerrechts über die Behandlung von Kriegsgefangenen Anwendung fänden; dem stehe die Allbeteiligungsklausel des Haager Abkommens nicht entgegen, weil die Bestimmungen dieser Konvention zwischenzeitlich allgemein als Gewohnheitsrecht anerkannt würden[21]. In diesem Zusammenhang verwies es auf einen beigefügten sowjetischen Erlaß über die Behandlung von Kriegsgefangenen vom 1. Juli 1941, der den Grundsätzen des allgemeinen Völkerrechts weitgehend entspreche[22].

Was das Amt Ausland/Abwehr über die Geltung von Gewohnheitsrecht auf dem Gebiet des Kriegsrechts in seiner Denkschrift vorbrachte, war keine abweichende, sondern schon damals herrschende Meinung. Quelle des »jus in bello«, das Recht der Art der Kriegführung, beruht nicht alleine auf positivistischen Regelungen; Quelle ist auch ungeschriebenes Gewohnheitsrecht, was nach dem Kriege in dem Hauptkriegsverbrecherprozeß und in den Nachfolgeverfahren der Vereinigten Staaten in Nürnberg — unter anderem unter Berufung auf deutsche Völkerrechtler — unterstrichen wurde[23].

Die Denkschrift des Amtes Ausland/Abwehr blieb ohne Wirkung. Der Chef OKW, Keitel, wies sie mit der Bemerkung zurück: »Die Bedenken entsprechen den soldatischen Auffassungen vom ritterlichen Krieg; hier handelt es sich um die Vernichtung einer Weltanschauung, deshalb billige ich die Maßnahmen und decke sie[24].« Er war der Auffassung Hitlers über das Wesen des Krieges mit der Sowjetunion erlegen und hatte die Absicht seines für das Kriegsgefangenenwesen zuständigen Amtes, des AWA, die gefangengenommenen Russen unter Beachtung des Gewohnheitsrechts analog der Genfer Kriegsgefangenenkonvention zu behandeln, damit endgültig zu Fall gebracht.

Wenn auch nach allem offensichtlich sein dürfte, daß Hitler nicht gewillt war, im Rußlandfeldzug kodifiziertes oder gewohnheitsrechtlich geltendes Kriegsrecht zu beachten, wird dieses von Zeit zu Zeit gleichwohl immer wieder in Frage gestellt oder das Gegenteil behauptet. So ist beispielsweise im Zusammenhang mit der auf Hitler zurückzuführenden ablehnenden Haltung des Deutschen Reiches auf das Angebot der UdSSR, sich unter gewissen Voraussetzungen an die HLKO zu halten, die Meinung zu finden, er bzw. die Reichsregierung sei nur deshalb darauf nicht eingegangen, weil eine formelle Bindung entbehrlich gewesen sei; die Grundgedanken des Abkommens hätten die Parteien schon durch bestehendes Völker-(gewohnheits-)recht gebunden[25]. Abstrakt gesehen ist diese Ansicht durchaus einleuchtend; auf den Fall bezogen jedoch abwegig, weil sie insbesondere Hitlers Auffassung über das Wesen des deutsch-sowjetischen Krieges und die sich hieraus für ihn ergebenden Schlußfolgerungen über die Nichtanwendung des Kriegsrechts außer Betracht läßt: In der Auseinandersetzung mit der UdSSR sah er einen Krieg neuen Typs, was teilweise noch heute z.B. durch Verteidiger in NS-Prozessen zur Rechtfertigung der damals barbarischen Maßnahmen zum Nachteil der gefangenen Russen und der sowjetischen Bevölkerung behauptet wird. Der Krieg mit der UdSSR beinhaltete nach seiner Meinung den Kampf zweier Weltanschauungen, wobei die Kriegsrechtsdoktrin allein auf den ideologischen Fundamenten nationalsozialistischer Prägung mit dem Ziel der totalen

Vernichtung des »jüdisch-bolschewistischen Systems« beruhte. Nach dieser ideologischen Begriffsbestimmung des Krieges konnte Unrecht demnach nicht sein, was der Durchführung sowie Sicherung und Festigung der Prinzipien des Nationalsozialismus, der Erhaltung des nationalsozialistischen Staates und dessen Volksgemeinschaft zu dienen bestimmt war. Das Kriegsvölkerrecht sah er als althergebrachtes Recht an, welches noch auf den Vorstellungen eines »ritterlichen Krieges« beruhte[26], wie sich auch Keitel in seiner Stellungnahme zu der Denkschrift des Amtes Ausland/Abwehr ausdrückte. Es stand der Durchsetzung der nationalsozialistischen Weltanschauung im Wege. Da für ihn — wie überhaupt im Dritten Reich — die Rechtsanschauung nur ein Teil der Weltanschauung war, durfte Kriegsrecht in der totalen ideologischen Auseinandersetzung keine Anwendung finden.

Daß diese Meinung völlig rechtsfremd ist, bedarf keiner weiteren Erörterung. Sie verkennt das Wesen und die Aufgaben des Kriegsvölkerrechts und steht außerhalb des insoweit gewachsenen Rechtssystems. Wollte man es einer kriegführenden Partei überlassen, selbst darüber zu entscheiden, ob in der Staatengemeinschaft geltendes Kriegsrecht anzuwenden ist oder nicht, würde es das Ende der Kriegsordnung bedeuten. Das gilt insbesondere für den Fall, in dem eine Konfliktpartei — wie das nationalsozialistische Deutschland — mit Hilfe ihrer Ideologie einen pseudo-wissenschaftlich begründeten Anspruch erhebt, immer »im Recht« zu sein.

3. Der Ausschluß des Völkergewohnheitsrechts durch fehlenden Staatenkonsens

Nun wird die Ansicht vertreten, daß für einen Staat Regelungen des Völkergewohnheitsrechts nicht verbindlich sind, wenn er in deren Entstehungsprozeß der Anwendung ständig widerspricht[27]. Ob dieser Auffassung in derartiger Allgemeinheit zugestimmt werden kann, mag dahingestellt bleiben, weil die für die Geltendmachung des Hindernisses erforderliche Voraussetzung, der ständige Widerspruch im Rechtserzeugungsverfahren, nicht gegeben war. Die ablehnende Haltung des Deutschen Reiches richtete sich allein gegen die Anwendung von kodifiziertem Völkerrecht, nämlich der HLKO. Irgendwelche rechtlich relevanten Anhaltspunkte, daß darüber hinaus auch Gewohnheitsrecht ausgeschlossen werden sollte, sind nicht ersichtlich[28]. Zwar war es Hitlers Wille, zur Durchsetzung seiner Ziele einen rechtlosen Krieg zu führen; sein Vorhaben mit der Konsequenz des Ausschlusses auch des Gewohnheitsrechts wurde jedoch weder allgemein, noch gegenüber der UdSSR offen zum Ausdruck gebracht, was Voraussetzung für den rechtswirksamen Widerspruch ist. Hitlers zunächst nicht bekannter, später aus Erlassen für das Kriegsgefangenenwesen mit der die Formen des (Kriegs-)Gewohnheitsrechts verletzenden Tendenz zu schließender Vorbehalt, die zum Schutz von Kriegsgefangenen bestehenden völkerrechtlichen Regeln auf sowjetische Gefangene nicht anzuwenden, war rechtlich irrelevant. An dieser Feststellung würde sich auch dann nichts ändern, wenn man die permanente Mißachtung des (Kriegs-)Gewohnheitsrechts bei der Behandlung der gefangenen Rotarmisten als allgemein erkennbaren Widerspruch werten würde, weil bei Beginn des Rußlandfeldzuges der gewohnheitsrechtliche Entstehungsprozeß schon längst abgeschlossen war und kein Staat sich nach der Rechtserzeugung der Bindung des entstandenen Rechts entziehen kann. Hinsichtlich der Sowjetunion ist davon auszugehen, daß sie sich nach der Revolution von 1917 an die Regeln und Gebräuche des Kriegsgewohnheitsrechts nicht gebunden sah. Wie das kodifizierte Kriegsrecht hat sie auch dieses Recht als Ausdruck der kapitalistisch-imperialistischen Ordnung gewertet. Mit dieser von ihrer Staatsideologie beherrschenden Völkerrechtsbetrachtung stand sie außerhalb der Völkergemeinschaft. Erst nach dem Eintritt in den Völkerbund im Jahre 1934 vollzog sich durch allmähliche Aufgabe der völkerrechtsfeindlichen Auffassung ein Umschwung. Im wesentlichen beschränkte sich die positive Wende zum Völkerrecht jedoch allein auf Vertragsrecht[29]. Und nur so ist das plötzliche Angebot der UdSSR nach Kriegsbeginn zu verstehen, der HLKO Geltung zu verschaffen. Auf das Abkommen berief sie sich auch noch während des Krieges, als längst feststand, daß das Deutsche Reich nicht gewillt war, das Angebot der UdSSR anzunehmen. Zum Beispiel monierte der sowjetische Außenminister Molotov noch mit Zirkularnoten vom 25. November 1941 und 27. April 1942 die Verletzung der Haager Landkriegsordnung bei der Behandlung sowjetischer Kriegsgefangener[30]. Da das Abkommen aus formellen Gründen zwischen den Parteien nicht rechtswirksam war, mußte an die Stelle des positiven Rechts das subsidiär geltende Gewohnheitsrecht treten, zumal die Sowjetunion auf der Anwendung der »Sitten und Gebräuche eines Krieges« beharrte und das kodifizierte Kriegsrecht dem Gewohnheitsrecht im wesentlichen inhaltsgleich war. Außerdem erhob sie gegen die Anwendung von Gewohnheitsrecht keine Einwendungen mehr. Einwände wären zu jener Zeit auch schlecht möglich gewesen, weil sie

nach Einreihung in die demokratische Völkergemeinschaft der Kriegsgegner Deutschlands schlecht deren geltendes Recht als Ausdruck kapi-
talistisch-imperialistischer Ordnung unterlaufen konnte, was später auch
durch ihre Haltung im Hauptkriegsverbrecherprozeß in Nürnberg zu
der Frage der Geltung des Kriegsgewohnheitsrechts im deutsch-sowjetischen Krieg offensichtlich wurde[31].

Nach allem war das Deutsche Reich in der kriegerischen Auseinandersetzung mit der Sowjetunion an das Kriegsrecht kraft Gewohnheit
gebunden. Das gleiche traf auch in umgekehrter Beziehung für die
UdSSR zu. Die Allbeteiligungsklausel war letztlich kein Hindernis für
die Anwendung des von ihr betroffenen Normenkreises des Haager
Landkriegsrechts, weil dieser allgemein gültiges (Kriegsgewohnheits-)
Recht geworden war.

4. Völkerrechtliches Unrecht und Selbsthilfe

Bindung an das Völkerrecht heißt freilich noch nicht Anwendung der
Normen dieses Rechts in jedem Fall. Zur Sicherung der Beachtung
des Konfliktrechts sind Selbsthilfemaßnahmen zugelassen, die zwar
gegen anwendbares Recht verstoßen, aber als rechtmäßig angesehen
werden, um den rechtswidrig handelnden Gegner zur Aufgabe seines
Verhaltens zu bewegen. Unter Berufung auf diesen Ausnahmegrund-
satz wurde insbesondere nach dem Kriege in den Kriegsverbrecher-
prozessen der damaligen Alliierten von interessierter Seite die rechtswidrige Behandlung der sowjetischen Kriegsgefangenen mit der Argumentation verteidigt, sie sei als Selbsthilfe (insgesamt) eine rechtlich
erlaubte Nichtbeachtung des Kriegsrechts gewesen. Als Mittel der
Selbsthilfe gegen die kriegsrechtlich nicht konforme Behandlung der
gefangenen Rotarmisten wurde namentlich das Institut der (Massen-)
Repressalie als Präventivmaßnahme in der Form universeller Gewaltanwendung angeführt.

Unter Repressalie wird im Kriegsrecht ein Zwangsakt verstanden,
durch den der Gegner nach begangener Verletzung von Kriegsrechts-
normen dazu gezwungen werden soll, in Zukunft das Kriegsrecht
einzuhalten[32]. Eine Einschränkung erfährt die zulässige Maßnahme
unter anderem gegenüber Personen, die gemäß Vertrags- oder Gewohnheitsrecht nicht Objekt von Repressalien sein dürfen. Nach dem Genfer Kriegsgefangenenabkommen gehören zu den geschützten Personen
Kriegsgefangene. Im Gegensatz zur HLKO, die Repressalien weder aus-

drücklich erlaubt noch ausdrücklich verbietet, enthält die Genfer Konvention ein absolutes Repressalienverbot (Art. 2).

Diese Verbotsnorm galt auch im Verhältnis Deutsches Reich und Sowjetunion, obwohl letztere nicht Vertragspartner des Genfer Abkommens gewesen ist. Rechtsgrundlage war Gewohnheitsrecht. Die Einwendung, daß dem Verbot hier keine Rechtsverbindlichkeit zugesprochen werden kann, weil das zwischen den kriegführenden Parteien geltende Gewohnheitsrecht nur die Bestimmungen der Haager Landkriegsordnung umfasse[33], ist nach Rechtsprechung[34] und Schrifttum[35] zurückzuweisen. Zwar könnte in der Nichtanerkennung der Genfer Konvention durch die UdSSR und deren wiederholten Berufung allein auf die Regeln der HLKO ein ständiger Widerspruch gesehen werden; selbst wenn dem so wäre, war das Repressalienverbot nicht ausgeschlossen, weil es spätestens bis Ende der dreißiger Jahre Norm des Kriegsgewohnheitsrechts geworden und als Ergänzung der gewohnheitsrechtlich geltenden Bestimmungen der HLKO anzusehen war[36]. Der Entwicklungsprozeß zur Begründung der Repressalienverbotsnorm begann schon 1863, als die »Amerikanischen Kriegsartikel« der Nordstaaten, »The Instructions for the Government of Armies of the United States in Field«, ihren Soldaten untersagten, den Kriegsgefangenen irgendeinen Nachteil »in der Absicht und zum Zwecke einer Repressalie« aufzuerlegen[37]. Auf der Brüsseler Konferenz von 1874, die über den Entwurf einer internationalen Konvention betreffend die Gesetze und Gebräuche des Krieges befinden sollte, wurde die Repressalie von zahlreichen Delegierten lebhaft bekämpft, ohne jedoch zu einem endgültigen Ergebnis zu gelangen[38]. Und die »Englische Landkriegsführung« von 1880, »The Land Warfare, an Exposition of the Laws and Usages of War on Land for the Quidanos of Officers of his Majesty's Army«, versuchte schließlich die Anwendung von Repressalien zu beschränken[39]. Als im Ersten Weltkrieg die Praxis der Repressaliennahme von Kriegsgefangenen auf beiden Seiten wieder zunahm, wurde es von vielen als Rückkehr in barbarische Zeiten angesehen. Nach energischem Protest des Internationalen Roten Kreuzes im Juli 1916 mit an alle Kriegführende gerichteten Noten gingen die Repressalienmaßnahmen auffallend zurück[40], und nach dem Kriege entstand unter dem Einfluß internationaler Organisationen[41] bemerkenswert schnell eine Übereinstimmung der zivilisierten Staaten über ein Verbot von Repressalien, welches im Kriegsgewohnheitsrecht Aufnahme fand. Hierbei ist unbeachtlich, daß nicht alle Staaten an der Willensbildung beteiligt waren, denn allgemeine Willensübereinstimmung als Grundlage für das Völkergewohnheitsrecht bedeutet nur die Übereinstimmung einer so überwältigenden Mehrheit, daß Abseitsstehende nicht in Betracht zu ziehen sind[42]. Äußerer Ausdruck der allgemeinen Willensübereinstimmung war im übrigen die Aufnahme des Verbots in das Genfer Abkommen, das über fünfzig Staaten ratifizierten oder durch Beitritt anerkannten.

An dem Ergebnis ändert sich letztlich nichts, wenn man der im Dritten Reich vertretenen, aber nicht überzeugenden Auffassung folgen würde, aus der Auslegung der Repressalienverbotsnorm ergebe sich, daß die Repressaliennahme von Kriegsgefangenen dann zulässig sei, wenn die zu ahndende Völkerrechtsverletzung gegen das internationale Kriegsgefangenenrecht selbst verstoßen habe[43]. Die rechtswidrige Behandlung der sowjetischen Kriegsgefangenen wäre nämlich keineswegs von dem Rechtsinstitut der Repressalie gedeckt gewesen, weil eine ganze Reihe Voraussetzungen für dessen Anwendung gefehlt hätten; zum Beispiel: Der Gegner soll mit der Maßnahme gezwungen werden, sich nach den Verletzungen der kriegsrechtlichen Bestimmungen in der Zukunft wieder an das gesetzte oder kraft Gewohnheit geltende Recht zu halten. Das heißt, zur Inanspruchnahme des Rechtsinstituts der Repressalie auf deutscher Seite hätten die Russen zunächst das auch sie bindende (Kriegs-)Gewohnheitsrecht zum Nachteil der in ihrem Gewahrsam befindlichen deutschen Kriegsgefangenen verletzen müssen. Dem war aber nicht so. Nach in jeder Hinsicht gesicherten Erkenntnissen steht fest, daß die zum Schutz der Kriegsgefangenen bestehenden Regeln als erstes von deutscher Seite mißachtet worden sind und zwar bis mindestens Mitte des Jahres 1942[44]. Schon Monate vor Beginn des »Unternehmens Barbarossa« hatte Hitler erklärt, daß er in der bevorstehenden Auseinandersetzung mit der UdSSR nicht gewillt sei, die Bestimmungen des Kriegsrechts auf sowjetische Gefangene anzuwenden, und anschließend veranlaßt, seinen Willen in entsprechende Befehle umzusetzen, nach denen von dem Zeitpunkt des Einfalls in die Sowjetunion überwiegend verfahren wurde. Die von der Gegenseite begangenen Rechtsverletzungen waren im allgemeinen nur Retaliationen, (verbotene) Gegenmaßnahmen, die hohe deutsche Militärs schon bei Erlaß des ersten völkerrechtswidrigen Befehls, des sogenannten Kommissarbefehls, befürchtet hatten[45]. Ferner fehlt die »Offenkundigkeit« der Maßnahmen. Der das Kriegsrecht verletzende Gegner kann von seinem rechtswidrigen Handeln in der Zukunft nur abgehalten werden, wenn er von den Repressalien Kenntnis erlangt, was in der Regel nach dem Prinzip der Subsidiarität der Durchführung der Repressalienmaßnahmen mit einer Androhung geschieht (sogenannte Warnrepressalie)[46]. Eine solche ist jedoch nicht erfolgt. Auch eine nachträgliche Unterrichtung des Gegners — wie häufig bei der Vergeltungsrepressalie — ist nicht bekannt geworden. Zum Teil liefen die als Repressalien bezeichneten Handlungen unter »Geheimer Reichssache«; zum Teil richteten sich die Anordnungen nur an deutsche Stellen, die im Kriegsgefangenenwesen tätig waren oder mit ihnen — aus welchen Gründen auch immer — in Beziehung standen. Schließlich hätte es an dem Grundsatz der Proportionalität, der Verhältnismäßigkeit, an den die Repressalien gebunden sind, gemangelt[47]. Unterstellt man, daß die Maßnahmen der deutschen Seite lediglich eine Reaktion auf sowjetisches Verhalten gewesen waren, so hätten zumindest in der ersten Zeit des Krieges Art und Umfang in einem auffälligen Mißverhältnis zueinander gestanden und somit wider das Verbot des Repressalienexzesses verstoßen.

5. Völkerrechtsmißachtung und Rechtfertigungsgründe

Neben der Berufung auf die Rechtmäßigkeit der völkerrechtswidrigen Behandlung der sowjetischen Kriegsgefangenen als Selbsthilfe sind in den einschlägigen Verfahren und in Verbindung hiermit im Schrifttum verschiedentlich Gründe vorgebracht worden, die die Verletzung der Kriegsrechte generell oder in bestimmten Fällen rechtfertigen sollen. Namentlich wurde insoweit »militärische Notwendigkeit«, auch Kriegsnotwendigkeit oder Kriegsraison genannt, und »Führerbefehl« behauptet.

Unter »militärischer Notwendigkeit« wird das Anstreben eines taktischen oder strategischen militärischen Vorteils oder die Vermeidung eines taktischen oder strategischen Nachteils verstanden[48], wobei der das Kriegsrecht beherrschende Individualschutz zu beachten ist. Aus militärisch-pragmatischen Erfolgsinteressen findet der unbestimmte, aber bestimmbare kriegsrechtliche Begriff durch die Konfliktparteien nicht selten eine exzessive Auslegung, die mehr das Kriegsrecht mißachtet als beachtet. Vor allem werden hierbei die Schädigungsinteressen zuungunsten des Individualschutzes in den Vordergrund gestellt, so auch im Rußlandfeldzug (unter anderem) bei der Behandlung der Kriegsgefangenen in jeder Hinsicht. Zur Gewährleistung der völkerrechtlichen Wertentscheidung, des Individualschutzes, wurde deshalb der Rechtfertigungsgrund der »militärischen Notwendigkeit« vornehmlich bei möglicher Verletzung humanitärer Regeln ausgeschlossen. Ein Abgehen von dieser — das Kriegsrecht beherrschenden — Auffassung ist selbst für die Fälle nicht vorgesehen, in denen die Handlungen aus militärischen Gründen dringend geboten erscheinen, beispielsweise das von deutscher Seite vereinzelt erlassene Verbot der Versorgung der gefangenen Russen aus Heeresbeständen wegen Nachschubschwierigkeiten, es sei denn, daß kriegsrechtliche Regeln insoweit ausdrücklich Ausnahmen zulassen oder das Recht auf Selbsterhaltung es erfordert. Nach den in den einschlägigen Verfahren und im Schrifttum vorgebrachten Gründen, wie etwa die Erschießung von sogenannten potentiellen Gegnern zur (angeblichen) Aufrechterhaltung der Sicherheit der Truppe und des Reiches, hat es den Anschein, daß man sich noch auf den zur Zeit des klassischen Völkerrechts geltenden Grundsatz, Anwendung des Kriegsrechts unter dem generellen Vorbehalt der »militärischen Notwendigkeit« berufen will. Dieses Prinzip, das weiland seinen Ausdruck in dem Satz »Kriegsraison geht vor Kriegsmanier« fand, hat durch die Humanisierung des Kriegsrechts seine Gültigkeit aber schon lange verloren[49]. Wollte man es als Rechtfertigungsgrund in seiner Breite wieder anwenden, würde in vielen Fällen den zum Schutz der Kriegsgefangenen bestehenden Bestimmungen der Boden entzogen und der Willkür erneut freier Lauf gelassen werden. Was letztlich als »militärische Notwendigkeit« bei der völkerrechtswidrigen Behandlung der russischen Kriegsgefangenen bezeichnet wird, dürfte in der Regel unter den Begriff »ideologische Notwendigkeit« zu subsumieren sein. Dieser bestimmte zwar das Wesen des »Unternehmens Barbarossa«, ist jedoch im Kriegsrecht unbeachtlich.

Rechtlich unbeachtlich ist schließlich auch der Einwand, die völkerrechtswidrige Behandlung der in deutsche Gefangenschaft geratenen Rotarmisten sei durch »Führerbefehl« und damit durch Gesetz gedeckt gewesen. Die gleiche Argumentation finden wir in und im Zusammenhang mit den Einsatzgruppen-Prozessen durch Verteidiger der in diesen Verfahren Angeklagten ebenso wie bei anderen, die die Tötung von sowjetischen Zivilpersonen und Kriegsgefangenen aus politischen, rassischen sowie religiösen Gründen mit einem »Führerbefehl« als auf ungeschriebenen Verfassungsrecht nationalsozialistischer Herkunft beruhendem Gesetz rechtfertigten[50]. Nicht bestritten wird, daß ein »Führerbefehl« Gesetz war, denn in Hitlers Person lag auch Gesetzgebungsgewalt, die in Abweichung von der bei der »Machtübernahme« bestehenden Reichsverfassung durch sogenanntes Revolutionsrecht entstanden war und verhältnismäßig schnell universelle Anerkennung gefunden hatte. Hitlers Wille war Gesetz[51], zumindest aber gesetzähnliche Handlung[52]. Sogar Gesetze, die von verfassungsgemäßen Organen erlassen worden sind, wurden als Ausdruck seines Willens gewertet[53]. Wie jede Gesetzgebungsgewalt hatte jedoch auch die hitlersche Schranken, die sich insbesondere nach allgemeiner Rechtsüberzeugung aus den Grundsätzen des menschlichen Verhaltens, die sich bei allen Kulturvölkern auf dem Boden übereinstimmender ethischer Grundanschauungen herausgebildet haben, ergeben[54]. Hieraus folgte die Nichtigkeit des »Führerbefehls«, den sowjetischen Kriegsgefangenen den Schutz des Kriegsrechts zu entziehen. Selbst wenn man dieser Auffassung nicht folgen würde, wäre der als Gesetz geltende Wille Hitlers auf Ausschluß des Kriegsrechts für in deutschem Gewahrsam befindliche Rotarmisten in Relation zum Kriegsvölkerrecht unbeachtlich, weil nach herrschender Meinung ein Vorrang des Völkerrechts gegenüber Landesrecht besteht, wenn nationale Gesetze und Anordnungen in Widerspruch zu diesem stehen[55]. Daß dieses der Fall war, bedarf keiner weiteren Erörterung.

6. Die Auswirkungen der Ignorierung des Völkerrechts auf die Truppe

Der Wille Hitlers auf Ausschluß des gesamten Kriegsvölkerrechts bei der Behandlung sowjetischer Kriegsgefangener ist der Truppe zu keiner Zeit offiziell bekanntgegeben worden. Sein Vorhaben konnte nur aus wenigen Einzel- oder Rahmenbefehlen des OKW bzw. OKH geschlossen werden, die die völkerrechtswidrigen Maßnahmen mit ideologischer Notwendigkeit begründeten und zu rechtfertigen versuchten. So wurden z.B. die »Anordnungen für die Behandlung sowjetischer Kriegsgefangener in allen Kriegsgefangenenlagern« vom 8. September 1941 damit eingeleitet, daß der Bolschewismus der Todfeind des nationalsozialistischen Deutschlands sei; zum ersten Mal stehe dem deutschen Soldaten ein nicht nur soldatisch, sondern auch politisch im Sinne des völkerzerstörenden Bolschewismus geschulter Gegner gegenüber, der den Kampf mit jedem ihm zu Gebote stehenden Mittel führe, woraus der Schluß gezogen wurde, daß »dadurch der bolschewistische Soldat [...] jede Behandlung als ehrenhafter Soldat verloren hat«[56].

Anfangs führte die fehlende rechtliche Begründung dieser Befehle in Verbindung mit der Unkenntnis der Entscheidung Hitlers, die sowjetischen Kriegsgefangenen nicht nach Kriegsvölkerrecht zu behandeln, zu Unsicherheiten in der Truppe. Im Kriegsgefangenenwesen lehnte man z.B. die Ersuchen des Sicherheitsdienstes (SD) oder der Stapo auf Überprüfung und Aussonderung der sowjetischen Kriegsgefangenen nach politischen Gesichtspunkten nicht selten mit der Begründung ab, die Anliegen widersprächen den Bestimmungen der HLKO oder — wenn auch seltener — dem Genfer Abkommen[57].

Dem OKW konnten diese Unsicherheiten nicht verborgen bleiben, zumal die SD- und Stapo-Dienststellen unter Einschaltung des Reichssicherheitshauptamtes bei Bekanntwerden der Nichtausführung von völkerrechtswidrigen, aber ordnungsgemäß erlassenen Befehlen häufig bei dem für das Kriegsgefangenenwesen zuständigen Amt, dem AWA, Gegenvorstellungen erhoben. Durch die Herausgabe »aufklärender« Erlasse im Sinne politisch-militärischer Notwendigkeit und durch unmittelbares Eingreifen der obersten Wehrmachtsdienststelle bei der Truppe in Form von Einzelanweisungen wurden die bestehenden Zweifel stets zurückgedrängt[58]. Ständige Wiederholungen der Bestimmungen durch Erinnerungserlasse oder in den Sammelmitteilungen (Befehlssammlungen) des OKW für das Kriegsgefangenenwesen — teilweise mit dem Zusatz der Strafandrohung bei einem Nichteinhalten — trugen letztlich dazu bei, daß die völkerrechtswidrigen Befehle Beachtung fanden, wenn auch nicht allgemein, so jedoch überwiegend. Noch vereinzelt bestehende Grundbefehle, die die Einhaltung von menschlich angemessenem Verhalten gegenüber den Kriegsgefangenen forderten, wurden häufig nicht mehr beachtet, beispielsweise der in den »Anordnungen« vom 8. September 1941 aufgestellte Leitsatz[59]: »Die Behandlung muß (kühl, aber) korrekt sein[60].« Verwunderlich war diese Haltung nicht, wenn man berücksichtigt, daß dieser Grundsatz mit Gegenbestimmungen immer wieder unterlaufen wurde, wie etwa mit den Befehlen für den Waffengebrauch[61]. Kriegsgerichte, die dem völkerrechtswidrigen Verhalten zum Nachteil der Gefangenen hätten Einhalt gebieten können, blieben durchweg untätig. Kam es dennoch einmal zu einem Verfahren wegen Verletzung des Kriegsrechts, konnte das Urteil mangels der erforderlichen Bestätigung durch den Gerichtsherrn keine Präventivwirkung entfalten. So hatte z.B. ein Feldkriegsgericht einen Bataillonskommandeur wegen willkürlicher Tötung von Kriegsgefangenen unmittelbar nach der Gefangennahme zu einer Freiheitsstrafe und zur Degradierung verurteilt. Im Bestätigungsverfahren hob Hitler als oberster Gerichtsherr das Urteil jedoch schon wenige Wochen nach der Verkündung auf und schlug das Verfahren mit der Begründung nieder, »daß man es vitalen Naturen nicht zum Vorwurf machen könne, wenn sie, überzeugt von dem einmaligen Schicksalskampf des deutschen Volkes, dem bolschewistischen Weltfeind gegenüber alle Gebote der Menschlichkeit ablehnen«[62].

Bis Ende des Jahres 1941 waren die wenigen in der Wehrmacht noch geltenden, halbwegs humanen Bestimmungen für die Behandlung sowjetischer Kriegsgefangener abgeändert oder aufgehoben und durch solche ersetzt worden, die dem Geist der HLKO und des Genfer Abkommens im wesentlichen nicht mehr entsprachen. Ihnen fehlten in jeder Hinsicht die Mindestvoraussetzungen der Humanität. Hunderttausende von Gefangenen hatten infolge schlechter Versorgung und unmenschlicher Behandlung zwischenzeitlich bereits den Tod gefunden und Zehntausende waren wegen »politischer Untragbarkeit« ermordet worden[63].

Als die Gefangenen etwa ab Frühjahr 1942 dringend zur Arbeit in der Kriegs- und Landwirtschaft benötigt wurden, konnten die meisten der noch Lebenden infolge Krankheit und Entkräftung nicht eingesetzt werden. Unter dem Druck des Bedarfs an Arbeitskräften besserten sich jetzt langsam deren Lebensbedingungen, ohne jedoch einen der Menschlichkeit angemessenen Stand zu erreichen. Von den weit über 5 Millionen in deutsche Gefangenschaft geratenen sowjetischen Soldaten befanden sich wenige Monate vor Kriegsende nur noch rund 932 000 in den Stammlagern[64]. Ihre körperliche Verfassung ist aus der Anzahl der im Arbeitseinsatz Stehenden zu entnehmen. Er betrug seinerzeit lediglich 42 426 Mann[65].

Anmerkungen

[1] Zunächst beschränkt auf Verwundete und Kranke (Abkommen zur Verbesserung des Loses der verwundeten Soldaten der Armeen im Feld vom 22.8.1864).

[2] Verbesserte Form des Haager Abkommens betr. die Gesetze u. Gebräuche des Landkrieges nebst Anlage (erste HLKO) vom 29.7.1899.

[3] Die nicht geregelten Fälle waren durch die sogen. Martenssche Klausel, die auf Vorschlag des russischen Delegierten Prof. von Martens als Präambel in die HLKO aufgenommen wurde, dem Völkergewohnheitsrecht, den Gesetzen der Menschlichkeit und den Forderungen des öffentlichen Gewissens unterworfen.

[4] Zur Staatensukzession vgl. Eberhard Menzel, Knut Ipsen, Völkerrecht, München ²1979, S. 187.

[5] Ebd., S. 57; Alfred Verdross, Völkerrecht, Wien ⁴1959, S. 65 f.

[6] Reichsgesetzblatt 1910, S. 107, und RGBl. 1934 II, S. 227.

[7] Zentrale Stelle (ZSt), Dokumenten-Sammlung (Dok.Slg.) Kriegsgefangene (Bestand 301).

[8] ZSt. Dok.Slg. Verschiedenes, Ordner 110, Bl. 3–34 (Teil I, Abschnitt XI, Völkerrechtliche Fragen u. Bindungen, Unterhandlungen mit dem Feinde, Kriegsgefangene).

9 Teil 1 ist nicht erschienen. Er sollte allgemeine Gesichtspunkte bezüglich der Behandlung der Kriegsgefangenen enthalten; Teil 2 ist inhaltsgleich mit dem Genfer Kriegsgefangenenabkommen.

10 Nürnberger (Beweis-)Dokument (Dok.) NOKW 549, Institut für Zeitgeschichte, München (IfZ).

11 Vgl. hierzu Alfred Streim, Die Behandlung sowjetischer Kriegsgefangener im »Fall Barbarossa«, Heidelberg, Karlsruhe 1981, S. 33ff.

12 Franz Halder, Kriegstagebuch. Tägliche Aufzeichnungen des Chefs des Generalstabes des Heeres 1939—1942, bearb. von Hans-Adolf Jacobsen, hrsg. vom Arbeitskreis für Wehrforschung, 3 Bde, Stuttgart 1962—1964. Bd 2, 1963, S. 335 (30.3.1941).

13 Reinhard Maurach, Die Kriegsverbrecherprozesse gegen deutsche Gefangene in der Sowjetunion, Hamburg 1950, S. 17f.; Streim, Die Behandlung (wie Anm. 11), S. 33f.

14 Ähnliche Noten erreichten die deutschen Regierung über Bulgarien, Italien und Japan. Vgl. hierzu Maurach (wie Anm. 13), S. 19, Anm. 11; nach Ger van Roon, Graf Moltke als Völkerrechtler im OKW, in: Vierteljahrshefte für Zeitgeschichte, 18 (1970), H. 1, S. 14—61, soll der Vorschlag auf Anwendung des Kriegsrechts von deutscher Seite ausgegangen und die Note vom 17.7.1941 sowie andere nur eine Antwort der UdSSR hierauf gewesen sein. Dem kann jedoch nicht gefolgt werden.

15 Maurach (wie Anm. 13), S. 20, Anm. 12; Heinrich Uhlig, Der verbrecherische Befehl, in: Europäische Publikation e. V. (Hrsg.), Frankfurt a. M., Berlin 1965, Bd 2, S. 289—410.

16 Alfred Maurice de Zayas, Die Wehrmachts-Untersuchungsstelle, deutsche Ermittlungen über alliierte Völkerrechtsverletzungen im Zweiten Weltkrieg, München 1979, S. 170.

17 Streim, Die Behandlung (wie Anm. 11), S. 33f.; van Roon (wie Anm. 14), S. 36f.

18 Wegfall der Geschäftsgrundlage wegen grundlegendem Wandel der Umstände.

19 Maurach (wie Anm. 13), S. 17f.; Menzel, Ipsen (wie Anm. 4), S. 82.

20 Dok. PS 1519, IfZ.

21 Dok. EC 338, IfZ; vgl. hierzu Streim (wie Anm. 11), S. 55f.

22 Vgl. im einzelnen Streim, Die Behandlung (wie Anm. 11), S. 56f., Anm. 119.

23 Vgl. z.B. Fall X, amtliches deutsches Sitzungsprotokoll, Staatsarchiv Nürnberg, S. 13637; Das Urteil im Einsatzgruppenprozeß, gefällt am 10. April 1948 in Nürnberg vom Militärgerichtshof II der Vereinigten Staaten von Amerika, Berlin (Ost) 1963 (zit. Fall IX); S. 6924f.; Das Urteil gegen das Oberkommando der Wehrmacht, gefällt am 28. Oktober 1948 vom Militärgerichtshof V der Vereinigten Staaten von Amerika, Berlin (Ost) 1961 (zit. Fall XII), S. 9916f.

24 Handschriftlicher Randvermerk Keitels vom 23.9.1941 auf der Denkschrift, Dok. EC 338, IfZ. Intern wurde die Ausarbeitung (u. a.) als »Juristenquatsch« und »theoretisches Geschreibsel« abgelehnt, so van Roon (wie Anm. 14), S. 38.

25 Vgl. Maurach (wie Anm. 13), S. 19, Anm. 11.

26 Vgl. Streim, Die Behandlung (wie Anm. 11), S. 41f.

27 Menzel, Ipsen (wie Anm. 4), S. 81f.; Wilhelm Wengler, Völkerrecht, Berlin, Göttingen, Heidelberg 1964, Bd 1, S. 179f.

[28] Zum Zeitpunkt der Ablehnung ergab sich lediglich aus den »Richtlinien für die Behandlung der politischen Kommissare« vom 6.6.1941 (sogen. Kommissarbefehl, Dok. NOKW 484 [IfZ]), daß allein für diese Angehörigen der Roten Armee »der für die Kriegsgefangenen völkerrechtlich geltende Schutz [...] keine Anwendung findet« (I Abs. 2). Als »geheime Kommandosache« konnten sie jedoch (zunächst) keine Außenwirkung entfalten. Im übrigen bestand für die Behandlung der sowjetischen Kriegsgefangenen noch der Erlaß des OKW/AWA vom 16.6.1941 (Dok. NOKW 549, IfZ), der die analoge Anwendung der Genfer Konvention vorsah.

[29] Maurach (wie Anm. 13), S. 12 f.

[30] Ebd., S. 19 f., Anm. 11.

[31] Keine Einwendungen der UdSSR gegen die Feststellung der Gerichte, daß die Gebräuche und Gewohnheiten des Krieges allgemein Anerkennung gefunden haben und Kriegsgewohnheitsrecht geworden waren, u.a. Der Prozeß gegen die Hauptkriegsverbrecher vor dem Internationalen Militärgerichtshof (International Military Tribunal), Nürnberg 14. Nov.–1. Okt. 1946, 42 Bde, Nürnberg 1947–1949 (IMT), sogen. Blaue Bände, Bd XXII, S. 527.

[32] Menzel, Ipsen (wie Anm. 4), S. 552; Heinrich Albert Schütze, Die Repressalie unter besonderer Berücksichtigung der Kriegsverbrecherprozesse, Bonn 1950, S. 41; Wengler (wie Anm. 27), Bd 2, S. 1459 f.

[33] Das IMT und die Nürnberger Militärgerichtshöfe stellen durchweg fest, daß das Haager Abkommen im Zweiten Weltkrieg Gewohnheitsrecht war (z.B. IMT, Bd XXII, S. 563; Das Urteil im Geiselmordprozeß, gefällt am 19. Februar 1948 vom Militärgerichtshof V der Vereinigten Staaten von Amerika, Berlin (Ost) 1965 (zit. Fall VII), S. 10393, Fall IX (wie Anm. 23), S. 6941, Fall X (wie Anm. 23), S. 13637 f.). Lediglich im Fall XII (wie Anm. 23), wird darauf hingewiesen, daß auch die Regeln der Genfer Konvention Ausdruck des allgemeinen Völkerrechts geworden waren (Fall XII, S. 9920, 9922).

[34] Zum Beispiel Fall XII (wie Anm. 23), S. 9920, 9922.

[35] Verdross (wie Anm. 5), S. 362 f.; Szymon Datner, Crimes against Pow's Responsibility of the Wehrmacht, Warschau 1964, S. XIX.

[36] Vgl. Fall X (wie Anm. 33), S. 13637.

[37] Franz Scheidl, Die Kriegsgefangenschaft von den ältesten Zeiten bis zur Gegenwart, Berlin 1943, S. 270.

[38] Ebd., S. 271.

[39] Ebd., S. 272.

[40] Schütze (wie Anm. 32), S. 66.

[41] Zum Beispiel: »Entwurf internationaler Vorschriften für die Behandlung von Kriegsgefangenen«, beschlossen auf der Haager Konferenz der »International Law Association« 1921; Statut der Fidac (Fédération Interalliée des Anciens Combattants) für ein Kriegsgefangenenrecht, beschlossen 1927 in Luxemburg.

[42] Menzel, Ipsen (wie Anm. 4), S. 81.

[43] Friedrich Berber, Lehrbuch des Völkerrechts, Bd II, Kriegsrecht, München 1969, S. 237, unter Berufung auf Alfons Waltzog, Recht der Landkriegsführung (Kommentar), Berlin 1942.

[44] Vgl. Streim, Die Behandlung (wie Anm. 11), S. VII f., S. 57 Anm. 121; Streim, Sowjetische Kriegsgefangene in Hitlers Vernichtungskrieg, Heidelberg 1982, S. 12.

[45] Herman Dieter Betz, Das OKW und seine Haltung zum Landkriegsvölkerrecht im Zweiten Weltkrieg (Diss.), Würzburg 1970, S. 164 ff.; Streim, Die Behandlung (wie Anm. 11), S. 50.

[46] Menzel, Ipsen, Völkerrecht (wie Anm. 4), S. 553.

[47] Ebd.

[48] Berber (wie Anm. 43), S. 78, 177.

[49] Zum Beispiel: Fall VII (wie Anm. 33), S. 10332, 10357, 10393 f.; Fall XII (wie Anm. 23), S. 9932.

[50] Vgl. hierzu: Anton Roesen, Rechtsfragen in Einsatzgruppenprozessen, in: Neue Juristische Wochenschrift (NJW), 17 (1964), S. 133—136; Hans Welzel, Gesetzmäßige Judentötungen, in: ebd., S. 521.

[51] Wilhelm Stuckart, Walter Scheerbarth, Verwaltungsrecht, Leipzig ⁶1942, S. 31.

[52] Ständige Rechtsprechung, z. B.: Urteil des Bundesgerichtshofes (BGH) vom 28.5.1963, Aktz. 1 StR 540/62, in: NJW, 16 (1963), S. 1627.

[53] Stuckart, Scheerbarth (wie Anm. 51), S. 28.

[54] Ständige Rechtsprechung, z.B. Urteil des BGH vom 29.1.1952, Aktz. 1 StR 563/51, in: Entscheidungen des BGH in Strafsachen, Bd 2, S. 237.

[55] Zum Beispiel: IMT Fall III, S. 10434 f.; Fall XII (wie Anm. 23), S. 9846, 9880; Menzel, Ipsen (wie Anm. 4), S. 57; Verdross (wie Anm. 5), S. 64.

[56] Dok. PS 1519, IfZ.

[57] Streim, Die Behandlung (wie Anm. 11), S. 297.

[58] Ebd., S. 60 ff.

[59] Dok. PS 1519, IfZ.

[60] Ebd.

[61] »Aktiver und passiver Widerstand muß sofort mit der Waffe gebrochen werden [...] Waffengebrauch ist in der Regel rechtmäßig [...] Das nicht energische Durchgreifen mit der Waffe ist strafbar« (wie z.B. Anm. 20).

[62] ZSt. 319 AR 769/64.

[63] Vgl. Einsatzbefehle Nr. 8 vom 17.7.1941, Nr. 9 vom 21.7.1941 u. Nr. 14 vom 29.10.1941 jeweils mit Richtlinien (Dok. NO 3414, IfZ, Dok. Bundesarchiv Koblenz R 58/272 u. Dok. NO 3422, IfZ); Streim, Die Behandlung (wie Anm. 11), S. 69 ff., 225 ff.

[64] Nicht alle sich aus der Differenz ergebende in deutsche Kriegsgefangenschaft geratenen Rotarmisten sind umgekommen; in Abzug zu bringen sind die aus der Gefangenschaft Entlassenen, die Geflohenen, die Hilfswilligen und die zur Wlassow-Armee Übergetretenen. Trotzdem ist die Zahl der Verstorbenen und Ermordeten noch außerordentlich erheblich. Vgl. die Opferfeststellung bei Streim, Die Behandlung (wie Anm. 11), S. 224 ff.

[65] Bestandsmeldung des Befehlshabers des Ersatzheeres /Chef Kriegsgefangenenwesen vom 1.12.1944, abgedruckt in: Streim, Die Behandlung (wie Anm. 11), S. 394—401. Zur Frage der Verantwortung für die rechtswidrige Behandlung sowjetischer Kriegsgefangener vgl. Streim, Die Wehrmacht und NS-Verbrechen, in: Soldat im Volk, 39 (1990), H. 6, S. 146 f.

Hans Joachim Schröder

Erfahrungen deutscher Mannschaftssoldaten während der ersten Phase des Rußlandkrieges

Über den Zweiten Weltkrieg ist mittlerweile sehr vieles bekannt — »als das global einschneidendste Ereignis des Jahrhunderts«, so erklärte Andreas Hillgruber 1987, sei dieser Krieg »in seinem äußeren Ablauf für den Historiker und weithin auch für die Weltöffentlichkeit geklärt«[1] —, doch der Versuch, das Kriegsgeschehen aus sozial- und erfahrungsgeschichtlicher Perspektive detaillierter zu erfassen, steckt erst in den Anfängen. Die Geschichtsforschung hat sich eingehend mit den Überlegungen der Politiker und der militärischen Führungsschicht beschäftigt, also hauptsächlich Interesse gezeigt »für das Denken am ›grünen Tisch‹, an dem geplant und befohlen wurde«[2]; wie es demgegenüber mit der Erfahrungswelt derjenigen bestellt ist, die den Krieg als »einfache Soldaten« am direktesten und massenhaftesten miterlebt haben, darüber weiß man bisher wenig. Mag der Zweite Weltkrieg in seinen »großen Zügen« tatsächlich geklärt sein, so wird andererseits bei einem Blick auf die Erfahrungen von Soldaten unterer Dienstgrade deutlich, daß diese großen Züge zuweilen grob sind und erhebliche Mängel, wenn nicht gar offenkundige Fehler aufweisen. Insbesondere bei der Untersuchung des Rußlandkrieges könnte sich herausstellen, daß das Bild, das die Forschung bislang von diesem Krieg erarbeitet hat, lückenhaft ist[3] und deshalb womöglich auch in seinen großen Linien neuer Akzentuierungen bedarf.

Bevor man es unternimmt, die Erfahrungen derer genauer zu beschreiben, die als »einfache Soldaten« am Rußlandkrieg aktiv mitbeteiligt gewesen sind, ist es notwendig, einige methodische Anmerkungen vorauszuschicken. Zunächst einmal gilt der Begriff »Mannschaftssoldaten« nicht in einem strikt einschränkenden Sinn. Viele Mannschaftssoldaten sind im Verlauf des Kriegs Unteroffiziere oder niedrigrangige Offiziere geworden; es wäre abwegig, die Erfahrungen von Unteroffizieren oder untergeordneten Truppenführern aus der Betrachtung auszuschließen. Für die folgende Darstellung besitzt die Perspektive subjektiver Erfahrung von Mannschaftssoldaten zwar Vorrang, sie steht im Mittelpunkt; das bedeutet aber nicht, daß alle anderen Perspektiven unberücksichtigt blieben. Im Gegenteil, die Sichtweise des

»einfachen Soldaten« gewinnt am ehesten da Bedeutung für die historische Forschung, wo sie im Zusammenhang gesehen wird mit verschiedensten andersgearteten Sichtweisen, sei es derjenigen von Offizieren, von Politikern oder auch Fachhistorikern. — Sodann muß hervorgehoben werden, daß die Erfahrungsbruchstücke, die aus Feldpostbriefen, Tagebüchern, biographischen Interviews, Lebensbeschreibungen und sonstigen historischen Quellen gewonnen werden, niemals ein Gesamtbild »des« Kriegserlebnisses von Mannschaftssoldaten im Rußlandkrieg ergeben können. Es gibt nicht »das« Kriegserlebnis oder »die« Kriegserfahrung eines einzelnen, geschweige denn »die« Kriegserfahrung von mehr als drei Millionen deutschen Soldaten, die am 22. Juni 1941 in die Sowjetunion einfielen[4]. Zwangsläufig können die Umrisse der Kriegserfahrung von Mannschaftssoldaten während der ersten Monate des Rußlandkrieges nur in einem äußerst lückenhaften Mosaikbild sichtbar gemacht werden, und zwangsläufig ist die Auswahl dessen, was für wichtig und typisch gehalten wird, abhängig vom Vorverständnis und Wissensstand des Forschers. Es sei deshalb darauf hingewiesen, daß der Verfasser den Rußlandkrieg selbst nicht miterlebt hat; seit über zehn Jahren ist er jedoch damit beschäftigt, das Geschehen des Zweiten Weltkriegs im Spiegel subjektiv-biographischer Erfahrungen und damit insbesondere als Gegenstand der Sozialgeschichte zu untersuchen[5].

In dem vorliegenden kurzen Beitrag fehlt der Platz, um für jeden beschriebenen Einzelfall detailliert nachzuweisen, daß es sich dabei jeweils um eine typische, verbreitete, für den Krieg insgesamt charakteristische Erfahrung handelt. Häufig muß darauf verzichtet werden, durch Vergleiche, Parallelbelege und ergänzende Quellenangaben den Nachweis dafür zu liefern, daß bestimmte subjektiv-biographische Einzelerfahrungen oder -erlebnisse tatsächlich einen sozusagen kollektiv-historischen Aussagewert besitzen[6]. Soweit wie möglich soll trotz dieser Einschränkungen von den Erfahrungen deutscher Mannschaftssoldaten während der ersten Phase des Rußlandkriegs ein halbwegs schlüssiges Bild gezeichnet werden.

1. Beginn des Rußlandkrieges — Strapazen

Die meisten Soldaten, die während des Spätfrühlings 1941 im Verlauf riesiger, heimlich durchgeführter Truppenbewegungen an die russische Westgrenze verlegt worden waren, erfuhren erst wenige Stunden vor

Angriffsbeginn, daß sie Befehl hatten, in die Sowjetunion einzumarschieren. Es dürfte nicht unwichtig sein, sich zu vergegenwärtigen, daß nicht nur der sowjetische Gegner, sondern ebenso die Masse der deutschen Soldaten von der Tatsache eines Angriffs auf die Sowjetunion vollständig überrascht wurde. Die Geheimhaltungsstrategie der deutschen Regierung und der vorgesetzten Dienststellen hatte nach innen und außen Erfolg. Den Soldaten wurde keine Gelegenheit zur Besinnung gegeben, sie wurden mit dem Befehl zum Einmarsch gewissermaßen vor vollendete Tatsachen gestellt[7].

Aufmerksame Beobachter unter denen, die am 22. Juni zwischen 3.00 und 3.30 Uhr die Grenze überschritten, konnten sich entweder sofort oder im Verlauf der ersten Kriegstage davon überzeugen, daß der sowjetische Gegner auf einen Angriff nicht vorbereitet war. Der im Artillerieregiment 253 dienende Gefreite Max Landowski, dessen Erklärungen im folgenden wiederholt zitiert werden[8], überquerte die russische Grenze in Ostpreußen bei den Grenzbahnhöfen Eydtkuhnen und Wirballen. Ihm fiel auf, daß in Wirballen russische Güterzüge bereitstanden, deren Getreideladung offensichtlich, dem deutsch-sowjetischen Handelsabkommen gemäß[9], für Deutschland bestimmt war. Tage- und sogar wochenlang konnte die Einheit Landowskis nach Osten vormarschieren, ohne daß von der gegnerischen Seite her ein Schuß fiel[10]. Der Soldat Ulrich Modersohn schrieb am 22. Juni in einem Brief von der Ostfront: »Anscheinend haben wir den Russen heute früh gewaltig überrascht. Denn es war ihm nicht einmal möglich, nennenswerten Widerstand zu leisten.« Derselbe Gewährsmann macht deutlich, daß von der deutschen Wehrmacht sofort massive Kampfmittel eingesetzt wurden: »Unsere Artillerie und Stukafeuer waren aber auch eine reine Hölle« für den Gegner[11]. An dieser Stelle sei angemerkt, daß die Anfangserfolge der deutschen Invasoren nicht zuletzt durch eine große Luftüberlegenheit zustande kamen, wobei Tieffliegerangriffe eine verheerende Wirkung auf russische Soldaten und Zivilisten ausübten. Viele Deutsche der älteren Generation erinnern sich schaudernd der alliierten Tieffliegerangriffe, denen sie 1945 im Heimatgebiet ausgesetzt waren. So gut wie niemals wird dabei bedacht, welche Schrecken deutsche Tiefflieger während der ersten Kriegsjahre unter Franzosen oder Russen verbreiteten[12].

In manchen Gebieten der Sowjetunion wurden freilich die Eindringlinge nicht nur als Feinde betrachtet. Aus zahlreichen Quellen geht hervor, daß die einheimische Bevölkerung den deutschen Soldaten oftmals freundlich entgegentrat:

»In vielen Dörfern Litauens, Lettlands, der Westukraine usw. empfingen die Einwohner die Deutschen mit Blumen und erweckten manchmal alte Bräuche wie die Überreichung von Brot und Salz zu neuem Leben: eine Art von Folklore, die diese gewaltig bewaffneten Touristen-Invasoren beeindrucken sollte[13].«

Die Tatsache, daß etwa in der Westukraine »die deutschen Soldaten als Befreier vom roten Joch« gefeiert wurden[14], ist u.a. damit zu erklären, daß die Westukraine im Jahr 1941 erst seit wenigen Jahren zur Sowjetunion gehörte und vorher polnisches Gebiet war. Die Freundlichkeit der »befreiten« Zivilisten, von den Nationalsozialisten propagandistisch ausgeschlachtet und von der sowjetischen Historiographie bis in die Gegenwart hinein nur widerstrebend als Faktum anerkannt[15], darf im übrigen nicht überbewertet werden; sie war ein vorübergehendes und obendrein vieldeutiges Phänomen. Wieweit die Freude über das Hereinbrechen einer fremden Armee, der die Besiegten schutzlos ausgeliefert sind, tatsächlich echt ist, wieweit sich hinter der Freude Angst oder Berechnung verbergen, ist schwer abzuschätzen[16]. Bei alldem sorgte das Verhalten der Besatzer in kürzester Zeit dafür, daß die Sympathie für die Deutschen dahinschwand.

Bevor über das Kampf- und Besatzerverhalten der Wehrmachttruppen Näheres gesagt wird, sollen einige Merkmale des »Kriegsalltags« in Rußland kurz charakterisiert werden. Diese Merkmale und Umstände haben sich vor allem denjenigen, die mit der Infanterie zu Fuß nach Osten vormarschierten, als Schlüsselerfahrungen eingeprägt. Sowohl die räumliche Ausdehnung als auch das Klima in Rußland zwangen den Landsern ein Leben auf, in das sie sich nur schwer und oftmals gar nicht hineinfinden konnten. Der Soldat Bernhard Ritter schrieb in Briefen vom 14. und 19. August 1941, das Land sei seiner ganzen Art nach eine Verkörperung des »Ohne-Ziel«, des »Unendlichen, des Nie-zum-Ziel-gelangen-Könnens«; die Unendlichkeit sei ungeheuer, es folge »hier immer wieder Gleiches auf Gleiches«[17]. Die unermeßliche Weite des Landes zwang die vorrückenden Soldaten dazu, sich in ständigen Gewaltmärschen völlig zu verausgaben. Auf häufig sehr schlechten Wegen ging es voran in sengender Sonnenglut, über den sandigen Straßen lagen Wolken von Staub[18]. »Der ganze Körper ist naß«, erklärte am 4. Juli 1941 Harald Henry, »über das Gesicht fließen breite Bäche — nicht nur Schweiß, manchmal auch Tränen, Tränen der hilflosen Wut, der Verzweiflung und des Schmerzes, die diese ungeheueren Anstrengungen uns auspressen. Niemand kann mir sagen, daß ein anderer, ein Nicht-Infanterist sich vorstellen kann, was wir hier durchmachen[19].«

Nicht selten mit schwerem Gepäck beladen, wußten die Marschierenden in manchen Stunden vor Erschöpfung und Müdigkeit nicht mehr aus und ein; die Klage darüber, niemals genügend Schlaf zu haben, findet sich in ungezählten Zeugnissen zum Rußlandkrieg[20]. Erschwerend kam hinzu, daß die Soldaten unter Mücken oder Stechfliegen zu leiden hatten[21]. Einer weiteren Plage wurden sie während des ganzen Krieges nicht mehr Herr: Unweigerlich breiteten sich überall am Körper und in der verschmutzten Wäsche der Männer Läuse aus, alle Anstrengungen zur Beseitigung des Ungeziefers blieben letztlich vergeblich. Ein Außenstehender kann sich nur schwer eine Vorstellung davon machen, welche Belästigung, Beeinträchtigung und gesundheitliche Gefährdung es bedeutet, ständig von Läusen gequält zu werden[22]. Der 1917 geborene Schriftsteller Heinrich Böll, als einfacher Soldat am Rußlandkrieg beteiligt[23], gelangte zu der überspitzten und dennoch nicht völlig abwegigen These, »dieses demoralisierende Ungeziefer hat wesentlich dazu beigetragen, daß wir den Krieg verloren«[24].

Auf die Erfahrungen, die die Soldaten während der berüchtigten »Schlammperiode« machen mußten, die mit den Regen- und Schneefällen im Herbst einsetzte, kann hier nicht eingegangen werden[25]. Auch die Entbehrungen, unter denen das Heer durch die bereits im Oktober 1941 aufkommende starke Kälte zu leiden hatte, müssen aus Platzgründen unerörtert bleiben. Über die Tatsache einer völlig mangelhaften Ausrüstung der Deutschen mit Winterbekleidung und die Folgen dieser Fehlplanungen ist in der Geschichts- und Erlebnis-Literatur viel geschrieben worden[26]. Die Wehrmacht hatte sich im Winter 1941/1942 damit abzufinden, daß die Ausfälle durch Erfrierungen und Krankheiten immer wieder größer waren als die Verluste durch Feindeinwirkung[27]. Insgesamt ist festzuhalten, daß die Strapazen, denen ein großer Teil der Soldaten im Rußlandkrieg von Anfang an ausgesetzt war, ein besonderes Ausmaß hatten und nicht einfach als »kriegsüblich« angesehen werden können. Ob sich die politische Führung und die Generalität vor dem 22. Juni 1941 darüber im klaren war, was sie den Truppen mit einem Angriff auf die Sowjetunion zumuten würde, muß bezweifelt werden. Die Planer gingen davon aus, ein militärisch schlecht gerüstetes Land im Blitzkriegverfahren besiegen zu können[28], sie besaßen nicht die Phantasie, sich auszumalen, daß allein schon die Weite und das Klima Rußlands kaum zu überwindende Widerstände setzen würden.

2. Kämpfe

Es versteht sich, daß das Thema »Kämpfe im Rußlandkrieg« eine außerordentliche Vielzahl von Aspekten bietet, die umfassend zu behandeln selbst in einer großangelegten Untersuchung kaum möglich wäre. Vor allem die mit den Kriegen in Polen und Frankreich nicht zu vergleichende Härte der Kämpfe ist es, die den Rußlandkrieg für sehr viele Beteiligte zu einem Schreckenserlebnis hat werden lassen, dessen traumatische Gewalt sich zwar im nachhinein immer wieder verdrängen, nicht aber wirklich vergessen läßt. Zu den Besonderheiten der Kämpfe in Rußland zählt z.B. das Auftauchen des russischen Panzers T-34, dessen Einsatz im Herbst 1941 für die Wehrmacht eine böse Überraschung bedeutete, da er den deutschen Panzern an Feuerkraft, Beweglichkeit und Panzerung klar überlegen war[29]. Der ehemalige Panzerkommandant Karl Rupp erklärte in einem um 1986 geführten Interviewgespräch, die »T-34 schossen unsere Panzer ab wie die Hasen«. Die Truppe, zu der Rupp gehörte, erlitt im Herbst und Winter 1941 schwere Verluste[30]. Eine massive Bedrohung stellten für die deutschen Soldaten auch die sogenannten Stalinorgeln dar, sowjetische Salvengeschütze, die in schneller Folge jeweils Dutzende von Granaten abfeuern konnten. Weiterhin entwickelte sich in der UdSSR ein besonderer, für beide Seiten verlustreicher Scharfschützenkrieg — all dies sind wesentliche Einzelheiten, die hier nur am Rande erwähnt werden können. Bevor ein anderes entscheidendes Merkmal des Rußlandkriegs, der massenhafte Einsatz von sowjetischen Infanteriesoldaten bei Sturmangriffen, etwas eingehender erörtert wird, sei kurz auf ein zusätzliches Charakteristikum hingewiesen.

Die Erzählungen von Max Landowski zeichnen sich durch eine bemerkenswerte Freimütigkeit aus. Da er den Rußlandkrieg nur bis Ende Januar 1942 miterlebte — eine Granatsplitterverletzung und Erfrierungen führten bei ihm zur Amputation des rechten Vorderfußes, mit der Folge einer späteren Entlassung vom Militär —, hat ihn vielleicht das Ausmaß der erlebten Schrecken nicht so völlig überwältigt, daß er das Sprechen darüber verweigert hätte. Landowski berichtete von Vorkommnissen, über die in der deutschen Geschichts- und Erlebnis-Literatur kaum jemals Näheres zu finden ist[31]:

»Bei Welikije Luki habe ich die erste Bekanntschaft mit russischen Frauenbataillonen gemacht. Ja, da waren Frauen im Einsatz. Aber die haben noch viel fanatischer gekämpft wie die Männer. Und diese Frauen wurden, weil sie aus'm Hinterhalt nochmal geschossen haben, mit Flammenwerfern niedergemacht. Die sprangen zurück in die Gräben, und da wurde das ganze Unternehmen gestoppt, und Pioniere rückten an mit Flammenwerfern und haben die Frauen mit Flammenwerfer aus'm Graben geholt. Die kamen dann raus mit brennenden Haaren, brennenden Kleidern. Und ich glaube, da kamen sehr wenige heil raus. Das habe ich gesehen, miterlebt. Ich war mit vorne.«

Die Stichworte »fanatischer als die Männer« und »Hinterhalt« können als Andeutungen verstanden werden, um das brutale Kampfverhalten der Deutschen zu rechtfertigen, doch im ganzen verzichtet Landowski darauf, sich das Erlebte durch Deutungen gefügig zu machen. Er benutzt auch nicht den Begriff »Flintenweiber«, eine Diffamierung, die durch die NS-Propaganda verbreitet war und die mit dazu diente, den sowjetischen Gegner als »Untermenschen« abzustempeln. In jüngster Zeit ist es durch die Veröffentlichung »Der Krieg hat kein weibliches Gesicht« von Swetlana Alexijewitsch auch in der Bundesrepublik Deutschland möglich geworden, sich von den Voraussetzungen des Kriegseinsatzes russischer Frauen, insbesondere vom Selbstverständnis dieser Frauen ein vorurteilsfreieres Bild zu verschaffen[32].

Die Schilderung Landowskis macht deutlich, daß der Begriff »Härte« zur Kennzeichnung der Kämpfe in Rußland unzureichend ist. Die Kämpfe waren nicht einfach nur »hart«, sondern von äußerster Brutalität, sie bedeuteten — was im Folgeabschnitt noch klarer sichtbar wird — einen Rückfall in die tiefste Barbarei. Auf die Frage nach der Schuld an diesem Rückfall, die gestellt werden muß, soll aber zunächst noch keine Antwort gesucht werden.

Ein wichtiges Charakteristikum für das Kampfgeschehen in der UdSSR war das Auftreten von russischen Infanteristen, die immer wieder ungeschützt in riesiger Zahl gegen die gut gesicherten Linien der Deutschen anrannten. Der Interviewte Karl Piotrowski berichtet:

»Die Russen haben erstmal alles mobilisiert, was zu mobilisieren war. Dann haben die, aus ihrer großen Weite haben die immer nur Menschen zusammengetrommelt; die zum Teil sinnlos geopfert wurden. Die bekamen irgendwas Schießbares in die Hand, und dann bekamen die noch 'ne Buddel Wodka mit, und dann sind die marschiert. Die kamen in *Wellen*, zu Tausenden.«

Ähnliches erzählt der Panzerschütze Fritz-Erich Diemke[33], der außerdem hinzufügt, seine Einheit sei in Bedrängnis geraten, weil die Munition knapp geworden sei. In einem Feldpostbrief vom 6. Januar 1942 stellt der Abiturient Helmut v. Harnack fest:

»Von der höheren russischen Führung kann man sagen, daß sie im Vergleich zum Weltkrieg ihre Unbeirrbarkeit gegenüber Verlusten noch gesteigert hat: Masseneinsatz unter ständigem Nachschieben neuer Verbände bis zum Ausbluten stellen keine Seltenheit dar[34].«

Aus verschiedenen Berichten geht hervor, daß die höchst verlustreiche Angriffstaktik der Sowjets keineswegs immer erfolglos geblieben ist[35]. Gleichwohl ergibt sich die Frage — sie wird neuerdings kritisch auch von der sowjetischen Forschung gestellt[36] —, ob die Massenopferung von Rotarmisten sinnvoll und unvermeidlich war. Wiederum kann hier nur auf ein Problem hingewiesen werden, ohne daß eine ausführliche Antwort erfolgt; die in deutlich rechtfertigender Absicht vorgebrachte Bemerkung des Interviewten Diemke, »umsonst« habe Rußland nicht zwanzig oder zweiundzwanzig Millionen Kriegstote zu beklagen gehabt[37], bleibt jedenfalls völlig unzureichend. Immerhin muß eingeräumt werden, daß die unvorstellbar hohe Zahl sowjetischer Kriegstoter zu einem gewissen Teil auch zurückzuführen ist auf problematische sowjetische Angriffsmethoden. Ansonsten dient der Hinweis auf das Phänomen des Masseneinsatzes sowjetischer Infanteristen ein weiteres Mal dem Zweck zu verdeutlichen, daß die Kämpfe im Rußlandkrieg von einer extremen Unbarmherzigkeit waren, einer Roheit, in der ein einzelnes Menschenleben nichts mehr galt.

3. Verbrechen

Die im vorangegangenen Abschnitt beschriebenen Einzelheiten können mit einem gewissen Zynismus als Vorgänge betrachtet werden, die sich immer noch in den Rahmen dessen einfügen, was für moderne Kriege vielfach charakteristisch ist. Massenmetzeleien auf dem Schlachtfeld hat es in großem Stil z.B. auch im Ersten Weltkrieg gegeben. Der Krieg in Rußland war jedoch darüber hinaus von Anfang an durch Brutalitäten gekennzeichnet, die das bisher bereits sichtbar gewordene Maß an Grausamkeit bei weitem überschritten. Es ist in der Forschung allgemein bekannt, daß die »verbrecherischen Befehle«[38] eine entscheidende Grundlage zur Organisation und ideologischen Ausrichtung einer Kriegführung bildeten, die auf eine immer von neuem erschreckende Weise kriminell war. Das ungeheure und niemals ganz zu begreifende Ausmaß der kriminellen Aktionen gerade auch der Wehrmacht und keineswegs nur der SS scheint erst in jüngerer Zeit durch eine Reihe neuer Veröffentlichungen etwas anschaulicher sichtbar zu werden[39]. Für die Alltagsgeschichtsforschung ergibt sich dabei die Frage, wieweit verbrecherische Handlungen zum mehr oder weniger selbstverständlichen Alltag des Landsers gehörten oder wieweit sie doch etwas Ausnahmehaftes blieben[40]. Der Gefreite Landowski beispielsweise erinnert sich schon für den kurzen Zeitraum, den er am Rußlandkrieg beteiligt war, verschiedener für ihn selbst ungewöhnlicher, für den Frontalltag insgesamt aber offenbar gewöhnlicher Vorfälle. (Die Schilderungen der zeitlich etwas auseinanderliegenden Begebenheiten sind nachfolgend ohne weiteren Kommentar aneinandermontiert[41].)

Landowski: Das war bei Velikie Luki. Da waren wir auf dem Marsch, und dann wurde mit einem Mal umgeleitet. Von der Straße über Felder, und die Straße führte durch eine Schlucht. Das war in der Mittagszeit. Und dann machten wir Mittagsrast, und dann auf einmal ging das Schießen los. Da hat die SS in diese Schlucht so zirka dreihundert gefangene Russen zusammengejagt und alle erschossen.

Interviewer: Das hast *du* gehört?

L.: Das hab ich ja — ich war ja hinterher da, das war doch bloß man vielleicht fünfhundert Meter von uns ab, wo wir Rast gemacht haben. Ich hab doch die Toten da gesehen.

I.: Einfach umgelegt.

L.: Einfach umgelegt. Da waren paar Kommissare zwischen, die konnte man ja an den blauen Hosen erkennen.

I.: Das waren alles Uniformierte?

L.: Alles Uniformierte.

I.: Und habt ihr regelrecht die Erschießung mitgekriegt? Ihr habt das Schießen gehört.

L.: Wir haben das Schießen ja gehört. Und auch das Jammern hinterher noch. Die sind ja nicht gleich tot gewesen wahrscheinlich.

I.: Wie lagen die denn da?

L.: Alle übereinander. Die sind wahrscheinlich gar nicht mal in Dreierformation marschiert. Ich nehme an, daß sie da irgendwie zusammengejagt wurden auf einen Haufen, damit sie ziemlich eng standen. Und da wurde von beiden Seiten reingehalten. Mit Maschinengewehren.

I.: Wie hat man darauf reagiert, daß da nun die Gefangenen von der SS erschossen wurden?

L.: Ja, da war man sich schon darüber klar, daß das Auswirkungen haben wird. Daß unsere Gefangenen dementsprechend auch behandelt werden, nicht wahr. [...]

Ich hab's erlebt — das ist vielleicht hier auch wichtig —, Oberst Blunk [Name geändert] war bestimmt ein guter Offizier. Der hatte hohe Auszeichnungen gehabt, der war auch nicht so ängstlich. Ich hab ihn miterlebt, selbst erlebt vorne in erster Stellung, mit Gewehr zu schießen und Granaten zu werfen. Und dieser Mann hat eine Frau aufhängen lassen. Die aufgehängte Frau hab ich gesehen. Das war im Winter. Es war eine Russin, und der Oberst hat sie aufgefordert, Brot zu backen. Da soll sie zu ihm — so die Aussage dessen, der dabei war — »Kamel« gesagt haben. Nun kann es auch sein, daß sie gesagt hat: »Kein Mehl«, nicht wahr. Denn die hatten ja *auch* nichts mehr gehabt, diese Leute. Aber trotzdem sie nichts hatten — ja, da wurde sie eben gehenkt. Die hing an so einer Scheune direkt neben dem Weg, und dann wurde in russisch da auf so'm Plakat aufgeschrieben, weshalb die auch da hängt. Eine jüngere Frau. [...]

Im Winter einmal, da kam ein Überläufer. Der war gut gekleidet, wintermäßig gut gekleidet. Der hatte Filzstiefel gehabt, der hatte Steppjacke oder Steppmantel gehabt und eine gute Fellmütze. Und als der übergelaufen ist, da fing man an, sich für seine Sachen zu interessieren. Der eine nimmt ihm die Mütze weg, der andere zieht ihm die Stiefel aus, der dritte braucht den Mantel. Und zuletzt stand der Kerl tatsächlich nur noch in Unterhosen da. Und da sagte der Leutnant — er sollte nämlich zurückgebracht werden zum Verhören. Und der Kompaniechef, der hat da den richtigen Mann mit losgeschickt. Kurze Zeit später krachte das, und der [Deutsche] kam wieder. Hat gemeldet, »Befehl ausgeführt«. Der hat ihn erschossen. So konnte der [Russe] nicht laufen, dann wäre er erfroren.

Wer sich längere Zeit mit Dokumenten zum Rußlandkrieg beschäftigt hat, wird die Erzählungen Landowskis von ihrem Inhalt her nicht aufsehenerregend finden. Sie sind aber bemerkenswert, weil sie im Rahmen eines biographischen Interviewgesprächs offen zur Sprache gebracht und nicht einfach als unangenehme Reminiszenzen des eigenen Lebens verschwiegen worden sind. Über die verbreitete Gewohnheit der Deutschen, dunkle Flecken der Vergangenheit aus dem Bewußtsein zu verdrängen, ist viel nachgedacht worden[42]. Die Mauer kollektiver Verdrängung bekommt jedoch allmählich immer tiefere Risse, und damit wird zugleich deutlich, mit welcher umfassenden Gründlichkeit unter den Deutschen eine schuldbeladene Vergangenheit verharmlost und verdrängt worden ist. Unter den Schweigern finden sich gelegentlich einzelne, die mit den Schrecken, die sie erlebt haben, herausrücken; oft gelingt ihnen das nur mühsam und stockend. Der Volkskundler Ludger Tekampe dokumentiert den Fall eines Mannes mit dem Decknamen Matthias Jung, dessen Kompanie — zu welchem Zeitpunkt, bleibt unbestimmt — zur SS abkommandiert wurde:

»In dem russischen Dorf, in dem sie sich damals einquartiert hatten, hatten sich kurz hintereinander zwei Partisanenanschläge ereignet, bei dem achtzehn SS-Soldaten ums Leben gekommen waren. Jung sagte nach einer kurzen Pause: ›Was sonst passiert ist, ich hab's gesehen.‹ Dabei wirkte er plötzlich aufgewühlt, ihm traten, nachdem er das gesagt hat, Tränen in die Augen. Ich sagte, hauptsächlich um überhaupt etwas zu sagen, es seien wahrscheinlich etliche erschossen worden. Daraufhin Matthias Jung: ›Der ganze Ort, alle! Restlos! Ja, die Zivilisten, die das gemacht haben, alle Zivilisten, die in dem Ort waren ... Auf jeder Ecke hat ein Maschinengewehr gestanden, und da haben sie sämtliche Häuser in Brand gesteckt und was herauskommt ... Meiner Ansicht nach mit Recht[43]!‹«

Die Schlußbemerkung Jungs offenbart das ganze Ausmaß der psychischen Bedrängnis, in der diejenigen leben, die während des Krieges als Zeugen oder Mittäter an verbrecherischen Handlungen beteiligt waren. Da es für alle Menschen grundsätzlich schwierig ist, Schuld einzugestehen — lieber wehrt man die Zumutung zäh und beharrlich mit dem Argument der »Nestbeschmutzung« ab[44] —, kann es nicht verwundern, daß auch unter Wissenschaftlern immer wieder Vertreter auftauchen, die bereit wären, dem verstockten »mit Recht!« des Befragten Jung durch unterstützende Argumente beizupflichten. Die Diskussion darüber, ob das Verhalten von Wehrmacht und SS berechtigt und angemessen war, wenn nach Partisanenangriffen in überaus grausamen Vergeltungsaktionen hauptsächlich Zivilisten ermordet wurden, braucht hier nicht noch einmal in extenso geführt zu werden. Deutsche Truppen hatten die Sowjetunion überfallen, sie kamen als Eindringlinge und Eroberer. Auf der Grundlage der »verbrecherischen Befehle« war vorab geregelt, daß der Kommunist — »vorher kein Kamerad und nachher kein Kamerad«[45] — mit allen, d.h. gerade auch unerlaubten Mitteln in einem Vernichtungskampf ausgerottet werden sollte. Konventionen zur Gewährleistung eines »zivilisierten« Krieges wurden vorsätzlich mißachtet und außer Kraft gesetzt[46]. Unter solchen Voraussetzungen ist eine Argumentation einigermaßen grotesk, die von den Partisanen eine Einhaltung »gesitteter« Spielregeln des Krieges fordert[47]. Die zweifellos auch auf seiten der Partisanen vorhandene »atavistische Grausamkeit« wird damit zum Vorwand genommen, um das deutsche Vorgehen nachträglich zu rechtfertigen; Ursachen und Folgen werden vertauscht[48].

Durch die zunehmende Kenntnis des Verhaltens der Soldaten an der Basis der Armeen erschließt sich die verbrecherische Dimension der deutschen Kriegführung nicht mehr nur »von oben«, im Wissen um die kriminellen Planungen, Befehle und Erlasse, sondern auch »von unten«, im Wissen um eine Kampf- und Besatzungspraxis, bei der unterschiedslos alle Einwohner der Sowjetunion, ob Soldaten oder Zivilisten, vogelfrei geworden waren. Jeder nichtige Anlaß konnte genügen, oder es brauchte auch gar keinen Anlaß, um einen Russen in den Tod zu befördern[49]. Eine Lektüre der von Ortwin Buchbender und Reinhold Sterz edierten Feldpostbriefe läßt auf eine geradezu Entsetzen erregende Weise deutlich werden, wie sehr Armeebefehlshaber und die »einfachen Soldaten« an einem Strang zogen. So wie die Politiker und Generale im voraus, also lange vor dem 22. Juni 1941, mit unumstößlicher Sicherheit »wußten«, daß ihnen im »Träger der jüdisch-bolschewistischen Weltanschauung«[50] ein »asoziales Verbrechertum«[51] »heimtückisch und aus dem Hinterhalt«[52] entgegentreten werde, so waren auch allzuviele Soldaten unterer Dienstgrade im voraus davon überzeugt, auf einen heimtückischen, hinterhältigen Gegner zu stoßen[53], dem gegenüber jede Schonung unangebracht war. Gemäß dem Schema einer self fulfilling prophecy stießen die Invasoren überall auf eine Realität, die genau ihren ideologischen Erwartungen entsprach. Selbstverständlich war in diesem Verblendungszusammenhang stets der Gegner »verhetzt«[54], während man von der eigenen Verhetzung nichts wußte. Das von der Führung und der Propaganda bereitgestellte Feindbild mit seinen Erklärungs- und Rechtfertigungsklischees wurde von den Truppenangehörigen massenhaft aufgegriffen und verinnerlicht. Damit galt seit dem ersten Tag des Rußlandkriegs tatsächlich das, was Generaloberst Hoepner am 2. Mai 1941 in einem Befehl zur bevorstehenden Kampfführung im Osten gefordert hatte:

»Dieser Kampf muß die Zertrümmerung des heutigen Rußland zum Ziele haben und deshalb mit unerhörter Härte geführt werden. Jede Kampfhandlung muß in Anlage und Durchführung von dem eisernen Willen zur erbarmungslosen, völligen Vernichtung des Feindes geleitet sein[55].«

Es wäre ein leichtes, die Beispiele für die Verbrechen, die von deutscher Seite gerade während des ersten Kriegsjahres in der Sowjetunion verübt worden sind, in schier endloser Folge aneinanderzureihen. Wenn es z. B. einzelnen deutschen Soldaten so ergehen mochte, daß sie nur »manchmal« einen Gehenkten sahen[56], so erlebten es andere, daß ihnen »oft« Gefangene entgegenkamen — stets wurden sie gemustert mit ideologisch präpariertem Blick: einzeln oder in Massen kamen sie, »stumpf, tierisch und zerlumpt — und doch oft heimtückisch«[57]. Die sowjetischen Gefangenen wurden entweder gleich getötet[58] oder während der Rückmärsche erschossen, sie wurden massenweise in Lagern umgebracht oder man ließ sie verhungern[59]. Dazu der Interviewte Paulsen, der nach Riga versetzt wurde:

»Und dann hörte ich im Winter, nach einem halben Jahr des Ostfeldzuges, von zwei Offizieren hinter mir im Kasino: ›Wir haben den Auftrag, die russischen Kriegsgefangenen verhungern und erfrieren zu lassen.‹ Hier, ich kann so machen [hebt die Hand zum Schwur][60].«

Ob es ausdrückliche Weisungen gab oder nicht, in der Praxis ließ man Hunderttausende von Gefangenen tatsächlich verhungern und erfrieren[61]. Christian Streit hat in einer mittlerweile klassisch zu nennenden Untersuchung überzeugend dargelegt, daß die Dezimierung und

Ausrottung der sowjetischen Kriegsgefangenen Bestandteil eines kalkulierten Vernichtungsprogramms war.

In der Tat ist es berechtigt und angemessen, dem Schriftsteller Michael Schneider folgend davon zu sprechen, daß in der Sowjetunion ein »zweiter Genozid« stattgefunden hat[62]. Dieser zweite Völkermord ist in der bundesdeutschen Öffentlichkeit bis heute nicht ansatzweise so deutlich wahrgenommen worden wie der Völkermord an den Juden. Der für die Prozedur der Schuldabwälzung grundlegende Mechanismus der Ab- und Umlenkung funktioniert weiterhin: Indem man sich der Verbrechen an den Juden bewußt ist, braucht man über die Verbrechen an Sowjetrussen nicht nachzudenken. Demselben Mechanismus entsprechend wird bis heute, wie Heinrich Böll im Jahr 1981 bemerkte, die deutsche Wehrmacht geschont[63]: Indem man um die Verbrechen der SS weiß, braucht man sich um die Verbrechen der Wehrmacht nicht zu kümmern. Ein genauerer Blick auf die Erfahrungen deutscher Mannschaftssoldaten kann mithelfen, sich darüber klar zu werden, daß das dunkelste Kapitel der deutschen Geschichte in wichtigen Teilen immer noch zu rosig gesehen wird. Von der Spitze herab bis zur Basis war die Wehrmacht an Kriegsverbrechen weitaus massiver beteiligt, als man in der Öffentlichkeit und vielfach auch unter Wissenschaftlern wahrhaben möchte. Diesen Tatbestand bewußt zu machen dient nicht der »Nestbeschmutzung«, sondern der Nestreinigung, nicht zuletzt im Zeichen einer angestrebten Versöhnung mit der Sowjetunion.

Anmerkungen

[1] Andreas Hillgruber, Vorwort, in: Sergej Fröhlich, General Wlassow. Russen und Deutsche zwischen Hitler und Stalin, Köln 1987, S. 5.

[2] Wolfram Wette, »Es roch nach Ungeheuerlichem«. Zeitzeugenbericht eines Panzerschützen über die Stimmung in einer Einheit des deutschen Ostheeres am Vorabend des Überfalls auf die Sowjetunion 1941, in: 1999. Zeitschrift für Sozialgeschichte des 20. und 21. Jahrhunderts, 4 (1989), H. 4, S. 63.

[3] Wolfram Wette, Sowjetische Erinnerungen an den deutschen Vernichtungskrieg, in: Paul Kohl, »Ich wundere mich, daß ich noch lebe«. Sowjetische Augenzeugen berichten, Gütersloh 1990, S. 311.

[4] Vgl. Andreas Hillgruber, Gerhard Hümmelchen, Chronik des Zweiten Weltkrieges. Kalendarium militärischer und politischer Ereignisse 1939—1945, Düsseldorf 1978 (= Athenäum/Droste Taschenbücher Geschichte, Bd 7218), S. 78.

[5] Siehe dazu die Habilitationsschrift des Verfassers: Die gestohlenen Jahre. Erzählgeschichten und Geschichtserzählung im Interview: Der Zweite Welt-

krieg aus der Sicht ehemaliger Mannschaftssoldaten. Die Arbeit erscheint 1991 in der Reihe »Studien und Texte zur Sozialgeschichte der Literatur« im Max Niemeyer Verlag Tübingen.

[6] Dazu Näheres bei Hans Joachim Schröder, Das Kriegserlebnis als individuell-biographische und kollektiv-historische Erfahrung. Ehemalige Mannschafts-soldaten erzählen vom Zweiten Weltkrieg, in: BIOS, 1 (1988), H. 2, S. 39—48.

[7] Vgl. Das andere Gesicht des Krieges. Deutsche Feldpostbriefe 1939—1945, hrsg. von Ortwin Buchbender und Reinhold Sterz, München 1982, S. 71; Helmut Fuchs, Wer spricht von Siegen. Der Bericht über unfreiwillige Jahre in Ruß-land, München, Hamburg 1987, S. 12; Erich Kuby, Mein Krieg. Aufzeichnun-gen aus 2129 Tagen, München 1975, S. 95, 99; Paul Hübner, Lappland Tage-buch 1941, Kandern 1985, S. 56. — Die stalinsche Führung besaß zwar Kennt-nis von der deutschen Truppenkonzentration, hielt aber gegenüber der deut-schen Regierung bis zuletzt an einer Politik der Beschwichtigung fest. Dazu ausführlich Bianka Pietrow-Ennker, Deutschland im Juni 1941 — ein Opfer sowjetischer Aggression? Zur Kontroverse über die Präventivkriegsthese, in: Der Zweite Weltkrieg. Analysen — Grundzüge — Forschungsbilanz. Im Auftrag des Militärgeschichtlichen Forschungsamtes hrsg. von Wolfgang Michalka, München, Zürich 1989 (= Serie Piper, Bd 811), S. 586—607.

[8] Max Landowski (ein Pseudonym), 1920 in Westpreußen geboren, ist von Beruf Landarbeiter. Am Rußlandkrieg nimmt er im Jahr 1941 als Funk-truppführer teil. Das 253. Artillerieregiment gehört der 253. Infanteriedivi-sion, bei Beginn des Rußlandkriegs ein Truppenteil der 16. Armee der Hee-resgruppe Nord (siehe Kriegstagebuch des Oberkommandos der Wehrmacht (Wehrmachtführungsstab). Geführt von H. Greiner und P. E. Schramm. Im Auftrag des Arbeitskreises für Wehrforschung hrsg. von Percy Ernst Schramm, Studienausgabe, 2. Halbbd I/2, Herrsching 1982, S. 1137). Das Interview mit Max Landowski durch den Verf. fand statt am 14.7.1979; die im weiteren Verlauf zitierten Äußerungen stammen aus diesem Interview.

[9] Das deutsch-sowjetische Handelsabkommen wurde am 19.8.1939 geschlos-sen. Siehe Pietrow-Ennker (wie Anm. 7), S. 593.

[10] Vgl. entsprechend Wette, »Es roch« (wie Anm. 2), S. 72 f. Dazu auch Kriegs-briefe gefallener Studenten. 1939—1945, hrsg. von Walter und Hans W. Bähr, Tübingen, Stuttgart 1952, S. 69.

[11] Kain, wo ist dein Bruder? Was der Mensch im Zweiten Weltkrieg erleiden mußte — dokumentiert in Tagebüchern und Briefen, hrsg. von Hans Dol-linger, München 1983, S. 79.

[12] Siehe dazu Kohl (wie Anm. 3), S. 50, 68; Swetlana Alexijewitsch, Der Krieg hat kein weibliches Gesicht, Hamburg 1989, S. 104; Konstantin Simonow, Kriegstagebücher. Erster Band 1941, München 1979, S. 217, 529; Udo v. Alvensleben, Lauter Abschiede. Tagebuch im Kriege, hrsg. von Harald v. Koenigswald, Frankfurt a. M., Berlin, Wien 1971, S. 62.

[13] John Lukacs, Der letzte europäische Krieg 1939—1941. Die Entmachtung Europas, München 1980 (= dtv, Bd 1558), S. 323. Siehe dazu auch Deut-sche im Zweiten Weltkrieg. Zeitzeugen sprechen, hrsg. von Johannes Stein-hoff u. a., München 1989, S. 211.

[14] Reinhold Pabel, Feinde sind auch Menschen, Oldenburg (Oldb.), Hamburg 1957, S. 49; vgl. auch ebd., S. 63 f.

[15] Siehe Michael Schneider, Das »Unternehmen Barbarossa«. Die verdrängte Erblast von 1941 und die Folgen für das deutsch-sowjetische Verhältnis, Frankfurt a. M. 1989 (= Sammlung Luchterhand, Bd 857), S. 106 f.

[16] Vgl. Alvensleben (wie Anm. 12), S. 417 f.

[17] Kriegsbriefe (wie Anm. 10), S. 50.

[18] Vgl. Fuchs (wie Anm. 7), S. 19 ff.

[19] Kriegsbriefe (wie Anm. 10), S. 71.

[20] Vgl. Fuchs (wie Anm. 7), S. 21; Kain (wie Anm. 11), S. 100; Hübner (wie Anm. 7), S. 72, 104 f., 121.

[21] Deutsche (wie Anm. 13), S. 219. Kain (wie Anm. 11), S. 87.

[22] Vgl. dazu Kriegsbriefe (wie Anm. 10), S. 87, 89; Fuchs (wie Anm. 7), S. 29; Mein Tagebuch. Geschichten vom Überleben 1939—1947, hrsg. von Heinrich Breloer, Köln 1984, S. 98 f.; Ludger Tekampe, Kriegserzählungen. Ein[e] Studie zur erzählerischen Vergegenwärtigung des Zweiten Weltkrieges, Mainz 1989, S. 125.

[23] Siehe Heinrich Böll, Lew Kopelew, Warum haben wir aufeinander geschossen?, Bornheim-Merten 1981, S. 24.

[24] Heinrich Böll, Das Vermächtnis. Erzählung, Bornheim 1982, S. 145.

[25] Vgl. dazu etwa Fuchs (wie Anm. 7), S. 27; Klaus Reinhardt, Die Wende vor Moskau. Das Scheitern der Strategie Hitlers im Winter 1941/42, Stuttgart 1972, S. 72 ff. Horst Rohde, Das deutsche Wehrmachttransportwesen im Zweiten Weltkrieg, Stuttgart 1971, S. 177 f.

[26] Vgl. Reinhardt (wie Anm. 25), S. 126 ff.; Heinz Guderian, Erinnerungen eines Soldaten, Heidelberg 1951, S. 225 ff., 242; Das andere Gesicht (wie Anm. 7), S. 86; Hasso G. Stachow, Der kleine Quast, München, Zürich 1979, S. 205.

[27] Lothar Gruchmann, Der Zweite Weltkrieg. Kriegführung und Politik, München ⁶1979 (= dtv-Weltgeschichte, Bd 4010), S. 128 f.

[28] Vgl. Horst Boog u. a., Der Angriff auf die Sowjetunion (= Das Deutsche Reich und der Zweite Weltkrieg, Bd 4), Stuttgart 1983, S. XIV.

[29] Vgl. Lexikon des Zweiten Weltkrieges mit einer Chronik der Ereignisse von 1939—1945 und ausgewählten Dokumenten, hrsg. von Christian Zentner, Herrsching (1979), S. 201; Guderian (wie Anm. 26), S. 210 ff.

[30] Deutsche (wie Anm. 13), S. 199.

[31] Vgl. immerhin Kain (wie Anm. 11), S. 138; Pabel (wie Anm. 14), S. 77. Dazu Ursula v. Gersdorff, Frauen im Kriegsdienst 1914—1945, Stuttgart 1969, S. 90 f.

[32] Alexijewitsch (wie Anm. 12).

[33] Zu den Biographien von Karl Piotrowski und Fritz-Erich Diemke — die Namen sind wiederum Pseudonyme — siehe Hans Joachim Schröder, Kasernenzeit. Arbeiter erzählen von der Militärausbildung im Dritten Reich, Frankfurt a. M., New York 1985, S. 251, 257. Piotrowski und Diemke wurden 1978 interviewt im Verlauf eines Projekts, das ausführlich beschrieben ist bei Albrecht Lehmann, Erzählstruktur und Lebenslauf. Autobiographische Untersuchungen, Frankfurt a. M., New York 1983.

[34] Kriegsbriefe (wie Anm. 10), S. 94. Vgl. auch Jochen Köhler, Klettern in der Großstadt. Geschichten vom Überleben 1933 bis 1945, Berlin 1981 (= Wagenbachs Taschenbücherei, Bd 85), S. 47.

[35] Vgl. Hansheinrich Grunert, Der zerrissene Soldat, Berlin 1962, S. 216. Deutsche (wie Anm. 13), S. 210.

[36] Siehe Hans-Henning Schröder, Die Lehren von 1941. Die Diskussion um die Neubewertung des »Großen Vaterländischen Krieges« in der Sowjetunion, in: Der Zweite Weltkrieg (wie Anm. 7), S. 609, 613 f. Dazu Elfie Siegl, Eine der üblichen Paraden und ein paar unübliche Worte, in: Frankfurter Rundschau vom 10.5.1990.

[37] Nach Angaben des Stellvertretenden Verteidigungsministers der UdSSR, Suchorukov, ist bekannt, daß die Sowjetunion im Zweiten Weltkrieg »zwischen 27 bis 28 Millionen Menschen verloren« hat. Siehe Frankfurter Rundschau vom 21.4.1990.

[38] Siehe Hans-Adolf Jacobsen, Kommissarbefehl und Massenexekutionen sowjetischer Kriegsgefangener, in: Hans Buchheim u. a., Anatomie des SS-Staates, Bd 2, München ^{2}1979 (= dtv, Bd 2916), S. 174—192; »Unternehmen Barbarossa«. Der deutsche Überfall auf die Sowjetunion 1941. Berichte, Analysen, Dokumente, hrsg. von Gerd R. Ueberschär und Wolfram Wette, Paderborn 1984, S. 298—318. Dazu Christian Streit, Keine Kameraden. Die Wehrmacht und die sowjetischen Kriegsgefangenen 1941—1945, Stuttgart ^{2}1980, S. 28—61; Angriff (wie Anm. 28), S. 413—447.

[39] Siehe »Gott mit uns«. Der deutsche Vernichtungskrieg im Osten 1939—1945, hrsg. von Ernst Klee und Willi Dreßen, Frankfurt a. M. 1989; »Schöne Zeiten«. Judenmord aus der Sicht der Täter und Gaffer, hrsg. von Ernst Klee u. a., Frankfurt a.M. ^{4}1988; Frieden mit der Sowjetunion — eine unerledigte Aufgabe, hrsg. von Dietrich Goldschmidt, Gütersloh 1989 (= Gütersloher Taschenbücher/Siebenstern, Bd 582); Schneider (wie Anm. 15); Kohl (wie Anm. 3). Siehe außerdem Streit, Kameraden (wie Anm. 38), S. 106—127; ders., Die Behandlung der sowjetischen Kriegsgefangenen und völkerrechtliche Probleme des Krieges gegen die Sowjetunion, in: »Unternehmen Barbarossa« (wie Anm. 38), S. 197—218; Helmut Krausnick, Hans-Heinrich Wilhelm, Die Truppe des Weltanschauungskrieges. Die Einsatzgruppen der Sicherheitspolizei und des SD 1938—1942, Stuttgart 1981, S. 205—278; Manfred Messerschmidt, Harte Sühne am Judentum. Befehlslage und Wissen in der deutschen Wehrmacht, in: »Niemand war dabei und keiner hat's gewußt«. Die deutsche Öffentlichkeit und die Judenverfolgung 1933—45, hrsg. von Jörg Wollenberg, München 1989 (= Serie Piper, Bd 1066), S. 113—128.

[40] Dazu Omer Bartov, Extremfälle der Normalität und die Normalität des Außergewöhnlichen: Deutsche Soldaten an der Ostfront, in: Über Leben im Krieg. Kriegserfahrungen in einer Industrieregion 1939—1945, hrsg. von Ulrich Borsdorf und Mathilde Jamin, Reinbek b. Hamburg 1989 (= rororo Sachbuch, Bd 8739), S. 148—161.

[41] Vgl. Anm. 8. Das erste der drei von Landowski erzählten Vorkommnisse ist ergänzt um einige Details, die der Gewährsmann während eines am 14.2.1982 geführten Nachfrage-Interviews berichtet hat.

[42] Vgl. etwa Sophinette Becker, Der Umgang der Deutschen in der Bundesrepublik mit Krieg und Verbrechen in der Sowjetunion, in: Frieden mit der Sowjetunion (wie Anm. 39), S. 358—374; Jörg Wollenberg, Niemand war dabei und keiner hat's gewußt. Zur Öffentlichkeit der Verfolgung und Vernichtung der Juden in Deutschland, in: »Niemand« (wie Anm. 39), S. 9—17.

43 Tekampe, Kriegserzählungen (wie Anm. 22), S. 116 f.; vgl. ebd. auch S. 128 ff., 191. Ferner Rady Fish und Michael Schneider, Iwan der Deutsche. Eine deutsch-sowjetische Reise aus der Vergangenheit in die Gegenwart, Frankfurt a.M. 1989, S. 110, 201; Kain (wie Anm. 11), S. 81, 86.

44 Vgl. Messerschmidt (wie Anm. 39), S. 113 f.

45 So Hitler am 30.3.1941 nach den Aufzeichnungen von Generaloberst Halder, zit. nach »Unternehmen Barbarossa« (wie Anm. 38), S. 303.

46 Vgl. Streit, Kameraden (wie Anm. 38), S. 36.

47 Vgl. Angriff (wie Anm. 28), S. 755. Ähnlich Hans Paul Bahrdt, Die Gesellschaft und ihre Soldaten. Zur Soziologie des Militärs, München 1987, S. 113.

48 Streit, Behandlung (wie Anm. 39), S. 217.

49 Vgl. »Gott mit uns« (wie Anm. 39), S. 145.

50 Jacobsen (wie Anm. 38), S. 176.

51 Wie Anm. 45.

52 Wie Anm. 50. Entsprechend etwa auch »Unternehmen Barbarossa« (wie Anm. 38), S. 306.

53 Vgl. Das andere Gesicht (wie Anm. 7), S. 73: In einem Brief vom 3.7.41 ist davon die Rede, gefährlich sei das »Heckenschützentum«; dazu ebd. S. 84. Ferner Kain (wie Anm. 11), S. 81.

54 Das andere Gesicht (wie Anm. 7), S. 74, 76.

55 »Unternehmen Barbarossa« (wie Anm. 38), S. 305.

56 Das andere Gesicht (wie Anm. 7), S. 80. Vgl. Pabel (wie Anm. 14), S. 70; »Gott mit uns« (wie Anm. 39), S. 44 ff.; Kain (wie Anm. 11), S. 108.

57 Das andere Gesicht (wie Anm. 7), S. 84.

58 Vgl. Kain (wie Anm. 11), S. 83 f., 86; Böll, Kopelew (wie Anm. 23), S. 32; Bartov (wie Anm. 40), S. 158.

59 Siehe Kain (wie Anm. 11), S. 114; »Gott mit uns« (wie Anm. 39), S. 36 f., 138, 141—147; Kohl (wie Anm. 3), S. 78 f., 110, 140, passim. Dazu Schneider (wie Anm. 15), S. 59 ff.

60 Zur Biographie von Paulsen (ein Pseudonym) siehe Schröder, Kasernenzeit (wie Anm. 33), S. 256 f.

61 Dazu Streit, Kameraden (wie Anm. 38), S. 10: »[E]twa 3,3 Millionen der insgesamt rund 5,7 Millionen sowjetischer Kriegsgefangener (57,8 Prozent) kamen in deutscher Gefangenschaft um.« Vgl. ebd., S. 244 ff.

62 Fish, Schneider (wie Anm. 43), S. 111, 226.

63 Böll, Kopelew (wie Anm. 23), S. 33.

Omer Bartov

Von unten betrachtet:
Überleben, Zusammenhalt und Brutalität
an der Ostfront

Die endlose Flut historischer Monographien über die Wehrmacht hat bisher zwei grundlegende, miteinander verknüpfte Themen noch wenig behandelt. Zunächst einmal wissen wir zwar eine Menge über die politischen, wirtschaftlichen und militärischen Aspekte des Krieges, das heißt über die höheren Ebenen der Kriegführung; unser Wissen über die Erfahrungen der Soldaten an der Front ist bis heute jedoch eher unvollkommen und fragmentarisch. Des weiteren wachsen zwar die aus den enormen dokumentarischen Beständen der Archive zusammengetragenen Daten und Informationen immer weiter an, wir stehen aber noch vor der gewaltigen Aufgabe, diese Information sinnvoll zu verwerten und die abweichenden, oft widersprüchlichen Aussagen von Historikern, die sich mit den Bereichen Armee, Krieg und Gesellschaft befassen, miteinander zu verknüpfen[1].

Die folgende Arbeit bietet daher eine neue Interpretation der Kriegserfahrungen der Mannschaftsdienstgrade, Unteroffiziere und Subalternoffiziere (bis zum Hauptmann) an der Ostfront[2]. Das Hauptargument dieser Abhandlung lautet, daß es von entscheidender Bedeutung ist, das Zusammenwirken der verschiedenen Aspekte des Lebens an der Front zu analysieren, um das Verhalten der Soldaten des Ostheeres im Gefecht und gegenüber Kriegsgefangenen sowie Zivilisten überhaupt verstehen zu können und einen tieferen Einblick in ihre Selbsteinschätzung und ihr Bild vom Gegner zu erhalten. Anders ausgedrückt, es wird die These aufgestellt, daß körperliches Überleben und geistige Abnutzung, Verluste und Zusammenhalt, drakonische Disziplin und Brutalität, Indoktrinierung und kriminelle Methoden zusammengenommen einen Teil der täglichen Fronterfahrung des Soldaten ausmachten, seine Ansichten prägten und seine Handlungsweise bestimmten. Man sollte sich ferner darüber im klaren sein, daß diese Kriegserfahrung einen tiefen Eindruck in der Erinnerung der Veteranen und demzufolge auch in der kollektiven Erinnerung der Gesellschaft hinterlassen hat, in die diese Veteranen nach dem Ende des Krieges wieder eingegliedert wurden.

I

Es besteht ein offenkundiger Widerspruch zwischen dem Image der Wehrmacht zu Beginn des Zweiten Weltkrieges als modernste und best-ausgerüstete Armee ihrer Zeit und dem verzweifelten Kampf der deutschen Truppen während der letzten Kriegsjahre gegen einen zahlenmäßig und materiell weit überlegenen Gegner. Die Sowjetunion, die Vereinigten Staaten und Großbritannien warfen soviel mehr Soldaten ins Gefecht und produzierten soviel mehr Panzer, Flugzeuge, Geschütze und Schiffe, daß das Reich langfristig gesehen unter keinen Umständen hoffen konnte, den Krieg zu gewinnen. Es ist vielmehr bemerkenswert, daß die Wehrmacht den Krieg überhaupt noch so lange weiterführte[3].

Diese Situation brachte nun wichtige Konsequenzen für die Erfahrungen der Soldaten an der Front mit sich. Wenn die deutschen Soldaten während des Frankreichfeldzuges den Eindruck hatten, dem Feind materiell und technisch weit überlegen zu sein (eine Ansicht, die der Gegner zwar teilte, die aber dennoch nicht ganz der Wirklichkeit entsprach)[4], so wurden im Winter 1941/42 die Grenzen der menschlichen und industriellen Ressourcen Deutschlands immer deutlicher[5]. An der Front schlug sich dies einerseits in einer wachsenden Personalknappheit, andererseits in der Tatsache nieder, daß das in den Kampftruppenteilen verfügbare Gerät immer stärker dem neuesten Stand der Technik hinterherhinkte. Während also die Personalstärke in allen Truppenteilen rasch zurückging und die verfügbaren Waffen und Geräte immer knapper wurden, ging die Entwicklung neuartiger Waffen und Technologien, die erforderlich waren, um einem überraschend gut ausgerüsteten Feind unter geographisch und klimatisch außergewöhnlich schweren Bedingungen gegenüberzutreten, nur sehr langsam vonstatten; standen derartige Waffen schließlich doch bereit, dann meist in viel zu geringen Stückzahlen. Das dramatischste Beispiel hierfür waren die Panzertruppenteile, von denen viele dies nur dem Namen nach blieben, nachdem sie die meisten, in manchen Fällen sogar alle Panzer in den schrecklichen Schlachten während des ersten Winters in Rußland verloren hatten. Im November 1941 zum Beispiel hatte die 18. Panzerdivision nur noch insgesamt 14 Panzer im Einsatz[6], während die ursprünglich 1 000 Panzer der Panzergruppe 2 auf ganze 150 reduziert worden waren[7]. Umgekehrt trat man den sowjetischen Panzern nicht selten mit veralteten und wirkungslosen Panzerabwehrwaffen gegenüber, deren Geschosse, wie unter anderem die 12. Infanteriedivision berichtete, einfach von der gegnerischen Panzerung abprallten[8].

In der unermeßlichen Weite des besetzten russischen Gebietes lebten die deutschen Soldaten zudem unter Bedingungen, die in bemerkenswerter Weise an die der Westfront von 1914—1918 erinnerten. So berichtete der Kommandierende General des II. Korps am 28.10.1941: »Schützenlöcher und Unterstände stehen voll Wasser. Letztere fallen ein [...] Die Menschen liegen seit Wochen im Regen und stehen im knietiefen Lehm. Auswechslung der nassen Bekleidung ist nicht möglich[9].« Der große Unterschied zum Ersten Weltkrieg war jedoch, daß die Rote Armee rasch mit vergleichsweise modernen Waffen ausgerüstet wurde, wohingegen die Fronttruppenteile des Ostheeres gezwungen waren, auf immer primitivere Mittel zur Verteidigung ihrer gefährdeten Linien zurückzugreifen.

Die Fronttruppen litten akut unter der wachsenden Personal- und Materialknappheit. Der Mangel an wirkungsvollen Waffen führte zu höheren Ausfällen, der Mangel an Personalersatz zu chronischer Übermüdung und Erschöpfung. Unterdessen mußten die Männer an der Front, da das Versorgungssystem im Zusammenbruch begriffen war, auf dem Höhepunkt des russischen Winters lange Zeit mit ungenügender Bekleidung, unzureichenden Verpflegungsrationen und äußerst erbärmlichen Unterkünften zurechtkommen. All diese Faktoren zusammengenommen riefen unter den Soldaten eine akute Krisenstimmung hervor. Der körperliche und geistige Verfall der Truppe beschleunigte sich, und die Zahl von Erkrankungen und Nervenzusammenbrüchen stieg stark an. Das Infanterieregiment 27 berichtete zum Beispiel im April 1942: »Die Truppe ist stark überanstrengt. Dies wird von Tag zu Tag mehr erkennbar in zunehmendem Kräfteverfall, Gewichtsabnahme und zunehmender Nervosität und wirkt sich auf die Kampfführung in steigendem Umfang [...] infolge Übermüdung und Überreizung der Nerven hemmend aus[10].« Am alarmierendsten waren natürlich die Verluste im Gefecht, die sich bis zum Frühjahr 1942 auf ein Drittel der Gesamtstärke des Ostheeres beliefen, wobei der Anteil bei den Angehörigen der Kampftruppenteile naturgemäß noch wesentlich höher lag[11]. Die personelle Fluktuation war so hoch, daß Gruppen, Züge und Kompanien in vielen Fällen als zusammenhängende soziale Einheiten einfach nicht mehr existierten, obwohl die Großverbände, ungeachtet ihrer tatsächlichen Stärke, formell bestehen blieben und ihre Bezeichnungen behielten. So bestanden Mitte Dezember 1941, um nur einige Beispiele zu nennen, die 6. und 7. Panzerdivision nur noch aus 180 bzw. 200 Soldaten, und das gesamte LVI. Panzerkorps verfügte über 1 821 »Kämpfer«[12]. Bis zum Ende des Monats bestand die 18. Panzerdivision nur noch aus vier *Infanterie*bataillonen[13]. Die 12. Infanterie-division berichtete im Winter 1942, daß die offiziellen Einheitsbezeichnungen die Wirklichkeit auch nicht im entferntesten widerspiegelten; bereits im April hatte sie gemeldet, daß eine ihrer Kompanien aus Soldaten 17 verschiedener Einheiten bestehe und nicht weniger als 17 Kompanien von Unteroffizieren geführt würden[14]. Die sechste Grenadierkompanie der Division »Großdeutschland« verlor zwischen Ende Juli und Mitte November 1943 im Durchschnitt einen Kompaniechef pro Woche, wobei ihre Gesamtstärke oft bei nur noch fünf Soldaten lag[15]. Frische Rekruten aus dem rückwärtigen Raum wurden oft in die Schlacht geworfen, ohne irgendeine Chance gehabt zu haben, sich an die Gefechtsbedingungen zu gewöhnen oder ihre Kameraden richtig kennenzulernen, eine Praxis, die nicht unerwartet zu verheerenden Verlusten führte[16]. In besonderen Notlagen griffen die Verbände auf die Bildung von »Alarmeinheiten« zurück, die aus Versorgungssoldaten ohne jegliche vorherige Gefechtsausbildung bestanden, und auch hier waren die Verluste natürlich außergewöhnlich hoch[17].

Abgesehen von der Tatsache, daß die Überlebenschance des einzelnen Frontsoldaten stark reduziert wurde und er physisch und psychisch übermäßig stark beansprucht wurde, zeitigten die schrecklichen Bedingungen an der Front noch andere Konsequenzen[18]. Der permanente Krisenzustand im Osten führte nämlich zu einer erheblichen Beschleunigung des schon Mitte der dreißiger Jahre begonnenen Strukturwandels der Wehrmacht, die nun schnell zu dem wurde, was man nur noch als »Hitlers Armee« bezeichnen kann[19]. Das Debakel des ersten Winters in Rußland entfesselte eine Reihe von Säuberungen unter den Generalen und gab Hitler eine immer größere Kontrolle über die Militärmaschinerie[20]. Wichtiger war noch, daß dadurch die Tür zu einer tiefgreifenden Radikalisierung jener Mittel geöffnet wurde, die die Wehrmacht zur Aufrechterhaltung des Zusammenhaltes ihrer Kampftruppenteile anwandte. Die deutsche Armee hatte eine lange Tradition in der Personal- und Truppenorganisation, die darauf ausgerichtet war, die sozialen Bindungen zwischen den Soldaten zu erhalten und zu stärken. Auf regionaler Basis eingezogen und in Truppenteilen dienend, die nach geographischen Gesichtspunkten aufgestellt worden waren, konnten die Soldaten erwarten, daß sie während ihrer gesamten Dienstzeit bei derselben Kompanie, demselben Bataillon oder Regiment und derselben Division bleiben und selbst nach Verwundung oder Erkrankung wieder dorthin zurückkehren würden. Was die umfassende Ausnutzung der personellen Ressourcen anlangt, war dies nicht immer das effizienteste Prinzip, es ermöglichte aber kameradschaftliche Bindungen zwischen den Angehörigen einer Einheit, die über die mehr abstrakte Loyalität gegenüber Staat und Nation hinausgingen, oder vielmehr deren Basis waren. Der bemerkenswerte Zusammenhalt in der Wehrmacht basierte ursprünglich also zu einem Großteil auf organisatorischen Faktoren und nicht auf ideologischer Verpflichtung. Dieses Phänomen wurde schon frühzeitig von amerikanischen Soziologen entdeckt, die die Wehrmacht während des Zweiten Weltkrieges und auch danach untersuchten. Ihre Schlußfolgerungen wurden auch von späteren Generationen von Wissenschaftlern allgemein akzeptiert[21]. Wie eindrucksvoll dieser »Primärgruppencharakter« der deutschen Militärorganisation auch immer gewesen sein mag, an der Ostfront verlor er aufgrund der unaufhörlichen Zerschlagung von Truppenteilen und der raschen Personalfluktuation durch die beispiellosen Verluste schnell an Bedeutung. Gleichwohl brach das Ostheer als ganzes nicht zusammen, sondern setzte den Kampf mit noch größerer Entschlossenheit bis zu den allerletzten Monaten des Krieges fort. Die Mittel, die angewandt wurden, um trotz des Verlustes der materiellen Überlegenheit und der Zerstörung der traditionellen Organisation der Wehrmacht einen derartigen militärischen Gesamtzusammenhalt und eine derartige Kampfkraft zu erreichen, hatten jedoch andere ernsthafte Auswirkungen auf das eigentliche Leben an der Front[22].

II

Nachdem sich die »Primärgruppen« einmal aufzulösen begannen, griff die Wehrmacht zu immer härteren Disziplinarmaßnahmen. Damit kein falscher Eindruck entsteht: Auch vor dem Rußlandfeldzug herrschte schon eine strenge Disziplin; aber die höhere Zahl und wachsende Strenge der Urteile, die ihren Ausdruck besonders in einer beispiellosen Zahl von Erschießungen fanden, waren Beweis für eine grundlegende Änderung der Konzeption des Kriegsrechtes in der deutschen Armee. Was die Soldaten von nun an in der Frontlinie hielt, war zu einem Großteil die Angst vor Bestrafung[23]. Möglich gemacht wurde eine derartige Härte der Bestrafung durch die Politisierung der Disziplin, derzufolge Vergehen, die bis dahin als rein militärisch angesehen wurden, nunmehr in zunehmendem Maße als Verrat und Subversion hingestellt wurden. Die zwei offenkundigsten Konsequenzen dieses Prozesses waren, daß einerseits die Armee insgesamt trotz der Krise, in die sie gestürzt worden war, nicht zusammenbrach, daß aber andererseits der Preis hierfür die Exekution von mindestens 15 000 Soldaten durch die Kriegsgerichte der Wehrmacht war, meistens für Vergehen, die als politisch motiviert angesehen wurden, wie Fahnenflucht und »Wehrkraftzersetzung«, »Feigheit« und Selbstverstümmelung[24]. Diese Methoden wiederum führten zu zwei anderen Entwicklungen, die normalerweise nicht in Zusammenhang mit dem Kriegsrecht stehen, nämlich einer rapiden Brutalisierung der Soldaten und einer tiefgreifenden Entartung bei der Durchsetzung der Disziplin innerhalb der Armee selbst. Beide Phänomene fanden ihre Legitimation in einer Darwinschen Art von Gesetzlosigkeit, die auf der Annahme basierte, daß der Schwache durch den Starken zerstört werden dürfe, ohne zeitraubenden Rechtsverfahren oder moralischen Skrupeln die geringste Beachtung zu schenken[25].

Es sollte beachtet werden, daß besonders in einer Wehrpflichtarmee strenge Disziplin allein selten ausreicht, um den militärischen Zusammenhalt zu gewährleisten und auch im Falle der deutschen Armee nicht erwartet werden konnte, daß sie das System der »Primärgruppen«, das die Moral bis dahin so wirkungsvoll aufrechterhalten hatte, vollständig ersetzen würde. Drakonische Strafen können, wie viele Armeen in der Vergangenheit feststellen mußten, eher Meuterei als Eintracht erzeugen. Das Disziplinarsystem der Wehrmacht basierte jedoch auf bestimmten wichtigen Ventilen für Brutalität und Frustration, die es dem einfachen Soldaten leichter machten, die von zeitgenössischen Beobachtern und späteren Historikern so bewunderte Disziplin im Kampfeinsatz zu akzeptieren, und dem Offizier, sie durchzusetzen. Was der Aufmerksamkeit jedoch entging, war die enge Verbindung zwischen der Durchsetzung einer strengen Disziplin innerhalb der Wehrmacht (dadurch, daß Tausende ihrer Soldaten zum Tode verurteilt wurden) und den Befehlen an dieselben Soldaten, eine nach normalen menschlichen Maßstäben kriminelle Politik von Mord und Zerstörung legal auszuführen. Anders ausgedrückt, das Ostheer war einerseits durch außergewöhnliche Leistungen im Gefecht und andererseits durch eine weitverbreitete Legalisierung krimineller Handlungen gekennzeichnet. Dieser Aspekt des Krieges im Osten ist in der Tat entscheidend für unsere Erklärung des Verhaltens und des Selbstverständnisses des einzelnen Landsers. Die Verbindung zwischen Disziplin im Gefecht und disziplinierter Barbarei wurde darüber hinaus dadurch hergestellt, daß die Armee die zunehmenden »wilden«, d. h. unerlaubten Handlungen der Soldaten wie wahllose Erschießungen, Plünderungen und willkürliche Zerstörung tolerierte. Im krassen Gegensatz zur strengen Ahndung strafbarer Handlungen im Gefecht steht die Tatsache, daß Soldaten offenbar nur relativ selten disziplinare oder gar strafrechtliche Konsequenzen für Untaten gegen feindliche Kriegsgefangene und Zivilisten tragen mußten, obwohl diese Taten ausdrücklich verboten waren. Daran gewöhnt, daß jede Verletzung der Disziplin brutal von ihren Vorgesetzten geahndet wurde, erkannten die Männer bald, daß ihre Offiziere selbst über die abscheulichste Straftat gegen die Bevölkerung hinwegsehen würden, solange die Betroffenen im Gefecht ihre Pflicht erfüllten, zumal der sogenannte »Gerichtsbarkeitserlaß« des OKW vom 13.5.1941 es unmöglich gemacht hatte, Soldaten für Straftaten gegen den Feind vor Gericht zu stellen, solange die Disziplin der eigenen Armee dies nicht erforderte. So durften also die Soldaten in einem wichtigen Bereich ihres Lebens im Osten das Gesetz übertreten, ohne dafür bestraft zu werden. Dies war der Mechanismus, der es den Truppenführern ermöglichte, eine derart brutale Disziplin im Gefecht durchzusetzen: Eine beispiellose Bestrafungspolitik wurde durch eine beispiellose Mißhandlung der Bevölkerung des besetzten Landes akzeptabel; beides war erlaubt oder, was noch wirksamer war, im Falle der Mannschaftsdienstgrade nicht erlaubt und dennoch straffrei[26].

Aus einem etwas anderen Blickwinkel ergibt sich, daß die Offiziere und Soldaten der Wehrmacht ein Menschenbild verinnerlicht hatten, das nicht nur unter rassischen Gesichtspunkten zwischen slawischen und jüdischen »Untermenschen« und »arischen Herrenmenschen« unterschied, sondern darüberhinaus all diejenigen, die unfähig oder unwillig waren zu kämpfen, zu Feinden ohne eigenes Lebensrecht stempelte[27]. Das Leben war also nicht mehr länger ein natürliches Recht, sondern ein Privileg, dessen man sich durch biologische Abstammung, Ideologie, Charakter, Fähigkeiten und Taten würdig erweisen mußte. Diese Sichtweise wurde von den Mannschaftsdienstgraden akzeptiert und, zumindest was ihre tatsächlichen und imaginären Feinde anbelangt, in die Tat umgesetzt. Zugleich konnte sie auch seitens der Vorgesetzten auf die Soldaten selbst angewandt werden. Die anfänglichen Befürchtungen der Frontbefehlshaber, die unmittelbar vor der »Barbarossa«-Operation ausgegebenen »verbrecherischen Befehle« würden zu Disziplinproblemen führen, erwiesen sich als falsch. Ganz im Gegenteil unterwarfen sich die Soldaten umso bereitwilliger den brutalen Maßnahmen ihrer eigenen Offiziere, als sie ja selbst Straftaten gegen andere begehen durften. Trotzdem war eine strenge Disziplin nicht immer ausreichend. Bald nämlich wurden zwei andere Konsequenzen sichtbar, die sich aus den extremen Bedingungen an der Ostfront ergaben: Erstens wurde deutlich, daß es immer dann zu Zusammenbrüchen kam, wenn sich herausstellte, daß der Feind noch bedrohlicher war als die Aussicht auf Bestrafung. So beklagte sich der Kommandeur der 18. Panzerdivision im Juli 1943: »Es ist vorgekommen, daß Kompanien auf den Ruf ›Feindpanzer‹ auf die Fahrzeuge [...] gesprungen und in einem wilden Durcheinander nach rückwärts abgefahren sind[28].« Zweitens führten die Dynamik der Massenerschießungen und die häufigen militärischen Krisensituationen nicht selten dazu, daß auf Kriegsgerichtverfahren völlig verzichtet wurde und stattdessen Offizieren, in manchen Fällen sogar Mannschaftsdienstgraden, das Recht zugestanden wurde, jeden Soldaten wegen Gehorsamsverweigerung im Gefecht sofort zu erschießen. Der erwähnte Kommandeur der 18. Panzerdivision zum Beispiel war in diesem Punkt unerbittlich: »Ich erwarte, daß die Offiziere gegen Männer, die Panikstimmungen hervorrufen oder ihre Kameraden im Stich lassen, rücksichtslos mit allen zu Gebote stehenden Mitteln einschreiten und sich notfalls nicht scheuen, von der Schußwaffe Gebrauch zu machen[29].« Bis zu einem gewissen Grad sicherten derartige Schnellverfahren noch einmal den militärischen Zusammenhalt in den Kampftruppenteilen an der Front. Wieviele Menschenleben sie kosteten, wird nicht zu erfahren sein, da sie in den Berichten der regulären Kriegsgerichtsverfahren nicht auftauchen; die Zahlen gehen aber zweifellos weit in die Tausende. Die Tatsache jedoch, daß die Zusammenbrüche sich nicht ausdehnten und daß die Armee sich nicht vollständig auflöste, zeigt zugleich, daß Zusammenhalt mehr war als nur ein Produkt von strenger Disziplinierung und Bestrafungsängsten.

III

Das wichtigste Element des Zusammenhaltes in der Wehrmacht und besonders im Ostheer war die von sehr vielen Offizieren und Soldaten geteilte Ansicht bezüglich ihres Auftrages im Krieg, des Charakters des ihnen gegenüberstehenden Feindes sowie des Schicksals, das sie im Falle einer Niederlage zu erwarten hätten. Diese Sicht der Wirklichkeit hatte je nach Alter, Dienstgrad und sozialer Herkunft der betroffenen Soldaten verschiedene Ursprünge und drückte sich auf verschiedene Art und Weise aus[30]. Während jedoch die Ansichten der Generale relativ gut dokumentiert sind[31], gehen die Meinungen der

Wissenschaftler über die Subalternoffiziere sowie die Mannschaftsdienstgrade weit auseinander[32]. Nicht hinlänglich beachtet wird in diesem Zusammenhang die Tatsache, daß die Wehrmacht eine Wehrpflichtarmee war, welche die damalige deutsche Gesellschaft und hier vor
allem die Ansichten der organisierten männlichen Jugend aus allen
sozialen Schichten und Lebensbereichen widerspiegelte. Wenn wir folglich analysieren wollen, wie die unteren Dienstgradgruppen die Wirklichkeit sahen, muß in diese Analyse unsere Kenntnis von den Erfahrungen der Jugendlichen im Dritten Reich eingehen. Indes stieß diese
offenkundig grundlegende Annahme lange auf forschungspraktische
und methodische Schwierigkeiten; denn während sich die Sozialhistoriker vorzugsweise auf die zivile Gesellschaft konzentrierten und das
Interesse an ihren Protagonisten verloren, sobald diese in die Armee
eingezogen worden waren, konzentrierten sich die Militärhistoriker
auf Strategie und Taktik, behandelten die Armee nur selten als soziale
Einheit und sahen höchstens einmal die Generale als Verkörperung
der unter ihrem Kommando stehenden Streitkräfte. Nichtsdestoweniger ist hier auf die Verbindung zwischen den Studien über die Zivilbevölkerung, die ein relativ hohes Maß an Unterstützung für das Regime unter der jüngeren Generation erkennen lassen[33], und den Studien über die Armee hinzuweisen, die in analoger Weise aufzeigen,
daß die Soldaten der Wehrmacht dem Regime und besonders Hitler
noch lange loyal gegenüberstanden, selbst nachdem sein Stern in der
Heimat schon gesunken war[34]. Schließlich waren es diese begeisterten
Jugendlichen der Sozialhistoriker, die später zu den grauen Massen ent-
schlossener Soldaten der Militärhistoriker wurden[35]. Und wenn man
über die unteren Ebenen der Armee spricht, so muß man sich an
die gründliche Indoktrinierung der deutschen Jugend in der Schule,
in der Hitlerjugend und im Arbeitsdienst ebenso erinnern wie an die
Tatsache, daß diese Jugend in den Jahren, in denen sie am stärksten
geformt werden konnte, der Propaganda des Reiches in Gestalt von
Radioprogrammen, Wochenschauen, Zeitungen, Massenveranstaltun-
gen usw. ausgesetzt war[36]. Wenn diese jungen Menschen dann eingezogen wurden, hatten sie also bereits eine intensive mentale Vorbereitung durchlaufen, die in hohem Maße genau die Werte herausstellte,
die von der Armee hochgehalten wurden, nämlich Pflichtergebenheit,
die Bereitschaft, das Leben für Volk, Reich und »Führer« zu opfern,
sowie die Identifikation mit der Politik der Expansion und der Unterwerfung, wenn nicht gar Ausrottung anderer, »minderwertiger« Völker. Die Wehrmacht mußte daher nicht ganz von vorn anfangen, son-

dern konnte in ihrer eigenen Indoktrinierungsarbeit auf der bereits vorhandenen und allgemein verbreiteten Weltanschauung aufbauen[37]. Mochten dabei im Anfangsstadium des Krieges einige Generale noch gehofft haben, zumindest einige Elemente des traditionellen Militärkodex aufrechterhalten zu können, so waren sie zum Zeitpunkt des Rußlandfeldzuges entweder den Säuberungsaktionen zum Opfer gefallen, hatten sich durch strafbare Handlungen kompromittiert oder aber hatten sich Hitlers Sichtweise des Krieges und die Ziele seiner »historischen Mission« zu eigen gemacht[38]. So war es nicht verwunderlich, daß bei der ersten schweren Krise an der Ostfront die Armee selbst angesichts der wachsenden Personal- und Materialprobleme auf einer weiteren Intensivierung der ideologischen Indoktrinierung der Soldaten bestand[39].

Die Generale warteten nicht einmal darauf, daß das Regime die Initiative ergriff. Als sich die Lage in der Sowjetunion im Herbst und Winter 1941 verschlechterte, machten es die ranghöchsten Truppenführer zu ihrem persönlichen Anliegen, die Soldaten davon zu überzeugen, daß sie genau an dem ideologischen Feldzug gegen den »jüdischen Bolschewismus« beteiligt seien, den Hitler selbst immer schon als unausweichliche Notwendigkeit erkannt habe[40]. Derartige Appelle fielen nicht auf taube Ohren, denn die Soldaten waren mit den ideologischen Begriffen, die von ihren Offizieren nun freimütig verwendet wurden, nicht nur gut vertraut, sondern glaubten auch immer stärker, daß die Wirklichkeit, der sie in Rußland begegneten, deren Richtigkeit tatsächlich bestätigte. Wie ihre Briefe von der Front zeigen, sahen die Soldaten genau das, was die Wehrmachtpropaganda sie zu erwarten gelehrt hatte, und sie beschrieben ihre Erfahrungen in Worten, die direkt dem Indoktrinationsmaterial, das großzügig unter ihnen verteilt wurde, entnommen waren[41]. Die von den Deutschen begangenen Greueltaten wurden in verblüffendem Maße ihren Gegnern oder noch öfter den Juden allgemein zugeschrieben, während der erbärmliche Zustand, in dem sich Zivilisten und Kriegsgefangene — bedingt durch die brutale Repressionspolitik der Wehrmacht — befanden, als Beweis für das Untermenschentum des Feindes diente. So schrieb ein Unteroffizier am 10.7.1941: »Das deutsche Volk hat eine gewaltige Verpflichtung unserem Führer gegenüber, denn wenn diese Bestien, die hier unsere Gegner sind, nach Deutschland gekommen wären, wäre ein Morden eingetreten, wie es die Welt noch nicht gesehen hätte [...] Was wir gesehen haben, kann keine Zeitung schildern [...] Und wenn man in Deutschland den ›Stürmer‹ liest und die Bilder sieht, so ist das nur ein ganz kleines Zeichen von dem, was wir hier sehen und was hier vom Juden verbrochen wird[42].«

Die unter den Soldaten vorherrschende verzerrte Wahrnehmung der Wirklichkeit basierte auf zwei grundlegenden Faktoren, die wiederum die Soldaten zur Fortsetzung des Kampfes motivierten und den Zusammenhalt innerhalb der Armee auch unter widrigsten Umständen sicherstellten[43]. Der erste war ein erstaunlich weit verbreiteter, quasi religiöser Glaube an Hitler. Derartige Phänomene sind aufgrund ihrer spezifischen Eigenart schwer zu messen und zu analysieren und werden daher häufig selbst von Historikern, die sehr wohl um ihre Bedeutung wissen, vernachlässigt. Wie jedoch zahlreiche zeitgenössische Briefe, Berichte und Studien, aber auch Memoiren, Zeugenaussagen und mündliche Berichte aus den Nachkriegsjahren belegen, bewahrte sich der durchschnittliche deutsche Soldat fast den ganzen Krieg hindurch einen starken Glauben an Hitler als großen politischen und militärischen Führer. Darüber hinaus wurde Hitler als wahre Verkörperung des »kleinen Mannes« und einfachen Soldaten angesehen und — trotz des offensichtlichen Widerspruches — bisweilen geradezu als wahrer Vertreter Gottes auf Erden und als einziger Mensch (oder zumindest als einziger Deutscher), der in der Lage sei, Geschichte und Schicksal nach eigenem Willen zu formen[44]. Hitlers Neigung, sich auf das Schicksal und die Vorsehung zu berufen, gab diesem Glauben in ganz Deutschland reichliche Nahrung[45]. Empfänglich in dieser Hinsicht aber war vor allem der einfache Soldat, der angesichts seiner ständigen Konfrontation mit Gefahr und Tod auf die feste Überzeugung angewiesen war, daß sein Opfer einer höheren, wenn nicht gar göttlichen Sache diene.

Das zweite und vielleicht noch wichtigere Element für die Bewahrung des Zusammenhaltes innerhalb des Ostheeres war die extreme Entmenschlichung und Dämonisierung des Feindes, ein Vorgang, der die Soldaten derart mit Angst und Schrecken erfüllte, daß alles, den Tod eingeschlossen, besser zu sein schien, als in russische Hände zu fallen. Die Wehrmachtpropaganda sprach vom Feind als der »Verkörperung des Infernalischen«, er war »Person gewordener wahnsinniger Haß gegen alles edle Menschentum[46].« Und die Soldaten schrieben nach Hause: »Das sind keine Menschen mehr, sondern wilde Horden und Bestien[47],« und schlossen daraus, »etwas Diabolisches« sei ihnen eigen[48]. Die Sicht des Feindes als Vertreter des Teufels auf Erden war natürlich eng verknüpft mit jener des Führers als Gesandtem Gottes; beide Vorstellungen basierten auf irrationalen Ängsten und Hoffnungen und führten zu einer völlig verzerrten Wahrnehmung der Wirklichkeit. Mehr noch, die polarisierten Personifizierungen des Grandiosen und des Schrecklichen bestätigten und verstärkten sich ständig wechselseitig. Doch auch als die Vision des »Führers« am Ende zu verblassen begann, verlor das dämonische Bild des Feindes nichts von seiner Intensität und verband sich mit der Furcht des Soldaten vor seinen Vorgesetzten und der brutalen Justiz der Wehrmacht.

Tatsächlich war Angst die entscheidende Ursache sowohl für die außerordentliche Entschlossenheit der Soldaten im Kampf als auch für ihr brutales Verhalten gegenüber wehrlosen Gefangenen und Zivilisten. Dies war auch der Grund, warum auftretende Zusammenbrüche relativ leicht einzudämmen waren und nicht wie bei anderen Armeen zu weitverbreiteter Auflösung führten. Angefacht durch eine Propaganda, die die schlimmsten Alpträume ausnutzte, wurde die Angst des Soldaten um sein persönliches Schicksal durch die allgemein verbreitete Ansicht verstärkt, daß ein Sieg der Sowjetunion nicht nur die Vernichtung des einzelnen, sondern auch eine universelle Katastrophe bedeuten würde, welche die eigene Familie, das eigene Volk, ja sogar die gesamte Zivilisation verschlinge. Ein Leutnant schrieb im September 1944: »Jede deutsche Unterwerfung würde in gänzlich hundertprozentiger Vernichtung *alles* Deutschen bestehen [...] Wir sind die letzte Bastion, mit uns steht und fällt alles, was germanisches Blut in den Jahrtausenden zeugte[49].« Und der Obergefreite L. S. von der 56. Infanteriedivision schrieb: »Allmählich könnte man glauben, was schon lange verheißen ist, daß die schwarzen und gelben Rassen Europa vernichten und auffressen [...][50].« Die Intensität und Hartnäckigkeit dieser Vorstellungen sind nicht zuletzt daraus zu ersehen, daß der Führerkult zwar mit dessen Selbstmord verschwand, die Vision von Deutschland als Bollwerk europäischer Zivilisation und deutscher Kultur gegen die »asiatischen Bolschewistenhorden« sich aber bis in die jüngste Vergangenheit noch viel von seiner Kraft bewahrt hat und wiederholt in Biographien, Chroniken und sogar in wissenschaftlichen Arbeiten als legitimes Thema aufgetaucht ist[51].

Die Entmenschlichung des Feindes und die Vergötterung des »Führers« legitimierten auch das barbarische Vorgehen der Wehrmacht im besetzten Rußland. Indem die Armee ihr eindeutig proklamiertes Ziel der »Fanatisierung« der Soldaten mit Erfolg erreichte, trug sie nämlich nicht nur zum Zusammenhalt und zur Standfestigkeit der Truppe unter widrigsten Umständen bei, sondern entfesselte gleichzeitig die brutalsten Instinkte der Soldaten, was zu einer beispiellosen Zerstörung von Leben und Eigentum führte[52]. Noch größere Auswirkungen auf die Nachwelt freilich hatte die Tatsache, daß die verzerrte Perzeption der Realität es den Soldaten auch ermöglichte, ihre verbrecherischen Taten als bloße Reaktion auf tatsächliche oder zu erwartende Greueltaten des Feindes zu legitimieren. Die Ansicht, die Verbrechen der Deutschen in der Sowjetunion seien nur in Erwartung noch schlimmerer Verbrechen der »Bolschewiken« bzw. als Reaktion auf Stalins eigene Schreckensherrschaft erfolgt, ist nicht neu[53]. Schon für 1941 bezeugen Briefe von Soldaten in die Heimat eine erstaunliche Umkehrung der Realität, wenn die Verfasser ihre eigenen mörderischen Taten den »Greueltaten der Bolschewiken und Juden« zuschrieben[54]. Und wenn in späteren Phasen des Krieges sich deutsche Soldaten beharrlich weigerten zu kapitulieren, so war dafür neben dem propagandistisch verfestigten Bild von den »Mongolenhorden« auch die Angst ursächlich, daß der Feind für die entsetzlichen Verbrechen (von denen der Soldat trotz aller Rechtfertigungsversuche ja wußte, daß sie geschehen waren), Vergeltung üben würde. Alles, was die Soldaten über das ihnen bevorstehende Schicksal in den Händen der »Bolschewiken« lasen, erinnerte sie an das, was sie bereits selbst getan hatten; sie benötigten hier nur ihr Gedächtnis und keine Phantasie. Im Juni 1943 schrieb der Obergefreite H. H. von der 6. Gebirgsdivision: »Es ist richtig, wir müssen den Krieg gewinnen, um nicht der Rache der Juden ausgeliefert zu werden [...][55].« Und am 15.3.1945 schrieb der Gefreite A. K. von der »Führer-Begleit-Division«: »Jedenfalls hoffen wir, daß unsere Kultur vor dem Mongolensturm verschont bleibt«, denn im Falle einer Niederlage »wird uns [...] ein korruptes Ende erwarten [...][56].« Während die Soldaten zu Beginn des Rußlandfeldzuges also durch Erwartungen motiviert wurden, trieb sie gegen Ende die Angst vor der Rache.

IV

Eine Erörterung der Mechanismen, die auf der unteren Ebene der Wehrmacht wirksam waren und diese in ein ebenso effizientes wie brutales militärisches Instrument verwandelten, kann sich nicht auf die chronologischen Grenzen des Krieges selbst beschränken. Die Erinnerung an den Krieg speist gleichermaßen die dokumentarischen wie literarischen Versuche seiner Bewältigung und bleibt ein wichtiges Leitmotiv für das Bewußtsein und die Identität Nachkriegsdeutschlands. Während das Reich mit seiner Niederlage im Jahre 1945 versank, bildeten die Männer aus den Reihen der einfachen Soldaten der Wehrmacht, die den Krieg überlebt hatten, die prägende Generation für jene zwei deutschen Teilstaaten, die aus den Trümmern erstanden. Die Ansicht, wonach die Veteranen des Krieges in den Kriegsgefangenenlagern ihre Wiedergeburt erlebt hätten[57] und gleichsam aus dem Schutt der Städte im eleganten Anzug auferstanden seien, um das Wirtschaftswunder zu vollbringen, ist so verbreitet wie falsch[58]. Für diese Männer gab es keine »Stunde Null«, selbst wenn sie sich diese herbeigewünscht hätten. Die körperlichen und seelischen Narben des Krieges ließen sich nicht leugnen; die verinnerlichten propagandistischen Vorstellungen, die Sprech- und Denkweise, die alptraumartigen Erinnerungen an das Kämpfen und Töten, an die Brutalitäten und Greueltaten, wie stark auch immer unterdrückt und wie selten auch immer ausgesprochen, blieben im tiefsten psychologischen Sinne eine »Vergangenheit, die nicht vergehen will«, und bildeten daher auch ein bedeutendes Element der kollektiven Erinnerung in Deutschland. Dies war auch keine Angelegenheit, die auf einige Kriegsveteranen beschränkt war, da die Wehrmacht keine isolierte Institution gewesen, sondern vielmehr zur »Schule der Nation« geworden war, zu einer gewaltigen Organisation, durch welche die meisten künftigen deutschen Industriellen und Arbeiter, Freiberufler und Akademiker, Künstler und Schriftsteller, Priester und Politiker in ihrer Jugend hindurchgegangen waren. Wir sollten nicht vergessen: Die Wehrmacht war die *Volksarmee* par excellence.

Aber als wichtigstes Ausführungsorgan Hitlers und gleichzeitig als riesige soziale Einheit, die zuallererst durch die Verpflichtung der nationalsozialistischen Sache gegenüber zusammengeschweißt war, stellte die Wehrmacht auch im vollen Wortsinn *Hitlers Armee* dar. Aus diesem Grunde genügt es nicht, unseren Blick nur auf die bequeme Chronologie des Nazismus bis hin zu seiner spektakulären und scheinbar völligen Zerstörung zu beschränken; sondern wir müssen zugleich die Auswirkungen des Kriegsdienstes auf die deutsche Nachkriegsgesellschaft erkennen. Erinnerungen haben keine klar definierten Zeitgrenzen, denn sie durchdringen Vergangenheit und Zukunft und verewigen Ansichten längst dahingegangener Menschen. Die Kriegserfahrung ist daher nicht nur einfach die Gesamtsumme der dokumentierten »faktischen Realitäten«, sondern auch eine chaotische, aber doch hochwirksame Verschmelzung von Phantasievorstellungen und Verzerrungen, Halbwahrheiten und Verfälschungen, Ängsten und Alpträumen des Krieges.

Die Betrachtung eines historischen Ereignisses »von unten«, selbst eines Ereignisses von derart riesigen Ausmaßen und entsetzlichen Auswirkungen wie Deutschlands Krieg im Osten, muß sich daher weitgehend auf individuelle Erfahrungen, Beobachtungen und Erinnerungen verlassen. So sehr wir auch die sachliche Genauigkeit subjektiver Zeugnisse anzweifeln mögen, wir kommen doch nicht ohne sie aus.

Nichtsdestotrotz müssen sich Historiker davor hüten, daß die Ereignisse, die sie beschreiben, daß das, was sie als einen sachlichen wenn auch einfühlsamen Bericht der objektiven und subjektiven Erfahrungen ihrer Protagonisten präsentieren, durch persönliche Erinnerungen verzerrt wird[59]. Wenn man Geschichte schreibt, die auf einer »Betrachtung von unten« basiert (auch bekannt geworden unter dem Begriff »Alltagsgeschichte«), dann besteht eine der Gefahren darin, daß sie oft zu einer nationalisierten Geschichte degenerieren kann, das heißt zu einer Geschichte, die angeblich nur von einem Historiker geschrieben werden kann, der dank seiner nationalen Bindungen oder seiner persönlichen Beteiligung in der Lage ist, sich in seine Protagonisten »einzufühlen«. Die Geschichte eines Landes wird natürlich häufig von Historikern aus eben diesem Land geschrieben; dies ist jedoch nicht immer der Fall und ist auch keine notwendige Voraussetzung für gute wissenschaftliche Arbeit. Einige der besten historischen Werke über Deutschland sind tatsächlich von Ausländern geschrieben worden[60].

Umgekehrt kann sich nationalisierte Geschichte als Geschichte nicht »von unten« sondern »von innen« erweisen, die in den persönlichen Erinnerungen an ein Ereignis verwurzelt ist. Schließlich muß man nicht Tolstoi lesen, um zu erkennen, daß der einzelne Soldat auf dem Schlachtfeld nicht behaupten kann, die Schlacht, an der er teilnimmt, besser zu verstehen als der General, der das Ereignis aus der Ferne verfolgt oder gar als der Historiker, der sie aus erhaltenen Dokumenten, Berichten und Erinnerungen rekonstruiert. Es mag erforderlich sein, sich in die Soldaten einzufühlen, aber nicht in seine eigene Jugend. Man mag historisieren, aber nicht personifizieren. Es scheint sogar, daß eine Betrachtung »von unten« zugleich eine indirekte Betrachtung sein muß: nicht von innen, sondern von der Seite, nicht einfühlsam, sondern kritisch, nicht national, sondern professionell. Und nicht zuletzt muß die Betrachtung in bezug auf die angewandte Diktion, die Mentalität der Protagonisten und den historischen Kontext, in dem die eigene Arbeit geschrieben wurde, über ein gerüttelt Maß an Feinfühligkeit verfügen.

Anmerkungen

[1] Ein guter Überblick über die Literatur findet sich in: Theo Schulte, The German Army and Nazi Policies in Occupied Russia, Oxford, New York, München 1989, S. 1—27.

[2] Eine allgemeine Neuinterpretation findet sich in: Omer Bartov, Soldiers, Nazis, and War in the Third Reich, in: The Journal of Modern History (erscheint März 1991).

[3] Detaillierter dazu: Omer Bartov, Hitler's Army. Soldiers, Nazis, and War in the Third Reich, New York, Oxford (erscheint Juni 1991), Kapitel 1.

[4] Hans Umbreit, Der Kampf um die Vormachtstellung in Westeuropa, in: Klaus A. Maier u. a., Die Errichtung der Hegemonie auf dem europäischen Kontinent, Stuttgart 1979 (= Das Deutsche Reich und der Zweite Weltkrieg, Bd 2), S. 235—327, hier S. 254, 268, 282.

[5] Rolf-Dieter Müller, Das Scheitern der wirtschaftlichen »Blitzkriegstrategie«, in: Horst Boog u. a., Der Angriff auf die Sowjetunion, Stuttgart 1983 (= Das Deutsche Reich und der Zweite Weltkrieg, Bd 4), S. 936—1029; Bernhard R. Kroener, Die personellen Ressourcen des Dritten Reiches im Spannungsfeld zwischen Wehrmacht, Bürokratie und Kriegswirtschaft 1939—1942, in: ders., Rolf-Dieter Müller, Hans Umbreit, Organisation und Mobilisierung des deutschen Machtbereichs. Teilband 1: Kriegsverwaltung, Wirtschaft und personelle Ressourcen 1939—1941, Stuttgart 1988 (= Das Deutsche Reich und der Zweite Weltkrieg, Bd 5/1), S. 693—1001.

[6] Wolfgang Paul, Geschichte der 18. Panzerdivision 1940—43, Freiburg [o. J.], S. 110, 125.

[7] Rolf-Dieter Müller, Das Scheitern (wie Anm. 5), S. 967—989.

[8] Bundesarchiv-Militärarchiv Freiburg (im folgenden: BA-MA), RH 26-12/53 (25.6.42).

[9] BA-MA, RH 26-12/38 (28.10.41).

[10] BA-MA, RH 26-12/63 (22.4.42).

[11] Franz Halder, Kriegstagebuch. Tägliche Aufzeichnungen des Chefs des Generalstabes des Heeres, 1939—1942, bearb. von Hans-Adolf Jacobsen, hrsg. vom Arbeitskreis für Wehrforschung, 3 Bde, Stuttgart 1962—1964, Bd 3, S. 345, 418; Kriegstagebuch des Oberkommandos der Wehrmacht (Wehrmachtführungsstab) 1940—1945. Geführt von H. Greiner und P. E. Schramm. Im Auftrag des Arbeitskreises für Wehrforschung hrsg. von Percy Ernst Schramm, 4 Bde, Frankfurt a. M. 1961—1965, Bd 1, S. 1120 f.

[12] Klaus Reinhardt, Die Wende vor Moskau. Das Scheitern der Strategie Hitlers im Winter 1941/42, Stuttgart 1972 (= Beiträge zur Militär- und Kriegsgeschichte, Bd 13), S. 206—211.

[13] BA-MA, RH 27-18/74 (2.12.41, 27.12.41).

[14] BA-MA, RH 26-12/92 (16.12.41—28.2.43); RH 26-12/52, 4.4.42 (25.4.42).

[15] BA-MA, RH 37/6337, Tagesbericht Carl Benes, S. 23—28.

[16] Siehe z. B. BA-MA, RH 26-12/57 (8.12.42, 10.12.42).

[17] Siehe z. B. BA-MA, RH 27-18/196 (30.4.43).

[18] Zu einem frühen Fall von kollektiver Kampfmüdigkeit siehe BA-MA, RH 27-18/26 (27.7.41).

[19] Weiter ausgeführt in: Klaus-Jürgen Müller, Das Heer und Hitler. Armee

und nationalsozialistisches Regime 1933—1940, Stuttgart ²1988 (= Beiträge zur Militär- und Kriegsgeschichte, Bd 10); Robert J. O'Neill, The German Army and the Nazi Party, 1933—1939, London 1966.

[20] Ernst Klink, Die Operationsführung: Heer und Kriegsmarine, in: Der Angriff auf die Sowjetunion (wie Anm. 5), S. 451—652, hier S. 605—619.

[21] Edward A. Shils und Morris Janowitz, Cohesion and Disintegration in the Wehrmacht in World War II, in: Public Opinion Quarterly, 12 (1948), S. 280—315; Martin van Creveld, Kampfkraft. Militärische Organisation und militärische Leistung 1939—1945, Freiburg 1989 (= Einzelschriften zur Militärgeschichte, Bd 31).

[22] Weiter ausgeführt in: Omer Bartov, Daily Life and Motivation in War, in: The Journal of Strategic Studies, 12 (1989), H. 2, S. 200—214, und ders., Hitler's Army (wie Anm. 3), Kapitel 2.

[23] Es gab natürlich noch andere Gründe, wie z. B. die Angst davor, zum Feind überzulaufen, oder die aufgrund der riesigen Entfernungen gegebene Schwierigkeit, in rückwärtige Gebiete zu desertieren.

[24] Manfred Messerschmidt, Deutsche Militärgerichtsbarkeit im Zweiten Weltkrieg, in: Die Freiheit des Anderen, hrsg. von Hans-Jochen Vogel u. a., Baden-Baden 1981, S. 111—142; ders. und F. Wüllner, Die Wehrmachtjustiz im Dienste des Nationalsozialismus, Baden-Baden 1987, hier bes. S. 63—89.

[25] Weiter ausgeführt in: Bartov, Hitler's Army (wie Anm. 3), Kapitel 3.

[26] Siehe besonders Christian Streit, Keine Kameraden, Stuttgart 1978; Helmut Krausnick, Hans-Heinrich Wilhelm, Die Truppe des Weltanschauungskrieges. Die Einsatzgruppen der Sicherheitspolizei und des SD 1938—1942, Stuttgart 1981; Omer Bartov, The Eastern Front 1941—1945, London 1985, S. 106—141. Bezeichnenderweise scheint Fraternisierung Brutalität nicht verhindert zu haben. In Ausnahmegebieten wie dem Kaukasus, wo das Vorgehen aufgrund politischer und ideologischer Argumente weniger brutal gehandhabt wurde, war der oben erörterte Mechanismus unter Umständen wegen des geringeren örtlichen Widerstandes nicht in gleichem Maße erforderlich.

[27] Siehe auch Franz W. Seidler, Prostitution, Homosexualität, Selbstverstümmelung. Probleme der deutschen Sanitätsführung 1939—1945, Neckargemünd 1977.

[28] BA-MA, RH 27-18/142 (17.7.43). Klagen des Kommandierenden Generals des XLVII Panzerkorps in der Anfangsphase der Operation »Barbarossa«, in: BA-MA, RH 27-18/24 (26.6.41).

[29] BA-MA, RH 27-18/142 (17.7.43). Hitlers Befehl hierzu: BA-MA, RH 27-18/131 (25.2.43).

[30] Ein Soziogramm der Subalternoffiziere in den Divisionen der Wehrmacht findet sich in Bartov, Eastern Front (wie Anm. 26), S. 40—67. Siehe auch Detlef Bald, Der deutsche Offizier, München 1984.

[31] Siehe z. B. Jürgen Förster, Das Unternehmen »Barbarossa« als Eroberungs- und Vernichtungskrieg, in: Der Angriff auf die Sowjetunion (wie Anm. 5), S. 413—447, hier S. 440—447.

[32] Vgl. Hans Mommsen, Kriegserfahrungen; Omer Bartov, Extremfälle der Normalität und die Normalität des Außergewöhnlichen. Deutsche Soldaten an der Ostfront, beide in: Über Leben im Krieg. Kriegserfahrungen in

einer Industrieregion 1939—1945, hrsg. von Ulrich Borsdorf und Mathilde Jamin, Reinbek 1989, S. 7—14, hier S. 13; S. 148—161.

33 Siehe z.B. David Schoenbaum, Hitler's Social Revolution, London 1967, S. 73.
34 Siehe z.B. Ian Kershaw, The »Hitler Myth«, Oxford 1987, S. 209, 217f.; Marlis G. Steinert, Hitler's War and the Germans, Athens, Ohio 1977, S. 196.
35 Näheres bei Omer Bartov, The Missing Years: German Workers, German Soldiers, in: German History, 8 (1990), S. 46—65.
36 Siehe z.B. Harald Scholtz, Erziehung und Unterricht unterm Hakenkreuz, Göttingen 1985; Hannsjoachim W. Koch, Geschichte der Hitlerjugend, Percha 1975.
37 Manfred Messerschmidt, Die Wehrmacht im NS-Staat, Hamburg 1969.
38 Omer Bartov, Indoctrination and Motivation in the Wehrmacht, in: The Journal of Strategic Studies, 9 (1986), H. 1, S. 16—34.
39 Volker R. Berghahn, NSDAP und »Geistige Führung« der Wehrmacht, in: Vierteljahrshefte für Zeitgeschichte, 17 (1969), H. 1, S. 17—71.
40 Siehe die entsprechenden Zitate in Streit, Keine Kameraden (wie Anm. 26), S. 115ff.
41 Über die Verbreitung der Propaganda an der Front: Bartov, Eastern Front (wie Anm. 26), S. 68—105.
42 Das andere Gesicht des Krieges. Deutsche Feldpostbriefe 1939—1945, hrsg. von Ortwin Buchbender und Reinhold Sterz, München 1982, S. 74, Brief 104 und viele mehr. Siehe auch: Sieg Heil! War Letters of Tank Gunner Karl Fuchs 1937—1941, hrsg. von Horst Fuchs Richardson, Hamden, Conn. 1987; Last Letters from Stalingrad, London 1956; Kriegsbriefe gefallener Studenten 1939—1945, Tübingen, Stuttgart 1952; Deutsche Soldaten sehen die Sowjetunion, Berlin 1941.
43 Eingehend dazu: Bartov, Hitler's Army (wie Anm. 1), Kapitel 4.
44 Siehe Briefe zitiert in: BA-MA, RH 26-12/238 (26.11.40), S. 7; RH 26-12/195 (6.1.41), S. 5f.; vgl. ferner Bernd Wegner, Der Krieg gegen die Sowjetunion 1942/43, in: Horst Boog u.a., Der globale Krieg. Die Ausweitung zum Weltkrieg und der Wechsel der Initiative 1941—1943, Stuttgart 1990 (= Das Deutsche Reich und der Zweite Weltkrieg, Bd 6), Kapitel VII; Buchbender und Sterz, Das andere Gesicht (wie Anm. 42), S. 16—20; Heinz Guderian, Panzer Leader, London ³1977, S. 436, 462; Lutz Niethammer, Heimat und Front, in: »Die Jahre weiß man nicht, wo man die heute hinsetzen soll«, hrsg. von Lutz Niethammer, Berlin 1983, S. 209—218.
45 Weiter ausgeführt in: Joachim C. Fest, Hitler. Eine Biographie, Frankfurt a.M., Berlin, Wien 1973, S. 525f.; Fritz Stern, Dreams and Delusions. The Drama of German History, London 1988, S. 153 (dt. u.d.T.: Der Traum vom Frieden und die Versuchung der Macht. Deutsche Geschichte im 20. Jahrhundert, Berlin 1988); Uriel Tal, »Political Faith« of Nazism prior to the Holocaust, Tel Aviv 1978, S. 7, 9, 30.
46 Zit. nach Messerschmidt, Die Wehrmacht (wie Anm. 37), S. 327.
47 Buchbender und Sterz, Das andere Gesicht (wie Anm. 42), S. 85 (Brief 139).
48 Ebd., S. 87 (Brief 144). Weiter ausgeführt in: Bartov, Eastern Front (wie Anm. 26), S. 76—87. Einige Soldaten waren von den Kampfqualitäten der Russen durchaus beeindruckt, schrieben diese aber normalerweise dem »bol-

schewikischen Fanatismus«, »rassischer Entartung« und »tierähnlichen« Eigenschaften zu, eine Sichtweise, die offenbar nicht durch die steigende Zahl von Russen in der Wehrmacht beeinflußt wurde.

[49] Buchbender und Sterz, Das andere Gesicht (wie Anm. 42), S. 159.

[50] Ebd., S. 161 (Brief 328); viele andere derartige Beispiele ließen sich nennen.

[51] Siehe z.B. Guderian (wie Anm. 44), S. 461; Hans-Ulrich Rudel, Stuka Pilot, Maidstone ²1973, S. 189; Andreas Hillgruber, Zweierlei Untergang. Die Zerschlagung des Deutschen Reiches und das Ende des europäischen Judentums, Berlin 1986, S. 21, 24 f., 34 f.

[52] Zur Brutalisierung der Soldaten siehe Bartov, Eastern Front (wie Anm. 26), S. 106—141.

[53] Ernst Nolte, Vergangenheit, die nicht vergehen will, in: Frankfurter Allgemeine Zeitung, 6.6.1986.

[54] Buchbender und Sterz, Das andere Gesicht (wie Anm. 42), S. 71 (Brief 96); S. 72 f. (Brief 101); S. 78 (Brief 116); S. 86 f. (Brief 143).

[55] Ebd., S. 117 f. (Brief 216).

[56] Ebd., S. 167 (Brief 343) und viele andere Beispiele in diesem Band.

[57] Ein Kriegsveteran bemerkte in den achtziger Jahren, daß er erst als Kriegsgefangener erkannt hatte, »daß ich eigentlich überhaupt nichts wußte von der Welt«. Niethammer, Heimat und Front (wie Anm. 44), S. 217.

[58] Siehe besonders die Artikel von Wolfgang Benz, Hans Mommsen und Lutz Niethammer in: Ist der Nationalsozialismus Geschichte?, hrsg. von Dan Diner, Frankfurt a.M. 1987.

[59] Wie dies bei Hillgruber, Zweierlei Untergang (wie Anm. 51), der Fall ist; weiter ausgeführt bei Omer Bartov, Historians on the Eastern Front, in: Tel Aviver Jahrbuch für deutsche Geschichte, 16 (1987), S. 325—345.

[60] Siehe z.B. Alan Bullock, Hitler: A Study in Tyranny, rev. edition, New York 1964; F.L. Carsten, The Reichswehr and Politics, 1918—1933, Oxford 1966; Gordon A. Craig, Germany 1866—1945, New York 1978; Alexander Dallin, German Rule in Russia, 1941—1945: A Study of Occupation Policies, London 1957; Ian Kershaw, The Nazi Dictatorship. Problems and Perspectives of Interpretation, London 1985; Timothy W. Mason, Arbeiterklasse und Volksgemeinschaft: Dokumente und Materialen zur deutschen Arbeiterpolitik 1936—1939, Opladen 1975; George L. Mosse, The Crisis of German Ideology: Intellectual Origins of the Third Reich, New York 1964; Fritz Stern, The Politics of Cultural Despair: A Study in the Rise of the German Ideology, Berkeley 1961; John Wheeler-Bennett, The Nemesis of Power: The Army in Politics, 1918—1945, London 1953.

Vierter Teil

Politik und Kriegführung der Sowjetunion 1941

Gabriel Gorodetsky

Stalin und Hitlers Angriff
auf die Sowjetunion

Nur wenige Ereignisse des Zweiten Weltkrieges sind dem Unternehmen »Barbarossa« hinsichtlich ihres Einflusses auf Verlauf und Folgen des Krieges vergleichbar. Historiker haben der detaillierten Erforschung des umfangreichen Materials zur Entstehungsgeschichte dieser Operation entsprechende Aufmerksamkeit zukommen lassen. Doch diese Studien konzentrieren sich fast ausschließlich auf die militärischen Aspekte der Operation. Der politische und diplomatische Rahmen, in dem die militärischen Entscheidungen getroffen wurden, wird nicht berücksichtigt, und die Sicht der sowjetischen Politik scheint zudem stark ideologisch gefärbt[1]. Darüberhinaus wird der deutsche Einmarsch ausschließlich vor dem Hintergrund der deutsch-sowjetischen Beziehungen untersucht, während die sowjetischen Beziehungen zu Großbritannien, die für ein Gesamtverständnis unverzichtbar sind, keine Berücksichtigung finden. Ziel dieses Aufsatzes ist es, neues Licht auf Stalins angeblich erratisches und unlogisches Verhalten am Vorabend des Unternehmens »Barbarossa« zu werfen.

Das völlige Fehlen von Zeugnissen zu Stalins Absichten und zu seiner Strategie am Vorabend des Krieges hat Historiker dazu geführt, entweder Churchills abschätzigem Urteil beizustimmen und Stalin und seine Militärs als »die in Hinblick auf Strategie, Politik, Voraussicht und Kompetenz am vollständigsten hinters Licht geführten Stümper des Zweiten Weltkriegs«[2] zu bezeichnen, oder aber ihm zweifelhafte Machenschaften zu unterstellen. Die wenigen Zeugnisse, die ans Licht gekommen sind, stammen von der sowjetischen Armee kurz nach Stalins Tod. Als Chruščev an die Macht kam, nutzten die Marschälle ihre Machtstellung, um sich selbst von der Verantwortung für die katastrophalen Ereignisse des 22. Juni freizusprechen, indem sie alle Schuld Stalin zuschoben[3].

Eine andere gängige Interpretation, die allerdings nur mit Indizien arbeitet, basiert auf der inzwischen einwandfrei nachgewiesenen Tatsache, daß Stalin aus verschiedenen Quellen tatsächlich im Besitz genauer Informationen über deutsche Absichten und Truppenaufstellungen war[4]. Der beste Beleg dafür stammt von Žukov, der in seinen Memoiren die von General Golikov, dem Leiter des sowjetischen Nachrichtendienstes (GRU), geäußerte Besorgnis über die deutschen Truppenbewegungen bezeugt. Seine Aussage wird von zahlreichen sowjetischen und westlichen Nachrichtendienstquellen gestützt. Insgesamt deutet das Material auf den 20. März und den 5. Mai als die Tage, an denen Golikov entscheidende Nachrichten über die deutschen Pläne an Stalin weitermeldete. Golikov maß diesen Informationen solche Wichtigkeit bei, daß er ihre Bedeutung Stalin gegenüber betonte, obwohl er ansonsten dazu neigte, Meldungen zu unterdrücken, die nicht mit Stalins Vorstellung übereinstimmten, daß Großbritannien durch Verbreitung von Gerüchten über einen Truppenaufmarsch versuche, eine Krise in den deutsch-sowjetischen Beziehungen zu provozieren[5].

Doch tappen wir immer noch im Dunkeln, wenn es um die Frage geht, wie diese Meldungen interpretiert und genutzt wurden. Meist wird angenommen, daß Stalin sich nicht dazu durchringen konnte zu glauben, daß Hitler an zwei Fronten Krieg führen werde. Die Warnungen seien deshalb von ihm als ein »Nervenkrieg« interpretiert worden, der seinen Höhepunkt in einem Ultimatum finden müsse. Er habe somit zu der Annahme geneigt, daß die Briten angesichts ihrer sich verschlechternden strategischen Position ihr Heil darin suchten, einen Krieg zwischen Deutschland und der Sowjetunion zu provozieren. Stalins Streben sei dahin gegangen, einen Konflikt um jeden Preis zu vermeiden[6].

Eine andere, bislang kaum durch Belege erhärtete Erklärung schreibt die verhängnisvollen Anfangsstadien des Krieges der Paralyse zu, die Stalin befallen hätte, als ihm bewußt wurde, daß ein Krieg mit Deutschland tatsächlich unvermeidlich war. Seine verwirrenden halbherzigen Maßnahmen hätten diese Angst und Unsicherheit widergespiegelt. Doch selbst eine scheinbar so ausgewogene Interpretation hat die Tendenz, Stalins mangelhaftes Urteilsvermögen seiner »kommunistischen Logik« zuzuschreiben — was einen Widerspruch in sich darstellt — und damit die Rationalität seines Verhaltens in Zweifel zu ziehen[7].

In Wirklichkeit war die sowjetische Strategie, reichlich ehrgeizig, darauf ausgerichtet, den Krieg im Falle einer Invasion unverzüglich in das Territorium des Gegners zu tragen. Dieses geradezu revolutionäre Konzept war von dem ungewöhnlichen Trio Tuchačevskij, Triandafillov und Isserson entwickelt worden. Die Defensive zielte darauf ab, dem Gegner die Initiative abzunehmen und Vorbedingungen für eine Gegenoffensive zu schaffen. Defensiven Operationen wurde eine Übergangsrolle zugewiesen; sie wurden als zeitlich begrenztes Phänomen betrachtet, das nicht für die gesamte Länge einer strategischen Front durchgehalten werden konnte[8]. Die Erste Strategische Staffel — häufig auch als »Sicherungskräfte« bezeichnet — sollte die Aufstellung des Gegners brechen, während die Zweite Strategische Staffel mobil gemacht wurde und aufmarschierte[9]. In Anbetracht der komplexen und fast unlösbaren Natur der Probleme, die eine Umsetzung dieser überaus progressiven Strategie mit sich brachte, sowie angesichts der Beschränkungen, die durch die Unzulänglichkeit der sowjetischen Infrastruktur, der Industrialisierung und der Kontrollinstanzen gegeben waren, tendierte die Doktrin dazu, das Anfangsstadium eines Krieges zu ignorieren. 1940 waren die Begründer der strategischen Schule entweder tot oder sonstwie einer Säuberung zum Opfer gefallen, doch war ihr strategisches Konzept bis 1941 durch keine Alternative ersetzt worden. Mit der Wahrscheinlichkeit eines Krieges konfrontiert, warf Stalin, statt der gängigen Doktrin zu folgen, wie sie sein Stabschef Marschall Šapošnikov propagierte, seine Streitkräfte an die Front, ohne ihre angemessene logistische Unterstützung bzw. ihre ausreichende Ausstattung mit Verteidigungsmitteln sicherzustellen[10].

Ende April wurde Žukov damit beauftragt, den »Verteidigungsplan für die Staatsgrenzen 1941« umzusetzen, dem keinerlei »Operationsbefehle« beigefügt waren. Dieser Plan schien darauf hinzudeuten, daß es Stalin, wie es ein renommierter Historiker formuliert hat, darum ging, »eher eine Demonstration der Stärke zu geben als [Rußlands] Sicherheit zu schützen, und dies spiegelte sich in der Struktur des folgenden Aufmarsches wider«[11]. Diese befremdliche Aufstellung wurde von Kommandanten vor Ort kritisiert und von General Kirponos, dem Befehlshaber des Militärdistrikts Kiev, als »passive Verteidigung« charakterisiert[12].

Um Stalins ungeschickte Ausführung der Pläne wirklich zu verstehen, muß man sich klarmachen, in welch komplexer politischer Situation er sich am Vorabend des Krieges befand. Eine Untersuchung der diplomatischen Szene in der Zeit zwischen der Unterzeichnung des Ribbentrop-Molotov-Pakts und des deutschen Angriffs auf die Sowjetunion offenbart, daß die Furcht vor einem britisch-deutschen Separatfrieden Stalins Urteil in hohem Maße beeinträchtigte und zu der Erstarrung beitrug, die sich mit dem Näherrücken des deutschen Angriffs deutlicher ausprägte. Die Ursprünge seines pathologischen Argwohns lagen in der Angst vor einer erneuten Intervention. Alle wichtigen internationalen Ereignisse der Zwischenkriegszeit wurden in Moskau innerhalb dieses Bezugrahmens analysiert. So war die Ausnutzung von Differenzen zwischen den westlichen Mächten der Eckpfeiler sowjetischer Außenpolitik seit dem Frieden von Brest-Litovsk 1918 und dem Rapallo-Vertrag von 1922; dies wurde durch den Abschluß des Ribbentrop-Molotov-Pakts im August 1939 eindeutig demonstriert. Das dem Pakt mit Deutschland zugrundeliegende Kalkül war zweifellos die Schaffung einer Pufferzone, nachdem es in den dreißiger Jahren nicht gelungen war, Sicherheitsabkommen auf diplomatischem Wege abzuschließen und besonders, nachdem Polen im März 1939 Garantien von England erhalten hatte[13]. Man ging davon aus, daß, während Deutschland und England in Feindseligkeiten verstrickt waren, Rußland in der Lage sein werde, seine militärische Bereitschaft zu verbessern[14].

Daß diese Annahme falsch war, wurde erstmals erkannt, als Polen fiel, bevor die Briten in der Lage gewesen waren, ihr Expeditionskorps zu mobilisieren. Der »Sitzkrieg«, der darauf folgte, war von beständigen sowjetischen Befürchtungen vor einem Separatfrieden begleitet. Der Blitzkrieg in Frankreich und das nachfolgendene deutsche Vorrücken auf dem Balkan waren sogar noch alarmierender. In seinen Memoiren zeichnet Chruščev ein lebendiges Bild der Panik, die Stalin überkam, als die Nachricht vom deutschen Einmarsch in Paris den Kreml erreichte: Stalin »ließ einige ausgesuchte russische Flüche los und sagte, daß uns Hitler nun mit Sicherheit den Hals umdrehen werde«. Das ist sicher kein Ausdruck von Selbstvertrauen von jemandem, der im Begriff steht, eine Offensive in Gang zu setzen[15].

Stalin, über deutsche Absichten und Truppenaufstellungen ausreichend informiert, war sich gleichermaßen der Schwäche seiner Streitkräfte bewußt. Darüberhinaus war die sowjetische Rüstungsindustrie, obwohl sie enorme Fortschritte gemacht hatte, in keiner Weise der deutschen vergleichbar, die inzwischen einen Großteil der industriellen Ressourcen Europas kontrollierte. Gegen Ende April, nach dem Fall Jugoslawiens und Griechenlands, mußte Stalin erkannt haben, daß ihn die überwältigende Notwendigkeit einer »Atempause« zu weiterer Nachgiebigkeit gegenüber Deutschland zwang[16].

Die Situation wurde jedoch durch Stalins Überzeugung kompliziert, daß Hitler keinen Zweifrontenkrieg riskieren werde. Die sich im Frühjahr 1941 mehrenden Meldungen über den gefährlichen deutschen Aufmarsch ignorierend, erklärte er seiner Entourage, daß »Deutschland, solange es seine Rechnung mit England nicht begleiche [was, wie er glaubte, nicht vor Mitte oder Ende 1942 geschehen werde], nicht an zwei Fronten kämpfen und die im Nichtangriffspakt eingegangen Verpflichtungen genauestens einhalten werde«. Sollte Deutschland jedoch darauf sinnen, einen Krieg im Osten früher zu beginnen, müsse Hitler

Friedensfühler nach Großbritannien ausstrecken[17]. Dieser Verdacht wurde durch die Struktur der zwischen der Sowjetunion und England seit Kriegsausbruch bestehenden Beziehungen verstärkt. In Großbritannien gab der Ribbentrop-Molotov-Pakt einer fatalistischen politischen Konzeption Nahrung, die im Foreign Office sorgsam kultiviert wurde und die Möglichkeit der Zusammenarbeit mit Rußland für die Dauer des Krieges ausschloß. Man hatte keinen Zweifel daran, daß Stalins Neutralitätsabkommen mit Hitler letztlich in einem festen Bündnis konsolidiert werden würde[18]. Diese vorgefaßte Meinung war von dem latenten Wunsch begleitet, daß der Krieg eine Gelegenheit bieten werde, die beiden verhaßten Regime loszuwerden. »Die Sowjetunion«, so hieß es zwischen 1939 und 1941 immer wieder, »ist eher ein potentieller Feind denn ein potentieller Verbündeter«[19]. Im Gegensatz zu Churchills späterer Darstellung wurden die massiven deutschen Truppenkonzentrationen im Osten so in London noch bis in die erste Juniwoche hinein als von deutscher Seite ausgeübter Druck interpretiert, der positive Ergebnisse in den Verhandlungen sicherstellen sollte, die — wie man in England annahm — mit Rußland bevorstünden[20]. Durch seine weitreichenden Verbindungen in London war Ivan Majskij, der sowjetische Botschafter in London, mit diesem politischen Denken vertraut, das die britische Regierung auch kaum zu verbergen suchte.

Churchills berühmte Warnung vor den deutschen Intentionen[21], die Stalin am 21. April überbracht wurde, fiel zeitlich mit einem nicht autorisierten Besuch des britischen Botschafters in Moskau, Sir Stafford Cripps, bei Molotov zusammen. Cripps, der kein Anhänger der von der Regierung vertretenen fatalistischen Konzeption war, glaubte, das einzig wirksame, wenn auch fraglos »heikle« Mittel, um die Russen näher an Großbritannien zu binden, bestehe in der Ausnutzung der sowjetischen Furcht vor einem Separatfrieden. Wie die Ereignisse bald bewiesen, hatte das Foreign Office recht mit seiner Ablehnung des Einsatzes dieses »zweischneidigen Schwerts, das Stalin ermutigen könnte, noch hartnäckiger an seiner Appeasementpolitik festzuhalten«[22]. Ohne auf Instruktionen aus London zu warten, überreichte Cripps den Russen ein langes Memorandum. Einer scharfsinnigen Darlegung der Dilemmata, vor denen die Russen standen, folgten Versprechungen (und, als letzte Zuflucht, Drohungen), um sie in den Kreis der Alliierten zu ziehen. Zusammen mit Churchills berühmter Warnung gelesen, die Cripps den Russen einige Tage später vorlegte, hatte das Memorandum die entgegengesetzte Wirkung und zeitigte insofern ernsthafte Konsequenzen, als es den sowjetischen Verdacht noch verstärkte, Großbritannien sei in seiner Verzweiflung bestrebt, Rußland in einen Krieg zu verwickeln. Was die Russen am meisten zu beunruhigen schien, war Cripps' Warnung, daß es, sollte sich der Krieg lange hinziehen, nicht ausgeschlossen sei, »daß Großbritannien versucht sein könnte (und insbesondere bestimmte Kreise in Großbritannien), irgendeine Lösung zu finden, um den Krieg zu beenden«[23].

Die neuerlichen Andeutungen über einen Separatfrieden ließen während der letzten Aprilwoche in Moskau beispiellose Angst aufkommen. Die Russen befanden sich nun in einer wenig beneidenswerten Lage: Einerseits entschlossen, einen vollständigen Zusammenbruch der Beziehungen mit Großbritannien zu vermeiden, waren sie gleichzeitig eifrig bestrebt, beschwichtigende Schritte in Hinblick auf Deutschland zu tun. Um die am wenigsten provokative Position gegenüber Deutschland einzunehmen, gingen die Russen ihren Angelegenheiten nun in London nach, wo sie den Argusaugen der Deutschen in Moskau entzogen waren. Zunächst einmal beobachteten die Russen die britische Politik schärfer, besonders nach dem Debakel in Griechenland und Kreta, das wachsende Kritik und Unruhe in England hervorrief. Ivan Majskij wurde instruiert, ein wachsames Auge auf die sogenannten »Münchner Elemente« in der Regierung zu haben und Gegner des Appeasement in ihrer Haltung zu bestärken[24]. In angespannten Zusammenkünften mit Beatrice Webb, R. A. Butler, dem Parlamentarischen Staatssekretär für Auswärtiges, sowie Sir Walter Monckton, dem späteren Verteidigungsminister, versuchte Majskij, die Gerüchte über Friedensfühler zum Verstummen zu bringen[25].

Im Licht der bisher dargestellten Ereignisse wird der Englandflug, den Hitlers Stellvertreter Rudolf Heß am 12. Mai als Friedensmission unternahm, zu einem Schlüssel für das Verständnis der sowjetischen Haltung gegenüber dem nahenden Konflikt. Heß hatte Hitler geholfen, die antibolschewistischen Partien in »Mein Kampf« zu entwerfen, und er war für seine pro-britischen Neigungen und Kontakte allseits bekannt. Die britische Regierung, von seiner unerwarteten Ankunft überrumpelt, umgab die Affäre mit Stillschweigen und übersah dabei die Auswirkungen, die dies in Moskau haben konnte[26]. Als der völlig konsternierte Majskij zum Foreign Office eilte, um eine Erklärung zu erhalten, traf er mit Butler zusammen, der sich getreu der von der Regierung verordneten Informationssperre »reserviert« zeigte und sich weigerte, irgendwelche Informationen zu geben. Majskij schloß aus dieser verfehlten Nachrichtenpolitik, daß das Kabinett das Friedensangebot tatsächlich ernsthaft in Erwägung ziehe. Daß nur verzerrte Informationen zu erhalten waren, bestärkte ihn in seiner Schlußfolgerung ebenso wie die anfänglich enthusiastischen Berichte in der Presse im Verein mit Meldungen, daß der Herzog von Hamilton — von dem es hieß, er habe in ständigem Kontakt mit Heß gestanden — sowie Lord Simon und Ivone Kirkpatrick, der frühere Berater an der britischen Botschaft in Berlin, mit Heß verhandelt hätten. Cripps' extemporierte Warnung schien plötzlich Wirklichkeit zu werden[27]. Majskij gelangte nun zu der irrigen Ansicht, daß im britischen Kabinett ein Machtkampf stattfände[28].

Majskijs Eindruck war nicht die einzige Stütze für das sowjetische Verständnis der Bedeutung von Heß' Mission und Cripps' Memorandum. Informationen sowjetischer Nachrichtendienstquellen wiesen in dieselbe Richtung. Richard Sorge, der bedeutende sowjetische Agent in Japan, übermittelte Berichte, nach denen der Flug von Heß ein in letzter Minute und mit Hitlers Einverständnis unternommener Versuch war, einen Frieden auszuhandeln[29]. Darüberhinaus schlug Cripps, im Bewußtsein der explosiven Natur der Heß-Affäre, vor, die von Heß erhaltenen Informationen zu benutzen, um sowjetische Befürchtungen entweder zu schüren oder zu beschwichtigen[30]. Sowjetische Befürchtungen wurden so zweifellos verstärkt, als das Foreign Office Anfang Juni — kurz nachdem Cripps nach London berufen worden war — die Entscheidung traf, »Heß in heimtückischer Weise [zu] benutzen« und die Russen über inoffizielle Kanäle zu informieren, daß »Heß' Flug wachsende Uneinigkeit über Hitlers Politik der Zusammenarbeit mit der Sowjetunion andeutet«[31].

Diese furchterregende Andeutung fiel mit verläßlichen Informationen Sorges aus Tokio zusammen. Im April informierte er Moskau, daß die Deutschen ihre Vorbereitungen für den Einmarsch abgeschlossen hätten. Anfang Mai wurde er von einem deutschen Sonderbeauftragten über Hitlers strategische Überlegungen zu der Invasion informiert. Mitte Mai erhielt er von einem deutschen Offizier die Mitteilung, daß das Datum auf den 20. Juni angesetzt sei. Als Reaktion auf diese unheilverkündenden Meldungen ordnete Stalin den massiven Transfer von Truppen aus dem Osten Mitte Mai an, lange nachdem er seine Rückenflanke durch den Abschluß eines Neutralitätspaktes mit Japan abgesichert hatte[32].

Anfang Juni wurde Cripps zu Beratungen nach London zurückgerufen, wobei die Begleitumstände verdächtig waren und den Russen Anlaß zu Spekulationen lieferten. Seine Abreise ging mit der Evakuierung von Botschaftsangestellten und deren Familien einher, während sich die Gerüchte über einen unmittelbar bevorstehenden Zusammenstoß verstärkten. In einem verzweifelten Versuch, die Russen daran zu hindern, angeblichen deutschen Forderungen nachzugeben, drohte Cripps, ohne dazu autorisiert zu sein, gegenüber dem stellvertretenden Außenminister Vyšinskij, daß er zwar zu Konsultationen zurückgerufen worden sei, jedoch unter Umständen nicht nach Moskau zurückkehren werde. Seine Ankündigung verursachte in Moskau »beträchtliche Überraschung«. Als ob seine Absichten dadurch bestätigt werden sollten, kehrte zudem seine Frau mit ihm nach London zurück[33]. Die Nachricht über Cripps' Abreise, so notierte man im Foreign Office: »was carried out by nearly all the news agencies on June 6th. It caused considerable sensation among journalists of all nationalities in London and speculation as to the reason of the journey became wild. There was a general tendency to assume a sudden worsening of Anglo-Russian relations[34].«

Kurz danach erfuhr Majskij, daß Lord Simon, der »Apostel des Appeasement«, mit der Vernehmung von Heß betraut worden war[35]. In Anbetracht des außerordentlichen Mißtrauens, das in Moskau herrschte, schien die Rückrufung von Cripps, zusammen mit der vom Foreign Office verbreiteten Desinformation über die Natur seiner Reise, die Hypothese zu untermauern, daß hinter den Kulissen schließlich doch irgendeine Abmachung ausgehandelt werde, die Hitler freie Hand im Osten geben werde. Ebenso alarmierend waren Indizien, die darauf hindeuteten, daß die Amerikaner Druck auf Churchill und Eden ausübten, Rußland im Austausch für Friedensvorschläge zu opfern. Beinahe am gleichen Tag, an dem Cripps Moskau verließ, brach John Winant, der vor kurzem ernannte amerikanische Botschafter in London, zu Konsultationen nach Washington auf. Seine Abreise ließ weit verbreitete, durch die Heß-Affäre ausgelöste Spekulationen wiederaufleben, daß über einen Separatfrieden diskutiert werde[36]. Derartige Gerüchte, die von so angesehenen Persönlichkeiten wie dem ehemaligen Präsidenten Herbert Hoover ausgingen, hielten und verstärkten sich als Resultat des von den Briten gewahrten Schweigens. Was die Russen zudem alarmierte, war, daß sich Winants Ankunft in Washington in einer rapiden Verschlechterung der amerikanisch-sowjetischen Beziehungen niederschlug. Am 10. Juni wurden zwei stellvertretende sowjetische Militärattaches aus den Vereinigten Staaten ausgewiesen[37]. Schließlich bestand auch immer eine entfernte Möglichkeit, daß Großbritannien, selbst wenn es die Friedensvorschläge unbeantwortet ließ, den Deutschen seinen Wunsch signalisieren konnte, unbeteiligt zu bleiben, falls es zu einem Krieg mit der Sowjetunion komme. Überdies hätten die Deutschen provoziert und nach Osten gelenkt werden können, wenn sie den Verdacht hegten, daß sich mit der Rückberufung von Cripps Konsultationen über eine eventuelle britisch-sowjetische Wiederannäherung vor dem Hintergrund ständiger Gerüchte über einen drohenden Krieg andeuteten. Die Erinnerung an die Strafe, die die Deutschen Jugoslawien für seine Annäherung an Rußland Anfang April hatten zuteil werden lassen, war in Moskau noch lebendig[38].

Dies ist der Zusammenhang, in dem das berühmte Tass-Kommuniqué vom 12. Juni 1941, das die Wahrscheinlichkeit eines Krieges leugnete, analysiert werden sollte. In seinen Memoiren verweilt Majskij besonders lange bei seinen eigenen Warnungen vor dem bevorstehenden Angriff an Stalin. Er verleitet den Leser absichtlich dazu zu glauben, daß er am 10. Juni ein »dringendes Chiffre-Kabel« nach Moskau übermittelt hätte, das spezielle Nachrichtendienstberichte über die deutschen Pläne enthielt, die Sir Alexander Cadogan, der Unterstaatssekretär für Auswärtige Angelegenheiten, zur Verfügung gestellt hätte. Danach distanziert sich Majskij von dem Kommuniqué, das von Tass am 14. Juni veröffentlicht wurde und die Möglichkeit eines Krieges mit Deutschland zurückwies, indem er seiner »extremen Verwunderung« Ausdruck gibt, mit der er das Kommuniqué erhalten hätte.

An drei Stellen seiner Memoiren, die diesen ereignisreichen Zeitraum ansonsten eher flüchtig behandeln, führt Majskij den Leser zu dem Schluß, daß »die gegen Großbritannien gerichtete Spitze, mit der das Tass-Kommuniqué begann, keinen Raum für Zweifel daran ließ, daß es die Antwort auf die von Cadogan abgegebene Warnung darstellte«[39]. Die offensichtliche Unstimmigkeit in Majskijs Version liegt darin, daß das bedeutsame Treffen mit Cadogan, bei dem er detaillierte Informationen über deutsche Truppenkonzentrationen erhielt, nicht, wie er behauptet, am 10. Juni, sondern vielmehr am 15. Juni stattfand, also nach der Veröffentlichung des Kommuniqués. Majskijs dreiste Lüge steht im Zusammenhang mit seinem Versuch, alle Schuld für die falsche Beurteilung der Situation am Vorabend des Krieges Stalin zuzuweisen. Angesichts seiner eigenen Einschätzung der internen britischen Situation hat sich Majskij zweifellos für vieles zu rechtfertigen. Der Schlüssel zu seiner verzerrten Darstellung kann in der Zielrichtung des Kommuniqués und in dessen überaus sorgfältiger Formulierung gefunden werden. Die »Spitze«, die Majskij angeblich verwirrte, hatte folgenden Wortlaut: »Even before Cripps' arrival in London and *especially after he had arrived there*, [Hervorh. durch den Verf.] there have been more and more rumours of an ›early war‹ between the Soviet Union and Germany [...] All this is nothing but clumsy propaganda by forces interested in an extension of the war.«

Cripps war erst am Abend des 11. Juni in London angekommen, und das Kommuniqué bezog sich auf Schlagzeilen der britischen Presse, die implizierten, daß »eine gewisse Verschärfung der deutsch-sowjetischen Beziehungen erkennbar war«[40]. Unter der Überschrift »Sir S. Cripps kehrt zurück; Mögliche Gespräche mit Rußland; Hoffnung auf bessere Beziehungen« schrieb beispielsweise die »Sunday Times«, daß Rußland darum bemüht sei, die Beziehungen mit Großbritannien zu verbessern, um eine deutsche Aggression zu vereiteln[41]. Nur Majskij konnte die Quelle für die Sammlung und Auswertung der britischen Pressestimmen gewesen sein. In der Tat beklagte Majskij in einer Unterhaltung mit dem Auslandskorrespondenten der »Times« am Abend des 12. Juni bitterlich, was seiner Meinung nach ein »Trick des Foreign Office in allen gestrigen Morgenzeitungen« war. »Eine solche offizielle Kampagne [...] müßte in Moskau die denkbar schlimmste Wirkung zeitigen[42].« Am folgenden Tag, noch vor der Ausgabe des Kommuniqués, äußerte Majskij Eden gegenüber seine Besorgnis über jene »Art von Berichten«, die seine Regierung kaum als unabhängige Meinungsäußerungen ansehen werde[43]. So befremdlich es auch klingen mag, steckte doch ein Körnchen Wahrheit in dieser Annahme. Ohne Wissen von Cripps und möglicherweise auch Eden, war die Presse zu diesem Thema vom Foreign Office selbst unterrichtet worden[44]. Über das Motiv dafür können nur Vermutungen angestellt werden, doch zumindest Cadogan hegte, wie er seinem Tagebuch anvertraute, die heimliche Hoffnung, daß die Russen in den angeblichen Verhandlungen mit den Deutschen kein Abkommen unterzeichnen würden, »da ich es allzu gern sähe, wenn Deutschland seine Kräfte dort verausgabte«[45].

Trotz seiner erklärten Zielrichtung war das im Kommuniqué enthaltene Dementi in erster Linie für deutsche Augen gedacht. Man hoffte, der sowjetische Hinweis, daß man Kenntnis von deutschen Truppenkonzentrationen habe, werde eine deutsche Reaktion provozieren. Ebenso wichtig war der Versuch zu verhindern, daß die Deutschen Cripps' Rückberufung als ein Zeichen dafür mißverstünden, daß Verhandlungen im Gange seien, wie die britische Presse zu verstehen gab. In der Tat beschwerten sich die Russen prompt, daß das Dementi in der britischen Presse nicht genügend herausgestellt worden sei, womit sie eindeutig eine Einmischung der Regierung implizierten[46]. Majskij billigte mit Sicherheit das Vorgehen, das man in Moskau erwog, und das auf seinen Berichten basierte. Es gibt nichts, was darauf hinweist, daß er mit Moskaus Beurteilung deutscher Truppenkonzentrationen vor dem 15. Juni nicht übereingestimmt hätte[47].

Majskijs Gefühl, daß Großbritannien verzweifelt versuchte, Rußland in den Krieg zu verwickeln, schien durch seine Unterredung mit Eden nach Cripps' Rückkehr am 13. Juni, gerade als das Kommuniqué herausgegeben wurde, bestätigt zu werden. Er »zeigte keinerlei persönliche Reaktion« und wies Edens allgemein gehaltene Warnung hinsichtlich des deutschen Aufmarsches ab. Er »war sich sicher, daß England die deutschen Truppenkonzentrationen übertrieb. Er glaubte nicht an die Möglichkeit eines deutschen Angriffs auf Rußland« und warf Eden offen vor, daß er in der Presse »sensationelle Aussagen« über einen bevorstehenden deutsch-sowjetischen Konflikt verbreite. Für solche Aktivitäten, so warnte er Eden, »werde seine Regierung kein Verständnis aufbringen«[48]. Von überaus vorsichtigem Naturell, versuchte er dennoch, Eden dazu zu bringen, die Quelle und Einzelheiten dieser Nachrichtendienstberichte am selben Abend oder über das Wochenende offenzulegen. Daß Eden für diese Dringlichkeit unempfänglich blieb, muß Majskijs Verdacht einer Provokation noch verstärkt haben.

Die Entscheidung, bedeutungsschweres, durch »Ultra« gewonnenes Material freizugeben, wurde erst am späten Sonntag des 15. Juni von Churchill endgültig gebilligt. Majskij war deshalb erstaunt, als er Montag morgen zum Foreign Office gerufen wurde, um Cadogans unbeteiligte und monotone Wiedergabe »präziser und konkreter« Meldungen zu hören. Was Majskij störte, war nicht so sehr die Tatsache, daß »diese Lawine aus Feuer und Tod jeden Moment [über Rußland] niedergehen konnte«, sondern eher der beschwichtigende Inhalt seiner bisherigen Berichte. Er beeilte sich deshalb nach Moskau zu kabeln und seine früheren Lagebeurteilungen zu revidieren[49]. Laut Chruščevs 1956 gehaltener Geheimrede ergänzte Majskij sein Kabel am 18. Juni mit weiteren Einzelheiten zum deutschen Aufmarsch, wobei er Cripps als »zutiefst überzeugt« von der Unvermeidbarkeit eines bewaffneten Konflikts zitierte. Am 18. Juni traf sich Cripps mit Majskij und dessen Frau zum Mittagessen. Cripps beklagte sich, daß das Kommuniqué vom diplomatischen Korps in Moskau als »ein direkter persönlicher Angriff gegen mich« bewertet werde. Majskij versuchte nicht, dies zu leugnen. Im Vergleich zu ihrer Begegnung unmittelbar nach Cripps' Rückkehr nach England einige Tage zuvor, erschien Majskij »sehr viel weniger zuversichtlich, daß es keinen Krieg geben werde«. Sein verspäteter Versuch, eine Zusicherung britischer Unterstützung zu erhalten, hatte wenig Erfolg. Nonchalant äußerte Cripps die Ansicht, daß die »charakteristische russische Unfähigkeit zur sorgfältigen Organisation ihre Niederlage zur Folge haben« werde. Angesichts des sowjetischen Verdachtes, daß die Briten bereit sein könnten, einen eventuellen deutschen Angriff stillschweigend zu dulden, war es kein Wunder, daß das »Gespräch den sowjetischen Botschafter, der nun sehr deprimiert schien, völlig am Boden zerstört zurück ließ«[50]. Diesen Eindruck gewann auch Geoffrey Dawson, der Herausgeber der »Times«, der Majskij plötzlich von einer deutschen Invasion überzeugt fand. Am Samstag, den 21. Juni, teilte Cripps Majskij das Wesentliche der aktuellsten und genauesten »Ultra«-Information darüber mit, was für den nächsten Tag erwartet wurde[51].

Die Haltung der britischen Regierung gegenüber der sich zusammenbrauenden Krise war für die Bewertung des Kremls von zentraler Bedeutung gewesen. Stalins unerschütterter Glaube an eine Provokation einerseits und seine Überzeugung andererseits, daß einem deutschen Angriff ein Ultimatum vorausgehen werde, entmutigte in der Atmosphäre von Furcht, die im Kreml herrschte, seine Entourage, Informanten und auch Majskij, eine eindeutige Lagebeurteilung abzugeben. Wie von russischer Seite vor kurzem sensationellerweise enthüllt wurde, teilte Graf v. der Schulenburg, der deutsche Botschafter in der Sowjetunion — ein Anhänger von Bismarcks Lehre, daß Krieg mit Rußland um jeden Preis zu vermeiden sei — den Russen das genaue Datum des von Hitler geplanten Angriffs eine Woche im voraus mit. Höhnisch wies Stalin diese Warnung in einer Sitzung des Politbüros zurück: »Wir werden nun in Rechnung stellen, daß die Desinformation die Botschafterebene erreicht hat[52].« Die Lagebeurteilungen, die Majskij zwischen dem 10. und 15. Juni gab, nährten mithin Stalins Furcht vor einer Provokation, wie sie sich in dem berühmten Kommuniqué widerspiegelte, und beschwichtigten ihn gegenüber der wirklichen Gefahr, die im militärischen Bereich lauerte.

So scheiterte Kuznecov, der Befehlshaber des Ostsee-Distrikts, in der Nacht vom 13. zum 14. Juni nach der Ausgabe des Kommuniqués, als er Stalins Genehmigung erhalten wollte, um die Flotte in Bereitschaft zu versetzen. Kuznecov stellte fest, daß Stalin, der eben von Majskij über die Reaktionen zu Cripps' Rückberufung unterrichtet worden war, die Möglichkeit einer Invasion nicht ausschloß, aber von der Vorstellung besessen war, daß Großbritannien vorhatte, Rußland in den Krieg zu verwickeln. General Žukov, der Chef des Generalstabes, und Verteidigungskommissar Marschall S. K. Timošenko unternahmen einen ähnlichen Versuch, der eine entsprechende Reaktion hervorrief: »Sie schlagen vor, mobil zu machen, die Truppen in Bereitschaft zu versetzen und sie an die westlichen Grenzen zu verlegen? Das bedeutet Krieg[53]!«

Wie nun evident wird, verfolgte das subtile Kommuniqué vom 14. Juni die Absicht, eine Provokation zu verhindern. Von seiner eindeutigen Botschaft, daß keine sowjetisch-britische Entente im Entstehen begriffen sei, erwartete man sich als Reaktion zumindest eine Bestätigung britischerseits und eine Verneinung kriegerischer Absichten deutscherseits, wenn man nicht gar hoffte, Hitler an den Verhandlungstisch zu bekommen. Doch das Kommuniqué wurde in Berlin nicht einmal veröffentlicht. Während Stalin mit seinen Beratern noch über das Ausbleiben von Reaktionen nachdachte, wurde er am 16. Juni mit Majskijs revidierter Lagebeurteilung nach seinem Gespräch mit Cadogan konfrontiert. Die Auswirkungen zeigten sich unverzüglich. Am Abend des 16. Juni stattete der britische Geschäftsträger dem Kreml einen Höflichkeitsbesuch ab, seinen ersten seit Cripps' Abreise. In einem Versuch, die Wirkung des Kommuniqués zu mindern, wurde ihm mitgeteilt, daß es »lediglich eine Tatsache feststellte, und daß dies in vorsichtigen Worten geschah«. Es wurde sogar zugegeben, daß das Kommuniqué durch die Pressereaktionen zu Cripps' Rückberufung ausgelöst worden sei. Während des Mittagessens mit Majskij am 18. Juni betonte Cripps, daß seine Rückkehr nach Moskau von sowjetischen Erklärungen der im Kommuniqué enthaltenen Hinweise auf ihn »in hohem Maße beeinflußt« sein werde. Majskij versicherte ihm sofort, daß ihm die Russen »größte persönliche Hochachtung« entgegenbrächten[54]. Innerhalb von Stunden wandte sich Majskij mit einer entschuldigenden und versöhnlichen Erklärung an Eden, die in ihrer Formulierung fast identisch mit der in Moskau gegebenen war[55].

Noch aufschlußreicher war die plötzliche hektische Geschäftigkeit im Kreml. Während die neue Information nicht die Möglichkeit einer britischen Provokation ausschloß, erhöhte sie die Wahrscheinlichkeit eines Krieges unabhängig davon, was in London geschah. Bislang hatte man dem Bestreben, Provokationen zu verhindern, Priorität eingeräumt. Das würde die extreme Heimlichkeit erklären, mit der die Truppen an die Front verlegt wurden. Erst am 18. und 19. Juni wurden sowohl die Luft- wie die Bodenstreitkräfte instruiert, Vorsichtsmaßnahmen zu ergreifen. Die früheren Instruktionen wurden widerrufen und die Kommandanten der Ostsee- und Nordmeerflotten angewiesen, ihre Mannschaften in Bereitschaft zu halten. Am 19. Juni wurde General Eremenko angewiesen, sein Fernostkommando abzugeben und unverzüglich nach Moskau zu kommen. Am 21. Juni gestand Stalin die Unsicherheit der Situation offen ein. In ähnlicher Weise vertraute Molotov dem türkischen Botschafter an, daß die Situation »verworren und ungewiß« geworden sei[56]. Žukov hat Stalin als hin- und hergerissen zwischen der Angst vor einem deutschen Überfall und der Furcht, einen ungewollten Krieg auszulösen, in Erinnerung. Auf Drängen des Generalstabs gab er nun die Direktive 1 aus, die auf die Möglichkeit eines Krieges hinwies und grundlegende Defensivmaßnahmen in Gang setzte; sie warnte die Kommandanten im Felde noch immer vor »jeglichen provokativen Schritten, die ernsthafte Komplikationen verursachen könnten«[57].

Endlich hatten die Russen die Größenordnung der Krise vor ihrer Haustür erkannt. Die vorbeugenden, geheim gehaltenen militärischen Maßnahmen wurden von verzweifelten diplomatischen Bemühungen begleitet, den Deutschen doch noch nahezubringen, was man mit dem Kommuniqué nicht erreicht hatte. Am Sonntag, den 22. Juni, wurde Ribbentrop eine dringliche persönliche Beschwerde über die wachsende Zahl deutscher Aufklärungsflüge über sowjetischem Territorium vorgetragen. Von größerer Bedeutung waren Instruktionen an die sowjetische Botschaft in Berlin, der sowjetischen Bereitschaft zur Aufnahme von Verhandlungen Ausdruck zu verleihen[58].

Bis in den späten Morgen des 22. Juni schloß der Kreml nicht die Möglichkeit aus, daß Rußland zu politischer Nachgiebigkeit gepreßt werden sollte. Wie Molotov Cripps gegenüber bereits am 27. Juni eingestand, hatte man nicht erwartet, daß Krieg »ohne irgendeine Diskussion oder ein Ultimatum kommen könnte«[59]. Man ging noch davon aus, daß Hitler sich auf einen Großangriff nicht ohne Billigung der britischen Regierung eingelassen hätte. Die anfänglichen Instruktionen an die Front — noch bevor man die politische Situation begriff — hatten deshalb dahingehend gelautet, kein Feuer zu eröffnen und Provokationen zu vermeiden[60]. Als der britische Geschäftsträger am frühen Sonntag des 22. Juni auf eigene Initiative und ohne besondere Anweisungen im Kreml einen Besuch abstattete, fand er die Russen nicht nur, wie man hatte erwarten dürfen, »überaus nervös«, sondern auch »über alle Maßen vorsichtig«[61]. Auch in London stellte Majskij, noch bevor er irgendwelche Anweisungen von seiner Regierung erhalten hatte, eine Reihe von Fragen an Eden, die dieselbe Besorgnis verrieten[62].

Das Politbüro der Kommunistischen Partei Großbritanniens gab am gleichen Tag — noch ehe es von Moskau unterrichtet worden war und bevor es von Churchills Unterstützungsgelöbnis gehört hatte — die

Erklärung heraus, Hitlers Angriff sei »die Folge der geheimen Schritte, die hinter dem Schleier der Heß-Mission stattgefunden haben«[63]. Dem sowjetischen Verdacht einer heimlichen britischen Billigung des deutschen Angriffs wurde von prominenten Mitgliedern der sowjetischen Botschaft in London selbst nach Churchills Rede und Edens Zusicherung von Unterstützung bei mehreren Gelegenheiten Ausdruck verliehen. Sie beharrten darauf, daß, falls Churchill und Eden zum Rücktritt gezwungen werden sollten, ihre Nachfolger »einen Separatfrieden mit Deutschland auf Kosten Rußlands abschließen würden«[64]. So war Cripps auch keineswegs überrascht, Stalin bei ihrem ersten Treffen nach der Invasion über einen eventuellen Separatfrieden besorgt zu sehen. Schließlich, so offenbarte er in seinem Tagebuch, »haben wir in der Vergangenheit versucht, sie [besorgt zu stimmen], um sie daran zu hindern, mit den Deutschen zu weit zu gehen«[65]. »Alle glaubten«, so erinnerte sich Litvinov einige Monate später in Washington, »daß die britische Flotte über die Nordsee herandampfte, um zusammen mit Hitler Leningrad und Kronštadt anzugreifen«[66].

Es ist deshalb keine Überraschung, daß es Stalin in Verhandlungen mit den Briten während der Anfangsstadien des Krieges nicht um eine zweite Front ging, sondern daß er ausschließlich um eine Vereinbarung bemüht war, die beide Seiten verpflichten würde, keinen Separatfrieden auszuhandeln[67]. Derartige Befürchtungen dauerten noch lange nach der deutschen Invasion an. Während einer Zusammenkunft zwischen Stalin und Beaverbrook im Oktober 1941 in Moskau schien Stalin »an Heß sehr interessiert. Stalin deutete an, daß er der Ansicht war, daß Heß nicht auf Hitlers Aufforderung hin, aber mit Hitlers Wissen gehandelt habe«[68]. Im Herbst 1942 verlangte Stalin sogar, Heß vor Gericht zu stellen; er befürchtete, daß die Briten ihn in eventuellen britisch-deutschen Separatverhandlungen als Emissär benutzen könnten. Während des ganzen Krieges hielt Stalin an dieser Sichtweise fest und ließ Churchill noch 1944 wissen, daß Heß daran beteiligt gewesen sei, einen gemeinsamen britisch-deutschen Kreuzzug gegen Rußland zu organisieren, was »fehlgeschlagen« sei[69].

So scheint es, daß der Aufmarsch der Roten Armee einen in letzter Minute unternommenen Versuch darstellte, einen deutschen Angriff zu vereiteln, und daß dieser Versuch dadurch ausgelöst wurde, daß Churchill sehr präzise »Ultrameldungen« über Hitlers Absichten an Stalin weiterleiten ließ und Stalin von seinem Meisterspion Sorge aus Tokio bestätigende Informationen erhielt. Die ungeschickte Ausführung des Aufmarsches spiegelt Stalins unlösbare Aufgabe wider, Defen-

sivmaßnahmen umzusetzen, für die die Rote Armee gar nicht vorbereitet war, und gleichzeitig jegliche Provokation, die einen Krieg aus-
lösen konnte, für den Fall zu vermeiden, daß sich die Meldungen als
falsch herausstellten. Eine Untersuchung der sowjetischen Reaktion auf
die deutsche Mobilmachung innerhalb der politischen und militärischen Rahmenbedingungen macht somit deutlich, daß es absurd ist zu
behaupten, Stalin sei im Begriff gewesen, einen Angriff gegen Deutschland zu führen, der durch den Überraschungsangriff bzw. — wie einige deutsche Historiker nun so gerne behaupten — Präventivangriff auf
Rußland verhindert worden sei.

Anmerkungen

[1] Die neueste, extremste und inakkurateste Darstellung dieser Ereignisse als
Hitlers »Präventivschlag« findet sich in Viktor Suvorov, Der Eisbrecher: Hitler in Stalins Kalkül, Stuttgart 1989; vorausgegangen war dieser Veröffentlichung »Ešče raz o soobščenij TASS«, in: Russkaja mysl', 16. und 23. Mai 1985;
Who Was Planning to Attack Whom in Juni 1941, Hitler or Stalin?, in: Journal of the Royal United Services Institute for Defence Studies, 1985, 130 (2).
Andere Historiker, die diese Sichtweise vertreten, ohne substantielle Belege
für ihre Argumente anzuführen, sind Ernst Topitsch, Stalins Krieg. Die sowjetische Langzeitstrategie gegen den Westen als rationale Machtpolitik, München 1985, und Joachim Hoffmann, Die Rote Armee bis Kriegsbeginn 1941,
in: Horst Boog u. a., Der Angriff auf die Sowjetunion, Stuttgart 1983 (= Das
Deutsche Reich und der Zweite Weltkrieg, Bd 4). Eine scharfsinninge Analyse dazu findet sich in Bianka Pietrow, Deutschland im Juni 1941 — ein
Opfer sowjetischer Aggression?, in: Geschichte und Gesellschaft, 14 (1988),
S. 119.
[2] Winston Spencer Churchill, The Second World War. Bd 3: The Grand Alliance, London ⁵1968, S. 316.
[3] Die beste Zusammenstellung ihrer Ansichten findet sich in Seweryn Bialer,
Stalin and his Generals. Soviet Military Memoirs of World War II, New York
1969.
[4] Barton Whaley, Codeword Barbarossa, Cambridge, Mass. 1973; Francis Harry
Hinsley, British Intelligence in the Second World War, London 1979, Bd 1,
Kap. 14.
[5] Aleksandr M. Nekrič, 1941 22 iiunja, Moskau, 1965, S. 124 f.; Georgij
K. Žukov, Vospominanija i razmyšlenija, London 1969, S. 229 f., 233, 248.
Die beispiellose russische Freigabe findet sich in: Nakanune, ili tragedija kassandry: povest' v dokumentach, in: Nedelja, 1988, 42—44. Eine vollständige Version von Chruščevs berühmter Rede im Jahr 1956 wurde unlängst in
Moskau veröffentlicht, sie bestätigt diese Beobachtungen voll und ganz, O
kul'te ličnosti i ego posledstvijach, in: Nedelja, 1989, 16, S. 8 f.

[6] Hinsley (wie Anm. 4), Bd 1, Kap. 14; P. Knightley, The Second Oldest Profession, London 1987, S. 176—197.

[7] Albert Seaton, The Russo-German War, 1941—45, London 1971, S. 21.

[8] R. Savuškin, K voprosu o zaroždenii teorii posledovael'nych nastupatel'nych operacij, in: Voenno-istoričeskij žurnal, 1983, H. 5, S. 78—82.

[9] A. V. Anfilov, Proval »blickriga«, Moskau 1974, S. 162 und 178—189, und A. G. Chor'kov, Nekotorye voprosy strategičeskogo razvertyvanija Sovetskich vooružennych sil v načale Velikoj Otečestvennoj vojny, in: Voenno-istoričeskij žurnal, 1986, H. 1, S. 9 ff., und R. Savuškin, K voprosu o zaroždenij teorii posledovael'nych nastupatel'nych operacij, in: Voenno-istoričeskij žurnal, 1983, H. 5.

[10] Die neuesten sowjetischen Enthüllungen stammen von Lt.-General Nikolaj Pavlenko, Tragedija Krasnoj armii, in: Moskovskie Novosti, 7. Mai 1989.

[11] Seaton (wie Anm. 7), S. 18.

[12] I. Bagramjan, Zapiski načalnika operativnogo otdela, in: Voenno-istoričeskij žurnal, 1967, H. 1.

[13] Suvorov (wie Anm. 1), S. 11—57, folgt der längst überholten Annahme, die ihren Ursprung in der Höhe des Kalten Krieges hat, daß Stalins Pläne für die Inbesitznahme Osteuropas auf die späten zwanziger Jahre zurückgingen und ideologisch motiviert gewesen seien. Für eine umfassende Erörterung siehe Slavic Review, 1977, 36 (4).

[14] John Erickson, Stalin's War with Germany. Bd 1: The Road to Stalingrad, London 1975, S. 77; Istorija Vtoroj Mirovoj Vojny, 1941—1945, Moskau 1974—1979, Bd 3, S. 142 f.

[15] Nikita Khrushchev, Khrushchev Remembers, Boston 1970, S. 176 f., und E. Harrison Salisbury, The Siege of Leningrad, London 1969, S. 67—81.

[16] Whaley (wie Anm. 4), S. 210—213.

[17] Siehe die erstaunlichen Enthüllungen in G. Kumanev, 22-go, Ha rassvete ..., in: Pravda vom 22.6.1989; Pavel A. Žilin, Kak fašistskaja Germanija gotovila napadenie na Sovetskij Sojuz, Moskau 1966, S. 219, und Zukov (wie Anm. 5), S. 225.

[18] Vgl. z. B.: Public Record Office, London, F[oreign] O[ffice] 371/24846, 24844, N2779/40/38 und N5937/30/38, Kommentare des Foreign Office 8., 11. und 13. März, 3. Juli.; 24852 N6029/24/38, Memorandum von Sargent, 17. Juli und Kommentar von Halifax, 18. Juli; 24853 N7279/283/38, Memorandum, 24. November 1940; 29135 W53/53/50, »Weekly Intelligence Summary«, 15. Jan.; 29479 N1316 und 1324/78/38, Kommentare, 3. Apr.; 29481 N2171 und 2466/78/38, Kommentare 13. und 27. Mai; W[ar] O[ffice] 208/1761 JIC(41)218, 23. Mai 1941.

[19] FO 371/24852 N6029/24/38, Memorandum von Sargent, 17. Juli 1940.

[20] Hinsley (wie Anm. 4), Kap. 14. Vgl. auch Gabriel Gorodetsky, Churchill's Warning to Stalin: A Reappraisal, in: The Historical Journal, 1986, 29 (4), S. 979—990.

[21] Eine detaillierte Darstellung dieser Episode findet sich in dem von mir verfaßten Beitrag Churchill's Warning to Stalin, ebd.

[22] FO 371/29480 N1762/78/38, Telegramm von Cripps, 23. April, und Kommentar von Sargent und Eden, 25. April 1941.

[23] FO 371/29465 N1828/3/38.

[24] Bodleian Libarary (Oxford), Lord Monckton's Papers, Box 5, S. 49.

[25] FO 371/29465 N1801/3/38; London School of Economics, Beatrice Webb-Papers, Diary, S. 7079; Monckton Papers, Box 5, S. 49, Memorandum, 28. Mai 1941. Eine von gründlicher Kenntnis zeugende Interpretation dieser Ereignisse findet sich bei Martin Kitchen, British Policy towards the Soviet Union during the Second World War, New York 1986, S. 52—55. Steven M. Miner, Between Churchill and Stalin. The Soviet Union, Great Britain, and the Origins of the Grand Alliance, North Carolina 1988, S. 130—137; Miner spielt in dieser tendenziösen Arbeit das sowjetische Mißtrauen vollständig herunter und versucht zu beweisen, daß es Stalins vollständige Bindung an seine »Allianz« mit Hitler gewesen sei, die ihn der lauernden Gefahr gegenüber blind gemacht habe.

[26] Der Titel, den V. G. Truchanovskij in Vnešnjaja politika Anglii v period vtoroij mirovoij vojny, 1939—1945, Moskau 1965, bezeichnenderweise für das Kapitel über Heß wählte, lautet »England Makes a Choice«; M. Gus, 'Tainaja Missija Gessa, Voenno-istoričeskij žurnal, 1960, H. 9. In Khrushchev Remembers (wie Anm. 15), S. 137, erinnert sich Chruščev, Stalin gesagt zu haben: »>I think Hess must actually be on a secret mission from Hitler to negotiate with the English about cutting short the war in the West to free Hitler's hands for the push east‹. Stalin heard me out, and then said, ›Yes, that's it. You understand correctly‹.«

[27] Webb Papers, Diary, S. 7079 f.

[28] Ivan M. Maisky, Memoirs of a Soviet Ambassador. The War, 1939—1943, London 1963, S. 144—147.

[29] F. D. Volkov, Neudavšijsja Pryžok Rudolf Gessa, in: Novaja i novejšaja istorija, Bd 6 (1968), S. 116; siehe auch F. W. Deakin und G. R. Storry, The Case of Richard Sorge, London 1966, S. 226.

[30] Cripps Papers, Diary, 13. Mai 1941; FO 371/29481 N2171/78/38, 13. Mai 1941.

[31] FO 371 29481 N2466 und 29482 N2787/78/38, Telegramm an Cripps, 26. Mai, und Antwort 10. Juni, sowie Orme Sargent's Kommentar, 30. Mai 1941; The Diaries of Sir Alexander Cadogan, hrsg. von David Dilks, London 1971, S. 386 f.

[32] Front bez linii fronta, Moskau 1966, passim; Julius Mader u. a., Dr. Sorge funkt aus Tokio, Berlin 1966, passim. Siehe auch P. Knightley (wie Anm. 6), S. 187—190.

[33] FO 371/29466 N2628/3/38, Eden an Cripps über Treffen mit Maiskii, 5. Juni 1941.

[34] FO 371 29466 N2674/3/38, Foreign Office Kommentar 9. Juni 1941.

[35] Webb-Papers, Diary, S. 7103—7107, 14. Juni 1941; Foreign Relations of the United States. Diplomatic Papers. 1941, Bd 1: General. The Soviet Union, Washington 1958, S. 173.

[36] John G. Winnant, A Letter from Grosvenor Square. An Account of a Stewardship, London 1947, S. 143 f.

[37] Joseph P. Lash, Roosevelt and Churchill, 1939—1941. The Partnership that Saved the West, Norton 1976. Harper-Papers, H. 22 f. 21, Harper an Henderson, 22. Juni 1941. Siehe auch Raymond H. Dawson, The Decision to Aid Russia, 1941. Foreign Policy and Domestic Politics, Chapel Hill 1959, S. 60 f.

[38] Maisky (wie Anm. 28), S. 148 ff., 165. Eine Andeutung des Zusammenhangs zwischen Cripps' Drohungen, der Heß-Affäre und dem Kommuniqué findet sich in F. D. Volkov, SSSR-Anglija 1929—1945gg., Moskau, 1964, S. 343 f.

[39] Maisky (wie Anm. 28), S. 150 ff.

[40] Cripps Visit Sets Berlin Wondering, in: News Chronicle, 9. Juni 1941.

[41] 9. und 8. Juni 1941.

[42] FO 371/29483 N2862/78/38.

[43] FO 418/87, Telegramm an Baggallay (Moskau), 13. Juni 1941.

[44] FO 371/29483 N2887/78/38, Kommentar Cadogan und Sargent, 13. und 14. Juni; 29315 W7499/53/50, PIS, 18. Juni 1941.

[45] Cadogan, Diaries (wie Anm. 31), S. 382.

[46] FO 371/29483 N2873/78/38, Kommentar von Coote, 14. Juni 1941. Die Nachrichtenabteilung des Foreign Office gewann aus Gesprächen mit dem Tass-Vertreter in London den deutlichen Eindruck, daß die sowjetische Botschaft die Regierung im Verdacht hatte, die Berichte über einen bevorstehenden Zusammenstoß in dem Versuch zu verbreiten, die Sowjetregierung in den Krieg zu verwickeln; siehe dazu N2887/78/38, Warner's Kommentar, 13. Juni, 1941.

[47] FO 371/29483 N2862/78/38, Memorandum von McDonald.

[48] FO 371/29482 N2792/78/38, Eden Memorandum.

[49] FO 371/29466 N3047/78/38, Kommentar Cadogans; Diaries (wie Anm. 31), S. 388; Maisky (wie Anm. 28), S. 149. Als zentraler Beleg für die Warnung an die Russen hat Majskijs Version die meisten Historiker zu einer fehlerhaften und mißbilligenden Beurteilung des Tass-Kommuniqués geführt, darunter auch den ansonsten untadeligen Whaley (wie Anm. 4), S. 107 f., 114.

[50] FO 371 29466 N3099/3/38 Memorandum von Cripps 19. Juni 1941.

[51] FO 371/29484 N3047/78/38; The Times-Archiv, Dawson an Halifax, 22. Juni 1941. Am 24. Juni offenbarte der kommunistische Parlamentarier Gallacher, daß man die Bewertung am 19. Juni revidiert hatte, Parl. Deb. HC., Bd 372, col. 986.

[52] Kumanev, 22-go, Ha rassvete ..., in: Pravda 22.6.1989.

[53] A. G. Golovko, Vmeste s flotom, Moskau 1960, S. 14—20; N. M. Charlamov, Trudnaja Missija, Moskau 1983, Kap. 3; N. B. Kuznecov, Nakanune, Moskau 1966, S. 324—340; Ju. A. Panteleev, Morskoj front, Moskau 1965, S. 31—42; B. Vainer, Severnyj flot v Velikoj Otečestvennoj vojne, Moskau 1964, S. 21—25; Žukov (wie Anm. 5), S. 232 ff.

[54] FO 371 29483 N2898/78/38.

[55] FO 371 29466 N3099/3/38. Eine ähnlich falsche britische Interpretation in FO 371 29482 N2842 und 29483 N2891/78/38, Telegramm von Baggallay und Kommentar von Cadogan, 14. und 15. Juni 1941.

[56] FO 371 29484 N3005, N3006/78/38.

[57] Erickson (wie Anm. 14), S. 96; FO 371 29484 N3005, N3006/78/38, Telegramme von Baggallay, 21. Juni 1941.

[58] V. Berežkov, Gody diplomatičeskoj služby, Moskau 1972, S. 60—64; Raymond James Sontag und J. S. Beddie, Nazi-Soviet Relations 1939—1941. Documents from the Archives of the German Foreign Office, Washington 1975, S. 353—356.

[59] FO 371/29466 N3232/3/38.

[60] A. Sella, »Barbarossa«: Surprise Attack and Communication, in: Journal of Contemporary History, 1978, Bd 13, S. 555—583.

[61] FO 371/29466 N3018/3/38; Maisky (wie Anm. 28), S. 156 f.

[62] FO 371/29560 N3056/3014/38, Eden Memorandum 22. Juni 1941.

[63] Daily Express, 23. Juni 1941.

[64] FO 371/29466 N3180 und 3489/3/38, Kommentare vom 23. und 28. Juni, 1941.

[65] Cripps-Papers, Diary, 9. Juli 1941. Zu Molotovs Obsession siehe die sowjetischen Aufzeichnungen seines ersten Treffens mit Cripps am 27. Juni 1941, in: Ministry of Foreign Affairs, Sovetsko-Anglijskie otnošenija, Moskau 1984, Bd 1, S. 47—50.

[66] The Library of Congress, Botschafter Davies-Papers, Box 11. Siehe auch Halifax-Papers, York County Library, A.7.8.9, Diary, 11. Dezember 1941.

[67] Koalicija: pervye, trudnye mesjacy — novye dokumenty diplomatičeskoj chroniki voennych let, in: Novoe vremja, 1987, H. 1.

[68] CAB 65/20 WP(41)272, No. 12.

[69] Churchill (wie Anm. 2), S. 49.

Joachim Hoffmann

Die Angriffsvorbereitungen der Sowjetunion 1941

In der internationalen Wissenschaft besteht heute kein Zweifel mehr über die historische Bedeutung des deutsch-sowjetischen Vertrages vom 23. August 1939, seiner Folgeverträge und der geheimen Zusatzprotokolle. Denn auch in der Sowjetunion hat man sich inzwischen zu der Meinung durchgerungen, daß dieser Pakt, wie V. Dašičev es formuliert, »durch nichts gerechtfertigt, ein im höchsten Grade amoralisches und verbrecherisches Abkommen« war und allein den Zweck verfolgte, den Krieg in Europa zu entfesseln. Die Absicht, »das faschistische Deutschland und den Westen aufeinanderzuhetzen«, war nach Dašičev bei Stalin zu einer »fixen Idee« geworden. Durch Unterzeichnung und Vollzug des Geheimprotokolles sei Stalin auch in juristischem Sinne ein »Komplize« Hitlers und Teilnehmer an einem Aggressionskriege geworden[1].

Für Stalin bedurfte ein europäischer Krieg der Abrundung durch einen Krieg im Fernen Osten. Und daß er einen Krieg in Asien ebenso herbeiwünschte wie einen solchen in Europa, dies haben seinerzeit schon die Botschafter Sir Stafford Cripps (Großbritannien) und Laurence F. Steinhardt (USA) ausgesprochen. Bekanntgewordene Dokumente des Volkskommissariates des Äußeren (Narkomindel) geben uns hierüber mit wünschenswerter Klarheit Aufschluß. »Der Abschluß unserer Vereinbarung mit Deutschland«, so das Narkomindel am 1. Juli 1940 an den Sowjetbotschafter in Japan, »war diktiert von dem Wunsch nach einem Krieg in Europa«. Und im Hinblick auf den Fernen Osten heißt es ganz entsprechend in einem Kabel aus Moskau an die Sowjetbotschafter in Japan und China am 14. Juni 1940: »Wir würden allen Verträgen zustimmen, die einen Zusammenstoß zwischen Japan und den Vereinigten Staaten heraufbeschwören[2].« Unverhohlen ist in diesen diplomatischen Weisungen die Rede von einem »Japanisch-Amerikanischen Krieg, den wir gern entstehen sehen würden«. Was hier offen ausgesprochen wird, steht denn auch im Einklang mit dem, was John C. Wiley schon am 20. Januar 1939 an den Secretary of State in Washington über eine Unterredung mit General J. Laidoner berichtet hatte[3], den er als die »beherrschende Persönlichkeit in Estland« ansah. »Die sowjetische Politik«, so die Worte Laidoners nach Wiley, »beruht auf der Hoffnung, daß ein Krieg in Europa die Macht der großen Kontinentalmächte und ebenso die des britischen Empire tödlich schwächen würde. Er war zuverlässig unterrichtet, daß Litvinov von Stalin im letzten Sommer höchst entschiedene Instruktionen erhalten hatte, nichts unversucht zu lassen, zu einer europäischen Krise zu ermutigen. Stalin hatte Litvinov gesagt, er wünsche das Entstehen eines europäischen Krieges nicht später als September.«

Auch die sowjetische Literatur sieht heute einen unmittelbaren Zusammenhang zwischen dem 23. August 1939 und dem 22. Juni 1941. Der Pakt von 1939 hatte Hitler dazu ermutigt, Polen anzugreifen, er hatte die schützende Staatenbarriere an der sowjetischen Westgrenze niedergerissen und der Sowjetunion die Möglichkeit verschafft, sich ein Territorium in der Ausdehnung des Deutschen Reiches von 1919 einzuverleiben und ihre Aufmarschbasis nach Westen bedeutend zu verbessern. Stalin hatte sein erstes Ziel erreicht, und er war, wie Marschall der Sowjetunion G. K. Žukov sich erinnert, »überzeugt, er würde aufgrund des Paktes Hitler um den kleinen Finger wickeln«[4]. Nun kam es auf den nächsten Schritt an, und die Voraussetzungen hierzu waren günstig. Denn die Lage Deutschlands wurde, der Anfangssiege ungeachtet, in Moskau durchaus als kritisch eingeschätzt. Eine Entscheidung im Krieg mit England rückte in immer weitere Ferne, und hinter Großbritannien standen mit wachsender Entschiedenheit die USA. In Moskau galt es zudem als ausgemacht, Deutschland sei wirtschaftlich außerstande, einen langen Krieg durchzuhalten. In der Situation des Spätjahres 1940 ließ Stalin durch Molotov am 12./13. November 1940 in Berlin jene Forderungen überbringen, die auf eine Ausdehnung der sowjetischen »Interessensphäre« auf Rumänien, Ungarn, Jugoslawien, Bulgarien und Griechenland sowie auf Finnland hinausliefen, mit dem doch erst im März ein Friedensvertrag geschlossen worden war. Auch die schwedische Frage wurde angeschnitten. Mit anderen Worten, die Sowjetunion beanspruchte jetzt eine beherrschende Stellung in ganz Osteuropa und verlangte überdies die Errichtung von Stützpunkten an den Schwarzmeer- und Ostseeausgängen, so daß das im Kriege befindliche Reich gleichsam von Norden und Süden her umklammert wurde. Diese in einer kritischer werdenden Lage überbrachten Insinuationen waren so herausfordernd, daß sie Deutschland praktisch nur noch die Wahl ließen, »sich zu unterwerfen oder zu kämpfen«[5]. Es handelte sich um eine bewußte Provokation — von Interesse dabei ist das psychologische Motiv, weil es erkennen läßt, wie sicher man sich in Moskau jetzt anscheinend fühlte. Stalin war der festen Meinung,

Hitler werde keinen Zweifrontenkrieg riskieren. Aber selbst einen deutschen Angriff hat er nicht gefürchtet, aus einem Überlegenheitsgefühl heraus, das materiell wohlbegründet war, wenn man die tatsächliche Stärke der Roten Armee und die Kapazität der sowjetischen Rüstungsindustrie berücksichtigt. So verfügte die Rote Armee am 22. Juni 1941 über nicht weniger als 24 000 Panzer, darunter 1 862 T 34 und KV, über 23 245 allein seit 1938 hergestellte Kriegsflugzeuge, darunter 3 719 Maschinen neuester Bauart, und über 148 000 Geschütze und Granatwerfer, während die deutschen Angreifer 3 648 Panzer und Sturmgeschütze, darunter 1 700 völlig veraltete Typen, 2 510 Kriegsflugzeuge und 7 146 Geschütze aufgeboten hatten. Die Verbündeten besaßen keine nennenswerten Panzer- oder Fliegerkräfte und nur eine mäßige Artillerie[6]. Gestützt auf eine gigantische und sich immer schneller entwickelnde Kriegsrüstung, hatte die Rote Armee eine Kriegstheorie hervorgebracht, die einseitig auf den Angriffsgedanken zugeschnitten war und der Abenteuerlichkeit nicht entbehrte.

Charakteristisch für diese Lehre vom Kriege war die Aufhebung des Begriffes eines »ungerechten« Krieges ebenso wie des eines »Angriffskrieges«, sofern die Sowjetunion als aktiver Teilnehmer auftrat. Schon Lenin hatte verkündet, es komme nicht darauf an, wer »als erster angreife«, wer den ersten Schuß abgebe, sondern auf die Ursachen eines Krieges, auf seine Ziele und auf die Klassen, die ihn führten. Vom Standpunkt der Sowjetunion aus war auch ein Angriffskrieg von vornherein somit ein Verteidigungs- und daher immer ein gerechter Krieg, womit auch der Unterschied zwischen einem Präventiv- und einem Gegenschlag verschwand. Die sowjetische Kriegstheorie ging im übrigen von der Voraussetzung aus, »daß Kriege heute nicht mehr erklärt werden«[7], da jeder Angreifer das natürliche Bestreben habe, sich den Vorteil des Überraschungsmomentes zu sichern. »Überraschung wirkt lähmend«, heißt es auch in der Felddienstordnung von 1939, und überfallartig ohne regelrechte Kriegserklärung waren die sowjetischen Angriffe auf Polen und Finnland 1939 begonnen worden. Seit Frühjahr 1941 wurden in der sowjetischen Militärliteratur »weitgehende Untersuchungen« über die »Anfangsphase eines neuzeitlichen Krieges« registriert. Alle diese Untersuchungen gipfelten in der Erkenntnis, neuzeitliche Kriege würden beginnen »ohne Kriegserklärung bei allmählich und bis zur endgültigen Eröffnung der Feindseligkeiten getarnter Mobilmachung [...]. Ziel der überfallartigen Kriegseröffnung ist, die Kriegshandlungen in das Land des Gegners zu tragen und von Beginn des Feldzuges an die Initiative zu gewinnen[8].«

Was die Mobilmachung[9] angeht, so hatten im März 1941 alle Truppen der westlichen Grenzmilitärbezirke den Befehl erhalten, bis zum Juni 1941 die volle Mobilmachungsbereitschaft gemäß dem Mobilmachungsplan »MP-1941« herzustellen und die Mobilmachung entsprechend den im Aufmarschschema festgelegten Terminen »bis ins Kleinste« vorzubereiten[10]. Die seitdem zunehmenden Einberufungen und die Einziehung ganzer Jahrgänge wurde von den deutschen Kommandobehörden gedeutet als eine zielbewußte Verstärkung der Roten Armee, ohne sie »aus Tarnungsgründen nach außen in Erscheinung treten zu lassen. Durch dieses Verfahren«, so die Folgerung, »ist unter Umständen eine öffentliche Gesamtmobilmachung nicht erforderlich[11].«

Noch einige weitere Grundsätze verdienen Beachtung:

1. Die RKKA (Raboče-Krestjanskaja Krasnaja Armija [Rote Arbeiter- und Bauernarmee]) ist eine »offensive Armee«, »die offensivste aller Armeen«[12].

2. Der Krieg wird immer und in jedem Fall auf feindlichem Territorium geführt und unter geringen eigenen Opfern mit der vollständigen Zerschmetterung des Gegners enden.

3. Aufstände des Proletariates im Rücken des Gegners werden den Kampf der Roten Armee unterstützen.

4. Die Kriegsvorbereitungen erschöpfen sich in Angriffsvorbereitungen.

5. Verteidigungsvorkehrungen werden nicht getroffen und sind sogar verboten, da »allenfalls« eine defensive Phase von wenigen Tagen denkbar sei.

6. Die Möglichkeit des Eindringens feindlicher Streitkräfte auf das Territorium der UdSSR ist ausgeschlossen.

Das Dogma von der Unbesiegbarkeit und einem »leichten Sieg« der Roten Armee hatte in der Stalinära die Bedeutung eines Gesetzes und unterlag keiner theoretischen Erörterung — Abweichungen von der offiziellen Lehre konnten für den Betreffenden unabsehbare Folgen haben.

In welcher Weise es durch den machtvollen Politapparat den Rotarmisten und Rotflottisten eingehämmert worden war, darüber erhielten auch die Deutschen hinreichenden Aufschluß. So berichtete Oberstleutnant i.G. A. Andrušat (39. Schützenkorps)[13] schon am 25. April 1941 von der massiven Propagandaeinwirkung, die tiefe Spuren in der Truppe hinterlasse: »Die Politkommissare betonen ununterbrochen, daß der Krieg nur auf fremdem Gebiet stattfinden wird, nie auf eigenem [...] die Sowjetunion wird immer siegen, da sie im Innern bei jedem Gegner unzählige Bundesgenossen hat [...] die Rote Armee hält sich für die beste der Welt.« Und einige weitere Beispiele aus der Zeit nach Kriegsbeginn: Major Filipov[14] (39. Schützenkorps) am 26. Juni 1941: »Die Rote Armee ist nicht zu schlagen«, Oberst Ljubimov und Major Michajlov (49. Panzerdivision) am 4. August 1941[15]: »Die Rote Armee ist auf das allerbeste ausgerüstet und ausgebildet und dadurch unbesiegbar«, Major K. Ornuškov[16] (11. Panzerdivision) am 6. August 1941: »Die russische Armee ist nicht zu schlagen. Militärzeitschriften, Presse, Kino und Rundfunk betonten immer wieder den gewaltigen Ausbau der Panzer und Luftwaffe.« Divisionskommandeur G. Filev[17] (176. Schützendivision) am 11. Oktober 1941: »Die rote Armee ist in jeder Hinsicht materiell und zahlenmäßig stärker als die deutsche. Die Kraft der Roten Armee ist unermeßlich.« Generalmajor V. Kirpičnikov[18] (43. Schützendivision) sprach von »dem Unterschätzen, ja vollständigen Mißachten der feindlichen Kräfte und Möglichkeiten«. Die Reihe der Aussagen ließe sich beliebig fortsetzen.

Stalin hielt einen Krieg mit Deutschland für unvermeidlich, und im Bewußtsein der wachsenden Stärke der Roten Armee und der sich verschlechternden Lage Deutschlands war für ihn am 5. Mai 1941 der Zeitpunkt gekommen, um in größerem Kreise zu verkünden, daß er gesonnen sei, gegebenenfalls die Initiative zu ergreifen. Die an diesem Tag vor den Absolventen der Militärakademien und den Führern der Roten Armee gehaltene Rede ist ein wichtiges Zeugnis dafür, daß die Sowjetunion sich 1941 auf einen Angriffskrieg vorbereitete. Unsere bisherigen Erkenntnisse hierüber finden heute eine Bestätigung in der Stalinbiographie des Generalobersten Professor D. A. Volkogonov, der verschiedene Dokumente anführt, die sich nahtlos in die bekannten Tatsachen einordnen[19]. Es wird damit eine ganze Literatur hinfällig, die diese Selbstentlarvung Stalins, der höchste Beweiskraft zukommt, bisher entweder nicht zur Kenntnis nehmen wollte oder aber die eindeutige Verifizierung durch den britischen Moskaukorrespondenten A. Werth und den deutschen Botschaftsrat G. Hilger aufzuheben versucht, indem sie nachträgliche Schutzbehauptungen der bekannten Desinformatoren F. I. Golikov und L. Bezymenskij in den Rang gleichwertiger Zeugnisse erhebt. Die Kernpunkte der Stalinrede vom 5. Mai aber waren schon in der Kriegszeit bekannt, wie aus neuaufgefundenen Vernehmungsprotokollen höherer sowjetischer Offiziere hervorgeht[20]. Man hat den Wert auch solcher Zeugenaussagen bezweifeln wollen, obwohl O. Kuznecova und K. Seleznev, letzterer ein erfahrener politischer Offizier der Sowjetarmee, der es wissen muß, den »Aussagen kriegsgefangener Soldaten, Offiziere und Generale sowie der

Überläufer« eine »wesentliche Bedeutung als Primärquelle« zumaßen[21]. Dies steht im Einklang mit den deutschen Erfahrungen; in einem Vortrag der Abteilung Fremde Heere Ost des Generalstabes des Heeres über den Ic-Dienst am 6. Mai 1943 in Posen wurde hervorgehoben, daß »Gefangenenvernehmungen oft das einzige und sicherste Mittel sind, um den Dingen wirklich auf den Grund zu kommen«[22]. Wer je vergleichend mit Kriegsgefangenenprotokollen gearbeitet hat, ist immer wieder erstaunt über die außerordentliche Aussagekraft, die diesen Dokumenten zukommt.

Die Rede vom 5. Mai 1941, in der Stalin seine Angriffsabsichten offenbarte, bedeutete aber nur die Fortsetzung einer Rede »des Genossen Stalin« vom 13. Januar 1941 vor höheren Truppenkommandeuren und einer weiteren Rede vom 8. Februar 1941 vor höheren Luftwaffenoffizieren im Zentralkomitee, die schon ähnliche Gedanken verrieten. Dem erbeuteten Tagebuch des Majors des NKVD (im Range eines Generalmajors) Murat aus dem Stabe der 21. Armee lassen sich einige Leitlinien entnehmen. Demnach hatte Stalin von einem »kultivierten« Gegner, nach dem damaligen Sprachgebrauch der Roten Armee also Deutschland, und von »Angriffsoperationen« gesprochen, die beginnen könnten, wenn man eine zweifache Überlegenheit besitze. »Eine zweifache Übermacht ist Gesetz, eine stärkere noch besser«, so Stalin am 13. Januar 1941, und: »Wenn 5 000 Flugzeuge alles zerstören«, dann könne die Rote Armee »über die Karpathen gehen«[23]. Stalin und die sowjetische Führung hatten Berichte erhalten über »den Unwillen des deutschen Volkes, Krieg zu führen«, über »das Deserteurtum in der deutschen Armee«, über »die defätistischen Gesinnungen in der Wehrmacht«. »Wenn Deutschland sich in einen Krieg mit der UdSSR stürzt«, so angeblich die Soldaten, »wird es geschlagen«, und: »Wir wollen nicht kämpfen, wir wollen nach Hause.« Mit dem »Anwachsen proletarischer Strömungen in Deutschland« schien jene »revolutionäre Krise« heranzureifen, über die »die Zeitungen schrieben, das Radio tönte und die Theoretiker sich verbreiteten«. Volkogonov nimmt Bezug auf ein damals erschienenes Buch »Der erste Schlag« (Pervyj udar) von N. Španov, das die offizielle Meinung in der Sowjetunion wiedergab, daß nämlich »nach dem vernichtenden Schlag der Roten Armee gegen das faschistische Deutschland dort am zweiten Tag ein Aufstand gegen das Naziregime ausbrechen werde«[24]. Es bedurfte hierzu durchaus nicht eines deutschen Angriffes. Das Akademiemitglied N. Varga, ein besonderer Protegé Stalins, erklärte in einer Rede vor der Militärpolitischen Akademie »V. I. Lenin« am 17. April 1941, daß, sobald aufgrund des Krieges eine »revolutionäre Krise« entstehe, die »bürgerliche Macht« geschwächt sei und das »Proletariat die Macht in seine Hände nimmt«, »die Sowjetunion dann verpflichtet ist, und sie wird es tun, der proletarischen Revolution in anderen Ländern zu Hilfe zu kommen«[25]. »Das Streben, das Feuer der Weltrevolution zu entfachen«, verband sich hier, wie noch an anderer Stelle anklingt, mit sowjetischem Eroberungsdrang zu dem Gedanken eines revolutionären »Befreiungskrieges«[26].

Dies ist der Hintergrund der Rede vom 5. Mai, die in »Kriegsdrohungen gegen Deutschland« gipfelte. Nach Volkogonov war Stalin »aufrichtig wie sonst selten und sprach über vieles, was ein Staatsgeheimnis darstellte«; nach Aussage eines Augenzeugen schien er zum Zeitpunkt der Rede angetrunken gewesen zu sein. Stalin erklärte nach den Informationen, die der britische Moskaukorrespondent A. Werth nach Kriegsausbruch erhalten hatte, es sei notwendig, den Krieg mit Deutschland bis zum Herbst hinauszuzögern, weil es für einen deutschen Angriff dann zu spät sei. Der Krieg mit Deutschland werde aber »fast unvermeidlich« 1942 stattfinden, und zwar unter viel günstigeren Bedingungen. Je nach der internationalen Situation werde die Rote Armee »entweder einen deutschen Angriff erwarten, oder sie wird die Initiative zu ergreifen haben«. Ausdrücklich hob Werth[27] hervor, alle seine Informationen hätten »in den Grundzügen und vor allem in einem der wichtigsten Punkte« übereingestimmt, in »Stalins Überzeugung, daß der Krieg fast unvermeidlich 1942 ausgefochten werde, wobei die Russen möglicherweise die Initiative zu ergreifen haben werden«. Hilger[28] seinerseits hatte drei in Gefangenschaft geratene höhere sowjetische Offiziere, Teilnehmer an der Veranstaltung im Kreml, befragt, die, wie er schrieb, in ihren »Schilderungen fast wörtlich übereinstimmen, obwohl sie keine Gelegenheit gehabt hatten, sich untereinander zu verständigen«. Nach Hilger habe Stalin auf einen Toast des Chefs der Militärakademie Frunze, Generalleutnant M. S. Chozin, auf die Friedenspolitik scharf ablehnend reagiert und erklärt, mit der Defensivlosung müsse jetzt Schluß gemacht werden, weil sie überholt sei und man mit ihr keinen Fußbreit Boden mehr gewinnen könne. Die Rote Armee müsse sich an den Gedanken gewöhnen, daß die Ära der Friedenspolitik zu Ende und die Ära einer gewaltsamen Ausbreitung der sozialistischen Front angebrochen sei. Wer die Notwendigkeit eines offensiven Vorgehens nicht anerkenne, sei ein Spießbürger oder Narr. Ein früher Aktenhinweis auf diese Stalinrede war ein Schreiben des Chefs der Abteilung Fremde Heere Ost im Generalstab des Heeres vom 18. Oktober 1942[29] über die »voneinander unabhängig verfaßten Berichte« dreier kriegsgefangener sowjetischer Offiziere, die »übereinstimmend« folgendes zum Ausdruck brachten:

»1.) Aufruf, sich zum Krieg gegen Deutschland bereitzuhalten.

2.) Ausführungen über die Kriegsvorbereitungen der Roten Armee.

3.) Die Ära der Friedenspolitik der Sowjetunion ist vorüber. Ausdehnung der Sowjetunion mit Waffengewalt nach Westen ist nunmehr notwendig. Es lebe die aktive Angriffspolitik des Sowjetstaates!

4.) Der Kriegsbeginn steht in nicht allzu ferner Zeit bevor.

5.) Ausführungen über die großen Siegesaussichten der Sowjetunion im Krieg gegen Deutschland. Einer der drei Berichte enthält die bemerkenswerte Äußerung, daß der mit Deutschland bestehende Friedensvertrag nur eine Täuschung und ein Vorhang sei, hinter dem man offen arbeiten könne.«

Die Kernsätze der Stalinrede vom 5. Mai 1941 fanden ihre Bestätigung auch in Unterredungen des Botschaftsrates Hilger mit Generalmajor I. P. Krupennikov (3. Gardearmee) am 18. Januar 1943 und mit Generalleutnant L. A. Masanov (30. Armee) am 22. Juli 1943. Krupennikov, eher noch skeptisch eingestellt, erklärte doch, »daß Stalin sich auf einen Krieg mit Deutschland seit Jahren systematisch vorbereitet habe und ihn unter einem geeigneten Vorwand, ohne Deutschland direkt anzugreifen, spätestens im Frühjahr 1942 entfacht hätte [...]. Das Endziel Stalins sei die Erringung der Weltherrschaft mit Hilfe der alten bolschewistischen Schlagworte von der Befreiung der Werktätigen«. Masanov dagegen »zeigte sich über die Rede Stalins auf dem Bankett im Kreml am 5.5.1941 genau unterrichtet. Obwohl er selber bei der Veranstaltung nicht anwesend war, zitierte er die Ansprache Stalins über die Notwendigkeit, sich auf einen Angriffskrieg vorzubereiten, fast wörtlich[30].« Erste Hinweise hatten auch die Deutschen schon bald nach Kriegsbeginn erhalten, so daß der wesentliche Inhalt der Stalinrede erschlossen sein dürfte — ungeachtet der Verheimlichung des Dokumentes »CPA IML, f. 3, op. 1, d. 3808«.

Oberst I. Ja. Bartenev[31] (53. Schützendivision) berichtete am 15. Juli 1941, daß Stalin auf einem Bankett anläßlich der Ausmusterung junger Offiziere den Toast eines Generalmajors auf die Friedenspolitik sofort zurückgewiesen habe: »Nein, Kriegspolitik!« Sechs Offiziere[32] verschiedener Divisionen sagten am 20. Juli 1941 »übereinstimmend« aus: »Bei der Entlassung der Generalstabsoffiziere aus der Kriegsschule im Mai des Jahres sagte Stalin u. a.: ›Ob Deutschland will oder nicht, der Krieg mit Deutschland kommt‹.« Und über Oberst N. Lubimov[33] (49. Panzerdivision) heißt es am 6. August 1941: »Der Gefangene bestätigt frühere Aussagen, daß Stalin Anfang Mai bei der Entlassung von Offizieren aus der Militärakademie gesagt haben soll, der Krieg mit Deutschland kommt unbedingt.«

Generaloberst Volkogonov faßte die richtungweisende Rede vom 5. Mai 1941 folgendermaßen zusammen: »Der ›vožd'‹ [Führer] machte unmißverständlich klar: Der Krieg ist in Zukunft unausweichlich. Man muß bereit sein zur ›bedingungslosen Zerschlagung des Faschismus‹.« Und: »Der Krieg wird auf dem Territorium des Gegners geführt und der Sieg mit geringen Opfern errungen werden.« Volkogonov zitiert einige Schlüsseldokumente, aus denen hervorgeht, in welcher Weise Angriffsvorbereitungen nach der Stalinrede forciert wurden. Von größtem Interesse ist der »Plan der strategischen Entwicklung der Streitkräfte der UdSSR« (CAMO, f. 16, op. 2951, d. 239), den Oberst V. Karpov unlängst in der Zeitschrift »Kommunist vooružennych sil« auch veröffentlicht hat[34]. In Anknüpfung an die ihnen bekannten Intentionen Stalins hatten der Chef des Generalstabes der Roten Armee, Armeegeneral G. K. Žukov, und der Volkskommissar der Verteidigung, Marschall S. K. Timošenko, in diesem Generalstabsplan die »dringende Notwendigkeit« betont, »dem Gegner zuvorzukommen und die deutsche Armee in dem Moment anzugreifen, wenn sie sich in dem Stadium der Entfaltung befindet«[35], dem Gegner »zuvorzukommen und seine Hauptmacht auf dem Gebiet des früheren Polen und Ostpreußen zu zerschlagen«, »die Hauptkräfte des zentralen und mittleren Abschnittes der deutschen Front« zu vernichten — mit einem Wort also, einen Präventivkrieg zu beginnen. Im einzelnen war vorgesehen, die deutschen Truppen in den Räumen Warschau—Lublin und Krakau—Kattowitz zu zerschlagen, Ostpreußen sowie Polen zu besetzen und binnen 30 Tagen bis Oppeln in Schlesien und Olmütz in Mähren sowie nach Rumänien vorzudringen. 152 sowjetische Divisionen mit vielen Tausenden von Panzern und Flugzeugen und Zehntausenden von Geschützen sollten die 100 deutschen Divisionen in einem Überraschungsangriff vernichten. Der Generalstabsplan wurde von Žukov am 15. Mai 1941 Stalin übergeben, der ihn angeblich »offenbar« ablehnte, was aber durchaus nicht erwiesen ist. In Wirklichkeit verstärkten sich nach dem 5. Mai 1941 Maßnahmen, die ganz im Einklang mit diesem Offensivplan des Generalstabes standen.

So hatte der Generalstab auf Weisung Stalins am 13. Mai 1941 vier weitere Armeen in die Grenzrayone in Marsch gesetzt. Anfang Juni befahl Stalin die Verstärkung des entscheidenden Südwestabschnittes durch 25 weitere Divisionen. »In einer andauernden Bewegung« war die Hauptmasse der aktiven Streitmacht der RKKA nach Westen abtransportiert worden, wo insbesondere mechanisierte und motorisierte Verbände an der sowjetisch-deutschen Grenze und vorzugsweise in den weit in deutsches Gebiet vorspringenden Frontbogen bei Bialystok und Lemberg Aufstellung nahmen. Allein bei Bialystok befanden sich 28 Schützen- oder motorisierte Divisionen, 9 Panzerdivisionen, 9 Kavalleriedivisionen, bei Lemberg 20 Schützen- oder motorisierte Divisionen, 13 Panzerdivisionen und 7 Kavalleriedivisionen[36]. Eine solche »operative Konfiguration« war nur für Angriffszwecke geeignet, da sie, wie Žukov[37] einräumt, im entgegengesetzten Fall sofort die Gefahr einer Einkreisung und Vernichtung dieser Truppen heraufbeschwor. Auch nach Generalmajor P. G. Grigorenko[38] wäre sie nur in einem Falle berechtigt gewesen, »und zwar dann, wenn diese Truppen dazu bestimmt gewesen wären, plötzlich zum Angriff überzugehen. Andernfalls waren sie ja sofort zur Hälfte eingeschlossen.« Besondere Aufmerksamkeit verdient der äußerst verstärkte linke Flügel der sowjetischen Schlachtordnung, Rumänien gegenüber, wo eine »superstarke Angriffsarmee«, »die stärkste der Welt«, konzentriert wurde, die strukturmäßig über mehr Panzer verfügen sollte als die ganze deutsche Wehrmacht zusammengenommen[39]. Eine Vorstellung von dem Umfang des »aus dem Innern Rußlands« herantransportierten »Angriffsheeres« vermittelt eine Zusammenstellung der Abteilung Fremde Heere Ost des Generalstabes des Heeres, derzufolge allein bis Anfang August 1941 260 Schützen- und motorisierte Divisionen, 50 Panzerdivisionen und 20 Kavalleriedivisionen, insgesamt also 330 Großverbände, in den Kampf mit der Wehrmacht getreten sind. Die Truppenverschiebungen mußten also lange vor Kriegsbeginn eingeleitet worden sein. Doch auch die Fliegerkräfte wurden in Grenznähe zusammengezogen. Eine vom Luftwaffenführungsstab angefertigte Karte läßt die Massierung sowjetischer Flugplätze in den Frontvorsprüngen und in den beabsichtigten Hauptstoßrichtungen überaus eindrucksvoll in Erscheinung treten[40]. Ebenso waren Versorgungsdepots, Betriebsstofflager und Mobilmachungsvorräte unmittelbar an die Staatsgrenze herangeschoben worden, selbst Eisenbahnschienen wurden bereitgelegt und Verkehrsverbindungen intensiv ausgebaut, während man Verteidigungsvorkehrungen nicht als notwendig erachtete. »Alle Maßnahmen«, so auch der Chef der Verwaltung für Nachrichtenwesen des Volkskommissariates der Verteidigung, Generalmajor N. Gapič, »waren darauf gerichtet, Brückenköpfe zu schaffen und vorzubereiten, um einen Schlag auf den Gegner zu führen und den Krieg in feindliches Territorium zu tragen[41].«

Das Heranschieben der Hauptkräfte der Roten Armee nach Westen und an die Staatsgrenze ging unter strengster Geheimhaltung vor sich, konnte natürlich aber nicht völlig verborgen bleiben. Nur das tatsächliche Ausmaß dessen, was sich östlich der deutsch-sowjetischen Grenze anbahnte, blieb für die Deutschen im dunkeln. So etwa rechneten die deutschen Kommandobehörden mit dem Einsatz sowjetischer Panzer in erster Linie zur Unterstützung der Infanterie. Den systematischen Aufbau gepanzerter Stoßkräfte für Offensivoperationen hatten sie nicht erkannt, so daß sie sich nach Kriegsbeginn erstaunt zeigten über die Masse der Panzerdivisionen, die ihnen mit einem Male gegenüberstand. Doch die Anfangserfolge der Wehrmacht ließen eine reale Einschätzung des Kräfteverhältnisses auch weiterhin nicht zu. Noch eine Stärkeberechnung der Abteilung Fremde Heere Ost des Generalstabes des Heeres vom 9. August 1941 betrachtete die Kampfkraft der Roten Armee als erschöpft, mit nennenswerten Neuaufstellungen wurde nicht mehr gerechnet. »Die Gesamtkraft reicht nunmehr weder für einen Angriff größeren Stils noch zur Bildung einer durchgehenden Abwehrfront aus«, so hieß es, »auch menschenmäßig müßte die Grenze in absehbarer Zeit erreicht sein[42].« Da man Stärke und Angriffskraft des Gegners vor dem Kriege verkannt hatte, waren die sowjetischen Maßnahmen im allgemeinen auch nur als defensiv eingestuft worden. Gleichwohl brach sich seit Frühjahr 1941 immer wieder die Sorge vor einem Angriff der Roten Armee Bahn[43]. Am 11. März 1941 wurde ein »Überfall auf das Memelgebiet« für möglich gehalten, der Chef des Generalstabes der 18. Armee gab den Befehl zum »Halten des Brückenkopfes von Tilsit«. Am 29. April 1941 war klargeworden, daß die Sowjetunion Rumänien gegenüber über »genügend Kräfte« verfüge, »um überraschend eine Angriffsoperation zu beginnen«. Im Mai und Juni 1941 häuften sich die Überlegungen, die die Zusammenziehung starker beweglicher Kräfte in unmittelbarer Grenznähe am Südabschnitt und das Bereitstellen von Übersetzmitteln am Pruth mit Offensivabsichten in Verbindung brachten, auch wenn man immer wieder glaubte, sich beruhigen zu können. Rein von der erkannten Kräftebereitstellung her aber wurde ein Angriff für möglich gehalten, »und zwar mit einem starken Stoß aus dem Raum um Czernowitz—Lemberg nach Rumänien, Ungarn oder nach Ostgalizien, mit einer weiteren starken Angriffsgruppe aus Weißrußland Richtung Warschau oder nach Ostpreußen«[44]. Obwohl auch die Stärke der sowjetischen Luftstreitkräfte nicht richtig eingeschätzt worden war und man noch im Januar 1941 mit nur 5700 anstatt der jetzt vorhandenen über 20000 gegnerischen Kriegsflugzeuge rechnete, zeigte sich doch

Hitler, dem Tagebuch des Generalobersten Halder zufolge, am 17. Februar 1941 »betroffen über Nachrichten über russische Luftwaffe«. Wie Halder schreibt, hielt er eine Auseinandersetzung jetzt für »unvermeidlich«[45]. Und da nach Volkogonov auch Stalin eine Auseinandersetzung für unausweichlich hielt, kam es tatsächlich nur noch darauf an, wer von beiden dem anderen zuvorkam.

Es ist in diesem Zusammenhang von Bedeutung, daß Stabsübungen, Planspiele und dergleichen mehr auf sowjetischer Seite grundsätzlich Angriffscharakter trugen. So erklärte Oberstleutnant A.S. Kovalov (223. Schützendivision), der bis Mai 1941 Hörer an der »Kriegsakademie« (Militärakademie Frunze bzw. Akademie des Generalstabes) gewesen war, Planspiele seien dort für folgende »Gegenoffensiven« angelegt worden: »Von Leningrad Richtung Helsinki, aus der Linie Grodno—Brest-Litowsk Richtung Ostpreußen, im Süden von der Ukraine Richtung Warschau—Lodz mit Flankensicherung durch die Pripjetsümpfe und die Karpathen«[46]. »Die Kriegsspiele wurden auch von Wilna aus offensiv vorgenommen«, berichtete der bereits genannte Oberstleutnant i.G. Andrušat (39. Schützenkorps) am 24. April 1941. Erhebliche Bedeutung kommt den Mitteilungen des 1. Ordonnanzoffiziers aus dem Stabe des 11. mechanisierten Korps, Hauptmann Pugačev, über ein Planspiel des Befehlshabers des Westlichen Besonderen Militärbezirkes für die Armeeführer und Korpskommandeure vom 18. bis 21. März 1941 zu[47]: »Die 3. Armee hatte den Auftrag, über Augustow nach Suwalki vorzustoßen, 4. und 10. Armee hatten den Auftrag, auf Warschau und Litzmannstadt (Lodz) vorzustoßen. Dieser Auftrag sollte in 14 Tagen erledigt sein. Die in Litauen stehenden Truppen sollten die Grenze nach Ostpreußen halten und, sobald die südlichen Armeen die genannten Aufgaben erfüllt haben, in Ostpreußen einmarschieren.«

Die deutschen Truppen sind in den Besitz konkreter Beweisstücke für die Angriffsvorbereitungen der Roten Armee gelangt. So erbeuteten sie an verschiedenen Stellen im grenznahen Gebiet, aber auch im tieferen Hinterland, Kartenmaterial, das weit nach Westen, in den deutschen Raum, hineinreichte, und ebenso reichhaltige Unterlagen, die über Deutschland aufklärten. Solche Kartenfunde wurden in Kobryn, in Dubno, in Grodno und an anderen Stellen gemacht. Noch im Oktober 1941 fiel dem XXIV. Panzerkorps eine Karte von Litauen in die Hände, eine »anscheinend operative Studie: Angriff auf Ostpreußen«. Wie das XXXXVIII. Panzerkorps am 1. Juli 1941 meldete, fanden sich in der Zitadelle von Dubno »kriegsmäßig verpackte Kartenausstattungen, die zur Ausgabe an die Div. vorbereitet waren. Es handelte sich ausschließlich um Karten, die die Gegend westlich der Reichsgrenzen bis in die Gegend von Krakau betreffen. Große Mengen von Übungsaufgaben wurden ebenfalls gefunden[48].« Und auf einem nicht näher bezeichneten Truppenübungsplatz wurden, wie der Tätigkeitsbericht des XXVIII. Armeekorps am 16. Juli 1941 festhielt[49], »Mob-Karten der Roten Armee gefunden, die ausschließlich Südlitauen, die ehemaligen polnischen Gebiete und Teile Ostpreußens darstellen. Aus diesen Karten wird die Absicht der Roten Armee, das Deutsche Reich zu überfallen, erneut erhärtet.« Es ist dies vor dem Hintergrund der Tatsache zu sehen, daß, wie auch Oberleutnant Ja. I. Džugašvili (14. Panzerdivision), der Sohn Stalins, am 22. Juli 1941 aussagte, es der Roten Armee an Karten gebrach, als der Krieg sich wider Erwarten östlich der Staatsgrenze abspielte. Der kürzlich verstorbene Ordinarius für osteuropäische Geschichte an der Universität Mainz, Professor Dr. Gotthold Rhode, seinerzeit Dolmetscher und Sonderführer (K) im Stabe der 8. Infanteriedivision, fand am 23. Juni 1941 im Stabsgebäude der sowjetischen 3. Armee in Grodno, wie er in seinem Tagebuch vermerkte[50], »in einem Raum Stöße von Karten Ostpreußens hervorragend gedruckt, im Maßstab 1 : 50000, viel besser als unsere eigenen Karten. Ganz Ostpreußen war abgedeckt.« Wieso, so fragte sich damals, braucht die Rote Armee »gleich jeweils Hunderte von Karten« des Nachbarlandes? »Unbegreiflich bleibt eines«, so Rhode heute, »wenn Stalin den eigenen Angriffskrieg nicht schon im späteren Sommer 1941 wollte — wieso steckte er dann den Sack von Bialystok so voll Divisionen [...]? Oder wollte er gar als der Angegriffene, der Überfallene, dastehen und hat sich nur bei der Kräfteabwägung verkalkuliert[51]?« Karten Ostpreußens lagen nach Leutnant O. A. Krasovskij den Vorbereitungen der 16. Schützendivision »Kikvidze« in Estland zugrunde. Am 23. Juli 1941 bezeugte auch Hauptmann N. S. Bondar, Stabschef des Schützenregimentes 739, daß »die Rote Armee sich nicht auf eine Verteidigung, sondern auf einen Angriff gegen das Generalgouvernement eingestellt« hatte. So waren den Regimentern der 213. Schützendivision »ebenso wie anderen Teilen der Roten Armee bereits Karten bis einschließlich Krakau zugewiesen« worden[52].

Die sowjetischen Angriffsabsichten treten noch klarer zutage, wenn man neben den Vorbereitungen des Generalstabes auch die der allmächtigen Hauptverwaltung für Politische Propaganda der Roten Armee (GUPP RKKA) berücksichtigt, die Armeekommissar 1. Ranges A. I. Zaporožec leitete. Denn Stalin hatte nicht nur dem Generalstab, sondern auch dieser Hauptverwaltung ganz bestimmte Direktiven im Sinne seiner Ausführungen vom 5. Mai 1941 erteilt. So verlangte er die Ausarbeitung einer Weisung »Über die Aufgaben der politischen Propaganda in der Roten Armee in der nächsten Zeit«, in der auf seine Anordnung hin folgende Punkte behandelt werden sollten: »Die neuen Bedingungen, unter denen unser Land lebt, die jetzige internationale Lage, die voller unvorhersehbarer Möglichkeiten ist, fordern eine revolutionäre Entschlußkraft und eine ständige Bereitschaft, zu einem zerschmetternden Vormarsch gegen den Feind übergehen zu können [...]. Alle Formen der Propaganda, der Agitation und Erziehung sind auf ein Ziel zu richten — auf die politische, moralische und kämpferische Vorbereitung der Mannschaften und Offiziere, auf die Führung eines gerechten, offensiven und alles zerschmetternden Krieges [...]. Die Soldaten sind im Geiste eines aktiven Hasses auf den Feind zu erziehen und zum Streben, den Kampf mit ihm aufzunehmen, zur Bereitschaft, unser Vaterland auf dem Territorium des Feindes zu verteidigen und ihm einen tödlichen Schlag zu versetzen[53].«

Der Entwurf der Weisung »Über die Aufgaben der politischen Propaganda« wurde vorbereitet auf der Grundlage des gleichzeitig ausgearbeiteten Generalstabsplanes, der in der dringenden Empfehlung zu einem Angriff auf Deutschland gipfelte. Die Propagandaweisung ist Stalin zwar erst am 20. Juni 1941 von G. M. Malenkov übergeben worden, doch wurde schon im Mai 1941 eine großangelegte Propagandakampagne in Gang gesetzt, um der gesamten Roten Armee die Forderungen Stalins einzurichten. Und hier ein aufschlußreiches Beweisstück: Den deutschen Truppen ist im Stabsgebäude der sowjetischen 5. Armee in Luck am 4. Juli 1941 wichtiges Aktenmaterial in die Hände gefallen, darunter ein »Plan für die politische Sicherung der Armee-Operationen beim Angriff«[54]. Der Chef der Politischen Propaganda der 5. Armee, Uronov, der durch die Hauptverwaltung über die Absichten genauestens unterrichtet war, gibt darin detaillierte Anweisungen für die politisch-propagandistische Vorbereitung und Durchführung eines Überraschungsangriffes auf die deutsche Wehrmacht. In der Weisung der Hauptverwaltung (GUPP) steht zu lesen: »Die deutsche Armee hat den Geschmack an einer weiteren Verbesserung der Kriegstechnik verloren. Ein bedeutender Teil der deutschen Armee ist des Krieges müde geworden.« Dementsprechend stellte auch der »Plan für die politische Sicherung der Armee-Operationen beim Angriff« »erste Anzeichen eines Niederganges der Moral der deutschen Wehrmacht« fest. »Es ist notwendig«, so wird ausgeführt, »dem Feind einen sehr starken, blitzartigen Schlag zu versetzen, um die moralische Widerstandskraft der Soldaten rasch zu erschüttern [...] Ein blitzartiger Schlag durch die Rote Armee wird zweifellos ein Anwachsen und Vertiefen der bereits sich bemerkbar machenden Zersetzungserscheinungen im feindlichen Heer zur Folge haben.« Als »erste Etappe« wurde die »Versammlung der Armee, Einnahme der Ausgangsstellung und Vorbereitung zum Übergang über den Bug« vorgesehen. Wie man meinte, würden »die Kampfhandlungen sich auf dem Gebiet des Feindes abwickeln, und zwar unter für die Rote Armee günstigen Bedingungen« — einmal wegen der zu erwartenden Unterstützung durch die Zivilbevölkerung, zum anderen aber wegen der zu erwartenden Auflehnung der deutschen Soldaten »gegen den Krieg, gegen Hitlers Politik«. »Daher muß hart gearbeitet werden«, so auch ein Bericht des Leiters der Politischen Propaganda der 5. Armee, datiert in Rovno am 4. Mai 1941, über die »Stimmung der Bevölkerung im Generalgouvernement«, »damit das Abgleiten der Moral des Feindes zunimmt und damit auf dieser Grundlage die Vernichtung des Feindes zu Ende geführt wird.«

Zu den umfassenden Propagandavorbereitungen gehörte die Herstellung von Zeitungen und Flugblättern sowohl für die polnische Bevölkerung als auch für die deutschen Soldaten. Entsprechende Flugblätter, »deren Inhalt unsere Absichten verschleiert«, wurden schon vor Kriegsanbruch in großer Zahl bereitgehalten. So war es denn auch nicht verwunderlich, daß die Truppen der deutschen 16. Armee schon am ersten Kriegstag, am 22. Juni 1941, bei Šakiai in Litauen »Flugblätter der Sowjetunion an die deutschen Soldaten« entdeckten. Diese Flugblätter, so das Oberkommando der 16. Armee, »sind ein schlagender Beweis für die Kriegsvorbereitungen der Sowjetunion«[55]. Nicht wenige sowjetische Offiziere und Politarbeiter haben Zeugnis abgelegt für die Wirkung der nun mit Macht einsetzenden antideutschen Propaganda. So berichtete der Brigadekommissar P. N. Nikonov (P. N. Timofeev, 7. Schützenbrigade)[56] am 23. August 1941, die Propaganda gegen Deutschland sei nach »Abschluß des Paktes offiziell gestoppt worden. Unter der Decke wurde sie jedoch uneingeschränkt weiterbetrieben, insbesondere im Führerbestand der R.A. stark genährt. Seit Mai 1941 wurde wieder überall offen gehetzt.« Daß von Mai 1941 an in der Tat eine Wendung zum Schlechten eintrat, ist auch der deutschen Funkaufklärung nicht verborgen geblieben. »Aus den Gesprächen geht plötzlich eine feindliche Gesinnung gegen die deutschen Soldaten hervor, die bisher nicht festzustellen war«, heißt es in einer Meldung der 44. Infanteriedivision vom 19. Mai 1941[57].

Die tieferen Gründe für die immer bedrohlicher werdende Stimmung in der Sowjetunion erklären sich aus einer politisch-strategischen Lagebeurteilung, die kaum besser zum Ausdruck kommt als in dem am 15. Juni 1941 (zwei Tage nach der beruhigenden TASS-Erklärung vom 13. Juni 1941) gehaltenen Vortrag eines maßgeblichen Funktionärs, dessen voller Wortlaut den deutschen Truppen am 19. Juli 1941 in der Kaserne von Buiuoani vor Chisinau in die Hände gefallen ist[58]. Und dies sind die Kernsätze: »In der letzten Zeit hat sich Deutschland durch Eroberung von Ländern ausgebreitet und aufgebläht, was nicht bedeutet, daß es dadurch lebensfähig geworden ist [...]. Es wird ein ungeheurer Aufruhr einsetzen [...]. Der Krieg zieht sich in die Länge und nimmt eine Form an, die Deutschland zu Tode schwächen wird [...]. Deutschland vermag Blitzkriege zu führen, nicht aber einen Dauerkrieg. England kann es wagen, einen langen Krieg zu führen, einen Krieg der Erschöpfung — umso mehr als dieses von den USA unterstützt wird [...]. Selbstverständlich schreitet Deutschland seiner Niederlage entgegen [...]. Die Völker der UdSSR sind gegen den imperialistischen Krieg. Wir sind für den revolutionären Krieg. Zu diesem Krieg der Revolutionen sind die Völker der UdSSR bereit. Unsere Regierung unter Leitung des Genossen Stalin, der die Außenpolitik bestimmt, wird die Gegnerschaft zwischen Deutschland und England ausnutzen [...]. Wir sind für den gerechten Krieg. Im Interesse der Beschleunigung der Weltrevolution unterstützen wir die Völker, die für ihre Befreiung kämpfen [...]. Die Rote Armee zieht die Schlüssse: Bereitschaft, die kommenden Befehle unserer bolschewistischen Partei und der Sowjetregierung, die unser Genosse Stalin leitet, in Ehren auszuführen. Die Rote Armee wird so kämpfen, daß die völlige Vernichtung des Feindes erreicht wird.« In der Roten Arbeiter- und Bauernarmee war 1941 systematisch eine Stimmung erzeugt worden, nach der es zwischen der Sowjetunion und Deutschland unausweichlich zum Kriege kommen und die Rote Armee den ersten Schlag zu führen haben werde. Aus der Fülle der Zeugnisse seien abschließend einige herausgegriffen, die diese Kriegsstimmung widerspiegeln: Am 22. Mai meldete der Abschnittsstab Gotzmann[59] (17. Armee): »Russische Kommissare, die parteiamtlich eingesetzt sind, klären die Bevölkerung dahingehend auf, daß es unbedingt einen Kampf gegen Deutschland geben müsse und die Armen gegen die Reichen kämpfen müßten.« Ebenfalls noch vor Kriegsbeginn berichtete die Panzergruppe 4[60] über die Aussagen eines Überläufers: »Seit Molotows Besuch in Berlin herrscht die Meinung vor, daß der Krieg zwischen Deutschland und Rußland unvermeidlich ist. Die Offiziere sagen, wenn

Stalin befiehlt, wird angegriffen.« Und hier weitere Zitate aus Protokollen zwischen dem 22. Juni und 1. August 1941: Meldung des IV. Armeekorps[61]: »Aus Gefangenenvernehmungen geht wiederholt hervor, daß die politischen Kommissare über bevorstehende russische Angriffe auf Deutschland gesprochen haben. Mit dem Hinweis, daß Deutschland im Kampf mit England geschwächt sei.« Ein ungenannter Fliegeroffizier: »Es galt als offenes Geheimnis, daß die Rote Armee in Deutschland einfallen werde.« Leutnant V. Sasonov[62] (60. Schützendivision): »Auf der (Militärtechnischen) Akademie in Leningrad wurde täglich gesagt, alles diene der Kriegsvorbereitung gegen Deutschland. Ein solcher Krieg müsse kommen.« Leutnant Rutenko[63] (6. Schützendivision): »Allgemein sei von einem bevorstehenden Krieg mit Deutschland bereits vor einem halben Jahr gesprochen worden. Man habe den möglichen Kriegsbeginn russischerseits auf den 1.9.1941 datiert und zu diesem Termin alle Vorbereitungen getroffen.« Hauptmann I. Krasko[64] (200. Schützendivision): »Im Mai wurde unter den Offizieren die Meinung geäußert, daß der Krieg bereits nach dem 1. Juli beginnen werde.« O. M. Kravčenko[65] (75. Schützendivision): »In der neuen Stellung wurde von einer beabsichtigten Invasion in Deutschland gesprochen, die Rote Armee sollte dazu auserwählt sein, das deutsche Heer zu schlagen.« Leutnant P. Charčenko[66] (131. Schützendivision): »Der Leutnant gibt an, daß seit Frühjahr 1941 große Vorbereitungen zum Krieg mit Deutschland im Gange waren. Er meint, der Krieg wäre spätestens Ende August oder Anfang September nach der Ernteeinbringung ausgebrochen, wenn die Deutschen nicht zuvorgekommen wären. Die Absicht war selbstverständlich, den Krieg auf feindlichem Boden zu führen. Durch den Ausbruch des Krieges in Rußland sind die ganzen Kriegsführungspläne umgestoßen worden.« Major V. V. Solov'ev (140. Schützendivision)[67]: »An und für sich erwartete man den Konflikt mit Deutschland erst nach der Ernteeinbringung, etwa Ende August/Anfang September 1941. Die in den letzten Wochen vor Ausbruch der Feindseligkeiten überhastete Truppenverschiebung nach der Westgrenze könnte damit erklärt werden, daß die Sowjets den Angriffstermin vorverlegt hatten (Anmerkung: Letztere Erklärung erfolgte auf den Hinweis, daß unsererseits Unterlagen erbeutet wurden, aus denen klar ersichtlich war, daß die Sowjetunion Anfang Juli Deutschland überfallen wollte).« Major V. V. Koskov[68] (44. Schützendivision): »Diese Begründung [traf] keineswegs zu, weil Kriegsvorbereitungen von Seiten der Sowjets seit langem getroffen wurden und entsprechend dem Umfang und der Intensität dieser Kriegsvorbereitungen die Russen in spätestens 2—3 Wochen von sich aus Deutschland angegriffen hätten.« Ein ungenannter Oberst und Regimentskommandeur[69]: »Ich gebe aber zu, daß die Massierung der Roten Armee an Ihrer Ostgrenze eine Bedrohung für Deutschland bedeutete, ja man sprach davon, daß Deutschland unseren Angriff für den August dieses Jahres zu erwarten hätte.« Major Klepikov[70] (255. Schützendivision): »Im übrigen teilte er mit, daß die Vorbereitung des Krieges gegen Deutschland Tagesgespräch gewesen sei.« Generalmajor P. Ponedelin (12. Armee) und Generalmajor N. Kirillov (13. Schützenkorps) am 18. September 1941[71]: »Die Gegensätze zwischen der Sowjetunion und Deutschland müssen unweigerlich zu einer Auseinandersetzung führen. Man sei sich dessen bewußt, daß die ständige Drohung mit der Weltrevolution [...] Deutschland nicht gleichgültig bleiben könne.« Und der Funktionär aus dem Zentralen Apparat des NKVD Žigunov schließlich am 18. September 1941[72]: »Die Politik der Sowjetunion sei auch nach 1939 gegen Deutschland gerichtet gewesen. Der Freundschaftspakt von 1939 sei abgeschlossen worden, um Deutschland in den Krieg hineinzutreiben und von seiner infolgedessen erwarteten Schwächung zu profitieren [...]. Wenn Deutschland Moskau nicht zuvorgekommen wäre, hätte die Sowjetunion ihrerseits früher oder später Deutschland angegriffen.«

Läßt man alle hier vorgebrachten Argumente noch einmal Revue passieren, so versteht man die Berechtigung dessen, was die frühere Vorsitzende des Verbandes Polnischer Patrioten in der Sowjetunion, Wanda Wasilewska, die sich der besonderen Gunst Stalins erfreut hatte, vor ihrem Tode festgehalten wissen wollte. »Ich erinnere mich«, so Wanda Wasilewska im Jahre 1964[73], »daß wir Kommunisten unabhängig von der offiziellen Stellung der Sowjetregierung der Meinung waren, daß dies [die freundliche Haltung Deutschland gegenüber — J.H.] lediglich eine Taktik der Sowjetregierung ist, daß aber in Wirklichkeit die Dinge völlig anders aussehen. Man darf ja nicht vergessen, daß für jeden von uns es schon damals klar war, daß ein deutsch-sowjetischer Krieg kommen muß [...]. Unabhängig von den offiziellen Äußerungen glaubten wir, daß der Krieg kommen wird, und wir warteten von Tag zu Tag auf ihn. Im Frühjahr 1940 war ich zum erstenmal in Moskau bei Stalin, und schon damals [als ganze 6 deutsche Divisionen an der Ostgrenze standen — J.H.] hat mir Stalin gesagt, daß der Krieg mit den Deutschen früher oder später kommen werde. Also hatte ich schon damals die Versicherung der höchsten Autorität und die Bestätigung, daß wir recht hatten, wenn wir auf den Krieg warteten.« Dies wurde der Wasilewska auch von dem 1. Sekretär der KP(b) Weißrußlands,

P. K. Ponomarenko, zu Ende 1940 folgendermaßen bestätigt: »Molotov war in Berlin. Er ist gerade zurückgekommen. Es wird Krieg geben. Sicherlich wird es dazu im Frühjahr 1941 kommen, aber wir müssen uns schon jetzt vorbereiten.«

Das Ergebnis unserer Ausführungen läßt sich folgendermaßen zusammenfassen: Stalin hat den Pakt vom 23. August 1939 abgeschlossen, um einen Krieg in Europa entstehen zu sehen, an dem er selbst vom 17. September 1939 an als Aggressor teilnahm. Im November 1940 ließ er durch Molotov in Berlin politische Forderungen überbringen, die den Schluß zulassen, daß er in Hitler keine Gefahr erblickte. Einen deutsch-sowjetischen Krieg hielt er für unvermeidlich, und spätestens am 5. Mai 1941 hat er zu erkennen gegeben, er sei gesonnen, seinerseits die Initiative zu ergreifen und einen »revolutionären Befreiungskrieg« zu inszenieren. Zu dieser Zeit besaß die Sowjetunion eine gewaltige Rüstungsüberlegenheit[74]. Die Rote Armee nahm eine Offensivaufstellung an der Westgrenze ein. Die militärischen und politischen Angriffsvorbereitungen der Roten Armee liefen von Frühjahr 1941 an auf Hochtouren. Hitler hatte keine klaren Vorstellungen davon, was sich auf sowjetischer Seite wirklich vorbereitete. Zieht man aber diese Vorbereitungen in Betracht, so wird deutlich, daß er einem Angriff Stalins durch seinen Angriff vom 22. Juni 1941 zuvorgekommen ist. Von dem späteren Verteidigungsminister der UdSSR, Marschall der Sowjetunion A. A. Grečko, wissen wir auch, daß Stalin und die sowjetische Führung von dem deutschen Angriff nicht überrascht worden sind. Man rechnete also mit einem deutschen Angriff — und doch wurden keine Abwehrvorkehrungen getroffen. Stalin selbst hat den Krieg aus taktischen Gründen anscheinend noch etwas hinauszögern wollen, »und sei es um einige Wochen!« (chotja by na neskol'ko nedel'!)[75]. Auch am 22. Juni 1941 aber herrschte in Moskau noch eine überhebliche Siegesstimmung. Die politische und militärische Führung war fest davon überzeugt, einen deutschen Angriff abschlagen und den Aggressor zerschmettern zu können. So wurde auch Stalin interessanterweise nicht etwa am 22. Juni 1941 von einem Schock getroffen, sondern erst Tage später, als er die Katastrophe erkannte und seine Illusionen mit einem Schlag zerrannen.

Damit ist natürlich nichts gesagt über die Ziele und über die barbarischen Methoden Hitlers und Stalins in diesem Krieg. Was Stalin angeht, so rechnen dazu auch die Menschenverachtung und Unbarmherzigkeit, mit der die sowjetischen Soldaten in den Kampf und Tod getrieben wurden[76] — eine der Ursachen für die hohen sowjetischen

Kriegsverluste. Der Verfasser wird den Vorbereitungen der Sowjetunion 1941 aufgrund dieser und anderer Dokumente eine eigene Darstellung widmen und dabei versuchen, noch offene Fragen zu klären, so besonders auch die hinsichtlich des möglichen sowjetischen Angriffstermines.

Anmerkungen

[1] W. Daschitschew, »Der Pakt der beiden Banditen« und »Stalin hat den Krieg gewollt«, in: Rheinischer Merkur/Christ und Welt, 21.4., 28.4.1989.

[2] H. Chihiro, The Japanese-Soviet Neutrality Pact, in: The Fateful Choice, hrsg. von J. W. Morley, New York 1980, S. 13—114.

[3] J. C. Wiley an Secretary of State, Washington, No. 164, Riga, 20.1.1939 (File No. 802.1, Estonia), Archiv des Verf. Ich danke Herrn Prof. Dr. W. Schlau, Mainz.

[4] D. Volkogonov, Triumf i tragedija. V 2-ch knigach, Moskau 1989, kniga II, Čast' 1, S. 64; Khrushchev's Secret Tapes, in: Time, 1.10.1990, S. 46—53, hier S. 48.

[5] E. Topitsch, Stalins Krieg, Herford ³1990, S. 133—144.

[6] J. Hoffmann, »Die Sowjetunion bis zum Vorabend des deutschen Angriffs« und »Die Kriegführung aus der Sicht der Sowjetunion«, in: H. Boog u. a., Der Angriff auf die Sowjetunion, Stuttgart ²1987 (= Das Deutsche Reich und der Zweite Weltkrieg, Bd 4), S. 38—97, S. 713—809.

[7] M. Čeredničenko, O načal'nom periode Velikoj Otečestvennoj vojny, in: Voenno-istoričeskij žurnal, 1961, H. 4, S. 28—35, hier S. 34.

[8] Bundesarchiv-Militärarchiv Freiburg (BA-MA), RH 20-18/951, 15.4.1941.

[9] Vgl. Marschall K. E. Vorošilov, BA-MA, RH 2/2418.

[10] Kriegsrat des Westl. Bes.Milit.Bez., 26.3.1941; Štab pribaltijskogo Osobogo Voennogo okruga, 31.5./2.6.1941; Ukazanija o porjadke, 10.5.1941, Archiv des Verf.

[11] BA-MA, RH 21-3/v. 435, 15.5.1941.

[12] G. Isserson, Razvitie teorii sovetskogo operativnogo iskusstva, in: Voenno-istoričeskij žurnal, 1965, H. 3, S. 48—61, hier S. 60.

[13] BA-MA, RH 21-3/v. 437, 25.4.1941.

[14] Ebd., 26.6.1941.

[15] BA-MA, RH 21-1/472, 4.8.1941.

[16] Ebd., 6.8.1941.

[17] BA-MA, RH 21-1/473, 11.10.1941.

[18] Politisches Archiv des Auswärtigen Amtes Bonn, Pol. XIII, Bd 13, 30.9.1941.

[19] Volkonov (wie Anm. 4), S. 55—57, S. 63f., S. 117, S. 124—128, S. 136ff., S. 154f.

[20] J. Hoffmann, Die Geschichte der Wlassow-Armee, Freiburg ²1986, S. 307f. (russ. Ausgabe: J. Choffmann, Istorija Vlasovskoj Armii. Pod obščej redakciej A. I. Solženicyna, Paris 1990, S. 259f.).

[21] O. Kusnezowa, K. Selesnjow, Der politisch-moralische Zustand der faschistischen deutschen Truppen an der sowjetisch-deutschen Front in den Jah-

ren 1941—1945, in: Zeitschrift für Militärgeschichte, 9 (1970), H. 9, S. 598—608, hier S. 600.

[22] BA-MA, RH 2/2092, 6.5.1943.

[23] BA-MA, RH 24-24/335, 24.9.1941.

[24] Volkogonov (wie Anm. 4), S. 56.

[25] Ebd., S. 127.

[26] Instruktiv das sowjetische Staatswappen (Gosudarstvennyj gerb SSSR), in: Bol'šaja Sovetskaja Ènciklopedija, Bd 24, Moskau 1977, nach S. 135.

[27] A. Werth, Russia at War, London 1964, S. 122f.

[28] G. Hilger, Wir und der Kreml, Frankfurt a.M., Berlin [2]1956, S. 307f.

[29] Politisches Archiv des AA Bonn, Handakten Etzdorf, Bd 24, 18.10.1942.

[30] Ebd., 22.7.1943.

[31] BA-MA, RH 21-2/v. 648, 15.7.1941.

[32] BA-MA, RH 21-1/471, 20.7.1941.

[33] BA-MA, RH 21-1/472, 6.8.1941.

[34] V. Karpov, nach: Der Spiegel, 44 (1990), H. 22, S. 170ff.

[35] Volkogonov (wie Anm. 4), S. 136.

[36] Belege für russische Angriffsabsichten gegen Deutschland, 9.9.1943, BA-MA, RH 2/2092.

[37] G.K. Žukov, Vospominanija i razmyšlenija, Moskau 1969, S. 272.

[38] A. Nekritsch, P. Grigorenko, Genickschuß. Die Rote Armee am 22. Juni 1941, Wien, Frankfurt a.M. 1969, S. 272.

[39] V. Suworow, Der Eisbrecher, Stuttgart 1989, S. 176—181.

[40] Der Verfasser wird diese Karte in einer Monographie veröffentlichen.

[41] N. Gapič, Nekotorye mysli po voprosam upravlenija svjazi, in: Voenno-istoričeskij žurnal, 1965, H. 7, S. 47—55, hier S. 48.

[42] BA-MA, RH 21-4/266, 10.8.1941.

[43] BA-MA, RH 20-18/950, 11.3., 14.3., 15.3., 15.4., 22.4.1941.

[44] BA-MA, RH 19 III/381, 29.4., RH 2/1983, 20.5., RH 24-5/104, 20.6.1941.

[45] F. Halder, Kriegstagebuch. Tägliche Aufzeichnungen des Chefs des Generalstabes des Heeres, 1939—1942, bearb. von H.-A. Jacobsen, hrsg. vom Arbeitskreis für Wehrforschung, 3 Bde, Stuttgart 1962—1964. Bd 2, Stuttgart 1963, 17.2.1941.

[46] BA-MA, RH 21-1/472, 27.8.1941.

[47] BA-MA, RH 20-4/672, o.D.

[48] BA-MA, RH 24-48/198, 1.7.1941.

[49] BA-MA, RH 24-28/10, 16.7.1941.

[50] G. Rhode, Aufzeichnungen zur Frage einer sowjetischen Vorbereitung auf einen Angriffskrieg im Jahre 1941 oder 1942, Archiv des Verf.

[51] Deutlich in diesem Sinne »Stalins Rundfunkrede am 3. Juli 1941«, in: Soldatenzeitung, No. 2, 8.7.1941, Archiv des Verf.

[52] BA-MA, RH 21-1/471, 23.7.1941.

[53] Volkogonov (wie Anm. 4), S. 154f.

[54] BA-MA, RW 4/v.329, 4.5.1941.

[55] BA-MA, RH 20-16/474a, 27.6.1941.

[56] BA-MA, RH 24-24/333, 23.8.1941.

[57] BA-MA, RH 24-17/158, 19.5.1941.

[58] BA-MA, RH 24-54/177, 19.7.1941.

[59] BA-MA, RH 19 I/128, 22.5.1941, sowie BA-MA, RH 20-6/487, 18.6.1941.

[60] BA-MA, RH 21-4/265, 8.5.1941.

[61] BA-MA, RH 24-4/91, 30.6.1941.

[62] BA-MA, RH 24-48/200, 3.8.1941.

[63] BA-MA, RH 24-24/333, 2.7.1941.

[64] BA-MA, RH 24-17/171, 26.7.1941.

[65] BA-MA, RH 24-24/333, 25.6.1941.

[66] BA-MA, RH 24-17/172, 21.8.1941.

[67] Politisches Archiv des AA Bonn, Pol XIII, Bd 12, Teil II.

[68] BA-MA, RH 20-17/282.

[69] BA-MA, RH 21-1/471, 26.7.1941.

[70] BA-MA, RH 21-1/472, 24.8.1941.

[71] Ebd., 7.8.1941.

[72] BA-MA, RW 4/v. 889, 19.9.1941.

[73] W. Wasilewska, in: Archiwum Ruchu Robotniczego, Bd 7, Warschau 1982, S. 339—432.

[74] Auch nach: Bundesarchiv Koblenz, R 6/77, 14.12.1941.

[75] Volkogonov (wie Anm. 4), S. 125.

[76] Der Verf. besitzt hierüber ein reichhaltiges Aktenmaterial. Einige Hinweise in: J. Hoffmann, Deutsche Armeen im Kaukasus und die Orientvölker der Sowjetunion 1942—1943, Freiburg 1991. In Vorbereitung: Stalin und die Rote Armee.

Jurij J. Kiršin

Die sowjetischen Streitkräfte am Vorabend des Großen Vaterländischen Krieges

Der sowjetisch-finnische Krieg 1939/40 und seine Ergebnisse machten es erforderlich, den Zustand und die Möglichkeiten der sowjetischen Streitkräfte neu einzuschätzen. Die Notwendigkeit einer radikalen Modernisierung der Roten Armee zur erfolgreichen Führung eines modernen Krieges war offensichtlich geworden. Nachdem die Erfahrungen des Krieges auf einer Sitzung des Hauptkriegsrats im April 1940 erörtert worden waren, wurden entsprechende Maßnahmen getroffen: Pläne für den Ausbau der Truppe wurden präzisiert; ein Programm zur Vervollkommnung der organisatorischen Struktur der Streitkräfte und ihrer technischen Umrüstung festgelegt sowie das gesamte Ausbildungssystem der Armee gründlich überprüft. Für die Realisierung all der geplanten Maßnahmen jedoch reichte die Zeit vor der faschistischen Aggression nicht; eine Reihe anderer äußerer Umstände erschwerte ihre Ausführung ebenfalls erheblich. Der wichtigste betraf den Zustand der Kommandeurkader Ende 1939: Infolge der Repressionen sah sich die Armee nämlich faktisch enthauptet. Daher hat Hitler nicht von ungefähr erklärt, die Rote Armee sei ein kopfloser Koloß, und sich beeilt, die Sowjetunion zu überfallen, solange dieser Kopf nicht nachgewachsen war.

Die Repressionen trafen in erster Linie die hohen und mittleren Kommandeure. Abgesetzt wurden alle Befehlshaber von Militärbezirken, 90 Prozent ihrer Stellvertreter, Chefs von Waffengattungen und Diensten, 80 Prozent der Korps- und Divisionsführung, 91 Prozent der Regimentskommandeure und deren Stellvertreter. Die Massenrepressionen bedeuteten für die verbleibenden Kommandeure mannigfache, meist mit schneller Beförderung verbundene Versetzungen. Es gab Fälle, da Bataillonskommandeure zu Divisions- und sogar Korpskommandeuren, Zugführer zu Regimentskommandeuren ernannt wurden. 1938 wurden nahezu 70 Prozent der Kommandeure versetzt.

Praktisch wurden in jenen zwei Jahren viermal soviele Generale liquidiert, wie während des ganzen Großen Vaterländischen Krieges fielen. Nach 1939 gingen die Repressionen zwar zurück, wurden aber bis Kriegsbeginn nicht eingestellt. Insbesondere am Vorabend des Krieges wurde eine große Gruppe von Militärführern verhaftet und anschlie-

ßend liquidiert; unter ihnen der Befehlshaber des Baltischen Militärbezirks, A. D. Loktionov, der Chef der Hauptverwaltung der Luftstreitkräfte, P. V. Ryčagov, und der Chef der Hauptverwaltung Luftabwehr,
G. M. Štern.

Die Massenrepressionen lösten bei den Kommandeuren Angst, Verantwortungsscheu und einen Hang zur Rückversicherung aus, was zu
einer Initiativlosigkeit und Passivität führte, die sich auf das Niveau
der Führung und die Arbeit der Kommandeure vor dem Kriege wie
insbesondere auch in den ersten Kriegsmonaten negativ auswirkten.

Bis Kriegsanfang gelang es nicht, die Kaderfluktuation zu beseitigen.
Allein am 7. und 8. März 1941 wurden erneut 4 Armeebefehlshaber,
42 Korps- und 117 Divisionskommandeure ernannt. Um sich in ihre
neuen Dienststellungen einzuarbeiten, blieben ihnen gerade etwas mehr
als 3 Monate Zeit.

Inzwischen hatte der einsetzende Aufmarsch der Truppen den Bedarf
an Kadern drastisch gesteigert. Die 1940 und insbesondere 1941 begonnene massenhafte Aufstellung neuer Verbände hatte zu einem gewaltigen
Fehlbestand an Kommandeurkadern geführt. Dank der Einberufung
von Kommandeuren der Reserve sowie der Entfaltung eines regelrechten Netzes militärischer Lehranstalten und unterschiedlichster Lehrgän-
ge war es zwar möglich, die Lage stellenweise zu verbessern, aber insgesamt konnten aus Zeitmangel nicht die gewünschten Ergebnisse erzielt
werden. Die Kommandeurkader wurden vorwiegend durch Absolventen von Offizierschulen und aus Lehrgängen für Unterleutnante aufgefüllt wie auch durch die Einberufung hauptsächlich von Unterleutnan-
ten der Reserve, die keine Offizierschule absolviert hatten. Die Folge
war eine erhebliche Verschlechterung der Qualität des Offizierkorps. Im
Unterschied zum deutschen Heer, das in seinem Reservistenbestand viele Offiziere hatte, die im Ersten Weltkrieg auf verschiedenen Ebenen —
von der taktischen bis zur operativen — teilgenommen hatten, betrug in
der Roten Armee der Prozentsatz solcher Offiziere nur 10 Prozent.

Insgesamt gelang es zu Beginn des Krieges nicht, die Armee mit Kommandeuren vollständig aufzufüllen. Bei den Landstreitkräften betrug
der Fehlbestand 16 Prozent der Gesamtsollstärke; bei den Kommandeuren der Landstreitkräfte in den westlichen Grenzbezirken lag er noch
höher, nämlich bei 17 bis 25 Prozent; bei den Luftstreitkräften fehlten
32,3 Prozent des flugtechnischen Personals; bei der Flotte 22,4 Prozent[1]. 75 Prozent hatten auf ihrem neuen Posten gerade einige Monate
zugebracht. In Anbetracht einer solchen Situation sahen sich viele Kommandeure nicht in der Lage, ihre Aufgaben erfolgreich zu erfüllen.

Der Chef der Verwaltung »Gefechtsausbildung« der Roten Armee, V.N. Kurdjumov, teilte auf einer Sitzung hoher Kommandeure im Dezember 1940 mit: »Die letzte, vom Inspekteur für die Infanterie durchgeführte Überprüfung hat ergeben, daß von 225 zu einem Lehrgang herangezogenen Regimentskommandeuren nur 25 die Offizierschule absolviert hatten. Die restlichen 200 waren Absolventen von Lehrgängen für Unterleutnante oder Reservisten[2].«

Die mangelhafte Ausbildung der Kommandeure wirkte sich natürlich auf den Grad der Geschlossenheit und den Ausbildungsstand von Stäben und Truppe aus.

Ein anderer Faktor, der die Reorganisation der Streitkräfte vor dem Krieg erschwerte, war die Verlegung des Hauptteils der Truppen der westlichen Grenzmilitärbezirke in neue Gebiete.

Dadurch konnte die Westgrenze der UdSSR zwar verschoben und somit bessere Voraussetzungen für die Abwehr einer Aggression geschaffen werden. Gleichzeitig ergaben sich daraus aber viele Schwierigkeiten operativer Art, insbesondere in Anbetracht des für den Aufmarsch starker Truppenformationen nicht vorbereiteten Schauplatzes. Nach Eintreffen in den neuen Räumen mußten die Truppen Kasernen, Parks, Pferdeställe, Übungsgelände, Schießplätze sowie Sommerlager bauen. Bis zu einem Regiment pro Grenzdivision war ständig zum Bau von Verteidigungsanlagen in den befestigten Grenzräumen abgestellt.

In einem Bericht des Chefs der Abteilung »Gefechtsausbildung« des Kiever Besonderen Militärbezirks, General V.V. Panjuchov, vom Oktober 1940 hieß es in diesem Zusammenhang, daß seit der zweiten Augusthälfte alle Grenzdivisionen an Verteidigungsanlagen arbeiteten und für die Gefechtsausbildung nur zwei bis drei Stunden am Tag zur Verfügung stünden[3].

Auch durch das Fehlen einer den Anforderungen entsprechenden materiellen Ausbildungsbasis wurde die Gefechtsausbildung in den neuen Räumen erschwert. Im Kiever Militärbezirk zum Beispiel waren den Berichtsdokumenten zufolge die provisorisch errichteten Schießplätze primitiv, Übungsplätze fehlten; es gab kein gut ausgebautes Ausbildungsgelände; die Ausstattung der Truppen mit Übungswaffen betrug nur 10 Prozent der Norm und die mit Lehrmitteln und Schießgerät 15 bis 20 Prozent[4].

Mit noch größeren Schwierigkeiten sahen sich die Truppen in den neuen Räumen aufgrund des unzureichend entwickelten Eisenbahn- und Straßennetzes, der sehr beschränkten Zahl von Flugplätzen und der schlechten Nachrichtenverbindungen auf diesem Schauplatz konfrontiert.

Zu all dem kam hinzu, daß die Truppenverschiebungen das System der Mobilmachung und der operativen Planung durcheinanderbrachten. Praktisch alle Mobilmachungs- und Operationspläne mußten neu ausgearbeitet werden. Mit dieser Arbeit war begonnen worden; doch konnte sie nicht mehr zur Gänze abgeschlossen werden. Das Wichtigste aber war, daß es nicht gelang, die neuen Pläne in Stäben und Truppen zur Anwendung zu bringen.

Nach dem sowjetisch-finnischen Krieg wurde in der Roten Armee intensiv nach den rationellsten Organisationsformen für alle Teilstreitkräfte und Waffengattungen gesucht. Besonders aktiv wurde an dieser Frage bei den Landstreitkräften gearbeitet, wobei man davon ausging, daß die Sowjetunion eine Kontinentalmacht war und ihre Hauptgegner ebenfalls kontinentale Staaten waren. Die Landstreitkräfte wurden als Hauptteilstreitkraft betrachtet, der im Falle eines Krieges die entscheidende Bedeutung zufallen würde.

Es sei erwähnt, daß bereits Mitte der dreißiger Jahre in der Sowjetunion das Modell einer 37 mm rückstoßfreien (Raketen-)Panzerabwehrwaffe entwickelt und in die Bewaffnung aufgenommen, später aber zurückgezogen worden war. Danach wurde in den Truppen eine gezogene Panzerabwehrwaffe vom Kaliber 14,5 mm eingeführt, vor dem Krieg jedoch ebenfalls aus der Bewaffnung genommen, da irrtümlicherweise angenommen wurde, daß der Gegner ebenfalls Panzer »mit dicker Panzerung« herstellen würde, wie sie die Sowjetunion mit den T-34 und den KW am Vorabend des Krieges zu produzieren begann.

Ein wesentliches Strukturdefizit sowjetischer Schützendivisionen war die geringe Anzahl von Luftabwehrmitteln. Dem Soll gemäß hatte eine Division 12 Flakgeschütze und einige Flak-MG. De facto aber waren es viel weniger. Man ging davon aus, daß die Hauptwaffe zur Bekämpfung der gegnerischen Luftwaffe die Armeejagdflieger sein würden. Aus diesem Grund war vorgesehen, daß jede Armee 2 bis 4 Jagdfliegerregimenter — d. h. 120 bis 240 Flugzeuge — haben sollte. In Wirklichkeit aber verfügte nicht eine einzige Armee über eine derartige Menge an Flugzeugen.

Die Mehrheit der Schützendivisionen in den Grenzmilitärbezirken zählte 10 000 bis 12 000 Mann bei einer Sollstärke von ca. 14 500, wodurch sie in einem gefechtsfähigen Zustand gehalten werden konnten; mit Kraftfahrzeugen waren sie allerdings nur zu 30 bis 40 Prozent ausgestattet.

Infolge einer falschen Einschätzung der Erfahrungen mit dem Gefechtseinsatz von Panzertruppen in Spanien und anderen lokalen bewaffneten Konflikten wurde im Herbst 1939 die Auflösung der in der

Roten Armee vorhandenen Panzerkorps beschlossen. In der Praxis wurden alle Panzertruppen in eine Waffe zur unmittelbaren Infanterieunterstützung umgewandelt; de facto ging die Armee damit der Mittel zur Ausweitung eines taktischen oder operativen Erfolges verlustig. Im Sommer 1940 aber wurde auf der Grundlage der Kriegserfahrungen Deutschlands in Westeuropa mit der Aufstellung von sechs, später als »mechanisiert« bezeichneten Panzerkorps begonnen. Dann befahl Stalin, die Zahl der aufzustellenden Korps auf neun anzuheben. Im Februar 1941 wurde mit der Aufstellung von weiteren 20 mechanisierten Korps begonnen, wofür über 30 000 Panzer erforderlich, indes nur 23 000 Panzer aller Typen vorhanden waren. Alle selbständigen Panzerbrigaden wurden aufgelöst; die meisten verfügten über je 250 Panzer, waren voll aufgefüllt, gut durchorganisiert und ausgebildet. Die Auflösung der Panzerbrigaden und selbständigen Panzerbataillone der Schützendivisionen führte praktisch zur Liquidierung der für die Infanterieunterstützung vorgesehenen Panzerverbände.

Die Ausstattung der mechanisierten Korps mit Panzern belief sich im Durchschnitt auf 50 Prozent, bei vielen aber (so beim 13., 17., 18., 20. und 24. Korps) auf nur 6 bis 25 Prozent. Selbst die vorrangig ausgerüsteten Korps der westlichen Grenzbezirke waren zu nicht mehr als 35 Prozent mit Kraftfahrzeugen und Zugmaschinen aufgefüllt.

Insgesamt verfügte die Rote Armee über weitaus mehr Panzer als Deutschland mit seinen Verbündeten. Dennoch reichten sie nicht, um die Aufstellung der geplanten Anzahl von Korps zu beenden. Die Folge war, daß sie sich alle als nicht gefechtstüchtig erwiesen. Ein Fehler lag darin, daß geplant war, viel zu unhandliche Verbände zu bilden. (Die motorisierten Korps der Wehrmacht hatten übrigens je 300 bis 400 Panzer, d. h. nur gut ein Drittel der für die sowjetischen mechanisierten Korps vorgesehenen Anzahl.) Der andere Irrtum bestand darin, daß das optimale Verhältnis zwischen großen Panzerverbänden und sonstigen Einheiten falsch bestimmt sowie die praktischen Schwierigkeiten bei der Lieferung der technischen Ausstattung außer acht gelassen worden waren.

Der technische Zustand der sowjetischen Panzer war daher sehr schlecht. Von den 23 200 Panzern erwiesen sich bei Kriegsbeginn nur 14 700 als gefechtsbereit. Die restlichen waren entweder veraltet (MG-Panzer) oder defekt. Für ihre Instandsetzung fehlte es an Instandsetzungsmitteln wie auch an Ersatzteilen.

In einem besseren Zustand befand sich die Artillerie. Im Vergleich zu anderen Waffengattungen war sie auf einen Krieg besser vorbereitet. Allerdings waren ihre Manövriermöglichkeiten aufgrund der mangelnden Zugmittel eingeschränkt.

Insgesamt verfügte die sowjetische Artillerie zu Beginn des Krieges über 115 900 Geschütze aller Systeme und Kaliber, von denen 36 800 auf 50 mm-Granatwerfer entfielen. Sie übertraf dabei zwar die Gesamtzahl der deutschen Artillerie, hinkte aber, was das Niveau ihrer Gefechtsbereitschaft anging, hinterher.

Da die Artillerieeinheiten und Rückwärtigen Dienste der Verbände ungenügend mit Kraftfahrzeugen ausgestattet waren, verfügten sie nur über die Hälfte bis Dreiviertel des Munitionskampfsatzes. Wenn man bedenkt, daß diese Menge nach den Erfahrungen z. B. der Südwestfront dem durchschnittlichen Munitionstagesverbrauch im ersten Kriegsmonat entsprach, so wird klar, wie schwer es war, die Gefechtsmöglichkeiten der Artillerie überhaupt voll auszunutzen.

Bei der Gesamtmenge der Artilleriesysteme war zudem der Anteil in der Reserve des Obersten Befehlshabers (6,3 Prozent) eindeutig unzureichend. Erst kurz vor dem Krieg (im Mai 1941) wurde mit der Aufstellung von 10 Panzerabwehrbrigaden der Reserve des Obersten Befehlshabers begonnen, die jedoch nicht abgeschlossen werden konnte.

Wie bereits erwähnt, entsprach auch der Zustand der Luftabwehr der Truppen nicht den Erfordernissen des Krieges. Erschwert wurde dieser Rückstand dadurch, daß die Truppen nicht voll aufgefüllt waren. Der Ausstattungsgrad an Flakgeschützen lag bei den Infanterie- wie den Panzerverbänden bei nur 46 Prozent. Es fehlte der Truppenluftabwehr außerdem an Verstärkungen.

Im Bestand der sowjetischen Landstreitkräfte spielte auch die Kavallerie nach wie vor eine große Rolle. Während die Wehrmacht über lediglich eine für Aktionen im Weißrussischen Poles'e (Waldgebiet) vorgesehene Kavalleriedivision verfügte, zählte die Rote Armee 13 derartige Verbände. Zu einem großen Teil ist dies darauf zurückzuführen, daß diese nicht mehr zeitgemäße Waffengattung einflußreiche Fürsprecher hatte wie K. E. Vorošilov — 15 Jahre lang Volkskommissar für Verteidigung — und dessen Kampfgefährten von der 1. Reiterarmee, Budennyj, ferner Ščadenko und andere. Lediglich die massenhafte Aufstellung von mechanisierten Korps zwang zur Reduzierung der Kavallerie, deren Kommandeure und Mannschaften zur Auffüllung von Panzer- und motorisierten Verbänden verwendet wurden.

Am Vorabend des Krieges verfügte die Rote Armee über beträchtliche Luftlandetruppen. Beim Aufbau dieser neuen Waffengattung hatte die Sowjetunion die westlichen Länder überflügelt. Bereits zu Beginn des Jahres 1931 war im Leningrader Militärbezirk auf Initiative seines Befehlshabers M. N. Tuchačevskij die erste motorisierte Fallschirmjäger-Versuchsabteilung aufgestellt worden. 1940 gab es in der Roten Armee 6 Luftlandebrigaden. Indes hat die Überschätzung der Erfahrung deutscher Luftlandetruppen in Europa dazu geführt, daß im April 1941 mit der Aufstellung von 5 unhandlichen Luftlandekorps begonnen wurde, die jedoch bis Kriegsbeginn nicht abgeschlossen werden konnte. Die neu aufgestellten 10 Luftlandebrigaden hatten keine Fallschirmausbildung und stellten im Grunde eine schlecht ausgerüstete und mangelhaft ausgebildete Infanterie dar. Von großem Nachteil war u. a. der Umstand, daß den Luftlandetruppen spezielle Transportfliegerkräfte zu ihrem Absetzen fehlten.

Die Pioniertruppen hinkten in ihrer Entwicklung gleichfalls hinterher. Am Vorabend des Krieges waren nahezu alle Pionierbataillone von Divisionen und Korps der westlichen Grenzmilitärbezirke zum Ausbau von Verteidigungsabschnitten an der Grenze eingesetzt. Daher traten Verbände in den Kampf, denen praktisch keine Mittel und Kräfte zur pioniermäßigen Unterstützung zur Verfügung standen. Die Pioniertruppen waren im übrigen unzureichend mit Pioniertechnik und -munition ausgestattet, ihre Struktur der Lösung von Aufgaben in Verteidigungsoperationen nicht angepaßt.

Mit gravierenden Mängeln begannen auch die Nachrichtentruppen den Krieg. Infolge der in kurzer Zeit erfolgten massenhaften Aufstellung von neuen Verbänden war es bis Kriegsbeginn nicht gelungen, den Bedarf an Nachrichtenmitteln zu decken. Die Ausstattung mit Funkmitteln lag auf Frontebene bei 75 Prozent, auf Armeebene bei 24 Prozent, auf Divisions- und Regimentsebene bei 89 bzw. 63 Prozent. Vor dem Krieg hatten sich die Nachrichteneinheiten der Armee- und Frontstäbe in einem personell reduzierten Zustand befunden. Für ihre Entfaltung war daher einige Zeit erforderlich.

In einer schwierigen Lage befanden sich am Vorabend des Krieges die Luftstreitkräfte, obwohl ihrer Entwicklung in der Sowjetunion während der ganzen Zwischenkriegsphase vorrangig Aufmerksamkeit gewidmet worden war. Bei Kriegsbeginn verfügten die sowjetischen Luftstreitkräfte über mehr als 20 000 Kampfmaschinen. Von den 15 800 zum Bestand der Militärbezirke, der Reserve des Obersten Befehlshabers und der Luftabwehr zählenden Kampfflugzeugen waren 13 300 einsatzbereit. Doch war die große Masse der sowjetischen Maschinen den deutschen von ihren taktischen Möglichkeiten und technischen Indikatoren her unterlegen. Zwar waren unmittelbar vor dem Krieg in der UdSSR neue, den deutschen Modellen nicht nachstehende Maschinen entwickelt worden und in die Serienproduktion gegangen, doch gelang es bis Kriegsbeginn, nur eine geringe Zahl davon herzustellen. Obendrein wurden die den Einheiten zugegangenen Maschinen nicht beherrscht; insgesamt waren in den westlichen Grenzmilitärbezirken für 1540 vorhandene neue Maschinen nur 208 Besatzungen ausgebildet, während 1196 Besatzungen fehlten.

Eine weitere Schwachstelle der Luftstreitkräfte war die Flugzeugbewaffnung. Ungeachtet dessen, daß in der Sowjetunion 22 mm-Kanonen und Raketen entwickelt und eingeführt worden waren, ging der Prozeß ihrer Beherrschung überaus langsam vonstatten. Mittlerweile waren die deutschen Jäger mit 20 mm-Kanonen ausgerüstet und daher den sowjetischen, nur mit MG bestückten und zudem langsameren Jagdfliegerkräften bei weitem überlegen.

Die Gefechtsbereitschaft der Luftstreitkräfte war auch aufgrund der ungünstigen Stationierungsbedingungen erheblich reduziert. Wie bereits erwähnt, gab es in den befreiten Gebieten im Baltikum, im westlichen Weißrußland und in der westlichen Ukraine viel zu wenig Flugplätze, von denen die meisten auch noch modernisiert werden mußten. Für eine normale Stationierung von Fliegergruppierungen waren in diesen Räumen mindestens 300—350 Flugplätze, wenn nicht das Doppelte erforderlich. In diesem Zusammenhang wurde 1940 mit der Modernisierung von 115 Flugplätzen und 1941 mit dem Bau von 147 neuen begonnen. Diese Arbeiten konnten jedoch nicht zu Ende geführt werden. Auf diese Weise sahen sich die Luftstreitkräfte auf eine kleine Anzahl funktionsfähiger Flugplätze konzentriert, was sie bereits am ersten Kriegstag zu einem lohnenden Angriffsziel für die deutsche Luftwaffe machte.

Große Fehler waren darüber hinaus beim organisatorischen Aufbau der Luftstreitkräfte begangen worden. Die vorhandenen Luftarmeen hatte man abgeschafft. Die Bomben- und Jagdfliegerdivisionen bildeten die Frontfliegerkräfte; und die aus verschiedenartigen (Bomben-, Jagd- wie Schlachtflieger-)Regimentern bestehenden gemischten Divisionen wurden in die Armeefliegerkräfte eingegliedert. Somit war diese starke und weitreichende Waffe zur Bekämpfung des Gegners zersplittert. In der Wehrmacht hingegen war die Luftwaffe in mehrere große strategische Verbände (Luftflotten) gegliedert, die für die Ausführung selbständiger Aufgaben wie auch zur Unterstützung der Heeresgruppen bestimmt waren.

Wenige Monate vor dem Krieg, im Februar 1941, wurde die Luftverteidigung des Landes einer Umstrukturierung unterzogen, deren Ziel es war, wichtigen Industriezentren und -objekten Deckung zu geben. Das gesamte grenznahe Territorium wurde hierzu in 13 Zonen aufgeteilt, die mit dem Territorium der Militärbezirke zusammenfielen. Die in einer Zone untergebrachten Luftabwehrkräfte waren dem Befehlshaber des Militärbezirks unterstellt. Insgesamt standen den Luftverteidigungsverbänden des Landes 3659 Flakgeschütze und 650 Flak-MG sowie ca. 1500 Flugzeuge zur Verfügung. Neue Flugzeugtypen machten dabei freilich nur 9 Prozent aus; ein beträchtlicher Teil der Kampftechnik war veraltet.

Die sowjetische Seekriegsflotte verfügte am Vorabend des Krieges über 3 Schlachtschiffe, 7 Kreuzer, 54 Großzerstörer und Zerstörer, 213 U-Boote, 22 Küstenschutzschiffe, 80 Minensucher, 287 Torpedoschnellboote, 260 Batterien der Küstenartillerie und 2581 Flugzeuge aller Typen. Neue Schiffstypen machten ca. 30 Prozent aus; die Seefliegerkräfte verfügten über lediglich 3,2 Prozent Flugzeuge neuen Typs. Die Verteilung der Flottenkräfte entsprach nicht der bei Kriegsausbruch bestehenden Lage: Der Hauptteil der U-Boote war im Pazifik, in der Ostsee und im Schwarzen Meer konzentriert. Die Nordmeerflotte verfügte über kein einziges Schlachtschiff, keine Kreuzer oder Torpedoschnellboote, desgleichen über weitaus weniger Fliegerkräfte als andere Flotten. Und dabei fiel gerade auf sie die Hauptlast des Kampfes bei der Verteidigung der nördlichen Verbindungen.

Nach dem sowjetisch-finnischen Krieg wurden vom Marschall der Sowjetunion K.S. Timošenko energische Maßnahmen zur Verbesserung der Gefechtsbereitschaft der Truppen und zur Umgestaltung des taktischen und operativen Ausbildungswesens sowie der Mobilmachungspläne getroffen. Bestehende Hemmnisse wurden beseitigt und eine stärkere Orientierung von Lehre und Ausbildung an den Erfordernissen des Krieges gefordert. Doch dessenungeachtet blieben bei der Ausbildung der Truppe, der Stäbe und Kommandeure viele wesentliche Mängel bestehen. Am schlechtesten waren die Panzer- und Luftlandetruppen sowie die Artillerie- und Panzerabwehrbrigaden der Reserve des Obersten Befehlshabers ausgebildet, deren Aufstellung und Reorganisation vor Kriegsbeginn nicht zu Ende geführt werden konnte. Die Ausbildung der Einheiten und die Geschlossenheit der Verbände erreichte mithin nicht das angestrebte Niveau.

Auf der schon erwähnten Dezembersitzung der Kommandeure im Jahr 1940 sagte der Chef der Kraftfahrzeug- und Panzerverwaltung der Roten Armee, J.A.N. Fedorenko, daß die Panzerschützen lediglich das Schießen aus dem Stand, nicht aber aus der Bewegung heraus im Verband eines Zuges und einer Kompanie beherrschten. »Die Schießausbildung«, so Fedorenko, »wurde in diesem Jahr nicht abgeschlosen; ebensowenig die Fragen des Zusammenwirkens in der taktischen Ausbildung. Hier gibt es lediglich Versuche. Das Eindringen in eine Durchbruchstelle wurde der Truppe lediglich vorgeführt. Es gibt bei diesen Dingen noch keinerlei gefechtsmäßiges Zusammenwirken und keine Geschlossenheit[5].«

Viele Mängel gab es auch in der Gefechtsausbildung der Luftstreitkräfte. Im März/April 1941 überprüfte die Luftwaffenführung der Roten Armee den Verlauf der Gefechtsausbildung bei den Fliegerkräften des »Westlichen Besonderen Militärbezirks«. In einem Ergebnisbericht wies der Chef der Hauptverwaltung der Luftstreitkräfte, P.F. Žigarev, auf das überaus unbefriedigende Tempo der Gefechtsausbildung, die ungenügende Flugstundenzahl für den Bombenwurf und den Sturzflug sowie auf das niedrige Niveau der Schießausbildung bei den meisten Flugzeugbesatzungen hin.

Die Ausbildung nicht nur der Truppe, sondern auch der Stäbe ließ, insbesondere auf der taktischen Ebene, zu wünschen übrig. Die Truppenstäbe leisteten schlechte Aufklärungsarbeit; in der Führung schlecht organisiert und unerfahren im Einsatz von Funkmitteln, hatten sie zudem Schwierigkeiten im Zusammenwirken. Auch beherrschten Armee- und Frontstäbe die Methoden zur Planung moderner Operationen, zur Organisation gemeinsamer Einsätze und ihrer logistischen Unterstützung nur unvollkommen. Aufgrund fehlender Rahmenübungen großen Stils zeichneten sich alle Stäbe durch mangelnde Geschlossenheit aus.

Die Ausbildung der Truppenkommandeure gab besonderen Anlaß zur Sorge. In seiner Direktive vom 25. Januar 1941 räumte der Volkskommissar für Verteidigung ein, daß die operative Ausbildung der Militärkader vernachlässigt worden sei. Da die höheren Kommandeure nur ungenügende Kenntnisse über die Gefechtsbedingungen der verschiedenen Waffengattungen und Fliegerkräfte besaßen, haben sie diese während der Manöver im Jahre 1940, bei Kriegsspielen, Kommando- und Stabsübungen, nicht immer richtig eingesetzt. Während einer Operation ging die Führung häufig verloren. Nach Meinung des Volkskommissars befand sich ein Teil der Kommandeure noch auf dem Stand der Erfahrungen des Bürgerkrieges, die sie auf die gegenwärtige Situation zu übertragen versuchten[6].

Faßt man das Gesagte zusammen, so ergibt sich, daß zu Beginn des Krieges unter unsäglichen Anstrengungen des sowjetischen Volkes und um den Preis einer immensen Überanstrengung von Industrie und Volkswirtschaft in der UdSSR eine gewaltige Armee geschaffen worden war, die von der Zahl ihrer Panzer und Kampfflugzeuge her die Armeen Deutschlands und seiner Verbündeten zusammengenommen übertraf. Ihr standen mehr Geschütze und Granatwerfer zur Verfügung, als der stärksten Armee der Welt — der deutschen Wehrmacht. Lediglich in der personellen Gesamtstärke der Streitkräfte war sie den Gegnern unterlegen. Allerdings mußten die vorhandenen Kräfte auf die verschiedenen potentiellen Kriegsschauplätze aufgeteilt werden, da mit der Möglichkeit einer aus allen Richtungen kommenden Aggression, im Osten insbesondere von seiten Japans, gerechnet werden mußte. Das Wichtigste aber: indem auf den quantitativen Bestand gesetzt wurde, wurden oft die qualitativen Parameter aus den Augen verloren.

Zu einem erheblichen Teil war dies auf die Methoden des militärischen Aufbaus zurückzuführen. Unter den Bedingungen eines Regimes der Alleinherrschaft wurde diesbezüglich nicht einmal die unbedeutendste Frage vom Volkskommissariat für Verteidigung ohne die Zustimmung von Stalin und Molotov entschieden; unter diesen Bedingungen war mit optimalen Entscheidungen kaum zu rechnen.

Die — bedingt durch die Hoffnung, daß man den Krieg bis 1942 hinausschieben könne — irrtümliche Einschätzung der für die Modernisierung der Streitkräfte noch verfügbaren Frist wirkte sich überaus negativ auf die Kampffähigkeit der Truppe aus. Da die geplanten Reformen nicht zu Ende geführt werden konnten, befanden sich bei Kriegsausbruch alle Teilstreitkräfte und alle Waffengattungen noch im Zustand der Reorganisation. Sie waren nicht vollständig aufgefüllt, gefechtsmäßig nicht vorbereitet und von mangelnder Geschlossenheit.

Spricht man über diese Fehler und Unzulänglichkeiten, so muß man doch gleichzeitig das Erreichte in vollem Maß anerkennen. In sehr kurzer Zeit, innerhalb weniger Jahre, und vor allem in den letzten anderthalb Jahren vor Kriegsbeginn, machte der Zustand der sowjetischen Streitkräfte gewaltige Fortschritte. Die Rote Armee rückte in die Reihe der stärksten und modernsten Armeen auf. Aufopferungsvoll erfüllten die Streitkräfte ihre soldatische Pflicht. Ungeachtet der erlittenen schweren Schläge eigneten sich die Kommandeurkader beharrlich die Kenntnisse des Militärwesens an. Außer Zweifel steht freilich, daß ohne das Stalinsche Regime und die Deformationen des Sozialismus in der UdSSR die potentiellen Möglichkeiten des Landes bei der Organisation seiner Verteidigung umfassender und wirksamer hätten ausgenutzt werden können.

Für den Fall eines Krieges hatte der Generalstab der Roten Armee Pläne für die Mobilmachung, den strategischen Aufmarsch und die ersten Operationen wie auch für den Schutz der Staatsgrenzen ausgearbeitet, die in dem Maß, wie sich die Lage veränderte, korrigiert wurden. Die letzte Aufmarschvariante war vom Chef des Generalstabes, W. M. Šapošnikov, persönlich Mitte 1940 ausgearbeitet worden. Er ging davon aus, daß sich die Sowjetunion zur Abwehr einer Aggression sowohl aus dem Westen, dem Osten wie auch dem Süden vorbereiten müsse. Als wahrscheinlicher Hauptkriegsschauplatz wurde der westliche mit dem Hauptgegner Deutschland angesehen, dessen Verbündete Finnland, Ungarn, Rumänien und Italien sein konnten. Als Hauptgegner im Osten galt Japan. Im Süden wurde mit einem Angriff der Türkei gegen die UdSSR gerechnet.

In seiner eigenen Operationsplanung war der Generalstab davon ausgegangen, daß der Gegner die Kämpfe mit unvollständig mobilgemachten Truppen beginnen, und es nicht sofort zu den entscheidenden Operationen kommen werde; dennoch hätten auch diese Kämpfe die planmäßige Mobilmachung und Entfaltung der sowjetischen Truppen in den Grenzräumen ernsthaft erschweren, wenn nicht sogar vereiteln können. Aus diesem Grund wurde der Verstärkung der Truppen in den westlichen Grenzmilitärbezirken besondere Bedeutung beigemessen, kam es doch darauf an, einen gegnerischen Angriff noch vor der vollen Entfaltung aller Truppen und der Bildung strategischer Stoßgruppierungen selbständig abzuwehren und die Kämpfe auf das Territorium des Aggressors zu verlagern.

Nach dem Abschluß der vollständigen Mobilmachung und dem Aufmarsch der ersten strategischen Staffel (wozu ca. 30 Tage erforderlich waren) war geplant, große Angriffsoperationen mit entscheidenden Zielen zu führen. Dazu hatten die südlich des Pripjat' entfalteten Truppen der Südwestfront gemeinsam mit einem Teil der nördlich des Flusses stehenden (Westfront) einen Angriff in Richtung Krakau mit dem Ziel zu führen, Deutschland von seinen Verbündeten auf dem Balkan abzutrennen und danach den Angriff ins Landesinnere des Gegners auszuweiten.

Entsprechend der letzten, Mitte Juni 1941 ausgearbeiteten Aufmarschvariante sollten im Westen 237 Divisionen, im Osten und im Süden je 31 Divisionen zum Einsatz kommen. Für die Verteidigung der Küsten des Weißen Meeres im Raum Archangel'sk waren eine, zur Verteidigung der Krim drei Divisionen vorgesehen.

Von den 237 für den Einsatz im Westen vorgesehenen Schützen-, motorisierten und Panzerdivisionen sollten 186 die erste strategische

Staffel und 51 die Reserve des Obersten Befehlshabers bilden. Rückgrat der ersten strategischen Staffel waren die Truppen der westlichen Militärbezirke (i.e. der Leningrader, Baltische, Westliche, Kiever und der Odessa-Militärbezirk), die im Friedenszustand 170 Divisionen zählten.

Obwohl Informationen über eine sich vorbereitende Aggression ausreichend vorlagen, wurden keine Maßnahmen zur sofortigen Vorbereitung der Truppen auf den Verteidigungsfall getroffen.

Bald nachdem Hitler vor einem engen Kreis seine Absicht kundgetan hatte, sich für einen Krieg gegen Rußland zu rüsten, waren in Moskau auf verschiedenen Kanälen Informationen eingegangen, aus denen man sich über die grundsätzlichen deutschen Absichten, den Angriffstermin, über Beginn und Verlauf der deutschen Truppenkonzentration an den sowjetischen Grenzen, über ihre Zusammensetzung und Stärke ein Urteil hätte bilden können.

Informationen über den Zeitpunkt des Angriffs trafen bis unmittelbar vor dessen Beginn ein. Alle darin aufgeführten Daten gingen nicht über den 25. Juni hinaus. In den allerletzten Tagen wurde sogar das genaue Datum, der 22. Juni, genannt.

Gerechtigkeitshalber sei gesagt, daß sowohl der Volkskommissar für Verteidigung, Marschall Timošenko, als auch der Chef des Generalstabes, Armeegeneral Žukov, mehrere Male von Stalin die Genehmigung zu erhalten versuchten, die Truppen der Grenzmilitärbezirke in volle Gefechtsbereitschaft zu versetzen und eine Teilmobilmachung der Truppen unter dem Vorwand sogenannter großer Ausbildungsmanöver einzuleiten. Diese Vorschläge wurden aber von Stalin kategorisch abgelehnt, wobei er der Befürchtung Ausdruck gab, die militärischen Maßnahmen könnten die Deutschen zu einem bewaffneten Konflikt provozieren.

Im Februar 1941 begann die deutsche Truppenkonzentration an den Westgrenzen, die in sechs Phasen mit wachsender Intensität durchgeführt wurde. Der Generalstab berichtete Stalin darüber und bat, die sowjetische Truppenpräsenz im Westen zu verstärken. Mit großem Unwillen stimmte Stalin der Verlegung einiger Verbände zu.

Am 13. Juni rief Timošenko in Anwesenheit von Žukov Stalin an und bat um Genehmigung, die Truppen der Grenzmilitärbezirke in volle Gefechtsbereitschaft versetzen zu lassen. »Wir werden es uns überlegen«, war Stalins Antwort. Am folgenden Tag wurden Timošenko und Žukov von Stalin empfangen und berichteten ihm über die alarmierenden Ereignisse an der Grenze und die Notwendigkeit, die Truppen in volle Gefechtsbereitschaft zu versetzen. Stalins Reaktion: »Sie schlagen vor, im Land eine Mobilmachung durchzuführen, die Truppen zu alarmieren und sie an die Westgrenzen vorrücken zu lassen? Aber das bedeutet Krieg! Ist Ihnen das klar?!« Dann aber fragte Stalin: »Wieviel Divisionen haben wir im Baltischen, im Westlichen, im Kiever und im Odessa-Militärbezirk?« Žukov erinnerte sich: »Wir teilten mit, daß sich die Stärke der vier westlichen Grenzmilitärbezirke zum 1. Juli auf 149 Divisionen und 1 selbständige Schützenbrigade beliefe.«

»Unseren Informationen zufolge verfügen die Deutschen nicht über eine derartige Truppenstärke«, sagte Stalin. Žukov antwortete, daß den Informationen der Aufklärung zufolge die deutschen Divisionen kriegsmäßig aufgefüllt und ausgerüstet seien: Jede Division verfüge über 14 000 bis 16 000 Mann, wohingegen die sowjetischen Divisionen de facto um das Zweifache schwächer seien. Stalin bemerkte dazu: »Der Aufklärung kann man nicht alles glauben[7].«

Leider fehlte es dem Volkskommissar für Verteidigung, dem Chef des Generalstabes und den anderen hohen Führern der Roten Armee an Argumenten, Willen und Autorität, Stalin und seine engsten Mitarbeiter von der Notwendigkeit energischer Maßnahmen zu überzeugen. Die Folge: Zu Beginn des Krieges waren die Truppen der Grenzmilitärbezirke nicht gefechtsbereit, sondern in einer Tiefe von bis zu 400 Kilometern von der Grenze dezentralisiert. Den Verbänden der Militärbezirksreserve gelang es nicht, rechtzeitig in die ihnen zugewiesenen Räume einzurücken; sie befanden sich auf dem Marsch 100 bis 400 Kilometer von der Grenze entfernt. Aus den inneren Militärbezirken vermochten lediglich 13 Divisionen in die neuen Räume im Abschnitt der Zapadnaja Dvina (westliche Düna) und des Dnepr zu gelangen.

Somit waren die in den westlichen Grenzmilitärbezirken dislozierten Truppen und die Verbände der Reserve des Obersten Befehlshabers, denen die Konzentration im Westen gelang, den aus Finnland, Polen, Ungarn und Rumänien vorstoßenden deutschen und verbündeten Truppen personell und artilleriemäßig unterlegen, von der Zahl der Panzer und Flugzeuge her jedoch weit überlegen. Doch die *qualitative* Überlegenheit lag auf seiten Deutschlands, was, wie der weitere Verlauf der Kampfhandlungen zeigte, zu Beginn des Krieges von entscheidender Bedeutung war.

Die deutsche Wehrmacht hatte ihren Aufmarsch abgeschlossen, befand sich im Zustand voller Gefechtsbereitschaft und war aufgrund der von der sowjetischen militärischen und politischen Führung begangenen Fehler in der Lage, die nicht voll entfalteten Verbände der noch nicht hinreichend mobilisierten sowjetischen Streitkräfte überraschend anzugreifen.

Einer der größten Vorteile der deutschen Wehrmacht lag dabei in den reichen, fast zweijährigen Kriegserfahrungen in Europa. Die geringen Verluste in den Feldzügen in Westeuropa hatten dazu beigetragen, daß der Hauptteil der Stäbe, Verbände und sogar Einheiten den Krieg gegen die Sowjetunion in fast der gleichen Stärke und Zusammensetzung begann, in der sie im September 1939 in Polen einmarschiert war.

Der siegreiche Krieg in Europa hatte den deutschen Soldaten und Offizieren Vertrauen in die eigenen Kräfte, in ihre Waffen sowie nicht zuletzt in die militärische und die politische Führung eingeflößt.

Ungeachtet deutscher Pedanterie waren in der Wehrmacht weitaus günstigere Voraussetzungen für kreative Initiativen seitens der Kommandeure gegeben als in der Roten Armee, wo unter dem Einfluß der Repressionen den Kommandeuren faktisch jegliche Selbständigkeit genommen war. Unter den Bedingungen einer sich rasch verändernden, oft unklaren Lage und in Anbetracht fehlender Verbindungen zur übergeordneten Führung hat dieser Umstand eine sehr wichtige Rolle gespielt.

In diesem qualitativen Vorteil auf seiten der deutschen Wehrmacht und den oben untersuchten Fehlern bei Aufbau und Ausbildung der sowjetischen Streitkräfte am Vorabend des Krieges ist eine der Hauptursachen für die schweren Niederlagen der sowjetischen Truppen zu Beginn des Großen Vaterländischen Krieges zu sehen.

Anmerkungen

[1] CAMO (= Zentralarchiv des Verteidigungsministeriums), f. 72, op. 173022, d. 3. l. 208—374.
[2] CGASA (= Zentr. Staatl. Arch. der Sowj.Armee), f. 4, op. 14, d. 2742, l. 62.
[3] Ebd., f. 31983, op. 3, d. 156, l. 167.
[4] Ebd., l. 164.
[5] Ebd., f. 4, op. 14, d. 2742, l. 83f.
[6] CAMO, f. 140, op. 13000, d. 1, l. 49.
[7] G.K. Žukov, Vospominanija i razmyšlenija, Moskau 1969, S. 249f. (deutsche Ausgabe u.d.T.: Erinnerungen und Gedanken, Berlin (Ost) [5]1976).

Bernd Bonwetsch

Die Repression des Militärs und die Einsatzfähigkeit der Roten Armee im »Großen Vaterländischen Krieg«*

Einer der »weißen Flecken« in der sowjetischen Geschichte, denen sich zur Zeit die Aufmerksamkeit der Öffentlichkeit wie der Geschichtswissenschaft in der Sowjetunion zuwendet, ist die Repression des Militärs in der zweiten Hälfte der dreißiger Jahre und ihre Auswirkungen auf die Einsatzfähigkeit der Roten Armee. Die Beschäftigung mit diesem Thema ist lange Zeit, ja fast überhaupt noch nie selbstverständlich gewesen. Noch heute wird bei der Suche nach den Gründen für die katastrophalen Niederlagen der Roten Armee in der Anfangsphase des Krieges gegen Deutschland die Repression mit ihren weitreichenden Auswirkungen häufig übersehen oder zumindest nur ungenügend berücksichtigt[1]. Der Umgang mit diesem Thema in der Sowjetunion steht im Zentrum der folgenden Ausführungen.

Die Tatsachen sind allgemein bekannt: Seit dem Mord an dem Leningrader Parteisekretär Sergej Kirov im Dezember 1934 begann in der Sowjetunion der Stalinsche Terror zu wüten, der sich zunächst auf die alte Garde der Parteiführung sowie ihren vermutlichen Anhang in der Führung von Partei, Staat und Wirtschaft des Landes richtete. Nach den spektakulären Moskauer Schauprozessen von 1936 erreichte dieser Terror auch das Militär. Es begann mit dem »Fall Tuchačevskij«. Der Generalstabschef der Roten Armee Michail Tuchačevskij sollte angeblich eine »antisowjetische trotzkistische Militärorganisation« angeführt und dabei auch mit Führungskreisen der deutschen Wehrmacht in Verbindung gestanden haben. Entsprechendes Belastungsmaterial bestand zum Teil aus Dokumenten, die der SD unter Leitung Reinhard Heydrichs in Berlin gefälscht und im Frühjahr 1937 über den ahnungslosen tschechoslowakischen Staatspräsidenten Beneš in die Hände Stalins bzw. des NKVD gespielt hatte. Der NKVD wäre zweifellos auch ohne die Berliner »Amtshilfe« ausgekommen. Das geht aus einem 1989 veröffentlichten offiziellen Untersuchungsbericht hervor. Ebenso sicher ist jedoch auch, daß dieses Berliner Material die Glaubwürdigkeit der vom NKVD fabrizierten Beschuldigungen gegen Marschall Tuchačevskij und acht weitere hohe Militärs erhärtet hat[2].

Einer der Beschuldigten, der Chef der Politischen Hauptverwaltung der Roten Armee Jan Gamarnik, war seiner Verhaftung am 31. Mai 1937 durch Selbstmord zuvorgekommen. Die übrigen acht Beschuldigten mit Tuchačevskij an der Spitze wurden in einem zwei Tage währenden Prozeß zum Tode durch Erschießen verurteilt. Das Urteil wurde am 12. Juni 1937 vollstreckt. Neun Tage später waren bereits 980 hohe Offiziere als weitere Mitglieder dieser nichtexistierenden Verschwörung verhaftet, und die Wellen der Verfolgung schlugen immer höher. Sie haben im Offizierkorps der Roten Armee mehr Opfer gefordert als der Krieg gegen Deutschland. Dieser kostete z. B. rund 600 Generale das Leben. Der innere Krieg der »Organe« gegen die Rote Armee vor dem 22. Juni 1941 forderte drei- bis viermal so viele Opfer unter ihnen bzw. den ihnen im Rang gleichgestellten Kommandeuren[3]. Denn die Generalsränge wurden erst 1940 eingeführt.

Die höhere Militärführung wurde besonders hart getroffen. Die Rote Armee wurde gleichsam »enthauptet«: Von fünf Marschällen starben drei; von 30 Armeekommandeuren und -kommissaren beider Ränge überlebte nur einer; von den 85 Mitgliedern des »Militärrates beim Volkskommissar für Verteidigung« — Stand Februar 1936 — wurden 76 Opfer der Repression: 68 wurden erschossen, weitere vier begingen Selbstmord oder starben in der Haft, nur vier überlebten[4]. Absolut genaue Zahlen über diese »Verluste« sind bislang noch nicht ermittelt. Aber alle vorhandenen Berechnungen laufen darauf hinaus, daß 70 bis 80 Prozent des Bestandes an höchsten Kommandeuren von Armee und Flotte — nach heutiger Nomenklatur der Generals- und Admiralsränge — der Repression anheimfielen.

Nach den Berechnungen von I. Machovikov wurden in den fünf höchsten Rängen der Streitkräfte, d. h. vom Divisionskommandeur bzw. dem entsprechenden Flottenrang aufwärts, 231 von insgesamt 287 Kommandeuren verfolgt, die meisten erschossen[5]. Beginnt man eine Ebene tiefer, bei der Brigade, und schließt die »Politarbeiter«, d. h. die Kommissare mit ein, so unterlagen nach Angaben von Generalleutnant Aleksandr Todorskij von den 733 höchsten Kommandeuren und Kommissaren der Roten Armee 579 der Repression. Diese Zahlen sind insofern von besonderem Interesse, als Todorskij direkt nach seiner Entlassung aus siebzehnjähriger Lagerhaft 1953 eine Rehabilitationskommission des ZK leitete[6].

Für Armee und Flotte zusammen haben Vitalij Rapoport und Jurij Alekseev unter den höchsten 899 Offizieren die Zahl von 643 Verfolgten ermittelt; 583 davon seien umgekommen, nur 60 von ihnen hätten überlebt, sei es, daß sie nach relativ kurzer Haft rehabilitiert und wieder in ihre alten Funktionen eingesetzt worden seien, wie die späteren Marschälle und Generale Rokossovskij, Gorbatov, Mereckov und Belov, sei es, daß sie die Lagerjahre durchstanden wie Korpskommandeur Todorskij oder Divisionskommandeur Jakov Mel'kumov[7].

Noch weniger bekannt ist die Zahl der Repressionsopfer in den Offizierrängen vom Regimentskommandeur (Oberst) abwärts. Der beste westliche Kenner der sowjetischen Militärgeschichte, John Erickson, dessen zweibändiges Werk über den deutsch-sowjetischen Krieg jetzt auch in der Sowjetunion veröffentlicht wird, hat schon vor vielen Jahren die Zahl der zwischen Frühsommer 1937 und Spätherbst 1938 Verhafteten auf 20 000 bis 25 000, ein Viertel bis die Hälfte aller Offiziere der Roten Armee, geschätzt[8]. Nach neueren Berechnungen von Rapoport und Alekseev erfaßten die Säuberungen insgesamt etwa 100 000 Armeeangehörige: 20 000 bis 30 000 Mitarbeiter der Gegenspionage, die gleiche Anzahl Politarbeiter und 50 000 bis 60 000 Kommandeure[9]. Die genaue Zahl wird sich kaum je ermitteln lassen. Bis zum Kriegsausbruch rehabilitiert und wieder in ihre Funktionen eingesetzt wurden nach diesen Schätzungen einige Hundert (Machovikov) bis einige Tausend (Erickson) Offiziere — vornehmlich niederer Ränge, denn diese wurden in der Regel nicht erschossen, sondern »nur« zu Lagerhaft verurteilt[10].

Das sind die Tatsachen, soweit sie sich in Statistiken ausdrücken lassen. Bis vor kurzem wurden sie nur im Westen erörtert. Im folgenden soll es nicht um diese Statistik, sondern um den sowjetischen Umgang mit dem Thema Repression des Militärs gehen. Dabei ist selbstverständlich, daß es bis zu Chruščevs »Geheimrede« von 1956 in der Sowjetunion bzw. in der offiziellen Darstellung weder die Repression noch ihre Opfer gab. Nach bekanntem Muster war alles aus der Geschichte getilgt worden, was daran hätte erinnern können. Die vernichteten Militärs waren zu Unpersonen gemacht worden: nicht einmal als »Verräter« oder als »Volksfeinde« wurden sie dem Gedächtnis der Nachwelt erhalten. Erst nach dem XX. und vor allem nach dem XXII., dem eigentlichen Entstalinisierungsparteitag von 1961, wurde das anders. Bereits nach Stalins Tod war zwar 1953 im ZK eine Rehabilitierungskommission eingesetzt worden, die sich an die Überprüfung der in den dreißiger Jahren gegen Militärs verhängten Urteile machte. Aber sie arbeitete nicht öffentlich. Erst Anfang der sechziger Jahre begann man, die »Verluste« der Streitkräfte vor dem Krieg gegen Deutschland beim Namen zu nennen.

Sicher war das noch keine wirkliche »Bewältigung« der Vergangenheit. Aber gegenüber dem bis dahin praktizierten Verschweigen war dies ein großer Fortschritt. Fortan wurde unter den Gründen für die katastrophalen Anfangsniederlagen der Roten Armee gegen die Wehrmacht auch die Vernichtung eines Großteils ihrer Führungskader genannt. So führt die bis heute maßgebliche sechsbändige »Geschichte des Großen Vaterländischen Krieges der Sowjetunion« an, daß von Mai 1937 bis September 1938 »etwa die Hälfte der Regimentskommandeure, fast alle Brigade- und Divisionskommandeure, alle Korpskommandeure und Befehlshaber der Militärbezirke, die Mehrzahl der Politarbeiter der Korps, Divisionen und Brigaden, etwa ein Drittel der Regimentskommissare und viele Lehrkräfte der Höheren und Mittleren Militärischen Lehranstalten« Repressionen unterworfen gewesen seien[11].

Darüber hinaus wurden Zahlenangaben gemacht, die westliche Schätzungen über die Gesamtzahlen der Opfer keinesfalls als zu hoch gegriffen erscheinen ließen[12]. Die »Militärhistorische Zeitschrift« (Voennoistoričeskij žurnal) wurde zu einer der interessantesten Publikationen der frühen sechziger Jahre, weil sie Erinnerungen von Militärs veröffentlichte, die relativ freimütig und auch kritisch waren. Opfer der Repression wie Marschall Tuchačevskij oder Armeekommandeur Uborevič wurden der Vergessenheit entrissen und posthum gewürdigt, wobei auch die Verfolgung nicht ausgespart wurde[13].

Schließlich wurden auch einige Folgen der Repression für die Einsatzfähigkeit der Roten Armee nicht verschwiegen. Vor allem wurde auf die Tatsache verwiesen, daß nicht ausreichend qualifizierte Kommandeure in verantwortungsvolle Positionen befördert werden mußten, weil die erfahreneren, älteren Offiziere verhaftet worden waren. In der sechsbändigen Geschichte des Krieges hieß es dazu: »Als Folge der Massenrepression während des Stalinschen Personenkults litten die sowjetischen Truppen in der ersten Kriegsperiode unter einem schwerwiegenden Mangel an erfahrenen Kommandeuren, die in der Lage gewesen wären, operative Verbände und große Einheiten richtig zu führen. Darin lag zweifellos eine der Hauptursachen für die Mißerfolge der Roten Armee in der ersten Kriegsphase[14].«

Der einzige allerdings, der offiziell Erinnerungen über seine Gefangenschaft veröffentlichte bzw. diese in seinen Erinnerungen nicht mit Schweigen überging, war General Aleksandr Gorbatov. Er war im Oktober 1938 als Stellvertretender Kommandeur eines Kavalleriekorps verhaftet worden. Inzwischen waren jedoch, während die Verhaftungen noch weitergingen, unter dem neuen Chef des NKVD, Lavrentij Berija, auch Rehabilitierungskommissionen am Werk. Dank deren Tätigkeit wurde u. a. Gorbatov nach zweijähriger Lagerhaft im März 1941 rehabilitiert und wieder in seine alten Funktionen eingesetzt.

Gorbatov schildert in seinen Erinnerungen als einer der ganz wenigen, die die gleiche Erfahrung gemacht haben, auch die düstere Atmosphäre des Mißtrauens und der Verunsicherung seit Beginn der Verhaftungswelle in der Roten Armee. Sie führte dazu, daß man »nur im kleinen Kreis sehr vertrauter Freunde« über Zweifel am Zutreffen der Beschuldigungen gegen die Verhafteten zu sprechen wagte[15]; sie führte zu der schäbigen Praxis im Offizierkorps, verhafteten »Volksfeinden« nachträglich auf den obligatorischen politischen Versammlungen Fehler oder gar Verbrechen vorzuwerfen — zum Beweis der eigenen Zuverlässigkeit[16]. Gorbatov weist auch auf Disziplinlosigkeit als Folge der Massenverhaftungen hin; denn welcher Soldat meinte schon, heute noch Offizieren gehorchen zu müssen, die morgen vielleicht bereits als »Volksfeinde« entlarvt werden würden. Der »furchtbare Verfall der Disziplin« (Žukov) machte der Armeeführung damals tatsächlich schwer zu schaffen, auch wenn nicht öffentlich darüber gesprochen wurde. Schließlich nennt Gorbatov auch die Namen einiger derjenigen, die sich beim Aufspüren der »Volksfeinde« besonders hervortaten — etwa Efim Ščadenko oder Aleksandr Fominych, der bei Kriegsbeginn als politisches Mitglied des Militärrates der Westfront ebenfalls noch eine üble Rolle spielen sollte[17].

Auch einige wenige andere haben Anfang der sechziger Jahre die geisterhaft-unwirkliche Atmosphäre geschildert, die während der Säuberungen in der Roten Armee wie in der Sowjetunion allgemein herrschte. Gerade diejenigen, die nicht Schritt um Schritt daran gewöhnt wurden, das Absurde als normal zu akzeptieren, erlebten damals einen Schock. So begriff der 1937 aus Spanien zurückkehrende Il'ja Ėrenburg nicht, warum durch öffentlichen Anschlag untersagt wurde, Bücher ins WC zu werfen, und warum ein befreundeter »Pravda«-Redakteur ihn mit auf die Toilette nahm, um ihm einen Witz zu erzählen[18]. Ähnlich glaubte der aus Spanien zurückkehrende Major Il'ja Starinov an einen Spuk. Er schildert die geradezu kafkaeske Situation, daß er kaum einen seiner alten Kameraden erreichen konnte. Niemand gab präzise Auskunft, und die wenigen, die er antraf, wollten mit ihm, der aus Spanien kam, nichts zu tun haben, weil man sie zusammen sehen könnte[19].

Diese relative Offenheit im Umgang mit dem Thema »Säuberungen« und dem Schicksal der direkt und indirekt Betroffenen, die auch die Erinnerungen einiger anderer Militärs gekennzeichnet hatte, schwand nach dem Sturz Chruščevs sehr schnell. Darstellungen, Monographien und Erinnerungen übten sich erneut in der Praxis des Verschweigens. Wer z. B. nicht weiß, daß der Divisionskommandeur und spätere Marschall Rokossovskij im August 1937 verhaftet und im Zuge der ersten Rehabilitierungen im März 1940 wieder befreit wurde, erfährt dies weder von Rokossovskij selbst noch von anderen. Nur der Kenner der Materie weiß, daß Rokossovskijs Memoiren »Soldatenpflicht« mit dem auf die Haftentlassung üblicherweise — weil dringend notwendig — folgenden Sanatoriumsaufenthalt beginnen. Die Repression wird nach der Schilderung der Aufbauerfolge mit zwei lapidaren Sätzen erwähnt: »Gewiß, man hat Ende der dreißiger Jahre ernste Fehler gemacht. Es litten auch unsere militärischen Kader, was sich auf die Organisation und Vorbereitung unserer Truppen auswirken mußte[20].«

Ähnlich geht Marschall Mereckov mit seiner Vergangenheit bzw. mit dem Thema Repression um. Mereckov war immerhin von August 1940 bis Januar 1941 Generalstabschef der Roten Armee, bevor er im Februar 1941, durch Žukov abgelöst, als Stellvertretender Volkskommissar für Verteidigung wieder die Verantwortlichkeit für die Gefechtsausbildung der Roten Armee und für die Höheren Militärischen Lehranstalten übernahm. Er wurde am 23. Juni 1941 zu einem der »ständigen Berater« des neugebildeten Hauptquartiers des Oberkommandos (Stavka) ernannt, doch sofort danach verhaftet, von höchsten Mitarbeitern des NKVD gefoltert — »Fleischwolf« nannte Berija diese Behandlung später bei seinem Verhör —, aber dann im September 1941 wieder freigelassen. Die Memoiren Mereckovs »Im Dienst des Volkes« erwähnen diese Tatsache nicht. Während sie sonst sehr ausführlich sind, übergehen sie wortlos die ersten zehn turbulenten Wochen des Krieges, die Zeit vom 23. Juni bis zu Mereckovs »neuer Ernennung« Anfang September 1941, als er zum Vertreter der Stavka bei der Nordwestfront gemacht wurde[21].

Nur der Kenner weiß, daß die Frage nach Mereckovs Befinden, die Stalin anläßlich dieser »neuen Ernennung« stellte, keine bloße Floskel war. Der sowjetischen Literatur hingegen war die Behandlung Mereckovs so wenig zu entnehmen, daß selbst Spezialisten wie Erickson und Albert Seaton von einer ununterbrochenen Tätigkeit des Generals ausgingen[22]. Noch weniger darf man erwarten, daß Marschall Bagramjan seine wesentlich glimpflicher verlaufenen Erfahrungen mit den Säuberungen seinen Erinnerungen anvertraute: Er war während des Studiums an der Generalstabsakademie 1938 bereits aus der Partei ausgeschlossen worden, wurde von den Kameraden wie ein Aussätziger gemieden und rechnete jeden Tag mit der Verhaftung. Erst ein Appell an den armenischen Landsmann im Politbüro, Anastas Mikojan, führte offenbar zur Aufhebung des Haftbefehls und zur Rehabilitierung einschließlich der Wiederaufnahme in die Partei[23].

Nimmt man die Memoiren der ehemaligen Generalstabschefs Žukov und Vasilevskij und des Stellvertretenden Generalstabschefs Štemenko als Maßstab, dann hat es die Repression in der Roten Armee nie gegeben: Sie enthalten kein Wort über den Blutzoll, den das Offizierkorps der Roten Armee vor dem Krieg gegen Deutschland zu entrichten hatte. Armeegeneral Štemenko weist lediglich darauf hin, daß es ein großes Unglück für die Rote Armee gewesen sei, »am Vorabend des Krieges viele erfahrene Heerführer eingebüßt« zu haben. Die Ursache und die Umstände dieser »Einbuße« bleiben ungenannt[24]. Žukovs Erinnerungen verharmlosen den Mangel an erfahrenen Kommandeuren sogar zu einer Folge der »beträchtlichen zahlenmäßigen Verstärkung« der sowjetischen Streitkräfte[25]. Marschall Vasilevskij erwähnt in seinen Erinnerungen gar nichts: weder einen Mangel an Führungskadern noch irgendeine Ursache[26].

Das gleiche Bild bieten die Erinnerungen anderer sowjetischer Heerführer, soweit sie nach dem Sturz Chruščevs erschienen sind, ebenso die Darstellungen: Alles, was nur irgendeinen Schatten auf die sowjetische Vergangenheit hätte werfen können, wurde aus den Büchern getilgt und zur Nichtexistenz verurteilt. Die zwölfbändige »Geschichte des zweiten Weltkrieges« bringt es sogar fertig, die Vernichtung des Führungsbestandes der Roten Armee gar nicht, dafür aber die Rehabilitierung vieler »1937/38 [...] infolge unbegründeter Anschuldigungen [...] aus der Armee entlassener« Kommandeure und Politarbeiter zu erwähnen[27]. Diese repräsentative Darstellung bietet damit eines der keineswegs seltenen Beispiele dafür, daß man die Repression nur indirekt und überdies in positivem Sinne erwähnen kann: Indem man auf die Korrektur von »Fehlern in der Arbeit mit den militärischen Kadern« hinweist, ohne diese »Fehler« überhaupt zu nennen. Zu dieser Praxis gehört ebenfalls, daß man die Versetzung und den Einsatz von unzureichend qualifizierten Offizieren in leitenden Stellungen »im wesentlichen aus der Tatsache« erklärt, »daß die Armee in dieser Zeit ständig anwuchs und immer neue Truppenteile, Verbände und Lehranstalten entstanden«.

Auch die einschlägigen militärgeschichtlichen und allgemeinen Lexika machten diese »Entsorgung« der Vergangenheit mit. Hatte z. B. die in den sechziger Jahren erschienene »Sowjetische Historische Enzyklopädie« noch in vielen biographischen Artikeln auf »unbegründete Repression« und — zumeist posthume — Rehabilitierungen hingewiesen, so blieb in jüngeren Lexika dieser Teil der Biographie völlig im dunkeln. Kein Leser erfuhr z. B., daß der Volkskommissar für Bewaffnung Boris Vannikov zweieinhalb Wochen vor Kriegsausbruch verhaftet und in den Verhören ebenfalls durch den »Fleischwolf« gedreht wurde und daß auch der Flugzeugkonstrukteur Andrej Tupolev den Kriegsausbruch hinter Gittern erlebte. Kein Leser erfuhr, daß die Generale Aleksandr Loktionov, Jakov Smuškevič und Pavel Ryčagov, die nacheinander Chefs der Luftwaffe der Roten Armee gewesen waren, ebenso wie der Chef der Luftabwehr, General Grigorij Štern, kurz vor Kriegsbeginn verhaftet und am 28. Oktober 1941, auf dem Höhepunkt der »Schlacht um Moskau«, zusammen mit 21 weiteren hohen Militärs und Zivilisten erschossen wurden[28]. Für den unbefangenen Benutzer etwa des »Militärenzyklopädischen Wörterbuchs« haben alle ihre letzte Funktion vor der Verhaftung bis zum Tode beibehalten[29].

Diese Dokumentation von »Sprachlosigkeit« ließe sich fortsetzen. Es gibt viele Erklärungen für diese Entscheidung: Zwang und Anpassung, Gedankenlosigkeit und Ehrgeiz — vieles war möglich. Von Marschall Žukov hieß es z. B. bereits seit langem, daß er mit der gedruckten Fassung seiner Memoiren nicht einverstanden gewesen sein soll. Öffentlich hatte er sich dazu aber nie geäußert[30]. Inzwischen ist bekannt, was bis dahin nur zu vermuten war. Die Veröffentlichung der Žukov-Erinnerungen war ein Politikum hohen Grades. Schließlich war Žukov 1957 wegen angeblich bonapartistischer Neigungen als Verteidigungsminister abgesetzt und aus den höchsten Parteigremien ausgeschlossen worden. Der Vorwurf wurde nach Chruščevs Sturz nicht revidiert. Vielmehr wurde der Marschall öffentlich weiterhin gemieden. Aus Furcht vor unliebsamen Konsequenzen wollte ihm deshalb auch zunächst kein professioneller Militärhistoriker bei der Abfassung seiner Memoiren assistieren.

Der Drucklegung dieser Memoiren gingen lange Kämpfe zwischen Autor, Verlag und politischen Instanzen voraus, wie Anna Mirkina, die ihm damals half, dargelegt hat. Partei- und Staatschef Leonid Brežnev, der persönlich erwähnt zu werden wünschte und schließlich auch wurde — in neueren Auflagen ist diese Passage fortgelassen —, behielt sich die Erteilung der Druckerlaubnis selbst vor und nahm sich für die Prüfung des endgültigen Manuskripts mehrere Stunden Zeit. Der für Ideologie zuständige ZK-Sekretär Suslov und die politische Hauptverwaltung der Streitkräfte waren wohl in erster Linie verantwortlich dafür, daß aufgrund der bereits zuvor »oben« vorgenommenen Prüfungen vieles, darunter einiges »Unersetzliche«, aus dem Manuskript getilgt worden war, z.B. ein Kapitel über die Repression der dreißiger Jahre[31]. Auch von verschiedenen Historikern wird berichtet, daß sie bei Erwähnung negativer Erscheinungen der sowjetischen Geschichte wegen »Verleumdung« gerügt und von den Redaktionen vorsorglich zensiert wurden. Als derartige »Verleumdung« wurde auch die einigermaßen realistische Darstellung der Anfangsniederlagen der Roten Armee 1941/42 betrachtet[32]. Die Wahrheit der Geschichte nütze niemandem, wenn sie dem Leben hinderlich sei, erklärt dazu der langjährige Chef der Politischen Hauptverwaltung der sowjetischen Streitkräfte, Armeegeneral Aleksej Epišev. Er war gleichsam der oberste Zensor der Militärgeschichtsschreibung, und an seiner Einstellung, die allerdings symptomatisch für die Zeit war, scheiterte manches Projekt[33]. Beschönigung war gefragt.

Inzwischen haben sich jedoch im Zuge der »Perestrojka« auch in der Geschichtswissenschaft Veränderungen ergeben, die man vor wenigen Jahren noch nicht für möglich gehalten hätte[34]. Nach Jahrzehnten kriegsgeschichtlicher Forschung, nach der Veröffentlichung von Tausenden von Büchern über den »Großen Vaterländischen Krieg« steht die sowjetische Militärgeschichtsschreibung geradezu vor einem Scherbenhaufen. Der Militärhistoriker Generalleutnant Nikolaj Pavlenko, der bereits in den sechziger Jahren für eine realistischere Darstellung des Krieges eintrat, konstatiert mit Recht: »Die Geschichte des Krieges ist noch nicht geschrieben[35].« Bestätigt wird dieses Urteil durch den Auftrag des Politbüros, eine neue, zehnbändige »Geschichte des Großen Vaterländischen Krieges des sowjetischen Volkes« zu verfassen, obwohl das Erscheinen der zwölfbändigen »Geschichte des Zweiten Weltkrieges« noch nicht lange zurückliegt. Das gleiche gilt für die vorgesehene schnelle Neuauflage der achtbändigen Militärenzyklopädie.

Diese Veränderungen bedeuten keineswegs, daß nun der »Wahrheit«, der schonungslosen Aufklärung über den Krieg, wie sie mehrfach gefordert wurde, der Weg geebnet ist. Es gibt dezidierte Gegner eines solchen Umgangs mit der Sowjetvergangenheit. Nicht zuletzt in den Militärzeitungen und -zeitschriften melden sie sich zu Wort. Das kann auch gar nicht überraschen. Dennoch besteht begründeter Anlaß zu der Erwartung, daß die eigentlichen Probleme des Krieges nicht mehr verschwiegen oder zur Unkenntlichkeit verharmlost werden, wie dies in der Vergangenheit der Fall war. Die Erfahrung der sechziger Jahre warnt zwar vor allzuviel Optimismus hinsichtlich der Unumkehrbarkeit eines bestimmten Prozesses, aber die gegenwärtige Diskussion hat die Grenzen derjenigen, die Anfang der sechziger Jahre geführt wurde, doch schon lange hinter sich gelassen.

Es fehlt hier der Raum, um all die Fragen zu präsentieren, die jetzt neu aufgeworfen und neu beantwortet werden. Es gibt kein Thema mehr, das tabu ist. Das gilt auch für die Repression und ihre Folgen für die Kampfbereitschaft der Roten Armee. Die Zahl der Militärs, Politoffiziere und Spezialisten, die in »Stalins Krieg gegen die Rote Armee« (Pavlenko) verfolgt wurden, wird jetzt generell mit über 40 000 in Armee und Flotte angegeben. Dabei handelt es sich jedoch nur um die erste Welle der 1937/38 Verhafteten. Volkskommissar Vorošilov hatte diese Zahl — als Erfolg! — bereits im November 1938 auf einer Sitzung des Militärrates beim Volkskommissar für Verteidigung genannt[36]. Obwohl nach der Ablösung Nikolaj Ežovs am 7. Dezember 1938 die Rehabilitierungskommissionen ihre Tätigkeiten aufnahmen, gingen auch die Verhaftungen bis über den Kriegsbeginn hinaus weiter. Die Zahl der Repressionsopfer unter den Militärs in der Zeit von September 1938 bis Juni 1941 scheint noch weniger genau bekannt zu sein. Nach einer Angabe von Nikolaj Pavlenko sollen es noch einmal über 40 000 gewesen sein[37].

Auch nach Kriegsbeginn hörte die Repression nicht auf. Hohe Offiziere wurden reihenweise erschossen, weil Sündenböcke für die Niederlagen gebraucht wurden. Auf dieses traurige Kapitel in der Geschichte der Roten Armee hat das Akademiemitglied Aleksandr Samsonov als erster hingewiesen und gefordert, den Fall Pavlov endlich aufzugreifen[38]. Armeegeneral Dmitrij Pavlov, der Befehlshaber der Westfront bei Kriegsausbruch, war am 4. Juli 1941 zusammen mit den Mitgliedern seines Frontstabes, den Generalmajoren Klimovskich, Grigor'ev und Klyč, sowie dem Befehlshaber der 4. Armee, Generalmajor Korobkov, verhaftet, am 22. Juli zum Tode verurteilt und — mit Ausnahme Klyčs, der trotz des Todesurteils »nur« nach Kolyma verschickt wurde — kurz darauf erschossen worden. Die Familienmitglieder der Verurteilten wurden, wie damals üblich, als »Angehörige von Vaterlandsverrätern« inhaftiert oder verbannt[39].

In einem Befehl Stalins vom 16. Juli 1941 hieß es, daß Pavlov sowie weitere Generale und Offiziere — insgesamt acht — der Nordwest-, West- und Südfront wegen Feigheit, Panik und anderer Verbrechen vors Kriegsgericht gestellt worden seien. Dieser immer noch unveröffentlichte Befehl wurde am 27. Juli 1941 den Offizieren und Mannschaften der Roten Armee verlesen — zur Abschreckung und wohl auch zur Rechtfertigung der Wiedereinführung der politischen Kommissare, ebenfalls am 16. Juli 1941. Andere hohe Militärs wie General Pjadyšev wurden ohne Gerichtsverfahren erschossen oder begingen Selbstmord[40].

Kurz danach wurde durch den jetzt erstmals veröffentlichten Befehl Stalins Nr. 270 vom 16. August 1941 die Ergebung an den Feind oder die Flucht vor ihm generell zu Desertion und Brechen des Fahneneides erklärt und mit obligatorischem Erschießen auf der Stelle bedroht. Auch dieser in allen Einheiten der Roten Armee verlesene Befehl sollte der Abschreckung dienen, auch hier wurden einige völlig unschuldige Generale — einer von ihnen war sogar im Kampf gefallen — namentlich als Feiglinge aufgeführt, auch in diesem Falle wurden die Familienmitglieder der Betreffenden gewissermaßen als Geiseln benutzt: Ihnen wurde Verhaftung — bei Gefangenahme von Offizieren — oder Entzug der staatlichen Unterstützung — bei Mannschaftsdienstgraden — angedroht[41]. Nikolaj Pavlenko hat mit Recht darauf hingewiesen, daß durch diesen Befehl Millionen von Rotarmisten, die in Gefangenschaft gerieten, zu Vaterlandsverrätern gestempelt und geächtet wurden. Nicht genug damit, auch diejenigen, die sich weder dem Feind ergaben noch vor ihm flüchteten, sondern sich nach zeitweiliger Einkesselung durch die Deutschen wieder zur sowjetischen Seite durchschlugen, wurden als Verräter behandelt und in Sonderlager des NKVD gesperrt, vor allem soweit es sich um Offiziere und Politarbeiter handelte[42]. Die Drohung mit dem Kriegsgericht wurde unter diesen Umständen fast zu einem Bestandteil normaler Befehlserteilung. Kein Wunder, daß sich Angst und Schrecken in der Armee verbreiteten, daß man die Zustände von 1937/38 erneut heraufziehen sah. Oberst Starinov hat die Atmosphäre der Einschüchterung und Verunsicherung beschrieben, die sich aufgrund der Verhaftungen in der Truppe ausbreitete[43]. Der Gebrauch von Standrecht und Kriegsgericht nahm ein solches Ausmaß an, daß in einem ebenfalls jetzt erstmals veröffentlichten Stalin-Befehl vom 4. Oktober 1941 das Übermaß an Repression und Erschießungen gerügt und nun, umgekehrt, in Fällen ungesetzlicher Repression, Gewaltanwendung und Selbstjustiz mit dem Kriegsgericht gedroht wurde[44].

Allerdings wurde damit das Verrats-Verdikt weder von den Kriegsgefangenen noch von den Verschollenen genommen. Nach damaliger und bis heute nicht wirklich ausgeräumter Lesart »geriet« man nicht, sondern »begab« sich in Gefangenschaft. Noch bis in die jüngste Vergangenheit mußte in Personalfragebögen die Gefangenschaft naher Verwandter angegeben werden, und selbst für die Bevölkerung im besetzten Gebiet kam die Sowjetmacht bei der Vertreibung der Deutschen nicht als Befreier, sondern als Richter, wie auf einer großen Konferenz zum Thema Krieg geklagt wurde[45].

Immerhin, im Zeichen der »Perestrojka« wurde dieses Problem offen angesprochen. Anfang der sechziger Jahre war das Thema noch tabu. Aber selbst heute tut man sich schwer mit der Repression im Dienst einer »Disziplin«, die nichts anderes als die Selbstaufgabe verlangte. Das zeigen etwa die gewundenen redaktionellen Erläuterungen zu den publizierten Stalin-Befehlen. Das gleiche gilt für den vielleicht bekanntesten Stalin-Befehl der Kriegszeit, den Befehl Nr. 227 vom 28. Juli 1942, der jetzt ebenfalls erstmals veröffentlicht wurde[46]. Dieser unter dem Leitmotiv »Keinen Schritt zurück!« bekannte Befehl verlangte nicht nur kategorisch ein Ende der — vermeintlichen — Rückzugsmentalität, sondern er ordnete, angeblich nach erfolgreichem deutschen Vorbild, auch die Bildung und den Einsatz von Strafkompanien und -bataillonen an Brennpunkten der Front sowie von schwerbewaffneten »Sperreinheiten« unmittelbar im Rücken der kämpfenden Truppen an. Sollten in den Strafkompanien gemeine Soldaten und in den Strafbataillonen Offiziere ihre Feigheit »mit Blut sühnen«, so sollten die Sperreinheiten Flucht oder Ergebung an den Feind mit Waffengewalt verhindern. Auch den Offizieren in den NKVD-Sonderlagern für »Eingekesselte« (okružency) wurde jetzt Gelegenheit gegeben, in »Sturm-Schützenbataillonen« an den »aktivsten Frontabschnitten« ihre Treue zur Heimat unter Beweis zu stellen[47].

Mit dem Befehl Nr. 227 wurden erneut Feigheit und Panik zur Ursache der militärischen Rückschläge erklärt. Die gleichen Mechanismen der Schuldzuweisung wirkten schon bei der demonstrativen Bestrafung General Pavlovs, dem im Zuge der Verhöre sogar das Geständnis abgepreßt wurde, Vaterlandsverrat begangen und dem Feind absichtlich die Grenzen geöffnet zu haben. Dieser absurde Vorwurf wurde allerdings zumindest formell im Kriegsgerichtsverfahren gegen Pavlov nicht verwendet. Ihm wurde statt dessen »verbrecherische Untätigkeit« vorgeworfen. Nun ist der Fall Pavlov schwierig zu klären. Viele der Versäumnisse und Vergehen, die ihm zur Last gelegt wurden und, vor allem durch den Kriegsschriftsteller Ivan Stadnjuk, immer noch werden, sind nichtig. Unter anderen hat Pavlovs Witwe dazu einiges richtiggestellt[48]. Dennoch war Pavlov seiner Aufgabe als Befehlshaber der wichtigsten Front bei Kriegsbeginn zweifellos auch in dem Rahmen, den er zu verantworten hatte, nicht gewachsen. Marschall Žukov hat das, wenn auch sicher nicht ganz unparteiisch, aus der Sicht des Hauptquartiers beschrieben[49]. Ebenso eindringlich hat Generalleutnant Boldin dies aus der Sicht eines unmittelbar Untergebenen, des Stellvertretenden Frontbefehlshabers, geschildert. Boldin attestiert Pavlov, »weit von der Realität entfernt« gewesen zu sein[50]. Es klingt durchaus glaubwürdig, wenn Oberst Starinov, der bei der Amtsenthebung und Festnahme Pavlovs zugegen war, diesem Erleichterung über die Befreiung von einer untragbaren Bürde meinte ansehen zu können[51]. Aber weder versagten alle der hingerichteten Generale noch wurden sie oder Pavlov eigentlich wegen Versagens verurteilt. Sie dienten vielmehr als Sündenböcke für eine Katastrophe, deren Ursachen in Moskau und nicht in Minsk, dem Sitz des Stabes des Westlichen Sondermilitärbezirks bzw., seit 22. Juni 1941, der Westfront lagen. Insofern hatte Aleksandr Samsonov ganz zu Beginn der Historiker-Debatte in der Sowjetunion allen Grund zu betonen, es sei an der Zeit, endlich festzustellen, daß Pavlov und die mit ihm verurteilten Generale der Verbrechen nicht schuldig waren, deren sie angeklagt wurden[52]. Samsonov hatte damit einen mutigen Vorstoß unternommen, um die Praxis des Verschweigens und Vertuschens der eigentlichen Probleme und vieler Tatsachen aus der ersten, für die Sowjetunion so verhängnisvollen Kriegsphase zu durchbrechen. Den Kern des Problems hatte allerdings bereits vor 25 Jahren der Schriftsteller Konstantin Simonov in einem Aufsatz über die »Lehren der Geschichte und die Pflicht des Schriftstellers« angesprochen. Das Erscheinen dieses bereits gesetzten Aufsatzes in der »Militärhistorischen Zeitschrift« wurde 1965 jedoch durch das Eingreifen Aleksej Epiševs verhindert. Er kursierte dann nur im Samisdat; u. a. hat Roj Medvedev ihn in seinem Buch »Die Wahrheit ist unsere Stärke« benutzt. Erst 1987 konnte der Aufsatz gedruckt erscheinen[53]. Simonov spricht darin mit einer Deutlichkeit, die bislang noch kein Historiker an den Tag gelegt hat, die Folgen der Repression für die Verteidigungsbereitschaft und Einsatzfähigkeit der Roten Armee an. Dabei weist er auch auf die vielfach angedeutete, aber in ihrer verhängnisvollen Wirkung nirgends wirklich beschriebene Rolle von Lev Mechlis hin, »eines Menschen, der im übrigen persönlich zweifellos mutig war«, wie Simonov betont[54]. Mechlis gehörte als Chef der Politischen Hauptverwaltung der Roten Armee und Stellvertretender Volkskommissar für Verteidigung zu denjenigen in der sowjetischen Führung, die geneigt waren, alle Mißerfolge nicht fehlenden Kräften, sondern fehlendem Willen, wenn nicht gar Verrat zuzuschreiben. Nachdem Mechlis bereits vor dem Krieg in den Säuberungen der Roten Armee eine wesentliche Rolle gespielt hatte, wurde er im Sommer 1941 erneut zum Schrecken der Militärs, besonders als am 16. Juli 1941 die ihm unterstellten Kriegskommissare wieder eingeführt wurden. Die Memoirenliteratur ist voll von Hinweisen darauf, daß immer wieder Mechlis seine Hand im Spiel hatte, wenn Offizieren Feigheit, Panik oder Verrat vorgeworfen wurde[55]. Bislang haben Militärs in ihren Erinnerungen allerdings nur die unglückselige Rolle von Mechlis während der Kämpfe bei Kerč' im Mai 1942 ausführlicher beschrieben. Mechlis war damals heftig gerügt und degradiert worden[56]. Jetzt ist auch seine Bedeutung für die Behandlung Pavlovs und seines Frontstabes ans Licht gekommen. Der zunächst zur Klärung der Lage der Westfront entsandte Marschall Vorošilov hatte lediglich die Versetzung und Weiterverwendung Pavlovs als Befehlshaber einer Panzergruppe vorgeschlagen. Lev Mechlis, der kurz darauf zur »Aufsicht« (Stadnjuk) über den neuen Frontbefehlshaber Timošenko an die Westfront geschickt wurde, ist offenkundig die treibende Kraft hinter der Verratsanklage und Verurteilung Pavlovs und seines Stabes gewesen[57]. Noch wichtiger jedoch ist, daß Simonov die weitreichenden Folgen der Säuberungen für die Verfassung der Streitkräfte und vor allem des Offizierkorps deutlich macht. Es mußten nämlich nicht nur zahlreiche liquidierte Militärs durch weniger erfahrene ersetzt werden, sondern alle litten unter der Atmosphäre der Einschüchterung und des Schreckens. Wenn etwa Marschall Birjuzov auf die dauerhaften psychischen Schäden hinweist, die viele rehabilitierte Militärs aufgrund ihrer Repressionserfahrungen davongetragen haben[58], so betont Simonov mit Recht, daß von derartigen Schäden auch diejenigen nicht verschont blieben, die nicht verhaftet wurden. Insbesondere verweist Simonov auf den Verlust der Urteilskraft und des professionellen Selbstvertrauens vieler Militärs. Insofern seien der »militärische Analphabet« Mechlis, der hinter jedem Einwand gegen unsinnige Anordnungen Panik, Feigheit und Verrat witterte, und der erfahrene Frontkommandeur General Kozlov, der es nicht wagte, seinen Standpunkt auf der Halbinsel Kerč' gegen Mechlis durchzusetzen, beide Produkte der 1937/38 erzeugten psychologischen Situation gewesen — zum Schaden für die sowjetische Verteidigungsfähigkeit[59].

Auch General Pavlov war ein Produkt jener Atmosphäre, ebenso sein Kriegsratsmitglied, Korpskommissar Fominych, der sich zwar ebenso beklagenswert wie Pavlov verhielt, aber die Anschuldigungen gegen diesen offenkundig bestätigte und weiterhin Karriere machte. Pavlov wagte es ganz einfach nicht, dem eigenen Augenschein an der Grenze zu trauen: Die deutschen Angriffsvorbereitungen waren unübersehbar und wurden ihm laufend gemeldet. Dennoch traf er weder Gegenmaßnahmen noch wagte er es, die Alarmmeldungen nach Moskau weiterzugeben, weil dies als »Panikmache« galt. Sein Fehler war es, die kategorischen Anordnungen aus Moskau bedingungslos zu befolgen — auch wider die eigenen Zweifel. Das gleiche gilt für die ersten, chaotischen Kriegstage, in denen Pavlov — wie so viele andere Kommandeure — die wahre Lage an der Front nicht nach Moskau zu melden wagte und statt dessen völlig unrealistische Angriffsbefehle aus Moskau an Verbände weiterleitete, die es entweder gar nicht mehr oder aber nicht mehr dort gab, wo sie operieren sollten. Unkenntnis der Lage wird man Pavlov zwar attestieren, aber kaum zugute halten können. Zumindest hat sein Stellvertreter Boldin entsprechende Einwände gemacht. Pavlov brachte ihn jedoch mit derselben Barschheit zum Schweigen, wie er sie selbst wohl aus Moskau erwartete. Statt dessen gab Pavlov, wie Boldin berichtet, »meiner nichtexistenten Stoßgruppe eine Kampfanweisung nach der anderen, ohne sich im geringsten dafür zu interessieren, ob sie zu mir gelangten, ohne zu bedenken, ob sie angesichts der Lage, die sich an der Westfront ergeben hatte, realistisch waren«. Alles, wie Boldin vermutet, um in Moskau den Eindruck zu erwecken, daß an der Front energische Schritte zur Abwehr des Feindes unternommen würden[60]. Eine ähnliche Situation schildert Marschall Bagramjan von der Südwestfront. Dort wandte sich Stabschef Purkaev am 22. Juni 1941 gegen die Ausführung undurchführbarer bzw. sinnloser Angriffsbefehle aus Moskau. Dieser Einwand trug ihm vom politischen Mitglied des Kriegsrates der Front, Korpskommissar Nikolaj Vašugin, den unheilschwangeren Vorwurf ein, in Panik geraten zu sein[61]. Damit war jegliche Diskussion beendet, denn gegen einen derartigen Vorwurf war kein sachliches Argument mehr möglich. Die Angelegenheit hatte allerdings ein tragisches und zugleich bezeichnendes Nachspiel: Kurz darauf beging Vašugin Selbstmord, denn die von Purkaev befürchteten Fehlschläge traten ein[62].

Der Oberbefehlshaber der Südwestfront, Generaloberst Kirponos, der in dieser Auseinandersetzung »neutral« geblieben war, entging dem Vorwurf, in Panik geraten zu sein, ebenfalls nicht. Mehrfach hat Stalin ihm und den Mitgliedern seines Kriegsrates aufgrund von »Informationen«, die ihm vorlägen, vorgeworfen, sich mit ihren Armeen über den Dnepr absetzen zu wollen. Unter Stalins Drohung, wegen »Feigheit und Desertion« bestraft zu werden, hat Kirponos wider alle militärische Vernunft und besseres Wissen bis zum bitteren Ende gegenüber dem Obersten Befehlshaber jeden Gedanken daran von sich gewiesen und dessen Illusion bestätigt, daß Kiev gehalten werden könne. Der

Verlust von ganzen Armeen schien offenbar leichter zu ertragen zu sein als der völlig unbegründete Feigheits- und Panik-Vorwurf Stalins.

Der einzige, der es rechtzeitig wagte, die Notwendigkeit zur Aufgabe Kievs ohne Verklausulierungen auszusprechen, war Generalstabschef Žukov. Obwohl er am 29. Juli 1941 deswegen von seinem Amt entbunden wurde, warnte er im August erneut vor der Einschließungsgefahr und empfahl den Rückzug über den Dnepr. Aber Stalin verließ sich lieber auf Generalleutnant Eremenko, der ihm zusagte, mit seiner Brjansker Front den »Schuft Guderian zu zerschlagen«. Žukov vertraute derart haltlosen Versprechungen nicht und äußerte das auch. Doch der neue Generalstabschef Šapošnikov, der diese Bedenken teilte, widersprach Stalin nicht. Wenige Wochen später war die Katastrophe eingetreten: Über 600 000 Rotarmisten gerieten in deutsche Gefangenschaft, Generaloberst Kirponos fiel[63].

Eben hier werden die weitreichenden Folgen der »Säuberungen« sichtbar: Das professionelle Selbstvertrauen der Militärs hatte erheblichen Schaden genommen. Auch sie hatten dem Grundsatz zu huldigen, daß es keine Festung gebe, die die Bol'ševiki nicht nehmen könnten, daß es nicht auf das Vermögen, sondern auf den Willen ankomme. An der Front erwies sich eine solche Einstellung als wahrhaft »tödlich«. Mit Recht hat deshalb der Schriftsteller Jodkovskij die Tragödie von 1941 auf die nicht urteilsfähigen Kommandeure zurückgeführt, die seit 1937 herangezogen worden waren[64]. Unter dem Einfluß der Repressionen hatten die Kommandeure nicht nur jede Selbständigkeit des Handelns verloren, wie Ju. Ja. Kiršin hervorhebt, sondern weitgehend auch die des Denkens. Und diese Einschüchterung ging unter dem Druck der Repression in der ersten Kriegsphase weiter, weil unter den Bedingungen des Stalinismus niemand Stalin daran zu hindern vermochte, notwendige strategische Defensivmaßnahmen durch zweifelhafte, drakonische Strafmaßnahmen zu ersetzen[65]. Nur so konnte es geschehen, daß Generaloberst Kirponos noch am 11. September 1941, wenige Tage vor der endgültigen Einschließung seiner Armeen, auf entsprechende Vorwürfe gegenüber Stalin äußerte: »Wir dachten gar nicht an eine Zurückführung der Truppen, ehe wir aufgefordert würden, uns über eine Zurücknahme der Truppen nach Osten zu äußern [...] Wir hatten nur gebeten, unsere Front [...] durch Reserven zu verstärken[66].«

Erst nachdem die Rote Armee teueres Lehrgeld hatte entrichten müssen, änderte sich hier etwas. Die Abschaffung der Kriegskommissare im Oktober 1942 war sichtbarer Ausdruck dieses Wandels. Ähnlich spät wurden die Methoden des Umgangs mit den Militärs, die sich

Ende der dreißiger Jahre eingespielt hatten, überwunden. Die großzügige Drohung mit dem Kriegsgericht, die in aller Regel den Schuldspruch vorwegnahm, hatte darin eine große Rolle gespielt. So ist z. B. erst aus posthum veröffentlichten Aufzeichnungen Konstantin Simonovs über Gespräche mit Marschall Žukov bekanntgeworden, daß Stalin auch den am 10. Oktober 1941 durch Žukov abgelösten Oberbefehlshaber der Westfront, Generaloberst Konev, vors Kriegsgericht stellen wollte. Žukov konnte Stalin jedoch mit dem Hinweis auf die sinnlose Erschießung Pavlovs und deren schädlichen Eindruck auf die Armee davon abhalten[67]. Auch in der erst Ende 1987 veröffentlichten Version der Erinnerungen Konevs fehlt dieser Hinweis. Aber sie enthalten im Unterschied zu den früher erschienenen Memoiren Hinweise, die illustrieren, was Simonov im Hinblick auf Mechlis und als Folge des Repressionsklimas für die Rote Armee formulierte. Jeder »militärische Analphabet« — wie Mechlis — meinte, den Militärs in ihr Metier hineinreden zu können. Molotov z. B. tat dies gegenüber dem noch amtierenden Oberbefehlshaber der Westfront Konev am 10. Oktober 1941 im Auftrage Stalins, ohne zu verstehen, wie Konev schreibt, um was es ging[68]. Der glücklose Konev nahm das hin. Molotov meinte dies allerdings irrtümlicherweise auch gegenüber dem neuen Oberbefehlshaber Žukov tun zu können. Zwei Tage nach dessen Ernennung drohte er ihm bereits mit dem Kriegsgericht, weil er mit dessen Amtsausübung nicht einverstanden war. Žukov war allerdings Manns genug, Molotov sein Amt anzubieten, damit er die Sache besser machen könne[69].

Nicht jeder Kommandeur hatte jedoch die Statur eines Žukov, um so mit einem Mitglied des Politbüros und des Staatlichen Verteidigungskomitees umzugehen; nicht jeder kam auch so glimpflich davon. Wir wissen überhaupt kaum von solchen Episoden, weil die bislang erschienenen Memoiren sich in der Regel darüber ausschweigen. Die 1987 in der »Militärhistorischen Zeitschrift« erstmals veröffentlichten Aufzeichnungen Konstantin Simonovs über Gespräche mit Žukov stellten schon eine indirekte Korrektur von dessen Memoiren dar. Inzwischen sind sie, nach vielen Protesten, nach dem Manuskript neu aufgelegt worden. Wie schwer man sich mit derartiger Offenheit getan hat, zeigt die Tatsache, daß auch die »Militärhistorische Zeitschrift« ihren Lesern einige Sätze über die Bedeutung der »Lend-Lease«-Hilfe während des Krieges nicht meinte zumuten zu können. Gegen den Protest der Familie Simonovs und der Herausgeber seiner »Bemerkungen« zur Biographie Žukovs wurden sie ausgelassen[70].

Auch wenn diese Passagen inzwischen bekannt sind[71], so zeigt der Vorgang doch, daß noch manche Hindernisse aus dem Weg zu räumen sind, bevor völlig ungeschminkt über den Krieg und die Auswirkungen der Repression berichtet werden wird. Die jetzt vielfach angekündigten Neuauflagen der Memoiren sowjetischer Militärs, die nach den persönlichen Archiven der Verfasser überarbeitet sein sollen[72], können eine wichtige Voraussetzung dafür bilden, daß, um Nikolaj Pavlenko abzuwandeln, die Geschichte des Krieges jetzt endlich geschrieben wird.

Anmerkungen

* Überarbeitete Fassung eines in der Zeitschrift Osteuropa, 39 (1989), S. 1021–1034, erschienenen Aufsatzes.

1 Siehe z.B. den Beitrag A.G. Chor'kovs in diesem Band.

2 Delo o tak nazyvaemoj »antisovetskoj trockistskoj voennoj organizacii« v Krasnoj Armii, in: Izvestija CK KPSS, 1989, H. 4, S. 42—62; V.M. Ivanov, Maršal M.N. Tuchačevskij, Moskau 1990, S. 295—318; I. Pfaff, Prag und der Fall Tuchatschewski, in: Vierteljahrshefte für Zeitgeschichte, 35 (1987), S. 95—134. R. Ströbinger, Stalin enthauptet die Rote Armee. Der Fall Tuchatschewskij, Stuttgart 1990, überschätzt die Bedeutung des deutschen »Anteils« etwas.

3 Siehe die Äußerung von D. Volkogonov in: Istorija SSSR, 1989, H. 4, S. 97, sowie den Beitrag Kiršins in diesem Band.

4 Sostav Voennogo soveta pri narkome oborony SSSR (Fevral' 1936 g.), in Izvestija CK KPSS, 1989, H. 4, S. 74—80, hier S. 80.

5 I. Machovikov, Uničtoženie komandnych kadrov Krasnoj Armii, in: SSSR. Vnutrennie protivorečija, Bd 3, New York 1982, S. 198—226, hier S. 205.

6 Die Zahlen Todorskijs angeführt bei V. Kuliš, K voprosu ob urokach i pravde istorii, in: Nauka i žizn', 1987, H. 12, S. 5—15, hier S. 8. Zu Todorskijs (fälschlich Todorow) Rehabilitierungstätigkeit: P. Grigorenko, Erinnerungen, München 1981, S. 291f.

7 V. Rapoport, Y. Alekseev, High treason, Durham 1981, S. 276; Machovikov, Uničtoženie (wie Anm. 5), S. 206f.

8 J. Erickson, The Soviet High Command. A Military-Political History 1918—1941, London 1962, S. 506.

9 Rapoport, Alekseev, Treason (wie Anm. 7), S. 277f.

10 Machovikov, Uničtoženie (wie Anm. 5), S. 207; J. Erickson, The Road to Stalingrad, London 1975, S. 18. Dazu detailliertere, wenn auch kaum endgültige Zahlen bei F. Komal, Voennye kadry nakanune vojny, in: Voenno-istoričeskij žurnal, 1990, H. 2, S. 21—28, hier S. 25, und im Bericht E. A. Ščadenkos vom 5.5.1940, in: Izvestija CK KPSS, 1990, H. 1, S. 186—192.

11 Istorija Velikoj Otečestvennoj vojny Sovetskogo Sojuza 1941—1945, Bd 6, Moskau 1965, S. 124f.

[12] Velikaja Otečestvennaja vojna Sovetskogo Sojuza 1941—1945. Kratkaja istorija, Moskau 1965, S. 39 f.; Ju. P. Petrov, Partijnoe stroitel'stvo v Sovetskoj Armii i Flote 1918—1941, Moskau 1964, S. 298—317, bes. S. 304, 312.

[13] L. Nikulin, Die Affäre Tuchatschewskij, in: Geköpfte Armee, hrsg. von W. Bronska-Pampuch, Berlin o. J., S. 7—93; A. I. Todorskij, Maršal Tuchačevskij, Moskau 1966; Komandarm Uborevič, Moskau 1964; K. Mednis, Jakov Alksnis, Žizn' v aviacii, Riga 1961.

[14] Istorija Velikoj Otečestvennoj vojny, Bd 6, (wie Anm. 11), S. 125.

[15] A. Gorbatow, Verlorene Jahre, in: Geköpfte Armee (wie Anm. 13), S. 95—194, hier S. 118.

[16] Ebd., S. 119 f.; siehe auch K. A. Mereckov, Na službe narodu, Moskau 1969, S. 166 f.

[17] Gorbatow, Jahre (wie Anm. 15), S. 123. Siehe auch Georgij Konstantinowitsch Shukow, Heerführer und Memoirenverfasser, in: Osteuropa, 1988, S. A 329; O. F. Suvenirov, Esli b ne ta vakchanalija, in: Voenno-istoričeskij žurnal, 1989, H. 2, S. 51—59.

[18] I. Ehrenburg, Menschen, Jahre, Leben, München 1965, Bd 2, S. 499 f.

[19] Siehe den Auszug aus Starinovs Memoiren in: Stalin and His Generals, hrsg. von S. Bialer, London 1970, S. 65—79.

[20] K. K. Rokossovskij, Soldatskij dolg, Moskau ⁴1984, S. 3, 5.

[21] Mereckov, Na službe (wie Anm. 16), S. 214. Vgl. A. Vaksberg, Tajna oktjabrja 1941-go, in: Literaturnaja gazeta, 20.4.1988; Machovikov, Uničtoženie (wie Anm. 5), S. 207; Istorija vojny ešče ne zapisana, in: Ogonek, 1989, H. 25, S. 8.

[22] Erickson, High Command (wie Anm. 8); ders., Road to Stalingrad (wie Anm. 10); A. Seaton, Stalin as Warlord, London 1976; ders., Der russisch-deutsche Krieg 1941—1945, Frankfurt a. M. 1973.

[23] I. Ch. Bagramjan, So begann der Krieg, Berlin 1972; Grigorenko, Erinnerungen (wie Anm. 6), S. 163.

[24] S. M. Štemenko, General'nyj štab v gody vojny, Moskau 1968, S. 26; ebenso die zweibändige Ausgabe, Bd 1, Moskau 1985, S. 24.

[25] G. K. Schukow, Erinnerungen und Gedanken, Stuttgart 1969, S. 222.

[26] A. M. Wassilewski, Sache des ganzen Lebens, Berlin (Ost) 1977.

[27] Geschichte des zweiten Weltkrieges 1939—1945, Bd 2, Berlin (Ost) 1975, S. 251. Dort auch die folgenden Zitate.

[28] Vaksberg, Tajna (wie Anm. 21). Siehe auch den Beitrag Kiršin in diesem Band.

[29] Voennyj enciklopedičeskij slovar', Moskau 1983. Ebenso Velikaja Otečestvennaja vojna 1941—1945. Enciklopedija, Moskau 1985, ²1988.

[30] Shukow, Heerführer und Memoirenverfasser (wie Anm. 17), S. A 328.

[31] A. Mirkina, Maršal pišet knigu, in: Ogonek, 1988, H. 16—19; N. Pavlenko, Razmyšlenija o sud'be polkovodca, in: Voenno-istoričeskij žurnal, 1988, H. 11, S. 19.

[32] Kuliš, K voprosu (wie Anm. 6), S. 15.

[33] Istorija vojny ešče ne zapisana (wie Anm. 21), S. 5—8.

[34] D. Geyer, Perestrojka und die sowjetische Geschichte, in: Geschichte und Gesellschaft, 15 (1989), S. 303—319; B. Bonwetsch, Die Bewältigung der Vergangenheit, in: Gorbatschows Revolution von oben, hrsg. von M. Mommsen, H.-H. Schröder, Frankfurt a. M. 1987, S. 74—88; ders.: »Nur vorwärts

und vorwärts«? Die »Umgestaltung« in der sowjetischen Geschichtswissenschaft, in: Osteuropa, 38 (1988), S. 457—468.

[35] Istorija vojny ešče ne zapisana (wie Anm. 21), S. 5.

[36] D. Wolkogonow, Stalin. Triumph und Tragödie, Düsseldorf 1989, S. 397, 494.

[37] N. Pawlenko, Stalins Krieg gegen die Rote Armee, in: Moskau News (dt. Ausgabe), 1989, H. 6, S. 6; ders., Na pervom ėtape vojny, in: Kommunist, 1988, H. 9, S. 88. Etwas niedrigere Repressionszahlen für die Jahre 1935—1939 bei Komal, Voennye kadry (wie Anm. 10), S. 24f.

[38] A. M. Samsonov, K novym rubežam (Štrichi problemy), in: Istorija SSSR, 1986, H. 6, S. 61—71.

[39] A. M. Samsonov, Znat' i pomnit'. Dialog istorika s čitatelem, Moskau 1988, S. 327—337; Voprosy istorii, 1988, H. 6, S. 56f.

[40] Siehe den Bericht Marschall Birjuzovs in: Stalin and His Generals (wie Anm. 19), S. 239; Erickson, Road (wie Anm. 10), S. 175f.; V. Anfilov, Samye tjažkie gody, in: Literaturnaja gazeta, 22.3.1989, dt. Übers. in: Osteuropa, 39 (1989), S. A 454—459.

[41] Voenno-istoričeskij žurnal, 1988, H. 9, S. 26ff. (dt. in: Osteuropa, 39 (1989), S. 1035—1038). Die Unschuld der Generale ist dokumentiert in: Voenno-istoričeskij žurnal, 1988, H. 11, S. 62—70.

[42] Siehe Beitrag Volkogonov in diesem Band.

[43] Siehe den Auszug in: Stalin and His Generals (wie Anm. 19), S. 236—243.

[44] Voenno-istoričeskij žurnal, 1988, H. 9, S. 29f.

[45] Istorija SSSR, 1988, H. 4, S. 31f., 34.

[46] Voenno-istoričeskij žurnal, 1988, H. 8, S. 73—80. Zum Kontext vgl. Bernd Wegners Ausführungen in: Horst Boog u.a., Der globale Krieg. Die Ausweitung zum Weltkrieg und der Wechsel der Initiative, 1941—1943, Stuttgart 1990 (= Das Deutsche Reich und der Zweite Weltkrieg, Bd 6), S. 928ff.

[47] Vgl. Beitrag Volkogonov in diesem Band.

[48] O generale armii D. G. Pavlove, in: Voprosy istorii, 1989, H. 3, S. 182—185. Ferner Samsonov, Znat' i pomnit' (wie Anm. 39), S. 328f.

[49] Schukow, Erinnerungen (wie Anm. 25), S. 253—257.

[50] I. V. Boldin, Stranicy žizni, Moskau 1961, S. 81ff., Zit. S. 94.

[51] Stalin and His Generals (wie Anm. 19), S. 236.

[52] Samsonov, K novym rubežam (wie Anm. 38), S. 69f.

[53] K. Simonov, Uroki istorii i dolg pisatelja, in: Nauka i žizn', 1987, H. 6, S. 42—48. Zum Eingreifen Ėpiševs: Kulis, K voprosu (wie Anm. 6), S. 15.

[54] Simonov, ebd., S. 46.

[55] Stalin and His Generals (wie Anm. 19), S. 447—451; Erickson, Road (wie Anm. 10), S. 175. Für die Vorkriegszeit: Petrov, Partijnoe stroitel'stvo (wie Anm. 12), S. 301f.

[56] Wassilewski, Sache (wie Anm. 26), S. 185—188; Erickson, Road (wie Anm. 10), S. 347—350; Wegner (wie Anm. 46), S. 844f.

[57] Samsonov, Znat' i pomnit' (wie Anm. 39), S. 256—261; Schukow, Erinnerungen (wie Anm. 25), S. 257; Voprosy istorii, 1988, H. 6, S. 56f.; The First Days of the War, in: Moscow News, 1988, H. 29, S. 12f. (Auszug aus den Erinnerungen von Ch. Mamzurov); Anfilov-Mitteilungen in: Osteuropa, 39 (1989), S. A 457.

[58] Stalin and His Generals (wie Anm. 19), S. 84.

[59] Simonov, Uroki (wie Anm. 53), S. 46.

[60] Boldin, Stranicy (wie Anm. 50), S. 94.

[61] Bagramjan, So begann der Krieg (wie Anm. 23), S. 120—126.

[62] I.S. Konev, Vospominanija, in: Znamja, 1987, H. 11, S. 31.

[63] Schukow, Erinnerungen (wie Anm. 25), S. 284, 289—295; K. Simonov, K biografii G.K. Žukova, in: Maršal Žukov. Kakim my ego pomnim, Moskau 1988, S. 108; Wassilewski, Sache (wie Anm. 26), S. 118—132; Izvestija CK KPSS, 1990, H. 7, S. 209, H. 9, S. 196f., 199f.

[64] Istorija SSSR, 1988, H. 4, S. 36.

[65] Vgl. die Beiträge von Kiršin und Volkogonov in diesem Band.

[66] Schukow, Erinnerungen (wie Anm. 25), S. 294.

[67] Simonov, K biografii Žukova (wie Anm. 63), S. 111.

[68] Konev, Vospominanija (wie Anm. 62), S. 42.

[69] Simonov, K biografii Žukova (wie Anm. 63), S. 112.

[70] Istorija SSSR, 1988, H. 4, S. 11; G.K. Žukov, Vospominanija i razmyšlenija, 3 Bde, Moskau ¹⁰1990.

[71] Shukow — Heerführer und Memoirenverfasser (wie Anm. 17), S. A 332—333, auch Simonov, K biografii Žukova (wie Anm. 63), S. 103. Im Manuskript der Memoiren war dieses sehr positive Urteil offenbar der Selbstzensur des Autors zum Opfer gefallen: Žukov, Vospominanija (wie Anm. 70), Bd 3, S. 347f.

[72] Ankündigungen in: Novye knigi, 1989, H. 19.

Anatolij G. Chor'kov

Die Rote Arme in der Anfangsphase des Großen Vaterländischen Krieges

Die mit dem Beginn des vergangenen Krieges in Verbindung stehenden Geschehnisse haben immer die Aufmerksamkeit der Historiker auf sich gezogen und tun es weiterhin. Dank Perestrojka und Glasnost' in unserem Lande ist es möglich geworden, viele bisher unbekannte Archivdokumente in die Forschung einzuführen und auf ihrer Grundlage ein wahrheitsgemäßes Bild von jener schwierigen und widerspruchsvollen Zeit zu zeichnen.

In den Vorkriegsjahren verstand man unter der Anfangsphase eines Krieges jene Zeit, da die kriegführenden Staaten mit aufmarschierten Teilen ihrer Streitkräfte Kampfhandlungen führten, um erste strategische Ziele zu erreichen oder günstige Bedingungen für den Eintritt ihrer Hauptkräfte in die Schlacht zu schaffen. Parallel dazu haben Staaten, insbesondere diejenigen, die einer Aggression ausgesetzt waren, meistens mannigfache Maßnahmen zur Mobilmachung ihrer Streitkräfte ergriffen, die Wirtschaft umgestellt und ihre Außenpolitik gegenüber Gegnern, Verbündeten und neutralen Ländern aktiviert.

Die sowjetischen Militärtheoretiker waren der Meinung, daß ein Überraschungsangriff die gewünschte Wirkung nur in einem Krieg gegen einen kleinen Staat zeitigen könne, Deutschland hingegen für einen Angriff auf die Sowjetunion eine gewisse Zeit brauchen würde, um seine Hauptkräfte mobil zu machen, zu konzentrieren und zu entfalten. Diesbezüglich schrieb der Marschall der Sowjetunion G. K. Žukov (von Januar bis Juli 1941 Chef des Generalstabes): »Bei der Überarbeitung der Operationspläne im Frühjahr 1941 wurden die Besonderheiten der modernen Kriegführung in der Anfangsperiode praktisch nicht voll berücksichtigt. Das Volkskommissariat für Verteidigung und der Generalstab meinten, daß ein Krieg zwischen solch großen Mächten wie dem faschistischen Deutschland und der Sowjetunion nach dem früheren Schema beginnen könne: Die Hauptkräfte treten ein paar Tage nach den Grenzschlachten in den Kampf. Das faschistische Deutschland wurde, was die Konzentrierungs- und Aufmarschfristen betraf, der Sowjetunion gleichgesetzt. Tatsächlich waren die Kräfte und die Bedingungen aber längst nicht gleich[1].«

Das Datum des 22. Juni 1941 wird aus dem Gedächtnis des sowjetischen Volkes nie zu tilgen sein. In der Morgendämmerung jenes Sonntags begann das Deutsche Reich wortbrüchig und unter Verletzung des bestehenden Nichtangriffspaktes auf breitester Front mit dem Angriff gegen unser Land. Dabei gelang es der deutschen Führung, sich in den Hauptstoßrichtungen eine erhebliche Überlegenheit gegenüber den sowjetischen Truppen zu verschaffen. Beispiele dafür sind im Bereich der »Westfront« der Brest—Baranoviči-Abschnitt, vor allem aber die »Südwestfront«, die sich personell und materiell einer annähernd dreifachen Überlegenheit seitens der deutschen Heeresgruppe Süd ausgesetzt sah; ähnlich verhielten sich die Dinge an der Südfront im Raum Jassy—Bel'cy.

Der Angriff der Wehrmacht begann mit einer intensiven Artillerievorbereitung, in deren Verlauf Geschütze und Granatwerfer entlang der Grenze errichtete Befestigungsanlagen, Stäbe, Nachrichtenzentralen und Garnisonen sowjetischer Truppen unter Feuer nahmen. Gleichzeitig drangen Hunderte von deutschen Bombern unter dem Schutz von Jagdflugzeugen in den sowjetischen Luftraum ein und bombardierten Flugplätze, Marinestützpunkte, Eisenbahnknotenpunkte und andere militärische Objekte sowie die großen Städte Litauens, Lettlands, Estlands, Weißrußlands, der Ukraine und Moldawiens. Die Reichweite der Luftwaffe betrug 300 bis 500 Kilometer; ihre Angriffe richteten sich gegen 66 Flugplätze[2].

Die alarmierten Truppen versuchten gemäß den ihnen in ihren Vorkriegsplänen gestellten Aufträgen zu handeln. Allerdings gelang es nur einigen Verbänden der 10. Armee der Westfront, die Staatsgrenze in den Hauptstoßrichtungen der Wehrmacht zu erreichen und sich zu entfalten; an der Südwestfront waren dies die Verbände der 5., der 6. sowie der 26. Armee.

Viele der in die Aufmarschräume vorgerückten Verbände erlitten noch vor Beginn der Schlacht große Verluste. Sie waren einzeln in den Kampf getreten, an zufälligen Abschnitten, noch ohne sich voll entfaltet und ihre Gefechtsordnung hergestellt zu haben oder über eine zuverlässige Luftdeckung zu verfügen; sie konnten daher die ihnen in der Einsatzplanung zugewiesenen Aufgaben nicht erfüllen.

Nach Eröffnung der Kampfhandlungen gab der Volkskommissar für Verteidigung der UdSSR um 7.15 Uhr folgende Direktive heraus:

»Am 22. Juni 1941, 4 Uhr morgens, hat die deutsche Luftwaffe ohne jeglichen Anlaß unsere Flugplätze und Städte entlang der Westgrenze angegriffen und bombardiert. Gleichzeitig haben deutsche Truppen

Die Kampfhandlungen in der Anfangsperiode des Krieges
22. Juni bis Mitte Juli 1941

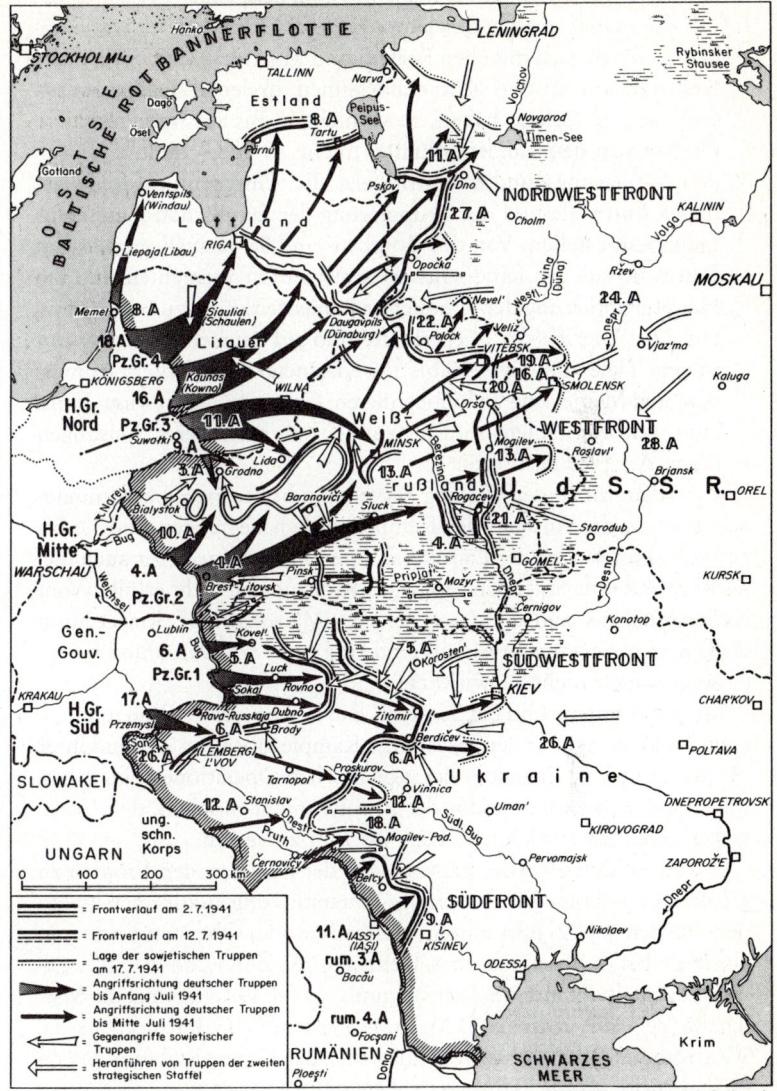

Nach: Geschichte des zweiten Weltkrieges, Kartenband, Karte 38; Das Deutsche Reich und der Zweite Weltkrieg, Band 4, Kartenbeiheft, Karte 1, 5, 6, 7,

an verschiedenen Stellen das Artilleriefeuer eröffnet und unsere Grenze überschritten. Im Zusammenhang mit dem beispiellos dreisten Überfall Deutschlands auf die Sowjetunion befehle ich:

1. den Truppen, sich mit allen Kräften und Mitteln auf die feindlichen Kräfte zu stürzen und sie in den Räumen, in denen sie die sowjetische Grenze verletzt haben, zu vernichten. Bis auf weiteres ist die Grenze von den Landstreitkräften nicht zu überschreiten.

2. den Aufklärungs- und Kampffliegern, die Schwerpunkte der feindlichen Luftwaffe und die Gruppierung der feindlichen Landstreitkräfte festzustellen. Von den Bomben- und Schlachtfliegern ist die Luftwaffe auf den feindlichen Flugplätzen zu vernichten und die Hauptgruppierung der feindlichen Landstreitkräfte zu bombardieren. Die Angriffe der Fliegerkräfte sind auf deutsches Territorium in eine Tiefe von etwa 100 bis 150 Kilometern zu richten; Königsberg und Memel sind zu bombardieren. Gegen das Territorium Finnlands und Rumäniens sind bis zum Erhalt besonderer Weisungen keine Angriffe zu fliegen[3].«

Wie aus dem Inhalt der Weisung hervorgeht, hoffte das Oberkommando offenbar, das Ausmaß der Kämpfe zeitlich begrenzen und sie bis zur völligen Klärung der Lage lokalisieren zu können. Aber auch diese Aufgabe wurde unter den gegebenen Bedingungen nicht erfüllt: »Vom Kräfteverhältnis und der Lage her«, so Marschall der Sowjetunion G. K. Žukov, »erwies sie sich als eindeutig nicht realistisch und wurde deswegen auch nicht verwirklicht.«

Vor dem Hintergrund der Tatsache, daß keine regelmäßigen und präzisen Meldungen über den Verlauf der Kämpfe, über den Zustand ihrer Truppen und den Charakter der gegnerischen Operationen eingingen, war es den Oberkommandos der Fronten nicht möglich, den Generalstab über die tatsächliche Lage ins Bild zu setzen.

Um Aufschluß über die Entwicklung der Dinge an den Fronten zu erhalten und diesen die notwendige Unterstützung zukommen zu lassen, wurden am 22. Juni mittags als Vertreter des Obersten Kommandos der Chef des Generalstabes, General G. K. Žukov, an die Südwestfront, die Stellvertreter des Volkskommissars für Verteidigung, die Marschälle der Sowjetunion D. M. Šapošnikov und G. I. Kulik, an die Westfront und der stellvertretende Chef des Generalstabes, General N. F. Vatutin, an die Nordwestfront entsandt.

Um 21.15 Uhr gab der Hauptkriegsrat eine neue Direktive an die Truppen mit der Forderung heraus, in den Hauptrichtungen zum Angriff überzugehen, um die feindlichen Stoßgruppierungen zu zerschlagen und die Kampfhandlungen auf das Territorium des Gegners zu verlagern.

Die Truppen der Nordwest- und Westfront hatten mit den Kräften der Infanteriearmeen, der mechanisierten Korps und der Frontflieger, unterstützt von den Fernfliegern, konzentrierte Angriffe aus den Räumen Kaunas und Grodno in Richtung Suwalki zu führen, die dort stehenden Feindkräfte einzuschließen und zu vernichten und am Abend des 24. Juni den Raum Suwalki zu erobern.

Die Truppen der Südwestfront erhielten den Auftrag, mit 2 Infanteriearmeen, mindestens 5 mechanisierten Korps und den gesamten Fliegerkräften der Front, unterstützt von den Fernfliegern, zu konvergierenden Angriffen auf Ljublin (Lublin) den am Frontabschnitt Vladimir—Volynskij, Krystynopol' angreifenden Feind einzuschließen und zu vernichten und am Abend des 24. Juni den Raum Ljublin zu nehmen.

Den Armeen der Nord- und Südfront wurden Verteidigungsaufgaben gestellt; sie hatten die Staatsgrenze in ihren Abschnitten zu sichern und einen feindlichen Einbruch in das sowjetische Territorium zu verhindern.

Indes, als der Oberste Kriegsrat die sowjetischen Truppen zur Zerschlagung des Gegners ansetzte, ließ er die Schwierigkeiten außer acht, die mit der — binnen einer Nacht erwarteten — Organisation und Durchführung derart weittragender Offensiven verbunden waren. Die Lage an der Front erwies sich als weitaus schwieriger, als dies dem Generalstab und dem Obersten Kriegsrat bekannt war. Die zur Führung der Gegenangriffe herangezogenen Schützen- und nahezu alle mechanisierten Korps wurden in schwere Grenzkämpfe verwickelt und erlitten große Verluste. Die erbitterten Kämpfe an der tausend Kilometer breiten Front waren durchweg von großer Heftigkeit; immer häufiger zeichnete sich in dieser oder jener strategischen Richtung eine krisenhafte Lage ab.

Getreu ihren Plänen forcierte die deutsche Heeresführung den Angriff in erster Linie im mittleren Frontabschnitt, wobei sie davon ausging, daß die Heeresgruppe Mitte nach Eintreffen im Raum Smolensk im Zusammenwirken mit der Heeresgruppe Nord in kurzer Zeit das gesamte nördliche Rußland und das Moskauer Industriegebiet nehmen und danach im Zusammenwirken mit der Heeresgruppe Süd das Industriegebiet des Donecbeckens erobern könne. »Wenn wir erst einmal Dnjepr und Düna überwunden haben«, so der Chef des Generalstabs des Heeres, Generaloberst F. Halder, »wird es sich weniger [...] um das Zerschlagen feindlicher Wehrmachtsteile handeln als darum, dem Feind seine Produktionsstätte aus der Hand zu nehmen und ihn so zu hindern, aus der gewaltigen Leistung seiner Industrie und aus den unerschöpflichen Menschen-Reserven wieder eine neue Wehrmacht aufzustellen[4].«

Die Heeresgruppe Nord hatte die Aufgabe, in kürzester Zeit das Baltikum zu erobern und Leningrad zu nehmen. Der Befehl für die Heeresgruppe Mitte lautete, so schnell wie möglich den Abschnitt Rogačev, Mogilev, Orša, Vitebsk und Polock zu erreichen, Smolensk Mitte Juli zu nehmen und Moskau im August. Die Heeresgruppe Süd hatte die Ukraine zu erobern.

Als sich der Gegner an die Bewältigung dieser Aufgaben machte, konzentrierte er am nordwestlichen Frontabschnitt seine Kräfte in Richtung Schaulen und Vil'njus (Wilna). Zur Zerschlagung des eingedrungenen Feindes führten die sowjetischen Truppen vom 23. bis 25. Juli einen Gegenangriff mit den Kräften des 3. und 12. mechanisierten Korps. Dadurch wurde zwar der gegnerische Angriff bei Schaulen zum Stehen gebracht, es gelang aber nicht, die faschistischen Truppen zu zerschlagen bzw. ihren weiteren Vorstoß aufzuhalten. Unter schweren Verlusten mußte sich die Nordwestfront nach Nordosten zurückziehen.

Vor der Westfront, wo mit der Heeresgruppe Mitte die stärksten Kräfte angriffen, wurden die Hauptstöße in Richtung Grodno und Brest—Baranoviči geführt. Durch den tiefen Einbruch der feindlichen Panzergruppen 2 und 3 waren die beiden Flanken der Westfront bedroht. In dem Bestreben, diese ungünstige Lage zu verbessern, beschloß der Kriegsrat der Front einen Gegenstoß, der vom 6. und 11. mechanisierten Korps in der allgemeinen Richtung Belostok (Bialystok), südlich von Grodno, zu führen war. Diese zwei Korps fügten dem VIII. Armeekorps des Gegners, nachdem sie in den Raum Grodno vorgerückt waren, erhebliche Verluste zu und verlangsamten seinen Vormarsch, wodurch sich die im Belostoker Vorsprung in Verteidigung liegende 10. Armee geordnet hinter den Narev zurückziehen konnte.

Doch die Gesamtlage der Westfront wurde immer schwieriger. Am 28. Juni vereinigten sich die Panzergruppen der Wehrmacht, die an den Flanken angegriffen hatten, im Raum Minsk. Die sowjetischen Truppen erlitten schwere Verluste. Der Gegner hatte fast ganz Weißrußland erobert und war bis zum Dnepr vorgestoßen.

Nach Südosten führten die Panzergruppe 1 und die 6. Armee der Heeresgruppe Süd einen Schlag in der allgemeinen Richtung Žitomir—Kiev; die 17. Armee griff in Richtung L'vov (Lemberg) an. Die Truppen der Südwestfront verteidigten sich hartnäckig; dennoch gelang es dem Gegner aus dem Raum Sokal' in Richtung Dubno durchzubrechen, wodurch der gesamte Südflügel der Front von einer tiefgreifenden Umfassung bedroht war. Zwischen den inneren Flanken der 5. und 6. Armee hatte sich eine Lücke von etwa 50 Kilometer Breite gebildet, in welche die Feindverbände der Panzergruppe 1 und der 6. Armee vorstießen. Für den Gegenschlag gegen die durchgebrochenen Truppen zog die Führung der Südwestfront 6 mechanisierte Korps (das 4., 8., 9., 15., 19. und 22.) und einen Teil der Schützendivisionen heran. Am 23. Juni kam es in dem riesigen Raum Luck—Brody—Rovno—Dubno zu einer großen Panzerschlacht, die bis zum 29. Juni andauerte. Dank des Gegenangriffes wurde es dem Feind verwehrt, aus der Bewegung nach Kiev vorzustoßen und die Hauptkräfte der Südwestfront einzuschließen. Allerdings griffen die mechanisierten Korps bei der Führung des Gegenschlags nicht gleichzeitig an, sondern jeweils nach ihrem Eintreffen. Es gelang darum nicht, ihren Einsatz durch eine einheitliche Führung wirkungsvoll zu massieren, so daß die Gegenangriffe in eine Reihe von unkoordinierten Begegnungsgefechten mündeten. Die Truppen der Südwestfront mußten sich schließlich zurückziehen.

Im Bereich der Südfront stieß der Gegner mit 2 Infanteriedivisionen und 1 Panzerbrigade der rumänischen 3. Armee vor sowie mit 7 Divisionen der deutschen 11. Armee, die am 1. Juli zum Angriff übergingen. Die nahezu 400 Kilometer breite Front unserer 9. Armee wurde in zwei Richtungen durchbrochen. Infolge dieses Durchbruchs und des Rückzugs des linken Flügels der Südwestfront gab der Oberbefehlshaber der Südfront am 7. Juli der 18. Armee den Befehl zum Rückzug auf die Flüsse Zbruč und Dnestr, um im Abschnitt des befestigten Raumes Mogilev—Podol'sk zur Verteidigung überzugehen; die Verbände an der rechten Flanke der 9. Armee hatten sich hinter den Dnestr zurückzuziehen.

Die Kämpfe im hohen Norden begannen am 29. Juni mit einem Angriff des deutschen Gebirgskorps »Norwegen« in Richtung Murmansk. Am folgenden Tag stießen finnische Truppen in Richtung Uchtinsk vor, und am 1. Juli folgte der Angriff deutscher und finnischer Verbände in Richtung Kandalakša. Mitte Juli wurde der Angriff an diesem Frontabschnitt zum Stehen gebracht.

Dennoch blieb die Lage gegen Ende der Anfangsphase des Krieges für die Rote Armee schwierig. Gekämpft wurde 120 Kilometer von Leningrad entfernt, im Raum Smolensk und um die Zugänge nach Kiev. Für diese bedeutenden Verwaltungszentren bestand die unmittelbare Gefahr einer Besetzung. Die sowjetischen Truppen benötigten dringend personellen und materiellen Ersatz; von den 212 Divisionen und 3 Schützenbrigaden, die zur kämpfenden Truppe gehörten, waren nur 90 vollständig ausgestattet[5].

Nach objektiver Einschätzung der Lage faßte das sowjetische Oberkommando den Entschluß, entlang der gesamten sowjetisch-deutschen Front zur strategischen Verteidigung überzugehen. Die Truppen der 1. strategischen Staffel und die Armeen der 2. Staffel, die an die Front vorgeschoben wurden, hatten den Auftrag, in den Angriffsrichtungen des Gegners ein System von Verteidigungszonen vorzubereiten und, gestützt auf diese, durch hartnäckigen und aktiven Widerstand die Angriffskraft des Feindes zu erschüttern, ihn aufzuhalten und Zeit für die Vorbereitung einer Gegenoffensive zu gewinnen.

Nachdem festgestellt worden war, daß der Gegner seine Kräfte in Richtung Smolensk—Moskau konzentrierte, beschloß die Stavka, die Masse ihrer strategischen Reserven dorthin zu verlegen, um eine stabilere und tiefgestaffelte Verteidigung aufzubauen. Im Rücken der Westfront, im Abschnitt der Zapadnaja Dvina (Westliche Düna) und des Dnepr, wurde eine Armeegruppe aus der Reserve des Oberkommandos unter Beteiligung der 19., 20., 21. und 22. Armee aufgestellt; auch die 16., 24. und 28. Armee wurden dorthin in Marsch gesetzt.

Mit der Zuführung der Reserven in die Schlacht wuchs der Widerstand der Sowjettruppen. Der Vorstoß der deutsch-faschistischen Truppen im Baltikum, gegen Leningrad und Kiev blieb stecken, und im Mittelabschnitt wurde der Gegner im Raum Smolensk in langwierige Kämpfe verwickelt. Die Pläne der Hitlerführung, den Dnepr aus der Bewegung heraus zu überwinden und unbehindert nach Moskau, Leningrad und in das Donec-Becken vorzudringen, waren gescheitert.

Insgesamt jedoch hatte der Gegner in den drei ersten Kriegswochen bedeutsame operativ-strategische Erfolge zu verzeichnen. Das deutsche Heer hatte mit Unterstützung der Luftwaffe, die die Luftherrschaft besaß, die Grenzschlachten gewonnen und den sowjetischen Truppen der 1. strategischen Staffel eine schwere Niederlage zugefügt. Auf dem vom Gegner eroberten Territorium waren circa 200 Depots mit Treibstoff, Munition und Ausrüstung zurückgeblieben. In den Depots befanden sich ebenfalls die Nahrungsmittelvorräte der Hauptverwaltung für Reserven, die nicht in das Hinterland verbracht worden waren, weil bis zum 29. Juni keinerlei Anweisung über ihre Evakuierung ergangen war[6]. Indem der Gegner viele Depots eroberte, verloren die sowjetischen Truppen die vorbereiteten Vorräte an Waffen, Munition und Treibstoff. Dies führte zu akutem Mangel an Ausrüstung und technischen Kampfmitteln, insbesondere in den neu aufgestellten Verbänden, sowie zu erheblichen Stockungen bei der Versorgung der Truppen mit Munition und Treibstoff, sodaß die Führung der Verteidigung immens erschwert wurde.

Der erzwungene Rückzug der sowjetischen Truppen in das Landesinnere hat die Durchführung der Mobilmachung in vielem belastet. Schon am ersten Kriegstag war durch eine Direktive des Präsidiums des Obersten Sowjets der UdSSR in den westlichen Bezirken der Kriegszustand ausgerufen und am folgenden Tag mit der Einberufung von Wehrpflichtigen der Jahrgänge 1905 bis 1918 begonnen worden. Sie erstreckte sich auf das gesamte Territorium der Sowjetunion (mit Ausnahme von Mittelasien, Transbajkalien und den Fernen Osten), wodurch die zahlenmäßige Stärke der sowjetischen Truppen beträchtlich erhöht werden konnte. Die Verbände und Einheiten wurden mit Reservisten aufgefüllt; fehlende Kraftfahrzeuge, Zugmaschinen und Pferde erhielten sie von der zivilen Wirtschaft, doch trafen die Kraftwagen in der Regel mit Verspätung ein[7].

Die Mob.-Verstärkungen der 1. strategischen Staffel wurden von den Sammelstellen gemäß Plan zu ihren militärischen Einheiten an den alten Standort in Marsch gesetzt, der indes oft von den Einheiten bereits verlassen worden war. Aus diesem Grund erreichte ein beträchtlicher Teil der Einberufenen nicht die für sie bestimmten Einheiten. Aufgrund des raschen Einfalls der deutsch-faschistischen Truppen war es im übrigen nicht möglich gewesen, die Mobilmachung vollständig durchzuführen; desgleichen scheiterte der Plan, Personal und Transportmittel aus den inneren Militärbezirken heranzuführen. Im Endeffekt waren somit die mobilgemachten Einheiten personell nicht, und schon gar nicht mit Kraftwagen und Zugmaschinen, zufriedenstellend ausgestattet.

Am 23. Juni 1941 faßte der Rat der Volkskommissare (SNK) den Beschluß über die Inkraftsetzung des Rüstungsplans zur Munitionsherstellung. Am folgenden Tag wurde auf einer Sitzung des Politbüros des ZK der Partei der dringende Bedarf der Panzerindustrie erörtert, wobei als vorrangige Aufgabe der Aufbau einer leistungsstarken Panzerproduktion im Volgagebiet und im Ural — also dort, wo früher keine Panzer hergestellt wurden — beschlossen wurde. Am 8. Kriegstag bestätigten das ZK der KPdSU (B) und der Rat der Volkskommissare der UdSSR den Mobilisationsplan der Volkswirtschaft für das 3. Quartal 1941, der eine Steigerung der kriegstechnischen Produktion vorsah.

Am 24. Juni wurde für die Leitung der Evakuierung von Bevölkerung, Behörden, militärischen und anderen Gütern, Betriebsanlagen etc. aus den frontnahen Gebieten der »Rat für Evakuierung« gebildet.

Am 29. Juni verkündete das ZK der Partei in einer Direktive unter der Losung: »Alles für die Front, alles für den Sieg!«, ein Aktionsprogramm zur Umwandlung des Landes in ein einziges allein auf die Kriegsnotwendigkeiten ausgerichtetes Militärlager. Das Organ, in dessen Händen sich die ganze Macht im Land konzentrierte, wurde das am 30. Juni 1941 gebildete »Staatliche Komitee für Verteidigung« (GKO). Für die strategische und operative Führung wurde am 23. Juni das »Hauptquartier des Oberkommandos der Streitkräfte der UdSSR«, die sogenannte Stavka, geschaffen. Arbeitsorgan der Stavka wurden der Generalstab und die Hauptverwaltungen des Volkskommissariats für Verteidigung.

Im Zusammenhang mit der Ausweitung des Kampfes gegen die deutsch-faschistischen Aggressoren, den raschen Veränderungen der Lage, den gestörten Verbindungen zu den Fronten und den Problemen des Zusammenwirkens zwischen ihnen wurde es darüber hinaus erforderlich, die operativ-strategische Führung durch Schaffung von Zwischeninstanzen der Stavka näher an die Truppenführung anzubinden. Mit diesem Ziel beschloß das Staatliche Komitee für Verteidigung am 10. Juli die Aufstellung von drei Oberkommandos — der Nordwest-, West- und Südwestrichtung — sowie der diesen zugeordneten Kriegsräte. Am gleichen Tag wurde das »Hauptquartier des Oberkommandos« in »Hauptquartier des Obersten Kommandos« umgebildet; am 8. August erhielt es schließlich die Bezeichnung »Hauptquartier des Kommandos des Obersten Befehlshabers«.

Vom Präsidium des Obersten Sowjets der UdSSR, dem Rat der Volkskommissare der UdSSR und dem ZK der KPdSU (B) wurde in diesem Zusammenhang folgender Beschluß herausgegeben:

»1. Der Vorsitzende des Staatlichen Komitees für Verteidigung und Volkskommissar für Verteidigung, Genosse I. V. Stalin, ist zum Obersten Befehlshaber aller Truppen der Roten Arbeiter- und Bauernarmee und der Kriegsflotte zu ernennen.

2. In Zukunft sollen alle Befehle des Hauptquartiers des Kommandos des Obersten Befehlshabers folgendermaßen gezeichnet sein: »Oberster Befehlshaber I. Stalin, Chef des Generalstabes B. Šapošnikov.

3. Einzelne Anordnungen und Anweisungen des Hauptquartiers sind wie folgt herauszugeben: »Im Auftrag des Hauptquartiers des Kommandos des Obersten Befehlshabers, der Chef des Generalstabes B. Šapošnikov.

Vorsitzender des Präsidiums des Obersten Sowjets der UdSSR M. I. Kalinin

Vorsitzender des Rates der Volkskommissare der UdSSR und Sekretär des ZK der KPdSU (B) I. V. Stalin«

Die sehr wichtigen Entscheidungen und Maßnahmen haben eine gewaltige Rolle bei der Umstellung des gesamten Lebens auf den Krieg und bei der Schaffung der notwendigen Voraussetzungen für eine erfolgreiche Kriegführung gespielt. Die an der Spitze des Kampfes des ganzen Volkes gegen die faschistische Aggression stehende Kommunistische Partei hat in sich ausreichend Kräfte und Fähigkeiten gefunden, um die Folgen der einmal begangenen Fehler zu überwinden und das sowjetische Volk für einen organisierten Widerstand gegen den Feind zu mobilisieren.

Bereits in den ersten Kriegstagen war offensichtlich geworden, daß weder das Überraschungsmoment des Angriffs noch die Wucht der anfänglichen Schläge des Feindes den Willen des sowjetischen Volkes und seiner Armee zum Widerstand hatten brechen können. Der Massenheroismus der sowjetischen Soldaten erwies sich als jener Faktor, den die faschistische Führung bei der Planung und Durchführung ihrer Aggression nicht berücksichtigt hatte. Dabei war Tragisches und Heroisches sehr oft nebeneinander zu finden. Ungeachtet des tragischen Kriegsanfangs, der Aufgabe von Stellungen und der Zusammenbruchserscheinungen in der Truppenführung haben die sowjetischen Soldaten in der Regel hartnäckig gegen die überlegenen feindlichen Kräfte gekämpft. Selbst im Fall der Umfassung oder Umgehung, nicht selten auch bei Einschließungen, sind sie in der Mehrheit der Fälle tapfer und standhaft geblieben und haben es vorgezogen zu fallen, als dem Feind den zu verteidigenden Abschnitt zu überlassen.

Dies zeigte sich beispielhaft in der Haltung der Grenzverbände bei der Verteidigung des Marinestützpunktes Liepaja[8], der erst nach sechstätiger Belagerung und völliger Erschöpfung der Kräfte genommen werden konnte. Bekannter noch ist das Beispiel der Festung Brest, deren Verteidiger den Kampf noch fortsetzten, als deutsche Panzer schon in Minsk standen. Selbst nachdem die Front bis an die Berezina vorgeschoben worden war, wurden Kapitulationsangebote ausgeschlagen; nach einem Monat standen die deutschen Truppen bei Smolensk, aber der beispiellose Kampf um die Zitadelle von Brest ging dessenungeachtet weiter.

Auch der Luftkrieg wurde von Anfang an ungewöhnlich hart geführt. Bemüht, dem Gegner möglichst hohe Verluste zuzufügen, gingen die sowjetischen Flieger nach Verschuß ihrer Munition nicht selten dazu über, feindliche Maschinen zu rammen. Wie hoch die Belastung der Piloten war, läßt sich auch daran ablesen, daß viele von ihnen täglich 5 bis 6 Einsätze flogen. Nicht wenige Piloten und Kommandeure (z. B.

A. S. Danilov, S. P. Suprun und andere) erwarben sich unter diesen Umständen schon früh legendären Ruhm; ihnen wurden die höchsten Auszeichnungen bis hin zum Leninorden und dem Titel »Zweifacher Held der Sowjetunion« verliehen.

Es ist allgemein bekannt, daß die sowjetischen Truppen in den ersten Kriegstagen und -stunden unter dem Druck der überlegenen gegnerischen Kräfte gezwungen waren, den Rückzug anzutreten; doch sollte auch jene Tatsache nicht vergessen werden, daß sie von sich aus zum Angriff übergingen, sobald sich eine Möglichkeit dazu bot. So mußten z. B. die Deutschen zur Abwehr der Gegenangriffe der 5. Armee in den ersten Kriegstagen 9 Divisionen — 7 Infanterie- und 2 motorisierte Divisionen (die 25. und die SS-Division Adolf Hitler) — bereitstellen[9].

Auch in der Verteidigung befestigter Räume wie etwa bei Rava-Ruskaja, bei Kiev und Korosten zeigten sich die sowjetischen Verbände überaus standhaft und zwangen den Gegner zum Einsatz weit überlegener Kräfte. Ähnlich sind die Erfahrungen aus den Kämpfen um Radechov und Luck; an der Südfront gingen Einheiten zum Gegenangriff über, überquerten in einer Nacht die Donau und eroberten deutsche Stellungen, wobei ihnen über 500 Gefangene und erhebliche Mengen an Waffen und Gerät in die Hände fielen[10].

Selbst wenn man nur von den angeführten Archivangaben ausgeht, kann unseres Erachtens jenen Historikern nicht zugestimmt werden, die in ihren Arbeiten die Anfangsphase des Großen Vaterländischen Krieges als einen ungeordneten Rückzug führungslos gewordener sowjetischer Truppen und als eine ununterbrochene Abfolge sowjetischer Mißerfolge darstellen. Ein anderer Tenor findet sich in den Dokumenten sowjetischer wie deutscher Archive. So etwa äußerte General G. Blumentritt, seinerzeit Chef des Stabes der deutschen 4. Armee:

»Das Verhalten der russischen Truppen, selbst in den Anfangskämpfen, stand in einem auffallenden Kontrast zum Verhalten der Polen und westlichen Verbündeten bei der Niederlage. Sogar in der Einschließung setzten die Russen ihre hartnäckigen Kämpfe fort[11].«

Und General der Infanterie Ott berichtete am 29. Juni 1941 von seinen Eindrücken auf dem Gefechtsfeld bei Grodno:

»Unsere Truppe wird durch den zähen Widerstand des Russen nun einmal gezwungen, nach unseren Gefechtsvorschriften zu kämpfen. In Polen und im Westen konnten sie sich manche Freiheiten erlauben, die jetzt nicht mehr angehen[12].«

Ganz ähnliche Eindrücke hatte gleich in den ersten Kriegstagen auch der Chef des Generalstabs der Heeresgruppe Süd, General G. v. Sodenstern, gewonnen, dem der Gegner in »seinem Kampfeswillen, seiner kämpferischen Härte sowie anscheinend auch hinsichtlich seiner Führungsmaßnahmen« als ein »in jeder Beziehung ernster Gegner« erschien[13]. Wenige Wochen später mußte auch der Chef des Generalstabes des deutschen Heeres, Generaloberst F. Halder, einräumen, daß der Feind hinsichtlich seiner Panzerwaffe »stärker als erwartet« und in der »Zähigkeit seines Widerstandes besonders groß« sei[14]. Als letztes Beispiel schließlich sei hier das Urteil des deutschen Generalmajors Freiherr v. Buttlar erwähnt, der nach dem Kriege schrieb, es dürfe nicht übersehen werden, »daß die zähe Widerstandskraft der Russen schon in den ersten Kampftagen zu personellen und materiellen Einbußen geführt hatte, die weit über den Erfahrungszahlen des Polen- und Westfeldzuges lagen, und daß sich schon jetzt erkennen ließ, daß Kampfführung und Kampfmoral des Feindes, sowie die geographischen Grundlagen anders geartet waren, wie sie in den früheren Blitzfeldzügen zu den die Welt in Erstaunen setzenden Erfolgen geführt hatten[15].«

Innerhalb von gut 3 Kriegswochen hatte der Gegner ca. 100 000 Soldaten und Offiziere, über 1 700 Panzer und Sturmgeschütze sowie ca. 1 000 Flugzeuge verloren[16]. Der Blitzkrieg, auf den die deutsche Führung gesetzt hatte, war offensichtlich gescheitert.

Massenheroismus, Tapferkeit und Standhaftigkeit der sowjetischen Soldaten aber reichten nicht aus, um den Aggressor aufzuhalten. Warum war das so? Wo liegen die Ursachen für unsere Niederlage in der Anfangsphase des Krieges? Wieso erwies sich das faschistische Deutschland als stärker und konnte den sowjetischen Truppen im Verlauf der Grenzschlachten eine Schlappe zufügen?

Diese Fragen wurden früher gestellt und bewegen auch heute noch den sowjetischen Menschen. Bei dem Versuch, Antworten zu finden, sind wir von der bekannten Leninschen These ausgegangen, daß »unsere Stärke darin bestand und bestehen wird, ganz nüchtern die schwersten Niederlagen zu registrieren und aus den Erfahrungen zu lernen, was in unserer Arbeit zu verändern ist[17].«

Es ist völlig klar, daß eine erschöpfende Antwort auf die gestellten Fragen nur auf der Grundlage einer speziellen Untersuchung aller politischen, wirtschaftlichen, diplomatischen und militärischen Fragen nationalen und internationalen Charakters gegeben werden kann. Da dies zu leisten über den Rahmen dieses Aufsatzes hinausgeht, werfen wir lediglich einen kurzen Blick auf einige Ursachen militärischer Art.

Das faschistische Deutschland hatte für den Angriff auf unser Land einen Moment gewählt, in dem das Kräfteverhältnis zwischen den unmittelbar im Grenzstreifen dislozierten Verbänden zugunsten der deutschen Wehrmacht ausfiel und sich die sowjetischen Streitkräfte in einem Stadium der Reorganisation und Umrüstung befanden. Darüber hinaus haben die bei der Einschätzung des möglichen Angriffszeitpunktes begangenen Fehler und die damit verbundene Langsamkeit im strategischen Aufmarsch der Truppen sowie nicht zuletzt die verspätete Durchführung der Vorkriegsplanungen die Rote Armee bereits in den ersten Kriegsstunden in eine sehr schwere Lage gebracht.

Aufgrund der so erreichten Überlegenheit war es den rechtzeitig aufgestellten und herangeführten Feindverbänden möglich, wortbrüchig einen ersten schweren Schlag, insbesondere im Bereich der Westfront, zu führen. Von den 44 Divisionen, die dieser Front zu Beginn des Krieges zur Verfügung standen, wurden 24 zerschlagen; darunter 10 Schützen-, 8 Panzer-, 4 motorisierte und 2 Kavalleriedivisionen. Die restlichen 20 Verbände büßten durchschnittlich die Hälfte ihrer personellen und materiellen Kampfkraft, die Fliegerkräfte der Front 1797 Flugzeuge ein[18]. Auch daß die Truppen nicht rechtzeitig in volle Gefechtsbereitschaft versetzt und in ihre Aufmarschräume nahe der Staatsgrenze verlegt worden waren, hatte überaus schwere Folgen, die für die weiteren Niederlagen der sowjetischen Truppen in der Anfangsphase des Krieges wesentlich mitverantwortlich waren.

Gleichzeitig ist völlig klar, daß, auch wenn die Divisionen der ersten Staffel ihre Räume erreicht hätten, sie auch in diesem Fall ihre Aufträge nicht hätten voll erfüllen können, da die sowjetischen Truppen je 12 feindlichen Panzern weniger als 2 Panzerabwehrgeschütze gegenüberstellen konnten. Die zweiten Staffeln der Armeen und Fronten aber waren nicht vollständig mobilgemacht, verfügten über eine nur begrenzte Zahl an Kampfpanzern und befanden sich überdies in beträchtlicher Entfernung zu den Verbänden der ersten Staffel. Versuche einzelner Kommandeure, sie näher heranzuziehen, wurden vom Generalstab und vom Volkskommissar für Verteidigung nicht immer unterstützt. So wurde nur einen Monat vor dem Krieg, also im Mai 1941, dem Chef des Stabes des Odessa-Militärbezirks im Namen des Volkskommissars streng verboten, Truppenteile ohne vorherige Genehmigung des Generalstabes der Roten Armee zu verlegen.

Zweifellos war dies ein gravierender Fehler, der heute als solcher klar erkennbar ist; damals aber konnte diese Entscheidung niemand anzweifeln, da der Volkskommissar für Verteidigung davon ausging, daß »eine planlose und ununterbrochene Verlegung die planmäßige Gefechtsvorbereitung der Verbände stört und deren Mobilisationsbereitschaft be-

einträchtigt«[19]. Aus diesem Grund kann man, wenn von der Vorkriegs-
phase die Rede ist, nicht umhin, sich der Meinung von Marschall der
Sowjetunion M. V. Zacharov anzuschließen, wonach es »keiner der später kriegführenden Staaten am Vorabend und im Verlauf des Zweiten
Weltkrieges hat vermeiden können, irgendwelche Fehler bei der Vorbereitung seiner Armeen zu begehen. Und auch bei uns hat es solche
gegeben[20].« Die Folge des ungünstigen Ausgangs der Grenzschlachten
war, daß schließlich von 170 Divisionen 28 nicht mehr gefechtsfähig
waren und über 70 die Hälfte ihres Personals und ihrer Bewaffnung
eingebüßt hatten.

Das Kräfteverhältnis wurde, insbesondere was die technische Ausrüstung der Truppen anging, durch die Verluste erheblich verschlechtert. Fronten und Armeen mußten ohne Tiefenstaffelung entlang über-
dehnten Frontabschnitten kämpfen, was die Widerstandskraft der Verteidigung, die aufgrund des Mangels an Panzerabwehrwaffen gegenüber
massierten feindlichen Panzerangriffen ohnehin überaus verwundbar
war, zusätzlich schwächte.

Die Lage wurde im übrigen dadurch erschwert, daß die im Westab-
schnitt stehenden Verbände, auf einem großen Territorium zerstreut
und mit einem Überraschungsangriff konfrontiert, es nicht rechtzeitig schafften, ihre Aufmarsch- und Gefechtsvorbereitungen abzuschließen, daß sie über keine zuverlässige Luftabwehr verfügten und so die
ihnen gestellten Aufträge nicht erfüllen konnten. Infolge des Überra-
schungsangriffs mußten die sowjetischen Truppen also mit großen Mängeln an Kampftechnik, Bewaffnung und Transportmitteln, mit unvollständig aufgefüllten rückwärtigen Einheiten und Einrichtungen sowie
unzureichenden Munitions- und Treibstoffkontingenten ausgerüstet in
den Kampf treten.

Die bei Kriegsbeginn in die Grenzstreifen vorgerückten Verbände
wurden durch kurzfristig einberufene Reservisten aufgefüllt. Diese verfügten nur über ein Minimum an Fertigkeiten beim Einsatz der komplizierten Kampftechnik. Aber auch einem beträchtlichen Teil der erst
kurz vor dem Krieg auf verantwortungsvolle Posten aufgerückten Kommandeure und politischen Kader fehlten die praktischen Erfahrungen
in der Organisation und Führung einer Operation oder eines Gefechts.

Auch eine gewisse Überschätzung der Möglichkeiten der eigenen Streitkräfte in den Vorkriegsjahren hat sich auf deren Leistungen negativ aus-
gewirkt. In einem Vortrag in der Militärpolitischen Akademie hatte
zum Beispiel Kalinin seinen Zuhörern noch am 5. Juni 1941 versichert:
»Die Deutschen beabsichtigen, uns anzugreifen [...], wir warten darauf!

Je eher sie das tun, desto besser, da wir ihnen dann ein für allemal den Hals umdrehen werden.« Leider geschah dies dann in der Praxis nicht. Darüber hinaus bot die Lage bei Kriegsbeginn dem Gegner die Möglichkeit, die strategische Initiative zu ergreifen. Seine Stoßverbände haben die sowjetischen Truppen einzeln zerschlagen: zuerst die Truppen der 1. Staffel der Armeen, danach deren 2. Staffel; schließlich, nach Durchbruch in die Tiefe, suchten sie den Kampf auch gegen die Verbände der 2. Staffel der Fronten zu entscheiden. Die sowjetischen Truppen haben mit Masse nicht einmal ihre Bestimmungsräume und Verteidigungsstreifen erreichen können. Die Fliegerkräfte waren nicht auf die Flugplätze verteilt; die Stäbe der Verbände und Einheiten blieben weiterhin an den bisherigen Stellen disloziert, und die Verbände der Luftverteidigung waren auf eine Abwehr der massierten Schläge der feindlichen Luftwaffe nicht vorbereitet.

Der Krieg, einmal ausgebrochen, brachte sogleich all jene Fehler der Vorkriegszeit ans Licht, die im Endeffekt zur Tragödie der Anfangsphase führten. Über eine Vorbereitung auf den Krieg war zwar viel und von vielen gesprochen worden, in der Praxis aber, im Alltag, hatten Sorglosigkeit und manchmal auch verbrecherische Untätigkeit Platz gegriffen.

Fehler solcher Art gab es viele, im Lande allgemein wie auch in der Armee. Doch waren sie nicht auf die Schwäche des Staates und seiner Streitkräfte zurückzuführen. Der Grad ihrer Ausrüstung, Bewaffnung und Kampftechnik, das Niveau der Gefechtsausbildung und ihre gute politisch-moralische Verfassung hatten im Grunde die Möglichkeiten dafür geschaffen, den Schlag der deutsch-faschistischen Truppen wohl organisiert zu erwidern. Allerdings erwies sich die unmittelbare Vorbereitung der sowjetischen Streitkräfte zum Zeitpunkt des wortbrüchigen Überfalls des faschistischen Deutschland als ungenügend. Unsere Fehler aber waren keine verhängnisvollen, trugen keinen katastrophalen Charakter; wenn man das Endergebnis ins Auge faßt, dann hat die Rote Armee am Ende die von unserer Vorkriegsdoktrin bestimmte Aufgabe, nämlich den Feind auf seinem eigenen Territorium zu zerschlagen, durchaus erfüllt.

Auch wenn hier lediglich die erfolglos ausgegangenen Grenzschlachten erörtert wurden, so dürfen doch nicht nur Einkesselung und Rückzug der sowjetischen Truppen gesehen, sondern sollten auch das kluge und richtige Handeln vieler Befehlshaber und Kommandeure verschiedener Ebenen, die selbstlose Arbeit ihrer Stäbe und die starken Gegenschläge der mechanisierten Korps gewürdigt werden.

Die sowjetischen Streitkräfte haben nämlich ein überaus wichtiges Ergebnis erzielt: Bereits in der Anfangsphase des Krieges vereitelten sie den strategischen Plan der deutschen Führung, d. h. die blitzkriegartige Zerschlagung der Sowjetunion. Die Führung Hitlerdeutschlands konnte ihre im »Plan Barbarossa« vorgesehenen Ziele nicht erreichen. Die Hauptkräfte der Roten Armee sind in den Anfangsoperationen *nicht* vernichtet worden. Die Heeresgruppe Nord hat Leningrad *nicht* genommen. Die Heeresgruppe Mitte hat die sowjetischen Truppen in Richtung Moskau *nicht* zu zerschlagen vermocht. Die Heeresgruppe Süd hat Kiev in der vorgesehenen Frist *nicht* genommen und die Truppen in den ukrainischen Gebieten rechts des Dnepr *nicht* einschließen können.

Infolge des Widerstandes und der Tapferkeit der sowjetischen Streitkräfte wurde der gegnerische Vormarsch an einzelnen Abschnitten zeitweilig aufgehalten und sein Angriffstempo verlangsamt. Gleichzeitig haben die Aktionen der sowjetischen Truppen den faschistischen Strategen bereits in den ersten Kriegstagen gezeigt, daß von einer Beendigung des Krieges in kürzester Zeit überhaupt keine Rede sein konnte. Mit ihrem heldenhaften Kampf gegen einen hinterhältigen und brutalen Feind haben unsere Soldaten bereits bei Kriegsbeginn die Legende von der »Unbesiegbarkeit« der deutschen Armee tief erschüttert und mit ihren Operationen die Pläne der Hitler-Führung erheblichen Korrekturen unterworfen. Die auf Wortbrüchigkeit und das Überraschungsmoment zurückzuführenden Vorteile des Gegners verloren mit jedem Tag ein Stück von der Bedeutung, die sie in den ersten Kriegstagen hatten.

Anmerkungen

[1] Georgij K. Žukov, Vospominanija i razmyšlenija, Bd 1, Moskau 1986, S. 275 f. (hier zitiert nach der dt. Ausgabe u. d. T.: Erinnerungen und Gedanken, Berlin (Ost) [5]1976, S. 253 f.).

[2] Zentrales Archiv des Verteidigungsministeriums der UdSSR (= CAMO), f. 290, op. 3284, d. 5, ll. 93, 94.

[3] Ebd., f. 208, op. 2683, d. 5, l. 3.

[4] Franz Halder, Kriegstagebuch. Tägliche Aufzeichnungen des Chefs des Generalstabes des Heeres, 1939—1942, bearb. von H.-A. Jacobsen, hrsg. vom Arbeitskreis für Wehrforschung, 3 Bde, Stuttgart 1962—1964, hier Bd 3, S. 38 f. (3.7.1941).

[5] Istorija vtoroj mirovoj vojny 1939—1945 (Geschichte des zweiten Weltkrieges, 1939—1945), Bd 4, Moskau 1975, S. 60.

[6] CAMO (wie Anm. 2), f. 208, op. 2526, d. 27, ll. 428—431.

[7] Ebd., f. 208, op. 2511, d. 3, l. 25.

[8] Ebd., f. 9, d. 109, l. 43; f. 18, d. 40015, l. 4.

[9] Kyrill S. Moskalenko, Na jugo-zapadnom napravlenii, Moskau 1969, S. 47 (Dt. Ausgabe u. d. T.: In der Südwestrichtung, 2 Bde, Berlin [Ost] 1978—1979).

[10] Voenno-istoričeskij žurnal, 1970, H. 9, S. 86.

[11] Zit. nach: S. Westphal (u. a.), Rokovye rešenija (Verhängnisvolle Entscheidungen), Moskau 1958, S. 84.

[12] Zit. nach Halder, Kriegstagebuch, Bd 3 (wie Anm. 4), S. 25 (29.6.1941).

[13] Zit. nach: Horst Boog u. a., Der Angriff auf die Sowjetunion, Stuttgart 1983 (= Das Deutsche Reich und der Zweite Weltkrieg, Bd 4), S. 473.

[14] Halder, Kriegstagebuch, Bd 3 (wie Anm. 4), S. 112 (25.7.1941).

[15] Weltkrieg 1939—1945. Ehrenbuch der deutschen Wehrmacht, Stuttgart 1954, S. 136.

[16] Geschichte des zweiten Weltkrieges 1939—1945 in zwölf Bänden (dt. Ausgabe des in Anm. 5 genannten Werkes), Berlin (Ost) 1975—1985, hier Bd 4, S. 76. — Anm. des Hrsg.: Der hier genannte Umfang der Panzerverluste erscheint nach deutschen Quellen übertrieben; er dürfte Ende Juli bei etwa 850 gelegen haben; vgl. Das Deutsche Reich und der Zweite Weltkrieg (wie Anm. 13), Bd 4, S. 977.

[17] V. I. Lenin, Polnoe sobranie sočinenij (Gesammelte Werke), Bd 44, S. 205.

[18] CAMO (wie Anm. 2), f. 221, op. 1351, d. 200, l. 1.

[19] Ebd., f. 138, op. 2181, d. 2, l. 381.

[20] Voprosy istorii, 1970, H. 4, S. 37.

Mark Harrison

»Barbarossa«:
Die sowjetische Antwort, 1941

Der Krieg in Rußland

Hitlers Krieg gegen Rußland begann am 22. Juni 1941. Er wurde mit zig Millionen Soldaten und Hunderttausenden von Flugzeugen, Panzern und Geschützen auf beiden Seiten hauptsächlich auf russischem Hoheitsgebiet geführt. Es war der größte Landkrieg aller Zeiten.

Wenn der Zweite Weltkrieg unmittelbar zum frühzeitigen Tod von 50 bis 60 Millionen Menschen führte, dann starben drei Fünftel von ihnen an der Ostfront. Offizielle Schätzungen der sowjetischen Verluste, früher einmal mit »über 20 Millionen« angegeben, belaufen sich nun auf 27—28 Millionen, d. h. ein Siebtel der Vorkriegsbevölkerung[1]. Die offizielle Festlegung der Gesamtzahl an Kriegstoten unter den regulären sowjetischen Streitkräften auf 8 668 400[2] macht deutlich, daß die Masse der Opfer Zivilisten waren, die ins Kampfgeschehen gerieten, durch Bombenangriffe, Blockaden und Hunger umkamen oder als Partisanen, Geiseln und Verschleppte starben. Zur schlimmsten Zeit, im Winter 1941, verhungerten in Leningrad jeden Monat mehr Menschen, als in Großbritannien während des gesamten Krieges durch deutsche Bomben getötet wurden. Die Million frühzeitig Verstorbener in dieser einen Stadt übertraf bei weitem die zivilen und militärischen Verluste des britischen Empires, der Dominions und der Vereinigten Staaten zusammengenommen. Was die militärischen Verluste anbelangt, so fiel auch auf deutscher Seite die große Mehrheit an der Ostfront — 5 600 000, im Vergleich zu den 750 000 Soldaten, die in demselben Zeitraum zwischen Juni 1941 und dem Ende des Krieges an den anderen Fronten fielen[3].

Das einzigartige Ausmaß und die Intensität des Krieges in Rußland wurden schon in dessen Eröffnungsphase deutlich. Das Unternehmen *Barbarossa* war die größte Landoperation des Krieges. Die russischen Verteidiger sahen sich entlang der Front der geballten Kampfkraft der Wehrmacht gegenüber[4]. Das Aufeinanderprallen hatte verheerende Folgen für die Angehörigen beider Armeen. Bis Anfang Dezember 1941 hatte der russische Gegner die Wehrmacht 750 000 Mann Verluste, darunter über 150 000 Gefallene gekostet (im Gegensatz dazu hatte die

Wehrmacht während des Westfeldzugs im Jahre 1940 Verluste in Höhe von »nur« ungefähr 164 000 Mann, einschließlich 30 000 Gefallener)[5]. Trotzdem nahmen sich die deutschen Verluste angesichts der 1 750 000 Toten bei den regulären russischen Streitkräften bis zum Ende des Jahres gering aus[6]. Die letztgenannte Zahl beinhaltet offenbar nicht einmal die Millionen von Kriegsgefangenen, die im Jahre 1941 gemacht wurden und großenteils später in Gefangenschaft starben.

Diese sechs Monate waren von grundlegender Bedeutung. Die Wehrmacht setzte zunächst ihren Siegeszug fort. Um die Mitte der Herbstzeit waren Kiev genommen, Leningrad belagert, und auch Moskau direkt bedroht. Am Ende fielen aber weder Leningrad noch Moskau. An der Leningrader Front degenerierte der Bewegungskrieg zu einem Abnutzungskrieg durch Belagerung. In der langen und blutigen Schlacht von Moskau, die im September begann und bis zum Frühjahrstauwetter 1942 andauerte, erhielten Hitlers Hoffnungen auf einen Blitzsieg einen entscheidenden Dämpfer. Zum ersten Mal hatte Deutschland, wenn auch vorübergehend, die strategische Initiative verloren.

Sowjetische Kriegsvorbereitungen

Daß die Sowjetunion 1941 in der Lage war, den Deutschen einen Sieg zu verwehren, war die Folge ihrer in die Vorkriegszeit zurückreichenden Kriegsvorbereitungen. Diese waren, zusammen mit hohen Militärausgaben, ein Kernstück der sowjetischen Militär- und Wirtschaftspolitik der dreißiger Jahre gewesen, ganz im Gegensatz zu den geringen Verteidigungsausgaben der meisten anderen europäischen Länder, in denen nach dem Ersten Weltkrieg der Glaube vorherrschte, große Kriege seien unerschwinglich geworden[7].

Die sowjetische Bereitschaft, im Frieden Militärausgaben auf einem hohen Niveau zu halten, ging auf das Jahr 1918 zurück, als die Führer der Bolševiki gesehen hatten, daß mächtige imperialistische Gegner jeden Moment der Schwäche zu ihren Gunsten auszunutzen und gewaltsam gegen die russische Revolution zu intervenieren trachteten. Sie hatten damals gelernt, mehr auf Munition als auf Papierverträge und Diplomatie zu vertrauen. Die sowjetische Politik bereitete sich daher kontinuierlich auf Krieg vor. Dies war nun aber keine Vorbereitung auf einen bestimmten Krieg zu einer bestimmten Zeit an einem bestimmten Ort, sondern eine Absicherung gegen die Möglichkeit eines Krieges ganz allgemein. Die sowjetischen Militär- und Wirtschaftsplaner richteten ihre Bemühungen nicht auf eine bestimmte Operation aus, die zu einem festgelegten Zeitpunkt begonnen werden sollte; sie waren vielmehr bestrebt, eine umfassende, allgemeine Militärmacht aufzubauen, die für einen Krieg irgendwann in der unbestimmten Zukunft gerüstet war.

Diese Aufrüstungsmethode litt unter zwei wesentlichen Schwächen. Erstens war sie äußerst kostspielig. Es mußten Millionen junger Männer, die ansonsten als Arbeitskräfte zur Verfügung gestanden hätten, aus der zivilen Wirtschaft abgezogen und darüber hinaus gerade jene Industriegüter abgezweigt werden, über die man in der UdSSR am wenigsten verfügte: veredelte Kraftstoffe, seltene Metalle, hochwertige Legierungen und feinmechanische Erzeugnisse, aber auch wissenschaftliche und technische Fachkenntnisse. Die Aufrüstung führte mithin zu tiefgreifenden Einschränkungen in der zivilen Wirtschaft und beim Lebensstandard.

Die andere Schwäche lag in der Möglichkeit der Fehlkalkulation. Da die sowjetische Aufrüstung auf irgend einen künftigen Krieg abzielte, war man auf einen sofortigen Krieg nie vorbereitet. Wechselnde Vorhersagen und Erwartungen bedeuteten eine ständige Überarbeitung der militärischen Pläne. Die Streitkräfte waren fortwährend in Umrüstung oder Umorganisaton begriffen. Die bereits in der Serienproduktion befindlichen Rüstungsgüter waren fast immer schon veraltet. Die Verteidigungsindustrie war permanent damit beschäftigt, das Personal neu auszubilden und die Fabriken mit neuem Gerät auszustatten.

Gleichzeitig hatte die sowjetische Methode aber auch erhebliche Vorteile. Die Strategie der Deutschen war ein Glücksspiel, bei dem ganz auf die Möglichkeit des schnellen Sieges gesetzt wurde. Wenn es den Sowjets also gelänge, dem Aggressor durch ihren Widerstand diesen schnellen Sieg zu verwehren und so aus dem »Blitzkrieg«, den der Gegner zu gewinnen hoffte, einen langen Abnutzungskrieg zu machen, wenn die Sowjets dann schließlich all ihre nationalen Ressourcen in diesem Konflikt zur Geltung bringen könnten, dann hätte der Aggressor seinen Vorteil verloren. Deutschland würde demnach mit begrenztem materiellem Potential und geringen Ausstoßzahlen der Rüstungsindustrie den Krieg in der Annahme beginnen, ihn ohne größere Verluste und ohne nennenswerten Nachschub zu gewinnen. Wenn man diese Erwartungen zunichte machen könnte, wäre Deutschlands Position relativ schwach; dann wäre Deutschland genötigt, überhastet zu mobilisieren und die zivile Wirtschaft den Bedürfnissen der Armee zu opfern. Da er um die Anfälligkeit seines Regimes wußte, war Hitler entschlossen, dies zu vermeiden[8].

Die sowjetische Aufrüstung vollzog sich in den dreißiger Jahren in zwei Hauptwellen. Die erste verlief parallel zum ersten Fünfjahresplan. Bei dessen Ende produzierte die Sowjetunion bereits eine vollständige Palette moderner Waffen. Der Ausstoß der sowjetischen Rüstungsindustrie hatte nun ein Niveau erreicht, das erheblich über dem jeder anderen europäischen Macht lag. Mitte der dreißiger Jahre büßte die Sowjetunion jedoch ihren Vorsprung, sowohl was den Umfang der Streitkräfte als auch was die Qualität der produzierten Waffen anbelangte, wieder ein. Von 1937 an begannen sich der Rüstungsausstoß und die Stärke der Streitkräfte dann erneut zu vervielfachen; 1939 wurde die Wehrpflicht wieder eingeführt.

Die sowjetische Aufrüstung in den letzten Jahren vor dem Krieg war nach Umfang und Bandbreite beeindruckend. Die Produktionsziffern der Industrie und die Personalstärke der Roten Armee verdoppelten und verdreifachten sich. 1940 trugen mehr als 4 Millionen Sowjetbürger, d. h. sechs Prozent der arbeitenden Bevölkerung, Uniform; jeden Monat produzierte die sowjetische Industrie 230 Panzer, 700 Militärflugzeuge, 4000 Geschütze und Granatwerfer, mehr als 100000 Gewehre und mehr als eine Million Granaten.

All dies bescherte der Sowjetunion indes an unmittelbarer militärischer Sicherheit weit weniger als erwartet. Ein Grund dafür war, daß die sowjetische Konzeption, die massive Erweiterung der Armee mit ihrer Modernisierung zu verknüpfen, zu großen Qualitätsunterschieden führte. Von den Millionen Soldaten waren nur wenige gründlich ausgebildet oder verfügten über Kampferfahrung. Die meisten bedienten veraltete Waffen nach überholten taktischen Grundsätzen; eine Minderheit lernte unter Anwendung neuer, aber schlecht umgesetzter Richtlinien die nur in relativ geringer Zahl vorhandenen, moderneren Waffen bedienen.

Es gab weitere, innenpolitische Gründe für die schlechten Ergebnisse der Aufrüstung. Die Führung der Roten Armee war in der großen Säuberungswelle 1937/38 dezimiert worden. Der erfahrene Stamm von Generalen und Stabsoffizieren war durch unreife, schlecht ausgebildete Offiziere ersetzt worden, die typischerweise entweder in stalinistischen Dogmen gedrillt oder durch stalinistische Drohungen eingeschüchtert waren. Diejenigen, die für eine flexible Antwort auf einen Angriff von außen eingetreten waren, wozu naturgemäß auch die Preisgabe von Gelände an den Gegner und eine Verteidigung in der Tiefe gehörte, waren wegen Konspiration mit den Naziführern (mit dem Ziel der Überlassung russischen Bodens) angeklagt und entweder hingerichtet oder zu Gefängnisstrafen verurteilt worden.

In der Militärdoktrin war das Konzept des Operierens in der Tiefe durch stures Beharren auf grenznaher Verteidigung ersetzt worden: Invasionskräfte waren an der sowjetischen Grenze abzufangen und durch einen unmittelbaren sowjetischen Gegenangriff zurückzuschlagen; anschließend sollte der Krieg auf feindliches Territorium getragen werden. Stalin bereitete somit sein Land, genau wie Hitler, auf einen kurzen, offensiven Krieg vor. Durch Massierung der sowjetischen Streitkräfte an den Grenzen und den Anschein einer offensiven Dislozierung hoffte Stalin, die Deutschen von einem Angriff abschrecken zu können. In der Praxis funktionierte dieser Bluff nur schlecht. Er beruhigte sowjetische Befürchtungen und förderte Stalins Selbstzufriedenheit, deutsche Beobachter waren jedoch nicht beeindruckt.

Das Klima der Repression beeinflußte unweigerlich auch die kriegswirtschaftlichen Pläne der Vorkriegsjahre. So etwa fehlte es den Planungen zur Erhöhung der Munitionsproduktion im Kriegsfalle an einer realistischen Einschätzung des Bedarfs, da von einem kurzen, mit einer siegreichen Offensive endenden Krieg ausgegangen wurde. Für den Fall eines Krieges wurden in Fabriken und Städten zwar Notfallpläne für die Kriegsproduktion aufgestellt, die naheliegendsten Vorbereitungen auf einen Verteidigungskrieg wurden jedoch vernachlässigt. Hochspezialisierte Rüstungsfabriken waren in verwundbaren Regionen im Süden und Westen konzentriert. Über eine Entflechtung und Verlagerung von Kapazitäten ins Landesinnere wurde zwar gesprochen, getan wurde jedoch nichts; es war eben immer noch billiger, den Ausstoß dort zu erhöhen, wo die Produktion bereits konzentriert war. Auch wurde nichts getan, um lebenswichtige Industrieanlagen auf eine Verteidigung gegen Luftangriffe oder auf eine mögliche Evakuierung vorzubereiten, da der Gedanke, ein Angreifer könnte auf russisches Territorium vordringen, mittlerweile als Verrat angesehen wurde[9]. Jeder, der eine verantwortungsvolle Position innehatte, war der Ansicht, daß immer genug Zeit vorhanden sein würde, Übersehenes noch nachzuholen.

Der Schock des Krieges

Der Krieg war ein vernichtender Schlag für eine unvorbereitete Bevölkerung und eine politische Führung, die sich erfolgreich der Selbsttäuschung hingegeben hatte. Die lähmende Wirkung des deutschen Angriffs machte sich bei Stalin persönlich freilich noch nicht unmittelbar bemerkbar. Sein unlängst veröffentlichter Terminkalender zeigt, daß er in den ersten Kriegstagen laufend Besprechungen mit Militärführern und Wirtschaftsplanern hatte[10]. Bis zum 28. Juni hatte die endlose Folge von niederschmetternden Rückschlägen seinen Willen jedoch vorübergehend gebrochen. Er zog sich deprimiert und demoralisiert auf einen Landsitz in der Nähe von Moskau zurück. Molotov mußte der Bevölkerung die Neuigkeit über den Rundfunk mitteilen. Als führende Politbüromitglieder zu Stalin kamen, um ihm die Bildung eines Kriegskabinetts vorzuschlagen, verriet seine Reaktion (zuerst Angst, dann Erleichterung), daß er gedacht hatte, sie seien gekommen, um ihn zu verhaften[11]. Als Stalin später im Oktober 1941 mit dem Zusammenbruch der Verteidigung an der Front konfrontiert wurde, versuchte er, durch Überlassung des Baltikums, Weißrußlands, der Moldaurepublik und Teilen der Ukraine, den Frieden von Hitler zu erkaufen[12].

Das staatliche Verwaltungssystem brach zwar nicht zusammen, seine Wirksamkeit war jedoch erheblich geschwächt. Richtlinien und Planungsverfahren wurden belanglos. Während sich die Wehrmacht russische Territorien, darunter die wichtigsten Kriegswirtschaftszentren des Landes, einverleibte, beschäftigten sich die Wirtschaftsplaner weiterhin mit der Erstellung von Fertigungsplänen für Fabriken und der Koordinierung von Vorräten. Diese Fabriken und Vorräte existierten jedoch nur noch auf dem Papier. Inzwischen nämlich überschritten die Forderungen der Armee nach Munition und Soldaten — um wenigstens die ersten Verluste auszugleichen — die entsprechenden Pläne bei weitem. Die Lücke zwischen Forderungen und Mitteln konnte durch keinen Plan auf dem Papier überbrückt werden und wuchs schnell ins Unerträgliche.

Zu diesem Zeitpunkt übernahm eine inoffizielle Führung die Verantwortung und traf die entscheidenden Maßnahmen zur Mobilisierung von Staat und Gesellschaft. Im Bereich der Wirtschaft waren die wichtigsten Schritte ein Sofortprogramm zur Evakuierung der großen Munitionsfabriken aus den Kriegszonen in das entferntere Landesinnere sowie eine vollständige Umstellung der Zivilindustrie auf die Produktion von Kriegsgütern. Die ohne jegliche vorherige Planung durchgeführte Evakuierung war ein Akt improvisierter Eingebung, bei der die Schlüsselrollen einzelnen Führern zufielen — Kaganovič, Kosygin, Švernik. Andere Führer — Berija, Malenkov, Malyšev, Mikojan, Molotov, Voznesenskij — übernahmen, ausgestattet mit unbegrenzter Verantwortung, Schlüsselaufgaben bei der Mobilisierung und Umwandlung der Industrie[13]. All dies wurde unabhängig von all jenen Wirtschaftsplänen und Koordinationsversuchen auf hoher Ebene durchgeführt, die für die Erfordernisse der Situation ohne Belang waren.

Die einzelnen Führer machten natürlich nicht alles selbst, und ihre Bemühungen wären völlig nutzlos gewesen, hätte sich ihnen nicht ein allgemeiner Strom der Mobilisierung von unten angeschlossen. Auch hier, an der Basis, fehlte es nicht an Initiative, sei es bei der Evakuierung wirtschaftlicher Güter, insbesondere landwirtschaftlicher Bestände, sei es bei der Umstellung von Fabriken auf Kriegsproduktion (die gemäß den in den Fabriken, Stadtverwaltungen und Branchenverbänden erstellten Vorkriegsplänen durchgeführt wurde). Solche Initiative »von unten« bedeutete nicht, daß es keine Organisation gab, entscheidend war jedoch, daß das Volk die Dinge in die Hände nahm, ohne zunächst auf Anweisungen aus dem Kreml zu warten.

Die politische Autorität der Sowjetunion blieb in zivilen Händen. Dies zeigte sich in der Zusammensetzung von Stalins Kriegskabinett, dem am 30. Juni gebildeten »Staatlichen Verteidigungskomitee« (GKO), dem nur ein Soldat, Marschall Vorošilov, angehörte. Stalin selbst übernahm die Rolle des Obersten Befehlshabers. Die Armee war vollauf mit dem Kampf gegen die Deutschen beschäftigt und hatte weder Zeit noch Mittel, um sich mit Angelegenheiten der Außen- oder Innenpolitik zu befassen.

Dies bedeutet nicht, daß die zivil-militärischen Beziehungen unverändert geblieben wären. Anfangs übte Stalin einen uneingeschränkten persönlichen Einfluß auf die Gesamtstrategie wie auch auf Einzelfragen der Militärpolitik und Stellenbesetzung aus. Die Autonomie der militärischen Führer und ihrer Dienststellen selbst in professionellen Angelegenheiten war bis zur Bedeutungslosigkeit reduziert. Daß dies überhaupt möglich war, erklärt sich aus den Folgen zweier Umstände: der grausamen Säuberungswelle in der Roten Armee 1937/38, die eine Atmosphäre des Terrors geschaffen und zum Austausch eines großen Teils des Offizierkorps geführt hatte, sowie der kolossalen zahlenmäßigen Vergrößerung der Armee in den Jahren 1938—1940, die eine weitere Senkung der durchschnittlichen militärischen Mindestanforderungen für Offiziere nach sich gezogen hatte. Die Rückschläge von 1941 (die sich im folgenden Frühjahr fortsetzen sollten) ließen Stalins Mängel als militärischer Befehlshaber, seine falschen strategischen Planungen und seine Unfähigkeit, die Verteidigung in der Tiefe zu organisieren, in peinlicher Weise sichtbar werden. Nach einer Weile begannen die professionellen Militärs, Stalin die Kontrolle über Operationsführung und Planungen zum Teil wieder aus der Hand zu nehmen. Stalin mußte lernen, weniger als Diktator denn als Schlichter zwischen widersprüchlichen militärischen Standpunkten zu agieren. Im Jahre

1941 war dies jedoch noch Zukunftsmusik. Zum damaligen Zeitpunkt begegnete Stalin möglicher Kritik noch ganz einfach durch Hinrichtung der für die Verteidigung der Grenzregionen verantwortlichen Generale. Im übrigen war Stalin zu keiner Zeit bereit, seinen Einfluß auf die Gesamtstrategie oder Diplomatie aufzugeben. Hinzu kam, daß der Stalinismus selbst der Planung und Durchführung militärischer Operationen vom Beginn bis zum Ende des Krieges seinen unauslöschlichen Stempel aufdrückte, indem zum Beispiel zu erwartende Verluste erst gar nicht in Rechnung gestellt und willkürlich gesetzte Ziele ohne Rücksicht auf den Preis an militärischen und zivilen Opfern verfolgt wurden[14].

Wirtschaftliche Forderungen

Der Schlüssel zum Sieg im Zweiten Weltkrieg war Kriegsmaterial aller Art: Flugzeuge, Panzer, Schiffe, Geschütze und Granaten. Die Alliierten gewannen letztlich den Krieg, weil sie in der Lage waren, Kriegsmaterial in weit größeren Mengen als Deutschland und Japan zu produzieren.

Der Beitrag der Sowjetunion zum Kriegsmaterial der Alliierten war alles in allem äußerst stattlich — nämlich mindestens so groß wie der Großbritanniens und halb so groß wie jener der Vereinigten Staaten. Die sowjetische Kriegsproduktion übertraf die Gesamtproduktion Deutschlands um nicht weniger als zwei Drittel[15]. Es ging hier um unvorstellbare Mengen: Während des Krieges belief sich allein die sowjetische Produktion auf 100 000 Panzer, 130 000 Flugzeuge, 800 000 Feldgeschütze und Mörser und eine halbe Milliarde Artilleriegranaten, 1 400 000 Maschinengewehre, 6 000 000 Maschinenpistolen und 12 000 000 Gewehre. (Die Sowjetunion produzierte jedoch nur sehr wenige Kriegsschiffe, Jeeps und Militärlastwagen.)

Im Jahre 1941 waren diese Mengen noch unvorstellbar. Keiner rechnete mit einem Krieg diesen Ausmaßes. Die Deutschen taten es nicht, weil sie ihre Kriegszüge schnell und ohne größere Verluste zu gewinnen hofften. Die Alliierten wußten zwar, daß ein Sieg über Deutschland Zeit und Ressourcen verschlingen würde, unterschätzten aber vorerst noch das Ausmaß der Anstrengungen. Der wichtigste Bestimmungsfaktor für die künftige Kriegsproduktion wurde jedoch schon 1941 erkennbar: der beispiellose Verschleiß an Waffen und Gerät. Ein Geschütz der Roten Armee hatte auf dem Gefechtsfeld eine Lebensdauer von 18 Wochen. Für ein sowjetisches Kampfflugzeug betrug sie durchschnittlich 3 Monate, für einen sowjetischen Panzer kaum mehr. Auf dem Höhepunkt der Kämpfe, im Winter 1941, verloren die sowjetischen Streitkräfte an der Front in einer ganz normalen Woche ein Sechstel ihrer Flugzeuge, ein Siebtel ihrer Geschütze und Mörser und ein Zehntel ihrer gepanzerten Fahrzeuge[16].

Für den erhöhten Nachschubbedarf an der Ostfront gab es besondere Gründe. Zum einen verliefen die Kämpfe sehr heftig. Weit stärker als Briten oder Amerikaner mit der Ausrottung ihrer Nation konfrontiert, setzten die Russen den Kampf noch unter Bedingungen fort, bei denen Soldaten anderer Nationen vielleicht Boden aufgegeben hätten; dementsprechend hoch waren ihre Verluste.

Ein weiterer Grund war der immense Nachteil, den der sowjetische Soldat bei der Bedienung von modernem Kriegsgerät hatte. Besonders in der Anfangsphase verfügten sowjetische Piloten, Panzerbesatzungen oder Geschützbedienungen nicht über die Ausbildung und Kampferfahrung der Wehrmacht. Schuld daran war das »Ausdreschen« der Roten Armee, zunächst durch Stalin 1937/1938 und dann in den Jahren 1941/1942 durch Hitler. Im Jahre 1942 war der typische sowjetische Soldat sehr jung und unerfahren, und die Wahrscheinlichkeit, mit seiner nagelneuen Il-2 auf dem eigenen Flugplatz abzustürzen, war genauso groß wie die eines Absturzes unter Feindfeuer. Die deutsche Luftwaffe schätzte die russische daher viel geringer ein als die britische oder amerikanische und »nutzte Rußland als Schule für unerfahrene Piloten. Dort konnten sie fliegerisches und kämpferisches Können erwerben, bevor sie in den Hexenkessel der Luftschlachten im Westen geworfen wurden[17].«

Ein dritter Faktor schließlich ist in der rücksichtslosen, Menschen und Material verschwendenden Militärpolitik des Stalinismus zu sehen, der allzu wenig Gewicht auf die Vermeidung von Verlusten legte. Die sowjetischen Landsturmeinheiten (»opolčenie«) zum Beispiel, die größtenteils aus unausgebildeten Industriearbeitern bestanden, ohne qualifizierte Offiziere und entsprechende Waffen, wurden an die Front geschickt, um dort abgeschlachtet zu werden. Auch sowjetische Panzer wurden vergeudet[18]. Bei der Planung militärischer Operationen wurden mögliche menschliche Verluste von der Führung im allgemeinen nicht berücksichtigt; auch der wahrscheinliche Verlust an Ausrüstung wurde schlicht ignoriert. Entstanden in der Verzweiflung des Jahres 1941, gefördert durch den geringen Wert, den die stalinistische Ideologie den menschlichen »Rädchen« im Getriebe der Militär- und

Wirtschaftsmaschinerie beimaß, sollte sich diese Gewohnheit den ganzen Krieg hindurch bis in die Zeit fortsetzen, da für einen rücksichtslosen Kräfteeinsatz längst kein zwingender Grund mehr vorlag.

Die sowjetische Kriegswirtschaft sah sich somit einer zweifachen Aufgabe von entmutigender Dimension gegenüber: Sie sollte nicht nur unter schwierigsten Bedingungen die schweren Anfangsverluste der Truppe ausgleichen, sondern darüber hinaus zusätzliche Mittel für die nun erforderliche immense Vergrößerung der Streitkräfte bereitstellen.

Umstrukturierung der Wirtschaft

Vom 22. Juni 1941 an machte sich eine neue Beschleunigung der sowjetischen Kriegsproduktion bemerkbar. Hatte der monatliche Ausstoß der sowjetischen Kriegsfabriken in der ersten Jahreshälfte noch bei 1000 Flugzeugen, 300 Panzern, knapp 3000 Geschützen und Mörsern und 175 000 Gewehren gelegen, so stiegen diese Raten in der zweiten Jahreshälfte auf 3300 Flugzeuge, 800 Panzer, 12 000 Geschütze und Mörser und 270 000 Gewehre pro Monat; auch wurden mehr als 10 Millionen Granaten, Minen und Bomben monatlich produziert. (Und das war nur der Anfang. Auf dem Höhepunkt der Kriegsproduktion im Jahre 1944 sollte der monatliche Ausstoß bei 3400 Flugzeugen, fast 1800 Panzerkampfwagen, 11 000 Geschützen und Mörsern, 200 000 Gewehren und 19 Millionen Geschossen, Minen und Bomben liegen[19].)

Diese umfangreiche Ausweitung der Produktion war sehr kostspielig. Weder die Rüstungsindustrie noch die zivile Wirtschaft waren darauf vorbereitet. Verschiedene Bereiche der Kriegsproduktion waren nicht aufeinander abgestimmt. So lag zum Beispiel anfangs der Ausstoß an Geschützen weit über der Geschoßproduktion. Im Herbst fiel die Produktion von Flugzeugen und Panzerfahrzeugen zurück, da ein Großteil der Fabriken den Betrieb einstellte, verladen und aus den Kampfzonen in die inneren Landesteile verlagert wurde.

Darüber hinaus stand die Ausweitung der Kriegsproduktion überhaupt nicht im Einklang mit der Entwicklung der übrigen Wirtschaftssektoren. Während nämlich der Ausstoß im Verteidigungsbereich stieg, ging alles andere dem Zusammenbruch entgegen. Von der ersten zur zweiten Hälfte des Jahres 1941 sank die Kohle- und Stromerzeugung um ein Drittel; die Erzeugung von Roheisen, Rohstahl und Walzstahlprodukten ging sogar um die Hälfte zurück. Der Ausstoß an Werkzeugmaschinen war um zwei Fünftel gesunken. Auch die Getreideernte von 1941 lag im Vergleich zu 1940 um zwei Fünftel niedriger. Aber selbst dieser katastrophale Niedergang sollte sich noch gut ausnehmen im Vergleich zu den Rückschlägen, die für das Jahr 1942 auf die Sowjetunion warteten.

In dem verheerenden Leistungsabfall der Zivilwirtschaft spiegelt sich zum Teil der Erfolg der Deutschen bei der Eroberung russischen Territoriums. Riesige, für die Herstellung moderner Waffen entscheidende Industriekomplexe gingen verloren oder wurden stillgelegt. Auf dem der Sowjetunion verbleibenden Gebiet konnte die landwirtschaftliche Produktion nur unter großen Schwierigkeiten fortgesetzt werden. Hauptgründe dafür waren der Verlust der besten landwirtschaftlichen Nutzflächen in den südlichen Regionen, der Ausfall an Pferden und Traktoren sowie der Abzug junger Männer aus den Reihen der landwirtschaftlichen Arbeitskräfte. Der Niedergang der Zivilwirtschaft wurde dadurch noch weiter verschlimmert, daß die Sowjetunion ihre Kriegsproduktion um jeden Preis fortsetzte; dadurch wurden zusätzliche Mittel abgezogen und das Ungleichgewicht zwischen dem Anstieg in der Rüstungsproduktion und dem Zusammenbruch der übrigen Wirtschaft vergrößert.

Dieses wachsende Ungleichgewicht schlug seinerseits auf den Ausstoß an Rüstungsgütern zurück. Ohne ein Mindestmaß an Produktivität der Zivilwirtschaft nämlich konnte es auch keine Kriegsproduktion geben. Die Fabriken der Rüstungsindustrie benötigten für ihren Betrieb Metalle, Betriebsstoffe, Maschinen und Strom. Außerdem brauchten sie Arbeiter, die nicht ohne Nahrung, Bekleidung und ein Dach über dem Kopf leben konnten. Die Zivilwirtschaft war auch deshalb von entscheidender Bedeutung, weil die Armee nicht nur Kriegsmaterial benötigte, sondern auch große Mengen an Verpflegungsrationen, Kraftstoff und Flugbenzin, Transportleistungen und Bauwerkstoffen, d. h. die Mittel für militärische Bauvorhaben und Operationen.

Solange also die Erhöhung der Rüstungsproduktion weiterhin mit dem Zusammenbruch der Zivilwirtschaft gekoppelt war, bestand immer noch die Gefahr, daß die Kriegsproduktion jederzeit zum Stillstand kommen konnte. Ihr könnten einfach Stahl und Strom ausgehen, oder die Fabrikarbeiter könnten hungern. Im Zeitraum 1941/1942 waren dies deutlich sichtbare und allgegenwärtige Gefahren, die während der gesamten Zeit, besonders aber in den Wintermonaten 1941 und 1942, mehr oder weniger stark spürbar waren.

So etwa geriet im Winter 1941 die Rüstungsproduktion ins Wanken: Im dritten Quartal wurden monatlich über 2200 Flugzeuge gefertigt, im vierten waren es kaum mehr als 1000. Im Dezember wurde das Flugzeugproduktionsprogramm nur zu 39 Prozent erfüllt, der Plan für Flugzeugtriebwerke gar nur zu 24 Prozent. Die monatliche Herstellungsrate von (mittelschweren) T 34-Panzern und (schweren) KV-Panzern fiel von 540 auf 400. In den ersten zehn Tagen des Januars 1942 war die Granatenproduktion auf 20 bis 30 Prozent des Plansolls gefallen[20]. Gemessen an der Lücke zwischen militärischem Bedarf und verfügbarer Produktion an Kriegsgütern war dies der schlimmste Moment des Krieges, der noch dazu in die nervenaufreibende Entscheidungsphase der Schlacht um Moskau fiel. Im Frühjahr 1942 erfuhr die Rüstungsproduktion dann erneut einen kometenhaften Aufschwung, aber zur Stabilisierung des zivilwirtschaftlichen Fundamentes waren weitere gigantische Anstrengungen und nicht zuletzt erhebliche Wirtschaftshilfe von außen erforderlich.

Arbeitskräfte, Lebensmittel

Dieser Krieg war ein »Produktionskrieg«; die Grenzen der Produktivität wurden in erster Linie durch die Verfügbarkeit an Arbeitern und Arbeitsstunden sowie die Arbeitsintensität bestimmt. Das Problem lag darin, daß bei Kriegsausbruch quasi von einem Tag auf den anderen Millionen zusätzlicher Soldaten und Arbeiter in der Kriegsindustrie erforderlich waren, ihre Zahl indes nicht nur nicht anstieg, sondern sich im Gegenteil durch den Verlust an Territorium noch um viele Millionen verringerte.

Schon vor dem Krieg war der Industrie-Arbeitsmarkt angespannt gewesen; zudem war er durch die Notarbeitsgesetze von 1938 und 1940 stark reglementiert worden. Durch diese Gesetze hatte man die Arbeitsstunden erhöht und die freie Arbeitsplatzwahl eingeschränkt. Der Krieg führte nun zu einer weiteren starken Ausweitung der Kontrollen über die Arbeiter. Es wurden sofort Schritte zur Reduzierung der normalen Freizeit und des Urlaubs sowie zur Erhöhung der Arbeitszeit eingeleitet, die in der Industrie von durchschnittlich 41 Wochenstunden vor Juni 1940 auf zunächst 48 Stunden und danach, im Jahre 1942, auf 54—55 Stunden heraufgesetzt wurde[21]. Daneben wurden, wenn auch mit einiger Verzögerung, noch andere Maßnahmen getroffen, die darauf hinausliefen, die arbeitende Bevölkerung durch eine allgemeine Verpflichtung zu Dienstleistungen militärischer oder ziviler Art in größtmöglichem Umfang zu mobilisieren.

Schwieriger war die Frage, wie das richtige Verhältnis zwischen der Zahl der Militärangehörigen, der Rüstungsarbeiter, die den Streitkräften Kriegsmaterial, Kraftstoff und andere Güter lieferten, und der Arbeiter im zivilen Sektor gewahrt werden sollte. Zunächst herrschte Chaos auf dem Arbeitsmarkt, auf dem diverse zivile und militärische Dienststellen miteinander im Wettstreit lagen, um für verschiedene Zwecke Arbeiter zu rekrutieren. Um dieses Problem zu lösen, waren neue — stärker zentralisierte — institutionelle Kontrollen erforderlich, die im Verlauf der Mobilisierung ausgearbeitet wurden. Es sollte allerdings bis zum Jahr 1942 dauern, bis diese Kontrollen wirklich funktionierten[22].

Die von oben eingeleiteten Maßnahmen wurden »unten« bereitwillig aufgenommen. Massen von Freiwilligen strömten unmittelbar zur Kriegsarbeit, darunter Hunderttausende von Hausfrauen, Studenten, Schülern und Rentnern. Die Reaktion von unten weitete sich zu einer massiven Teilnahme an organisierten Programmen — wie dem Notprogramm zur Evakuierung und Umwandlung der Industrieanlagen und der Industriearbeiterbewegung des »sozialistischen Wettstreites« — aus. Einzelne und Gruppen verpflichteten sich zur doppelten und dreifachen Übererfüllung der unter Friedensbedingungen niedrigen Arbeitsnormen[23]. Die Reaktionen auf der unteren Ebene spiegelten sich auch in der Rekrutierung von Rüstungsarbeitern aus dem Bereich der Landwirtschaft, dem traditionellen Arbeitskräftereservoir Rußlands wider, das jedoch im Vergleich zu den Erfordernissen des Krieges auch nicht unerschöpflich war.

Das Auseinanderbrechen der Landwirtschaft bedeutete für die meisten zivilen Haushalte und Verbraucher, daß das Leben im Krieg zu einem Balanceakt am Abgrund wurde. Nahrungsmittel wurden zum »A und O« der Haushalte[24]. Im November 1941 waren Brot, Getreideprodukte, Fleisch, Fisch, Fette und Zucker für fast die Hälfte der Bevölkerung des Landes rationiert (das einzige wichtige, nicht rationierte Lebensmittel war die Kartoffel). Am wichtigsten war Brot, das für 80—90 Prozent der rationierten Kalorien und Proteine sorgte.

Nicht jeder bekam die gleiche Menge. Es gab eine deutliche Unterscheidung nach Alter und Arbeitsstatus (grob formuliert, in steigender Reihenfolge: erwachsene Familienangehörige, Kinder, Büroangestellte, Industriearbeiter, Arbeiter in kriegswichtigen Betrieben, Bergleute). Aber nur Soldaten, Bergleute und Rüstungsarbeiter, die in den gefährlichsten Bereichen tätig waren, bekamen wirklich genug zu essen. Es gab einfach nicht genug für alle, und so hungerten die meisten; gleichwohl starben im Jahre 1941 nur in Leningrad Menschen am Hunger.

Da die Rationen allein zum Leben nicht ausreichten, ergänzten die meisten ihren Speiseplan aus inoffiziellen Quellen (mit Ausnahme der Bewohner von Leningrad, da es im Umkreis der Stadt kein Ackerland gab), die vom Winter 1941 an den Unterschied zwischen Leben und Tod ausmachten. Großfabriken wie auch städtische Haushalte betrieben nebenher umfangreiche Landwirtschaften. Ein weiteres, inoffizielles Mittel zum Überleben waren die geringen und immer mehr abnehmenden Lebensmittelüberschüsse, die von den Bauern auf nicht reglementierten Lebensmittelmärkten in den Städten verkauft wurden.

Wie lebten die Bauern in den Kolchosen unter Kriegsbedingungen? Wir begegnen hier einem der »weißen Flecken« in der sowjetischen Geschichte, den wir kaum füllen können. Sicherlich sank die Lebensmittelproduktion pro Landarbeiter bei gleichzeitig steigendem Bedarf der Regierung — und dies, obgleich selbst zu Friedenszeiten die Haltung der Regierenden gegenüber den Bedürfnissen des ländlichen Verbrauchers hart und willkürlich gewesen war.

Was für den Arbeiter in der Stadt das Brot war, wurde für den Bauern die Kartoffel. Alles was sonst wichtig war — Proteine, Fette und Vitamine — kam von der Milch (und wenn nicht von der Kartoffel, dem Brot oder der Milch, dann vom Gras)[25].

Nicht alle Landbewohner litten gleichermaßen. Landwirtschaftliche Erzeugnisse wurden unglaublich rar — wer aber Überschüsse hatte, wie gering auch immer, konnte diese auf dem Markt verkaufen. Während des Krieges taten dies viele und trugen so zum Überleben der Stadtbevölkerung bei. Bei steigenden Preisen auf dem freien Markt wurden einige zu Rubelmillionären. Das Bareinkommen aus den Lebensmittelverkäufen auf dem freien Markt trug dennoch nicht wesentlich zur Erhöhung des Lebensstandards der Bauern bei, da es bald nichts mehr gab, was man für Bargeld kaufen konnte.

Nationalgefühl

Das Nationalgefühl war von großer Bedeutung für die sowjetischen Kriegsanstrengungen, doch handelt es sich hier um eine diffizile Materie. Was veranlaßte Russen, Usbeken, Ukrainer, Armenier und Aserbaidschaner, sich am Krieg gegen die Deutschen zu beteiligen? War es die Verteidigung »ihres« Sowjetstaates, Loyalität gegenüber sowjetischen Institutionen und Traditionen, verankert in einer spezifisch sowjetischen Kultur und von sowjetischen Führern geleitet? Wie vertrug sich die ethnische Zugehörigkeit mit der Teilnahme an den politischen Strukturen der Sowjetunion während des Krieges? Dies sind Fragen, die Zweifel und Spekulationen, aber nicht viel mehr, ausgelöst haben.

Ziemlich sicher ist, daß das Nationalgefühl nicht immer in dieselbe Richtung wies. Dies sollte sich im Jahre 1941 deutlich zeigen, als erhebliche Teile jener ethnischen Gruppen, die am unmittelbarsten mit dem Krieg und der deutschen Besatzung konfrontiert waren, sich auf Gedeih und Verderb mit den Invasoren verbanden; ein Grund hierfür war wohl eine Art falsch verstandenes Nationalgefühl, der Glaube, daß die Nazis einen besseren Weg zur nationalen Errettung anboten als die Bolševiki[26]. Die Grundlage solchen Glaubens wurde freilich durch die Art, wie die Deutschen ihre russischen Kriegsgefangenen behandelten und ihre Besatzungspolitik gestalteten, schnell erschüttert; dennoch sollte es Vlasov mit seinem »Komitee zur Befreiung der Völker Rußlands« noch 1943 gelingen, Unterstützung in der Bevölkerung der besetzten Gebiete zu finden[27].

Für die Kriegsanstrengungen im Landesinnern war das Nationalgefühl sicherlich ein Faktor von Bedeutung. Auf jeden Fall spielte es bei der Beschaffung von Ressourcen für die Kriegswirtschaft eine Rolle, denn Zwang allein erwies sich nicht als wirksam. Die Kriegserfahrungen in der Bauindustrie sollten zeigen, daß eine militärähnliche Organisation, in der man sich um die Moral der Arbeiter nicht kümmerte, keine guten Resultate erbrachte[28]. Auch finanzielle Anreize erwiesen sich zu Kriegszeiten als nicht besonders wirksam, da sich in der Zuweisung von Verbrauchsgütern — bedingt teils durch die offizielle Rationierung, teils durch Tauschgeschäfte — erhebliche Verschiebungen ergeben hatten, die dazu führten, daß Bargeld immer stärker vom freien Markt verdrängt wurde[29]. (Privilegierter Zugang zu rationierten Gütern war dagegen offensichtlich ein starker Anreiz, sich an der Rüstungsfertigung zu beteiligen und zuverlässig zu arbeiten.)

Wichtig war der Zusammenhang zwischen Lebensmitteln und Moral. In der UdSSR führte die kriegsbedingte Lebensmittelknappheit, wie auch in anderen kriegführenden Ländern, zu »Lebensmittelverbrechen«. Zu solchen gesetzwidrigen Aktivitäten gehörten die Umleitung staatlicher Vorräte auf den Schwarzmarkt, wo sie zu hohen Preisen weiterverkauft wurden, oder auch der Handel mit Lebensmittelkarten, die gefälscht, von den Behörden gestohlen oder durch Täuschung und Diebstahl von Einzelpersonen beschafft werden konnten[30]. Alle Lebensmittelverbrechen fügten der Gesellschaft Verluste zu; am schlimmsten trafen einzelne Opfer jedoch die Diebstähle. Um den vorgetäuschten Verlust von Lebensmittelkarten zu verhindern, wurden in Leningrad zur Abschreckung verlorengegangene Karten erst am Monatsende ersetzt. Im Winter des Jahres 1941 war es unwahrscheinlich, daß ein Leningrader, dem Anfang des Monats seine Lebensmittelkarte gestohlen worden war, ohne die Unterstützung seiner Familie oder Freunde überleben würde. Alle Lebensmittelverbrechen wurden daher schwer bestraft, d.h., zumindest in Leningrad, normalerweise durch Erschießen[31].

Zwischen den Lebensmitteln und der Moral der Bevölkerung bestand eine von vielen Faktoren beeinflußte, komplexe Verbindung. Ein Niedergang der Moral war jedoch nicht notwendigerweise das Ergebnis einer Lebensmittelknappheit. So zum Beispiel hießen in den 1939 und 1940 annektierten westlichen Territorien, in Ostpolen und im Baltikum, ganze Gemeinden die Invasoren willkommen, ohne dazu durch materielle Mangelerscheinungen veranlaßt worden zu sein. Das andere Extrem ist Leningrad. Im Winter 1941 war die ganze Stadt dem Tode nahe, und die Menschen litten unter jeder nur denkbaren Art körperlichen und moralischen Verfalls, aber der Geist der Bevölkerung brach dennoch nicht zusammen. Es gab keine Panik, keine Plünderungen, kein Aufgeben.

Viele Fälle lagen zwischen diesen beiden Extremen. Lehrreich ist die Moskauer »Panik« im Oktober 1941, die nicht durch materielle Mangelerscheinungen, sondern durch das Nahen der deutschen Streitkräfte, verbunden mit der Evakuierung der wichtigsten Regierungsdienststellen, ausgelöst wurde. Die dann einsetzenden Plünderungen und anderen Verletzungen der öffentlichen Ordnung waren nicht das Ergebnis einer Lebensmittelknappheit, sondern der Angst der Menschen, ihre Führer hätten sie im Stich gelassen.

Um die sowjetische Gesellschaft für den Krieg zusammenzuschmieden, ließ das stalinistische Regime die Vorkriegsthemen des inneren Klassenkampfes und der Säuberung von internen Gegnern entweder ganz fallen oder schwächte sie dadurch ab, daß z. B. Kampagnen gegen die linke und rechte Vorkriegsopposition heruntergespielt und eine begrenzte Zahl von Opfern der Vorkriegssäuberungen, insbesondere Militär- und Wirtschaftsführer, rehabilitiert wurden.

Auch gab es wichtige Zugeständnisse an das russische Nationalgefühl, wobei Stalin selbst mit seinen Ansprachen und Verordnungen voranging. Im Herbst 1941 wurde damit begonnen, die Rolle der Armee in der Zarenzeit wiederzubeleben, indem ihr Image als eines Instruments imperialistischer Unterdrückung in das freundlichere Bild eines Anwalts der nationalen Befreiung verwandelt wurde. Diese Bemühungen kulminierten im Sommer 1942 in der Rückkehr zu einer einheitlichen Militärhierarchie (durch Abschaffung der Überwachung durch die Politkommissare) und der Wiederherstellung der Privilegien für bestimmte Dienstgrade. Deutschfeindliche Gefühle wurden unterdessen stark gefördert.

Die andere Seite der Medaille war Moskaus anhaltendes Mißtrauen gegenüber ziviler Moral und zivilen Werten. Die sowjetischen Führer verhielten sich, als glaubten sie, die öffentliche Ordnung stehe immer vor dem Zusammenbruch. Dies zeigte sich etwa in Stalins Zögern, angesichts des feindlichen Vormarsches die Evakuierung der Nichtkombattanten aus Leningrad zu genehmigen, und in seiner Bereitschaft, die daraus resultierenden Verluste in Kauf zu nehmen, statt das Signal zum Rückzug zu geben. Ebenso reagierte er 1942 mit seiner Weigerung, die Nichtkombattanten aus Stalingrad evakuieren zu lassen, was auch hier zu schweren Verlusten unter der Zivilbevölkerung führte.

Unkontrollierte wirtschaftliche Mobilisierung

Worin lag die historische Bedeutung des Jahres 1941? Es war das Jahr, in dem die Sowjetunion den wirtschaftlichen und militärischen Zusammenbruch abwenden konnte. Dies war deshalb so wichtig, weil dadurch Hitlers Zeitplan durcheinandergebracht und das Erreichen seiner strategischen Ziele in Frage gestellt wurde. Zugleich war damit gewährleistet, daß die Fortsetzung des Kampfes um einen zweifelhaften Sieg in Rußland Deutschland nunmehr zehn- oder zwanzigmal mehr Menschen und Material als erwartet kosten würde. Mit der Niederlage vor Moskau verlor das »Dritte Reich« zum ersten Mal Boden an eine in der Verteidigung stehende Armee, war Berlin zum ersten Mal nicht in der Lage, den Ausgang eines Aufeinandertreffens von Streitkräften für sich zu entscheiden. Dessen ungeachtet hing Hitlers Blitzkriegsstrategie davon ab, daß Deutschland, um siegreich zu bleiben, ständig die Initiative behielt.

Gleichwohl war dies noch nicht der wirkliche Wendepunkt des Krieges. Ein weiteres Jahr sollten beide Seiten noch darum kämpfen, die Initiative zu erlangen oder zurückzugewinnen. Für die Sowjets wurde 1942 im großen und ganzen schlimmer als 1941. Erst nach Stalingrad standen die sowjetischen Kriegsanstrengungen auf einer relativ stabilen Grundlage; in bestimmten Bereichen (zum Beispiel bei der Lebensmittelversorgung) sollte das Jahr 1943 sogar noch schlimmer als 1942 werden.

Für die Verschlechterung der sowjetischen Lage im Jahre 1942 gab es zwei Gründe. Zum einen war da der Teilerfolg der deutschen Strategie, durch die Moskau weitere umfangreiche wirtschaftliche Ressourcen im Süden des Landes verlor und die Kriegswirtschaft in den inneren Landesteilen zusätzlichen Schaden nahm[32]. Der andere Grund lag in der Art der Mobilisierung der sowjetischen Wirtschaft im Jahre 1941.

Wie sah diese Mobilisierung aus? Die sowjetische Verteidigungsindustrie wurde 1941 gerettet, und die Herstellung von Munition erreichte ungeahnte Höhen; alle übrigen Bereiche der Industrie und Wirtschaft jedoch blieben sich selbst überlassen und verfielen in Chaos. Über dieser Unordnung präsidierte auf höchster Ebene die oben beschriebene inoffizielle Führung — ein unkoordiniertes System wirtschaftlicher Leitung durch einzelne Mitglieder des Kriegskabinetts und des Politbüros.

Auf dieser Basis konnten die Kriegsanstrengungen nicht lange fortgesetzt werden. Die unerträglichen Belastungen für die Zivilwirtschaft waren nicht nur einfach die Folgen erfolgreicher deutscher Offensiven, sondern waren durch die unkontrollierte Mobilisierung im vorangegangenen Jahr verschlimmert worden. Sie hatte zwar die unmittelbare kriegswirtschaftliche Leistungsfähigkeit des Landes erhalten, gleichzeitig aber zu riesigen Problemen geführt. Der Motor der Kriegswirtschaft war um Hunderte von Kilometern nach Osten verschoben worden und lag nun im Uralgebiet und in Westsibirien, wohin die westlichen und südlichen Panzer-, Geschütz-, Munitions- und Flugzeugfabriken verlegt worden waren. Diese Verlegung hatte immense Ressourcen aus dem Bereich des zivilen Bau- und Transportwesens verschlungen. Im übrigen waren die entlegenen Regionen im Inneren des Landes überhaupt nicht auf eine derartig beschleunigte Nutzung vorbereitet. So fehlten die meisten Dinge, die für eine Wiederinbetriebnahme der evakuierten Kriegsfabriken erforderlich waren — zusätzliche Arbeitskräfte, Unterkünfte und Lebensmittelvorräte, Transportverbindungen, Strom, Lieferanten für Metallprodukte und Ersatzteile sowie jegliche Art finanzieller und wirtschaftlicher Infrastruktur.

Der Ausgleich dieser Mängel war mit hohen Kosten für die Wirtschaft verbunden. Durch gewaltige Opfer der sowjetischen Zivilbevölkerung wurde ein großer Teil dieser Kosten direkt aufgebracht, um sofort eine unterstützende Infrastruktur zu schaffen. Später wurden einige der Kosten im Wege des Leih-Pachtgeschäfts, das 1943 einen beträchtlichen Umfang annahm, von den Vereinigten Staaten getragen. Über andere Kosten ist man sich erst heute durch die Umweltkrise im Uralgebirge und in Sibirien klargeworden.

Um die Kriegsanstrengungen fortsetzen zu können, mußte das unkoordinierte System eines informellen Managements durch einzelne Mitglieder des Kriegskabinetts und des Politbüros, das sich bis Ende 1942 behaupten konnte, letztlich verschwinden. Ungefähr zur gleichen Zeit wurde die Steuerung der Arbeitskräfte bei einer einzigen Regierungsbehörde zentralisiert, und die persönliche Verantwortung einzelner Mitglieder des Kriegskabinetts und des Politbüros auf einen neuen mächtigen Unterausschuß des Kabinetts, das Operationsbüro, übertragen. Von nun an gab es weniger Sofortprogramme und Panikmaßnahmen, und die normalen Planungsverfahren wurden nach und nach wieder in Gang gesetzt[33]. Die Rationalisierung in der Verwaltung, unterstützt durch den verstärkten Fluß alliierter Ressourcen im Rahmen der Leih-Pacht-Lieferungen führte letztendlich zu einer Stabilisierung der sowjetischen Kriegswirtschaft.

Anmerkungen

[1] Basierend auf der Zahl von 20 Millionen Toten in der UdSSR, gab der führende sowjetische Demograph, B. Urlanis (Wars and Population, Moskau 1971) die Zahl der Kriegstoten weltweit mit 50 Millionen an. Die höhere Zahl von 27 bis 28 Millionen Toten beruht auf einem autorisierten Zitat des sowjetischen Oberbefehlshabers der Streitkräfte des Warschauer Paktes in seiner Rede anläßlich des Jahrestages des Waffenstillstandes im Jahre 1990 (in: The Guardian, 8. Mai 1990); dieses Zitat basierte offensichtlich auf einem sich herauskristallisierenden Konsens unter den sowjetischen Demographen, zusammengefaßt durch L. Rybakovskij, Dvadcat' millionov ili bol'še?, in: Političeskoe obozrenie, 1989, H. 10. Derzeit können höhere Zahlen jedoch immer noch nicht ausgeschlossen werden. Die höchste wissenschaftliche Schätzung von bis zu 40 Millionen stammt von V.I. Kozlov, O ljudskich poterjach Sovetskogo Sojuza v Velikoj Otečestvennoj vojny 1941—45 gg., in: Istorija SSSR, 1989, H. 2.

[2] M.A. Moiseev, Cena pobedy, in: Voenno-istoričeskij žurnal, 1990, H. 3, S. 14.

[3] Jonathan R. Adelman, The Tsarist, Soviet and U.S. Armies in the Two World Wars, Boulder, Col. 1988, S. 171 ff.

[4] Am 22. Juni 1941 hatte Deutschland 135 Divisionen entlang der sowjetischen Front disloziert, im Vergleich zu 71 Divisionen in Deutschland und den besetzten Gebieten sowie 2 Divisionen in Nordafrika. Dieses Verhältnis war sechs Monate später noch im wesentlichen unverändert; Bernhard R. Kroener, Rolf-Dieter Müller, Hans Umbreit, Organisation und Mobilisierung des deutschen Machtbereichs. Teilbd 1: Kriegsverwaltung, Wirtschaft und personelle Ressourcen 1939—1941, Stuttgart 1988 (= Das Deutsche Reich und der Zweite Weltkrieg, Bd 5/I), S. 874 f.

⁵ Vgl. Klaus A. Maier u. a., Die Errichtung der Hegemonie auf dem europäischen Kontinent, Stuttgart 1979 (= Das Deutsche Reich und der Zweite Weltkrieg, Bd 2), S. 307, sowie Franz Halder, Kriegstagebuch. Tägliche Aufzeichnungen des Chefs des Generalstabes des Heeres, 1939—1942, bearb. von Hans-Adolf Jacobsen, hrsg. vom Arbeitskreis für Wehrforschung, 3 Bde, Stuttgart 1962—1964, Bd 3, Stuttgart 1964, S. 318 (30.11.1941).

⁶ Nach Moiseev, Cena pobedy (wie Anm. 2), S. 15, mußten 20 Prozent der 8,7 Millionen Kriegstoten unter den sowjetischen Streitkräften in der zweiten Hälfte 1941 hingenommen werden.

⁷ Über die sowjetische Aufrüstung in einer vergleichenden Perspektive siehe Mark Harrison, Ressource mobilization for World War II: the USA, UK, USSR and Germany, 1938—1945, in: Economic History Review, Vol. 41 (1988), Nr. 2.

⁸ Alan S. Milward, The German Economy at War, London 1965, S. 26 f.

⁹ Mark Harrison, Soviet Planning in Peace and War, 1938—1945. Cambridge 1985, S. 53—63.

¹⁰ Iz tetradi zapisi lic, prinjatych I. V. Stalinym. 21—28 ijunja 1941 g., in: Izvestija CK KPSS, 1990, H. 6, S. 216—222.

¹¹ Dmitrij Volkogonov, Triumf i tragedija. Političeskij portret I. V. Stalina, Bd 2, Teil 1, Moskau 1989, S. 169.

¹² Nikolaj Pavlenko, Tragedija i triumf Krasnoj Armii, in: Moskovskie novosti, 1989, H. 19, S. 8 f. Pavlenko zitiert Marschall Žukov als unmittelbaren Zeugen dieses Versuches, den Stalin am 7. Oktober 1941 unternahm. Volkogonov (wie Anm. 11), S. 172 f., verlegt diese Episode schon in den Juli 1941, aber hier irrt er offenbar.

¹³ Sanford R. Lieberman, The evacuation of industry in the Soviet Union in World War II, in: Soviet Studies, Vol. 35 (1983), No. 1; ders., Crisis management in the USSR: The Wartime system of administration and control, in: The Impact of World War II on the Soviet Union, hrsg. von Susan J. Linz, Totowa, N. J. 1985; Harrison, Soviet Planning (wie Anm. 9), S. 63—100.

¹⁴ Istoriki sporjat. Trinadcat' besed, Moskau 1988, S. 314; Kozlov, O ljudskich poterjach (wie Anm. 1), S. 132. Vgl. auch den Beitrag Volkogonovs im vorliegenden Band.

¹⁵ Mark Harrison, The volume of Soviet munitions output, 1937—1945: A reevaluation, in: Journal of Economic History, 50 (1990), Nr. 3 (Tabelle 8).

¹⁶ Aus Harrison, Soviet Planning (wie Anm. 9), S. 110—115.

¹⁷ Williamson Murray, Luftwaffe: Strategy for Defeat, 1933—1945, London 1988, S. 371.

¹⁸ Vitali Shlykov, On the history of tank assymetry in Europe, in: International Affairs, 1988, Nr. 10.

¹⁹ Harrison, Soviet Planning (wie Anm. 9), S. 250 f.

²⁰ Ebd., S. 92, 251.

²¹ So N. A. Voznesensky, War economy of the USSR in the period of the Patriotic War, Moskau 1948, S. 91; im Jahre 1942 lagen die Arbeitsstunden der Industriearbeiter um 22 Prozent höher als 1940.

²² Harrison, Soviet Planning (wie Anm. 9), S. 185—191.

²³ L. S. Rogačevkaja, Socialističeskoe sorevnovanie v SSSR. Istoričeskie očerki. 1917—1970 gg., Moskau 1977, S. 175—212.

[24] U. G. Černjavskij, Vojna i prodovol'stvie. Snabženie gorodskogo naselenija v Velikuju Otečestvennuju vojnu (1941—1945 gg.), Moskau 1964; A. V. Ljubimov, Torgovlja i snabženie v gody Velikoj Otečestvennoj vojny, Moskau 1968; William Moskoff, The Bread of Affliction: The Food Supply in the USSR during World War II (Cambridge — erscheint demnächst).

[25] Ju. V. Arutjunjan, Sovetskoe krest'janstvo v gody Velikoj Otečestvennoj vojny, Moskau ²1970, S. 361.

[26] John Barber, The role of patriotism in the Great Patriotic War. Unveröff. Ms. für die »Conference on Russia and the USSR in the XX Century« (Moskau 1990).

[27] Catherine Andreyev, Vlasov and the Russian Liberation Movement: Soviet Reality and Emigré Theories, Cambridge 1987, S. 47—50.

[28] Ju. L. D'jakov, Promyšlennoe i transportnoe stroitel'stvo v tylu v gody Velikoj Otečestvennoj vojny, in: Istoričeskie zapiski, Moskau 1978, Nr. 101, S. 60.

[29] Moskoff, The Bread of Affliction (wie Anm. 24), Kapitel 8.

[30] Siehe K. S. Karol, Solik: Life in the Soviet Union, 1939—1946, London 1986, S. 94 f.

[31] Harrison E. Salisbury, The 900 Days: the Siege of Leningrad, London 1970, S. 533.

[32] Vgl. hierzu eingehend Bernd Wegner, Der Krieg gegen die Sowjetunion 1942/43, in: Horst Boog u. a., Der globale Krieg. Die Ausweitung zum Weltkrieg und der Wechsel der Initiative 1941—1943, Stuttgart 1990 (= Das Deutsche Reich und der Zweite Weltkrieg, Bd 6), S. 759—1102.

[33] Harrison, Soviet Planning (wie Anm. 9), S. 175—185.

Benjamin Pinkus

Die Deportation der deutschen Minderheit in der Sowjetunion 1941—1945*

Die Abhängigkeit der Lebensbedingungen der deutschen Minderheit vom jeweiligen Kurs der Außen- und speziell der Deutschlandpolitik der Sowjetunion ist in der historischen Fachliteratur mehrfach betont worden[1]. Von kurzen Übergangsphasen (1918—1921; 1929—1931) abgesehen trat die Wechselbeziehung zwischen Außen- und Innenpolitik insbesondere während der beiden Hauptperioden der Zwischenkriegszeit, d. h. von 1922 bis 1928 und von 1933 bis 1939 klar zutage. Dem relativ guten und stabilen Verhältnis des Sowjetstaates zur Weimarer Republik vom Abschluß des Rapallo-Vertrages bis 1928 entsprach auf innenpolitischer Ebene ein Kurs gegenüber den nationalen Minderheiten und besonders der deutschen Mehrheit, der, bezogen auf die gesamte, bis in die jüngste Vergangenheit praktizierte Nationalitätenpolitik des Sowjetregimes, die »liberalsten« Tendenzen aufwies. Ebenso korrelierte die zunehmende außenpolitische Abgrenzung und bald feindselige Frontstellung im Verhältnis Moskau—Berlin in den Jahren 1933—1939 mit einer extremen Verschärfung der innersowjetischen Nationalitätenpolitik und dabei insbesondere einer bedrohlichen Aushöhlung der Existenzgrundlagen der deutschsprachigen Bevölkerung[2].

I. Die Übergangsphase 1939—1941

In welchem Ausmaß das Schicksal der deutschen Minderheit in der UdSSR in das komplizierte Netz der sowjetisch-deutschen Beziehungen eingespannt war, wurde erneut nach der Unterzeichnung des Molotov-Ribbentrop-Paktes deutlich. Die deutschen Volkszugehörigen waren weder im Nichtangriffspakt noch in seinem Zusatzprotokoll erwähnt worden. Doch ließen die Absätze des Vertrages, in denen von weiterlaufenden Konsultationen über Fragen beiderseitigen Interesses, darunter nicht zuletzt »für den Fall einer territorial-politischen Umgestaltung« in Ostmittel- und Südosteuropa die Rede war, die Möglichkeit eines Bevölkerungsaustausches zwischen den beiden Staaten offen.

Die Lücke wurde gefüllt nach der Eroberung und Aufteilung Polens im deutsch-sowjetischen Grenz- und Freundschaftsvertrag vom 28. September 1939[3] sowie in sich daran anschließenden Vereinbarungen über die Umsiedlungen der jeweiligen Bevölkerungsgruppen aus den Randzonen deutschen und sowjetrussischen Einflusses[4]. Diese und weitere vertragliche Regelungen leiteten das gigantische Werk der Entwurzelung, Umsiedlung und Deportation der deutschen, baltischen und slawischen Bevölkerung aus den zwischen den beiden totalitären Staaten aufgeteilten Territorien in die Wege. Dabei wurden die deutschen Volksteile der Baltischen Staaten, Polens und Rumäniens von Ende 1939 bis Anfang 1941 zwangsumgesiedelt.

Was die deutsche Minderheit in der Sowjetunion anging, so hatte Hitler zweifelsfrei signalisiert, daß dieses Problem nicht länger ein Stein des Anstoßes zwischen den beiden Mächten sein sollte. Auf sowjetischer Seite war man — bei Aufrechterhaltung des seit 1936/38 stark eingeengten rechtlich-politischen Status der Deutschen — sichtlich bemüht, zu große Härten zu vermeiden und vom zuvor verfolgten Kurs pauschaler Verdächtigungen und Verunglimpfungen abzurücken. Die von Mißtrauen geprägten Sicherheitsmaßnahmen gegen deutsche Sowjetbürger wurden zwar insofern fortgesetzt, als deren Aufnahme in die Rote Armee und in den Regierungsapparat nach wie vor relativ selten und in jedem Einzelfall unter Beachtung strenger Auswahlkriterien erfolgte[5]. Auch die Verhaftung und Verbannung Deutscher in bzw. aus den Grenzgebieten der UdSSR wurde fortgesetzt; doch geschah dies nun in begrenztem Umfang und auf so diskrete Weise, daß negative Reaktionen aus Deutschland nicht zu befürchten waren. Das freilich geringe Maß an deutscher Autonomie, das sich in den nationalen Gebieten, Sowjets und Gerichten nach den Jahren der »Säuberungen« noch erhalten hatte, blieb — im Gegensatz zu anderen Minderheiten wie etwa Juden und Polen — bis zum deutschen Angriff auf die Sowjetunion ungemindert erhalten. Die Politik einer forcierten Vermischung der Nationalitäten dauerte an; die deutsche Minderheit war ihr in multinationalen Gebieten ebenso stark ausgesetzt wie die anderen Völker. Doch erlebten die rein oder fast rein deutsch gebliebenen Dörfer in der Ukraine und auf der Krim eine Atempause im Prozeß der zwangsweisen Russifizierung[6]. Zugleich blieb in der Infrastruktur des Sowjetstaates die negative Einstellung gegenüber den Deutschen latent bestehen und konnte sich, wie die Wochen nach der Berlinreise Molotovs im November 1940 zeigten, sehr schnell wieder aggressiv auf- bzw. entladen.

Die Mehrheit der deutschen Bevölkerung in der UdSSR hoffte damals zweifellos, daß Berlin und Moskau auch ein sie betreffendes Umsiedlungsabkommen abschließen würden und sie dann genauso wie die deutschen Volksteile in Ostmitteleuropa nach Deutschland gelangen könnten. Die Hoffnungen erfüllten sich nicht, waren jedoch zeitweise so weit gediehen, daß einige deutsche Familien und Dörfer bereits ihr Hab und Gut für den Abtransport ordneten, während andere nach Moskau reisten, um die Botschaft um Hilfe bei der Vorbereitung ihrer Auswanderung zu bitten. Die sowjetische Seite sorgte stattdessen für eine gewisse, weithin sichtbare Aufwertung der deutschen Minderheit und ihrer Institutionen, die vorwiegend propagandistischen Zwecken mit außenpolitischer Zielsetzung diente. So wurde die Deutsche Wolgarepublik auf den geplanten, aber nicht zustandegekommenen Besuch Hitlers vorbereitet[7]. Selbst Hakenkreuzfahnen wurden als Banner und Wimpel in den Haushalten verteilt — eine Tatsache, die nach Kriegsausbruch die schlimmsten Folgen für die Wolgadeutschen nach sich ziehen sollte.

Die wirtschaftliche Lage der Deutschen in der UdSSR veränderte sich in den Jahren der deutsch-sowjetischen Partnerschaft nicht meßbar. Es gab keine nennenswerten Erleichterungen, die es den durch Zwangskollektivierung, Hungerjahre und Massendeportation entwurzelten und völlig verarmten deutschen Bauern erlaubt hätten, irgendwelche neuen Hoffnungen zu schöpfen. Sofern überhaupt noch vorhanden, war ihr Hoffen allein darauf gerichtet, das Sowjetsystem zu verlassen, zumal sich in ihm auch ihre inzwischen nicht minder katastrophalen immateriellen Lebensbedingungen keineswegs verbesserten. Für Katholiken wie Protestanten war die praktische Religionsausübung seit den ausgehenden dreißiger Jahren unmöglich geworden. Kirchen, Bibelschulen, Seminare und andere kirchliche Einrichtungen hatten aufgehört zu existieren. Die Geistlichkeit befand sich in Haft und Verbannung. Die Gläubigen litten unter den Schrecken des Terrorregimes. Und an alledem änderte sich während der knapp zweijährigen Partner- und Komplizenschaft zwischen Stalin und Hitler nichts. Wo sich der Glaube erhalten hatte, beschränkte sich seine Ausübung auf den engsten Familienkreis[8]. Selbst das private Bibelstudium der Mennoniten erlosch, das bis um die Mitte der dreißiger Jahre in den meisten ihrer Häuser stattgefunden hatte[9]. Erst nach dem Ausbruch des Krieges mit Deutschland erfolgte unter sowjetpatriotischem Vorzeichen ein ostentativer Kurswechsel in der offiziellen Religionspolitik. Die Deutschen aber gehörten jetzt zu jenen Minderheiten, die von den sich daraus ergebenden Erleichterungen des religiös-kirchlichen Lebens in keiner Weise profitierten.

Auf kulturellem Gebiet herrschte in der Zeit vom August 1939 bis Juni 1941 in der deutschen Minderheit der Sowjetunion völlige Verwirrung. Deutschunterricht, obwohl offiziell nicht untersagt, wurde tatsächlich nur noch in der Autonomen Wolgarepublik erteilt. Aber zugleich verschwanden selbst hier deutsche Bücher fast gänzlich aus den Dorfbuchhandlungen[10], mußten darüber hinaus — ebenso wie auf der Krim und in der Ukraine — allmählich auch die meisten deutschsprachigen Zeitungen und Zeitschriften ihr Erscheinen einstellen. Dafür nahm die Zahl der Buchveröffentlichungen in deutscher Sprache vorübergehend zu. Noch 1941 erschienen im Deutschen Staatsverlag in Engels immerhin 233 deutsche Buchtitel, darunter 92 Lehrbücher, 68 Veröffentlichungen zu technischen und landwirtschaftlichen Problemen und 46 Werke der Unterhaltungsliteratur[11].

Hinzu kamen, allerdings quantitativ drastisch verringert, Publikationen deutscher Antifaschisten im sowjetischen Exil. Überhaupt nicht erscheinen durften Arbeiten mit extrem antideutscher oder antifaschistischer Tendenz. Bücher, die sich mit der Lage der Deutschen unter dem Nationalsozialismus beschäftigten, hielt die Zensur mit Rücksicht auf den neuen außenpolitischen Partner zurück[12]; und genau deshalb wurden »antifaschistische Filme, so z. B. die sowjetischen Produktionen ›Professor Mamlock‹ und ›Familie Oppenheim‹ [...] schon am Abend des 23. August 1939 aus den Vorführungstheatern zurückgezogen, neuen Projekten wird die Dreherlaubnis gar nicht erst erteilt«.

Für die deutschsprachigen Emigranten in der Sowjetunion weitaus bedrückender war indessen, daß sie sich einer während der Stalin-Hitler-Allianz nochmals gesteigerten Bedrohung an Leib und Leben ausgesetzt sahen. Verhaftungswellen, seit 1936/37 ohnehin an der Tagesordnung, ebbten für sie auch nach 1939 nicht ab. Eine neuartige und besonders diabolische Variante bei der Behandlung verdächtiger Antifaschisten und Kommunisten aus westlichen Ländern bestand darin, daß nicht wenige von ihnen, darunter emigrierte deutsche Juden, in den Monaten Januar und Februar 1940 zum Beweis der »sowjetisch-deutschen Freundschaft« der Gestapo übergeben und dabei aus sowjetischen Lagern in deutsche Konzentrationslager überführt wurden[13]. Wer nicht inhaftiert oder auf andere Weise isoliert wurde, mußte sich von nun an hüten, ein kritisches Wort über Deutschland und den Nationalsozialismus zu sagen oder gar zu schreiben.

Hitlers militärischer Überfall auf die UdSSR am 22. Juni 1941 und der schnelle Vormarsch der deutschen Wehrmacht riefen auf sowjetischer Seite in den Frontgebieten wie im Hinterland zunächst einen Zustand totaler Anarchie hervor. Der Befehl, alle Deutschen nicht nur aus den frontnahen, sondern auch den entlegeneren Gebieten ihrer bisherigen Ansiedlung gewaltsam zu entfernen, gehörte zu den ersten nichtmilitärischen Gegenmaßnahmen der vom Angriff überraschten Sowjetregierung. Er war Ausgangspunkt eines umfassenden Evakuierungs- und Deportationsprozesses[14], der sich in mehreren Wellen vom Sommer 1941 bis zum Herbst 1945 erstreckte.

Die erste und wichtigste Periode umfaßte die Zeit vom 10. Juli bis Ende Oktober 1941, und die in ihr durchgeführten Aktionen waren die umfang- und folgenreichsten im gesamten Deportationsvorgang. Opfer dieser Operationen sollte die deutsche Bevölkerung aller Teile der europäischen Sowjetunion und des Kaukasus sein.

Die erste, vom NKVD durchgeführte Deportation fand am 20. August 1941 auf der Halbinsel Krim statt. Den hier ansässigen Deutschen wurde erklärt: »Wir bringen euch ins Hinterland, damit ihr nicht unter den Kriegshandlungen zu leiden habt[15].« Zweifellos mußten Teile der multiethnischen Bevölkerung der Krim, allen voran die Juden, an ihrer Evakuierung vital interessiert sein. Doch bestand ein solcher Wunsch weder auf seiten der tatarischen noch der deutschen Krimbewohner. Die Frage, wieviele Deutsche im Jahre 1941 auf der Halbinsel lebten und von der Deportation betroffen wurden, ist in der Literatur nicht eindeutig beantwortet worden. Man wird nach der Volkszählung von 1926 und unter Berücksichtigung der hohen Sterblichkeit während der dreißiger Jahre jedoch von einer Größenordnung um 40 000 im Frühsommer 1941 ausgehen müssen. Da ferner 4 900 aus besonderen Gründen nicht von der Zwangsaktion erfaßt wurden, dürften etwa 35 000 Deutsche im August 1941 von der Krim evakuiert und deportiert worden sein[16]. Sie wurden auf Leiter-, Last- und Güterwagen zum Schwarzen Meer, sodann auf Schiffen durch die Straße von Kerč' in Richtung Nord-Kaukasus transportiert, hier vorübergehend, konzentriert auf das Gebiet und die Stadt Ordžonikidze, belassen und schließlich nach Zentralasien und teilweise nach Sibirien geschafft. Eine unbestimmte Zahl der so Deportierten kam unterwegs im Bombenhagel der deutschen Luftwaffe auf die Evakuierungszüge um[17]. Andere erlagen den furchtbaren Strapazen der unter unmenschlichen Bedingungen durchgeführten Aktion.

Die Zwangsevakuierung der Deutschen aus der Ukraine setzte erst im Hinterland der Front ein. Aufgrund des deutschen Blitzvorstoßes blieb das Gebiet bis Žitomir von ihr fast vollständig verschont. Aber je tiefer die deutschen Truppen in die Ukraine eindrangen, desto häufiger fanden sie in den Orten mit deutscher Bevölkerung fast nur noch Frauen, Kinder und Alte vor[18], während Männer im wehr- und arbeitsfähigen Alter fehlten.

Die Zahl der aus der Ukraine evakuierten Deutschen kann nur indirekt erschlossen werden. Im Juni 1941 dürften hier etwa 420 000 Deutsche gelebt haben. Der Bevölkerungszensus von 1926 nannte 394 000 Deutsche; aufgrund des natürlichen Bevölkerungswachstums in 15 Jahren wird man zu dieser Zahl 60 000 addieren können, während vermutlich etwa 35 000 Deutsche in den dreißiger Jahren aus der Ukraine deportiert wurden. Die Zahl der nichtevakuierten Deutschen lag bei 320 000[19]. Etwa 100 000 Deutsche wurden folglich in den Monaten Juli bis Oktober 1941 aus der Ukraine evakuiert und nach Zentralasien, in die kazachische, die kirgisische oder die tadžikische Republik verschickt.

Aus dem europäischen Teil der RSFSR wurde die Mehrheit der Deutschen ebenfalls im Jahre 1941 deportiert. Die erste und größte Welle erfaßte diejenigen, die im Wolgagebiet wohnten. Nach persönlichen Zeugnissen begann die Liquidierung der Wolgarepublik und die Zwangsverschickung der gesamten hier ansässigen deutschen Bevölkerung bereits im Juli 1941[20]. Nach späteren Erkenntnissen aber muß davon ausgegangen werden, daß die eigentliche Entscheidung zur Deportation im August getroffen und im September durchgeführt wurde. Anders als bei der Evakuierung der Deutschen aus anderen Teilen der Sowjetunion, für die ein rechtlicher Akt oder ein offizieller Beschluß auf höherer Ebene niemals veröffentlicht wurde, stützte sich das Vorgehen gegen die Wolgadeutschen auf ein Dekret des Präsidiums des Obersten Sowjet vom 28. August 1941, das vom Präsidiumsvorsitzenden M. I. Kalinin und vom Präsidiumssekretär A. Gorkin unterzeichnet war[21].

Der erste Teil des Dekrets »über die Umsiedlung [pereselenie] der Deutschen des Wolgagebietes« benennt die Gründe für den Rechtsakt: »Entsprechend glaubwürdigen Nachrichten der Militärbehörden befinden sich in den Wolgagebieten unter der dortigen deutschen Bevölkerung Tausende und Zehntausende von Diversanten und Spionen, die auf ein von Deutschland zu gebendes Signal Sabotageakte in den von den Wolgadeutschen besiedelten Gebieten auszuführen haben. Keiner der im Wolgagebiet ansässigen Deutschen hat den Sowjetbehörden die Anwesenheit einer so großen Zahl von Diversanten und Spionen unter den Wolgadeutschen gemeldet; infolgedessen verbirgt die deutsche Bevölkerung an der Wolga die in ihrer Mitte befindlichen Feinde des Sowjetvolkes und der Sowjetmacht. Im Falle von Diversionsakten, die auf ein Signal aus Deutschland durch deutsche Diversanten und Spione im Gebiet der Wolgadeutschen ausgeführt werden sollten, wird die Sowjetregierung gezwungen sein, entsprechend den zur Kriegszeit geltenden Gesetzen Strafmaßnahmen gegen die gesamte deutsche Bevölkerung des Wolgagebietes zu ergreifen[22].« Der sich unmittelbar anschließende zweite Teil des Dekrets umreißt die deshalb befohlenen Maßnahmen: »Um aber unerwünschte Ereignisse dieser Art zu vermeiden und Blutvergießen zu verhindern, hat das Präsidium des Obersten Sowjet der UdSSR es für notwendig befunden, die gesamte Bevölkerung der Wolgagebiete in andere Gebiete umzusiedeln, und zwar derart, daß den Auswanderern Land zugeteilt werden soll und daß sie bei ihrer Neueinrichtung in den ihnen zugewiesenen Siedlungsgebieten vom Staat zu unterstützen sind[23].« Und schließlich enthält der Erlaß auch genaue Ortsangaben für die Deportation: den Wolgadeutschen sind »für Zwecke der getrennten Umsiedlung« die Bezirke von »Nowosibirsk und Omsk, im Altaigebiet, in Kazachstan und in anderen benachbarten Gegenden zugewiesen worden«[24]. Ein zweiter, vom 7. September 1941 datierter Erlaß zog innerhalb der Autonomen Wolgarepublik eine Trennlinie zwischen den Gebieten von Saratov und Stalingrad[25].

Daß die Anklagen gegen die Wolgadeutschen völlig unsinnig waren, wurde nicht zuletzt dadurch bestätigt, daß die Sowjetregierung selbst im Jahre 1964 ihren Wahrheitsgehalt dementiert hat[26]. Dennoch wagte es die deutschsprachige Presse und Literatur in der Sowjetunion bis vor wenigen Jahren nicht, die wirklichen Hintergründe der Aufhebung der Wolgarepublik und der Deportation ihrer deutschen Bewohner aufzudecken. Statt dessen wird das Geschehen tabuisiert: »Ab 1941 mußte man die Massenevakuierung der Bevölkerung der Gebiete vornehmen, die von der Wehrmacht bedroht waren. Die Wolgadeutschen wurden in die Gebiete jenseits des Ural evakuiert[27].«

Persönliche Zeugnisse erlauben es jetzt, die tragischen Vorgänge, die mit dieser Zwangsverschickung verbunden waren, zu rekonstruieren. Die verantwortliche Leitung des Unternehmens hatte General Serov, »Spezialist« für Deportationen seit 1939, damals enger Mitarbeiter Berijas und schließlich in der Chruščev-Zeit selbst KGB-Chef. Der Beschluß

zur Deportation wurde Anfang August 1941 gefaßt, und Truppenver-
stärkungen des NKVD, bestehend aus Front- und Heimat-, Transport-
und Sondereinheiten[28], trafen Ende August im Wolgagebiet ein. Schon
vorher, etwa Mitte August, hatte hier der NKVD eine makabre Aktion
zur Provokation und »Überführung« der Wolgadeutschen als deutsche
Spione und Diversanten inszeniert. In deutschen Uniformen, als Soldaten der Wehrmacht verkleidet, wurden sowjetische Fallschirmsprin-
ger über den von Deutschen besiedelten Gebieten abgesetzt. Wo immer
Spezialsuchtrupps des NKVD sie dann am darauffolgenden Tage fanden und »stellten«, galt dies als Beweis für die aktive Unterstützung
des Feindes durch die deutsche Bevölkerung und diente als Signal zu
Massenverhaftungen und -hinrichtungen[29]. Darüber hinaus genügte es
den mit allen Vollmachten ausgestatteten NKVD-Agenten, auf dem
Dachboden eines wolgadeutschen Hauses eine der Hakenkreuzflaggen
oder Papierfähnchen zu finden, die 1940 während der Vorbereitungen
für den geplanten Hitler-Besuch in der Wolgarepublik verteilt worden
waren, um Tausende von Personen zu »Spionen« zu erklären und zu
erschießen. Die Führungskräfte der Wolgarepublik, aktive und über-
zeugte Kommunisten, wurden paradoxer- und doch sehr bezeichnenderweise die ersten Opfer dieser Aktionen[30].

Am 2. September 1941 begann in Sonderbüros, die inzwischen vie-
lerorts auf dem 10 000 Quadratkilometer großen Territorium der Wolgarepublik eingerichtet worden waren, die Registrierung der rund
400 000 Wolgadeutschen, die sämtlich der Zwangsverschickung unterliegen sollten. Gleichzeitig wurde ihnen strengstens verboten, ihren
Wohnsitz zu verlassen. In den Straßen der Ortschaften und Städte
patrouillierten NKVD-Trupps. Jede Verbindung mit anderen Teilen des
Landes war unterbrochen, besonders die Bahnhöfe standen unter schärf-
ster Bewachung[31].

Hierher wurden zwischen dem 13. und 15. September alle Deutschen
gebracht und in Güterzüge verladen[32]. Grundsätzlich hatten sie das
Recht erhalten, Proviant, Kleidung und andere nützliche Gegenstän-
de bis zum Gewicht von einer Tonne pro Familie mit sich zu
führen[33]. Doch ließ es die außerordentliche Hast des Aufbruchs aus
dem Hause, mit einer durchschnittlichen Vorbereitungszeit von zwei
bis vier Stunden, meist nur zu, ein Bündel mit den allernotwendig-
sten Gegenständen mitzunehmen[34].

Noch gravierender, weil unmenschlicher war folgende Anweisung,
die die NKVD-Einheiten erhalten hatten und nach der sie selbstverständlich handelten: »Bis zur Verladestation wird die ganze Familie

in einem Wagen befördert, an der Verladestation müssen jedoch die Familienhäupter in besondere, für sie vorbereitete Eisenbahnwagen verladen werden, die ein zu diesem Zweck eingesetzter Funktionär anweisen wird [...] Über die bevorstehende Trennung vom Familienhaupt darf ihnen nichts gesagt werden[35].«

Genau so erfolgte jetzt die Verladung in die bereitstehenden Güterzüge mit 40 bis 60 Personen pro Waggon. Die Züge benötigten mehrere Wochen, um ihre Menschenfracht nach Aktjubinsk, Ksyl-Orda-Taškent, Alma-Ata, Semipalatinsk, Barnaul, Novosibirsk und die Kulunda-Steppen zu befördern. Die Mehrheit der Wolgadeutschen ist zwischen Ende September und Mitte Oktober an ihren Bestimmungsorten in Sibirien, vor allem im Altai-Gebiet, und in verschiedenen Gebieten Zentralasiens, vor allem in Nord-Kazachstan, eingetroffen. Die Transportbedingungen waren extrem hart, die Güterwagen während der gesamten Fahrt plombiert, Proviant außerordentlich knapp, und in den heißen Zonen Zentralasiens erhielten die eingepferchten Insassen nur ein ungenügende Menge Trinkwasser. Die Zahl der Opfer, die besonders unter Kindern und Alten sehr hoch gewesen sein muß, ist unbekannt geblieben[36].

Über die damaligen anderen Deportationswellen, so vor allem über die Durchführung der Evakuierung und Deportation der Deutschen aus der RSFSR gibt es nur wenige aufschlußreiche Augenzeugenberichte. Auch unter Berufung auf sie ist davon auszugehen, daß aus den europäischen Teilen der RSFSR, nämlich aus den Gebieten Saratov, Stalingrad, Astrachan', Kuibyšev, Moskau[37] und einigen anderen Regionen etwa 80000 Deutsche auf ähnliche Weise und unter ähnlichen Bedingungen wie ihre Leidensgefährten aus der Wolgarepublik »verfrachtet« und deportiert wurden.

Im Oktober 1941 fand noch eine größere Zwangsverschickungsaktion statt. Sie erfaßte die deutschen Wohngebiete im Südkaukasus, begann mit dem Eintreffen von NKVD-Einheiten in den deutschen Dörfern am 15. Oktober[38] und endete damit, daß 25000 Personen aus dem Südkaukasus über Baku und das Kaspische Meer nach Krasnodar und von hier nach Kazachstan gebracht wurden.

Insgesamt sind während der damit abgeschlossenen ersten Deportationsphase innerhalb von vier Monaten etwa 640000 Deutsche nach Sibirien und Zentralasien verschickt worden[39]. Hinzu kamen als weitere Gruppe die deutschen Antifaschisten im sowjetischen Exil, die fast ausnahmslos unter den gleichen Bedingungen evakuiert und umgesiedelt wurden.

Mit den Vorgängen des Jahres 1941 fanden die Deportationen keineswegs ihr Ende. Vielmehr wurden in einer zweiten, von 1942 bis 1944 anzusetzenden Phase weitere ca. 50 000 Deutsche deportiert, wobei in erster Linie die Bewohner unmittelbarer Grenz- und Kampfzonen (etwa 26 000 Menschen aus Leningrad und 24 000 aus Südkaukasien) betroffen waren[40]. Einen letzten Höhepunkt schließlich erreichten die Deportationen nach dem Osten in einer dritten, schwerpunktmäßig in die Monate von Februar bis Oktober 1945 fallenden Phase[41]. In ihr ging es vornehmlich um das Schicksal der etwa 350 000 deutschen Bewohner jener Gebiete der UdSSR, die 1941 so rasch von deutschen Truppen erobert worden waren, daß eine Deportation durch die sowjetischen Behörden nicht mehr möglich war. Diese Deutschen hatten die nationalsozialistische Besatzungsherrschaft miterlebt, waren als »Volksdeutsche« im Zuge der sogenannten Administrativumsiedlung evakuiert und nach Westen ausgesiedelt worden und sahen sich nun sowjetischerseits mit dem Vorwurf des Vaterlandsverrats und der Kollaboration konfrontiert. Dabei handelte es sich neben früheren Sowjetbürgern im engeren Sinne auch um Deutsche aus den Baltischen Ländern, Westpolen und Rumänien, also die »Vertragsumsiedler« der Jahre 1939 bis 1941, die nun von den Sowjetbehörden zu Bürgern der UdSSR deklariert wurden. 30 000 dieser ehemaligen »Vertragsumsiedler« fielen in sowjetische Hände. Eine dritte Gruppe von Deutschen, die sogenannten »Reparationsverschleppten«, die in den Jahren 1945 bis 1947 in die UdSSR deportiert wurden, durfte, da es sich nicht um frühere Sowjetbürger handelte, zwischen 1947 und 1950 zum Teil wieder nach Deutschland zurückkehren. Diese entlassenen Deportierten brachten Nachrichten über das Schicksal der anderen deportierten Deutschen in der Sowjetunion mit.

IV. Die Deportationspolitik im Vergleich

Die naheliegende und auch wiederholt aufgeworfene Frage, wie viele Deutsche in der Sowjetunion bei ihrer Deportation ums Leben kamen, läßt sich nur mit größter Vorsicht beantworten, da alle unsere Schätzungen auf vagen Prämissen beruhen. Nach Robert Conquest[42] lag der Anteil der Opfer unter den deportierten Deutschen bei 23 Prozent, während er bei den anderen deportierten Nationalitäten doppelt so hoch gewesen sein soll. Der britische Historiker begründet seine Schätzung mit der Annahme, daß die Modalitäten bei der Deportation der Deutschen, wobei er wohl vorwiegend die Wolgadeutschen im Auge hatte, höhere Überlebenschancen boten[43]. Nach unseren Einsichten in die Art der Durchführung der Deportation der Deutschen müssen an der Schätzung Conquests Zweifel entstehen. Uns erscheint heute viel wahrscheinlicher, daß etwa 30 Prozent von ihnen den Strapazen der Umsiedlung erlagen. Dieses würde bedeuten, daß zwischen 1941 und 1945/46 von den etwa 970000 Deutschen, die zwangsverschickt wurden, etwa 300000 umgekommen sind.

Man hat ferner die Frage gestellt, ob sich die Deportation der Deutschen wesentlich von der anderer nationaler Minderheiten oder Minderheitengruppen in der UdSSR unterschied. Dazu ist erstens festzustellen, daß die 407690 Čečenen, 92074 Intgušen, 75739 Karačaen, 42666 Balkaren, 134271 Kalmyken und 202000 Krimtataren in den Jahren 1943 bis 1944 als Strafe für ihre angebliche Kollaboration mit der deutschen Besatzungsmacht deportiert wurden, während es sich beim Vorgehen gegen die Deutschen in den Jahren 1941 bis 1942 um eine reine Präventivmaßnahme handelte. Insofern konnte auch auf sie der — in den Strafgesetzbüchern der anderen Republiken wiederkehrende — Artikel 58,1 des Strafgesetzbuches der RSFSR vom »Vaterlandsverrat« schlechterdings nicht angewandt werden. Ein zweiter Unterschied besteht darin, daß die Autonome Wolgarepublik gleichzeitig mit dem Erlaß über die Deportation ihrer deutschen Bewohner durch einen entsprechenden, vom gleichen Tag datierten und sofort in Kraft tretenden Erlaß aufgehoben wurde, während die offizielle Auflösung der (seit 1921 bestehenden) Autonomen Krimrepublik erst ein Jahr nach der Deportation der Tataren, am 30. Juni 1945, erfolgte und die Veröffentlichung des entsprechenden Dekrets sogar erst am 28. Juni 1946, d. h. zwei Jahre nach dem fait accompli der faktischen Aufhebung durch die totale Deportation der Tataren. Ferner wurden sie und die anderen genannten Nationalitäten in einer jeweils einmaligen, spontanen Aktion verschleppt, während sich, wie dargelegt, die Deportation der über das ganze Land verteilten Deutschen in verschiedenen Phasen vollzog. Dies ist als ein weiterer Unterschied festzuhalten. Und schließlich sei hier schon kurz vorweggenommen, daß die Deutschen der Sowjetunion in der Geheimrede Chruščevs auf dem XX. Parteitag im Februar 1956, mit der die Rehabilitierung der deportierten Nationalitäten begann, unerwähnt blieben und ihre spätere Rehabilitierung nicht so weit gedieh wie die einiger anderer nationaler Minderheiten und niemals gänzlich zu Ende geführt wurde.

Neben den gerade skizzierten Unterschieden gab es freilich auch eine Reihe von Parallelen und Gemeinsamkeiten. In allen Fällen wurde geschlossenen Nationalitäten ein kollektives Verbrechen zur Last gelegt, von dem nicht einmal die Altkommunisten, die führenden Funktionäre und aktiven Antifaschisten in der jeweiligen Volksgruppe ausgenommen wurden. In allen Fällen waren die bei der Durchführung der Deportation verwendeten Methoden und Mittel die gleichen, in allen Fällen Sibirien und Zentralasien die Verschickungsgebiete: Die Deutschen kamen mehrheitlich nach Kazachstan, die Čečenen nach Kirgisien und die Krimtataren nach Uzbekistan. Und in allen Fällen hatten schließlich in der ersten Verbannungsperiode von 1941 bis 1949 die deportierten Nationalitäten den gleichen rechtlich-politischen Status und die gleichen Lebensbedingungen.

Angesichts derartiger Sachverhalte ist weiter zu fragen, warum Stalin mit so hartnäckiger Grausamkeit ganze Völkergruppen für ein von ihnen nicht begangenes Unrecht strafte. Einschlägig ausgewiesene Historiker haben sich um eine Antwort bemüht. H. Carrère d'Encausse kommt zu dem Ergebnis, daß der Diktator mit seinem Vorgehen gegen ganze Völker und nicht nur gegen Einzelpersonen »zweifellos Exempel statuieren wollte. Vor allem war es seine klare Absicht, die nationalen Verantwortlichkeiten im sowjetischen Leben in eine Hierarchie zu bringen. Es gibt schlechte Nationen. Es gibt auch exemplarische Nationen. Die exemplarischste aller Nationen ist die russische. Der Sinn der Botschaft ist klar[44].« A. W. Fisher sieht dagegen die Lösung des Problems in Stalins Außenpolitik und verweist zur Verdeutlichung seiner Interpretation auf die Deportation der meschetischen Türken: »The Meskhetian Turks, who formerly resided in a region of Soviet Armenia along the Turkish border, did not collaborate at all with the German invaders, in fact, they had no contact with them [...] Stalin wanted to be sure that no fifth column of Turkish nationals would stand in the way of such pressure being applied on the Soviet-Turkish border[45].« Ähnliche »Gründe« waren — nach Fisher — auch für die Deportation der Krimtataren und Griechen (mit)verantwortlich.

Zu den angeführten innen- und außenpolitischen Zielsetzungen sei als drittes, ideologisches Motiv Stalins Konzept von den »fließenden Völkern« (tekučie narody) hinzugefügt. Danach gab es Völker, die als erste im Prozeß der Vereinigung aller Sowjetvölker, und das bedeutete im Klartext: im Prozeß der Zwangsrussifizierung, zur Auflösung verurteilt seien. Seit der zweiten Hälfte der dreißiger Jahre »wendete« Stalin diese von ihm schon 1921 entwickelte Theorie praktisch »an«, »unterstützte« er einen vermeintlich natürlichen und objektiven Prozeß durch Beseitigung der autonomen Existenz dieser Völker. Trifft das zu, erscheint jetzt auch die weitergehende Annahme bzw. Schlußfolgerung erlaubt, daß der Krieg mit allen Exzessen von Vernichtung und Völkerhaß Stalin lediglich den letzten Vorwand lieferte, um das Schicksal jener Nationalitäten zu besiegeln, die sich seinen Prophezeiungen widersetzten. Die Stalinsche Politik der »Endlösung« der Frage der »fließenden Völker« fand wohl dabei in der sowjetischen Bevölkerung gerade hinsichtlich der deutschen Mitbürger insofern ein gewisses Verständnis, als sie in Presse und Literatur immer als »Kolonisten« und »Kulaken« abgestempelt worden waren, an deren Loyalität zu Gesellschaft und Staat grundsätzliche Zweifel bestanden.

Anmerkungen

[*] Gekürzte Fassung meiner Darlegungen in: Benjamin Pinkus, Ingeborg Fleischhauer, Die Deutschen in der Sowjetunion. Geschichte einer nationalen Minderheit im 20. Jahrhundert, Baden-Baden 1987, S. 198—203, 303—318.
[1] Die Arbeiten auf diesem Gebiet sind allerdings wenig überzeugend. Ausnahmen bilden: H. Hecker, Sowjetunion — Stalins innenpolitische Konzeption und die außenpolitischen Gegebenheiten als Basis der sowjetischen Reaktion auf die nationalsozialistische Außenpolitik, in: Innen- und Außenpolitik unter nationalsozialistischer Bedrohung, hrsg. von E. Forndran, F. Golczewski, D. Riesenberger, Opladen 1977, S. 58—76; M. Schwarz, The Foreign Policy in the USSR: Domestic Factors, Encino, Cal. 1975; V. V. Aspaturian, Process and Power in Soviet Foreign Policy, Boston 1971, S. 429—490. Wichtige Vorarbeiten zu unserer Fragestellung leistet die — leider unveröffentlichte — Dissertation von R. S. Karklins, The Interrelationship of Soviet Foreign Minorities and Nationality Politics. The Case of Foreign Minorities in the USSR, Chicago 1975.
[2] Vgl. dazu eingehend Pinkus, Fleischhauer, Die Deutschen (wie Anm.*), S. 150—198.
[3] Vgl. das Vertrauliche Protokoll, nach dem die Reichsdeutschen und Personen deutscher Herkunft, die sich in den sowjetischen Einflußzonen befanden, das Recht auf Übersiedlung nach Deutschland oder in die deutsche Einflußsphäre erhielten. Akten zur deutschen auswärtigen Politik 1918—1945. Aus dem Archiv des Deutschen Auswärtigen Amtes. Serie D: 1937—1945, 13 Bde, Baden-Baden, Göttingen 1950—1970, Bd 8, Dok. 158, S. 128; siehe auch: Nazi-Soviet Relations, 1939—1941, hrsg. von J. Sonntag, J. Beddie, New York 1948, S. 106.
[4] Vereinbarung der Deutschen Reichsregierung und der Regierung der Union der Sozialistischen Sowjetrepubliken über die Umsiedlung der deutschstämmigen Bevölkerung aus dem zur Interessenzone der UdSSR und der ukrai-

nischen und weißrussischen Bevölkerung aus dem zur Interessenzone des Deutschen Reiches gehörenden Gebiet des früheren polnischen Staates, in: Akten des Auswärtigen Amtes, Moskau, Kult. B. (Moskau, den 3.11.1939).

5 Die Einschätzung zeitgenössischer deutscher Experten (vgl. Bundesarchiv Koblenz, R 6/7, Bd 1), wonach es schon seit 1936 zu Einberufungen von Deutschen in die Sowjetarmee überhaupt nicht mehr gekommen sei, dürfte übertrieben sein.

6 Vgl. American Historical Society of Germans from Russia (AHSGR), Work Paper, 1972, Nr. 10, S. 14; ferner H. Maurer, Leistung und Schicksal des bäuerlichen Deutschtums im Ostraum, Berlin 1943, S. 16.

7 Der Besuch Hitlers in der Wolgarepublik sollte nach dem für März 1940 geplanten Besuch Stalins in Berlin stattfinden; vgl. J. W. Brügel, Stalin und Hitler. Pakt gegen Europa, Wien 1973, S. 197, und P. Werner, Ein Schweizer Journalist sieht Rußland, Olten 1942, S. 64 ff.

8 Der Chef der Sicherheitspolizei und des SD, Ereignismeldung UdSSR, Nr. 81 (Centre de Documentation Juive Contemporaine, Paris, CXXVI-40a); vgl. ferner Heimatbuch der Deutschen aus Rußland 1969/70, S. 43—51, sowie W. Kahle, Die lutherischen Kirchen und Gemeinden in der Sowjetunion 1939/1940, Gütersloh 1985.

9 J. B. Toews, Documentation on Mennonite Life in Russia, AHSGR, Work Paper (wie Anm. 6), 1976, Nr. 20, S. 36.

10 Ebd., S. 42 f.

11 H. Hoffmann, Bibilographien und Verlage der deutschsprachigen Exil-Literatur 1933 bis 1945, in: Beiträge zur Geschichte des Buchwesens, Bd 4, Leipzig 1969, S. 237.

12 Nach der Liste von Hoffmann (ebd., S. 287—290) sind 1940 16 Titel dieser Art erschienen; sie stammen von Huppert, Balasz, Becher, Bredel, Erpenbeck, Plivier, Schaer, Seghers, Wentscher und Arnold Zweig. Das folgende Zitat nach H. Haarmann, L. Schirmer, D. Walach, Das Engels-Projekt: ein antifaschistisches Theater deutscher Emigranten in der UdSSR, Worms 1975, S. 20.

13 Nach G. Herling (Welt ohne Erbarmen, Köln 1953) waren 1940 in Moskau 570 deutsche Kommunisten inhaftiert; D. Dallin, B. Nicolaevsky (Forced Labor in Soviet Russia, London 1948, S. 25) zufolge wurden 250 Personen ausgeliefert. Vgl. auch M. Buber-Neumann, Als Gefangene bei Stalin und Hitler, Stuttgart 1968, S. 121—161; W. Leonhard, Die Revolution entläßt ihre Kinder, Köln, Berlin 1955, S. 98 f.; E. Lipper, Onze ans dans les bagnes soviétiques, Genf (o. J.), S. 70 f.

14 Vgl. hierzu, unter vorrangiger Heranziehung deutscher Quellen: I. Fleischhauer, »Unternehmen Barbarossa« und die Zwangsumsiedlung der Deutschen in der UdSSR, in: Vierteljahrshefte für Zeitgeschichte, 30 (1982), . S. 299—321.

15 K. Stumpp, Die Rußlanddeutschen. Zweihundert Jahre unterwegs, Freilassing 1964, S. 34.

16 Ähnlich auch A. Giesinger, From Catherine to Krushchev. The Story of Russian Germans, Buthleford, Can. 1974, S. 307.

17 Der Autor war Augenzeuge des Geschehens. Er befand sich als jüdischer Flüchtling aus Polen zu dieser Zeit in Simferopol' auf der Krim.

[18] E. v. Manstein, Verlorene Siege, Bonn 1955, S. 214.

[19] Vgl. Heimatbuch (wie Anm. 8) 1957, S. 121; 1958, S. 90, und 1959, S. 7, ferner M. I. Proudfoot, European Refugees 1939—1952. A Study in Forced Population Movement, London 1957, S. 38, sowie A. Bohmann, Menschen und Grenzen. Strukturwandel der deutschen Bevölkerung im sowjetischen Staats- und Verwaltungsbereich, Köln 1970, S. 75.

[20] Genocide in the USSR. Studies in Group Destruction, Munich 1958, Series I, Nr. 40, S. 50. Vgl. auch G. Geilke, Rehabilitierung der Wolgadeutschen?, in: Jahrbuch für Ostrecht, 6 (1965), S. 50.

[21] Ukaz prezidiuma verchovnogo soveta SSSR, O pereselenii Nemcev Povolžja. In: Vedomosti Verchovnogo Soveta SSR (= VVS SSSR) 1941, Nr. 38, sowie die deutsche Übersetzung in R. Maurach, Handbuch der Sowjetverfassung, München 1955, S. 348 f. Der Erlaß wurde am 30.8.1941 in der deutschsprachigen Zeitung »Nachrichten« und am 1.9.1941 in der russischen Zeitung der Wolgarepublik »Bol'ševik« veröffentlicht.

[22] Maurach, ebd., S. 348.

[23] Ebd.

[24] Ebd.

[25] VVS SSSR 1941 (wie Anm. 21), Nr. 40. Allein dieser Erlaß wurde in die zweibändige Gesetzessammlung der UdSSR aufgenommen (Sbornik zakonov SSSR 1938—1967, Moskau 1968, Bd 1, S. 164).

[26] Zur Rehabilitierung der Deutschen und den damit zusammenhängenden Fragen siehe Pinkus, Fleischhauer, Die Deutschen (wie Anm.*), Kap. 5.

[27] Dell und seine Kinder. Aus dem Leben der Sowjetdeutschen, Moskau 1975, S. 7.

[28] Vgl. S. Wolin, R. M. Slusser, The Soviet Police, New York 1957, S. 325; R. Conquest, Nation Killers. The Soviet Deportation of Nationalities, London 1970, S. 101.

[29] Selbst nach einem halben Jahrhundert haben wir nur begrenzte Kenntnisse von diesen Vorgängen. Die ersten glaubwürdigen Zeugen waren polnische Offiziere der Anders-Armee. Vgl. dazu: W. Anders, Bez ostatniego rozdziału. Wspomnienia z lat 1939—1946, London 1958, S. 84 f.

[30] Nach Bohmann, Strukturwandel (wie Anm. 19), S. 73, sind »Zehntausende von Wolgadeutschen binnen einiger Stunden noch vor der Deportation in ihrer Heimat gestorben«.

[31] Genocide in the USSR (wie Anm. 20), S. 51.

[32] Vgl. die Augenzeugenberichte in B. Braun, Die Aussiedlung der Wolgadeutschen, in: AHSGR, Work Paper (wie Anm. 6), 1972, Nr. 10, S. 22.

[33] Conquest, Killers (wie Anm. 28), S. 109.

[34] Vgl. A. Solženicyn, Archipelag gulag, Bd 3, Paris 1975, S. 406.

[35] Durchführungsverordnung zum Dekret vom 28.8.1941, zit. nach: Heimatbuch (wie Anm. 8) 1966/67, S. 7.

[36] Eine genaue Beschreibung dieser Transporte gibt Solženicyn in: Archipel gulag, Bd 1, London 1973, S. 555—570. Einen Augenzeugenbericht über die Deportation der Deutschen aus dem Raum Saratov gibt E. Crankshaw, Russia and the Russians, London 1947, S. 38.

[37] Zu den Moskauer Deportationen vgl. die Augenzeugenberichte von W. Carroll, We're in This with Russia, Cambridge, Mass. 1942, S. 83 f.

[38] Die Aussiedlung der Deutschen aus dem Südkaukasus, in: AHSGR, Work Paper (wie Anm. 6), 1972, Nr. 10, S. 25—28; A. Rho, Die Deportation aus Katharinenfeld im Südkaukasus, in: Heimatbuch (wie Anm. 8) 1973—1981, S. 39—46.

[39] Heimatbuch (wie Anm. 8) 1959, S. 34; Giesinger, Story (wie Anm. 16), S. 307. Mergenthaler (Heimatbuch 1957, S. 123 ff.) glaubt, daß eine Gesamtzahl von etwa 700 000 Deportierten für das Jahr 1941 der Realität am nächsten kommt.

[40] Vgl. hierzu eingehender Pinkus, Fleischhauer, Die Deutschen (wie Anm. *), S. 311 f.

[41] Vgl. ebd., S. 312 ff.

[42] Conquest, Killers (wie Anm. 28), S. 162.

[43] Vgl. ebd., S. 64.

[44] H. Carrère d'Encausse, L'empire éclaté. La révolte des nations en U.R.S.S., Paris 1978, S. 31 (Dt. Ausgabe u.d.T.: Risse im Roten Imperium, Wien u.a. 1979).

[45] A. Fisher, The Crimean Tatars, Stanford 1978, S. 169.

Dmitrij A. Volkogonov

Stalin als Oberster Befehlshaber

Als Stalin am 6. März 1943 Marschall der Sowjetunion wurde, war er bereits Oberster Befehlshaber, Vorsitzender des Staatlichen Verteidigungskomitees (GKO) und der Stavka, Volkskommissar für Verteidigung und obendrein noch allgewaltiger Sekretär des ZK der KPdSU (B) und Vorsitzender des Ministerrats. Dieser Mann hielt also unermeßliche Macht in seinen Händen. Hinter dem inoffiziellen Titel »Führer« (»vožd'«) verbarg sich ein Alleinherrscher, ein Diktator, ein unbeschränkter Machthaber über Staat und Partei. Über Stalin sprechen heißt, über eine ganze Epoche von 30 Jahren sprechen — eine Epoche des selbstlosen Einsatzes, der Hoffnungen und revolutionären Begeisterung, die allmählich zu einer gesetzlosen Autokratie degenerierte, verbunden mit furchtbaren Tragödien des Volkes und den Verbrechen desjenigen, der die Marschallsuniform so sehr liebte.

Vorausgeschickt sei, daß Stalin nicht der »geniale Feldherr« war, als der er der Welt in Hunderten von Folianten, Filmen, Gedichten und Untersuchungen vorgestellt worden ist. Damit soll keineswegs gesagt werden, daß er ein mittelmäßiger Stümper gewesen sei. Auf der Grundlage von Dokumenten und Zeugnissen wird im folgenden vielmehr aufzuzeigen versucht, daß Stalin ein mit einem praktischen und »willensstarken«, aber bösen Verstand ausgestatteter Schreibtischfeldherr gewesen ist, der in die »Geheimnisse« der Kriegskunst um den Preis blutiger Experimente eingestiegen ist.

Häufig wird bei der Einschätzung Stalins eines der Hauptkriterien für die Beurteilung seiner Feldherrnkunst — der *Preis* des Sieges — außer acht gelassen. Heute ist ganz offensichtlich: Jene Lage, in der sich das Land und die Armee im Juni 1941 befanden, war das direkte Ergebnis grober politischer und strategischer Fehler, das Resultat von Anmaßung, Kurzsichtigkeit sowie der Folgen eines blutigen Terrors, dessen Urheber der spätere Oberste Befehlshaber persönlich war. Gewöhnlich erfolgt hier der Einwand: »Was wälzen Sie alles auf einen einzigen Menschen ab; es gab doch die Partei, das ZK, das Politbüro, seine Umgebung!« Ja, es gab sie; doch unter einem Diktator, einem Zustand von Cäsarismus, sinkt der Stellenwert aller staatlichen und gesellschaftlichen Institutionen drastisch. Wenden wir uns also den grundsätzlichen

Fragen zu: Hatte der spätere Generalissimus Feldherrntalent? Konnte der Marschall der Sowjetunion strategisch denken? Welche Rolle spielte für seine Feldherrntätigkeit die unmittelbare militärische Umgebung? Warum waren bei der »Genialität« des Obersten Befehlshabers die sowjetischen Verluste zwei- bis dreimal größer als die des Gegners?

Napoleon, der gemeinhin für eines der größten militärischen Genies der Geschichte gehalten wird, hat gesagt, daß ein Feldherr »ebensoviel Verstand wie Charakter« besitzen müsse, dabei jedoch hinzugefügt, daß es nicht reiche, diese Komponenten zu *haben*, sondern daß sich diese auch im richtigen Verhältnis zueinander befinden müßten, nämlich im »Gleichgewicht«. Seine Überlegungen sind nicht uninteressant: Das Talent eines Feldherrn wird verglichen mit einem Quadrat, bei dem die Basis der Wille und die Höhe der Verstand sei. Es gebe aber nur dann ein Quadrat, so Napoleon, wenn die Basis der Höhe entspreche. Ein wahrer Feldherr sei also derjenige, bei dem der Wille nicht hinter dem Verstand hintanstehe. Übertreffe der Wille den Verstand, werde der Feldherr zwar entschlossen und kühn handeln, jedoch nicht unbedingt vernünftig; und umgekehrt: ein starker Verstand könne gute Planungen und Absichten entwickeln, die indes aufgrund mangelnder Kühnheit schwer zu realisieren sein würden[1]. Ein Defizit an Willen wies Stalin, wie ihm sehr wohl bewußt war, sicherlich nicht auf, wie allein die Auswahl seiner Vertrauten in der Partei — durchweg Männer der »härtesten Legierung« — anschaulich zeigt. Gleichwohl erfuhr, wie wir heute wissen, in den ersten Tagen des Kriegsbeginns auch der Wille bei ihm eine Erschütterung (wie eben Depression, Schock und psychische Krisen bei einem Menschen nur allzu oft mit einer »Deformation« des Willens, und sei sie auch nur vorübergehend, verbunden ist). Was Stalins Verstand angeht, so war dieser zwar stark, aber dogmatisch, das Gewicht von Direktiven, Befehlen, Anordnungen überschätzend.

Stalin besaß keine herausragenden prognostischen Fähigkeiten, was bei einem dogmatischen, unflexiblen Verstand auch nicht zu erwarten ist. Vor allem aber verfügte er über keine professionellen militärischen Kenntnisse. Die Militärwissenschaft war ihm unbekannt, desgleichen die Theorie der Kriegskunst. Er verstand die Geheimnisse von Strategie und operativer Kunst erst im Verlauf einer blutigen Empirie, vieler Versuche und Fehler. Seine Erfahrungen aus dem Bürgerkrieg, in dem er als Mitglied des Kriegsrats einer Reihe von Fronten und als Sonderbevollmächtigter der Zentrale teilgenommen hatte, reichten auf dem Posten des Obersten Befehlshabers eindeutig nicht aus. Stalins Renommé als Feldherr profitierte jedoch vom kollektiven Verstand des

Generalstabes, d.h. von den herausragenden Fähigkeiten einer Reihe bedeutender Militärführer, die während des Krieges an seiner Seite standen, worüber gewöhnlich wenig gesprochen wird.

Den größten Einfluß auf Stalins Entwicklung als Oberster Befehlshaber hatten vier sowjetische Feldherren und Militärführer, nämlich B.M. Šapošnikov, G.K. Žukov, A.M. Vasilevskij und A.I. Antonov. Die Nennung dieser Namen erfolgt hier nicht willkürlich, auf der Grundlage von persönlichem Geschmack oder Voreingenommenheit. Eine Analyse der Stavka-Dokumente, der militärischen Korrespondenz, der Direktiven und Befehle des Obersten Befehlshabers, seiner persönlichen Telegramme und Vorträge zeigt, daß es die genannten vier Marschälle bzw. Armeegenerale waren, die während des Krieges am engsten mit Stalin zusammenarbeiteten, den häufigsten Kontakt mit ihm hatten und im Bewußtsein einer so komplexen Persönlichkeit, wie Stalin sie war, die stärksten Spuren hinterlassen haben. Der Oberste Befehlshaber kannte natürlich alle Front- und Armeebefehlshaber gut und unterhielt praktisch mit allen hohen Militärführern vielfältige persönliche Kontakte. Man kann sagen, daß Stalin nicht geringe persönliche Sympathie für folgende Personen hegte: K.K. Rokossovskij, N.F. Vatutin, A.E. Golovanov, N.N. Voronov, L.A. Govorov und A.V. Chrulev. Nach Telegrammen, Aufzeichnungen und Resolutionen zu urteilen, wurden auch I.S. Konev, P.S. Rybalko, P.A. Rotmistrov, D.D. Leljušenko, I.I. Fedjuninskij, M.V. Zacharov, I.S. Isakov, S.K. Timošenko und R.Ja. Malinovskij vom Obersten Befehlshaber als Militärführer sehr geschätzt.

Viele von denen, die vor dem Kriege im Zusammenhang mit der gewaltigen Zahl an »Vakanzen« nach vorn gerückt waren, haben ihre Fähigkeit zum hochrangigen Militärführer nicht durch die Tat unter Beweis gestellt. Der Krieg traf hier eine strenge Auswahl, fegte die Schwachen, Unfähigen, diejenigen, die der Zufall herbeigeweht hatte, erbarmungslos hinweg. Doch der wichtigste »Selektionist« bei dieser Auswahl war Stalin selbst. Dutzende von Generalen, die er an diesen oder jenen Niederlagen und Fehlern für schuldig hielt, verschwanden entweder auf Nimmer-Wiedersehen oder landeten in der militärischen Hierarchie ganz unten. Ende Mai 1940, als im Politbüro die Liste der Kommandeure durchgesehen wurde, denen am 4. Juni 1940 auf Beschluß des Rates der Volkskommissare der Generals- und Admiralsrang verliehen werden sollte, wußte Stalin noch nicht, daß von den mehr als Tausend mit dieser Ehre Ausgezeichneten bereits gut ein Jahr später circa 200 gefallen oder in Gefangenschaft geraten sowie einige Dutzend mit seiner Zustimmung festgenommen sein würden. Noch viele wurden danach erschossen, und auch der Krieg forderte das Leben einiger Hunderter dieser militärischen Führer, die anstelle der am Vorabend des Krieges Liquidierten nach oben gekommen waren. Die einen wie die anderen waren Patrioten gewesen; Stalin aber beurteilte sie nur unter dem Blickwinkel ihrer persönlichen Ergebenheit. Man stelle sich nur vor: Die Tragödie von Tausenden von militärischen Führern und Kommandeuren ist allein auf die Verdächtigung eines einzigen Menschen zurückzuführen! Man vergegenwärtige sich dies: Hätte er diesen furchtbaren Fleischwolf angehalten, hätte es den Terror einfach nicht gegeben. Das ist die ungeheuerliche Seite der Autokratie.

Natürlich zeigte Stalin seine Sympathien infolge seiner Verschlossenheit und Unzugänglichkeit selten in der Öffentlichkeit. Seine strenge Hand zu spüren hatten dagegen viele Feldherren und Militärführer wiederholt Gelegenheit: G. K. Žukov, I. H. Bagramjan, S. M. Budennyj, K. E. Vorošilov, V. N. Gordov, I. F. Dašičev, D. T. Kozlov, I. S. Konev, A. I. Lopatin, V. A. Mišulin, D. I. Rjabyšev, I. V. Tjulenev, N. V. Feklenko, M. S. Chozin, Ja. T. Čerevičenko, S. M. Štemenko und viele andere. Doch sei erneut unterstrichen: Den größten Einfluß auf Stalin als Militär übten Šapošnikov, Žukov, Vasilevskij und Antonov aus. Unter ihrer Einwirkung erlernte Stalin während des blutigen Kriegsalltags das ABC der Operationskunst und Strategie, wobei er, was die erstgenannte Disziplin anging, auf einem mittelmäßigen Niveau stehenblieb, indes auf dem Gebiet der Strategie erfolgreicher war. Dank dieser »Quadriga« — jedes ihrer Mitglieder war zu unterschiedlicher Zeit Chef des Generalstabes wie auch Vorsitzender oder Mitglied der Stavka und Stellvertreter des Obersten Befehlshabers gewesen — konnte sich Stalin als militärischer Führer hervortun. Bei einer derart herausragenden Umgebung war es schier unmöglich, *sich nicht hervorzutun.* Die überwiegende Mehrheit der Direktiven und Beschlüsse der Stavka »passierten« das »Gehirn der Armee«, den Generalstab, ferner eine große Zahl von Mitarbeitern und natürlich jene hier genannte Vierergruppe, in der jeder ein singulärer militärischer Individualist war. Man kann nicht umhin anzuerkennen, daß der dogmatische, wenn auch starke Intellekt Stalins Begabungen zu erkennen und zu schätzen vermochte — und das wichtigste: zu nutzen verstand. Das Denken dieser talentierten Militärführer lieferte quasi das Unterfutter für die Entscheidungen und Willensbekundungen des Obersten Befehlshabers.

Was die Sitzungen anging, die täglich, manchmal mehrfach am Tag, zu verschiedener Uhrzeit bei Stalin stattfanden, so konnte nicht jeder ihrer Teilnehmer genau sagen, welches Organ sich gerade versammelt hatte. Es hätte sich um eine Sitzung des Politbüros mit hinzugeladenen militärischen Kameraden handeln können, oder um eine Sitzung des Staatlichen Verteidigungskomitees unter Beteiligung von Nicht-Komiteemitgliedern wie auch um eine Zusammenkunft der Stavka, bei der einige Politbüromitglieder zugegen waren. Manchmal war es Stalin selbst, der durch einen Einwurf im Verlauf einer Erörterung Klarheit schuf: »Als GKO-Beschluß zu formulieren.« Oder: »Eine Direktive der Stavka ist vorzubereiten ...«.

Manchmal organisierte Malenkov einige der Erörterungen auch als Politbüro-Sitzungen. De facto war jedes Wort Stalins endgültig und entscheidend, unabhängig davon, wie der Beschluß formuliert wurde, ob vom Politbüro, vom GKO oder der Stavka. Nicht einfach hatten es die Ausführenden, die quasi »im Vorübergehen« bestimmen mußten, in welchen Bereich diese oder jene Anordnung des Obersten Befehlshabers, des Vorsitzenden des GKO, des Vorsitzenden des Rates der Volkskommissare, des Parteisekretärs, des Volkskommissars für Verteidigung usw. fiel. In der Regel wurden keinerlei Protokolle und Stenogramme geführt. So zum Beispiel umfaßt das Stavka-Archiv zwar Tausende von unterschiedlichen Dokumenten: Meldungen, Berichte, Direktiven, Befehle, Anordnungen; Material aber, das Auskunft darüber geben könnte, in welcher Form die Stavka irgendwelche strategischen Fragen erörtert hat, gibt es praktisch nicht. Stalin pflegte, insbesondere nachdem er sich von der Erschütterung der ersten Kriegstage erholt hatte, zwei bis drei Stavka-Mitglieder zu sich zu zitieren und mit ihnen operative Fragen zu erörtern. Von Anfang an wurden die führenden Mitarbeiter des Generalstabes, des Hauptarbeitsorgans der Stavka, dahingehend gedrillt, bei Stalin mit fertigen Vorschlägen, Schlußfolgerungen und Einschätzungen zu erscheinen: Dies erleichterte es dem Obersten Befehlshaber, die Rolle des höchsten »Schiedsrichters«, Richters und Opferpriesters zu spielen.

Typisch für Stalin als Obersten Befehlshaber war sein stark ausgeprägter energischer, repressiver und rigider Arbeitsstil. Ein Mißerfolg an der Front, ein unbefriedigender Bericht konnten die unverzügliche Absetzung von einem Posten oder auch eine Verhaftung mit den traurigsten Folgen nach sich ziehen[2]. Überhaupt gehörte zu seinem Stil eine ständige, für seine Umgebung oft schwer verständliche Umsetzung der Kommandeure. Der Oberste Befehlshaber war aus irgendeinem Grund der Meinung, daß solche »Rochaden« eine Stärkung der Truppenführung bewirken. Natürlich widersetzte sich niemand. Manchmal hat man den Eindruck, daß der Kriegsschauplatz für Stalin ein Schachbrett war, auf dem es ihm gefiel, die Figuren und Spielmarken immer wieder zu verstellen. A.I. Eremenko zum Beispiel, dem Stalin, auch wenn er ihn oft rügte, eine Zeitlang offensichtlich wohlwollend gesonnen war, befehligte während des Krieges folgende Fronten: die West-, die Brjansker, die 1. und 2. Baltische, die 4. Ukrainische, die Kalinin-, die Stalingradfront (1. Aufstellung), die Südost-, die Stalingradfront (2. Aufstellung) sowie die Südfront (2. Aufstellung). Zehn Fronten also absolvierte der künftige Marschall, hielt sich bei keiner lange auf. Aber Stalin gefiel Eremenkos Zuversicht.

Zweimal täglich, wenn es keine außerordentlichen Vorkommnisse gab, wurde dem Obersten Befehlshaber über die Lage an den Fronten berichtet. Der Chef des Generalstabes, oder einer seiner Stellvertreter, stand neben der auf dem Tisch ausgebreiteten Karte (aus irgendeinem Grund wollte Stalin sie nicht an der Wand hängen haben), auf der die Lage und die Veränderungen der letzten Stunden eingezeichnet waren, und gab seinen Lagebericht. Dabei schritt Stalin in seinem Arbeitszimmer auf und ab, hin und wieder Fragen unterschiedlichster Art stellend. Stalin ging davon aus, daß die Vortragenden auf jede Frage eine Antwort parat haben mußten[3]. Für sich selbst erachtete er es als natürlich, dieses oder jenes Problem nicht zu kennen, duldete dies aber bei seinen Untergebenen nicht. Diese geradezu absolutistische Einstellung führte dazu, daß Stalin, was seine eigenen Handlungen und Absichten anging, allmählich fast völlig des kritischen Elements verlustig ging.

Sehr schnell kamen die Mitarbeiter des Generalstabes dem fehlenden militärischen Professionalismus Stalins auf die Spur und versuchten, nach Möglichkeit viele seiner unausgereiften Befehle durch eigene Anordnungen »abzufedern«. Die Militärs in Stalins Umgebung spürten deutlich die militärische Inkompetenz des Obersten Befehlshabers, hielten sie aber für normal bei einem Politiker; sie konnten jedoch aus den oben erwähnten Gründe nicht laut darüber reden. Wie der sowjetische Militärhistoriker N.G. Pavlenko, der wiederholt mit G.K. Žukov nach dessen Entlassung aus dem aktiven Dienst zusammengetroffen war, berichtet, hatte der berühmte Marschall über Stalin gesagt: »Er war und blieb ein Zivilist.«

Stalin stimmte den Vorschlägen von Šapošnikov, Žukov und Vasilevskij über die Reihenfolge bei der Planung strategischer Operationen in der Regel zu. Anfangs hatte er die Vorschläge des Generalstabes nur geprüft und sich dazu geäußert. Später jedoch hatte Šapošnikov, der bereits aus dem Generalstab ausgeschieden und Chef der Akademie des Gene-

ralstabs geworden war, oft aber zu Ratschlägen und Erörterungen zu
Stalin geladen wurde, folgendes vorgeschlagen: Nachdem die Ausführungen des Chefs des Generalstabes über einen Operationsplan angehört worden seien, sollten diese Vorschläge allseitig durchgearbeitet werden, und zwar mit dem Chef »Rückwärtige Dienste«, den Inspekteuren
der Waffengattungen, den Chefs der Hauptverwaltungen des Volkskommissariats für Verteidigung, den politischen Hauptverwaltungen der
Roten Armee und der Kriegsflotte sowie dem Chef der Hauptverwaltung für die Truppenaufstellung und -ergänzung. Nach Eingang aller
Berechnungen und Erwägungen zur Sicherstellung der Operation empfahl Šapošnikov, die Meinung der an der Operation beteiligten Frontkommandeure (je nach Lage mündlich oder schriftlich) einzuholen und
erst danach dazu überzugehen, konkrete Schritte zur Realisierung der
Idee zu erwägen. Anfangs war der Oberste Befehlshaber durch die Notwendigkeit einer derart umfangreichen, zähen und, wie er meinte, »Rou-
tinearbeit« entmutigt. Šapošnikov, dessen hervorragende Rolle als »Lehrer« Žukovs, Vasilevskijs, Antonovs und Stalins noch nicht gebührend
gewürdigt worden ist, erklärte geduldig, daß dies der erforderliche Min-
destarbeitsumfang sei. Natürlich, so fügte er hinzu, werde die Vorbereitung für einige Operationen nur ein paar Tage, für andere hingegen
mehrere Monate erfordern.

Mit dem ihm eigenen praktischen Verstand spürte Stalin, daß Šapošnikov Recht hatte, empfand gleichzeitig aber auch seine, wenn nicht
Hilflosigkeit, so doch völlig dilettantische Rolle in dieser Sache. Bald
hatte Stalin jedoch eine günstige Verhaltensstrategie bei der Planung
von Operationen entwickelt, die es ihm erlaubte, das hohe Renommé
des Führers und Hauptfeldherrn aufrechtzuerhalten und seine Autorität trotz allem zu wahren.

Eine aufmerksame Analyse der Stavka-Archive zeigt, daß Stalin
gewöhnlich seine Ideen in zwei Aspekten darlegte; in der allgemein-
sten Form tat er dies z. B. auf einer Stavka-Sitzung im Januar 1943:
»Dem Feind ist keine Ruhepause zu gönnen; er muß nach Westen gejagt
werden[4].« Seine Idee formuliert einen allgemeinen Wunsch, der die
Stimmung der breiten sowjetischen Volksmassen widerspiegelt, aber
keinen konkreten strategischen Plan enthält. Seine Idee berücksichtigte
weder das Unvermögen der Roten Armee, »ohne Atempause zu jagen«,
noch die Fähigkeit des Feindes, dieser Absicht entgegenzuwirken; und
sie entwickelte keine Formen und Methoden zu ihrer Realisierung. Es
war dies die Absichtserklärung eines Politikers, einer Persönlichkeit
des öffentlichen Lebens, nicht die eines Feldherrn.

Der andere Aspekt, durch den sich Stalin auf den Stavka-Sitzungen als Feldherr präsentierte, hat mit seiner Neigung zur Korrektur und Präzisierung eines konkreten Plans und vor allem der damit verbundenen Fristen zu tun. Diese resümierenden, abschließenden und schlußfolgernden Bemerkungen Stalins wirken merkwürdig, waren doch der ganze Plan, sein Inhalt, sein Ablauf, die Fragen des Zusammenwirkens, die materiell-technische Sicherstellung, die Reichweite der Aufgaben umfassend vom Generalstab ausgearbeitet worden; mit seinen abschließenden Bemerkungen aber stand Stalin als der Schöpfer der ganzen Idee da.

Spielten manche der von Stalin eingebrachten Korrekturen keine entscheidende Rolle, so hatten andere bisweilen einen tragischen Einfluß auf den Verlauf von Operationen. Insbesondere liebte es Stalin, Termine zu verschieben, indem er unbedingt den Zeitpunkt für den Beginn einer Operation, eines Manövers, einer Truppenkonzentration glaubte vorverlegen zu müssen. Manchmal ging es dabei nur um einen Tag: Am 4. September 1941 meldete Žukov Stalin, daß er auf seinen Befehl hin am 8. September einen Angriff zur Unterstützung von Eremenko führen werde. Stalin darauf: »Am 7. wird es besser sein als am 8. Das ist alles.« Das war Stalins Prinzip: Immer die Termine kürzen. Er war sehr hartnäckig, bis zur Starrköpfigkeit. Gewöhnlich wurde ihm nicht widersprochen — aus Angst. Selbst Žukov, der seine Ansichten sehr wohl zu verteidigen verstand, mußte oft mit Stalin konform gehen, obwohl er dessen Vorstellungen kaum teilte[5].

Hin und wieder nahm der Oberste Befehlshaber direkte Verbindung mit den Vertretern der Hauptverwaltungen sowie den Befehlshabern von Fronten und Armeen auf. Es ist schwer, irgendeine Gesetzmäßigkeit bei der Auswahl seiner Gesprächspartner zu erkennen (das mußte nicht unbedingt von Nachteil sein). Meistens jedoch, soviel läßt sich sagen, suchte Stalin die direkte Verbindung, wenn er eine mangelhafte Ausführung von Stavka-Weisungen wahrzunehmen glaubte oder das Gefühl hatte, daß sein Gespräch die Menschen »aufmuntere«, oder daß es notwendig sei, die Truppenkommandeure fühlen zu lassen: Der Oberste Befehlshaber paßt auf, der Oberste Befehlshaber ist beunruhigt, der Oberste Befehlshaber fordert ... Der operative Wert von Stalins Befehlen ist oft überaus zweifelhaft gewesen. Häufig nahm er zu Unterredungen erfahrene Mitarbeiter des Generalstabes mit, wohl, weil er sich hier seiner Schwachstelle bewußt war, und beauftragte sie, die operative Seite der Gespräche zu übernehmen, während er sich »allgemeine Anweisungen«, Kritik und strenge Vorhaltungen vorbehielt und hin und wieder moralische Unterstützung gab.

Während des Krieges hat die Stavka einige Tausende von Weisungen, Befehlen, Anordnungen für die Truppen herausgegeben. Natürlich konnte sich Stalin nicht in alle diese richtungweisenden Dokumente vertiefen; die wichtigsten jedoch sah er durch, korrigierte sie, gab sie manchmal zur Nachbearbeitung wieder zurück, fügte eigenhändig Sätze, ganze Absätze hinzu. Tausende von Dokumenten, die Stalins Unterschrift tragen, haben auf diese oder jene Weise Menschen, gewaltige Menschenmassen angetrieben. Stalin gewöhnte sich daran, mit Menschenschicksalen zu manipulieren, wobei er sich oft über die Folgen seiner Entscheidung keine Gedanken machte. (Und tat er es doch, so unterstreicht das noch stärker den schwächlichen Charakter seines Intellekts.) *Sie* waren die Masse — *er* der Führer. Er war überzeugt davon, daß es in der Geschichte immer so gewesen sei und so bleiben werde. Ich habe wohl Tausende von operativen Dokumenten, die Stalin in den vier Kriegsjahren diktiert bzw. unterzeichnet hatte, durchgesehen und bin auf kein einziges gestoßen, in dem er speziell die Aufgabe gestellt hätte, Menschen zu schonen, sie nicht in unvorbereitete Angriffe zu werfen, Sorge um das Leben seiner Mitbürger zu tragen. In dem Bestreben, dem Gegner größtmöglichen Schaden zuzufügen, machte er sich niemals besondere Gedanken darüber, um welchen Preis für die sowjetischen Menschen dies ablaufen würde. Tausende, Millionen von Menschenleben waren für ihn schon lange trockene, geheime, formale Statistik. Hier Auszüge aus einem furchtbaren, persönlich von ihm ausgedachten und diktierten Stavka-Befehl; er trägt die Nummer 0428 und stammt vom 17. November 1941.

»Die Stavka des Obersten Befehlshabers befiehlt:

1. Alle Dörfer, die im Hinterland der deutschen Truppen ab der Hauptkampflinie 40 bis 60 Kilometer in der Tiefe und 20 bis 30 Kilometer rechts und links der Straßen liegen, sind zu zerstören und in Schutt und Asche zu legen. Für die Zerstörung der Dörfer im angewiesenen Einsatzradius sind unverzüglich Luftstreitkräfte hinzuzuziehen und in umfassendem Ausmaß Artillerie- und Granatwerferfeuer, Aufklärungs- und Skikommandos sowie Partisanen-Diversionsgruppen, ausgerüstet mit Brandgemischflaschen, einzusetzen. [...]

2. In jedem Regiment sind Jagdkommandos zu je 20 bis 30 Mann zwecks Sprengung und Niederbrennung der Dörfer aufzustellen. Herausragende mutige Männer sind für kühne Handlung bei der Zerstörung der Dörfer zu einer Regierungsauszeichnung vorzuschlagen [...][6].«

Von 1941 bis 1945 haben die Truppen der Fronten unter der Stavka-Führung circa 50 strategische Operationen durchgeführt, davon etwa ein Viertel defensiver Natur. Zu letzteren wurden sie vom Gegner gezwungen; er diktierte den sowjetischen Streitkräften die Bedingungen und nötigte sie oft genug zu spontanen Abwehrkämpfen. In den Jahren 1939 bis 1941 waren nämlich Fragen der Organisation und Führung einer längeren strategischen, das ganze Land und alle Streitkräfte umfassenden Verteidigung weder in Übungen und Manövern noch in der Theorie eingeübt worden. Vermutlich wäre derjenige, der vorgeschlagen hätte, die Fragen der Verteidigung am Dnepr, bei Moskau und Leningrad zu untersuchen, auf der Stelle des Defätismus und des Verrats beschuldigt worden. Aber sogar eine abstrakte Untersuchung von Fragen der Organisation der strategischen Verteidigung im großen räumlichen und zeitlichen Maßstab wurde nicht erwogen. Hier hat Stalin durch seine Politik und sein falsches Handeln in der Tat ein Überraschungsmoment gewährleistet — dies allerdings zugunsten des Gegners.

Bei der Herausgabe von Weisungen und Befehlen zur Führung einer strategischen Verteidigung verfolgten die Stavka und die Oberkommandos der Fronten das Hauptziel, den Gegner zum Stehen zu bringen, ihm schwere Verluste zuzufügen sowie günstige Bedingungen für einen eigenen Angriff zu schaffen. Erst später begannen Stalins Propagandisten in dem katastrophalen Rückzug den verborgenen Sinn der »Feindzermürbung« durch aktive Verteidigung zu erkennen. Eine absichtliche, geplante strategische Verteidigung haben die sowjetischen Truppen indes vielleicht nur einmal praktiziert, und zwar im Sommer 1943. Die Verteidigung war Stalins Sache nicht; er war dann nervös, zeigte auch keine tiefere Einsicht in ihren Sinn. Er wollte sie nicht nur mit operativen Mitteln, sondern auch mit rein administrativen Maßnahmen und Strafmethoden in der Art der Befehle Nr. 270 vom 16. August 1941 und Nr. 227 vom 28. Juli 1942 bewältigen, ferner mit zusätzlichen Anordnungen über den Einsatz von Sperrabteilungen und NKVD-Verbänden im Hinterland der bedrohten Fronten.

Als Feldherr versuchte sich Stalin 1941 und 1942 durch den umfassenden Einsatz von spezifisch Stalinschen Methoden zur Aufrechterhaltung der moralischen Standfestigkeit der Truppen. (Vor dem Krieg war die psychologische Schulung des Personals nicht gebührend beachtet worden, zumal nahezu kein Kaderbestand in der Truppe übriggeblieben war; er war beseitigt worden.) Stalin versuchte das Problem durch Sperrkommandos und Strafkompanien zu lösen; er richtete seine Aufmerksamkeit weniger darauf, die Rolle der Kommandeure und

Politoffiziere in dieser extrem schwierigen Lage zu stärken, obwohl allein sie dazu bestimmt und geeignet waren, der Truppe »das Vertrauen in den eigenen Mut zurückzugeben«. Stalin aber, der weder ein Militär noch ein subtiler Psychologe war, setzte mehr auf Gewalt und Strafmaßnahmen.

Es sei noch einmal betont: Im umfassenden Sinn des Wortes war Stalin kein Feldherr. Ein Feldherr ist eine militärische Persönlichkeit, dem weniger von seiner Stellung, als vielmehr vom Talent her schöpferisches Denken, umfaßender strategischer Weitblick, militärische Erfahrung und Kompetenz, reiche Intuition und Willensstärke eigen sind. Bei weitem nicht alle diese Komponenten besaß Stalin. Er war ein *Politiker*: hart, willensstark, zielstrebig, machtliebend.

Stalins Stärke als Oberster Befehlshaber wurde durch seine Stellung — die absolute Macht — bestimmt. Aber nicht nur dies hob ihn über die Militärs seiner Umgebung hinaus. Seine gewisse Überlegenheit über andere Feldherren resultierte daraus, daß er (kraft seiner Stellung als Führer des Landes) schärfer als sie die Abhängigkeit des bewaffneten Kampfes von einem ganzen Spektrum anderer, »nichtmilitärischer« Faktoren, nämlich der wirtschaftlichen, sozialen, technischen, politischen, diplomatischen, ideologischen und nationalen Gegebenheiten sah. Aufgrund seiner Stellung und langjährigen Führung von Partei und Land kannte er die realen Möglichkeiten des Landes, seiner Industrie und Landwirtschaft, besser als die Mitarbeiter in der Stavka, im Generalstab, als die Oberbefehlshaber der Fronten. Stalin besaß ein gewissermaßen *universelles*, mit einem breiten Spektrum nichtmilitärischer Kenntnisse organisch verbundenes Denken. Dieser Vorteil war, wie schon erwähnt, auf Stalins Stellung als Staatsmann, Politiker und Parteifunktionär zurückzuführen; die militärische Facette war nur eine von vielen, die einem Staatsmann diesen Ranges eigen sein muß. Man kann also sagen, daß Stalins stärkste Seite als »Feldherr« nicht so sehr von Verdiensten persönlicher Art bestimmt war als vielmehr von jenen Möglichkeiten, die er kraft seines politischen Status besaß. Der Politiker in Stalin gewann immer die Oberhand über den Militär; präziser ausgedrückt, der erfahrene harte Politiker obsiegte über den Dilettanten in militärischen Dingen. Für einen Strategen sind zweifellos allgemeine Erwägungen immer wichtig; doch bei Stalin verdeckten sie nicht selten konkrete Probleme. Und umgekehrt: Bemühte sich Stalin, sich auf eine Sache, auf etwas Konkretes zu konzentrieren, so entschwanden Fragen allgemeineren Charakters nur allzu oft aus der Kontrolle seines Bewußtseins.

Eine Schwachstelle in Stalins Denken als Feldherr war auch seine Abgehobenheit von den zeitlichen Realitäten, worauf Žukov wie auch Vasilevskij hingewiesen haben. Der Mann, der nie Truppenteile, Stäbe, Feldkommandostellen aufgesucht hat, der sich den Mechanismus eines funktionierenden militärischen Systems gar nicht realistisch vorstellen konnte, geriet, insbesondere in der ersten Kriegsphase, infolge seines fehlenden Gespürs für den Faktor Zeit bei der räumlichen Koordination von Operationen auf einem Kriegsschauplatz wie auch bei der Beurteilung der realen Möglichkeiten seiner Truppen oftmals in eine schwierige Lage. Sehr häufig nämlich forderte Stalin, von irgendeiner Idee entflammt, ihre sofortige Realisierung. Nicht selten ließ er bei der Unterzeichnung einer Weisung der betreffenden Front für ihre Durchführung nur wenige Stunden Zeit, was Stäbe und Verbände gewöhnlich zu unvorbereiteten, übereilten, und darum zum Mißerfolg verurteilten Handlungen zwang. Anscheinend ging Stalin davon aus, daß er mit der Unterzeichnung einer Direktive oder eines Befehls unverzüglich das System in Gang gesetzt habe. Er begriff nicht, daß es Zeit kostete, bis die Befehle — über mehrere Ebenen — zu den Adressaten gelangt, die vorläufigen Befehle erteilt und die Aufgaben gestellt waren, bis das Zusammenwirken organisiert und für die technische Sicherstellung gesorgt worden war und vieles andere. Die ganze Komplexität dieses Prozesses begriff Stalin einfach nicht. Als Dilettant in militärischen Dingen lernte Stalin allerdings nach und nach dazu; bereits nach Stalingrad, wie G. K. Žukov schrieb, »fand er sich gut in den großen strategischen Fragen zurecht«[7]. Daß er sich »zurechtfand« — begriff, spürte, einschätzen konnte —, bedeutet aber nicht, daß er ein strategisch schöpferischer Kopf gewesen wäre. Stalin begann sich in erster Linie deswegen »zurechtzufinden«, weil die Stavka ein Arbeitsorgan wie den Generalstab besaß. Und dessen Rolle kann man, wie schon erwähnt, nicht hoch genug einschätzen.

Für Stalin war immer nur das Ziel wichtig. Niemals quälten ihn Gewissensbisse, Gefühle von Bitterkeit und Schmerz über die gewaltigen Verluste. Ihn schreckte lediglich, soundso viele Divisionen, Korps und Armeen nicht zur Verfügung zu haben; um Menschen ging es ihm nicht. In keinem einzigen Stavka-Dokument hat die Sorge über die viel zu großen Verluste ihren Niederschlag gefunden. Jene Seite wahrer Kriegskunst, die sich darin zeigt, die gestellten Ziele mit einem Minimum an Verlusten zu erreichen, interessierte Stalin wenig. Der Oberste Befehlshaber war der Meinung, daß im Krieg Siege wie Niederlagen unausbleiblich eine traurige Ernte einbrächten. Opfer, massenweise

Opfer, waren Stalin zufolge ein unvermeidliches Attribut des modernen Krieges.

Für ihn, der über eine so riesige Militärmacht sowie über ein gut organisiertes Ergänzungssystem verfügte, war es ganz und gar nicht zwingend, das Erreichen strategischer Ziele von der Höhe der Verluste abhängig zu machen. So entsetzliche Hinzufügungen zu Weisungen wie die folgende waren für ihn normal: »Das Oberkommando verpflichtet Generaloberst Eremenko wie auch Generalleutnant Gordov dazu, *keine Kräfte zu schonen und keinerlei Rücksicht auf irgendwelche Opfer zu nehmen* [...][8].«

Nicht selten fügte Stalin in einem Telegramm das Versprechen ein, einer Front oder einer Armee als besonderen »Preis« für die erfolgreiche Lösung einer Aufgabe eine, zwei oder auch drei Divisionen zur Verfügung zu stellen. Der Oberste Befehlshaber zählte die Divisionen zu Dutzenden. Er hat immer große Dimensionen geliebt. Darum ist sein Grundsatz, »keinerlei Rücksicht auf irgendwelche Opfer nehmen«, nicht nur ein moralisches, sondern auch ein — denkbar negatives — strategisches Charakteristikum seines Intellekts. Da nach Stalin das Erreichen eines Zieles nicht von der Zahl der Opfer bestimmt sein sollte, wurden diese oft einfach nicht gezählt. Von daher ist es nicht verwunderlich, daß auch heute, ein halbes Jahrhundert nach Kriegsende, keine genauen offiziellen Verlustzahlen vorliegen. Da sie damals nicht berücksichtigt wurden, bereitet es sehr große Schwierigkeiten, sie heute zu berechnen.

Stalin hatte sich 1941 geirrt, als er davon ausgegangen war, daß die deutsche Armee den Hauptstoß nach Südosten führen würde; tatsächlich lag der Schwerpunkt im Mittelabschnitt und zielte gegen die strategische »Westrichtung« der Roten Armee. Große Truppenmassen mußten somit umgruppiert werden; zu Beginn unserer Winteroffensive befanden sich in der »Westrichtung« schließlich etwas mehr als die Hälfte aller Divisionen. Stalin, wie auch die Stavka insgesamt, waren der Meinung, daß die »Westrichtung« auch 1942 den Schwerpunkt der deutschen Offensive bilden würde, obwohl sie die Möglichkeit eines gegen die »Südwestrichtung« geführten Stoßes nicht ausgeschlossen hatten. Genau dorthin aber führte der Gegner seinen Stoß. Man kann also sagen, daß es der Stavka weder im Sommer 1941 noch 1942 gelungen war, die Richtung der gegnerischen Hauptstöße richtig zu bestimmen. Und beide Male hatte Stalin zu den endgültigen, wie sich später herausstellte falschen, Schlußfolgerungen beigetragen.

Nach den Schlachten bei Moskau und Stalingrad suchte Stalin ständig nach Möglichkeiten, die Anstrengungen der verschiedenen Fronten in immer neuen strategischen Kombinationen zu verbinden. Die Kursker und die Weißrussische Operation, die Ostpreußische, die Weichsel/Oder-, die Berliner und die Mandschurische Operation entsprachen nicht nur der objektiven Lage der Dinge, sondern auch der subjektiven Neigung Stalins für alles Große, Umfassende, erdrückend Gewaltige. Und eben dem entsprachen solche Operationen: Ihre räumliche Ausdehnung lag nicht selten bei 500 bis 700 Kilometern in der Breite und 300 bis 500 in der Tiefe; ihre Dauer bei circa einem Monat. Wie immer trieb der Oberste Befehlshaber von Beginn an zur Eile, war mit dem Tempo unzufrieden, geriet bei Stockungen in Wut. Rasch erfaßte Stalin die Grundidee der vom Generalstab vorgeschlagenen Angriffsoperationen und schlug zuweilen einige auf die Steigerung der Schlagkraft abzielende Einzelheiten vor.

Grundsätzliche Alternativen zu den vom Generalstab vorgeschlagenen Ideen aber brachte er sehr selten vor; diese entstanden fast ausschließlich im »Gehirn der Armee«. In der Regel versuchte Stalin die Rolle der Luftstreitkräfte in den Operationen zu stärken; als aber im Sommer 1942 damit begonnen wurde, Panzerarmeen aufzustellen, fühlte er sich gedrängt, unbedingt die diesen gestellten Aufgaben zu präzisieren, und verfolgte konzentriert den Einsatz dieser starken Stoßverbände. Die Analyse vieler Operationen anhand von Archivdokumenten zeigt, daß deren Planung, Verlauf, Entwicklung und Abschluß keine deutlichen »Spuren« einer Einflußnahme seitens des Obersten Befehlshabers tragen.

In den letzten anderthalb Kriegsjahren fand sich Stalin in operativen und strategischen Fragen ganz gut zurecht. Oft schlug er vor, im Rahmen dieser oder jener Angriffsoperation die gegnerischen Kräfte einzukreisen. Nach Stalingrad räumte er dieser Operationsart zunehmend Priorität ein. Nicht selten kam es vor, daß er nach Anhören von Antonov scheinbar *en passant* fallen ließ: »Noch ein Stalingrad können wir den Deutschen hier nicht verpassen?!«

Der Fundus an Kampfformen, den er sich angeeignet hatte, war nicht umfangreich; aber er hatte sie begriffen und konnte die von den Frontkommandeuren und militärischen Stavka-Mitgliedern vorgebrachten Vorschläge gebührend einschätzen. Wie bereits erwähnt, hatte der Oberste Befehlshaber eine Schwäche für Angriffshandlungen wie zum Beispiel die Einkreisung und Vernichtung des Gegners durch Angriffe mehrerer Fronten (z.B. die Weißrussische, die Jassy-Kišinev-Operation). Sehr imponierte ihm auch die Idee, eine Reihe von aufeinanderfolgenden Operationen unterschiedlicher Tiefe zeitlich gestaffelt zu führen. Die

Zeit sollte kommen, da alle im Chor sagen würden, daß diese Konzeption die Frucht des »strategischen Genies Stalins« sei.

Es sei noch einmal betont: Stalin selbst hat in der Regel keine Operationsideen von strategischer Bedeutung hervorgebracht, war aber in den Jahren 1943 bis 1945 in der Lage, sie gebührend einzuschätzen. Nachdem er die Stavka-Mitglieder und Frontkommandeure angehört hatte, genehmigte er einen gewöhnlich von der Mehrheit unterstützten Beschluß. Seine »Genialität« äußerte sich in der zweiten und dritten Kriegsphase [d. h. ab November 1942 — der Hrsg.] wohl am häufigsten darin, die im wesentlichen vernünftigen Vorschläge Žukovs, Vasilevskijs, Antonovs und der Frontkommandeure zu verstehen und zu billigen.

Stalins Denken als Stratege und Feldherr stützte sich auf einen breiten Fächer an Wissen und Erfahrungen aus der politischen Führung, ferner auf die Einsicht in den Stellenwert von parteilichen, wirtschaftlichen, technischen, organisatorischen und psychologischen Einflußfaktoren im bewaffneten Kampf. Dies ermöglichte dem Obersten Befehlshaber einen umfassenderen Blick auf die Prozesse des Krieges, auf ihre enge Wechselbeziehung zur internationalen Lage, zu den Handlungen der Alliierten und anderen außenpolitischen Umständen. Man könnte sogar sagen, daß Stalin den willensstarken Verstand eines Politikers besaß, der sich *gezwungenermaßen mit militärischen Fragen befaßte*. Aufgrund seiner fragmentarischen Kenntnisse in der Theorie der Kriegskunst, seiner Verschlossenheit und seiner schwachen Vorstellung von den Besonderheiten des militärischen Mechanismus war der Oberste Befehlshaber nicht in der Lage, sich auf die Höhe wahren strategischen Denkens zu erheben.

Diese organischen Schwachpunkte konnte er aber durch die konzentrierte Arbeit des »Gehirns der Armee«, des Generalstabes, kompensieren. Alle in den Verteidigungs- und Angriffsoperationen realisierten Hauptideen entstanden im »Think Tank« der Stavka, inmitten seiner militärischen Umgebung. Trotz seines mangelnden militärischen Professionalismus vermochte Stalin, diese Ideen und Absichten zu begreifen, brachte zuweilen auch wesentliche Ergänzungen hinsichtlich Reichweite, Ausmaß und Fristen, Zielen und Zeitpunkt dieser oder jener Operation ein. Daher ist es gerechtfertigt zu behaupten, daß das »intellektuelle Element« der militärischen Führung im eigentlichen Sinne von der Stavka und ihrem Hauptorgan, dem Generalstab, ausging; groß war freilich auch die Rolle der Fronten und Armeen. Stalins Rolle trat demgegenüber mehr im Element der »Willensstärke« zutage. Als ein mit unbeschränkter Macht ausgestatteter militärischer Diktator verlieh Stalin den Stavka-Beschlüssen einen stark imperativen Charakter, wobei er, freilich immer wieder — und nur selten zum Vorteil der Sache — eine ausgeprägt subjektive Sicht der Dinge einbrachte. Die beste Bestätigung hierfür bieten die übereilten, verspäteten oder unüberlegten Entscheidungen Stalins in den ersten anderthalb Kriegsjahren.

Wie schon erwähnt, gehörte es zu den schwachen Seiten Stalins als Feldherr, daß er im Gegensatz zu einem Teil seiner Mitkämpfer — wie z. B. Ždanov und Chruščev, Malenkov und selbst Berija — das Frontleben aus eigener Anschauung nicht kannte. Nach einem ersten verunglückten Frontbesuch im Oktober 1941, als Stalin nur bis zur Volokolamsker Chaussee gelangt war und sich das Treiben der auf Moskau vorrückenden Front angesehen hatte, entschloß sich der Oberste Befehlshaber darum, angeregt von Erzählungen Berijas und Malenkovs über ihre »Feuertaufe«, im folgenden Jahr noch einmal, sich selbst — und sei es nur symbolisch — an der Front zu zeigen. Eine solche Reise, sorgfältigst vorbereitet und unter strengster Geheimhaltung, fand dann auch statt. Stalin besuchte die West- und die Kalininfront Anfang August 1942. Danach gab es seiner Meinung nach keine angreifbaren Punkte mehr in seiner Biographie als Feldherr. Sachlich hatte es für diesen Frontbesuch keinerlei Anlaß gegeben. Stalin war ein unübertroffener Meister in der Führung vom Schreibtisch aus. Aus diesem Grund war für ihn sein Besuch der Frontlinie (die in Wirklichkeit weit entfernt von ihm war) nicht etwa notwendig, um sich mit den Angelegenheiten der genannten zwei Fronten vertraut zu machen, und auch nicht, um aus den Eindrücken bei der Begegnung mit Truppenteilen, die sich zum Angriff vorbereiteten, Nutzen zu ziehen. Nein, es war für die »Geschichte« notwendig, für seine militärische Biographie; Stalin hatte seinen Ruf in der Geschichte im Sinn. Die künftigen Chronisten sollten diesen Akt seiner Feldherrntätigkeit entsprechend wiedergeben. In seiner Biographie sollte es auch eine Seite geben, die den inspirierenden Besuch des Obersten Befehlshabers bei der kämpfenden Truppe schilderte. Der Oberste Befehlshaber wollte nicht für einen Schreibtischfeldherrn gehalten werden.

Von den zahlreichen Eigenschaften, über die Stalin als Führer eines so riesigen und mächtigen Landes verfügen mußte, war die Feldherrnrolle nicht seine stärkste. Erst 1944/45 näherte er sich dem Feldherrnniveau seiner militärischen Helfer an. Seine in hohem Maße dilettantische und inkompetente Führung, insbesondere in den ersten anderthalb Jahren, zeigte sich vor allem in den katastrophalen materiellen und personellen Verlusten. Diese konnte nur das sowjetische Volk ertragen, das nicht *aufgrund*, sondern *trotz* Stalins »Genie« standhielt. Hinweise auf das Überraschungsmoment des deutschen Angriffs, den Zustand mangelnder Vorbereitung auf Hitlers Wortbrüchigkeit, die Fehler der Militärführer etc. rechtfertigen Stalin nicht, sondern unterstreichen lediglich seine strategische Kurzsichtigkeit. Als Oberster Befehlshaber über die Streitkräfte hat er diese um den Preis unvorstellbarer Verluste zum Sieg geführt.

Wir wissen, daß das wahre Talent eines Feldherrn eben wegen seiner Fähigkeit geschätzt wird, die höchsten Ziele mit einem Minimum an Opfern zu erreichen. Dieses Talent besaß Stalin nicht. Über 20 Millionen Menschenleben mußte das sowjetische Volk auf dem Altar des Sieges opfern. Gemäß meinen Berechnungen, die sich auf die Analyse vieler Angaben stützen, beliefen sich die direkten Verluste unseres Volkes im Krieg auf circa 26 Millionen bis 27 Millionen. Kein einziges Volk in der Geschichte hat für seine Freiheit und Unabhängigkeit einen so furchtbaren Preis zahlen müssen. Aber abgesehen von den direkten ist auch die Zahl der indirekten Verluste (Geburtenrückgang u. ä. m.) gewaltig. Noch einmal: In der Geschichte ist ein solches Ausmaß an Verlusten bislang unbekannt. Stellt man sie dem Stalinschen »Feldherrngenie« gegenüber, so wird sogleich offensichtlich, wie unangemessen es ist, dem Obersten Befehlshaber besondere Verdienste am Sieg zuzuschreiben. Diese Verdienste gebühren voll und ganz den einfachen sowjetischen Menschen, dem Volk, das die unverzeihlichen Fehler Stalins und seiner Umgebung am Vorabend des Krieges wie auch in seiner Anfangsphase überstand.

Stalins Forderung nach Erfolgen »um den Preis jedweder Opfer« kam nicht von ungefähr. Sie kennzeichnet in besonderem Maße einen Obersten Befehlshaber, der, um mit den Worten des bekannten russischen Theoretikers M. Dragomirov zu sprechen, dem auf dem Willen und nicht auf dem Verstand basierenden Führungsstil den Vorrang gab. Stalin gelang es niemals, eine Harmonie zwischen diesen Faktoren herzustellen.

Voltaires Aussage, daß »ein siegreicher General in den Augen der Menschen überhaupt keine Fehler begangen hat«, trifft haargenau auf Stalin zu. Über seine »Fehler« hat niemals irgend jemand mit ihm gesprochen. Statt dessen haben viele — tatsächlich zahllose Millionen — vom größten Feldherrn »aller Zeiten und Völker« gesprochen. Der Generalissimus der Sowjetunion hat auch selbst an seiner »Genialität« nicht gezweifelt und kaum vermutet, daß die Geschichte je ein ganz anderes Urteil fällen könnte.

Anmerkungen

[1] Vgl. Napoleon, Izbrannye proizvedenija (Ausgewählte Werke), Bd 1, Moskau 1941.

[2] Als Beispiele seien die Absetzung von Generaloberst I. S. Konev als Oberbefehlshaber der Westfront am 27.2.1943 sowie von Generalmajor Dašičev als Oberbefehlshaber der 44. Armee genannt; Zentrales Archiv des Verteidigungsministeriums der UdSSR (= CAMO), f. 3, op. 11556, d. 14, l. 18, sowie ebd., d. 6, l. 47.

[3] Georgij K. Žukov, Vospominanija i razmyšlenija, Moskau 1985, S. 95 (dt. Ausgabe u. d. T.: Erinnerungen und Gedanken, Stuttgart 1969).

[4] CAMO (wie Anm. 2), f. 132-A., op. 2642, d. 41, ll. 75—81.

[5] CAMO (wie Anm. 2), f. 96-A., op. 2011, d. 5, ll. 68—70.

[6] CAMO (wie Anm. 2), f. 3, op. 11556, d. 5, l. 51.

[7] Žukov (wie Anm. 3), S. 97.

[8] CAMO (wie Anm. 2), f. 132-A., op. 2642, d. 13, l. 7.

Fünfter Teil

Deutschland, die Sowjetunion und die Politik der Mächte

Klaus Schönherr

Neutralität, »Nonbelligerence« oder Krieg: Die Türkei im Spannungsfeld der europäischen Mächte 1939 bis 1941

An der Nahtstelle zwischen Europa und Asien gelegen, angrenzend an Griechenland, Bulgarien, die UdSSR, Iran, Irak und Syrien, war und ist die Türkei Bindeglied zwischen beiden Kontinenten. Das Land besaß beträchtliche Bedeutung in strategischer, politischer und ökonomischer Hinsicht. Obwohl es nur über ein verhältnismäßig geringes Wirtschaftspotential verfügte, weckte die Türkei wegen ihrer bedeutenden Rohstoffreserven das Interesse der Industrienationen. Die wichtige geostrategische Lage im östlichen Mittelmeer sowie die Kontrolle über die Meerengen drängte den Staat in die Rolle eines umworbenen Partners.

Die Grundlage der türkischen Außenpolitik leitete sich seit 1923 aus den Erfahrungen nach dem Ersten Weltkrieg und dem Befreiungskrieg ab. Deshalb praktizierte die junge Republik eine Politik, die jeglichen Einfluß fremder Mächte abwehrte und sich bewußt aus allen Konflikten heraushielt. Unter der Regie des ersten Präsidenten, Kemal Atatürk, favorisierte das Land eine konsequente Neutralitätspolitik. Den politischen Veränderungen in Europa am Vorabend und in der Anfangsphase des Zweiten Weltkrieges konnte sich die Türkei aufgrund ihrer exponierten geostrategischen Lage und der begehrten Rohstoffe nicht entziehen. Ankara sah sich deshalb ab 1939 vor die Entscheidung gestellt, ob es an der Politik strikter Neutralität festhalten oder aber die Position eines »nicht kriegführenden« Staates einnehmen, eventuell sogar aktiv in das Kriegsgeschehen eingreifen sollte. Im Sinne Kemal Atatürks wäre die Einhaltung einer konsequenten Neutralität gewesen, aber ließ sich diese Politik im Spannungsfeld der Mächte aufrechterhalten?

Grundzüge der Außenpolitik Atatürks

Die türkische Außenpolitik unter Atatürk war geprägt von den Erfahrungen, die sich aus der Zeit nach dem Ersten Weltkrieg bis zur Proklamation der Republik 1923 ergaben. In diesem Zeitraum war das Land ein Spielball auswärtiger Mächte, die das Vakuum des maroden Osmanischen Reiches ausnutzten. Aus dieser schwachen Position heraus bemühte sich Atatürk, eine gesicherte Stellung innerhalb der internationalen Mächtekonstellation zu erlangen. Das Prinzip der Neutralität und der Nichteinbindung in einseitige Paktsysteme prägte die kemalistische Außenpolitik. Dementsprechend favorisierte der Präsident die Bildung eines kollektiven Sicherheitssystems im südosteuropäischen Raum, das ein Eindringen aggressiver Mächte in das türkische Interessengebiet verhindern sollte. Allerdings gefährdete der ökonomische Zustand des Landes dieses Ziel, da die Wirtschaftsstruktur eine extreme Abhängigkeit von ausländischem Kapital und vom Export vorhandener Ressourcen bedingte.

Grundlagen der türkischen Außenpolitik bildeten freundschaftliche Beziehungen zu den Nachbarstaaten und den europäischen Großmächten, die in bi- und multilateralen Abkommen abgesichert wurden. Um die nach dem Befreiungskrieg benötigte Ruhe im Inneren zu erlangen, kam es Atatürk darauf an, daß sein Land durch außenpolitische Faktoren nicht gestört wurde.

Einen Eckpfeiler türkischer Außenpolitik bildete das Verhältnis zur Sowjetunion. Die militärische Stärke der UdSSR, die offenen Grenzprobleme sowie die Meerengenproblematik stellten Bedrohungsfaktoren dar, die Ankara zu neutralisieren versuchte. Deshalb bemühte sich die Regierung schon frühzeitig um freundschaftliche Beziehungen zum nördlichen Nachbarn. Die Erfolge Ankaras in den bilateralen Beziehungen zur Sowjetunion dokumentierten sich im Freundschaftsvertrag von 1921 sowie im 1925 ratifizierten Freundschafts- und Neutralitätsabkommen[1]. Differenzen zwischen beiden Staaten zeichneten sich erst in Folge der Konvention von Montreux seit 1936 ab[2].

Die Verbesserung der politischen Situation in Südosteuropa bildete den Schwerpunkt der türkischen Außenpolitik. In Folge des Ersten Weltkrieges waren in dieser Region politisch schwache Staaten entstanden. Hieraus resultierte auf dem Balkan ein politisch labiler Zustand, der sich für Prädominationsbestrebungen europäischer Großmächte anfällig zeigte. Deshalb bemühte sich Ankara einerseits um freundschaftliche Beziehungen zu den Balkanstaaten und versuchte andererseits, mit diplomatischen Mitteln einen Interessenausgleich zwischen den Nationen herzustellen. Zur politischen Stärkung des Balkanraumes strebte die Türkei ein kollektives Sicherheitssystem an. Obwohl ihre Bemühungen nicht ohne Erfolg blieben[3], erreichte sie das anvisierte Ziel nur bedingt. Höhepunkt der Außenpolitik Ankaras stellte die Normalisierung der türkisch-griechischen Beziehungen dar[4]. Obwohl die Türkei mit dem Balkanpakt, dem außer der Republik noch Jugoslawien, Griechenland und Rumänien angehörten, ihrem angestrebten Ziel eines kollektiven Sicherheitssystem erheblich nahegekommen war, blieb ihr der vollständige Erfolg versagt, da einerseits Albanien und Bulgarien dem Abkommen fernblieben sowie andererseits man sich nicht auf einen gegenseitigen militärischen Beistand einigen konnte[5].

Italien stellte für die Türkei seiner imperialistischen Bestrebungen wegen einen eminenten Bedrohungsfaktor dar. Militärische Demonstrationen vor der türkischen Küste[6] sowie die Forderung Mussolinis[7] nach Wiederherstellung des römischen Mittelmeerimperiums weckten das Mißtrauen Ankaras. Auch der Neutralitätsvertrag von 1928 wirkte sich nicht beruhigend auf die bilateralen Beziehungen aus[8]. Die italienische Politik beantwortete Ankara mit einer stärkeren Hinwendung zu Großbritannien und Frankreich, die ebenfalls am Bestand des Status quo im mediterranen Raum interessiert waren.

In der Ära Atatürks beschränkten sich die deutsch-türkischen Beziehungen auf starke wirtschaftliche Verflechtungen, die sich durch eine eminente Exportabhängigkeit vom Deutschen Reich auszeichneten. Ansonsten war das bilaterale Verhältnis nicht besonders eng, aber im allgemeinen frei von Spannungen. Erst die engen Verbindungen des »Dritten Reiches« mit Italien belasteten die Beziehungen, wobei sich das türkische Mißtrauen gegen Italien richtete, aber auch Auswirkungen auf dessen Achsenpartner zeigte[9].

Die kemalistische Außenpolitik war nicht nur auf den Ausbau guter bilateraler Beziehungen und eines kollektiven Sicherheitssystems bedacht, sondern versuchte, eine gesicherte und anerkannte Stellung in der internationalen Mächtekonstellation zu erreichen. Hierzu trugen der Beitritt zum Völkerbund sowie der Abschluß mehrerer multilateraler Abkommen bei. Durch die auf Ausgleich bedachte Politik konnte das Land mit der Konvention von Montreux, die die Entmilitarisierung und Internationalisierung der Meerengen aufhob, ihre endgültige Souveränität erlangen[10].

Es lag im Bestreben der türkischen Außenpolitik während der Ära Atatürks, die internationalen Beziehungen so zu gestalten, daß sich die junge Republik in Ruhe und ohne fremde Einmischung konsolidieren konnte. Mit Hilfe diplomatischer Aktivitäten erreichte das Land in kurzer Zeit eine anerkannte Stellung innerhalb der internationalen Staatengemeinschaft. Die Außenpolitik der Republik zeichnete sich durch das Prinzip einer konsequenten Neutralität aus, die der Präsident mit dem Leitmotiv »Friede im Lande — Friede in der Welt« verband. Hieraus leitete sich die weltoffene, anti-imperialistische Politik Ankaras ab, die sich aktiv an allen Maßnahmen beteiligte, die zur Sicherung des Friedens sowie zur Stabilisierung der internationalen Beziehungen beitrug, um somit letztendlich die Sicherheit für das eigene Land zu gewährleisten.

Veränderungen in der türkischen Außenpolitik nach dem Tode Atatürks 1939/40

Zum Nachfolger Atatürks wählte die Nationalversammlung Ismet Inönü. Bereits am 9. Dezember 1938 erklärte der neue Präsident: »The characteristic feature of Kemalism is continuity, both in internal and in foreign[11].« Ob diese Absichtserklärung Inönüs tatsächlich verwirklicht wurde, mußte die Außenpolitik Ankaras ab 1939 beweisen. Hierbei bildeten die neue Führungsspitze, die Kabinettsumbildungen, die internationale Lage am Vorabend des Zweiten Weltkrieges sowie die starke wirtschaftliche Abhängigkeit vom Deutschen Reich[12] Faktoren, die sich fundamental auswirken und zu Veränderungen führen konnten. Besonders die aggressive, imperialistische Machtpolitik Italiens im Mittelmeerraum in Verbindung mit der wirtschaftlichen Vormachtstellung des »Dritten Reiches« auf dem Balkan bedrohten die türkischen Bestrebungen, keine politischen und militärischen Konflikte in Südosteuropa entstehen zu lassen, um damit den Status quo in dieser Region zu bewahren. Dennoch kann nicht übersehen werden, daß es sich bei diesem Status quo um ein politisch labiles Gleichgewicht handelte, das jederzeit aufgrund von Interessenkollisionen der in diesem Gebiet engagierten Mächte gestört werden konnte. Die militärische Besetzung Albaniens durch Italien sowie das Vorgehen Deutschlands gegen die Tschechoslowakei im Frühjahr 1939 erschütterten das türkische Sicherheitsbedürfnis. Im Sommer 1939 verstärkte sich das Mißtrauen Ankaras gegenüber Italien, als Rom versuchte, die Balkan-Entente zu sprengen[13].

Die veränderte politische Lage in Südosteuropa zwang die Türkei, eine Alternative zu ihrer bisherigen Außenpolitik zu finden. Die machtpolitische Analyse im Zusammenhang mit der zugespitzten Situation auf dem Balkan ergab, daß sich Ankara nur an diejenigen Mächte anlehnen konnte, die der aggressiven Politik der Achsenmächte distanziert gegenüberstanden und ein politisches Gegengewicht im Mittelmeer- und Balkanraum bilden konnten. Neben der Sowjetunion, die ein außerordentliches Gewicht im politischen Kalkül Ankaras besaß, kamen hierfür besonders Großbritannien und Frankreich in Betracht. Trotz der bisher praktizierten Neutralitätspolitik war die Türkei darum generell bereit, in ihrer Außenpolitik stärkere probritische und profranzösische Akzente zu setzen. Der neue Kurs Ankaras kam den beiden westeuropäischen Staaten gelegen, da die Republik aufgrund ihrer geostrategischen Lage einen Eckpfeiler im britisch-französischen Abwehrsystem gegen die Achsenmächte bilden konnte[14]. Die Politik der Annäherung führte darum schon bald zum Austausch von Beistandserklärungen mit den beiden westeuropäischen Staaten, die die Grundlage für ein trilaterales Allianzabkommen bildeten. Der am 19. Oktober 1939 paraphierte türkisch-britisch-französische Bündnisvertrag enthielt Garantien gegenseitiger Unterstützung im Falle eines militärischen Konflikts im Mittelmeerraum. Auf Wunsch Ankaras wurde in einem zum Abkommen gehörenden Protokoll die sogenannte »Rußlandklausel« aufgenommen, welche die Türkei von den Allianzverpflichtungen für den Fall entband, daß sich daraus die Möglichkeit eines Zusammenstoßes mit der UdSSR ergab. Für Ankara stellte das Abkommen einen bedeutenden sicherheitspolitischen Rückhalt dar, da die Republik durch den Hitler-Stalin-Pakt sowie den deutschen Überfall auf Polen in ihrem Sicherheitsempfinden erheblich erschüttert worden war. Das Allianzabkommen wirkte sich für die Türkei nicht nur militärpolitisch, sondern auch im ökonomischen Bereich positiv aus. Denn nunmehr war man in der Lage, sich aus der deutschen Abhängigkeit zu lösen, ohne sich zukünftig in diesen Bereichen zu eng an die neuen Bündnispartner binden zu müssen[15]. Dennoch verhinderte das Abkommen nicht, daß Ankara weiterhin zwischen den europäischen Mächten lavierte. Diese diplomatischen Manöver, die teilweise den Allianzverpflichtungen widersprachen, führten zu Komplikationen mit London. Dies zeigte sich in eklatanter Weise während des deutschen Westfeldzuges und im Zusammenhang mit dem italienischen Kriegseintritt, als die Türkei sich weigerte, aktiv an der Seite ihrer Allianzpartner in das militärische Geschehen einzugreifen, obwohl für die Republik der »casus belli« gegeben war. In dieser Situation argumentierte Ankara mit einer möglichen Bedrohung durch die Sowjetunion und berief sich auf die Bestimmungen der »Rußlandklausel«[16].

Wie zur Zeit Atatürks blieb auch nach dessen Tode der Balkan im Mittelpunkt türkischer Außenpolitik. Ab Sommer 1939 unternahm Ankara erhebliche Anstrengungen, Südosteuropa aus der Interessenkollision zwischen dem Deutschen Reich, Italien und der UdSSR herauszuhalten, indem man versuchte, die Balkan-Entente zu stärken. Mehrfach bemühte sich die Regierung, Bulgarien zum Beitritt zu bewegen, doch scheiterten alle Vorstöße an der revisionistischen Politik Sofias, die zu keinem Kompromiß bereit war[17]. Allerdings trug der prowestliche Kurs Ankaras zur politischen Verunsicherung auf dem Balkan bei, der sich störend auf das labile Gleichgewicht auswirkte. Damit verlor die Republik ihre Glaubwürdigkeit als Initiator und Befürworter eines kollektiven Sicherheitssystems in dieser Region. Lediglich im Februar 1940 gelang der Türkei ein bescheidener Erfolg, als sich auf ihre Initiative hin der Rat der Balkan-Entente angesichts der Krisensituation auf einen gemeinsamen Verteidigungs- und Widerstandsplan im Falle einer Aggression gegen eine der Signatarmächte einigte. Da aber dessenungeachtet alle Versuche, ein funktionierendes, kollektives Sicherheitssystem zu schaffen, das alle Balkanstaaten einbezog, scheiterten, setzte in Ankara ein Umdenkungsprozeß ein. Die 1939 und 1940 gemachten außenpolitischen Erfahrungen veranlaßten die Regierung zu dem Entschluß, im Falle eines bewaffneten Konflikts im südosteuropäischen Raum ausschließlich das eigene Territorium zu verteidigen und keine militärische Unterstützung zu gewähren. Ankara befürchtete nicht ohne Grund, daß Südosteuropa in Anbetracht der sich überschneidenden Interessensphären der Großmächte jederzeit zum Kriegsschauplatz werden könnte. Die Entscheidung widersprach freilich den vertraglichen Verpflichtungen und trug den Kern zukünftiger diplomatischer Verstimmungen in sich. Nunmehr setzte man alle zur Verfügung stehenden Mittel ein, sich von militärischen Konflikten fernzuhalten[18].

Vor dem Zweiten Weltkrieg prägten vor allem wirtschaftliche Interessen die türkisch-deutschen Beziehungen, da das Land aufgrund wichtiger Rohstoffreserven einen bedeutenden Faktor in der nationalsozialistischen Großraumordnung darstellte. Dagegen nahm die Türkei in den sonstigen außenpolitischen Überlegungen Berlins nur eine untergeordnete Rolle ein. Dies sollte sich am Vorabend und zu Beginn des Zweiten Weltkrieges rächen, als Ankara einen probritischen und profranzösischen Kurs einschlug, um sich der deutschen Expansionspolitik sowie der wirtschaftlichen Abhängigkeit, die die Gefahr politischer Erpreßbarkeit implizierte, zu entziehen. Ehe Berlin erkannte, welche Folgen mit der Umorientierung verbunden waren, hatte sich die Republik außenpolitisch bereits festgelegt. Anlaß für die türkische Annäherung an Großbritannien und Frankreich bildeten einerseits der Mißerfolg in der Balkanpolitik und andererseits das aggressive Machtstreben der Achse im südosteuropäischen Raum. Der prowestliche Kurs ließ ab Mitte 1939 die Beziehungen zu Berlin abkühlen, woran das

»Dritte Reich« nicht schuldlos war. Die Paraphierung der oben erwähnten Deklarationen sowie des türkisch-britisch-französischen Allianzvertrages bedeutete eine schwere Niederlage für die deutsche Diplomatie[19]. Lediglich die geostrategische Lage mit der Herrschaft über die Meerengen sowie die für die nationalsozialistische Rüstungsindustrie wichtigen Rohstoffe bewahrten die Türkei davor, vom »Dritten Reich« als potentieller Feind eingestuft zu werden. Mit diplomatischem Geschick vermied Ankara einen totalen Abbruch der Beziehungen. Um die relativ unabhängige Stellung in der europäischen Mächtekonstellation bewahren zu können, mußte die Republik trotz aller Vorbehalte darauf bedacht sein, daß sich die Beziehungen zu Berlin wieder normalisierten. Diese Vorstellungen kamen denen des Deutschen Reiches entgegen, für das beim weiteren Kriegsverlauf eine wohlwollende Neutralität Ankaras vorteilhaft war. Denn es stand zu befürchten, daß die Türkei aufgrund ihrer Bündnisverpflichtungen aktiv am Konflikt teilnahm, sobald die deutsche Wehrmacht Frankreich angriff und Italien in den Krieg eintrat. Die deutschen Hoffnungen erfüllten sich im Juni 1940, als Ankara definitiv eine Beteiligung am Krieg ablehnte und sich als nicht kriegführend betrachtete, wobei die »Rußlandklausel« als Begründung diente[20]. Neben der generellen Einstellung, das Land aus jeglichem militärischen Konflikt herauszuhalten, dürfte bei der Entscheidung die schnelle französische Niederlage eine nicht unerhebliche Rolle gespielt haben. Die nach dem Westfeldzug geschwächte Position ihres Bündnispartners benutzte die Türkei zur vorsichtigen Annäherung an Berlin, dessen Stellung in der europäischen Mächtekonstellation nun erheblich aufgewertet worden war und dadurch im politischen Kalkül Ankaras, das ausschließlich auf das eigene Sicherheitsbedürfnis ausgerichtet war, an Gewicht gewann. Trotzdem blieben die türkisch-deutschen Beziehungen bis Ende 1940 distanziert. Einerseits lag das in der die Türkei irritierenden Politik der Achsenmächte begründet, andererseits vermied das Land selbst, in dieser Phase eine stärkere Bindung an die Großmächte, sei es Großbritannien, Deutschland oder die Sowjetunion, einzugehen[21]. In erster Linie ging es Ankara darum, sich möglichst unbeschadet aus dem Konflikt zwischen England und der Achse herauszuhalten, wobei es die latenten Spannungen mit der UdSSR zu ihrem Vorteil ausnutzte.

Jahrelang bildeten der türkisch-sowjetische Nichtangriffspakt sowie die Bemühungen um eine freundschaftliche Atmosphäre im Verhältnis zur UdSSR zentrale Elemente der Außenpolitik Ankaras. Zwar lockerten sich die bilateralen Beziehungen nach Inkrafttreten der Konvention von Montreux, dennoch ließ die Republik keine Chance ungenutzt, das freundschaftliche Verhältnis zu bewahren. Erst nachdem Moskau vom Prinzip der kollektiven Sicherheit abgerückt und vetragliche Bindungen mit dem »Dritten Reich« eingegangen war, zeichneten sich gravierende Veränderungen ab. Als die türkische Hoffnung auf eine Anbindung der Sowjetunion an die Westmächte mit dem Hitler-Stalin-Pakt zerstört wurde, bedeutete dies für Ankara das Ausscheren der UdSSR aus dem Lager der Anti-Aggressions-Mächte. Dieser sowjetische Schritt sowie die Forderung Moskaus im Herbst 1939 nach einer gemeinsamen Verteidigung der Meerengen erschütterten die Grundlage der türkischen Rußlandpolitik[22]. Die bis dahin vorhandene Freundschaft wurde nunmehr durch tiefes Mißtrauen verdrängt. Gerade die sowjetische Haltung in der Meerengenproblematik, die das türkische Sicherheitsempfinden und die Souveränität des Landes zutiefst berührte, sowie der Revisionismus Moskaus im Balkanraum hatten zur Folge, daß die Republik ausschließlich in Großbritannien und Frankreich Garanten ihrer territorialen Sicherheit sah.

Der schnelle Zusammenbruch Frankreichs im Frühsommer 1940 leitete in Ankara eine außenpolitische Phase ein, die auch zu einer vorsichtigen Wiederannäherung an die UdSSR führte. Die Ereignisse im Sommer und Herbst 1940, die auch Südosteuropa in das Kriegsgeschehen hineinzogen, führten zwangsläufig zu einem Überdenken der Position gegenüber Moskau. Die latenten Spannungen mit Berlin sowie die expansive Politik der Achse auf dem Balkan, die den sowjetischen Interessen in diesem Gebiet zuwiderlief, führten in Moskau ebenfalls zu einem Umdenkungsprozeß, der zu einer moderateren Haltung gegenüber der Türkei führte. Somit veranlaßte die gesamteuropäische Situation am Jahresende 1940, daß das gegenseitige Mißtrauen einer vorsichtigen Annäherung wich[23].

Die Türkei im Jahre 1941 — ein Land zwischen kriegführenden Parteien

Spielten sich die militärischen Konflikte bis zum Herbst 1940 noch außerhalb der türkischen Interessensphäre ab, so weitete sich das Kriegsgeschehen Ende Oktober auf den Balkan aus und berührte nun direkt das Sicherheitsbedürfnis Ankaras. Hatte sich das militärische Geschehen bis zu diesem Zeitpunkt noch aus gesicherter Entfernung beobachten und eine Politik des Lavierens zwischen den Machtblöcken praktizieren lassen, so mußte man nun feststellen, daß die Gefahr bestand,

Opfer der rivalisierenden Mächte zu werden. Als bedrohlich für die Türkei konnten sich vor allem die Rückschläge Italiens in Griechenland[24] erweisen, da sie ein deutsches Eingreifen herausforderten, um das Prestige der Achse wiederherzustellen. Mit der Stationierung deutscher Truppen in Rumänien, dem diplomatischen Druck, den Berlin auf Sofia ausübte, und dem nationalsozialistischen Hegemoniestreben auf dem Balkan entstand die Gefahr, daß sich die deutsche Machtsphäre bis an die Grenzen der Türkei ausweitete. Dadurch geriet die Republik in die Zange zwischen Achse und UdSSR. War die türkische Außenpolitik bis zum Herbst 1940 von getrennten regionalen Machtsphären ausgegangen, so war diese Grundlage infolge der neuen Konstellation hinfällig geworden. Angesichts dieser vom »Dritten Reich« und der UdSSR ausgehenden Bedrohung bot lediglich London einen Rückhalt für die Türkei. Dennoch konnte das Land keine militärische Hilfe in größerem Umfang erwarten, da das Vereinigte Königreich aus dem bewaffneten Konflikt im Frühsommer geschwächt hervorgegangen war. Zusätzlich mußte Ankara befürchten, daß das britische Engagement in Anbetracht seiner Haltung beim Kriegseintritt Italiens und dem italienischen Überfall auf Griechenland äußerst distanziert sein würde. Insgesamt befand sich die Türkei zur Jahreswende 1940/41 außenpolitisch in einer ungünstigen Position. Glücklicherweise konnte die Republik von den ab Herbst 1940 offen zutage tretenden deutsch-sowjetischen Differenzen profitieren.

Die militärischen Rückschläge Italiens veranlaßten Hitler, auf dem Balkan einzugreifen. Das deutsche Vorhaben komplizierte die politische Lage in Südosteuropa noch mehr, da die Absichten Berlins mit den Interessen der UdSSR kollidierten. In den deutschen Überlegungen stellte zudem die Türkei einen Unsicherheitsfaktor dar, weil ein militärisches Eingreifen Ankaras wegen seiner Allianzverpflichtungen nicht ausgeschlossen werden konnte. Die Befürchtungen Berlins waren nicht unbegründet, da London mit Hinweis auf den Bündnisvertrag und die Balkan-Entente Ankara aufforderte, aktiv an der Verteidigung Griechenlands teilzunehmen. Trotz der berechtigten Forderung lehnte die türkische Regierung das englische Ansinnen unter Zuhilfenahme der »Rußlandklausel« ab. Neben der Befürchtung, daß sowohl das Deutsche Reich als auch die Sowjetunion das Land angreifen könnten, sobald es aktiv in den Krieg eingreife, war Ankara generell nicht bereit, an bewaffneten Konflikten teilzunehmen, solange seine territoriale Integrität nicht bedroht war. Die Türkei entwickelte angesichts der destabilen Lage und des sich abzeichnenden Kräftemessens der europäischen Staaten im Balkanraum ein gesteigertes und sensitives Sicherheitsbedürfnis, das nach ihrer Auffassung mit der britischen Beistandsgarantie allein nicht befriedigt werden konnte. Der politischen Lage entsprechend umwarb nicht nur England die Republik, sondern auch das Deutsche Reich, das für den Fall eines eigenen Eingreifens in den griechisch-italienischen Konflikt großes Interesse an einer türkischen Neutralität — zumindest aber ihrer »Nonbelligerence« — hatte. In dieser Situation stimmten die deutschen Vorstellungen mit den türkischen überein. In Anbetracht der zu diesem Zeitpunkt scheiternden deutsch-sowjetischen Bemühungen um einen Interessenausgleich versuchte das »Dritte Reich«, seine diplomatischen Beziehungen zur Türkei zu verbessern. Die diplomatische Offensive Berlins fand in Ankara ein positives Echo, wobei das deutsche Garantieversprechen hinsichtlich der staatlichen Integrität das türkische Interesse weckte und zu streng geheimen Verhandlungen führte.

Die politische Situation in Südosteuropa zur Jahreswende 1940/41 trug zur Aktualisierung auch der türkisch-bulgarischen Beziehungen bei, die trotz des Freundschaftsvertrages von 1925 aufgrund des bulgarischen Revisionismus äußerst gespannt geblieben waren[25]. Mit Unbehagen registrierte Ankara Ende 1940 den sich verstärkenden Druck, den sowohl das »Dritte Reich« als auch die Sowjetunion auf Bulgarien ausübten, um das Land in die jeweilige Interessensphäre hineinzuziehen. Im Falle eines Anschlusses Sofias an die Achse oder die UdSSR befürchtete die Republik nämlich, daß Bulgarien als Aufmarschgebiet fremder Truppen zum Angriff auf die Meerengen dienen konnte. Deshalb war die Türkei an einem von fremden Truppen freien Vorfeld interessiert. In bilateralen Konsultationen, die von auffallender Einmütigkeit beider Staaten, sich in keinen militärischen Konflikt hineinziehen zu lassen, geprägt waren, einigten sie sich auf eine gemeinsame Deklaration, die die unverbindliche Aussage enthielt: »Die Türkei und Bulgarien betrachten es als unveränderliche Grundlage ihrer Außenpolitik, sich von jedem Angriff fernzuhalten[26].« Mit der Erklärung verzichtete Ankara freilich keineswegs darauf, aktiv in Bulgarien einzugreifen, sobald sein Sicherheitsinteresse gestört würde. Für die Türkei bildete die Deklaration vielmehr eine willkommene Grundlage, sich den britischen Forderungen nach militärischer Teilnahme in Griechenland zu entziehen[27].

Die positiv verlaufenden türkisch-deutschen Verhandlungen sowie die Entspannung in den Beziehungen zu Sofia trugen trotzdem nicht dazu bei, die Angst vor einem deutschen Angriff vollständig abzubauen.

In dieser Situation boten sich Ankara mehrere Möglichkeiten, sich aus einem bewaffneten Konflikt herauszuhalten:

1. Die Türkei arrangierte sich mit dem Deutschen Reich, das 1941 die machtpolitisch stärkste Position auf dem Balkan besaß. Hierbei bot sich im äußersten Falle ein Beitritt zum Dreimächtepakt an, wodurch die Allianz mit Großbritannien erloschen wäre.

2. Ankara arrangierte sich mit dem Deutschen Reich auf der Grundlage eines Nichtangriffs- und Neutralitätsabkommens, welches das türkisch-britische Bündnis bestehen ließ.

3. Die türkische Regierung entschloß sich, ihre Beziehungen zur Sowjetunion zu verbessern, um in Verbindung mit der türkisch-englischen Allianz ein Gegengewicht zur deutschen Balkanpolitik herzustellen.

4. Die Türkei vermittelte ein sowjetisch-britisches Bündnisabkommen, wobei sie als Bindeglied zwischen den Vertragspartnern fungieren konnte.

Letztendlich entschied sich Ankara für die zweite Möglichkeit. Einen Bruch mit dem Allianzpartner wollte man auf keinen Fall provozieren, auch wenn sich das Land mit allen ihm zur Verfügung stehenden Mitteln den vertraglichen Verpflichtungen entzog. Ein Beitritt zum Dreimächtepakt lag außerhalb des türkischen Interesses, da man sich dadurch zu sehr an die aggressive deutsche Politik gebunden hätte und Ankara niemals sicher sein konnte, ob es mit dieser Verbindung nicht in den Krieg hineingezogen würde. Eine Verbesserung der britisch-sowjetischen Beziehungen wiederum scheiterte an der Haltung Stalins, der korrekt an den Abmachungen mit Deutschland festhielt, um Hitler keinen Vorwand für einen Angriff zu bieten[28]. Und einen Ausgleich mit der Sowjetunion verhinderte zumindest bis zum Beginn des Balkanfeldzuges die Expansionspolitik Moskaus in Südosteuropa sowie die noch bestehende Forderung einer gemeinsamen Verteidigung der Meerengen.

Mit der Verlegung von Wehrmachtverbänden nach Bulgarien steigerte sich die türkische Angst vor einem deutschen Angriff, die erst mit einem Notenaustausch Hitler — Inönü beschwichtigt werden konnte. Hitler versicherte, die militärischen Maßnahmen seien nicht gegen die politische und territoriale Integrität der Türkei gerichtet[29]. Der Notenwechsel führte zur Beruhigung der Regierung in Ankara und trug »zur Normalisierung und Verbesserung der türkisch-deutschen Beziehungen«[30] bei.

Die wohlwollende Haltung gegenüber Berlin blieb London nicht verborgen und gab zu der Befürchtung Anlaß, die Türkei wende sich auf

Kosten Englands stärker dem Deutschen Reich zu. Hierzu trug auch die türkische Weigerung, ihren Bündnisverpflichtungen nachzukommen, nicht unerheblich bei. Um die Republik aktiv in den südosteuropäischen Konflikt einzubinden, unterbreitete Churchill Ende März 1941 den Regierungen in Ankara, Athen und Belgrad den Plan einer gemeinsamen Balkanfront, womit eine deutsche Intervention verhindert werden sollte. Die britische Initiative scheiterte indes an der egozentrischen Politik Ankaras und Belgrads. Die deutsche Balkanpolitik drängte die UdSSR und Großbritannien in die politische Defensive. Da die Vorgehensweise Berlins die britischen und sowjetischen Sicherheitsinteressen berührte, umwarben beide Seiten die Türkei, die sich dadurch dem Kräftespiel der europäischen Mächte ausgesetzt sah. In dieser Situation registrierte man am Bosporus, daß Moskau seine Türkeipolitik revidierte. Unter nunmehr veränderter Prämisse paraphierten beide Regierungen eine Beistandserklärung, nachdem Moskau unter britischem Einfluß auf die Forderung einer gemeinsamen Meerengenverteidigung verzichtet hatte. Die Deklaration enthielt die Versicherung, daß sich beide Staaten neutral verhalten wollten, falls einer der Signatarmächte von dritter Seite angegriffen würde[31]. Zur Bestürzung Londons verschaffte die Beistandserklärung der Türkei zusätzlichen Handlungsspielraum, um sich den englischen Forderungen einer Kriegsbeteiligung zu entziehen.

Mit Erleichterung registrierte Ankara, daß sich Berlin beim Einmarsch deutscher Truppen in Bulgarien an seine Zusage hielt. Dennoch spitzte sich die prekäre Situation auf dem Balkan immer mehr zu, nachdem sich auch Jugoslawien der Achse angeschlossen hatte und in Folge davon ein gegen den Beitritt gerichteter Staatsstreich in Belgrad erfolgt war. Erneut entzog sich die Türkei der Teilnahme am Krieg, als das Deutsche Reich Jugoslawien und Griechenland überfiel, obwohl sie aufgrund der Balkan-Entente und der britisch-türkischen Allianz zur Hilfeleistung verpflichtet gewesen wäre. Neben der praktizierten Politik, sich an keinem militärischen Konflikt zu beteiligen, bestand aus türkischer Sicht keine Veranlassung zu intervenieren, da Berlin unmittelbar vor dem Balkanfeldzug versichert hatte, daß ein Angriff auf die Republik nicht beabsichtigt sei[32].

Die Türkei befand sich nach der Kapitulation Griechenlands und Jugoslawiens sowie dem Rückzug der Briten aus Hellas und von Kreta in einer politisch prekären Lage. Von drei Seiten durch die Achsenmächte oder von ihr abhängige Länder eingekreist, konnte Ankara von dem aus Südosteuropa herausgedrängten Allianzpartner weder militärische Hilfe noch politische Unterstützung erwarten, zumal man durch die egozentrische Politik fast sämtliche Sympathien bei der britischen Regierung eingebüßt hatte. Auch das Verhältnis zur Sowjetunion war trotz der Neutralitätserklärung immer noch gespannt und von Mißtrauen gezeichnet, da Ankara vermutete, die UdSSR habe ihre revisionistische Politik lediglich der gegenwärtigen Lage angepaßt, aber nicht aufgegeben. Unter den vorherrschenden Umständen mußte der Türkei an freundschaftlichen Beziehungen zu Berlin gelegen sein, damit nicht auch sie zum Opfer der Achsenmächte wurde. Zum Vorteil für die Republik erwies sich in dieser Lage der von Deutschland geplante Überfall auf die Sowjetunion. Denn auch für Berlin war ein gutes Verhältnis zur Türkei wichtig, da einerseits eine Aggression aus zeitlichen und strategischen Gründen nicht in Frage kam und andererseits im Falle eines deutsch-sowjetischen Konflikts eine Zusammenarbeit Ankaras mit Moskau nicht auszuschließen war. Hingegen mußte die türkische Regierung in ihr politisches Kalkül die Möglichkeit einbeziehen, daß sich Berlin und Moskau trotz aller offenkundigen bilateralen Differenzen auf Kosten der Republik einigen könnten. Die für Ankara prekäre Lage im Mai 1941 nutzte das »Dritte Reich« zu Verhandlungen über einen Freundschaftsvertrag, wobei beide Seiten ein außerordentliches Interesse an einem positiven Abschluß hatten. Dabei vertrat die Republik angesichts der ungeklärten Kriegslage die Position, trotz des Abkommens mit dem Reich an der Allianz mit Großbritannien festzuhalten, während Berlin erwartete, daß Ankara dem Dreimächtepakt unter Aufkündigung des Bündnisses mit London beitrete. Trotz allem beharrte die Türkei auf ihrem Standpunkt, so daß ein Freundschaftsvertrag zustande kam, der letztlich die wohlwollende Neutralität Ankaras festschrieb[33]. Damit ergab sich das Phänomen, daß die Türkei mit Großbritannien verbündet blieb und gleichzeitig freundschaftliche Beziehungen mit demjenigen Staat pflegte, der sich im Kriegszustand mit dem Vereinigten Königreich befand. Im Juni 1941 schien diese politische Konstellation zwar vorteilhaft zu sein, barg aber für die Zukunft — je nachdem, wie sich der militärische Konflikt in Europa entwickeln würde — die Gefahr außenpolitischer Krisen.

Bereits kurz nach Unterzeichnung des türkisch-deutschen Abkommens überfiel das »Dritte Reich« die Sowjetunion. Damit gingen die von der türkischen Regierung gehegten Hoffnungen in Erfüllung. Im Konflikt der beiden expansiven Mächte, von denen sich die Türkei bis zu diesem Zeitpunkt bedroht gefühlt hatte, betrachtete sich das Land als »nicht kriegführend«[34].

Die deutsche Aggression gegen die UdSSR bewirkte in Moskau eine geänderte Haltung zum südlichen Nachbarn, die sie an ihre Türkeipolitik der Vorkriegszeit anknüpfen ließ. Nunmehr befürwortete die Sowjetunion, daß die Türkei ihren »nicht kriegführenden« Zustand beibehielt und die Bestimmungen der von Moskau bisher abgelehnten Konvention von Montreux gewissenhaft beachtete, um somit die vom Schwarzen Meer aus drohende Gefahr einzudämmen. Doch weder das veränderte politische Klima, das von der UdSSR ausging, noch deren Loyalitätserklärung konnten das türkische Mißtrauen, das sich aufgrund der russischen Meerengenpolitik entwickelt hatte, abbauen. Die Regierung in Ankara ging davon aus, daß die Haltung Moskaus lediglich der ungünstigen militärischen Situation des Landes entsprang[35].

Durch eine relativ achsenfreundliche Politik gestalteten sich die türkischen Beziehungen zum »Dritten Reich« immer enger, wobei die latent vorhandene Furcht Ankaras vor einer deutschen Aggression eine nicht unerhebliche Rolle spielte. Dennoch entzog sich die Türkei dem deutschen Werben um eine Teilnahme am Krieg gegen die Sowjetunion erfolgreich. Wie London zuvor mußte nun auch Berlin erkennen, daß die Republik am Bosporus in keinem Fall bereit war, aktiv in den europäischen Konflikt einzugreifen. Trotz aller militärischen Erfolge der Achse schien für Ankara die Lage zu ungewiß, um das Risiko eines Kriegseintrittes einzugehen[36].

Ab Sommer 1941 bemühte sich die britische Diplomatie, die Zusammenarbeit Ankara—Berlin nicht zu intensiv werden zu lassen. Auch das aus englischer Sicht enttäuschende türkische Verhalten konnte London nicht davon abbringen, an der Allianz festzuhalten, um damit einerseits einen Beitritt der Türkei zum Dreimächtepakt zu verhindern und andererseits seine politische Position am Rande des deutschen Herrschaftsbereiches zu behaupten. Ankara war ebenfalls nicht gewillt, das Bündnis aufzukündigen, da dieses Rückhalt für seine Politik der »Nonbelligerence« bot, obwohl sich gezeigt hatte, daß die Allianz insgesamt eine Farce darstellte.

Zu Ende des Jahres 1941 mußte Ankara zur Erkenntnis gelangen, daß die Politik des Lavierens zwischen den europäischen Mächten mit Schwierigkeiten und Risiken verbunden war. Nur mit Glück und durch geschicktes Taktieren konnte sich das Land aus dem schwelenden Konflikt heraushalten. Dennoch handelte sich die Türkei mit ihrer egozentrischen Politik den Makel eines unzuverlässigen Partners ein.

Das Völkerrecht unterscheidet zwei klassische Neutralitätsbegriffe, und zwar die »gewöhnliche« sowie die »dauernde Neutralität«. Hierbei ist die »gewöhnliche« Neutralität der rechtliche »Status eines Staates auf Grund seiner Nichtbeteiligung am Kriege anderer Staaten. Demgegenüber ist die dauernde Neutralität der Rechtsstatus eines Staates, kraft dessen es dem Neutralen verboten ist, sich an künftigen Kriegen zu beteiligen[37].« Die dauernde Neutralität kann durch zweiseitige, aber auch multilaterale Verträge begründet werden. Da die klassischen Neutralitätsbegriffe für die unterschiedlichen Erscheinungsformen einer Unparteilichkeit in zwischenstaatlichen Beziehungen und Konflikten nicht ausreichten, entwickelte sich völkerrechtlich der zusätzliche Begriff des »Nichtkriegführens« (Nonbelligerence) oder »Neo-Neutralität«: »Das gemeinsame Merkmal dieser Konzeption besteht darin, daß ein Staat im Widerspruch zum klassischen Neutralitätsrecht politisch, wirtschaftlich, finanziell, durch Waffenlieferungen, [...] begünstigt werden sollte, ohne daß eine direkte Teilnahme an aktiven Kriegshandlungen beabsichtigt war[38].«

Nach der Definition des klassischen Neutralitätsrechts bekannte sich die Türkei in der Ära Atatürk gegenüber mehreren Staaten in bilateralen Verträgen zur dauernden Neutralität, obwohl sie sich bis dahin durch keine allgemeine völkerrechtliche Erklärung eindeutig darauf verpflichtet hatte. Wie aus dem oben Dargelegten zu erkennen ist, verließ die Türkei unter Präsident Inönü jedoch den eingeschlagenen Weg. Bereits mit der türkisch-britischen bzw. türkisch-französischen Deklaration, spätestens aber seit dem Allianzabkommen mit England und Frankreich, gab sie ihre konsequente Neutralitätspolitik auf. Die veränderte Situation in Europa, hervorgerufen durch die imperialistische Politik der Achsenmächte, aber auch der UdSSR, führte Ankara zu der Überzeugung, daß das Bekenntnis zur Neutralität keinen Schutz vor Aggression bedeutete, wie die deutsche Besetzung von Dänemark, Norwegen und der Benelux-Staaten einerseits und der Griff Moskaus nach den baltischen Staaten und Finnland andererseits hinlänglich bewiesen. Trotz vertraglicher Verpflichtungen war die türkische Regierung daher ab 1940 nicht bereit, den »casus belli« für das Land zu akzeptieren. Direkt im Spannungsfeld der europäischen Mächte gelegen, versuchte die Türkei, zumindest das eigene Territorium aus dem Konflikt herauszuhalten. Um dieses Vorhaben zu verwirklichen, weigerte sie sich generell, in irgendwelche Kriegshandlungen aktiv einzugreifen.

Diese Haltung hinderte Ankara allerdings nicht daran, die kriegführenden Parteien in unterschiedlicher Weise zu unterstützen. Somit muß konstatiert werden, daß die Republik im völkerrechtlichen Sinne eine Politik der »Nonbelligerence« betrieb. Insgesamt hatte sich damit die türkische Außenpolitik nach dem Tode Atatürks in einer Weise gewandelt, daß die eingangs zitierte Absichtserklärung Inönüs vom 9. Dezember 1938 relativ schnell ad absurdum geführt wurde.

Anmerkungen

[1] Das türkisch-sowjetische Freundschafts- und Neutralitätsabkommen wurde 1935 für weitere zehn Jahre erneuert.

[2] Zehra Önder, Die türkische Außenpolitik im Zweiten Weltkrieg, München 1977, S. 11; Lothar Krecker, Deutschland und die Türkei im Zweiten Weltkrieg, Frankfurt a. M. 1964, S. 15; Necmeddin Sadak, Turkey faces the Soviets, in: Foreign Affairs, 27 (1948/49), S. 450f.

[3] In den Jahren 1923—1933 schloß die Türkei mit folgenden Staaten Freundschafts- und Neutralitätsverträge ab: Albanien (15.12.1923), Bulgarien (18.10.1925, 6.3.1929), Jugoslawien (27.11.1933), Rumänien (17.10.1933) und Ungarn (5.1.1929).

[4] Als Grundlage ist der türkisch-griechische Freundschafts- und Neutralitätsvertrag vom 30.10.1930 anzusehen, der am 14.9.1933 und 27.4.1938 ergänzt und erweitert wurde. Hierzu: Gabriel Crestovitch, Die griechisch-türkische Verständigung, in: Zeitschrift für Politik, 21 (1932), S. 128—131; Rainer Pöschl, Vom Neutralismus zur Blockpolitik. Hintergründe der Wende in der türkischen Außenpolitik nach Kemal Atatürk, München 1985, S. 121f.; Krecker (wie Anm. 2), S. 16; Önder (wie Anm. 2), S. 12.

[5] Pöschl (wie Anm. 4), S. 122f.; Krecker (wie Anm. 2), S. 16f.

[6] Josef Ackermann, Der begehrte Mann am Bosporus — Europäische Interessenkollisionen in der Türkei (1938—1941), in: Hitler, Deutschland und die Mächte, hrsg. von M. Funcke, Düsseldorf 1976, S. 49. Italien errichtete drei Marine- und Luftwaffenstützpunkte auf den Dodekanes-Inseln Leros, Rhodos und Stampalia.

[7] Rede Mussolinis am 18.3.1934. Siehe auch: Survey of International Affairs 1934, hrsg. von Arnold J. Toynbee, London 1935, S. 330.

[8] Johannes Glasneck, Die Türkei im deutsch-anglo-amerikanischen Spannungsfeld, in: Johannes Glasneck, Inge Kircheisen, Türkei und Afghanistan — Brennpunkte der Orientpolitik im Zweiten Weltkrieg, Berlin (Ost) 1968, S. 33; Önder (wie Anm. 2), S. 12f.

[9] Ackermann (wie Anm. 6), S. 490ff.; Krecker (wie Anm. 2), S. 19—24; Önder (wie Anm. 2), S. 14f.; Glasneck (wie Anm. 8), S. 20—36.

[10] Zum Problem der türkischen Meerengen siehe: Ernst Tennstedt, Die türkische Meerengen im Zweiten Weltkrieg, Hamburg 1981; Ahmed S. Esmer, The Straits: Crux of World Politics, in: Foreign Affairs, 25 (1946/47), S. 290—309.

[11] Zit. nach Önder (wie Anm. 2), S. 16.

[12] Zur wirtschaftlichen Abhängigkeit der Türkei vom Deutschen Reich siehe: Glasneck (wie Anm. 8), S. 20—29; Krecker (wie Anm. 2), S. 22—24.

[13] Survey of International Affairs 1939—1946, hrsg. von A. J. und V. M. Toynbee. Bd 2: The Eve of War 1939, London, New York, Toronto 1958, S. 292 f.; Gerhard Schreiber, Deutschland, Italien und Südosteuropa. Von der politischen und wirtschaftlichen Hegemonie zur militärischen Aggression, in: ders., Bernd Stegemann, Detlef Vogel, Der Mittelmeerraum und Südosteuropa. Von der »non belligeranza« Italiens bis zum Kriegseintritt der Vereinigten Staaten, Stuttgart 1984 (= Das Deutsche Reich und der Zweite Weltkrieg, Bd 3), S. 347—353.

[14] Glasneck (wie Anm. 8), S. 39 f., Survey of International Affairs 1939—1946 (wie Anm. 13), S. 61—113 und 451—473.

[15] Gerhard Schreiber, Die politische und militärische Entwicklung im Mittelmeerraum 1939/40, in: Das Deutsche Reich und der Zweite Weltkrieg (wie Anm. 13), S. 136—141; Önder (wie Anm. 2), S. 17—42; Pöschl (wie Anm. 4), S. 148—161; Glasneck (wie Anm. 8), S. 40—51.

[16] Krecker (wie Anm. 2), S. 82—90.

[17] Cevat Acikalin, Turkey's International Relations, in: International Affairs, XXIII (1947), S. 482; Önder (wie Anm. 2), S. 46—51; Krecker (wie Anm. 2), S. 65—73.

[18] Ausführlich wird die türkische Balkanpolitik bei Önder (wie Anm. 2), S. 46—101, behandelt.

[19] Harry N. Howard, Germany, the Soviet Union and Turkey during World War II, in: The Department of State Bulletin, Vol XIX, No 472 vom 18.7.1948, S. 64; Önder (wie Anm. 2), S. 101—108; Krecker (wie Anm. 2), S. 27—28 u. 40.

[20] Akten zur deutschen auswärtigen Politik 1918—1945. Aus dem Archiv des Auswärtigen Amtes (ADAP). Serie D: 1937—1945, 13 Bde, Baden-Baden, Göttingen 1950—1970, Bd IX, Dok. 10, S. 20 f.; Dok. 200, S. 233 f.; Dok. 424, S. 461; Dok. 431, S. 466.

[21] Krecker (wie Anm. 2), S. 26—100; Glasneck (wie Anm. 8), S. 15—65; Önder (wie Anm. 2), S. 101—108.

[22] Näheres zur Problematik der türkischen Meerengen und zu den sowjetischen Interessen in dieser Frage: Fritz Steppart, Die Entwicklung des Dardanellenstatuts, in: Europa-Archiv, II (1947), S. 968 f.; Heinz Sturmhöfel, Die Türkei und die Sowjetunion 1939—1954, in: Osteuropa, 5 (1955), S. 21—24; Esmer (wie Anm. 10), S. 296 f.; Sadak (wie Anm. 2), S. 452—457; Tennstedt (wie Anm. 10), S. 11—15; Krecker (wie Anm. 2), S. 101—105.

[23] Önder (wie Anm. 2), S. 19, 25—34, 70—73; Krecker (wie Anm. 2), S. 23—26, 51—64, 101—108; Pöschl (wie Anm. 4), S. 153—161 und oben Anm. 22.

[24] Schreiber, Deutschland (wie Anm. 13), S. 368—414.

[25] Sofia machte territoriale Forderungen auf türkisch Thrazien geltend.

[26] Kessings Archiv der Gegenwart 1941, 4895 E.

[27] Önder (wie Anm. 2), S. 90—94; Krecker (wie Anm. 2), S. 130—134.

[28] Siehe dazu den Beitrag von Jürgen Förster, in: Horst Boog u. a., Der Angriff auf die Sowjetunion, Stuttgart 1983 (= Das Deutsche Reich und der Zweite Weltkrieg, Bd 4), S. 29—37.

[29] Schreiben Hitlers an Inönü vom 1.3.1941, ADAP, Serie D, Bd XII/1, Dok. 113, S. 166f.

[30] Schreiben Inönüs an Hitler vom 12.3.1941, ADAP, Serie D, Bd XII/1, Dok. 161, S. 237.

[31] Önder (wie Anm. 2), S. 99f.; Krecker (wie Anm. 2), S. 141—146.

[32] Gerhard Schreiber, Politik und Kriegführung 1941, in: Das Deutsche Reich und der Zweite Weltkrieg (wie Anm. 13), S. 567—570; Krecker (wie Anm. 2), S. 146—150.

[33] Die Paraphierung erfolgte am 18.6.1941.

[34] Johannes Glasneck, Die deutsche Türkei-Politik und der Überfall auf die UdSSR, in: Zeitschrift für Geschichtswissenschaft, XV (1967), S. 255—258; Ackermann (wie Anm. 6), S. 504—507; Howard (wie Anm. 19), S. 69ff.; Krecker (wie Anm. 2), S. 153—175; Önder (wie Anm. 2), S. 101—126.

[35] Sturmhöfel (wie Anm. 22), S. 24—25; Krecker (wie Anm. 2), S. 191—195.

[36] Krecker (wie Anm. 2), S. 177—187; Önder (wie Anm. 2), S. 127—141.

[37] Josef Köpfer, Die Neutralität im Wandel der Erscheinungsformen militärischer Auseinandersetzungen, München 1975, S. 50f.

[38] Ebd., S. 153.

Giorgio Petracchi

Pinocchio, die Katze und der Fuchs: Italien zwischen Deutschland und der Sowjetunion (1939—1941)

1. Einleitung

Ende Dezember 1939, wenige Monate nachdem der Pakt zwischen Ribbentrop und Molotov zur Auflösung des polnischen Staates und im Westen zum Ausbruch des Krieges zwischen Deutschland auf der einen sowie Frankreich und Großbritannien auf der anderen Seite geführt hatte, waren die italienisch- sowjetischen Beziehungen an einen Punkt gelangt, an dem es zum Bruch kommen mußte. Am 9. Dezember war der sowjetische Botschafter in Rom, Nikolaj Gorel'kin, nach Moskau zurückbeordert worden. Einige Wochen später erhielt auch Augusto Rosso, der italienische Botschafter in Moskau, die Weisung, nach Italien zurückzukehren. Der Abzug der Botschafter markierte den Höhepunkt der Krise in den italienisch-sowjetischen Beziehungen nach 1924. Diese Krise entwickelte sich zu einem Zeitpunkt, als sich die deutsch-sowjetischen Beziehungen — »gefestigt durch das Blut« aus dem Feldzug gegen Polen — auf dem Gipfel ihres Erfolges befanden.

Die Feindseligkeit zwischen Italien und der UdSSR setzte sich noch einige Monate in Form einer nie dagewesenen Offensive in Presse und Rundfunk fort, bis sich Deutschland entschloß, die erneute Annäherung der beiden Staaten zu fördern, um eine der auffälligsten Unstimmigkeiten in der Außenpolitik der »Achse« zu beseitigen. So kehrten Rosso und Gorel'kin 1940 an ihre jeweiligen Amtssitze zurück. Einige Monate später jedoch, als die diplomatischen Bemühungen des Palazzo Chigi darauf ausgerichtet waren, eine erneute Verständigung mit der UdSSR herzustellen, griff die Wilhelmstraße entschlossen ein, um den Verbündeten davon abzuhalten, sich in der politischen Zusammenarbeit mit der sowjetischen Regierung zu weit in den Vordergrund zu schieben. Ein ähnlicher Versuch seitens Italiens wurde 1941 erneut unterdrückt, bis das »Unternehmen Barbarossa« diesem Spiel abwechselnder Initiativen und Gegeninitiativen ein Ende setzte und das faschistische Italien dem nationalsozialistischen Deutschland auf dem Weg in sein Schicksal nach Rußland folgte.

Die Chronologie der italienisch-sowjetischen Beziehungen von 1939 bis 1941 stellt sich als Januskopf mit den Gesichtern der Autonomie und der Abhängigkeit von Deutschland dar. Auch die Autonomie schien von solcher Art zu sein, daß der englische Historiker MacGregor Knox sie im Freudschen Sinne als von der Tatsache abhängig erklärte, daß Mussolini »would not tolerate Stalin replacing him in Hitler's affections«[1]. Umgekehrt argumentierend schrieb der italienische Historiker Mario Toscano die »gescheiterte Verständigung« zwischen Italien und der Sowjetunion im Sommer 1940 der Opposition oder zumindest »Eifersucht« Hitlers zu[2].

Die folgenden Überlegungen sollen die historische Frage nach den Bedingungen der italienischen Außenpolitik wieder aufgreifen, um zu prüfen, in welchem Maße die italienische Politik gegenüber der Sowjetunion zwischen 1939 und 1941 durch Deutschland beeinflußt wurde. Insgesamt neigte der kraftlose italienische Imperialismus dabei stets dazu, sich an die jeweils stärker erscheinende Macht anzulehnen.

2. Die Grundzüge der italienisch-sowjetischen Beziehungen zwischen den Weltkriegen

Die Entwicklungslinien der Beziehungen zwischen dem faschistischen Italien und Sowjetrußland stellen sich in historischer Sicht hinlänglich komplex und in ihrem Verlauf widersprüchlich dar. Diese Beziehungen reichen von der Wirtschaft bis zur Politik, von der wissenschaftlich-kulturellen bis zur militärischen Zusammenarbeit und bis hin zum Austausch von Höflichkeiten und kleinen Gefälligkeiten zwischen Stalin und Mussolini. Sie sind bereits seit geraumer Zeit Gegenstand der italienischen Historiographie, während die sowjetische in diesem Punkt noch nachhinkt. Mit gutem Grund forderte deshalb Botschafter Sergej Slipčenko, der Ende der dreißiger Jahre mit vertraulichen Sonderaufgaben beauftragt war, die sowjetische Geschichtsschreibung auf, sich stärker für die Beziehungen zu Italien zwischen den beiden Weltkriegen und im ersten Jahr des Zweiten Weltkriegs zu interessieren[3].

Im Jahr 1924, nicht einmal zwei Jahre nach Mussolinis Aufstieg zur Macht, wurde mit Hilfe der faschistischen Regierung die Frage der Anerkennung der UdSSR im Tausch gegen ein günstiges Handelsabkommen auf realistischer und pragmatischer Grundlage gelöst. 1924 bis 1927 war die Zeit der »großen Geschäfte«, aber fast von Beginn an stießen die Hoffnungen auf eine großzügige Erweiterung der Handelsbeziehungen mit der UdSSR auf den grenzenlosen Kreditbedarf des sowjetischen Marktes und die offensichtliche Unfähigkeit des italienischen Finanzmarktes, dem nachzukommen.

Gleichzeitig begannen auch die Vorgespräche zur Unterzeichnung einer politischen Vereinbarung einschließlich einer Art von Geheimabkommen, das nach sowjetischem Willen Bessarabien und den Bosporus betreffen sollte[4].

Bessarabien wiederum gab Anlaß zur Entstehung einer Krise, als Italien 1927 nach der erneuten Annäherung zwischen Mussolini und dem rumänischen Ministerpräsidenten General Alexandru Avǎrescu den Vertrag von 1920, der die Annexion Bessarabiens durch Rumänien anerkannte, ratifizierte. Diese Anerkennung durch Italien schien insofern besondere Bedeutung anzunehmen, als sie mit dem Austausch diplomatischer Noten zusammenfiel, die zum Abbruch der Beziehungen zwischen Großbritannien und der Sowjetunion führten und deshalb in der UdSSR den Verdacht weckte, Italien habe die Absicht, sich an einem antisowjetischen Bündnis zu beteiligen. Die weiteren Ereignisse minderten allerdings diesen Eindruck und gingen mit der Entwicklung immer besserer Beziehungen zwischen Italien und der UdSSR einher. Sie stützten sich auf die gemeinsame Ablehnung der europäischen Ordnung von Versailles und auf eine gemeinsame revisionistische Einstellung.

In dem Jahrzehnt zwischen 1924 und 1934 war somit zwischen Faschismus und Bolschewismus ein modus vivendi entstanden, der von vorteilhaften wirtschaftlichen Beziehungen und diplomatischem Beistand sowie einer feinen, aber kontrollierten ideologischen Polemik getragen war, die — aufgrund von Abkommen zwischen den beiden Regierungen — niemals in offene und gewaltsame Feindseligkeit umschlug[5]. Diese Politik der Zusammenarbeit zwischen den beiden Regimen erreichte 1933 ihren Höhepunkt. Am 2. September unterzeichneten Mussolini und Botschafter Vladimir P. Potëmkin in Rom einen Nichtangriffs- und Neutralitätspakt. Die Italiener wollten die sowjetischen Befürchtungen zerstreuen, daß der erst im Juli abgeschlossene Viermächtepakt ein antisowjetisches Bündnis sein könne. Aus sowjetischer Sicht diente der Pakt der Sicherheit der UdSSR, die sich nach der »Machtergreifung« der Nationalsozialisten angstvoll um die Freundschaft der Nachbarstaaten Deutschlands bemühte. Als erste Reaktion bewirkte der Aufstieg des Nationalsozialismus in Rom und Moskau das Gefühl einer Bedrohung. Dies führte zu einer eindeutigen Anerkennung des gemeinsamen Interesses, hinsichtlich der wichtigsten europäischen Probleme einen Weg der Verständigung und der Konsultation zu finden.

Die Diplomaten der alten Schule Čičerins, die sich in Rom ablösten — wie Potëmkin und die anderen ehemaligen Menšiviki der sowjetischen Diplomatie, so Boris Štein und auch Litvinov nach seinem Besuch in Rom im Dezember 1933 —, hatten in bezug auf die internationale Stellung Italiens Bewertungsparameter entwickelt, die später zu festen Grundsätzen wurden. Nach diesen Grundsätzen schien Italien und Deutschland ein tiefer und grundlegender Gegensatz zu trennen; die jeweiligen Regime seien — jenseits propagandistischer Äußerungen — ihrem Wesen nach dazu bestimmt, diesen Gegensatz zu verschärfen, statt ihn zu mindern. Deshalb gingen die Diplomatie Litvinovs und die Leitung des Narkomindel, des Volkskommissariats für auswärtige Angelegenheiten, letztendlich davon aus, auf die italienische Unterstützung zählen zu können, wenn es darum ging, dem deutschen Expansionismus in Europa und dem japanischen Vordringen auf den euro-asiatischen Kontinent Einhalt zu gebieten. Die Diplomatie Litvinovs blieb ihren eigenen Grundsätzen auch dann noch treu, als die italienisch-sowjetischen Beziehungen sich in Richtung einer politischen und ideologischen Konfrontation entwickelten.

Der Abessinienkrieg und der Krieg in Spanien, welche die Grundlagen für die Zusammenarbeit zwischen Italien und Deutschland legten, führten zu einer Verschlechterung der Beziehungen zwischen Italien und der Sowjetunion sowohl wegen der konsequenten Völkerbundpolitik, der sich die UdSSR in Genf verschrieb, als auch wegen der ideologischen Auseinandersetzung zwischen den »Volksfronten« und der zunehmenden faschistischen Propaganda in Europa. Die Konkurrenz des Nationalsozialismus hinsichtlich der Verbreitung von Grundvorstellungen und Werten hatte Mussolini dazu veranlaßt, die ideologische Dimension der faschistischen Außenpolitik stärker zu betonen. Aber das Thema des Antibolschewismus besaß in einem katholischen Land wie Italien — das heißt in einem nicht totalitären — von sich aus eine Folgerichtigkeit, die von dem Kalkül derjenigen, die es aufgeworfen hatten, vollkommen unabhängig war[6].

Die Schwierigkeiten im italienisch-sowjetischen Verhältnis spitzten sich im Jahr 1937 zu. Nach der Versenkung sowjetischer Schiffe im Mittelmeer (laut Izvestija handelte es sich bei den Piraten, die im »mare nostrum« ihr Unwesen trieben, eindeutig um Italiener) kam es zu Repressalien des Kreml gegen die italienischen Bauern im Kaukasus, die nun vertrieben wurden. Zugleich wurden nach und nach alle sechs

Konsulate Italiens in der UdSSR geschlossen. Im Januar 1938 schließlich brach der Kreml mit der Einstellung seiner Zahlungen die Handelsbeziehungen zu Italien de facto ab, so daß der italienisch-sowjetische Handelsverkehr praktisch zum Erliegen kam.

Aber selbst auf dem Höhepunkt der nun einsetzenden wechselseitigen Pressekampagne, die besonders verletzend war und nicht einmal vor Beleidigungen der Außenminister haltmachte, war das Narkomindel darauf bedacht, die Verbindungen zu Italien nicht endgültig abzubrechen, und ließ sich die Möglichkeit einer Verbesserung der Beziehungen zu Rom offen[7].

3. Die Grundsätze Litvinovs

Anfang 1939 erwirkte die sowjetische Diplomatie erneut eine deutliche Verbesserung der Beziehungen zu Italien. Wie es inzwischen zur Praxis geworden war, bestand die sowjetische Initiative zunächst in der Wiederaufnahme der wirtschaftlichen Kontakte. Der neue Handelsvertrag, der am 7. Februar unterzeichnet wurde und bis zum 31. Dezember 1939 wirksam war, sah unter anderem große Lieferungen von Rüstungsmaterial an die UdSSR im Tausch gegen umfangreiche Rohöllieferungen an Italien vor. Im Rahmen der wiederaufgenommenen Zusammenarbeit wurde der Kreuzer »Taschkent« übergeben, der als schnellster der Welt galt und im Auftrag der sowjetischen Regierung von der Gesellschaft Odero-Terni-Melara gebaut worden war[8].

Inzwischen sparte Potëmkin, der ehemalige Botschafter in Rom, der inzwischen zum Stellvertretenden Außenminister avanciert war, nicht mit Freundschaftsbeweisen und setzte entsprechende Zeichen, um auch in den politischen Beziehungen eine entscheidende Wende herbeizuführen. Die Diplomatie Litvinovs bewegte sich auf der Grundlage ihrer Prinzipien, um Italien für die Eindämmungspolitik gegenüber Deutschland zurückzugewinnen. Nach dem Münchener Abkommen hatten die Schwierigkeiten Litvinovs bei der Durchführung der gemeinsamen Sicherheitspolitik zugenommen, doch vertrat er den Standpunkt, ein Bündnis aller Mächte werde die deutsche Expansion schließlich doch noch aufhalten können; in diesem gemeinsamen Bemühen werde auch Italien seinen Platz finden.

Zur eigentlichen politischen Öffnung kam es am Vorabend der Besetzung der Tschechoslowakei. In Moskau war man über die Ungläubigkeit Italiens gegenüber den vertragswidrigen Absichten Hitlers und die daraus entstandene Verwirrung genauestens informiert. Litvinov gab zu verstehen, daß er auch wußte, was Rosso ignorierte: daß Deutschland die Initiative zur Besetzung Prags ergriffen hatte, ohne Rom auch nur zu informieren[9]. In drei aufeinanderfolgenden Gesprächen innerhalb von zwei Tagen (zwischen dem 18. und 20. März) legten Potëmkin — mit größerer Anteilnahme — und Litvinov — mit größerem Abstand — die Gründe für die politische Zusammenarbeit mit Italien dar. Ersterer bemühte sich aufzuzeigen, daß der deutsche »Drang nach Osten« unvermeidlich zum Konflikt mit den italienischen Interessen an der Donau und auf dem Balkan führen werde[10]. Der andere betonte die Tatsache, daß die »Achse« bisher nur zum Vorteil Deutschlands funktioniert habe, ein Umstand, der Italien zu denken geben müsse. Entsprechend eingestimmt entwarf die sowjetische Presse ähnliche Vorstellungen, versäumte es auch nicht, die in der Rede vor den Mitgliedern der faschistischen Sturmabteilungen am 26. März zum Ausdruck gekommene Beunruhigung des Duce angesichts des deutschen Vormarsches hervorzuheben, und interpretierte sie als Zeichen für eine veränderte Einstellung Mussolinis[11]. Die sowjetische Diplomatie hielt es demnach für möglich, daß der Duce die Besetzung der Tschechoslowakei durch die Nationalsozialisten nutzen wolle, um sich von Deutschland zu distanzieren. Auch in London und Paris erwartete man im übrigen einen derartigen Schritt[12].

Der sowjetischer Appell an die »gemeinsamen Interessen« wurde vom Palazzo Chigi zwar zurückhaltend aufgenommen, aber nicht ignoriert, was in Moskau als ein positives Signal gewertet wurde, das man »mit großer Befriedigung« zur Kenntnis nahm. Am 4. April legte Potëmkin mit dem ihm inzwischen eigenen Engagement gegenüber Rosso genau dar, worauf sich die Zusammenarbeit mit Italien erstrecken solle, »um insbesondere in Südosteuropa zu einem gemeinsamen und ausgewogenen Handeln zu gelangen«[13]. Moskau hatte die Absicht, den Freundschafts- und Nichtangriffspakt von 1933, der weder gekündigt noch abgelaufen war, neu zu beleben, um — wenn man an einen geschichtlichen Vorläufer anknüpfen will — eine zeitgemäße Version der alten italienisch-russischen Vereinbarung von Racconigi (1909) vorzuschlagen. Die Entwicklung der italienisch-sowjetischen Beziehungen nach den traditionellen Mustern der italienisch-russischen Beziehungen erhielt durch die ideologische Festlegung des italienisch-deutschen Bündnisses sowie den Umschwung in der sowjetischen Außenpolitik, der nach dem 3. Mai 1939 vollzogen wurde, freilich eine andere Richtung.

Mitte April begannen die Gespräche Litvinovs mit den Botschaftern
Frankreichs und Großbritanniens, um einen Pakt über die gegenseitige
militärische Unterstützung auszuarbeiten. Die Nachricht zog die
zu erwartende außenpolitische Reaktion der Faschisten nach sich. In
der Vergangenheit war der Faschismus stets bemüht gewesen, ein Bündnis
Sowjetrußlands mit den Westmächten zu verhindern. Die Möglichkeit,
daß es Litvinov dieses Mal gelingen könne, den »demokratischen
Block« zusammenzuschweißen, wurde als Niederlage für die italienische
Politik empfunden. Zur gleichen Zeit, genauer gesagt am 16. April,
hielt sich Generalfeldmarschall Göring zu einem Besuch in Rom auf.
Bekanntlich ein Verfechter der Wiederaufnahme der wirtschaftlichen
Beziehungen zwischen Deutschland und der Sowjetunion, sprach er
gegenüber dem Duce von den großen Vorteilen, die für Deutschland
aus einem Wirtschaftsbündnis mit der UdSSR erwachsen könnten.
Mussolini teilte diese Vorstellung und empfahl, Deutschland solle, um
einer Einkreisung durch die Demokratien zu entgehen[14], zur alten
Politik von Rapallo zurückkehren, die dem Faschismus immer willkommen
gewesen sei. Dieser berühmte Satz Mussolinis aus seinem an
den »Führer« gerichteten Brief vom 25. August bringt — mit gebührender
Vorsicht interpretiert — die rein taktischen und zweckorientierten
Überlegungen zum Ausdruck, die Mussolini mit seiner Empfehlung
verband. Anders ausgedrückt, ließe sich beinahe sagen, daß
Mussolini die Absicht hatte, die Politik des »entscheidenden Gewichts«
auf die »Achse« zu übertragen, um den Gegnern die sowjetische
Trumpfkarte aus der Hand zu nehmen. In jedem Fall hatte er ein diplomatisches
»petit jeu« nach den Mustern eines traditionellen Machiavellismus
im Sinn, »das«, so Renzo De Felice, »keine ideologischen
Zugeständnisse und inneren Schwierigkeiten mit sich bringen sollte«[15].
   Zu bestätigen scheint diese Absicht Mussolinis eine Note, die er in
Vorbereitung der Gespräche mit Ribbentrop (am 6. und 7. Mai in Mailand)
am 4. Mai 1939 für Ciano ausarbeitete. Darin beschrieb Mussolini
die Politik der »Achse« gegenüber Moskau angesichts eines sich
abzeichnenden Bündnisses so:
   »Eine Politik mit Rußland? Um ein Bündnis Rußlands mit dem
Westen zu verhindern, ja; aber mehr nicht, weil eine solche Politik,
da sie in deutlichem Widerspruch zu den derzeitigen Standpunkten
steht, in den Ländern der Achse unverständlich wäre und deren Zusammenhalt
schwächen würde[16].«

In den folgenden Monaten sollte Mussolini seine Meinung über Ausgang und Wirksamkeit der erneuten Annäherung zwischen Deutschland und der Sowjetunion mehr als einmal ändern. Und auch bei Ciano war dieselbe Entwicklung zu beobachten. Für beide bestand das Hauptziel der Entspannung zwischen Berlin und Moskau nach wie vor darin, für das Scheitern des englisch-französisch-sowjetischen Plans zu sorgen. In diese Richtung zielten die Anweisungen, die Rosso am 23. Juni von Ciano erteilt wurden. Und die Äußerungen des Botschafters über Potëmkin am 4. Juli liefen auf eine mit seinem deutschen Kollegen in Moskau, Friedrich Werner Graf v. der Schulenburg, abgestimmte »Andeutung« hinaus[17].

Wenige Tage zuvor hatte auch Ciano persönlich mit Leon Helfand, dem sowjetischen Geschäftsträger in Rom, gesprochen. Dieses Gespräch wird von den Historikern häufig als Beweis für die breite und bedingungslose Unterstützung angeführt, die die Italiener der deutsch-sowjetischen Annäherung gewährten. Da es im Widerspruch zum gesamten vorherigen und nachfolgenden Verlauf der italienischen Politik steht, bedarf es einer erneuten Lektüre im Lichte einer eingehenderen philologischen Kritik[18].

Dabei zeigt sich, wie schwierig es ist, die genaue Haltung Cianos im nachhinein zu bestimmen, da sie nur über Umwege bekannt ist — von Helfand an Molotov, von diesem gegenüber Schulenburg am 15. August 1939 dargelegt und vom Botschafter an Ribbentrop weitergegeben. Man muß sich deshalb fragen, ob alles, was Ciano zugeschrieben wird, nicht eher das Ergebnis einer geschickten Verhandlungsführung Molotovs war, um auszuloten, wie weit die deutsche Bereitschaft ging[19]. Nach der erwähnten knappen und zurückhaltenden Andeutung Rossos griffen die Italiener die Angelegenheit jedenfalls nicht noch einmal auf; deshalb muß nach Auffassung des Verfassers die von Deutschen und Sowjets kurz vor der Unterzeichnung des Abkommens verbreitete These, die Italiener hätten das Abkommen, nachdem sie es nahegelegt hatten, mit großem Nachdruck unterstützt, gründlich korrigiert werden. Ganz im Gegenteil zeigten sie sich nach Bekanntwerden der Tatsache überrascht und entrüstet und versicherten durchaus glaubhaft, es habe sich um eine unvorhergesehene deutsche Initiative gehandelt. Darauf gründete Ciano dann auch seine Beschuldigungen gegen die »Unlauterkeit« der Deutschen sowie den diplomatischen Schritt zur Loslösung aus dem gemeinsamen Bündnis, das eigens in der Absicht geschlossen worden war, die Handlungen Deutschlands besser kontrollieren zu können.

Die Unterzeichnung des Abkommens selbst konnte von italienischer Seite hingegen nicht als Überraschung betrachtet werden. Überraschend waren vielmehr die Zusatzprotokolle des Abkommens vom 23. August, die weitgehend von dem abwichen, was sowohl Mussolini als auch Ciano vorgeschwebt hatte. Aber damit ist die Frage noch nicht geklärt. Tatsächlich könnte man sich in diesem Zusammenhang fragen, ob der Inhalt vieler Zusätze wirklich unvorhersehbar war, oder ob Mussolini und die italienische Diplomatie nicht irgendwelche Informationen über Verlauf und Inhalt der Verhandlungen gehabt hatten. Eine Antwort auf diese Fragen mag die Diskrepanz zwischen Schein und Wirklichkeit erklären, die noch heute einer klaren Deutung der Rolle Italiens bei diesem historischen Ereignis im Wege steht.

5. Der Pakt zwischen Ribbentrop und Molotov und die italienische Diplomatie

Bereits Mario Toscano war zu dem Schluß gelangt, daß die italienische Diplomatie nicht so ahnungslos war, wie Ciano anschließend glauben machte. Die Zurückhaltung Ribbentrops und der Verantwortlichen in der Wilhelmstraße gegenüber Bernardo Attolico, dem italienischen Botschafter in Berlin, wurde im Juli aufgegeben, als der Entschluß zu einer militärischen Lösung der polnischen Frage gefaßt wurde. Außerdem belegen die italienischen Dokumente, daß es einen nahezu konstanten Informationsfluß von der italienischen Botschaft in Moskau zum Palazzo Chigi gegeben hat. Geht man von dem aus, was bisher bekannt ist, so ändert sich die Identität der italienischen Quelle, die man irrtümlich in der Person des deutschen Botschafters zu sehen glaubte. Vielmehr verstand es Schulenburg, so offenherzig er gegenüber Rosso auch mit Informationen umging, im richtigen Moment eher vage und zurückhaltend zu sein.

Tatsächliche Quelle der italienischen Botschaft in Moskau war der junge deutsche Offizier Hans v. Herwarth, dessen Großmutter Jüdin war und der bei der deutschen Botschaft Dienst tat. Sein italienischer Gesprächspartner war nicht der Botschafter, den er nicht näher kannte, sondern sein Freund Guido Relli, Chefdolmetscher der italienischen Botschaft in Moskau. Relli war dank seines vieljährigen Aufenthalts in Rußland zur Schlüsselfigur der Botschaft und zum umfassenden Geheimnisträger geworden, der mit jenen Angelegenheiten betraut wurde, die gewöhnlich unter vier Augen geregelt wurden. In einem angemessenen Vergleich bezeichnet Herwarth ihn als Pendant zu Gustav Hilger. Diese weder zweitrangige noch unbedeutende Begebenheit führt zu einer in mancher Hinsicht veränderten Betrachtung der Dinge.

Ab dem 6. Mai unterrichtete Herwarth Relli über Hitlers Pläne, die Unabhängigkeit der Baltischen Staaten und Bessarabiens zu opfern, nur um zu einer Vereinbarung mit Rußland zu gelangen, die ihm in Polen freie Hand geben würde[20]. Auf der Grundlage von Vermutungen und persönlichen Erwartungen legte Herwarth gegenüber Relli sogar die durch das Abkommen vom 23. August entstehende zukünftige Lage dar. Dies reichte aus, um Relli zu beeindrucken und vor allem Botschafter Rosso, dem es schwerfiel, dem Bericht seines Chefdolmetschers Glauben zu schenken, in Unruhe zu versetzen. Rosso war nicht nur skeptisch, sondern auch mißtrauisch gegenüber einer Quelle, deren Ziel es nicht so sehr war zu informieren, als vielmehr die Verhandlungen zu behindern.

Dieses Mißtrauen und diese Skepsis konnte Rosso nie vollständig ablegen. Dies belegt eine Besonderheit der diplomatischen Arbeit: Die gesamte Korrespondenz aus Moskau über die deutsch-sowjetischen Verhandlungen wurde nicht als geheim eingestuft und dem Ministerialbüro zugeleitet, sondern in Form gewöhnlicher Schriftstücke an die zuständigen politischen Stellen versandt.

Die Ungläubigkeit Rossos begann jedoch zu schwinden, als sich Herwarth auf genaue Fakten und Umstände bezog: Am 20. Mai berichtete er Relli die Ergebnisse des Gesprächs zwischen Schulenburg und Molotov, in denen der neue Kommissar für Auswärtige Angelegenheiten gefordert hatte, die wirtschaftliche Erholung an »politische Voraussetzungen« zu knüpfen; noch am 25. Mai gab er den Eindruck Schulenburgs wieder, demzufolge die Verhandlungen rasch vorangingen. Nach und nach fanden auf diese Weise die vertraulichen Mitteilungen Herwarths Eingang in die von Rosso zum Palazzo Chigi gesandten Berichte, bis schließlich das Gespräch mit Relli vom 12. Juni, über das ein Bericht in den italienischen Unterlagen zu finden ist, in vollem Umfang wiedergegeben wurde[21].

Erklärtes Ziel dieser vertraulichen Mitteilungen war es, die Aufmerksamkeit der Italiener auf die wahren Absichten Hitlers zu lenken, ihre Reaktionen herauszufordern und das Eingreifen Mussolinis zu bewirken. Es war die Hoffnung Herwarths, der Duce werde direkt auf Hitler einwirken oder eine internationale Konferenz zur Danzigfrage ins Leben rufen, um das Scheitern der Verhandlungen zwischen den Nationalsozialisten und der Sowjetunion herbeizuführen und auf diese Weise die deutschen Kriegspläne aufzuhalten. Als Herwarth sich bewußt wurde, daß seine vertraulichen Mitteilungen nicht die erhoffte Wirkung hatten, wandte er sich an den Sekretär der amerikanischen Botschaft, Charles Bohlen. Jedoch bringt Herwarth auch einige Dokumente zum Beweis bei, daß Mussolini sich mehr als einmal — das heißt nachdrücklicher als bisher angenommen — bemühte, die Wilhelmstraße an die Grenzen der in Mailand gegenüber der UdSSR vereinbarten Politik zu erinnern.

Am 13. Juni, unmittelbar nach Erhalt des Telegramms aus Moskau, gaben Mussolini und Ciano dem deutschen Botschafter in Rom, Hans Georg v. Mackensen, zu verstehen, daß es zweckmäßig sei, wenn man sich bei der Wiederannäherung an Moskau an die vereinbarten taktischen Grenzen halte[22]. Wenige Tage später empfing Mussolini Mackensen erneut und war dieses Mal nicht nur überrascht, sondern zutiefst beunruhigt; er äußerte die Auffassung, »that Germany would be going too far if it offered the Soviet Union all three Baltic republics and part of Bessarabia«[23].

Mussolini war demnach hinreichend darüber informiert, welche Pläne in Moskau geschmiedet wurden. Das bestätigt auch eine kurze Anmerkung von Erziehungsminister Guiseppe Bottai. Auf die Frage, ob Rom über die Verhandlungen, die zum Pakt zwischen Deutschland und der Sowjetunion führten, Kenntnis gehabt habe, soll Ciano geantwortet haben: »Der Duce sagt ja. Aber was wir hatten, war eine vage, unbestimmt gehaltene Kenntnis[24].«

Die beiden Äußerungen Mussolinis, die zahlreiche präzise Hinweise enthielten, lösten in der Wilhelmstraße Unruhe aus, woraufhin der Botschaftsrat der deutschen Botschaft in Moskau, Werner v. Tippelskirch, beauftragt wurde, diesen unglaublichen Vorgang des Durchsickerns von Informationen zu untersuchen[25]. Herwarth unterbrach deshalb vorübergehend seine Übermittlungstätigkeit, um sie jedoch in der entscheidenden Phase der Verhandlungen wieder aufzunehmen, als er in Abwesenheit von Relli, der sich in Rom aufhielt, den Sekretär der italienischen Botschaft, Bartolomeo Migone, über das Gespräch zwischen Schulenburg und Molotov vom 15. August unterrichtete. Aber zu jenem Zeitpunkt, nach den Gesprächen zwischen Ciano und Ribbentrop in Salzburg, informierten andere deutsche Quellen die Italiener darüber, was die Deutschen unternommen hatten und zu tun gedachten[26].

Insgesamt vermitteln die Aussagen Herwarths neue Kenntnisse, welche die Auffassung stützen, daß die Italiener trotz der offiziellen Zurückhaltung der Wilhelmstraße mehr wußten als angenommen, und sie widerlegen die These, daß es keinerlei kritische Einwände gegenüber Berlin gegeben habe. Schließlich läßt sich sogar die These vertreten, daß Mussolini Mitte Juli das deutsche Spiel so gut durchschaut hatte, daß er — wie Herwarth es erwartete — tatsächlich versuchte, Hitler zur Einwilligung in eine internationale Konferenz zu bewegen, von der nach seinem Willen die UdSSR von vornherein ausgeschlossen werden sollte[27].

Der Vorschlag zu einem »zweiten München« ohne die Beteiligung der UdSSR bedeutet entweder, daß Mussolini seine Meinung über die erneute deutsch-sowjetische Annäherung geändert hatte oder sich äußerst skeptisch über deren Durchführung zeigte: beinahe so, als ob dieser angebliche Meister des politischen Realismus anderen einen konsequenten Machiavellismus nicht zutraute. Tatsächlich bestand eine tiefe und allgemein geteilte Skepsis der italienischen Diplomatie hinsichtlich der Annahme der deutschen Vorschläge durch die Sowjets. So hatte Attolico uneingeschränkte Zweifel, während Rossos Haltung differenzierter war. Sein Amt bot ihm jedoch nicht die Möglichkeit, eine radikale Änderung der Außenpolitik von drei Ländern — Deutschlands, der Sowjetunion und Japans — herbeizuführen[28].

Die Skepsis der Italiener beruhte vor allem auf der Unfähigkeit, die Tragweite der Entscheidungen des Kreml abzuschätzen. Dies hing damit zusammen, daß die italienische Diplomatie — im Unterschied zur deutschen[29] — das personelle Revirement vom 3. Mai nicht früh genug in ihre Überlegungen einbezogen hatte. Der Ersatz Litvinovs durch Molotov an der Spitze des Narkomindel wurde als Änderung der Methode und nicht als politischer Kurswechsel bewertet.

6. Abkommen »ex delictu« oder strategisches Bündnis?

Es vergingen einige Monate, bis es Rosso gelang, den politischen Kurs und die diplomatische Praxis Molotovs und seiner Mitarbeiter zu verstehen und sicher zu beurteilen. Noch im November vertraute er Filippo Anfuso, Cianos Kabinettschef, an, daß es Aspekte der sowjetischen Politik gebe, die ihm »noch« nicht »ganz klar« seien[30]. Im Sommer und Herbst hatte seine Aufmerksamkeit den tiefgreifenden personellen Veränderungen im Auswärtigen Dienst der Sowjetunion gegolten, in deren Verlauf die sogenannte alte diplomatische Schule der Sowjets nach und nach verschwunden und durch die neue Intelligentsija Stalins ersetzt worden war, bei der es sich vorwiegend um Techniker und Bürokraten handelte. Diese »neue Riege« schien nach seiner Einschätzung nicht über die Kompetenz und berufliche Qualifikation in der Behandlung all jener internationalen Probleme zu verfügen, die insbesondere in Genf behandelt wurden, wo die Diplomatie Litvinovs eine herausragende Rolle gespielt hatte[31]. Indirekt hatte dieser somit die Absicht Molotovs, der sowjetischen Politik eine andere Richtung zu geben, herbeigeführt.

Die personellen Umbildungen betrafen auch das diplomatische Personal, mit dem er gewohnt war, über Fragen der italienischen Diplomatie zu verhandeln. Boris Štein hatte Rom im Februar 1939 verlassen und kehrte nicht mehr in sein Amt zurück; Potëmkin, der andere Kenner der italienischen Politik, befand sich auf »absteigendem Kurs«. Personalwechsel gab es außerdem bei den Verantwortlichen des Narkomindel, die sich mit italienischen Angelegenheiten beschäftigten. Zu ihnen gehörte auch der Chef der entsprechenden Führungsgruppe Roche, der Anfang Juli durch Gorel'kin ersetzt wurde, ein Name, der den Italienern bis zum gegebenen Zeitpunkt »vollkommen unbekannt« gewesen war[32]. Im November wurde er dann zum Botschafter in Rom ernannt. Die veränderte personelle Situation hatte ihren Anteil daran, daß die italienische Diplomatie zeitweise ihren Kontakt zur sowjetischen Außenpolitik verlor und bei der Beurteilung des Ausmaßes der sowjetischen Öffnung gegenüber Deutschland unentschlossen war.

Der sowjetische Einmarsch in Ostpolen am 17. September und der zweite Besuch Ribbentrops in Moskau (vom 27. bis 28. September) machten deutlich, daß die Vereinbarung zwischen Berlin und Moskau auf soliden Grundlagen beruhte. Würden es auch dauerhafte Grundlagen sein? Die Frage, die man sich im Palazzo Chigi im September und Oktober am häufigsten stellte, bestand darin, ob der Pakt von Moskau als ein Abkommen ex delictu mit dem unmittelbaren Zweck der Aufteilung Polens oder als ein wirkliches, »weiter ausbaufähiges« Bündnis zu betrachten sei[33]. Von Anfuso darauf angesprochen, vermutete Rosso eine neue sowjetische Expansion nach den Grundsätzen des zaristischen Imperialismus. Mussolini, der seit jeher Vertreter radikaler Ideologien gewesen war, fürchtete die Auswirkungen des panslawistischen Nationalismus, gepaart mit der kommunistischen Ideologie, auf dem Balkan, wo in der Geschichte stets deutsche, slawische und italienische Einflüsse aufeinandergetroffen waren.

Als Randerscheinung und Zusatz eines vermuteten allgemeinen Abkommens traf die Nachricht ein, daß die deutschen Minderheiten überstürzt die baltischen Länder verließen. Die Rücksiedlung dieser Menschen, Angehöriger eines weitverzweigten Deutschtums, die seit sieben Jahrhunderten im Baltikum gelebt hatten, wurde in Italien als eine demographische Veränderung von historischer Bedeutung aufgefaßt. Sie wurde von den italienischen Korrespondenten mit biblischen Begriffen als »ein Schauspiel von unglückseliger und verhängnisvoller Größe« beschrieben[34]. Für Indro Montanelli, der damals als junger Korrespondent für den »Corriere della Sera« arbeitete, »kündigte der Untergang des Deutschtums im Baltikum an, daß die Stunde der sowjetischen Expansion gekommen« sei[35].

Diese ersten Äußerungen und die nachfolgenden Leitartikel waren der erste Ausdruck einer Empörung gegen den deutsch-sowjetischen Pakt, die von der Regierungsebene auf die öffentliche Meinung übergriff. Da offizielle Stellungnahmen nicht abgegeben wurden, kam es der Presse zu, eine »politische Rolle« bei den Angriffen gegen das Bündnis zwischen Moskau und Berlin zu spielen.

Währenddessen beschrieb Guido Relli nach seiner Rückkehr von einem Informationsbesuch in Ostpolen die sowjetische Besetzung als endgültig. Mit Sinn für Humor, wie es damals häufig seine Art war, warf Mussolini Hitler vor, »die Russen ein weiteres Mal ins Herz Europas gebracht zu haben«[36]. In noch schärferer Weise griff Ciano dieses »ungeheuerliche Bündnis« zwischen Moskau und Berlin an, das gegen die Vereinbarungen und den Geist der »Achse« geschlossen worden sei[37]. Beide stimmten darin überein, daß man den deutsch-sowjetischen Pakt gründlich untergraben müsse; nur hinsichtlich der Folgen gingen ihre Meinungen auseinander. Mussolini, der nie ernsthaft erwogen hatte, das Bündnis mit Deutschland aufzugeben, bediente sich des Antibolschewismus — des mythischen Berührungspunktes mit der nationalsozialistischen Ideologie —, um seine konsequente Haltung gegenüber dem Bündnispartner zu unterstreichen sowie seine Handlungsfreiheit und die Möglichkeit zu unabhängigen Entscheidungen zurückzugewinnen. Im Gegensatz zu Mussolini glaubten Ciano und die führenden Vertreter des Faschismus jedoch nicht mehr an das Bündnis mit Deutschland und nutzten — teils mit Zustimmung Mussolinis, teils ohne sein Wissen — die Schwachpunkte des deutsch-sowjetischen Bündnisses, um über den Status Italiens als eines nichtkriegführenden Staates zu einer richtiggehenden Neutralität zu gelangen.

7. Die Finnlandkrise und die italienischen Maßnahmen, das deutsch-sowjetische Bündnis von außen zum Scheitern zu bringen

Die Bemühungen des Außenministers, der italienischen Außenpolitik einen neuen Handlungsspielraum zu verschaffen, mündeten zwischen September und Oktober mit Zustimmung Mussolinis in den Plan, einen Block neutraler Staaten zu gründen, dem die Staaten an der Donau und auf dem Balkan sowie eventuell Spanien und Japan angehören sollten. Aus italienischer Sicht hätte die Schaffung eines solchen Blocks mehreren Zielen gedient: Sie hätte den Übergang von einem »nichtkriegführenden« Staat in eine stabilere Neutralität begünstigt, einen Ersatz für den deutschen Einfluß auf dem Balkan geschaffen und den Status quo in diesem Gebiet zur Verhinderung eines erneuten sowjetischen Expansionismus gefestigt. Während sich der Plan weiterentwickelte und auf das Interesse der betreffenden Staaten stieß, wurde gleichzeitig die Opposition der Wilhelmstraße deutlich, die schließlich so massiv wurde, daß Ciano und Mussolini sich dem Standpunkt des Bündnispartners anpassen mußten[38].

Die Ereignisse im baltischen Raum in der zweiten Oktoberhälfte, die gescheiterte »Friedensoffensive« Hitlers, stellten den wahren Prüfstein für die von Ciano und seinem Kabinett verfolgte Politik dar. Das Entstehen der Finnlandkrise und der Ausbruch des »Winterkrieges« zwischen der Sowjetunion und Finnland boten der italienischen Regierung eine außerordentliche Gelegenheit, eine tiefe Krise in den Beziehungen zur UdSSR herbeizuführen, die nach den Plänen Mussolinis dazu dienen sollte, politisches Gewicht gegenüber Deutschland zurückzugewinnen, und nach dem Willen Cianos den Zweck hatte, sich von Deutschland zu lösen. Die Haltung Italiens in der Finnlandkrise wurde von der Geschichtsschreibung häufig als ein Spiel der Irreführungen und Erpressungen gedeutet, ihr lag jedoch kein destruktiver Gedanke zugrunde.

Italien hatte sich seit der ersten Mission Paasikivis in Moskau (12. bis 13. Oktober) auf die Seite Finnlands gegen die sowjetischen Ansprüche gestellt. Die uneingeschränkte Verteidigung Finnlands erfolgte öffentlich durch die Presse, der die bereits angesprochene eigentliche »politische Rolle« zukam. Direkten Anlaß zum Angriff gegen den Bolschewismus bot das zum 22. Jahrestag der bolschewistischen Revolution am 7. November von der Komintern veröffentlichte Manifest, in dem die UdSSR als Schutzschild des Friedens herausgestellt und als dessen »Hüter« auf dem Balkan bezeichnet wurde. Auf das Manifest antwortete der Herausgeber des »Giornale d'Italia«, Virginio Gayda, mit einem schonungslosen, direkt vom Duce beeinflußten Artikel[39]. Er löste eine ganze Serie von antisowjetischen Stellungnahmen aus, die durch die immer alarmierenderen Nachrichten von der finnischen Front neue Nahrung erhielten. Die eigentliche antisowjetische Kampagne brach in all ihrer Schärfe am 1. Dezember aus, als die Nachricht vom sowjetischen Angriff eintraf.

Die italienischen Zeitungen hatten ein regelrechtes »Heer« von Korrespondenten, Sonderberichterstattern und Kommentatoren in Nordeuropa verteilt, von denen sich ein Teil bereits seit einiger Zeit in Finnland aufhielt und die Entwicklung der Lage Tag für Tag verfolgt hatte. Das von den Journalisten in die Redaktionen gesandte Material war enorm und hinsichtlich seines Informationsgehalts den von den Diplomaten gelieferten Mitteilungen überlegen. Dieses von oben gesichtete, verlesene und abgestimmte Material diente mehr als drei Monate lang dazu, um — in den Zeitungen und über die Zeitungen — die antisowjetische und bis Ende Januar die antideutsche Polemik aufrechtzuerhalten. Ziel dieser Pressekampagne war es, über »den bürgerlichen Kreuzzug gegen den Bolschewismus« zu einer Art psychologischer Einigung des Landes zu gelangen, wobei die Verantwortung Deutschlands an dem tragischen Schicksal Finnlands hervorgehoben wurde.

Der »bürgerliche Kreuzzug gegen den Bolschewismus«, der nach dem Krieg in Spanien zusammen mit dem Marsch auf Rom und der Errichtung des »Impero« Teil einer gewissen nationalen »Mythologie« geworden war, wuchs bald auch denjenigen über den Kopf, die ihn angeregt hatten. Selbst Mussolini bemühte sich, dessen Auswüchse zu mindern, als er in dem Antibolschewismus des »Corriere Padano«, Organ von Italo Balbo, in zu deutlicher Weise »einen indirekten Angriff gegen Deutschland«[40] zu erkennen glaubte. Aber die antisowjetische Kampagne mit antideutschem Hintergrund setzte sich fort. Alle ausländischen Beobachter stimmten mit der Beurteilung des britischen Botschafters in Rom, Sir Percy Loraine, überein, daß der sowjetische Angriff auf Finnland »the genuine, outspoken and uncensored indignation of the Italian People«[41] geweckt habe.

Tausende von Freiwilligen meldeten sich bei der finnischen Gesandtschaft in Rom und den finnischen Konsulaten im Lande. In zahlreichen Städten Italiens kam es zu mehr oder weniger spontanen Protestkundgebungen. Die bedeutendste fand am 2. Dezember in Rom statt: 200 bis 250 Jugendliche äußerten vor der sowjetischen Botschaft ihren Unmut durch Pfiffe und Rufe. Der Vorfall lieferte dem Narkomindel einen Vorwand, um den Botschafter zurückzuberufen. Gorel'kin verließ Rom am 9. Dezember, noch bevor er, wie für den 12. Dezember vorgesehen, sein Beglaubigungsschreiben überreichen konnte[42].

Ciano nutzte diese Geste der Verärgerung des Kreml (und die Tatsache, daß die Rohöllieferungen eingestellt worden waren), um in seiner am 16. Dezember vor der Camera dei Fasci e delle Cooperazioni gehaltenen Rede die antisowjetische Kritik noch zu verschärfen. Auch die Presse der mit Italien befreundeten Länder Spanien und Ungarn wurde aufgefordert, sich der Offensive gegen die UdSSR zur Zeit ihres Ausschlusses aus dem Völkerbund anzuschließen[43].

Zu diesem Zeitpunkt bemühte sich das Narkomindel, das Spiel Italiens aufzudecken und zu verstehen, warum die Sache Finnlands den Italienern so außerordentlich am Herzen lag. Am 18. Dezember erschien Helfand im Palazzo Chigi mit dem Vorschlag, die formelle Zusicherung Molotovs, daß die UdSSR die Interessen Italiens auf dem Balkan in jeder Hinsicht respektieren werde, gegen die Einstellung der antibolschewistischen Pressekampagne »einzutauschen«[44]. Aber dieses »do ut des« wurde vom Palazzo Chigi praktisch ignoriert — ein Beweis dafür, daß der Einsatz Cianos höher bewertet wurde als die Gegenleistung, daß sich die UdSSR vom Balkan fernhalte. Mit dem Vorsatz, die Krise zu verschärfen, berief Ciano Botschafter Rosso am 28. Dezember mit der Weisung zurück, Moskau »ohne irgendeine Erklärung«[45] zu verlassen. Am folgenden Tag berichtete er Loraine, die Beziehungen zu Moskau würden sich zunehmend verschlechtern, was dieser als tatsächlichen Abbruch der Beziehungen zwischen Italien und der Sowjetunion deutete[46]. Am 15. Januar setzte sich Ciano auch über den von Potëmkin mit aller Konsequenz verfolgten Versuch hinweg, den Bruch zu vermeiden[47]. Erst zu diesem Zeitpunkt organisierte das Narkomindel die Antwort der sowjetischen Presse, die nunmehr in wachsendem Maße die heiligsten Bilder der faschistischen Rhetorik verhöhnte. Die vergleichende Lektüre dieses journalistischen Duells wäre historisch nicht von Interesse, enthielte es nicht die gesamte Palette der in dem Kollektivbild der jeweiligen Kulturen vorhandenen, mit der Furcht vor den Russen beziehungsweise den Italienern einhergehenden Mythen[48]. Ungefähr sechs Monate lang befanden sich so die italienisch-sowjetischen Beziehungen auf dem Nullpunkt; auch die Kontakte und der Informationsaustausch zwischen beiden Regierungen wurden auf das notwendige Mindestmaß reduziert.

Die von Ciano mit dem Einverständnis von Mussolini organisierte Kampagne zur Unterstützung Finnlands beschränkte sich nicht allein

auf propagandistischen Verbalismus oder halbamtliche Sympathie-
bezeugungen. Offiziell hielt sich die italienische Regierung mit Stellungnahmen möglichst zurück, um nicht in ein unabänderliches pro-
finnisches Bündnis zu geraten, das in eine hoffnungslose Isolation
geführt hätte. Ciano lehnte darum auch die schwedischen und finnischen Bitten um italienische Vermittlung in Moskau und Berlin ganz
deutlich ab[49]. Diese Einstellung wurde in den nordischen Hauptstädten nicht immer für bare Münze genommen[50]. Auch das Foreign
Office betrachtete sie als Schwachpunkt der italienischen Haltung
und erklärte sie mit der Furcht der Italiener, anschließend gegenüber
Deutschland allein zu stehen. Außerdem erweckte die italienische
Haltung den Eindruck eines allzu großen Interesses an der Fortsetzung
des Krieges im nördlichen — von Südosteuropa also hinlänglich weit
entfernten — Raum. »Das Schicksal der Finnen«, so räumte selbst
Ciano ein, »wäre den Italienern viel gleichgültiger gewesen, wenn die
Russen nicht praktisch die Verbündeten Deutschlands gewesen wären[51].« Aber das sollte kein Grund sein, die Hilfe für Finnland zu
unterschätzen.

Das Eingreifen Italiens zur Unterstützung Finnlands nahm ab Dezember konkretere Formen an, als gleichsam private, aber keineswegs geheime Militärhilfen nach Helsinki geleitet wurden. Deutsche und Sowjets
waren über die italienischen Waffenlieferungen nach Finnland auf dem
laufenden. Am 21. Oktober hatte die Wilhelmstraße ihre — dann am
12. Dezember nach den sowjetischen Protesten widerrufene — Genehmigung für die Durchfuhr der italienischen Waren gegeben, die in
Deutschland zum Hafen Saßnitz geleitet wurden, um dann nach Mal-
mö verschifft zu werden. (Diese Weigerung hatte die Ankunft der Jäger
G.50, die deshalb erst am 18. Januar 1940 übernommen wurden,
verzögert[52].) Trotzdem wurden die Lieferungen auf dem Seeweg fortgesetzt. Am 15. Januar hatte Ciano die »Dienststelle Finnland« gegründet, die aus militärischem Personal bestand und die Aufgabe hatte,
die finnischen Anforderungen zu koordinieren. In wenigen Monaten
erreichte das von Italien an Finnland gelieferte Kriegsmaterial einen
tatsächlich beeindruckenden Umfang und gab dem italienischen Engagement eine klar politische und eben nicht rein kommerzielle oder
propagandistische Bedeutung.

In der Frage der militärischen Lieferungen riskierten Ciano und Mussolini (wenn auch letzterer auf anderen Grundlagen als der Schwie-
gersohn) ihre wichtigsten Positionen während der drei entscheidenden
Monate der »Nichtkriegführung«. Ciano bemühte sich intensiv, eine

Verbindung zwischen dem militärischen Engagement Italiens und der gleichzeitig von Frankreich und Großbritannien für Finnland geleisteten Unterstützung herzustellen. Seine Entscheidung zur Bildung der »Dienststelle Finnland« eineinhalb Monate nach Kriegsbeginn wurde nicht als rein bürokratische Maßnahme aufgefaßt, sondern als Ausdruck seines politischen Willens.

Loraine hatte verstanden, daß es Ciano darum ging, Brücken nach Großbritannien zu schlagen, »to escape from Germany in case of necessity«[53]. Auch andere Kreise ermahnten das Foreign Office »to carry out the League procedure (against Russia) with no less zeal than we showed when we applied sanctions against Italy«[54]. Den ganzen Dezember über wurde die Frage von der obersten Führung des Foreign Office ausführlich diskutiert, wobei auch die Möglichkeit einer Grenzverschiebung oder der Fall in Betracht gezogen wurden, daß es Mussolini gelingen könne, den Kurs Deutschlands gegen die UdSSR zu lenken. Das Foreign Office hielt diese Möglichkeit jedoch für unwahrscheinlich und kam zu dem Schluß, daß Großbritannien — mit Ausnahme einer Kriegserklärung an die UdSSR — alles getan habe, was realistisch von ihm erwartet werden könne. Man wollte nicht in einen Krieg gegen die Sowjetunion hineingezogen werden, nur um Mussolini entgegenzukommen, zumal man sich seiner Einstellung nicht sicher war[55].

Dennoch war die Möglichkeit einer Grenzverschiebung keine reine Phantasie: In Italien zwischen 1939 und 1940 fand sie Zustimmung und Unterstützung in durchaus weiten Kreisen, angefangen bei der Diplomatie bis hin zu den höchsten Vertretern des Regimes, vom Quirinal bis zum Vatikan. Die verbindende Tatsache bestand in der sowjetischen Bedrohung. Nach ihrem unerwarteten Vorstoß in den Kern Europas war die Sowjetunion an jener kulturellen und psychologischen Schwelle angelangt, nach deren Überschreiten sie zur Bedrohung wurde. Nicht anders erklärte sich der Botschaftsrat an der deutschen Botschaft in Rom, Johann v. Plessen, die veränderte Haltung Italiens gegenüber Deutschland nach der anfänglichen Bewunderung für den mit Rußland erzielten diplomatischen Erfolg[56].

»Unsere Grenze verläuft entlang den Karpaten, und dort sind die Russen[57],« mahnte Giuseppe Bastianini, Nachfolger von Achille Grandi als Botschafter in London. Einige Zeit später lenkte auch das Koordinierungsamt des Kabinetts die Aufmerksamkeit Cianos auf die Tatsache, daß es der UdSSR »gelungen ist, sich in den Karpaten Galiziens bis zur ungarischen Grenze vorzuschieben: *bis 600 km an die italieni-*

sche Grenze heran«[58]. Wenige Monate nachdem Polen geteilt worden war, wurde der Diplomatie der ganze Wert dieses Landes wieder bewußt, das in der nationalen Vorstellung seit jeher als »Grenze Europas« betrachtet worden war[59]. Jedoch war nach dem, was Guido Relli berichtet hatte, die Hoffnung auf Wiederherstellung eines polnischen Staates so gering, daß der Palazzo Chigi den Plan entwickelte, »eine große, unabhängige Ukraine zwischen der mongolisch-sowjetischen Barbarei und der westlichen Zivilisation«[60] zu schaffen. Mit anderen Worten: Im Außenministerium begann sich die Vorstellung einer Abtrennung von Teilgebieten der UdSSR Bahn zu brechen. Es war das erste Mal nach 1934, das heißt, seitdem das Kabinett Material über die Nationalitäten und ethnischen Minderheiten in der UdSSR sammelte, daß eine zuständige Stelle einen derartigen Plan ausarbeitete. Aber auch andere Stellen dachten in dieselbe Richtung: Am 10. Januar 1940 entwarf General Mario Roatta, Stellvertretender Chef des Führungsstabs des Heeres, gegenüber dem deutschen Militärattaché das Szenario einer Grenzverschiebung, in deren Folge die europäischen Staaten ihren Lebensraum im Osten finden sollten[61].

Vor dem Hintergrund dieser Tatsachen, deren Druck Mussolini gespürt haben muß, dürfte die Entstehung jenes bekannten Briefes zu sehen sein, den der Duce am 5. Januar an Hitler schrieb, und der ihn, wie De Felice schrieb, »einiges gekostet haben mußte«[62]. Kein anderes Dokument stützt sich so deutlich auf die Möglichkeit dieser Grenzverschiebung, drängt auf die scheinbare Wiederherstellung eines polnischen Staates, spricht die Möglichkeit der Abtrennung eines Teils der UdSSR an[63].

Während dieser Monate der antisowjetischen Agitation war das Außenministerium erneut zum Angelpunkt aller in Europa verstreuten ukrainischen, georgischen und armenischen Komitees geworden. Für sie alle bestand der Eindruck, daß es Italien zukomme, dieselbe Rolle wie bereits 1918 bei der Unterstützung der »unterdrückten Nationalitäten« in Osteuropa zu spielen. Aber entgegen der geweckten Erwartungen sollte diese Phase der Politik innerhalb weniger Monate zu Ende sein. Die Beendigung des »Winterkriegs« (am 12. März) entzog der antibolschewistischen Spekulation ihren offensichtlichsten Grund. Das britische Embargo für die nach Italien gelieferte deutsche Kohle schloß zusammen mit der britischen Handelspolitik jeden möglichen Berührungspunkt zwischen Großbritannien und Italien aus[64]. Die Deutschen taten ihr übriges, um den Bruch mit dem Bündnispartner wieder auszugleichen: das Handelsabkommen vom 24. Februar, der Besuch

Ribbentrops in Rom am 10. und 11. März und eines jener »lautstark ein-geläuteten«[65] Gespräche, zu denen Mussolini von Hitler am 18. März zum Brenner gerufen wurde.

Am Vorabend dieses Treffens, dessen Einzelheiten einigermaßen im dunkeln liegen, begann Mussolini die Politik Italiens gegenüber der UdSSR zu überdenken, doch ist noch nicht klar warum: Möglicher-weise war er davon überzeugt, daß die Vereinbarung Deutschlands mit der UdSSR rückgängig zu machen war, oder er glaubte im Gegenteil, in Stalins Rußland einen »nationalsozialistischen« Staat zu finden, mit dem er über die Aufteilung der Welt verhandeln könne[66]. Am 26. März wurden die Zeitungen erstmals darauf hingewiesen, gegen Rußland gerichtete Angriffe zu unterlassen[67]: Pro-ukrainische Agitation, Bele-ge, Briefwechsel und alle Unterlagen über Georgien und Armenien, die sich insgesamt auf jenes »Völkergefängnis« bezogen, als das die UdSSR zur damaligen Zeit galt, verschwanden — ähnlich wie zuvor in Deutschland — unter dem Tisch.

8. Epilog einer Außenpolitik

Ende Mai, nachdem der Kriegseintritt Italiens feststand, begann die Wilhelmstraße mit dem Narkomindel über eine erneute Annäherung zwischen Rom und Moskau und die Rückkehr der Botschafter an ihre jeweiligen Amtssitze zu verhandeln[68]. Am 8. Juni erreichte Rosso in Florenz telefonisch die Anordnung, nach Moskau zurückzukehren, wo er am 12. Juni nachmittags eintraf. Auf der Rückreise über Berlin erhielt er Nachricht von der Kriegserklärung Italiens an die Westmächte[69]. Gleichzeitig unternahm Gorel'kin eine Reise in die entgegengesetzte Richtung, um über Sofia und die Hauptstädte der Balkanländer nach Rom zurückzukehren.

Mit der Rückkehr der Botschafter an ihre jeweiligen Amtssitze wurde in den italienisch-sowjetischen Beziehungen eine neue Phase eingelei-tet, die nicht nur durch das Bestreben Mussolinis gekennzeichnet war, eine grundlegende Autonomie in der Politik gegenüber der Sowjetunion zu bewahren, sondern auch durch die Absicht Cianos, sie auf den aus-schließlich wirtschaftlichen Bereich zu begrenzen. Aufgrund der Ver-knüpfung politischer Motive mit wirtschaftlichen Interessen entwickel-ten sich zwischen Italien und der UdSSR äußert spannungsreiche und wechselvolle Verhandlungen, die unterbrochen und in zwei getrenn-ten Phasen wiederaufgenommen wurden: Von Juni bis August 1940 wurden die Verhandlungen wegen des erneuten sowjetischen Interesses wieder in Gang gebracht; von Dezember 1940 bis Februar 1941 wurden sie von der italienischen Regierung wiederaufgenommen. Während Molotov im Umgang mit Italien dem klassischen Leitmotiv der russischen und sowjetischen Politik folgte, läßt sich Analoges von Mussolini und Ciano nicht sagen. Für sie standen die Verhandlungen nicht in der gleichen Weise im Rahmen der allgemeineren italienischen Politik, sondern wurden mehr aus dem Stegreif geführt, ohne Vorbereitung und unter dem Druck wirtschaftlicher Forderungen.

Die Tatsache, daß Rosso bei seiner Rückkehr nach Moskau herzlicher aufgenommen worden war als erwartet, veranlaßte Mussolini, die Grenzen der sowjetischen Verbundenheit auszuloten. Ohne eine genaue Vorstellung von den Folgen seiner Initiative zu haben (und ohne die Deutschen vorher zu unterrichten), beauftragte er Rosso am 16. Juni, sich über die Haltung Molotovs Klarheit zu verschaffen[70]. Als ein Mann, der bekanntlich ohne Umschweife zur Sache zu kommen pflegte, nahm der Kommissar für Auswärtige Angelegenheiten die Aufgabe ganz wörtlich, zumal sie vom Botschafter, der nur über allgemeine Anweisungen verfügte, offenbar allzu eifrig betrieben worden war[71]. In zwei aufeinanderfolgenden Gesprächen am 20. und 25. Juni setzte Molotov den italienischen Botschafter über die sowjetischen Ziele auf dem Balkan in Kenntnis und erwartete die italienische Antwort. Offensichtlich hoffte er in Mussolini einen Verbündeten zu finden, um in einer Dreierrunde, zwischen Italien, Deutschland und der UdSSR, die offenen Fragen im Zusammenhang mit den Donaugebieten, dem Balkan und dem Bosporus zu regeln[72].

Doch im Palazzo Chigi zögerte man die Antwort hinaus und ließ die sowjetischen Vorschläge bis zum 22. Juli ruhen, als Ciano sie wiederaufgriff, um damit die Erneuerung des Ende 1939 ausgelaufenen Handelsabkommens in Gang zu setzen[73]. Mussolini schien dieser Ansatz zu enggefaßt, und er legte Ciano nahe, in den italienisch-sowjetischen Beziehungen noch weiter zu gehen: Zum großen Ärger des Schwiegersohns bestand er sogar darauf, daß man schnell zu einem Abkommen mit der UdSSR gelange, dem er den Charakter einer »entscheidenden« Wende geben wollte[74]. Man könnte zu dem Schluß kommen, daß Mussolini, indem er Ciano als Erwiderung des Besuchs Litvinovs in Rom 1933 eine Reise nach Moskau vorschlug, den Deutschen mit einem Pakt zwischen Ciano und Molotov ein Jahr nach dem 23. August 1939 Gleiches mit Gleichem vergelten wollte. Aber was auch tatsächlich seine Absicht gewesen sein mag, die Deutschen hinderten ihn an deren Durchführung. Am 16. August lehnte Ribbentrop, nachdem er durch Ciano informiert worden war, eine Einmischung der UdSSR in die Balkanfrage in kaum verhohlener Direktheit ab[75]. Es müsse — so die Auffassung des deutschen Ministers — dafür gesorgt werden, daß die italienisch-deutschen Beziehungen weiterhin gut blieben, ohne daß sie einen speziellen Inhalt hatten. (Diese Strategie — das sollte deutlich werden — erinnert an die von Ciano und Ribbentrop im Mai 1939 in Mailand vereinbarte Linie).

Mussolini, der den Wink verstanden hatte, ließ die Verhandlungen fallen: Seine Pläne, genauso wie die Molotovs, waren gescheitert, noch bevor sie Gestalt angenommen hatten. Von diesem Moment an sollte der »deutsche Aspekt« der italienisch-sowjetischen Beziehungen die italienische Politik permanent beeinflussen: Die überwältigenden Siege des deutschen Heeres lagen auf ihr wie ein Schatten. Unfähig, eine unabhängige politische Rolle auf dem Balkan zu spielen, dachte Mussolini nunmehr daran, alles auf den »parallel geführten Krieg« zu setzen, was zur Folge hatte, daß Italien ein weiteres Mal in nicht nur politische, sondern zugleich militärische Abhängigkeit von Deutschland geriet.

Ein zweiter Versuch, die Verhandlungen mit der UdSSR wiederaufzunehmen, wurde von den Italienern unter dem Schock der Niederlage im Feldzug gegen Griechenland und angesichts des dringenden Rohstoffbedarfs der Rüstungsindustrie im Dezember 1940 unternommen. Dieses Mal war Ciano darauf bedacht, die Verhandlungen über Handelsfragen mit jenen »politischen Voraussetzungen« zu verknüpfen, die die Sowjets als Vorbedingung für jede Form von Abkommen betrachteten. Aber auch die zweite Verhandlungsrunde mit Moskau war von vornherein belastet, wurde sie doch begonnen, ohne daß die tatsächlichen Interessen des Deutschen Reichs in Rußland geklärt worden wären.

Die sowjetische Regierung schloß sich den Vorschlägen Cianos vom 26. Dezember unmittelbar an, und Molotov gab zu verstehen, daß die UdSSR dieses Mal bereit sei, zu einem bilateralen Abkommen mit Italien allein zu kommen[76].

Als Ribbentrop am 6. Januar 1941 von den Fortschritten bei den Verhandlungen erfuhr, erkannte er sofort, daß Molotov mit Hilfe der Italiener versuchte, der UdSSR erneut ein Fenster zum Balkan zu öffnen, nachdem ihm diese Möglichkeit am 12. und 13. November in Berlin verwehrt worden war[77]. Die Verhandlungen zogen sich noch über einen Monat hin und waren geprägt von der Ohnmacht der Italiener, einem »fin de non recevoir« auf seiten Deutschlands und wachsender Skepsis der Sowjetunion. Und da die notwendigen »politischen Voraussetzungen« fehlten, verloren auch die Verhandlungen über Handelsfragen immer mehr an Ernsthaftigkeit, mochten sie sich auch bis zu jenem verhängnisvollen 22. Juni 1941 hinziehen, an dem Mussolini Hitler in den Krieg gegen die UdSSR folgte.

Mussolini hatte den Ausbruch des Krieges, über dessen Pläne er erst 15 Minuten vor Beginn des »Unternehmens Barbarossa« informiert wurde, vorausgesehen[78]. Eine Woche zuvor, am Abend des 15. Juni, hatte der Militärattaché in Berlin, General Efisio Marras, ihm hinreichend deutliche Mitteilungen überbracht. Aber bereits nach dem Brennertreffen (am 1. Juni) war in Mussolini die Überzeugung gereift, daß ein deutsch-sowjetischer Konflikt in Kürze bevorstehe. In der Voraussicht, daß die Stunde X kommen werde, hatte er daher Vorkehrungen dahingehend getroffen, daß ein aus zwei vollmotorisierten Infanteriedivisionen und einer Division schneller Truppen gebildetes »Italienisches Expeditionskorps in Rußland« (C.S.I.R) bereitstand, das in diesen entfernten Gebieten operieren sollte[79].

Auch wenn der deutsche Generalstab ihn nicht dazu aufgefordert hatte, konnte Mussolini sich nicht aus einem Konflikt heraushalten, der den Übergang vom propagandistischen Kreuzzug zur militärischen Aggression markierte. Außerdem verbot ihm seine »Philosophie der Tat«, sich diesem »Vergleichstest«[80] in dem Moment zu entziehen, als die totale Konfrontation zwischen den Völkern, den Staaten und den Regimen im Krieg stattfand. Aber Mussolini erklärte der UdSSR den Krieg ohne ein genaues politisches Programm, das über die Vorstellung einer mythischen »neuen Ordnung« hinausging, ohne aber auch das Konzept Hitlers vom Eroberungs- und Vernichtungskrieg zu teilen.

Voraussetzung und Grundlage für die Kriegspropaganda war weiterhin das von der antibolschewistischen Propaganda verbreitete Bild der UdSSR. Das 1939 gegründete »Centro di Studi Anticomunisti«, das die antibolschewistischen Leitbilder entwarf, wurde jedoch im Mai 1941 aufgelöst. An seiner Stelle wurde im Juli desselben Jahres das »Centro Studi e d'Azione per l'Ordine Nuovo« gebildet, das in bezug auf die neu zu schaffende Welt Informationen sammeln und Vorstellungen verbreiten sollte. Die italienischen Soldaten kämpften deshalb gegen ein künstliches Bild der UdSSR, das der Faschismus gezeichnet hatte, und waren in keiner Weise darauf vorbereitet, gegen das tatsächliche Rußland zu kämpfen.

Anmerkungen

1 M. Knox, Mussolini Unleashed, 1939 — 1941. Politics and strategy in fascist Italy's last war, Cambridge 1982, S. 64.

2 M. Toscano, Una mancata intesa italo-sovietica nel 1940 e 1941, Firenze 1953.

3 Veterans speak of the Diplomatic Service, in: International Affairs, 9 (1989), S. 130 f.

4 Vgl. G. Petracchi, La Russia rivoluzionaria nella politica italiana. Le relazioni italo-sovietiche, 1917 — 1925, Vorwort von R. De Felice, Bari 1982, S. 248 ff.

5 Vgl. auch G. Dobbert, UdSSR und Italien, in: Osteuropa, 8 (1932/33), S. 69 f.

6 Siehe G. Petracchi, »Il colosso dai piedi d'argilla«: l'Urss nell'immagine del fascismo, in: L'Italia e la politica di potenza in Europa (1938—1940), Milano 1985, S. 156 ff.

7 Rosso an Ciano, persönlicher Brief, 6. April 1939, im Archivio Storico Ministero Esteri, Rom (im folgenden ASME), Fondo Lancellotti, Gab. 482, b.1, fasc. 1; veröffentlicht auch in M. Toscano, L'Italia e gli accordi tedesco-sovietici dell'agosto del 1939, Firenze 1955, S. 13 ff.

8 Der im Mai 1939 übergebene Kreuzer hatte eine Verdrängung von 4 000 Tonnen und erreichte eine Geschwindigkeit von 42 Knoten. Unterlagen in: ASME, Serie Affari Politici (im folgenden s.AP) 1931—1945, Urss 1939, b.34, fasc.15.

9 »Ich weiß es, weil es Graf Ciano erklärt hat«, antwortete Litvinov dem nicht unterrichteten Botschafter. Das bestätigte die Annahme, daß die Sowjets »einen geheimen Kanal« zum Palazzo Chigi hatten. Rosso an Ciano, Rap. 1212/517 ris, 20. März 1939, in ASME, s. AP, Urss 1939, b.32, fasc. Rapporti politici.

10 Rosso an Ciano, Tel.N.26 ris.mo, 18. März 1939, ebd.; teilweise veröffentlicht auch von Toscano, L'Italia (wie Anm. 7) S. 10.

11 Rosso an Ciano, 30.3.1939, Rap. 1323/556, Stampa sovietica, in: ASME, s.AP, Urss 1939, b. 34, fasc. 15.

12 Vgl. R. De Felice, Mussolini il duce. Lo Stato totalitario, 1936 — 1940, Torino 1981, S. 594.

13 Rosso an Ciano, persönlicher Brief, 6. April 1939 (wie Anm. 7).

14 Vgl. Documenti Diplomatici Italiani (im folgenden DDI), Serie VIII (1935—1939), Bd XIII, Roma 1952, Nr. 250.

15 De Felice (wie Anm. 12), S. 616.

16 M. Toscano, Le origini del patto d'Acciaio, Firenze 1948, S. 150.

17 DDI, VIII, Bd XII, Nr. 317, 386, 451, 481. Zur Rolle Schulenburgs vgl. auch den Beitrag von Wegner-Korfes im vorliegenden Band.

18 Akten zur deutschen auswärtigen Politik 1918—1945. Aus dem Archiv des Deutschen Auswärtigen Amtes (ADAP). Serie D: 1937—1945, 13 Bde, Baden-Baden, Göttingen 1950—1970. Bd VII, Baden-Baden 1956, Nr. 79. Die italienische Niederschrift des Gesprächs war nicht zu finden.

19 Zu jenem Zeitpunkt hatte sich auch Stalin endgültig für die »deutsche Variante« entschieden. Deshalb drängten auch die Sowjets zur Unterzeichnung. Vgl. D. A. Volkogonov, Stalin: Triumph und Tragödie. Ein politisches Portrait, Düsseldorf 1989, S. 471 ff.

[20] H. v. Herwarth, Against two Evils. Memoirs of a Diplomat-Soldier during the Third Reich, London 1981, S. 146f. (Dt. Ausgabe: Zwischen Hitler und Stalin, Frankfurt a. M. 1982).

[21] Ebd., S. 147f.; vgl. DDI (wie Anm. 14), VIII, Bd XII, Nr. 201.

[22] Herwarth (wie Anm. 20), S. 149.

[23] Ebd., S. 150.

[24] G. Bottai, Diario 1935 — 1944, Milano 1982, S. 155.

[25] Herwarth (wie Anm. 20), S. 151.

[26] DDI (wie Anm. 14), VIII, Bd XIII, Nr. 67.

[27] M. Magistrati, L'Italia a Berlino, 1937—1939, Milano 1956, S. 379ff. Magistrati, der Schwager von Ciano, war Botschaftsrat an der italienischen Botschaft in Berlin von 1934 bis 1939.

[28] DDI (wie Anm. 14), VIII, Bd XII, Nr. 47, 13.

[29] Herwarth (wie Anm. 20), S. 142f.

[30] Rosso an Anfuso, persönlicher Brief, 13. November 1939, in: DDI (wie Anm. 14), IX (1939—1943), Bd II, Nr. 207.

[31] Rosso an Ciano, Rap. 2171/901 ris., 9. Juni 1939, in ASME, s.AP, Urss 1939, b.32, fasc. Rapporti politici; Rap. 2520/1020 ris., 8. Juli 1939, ebd., b.34, fasc. 15; Rap. 3874/1508, 9. November 1939, ebd., b. 32.

[32] Rosso an Ciano, Rap. 2520/1020 ris., ebd.

[33] Anfuso an Rosso, 18. Oktober 1939, in: DDI (wie Anm. 14), IX, Bd I, Nr. 796.

[34] G. Artieri, Troppa terra, poco mare, in: La Stampa, 14. November 1939.

[35] I. Montanelli, Dopo l'esodo dei tedeschi si accentua la pressione russa sui Baltici e sulla Finlandia, in: Il Corriere della Sera, 11. Oktober 1939.

[36] G. Ciano, Diario 1939—1943, Milano 1963 (25. September).

[37] Ebd. (26. September).

[38] Vgl. F. Marzari, Projects for an Italian-Led Balkan Bloc of Neutrals, September—December 1939, in: The Historical Journal, vol. 13 (1970), H. 4, S. 767—788.

[39] Il vero e il falso, 8. November 1939.

[40] Ciano (wie Anm. 36) (8. Dezember 1939).

[41] Public Record Office, Foreign Office (London) (im folgenden PRO/FO), 371/23822/R 11826/399/22, am 18. Dezember 1939.

[42] Ciano (wie Anm. 36) (9. Dezember).

[43] G. Petracchi, Il colosso (wie Anm. 6), S. 161, Nr. 23.

[44] Anfuso an Ciano, Appunto, 18. Dezember 1939, in: DDI (wie Anm. 14), IX, Bd II, Nr. 646.

[45] Ebd., Nr. 741.

[46] PRO/FO 371/23814/R12223/161/22.

[47] DDI (wie Anm. 14), IX, Bd III, Nr. 125, 132.

[48] G. Petracchi, Il colosso (wie Anm. 6), S. 165—168.

[49] Soragna an Ciano, 28. Oktober 1939, Bonarelli an Ciano, 29. Oktober 1939, Ciano an Bonarelli und an Soragna, 29. Oktober 1939, in: DDI (wie Anm. 14), IX, Bd II, Nr. 40, 49, 50, 51. Markgraf Antonio Soragna war Gesandter in Stockholm; Graf Vittorio Emanuele Bonarelli war Gesandter in Helsinki.

[50] Lodi Fé an Ciano, 19. Januar 1940, in DDI (wie Anm. 14), IX, Bd III, Nr. 169. Romano Lodi Fé war Gesandter in Oslo.

[51] Ciano (wie Anm. 36), 2. Dezember 1939.

[52] Bonarelli an Ciano, 18. Januar 1940, in DDI (wie Anm. 14), IX, Bd III, Nr. 160—161. Zur Lieferung von Rüstungsmaterial siehe F. Minniti, Gli aiuti militari italiani alla Finlandia durante la guerra d'inverno, in: Memorie Storiche Militari, Roma 1979, S. 351 ff.

[53] Vgl. Anm. 41.

[54] George Martelli to Philip Nichols, 8. Dezember 1939, in: PRO/FO 371/23822/R 11997/399/22.

[55] Philip Nichols to George Martelli, 26. Dezember 1939, ebd.

[56] ADAP (wie Anm. 18), Serie D, VIII, Baden-Baden 1961, Nr. 505 (3. Januar 1940).

[57] A. Pirelli, Taccuini, 1922/1943, Bologna 1984, S. 237.

[58] Die mit Karten versehene Studie, die weder Datum noch Unterschrift trägt (aber Anfang 1940 entstand), kennzeichnete auch die Grenze des wahrscheinlichen Staates. Im Westen folgte sie der Demarkationslinie zwischen Rußland und Deutschland; im Norden verlief die Grenze zu Weißrußland; im Osten reichte sie bis zum Kaukasus, so daß Rußland fast keinen Zugang mehr zum Schwarzen Meer hatte und vom Bosporus und Mittelmeer zurückgedrängt wurde; in: ASME, s.AP, Urss 1939, b.37, fasc. Questione Ucraina. Hervorhebung im Text.

[59] A. Fratelli, Polonia frontiera d'Europa, Milano 1938.

[60] Vgl. Anm. 58.

[61] »Aufzeichnung« v. Plessens für Botschafter v. Mackensen, 11. Januar 1940. Mein Dank gilt Dr. Jens Petersen (Rom) für die Gewährung der Einsichtnahme.

[62] De Felice (wie Anm. 12), S. 749. Über die Aussichten der Grenzverschiebung siehe auch Bottai (wie Anm. 24), S. 178 f.

[63] Mussolini an Hitler, persönlicher Brief, in: DDI (wie Anm. 14), IX, Bd III, Nr. 33. (Dt.: ADAP [wie Anm. 18], Serie D, VIII, Nr. 504.)

[64] Am 26. Februar 1940 schrieb Loraine an Halifax: »in the early days of February something happened to stiffen the Duce's neck against the Allies and to jerk him back into a more dutiful position as Germany's ally«; in: PRO/FO 371/24738/R 2810/58/22. Vgl. auch Knox (wie Anm. 1), S. 72 ff.

[65] Ciano (wie Anm. 36), S. 422.

[66] Laut Loraine war der Kurswechsel Mussolinis auf deutschen Druck und den Einfluß, den Hitler auf Mussolini ausübte, zurückzuführen. Vgl. Anmerkung 64 und die Berichte Loraines vom 14. und 16. März 1940, in: PRO/FO 371/R 24938/3579/58/22, R 3428/58/22.

[67] Bottai (wie Anm. 24), S. 181.

[68] Laut Quellen der britischen Botschaft in Moskau waren die jüngsten jugoslawisch-sowjetischen Verhandlungen ein Anreiz gewesen, die Italiener nach Moskau zurückzubringen. PRO/FO 371/24855/N5878/4076/38 (10. Juni 1940).

[69] A. Rosso, Obiettivi e metodi della politica estera sovietica, in: Rivista di Studi Politici Internazionali, XIII, 1—2 (1946), S. 18.

[70] Rosso an Ciano, 14. Juni 1940, und Anfuso an Rosso, 16. Juni 1940, in: DDI (wie Anm. 14), IX, Bd V, Nr. 19, 29.

[71] Gino Buti, Generaldirektor der Abteilung »Affari Europa a Mediterraneo«, sagte gegenüber Pirelli, Rosso habe seine Aufgabe zu ernst genommen; vgl. Pirelli (wie Anm. 57), S. 278.

[72] DDI (wie Anm. 14), IX, Bd V, Nr. 81, 82, 104.

[73] Ebd., Nr. 170. Zur Bosporusfrage vgl. auch den Beitrag von Klaus Schönherr im vorliegenden Band.

[74] Ciano (wie Anm. 36), 4. und 6. August 1940.

[75] Alfieri an Ciano, 17. August 1940, in DDI (wie Anm. 14), IX, Bd V, Nr. 431.

[76] Ciano an Rosso, 26. Dezember und 28. Dezember 1940; Rosso an Ciano, 31. Dezember 1940, ebd., IX, Bd VI, Nr. 355, 365, 382.

[77] Alfieri an Ciano, 7. Januar 1941; ebd., IX, Bd VI, Nr. 414. Bereits ab dem 16. Dezember hatte Ciano Ribbentrop auf die günstige Gelegenheit zur Wiederaufnahme der Verhandlungen mit Moskau hingewiesen, und am 23. Dezember hatte er die Zusicherung erhalten, daß die italienisch- sowjetischen Beziehungen »auf den Weg zufriedenstellender Normalität« zurückgeführt würden. Die vage und doppeldeutige Formulierung gab ein weiteres Mal Anlaß zum Mißverständnis. Ebd., Nr. 286, 340.

[78] A. Hillgruber, La strategia militare di Hitler, ital. Übers., Milano, S. 537 (Deutsch: Hitlers Strategie, München ²1982).

[79] G. Messe, La guerra al fronte russo. Il corpo di spedizione italiano, Milano 1947, S. 20 ff.

[80] Bottai (wie Anm. 24), S. 276.

Manfred Menger

Deutschland und der finnische »Sonderkrieg« gegen die Sowjetunion

Als die Wehrmacht am 22. Juni 1941 zwischen Ostsee und Schwarzem Meer in die Sowjetunion einfiel, versicherte die finnische Regierung ihre Absicht, so lange wie möglich Neutralität zu wahren[1]. Dagegen ließ Hitler schon in seinem ersten Tagesbefehl an die »Soldaten der Ostfront« keinen Zweifel daran, daß die Wehrmacht mit finnischen Divisionen »im Bunde« stand[2]. Nach Marschall Carl Gustav Mannerheims späterer Darstellung sollte Finnland mit dieser desavouierenden Formulierung vor ein Fait accompli gestellt werden[3]. Dafür gab es aber, wie Mannerheim sehr wohl wußte, keine Veranlassung. Die vollendeten Tatsachen bestanden bereits. Von Hitler wurde nur erstmals offiziell bestätigt, daß Finnland seine Wahl bereits getroffen hatte.

*

Die Vorgänge, die zur Beteiligung Finnlands am Krieg gegen die Sowjetunion führten, sind lange Zeit kontrovers beurteilt worden. Finnischerseits dominierte zunächst eine Betrachtungsweise, die sich im wesentlichen des ursprünglich von dem deutschen Gesandten in Helsinki, Wipert v. Blücher, geprägten suggestiven Bildes von dem kleinen Finnland bediente, das ohne eigenes Zutun in der Turbulenz der großen Politik wie das Treibholz auf den reißenden finnischen Strömen dahingerissen wurde und — wie schon 1939 — als Opfer eines unprovozierten Angriffes in den Krieg geriet. Der neue Waffengang war demnach ein dem sowjetisch-finnischen Winterkrieg 1939/1940 vergleichbarer Vorgang, ein »Fortsetzungskrieg« (jatkosota). Ende der sechziger Jahre wurde diese Version zunächst vor allem in mehreren Monographien amerikanischer Historiker zurückgewiesen[4]. Inzwischen ist die Auffassung, nach der Finnland nur von den Ereignissen getrieben und trotz friedfertiger Absichten im Sommer 1941 erneut zu den Waffen greifen mußte, auch von der finnischen Historiographie nahezu ebenso einhellig verworfen worden wie die sowjetische These von Finnland als willfährigem Satelliten Deutschlands[5].

Zweifellos war der Handlungsspielraum Finnlands 1940/1941 sehr eng bemessen. Nach dem Aderlaß des Winterkrieges und der deutschen

Besetzung Dänemarks und Norwegens stand das territorial amputierte und von seinen westlichen Märkten abgeschnittene Finnland weitgehend allein. Von den Westmächten konnte keine effektive Hilfe erwartet werden. Der angestrebten Union mit Schweden versagten die UdSSR und später auch Deutschland ihre Zustimmung. Die sowjetische Politik fortwährender Forderungen und Drohungen an die finnische Adresse schien den Verdacht zu bestätigen, daß Moskau mit politischen Mitteln die Ziele zu verwirklichen trachtete, welche es mit militärischer Gewalt nicht hatte erreichen können. Unter diesen Bedingungen setzte die finnische Regierung seit Frühjahr 1940 auf die deutsche Karte, obwohl ihr vorerst von Berlin wiederholt bedeutet wurde, nicht auf eine Änderung des deutsch-sowjetischen Verhältnisses und auf deutsche Unterstützung im Falle eines neuen Konfliktes mit der UdSSR zu spekulieren. Es spricht viel dafür, daß sich Helsinki in dieser Phase kaum erwiderter Werbungen um deutsche Gunst primär von dem Wunsch nach Sicherheitsgarantien und noch nicht vordergründig von der Hoffnung auf eine Revision der territorialen Bestimmungen des Moskauer Friedens vom März 1940 leiten ließ. Die deutschen und finnischen Interessen trafen sich zunächst nur auf wirtschaftlichem Gebiet. Finnland war wichtig als Lieferant dringend benötigter kriegswirtschaftlicher Rohstoffe (Kupfer, Nickel, Molybdän).

Die Situation änderte sich grundlegend nach Hitlers Entschluß vom 31. Juli 1940 zur Vorbereitung des Ostkrieges. Der anvisierte Krieg gegen die Sowjetunion führte zu einer Neubewertung der Rolle Finnlands, das jetzt vor allem als Flankenpartner, Aufmarsch- und Nachschubbasis bedeutsam wurde. Nach Abschluß mehrerer deutsch-finnischer Kontrakte begann mit der Aufnahme des Transits deutscher Truppen- und Nachschubtransporte durch Finnland nach Nordnorwegen am 2. September sowie umfangreicher Waffen- und Munitionslieferungen zur Ausrüstung der finnischen Streitkräfte am 26. September 1940 im militärischen Bereich ein Zusammenwirken zwischen Berlin und Helsinki, das den finnischen Intentionen sehr entgegenkam. Unverändert ging es den finnischen Führungskräften um einen starken Rückhalt gegen sowjetischen Druck. Ihre Auffassung, daß das Wohl und Wehe ihres Landes in deutscher Hand lag, wurde durch die Ende November über mehrere Kanäle eingehenden Informationen über die entschiedene Zurückweisung des von Molotov während dessen Besprechungen mit Hitler und Ribbentrop erhobenen uneingeschränkten sowjetischen Machtanspruchs auf Finnland weiter bestärkt[6]. Im zunehmenden Maße gewannen nun aber auch die Überlegungen Raum, mit deutscher Hilfe eine Revision des

Moskauer Friedens, möglicherweise sogar den Anschluß Sowjet-Kareliens und der Kolahalbinsel sowie eine gesicherte Perspektive Finnlands im Rahmen der »Neuordnung« Europas erreichen zu können[7].

Seit Dezember 1940 verfügte der finnische Generalstab über konkrete Anhaltspunkte dafür, daß Deutschland einen Krieg gegen die Sowjetunion unter Mitwirkung Finnlands in Erwägung zog[8]. Am 30. Januar 1941 erörterten die Generalstabchefs — Generaloberst Franz Halder und Generalleutnant Erik Heinrichs — eingehend die operativen Absichten und Möglichkeiten der deutsch-finnischen Streitkräfte im Falle eines deutsch-finnischen Koalitionskrieges gegen die UdSSR. Dabei wurde, wie in allen bis dahin verabschiedeten Planungen, die finnische Bereitschaft zur Kriegsteilnahme von Halder mit größter Selbstverständlichkeit vorausgesetzt und von Heinrichs in keiner Weise in Frage gestellt[9]. Schon am 18. Dezember hatte Mannerheims Emissär, Generalmajor Paavo Talvela, gegenüber Göring betont, Deutschland könne in einem Konflikt mit der Sowjetunion kaum einen natürlicheren Verbündeten haben als Finnland[10]. Unmittelbar nach Talvelas Rückkehr waren in der Operationsabteilung des finnischen Generalstabs die ersten Studien über die eigenen Angriffsmöglichkeiten entworfen worden[11].

Eine bindende generalstabsmäßige Übereinkunft über den beiderseitigen Aufmarsch und die vorgesehenen Operationen kam allerdings erst während der deutsch-finnischen Militärverhandlungen in Salzburg (25. Mai), Zossen (26. Mai) und Helsinki (3.—6. Juni) zustande. Bis dahin blieb noch vieles unsicher und unausgesprochen. Es gab kein Bündnis oder andere Übereinkommen, die Deutschland oder Finnland einander verpflichtet hätten. Namentlich unter dem Eindruck der traumatischen Erfahrung der deutschen Haltung zum sowjetisch-finnischen Winterkrieg mußte die finnische Seite die Möglichkeit jäher Wendungen in der deutschen Politik ins Kalkül ziehen, und Deutschland besaß keine eindeutige Erklärung Finnlands, sich an einem Angriff auf die Sowjetunion zu beteiligen.

Diese Unsicherheiten hatten ihre Bedeutung, besonders für die finnische Politik. Dennoch ergaben sich daraus keine schwerwiegenden Komplikationen. Vielmehr waren bereits vor der definitiven Bindung Finnlands im Frühjahr 1941 die gemeinsamen Vorbereitungen für den Überfall auf die UdSSR durch eine spürbare Aktivierung der militärischen Kontakte und der nachrichtendienstlichen Zusammenarbeit, durch Erkundungsunternehmen und Aufklärungsflüge im finnisch-sowjetischen Grenzbereich, durch den Ausbau von Straßen und die

Anlage von Versorgungsbasen in Lappland sowie eine Reihe weiterer Maßnahmen zielstrebig vorangebracht worden. Beiden Seiten lag an einem Zusammenwirken in der Sache, aber nicht an einem formellen Bündnis. Entgegen den Wünschen verschiedener militärischer Kommandobehörden war Hitler grundsätzlich nicht bereit, mit den zur Beteiligung am »Unternehmen Barbarossa« vorgesehenen Staaten politische Verträge auszuhandeln[12]. Auch Finnland lag aus innen- und außenpolitischen Rücksichten überhaupt nicht an einem Koalitionsvertrag, der die eigenen Befugnisse begrenzt und früher oder später die Mitverantwortung für die Vorbereitung eines Angriffkrieges eindeutig offenbart hätte.

Wie bei allen vorangegangenen Beratungen blieb es auch bei den Ende Mai und Anfang Juni geführten entscheidenden Militärverhandlungen bei mündlichen Absprachen. Die Protokolle wurden getrennt geführt. Eine offizielle Bekräftigung der getroffenen Vereinbarungen durch die zuständigen politischen Instanzen unterblieb zunächst. Es erscheint jedoch wenig überzeugend, wenn daraus abgeleitet wird, von Helsinki seien »feste Verpflichtungen, die zur automatischen Teilnahme Finnlands an Hitlers Krieg gegen die Sowjetunion führen mußten«[13], nicht eingegangen worden. Ganz abwegig ist die Behauptung, die finnische Antwort auf die »große Frage«, ob sich Finnland zur Teilnahme am Krieg gegen die UdSSR bereit finden werde, sei während der abschließenden Militärberatungen »noch immer ablehnend«[14] gewesen. Vielmehr bestand seit Anfang Juni endgültige Klarheit über Aufmarsch, Gliederung und die wichtigsten Operationsziele des gemeinsamen Vorgehens gegen die UdSSR. Dabei war vorauszusetzen, daß der finnische Generalstab die folgenschweren Abmachungen, die exakt eingehalten wurden, nicht gegen den Willen der politischen Führung getroffen hatte. General Heinrichs hatte in Salzburg ausdrücklich darauf hingewiesen, »daß die Anwesenheit der finnischen Vertreter die finnische Einstellung zeigt, wenn auch die politische Ermächtigung noch nicht vorliegt«[15]. Die offiziell noch fehlende politische Billigung der von den Militärs übernommenen Verpflichtungen erfolgte unverzüglich, nachdem deutscherseits am 13. Juni darum ersucht worden war. Am 14. Juni befürwortete der Staatspräsident die Ergebnisse der deutsch-finnischen Militärabsprachen. Die deutsche Seite wurde umgehend davon in Kenntnis gesetzt[16]. Zu diesem Zeitpunkt waren schon über 30000 deutsche Soldaten in Finnland konzentriert, und im Norden des Landes stand ein Territorium von etwa 100000 Quadratkilometern unter deutscher militärischer Machtbefugnis[17].

Soweit angesichts dessen von einer Reserviertheit der finnischen zivilen Führung überhaupt noch die Rede sein konnte, resultierte sie nicht aus friedfertigen Absichten, sondern aus dem Bestreben, Finnland nicht als Aggressor zu komprimittieren, und aus der bis zuletzt schwelenden Befürchtung, daß Deutschland womöglich doch nicht angreifen und Finnland plötzlich zwischen den Fronten stehen könnte. Aus den gleichen Erwägungen lag Helsinki sehr daran, daß die Feindseligkeiten nicht von finnischer Seite oder vom finnischen Staatsgebiet aus begonnen wurden. General Heinrichs hatte am 5. Juni bemerkt: »Der Gedanke, einen Gegner von sich aus anzugreifen, sei neu. Finnland begrüße es daher, daß die deutschen Operationen früher begännen, und hoffe, russischerseits zum Angriff provoziert zu werden[18].« Am 16. Juni bekräftigte Mannerheim den Wunsch, die finnischen Operationen erst nach dem Beginn des Angriffs des AOK Norwegen gegen Murmansk und die Murman-Bahn einzuleiten. General Waldemar Erfurth, der deutsche Verbindungsoffizier zum finnischen Hauptquartier, kommentierte das mit der Bemerkung: »Finnen wollen dadurch vor eigenem Volk und Volksvertretung politischen Eindruck erwecken, in den Ablauf der Ereignisse hineingezogen zu werden[19].«

Die finnische Führung war darauf aus, keinesfalls den ersten Schritt zu tun und den gestaffelten Zeitplan für das Unternehmen »Barbarossa«, nach dem größere Angriffsoperationen aus dem finnischen Raum aus zwingenden Gründen (Transportlage, Tarnung des Aufmarsches) erst acht bis zehn Tage nach dem Angriffsbeginn an der Hauptfront aufgenommen werden sollten, zu nutzen, um die Verantwortung für die Einbeziehung Finnlands in das Kriegsgeschehen von sich zu weisen. Die nach dem allgemeinen Angriffsbeginn angesichts des Aufmarsches deutscher Truppen in Lappland sowie der Mobilmachung der finnischen Streitkräfte mit Sicherheit erwarteten sowjetischen Gegenmaßnahmen[20] konnten einen günstigen Anlaß für die finnische Kriegserklärung bieten. Die UdSSR sollte mit dem Odium des Aggressors belastet und die Kriegsteilnahme Finnlands vor einer vorteilhaften propagandistischen Kulisse inszeniert werden. Diese Rechnung ging auf.

Obwohl finnische U-Boote schon in der »Barbarossa«-Nacht sowjetische Territorialgewässer verminten und deutsche Fliegerverbände unter Nutzung von sechs finnischen Flugplätzen wiederholt Murmansk, Kronstadt und den Sowjetstützpunkt Hanko bombardierten, versuchte Moskau zunächst noch mit diplomatischen Mitteln Finnlands Kriegsteilnahme zu verhindern. Die Grenztruppen erhielten Befehl, nur im Falle finnischer Angriffe den Kampf aufzunehmen[21]. Erst am 25. Juni starteten sowjetische Flugzeuge mehrere vor allem gegen die finnischen Basen der deutschen Luftwaffe gerichtete Angriffe. Die Aktion war militärisch nahezu wirkungslos und politisch ein schwerer Fehlgriff. Sie bot der finnischen Regierung den gewünschten Vorwand für die Erklärung, die UdSSR habe erneut einen Angriffskrieg gegen Finnland eröffnet[22].

*

Der am 17. Juni begonnene Aufmarsch der Hauptkräfte der finnischen Armee hatte sich in zweierlei Hinsicht unter ungewissen Voraussetzungen vollzogen. Das finnische Hauptquartier kannte vorerst nur den Stichtag der eigenen Angriffsbereitschaft, die bis zum 28. Juni zu garantieren war. Dagegen bestand noch keine Klarheit über den genauen Angriffstermin. Außerdem war noch offen, ob der Hauptangriff östlich des Ladogasees in Richtung Petrozavodsk und Svir' oder westlich des Ladogasees über die Karelische Landenge direkt in die Leningrader Richtung zu erfolgen hatte. Die Entscheidung beider Fragen oblag gemäß den getroffenen Vereinbarungen dem Oberkommando der Wehrmacht, das seine letzten Dispositionen darüber, wann und wo die finnischen Hauptkräfte anzutreten hatten, von der Lageentwicklung bei der Heeresgruppe Nord abhängig machte. Am 24. Juni erhielt Mannerheim die Aufforderung, sich ganz auf eine Offensive östlich des Ladogasees einzustellen und den Angriff mit mindestens sechs Divisionen auf ein möglichst weit im Süden liegendes Ziel zu führen. Der Auftakt der Kämpfe im Bereich der Heeresgruppe Nord war so erfolgversprechend, daß ein baldiges deutsch-finnisches Rendezvous am Svir' möglich erschien.

Mannerheim fügte sich, allem Anschein nach unter Aufgabe eigener operativer Erwägungen[23], der Vorgabe, die umfangreiche Truppenverschiebungen zur Neugruppierung seiner Angriffskräfte erforderte und dem Gegner einen Zeitgewinn ermöglichte. Am 8. Juli kam das Startzeichen, den finnischen Angriff am 10. Juli zeitgleich mit dem Antreten der schnellen Verbände der deutschen Panzergruppe 4 zwischen Peipus- und Il'men'see aufzunehmen. Mannerheim war, wie Erfurth feststellte, »nicht angenehm überrascht« darüber, daß er die Nachricht von der bevorstehenden Offensive seiner Truppen so spät erhielt[24]. Dennoch konnte die inzwischen im Raum Joensuu zum Einfall nach Ostkarelien mit dem Fernzielen Petrozavodsk und Svir' versammelte Karelische Armee unter dem Oberbefehl des bisherigen Generalstabschefs Heinrichs mit sechs Divisionen und drei Brigaden zwei Tage später die Offensive aufnehmen. »Die Freiheit Kareliens und ein großes Finnland schweben uns vor in der gewaltigen Lawine welthistorischer Geschehnisse«[25], postulierte Mannerheim in seinem vielfach als Entgleisung bzw. als unkluges Vorprellen gewerteten Tagesbefehl. Die uneingeschränkte Berücksichtigung der deutschen operativen Vorstellungen war symptomatisch für die Ausgangssituation der deutsch-finnischen Waffenbrüderschaft. Militärisch und wirtschaftlich schien kein Einsatz zu hoch, um schnell die Entscheidung zu erzwingen. Angesichts des Vertrauens in die Schlagkraft der Wehrmacht und der Hoffnung, an den Ergebnissen der deutschen Kriegführung partizipieren zu können, fielen die von vornherein vorhandenen Interessendifferenzen und der ideologische Abgrund zwischen der finnischen Demokratie und der nationalsozialistischen Diktatur de facto zunächst für das beiderseitige Verhältnis wenig ins Gewicht. Ebenso wogen die Unterschiede in den Modalitäten und Zielstellungen der Kriegführung anfangs gering[26]. Finnlands Kampf war und blieb von anderer Qualität als der rassenideologisch motivierte Vernichtungskrieg Hitlers. Die Zerschlagung der Staats- und Gesellschaftsordnung der UdSSR entsprach aber durchaus den Vorstellungen der maßgebenden Kreise Finnlands. Mannerheim apostrophierte den Krieg mehrfach als antibolschewistischen Kreuzzug. Im Bunde mit Deutschlands mächtiger Kriegsmacht und als dessen Waffenbruder sollte das »bolschewistische System« für »alle Zeiten« vernichtet werden[27]. Für Staatspräsident Risto Ryti war der Krieg gleichermaßen der »Schlußkampf gegen den Bolschewismus« und den »Erbfeind« Finnlands[28]. Ebenso verlangte Väinö Tanner, der Parteivorsitzende der Sozialdemokratie, die Vernichtung des Sowjetsystems[29]. Auch in der Presse fand die Kreuzzugsidee breiten Widerhall.

Die amtlich verkündeten territorialen Kriegszielvorstellungen beschränkten sich auf den Wiedererwerb der an die UdSSR verlorenen finnischen Gebiete. Schon seit Frühjahr 1941 waren aber auf Veranlassung des Präsidenten und des Ministerpräsidenten konzeptionelle Vorarbeiten zur genaueren Fixierung und propagandistischen Rechtfertigung weitergehender Kriegsziele geleistet worden. Nach den dabei entwickelten und während der ersten Wochen des Krieges in einer vom Staatlichen Informationsbüro unter der Devise »Kurze Grenzen — langer Frieden« gesteuerten Pressekampagne kolportierten Vorstellungen sollte die künftige Ostgrenze »Großfinnlands« von der Neva über das Südufer des Ladogasees und entlang dem Svir' zum Onegasee und von dort bis zur Küste des Weißen Meeres verlaufen. Diese territorialen Wünsche wurden inoffiziell auch in mehreren in Berlin überreichten

Denkschriften sowie in Unterredungen des finnischen Staatspräsidenten mit deutschen Diplomaten geltend gemacht[30]. Um Finnland fest an sich zu binden, war die deutsche Seite grundsätzlich geneigt, die »nationalen Großziele« Finnlands zu akzeptieren. Hitlers Offerten wurden um so generöser, je mehr der finnische militärische Einsatz gefragt war. Sie dämpften allerdings kaum die in Finnland stets schwelende Befürchtung, daß Finnland im Falle eines uneingeschränkten deutschen Sieges zwar Karelien und das Kolagebiet erhalten, dafür aber Deutschland Finnland unter seine Botmäßigkeit nehmen könnte[31].

Die finnische Siegeseuphorie und die Bereitschaft, das zu tun, was von deutscher Seite erwartet wurde, währte nur wenige Wochen. Schon im Spätsommer begann die Desillusionierung. Bei Kriegsbeginn hatte das mit 3,9 Millionen Einwohnern bei einem Areal von 347 718 Quadratkilometern bevölkerungsarme Finnland 476 000 Mann unter Waffen[32]. Die seit dem Winterkrieg vor allem dank der umfangreichen Waffen- und Munitionslieferungen aus Deutschland, den USA und Großbritannien auch in ihrer Feuerkraft erheblich verstärkten, gut geführten und zunächst auch ausgezeichnet motivierten finnischen Streitkräfte konnten innerhalb von zwei Monaten im wesentlichen die für sie in den deutsch-finnischen Militärabsprachen vorgesehen Linien erreichen. Anfang September war auf der gesamten Breite der Karelischen Landenge die alte Reichsgrenze wieder in finnischer Hand. Am 7. September standen die Angriffsspitzen der Karelischen Armee am Svir'. Der deutschen Führung lag viel daran, die von den Finnen gewonnenen Positionen für einen tödlichen Schlag gegen Leningrad zu nutzen. Noch vor Abschluß der Kämpfe auf der Karelischen Landenge hatte das OKW unter anderem in einem Schreiben Keitels an Mannerheim vom 22. August seine Vorstellungen über die nächsten finnischen Operationen offeriert. Die Finnen wurden ersucht, sowohl über den Svir' hinweg als auch durch den sowjetischen Befestigungsgürtel nördlich von Leningrad durchzubrechen und an zwei Stellen die Vereinigung mit den deutschen Truppen anzustreben. Die von einem am Südufer des Svir' zu errichtenden Brückenkopf aus vorrückenden finnischen Verbände sollten sich südlich des Ladogasees und die von der Karelischen Landenge her vorstoßenden Kräfte zwischen Leningrad und dem Ladogasee mit der deutschen Heeresgruppe Nord vereinigen[33].

Mit diesen Erwartungen hatte das OKW den Bogen überspannt. Ihre Erfüllung lag außerhalb der finnischen Absichten und Möglichkeiten. Jedenfalls hatte Mannerheim andere Vorstellungen über die Rollenverteilung bei der Lösung der nächsten militärischen Aufgaben, zumal er, wie Erfurth berichtete, von politischer Seite, aber auch von Industriellen bedrängt wurde, sparsamer mit der Volkskraft Finnlands umzugehen[34]. Mannerheim wies daher darauf hin, daß die deutschen Vorstellungen über die getroffenen Vereinbarungen hinausgingen. Auf Grund der ohnehin auf das äußerste angespannten Kräftelage, der infolge hoher Verluste sinkenden Gefechtsstärken, fehlender Reserven und der im Befestigten Raum Leningrad zu erwartenden weiteren Versteifung des sowjetischen Widerstandes sei ein gleichzeitiges Vorgehen beiderseits des Ladogasees nicht möglich. Auch ein Angriff auf den Flottenstützpunkt Hanko überfordere die finnischen Möglichkeiten[35].

Am 9. September wurden die Angriffe vor dem äußersten Befestigungsgürtel nördlich von Leningrad, 10 bis 20 Kilometer hinter der alten Grenze, endgültig eingestellt. An der Svir'front kam die finnische Offensive im Oktober nach der Errichtung eines Brückenkopfes von etwa 100 Kilometer Breite und bis zu 25 Kilometer Tiefe am Südufer des Flusses für immer zum Erliegen. Je deutlicher sich zeigte, daß der zunächst erhoffte schnelle Erfolg ausblieb, um so nachdrücklicher wurde das deutsche Drängen, desto geringer aber auch die finnische Bereitschaft, dem nachzukommen. Letztes strategisches Ziel der finnischen Offensivphase war der Vormarsch nach Norden bis zu der schmalen Landenge zwischen dem Onegasee und dem Segsee, die gute Ausgangspositionen für eine von Mannerheim zunächst noch für den Winter in Aussicht gestellte Operation gegen den wichtigen Eisenbahnknotenpunkt Belomorsk bot.

Grundlage der schon Ende August 1941 einsetzenden Neubewertung der Lage durch die finnischen Führungskräfte war die Erkenntnis, daß sie die Möglichkeiten der Roten Armee unterschätzt und die der Wehrmacht überbewertet hatten. Der Glaube an einen deutschen Sieg gegen die Sowjetunion blieb vorerst noch unerschüttert, er wurde nunmehr jedoch erst nach dem Winter 1941/1942 für möglich erachtet[36].

Auslösendes Moment für den Umdenkungsprozeß war insbesondere die Situation um Leningrad, die von finnischer Seite als wichtiger Gradmesser für den allgemeinen Stand der Dinge betrachtet wurde. Militärisch fiel außerdem ins Gewicht, daß die von Nordfinnland aus gegen Murmansk und die Murman-Bahn operierenden deutschen Divisionen nach mißglückten und verlustreichen Angriffen an keiner Stelle ihr Ziel erreichen konnten und sich den speziellen Erfordernissen des Kriegsschauplatzes viel weniger gewachsen zeigten als die Truppen des dem AOK Norwegen unterstellten finnischen III. Armeekorps. Mehrfach berichtete der deutsche Militärattaché, in Finnland herrsche eine gewisse Enttäuschung über die Leistungen der Wehrmachtverbände auf dem finnischen Kriegsschauplatz. »Die Dinge liegen nun hier einmal so«, schrieb er am 18. August, »daß vorwiegend die finnischen Truppen an dieser Front Erfolg gehabt haben[37].« Dieser Tenor blieb unverändert. Hitler sah sich daher Ende November gegenüber dem finnischen Außenminister Rolf Witting zu der Bemerkung veranlaßt, die Finnen seien auf ihrem Gelände zugegebenermaßen besser als die Deutschen, deren Ausrüstung und Ausbildung nur für den europäischen Kontinent bestimmt gewesen seien[38].

Die militärischen Erfolge der Finnen wurden unter hohen Opfern erreicht. Sie beklagten bis zum Jahresende 1941 17 254 Gefallene. Das waren 80 Prozent eines Einberufungsjahrgangs. Dazu kamen 3 835 Vermißte und 59 527 Verwundete[39]. Sobald sich abzeichnete, daß mit einer längeren Kriegsdauer gerechnet werden mußte, wurde eine realistischere Einschätzung und sparsamere Einsetzung der trotz zahlreicher von Anfang an bestehender Mangelerscheinungen auf äußerste angespannten personellen und ökonomischen Ressourcen des Landes unumgänglich. Im Spätsommer 1941 standen einschließlich der zum Arbeitsdienst für den Bau von Straßen, Brücken und Befestigungsanlagen eingezogenen Männer sowie der etwa 80 000 unter anderem im Sanitäts- und Nachrichtenwesen, für Versorgungsaufgaben oder im Luftschutz tätigen Frauen 650 000 Personen — rund 17 Prozent der Bevölkerung — direkt im Dienst der Streitkräfte. Der Industrie waren rund 50 Prozent und der Landwirtschaft etwa 70 Prozent der Arbeitskräfte entzogen worden. Die Industrieproduktion ging 1941 im Vergleich zu 1938 um ein Viertel zurück. Die Ernte erreichte nur etwa zwei Drittel der Durchschnittserträge[40]. Die durch eine Krise des Transportwesens zusätzlich komplizierte Versorgungslage war außerordentlich prekär. Die Behörden registrierten erste Anzeichen von Niedergeschlagenheit und Beunruhigung. In der Armee fand der Befehl zum Überschreiten der alten Reichsgrenze keine uneingeschränkte Zustimmung. Dagegen opponierte auch die in der Regierung vertretene Sozialdemokratie, deren Einfluß mit den wachsenden Schwierigkeiten zunahm. Väinö Tanner, der Führer der Partei, appellierte schließlich angesichts der Stimmung der Mitgliedschaft und eigener Zweifel am deutschen Endsieg Anfang Oktober an das Staatsoberhaupt, die militärischen Ziele zu begrenzen und die Entscheidungen darüber nicht dem Hauptquartier, sondern der Regierung und dem Präsidenten zu überlassen[41].

Angesicht der erheblichen Kluft zwischen den Erwartungen des Sommers und den Realitäten des Herbstes 1941 fand die finnische Führung als Ergebnis der veränderten Lagebeurteilung schrittweise zu einer realitätsbezogenen Konzeption, die vor allem darauf gerichtet war, den Krieg mit längerem Atem zu führen und ihn möglichst unter allen Bedingungen ohne ernste Erschütterung des Systems zu überstehen. Generelle Voraussetzungen dafür waren die Bewahrung und international möglichst glaubhafte Demonstration der politischen Eigenständigkeit Finnlands und die Begrenzung seiner Kriegsanstrengungen auf ein im nationalen Interesse zweckmäßig und tragbar erscheinendes Maß. Begünstigend wirkten in dieser Richtung das Fehlen eines politischen Bündnisvertrages mit Deutschland und die seit Kriegsbeginn propagierte These vom »Verteidigungskrieg« sowie die erstmals vom finnischen Militärattaché in Washington Ende August publik gemachte Formel vom finnischen »Sonderkrieg«, der auch durch einen »Sonderfrieden« beendet werden könne[42].

Obwohl sich die finnische Regierung angesichts der deutschen Reaktionen auf die Erklärung des Militärattachés und ausländischer Pressemeldungen über angebliche Sonderfriedensabsichten Finnlands eindeutig von der Sonderfriedensidee distanzierte, entsprach die Version, nach der Finnland einen »defensiven Sonderkrieg« führte, der angeblich nicht genetisch, sondern nur operativ mit dem deutsch-sowjetischen Krieg im Zusammenhang stand, durchaus ihren Intentionen. Nach der Sonderkriegsthese, die fortan insbesondere bei allen Kontakten mit den Westmächten deutlich artikuliert wurde, hatte Finnland mit Deutschland nur die Gemeinsamkeit desselben Gegners Sowjetunion und war im übrigen nicht an der deutschen Kriegführung und dem Großmächtekrieg beteiligt. Um die Eigenständigkeit der finnischen Position hervorzukehren, wurde das deutsch-finnische Verhältnis weiterhin gezielt als »Wafffenbrüderschaft« bezeichnet, die auf einem partiell übereinstimmenden Interesse, nicht aber auf Bündnisverpflichtungen beruhe. Im diplomatischen Verkehr mit den USA gebrauchte Finnland den Terminus technicus Mitkriegführender (»co-belligerent«).

Außenpolitisch implizierte das finnische Durchhaltekonzept das Bestreben, unbedingt die Beziehungen zu den USA, aber auch die nach dem unter deutschem Druck erfolgten diplomatischen Bruch mit Großbritannien noch bestehenden inoffiziellen Kontakte zu Großbritannien aufrechtzuerhalten. Die möglichst weitgehende Bewahrung ihres politischen Kredits bei den Westmächten, die Finnland nachdrücklich zur Einstellung seiner Offensivoperationen und zum Rückzug von den »rein russischen Gebieten« aufforderten[43], bedeutete den Finnen sehr viel. So sehr ihre Führung zunächst mit einem Sieg Deutschlands über die UdSSR rechnete, so wenig vertraute sie auf die Möglichkeit eines deutschen Erfolgs über die westlichen Alliierten. Neben der Hoffnung auf die Fürsprache des Westens im Falle eines ungünstigen Kriegsausgangs bekundete Finnland im Herbst 1941 auch sein Interesse an einer Reaktivierung und Erweiterung der Zusammenarbeit mit Schweden[44]. Zugleich verebbte die öffentliche Erörterung territorialer Kriegsziele. Bald war weniger von Großfinnland und mehr von einer Weiterführung des Kampfes für einen sicheren Frieden die Rede. Allmählich begann man die Öffentlichkeit darauf vorzubereiten, sich mit der »inneren Größe« Finnlands zu begnügen[45].

Wichtigstes Element der finnischen Überlebensstrategie wurde der Vorsatz, durch eine Einschränkung der aktiven Kampfhandlungen ein Verbluten der Lebenskraft des Landes zu vermeiden. Armee und Wirtschaft sollten möglichst intakt bleiben. Bereits im September 1941 bemerkte Außenminister Witting zu Blücher, die Finnen könnten als kleines Volk nicht bis nach Persien marschieren. Sie würden einmal irgendwo haltmachen müssen und sich dort vergraben. Sie würden dann von den Mobilisierten so viel entlassen, daß das Wirtschaftsleben wieder in Gang komme[46]. Anfang November ermahnte Mannerheim den Kommandierenden General des unter deutschem Befehl stehenden finnischen III. Armeekorps, dessen Truppen im Norden am weitesten an die Murman-Bahn vorgerückt waren, in aller Stille die nach Auffassung des Staatspräsidenten außenpolitisch ungünstige Offensive einzustellen[47]. Am 28. November fiel auf einer gemeinsamen Beratung der Regierung und des Hauptquartiers nach nachdrücklichen Warnungen mehrerer Minister vor der Gefahr eines Zusammenbruchs der Produktion und der Heimatfront die Entscheidung, nach dem Abschluß der laufenden Operationen im nördlichen Ostkarelien an dem Maaselkä, der Landenge zwischen dem Onegasee und dem Segsee, zur Verteidigung überzugehen[48]. Damit waren im Grunde genommen auch schon über die noch wenige Wochen zuvor von Mannerheim erwogene Winteroperation zur Eroberung von Belomorsk die Würfel gefallen. Den deutschen Militärs, die große Hoffnungen auf dieses Unternehmen setzten, wurde fortan bedeutet, die Operation könne nur nach einer Klärung der Lage bei Leningrad in Frage kommen.

In wirtschaftlicher Hinsicht ging es der finnischen Führung darum, einen auf Dauer funktionstüchtigen und leistungsfähigen Wirtschaftsorganismus zu garantieren. Das lag natürlich auch im Interesse der weiteren Kriegführung. Generalleutnant Heinrichs verdeutlichte diesen Zusammenhang im Oktober mit der Bemerkung, ein starker Arm könne an einem anämischen Körper nichts leisten. Auch Marschall Mannerheim und Verteidigungsminister Rudolf Walden begründeten die Notwendigkeit der Reduzierung der im Verhältnis zur Einwohnerzahl zu großen Armee vor allem mit wirtschaftlichen Gesichtspunkten[49]. Da schon 1938 die Frauen 40 Prozent der in der finnischen Industrie Beschäftigten ausmachten[50], konnte die dringend notwendige Aufbesserung der Arbeitskräftebilanz im wesentlichen nur über eine Reduzierung der Streitkräfte erreicht werden. Daher wurde die am Jahresende 1941 stark eingeschränkte Gefechtstätigkeit genutzt, um in der Armee Umformierungen und Entlassungen vorzunehmen. Bis zum Sommer 1942 verringerte sich die Stärke der Streitkräfte um etwa 100 000 auf annähernd 450 000 Mann[51]. Die Zahl der Gefallenen ging im Jahre 1942 auf 7 621 zurück und erreichte 1943 mit 4 267 Gefallenen das Minimum[52]. Der durchschnittliche monatliche Munitionsbedarf der Artillerie betrug 1941 530 000 und 1942 70 000 Granaten[53].

Deutscherseits zeigte man sich über die zunächst nur in Ansätzen erkennbaren Modifizierungen im finnischen Verhalten nicht merklich beunruhigt. Gegenüber den Deutschen war finnischerseits ohnehin nicht vom Sonderkrieg, sondern von der Interessen- und Kampfgemeinschaft die Rede. Der Gedanke, daß aus der These vom Sonderkrieg von den finnischen Entscheidungsträgern das Recht auf einen Sonderfrieden abgeleitet werden könnte, erschien und war vorerst völlig abwegig. Die Reduzierung der Armee stieß zwar auf deutsche Kritik[54], jedoch konnte auch dem OKW ein wirtschaftlicher Kollaps Finnlands keineswegs gleichgültig sein. Der Chef der Abteilung Landesverteidigung im OKW, Generalmajor Walter Warlimont, hatte schon Mitte August empfohlen, die Finnen rechtzeitig darauf vorzubereiten, daß der Krieg länger als erwartet dauern würde. Die finnische Bevölkerung einschließlich der Frauen und Minderjährigen und die finnische Wirtschaft seien so restlos in den Dienst des Krieges gestellt, daß dies nicht lange Zeit aufrechterhalten werden könne[55].

Keinesfalls im deutschen Sinne lag dagegen eine weitgehend defensive finnische Kriegführung. Es bedurfte jedoch einiger Zeit, ehe klar wurde, daß sich die erstmals im Zusammenhang mit den Kämpfen um Leningrad erfolgte Ablehnung deutscher Offensivforderungen zu einer Grundposition verfestigte. Selbst als sich herausstellte, daß Finnland nach dem Erreichen seiner eigenen strategischen Ziele generell nicht bereit war, neue Opfer für Operationen zu bringen, deren Ausgang zweifelhaft und deren außenpolitische Wirkung in jedem Falle problematisch war, hatte das OKW keine realen Möglichkeiten, die finnische Kriegführung zu reaktivieren. Genetisch und operativ bestanden untrennbare Zusammenhänge zwischen dem »Unternehmen Barbarossa« und dem finnischen Krieg gegen die UdSSR. Dennoch war die These vom »Sonderkrieg« Finnlands keine bloße Fiktion. Im Charakter und der Zielstellung des Krieges sowie in der Kriegführung gab es wichtige Unterschiede zwischen Deutschland und Finnland. Finnland gelang es weitgehend, den Krieg nach eigenen Vorstellungen zu führen und das zu tun oder zu unterlassen, was im nationalen Interesse richtig erschien.

Vielfältige Faktoren setzten den deutschen Einwirkungsmöglichkeiten auf die finnische Kriegführung deutliche Grenzen: die unangefochtene Autorität des finnischen Oberkommandierenden und der parlamentarisch gestützten Staatsführung, das Fehlen verpflichtender Bündnisverträge und einer einheitlichen Truppenführung, die auf Drängen Mannerheims schrittweise durchgesetzte klare Scheidung in rein finnische und rein deutsche Frontbereiche, aber auch das eigene Unvermögen der Deutschen zu neuen Offensivhandlungen im finnischen Raum nach dem Scheitern vor Murmansk und Leningrad und die besondere Geltung Finnlands als strategischer Partner für den Ostfeldzug. Finnland behielt diesen besonderen Rang auch nach der Einschränkung seiner militärischen Aktivitäten.

In dem deutsch-finnischen Verhältnis gab es nicht nur einseitige Abhängigkeiten, sondern ein gegenseitiges Aufeinanderangewiesensein. Seit dem Scheitern der Blitzkriegshoffnungen war der weitgehend defensive Kriegseinsatz Finnlands für die Kriegführung Deutschlands gegen die Sowjetunion und die Behauptung seiner Vorherrschaft im Ostseeraum nicht weniger bedeutsam als dessen offensives Vorgehen im Jahre 1941. In der daraus resultierenden relativen Stärke der Stellung Finnlands und der durch die militärische Lageentwicklung bedingten zunehmenden Schwäche Deutschlands im beiderseitigen Beziehungsgefüge ist wohl der wichtigste Grund dafür zu suchen, daß Deutschland Finnland als eigenwilligen Partner respektieren mußte und nicht wie einen Satelliten behandeln konnte. Finnland galt dennoch bis 1944 als militärisch zuverlässiger »Waffenbruder«. Im Unterschied zu dem vielfach abwertenden deutschen Urteil über die Streitkräfte anderer Verbündeter standen die Kampfmoral und Leistungsfähigkeit der finnischen Truppen im allgemeinen außer Frage.

Mit dem finnischen »Sonderkrieg« konnte und mußte sich Deutschland durchaus abfinden. Unakzeptabel waren dagegen alle Bestrebungen in Richtung eines finnischen Sonderfriedens.

Anmerkungen

[1] Hannu Soikkanen, Sota-ajan valtioneuvosto (Der Staatsrat der Kriegszeit), in: Valtioneuvoston historia 1917—1966, Bd II, Helsinki 1975, S. 133.

[2] Vgl. Gerd R. Ueberschär, Die Einbeziehung Skandinaviens in die Planung »Barbarossa«, in: Horst Boog u. a., Der Angriff auf die Sowjetunion, Stuttgart 1983 (= Das Deutsche Reich und der Zweite Weltkrieg, Bd 4), S. 365—412, hier S. 400.

[3] Carl Gustav Mannerheim, Erinnerungen, Zürich, Freiburg i. Br. 1952, S. 440.

[4] Zu erwähnen ist hier besonders die Arbeit von Hans Peter Krosby, Suomen valinta 1941 (Finnlands Wahl 1941), Helsinki 1967.

[5] Wohl am fundiertesten durch die Untersuchung von Mauno Jokipii, Jatkosodan synty. Tutkimuksia Saksan ja Suomen sotilaallisesta yhteistyöstä 1940—1941 (Die Entstehung des Fortsetzungskrieges. Forschungen zur militärischen Zusammenarbeit zwischen Deutschland und Finnland 1940—1941), Keuruu 1987.

[6] Ebd., S. 143 ff.

[7] Krosby (wie Anm. 4), S. 236.

[8] Vgl. Paavo Talvela, Sotilaan elämä (Das Leben eines Soldaten), Bd I, Jyväskylä 1976, S. 250 ff.

[9] Vgl. Manfred Menger, Deutschland und Finnland im zweiten Weltkrieg. Genesis und Scheitern einer Militärallianz, Berlin 1988 (= Militärhistorische Studien, 26, Neue Folge), S. 92 ff.

[10] Talvela (wie Anm. 8), S. 258.

[11] Ohto Manninen, Die Beziehungen zwischen den finnischen und deutschen Militärbehörden in der Ausarbeitungsphase des Barbarossaplanes, in: Militärgeschichtliche Mitteilungen, 26 (1979), S. 85.

[12] Vgl. Gerd R. Ueberschär, Die Einbeziehung Skandinaviens (wie Anm. 2), S. 390.

[13] Vgl. ebd., S. 394.

[14] So bei Arvi Korhonen, Barbarossa-suunnitelma ja Suomi. Jatkosodan synty (Der Barbarossaplan und Finnland. Die Entstehung des Fortsetzungskrieges), Porvoo 1961, S. 283.

[15] Akten zur deutschen auswärtigen Politik 1918—1945 (ADAP). Aus dem Archiv des Deutschen Auswärtigen Amtes. Serie D: 1937—1945, 13 Bde, Baden-Baden, Göttingen 1950—1970. Bd XII/2, Göttingen 1969, Dok. 554, S. 737.

[16] Jokipii (wie Anm. 5), S. 343.

[17] Vgl. Menger (wie Anm. 9), S. 104 f.

[18] Suomen Valtionarkisto (Finnisches Staatsarchiv, VA), Nürnberger Dokumente, Dokument NOKW-1181.

[19] Zit. nach: Helge Seppälä, Suomi hyökkääjänä 1941 (Finnland als Aggressor 1941), Juva 1984, S. 96 f.

[20] Vgl. Jokipii (wie Anm. 5), S. 344 f.

[21] S. P. Platonov, Bitva za Leningrad 1941—1944, Moskau 1964, S. 81.

[22] Jokipii (wie Anm. 5), S. 652.

[23] Vgl. Seppälä (wie Anm. 19), S. 106 f.

[24] Vgl. Tuomo Polvinen, Barbarossasta Teheraniin. Suomi kansainvälisessä politiikassa I: 1941—1943 (Von Barbarossa bis Teheran. Finnland in der internationalen Politik I: 1941—1943), Juva 1979, S. 16.

[25] Zit. nach: Kullervo Killinen. Miekka tuppeen. Poliittisen ja sotilaallisen johdon dualismi Suomen sodissa 1939—1944 (Das Schwert in die Scheide. Der Dualismus der politischen und militärischen Führung in den Kriegen Finnlands 1939—1944), Porvoo 1983, S. 131.

[26] Vgl. auch: Michael Salewski, Staatsräson und Waffenbrüderschaft. Probleme der deutsch-finnischen Politik 1941—1944, in: Revue Internationale d'Histoire Militaire, No. 53 (1982), S. 46.

[27] Vgl. Gerd R. Ueberschär, Kriegführung und Politik in Nordeuropa (wie Anm. 2), S. 810—882, hier S. 851.

[28] ADAP, Serie D, Bd XIII/1, Dok. 52, S. 51.

[29] Ilkka Hakalehto, Väinö Tanner, Helsinki 1973, S. 230.

[30] Eine eingehende Analyse bietet: Ohto Manninen, Suur-Suomen ääriviivat (Die Konturen Großfinnlands), Jyväskylä 1980.

[31] Ebd., S. 135ff.

[32] Vilho Tervasmäki, Puolustushallinto sodan ja rauhan aikana 1939—1978 (Die Verteidigungsadministration zu Kriegs- und Friedenszeiten 1939—1978), Hämeenlinna 1978, S. 158.

[33] Der Brief Keitels vom 22.8.1941 ist abgedruckt in: ADAP, Serie D, Bd XIII/1, Dok. 228, S. 292ff.

[34] Schreiben Erfurths vom 22.8.1941 an das OKW, Zentrales Staatsarchiv, Potsdam (ZStA), Film Nr. 3702.

[35] Mannerheims Brief an Keitel vom 26.8.1941 ist abgedruckt in: ADAP, Serie D, Bd XIII/1, Dok. 248, S. 324—327.

[36] Olli Vehviläinen, Barbarossan varjossa (Im Schatten von Barbarossa), in: Kansakunta sodassa (Die Nation im Krieg), Bd 1, Helsinki 1989, S. 327.

[37] Lagebericht von Oberst Horst Rössing vom 18.8.1941, Suomen Sota-arkisto (Finnisches Kriegsarchiv, SA), OKW F 12/912.

[38] ADAP, Serie D, Bd XIII/2, Dok. 507, S. 697.

[39] Seppälä (wie Anm. 19), S. 227.

[40] Erja Saraste, Totaalinen liikekannallepano (Totale Mobilisierung), in: Suomi 1941 (Finnland 1941). Helsingin yliopiston poliittisen historian laitoksen julkaisuja, Helsinki 1985, S. 11f.; Kari Nars, Suomen sodanaikainen talous ja talouspolitiikka (Finnlands Wirtschaft und Wirtschaftspolitik in der Kriegszeit), Helsinki 1966, S. 49.

[41] Vehviläinen, Barbarossan varjossa (wie Anm. 36), S. 328.

[42] Vgl. Polvinen (wie Anm. 24), S. 65ff.

[43] Ebd., S. 112ff.

[44] Soikkanen (wie Anm. 1), S. 148f.

[45] Olli Vehviläinen, Von »Waffenbrüdern« zu Kriegsgegnern, in: Wissenschaftliche Zeitschrift der Ernst-Moritz-Arndt-Universität Greifswald (Gesellschafts- und Sprachwissenschaftliche Reihe), XXX (1981), Heft 1—2, S. 62.

[46] Telegramm Nr. 886, Blücher an Auswärtiges Amt vom 3.9.1941, ZStA Potsdam, Film Nr. 14015, Büro St.S., Finnland, Bd 3.

[47] Polvinen (wie Anm. 24), S. 47.

[48] Vehviläinen, Barbarossan varjossa (wie Anm. 36), S. 330f.

[49] Schreiben Mannerheims an Keitel vom 25.9.1941, SA, F 8/2662 AOK 20/58628/2; Dokumentation des ehemaligen deutschen Militärattachés, Oberst Horst Kitschmann, S. 35, Bundesarchiv-Militärarchiv Freiburg, MSg 2/3317; Wipert von Blücher, Gesandter zwischen Diktatur und Demokratie, Wiesbaden 1951, S. 253.

[50] Nars (wie Anm. 40), S. 65.

[51] Tervasmäki (wie Anm. 32), S. 165.

[52] Arvi Korhonen, Viisi sodan vuotta (Die fünf Kriegsjahre), Porvoo 1975, S. 60.

[53] Martti V. Terä, Kesäkuun kriisi 1944 (Die Junikrise 1944), Helsinki 1967, S. 24.

[54] Vgl. Korhonen (wie Anm. 52), S. 59.

[55] Aufzeichnung Ritters vom 16.8.1941, ZStA Potsdam, Film Nr. 14015, Büro St.S., Finnland, Bd 3.

Gerhard Krebs

Japan und der deutsch-sowjetische Krieg 1941

1. Vom Antikominternpakt zum japanisch-sowjetischen Neutralitäts-vertrag

Die deutsch-japanische Annäherung fand im Jahre 1936 mit dem Abschluß des Antikominternpaktes ihren ersten sichtbaren Ausdruck. Der Vertrag verfolgte gemäß seinem veröffentlichten Teil eher propagandistische Ziele, war aber eindeutig gegen die UdSSR gerichtet, wie vor allem durch das geheime Zusatzabkommen zu belegen ist. Als Hauptinitiatoren hatten sich von japanischer Seite der Militärattaché in Berlin, Generalmajor Ôshima Hiroshi[1], und von deutscher Seite ein Vertreter der NSDAP, Joachim v. Ribbentrop, hervorgetan. Schon bald aber, besonders nach dem Ausbruch des China-Krieges 1937 und dem im gleichen Jahr vollzogenen Beitritt Italiens zum Antikominternpakt, nahm die Verbindung einen zunehmend antibritischen Charakter an. Die japanische Seite schlug im Sommer 1938 den Abschluß einer Militärallianz mit den europäischen Achsenmächten vor, doch zogen sich die bald beginnenden Verhandlungen etwa ein Jahr ergebnislos hin. Inzwischen hatte Ribbentrop das Amt des Außenministers übernommen, und Ôshima war zum Botschafter in Berlin ernannt worden. Der Grund für die Krise, in die die Bündnisverhandlungen gerieten, lag darin, daß Berlin eine allumfassende Allianz forderte, in Tokyo sich aber nur die Armee zu einer derart weitgehenden Zusage bereit fand, wohingegen die anderen Machtgruppen — insbesondere Marine und Außenministerium — eine Beschränkung der Bündnispflicht gegen die UdSSR forderten, gegen die Westmächte aber militärischen Beistand ablehnten oder zumindest einzuschränken suchten[2].

Japans Zögern hatte zur Folge, daß Berlin seine beabsichtigte Expansionspolitik nicht unter dem Schirm einer abschreckenden Militärallianz durchführen konnte. Daher schloß es im Mai 1939 zunächst nur eine bilaterale Allianz mit Rom, den sogenannten Stahlpakt, dem Tokyo später hätte beitreten können. Dessen ungeachtet betrieb das Deutsche Reich, um sich nicht mit allen Großmächten gleichzeitig zu verfeinden, auch der UdSSR gegenüber eine Politik der Annäherung. Vorreiter dieses Konzepts war Außenminister Ribbentrop. Er weihte ab März

1939 auch japanische Diplomaten in seinen Plan ein, doch glaubte man in Tokyo zunächst nur an einen Bluff und erkannte erst allmählich die wahren Intentionen des Reichsaußenministers. Ende Mai bot Ribbentrop sogar an, auch Japan in den Ausgleich mit der UdSSR einzubeziehen[3]. In seinen Visionen zeichnete sich sogar ein fester Block Berlin—Rom—Moskau—Tokyo ab.

Ende Juli, als Berlin sich schon in konkreten Verhandlungen mit Moskau befand, griff die sowjetische Regierung eine deutsche Anregung[4] zu einem Ausgleich mit Tokyo bereitwillig auf. Seit Mai befand sich die UdSSR nämlich im mongolisch-mandschurischen Grenzgebiet bei Nomonhan in einem blutigen Krieg mit japanischen Truppen. Außenminister Molotov fragte Mitte August an, ob Berlin zur Einwirkung auf Tokyo zwecks Verbesserung der Beziehungen zur UdSSR und zur Beilegung des Konfliktes bereit sei[5]. Ribbentrop erklärte sich damit unverzüglich einverstanden[6].

Tokyos jahrzehntelanges Konzept wurde zusätzlich dadurch gefährdet, daß Hitler den europäischen Krieg durch die Vernichtung Polens zu eröffnen gedachte. Dieses Land aber spielte in Japans Planungen eine besondere Rolle, da es zusammen mit Deutschland dazu dienen sollte, die UdSSR in die Zange zu nehmen. Tokyos Botschafter in Warschau, Sakô Shûichi, unternahm daher ab Ende 1938 einen engagierten Vermittlungsversuch zwischen dem Reich und Polen, um den Frieden zwischen beiden Ländern zu retten. Von seinem Außenministerium wurde er dabei nur halbherzig unterstützt. Nach anfänglichem Interesse bei beiden Kontrahenten scheiterten die Bemühungen schließlich an Hitlers Kriegsentschlossenheit[7].

Der Abschluß des Hitler-Stalin-Paktes Ende August 1939 löste in Japan einen Schock aus und führte zum Rücktritt der Regierung. Die Unterzeichnung bedeutete nicht nur einen deutschen Vertrauensbruch angesichts der noch laufenden Bündnisverhandlungen, sondern auch eine Verletzung des geheimen Zusatzabkommens zum Antikominternpakt, das derartige Verträge mit Moskau ausdrücklich untersagte. Der deutsch-sowjetische Ausgleich hätte für Tokyo zu keinem ungünstigeren Zeitpunkt erfolgen können, da sich die Lage für die Kaiserliche Armee bei Nomonhan gerade zur Katastrophe zu entwickeln begann[8].

Das isolierte Tokyo ging nun auf Distanz zu Berlin. Hinter den Kulissen aber machten sich zahlreiche Politiker und Militärs durchaus Gedanken über den deutschen Vorschlag, das Kaiserreich in den Ausgleich mit Moskau mit einzubeziehen, einen Frieden in Ostasien zu vermitteln und einen eurasischen Block gegen die angelsächsischen

Mächte zu bilden. Ribbentrop wurde nicht müde, dieses Konzept zu empfehlen. Die UdSSR fand sich Mitte September auch tatsächlich trotz ihrer militärischen Überlegenheit zum Abschluß eines Waffenstillstands bereit, allerdings ohne deutsche Vermittlung und weitgehend unter ihren eigenen Bedingungen: Die geplante Besetzung Ostpolens mit den damit unweigerlich verbundenen Spannungen im Verhältnis zu den Westmächten erforderte Ruhe an der Fernostgrenze.

Mit den Siegen der Wehrmacht über Holland, Belgien und Frankreich vom Frühjahr 1940, als auch England sich am Rande einer Niederlage zu befinden schien, kam wieder Bewegung in die deutsch-japanischen Beziehungen. Der Kolonialbesitz der europäischen Mächte schien zur Disposition zu stehen. Damit verlor die alte Stoßrichtung der japanischen Armee, die jahrzehntelang den Sieg über Rußland von 1905 noch hatte vervollständigen wollen, an Attraktivität, zumal man im Vorjahr auf blutige Weise die unerwartete militärische Stärke der UdSSR hatte kennenlernen müssen. Für die Übernahme der südostasiatischen Gebiete, unter denen das ölreiche Niederländisch-Indien besonders lockte, schienen dreierlei Voraussetzungen notwendig:

1. Eine deutsche Verzichtserklärung, stand doch nach dem Modell des Ersten Weltkrieges zu erwarten, daß der Sieger sich auf der Friedenskonferenz die Kolonien und Flotten der Unterlegenen aushändigen lassen werde.

2. Eine Neutralisierung der USA, von denen eine Rettungsaktion zugunsten des westlichen Kolonialbesitzes bzw. eine Annexion dieser Gebiete zu befürchten war.

3. Eine Rückendeckung durch einen Ausgleich oder gar eine Allianz mit der UdSSR.

Dieser Politik sollte der Abschluß des Dreimächtepaktes vom September 1940 dienen: Die deutsch-italienische und die japanische Interessensphäre wurden voneinander abgegrenzt, zur Abschreckung der USA wurde eine Verteidigungsallianz geschlossen, und Berlin sagte zu, sich um eine Vermittlung zwischen Tokyo und Moskau zu bemühen. Treibende Kraft hinter dieser Politik war auf japanischer Seite die Armee, die in bezug auf ihren »Erzfeind« einen radikalen Schwenk vollzogen hatte. Ribbentrop kam auch tatsächlich der japanischen Bitte nach, sich um eine Vermittlung in Moskau zu bemühen. Außerdem lud er Außenminister Molotov zu Besprechungen nach Berlin ein[9]. Stalin aber antwortete nur ausweichend und stellte lediglich klar, daß für ihn eine Abgrenzung der deutsch-sowjetischen Interessen Vorrang besitze. Deswegen auch stimmte er einer Reise Molotovs nach Berlin zu[10].

Im Gegensatz zu den in Tokyo gehegten Erwartungen aber war in Wirklichkeit das deutsch-sowjetische Verhältnis bereits sehr gespannt, eine Entwicklung, die durch Molotovs Berliner Besuch im November und die dabei von ihm gestellten territorialen Forderungen noch gefördert wurde. In Hitler verfestigte sich der Entschluß zum Krieg gegen die UdSSR immer mehr. Diplomatische Kreise Japans argwöhnten auch durchaus, es sei um die deutsch-sowjetischen Beziehungen nicht allzugut bestellt. Entsprechende Äußerungen Ribbentrops und Hitlers verstärkten diese Befürchtung noch[11]. Außenminister Matsuoka wollte diese Gefahr nicht wahrhaben, schien aber soweit verunsichert, daß er sich selbst ein Bild zu verschaffen gedachte und seine schon lange gehegten Pläne für eine Reise nach Europa verwirklichte. In Moskau, das er Ende März 1941 auf dem Hinweg aufsuchte, zeigte man sich reserviert gegenüber Tokyos Vorschlägen zum Abschluß eines Nichtangriffsvertrages. In Berlin wurde ihm gesagt, die Beziehungen zu Moskau seien getrübt und ein militärischer Konflikt sei nicht ausgeschlossen, aber doch eher unwahrscheinlich. Zeitlich mit Matsuokas Aufenthalt in Berlin fiel der Feldzug der Wehrmacht auf dem Balkan zusammen. Weit davon entfernt, noch mit einer deutschen Vermittlung rechnen zu können, schloß Matsuoka auf dem Rückweg von sich aus in der sowjetischen Hauptstadt einen Neutralitätsvertrag ab[12]. Kontakte dafür waren mit der UdSSR schon unter dem vorausgegangenen Kabinett des Admirals Yonai aufgenommen worden. Auch Stalin schien der deutsche Nachbar durch die Balkanoperationen so unheimlich geworden zu sein, daß er sich lieber in Fernost rückversichern wollte und durch sein persönliches Eingreifen die schon vor dem Scheitern stehenden Verhandlungen zum Erfolg führte. Er fand sich aber nur zu einem Neutralitätsvertrag bereit und nicht zu dem von Tokyo gewünschten Nichtangriffsvertrag, der sich stark am Hitler-Stalin-Pakt von 1939 orientierte und bei den Westmächten noch größere Irritationen ausgelöst hätte. Außerdem wurde die Laufzeit auf fünf statt der von Tokyo gewünschten zehn Jahre begrenzt.

Bereitschaft zu einem Abkommen nach japanischen Vorstellungen hatte die UdSSR nur unter der Bedingung erkennen lassen, daß sie das 1905 an das Kaiserreich verlorene Süd-Sachalin zurückerhalte. Diese Forderung aber hatte Tokyo brüsk zurückgewiesen. Doch auch für den als schwächere Bindung angesehenen Vertrag vom April 1941 suchte Moskau Zugeständnisse zu erringen. Vor allem verlangte es die Liquidierung der Öl- und Kohlekonzessionen in Nord-Sachalin, die Tokyo der Sowjetunion 1925 bei der Aufnahme diplomatischer Beziehungen abgepreßt hatte. Matsuoka sagte zu, sich darum zu bemühen, daß diese Forderung innerhalb weniger Monate erfüllt werde. Eine bindende Verpflichtung war er damit allerdings nicht eingegangen, und das Problem sollte noch jahrelang ungelöst bleiben.

2. Die Vorboten des deutsch-sowjetischen Krieges

Der Abschluß des japanisch-sowjetischen Neutralitätsvertrages führte in Berlin zu einer schweren Verstimmung. Als Trost blieb die Hoffnung, daß Japan die gewonnene Rückenfreiheit nutzen werde, um militärisch gegen Englands asiatische Besitzungen vorzugehen, insbesondere gegen die Bastion Singapur. Tokyo hatte nicht erkannt, daß Deutschland den Dreimächtepakt aus Schwäche abgeschlossen hatte, nachdem sich die Pläne für eine Invasion in England als nicht realisierbar herausgestellt hatten.

Statt dessen verdichteten sich allmählich die Anzeichen für den bevorstehenden Ausbruch eines deutsch-sowjetischen Krieges und fanden ihren Niederschlag in den Telegrammen der diplomatischen Vertretungen[13]. Auch Äußerungen Ribbentrops gegenüber Botschafter Ôshima gingen in diese Richtung[14]. Ein Krieg Hitlers gegen die UdSSR hätte das Fundament der japanischen Außenpolitik erschüttert, doch hegten Matsuoka und die Führung seines Landes allgemein zunächst eher die Vermutung, Deutschland beabsichtige mit seinem Truppenaufmarsch an der Ostgrenze, Druck auf die Sowjetunion auszuüben und sie der Politik Berlins gefügig zu machen. Immerhin aber bezeichnete der japanische Außenminister die Gefahr eines deutsch-sowjetischen Krieges als »50%ig«. Er hatte keinerlei Skrupel, für einen derartigen Fall den Eintritt Japans in den Krieg gegen die UdSSR — trotz des gerade unterzeichneten Neutralitätsvertrages — ins Auge zu fassen[15].

Zu dieser Zeit steckte die japanische Führung in einer tiefen Krise, und zwar wegen der Beziehungen zu Amerika: Während Matsuokas Abwesenheit waren mit der Zustimmung von Regierung und Oberkommando in Washington Ausgleichsverhandlungen begonnen worden, die der Außenminister nicht nur als Verrat an den Achsenpartnern, sondern auch an seinem Amt und seiner Person ansah. Auch das Verhältnis zur UdSSR führte allmählich zu einer politischen Destabilisierung Japans, da sich angesichts der sich mehrenden Vorzeichen eines deutsch-sowjetischen Krieges zunehmend die Frage nach der in diesem Falle einzunehmenden Haltung stellte. Botschafter Ôshima wandte sich sogar direkt an Generalstabschef Sugiyama. Er riet ihm, zunächst einen Angriff auf Singapur zu führen, um dadurch Japans Ansprüche bei einer künftigen Friedensregelung zu untermauern, und erst nach einem abgeschlossenen Vorstoß nach Südostasien das Chaos in der UdSSR für ein militärisches Eingreifen auszunutzen[16]. Obwohl auch Militärattaché Banzai aus Berlin einen deutsch-sowjetischen Krieg als unvermeidlich bezeichnete, nahm man im Generalstab diese Meldungen immer noch ungläubig auf. Auch die Moskauer Botschaft hielt einen derartigen Konflikt für unwahrscheinlich[17].

Um Japans Interessen aber für alle Fälle geltend zu machen, sandte Matsuoka am 28. Mai eine Weisung an Ôshima, die eine persönliche Botschaft für Ribbentrop enthielt: Japan wünsche mit Rücksicht auf seine äußere und innere Lage, daß ein Angriff auf die UdSSR wenn irgend möglich unterbleibe[18]. Daher traf Ôshima am 3. und 4. Juni in Berchtesgaden zu Unterredungen mit Hitler und Ribbentrop zusammen, die gerade von Gesprächen mit Mussolini und Ciano am Brenner zurückgekehrt waren. Die beiden Deutschen bezeichneten nun einen Konflikt mit der UdSSR als vielleicht nicht mehr vermeidbar und vertraten die Überzeugung, die Sowjetunion in einem Blitzkrieg niederwerfen zu können. Ribbentrop betonte den Wert eines Sieges über die UdSSR, der Deutschlands Stellung gegen England und Amerika entscheidend stärken würde. Sowohl Hitler als auch sein Außenminister stellten Tokyo eine Kriegsteilnahme frei. Ôshima hatte jedoch das Gefühl, daß der »Führer« eine japanische Mitwirkung wünsche; Ribbentrop befürwortete sogar offen einen Kriegsbeitritt durch das Kaiserreich[19].

Diese Informationen lösten in Tokyo bei Regierung und Militär großes Aufsehen und zum Teil ausgesprochene Sorge aus[20]. Matsuoka, der auf einer Verbindungskonferenz zwischen Kabinettsspitze und Oberkommando, dem entscheidenden Gremium für politische Weichenstellungen, am 6. Juni die Telegramme Ôshimas zur Diskussion stellte, weigerte sich noch beharrlich, an die Möglichkeit eines deutsch-sowjetischen Krieges zu glauben, aber die Vertreter von Generalstab und Admiralität kündigten eine gründliche Untersuchung an[21]. In einer ganzen Serie von Unterredungen kamen Heer und Marine überein, daß ein Vorstoß nach Südostasien auch weiterhin Präferenz besitzen solle. Nur eine Minderheit innerhalb der Armee sprach sich für die Beteiligung an einem Angriff gegen die UdSSR aus; es herrschte jedoch Einigkeit, daß ein Zweifrontenkrieg auf jeden Fall vermieden werden müsse. Daß nur vereinzelt Unmut über Berlins Intentionen geäußert wurde, lag daran, daß mit einem schnellen deutschen Sieg gerechnet wurde und daß man auch Vorteile für Japan erwartete, vor allem die Ausschaltung der sowjetischen Bedrohung während des geplanten »Südstoßes«. Trotz des Neutralitätsvertrages hegte man nämlich Bedenken, ob man der UdSSR trauen könne. Die Idee eines Südstoßes, angesichts der bedrohlichen amerikanischen Haltung in den letzten Wochen schon fast aufgegeben, lebte nun wieder auf, da man sich wenigstens vor der UdSSR sicher glaubte. Besonders in der Marine wurde von diesem Zeitpunkt an die Forderung nach einer baldigen Besetzung Süd-Indochinas und verstärktem Druck auf Thailand unablässig wiederholt[22]. Diese beiden Gebiete bildeten auch den Gegenstand von Richtlinien, die Generalstab und Heeresministerium am 14. Juni gemeinsam erstellten: Bei Ausbruch eines deutsch-sowjetischen Krieges solle Japan die »Maßnahmen« gegen Thailand und Indochina beschließen und seine Wirtschaftssphäre schützen. Würde Amerika in den europäischen Krieg eintreten, werde Tokyo seinen Pflichten gemäß dem Dreimächtepakt nachkommen, dabei aber bezüglich eines militärischen Vorgehens Zeitpunkt und Mittel selbst bestimmen. Ein Ausgleich mit den USA solle weiter angestrebt werden, wenn Japan dafür nicht den Dreimächtepakt und die Neuordnung Ostasiens aufgeben müsse. Wenn ein Sieg der Achse über England sicher sei, solle das Kaisereich mit militärischen Mitteln den Südstoß durchführen. Japan werde auch Vorbereitungen gegen die UdSSR treffen und je nach Lage in den deutsch-sowjetischen Krieg eingreifen[23].

Drei Tage später teilte Ôshima telegraphisch mit, Ribbentrop habe mit nun stärkerem Nachdruck eine japanische Beteiligung an einem Krieg gegen die UdSSR empfohlen: Da der Konflikt in ein bis zwei Monaten zu beenden sei, solle das Kaisereich die Vorbereitungen dafür innerhalb der nächsten zwei Wochen abschließen und den Südstoß erst im Anschluß an den Rußland-Krieg gleichzeitig mit den geplanten deutschen Operationen gegen England durchführen[24]. Matsuoka aber rechnete im Gegensatz zu seinem Berliner Kollegen mit einer sehr langen Kriegsdauer[25]. Premierminister Konoe erwog am Tage vor dem deutschen Angriff seinen Rücktritt, um, wie einst das Kabinett Hiranuma wegen des Hitler-Stalin-Paktes, die Verantwortung für eine gescheiterte Politik zu übernehmen. Lordsiegelbewahrer Kido aber, oberster Hofbeamter und hauptverantwortlich für die Suche nach einem neuen Regierungschef, riet dringend davon ab, da dem Kabinett genügend Spielraum für wohlüberlegte und geeignete Maßnahmen bleibe. Außerdem sei Japan nicht wie 1939 völlig überrascht worden, sondern sei über Ôshima mehrmals vertraulich informiert worden. Trotzdem habe es gegen die deutschen Angriffsabsichten keinerlei Beschwerde eingelegt[26].

3. Der Ausbruch des deutsch-sowjetischen Krieges: Teilnahme Japans oder Neutralität?

Am Angriffstag, dem 22. Juni 1941, rief Ribbentrop schon um vier Uhr morgens Ôshima zu sich und sprach die Hoffnung auf eine japanische Kriegsteilnahme aus[27]. Außenminister Matsuoka vertrat gegenüber Botschafter Ott in Tokyo die Ansicht, das Kaiserreich werde nicht auf Dauer neutral bleiben können[28]. Den sowjetischen Botschafter dagegen ließ er bewußt im unklaren über Tokyos künftige Haltung[29]. Er hätte aber selbst bei bestem Willen keine definitive Auskunft geben können, da die Frage einer Kriegsbeteiligung innerhalb der japanischen Führung noch umstritten war. Daß die Weisheit eines Krieges gegen die UdSSR auch unter den Deutschen umstritten war, erfuhr Matsuoka durch ein Telegramm seines Botschafters Tatekawa in Moskau: Dessen Kollege von der Schulenburg, diplomatischer Vertreter des Reiches in der sowjetischen Hauptstadt und seit Jahren um die Herstellung freundschaftlicher Beziehungen zu seinem Gastland bemüht, gestand ihm nach Beginn der Feindseligkeiten, die UdSSR habe sich gegenüber Deutschland völlig loyal verhalten und habe absolut keinen Grund für den Angriff geliefert[30].

Innerhalb von Tagen sollte sich zeigen, daß Matsuoka mit seiner Forderung nach Eintritt in den Krieg gegen die UdSSR weitgehend isoliert war. In einer ganzen Serie von Verbindungskonferenzen fand er Unterstützung nur durch den extrem antisowjetisch und antikommunistisch eingestellten Innenminister Hiranuma[31]. Am 2. Juli befürwortete auch dessen Vertrauter Hara, Präsident des als Beratungsorgan des Tennô dienenden Geheimen Staatsrates, auf einer Kaiserlichen Konferenz, die die Beschlüsse der Verbindungskonferenzen absegnete, mit Nachdruck einen Angriff gegen die UdSSR[32]. Es wurde jedoch beschlossen, sich auf Südostasien zu konzentrieren und dafür die wohltuende Rückendeckung durch den deutsch-sowjetischen Krieg zu nutzen. Die Marine drängte zu dieser Zeit mit großem Nachdruck auf einen — seit Jahrzehnten erträumten, aber wegen der aktuellen Machtverhältnisse im Pazifik bisher illusorischen — »Südstoß«, offenbar in der Furcht, das Heer könne sich mit der Forderung nach einem Angriff gegen Sibirien und daher mit seinem eigenen Langzeitkonzept durchsetzen. Außenminister Matsuoka warnte vergeblich vor einem Schlag gegen Südindochina oder Thailand, einer in seinen Augen unnötigen Provokation gegenüber Amerika. Ein Angriff gegen die UdSSR wurde von den Konferenzteilnehmern nicht ausgeschlossen für den Fall, daß sich der Krieg zugunsten Deutschlands entscheiden sollte. Die Armee entschied sich dafür, vorsorglich einen Truppenaufmarsch in der Mandschurei durchzuführen. Die Streitkräfte dort wurden daher innerhalb kürzester Zeit verdoppelt, und zwar unter der allzu durchsichtigen Tarnbezeichnung »Sondermanöver der Kwantung-Armee«[33]. Das Problem der Vertragstreue gegenüber der UdSSR wurde überhaupt nicht aufgeworfen. Übrigens erfuhren die USA einige Wochen später den Inhalt dieser Konferenz, da er Ôshima in konzentrierter Form telegraphisch mitgeteilt wurde und daher von den amerikanischen Abhörstellen, die den japanischen Code kannten, mitgelesen werden konnte[34].

Matsuokas Widerstand gegen die meisten Beschlüsse führte dazu, daß innerhalb der japanischen Führung Überlegungen angestellt wurden, wie man sich des unbequemen Außenministers entledigen könnte. Dabei spielte seine Abneigung gegen die Ausgleichsgespräche in Washington die Hauptrolle. Er selbst hatte mit den USA nur von einer Position der Stärke aus verhandeln wollen. Im Juli trat das Kabinett Konoe zurück, um sich unmittelbar darauf fast unverändert, aber ohne Matsuoka, neu zu bilden. Neuer Außenminister wurde der inaktive Admiral Toyoda Teijirô.

Die entscheidende Kaiserliche Konferenz vom 2. Juli hatte noch eine Teilnahme Japans an Deutschlands Krieg gegen die UdSSR für den Fall offengelassen, daß die Sowjetunion vor dem Zusammenbruch stehe. Die Armee war fest von einem Sieg der Wehrmacht überzeugt und erhoffte sich von einem Eingreifen in den Konflikt territoriale Gewinne, die allerdings nicht klar umrissen waren. Eindeutig zur Annexion vorgesehen waren Nord-Sachalin und die Halbinsel Kamtschatka. Außerdem war an die Errichtung einer japanischen Einflußzone bis zum Baikal-See und sogar an die eventuelle Entmilitarisierung des gesamten Gebietes zwischen dem Baikal-See und Novosibirsk gedacht. An der grundlegenden Haltung des Heeres änderte sich auch nichts, als dessen Optimismus bezüglich eines deutschen Blitzsieges in der zweiten Julihälfte einen ersten Dämpfer erhielt: Die am 11. Juli begonnene Schlacht um Smolensk, die der Wehrmacht den Weg nach Moskau ebnen sollte, brachte den deutschen Vormarsch erstmals zum Stocken. In Anbetracht der sich wochenlang hinziehenden Kämpfe kam der japanische Generalstab schnell zu der Erkenntnis, daß Hitlers Blitzkriegskonzept scheitern könne und daß angesichts des zähen sowjetischen Widerstandes mit einer langen Kriegsdauer zu rechnen sei. Man hoffte aber weiterhin, noch im Jahre 1941 in den Konflikt eintreten zu können. Als spätester Zeitpunkt wurde dafür der Oktober angesehen, da man nur mit einer einmonatigen Kriegsdauer rechnete und damit vor Einbruch des Winters die Operationen glaubte abschließen zu können[35].

Inzwischen drängte Ribbentrop weiter auf einen japanischen Angriff gegen die UdSSR, Hitler aber schien ein Vorgehen des Kaiserreiches gegen Singapur vorzuziehen. Seine Haltung war jedoch nicht konsequent, und auch er riet mitunter zu einem Beitritt in den Krieg gegen die Sowjetunion. Je länger der Krieg dauerte, desto gleichgültiger wurde es ihm und den deutschen Militärs, wo das Kaiserreich losschlüge, Hauptsache sei, daß es überhaupt irgendwo angreife. Ende Juli aber beraubte sich Japan selbst der Option: Es zwang das wehrlose Frankreich, einer Besetzung Süd-Indochinas zuzustimmen. Im Norden waren bereits seit September 1940 Truppen stationiert. Deutlich zielten die neuen Positionen auf ein weiteres Vordringen, vor allem gegen Singapur und Niederländisch-Indien. Admiralitätschef Nagano verkündete, wenn ein Krieg mit den USA geführt werden müsse, sei ein baldiger Beginn des Konfliktes vorzuziehen, da sich ansonsten das Stärkeverhältnis zuungunsten des Kaiserreiches entwickeln würde[36]. Die Zuspitzung der Spannungen mit den Westmächten scheint der Marine daher gar nicht so ungelegen gekommen zu sein, zumal die Armee noch immer zwischen Nord- und Südstoß schwankte[37]. Der Kaiser drängte seinen Generalstabschef am 30. Juli vergeblich, zumindest die Mobilisierungsmaßnahmen gegen die UdSSR einzustellen, um Moskau nicht zu provozieren[38].

4. Südstoß, US-Embargo und endgültige Aufgabe der Kriegspläne gegen Rußland

Nun trat das ein, was Matsuoka hatte verhindern wollen: Für einen nur geringen Vorteil, die Besetzung Süd-Indochinas, handelte sich Japan ein Wirtschaftsembargo der USA ein, wobei die am 1. August verkündete Einstellung der Öllieferungen besonders schmerzte. Jetzt wurde auch die Armee dafür gewonnen, dem Südstoß Vorrang zu geben und gegenüber der UdSSR zumindest für das laufende Jahr die Neutralität zu wahren[39]. Von hier führte ein direkter Weg in den Pazifischen Krieg, auch wenn die Ausgleichsverhandlungen noch fortgesetzt wurden. Die UdSSR war gerettet, da Japan nicht die Kraft für einen Krieg an allen Fronten besaß. Es ist wohl nicht übertrieben zu sagen, daß damit eine Weichenstellung von weltgeschichtlicher Bedeutung vollzogen war. Nur die in der Mandschurei stationierte und diesen Marionettenstaat beherrschende Kwantung-Armee sperrte sich noch gegen die neue Einsicht des Heeres. Sie fürchtete den Abschluß eines deutsch-sowjetischen Sonderfriedens, der Japan um die günstige Gelegenheit bringen würde, die UdSSR ein für allemal zu zerschlagen. Stabschef Umezu konnte daher nur mit Mühe zum Stillhalten veranlaßt werden; ihm wurde jedoch erlaubt, die Kriegsvorbereitungen gegen die Sowjetunion fortzusetzen[40].

Am 4. August beschloß die Verbindungskonferenz in aller Form, die Neutralität gegenüber der UdSSR zu wahren, stellte aber einen Katalog von sehr weitgehenden Forderungen an die Adresse Moskaus auf[41], die Außenminister Toyoda dem sowjetischen Botschafter Smetanin in einer Unterredung am folgenden Tage präsentierte, allerdings teilweise in abgeschwächter Form. Die UdSSR hatte seit eineinhalb Monaten — zuletzt am 25. Juli — auf eine Neutralitätsgarantie gedrängt. Nun sagte Toyoda die Respektierung des Moskauer Vertrages vom April zu, doch müsse diese Verpflichtung auf Gegenseitigkeit beruhen. Außerdem dürfe die UdSSR kein Territorium in Ostasien an fremde Mächte verkaufen oder verpachten oder diesen Ländern Militärbasen einräumen. Ferner müsse sich Moskau verpflichten, den Geltungsbereich von Militärallianzen mit anderen Nationen nicht auf Fernost auszuweiten oder ein Bündnis gegen Japan abzuschließen, das im Widerspruch zu dem Neutralitätsvertrag stehe. Auch dürfe die UdSSR China keine Unterstützung mehr gewähren und nicht mehr die Forderung nach Liquidierung der Konzessionen in Nord-Sachalin stellen. Hier hatte Toyoda den Beschluß der Verbindungskonferenz abgeschwächt, in dem es geheißen hatte, Moskau müsse diese japanischen Rechte ausdrücklich anerkennen. Acht Tage später erhielt Außenminister Toyoda von Smetanin die Versicherung der sowjetischen Regierung, auch sie werde Vertragstreue zeigen. Der Botschafter versicherte außerdem, die UdSSR werde keine Allianz gegen Japan eingehen, die im Widerspruch zu dem Neutralitätsvertrag vom April stehe, und dritten Mächten ihr Territorium nicht zur Kriegführung gegen das Kaiserreich zur Verfügung stellen. Er verlangte aber die bei Unterzeichnung des Abkommens im Frühjahr in Aussicht gestellte Liquidierung der Konzessionen in Nord-Sachalin. Außerdem lehnte er die geforderte Verpflichtung zur Einstellung der Hilfe an China ab[42].

Das Problem der Sachalin-Konzessionen belastete noch jahrelang die bilateralen Beziehungen, und erst im März 1944 kam es schließlich zur Liquidierung. Auch die über Vladivostok geleiteten amerikanischen Hilfslieferungen an die UdSSR, insbesondere von Flugbenzin, führten immer wieder zu Spannungen. Berlin legte gegen die Duldung dieser Transporte durch Tokyo immer wieder Einspruch ein, und Japan protestierte immer wieder bei der UdSSR dagegen, allerdings vergeblich. Maßnahmen des Kaiserreiches gegen diese Hilfslieferungen besaßen lediglich den Charakter von Nadelstichen und wurden außerdem im Verlauf des Zweiten Weltkrieges immer schwächer.

5. Vor- und Nachteile eines deutsch-sowjetischen Sonderfriedens

Die Armee traf ab August 1941 verstärkt Vorbereitungen für einen Südstoß, der sich gegen die Philippinen, Hongkong, Malaya, Singapur und Niederländisch-Indien richten sollte und bis zum Frühjahr 1942 abzuschließen war. Dazu wurden gemeinsame Planungen mit der Marine aufgenommen[43]. Am 6. September billigte eine Kaiserliche Konferenz den Beschluß, gegen die USA, England und die Niederlande ab Ende Oktober Krieg zu führen, wenn bis zum 10. desselben Monats keine Verhandlungslösung erreicht sei[44]. Je wahrscheinlicher der Krieg mit den Westmächten wurde, desto mehr schien ein gutes Verhältnis mit der UdSSR geboten. Unter dem Eindruck sowjetischer Abwehrkraft tauchte bald die Idee auf, Deutschland solle den Krieg mit Rußland abbrechen, um seine militärische Macht vollständig gegen die angelsächsischen Nationen einzusetzen und die geographische Verbindung mit Japan wiederherzustellen. Dieser Plan war im Heeresministerium entstanden, wurde aber auch von Außenminister Toyoda aufgegriffen, der sich am 24. September gegenüber dem Marineministerium sogar dafür aussprach, Berlin und Moskau ultimativ zu einem Friedensschluß aufzufordern, damit — offensichtlich in Anknüpfung an Matsuokas Außenpolitik von 1940, als Toyoda Vizemarineminister war — ein Viererblock gegen die angelsächsischen Mächte gebildet werden könne. Würde die UdSSR ablehnen, solle Japan sie angreifen, würde sich dagegen Deutschland weigern, solle Tokyo den Dreimächtepakt aufkündigen. Diese radikale Forderung stieß jedoch auf den Widerstand der Marine[45], die offensichtlich fürchtete, Deutschland als Verbündeten für den sich abzeichnenden Krieg mit den USA zu verlieren.

Auch in der Armee hätte ein derartiges Ultimatum mit Sicherheit keine Unterstützung gefunden. Statt dessen entstand am 3. Oktober im Heeresministerium ein Entwurf mit dem Titel »Richtlinien für die Kriegführung gegen Amerika, England und die Niederlande«, der u.a. vorsah, je nach den Absichten in Deutschland und der UdSSR beide

Länder zu einem Friedensschluß zu veranlassen und die Sowjetunion ins Achsenlager einzugliedern. Je nach der Lage sollte dann die UdSSR nach Iran und Indien vorstoßen[46], also auch hier in Wiederaufnahme der Pläne von 1940. Unverzüglich sprachen daraufhin die beiden höchsten Vertreter der Armee, Generalstabschef Sugiyama und Heeresminister Tôjô, bei dem deutschen Botschafter Ott vor und rieten zu einer politischen Lösung des Rußlandkrieges. Erst jetzt teilte man dem Partner auch endgültig mit, daß mit einem japanischen Angriff auf die UdSSR frühestens für 1942 zu rechnen sei[47]. Berlin aber lehnte ab, setzte auf vollständigen Sieg und konnte Tokyo nur als Trost in Aussicht stellen, den Nahen Osten vom sowjetischen Kaukasus-Gebiet aus zu erobern und dann über Indien eine Verbindung zum japanischen Machtbereich herzustellen[48]. Zwar wurde der Plan für einen deutsch-sowjetischen Sonderfrieden, eventuell mit japanischer Vermittlung, von Tokyo in der kommenden Zeit nicht mit letzter Konsequenz verfolgt, aber die Empfehlung dazu wurde bis in das Jahr 1945 hinein immer wieder vorgebracht[49].

Noch bevor die Absage aus Berlin eintraf, griff auch der Kaiser in die Diskussion ein. Am 13. Oktober führte er eine Unterredung mit Lordsiegelbewahrer Kido und bedauerte sehr die Verschlechterung der Beziehungen zu den USA. Gleichzeitig vertrat er die Überzeugung, für den Fall, daß ein Krieg gegen Amerika beschlossen werde, müsse mit diplomatischen Mitteln verhindert werden, daß Berlin Frieden mit England oder der UdSSR schließe und statt dessen Deutschland zu veranlassen sei, in den Krieg gegen die USA einzutreten[50]. Die Sorge um militärischen Beistand gegen die Vereinigten Staaten und die Furcht vor einem Separatfrieden zwischen dem Reich und den angelsächsischen Mächten teilte der Tennô zwar mit den anderen Machtgruppen, doch stand seine Idee zur Verhinderung eines deutsch-sowjetischen Friedens im Gegensatz zu der inzwischen von der Heeresspitze und der Marine verfolgten Politik. Auffallenderweise aber kam Vizeaußenminister Amau am gleichen Tage, an dem der Kaiser seine Meinung äußerte, zu dem Schluß, der Wert Deutschlands liege im Falle eines japanisch-amerikanischen Krieges fast nur darin, sowjetische Truppen zu binden, und sei sonst nur psychologischer Natur[51]. In den kommenden Wochen zeichnete sich die Haltung der Armee in bezug auf einen Sonderfrieden zwischen Berlin und Moskau durch Passivität aus.

Inzwischen herrschte in Japan eine schwere Regierungskrise: Premierminister Konoe weigerte sich, an dem Beschluß der Kaiserlichen Konferenz vom 6. September zu einem Krieg gegen die USA festzuhalten. Am

18. Oktober wurde er durch General Tôjô abgelöst, der daneben sein bisheriges Amt als Heeresminister weiter ausübte. Er erhielt persönlich von dem Kaiser den Auftrag, sich nicht an den Kriegsbeschluß vom 6. September gebunden zu fühlen, sondern die Frage neu zu erwägen.

Wenige Tage nach Tôjôs Kabinettsbildung wurde der in sowjetischen Diensten stehende deutsche Journalist Richard Sorge in Tokyo als Spion verhaftet. Botschafter Ott, der mit ihm auf sehr vertrautem Fuße gestanden hatte, vermutete dahinter eine »deutsch-feindliche Intrige«[52], doch wurde nach und nach das volle Ausmaß der Affäre bekannt[53]. Sorge hatte z. B. Hitlers Angriffstermin auf die UdSSR rechtzeitig nach Moskau durchgegeben, doch hatte man ihm dort keinen Glauben geschenkt. Außerdem hatte er inzwischen mitgeteilt, Japan werde nicht in den Rußlandkrieg eintreten, da es sich voll auf die USA konzentrieren müsse. Die gelegentlich in populärwissenschaftlichen Werken anzutreffende Behauptung, Sorge habe mit dieser Meldung die Verlegung starker sowjetischer Verbände von Sibirien nach Europa ermöglicht und damit entscheidend zum Sieg der UdSSR im Zweiten Weltkrieg beigetragen, ist gewiß übertrieben: Stalin konnte eine strategische Entscheidung von solcher Tragweite unmöglich auf Grund einer einzelnen Meldung treffen. Er verfügte mit Sicherheit über eine große Anzahl von Informationen, die Sorges Nachricht bestätigten. Außerdem erkannte er selbst, daß Japan nicht im Winter würde angreifen können und daß es außerdem wegen der wahrscheinlicher werdenden Konfrontation mit den USA einen Allfrontenkrieg vermeiden müßte. Im übrigen war für ihn die Verteidigung Moskaus wichtiger als diejenige Vladivostoks.

Zur Zeit von Sorges Verhaftung gewann der japanische Generalstab den Eindruck, daß der deutsche Angriff auf Moskau wohl scheitern werde. Ebenso wie die Admiralität aber rechnete er noch für geraume Zeit mit der Überlegenheit und Unbesiegbarkeit der Achse, auch wenn an einem Sieg über die UdSSR und einer Invasion in England immer stärkere Zweifel auftauchten[54]. In Japan kam daher die Furcht auf, eine in Europa entlastete Sowjetunion könne im Frühjahr 1942 kriegsbereit sein und an der Seite der USA in einen Konflikt gegen Japan eingreifen, wie Generalstabschef Sugiyama am 28. Oktober auf einer Verbindungskonferenz äußerte[55]. Heeresminister Tôjô hatte auf einer Sitzung am Vortage verkündet, die Armee verfolge ihre Kriegsvorbereitungen gegen die UdSSR weiter, und das im Süden eingesetzte Material stelle nur einen kleinen Teil des benötigten Rüstungspotentials dar[56]. Die Einsicht, daß eine Stärkung der UdSSR auch durch deren eventuellen Friedensschluß mit Berlin erreicht würde, dürfte dazu geführt haben, daß es zu diesem Thema in Tokyo fast völlig still wurde. Trotzdem riet zu dieser Zeit ein Vertreter der Kaiserlichen Marine wiederholt Marineattaché Wenneker zu einem Sonderfrieden mit der UdSSR, eventuell unter japanischer Vermittlung, und kündigte eine bevorstehende Initiative der Tokyoter Regierung an[57]. Dieser Schritt aber scheint weder mit dem Kabinett noch mit dem Oberkommando abgestimmt gewesen zu sein. Jedenfalls erfolgte ein offizieller Vorstoß der japanischen Regierung zu diesem Zweck in Berlin bis zum Ausbruch des Pazifischen Krieges nicht. Botschafter Ott aber ließ sich durch die Initiative aus der Marine in die Irre führen, zumal er annahm, daß die Armee noch an ihren ganz ähnlichen Empfehlungen von Anfang Oktober festhalte, und hielt Andeutungen aus dem Außenministerium für die offizielle Politik[58]. Ribbentrop jedoch drängte statt dessen immer wieder auf einen japanischen Angriff gegen die UdSSR und britische Positionen in Ostasien[59].

Bezüglich eines Friedens mit Rußland schien das offizielle Japan Deutschland die Initiative überlassen zu wollen: In einer Untersuchung von Generalstab und Admiralität über den künftigen Krieg, gebilligt auf einer Verbindungskonferenz vom 15. November, hieß es, Japan solle das möglichste unternehmen, um den Ausbruch eines Konfliktes mit der UdSSR zu vermeiden, solange die Operationen im Süden anhielten. Man werde die Möglichkeit im Auge behalten, für den Fall, daß Berlin und Moskau dies wünschten, einen Frieden zwischen beiden zu arrangieren und Moskau ins Achsenlager zu ziehen. Der Stufenplan für eine Kriegsbeendigung, Grundlage für die Politik der nächsten Jahre, wurde hier bereits deutlich: Nach der Eroberung des Raumes zwischen Burma und Neuguinea solle die Kapitulation Chinas erreicht werden, während England durch eine Invasion der Wehrmacht zu erobern sei. Darauf müsse der Rußland-Krieg beendet werden, entweder durch einen deutschen Sieg oder einen Kompromißfrieden. Das dadurch hoffnungslos isolierte Amerika werde sich dann zu Friedensverhandlungen bereit finden[60].

Inzwischen zwangen nach Tokyoter Auffassung das Schwinden der Ölvorräte und die im Frühjahr anbrechende Monsunzeit zur Eile. Der Beschluß zum Kriege wurde daher auf Kaiserlichen Konferenzen am 5. November und 1. Dezember erneuert. Außenminister Tôgô bemühte sich vom 22. November an ständig, von Moskau eine Garantie für die Einhaltung des Neutralitätspaktes zu erhalten. Er führte dazu mehrere Unterredungen mit dem sowjetischen Botschafter Smetanin, dessen »privater« Ansicht nach die UdSSR den Vertrag wahren werde. Eine offizielle Bestätigung aus Moskau ging erst am 1. Dezember ein und wurde fünf Tage später noch einmal bekräftigt[61].

Am 7. Dezember — in Japan 8.12. — eröffnete das Kaiserreich den Pazifischen Krieg. Deutschland, froh, den Konflikt mit den USA nicht allein führen zu müssen, hatte vorher die Zusage zu einem Beitritt gegeben, der am 11. Dezember erfolgte. Am Tage der Kriegseröffnung führte Außenminister Tôgô eine erneute Unterredung mit Smetanin und versicherte ihm, Japan werde die Neutralität gegenüber der UdSSR wahren, wenn diese sich ebenso verhalte.

In Tokyo war unterdessen beschlossen worden, für den Fall, daß Deutschland seine Kriegsteilnahme gegen die USA von einem japanischen Angriff gegen die UdSSR abhängig machen würde, solle auf den Beistand der Achse verzichtet werden. Berlin stellte zwar keinerlei derartige Vorbedingung, doch drängte Ribbentrop immer wieder auf einen japanischen Kriegsbeitritt gegen die Sowjetunion, den das Kaiserreich erst für die fernere Zukunft in Aussicht stellte. Außenminister Tôgô wechselte sogar, um die Beziehungen zu verbessern, seinen Botschafter in der UdSSR aus: Statt des inaktiven Generals Tatekawa, eines Vertrauten von Matsuoka Yosuke, übernahm nun den Posten der Berufsdiplomat und ehemalige Außenminister Satô Naotake, der bereits viele Jahre Dienst in Rußland getan hatte, u. a. während des Ersten Weltkrieges.

In bezug auf einen eventuellen deutsch-sowjetischen Sonderfrieden waren die Ansichten auch in der ersten Jahreshälfte 1942 unter den japanischen Führungsgruppen weiter gespalten. Insbesondere Außenminister Tôgô befürwortete einen solchen Schritt, der Generalstab dagegen nahm eine andere Haltung ein. Er fürchtete, daß im Falle eines Sonderfriedens der Druck der UdSSR auf Japan vergrößert werde und die angenehme Rückenfreiheit verloren ginge. Außerdem spielte man noch mit dem Gedanken, später in den Krieg gegen die Sowjetunion einzutreten. Die Heeresspitze setzte daher durch, daß vorläufig kein offizieller Vermittlungsvorschlag unterbreitet wurde[62]. Außenminister Tôgô und Vertreter der Marine unternahmen trotzdem in den kommenden Monaten Vermittlungsversuche, stießen aber in Berlin auf schroffe Ablehnung. Als sich das Kriegsglück im Frühjahr 1942 wendete, zeigte auch der Generalstab ein wachsendes Interesse an einem deutsch-sowjetischen Sonderfrieden, der es Hitler ermöglichen würde, alle Kräfte gegen die Alliierten einzusetzen. Dieser Gedanke wurde bald zur offiziellen Politik, scheiterte aber an dem Desinteresse der beiden Kriegführenden. Ribbentrop lehnte zwar einen Versuch für einen Sonderfrieden nicht mit der gleichen Vehemenz ab wie Hitler, sprach sich aber eindeutig erst im März 1945 dafür aus, viel zu spät also, um bei den Sowjets noch auf Interesse zu stoßen[63]. Ob und bis wann die UdSSR einem Ausgleich mit dem Deutschen Reich zugestimmt hätte, darüber läßt sich auf Grund der Archivlage in der Sowjetunion nur spekulieren.

Im April 1945 sprach die Sowjetunion eine Kündigung für den Neutralitätsvertrag mit Wirkung vom 13. April 1946 aus. Im August 1945 aber brach sie das Abkommen und trat in den Krieg gegen Japan ein, das wenige Tage später kapitulierte.

Anmerkungen

[1] Bei japanischen Namen steht an erster Stelle der Familienname, an zweiter der persönliche Vorname. Vokallängen werden folgendermaßen dargestellt: â, ô, û; Ô.

[2] Zu den deutsch-japanischen Beziehungen in diesem Zeitraum siehe James W. Morley (Hrsg.), Deterrent Diplomacy: Japan, Germany, and the USSR, 1935—1940. Selected translations from Taiheiyô sensô e no michi: kaisen gaikôshi, New York 1976; Miyake Masaki, Nichi-Doku-I sangoku dômei no kenkyû (Studie zu dem japanisch-deutsch-italienischen Dreimächtepakt), Tokyo 1975; John P. Fox, Germany and the Far Eastern Crisis 1931—1938. A Study in Diplomacy and Ideology, Oxford 1982; Gerhard Krebs, Japans Deutschlandpolitik 1935—1941. Eine Studie zur Vorgeschichte des Pazifischen Krieges, 2 Bde, Hamburg 1984 (= Mitteilungen der Gesellschaft für Natur- und Völkerkunde Ostasiens e. V., Bd 91).

[3] Krebs, Japans Deutschlandpolitik (wie Anm. 2), Bd 1, S. 240 f., 259 f., 278 f.

[4] Aufzeichnung Weizsäckers vom 24.7.1939 über eine Unterredung mit dem sowjetischen Geschäftsträger, Akten zur deutschen auswärtigen Politik 1918—1945, Serie D: 1937—1945, Baden-Baden 1950 ff. (künftig: ADAP), VI, Nr. 715.

[5] Telegramm Schulenburgs an Auswärtiges Amt (AA) 16.8.1939, ADAP, D VII, Nr. 70. Ähnlich in zwei weiteren Telegrammen vom gleichen Tage, ebd., Nr. 79 und 88.

[6] Telegramm Ribbentrops an Schulenburg 16.8.1939, ebd., Nr. 75.

[7] Siehe dazu Gerhard Krebs, Japanische Vermittlungsbemühungen in der deutsch-polnischen Krise 1938/39. Erscheint 1991 in: Jahrbuch des deutschen Japaninstituts, Tokyo.

[8] Siehe dazu ausführlich Alvin D. Coox, Nomonhan: Japan against Russia, 1939, 2 Bde, Stanford 1985.

[9] Ribbentrops Brief an Stalin 13.10.1940, ADAP, D XI, Nr. 176 (übergeben am 17.10.1940).

[10] Tel. Schulenburgs an AA 22.10.1940, ebd., Nr. 211.

[11] Krebs, Japans Deutschlandpolitik (wie Anm. 2), Bd 1, S. 510—513.

[12] Siehe als neuere Studien zu den japanisch-sowjetischen Beziehungen in dem behandelten Zeitraum: Hosoya Chihiro: The Japanese Soviet Neutrality Pact,

in: James Morley (Hrsg.), The fateful choice. Japan's advance into Southeast Asia, 1939—1941. Selected translations from Taiheiyô sensô e no michi: kaisen gaikôshi, New York 1980, S. 13—114; Kudô Michihiro, Nis-So chûritsu jôyaku no kenkyû (Studien zum japanisch-sowjetischen Neutralitätsvertrag), Tokyo 1985; George A. Lensen, The strange neutrality. Soviet-Japanese relations during the Second World War 1941—1945, Tallahassee 1972; Hubertus Lupke, Japans Rußlandpolitik von 1939—1941, Frankfurt a. M. 1962; Nishi Haruhiko, Nis-So kokkô mondai 1917—1945 (Das Problem der diplomatischen Beziehungen zwischen Japan und der UdSSR 1917—1945), Tokyo 1970; Tobe Ryôichi, Doku-So-sen no hassei to Nihon rikugun (Der Ausbruch des deutsch-sowjetischen Krieges und die japanische Armee), in: Gunjishigaku, Bd 99/100, 1990, S. 271—280.

[13] Bôeichô Boeikenshûjo Senshishitsu (Kriegsgeschichtsinstitut der Selbstverteidigungsstreitkräfte), Senshi Sôsho 70 (Serienwerk zur Kriegsgeschichte, Bd 70), Daihonei Rikugunbu. Daitôasensô kaisenkeii 4 (Der Verlauf der Kriegseröffnung in Großostasien, Bd 4), Tokyo 1974, S. 86 f.

[14] Tel. Ôshimas an Konoe 16.4.1941, deutsche Übersetzung in Andreas Hillgruber, Japan und der Fall Barbarossa, in: Wehrwissenschaftliche Rundschau, 18 (1968), Nr. 6, S. 326—329.

[15] Fukai Eigo, Sûmitsuin jûyôgiji oboegaki (Wichtige Aufzeichnungen über den Geheimen Staatsrat), Tokyo 1954, S. 145—157. Aufzeichnung über die Sitzung des Geheimen Staatsrates vom 24.4.1941, der als Beratungsorgan des Kaisers dem Neutralitätsvertrag noch zustimmen mußte.

[16] Tel. Ôshimas an Sugiyama 28.4.1941, Senshi Sôsho 70 (wie Anm. 13), S. 87 f.

[17] Ebd., S. 88—91, 97 f.

[18] Tel. Matsuokas an Ôshima 28.5.1941, in: Nihon Kokusai Seiji Gakkai, Taiheiyô Sensô Gen'in Kenkyûbu hen (Japanische Gesellschaft für internationale Politik, Forschungsabteilung für die Ursprünge des Pazifischen Krieges, Hrsg.), Taiheiyô sensô e no michi. Bekkan shiryô hen (Der Weg in den Pazifischen Krieg. Sonderband Dokumente), Tokyo 1963, S. 423.

[19] Zwei Telegramme Ôshimas an Matsuoka 5.6.1941, Hillgruber (wie Anm. 14), S. 330—336.

[20] Kido Kôichi nikki (Das Tagebuch von Kido Kôichi), Bd 2, Tokyo 1966, S. 879; Senshi Sôsho 70 (wie Anm. 13), S. 97.

[21] Ike Nobutaka (Hrsg.), Japan's decision for war. Records of the 1941 policy conferences, Stanford 1967, S. 46 f. (dort fälschlich auf 7.6. datiert).

[22] Senshi Sôsho 20 (Serienwerk zur Kriegsgeschichte, Bd 20), Daihonei Rikugunbu 2 (Oberkommando Abteilung Heer, Bd 2), Tokyo 1968, S. 284—294; Senshi Sôsho 70 (wie Anm. 13), S. 97, 143—161.

[23] Sensi Sôsho 70 (wie Anm. 13), S. 155.

[24] Tel. Ôshimas an Matsuoka 17.6.1941, ebd., S. 98 f.

[25] Fukai (wie Anm. 15), S. 168.

[26] Kido, Bd 2 (wie Anm. 20), S. 883.

[27] Tel. Ôshimas an Matsuoka 22.6.1941, Senshi Sôsho 70 (wie Anm. 13), S. 164 f.

[28] Tel. Otts an AA 23.6.1941, ADAP, D XIII, Nr. 1.

[29] Ike (wie Anm. 21), S. 58 f.

[30] (Unveröffentlichtes) Telegramm Tatekawas an Matsuoka 22.6.1941 (richtig wohl: 23.6.1941), National Archives and Record Administration, Washing-

ton, DC, Japanese Diplomatic Messages, S. 12470f. (von den USA aufgefangen und entcodet).

31 Zu den Verbindungskonferenzen am 25., 26., 27., 28. und 30. Juni sowie 1. Juli siehe Ike (wie Anm. 21), S. 56—77.

32 Zur Kaiserlichen Konferenz vom 2. Juli ebd., S. 77—90.

33 Senshi Sôsho 20 (wie Anm. 22), S. 363—377; Senshi Sôsho 70 (wie Anm. 13), S. 263—283; Ôki Takeshi, Doitsu to »kantokuen« (Deutschland und das »Sondermanöver der Kwantung-Armee«), in: Gunjishigaku, Bd 99/100, 1990, S. 281—291.

34 Tel. Toyodas an Ôshima 31.7.1941, Department of Defense (Ed.), The »Magic« background of Pearl Harbor. App. III, Washington 1978, S. A 395—A 397.

35 Senshi Sôsho 70 (wie Anm. 13), S. 285—302.

36 Ike (wie Anm. 21), S. 106 (Verbindungskonferenz 21.7.1941).

37 Siehe die Unterredung zwischen Generalstabschef Sugiyama und dem Kaiser am 22.7.1941, Sanbôhonbu hen (Generalstab, Hrsg.), Sugiyama memo. Daihonei-seifu renraku kaigi tô hikki (Aufzeichnungen von General Sugiyama. Notizen von Verbindungskonferenzen zwischen Regierung und Oberkommando usw), Bd 1, Tokyo 1967, S. 276ff.

38 Senshi Sôsho 70 (wie Anm. 13), S. 303f.

39 Senshi Sôsho 20 (wie Anm. 22), S. 377—380; Senshi Sôsho 70 (wie Anm. 13), S. 293—311, 480ff.; dazu auch die Protokolle der Verbindungskonferenzen 4.8. und 6.8.1941, Ike (wie Anm. 21), S. 114—118.

40 Senshi Sôsho 20 (wie Anm. 22), S. 399—403; Senshi Sôsho 70 (wie Anm. 13), S. 288, 482—485.

41 Senshi Sôsho 70 (wie Anm. 13), S. 317f.

42 Nishi (wie Anm. 12), S. 233—236; Kudô (wie Anm. 12), S. 109ff.; Lensen (wie Anm. 12), S. 31ff..

43 Senshi Sôsho 20 (wie Anm. 22), S. 381—391; Senshi Sôsho 70 (wie Anm. 13), S. 470f.

44 Ike (wie Anm. 21), S. 134—151.

45 Sawamoto Yorio kaigunjikan nikki. Nichi-Bei kaisen zenya (Tagebuch von Vizemarineminister Sawamoto Yorio. Der Vorabend des japanisch-amerikanischen Krieges), in: Chûô Kôron, Januar 1988, S. 434—480, hier S. 452f. (Aufzeichnung über eine Unterredung zwischen Außenminister Toyoda, Marineminister Oikawa und Vizeminister Sawamoto).

46 Senshi Sôsho 20 (wie Anm. 22), S. 641.

47 Tel. Otts an AA 4.10.1941, ADAP, D XIII, Nr. 378.

48 Siehe z.B. Tel. Ôshimas 16.10.1941, Gaimushô Gaikôshiryôkan (Archiv des japanischen Außenministeriums), Daitôa Sensô kankei ikken (Dokumente betreffend den Großostasiatischen Krieg), Bd 63,3.

49 Siehe dazu als neuere Untersuchungen: Moriya Jun, Dai-ni-ji taisen ni okeru Doku-So tandoku kôwa mondai (Das Problem eines deutsch-sowjetischen Sonderfriedens im Zweiten Weltkrieg), in: Gunjishigaku, Bd 90, 1987, S. 4—27; ders., Dai-ni-ji taisenchû no Nichi-Doku kôshô ni kansuru ichi-kôsatsu — Nichi-Doku no tai-So hôsaku o meguru mondai (Eine Überlegung in den deutsch-japanischen Verhandlungen im Zweiten Weltkrieg — das Problem der deutsch-japanischen Politik gegenüber der UdSSR), in:

Kokusai Seiji, Bd 89, 1988, S. 159—174; Gerhard Krebs, Japanische Vermittlungsversuche im Deutsch-Sowjetischen Krieg 1941—1945, in: Josef Kreiner und Regine Mathias (Hrsg.), Deutschland — Japan in der Zwischenkriegszeit, Bonn 1990, S. 239—288.

[50] Kido (wie Anm. 20), Bd 2, S. 914.

[51] Senshi Sôsho 70 (wie Anm. 13), S. 147ff.

[52] Tel. Otts an AA 23.10.1941, Auswärtiges Amt, Politisches Archiv (AA, PA) Büro Staatssekretär Japan, Bd 5.

[53] Siehe als neuere Untersuchung zum Sorge-Ring Gordon W. Prange, Target Tokyo. The Story of the Sorge Spy Ring, New York 1984.

[54] Senshi Sôsho 76 (Serienwerk zur Kriegsgeschichte, Bd 76), Daihonei Rikugunbu 5 (Oberkommando Abteilung Heer, Bd 5), Tokyo 1974, S. 191, 193.

[55] Ike (wie Anm. 21), S. 194.

[56] Ebd., S. 191.

[57] Wennekers Tagebucheintragungen 24.10. und 3.11.1941 in Bundesarchiv-Militärarchiv (Freiburg/Br.), Oberkommando der Kriegsmarine — M.Att. — Kriegstagebuch des Marine-Attachés und militärischen Leiters der Großetappe Japan-China, Bd 4, Teil 38.

[58] Tel. Otts an AA 5.11.1941, AA, PA, Büro Staatssekretär, Japan 5.

[59] Tel. Ribbentrops an Ott 7.11.1941, ebd., und 9.11.1941, ADAP, D XIII, Nr. 458.

[60] Ike (wie Anm. 21), S. 248f.

[61] Nishi (wie Anm. 12), S. 238f.; Lensen (wie Anm. 12), S. 35ff.

[62] Kudô (wie Anm. 12), S. 117f.; Morishima Gorô, Kunô suru chû-So taishikan (Die Botschaft in der UdSSR unter Qualen), Tokyo 1953, S. 26f.

[63] Dazu Krebs, Vermittlungsversuche (wie Anm. 49).

Warren F. Kimball

»Sie kommen nicht heraus, wo man sie erwartet«: Roosevelts Reaktion auf den deutsch-sowjetischen Krieg*

> »Ihre Regierung erscheint mir sehr rätselhaft [...] Das Ganze erinnert mich an eine ungeordnete Reihe von Treibern beim Schießen — sie treiben zwar die Kaninchen aus dem Farn, aber die kommen nicht heraus, wo man sie erwartet«.
> Lord Halifax (über die Regierung Roosevelt)[1]

Nationales Interesse und Zweckmäßigkeit zwangen Amerikaner, Briten und Sowjets zum Zusammenschluß gegen Deutschland. Wie jede Nation das nationale Interesse definierte, wurde bis zu einem gewissen Grad von ideologischen Vorstellungen, aber auch von sachlichen Einschätzungen der Militärstrategie, der Logistik und der Geographie bestimmt. Unmittelbare geopolitische Fragen, insbesondere hinsichtlich der Fähigkeit und der Bereitschaft der Sowjetunion, den Deutschen zu widerstehen, überschatteten in gewisser Weise die längerfristige Frage der sowjetisch-amerikanischen Beziehungen. Aber die historische Perspektive legt die Vermutung nahe, daß das, was in Zeiten von Krisendiplomatie geschieht, häufig und beinahe zwangsläufig die langfristigen Beziehungen zwischen den Staaten *nach* der Krise beeinflußt und sogar bestimmt. Wie formte also die Diplomatie Roosevelts in jener Krisenzeit vom Juni bis zum Dezember 1941 die sowjetisch-amerikanischen Beziehungen in der Zeit danach? Ging es lediglich darum — wie einige sowjetische Historiker behauptet haben —, »zu versuchen, den Krieg in die Länge zu ziehen, um die UdSSR zu schwächen«[2]? Oder gab es andere, weniger sowjetfeindliche Konzeptionen und Sorgen, die der amerikanischen Politik zugrunde lagen?

Seit Anfang 1941 hatten sowohl der britische als auch der amerikanische Nachrichtendienst verstärkt Anzeichen dafür erhalten, daß Hitler einen Angriff gegen die Sowjetunion plante. Die Briten zögerten, diese Informationen an Moskau weiterzugeben. Dieses Zögern lag teilweise daran, daß sie nicht ohne einen gewissen nationalen Dünkel glaubten, die Deutschen hätten Gerüchte über einen Vorstoß nach Osten als Vorspiel zum wichtigeren Überfall auf Großbritannien ausgestreut. Britische Analytiker waren aber auch der Meinung, ein solcher Angriff gegen die Sowjetunion sei gar nicht nötig, da diese den deutschen Forderungen zwangsläufig nachgeben werde. Außerdem fürchteten sie, Stalin und seine Berater würden britische Warnungen als eine List auffassen, durch die ihr Land zu einer Provokation verlockt werden sollte, welche ihren Vertrag mit Deutschland zunichte machen würde. Anfang April 1941 wurde die Warnung schließlich doch weitergegeben, aber sowjetische Darstellungen sowie Meldungen vom damaligen britischen Botschafter in Moskau, Sir Stafford Cripps, deuten darauf hin, daß die sowjetische Regierung die Informationen genauso behandelte, wie es London befürchtet hatte[3]. Der amerikanische Botschafter in der Sowjetunion, Laurence Steinhardt, warnte gleichermaßen, daß solche Signale als »Versuch, einen Keil zwischen die Sowjetunion und Deutschland zu treiben«, angesehen würden, doch Anfang März 1941 leitete Staatssekretär Sumner Welles, ein enger Vertrauter des Präsidenten, die Informationen an den sowjetischen Botschafter in Washington, Konstantin Umanskij, weiter. Ende April/Anfang Mai spekulierten Zeitungen in London und New York bereits über einen deutschen Vorstoß in die von der Sowjetunion besetzten Gebiete[4].

Es gibt eine Parallele zwischen dem sowjetischen Handeln und dem der Vereinigten Staaten in den Monaten unmittelbar vor dem japanischen Angriff auf Pearl Harbor, auch wenn sehr große Unterschiede hinsichtlich der geographischen Lage und der innenpolitischen Überlegungen bestanden. Roosevelt und Stalin versuchten beide, den Konflikt hinauszuschieben, den sie (oder zumindest ihre Berater) für unausweichlich hielten. In den Vereinigten Staaten warnte die militärische Führung, daß die Nation auf den Krieg schlecht vorbereitet sei und daß man »die Eröffnung der Feindseligkeiten mit Japan so lange wie möglich hinauszögern« solle, in der Hoffnung, »die Lage während der nächsten Monate unter Kontrolle zu halten«[5]. Also beließ Roosevelt die US-Pazifikflotte in Hawaii, wo sie wesentlich verwundbarer war, als er und sein Marinestab sich je vorgestellt hatten.

Über ein Jahr lang hatten Roosevelt und seine Helfer gegen beträchtlichen innenpolitischen Widerstand daran gearbeitet, das Hilfsprogramm für Großbritannien zu erweitern. Die erste Reaktion von Harry Hopkins ließ Befürchtungen erkennen, daß der sowjetisch-deutsche Krieg die Argumente von Militärs und sogenannten »Isolationisten« bestärken würde, die »lieber Amerika als England bewaffnen« wollten. Als Verdienst des Hilfsprogramms für Großbritannien führte er

— vielleicht mit einem Unterton von Ironie — an, daß es Hitler gezwungen habe, sich »nach links« zu wenden[6]. Zwei der führenden Mitglieder des Kabinetts Roosevelt, Kriegsminister Henry Stimson und Marineminister Frank Knox, waren der Ansicht, die Sowjetunion werde noch vor Ablauf des Jahres besiegt sein, und sie empfahlen gleichermaßen, daß die Vereinigten Staaten die deutsche Bindung an der russischen Front ausnutzen sollten, um die Marineunterstützung für Großbritannien zu verstärken[7].

Die Reaktionen vieler spiegelten die Intensität des Mißtrauens und der Emotionen wider, die zwischen den USA und der UdSSR bestanden. In einer Mitteilung an Außenminister Cordell Hull, nur fünf Tage vor dem deutschen Angriff, zeichnete Botschafter Steinhardt ein Bild ungeminderter Bestialität und Wildheit:

»Meine Beobachtung der Psyche derer, die die sowjetische Außenpolitik betreiben, hat [...] mich davon übezeugt, [...] daß es nicht möglich ist, mit ihnen eine ›zwischenstaatliche Verständigungsbereitschaft‹ zu schaffen [...], und daß sie sich weder von ethischen bzw. moralischen Überlegungen berühren noch von den zwischen kultivierten und gebildeten Menschen üblichen Beziehungen leiten lassen. Ihre Psyche kennt nur Entschlossenheit, Kraft und Macht und spiegelt primitive Instinkte und Reaktionen wider, die bar jedweder zivilisierten Zurückhaltung sind. [...] Zugeständnisse [...] sind mit deutlichem Argwohn und [...] als Zeichen von Schwäche [...] aufgenommen worden[8].«

Dennoch behauptete Steinhardt in derselben Mitteilung, daß die sowjetische Regierung Großbritannien nicht schätze, jedoch »den Vereinigten Staaten großen Respekt« zolle. Viele ähnliche Meldungen gingen — aufgefordert wie unaufgefordert — in Washington ein, die zu Vorsicht und sogar zu Mißtrauen im Umgang mit Moskau rieten. William Bullitt, nach seiner Dienstzeit als erster US-Botschafter in der Sowjetunion verbittert, prophezeite einen schnellen sowjetischen Zusammenbruch und warnte, »daß die Kommunisten in den Vereinigten Staaten nach wie vor sehr gefährliche Feinde« seien[9].

Ideologie in der Gestalt von Zweckmäßigkeit trat zutage, als George Kennan, ein junger Rußland-Experte des Außenministeriums, zwei Tage nach dem deutschen Überfall an einem Schreibtisch in der amerikanischen Botschaft in Berlin saß und eine persönliche Mitteilung an seinen Freund Loy Henderson schrieb, der damals zur Abteilung für Europäische Angelegenheiten des State Department gehörte. Als Kennan 25 Jahre später seine Memoiren schrieb, nahm er darin diese Mitteilung stolz auf. In seinen Bemerkungen verbanden sich Moralisieren und Zweckdenken: Er warnte davor, dem Beispiel Churchills zu folgen und der Sowjetunion »als Verbündete in der Verteidigung der Demokratie moralische Unterstützung« zu gewähren. Dies werde, so Kennan, dazu führen, daß sich die Vereinigten Staaten identifizierten »mit der russischen Zerstörung der Baltischen Staaten, mit dem Angriff gegen die finnische Unabhängigkeit, mit der Teilung Polens und Rumäniens, mit der Zerschlagung der Religion in ganz Osteuropa sowie mit der Innenpolitik eines Regimes, das in diesem Teil der Welt weithin gefürchtet und gehaßt wird. In jedem betroffenen Anliegerstaat, von Skandinavien — einschließlich Norwegens und Schwedens — bis zum Schwarzen Meer, wird Rußland im allgemeinen mehr gefürchtet als Deutschland. [...]

Eine solche Ansicht würde nicht ausschließen, daß wir unsere materielle Hilfe ausweiten, wo immer dies dem eigenen Interesse dient. Sie würde jedoch alles ausschließen, was uns politisch oder ideologisch mit den russischen Kriegsanstrengungen identifizieren könnte. Kurzum, mir scheint es vernünftiger, Sowjetrußland als ›Mitläufer‹ im allgemein gültigen Moskauer Sinn statt als politischen Verbündeten anzusehen[10].«

Wären solche Verurteilungen der sowjetischen Immoralität amerikanische Politik geworden, so hätte dies zwangsläufig die Russen in ihren Befürchtungen bestärkt, Großbritannien und die Vereinigten Staaten könnten 1941/1942 das tun, was die UdSSR 1939 ihrerseits getan hatte, nämlich Frieden mit Hitler schließen, während das deutsche Heer an der anderen Front kämpfte.

Verstärkt wurde das amerikanische Mißtrauen durch das Handeln der Sowjets, die anscheinend ihre für die meisten Amerikaner schwer verdaubaren politischen Pläne nicht geändert hatten. Bei einigen amerikanischen Beamten herrschten immer noch Wilsonsche Ideale der Selbstbestimmung; bei anderen wurden alle Überlegungen von der Angst vor dem Bolschewismus geprägt — allein der Begriff beschwor ein Bild nackter Gewalt. Jedenfalls wurde eine Frage wie z. B. die der Unabhängigkeit für die Baltischen Staaten für die Amerikaner zu einer Grundsatzangelegenheit und für viele US-Regierungsbeamte zu einem Prüfstein für die sowjetischen Absichten. Daher wurde das amerikanische Mißtrauen nur eine Woche nach dem deutschen Angriff bestätigt, als Sowjetbotschafter Umanskij seitens seiner Regierung die Anerkennung der Einverleibung (bzw. »Wiedereinverleibung«) der Baltischen Staaten in die Sowjetunion forderte. Ungeachtet dessen, wessen Argumente richtig oder falsch, gerecht oder ungerecht, realistisch oder unrealistisch waren, war es ein diplomatischer Fehltritt, diese Frage zu einer

Zeit aufzuwerfen, in der die sowjetisch-amerikanischen Beziehungen eine Neubewertung erfuhren.

Außer solch substantiellen Fragen ging das diplomatische »Wie du mir, so ich dir«-Geplänkel, das die sowjetisch-amerikanischen Beziehungen während der ganzen dreißiger Jahre beeinträchtigt hatte, unvermindert weiter und sollte noch über 50 Jahre anhalten. Zugegebenermaßen einmalig in Anbetracht der gemeinsamen Kriegsanstrengungen mutet ein Protest des sowjetischen Botschafters in Washington am 30. Juni, nur eine Woche nach Ausbruch des sowjetisch-deutschen Krieges, über die »eingeschränkte Bewegungsfreiheit« der sowjetischen Beamten in den Vereinigten Staaten gleichwohl wie ein historisches »Déjà vu«-Erlebnis an. Die Antwort des US-Außenministeriums war ebenso einfallslos. Es argumentierte, daß »[uns] ein solches Vorgehen durch die Diskriminierung amerikanischer Beamter in Moskau aufgezwungen wurde[11].«

Die erste Reaktion amerikanischer Diplomaten auf den deutschen Angriff gegen sowjetische Streitkräfte ist kaum verwunderlich. Churchill und Roosevelt hatten sich Mitte Juni bereit erklärt, der Sowjetunion bei Ausbruch des Krieges Hilfe zu gewähren, aber diese Zusagen des Präsidenten wurden sofort durch Erklärungen eingeschränkt, die den Vorrang der Hilfe an Großbritannien deutlich machten[12]. Gleichzeitig mahnten einige amerikanische Beamte, man solle sowjetische Agenten in der westlichen Hemisphäre gut überwachen, da die russische Politik der Freundschaft gegenüber den Vereinigten Staaten ausschließlich von Zweckmäßigkeitserwägungen bestimmt sei und sich jederzeit ändern könne. Schließlich »könnte sich die Regierung Stalin erneut mit Deutschland einigen«, wie es eine Denkschrift des Außenministeriums formulierte[13]. Solche Befürchtungen bewahrheiteten sich scheinbar, als Mitte August Meldungen in Washington eingingen, denen zufolge der sowjetische Botschafter in London, Ivan Majskij, gewarnt hatte, seine Regierung werde mit Hitler verhandeln, wenn die Vereinigten Staaten nicht in den Krieg einträten und eine zweite Front eröffneten. Stalin unterstützte offenbar diese Drohung, als er Churchill sagte, ohne eine zweite Front sowie bestimmte Versorgungsgüter werde die Sowjetunion möglicherweise nicht in der Lage sein, über längere Zeit »aktive Operationen« zu führen[14]. Am bedrohlichsten aus sowjetischer Sicht aber war die allgemeine Annahme, die Deutschen würden einen schnellen und überwältigenden Sieg über Rußland erzielen[15].

Dieser Punkt führte zu ernsten Problemen. Der britische und amerikanische Pessimismus im Jahre 1941 hinsichtlich der sowjetischen

Überlebenschancen ergab sich aus mehreren Faktoren: der augenscheinlichen Führungsschwäche der sowjetischen Streitkräfte nach den Säuberungswellen der dreißiger Jahre, den unzulänglichen Leistungen der Roten Armee im Winterkrieg gegen Finnland, den bisherigen deutschen Militärerfolgen, dem anhaltenden Argwohn gegenüber der Sowjetunion (der durch den deutsch-sowjetischen Nichtangriffspakt enorm verstärkt worden war) sowie der Weigerung Moskaus, irgendwelche Informationen — wie spärlich auch immer — über ihre militärische Lage preiszugeben. Stalin war Gefangener desselben Dilemmas, das ihn bereits seit September 1939 beschäftigte — er mußte jenen goldenen Mittelweg finden, der darin bestand, seine Not so darzustellen, daß sie eine Hilfeleistung begründete, und gleichzeitig kein allzu düsteres Bild zu malen, das den Amerikaner womöglich den Eindruck eines baldigen Zusammenbruchs der Sowjetunion vermittelte. (Schließlich hatte Churchill selbst im Mai 1940 beschlossen, kein Geld unnötig auszugeben, und sich in der Frage der weiteren britischen Hilfe an Frankreich zurückgehalten.) Wäre die Widerstandsfähigkeit der Roten Armee ausländischen Beobachtern klar gewesen, dann war die sowjetische Geheimniskrämerei ein gravierender Fehler. Denn die Abneigung, Informationen zu teilen, erschwerte nicht nur die logistische Planung, sondern verstärkte auch das Mißtrauen vieler Amerikaner gegenüber der Sowjetunion. Deren Durchhaltevermögen war aber nicht so deutlich erkennbar. Im Sommer und im Frühherbst glaubten vielmehr, wie aus den Aussagen ausländischer Botschafter in Moskau hervorgeht, sogar sowjetische Generale, Moskau werde fallen. Die Amerikaner und Briten von der Front fernzuhalten, war unter solchen Umständen vielleicht mehr als klug — möglicherweise sogar notwendig. Gleichwohl aber war es ein früher und provozierender Schritt weg von jener Art der Zusammenarbeit und der Gemeinsamkeit, die das britisch-amerikanische Verhältnis kennzeichnen sollte.

Obwohl das amerikanische wie das britische Außenministerium bereits damit beschäftigt waren, Fragen zu diskutieren, aus denen sich die Nachkriegsprobleme in den Beziehungen beider Länder zur Sowjetunion entwickeln sollten[16], schwiegen Roosevelt und Churchill seltsamerweise zum deutsch-sowjetischen Krieg in ihrem sonst allumfassenden Briefwechsel. Für beide galt es abzuwarten. Übereilte Beschlüsse und Versprechen würden den Verlauf der Ereignisse in Rußland nicht ändern. Selbst sowjetische Vertreter räumten indirekt ein, daß sie eine sofortige zweite Front für unwahrscheinlich, wenn nicht gar unrealistisch hielten[17]. Bei einem kurzen Privatgespräch mit dem britischen

General Hastings Ismay Ende September 1941 gab Stalin selbst zu, daß »er volles Verständnis dafür habe, daß wir [d. h. Großbritannien — W.F. K.] zu diesem Zeitpunkt keine Westfront errichten könnten«[18]. Damit blieben den Sowjets nur Bitten um Versorgungsgüter übrig — Bitten, die sich verständlicherweise freilich einer Sprache der Panik und der Angst bedienten und sich eher wie Forderungen anhörten.

Für die Briten stellten diese Hilfeersuchen ein Dilemma dar. Die Ablehnung einer zweiten Front war leicht, und Vorschläge für die Entsendung von Streitkräften zum Kampf in der Sowjetunion waren angesichts der weltweiten Verpflichtungen Großbritanniens nie praktikabel. Selbst die vergleichsweise ernsteren Überlegungen, Truppen und/oder Flugzeuge in den Kaukasus zu schicken, dienten eigentlich dem Zweck, den Nahen Osten zu verteidigen, und nicht, den Sowjets zu helfen[19]. Das Versprechen vielfältiger logistischer Unterstützung an die Sowjetunion kostete wenig; aber ein tatsächliches Teilen von Kriegsgütern mit ihnen war eine völlig andere Sache. Das britische Kriegsministerium und die Stabschefs waren hinsichtlich der militärischen Chancen der Sowjets übereinstimmend pessimistisch und gingen davon aus, daß diese jeden ernsthaften Widerstand aufgeben würden, wenn es den Deutschen gelänge, die Rote Armee hinter den Ural zu treiben[20].

In Washington wurden die ersten Gespräche zwischen Umanskij und Beamten des Außenministeriums, insbesondere Sumner Welles, ebenfalls in einer Atmosphäre von Skepsis, Verzögerung, Mißtrauen und Unaufrichtigkeit geführt. Die Amerikaner bezweifelten, daß die Sowjetunion den deutschen Angriff überleben könne. Sie versuchten, die Hilfslieferungen hinauszuschieben, um sie nicht zu verschwenden (der Fall Frankreichs war noch in frischer Erinnerung!); zudem mißtrauten sie den langfristigen sowjetischen Absichten (wiederholt wurde auf den deutsch-sowjetischen Nichtangriffspakt, die Aktivitäten sowjetischer Agenten in den Vereinigten Staaten und auf verdächtige Bitten sowjetischer Beamter um geheime Wehrtechnik hingewiesen)[21]. Dennoch mußte die Regierung der Vereinigten Staaten genauso wie die Sowjetunion ihre Entscheidung auf der Grundlage des eigenen Interesses treffen. Am 23. Juni formulierte es Welles so:

»Keine der beiden Arten von Gewaltherrschaft [gemeint sind die nationalsozialistische und sowjetische — W.F.K.] kann oder wird je Unterstützung in der Lebensweise oder im Regierungssystem des amerikanischen Volkes haben oder Einfluß darauf nehmen. Aber es stellt sich die unmittelbare Frage, [...] ob der Plan für die Eroberung der Welt, [...] um dessen Ausführung Hitler jetzt so verzweifelt bemüht ist, erfolgreich gestoppt und zunichte gemacht werden kann. [...] Es ist die Frage, [...] welche die Sicherheit der Neuen Welt, in der wir leben, am unmittelbarsten betrifft. [...] Jede Verteidigung gegen den Hitlerismus [...] wirkt sich daher günstig auf unsere eigene Verteidigung und Sicherheit aus[22].«

Die Ansicht Roosevelts indes war — wie so oft — anders als die der Bürokraten. Er neigte schon seit langem der Auffassung zu, daß die Politik der Sowjetunion eher nationalistisch als kommunistisch, eher praktisch als ideologisch sei. Diese Neigung hatte ihn veranlaßt, die Argumente Bullitts abzulehnen und statt dessen auf Joseph Davies, Bullitts Nachfolger als Botschafter in Moskau, zu hören. Der deutschsowjetische Nichtangriffspakt und — in geringerem Maße — sogar der den Präsidenten empörende sowjetische Angriff auf Finnland Ende November 1939 wurden vom Weißen Haus als Akte interpretiert, die eher durch sowjetische Ängste vor deutscher Aggression als durch kommunistische Expansionslust motiviert gewesen seien[23].

Als die Deutschen 1941 die Sowjetunion angriffen, wollte Roosevelt die Neutralitätsgesetze nicht anwenden, da dies dem Handel mit Rußland ein Ende gesetzt hätte, doch bedeutete das noch lange keine effektive Hilfe[24]. Bevor er einem unschlüssigen Kongreß und einer skeptischen Öffentlichkeit eine Politik der langfristigen Hilfeleistung für die Sowjets vorschlagen konnte, mußte er mehr tun, als nur das ohnehin Offensichtliche zu sagen und an das nationale Eigeninteresse zu appellieren. Zwar stellte eine Gallup-Umfrage fest, daß in den Tagen unmittelbar nach dem deutschen Überfall die Amerikaner die Sowjetunion wohlwollender betrachteten als Nazideutschland, doch änderte dies nichts an einer allgemeinen Abneigung gegen die Russen und zerstreute nicht die Befürchtungen, daß Hilfe an die Sowjetunion nur eine Verschwendung, ja mehr noch, eine Beeinträchtigung der amerikanischen Verteidigungsbereitschaft bedeuten würde. Mithin waren die meisten Amerikaner dagegen, die gleiche Art von Hilfe für die Sowjetunion zu leisten, die man Großbritannien gewährt hatte[25]. In dieser Situation brauchte Roosevelt weitere Informationen, um festzustellen, welche Art von Hilfe überhaupt vorteilhaft sein würde. Er brauchte aber auch eine öffentlichkeitswirksame Form der Informationsbeschaffung, die den Eindruck von Sachkenntnis und damit das Bild eines weisen und gut unterrichteten Präsidenten vermitteln würde, der auf der Grundlage bester und allerneuester Erkenntnisse handele. Dieses Bild und diese Informationen sollten zwei Moskaureisen erbringen: die eine von Harry Hopkins Ende Juli und die andere von Averell Harriman im Oktober.

Als engster und vertrautester Berater des Präsidenten war Hopkins von der Innenpolitik zur Weltpolitik übergewechselt, sobald diese zum Krisenherd wurde. Als Roosevelt beschloß, daß das amerikanische Hilfsprogramm sowie die großen strategischen Fragen im Lichte des deutschen Angriffs auf die Sowjetunion mit Churchill diskutiert werden sollten, wurde logischerweise Hopkins entsandt. Über die längeren Gespräche zwischen Roosevelt und Hopkins am Abend des 11. Juli im Weißen Haus ist nie ein Protokoll aufgetaucht, aber fünf Tage später traf Hopkins an Bord eines Lend-Lease-Bombers in Schottland ein.

Die britischen und amerikanischen Protokolle des Besuchs von Hopkins in Großbritannien enthalten nur wenige Hinweise auf die Hilfeleistung an die Sowjetunion. Daß sich aber die Briten bei der Bereitstellung der von Churchill versprochenen Hilfe Zeit ließen, wurde in einer Rede von Hopkins in der BBC indirekt hervorgehoben. Die Rede befaßte sich größtenteils mit der amerikanischen Hilfe an Großbritannien, schloß aber mit einem deutlichen Hinweis auf die amerikanische Anerkennung »des großartigen Kampfes, den das russische Volk gegen die teuflischen Legionen der Barbarei und der Finsternis liefert. Heute vor einem Monat sagte Ihr Premierminister in dieser Sendung: ›Wer gegen den Faschismus kämpft, ist unser Verbündeter und unser Freund.‹. Wir in Amerika denken genauso. Jede Hilfe, die wir Rußland oder China geben können, wird gewährt — und zwar sofort[26].«

Vielleicht empfand Churchill diese Rede als Warnsignal; jedenfalls traf er sich unmittelbar danach mit Hopkins. Bei einem Gang über den Rasen von Chequers (dem Landsitz des britischen Premierministers) erzählte Churchill dem Amerikaner »die kleinsten Einzelheiten jener Anstrengungen, die Großbritannien unternahm bzw. plante, um der Sowjetunion Hilfe zu leisten. Er redete«, erinnerte sich Hopkins, »wie gewohnt energisch und eloquent und betonte »Rußlands Bedeutung im Kampf gegen Hitler[27].« Eine Reise nach Moskau war für Hopkins die logische Konsequenz. Nachdem er bereits Anfang 1941 auf eigenen Vorschlag als »Auge und Ohr« des Präsidenten in England fungiert hatte, machte Hopkins nun einen ähnlichen Vorschlag, wie sich aus seinem Schreiben an Roosevelt ergibt:

»Ich bin der Meinung, wir sollten alles Mögliche unternehmen, um sicherzustellen, daß die Russen eine *ständige* Front aufrechterhalten, auch wenn sie in diesem unmittelbar bevorstehenden Kampf unterliegen. [...] Ich glaube, es würde sich lohnen, wenn Sie sich über einen persönlichen Boten direkt mit den Russen in Verbindung setzen. [...] Stalin wüßte dann, [...] daß wir eine *langfristige* Versorgung im Sinne haben[28].«

Hopkins reiste als Experte für Versorgungsfragen, der Kern seines Schreibens an Roosevelt aber war politischer Natur: Man sollte die Sowjetunion nicht nur stützen, um Großbritannien eine kurze Ruhepause zu gewähren, sondern sie zum Bestandteil einer ständigen Kriegskoalition gegen Hitler machen. Wichtiger noch: das Schreiben unterstellt eine ähnliche Haltung seitens des Präsidenten — ein Anzeichen dafür, daß die Moskaureise oder jedenfalls eine Politik der langfristigen Unterstützung für die Sowjetunion bereits vor Hopkins' Abreise aus Washington besprochen worden war. Das Fehlen jedweder Unterlagen bzw. Erinnerungen an längere Gespräche zwischen Hopkins und Roosevelt darüber, wie man auf den Kriegseintritt der Sowjetunion reagieren sollte, ist an sich freilich suspekt. Denn trotz der Vorhersagen der Militärs, daß der sowjetische Widerstand schnell zusammenbrechen werde (das Kriegsministerium schätzte »in höchstens drei Monaten«), erforderten die weitreichenden Auswirkungen der neuen Situation fraglos eine Diskussion. Das einzige Thema jedoch, das in Robert Sherwoods aus einem Satz bestehenden Zusammenfassung des »langen Gesprächs« zwischen Hopkins und Roosevelt am 11. Juli erwähnt wurde, war die Ausdehnung der amerikanischen Seepatrouillen auf Island. Zwei Tage später reiste der Berater des Präsidenten nach England ab.

Roosevelt schickte Hopkins tatsächlich eine Mitteilung für Stalin. Ihr Inhalt bezog sich auf den sowjetischen Bedarf an Versorgungsgütern, insbesondere solchen, die »Rußland innerhalb der nächsten drei Monate erreichen« könnten. Mehr noch: der Präsident sprach auch von »einer großen Menge Material«, die *nach* diesem kritischen Vierteljahr bereitgestellt werden würde. Mit anderen Worten, wenn die Sowjetunion weiterhin Krieg führe, würde sie amerikanische Hilfe in großem Umfang erhalten[29]. Angesichts des Tenors der Erklärungen Hopkins' in London sowie seiner späteren Meldungen aus Moskau wird deutlich, daß er und Roosevelt nach Umständen suchten, die geeignet waren, innerhalb der eigenen Regierung ein politische Klima zu schaffen, das eine Gewährung amerikanischer Hilfe an Rußland ermöglichen würde. Diesen Eindruck hatte auch der britische Botschafter Stafford Cripps bei seinem ersten Treffen mit Hopkins in Moskau. In seinem Tagebuch notierte der Botschafter, der Präsident unternehme laut Hopkins »alles, um allen zu helfen, denen er helfen könne, auch wenn dies den amerikanischen Heeres- und Marinebehörden nicht gefiele«[30].

Roosevelts Handeln daheim, kurz bevor Hopkins aus Moskau abreiste und ausführlich Bericht erstatten konnte, paßt in dieses Bild. Als

Finanzminister Henry Morgenthau berichtete, wie sowjetische Vertreter von Pontius zu Pilatus laufen mußten, befahl der Präsident am 1. August Stimson ungehalten, »die Flugzeuge nächste Woche abzuschicken, und zwar dalli dalli!« Laut einem fröhlichen Morgenthau sah Stimson »ganz elend« aus. Roosevelt räumte zwar ein, daß man diese frühe Hilfe schicke, »um ihre [d. h. die sowjetische] Moral zu heben«, ließ aber zugleich erkennen, daß er sich einem wirksamen, langfristigen Hilfsprogramm verpflichtet sah, indem er erklärte, er werde »einem der besten Verwaltungsleute die Verantwortung für das Programm übertragen«. Am nächsten Tag, in einem jener seltenen, aber denkwürdigen Augenblicke entschlossenen Kommandierens, ordnete er an: »Gehen Sie beherzt zu Werke — spornen Sie die Leute an und bringen Sie die Sache in Bewegung. [...] Beeilen Sie sich!« Er übte auch weiterhin Druck aus und schrieb an Stimson, man solle die Russen »unverzüglich« mit Kriegsmaterial versorgen. Freilich hätte man dieses Material, das gemäß Roosevelts Forderung an die Sowjetunion geliefert wurde, gut für den Wiederaufbau der amerikanischen Militärmacht nutzen oder an Großbritannien liefern können (und *sollen*, nach Auffassung Stimsons und seiner Generale). Doch Roosevelt tat mehr, als lediglich den Briten zu erzählen, daß ihre Bedürfnisse angesichts des sowjetischen Bedarfs nochmals überprüft würden, mehr auch, als lediglich die ohnehin geplante Produktion zu verpfänden. Er setzte ein Produktions*soll* fest, das angesichts der laufenden amerikanischen Kriegsproduktion niemand für realistisch hielt; gleichwohl sollte die US-Industrie auch diese Ziele bis 1943 überschreiten[31].

Roosevelt Neigung, der Sowjetunion zu helfen, entsprach seiner Strategie im Jahre 1941. Die Unvermeidlichkeit eines amerikanischen Kriegseintritts war ihm immer mehr bewußt geworden, und er hatte sie fast akzeptiert. Dennoch hoffte der Präsident — auch wenn es sich dabei um Wunschdenken handelte —, er werde trotz der anhaltenden, wenn auch indirekten Bitten Churchills eine Entsendung amerikanischer Soldaten in den europäischen Krieg vermeiden können[32]. Als militärische Lagebeurteilungen darauf hinwiesen, daß in einem Landkrieg allein die Rote Armee einen Sieg über Hitler erzielen könne, wurde die Hilfe für die Sowjetunion für den Präsidenten zu einer Priorität[33]. Was den britischen Partner anging, so erkannte auch Churchill, daß eine Einbeziehung Rußlands die Chancen eines vollen amerikanischen Kriegseintritts vermindern oder zumindest verzögern könnte — ein Szenario, das sämtliche Pläne des Premierministers gefährdete. Kurz nach der Atlantik-Konferenz — dem Treffen zwischen Churchill und

Roosevelt an Bord von Kriegsschiffen, die in der Placentia-Bucht (Neufundland) vor Anker lagen — malte er darum erneut ein pessimistisches Bild der sowjetischen Militärlage und verknüpfte damit die dringende Bitte an die Vereinigten Staaten, in den Kampf einzutreten[34].

Ob nun aus Gründen der Nachrichtenbeschaffung, der Legitimierung seiner Absichten oder ganz einfach zu Propagandazwecken: Dem Vorschlag Hopkins', nach Rußland zu fliegen, stimmte Roosevelt sofort zu, und so verließ der Amerikaner London am 27. Juli. Seine Gespräche mit Stalin, Molotov und anderen sowjetischen Repräsentanten brachten keine Überraschungen. Die Sowjets schienen Hitler zu hassen, waren anscheinend zum Widerstand entschlossen und baten um Produktionseinrichtungen und Rohstoffe, die darauf schließen ließen, daß sie daran glaubten, einen längeren Krieg gegen die Deutschen führen zu können[35].

Einiges gefiel Hopkins freilich gar nicht. Stalins Einschüchterung seiner Untergebenen vereitelte die Versuche der amerikanischen Gäste, aus ihren Gesprächen mit anderen sowjetischen Vertretern überhaupt Nutzen zu ziehen. Als ein sowjetischer General gefragt wurde, ob seine Truppen Panzer und Panzerabwehrwaffen brauchten, antwortete er: »Ich bin nicht ermächtigt, das zu sagen.« Bei seinem Vorschlag an Roosevelt, im Herbst eine Konferenz abzuhalten, bei der wichtige Versorgungsangelegenheiten besprochen werden sollten, bestand Hopkins darauf, daß das Treffen in Moskau stattfinde, da »niemand — ich wiederhole: niemand — in Rußland außer Herrn Stalin Ausländern irgendwelche Informationen gibt«. Außerdem schrieb Hopkins, sein Besuch in Moskau habe ihm »den Unterschied zwischen Demokratie und Diktatur« vor Augen geführt[36].

Solch negative Mitteilungen waren indes kaum verwunderlich und schwerlich geeignet, die einige Wochen zuvor von Roosevelt und Hopkins vereinbarte Politik zu ändern. Hätte der Abgesandte des Präsidenten eine düstere, resignierte Stimmung in der sowjetischen Hauptstadt vorgefunden, so hätten sich die Dinge vielleicht anders entwickelt. Doch Hopkins' einzige Mitteilung aus Moskau enthielt genau die Worte, die der Präsident erwartete:

»Ich habe zwei längere und befriedigende Gespräche mit Stalin geführt und werde Ihnen persönlich die Botschaft überbringen, die er Ihnen schickt. Ich möchte Ihnen aber schon jetzt mitteilen, daß ich in Hinblick auf diese Front voller Zuversicht bin. Die Moral der Bevölkerung ist außerordentlich gut. Es gibt einen unbändigen Siegeswillen[37].«

Hopkins beurteilte den Kampf*willen* — etwas schwer Faßbares, das weder der verängstigte Steinhardt, bestrebt, dem deutschen Angriff auf Moskau zu entfliehen, noch die in den Vereinigten Staaten vom Geschehen isolierten Militärs recht einzuschätzen wußten. Verzweiflung und Angst vor einer Niederlage sind in einer Armee wie auch in einer Regierung ansteckend und lassen sich schwer oder überhaupt nicht verbergen. Wäre Hopkins eine Woche später — nach dem deutschen Sieg bei Smolensk — eingetroffen, wäre die Stimmung vielleicht schon anders gewesen[38]. Nichtsdestoweniger war das, was Hopkins in Moskau feststellte, nicht so sehr eine Siegesvision der Roten Armee gewesen, als vielmehr die Entschlossenheit weiterzukämpfen, auch wenn Moskau fallen sollte. Immer wieder versprach Stalin, den Kampf unter Ausnutzung der östlich der Hauptstadt gelegenen Industriekapazitäten fortzusetzen. Hopkins kam somit zu dem Schluß, daß die Hilfe an die Sowjetunion gut angelegt sei. Wie die meisten anderen Führer, sowohl im Osten als auch im Westen, betrachtete er den Krieg aus der Perspektive der eigenen nationalen Interessen, denen eine Verlängerung des Krieges an der russischen Front in diesem Fall sehr wohl entsprach. Hopkins wich allen Vorschlägen einer formellen sowjetisch-amerikanischen Allianz gleichwohl vorsichtig aus, hätte eine solche doch in der Heimat unerträgliche politische Fragen aufgeworfen. Schließlich war die Regierung Roosevelt so weit selbst für Großbritannien nicht gegangen, und die Sowjetunion wurde von fast allen Amerikanern mit weitaus größerem Mißtrauen und Abscheu betrachtet. Daß die Sowjets eine solche Idee überhaupt zur Sprache brachten, läßt auf eine bemerkenswerte Naivität gegenüber den Vereinigten Staaten schließen.

Die Frage der Hilfe für die Sowjetunion nahm bei der Atlantik-Konferenz nur wenig Zeit in Anspruch. Der sowjetisch-deutsche Krieg wurde größtenteils unter dem Aspekt seiner Auswirkungen im Pazifik diskutiert. Da die Sowjetunion infolge dieses Konflikts einer eventuellen japanischen Expansion nichts entgegensetzen konnte, bestand die Gefahr, daß Tokio die Gelegenheit beim Schopfe packen und sowjetisches Territorium besetzen würde. Aber was auch immer in diesem Kontext erörtert wurde, Roosevelt ersuchte jedenfalls die Briten nicht um Rat, ob er nun den Sowjets helfen solle oder nicht. Nach Robert Sherwood waren es Hopkins' ermutigende Meldungen gewesen, die eine Einigung in der Frage der Hilfe an Rußland sicherstellten. Als Churchill Hopkins' Vorschlag einer Konferenz in Moskau zur Diskussion der Einzelheiten befürwortete, war schließlich niemand dagegen. Aber der Präsident hatte seine Entscheidung getroffen, noch bevor alle Karten auf dem Tisch lagen[39].

Für die sowjetisch-amerikanischen Beziehungen war die Zeit der Krisendiplomatie damit vorbei, obgleich die Reise Hopkins' nicht das letzte Wort darstellte. Die von Hopkins vorgeschlagene britisch-amerikanische Versorgungskommission traf Ende September 1941 in Moskau ein. Unter der Führung von Harriman (für die Vereinigten Staaten) und Lord Beaverbrook (für die Briten) baute sie auf der Politik auf, für die Roosevelt sich bereits im Juli entschieden hatte. Der spezifische Warenbedarf wurde festgelegt und ein langfristiges Hilfsprogramm erarbeitet. Harrimans offizieller Bericht an Roosevelt wiederholte, was er persönlich zuvor bereits inoffiziell gemeldet hatte: »Rußland kann das neueste amerikanische Gerät sehr wirksam einsetzen, und Rußland wird ungeachtet jeden Rückzugs *weiterhin kämpfen*[40].«

Die Rolle der Sowjetunion im Kampf gegen Deutschland erschien dem Nachrichtendienst des US-Heeres so wichtig, daß er Anfang Oktober jedes Zugeständnis an die Japaner, welches es diesen ermöglichen würde, Streitkräfte vom chinesischen Kriegsschauplatz abzuziehen und Sibirien anzugreifen, als »tollkühn« bezeichnete; die Abteilung »Kriegsplanung« des Heeres teilte diese Auffassung[41]. Mitte Oktober wies Roosevelt General Marshall an, der Lieferung von Versorgungsgütern an die Sowjetunion Vorrang vor allen anderen Lieferungen im Rahmen der Verteidigungshilfe einzuräumen. Zwei Wochen später lehnte der Kongreß erneut Versuche ab, Hilfeleistungen an Rußland im Rahmen des »Leih-Pacht-Gesetzes« zu verbieten. Am nächsten Tag rückte der Präsident von der bisherigen »tropfenweisen« Finanzierung des sowjetischen Versorgungsbedarfs ab, indem er versprach, Vorkehrungen für die Bezahlung von Gütern im Wert von bis zu einer Milliarde Dollar durch eben dieses Gesetz zu treffen. Innerhalb einer Woche unterrichtete der Präsident den Verwalter des Leih-Pacht-Programms, Edward Stettinius, formell davon, daß die Verteidigung der Sowjetunion »für die Verteidigung der Vereinigten Staaten von lebenswichtiger Bedeutung« sei. Dadurch kam die UdSSR für eine Belieferung mit Kriegsmaterial gemäß den Bestimmungen des Leih-Pacht-Gesetzes in Frage[42].

Ende 1941 war das Grundmuster deutlich geworden: Weder Großbritannien noch die Vereinigten Staaten waren bereit, Hilfe an die Sowjetunion in einer Höhe zu gewähren, die ihre eigene Sicherheit gefährden würde. Für den Rest des Krieges aber sah Roosevelt das Erreichen seiner Ziele gefördert durch sein Drängen auf Ausweitung des Unterstützungsprogramms, während Churchill, der andere Interessen zu wahren hatte, sich konsequent zurückhielt.

Die vorstehenden Ausführungen lassen erkennen, daß es unmöglich ist, über dieses Stadium des sowjetisch-amerikanischen Verhältnisses zu schreiben, ohne auf die britischen Reaktionen und die britische Politik einzugehen. Dies ist teilweise darauf zurückzuführen, daß im Zweiten Weltkrieg eine sowjetisch-amerikanische Koalition nie existierte — es sich vielmehr immer um einen britisch-sowjetisch-amerikanischen Zusammenschluß handelte. Die Amerikaner hatten zwar ihre eigenen geistigen und kulturellen Vorstellungen von der Sowjetunion, doch wurde die amerikanische Außenpolitik, insbesondere in den Jahren 1939—1942, von britischen Bedürfnissen, Forderungen und Vorschlägen in hohem Maße beeinflußt. Roosevelt entwickelte zwar eine eigenständige Außenpolitik gegenüber der Sowjetunion, die indes — wie auch in anderen Situationen — oftmals eine Reaktion auf britische Maßnahmen darstellte. Die Frage der Hilfe für die Sowjetunion im Jahre 1941 und die in diesem Zusammenhang spürbaren spannungsreichen Untertöne ließen die Bitterkeit ahnen, die zwischen London und Washington in der Frage einer »zweiten Front« entstehen sollte.

In gewisser Hinsicht hatte der Entschluß Roosevelts, den Sowjets zu helfen, den Zweck, ihre Moral zu heben; dies entsprach der etwas unbekümmerten Gewohnheit des Präsidenten, Leute dadurch herauszufordern, daß er ihnen scheinbar unerreichbare Ziele setzte. Doch in einem tieferen Sinne hatte dieses Hilfsprogramm immer ein politisches Ziel. Zu keiner Zeit im Jahre 1941 behaupteten Roosevelt oder Hopkins, daß die amerikanische Hilfe eine entscheidende Rolle in der Schlacht um Moskau spielen würde. Ganz im Gegenteil: Sie räumten ein, daß größere Hilfssendungen die Russen erst nach dem Bestehen dieser Schlacht würden erreichen können. Desgleichen betrachtete Roosevelt während des ganzen Krieges das Hilfsprogramm für Rußland eher als eine Sache des »guten Glaubens« denn als wertvollen Beitrag zu den sowjetischen Kriegsanstrengungen. Ein sorgfältig urteilender Historiker hat den Wert dieses Beitrages wie folgt geschätzt: »Die Ausrüstungsgegenstände und Versorgungsgüter im Werte von über 10 Milliarden Dollar, die an die Sowjetunion geliefert wurden, stellten lediglich einen geringen Prozentsatz der russischen Produktion dar — die höchsten Schätzungen sprechen von 10 oder 11 Prozent«, auch wenn »Waffen, Industriegerät, Rohstoffe und Lebensmittel kritische Lücken in der russischen Produktion schlossen und es der sowjetischen Industrie ermöglichten, sich auf die Herstellung von Gegenständen zu konzentrieren, für die sie am besten geeignet war[43].« Doch ungeachtet des tatsächlichen Wertes der Leih-Pacht-Lieferungen für die Sowjetunion hatte Roosevelt Größeres im Sinn.

All die Verdachtsmomente, Ausreden und Beschwerden, die Entschuldigungen und das »Sich-an-die-Brust-Schlagen« über die alliierte Hilfe für die UdSSR in der Zeit vom 22. Juni 1941 bis Mitte 1942 können nicht über den fundamentalen Tatbestand hinwegtäuschen, daß die Schlacht um Moskau — wenn auch nur auf Biegen und Brechen — von der Sowjetunion gewonnen wurde.

Mögen die sowjetischen Führer gewankt und sich auf einen Rückzug, eine Niederlage oder gar einen Kompromißfrieden vorbereitet haben: Die sowjetischen Soldaten hielten durch. Daher gehen alle gegenseitigen Beschuldigungen über die alliierte Hilfe während jenes ersten Jahres der russischen Front an der Sache vorbei. Auch ohne die durch den japanischen Angriff auf die Vereinigten Staaten verursachte Versorgungskrise konnte die amerikanische und britische Hilfe an Rußland in diesem Zeitraum von zwölf Monaten lediglich eine Geste und eine Andeutung künftiger Möglichkeiten sein, und dessen waren sich alle Parteien sehr wohl bewußt.

Die Bedeutung der Hopkins-Reise geht also weit über den Entschluß des Präsidenten hinaus, der Sowjetunion kurzfristig Hilfe zu gewähren. Zudem darf bei aller Betonung der machtpolitischen und nationalen Realitäten (also der »Geopolitik«) in der Gestaltung der amerikanisch-sowjetischen Beziehungen die Wirkung von Persönlichkeiten und persönlichen Emotionen nicht unterschätzt werden. Eher intuitiv als aufgrund eindeutiger Indizien ging Franklin Roosevelt davon aus, daß die Sowjetunion in der Nachkriegswelt eine dominierende Rolle spielen werde, wenngleich seine Einschätzung — ebenso wie die aller anderen Beobachter — hinsichtlich des Ausmaßes dieser Rolle sich im Verlaufe des Krieges stetig festigte. Ungeachtet der Reaktion anderer auf die Zunahme der sowjetischen Macht kam Roosevelt zu dem Schluß, daß die erzwungene Kooperation der Kriegsjahre einen Eckstein für eine Zusammenarbeit nach dem Kriege liefern würde. Wäre aber eine solche Politik möglich gewesen, wenn Harry Hopkins oder ein anderer nicht die Beweise geliefert hätte, die Roosevelt im Sommer 1941 benötigte, um eine Hilfszusage an Rußland zu rechtfertigen?

Roosevelt ist regelmäßig dafür kritisiert worden, daß er übermäßig große Rücksicht auf die öffentliche Meinung und die Meinung des Kongresses genommen habe. 1941 aber schlug er den schwierigeren Weg ein und handelte gegen die allgemeine Meinung innerhalb wie außerhalb seiner Regierung, indem er der Sowjetunion sowohl Hilfe als auch Legitimität versprach. Die Reisen von Hopkins und Harriman ermöglichten es Franklin Roosevelt, die Sowjetunion als einen unterstützungswürdigen Verbündeten und nicht als einen Feind oder ein vor dem Zusammenbruch stehendes Kartenhaus zu behandeln. Daß sich Roosevelt schon frühzeitig für ein entsprechendes Hilfsprogramm einsetzte, bezeugt seinen — eher instinktiv empfundenen als logisch begründeten — Sinn für das Potential der Sowjetunion als Nachkriegsmacht. Dies war ein bemerkenswertes Beispiel für Klugheit bei einem Präsidenten, von dem viele behauptet haben, daß er seine Außenpolitik zu sehr »über den Daumen gepeilt« betreibe.

Tatsächlich entsprach solches Handeln einem Grundmuster in der Außenpolitik Roosevelts, der schließlich bereits 1933 die diplomatische Anerkennung der Sowjetunion eingeleitet hatte. Er teilte nie die Empörung und Gefühle von Verratensein, die Botschafter William Bullitt erkennen ließ, als die Sowjetunion entgegen dem Geist des Anerkennungsabkommens ihre Propagandatätigkeit in den Vereinigten Staaten fortsetzte. Selbst der Zorn des Präsidenten über den deutsch-sowjetischen Nichtangriffspakt war eher gedämpft. Er gehörte vielmehr zu denen, die die kurze Lebensdauer dieses Paktes prophezeiten und Stalin warnten, daß sich Hitler nach dem Sieg über Frankreich gegen Rußland wenden werde. Auch das Verhalten Roosevelts während des russisch-finnischen »Winterkrieges« läßt seine Einschätzung erkennen, wonach die Sowjetunion bald zu einem wichtigen Faktor auf der Weltbühne werden würde. Trotz persönlicher Empörung und Abscheu über das sowjetische Vorgehen und trotz des intensiven Druckes in der Öffentlichkeit und im Kongreß, wirksame Maßnahmen zu treffen, um den unterlegenen Finnen moralische, wenn schon nicht tatsächliche Hilfe zu gewähren, vermied Roosevelt jeden offiziellen Abbruch der diplomatischen Beziehungen zur Sowjetunion und begnügte sich mit vagen Verurteilungen der Russen als Aggressoren[44]. Solch kluge Vorsicht verrät vielleicht kein prophetisches Wissen darüber, wo die Sowjetunion 1945 stehen würde, zeigt aber, daß Franklin Roosevelt in der Anerkennung der Sowjetunion als einer »legitimen« Großmacht weiter als die Staaten Westeuropas zu gehen bereit war. Militärische Erfordernisse beherrschten seine unmittelbaren Überlegungen, doch stand der Gedanke an den darauffolgenden Frieden nie sehr weit im Hintergrund.

Bei seinem Entschluß, der Sowjetunion zu helfen, wurde Roosevelt allein von Hoffnung und Intuition geleitet. Seine kurzfristige geopolitische Beurteilung überschattete vorübergehend seine Verpflichtung gegenüber amerikanischen Idealen und Institutionen sowie seinen Glauben an deren Rolle für die Welt — kurzum, seinen Amerikanismus. Diese Verpflichtung sollte freilich erneut deutlich werden, als er sich schließlich im Dezember 1943 in Teheran mit Stalin traf. Doch im Sommer und Herbst 1941 kam es auf die Bereitschaft Roosevelts an, das Überleben der Vereinigten Staaten mit dem der Sowjetunion gleichzusetzen — eine Gleichung, die Stalin begreifen konnte.

Wenn man behauptet, daß die Sowjets die Hilfszusage Roosevelts zu schätzen wußten und sie als wichtigen Schritt in Richtung auf eine Legitimation des Sowjetstaates in den Augen des Westens betrachteten, so bedeutet dies nicht, daß solche »Dankbarkeit« die sowjetische Außenpolitik primär bestimmt hätte. Aber auch wenn Stalin, um Absicherung bemüht, im November 1941 mit den Deutschen zu verhandeln versuchte, so war das öffentliche Versprechen Roosevelts immerhin ein eindrucksvolles, sogar beruhigendes Ereignis für die sowjetischen Führer und das sowjetische Volk (soweit es davon wußte). Immerhin fiel es in einer Zeit, in der nicht weniger als die Existenz des Sowjetstaates und sogar des russischen Nationalstaates auf dem Spiel stand, während Stalin wie auch Roosevelt wußten, daß Deutschland für die Vereinigten Staaten keine unmittelbare Gefahr darstellte. Auch waren sich beide darüber im klaren, daß mit einem Eintreffen amerikanischer Hilfe vor der Entscheidung in der Schlacht um Moskau kaum zu rechnen war. Hätte aber der Präsident keine solchen Zusicherungen gemacht und seine Hilfsmaschinerie erst später auf Hochtouren gebracht, hätte seine Politik der Zusammenarbeit wohl nie das Licht der Welt erblickt.

Trotz der frühen Zusage Roosevelts, er werde sich Churchill gerne anschließen und die Sowjetunion als Verbündeten gegen Hitler begrüßen, gab es keinen Grund zu der Annahme, daß der Präsident versuchen könnte, ein enges, stabiles Verhältnis zu Stalin zu entwickeln. Schließlich blieb die öffentliche Meinung in den Vereinigten Staaten gegenüber jeglichen sowjetischen Absichten mißtrauisch, wenngleich Roosevelt sich darüber hinwegsetzte. Auf Grund schwächster Hinweise, daß die Sowjetunion den Kampf fortsetzen und vielleicht überleben werde, sandte er ihr Versorgungsgüter, mit denen eigentlich Großbritannien gerechnet hatte. Die Vereinigten Staaten selbst hatten mit dieser Entscheidung an sich wenig zu verlieren. Doch war dies nur die eine Seite der Medaille: Die andere war, daß Roosevelt weder sich noch irgend jemand anderem jemals klargemacht haben dürfte, wohin ihn seine Intuition führen würde. Genau daraus aber ergab sich die — im Rückblick so klar erkennbare — Tragweite seiner Entschlüsse. Gleichwohl sollten noch zwei Jahre vergehen, bevor der Präsident sich mit der Wirklichkeit einer sich verändernden Weltlage, nämlich der

Zunahme der sowjetischen Macht und der relativen Verringerung der Rolle Großbritanniens, wirklich abfand. Dabei waren es die Amerikaner und insbesondere Franklin Roosevelt selbst gewesen, die, wie Halifax wehmütig erkannte, 1941 nicht »dort herauskamen, wo man sie erwartet« hätte.

Anmerkungen

* Gründlich überarbeitete Fassung meines Beitrages zum 1. Symposium eines sowjetisch-amerikanischen Projekts über die Geschichte des Zweiten Weltkrieges, das vom 21. bis 23. Oktober 1986 unter der Schirmherrschaft des American Council of Learned Societies/International Research & Exchanges Board und der sowjetischen Akademie der Wissenschaften in Moskau (Sowjetunion) stattfand.

1 Halifax an Sir John Simon, 21. März 1941, Unterlagen von Lord Halifax (Mikrofilm, Winston S. Churchill Library, Churchill College, Cambridge).

2 Soviet Foreign Policy, 1917–1945, hrsg. von A. A. Gromyko und B. N. Ponomarev, Moskau 1981, S. 418.

3 Gabriel Gorodetsky, Stafford Cripps' Mission to Moscow, 1940–1942, Cambridge 1984, S. 112–125; Steven M. Miner, Between Churchill and Stalin: The Soviet Union, Great Britain, and the Origins of the Grand Alliance, Chapel Hill 1988, S. 119–122; F.H. Hinsley, British Intelligence in the Second World War, 4 Bde, London 1979–1988, hier Bd 1, S. 429–483. Die britische Annahme, daß England Hitlers Hauptziel gewesen sei, wird dargelegt von Hinsley, ebd., Bd 1, S. 481 ff., und in geringfügig abgewandelter Form ebd., Bd 2, S. 78 ff.

4 Hull an Steinhardt, 4.3.1941, Foreign Relations of the United States (= FRUS). Hrsg. vom U.S. Department of State, Washington, D.C. Diplomatic Papers. 1941, Bd 1: General. The Soviet Union, Washington 1958, S. 714. Vgl. auch Robert Sherwood, Roosevelt and Hopkins, New York 1950, S. 259; Waldo Heinrichs, Threshold of War, New York, Oxford 1988, S. 60 f.; Barton Whaley, Codeword Barbarossa, Cambridge 1973.

5 Protokoll des Joint Army–Navy Board vom 3.11.1941, zit. nach Edwin T. Layton, Roger Pineau, John Costello, »And I Was There«, New York 1985, S. 176 f.

6 Hopkins, zit. nach Jan Ciechanowski, Defeat in Victory, Garden City, N.J. 1947, S. 26.

7 David Reynolds, The Creation of the Anglo-American Alliance, 1937–1941, London 1982, S. 206; Sherwood, Roosevelt and Hopkins (wie Anm. 4), S. 303 f.

8 Steinhardt an den Außenminister, 17.6.1941, FRUS 1941 (wie Anm. 4), Bd 1, S. 765.

9 Bullitt an Roosevelt, 1.7.1941, zit. nach: »For the President, Personal and Secret«, hrsg. von Orville H. Bullitt, Boston 1972, S. 522.

10 George F. Kennan, Memoirs, 1925–1950, Boston 1967, S. 133 f.

[11] FRUS 1941 (wie Anm. 4), Bd 1, S. 778 f.

[12] Der Briefwechsel von Mitte Juni ist abgedruckt in: Churchill and Roosevelt: The Complete Correspondence, hrsg. von Warren F. Kimball, Princeton 1984, Bd 1; vgl. ferner Winston S. Churchill, The Second World War, 6 Bände, Boston 1948—1953, hier Bd 3, S. 369.

[13] A. A. Berle, Jr. an J. Edgar Hoover, 10.7.1941, FRUS 1941 (wie Anm. 4), Bd 1, S. 790.

[14] PREM 3/469/145—148, Public Record Office (im folgenden: PRO), London; Kimball, Churchill and Roosevelt (wie Anm. 12), Bd 1, Dok. C-114x; Heinrichs, Threshold of War (wie Anm. 4), S. 171.

[15] Z. B. Marshall an Welles, 10.7.1941, in: The Papers of George Catlett Marshall, hrsg. von Larry Bland u. a., Bd 2, Baltimore 1986, S. 564 f. Solche Annahmen haben sowjetische Historiker verärgert: Oleg Rzheshevsky, World War II: Myths and the Realities, Moskau 1984, S. 108—118.

[16] Vgl. Lloyd C. Gardner, A Tale of Three Cities: Tripartite Diplomacy and the Second Front, 1941—1942, in: Soviet—US Relations, 1933—1942, hrsg. von C. Sevost'ianov, Moskau 1989, S. 104—120.

[17] Gorodetsky, Cripps' Mission (wie Anm. 3), S. 196 ff.

[18] Military Report von H. L. Ismay, 6.10.1941, British Cabinet Papers (CAB) 120/36, Anlg. II zum Bericht über die Moskauer Konferenz, 29. Sept.—1. Okt. 1941, PRO.

[19] Nach einer Niederlage der Sowjets zielte die deutsche militärische Planung auf einen Angriff durch den Kaukasus und die Türkei auf die britische Stellung im Nahen Osten ab; vgl. Hinsley, British Intelligence (wie Anm. 3), Bd 2, S. 67, 97.

[20] Gorodetsky, Cripps' Mission (wie Anm. 3), S. 184, 194. Die ungünstige britische Einschätzung des Streitkräftepotentials der Sowjets lag in den 30er Jahren begründet: Vgl. James S. Herndon, British Perceptions of Soviet Military Capability, 1935—1939, in: The Fascist Challenge and the Policy of Appeasement, hrsg. von Wolfgang J. Mommsen und Lothar Kettenacker, London 1983, S. 297—319.

[21] Vgl. die Beispiele in FRUS 1941 (wie Anm. 4), Bd 1, S. 766—802, ferner die Mitteilung von A. A. Berle, Jr. an Hopkins am 30.7.1941, Harry L. Hopkins Papers — Sherwood Collection, Buch 4, Franklin D. Roosevelt Library (FDRL), Hyde Park, NY; Mitteilung von Marshall an Gen. Arnold am 16.7.1941, Marshall Papers (wie Anm. 15), Bd 2, S. 567 f.; Theodore Wilson, In Aid of America's Interests: The Provision of Lend-Lease to the Soviet Union, 1941—1942 in: Soviet-US Relations (wie Anm. 16), S. 125 f.

[22] Pressekonferenz vom 23.6.1941, zit. nach FRUS 1941 (wie Anm. 4), Bd 1, S. 767 f.

[23] Edward M. Bennett, Franklin D. Roosevelt and the Search for Security: American—Soviet Relations, 1933—1939, Wilmington 1985; Thomas R. Maddux, Watching Stalin Maneuver between Hitler and the West: American Diplomats and Soviet Diplomacy, 1934—1939, Diplomatic History, 1, Frühjahr 1977, S. 140—154; Eduard Mark, October or Thermidor?, Interpretations of Stalinism and the Perception of Soviet Foreign Policy in the United States, 1927—1947, in: American Historical Review, vol. 94, Nr. 4, October 1989, S. 937—962.

[24] Heinrichs, Threshold of War (wie Anm. 4), S. 104.

[25] Die erste Umfrage ist erwähnt in Mark, October or Thermidor? (wie Anm. 23), S. 945. Die zweite bei Bennett, Franklin D. Roosevelt (wie Anm. 23), Kap. 2, Anm. 52.

[26] Prime Minister's Operational Files (PREM) 3/224/2, PRO, S. 66.

[27] Sherwood, Roosevelt and Hopkins (wie Anm. 4), S. 321.

[28] Ebd., S. 318 (Hervorhebung W.F. K.).

[29] Ebd., S. 321f.

[30] Ebd., S. 308, 315; Cripps Tagebuch, 30. Juli 1941, zit. in: Gorodetsky, Cripps' Mission (wie Anm. 3), S. 200.

[31] Tagebuch des Präsidenten, 4.8.1941, Henry Morgenthau Jr. Papers, FDRL; Heinrichs, Threshold of War (wie Anm. 4), S. 146—179, enthält eine zusammenfassende Beschreibung der Kämpfe um die Zuteilung der Nachschubgüter in den Vereinigten Staaten. Zu Roosevelts Weisungen über Unterstützungsmaßnahmen vgl. ebd., S. 140, 172, sowie: F.D.R. His Personal Letters, 1928—1945, hrsg. von Elliott Roosevelt, 3 Bde, New York 1950, hier Bd 2, S. 1195f.

[32] Harriman Oral History, Eleanor Roosevelt Papers Nr. 78—15, FDRL; Reynolds, Creation (wie Anm. 7), insbes. S. 206f., S. 213—220.

[33] Sherwood, Roosevelt and Hopkins (wie Anm. 4), S. 417.

[34] Churchill an Hopkins, 28.8.1941, PREM 3/224/2, S. 37, PRO.

[35] Sherwood, Roosevelt and Hopkins (wie Anm. 4), S. 344.

[36] Ebd., S. 330, 344f.; Niederschrift einer Konferenz im Kreml am 31.7.1941, Hopkins Papers — Sherwood Collection (wie Anm. 21).

[37] Hopkins an Roosevelt, Hull und Welles, 1.8.1941, FRUS 1941 (wie Anm. 4), Bd 1, S. 814.

[38] Miner, Between Churchill and Stalin (wie Anm. 3), S. 152.

[39] Sherwood, Roosevelt and Hopkins (wie Anm. 4), S. 353, 356, 359.

[40] Harriman an Roosevelt, 29.10.1941, FRUS 1941 (wie Anm. 4), Bd 1, S. 851 (Hervorhebung W.F. K.).

[41] Heinrichs, Threshold of War (wie Anm. 4), S. 193.

[42] Marshall an Stimson, Notiz vom 14.10.1941, Marshall Papers, Bd 2 (wie Anm. 15), S. 645; Roosevelt an Stalin, 30.10.1941, FRUS 1941 (wie Anm. 4), Bd 1, S. 851; Roosevelt an Stettinius, 7.11.1941, ebd., S. 857.

[43] George C. Herring, Jr., Aid to Russia, 1941—1946, New York 1973, S. 286. Die sowjetische Schätzung von 4 % beruht auf Leih- und Pachtgütern, die tatsächlich in der Sowjetunion eintrafen, während sich Herrings Statistik auf Güter abstützt, die erst noch die Angriffe der deutschen Uboote, Flugzeuge und Schiffe in und über dem Nordmeer überstehen mußten. Die sich bei Halbierung der Differenz ergebenden 7 % scheinen einer realistischen Schätzung zu entsprechen.

[44] Bennett, Franklin D. Roosevelt (wie Anm. 23), S. 181—186; Robert Dallek, Franklin D. Roosevelt and American Foreign Policy, New York 1979, S. 209—212.

Lothar Kettenacker

Großbritannien und der deutsche Angriff auf die Sowjetunion

Als Führungsmacht der westlichen Demokratien hatte Großbritannien entscheidenden Anteil am Ausbruch des europäischen Krieges: Es hatte mit der Garantie Polens von vornherein den casus belli festgelegt und damit Hitler die »freie Hand« im Osten verweigert. Mit dem Bündnisangebot Churchills gegenüber der Sowjetunion am 22. Juni 1941 trug die britische Regierung wesentlich dazu bei, daß sich der europäische zu einem Weltkrieg ausweitete. Dank britischer Unterstützung stand nunmehr auch das »Arsenal der Demokratien« — so hatte Roosevelt sein Land bezeichnet[1] — der partout nicht demokratischen Sowjetunion als Waffenlieferant bei. Die militärischen Stäbe beider angelsächsischen Mächte hatten sich bereits im Frühjahr 1941 darauf verständigt, daß im Falle einer Ausweitung des Krieges dem europäischen Kriegsschauplatz Priorität einzuräumen sei[2].

Großbritannien hatte es verstanden, mit der geschickten, aber doch auch allzu durchsichtigen Instrumentalisierung fremder Machtmittel Entscheidungen von großer historischer Tragweite herbeizuführen. Im September 1939 bestand das Machtpotential, über das London großzügig verfügte, vorwiegend aus polnischen und französischen Divisionen; Royal Navy und Royal Air Force konnten dem ganz auf den Landkrieg fixierten Gegner zunächst wenig anhaben und dienten denn auch vor allem der Verteidigung des Inselstaates. Im Jahre 1941 hatte Großbritannien zwar durch seinen einsamen Widerstand gegen das sich über Europa ausdehnende Reich Hitlers viel moralischen Kredit angesammelt, sonst aber bis auf die siegreiche Abwehr der deutschen Luftwaffe nur militärische Niederlagen hinnehmen müssen. Ohne amerikanische Kredite konnte der Krieg nicht länger fortgesetzt werden. Schon Ende 1940 hatte London den USA sämtliche Goldreserven als Sicherheiten überlassen müssen; sie wurden von einem US-Kriegsschiff in Simonstown (Südafrika) in Empfang genommen, ohne Rücksicht auf die Klagen des britischen Premierministers über die damit verbundene Souveränitätseinbuße[3]. Die britische Siegeszuversicht beruhte auf der Überzeugung, daß die britischen Inseln nicht zu bezwingen seien, und der Erwartung, in unbegrenztem Ausmaß über amerikanische Res sourcen verfügen zu können. Hinzu trat die Gewißheit, daß sich Hitler immer mehr Feinde und Großbritannien immer mehr Verbündete zulegen würde. Man ist geneigt, hier die diplomatische Verfahrensweise einer alten Handelsmacht am Werk zu sehen, die sich ohne allzu große militärische Anstrengungen zur größten Weltmacht der Neuzeit aufgeschwungen hatte: Der Einsatz fremder Machtmittel verstand sich von selbst, genauso wie die Inanspruchnahme geliehenen Kapitals zur Ausweitung eines Wirtschaftsunternehmens. Dies ist allerdings auch insofern nicht erstaunlich, als die politischen Mittel von ihrer letzten Zweckbestimmung geprägt waren: Frieden hieß für Großbritannien nicht nur Waffenstillstand in einem ständigen Ringen der Völker um Vormacht, sondern zunehmende Anpassung der internationalen Beziehungen an die Vertragsnormen der bürgerlichen Gesellschaft.

Das Dilemma der britischen Politik bestand darin, daß die bürgerliche Gesellschaft gerade in der Zwischenkriegszeit durch Bolschewismus und Faschismus, insbesondere aber durch Stalin und Hitler, grundsätzlich in Frage gestellt wurde, und zwar innen- wie außenpolitisch. Man könnte auch sagen, der europäische Kontinent entfernte sich wie im Zeitalter des Absolutismus von der »civic culture«, der politischen Kultur Großbritanniens[4]: Diktatoren mit einem ganz anderen, kruderen, atavistischeren Machtverständnis gaben den Ton an und ließen sich dabei — und damit wurde die britische Common sense-Schwelle vollends überschritten — in ihrer politischen Perzeption auch noch von ideologischen Prämissen leiten. Immer wieder wurde in London konsequent und stringent der ideologische Charakter der nationalsozialistischen und sowjetischen Politik verdrängt. Ungeachtet der auf dem Kontinent vor sich gehenden Veränderungen blieb die Betrachtungsweise der britischen Führungselite dem traditionellen Politikverständnis verhaftet: Psychologische Kriterien und historisch-nationale Interessen bildeten den Orientierungsrahmen. So erklärt es sich, daß dem Vorgehen gegenüber Hitler und dem Umgang mit Stalin eine Parallelität zugrundeliegt, die auf den ersten, stets von der Unmittelbarkeit der Ereignisse bestimmten Blick nicht leicht erkennbar ist[5]. Lief die Appeasementpolitik gegenüber Hitler, obwohl als Kriegsverhütungsstrategie konzipiert, auf den Kriegsausbruch zu, so mündete das Werben um Stalins Gunst und Wohlverhalten mit der gleichen Folgerichtigkeit im Kalten Krieg. Beide Male war das Scheitern gewissermaßen vorprogrammiert.

Der amerikanische Historiker Steven M. Miner, der als letzter die britisch-sowjetischen Beziehungen von 1939 bis zum Bündnisvertrag vom 26. Mai 1942 genau untersucht hat, vertritt die durchaus plausible These, daß die Anfänge des Kalten Krieges in diese Jahre einer fehlgeleiteten und prinzipienlosen Goodwill-Politik zurückzuführen seien[6]. Er beruft sich dabei auf George Kennan, der sich 1982 von dem Begriff »Kalter Krieg« distanzierte, indem er auf die Kontinuität der Beziehungen, nämlich der kontinuierlich spannungsreichen Beziehungen, zwischen den westlichen Demokratien und der Sowjetunion verwies[7]. Tatsächlich beschreibt der Begriff strenggenommen nur einen Perzeptionswandel im Westen. Dieses Umdenken wurde überhaupt erst durch das den tatsächlichen Charakter der Ost-West-Beziehungen verschleiernde Bündnis Großbritanniens mit der Sowjetunion und die damit verbundenen Illusionen unumgänglich. Die britische Politik hat Hitler und Stalin, die größten Schurken des 20. Jahrhunderts, sozusagen salonfähig gemacht, jeweils in der irrigen Annahme, den Parvenu durch Aufnahme in den Club der traditionellen Großmächte an die Umgangsformen der zivilisierten, d. h. westlich-demokratischen Gesellschaft gewöhnen zu können. Auch hier die Vorstellung, als ließen sich gesellschaftliche Karrieremuster — die Nobilitierung des Emporkömmlings und die Nutzung seines Vermögens für wohltätige Zwecke — ohne weiteres auf die internationale Politik, also gewissermaßen in ein anderes Koordinatensystem übertragen. Natürlich gab es immer wieder Zweifel an dem Kurs beflissener Vertrauensbildung, vor allem von Seiten Churchills, der sich mit seinem ausgeprägteren Selbstbewußtsein dann auch bei Stalin mehr Respekt verschaffte als andere westliche Staatsmänner. Aber insgesamt bleibt festzuhalten, daß alle Bemühungen der westlichen Alliierten das ideologisch bedingte und systemimmanente Mißtrauen Moskaus grundsätzlich nicht zu beseitigen vermochten, was nicht ausschloß, daß einzelne Schritte dann auch als Zeichen der Schwäche und Anmaßung gedeutet wurden.

Wieweit das »Mißtrauen« Stalins — ein Ausdruck, der die englische Mutmaßungen wie ein Leitmotiv durchzieht — tatsächlich primär ideologisch bedingt war, ist ohne eine quellengestützte Rekonstruktion der Entscheidungsprozesse, ohne intime Kenntnisse über den Führungsstil Stalins schlechterdings nicht zu entscheiden. Wenn man nicht westlichen common sense zum einzigen Maßstab politischen Handelns verabsolutiert, muß man davon ausgehen, daß die Diktatoren der Zwischenkriegszeit keine bloßen Zyniker waren, vielmehr an die von ihnen gepredigte Heilsbotschaft auch wirklich geglaubt haben[8]. Diese Erkenntnis läßt dann nur die Schlußfolgerung zu, daß sich für Moskau an Großbritannien als Klassenfeind auch nach dem Bündnis prinzipiell nichts geändert hatte, genauso wie der Ribbentrop-Molotov-Pakt den nationalsozialistischen Lebensraumtraum im Osten nicht aufhob, sondern, im Gegenteil, die erste Phase seiner Verwirklichung markierte. Es konnte deshalb aus sowjetischer Sicht nur Zweckbündnisse von begrenzter Dauer und Nützlichkeit geben, die so honoriert wurden wie Lieferverträge aus dem Westen, aber nicht das, worauf es Großbritannien ankam: Vertrauen und langfristige Zusammenarbeit. Dies hätte revolutionäre Systemveränderungen von einem Ausmaß vorausgesetzt, wie wir sie erst in diesen Tagen erleben. Der »Große Vaterländische Krieg« trug jedoch letztlich dazu bei, das bestehende System zusammenzuschweißen, nicht es zu erschüttern. Die ideologische Interpretation des Geschehens wurde auf sowjetischer Seite dann noch durch die Gewichtung der realpolitischen Gegebenheiten verstärkt, d.h. durch die Frage nach den stärkeren Bataillonen und dem größeren Nutzen. Es schien lohnender, sich mit dem beutehungrigen deutschen Diktator auf der Basis einer Aufteilung Ostmitteleuropas zu verständigen, als von den »dekadenten« Demokratien so im Stich gelassen zu werden wie Polen. Ideologie und Realpolitik, so die Moskauer Sicht, ergänzten sich. Beide Aspekte müssen bei einer Untersuchung der britisch-sowjetischen Beziehungen vor und nach dem deutschen Angriff gleichermaßen berücksichtigt werden.

Man hat sich in London offenbar nicht hinreichend Rechenschaft darüber gegeben, welchen Eindruck die militärische Untätigkeit der westlichen Alliierten nach dem deutschen Angriff auf Polen in Moskau hinterließ, wie sehr sie sich als eine Bestätigung der Motive erwies, die zum deutsch-sowjetischen Nichtangriffspakt[9] geführt hatten. Gewiß stellten die britischen Bemühungen um eine Verbesserung des Verhältnisses zu Moskau nach Kriegsausbruch den Versuch dar, Lehren aus den Fehlern der gescheiterten Verhandlungen im Sommer 1939 zu ziehen: Eine glaubwürdige, abschreckende Wirkung zeitigende Garantie Polens hätte einen Pakt mit Rußland zur Voraussetzung haben müssen. Nach dem Nichtangriffspakt — das Signal für den deutschen Überfall auf Polen —, dem Einmarsch der Roten Armee in Ostpolen am 17. September und dem deutsch-sowjetischen Freundschaftspakt elf Tage später hätte London allen Grund gehabt, sich zumindest in eisiges Schweigen zu hüllen. Statt dessen: eine vorsichtige, aber stetige Politik des Anbiederns, die dem Ansehen Großbritanniens im Kreml nur schaden konnte. Das sowjetische Vordringen bis zur Curzon-Linie wurde nur mit der Erklärung quittiert, daß man die neue Aufteilung Polens nicht anerkennen könne; der französischen Protestnote schloß sich London nicht an[10]. Churchill rechtfertigte sogar das Vorrücken der Roten Armee, indem er am 1. Oktober im Rundfunk erklärte: »That Russian armies stand on this line, was clearly necessary for the safety of Russia against the Nazi menace[11].« Kein Wort über die Wiederherstellung der polnischen Vorkriegsgrenzen. Man war ängstlich darum bemüht, den Abbruch der Beziehungen zu Moskau zu vermeiden. Über Handelsgespräche sollten die Verbindungen aufrechterhalten bleiben, obwohl gerade die deutsch-sowjetische Kooperation auf dem Gebiet der Wirtschaft nicht ausschloß, daß letztlich das Reich der Nutznießer von Lieferungen aus dem Westen sein mochte. Stalin ignorierte die britischen Vorschläge und scherte sich nicht um die öffentliche Meinung im Westen, als er Finnland angriff. London nahm Zuflucht zu Völkerbundsresolutionen, die das Vorgehen der sowjetischen Regierung verurteilten und damit so gut wie nichts bezweckten[12]. Wie Polen so war auch Finnland allein seinem Schicksal ausgeliefert. Von Frankreich initiierte Pläne, die für Deutschland wichtigen Erdölindustrien bei Baku durch konzentrierte Luftangriffe zu zerstören, wurden trotz eines befürwortenden Gutachtens der Chiefs of Staff ad acta gelegt[13]. Nichts geschah, was Stalin in irgendeiner Weise sonderlich beeindruckt hätte. London zog diplomatische Manöver vor, die nichts kosteten, wie etwa den Besuch des Außenministers in Ankara »to show the flag«.

Das deutsch-sowjetische Handelsabkommen vom 11. Februar 1940[14] unterminierte die britischen Blockademaßnahmen vollends. Gleichwohl ließ man es zu, daß der linke Labour-Politiker Sir Stafford Cripps, seit Jahren eifriger Befürworter einer Allianz mit der Sowjetunion, zu Sondierungsgesprächen nach Moskau aufbrach, die prompt ergebnislos verliefen[15]. Stalin ließ die Briten sozusagen an der ausgestreckten Hand zappeln. Die sowjetische Einstellung oszillierte Woodward zufolge zwischen »unfriendly neutrality« und »non-belligerent enmity«, (letzteres eine Umschreibung für »kalten Krieg«)[16]. Erst als die britische Navy im Fernen Osten zwei sowjetische Frachter mit kriegswichtigen Ladungen aufgebracht hatte, zeigte Moskau wieder ein gewisses Interesse an der Aufnahme von Handelsbeziehungen, wobei jedoch völlig unklar blieb, ob nicht am Ende auch Deutschland von einem Tauschhandelsabkommen profitieren würde. Die sowjetischen Handelsbeziehungen mit dem Reich, so wurde den Briten unmißverständlich bedeutet, gingen sie nichts an[17]. Mit anderen Worten, Molotov konnte die Aufrechterhaltung von Kontakten zum Westen auch gegenüber dem deutschen Botschafter gut begründen. Schließlich untersagte der Nichtangriffspakt die Kooperation mit anderen Mächten gegen den Vertragspartner. Als die Verhandlungen ins Stocken gerieten, bot sich Sir Stafford Cripps erneut als Retter in der Not an. Moskau bestand darauf, daß Cripps nur als ordentlicher Botschafter willkommen war; der britische Botschafterposten war seit dem sowjetischen Angriff auf Finnland nicht besetzt.

Die Botschaftertätigkeit des linken, sozialistischen Labour-Politikers war alles in allem ein Fiasko; linksliberale Versuche einer Ehrenrettung seiner Mission wie die Studie von Gabriel Gorodetsky ändern nichts an dieser Feststellung: Er war der falsche Mann am falschen Ort. Das mit Rußland befaßte Northern Department des Foreign Office hätte einen selbstbewußt auftretenden Aristokraten, »a rude duke«, vorgezogen[18], eine Auffassung, mit der sich später auch Churchill identifizierte. Erst nach dem Krieg nämlich dämmerte es Churchill, daß die Sowjets linke Labour-Politiker noch weniger ausstehen konnten als konservative[19], eine Einsicht, die jedem deutschen Sozialdemokraten geläufig ist. Mit seiner gutgemeinten Diplomatie ging der neue Botschafter, die Inkarnation britischer Appeasementmentalität, sowohl seinen sowjetischen Gesprächspartnern als auch den Beamten des Foreign Office auf die Nerven. Als Stalin ihn zum ersten Mal empfing, nach der unerwarteten Niederlage Frankreichs, gab er zwar seiner Erleichterung darüber Ausdruck, daß die britische Regierung das »Friedensangebot« Hitlers abgewiesen hatte, machte aber zugleich keinen Hehl daraus, daß der in Frage stehende Handelsvertrag die Einfuhr nichteisenhaltiger Metalle vorsah, die für die deutsche Produktion bestimmt waren — angeblich für die Herstellung von Maschinen für die Sowjetunion. Die Grundlage des Paktes mit Deutschland, erklärte er ganz unverblümt dem Botschafter, sei das gemeinsame Bestreben gewesen, das alte, von Großbritannien und Frankreich aufrechterhaltene Gleichgewicht in Europa außer Kraft zu setzen[20]. Auskünfte wie diese hielten den britischen Botschafter indes nicht davon ab, alle erdenklichen Anstrengungen für eine Verbesserung der Beziehungen zu unternehmen. So warb er in London dafür, die inzwischen durch den sowjetischen Einmarsch vollzogene Annexion der baltischen Staaten de facto anzuerkennen und den Aggressionsakt auch noch durch Übergabe der baltischen Goldreserven in London zu honorieren. Er fühlte sich von den Beamten des Foreign Office im Stich gelassen, die nicht bereit waren, sämtliche Trümpfe ohne ersichtlichen Gegenwert aus der Hand zu geben. In seiner illusionären Suche nach Verständigungsmöglichkeiten bot Cripps der sowjetischen Regierung eine langfristige Zusammenarbeit nach dem Krieg an, einem Krieg, dessen Ausgang noch völlig unbestimmt war[21]. Auf diese und ähnliche Initiativen erfolgte von sowjetischer Seite meist keine Reaktion. Immer wieder führte der Botschafter darüber Klage, daß Molotov ihn nicht zu sehen wünsche. Das Ziel der britischen Politik bestand zunächst darin, Moskau zu einer Reduzierung seiner Rohstofflieferungen an Deutschland zu bewegen, um so die Wirkung der britischen Blockademaßnahmen zu intensivieren, und zwar durch einen konkurrierenden Handelsvertrag, der die ins Reich gelieferten Mengen herabsetzen würde. Als alles gute Zureden nichts fruchtete, verschmähte der in hohem Maße frustrierte Botschafter auch Drohgebärden nicht, indem er sich in Andeutungen über die Möglichkeit eines britischen Verhandlungsfriedens mit Hitler erging[22]. Der spektakuläre Flug von Heß und die Art und Weise, wie der Fall in London gehandhabt wurde[23], dürften diesen Andeutungen dann aus Moskauer Sicht im nachhinein mehr Substanz gegeben haben, als sie je enthielten. Insgesamt kam diese Diplomatie dem Bündniswert Großbritanniens gewiß nicht zustatten und war geeignet, in Moskau die Furcht zu schüren, es könne den Briten am Ende doch noch gelingen, Hitler einen Vorwand für kriegerische Auseinandersetzungen zu liefern.

Statt Stalin im Umgang mit Hitler den Rücken zu stärken, wie es sich die Londoner Diplomatie erhofft hatte, trat das genaue Gegenteil ein: die Demonstration einer geradezu willfährigen Loyalität, das ängstliche Bemühen Moskaus, auch nur den Anschein einer Provokation gegenüber den Deutschen zu vermeiden. Alle Informationen aus westlichen, zumal britischen Quellen, darunter persönliche Botschaften Churchills, über die deutschen Angriffsvorbereitungen wurden bekanntlich von Stalin ignoriert[24]. Die Vorstellung, daß es viel mehr im wohlverstandenen Interesse der westlichen Demokratien liegen mußte, die Sowjetunion in den Krieg zu manövrieren, als in dem Hitlers, ein seine Lieferverträge peinlich genau einhaltendes Land anzugreifen, verdichtete sich bei Stalin zu einer Obsession, die rechtzeitige Gegenmaßnahmen vereitelte und fatale Folgen für die Rote Armee haben sollte.

In London herrschte indes keineswegs letzte Klarheit über die wahren Absichten Hitlers, d.h. darüber, wie man die immer deutlicher zutage tretenden Truppenkonzentrationen interpretieren sollte. Waren es Druckmittel, um die Sowjetunion zu weiteren Konzessionen zu zwingen, oder waren es Kriegsvorbereitungen für den Ernstfall, einen kaltblütigen Angriff? Bis Ende Mai 1941 herrschte die Meinung vor, daß Stalin wahrscheinlich allen deutschen Forderungen nachgeben werde. Alle Überlegungen hinsichtlich der tatsächlichen Motive Hitlers offenbaren die britische Vorliebe für common sense und mangelndes Verständnis für die ideologischen Dimensionen der nationalsozialistischen Politik: »On the economic side it appeared that Hitler could obtain by negotiation practically everything which Russia could provide. War would reduce if not dry up Russian supplies for a considerable time[25].« Während der letzten zwei Wochen vor dem deutschen Angriff tendierten die britischen Experten zur Annahme eines Krieges, sei es, weil Hitler es darauf abgesehen hatte, sei es, weil Stalin nicht nachgeben würde. Immer noch nahm man an (wie wohl auch Stalin), daß der deutsche Diktator den Gegner erst einmal mit einem Katalog unerfüllbarer Forderungen konfrontieren werde. Daß aber ein deutscher Angriff unmittelbar bevorstand, darüber gab es Mitte Juni in London kaum mehr Zweifel.

Was den mutmaßlichen Verlauf des Krieges betraf, so lagen die britischen Experten mit ihren Prognosen allerdings völlig daneben. In der Einschätzung der russischen Widerstandskraft ließ es nicht nur der deutsche Generalstab an Realitätssinn fehlen: Die britischen Sachverständigen gaben der Roten Armee nicht die geringste Chance. An der raschen Niederlage der durch die Säuberungen geschwächten schlecht geführten und schlecht ausgerüsteten Armee zweifelte in Whitehall niemand: »Like a hot knife through butter«[26], so stellte man sich den deutschen Vormarsch in Rußland vor; der völlige Zusammenbruch des Widerstands schien nur eine Frage von Wochen oder Monaten zu sein. Sir Stafford Cripps berichtete dem War Cabinet am 16. Juni 1941: »The prevailing view in diplomatic circles in Moscow was that Russia could not hold out against Germany for more than three or four weeks. By the end of that time the enemy might be in Leningrad, Moscow and Kieff [sic!]. It remained to be seen whether the Russian Army on the Western Front would be able to maintain themselves in being, and to fall back on Siberia[27].« Churchill scheint einer der wenigen gewesen zu sein, die den allgemeinen Pessimismus hinsichtlich der Widerstandsfähigkeit Rußlands nicht ganz teilten[28].

Und es war der britische Premierminister, der, ohne vorherige Absprache mit dem Kabinett, noch am Tage des deutschen Angriffs auf die Sowjetunion dieser die Hand zum Bündnis reichte und damit eine der folgenreichsten Entscheidungen des Krieges traf. Tags zuvor von seinem Privatsekretär auf seine bisherige antikommunistische Einstellung angesprochen, bemerkte er, sein einziges Lebensziel sei die Vernichtung Hitlers: »If Hitler invaded Hell he would at least make a favourable reference to the Devil[29].« Seine Rundfunkrede am Abend des 22. Juni war eine rhetorische Glanzleistung, aber es waren Worte, große, bewegende Worte, denen keine adäquaten Taten folgten und die somit den britischen Großmachtstatus am Ende nur weiterer Erosion aussetzten. Denn Großbritannien begab sich nunmehr in Abhängigkeit gegenüber einer Macht, die sich bisher nicht im geringsten um britische Interessen geschert hatte. »Any man or State«, erklärte Churchill, »who fights on against Nazidom will have our aid [...] We shall give whatever help we can to Russia and the Russian people. We shall appeal to all our friends and allies in every part of the world to take the same course and pursue it, as we shall, faithfully and steadfastly, to the end[30].« Der amerikanische Botschafter hatte kurz zuvor mündlich die wichtige Nachricht überbracht, daß Roosevelt im Falle eines deutschen Angriffs auf die Sowjetunion das Bündnisangebot des Premierministers öffentlich unterstützen werde[31].

Churchill war es so gelungen, noch am Vorabend der deutschen Offensive die wirtschaftliche Vormacht des Westens mit der Sowjetunion im Kampf gegen Hitler zu vereinen und damit dem Krieg eine ganz neue Wendung zu geben. Um diesen Schritt gegenüber den Amerikanern und den englischen Tories plausibel erscheinen zu lassen, war in der britischen Propaganda fortan immer nur von »Russia«, nicht mehr von »Soviet Union« die Rede. Churchill hatte in seiner Rede den neuen Ton angeschlagen: »I see the Russian soldiers standing on the threshold of their native land, guarding the fields which their fathers have tilled from time immemorial[32].« Er ging davon aus, daß der deutsche Angriff im Osten nur das »Vorspiel« für die nachfolgende Invasion der britischen Inseln sei. Auch er unterschätzte also den russischen Widerstand ebenso wie die Bedeutung des Ostfeldzugs in Hitlers Plänen. Als wichtigste Auswirkungen eines deutschen Angriffs im Osten hatte das Joint Intelligence Committee der Stabschefs am 9. Juni genannt: Aufschub der geplanten Invasion, weite Ausbreitung der deutschen Verbände und Verminderung des Luftkrieges über dem Atlantik und den britischen Inseln. Zwar wurden die defensiven Fähigkeiten der Roten Armee höher eingeschätzt als ihre Offensivkraft, gleichwohl traute man der Wehrmacht zu, in vier bis sechs Wochen die Ukraine zu besetzen »and possibly to reach Moscow«[33]. Gewiß war die Entscheidung Churchills für ein Bündnis mit der Sowjetunion grundsätzlicher Natur, wie er das in seiner Rede angedeutet hatte. Doch dürfte auch die Gewißheit eine Rolle gespielt haben, daß der Vormarsch der deutschen Armeen nicht aufzuhalten war. So gesehen kam es darauf an, Stalin den Gedanken an Kapitulation auszureden und ihn dazu zu bewegen, den Widerstand in irgendeiner Form fortzusetzen. Die Weite des russischen Raumes und die Weigerung Alexanders I., um Frieden zu bitten, waren schließlich auch der »grande armée« Napoleons zum Verhängnis geworden. Mehr als alle anderen britischen Politiker und Militärs seiner Zeit dachte Churchill in historischen Kategorien.

Noch vor der klärenden Rundfunkrede des Premierministers war der russische Botschafter Majskij bei Außenminister Eden vorstellig geworden, um die Gewißheit zu erhalten, daß Großbritannien seinen Widerstand gegen Hitler unvermindert fortsetzen werde. Offensichtlich rechnete die sowjetische Regierung mit einem gleichzeitigen deutschen Friedensangebot an London, dem die Briten möglicherweise so wenig zu widerstehen vermochten wie Stalin der Offerte eines Nichtangriffspaktes. An einer Stelle des Gesprächs kam die Sorge vor einem Separatfrieden, zu der zuletzt der spektakuläre Flug von Rudolf Heß Anlaß gegeben hatte, ganz unverholen zum Ausdruck[34]. Eden versuchte den sowjetischen Botschafter zu beruhigen und sagte eine Intensivierung der Kampftätigkeit im Westen zu. Der amerikanische Militärattaché General Raymond E. Lee traf den Nagel auf den Kopf, als er das Hilfsangebot Churchills mit den Worten kommentierte: »This does not mean very much. They made the same promise to Poland which was too remote for them to reach. Russia is even more remote than Poland[35].« Tatsächlich war die Rede Churchills in erster Linie eine Demonstration britischen Durchhaltewillens: Hitler, Amerika, die Welt sollten nicht glauben, daß sich an der britischen Kriegsentschlossenheit durch die neue Lage etwas geändert habe.

Der nunmehr umworbene britische Botschafter wurde keineswegs sofort ermächtigt, einen formellen Bündnisvertrag in die Wege zu leiten, obwohl er von Molotov sogleich mit diesem Ansinnen konfrontiert wurde. Erst sollte sich, so sah es Cripps selbst, angesichts der bisherigen Beziehungen ein neues Vertrauensverhältnis herauskristallisieren, bevor an vertragliche Abmachungen zu denken war[36]. Noch glaubte man in London, sich mit nicht genauer spezifizierten wirtschaftlichen und militärischen Unterstützungsaktionen zunächst von einer zu engen politischen Liaison fernhalten zu können. »We shall do everything«, ließ Churchill den sowjetischen Diktator wissen, »to help you that time, geography, and our growing resources allow[37].« Die Einschränkungen dieses Satzes sollten die britisch-sowjetischen Beziehungen fortan viel nachhaltiger bestimmen als die in ihm enthaltene Zusicherung. Schon eine Woche nach dem deutschen Überfall war den Briten ein Katalog von Forderungen präsentiert worden, der ihnen die Sprache verschlug: 3000

Jagdflugzeuge, 3 000 weitere Flugzeuge, 20 000 Luftabwehrgeschütze u. a. m.[38]. Und wenn schon Beistand, so der Standpunkt Molotovs, dann auch auf vertraglicher Grundlage. Die britische Regierung ihrerseits freilich hätte sich in dieser Situation so wie die amerikanische auf die technisch-militärische Zusammenarbeit mit der Sowjetunion beschränken können. »They could sign nothing«, war eine der vier Optionen, die Sir Orme Sargent vom Foreign Office seiner Regierung empfahl[39].

Warum ließ man sich jetzt Schritt für Schritt zu vertraglichen Vereinbarungen überreden? Eine Tagebucheintragung von Sir Alexander Cadogan vom 30. Juni 1941 ist in diesem Zusammenhang sehr aufschlußreich: »No plans for raids«, klagt er. »Nothing doing! The effect throughout the world will be frightful. And they expect ›diplomacy‹ to effect something[40]!« Die Diplomatie sollte mithin Kompensation für militärische Inaktivität schaffen. Hinzu kam, daß beide Seiten glaubten, sich nur durch vertragliche Vereinbarungen gegenseitig vor einem Separatfrieden schützen zu können. Stalin allerdings hatte gar keine andere Wahl als den Kampf ums schiere Überleben fortzusetzen, da Hitler nichts weniger als die totale Zerstörung der UdSSR anvisierte. Die britische Regierung dagegen hatte freie Hand und ließ es geschehen, daß diese sozusagen in die sowjetische Tasche gesteckt und kräftig gedrückt wurde. Dabei war man sich in London über die Radikalität der nationalsozialistischen Zielsetzung, die gar keinen Kompromißfrieden im Osten vorsah, noch immer nicht restlos im klaren. Hätte jetzt die britische Regierung mehr Realitätssinn an den Tag gelegt und sich auf eine vertraglich nicht geregelte Position zurückgezogen, so wäre diese Politik vom Kreml durchaus respektiert (wenn auch nicht nach außen akzeptiert) worden, weil sie der ideologischen Interpretation des Geschehens durchaus entsprochen hätte. Obwohl angesichts des bisherigen Verhaltens der Kremlführung zu nichts verpflichtet, ließ sich London jetzt in die Pflicht nehmen, nur um sich in der Folgezeit mit immer neuen Forderungen, Pressionen und Vorwürfen konfrontiert zu sehen. Der erste von zwei Artikeln der am 12. Juli eilfertig unterzeichneten Übereinkunft lautete: »The two Governments mutually undertake to render each other assistance and support of all kinds in the present war against Hitlerite Germany[41].« Der zweite Artikel richtete sich gegen den einseitigen Abschluß von Waffenstillstands- und Friedensverträgen.

Eine Woche später drängte Stalin auf die Errichtung einer zweiten Front in Nordfrankreich; bald darauf forderte er als Ersatz 25 bis 30 britische Divisionen für den Einsatz an der russischen Westfront, ein Ersuchen, das Churchill als »physical absurdity« abtat[42]. Stalin wollte

Divisionen, London schickte Missionen: eine Militärmission, die in Moskau wie ein westlicher Nachrichtendienst behandelt wurde[43], eine Luftschutzkommission, die man elf Tage lang offiziell überhaupt nicht zur Kenntnis nahm[44]. Die britischen Stabschefs sahen sich außerstande, der bedrängten Roten Armee direkt Hilfe zu leisten. Es konnte nicht ausbleiben, daß man in der Sowjetunion der deutschen Propaganda bald mehr Glauben schenkte als den Beteuerungen des neuen Bundesgenossen. Sir Stafford Cripps berichtete im Herbst: »The Soviets are now obsessed with the idea that we are prepared to fight to the last drop of Russian blood as the Germans suggest in their propaganda[45].« Besondere Empörung löste der Vorschlag der britischen Stabschefs aus, die sowjetischen Divisionen im Iran durch britische zu ersetzen, weil damit bewiesen schien, daß Truppenverbände verfügbar waren — eben nur nicht für die Abwehrkämpfe in Rußland[46]. Churchill glaubte, das russische Mißtrauen auf Schuldkomplexe und Selbstvorwürfe zurückführen zu können, und verkannte damit den ideologischen Aspekt, der die sowjetische Politik in einem ganz anderen Licht erscheinen ließ. Schuldkomplexe sollten sich viel vehementer in Großbritannien manifestieren, als die von Beaverbrook[47] und anderen geforderte zweite Front immer länger auf sich warten ließ. »Quiet night thanks to Russia«, lautete die Parole[48].

Durch die verlustreichen Abwehrkämpfe der Roten Armee und die ungehaltenen Reaktionen Stalins auf die ausbleibende Hilfe aus dem Westen wurde die britische Führungselite immer mehr in die diplomatische Defensive gedrängt. Dies schlug sich einmal in dem Bemühen um vertrauensbildende Maßnahmen nieder, die letztlich nur in Goodwill-Erklärungen, Zusicherungen für die Zukunft und dergleichen bestanden, zum andern in der Bereitschaft, die militärische Insuffizienz durch politische Konzessionen, und zwar vorzugsweise auf Kosten Dritter, zu kompensieren. Das formelle Bündnis, das beide Seiten anstrebten, hatte genau diesen Ersatzcharakter, wie der britische Botschafter in Washington, Lord Halifax, erläuterte: »Great Britain is forced to conclude this treaty with Stalin as a political substitute for material military assistance. Mr. Eden believes that this is of inestimable value[49].« Der britische Botschafter suchte die amerikanische Regierung von der Notwendigkeit zu überzeugen, den sowjetischen Besitzansprüchen in Ostmitteleuropa nicht länger die Anerkennung zu versagen. Aus den britischen Protokollen über die zwischen Eden und Stalin im Dezember 1941 geführten Verhandlungen geht eindeutig hervor, daß der britische Außenminister nur aus Rücksicht auf den amerikanischen Bundesgenossen von einer Anerkennung der sowjetischen Grenzen Abstand nahm. Dies und die vorausgehenden Verhandlungen mit dem Briten Lord Beaverbrook und dem Amerikaner Harriman über die westliche Militärhilfe[50] dürften Moskau in dem Eindruck bestärkt haben, daß ein Bündnis mit Großbritannien die Brücke über den Atlantik hin zu den schier unerschöpflichen Hilfsquellen der neuen Vormacht des Kapitalismus darstellte. Heute weiß man, daß der die strittigen territorialen Fragen ausklammernde Vertragsentwurf im Mai 1942 nur deshalb überraschenderweise von sowjetischer Seite akzeptiert worden ist, weil Molotov glaubte, die USA — er war auf der Weiterreise nach Washington — so eher für die Errichtung einer zweiten Front gewinnen zu können[51], welche umso dringlicher erschien, als die Sommeroffensive der Wehrmacht die Rote Armee erneut in arge Bedrängnis gebracht hatte. Der Bündnisvertrag vom 26. Mai 1942[52] war mithin zwar ein diplomatischer Triumph für Außenminister Eden, aber ein Triumph nur von kurzer Dauer: an dem spannungsreichen britisch-sowjetischen Verhältnis änderte der Vertrag so gut wie nichts. Jedoch durfte London sich jetzt als Zentralagentur einer großen Allianz gegen Hitler-Deutschland sehen, als »honest broker« zwischen den neuen Supermächten. Nur so ließ sich der britische Großmachtstatus noch einige Zeit aufrechterhalten, bis dann der Kalte Krieg den fragwürdigen Charakter dieser »Holy Trinity«[53] ganz enthüllte.

Anmerkungen

[1] Siehe dazu die Rede Roosevelts vom 19.12.1940 mit dem berühmten Satz: »We must be the great arsenal of Democracy« (James MacGregor Burns, Roosevelt. The Soldier of Freedom, London 1971, S. 28).

[2] Vgl. dazu David Reynolds, The Creation of the Anglo-American Alliance 1937—1941, Chapel Hill 1981, S. 182—186.

[3] Vgl. Winston S. Churchill, The Second World War, Bd 2, London 1949, S. 506. Zuletzt wieder erwähnt in einem Leitartikel des Independent vom 23.6.1990, im Zusammenhang mit der Befürchtung weiterer Souveränitätseinbußen zugunsten der EG.

[4] Zur unterschiedlichen politischen Kultur Großbritanniens siehe: Großbritannien und Deutschland. Nachbarn in Europa, hrsg. von der Niedersächsischen Landeszentrale für politische Bildung, Hannover 1988.

[5] Im Falle Hitlers reicht der Verdrängungsprozeß bis in die Historiographie: Siehe A. J. P. Taylor, The Origins of the Second World War, Harmondsworth 1964, ein Buch, dessen Erfolg vorwiegend auf der formativen Kraft des politischen Milieus beruht.

[6] Vgl. Steven Merrit Miner. Between Churchill and Stalin. The Soviet Union, Great Britain and the Origins of the Grand Alliance, Chapel Hill 1988.

[7] Vgl. ebd., S. 252. Siehe auch Witness to the Origins of the Cold War, ed. by Thomas T. Hammond, Seattle, Wash., London 1986.

[8] Auf dieser Erkenntnis beruht die letzte umfassende Hitlerinterpretation von Rainer Zitelmann, Hitler. Selbstverständnis eines Revolutionärs, Stuttgart ²1989.

[9] Siehe dazu als letzte Zusammenfassung der Forschung: Hitler-Stalin-Pakt 1939. Das Ende Ostmitteleuropas?, hrsg. von Erwin Oberländer, Frankfurt a. M. 1989.

[10] Vgl. dazu Lothar Kettenacker, Krieg zur Friedenssicherung. Die Deutschlandplanung der britischen Regierung während des Zweiten Weltkrieges, Stuttgart 1989, S. 27.

[11] Zit. nach The War Speeches of the Right. Hon. Winston S. Churchill, ed. by Charles Eade, Bd 1, London 1952, S. 108.

[12] Vgl. Llewellyn Woodward, British Foreign Policy in the Second World War, Bd 1, London 1970, S. 41 f.

[13] Siehe ebd., S. 104—113.

[14] Vgl. Horst Boog u. a., Der Angriff auf die Sowjetunion, Stuttgart 1983 (= Das Deutsche Reich und der Zweite Weltkrieg, Bd 4), S. 99—106.

[15] Dazu Gabriel Gorodetsky, Stafford Cripps' Mission to Moscow 1940—1942, Cambridge 1984, S. 15—24. Cripps war allerdings nicht in offizieller Mission unterwegs, und das Kabinett betrachtete seinen Besuch in Moskau als »most untimely«.

[16] Woodward (wie Anm. 12), Bd 1, S. 453.

[17] Siehe dazu die unmißverständliche sowjetische Antwortnote vom 29.4.1940, ebd., S. 455 f.

[18] Gorodetsky (wie Anm. 15), S. XIII und 37.

[19] Churchill (wie Anm. 3), Bd 2, S. 118.

[20] Siehe Miner (wie Anm. 6), S. 68.

[21] Vgl. Woodward (wie Anm. 12), Bd 1, S. 492 ff.

[22] Dazu das Memorandum des Botschafters vom 18.4.1941, ebd., S. 607 f.

[23] Zur propagandistischen Behandlung des Falles Heß siehe: Michael Balfour, Propaganda in War, 1939—1945, London 1979, S. 217—221; zur Belastung des britisch-sowjetischen Verhältnisses siehe auch Kettenacker (wie Anm. 10), S. 384 ff.

[24] Miner (wie Anm. 6) geht davon aus, daß die meisten britischen Informationen über die Vorbereitungen von »Barbarossa« auf Ultra zurückgingen, d. h. die Kenntnis des deutschen Geheimcodes (S. 121). Siehe im übrigen: Der Angriff auf die Sowjetunion (wie Anm. 14), S. 713.

[25] Zit. nach Woodward (wie Anm. 12), Bd 1, S. 618.

[26] Vgl. The Memoirs of Lord Ismay, London 1960, S. 225; auch Churchill (wie Anm. 3), Bd 3, S. 350.

[27] Public Record Office, WM 60(41)3, Confidential Annexe, CAB 65/22.

[28] So Woodward (wie Anm. 12), Bd 1, S. 615, Anm. 2: »The Prime Minister did not share the prevailing pessimism about Russian powers of resistance«.

29 Siehe Martin Gilbert, Winston S. Churchill, 1939—1941. Bd 6: Finest Hour, London 1983, S. 1118 f. Mit der sicheren Niederlage Rußlands rechnete Churchill freilich auch.

30 Zit. nach War Speeches (wie Anm. 11), Bd 1, S. 452 f.

31 Churchill (wie Anm. 3), Bd 3, S. 330. Vgl. auch George Kennan, Russia and the West, New York 1961, S. 352—355.

32 Zit. nach War Speeches (wie Anm. 11), Bd 1, S. 452 f.

33 Vgl. Woodward (wie Anm. 12), Bd 1, S. 619 f.

34 So bei Miner (wie Anm. 6), S. 141, allerdings ohne genauen Beleg. Ähnlich auch in Majskijs Memoiren (Ivan M. Maiski, Memoiren eines sowjetischen Botschafters, Berlin 1967), S. 647.

35 The London Observer. The Journal of General Raymond E. Lee 1940—1941, ed. by James Leutze, London 1971, S. 316.

36 Vgl. Miner (wie Anm. 6), S. 141 f., auch Woodward (wie Anm. 12), Bd 2, S. 7.

37 Churchill (wie Anm. 3), Bd 3, S. 340.

38 Siehe Gorodetsky (wie Anm. 15), S. 181, sowie Miner (wie Anm. 6), S. 142.

39 Zit. nach Miner (wie Anm. 6), S. 147.

40 The Diaries of Sir Alexander Cadogan 1938—1945, ed. by David Dilks, London 1971, S. 390 (30.6.1941).

41 Zit. nach Woodward (wie Anm. 12), Bd 2, S. 14.

42 Churchill an Cripps, 25.10.1941, in: Churchill (wie Anm. 3), Bd 3, S. 413. Churchill erinnerte den Botschafter daran, daß es 8 Monate gedauert habe, um 10 britische Divisionen über den Kanal zu schaffen, »when shipping was plentiful and U-boats few«.

43 Zur Frustration von General Mason-MacFarlane siehe Miner (wie Anm. 6), S. 164.

44 Vgl. Woodward (wie Anm. 12), Bd 2, S. 28 f.

45 Zit. bei Miner (wie Anm. 6), S. 167 f. Vgl. auch Majskij (wie Anm. 34), S. 744—754. Im Februar 1942 mußte Churchill einen seiner Minister entlassen, weil er die Ansicht vertreten hatte: »It is best for us that our chief enemies should seek to destroy one another«. Vgl. Kettenacker (wie Anm. 10), S. 213 f.

46 Vgl. Woodward (wie Anm. 12), Bd 2, S. 42 f.

47 Vgl. dazu die Biographie A. J. P. Taylors: Beaverbrook, New York 1972. Zur Frage der Zweiten Front siehe auch Peter Böttger, Winston Churchill und die Zweite Front (1941—1943), Frankfurt a. M. 1984.

48 Siehe dazu im einzelnen Hermann Fromm, Deutschland in der öffentlichen Kriegszieldiskussion Großbritanniens 1939—1945, Frankfurt a. M. 1982, S. 95—109.

49 Aufzeichnung Welles' vom 30.3.1942, in: Foreign Relations of the United States. Diplomatic Papers. 1942/III: Europe, Washington 1961, S. 537. Vgl. auch Kettenacker (wie Anm. 10), S. 125.

50 Raymond H. Dawson, The Decision to Aid Russia, 1941, Chapel Hill 1959.

51 Zu dieser Interpretation siehe Kettenacker (wie Anm. 10), S. 125 f.; ähnlich Miner (wie Anm. 6), S. 236—251.

52 Text des Vertrages vom 26. Mai 1942 bei Woodward (wie Anm. 12), Bd 2, S. 663 ff.

53 Spöttische Bezeichnung der amerikanischen Militärs für die Konzeption eines Alliierten Kontrollrates für Deutschland.

Daniel Bourgeois

»Barbarossa« und die Schweiz

Innerhalb des großen Spielraums, den die Schweiz durch ihren Neutralitätsstatus besitzt, und der oft sehr restriktiv interpretiert wurde, um Veränderungen im Kräfteverhältnis der Mächte Rechnung tragen zu können, nimmt der Fall »Barbarossa« insofern eine Sonderstellung ein, als hier der herkömmliche Zusammenstoß zwischen *Nationen* von dem zweier antagonistischer *Ideologien* überlagert wurde. Wohl waren die Vertreter beider Ideologien nicht zahlreich in der Schweiz, aber die innenpolitische Debatte, die sie von Anfang an auslösten, sollte gewichtige Auswirkungen auf die schweizerische Perzeption und Reaktion auf den gigantischen Kampf haben, der sich mit dem Hitlerschen Angriff gegen die UdSSR entspann.

Auf dem linken Flügel des schweizerischen politischen Spektrums rückte dieser Angriff wie anderswo in Europa lediglich die Dinge insofern wieder an ihren Platz, als die Kommunisten und der sozialistische Bund der Schweiz, nach ihrer Abschweifung infolge des Stalin-Ribbentrop-Paktes, der ihren Attacken gegen Deutschland einen Dämpfer versetzte, zu ihren antifaschistischen Positionen zurückfanden.

Im bürgerlichen Lager, das sich an den Hebeln der Macht befand, verleitete die Aussicht auf die Vernichtung des Kommunismus und die dadurch hervorgerufene Euphorie einen Teil der Öffentlichkeit dazu, die wahre Natur des Nationalsozialismus und die Vorbehalte aus der Zeit, als Hitler Stalins Verbündeter war, zu vergessen. Antibolschewismus und Realpolitik zusammengenommen ließen die nationalistischen Kreise jegliches Maß verlieren und die Regierung zu einer Überschreitung jener Grenzen drängen, die die Neutralität ihr hätte auferlegen müssen. Diese Geisteshaltung wird deutlich in den Überlegungen des schweizerischen Generalkonsuls in München, P. Ritter:

»Ich setze voraus«, schrieb er an den Schweizer Gesandten in Berlin, »daß man sich in unserer Heimat im klaren darüber ist, daß die Zukunft und das fernere Wohlergehen unseres Landes in gewisser Hinsicht wesentlich vom Glück der deutschen Waffen in Rußland abhängen können [...]. Von München aus gesehen und in Voraussicht der Zustände, die in Europa eintreten müßten, wenn durch unvorhergesehene Ereignisse der unbestritten durch die deutsche Wehrmacht verkörperte große

Ordnungsfaktor durch das Chaos abgelöst werden und eine wahrscheinlich darauf folgende bolschewistische Herrschaft entstehen würde, scheint unsere bisherige Einstellung revisionsbedürftig. Eine gewisse Sympathie für die schweren Blutsopfer der Finnen, Deutschen und übrigen Verbündeten würde gewiß noch keinerlei Konzession an den Nationalsozialismus bedeuten.«

So erschienen die Divisionen der Wehrmacht weniger bedrohlich, da sie das Vaterland des Kommunismus angriffen. Es sollte sogar der Gedanke aufkommen, ihnen durch die Versorgung ihrer Verwundeten mit friedlichen Mitteln zu helfen, und die schweizerische Regierung sollte eine erstaunliche Expedition, die »Schweizer Ärztemission an die Ostfront«, von der später noch die Rede sein wird, unterstützen.

Um die Schweiz in das Umfeld der internationalen Beziehungen von 1941 einordnen zu können, sind einige Erläuterungen vonnöten. Von den militärischen Operationen von 1940 verschont, war sie von der »Achse« nun nahezu eingekreist. Zwar war es ihr gelungen, eine formelle Einbeziehung in die deutsche Gegenblockade zu vermeiden und die Handelsbeziehungen mit den neutralen Staaten sowie den Feinden Deutschlands aufrechtzuerhalten, sie akzeptierte jedoch ein Kontrollsystem, das es letzterem ermöglichte, sich kriegswichtige Waren vorzubehalten. Deutschland erreichte sogar, daß die Schweiz diese Art von Exporten über einen umfangreichen Clearingkredit finanzierte, dessen Volumen durch das Abkommen vom 18. Juli 1941 bis Ende 1942 auf 800 Millionen Franken stieg. Dieses Abkommen kam nicht unter dem Eindruck des Krieges im Osten zustande, da seine Hauptbestandteile schon vor dem 22. Juni 1941 festgelegt wurden. In bezug auf Kohle, Eisen und Mineralöl war die Schweiz abhängig von Deutschland, hatte aber auch ihre Trümpfe: die für das Reich lebenswichtigen freien Devisen, die Qualität ihrer Produkte sowie den Transit über den Gotthard, über den 40 Prozent der für Italien bestimmten Kohle transportiert wurden — ein wirtschaftlicher Modus vivendi, der der Schweiz weit bessere Lebensbedingungen als den besetzten Ländern sicherte, jedoch auf Dauer nicht erstrebenswert sein konnte. Die Schweiz beließ darum einen Teil ihrer Armee im Mobilmachungszustand. Das (sehr bescheidene) schweizerische Äquivalent zur nationalsozialistischen Partei wurde im November 1940 verboten. Die fast durchweg feindliche Haltung der schweizerischen Presse gegenüber dem Reich, die nationale Verteidigungspolitik und der Kampf gegen die nationalsozialistische Zersetzung (kurz vor dem Ostkrieg setzte in der Schweiz eine Verhaftungswelle in pronationalsozialistischen Kreisen ein, unter anderem wurde ein Mitglied des deutschen Konsulats in Zürich festgenommen) waren die Hauptursachen des deutsch-schweizerischen Dissenses. Trotz ihrer militärischen Neutralität und ihrer umfangreichen wirtschaftlichen Leistungen wurde die Schweiz von den Deutschen mithin als pro-westlich betrachtet — zu sehr, wie man heute weiß. Die Deutschen schätzten das Aufkommen einer Ideologie der Rückbesinnung auf nationale Werte, deren Bekundungen zum Teil weit entfernt vom freiheitlich-demokratischen Modell waren, falsch ein. Dessenungeachtet fühlten sich breite Bevölkerungskreise, vor allem in der Deutschschweiz, vom pangermanistischen Programm der Nationalsozialisten bedroht.

1941 hatte die Schweiz noch immer keine diplomatischen Beziehungen zur UdSSR aufgenommen. Diese zutiefst unnormale Situation dauerte seit dem 8. November 1918 an, als der Bundesrat seine Beziehungen zur sowjetischen Vertretung in der Schweiz mit der Begründung abgebrochen hatte, sie zettle die Revolution in der Schweiz an. Für zahlreiche Angehörige der schweizerischen Bourgeoisie war der Landesstreik, der am 11. November 1918 in der Schweiz ausbrach, das Werk der Sowjets. In mehr als 20 Jahren konnte sich die helvetische Obrigkeit trotz der offensichtlichen Schwäche der schweizerischen Kommunisten nie von diesem Trauma befreien. Wohl gab es, vor allem auf wirtschaftlichem Gebiet, Annäherungsversuche. Deren Tragweite wurde jedoch durch Ereignisse wie die Ermordung des sowjetischen Diplomaten V. Vorovskij in Lausanne und den Freispruch seines Mörders oder durch das negative Votum der Schweiz bezüglich des Beitritts der UdSSR zum Völkerbund begrenzt. Bereits 1937 war die kommunistische Partei in einigen Kantonen verboten worden. Die im Sommer 1940 auf Bundesebene getroffenen Maßnahmen kamen fast einem Verbot gleich, das dann im November 1940 gleichzeitig mit einem Verbot des schweizerischen Pendants zur nationalsozialistischen Partei ausgesprochen wurde. Dies seltsamerweise zu einem Zeitpunkt, als sich die Lage hinsichtlich des Handelsaustausches merklich verbessert hatte. Als Ergebnis der Reise einer schweizerischen Delegation nach Moskau wurde am 24. Februar 1941 ein Wirtschaftsabkommen geschlossen, das einen interessanten Austausch ermöglichte. Drei Tage nach dem deutschen Angriff auf die UdSSR beschloß der Bundesrat zum Teil aus Rücksichtnahme auf Deutschland, die russischen Guthaben in der Schweiz vorsorglich einzufrieren, um so gegebenenfalls Außenstände abdecken zu können, die durch die schweizerischen Handelsüberschüsse im Rahmen des genannten Warenaustauschs entstanden waren. Die Sowjets empfanden diese Maßnahme verständlicherweise als Affront.

Im Verhältnis zur Sowjetunion fällt also auf, daß das Element der Real-politik, das in der Haltung des Bundesrats gegenüber dem Reich eine so wichtige Rolle spielte, fast völlig fehlte. Bescheidene wirtschaftli-che Interessen und das Fehlen einer militärischen Bedrohung (obwohl in den ideologisch geprägten Aussagen der Schweiz Gegenteiliges behauptet wurde) führten das Land dazu, sich nahezu ausschließlich von seiner Aversion gegen den Kommunismus leiten zu lassen.

I. Droht ein deutsch-sowjetischer Konflikt?

Es kann nicht behauptet werden, der deutsche Angriff auf die UdSSR hätte die Schweizerische Regierung unvorbereitet getroffen. Bereits im Frühjahr 1941 verzeichneten besonders die schweizerischen Gesandt-schaften in Stockholm, Helsinki und Bukarest eine ganz deutliche Ver-schlechterung der deutsch-sowjetischen Beziehungen sowie deutsche Angriffsvorbereitungen. Vorsichtiger drückte sich da schon der deutsch-freundliche Schweizer Gesandte in Berlin, H. Frölicher, aus. Mehrmals legte er deutsche Truppenbewegungen nach Osten als Maßnahmen mit dem Ziel aus, »Rußland zu beeindrucken und von einer Schwenkung ins deutschfeindliche Lager abzuhalten«, ohne jedoch die Möglichkeit eines Konflikts auszuschalten: »Diese Ungewißheit dürfte auch die Schweiz veranlassen, mit der Aufnahme der normalen diplomatischen Beziehungen noch einige Zeit zuzuwarten« (23. März 1941).

Der schweizerische Gesandte P. Dinichert schrieb am 3. Mai 1941 von Stockholm aus nach Bern:

»Soviel ist sicher, alles, was man hier und von draußen hört, läuft auf die Voraussage eines baldigen deutschen Angriffs auf Rußland hin-aus. Dieser wäre mehr oder weniger bereits für den Monat April beschlossen worden, sei jedoch aufgrund der jugoslawischen Haltung und des Balkanfeldzuges hinausgezögert worden. Noch diesen Monat sei es nun soweit, und in wenigen Wochen seien die Deutschen in Mos-kau und nicht lange danach am Ural. Einschränkungen möchte ich allerdings in bezug auf die russische Luftwaffe machen, mit der der Feind wohl ernsthaft zu rechnen haben wird.«

Zu den beeindruckendsten schweizerischen Berichten des Frühjahrs 1941 über einen unmittelbar bevorstehenden deutsch-sowjetischen Kon-flikt gehört ein Schriftstück des Schweizerischen Gesandten in Hel-sinki, K. Egger, vom 10. Mai 1941, das vom Auftrag des deutschen Fliegers J. Veltjens, einem engen Freund Görings, in der finnischen

Hauptstadt und von dessen Begegnungen mit finnischen Verantwortlichen handelt:

»In einem persönlichen Gespräch mit Hauptmann Veltjens hat er meinem Vertrauensmann das Zugeständnis gemacht, daß das Buch von Rauschning (›Hitler m'a dit‹ [dt.: Gespräche mit Hitler]) wenigstens dort wahr sei, wo er den Führer über Rußland sprechen lasse und über ›den entscheidenden Krieg, der nicht vermieden werden kann. [...] Nichts wird den entscheidenden Kampf zwischen dem deutschen und dem panslawistischen Geist verhindern können. [...] Diese letzte Partie werden wir spielen und wir werden sie gewinnen. Der Sieg wird uns die Tür zur Weltherrschaft aufstoßen.‹ So ist es, und so wird es sein, bekräftigte der politische Commis voyageur des Führers.

Deutschland verlangt eine aktive *Mitwirkung Finnlands* unter Zusicherung weitgehender militärischer Unterstützung und territorialer Ausweitung.«

Aus Bukarest meldete der Gesandte de Weck am 18. Mai ebenfalls: »Mehr als eine von deutschen wie rumänischen Soldaten gemachte Aussage deutet auf einen unmittelbar bevorstehenden bewaffneten Konflikt hin. Die zahlreichen neuerdings von der UdSSR demonstrierten Anzeichen der Schwäche und Angst lassen darauf schließen, daß von ihr eine Initiative zu Feindseligkeiten nicht ausgehen wird.«

Im Juni häuften sich die Telegramme. So dieses vom 11. Juni aus Stockholm: »Nächste Tage hier als kritisch betrachtet für deutsch-russische Beziehungen. Äußerst gründliche deutsche Vorbereitungen deuten auf Tragweite deutscher Ansprüche hin.«

Und am 12. Juni aus Helsinki: »Ergänze, daß aus Norwegen eingetroffene deutsche Truppen eine komplette Division umfassen. Verstärkung der aus Stettin gelandeten Division andauert, namentlich Transporte, Munition und Kriegsmaterial. Finnland seit gestern Teilmobilisation, die aber versteckter Generalmobilisation gleichkommt.«

Am 17. Juni aus Bukarest: »Deutsche und Rumänen setzen in großem Umfang ihre militärischen Vorbereitungen gegen die Russen fort.«

Am 18. Juni aus Stockholm: »Mehr und mehr maßgebende Stimmen verkünden die Wahrscheinlichkeit eines kurzfristig bevorstehenden bewaffneten Konflikts zwischen Deutschland und Rußland. Dieser dürfte im Juli oder gar schon diesen Monat ausbrechen.«

Der Nachrichtendienst der schweizerischen Armee verzeichnete am 27. Mai: »Der deutsche Aufmarsch an der russischen Grenze war am 20.5.1941 vollzogen. Die Truppen standen in Alarmbereitschaft und man rechnete mit beginnenden Operationen. Die Lage konnte mit der

Situation an der deutsch-polnischen Grenze vor Ausbruch des Krieges im Herbst 1939 verglichen werden.« Es sei jedoch festzustellen, daß die Russen ihre Getreidelieferungen an Deutschland wieder aufgenommen hätten und die Deutschen sich bemühten, »ihre Forderungen ohne Blutvergießen durchsetzen zu können.«

Am 20. Juni schrieb der Nachrichtendienst schlicht in seinem Bulletin: »Aufmarsch und Bereitschaft im Osten dauern an.«

Die schweizerischen Verantwortlichen konnten sich also auf eine Reihe von Informationen abstützen, die einen allgemeinen Trend erkennen ließen, ohne hingegen jeglichen Zweifel zu beseitigen: Sie enthielten nicht den 22. Juni als Datum der Offensive.

II. Reaktion der schweizerischen Öffentlichkeit

Ungeachtet mancherlei Nuancen im Meinungsspektrum ist eine ziemlich deutliche Kluft zwischen den Reaktionen in der französischen Schweiz und denen in der deutschen Schweiz festzustellen, wobei erstere dem deutschen Unternehmen gegen die UdSSR weitaus gewogener waren, ja sich enthusiastisch zeigten — die welsche Presse hat »uns ehrlich sekundiert,« meldet Köcher, der deutsche Gesandte in Bern, am 22. Juli nach Berlin —, während letztere reservierter ausfielen.

So schrieb Anfang September 1941 der in der Schweiz in ziemlichen Mißkredit geratene, aber nichtsdestotrotz über einen gewissen Einfluß verfügende, konservative Altbundesrat J.-M. Musy an den deutschen Gesandten in Bern: »Das militärische Unternehmen Deutschlands zur Zerstörung des bolschewistischen Regimes hat für mich die Bedeutung eines Kreuzzuges, für den die Welt ihm dankbar sein wird, wenn sie diese Bedeutung verstanden hat. Das Opfer der Jugend, die für die Verteidigung unserer Zivilisation stirbt, wird seine Früchte tragen.« War Musy ein Einzelfall?

Die Tragweite der antibolschowistischen Gefühle in der bürgerlichen Presse der französischen Schweiz kommt in der diesbezüglichen Studie von J. Meurant klar zum Ausdruck.

»Niemand wird sich darüber beklagen, was Rußland zustößt [...], wenn der Bolschewismus hinweggefegt wird, wird sich jeder darüber freuen,« schrieb zum Beispiel die (liberale) »Feuille d'Avis de Neuchâtel« am 28. Juni. Für Meurant kommen die antibolschewistischen Gefühle bereits in der Art zum Ausdruck, wie die Ursachen des Konflikts dargestellt wurden. So wurde wohl eingeräumt, daß die Initiative zum Konflikt von Hitler ausgehe, die Verantwortung jedoch liege bei Stalin — bei seiner Annexionspolitik im Westen und seiner Absicht, den Krieg zu verlängern, um den Westen zu schwächen und dort für die Verbreitung des Bolschewismus zu sorgen. Hitler führte demnach also eigentlich einen Präventivkrieg.

Die Analysen zu den Aussichten der kriegführenden Parteien waren ebenfalls vom Antibolschewismus bestimmt. Der unbesiegbaren Wehrmacht wurde oft eine durch die Säuberungsaktionen geschwächte sowjetische Armee gegenübergestellt, deren Gerät schadhaft und deren Truppen nicht bereit seien, für ein Unterdrückungsregime zu kämpfen. Ein Gutteil der welschen Presse (vor allem die katholischen und liberalen Blätter) neigte dazu, sich die deutsche These vom »Kreuzzug gegen den Bolschewismus« zu eigen zu machen. Der (katholische) »Courrier de Genève«, der den Kommunismus als »die schlimmste aller Diktaturen« definierte, sah im Krieg Hitlers einen das gesamte Universum betreffenden Befreiungskrieg (25. Juni). Für die (liberale) »Suisse« zielte die Handlungsweise Berlins darauf ab, »Europa vor der bolschewistischen Ansteckung zu bewahren« (23. Juni). Für das (liberale) »Journal de Genève« hat das Reich »unserem alten Kontinent eines der schrecklichsten politischen Systeme erspart, die ihn je bedrohen könnten, mehr noch, durch ein gemeinsames Gefühl hat es mit einem Schlag die Solidarität dieses Europa gestärkt, das ein Nicht-Europäer nie begreifen wird« (6. Juli).

Zustimmung zum Krieg gegen die UdSSR bedeutete für diese Presse jedoch nicht offene Zustimmung zum Nationalsozialismus. Auch das rein imperialistische Element des Hitlerschen Krieges wurde nicht gänzlich verschleiert. So sprach die (liberale) »Gazette de Lausanne« einmal von einem »napoleonischen Heldenepos«, wonach sie von der Abteilung »Presse und Funkspruch« zensiert wurde. Man ging auch nicht so weit, die schweizerische Neutralität zu verleugnen. Auch zeigten sich einige weniger konservative Zeitungen und einige Zeitschriften für Intellektuelle nuancierter in ihren Beurteilungen der deutsch-sowjetischen Konfrontation. Sie fanden sich sogar mit der von der Mehrheit der welschen Presse als widernatürlich angesehenen englisch-sowjetischen Allianz ab. Innerhalb des linken Spektrums unterschied die stark antistalinistische sozialistische Tageszeitung der französischen Schweiz, »La Sentinelle«, zwischen dem sowjetischen Regime, von dem sie infolge des Krieges eine Umwandlung hin zum »wahren Sozialismus« erwartete, und dem heldenhaften russischem Volk: »Wenn wieder ein Hoffnungsschimmer in dieser Welt ist, dann verdanken wir dies Rußland — Rußland und nicht dem tyrannischen und für den kriminellen Fehler von 1939 verantwortlichen Bolschewismus« (31. Juli). Was die geheimen (weil verbotenen) kommunistischen Blätter angeht, so ließen sie nun den Zwiespalt der Zeit des Stalin-Ribbentrop-Paktes hinter sich, um wieder voll die sowjetische Sache zu unterstützen.

Bezüglich der alemannischen Schweiz verfügen wir über keine Studie ähnlich der Meurants, aber die Berichte des deutschen Gesandten in Bern ermöglichen es, sich ein Bild von dieser Presse zu machen. Sie zeige, wie er am 14. August schrieb, »mit Ausnahme einiger bekannt deutschfreundlicher Blätter, wie z. B. ›Front‹, ›Grenzbote‹, ›Nationale Hefte‹ und der bäuerlichen Organe ›Jungbauer‹ und ›Emmentaler Nachrichten‹, merklich weniger [als die welsche Presse] Verständnis für unseren Standpunkt.

Während sich die ›Neue Zürcher‹ Zeitung einer neutralen Schreibweise befleißigt und eine ganze Reihe von verhältnismäßig deutschfreundlichen Artikeln, z. B. aus der Feder ihres Berliner Korrespondenten, veröffentlichte, haben sich andere führende Blätter, wie der Berner ›Bund‹, die ›Nationalzeitung‹ Basel, die ›Weltwoche‹, usw., auch durch den Krieg gegen Sowjetrußland nicht von ihrer englandfreundlichen, also deutschfeindlichen Schreibweise abbringen lassen. Ohne einen Sieg der Sowjetarmee zu wünschen, verzeichnen sie doch alle vermeintlichen Erfolge Rußlands mit Genugtuung und mit der kaum verhüllten Hoffnung, daß sie einen künftigen englisch-amerikanischen Sieg über ein entsprechend geschwächtes Deutschland erleichtern würden [...]. Die sozialistische Presse benutzt ihre Betrachtungen und die Berichterstattung über den Rußlandkrieg dazu, ihre allgemeine Hetze gegen Deutschland unvermindert zu führen.«

Vor allem die Haltung der liberalen deutsch-schweizerischen Bourgeoisie irritierte natürlich die Deutschen. So war der Chefredakteur der »Basler Nachrichten«, Albert Oeri, durch einen Artikel vom 24. Juni mit der Überschrift »Kreuzzug? Beutezug? Kriegszug?« aufgefallen, in dem er schrieb, die deutsche Offensive gegen die Sowjetunion sei »höchstens ein Hakenkreuzzug«. »Man müsse bedenken«, so Köcher zu Pilet-Golaz, »daß Oeri jahrelang gegen den Bolschewismus geradezu getobt habe; seine Einstellung gegenüber Deutschland sei bezeichnend, wenn er jetzt kein freundliches Wort über die Bekämpfung des Bolschewismus durch Deutschland gefunden habe« (Köcher nach Berlin, 22. Juli 1941).

Köcher warf der schweizerischen Pressezensur und der für sie verantwortlichen Armee vor, die deutschfreundlichen Stimmen zu »bremsen«. Die Arbeiten J.-C. Briaudets und G. Kreis' zeigen jedoch, daß diese Zensur strenger auf Kritik an Deutschland als auf solche an der Sowjetunion reagierte. Kreis stellt dabei besonders die »Richtlinien zur Behandlung von Presseäußerungen betreffend Sowjet-Rußland« vom 7. Juli 1941 heraus, in denen es heißt: »Die Schweiz steht mit der Sowjet-Regierung nicht in diplomatischen Beziehungen und hat diese nicht anerkannt. In Folge dessen wird die Sowjet-Regierung gegen beleidigende Äußerungen nicht geschützt.« Die Haltung von »Presse und Funkspruch« gegenüber der deutschen Reichsregierung war natürlich eine ganz andere.

Letztendlich kann dem deutschen Gesandten in Bern zufolge die allgemeine Stimmung in der schweizerischen Bevölkerung hinsichtlich des Krieges gegen die UdSSR folgendermaßen zusammengefaßt werden: »Die Idee eines europäischen Kreuzzuges gegen den Bolschewismus ist, abgesehen von den erwähnten Stimmen aus dem Lager der welschen Bürgerlichen, der katholisch-konservativen und mancher bäuerlicher Kreise, für den Bereich der Schweiz allgemein abgelehnt worden« (14. August 1941).

Einige Wochen zuvor hatte er sich bereits die Bemerkung eines seiner Kollegen zu eigen gemacht: »diese Leute hoffen, daß Deutschland im Kampf gegen Rußland viel Haare läßt und England dann doch noch siegt« (28. Juni 1941).

III. Die Reaktion der schweizerischen Behörden und die Schweizer Ärztemission an die Ostfront

Die Reaktion des Chefs der schweizerischen Diplomatie, Pilet-Golaz, auf den deutschen Angriff gegen die UdSSR fiel allem Anschein nach — zumindest machte er dies glauben — zugunsten des Reichs aus. In einer Note des deutschen Auswärtigen Amtes vom 1. Juli ist sie folgendermaßen festgehalten:

»Bundesrat Pilet-Golaz erklärt in einer Unterredung unserem Gesandten gegenüber, er wünsche uns von Herzen Glück zu unserer Auseinandersetzung mit Rußland ›als einer im gesamteuropäischen Interesse liegenden Tat.‹ Vor einem halben Jahr hätte die Sozialdemokratie, unterstützt von linksbürgerlichen Kreisen und einigen Industriellen, von ihm die Wiederaufnahme der diplomatischen Beziehungen zu der UdSSR, besonders auch im Hinblick auf den deutsch-russischen Pakt, verlangt. Er habe sich von Anfang an diesem Begehren widersetzt und hinzugefügt: ›Meine Herren, Ihr Grund verfängt nicht. So fest, wie Sie hoffen, scheint mir der Pakt nicht begründet zu sein‹.«

Aber genügten gute Worte und umfangreiche Leistungen auf wirtschaftlichem Gebiet, um sich für den Fall eines deutschen Erfolges eine gute Ausgangsbasis zu verschaffen? War es nicht angebracht, zu einem Zeitpunkt, wo zahlreiche Länder Freiwillige oder eine Legion zur Unterstützung des Reiches entsandten, eine weiterreichende Geste zu machen? Vor dieses Problem sah sich die schweizerische Regierung unter dem Druck verschiedener Kreise gestellt, die eine mehr oder minder starke schweizerische Beteiligung am »antibolschewistischen Kreuzzug« für wünschenswert hielten.

Von vornherein schlossen die schweizerischen Verantwortlichen die extremistischen Vorschläge, vor allem die der kleinen Gruppe schweizerischer Exil-Nationalsozialisten in Deutschland, aus, die vom Bundesrat eine Genehmigung zur Rekrutierung von Freiwilligen für die Ostfront forderte, ja sogar vorschlug, dieser selbst solle die Bildung eines Freikorps in die Hand nehmen. Die Gruppe glaubte sich von den Deutschen unterstützt, die sich jedoch interessanterweise sehr zurückhaltend zeigten. So ist im Protokoll einer Sitzung im Auswärtigen Amt vom 30. Juni 1941 »über die Freiwilligen-Meldungen in fremden Ländern für den Kampf gegen die Sowjetunion« nachzulesen: »Falls sich Schweizer als Freiwillige melden, sollen sie angenommen werden. Jedoch kommt ein Herantreten an die schweizerische Regierung oder eine Werbung durch Aufruf und dergleichen deutscherseits nicht in Frage. Meldungen in nennenswerter Zahl werden kaum zu erwarten sein.«

Auch einer Aufzeichnung von F. Rademacher (Abt. Deutschland des Auswärtigen Amtes) ist zu entnehmen, »daß Sturmbannführer Riedweg (SS-Hauptamt) bei mir erklärt hat, der Führer wünsche die Aufstellung einer Schweizer Legion nicht.« Das hinderte so manche NS-Instanz freilich nicht daran, mit dieser Idee, die nie verwirklicht wurde, zu liebäugeln; immerhin sollten rund 800 Schweizer in der Waffen-SS als Einzelpersonen an der Ostfront kämpfen. In einer Zeitschrift ehemaliger Angehöriger der Waffen-SS fand sich nach dem Krieg sogar ein Artikel mit der lächerlichen Überschrift: »Schweizer Infanterie vor Moskau« (»Wiking Ruf«, Mai 1952).

Es war ein Vorschlag des Schweizer Gesandten in Berlin, Frölicher, der die Aufmerksamkeit Pilet-Golaz' erregen und sich schließlich den schweizerischen Behörden — nicht ohne Bedenken und Schwierigkeiten — als Beitrag zum deutschen Unternehmen gegen die UdSSR empfehlen sollte. In seinen Memoiren führt Frölicher seine damalige Besorgnis aus: »Die Äußerungen Goebbels' an unsere Pressevertreter, daß es sich bald zeigen werde, wer sich vom neuen Europa ausschließe, hatte ich nicht überhört, und ich überlegte, was wir für einen Beitrag leisten könnten, der nicht im Widerspruch mit unserer Neutralität war.«

Indem Frölicher die Idee einer Schweizer Ärztemission in Deutschland aufgriff, die bereits durch den in Wehrmachtkreisen ein- und ausgehenden Oberstdivisionär, Militärhistoriker und Chirurgen E. Bircher, einen Freund des großen deutschen Chirurgieprofessor F. Sauerbruch, ins Gespräch gebracht worden war, ermutigte er — gemeinsam mit einer kleinen Gruppe von Personen aus der Geschäftswelt, dem schweizerischen Roten Kreuz und mit Bircher selbst — den Bundesrat, der Entsendung einer solchen Ärztemission an die Ostfront zur Versorgung deutscher Verwundeter grundsätzlich zuzustimmen. Das Unternehmen sollte sich auf eine private Finanzierung abstützen: »Wir glauben mit Fr. 200 000 auszukommen«, schrieb er am 21. Juli an das Politische Departement. »Die schweizerische Industrie, die mit Deutschland arbeitet, wird eingeladen werden, diese Summe aufzubringen. Wir sind überzeugt, daß dies keine Schwierigkeiten machen wird.« Er fügte hinzu: »Eine solche Sanitätshilfe ist nicht im Widerspruch mit unserer Neutralität, sie entspricht unseren besten Neutralitätstraditionen. Ferner aber ist es ein Beitrag zu einer Verbesserung der Beziehungen mit der, jedenfalls gegenwärtig, führenden Macht in Europa.«

Ein Leitungsorgan, das »Komitee für Hilfsaktionen unter dem Patronat des schweizerischen Roten Kreuzes« wurde nun aufgestellt. Neben Militärärzten hoher Dienstgrade waren in diesem Komitee auch zwei Geschäftsleute vertreten: P. Vieli, Generaldirektor der Schweizerischen Kreditanstalt, der als Kassenwart fungierte, und C. Köchlin, Vizepräsident des »Vorortes« des schweizerischen Handels- und Industrievereins, eine wichtige Persönlichkeit der Basler Chemieindustrie (Geigy).

In den Protokollen der Sitzungen des Bundesrates von 1941 findet sich keine formelle Entscheidung zugunsten des Plans einer Ärztemission. Aus dem diesbezüglichen Archiv geht jedoch hervor, daß der Bundesrat sich dem Grundsatz dieser Mission angeschlossen und Pilet-Golaz damit beauftragt habe, sich der Angelegenheit anzunehmen. Dieser wurde jedoch anscheinend im Verlauf der Vorbereitungen — vielleicht aufgrund der Entwicklung des Krieges an der Ostfront, bei der sich kein rasches Zusammenbrechen der Sowjets abzeichnete — etwas unschlüssig. Dem Sitzungsprotokoll des »Komitees für Hilfsaktionen« vom 25. September ist jedenfalls folgender Passus zu entnehmen: »Oberstleutnant von Erlach teilt mit, daß sich das politische Departement von der Mission distanziere und darauf bedacht sei zu betonen, daß es sich um eine private Angelegenheit handle. Die Frage der Entsendung einer Mission an die Ostfront sei zu Beginn von Pilet-Golaz stark aufgezogen worden. Sein Rückzug weckt großes Befremden im Komitee, umsomehr, als das Komitee ›beinahe im Auftrag‹ des politischen Departementes gehandelt habe. Einen Rückzug gebe es nun natürlich nicht mehr; die Aktion müsse durchgeführt werden. Doch sollte noch einmal mit Pilet-Golaz gesprochen werden.«

Auf die meisten Schwierigkeiten aber stieß das Komitee beim Oberkommandierenden der Schweizer Armee, General Guisan. Als dieser ins Auge faßte, Oberstdivisionär Bircher mit der Leitung der Mission zu betrauen, hatte er zu bedenken, daß Bircher amtierender Kommandeur der 5. Division war. Für Guisan nun konnte »eine solche Mission, wenn sie einseitig ist, nicht von der Armee ausgehen.« Ebenfalls ungern sah er das mit einem solchen Unternehmen verbundene Abziehen qualifizierten Personals aus der Militärchirurgie (30 Ärzte, 30—40 Schwestern); im übrigen könne eine Division in Kriegszeiten nicht über mehrere Monate ohne Kommandeur bleiben. Daher forderte er, Bircher solle den Dienst in der Armee quittieren. Der Betroffene selbst, die Mitglieder des Komitees sowie einige Bundesräte der Schweizerischen Offiziersgesellschaft mußten daraufhin regelrecht Sturm laufen, um Guisan letztendlich zu einer begrenzten Freistellung Birchers zu bewegen.

Deutscherseits nahmen die Dinge aufgrund der Bemühungen Sauerbruchs und des Militärattachés in Bern, v. Ilsemann, ziemlich rasch konkrete Formen an. Am 4. August schrieb der Unterstaatssekretär des Auswärtigen Amtes, Woermann: »Nach Mitteilung von Botschafter Ritter ist der Herr Reichsaußenminister mit der Entsendung der 30 Schweizer Chirurgen zum deutschen Heeresdienst einverstanden. Der Führer hat nach Vortrag des Generals Jodl gleichfalls sein Einverständnis erklärt, jedoch zur Bedingung gemacht, daß die 30 Schweizer Chirurgen Arier sein müssen.

Ich habe Prof. Sauerbruch weisungsgemäß hiervon verständigt, der die Ariereigenschaft als selbstverständlich ansah. Die Angelegenheit wird nun zunächst ohne weitere unmittelbare Beteiligung des Auswärtigen Amtes von Prof. Sauerbruch mit OKW, Heeressanitätsinspektion und den schweizerischen Stellen weiter behandelt.«

Die heiklen Probleme, die beide Seiten zu regeln hatten, wurden in einem für das Komitee für Hilfsaktionen und das OKH bindenden Abkommen vom 13. Oktober 1941 niedergelegt. Die Bestimmungen dieses Abkommens unterwarfen die Mitglieder der Mission u. a. der Schweigepflicht, dem deutschen Militärstrafgesetz und der deutschen Kriegsstrafverfahrensordnung. Hinzugefügt war allerdings: »Es wird deutscherseits angestrebt werden, im Falle von disziplinaren Übertretungen eines Teilnehmers, dem Chef der Mission Mitsprache zu ermöglichen.«

Vier derartige schweizerische Missionen sollte es bis März 1943 geben. Die beiden letzten kamen in den Genuß eines Kredits der Eidgenossenschaft, da die Kapitalgeber, die die ersten Missionen finanziert hatten, mittlerweile der Sache überdrüssig geworden waren.

Die Ergebnisse dieser Missionen waren in vielerlei Hinsicht das Gegenteil von dem, was ihre Initiatoren erwartet hatten. Vielen der Teilnehmer wurden auf diese Weise die besonderen Greuel dieses gnadenlosen Krieges bewußt. Die schreckliche »Arbeit« der Einsatzgruppen gegen die jüdische Bevölkerung der Ostgebiete entging den aufmerksameren Beobachtern innerhalb der Mission nicht. Trotz Schweigepflicht und Zensur drangen viele Informationen zur schweizerischen Bevölkerung durch. Zur Untermauerung ihrer Behauptungen machte sich überdies die alliierte Propaganda ein boshaftes Vergnügen daraus, angebliche Augenzeugenberichte von schweizerischen Missionsteilnehmern als Quelle zu zitieren. Die dadurch für die Deutschen entstehende kontraproduktive Wirkung sei am Beispiel nachfolgenden Berichts des deutschen Konsuls in Basel vom 19. Dezember belegt:

»Über die an der Ostfront eingesetzte schweizerische Ärztemission kursieren zur Zeit in Basel verschiedene unerfreuliche Gerüchte. So wurde mir erzählt, daß Oberstdivisionär Bircher, der die Ärztemission begleitet hat, sich dahin geäußert habe, er sei mit der festen Zuversicht abgereist, daß die Achse siegreich aus diesem Krieg hervorgehen werde, glaube jedoch nach den auf seiner Reise erhaltenen Eindrücken nicht mehr, daß Deutschland den Krieg gewinnen könne.«

War nun durch diese Missionen den Schweizern wenigstens die Dankbarkeit der Deutschen sicher? Hitler bedankte sich nicht. Anfang Februar 1942 drückte Frölicher Köcher gegenüber seine Enttäuschung darüber aus, in der deutschen Presse noch kein Wort der Anerkennung gesehen zu haben. Just am Tag dieser Klagen hatte das ›Deutsche Nachrichtenbüro‹ jedoch folgende Depesche abgesetzt, die am 7. Februar 1942 in der deutschen Presse erscheinen sollte: »Die erste Schweizer Mission unter dem Patronat des Schweizerischen Roten Kreuzes, die einige Monate an der Ostfront Dienst getan hat, ist mit ihren Ärzten,

Krankenschwestern, Kraftfahrern, Sekretärinnen usw. diese Tage durch eine zweite Abordnung abgelöst worden.

Der tatkräftige, jederzeit hilfsbereite Einsatz dieser gut ausgebildeten und für ihre Tätigkeit vorbereiteten Männer und Frauen hat dazu beigetragen, die Versorgung unserer deutschen Soldaten im Kampfe gegen den Bolschewismus zu erleichtern.«

IV. Schweizer Diplomaten und der Nachrichtendienst über die Entwicklung der Operationen

Kurz nach Ausbruch der Feindseligkeiten machte der Schweizer Nachrichtendienst Beobachtungen, die, trotz des allgemeinen Zurückweichens der Roten Armee, auf einen starken Widerstand der Sowjets schließen ließen. Sie wurden, wie eine Aufzeichnung vom 11. Juli zeigt, in recht bemerkenswerter Weise interpretiert: »Es bestätigt sich, daß die deutschen Kriegsverluste im Feldzuge gegen Rußland im Gegensatz zu den eingetretenen Verlusten in früheren Feldzügen erheblich sind.« Unter demselben Datum findet sich die Feststellung: »Bis jetzt hat der sowjetische Soldat Ausdauer, Mut und Disziplin bewiesen.«

Im Tenor ähnlich sind auch andere Passagen: »Der Russe kämpft nun nicht für die Sowjets, sondern für sein Land. Die junge Generation glaubt fest an den dank der Sowjets eingekehrten Fortschritt.« — »Die russischen Truppen verfügen über ausgezeichnetes Gerät in Hülle und Fülle.« — »Für die Russen geht es nun darum, bis zum Winter hinhaltend zu kämpfen, um sich dann während dieser Jahreszeit durch die Aufstellung und Ausbildung neuer Truppen umzugliedern. Sie schätzen, im Frühjahr 1942 in der Lage zu sein, mit einer neuen Armee von 4 Millionen Mann die Operationen wieder aufzunehmen.«

Auch in den Informationen Schweizer Diplomaten aus den Hauptstädten der »Achse« und ihrer Alliierten kam die Überraschung über den russischen Widerstand zum Ausdruck:

»Mein Informant räumt ein, daß die Bewegungsfähigkeit und Hartnäckigkeit der sowjetischen Truppen im Gefecht die Stäbe der Verbündeten überrascht hätten. Er gibt zu, die Bewaffnung der Russen sei von guter Qualität, alle von den Rumänen in der Gegend von Cernauti-Hotin erbeuteten Gewehre seien zwischen 1932 und 1940 gefertigt, also neueren Datums.« (de Weck, 22. Juli, Bukarest)

Aus Berlin wurde wenige Tage später gemeldet: »Es wird zugegeben, daß die russische Armee sehr viel stärker ist, als angenommen wurde.

Es sei der Genialität Hitlers zu verdanken, daß er noch rechtzeitig eingegriffen habe, bevor die russische Macht so weit war, ihrerseits sich gegen Europa zu wälzen.« (Kappeler, 26. Juli)

In Stockholm war man von der »Genialität« des »Führers« weniger überzeugt. Der Gesandte Dinichert berichtete am 4. August: »In offiziellen schwedischen Kreise ist man der festen Überzeugung, daß der Rußlandfeldzug für die Deutschen nicht wunschgemäß verläuft. Daher glaubt man kaum noch, wie dies vor rund vierzehn Tagen hier und da noch der Fall war, an den von Berlin proklamierten, angeblich zufriedenstellenden Verlauf der Operationen. Die sechs Wochen, die sie bis zur Einnahme Moskaus dauern sollten, sind verstrichen, ohne daß die Hauptstadt oder auch nur Leningrad oder Kiew besetzt worden wären.«

Im Verlauf des Monats August wurden in den Berichten des Nachrichtendienstes keine Prognosen getroffen, sondern lediglich die Lage in den Abschnitten Nord, Mitte und Süd beschrieben. Dabei wurde stets die Kampffreudigkeit der Sowjets hervorgehoben:

»An der Errichtung von Verteidigungsanlagen in und um Leningrad wird, vor allem durch die Zivilbevölkerung, weitergearbeitet, und es muß daraus der Schluß gezogen werden, daß der Verteidigungsrat entschlossen ist, die Stadt bis zum Letzten zu verteidigen.«

Anfang September ließ der Nachrichtendienst eine veränderte Zielsetzung der Deutschen durchblicken, die teilweise Hitlers Weisung vom 21. August (in der sich der Diktator entgegen den Vorschlägen der Heeresleitung für eine Fortführung der deutschen Offensive vor allem über die Flügel entschied) widerzuspiegeln scheint:

»Es liegen gewisse Anzeichen dafür vor, daß die deutsche Führung in diesem Jahr nicht mehr mit der vollständigen Vernichtung der russischen Streitkräfte rechnet. Die Anstrengungen der deutschen Ostarmee scheinen nunmehr darauf gerichtet zu sein, vor Einbruch des Winters noch einige eindrucksvolle Erfolge zu erzielen und eine für den Stellungskrieg möglichst günstige Frontlinie zu erreichen. Das schließt selbstverständlich nicht aus, daß nicht jede sich bietende Gelegenheit benützt wird, feindliche Streitkräfte zu vernichten oder sogar zu entscheidendem Schlage auszuholen.

In Gesprächen mit Deutschen hört man seit einiger Zeit die Redewendung: ›Unsere Heeresleitung will Moskau gar nicht einnehmen, sondern sie beabsichtigt; die Ukraine zu besetzen.‹ Es scheint, daß diese Ansicht im deutschen Volke bewußt verbreitet wird, um es auf einen Stillstand der Operationen im Osten vorzubereiten.

Deutsche Kreise, die dem OKH nahestehen, schätzen die Verluste im Osten Mitte August auf 1 300 000 Mann (Tote, Verwundete, Gefangene, Kranke und Vermißte).«

Mitte Oktober waren zum ersten Mal große Divergenzen in den Beurteilungen zwischen den Nachrichten aus Berlin und denen aus anderen Hauptstädten festzustellen. Zwar war die Gesandtschaft in Berlin in Hinblick auf die deutschen Aussichten immer optimistisch gewesen, aber nun gab sie voll und ganz die offizielle deutsche Sicht der Dinge wieder, die zu jener Zeit freilich durch außerordentlich große Erfolge der deutschen Wehrmacht (insbesondere die Einnahme Kiews) untermauert wurde. So schrieb Legationsrat Kappeler am 15. Oktober:

»In weniger als 4 Monaten ist die Entscheidung im Osten trotz der auch für die deutsche Führung überraschenden Größe der russischen Rüstungen gefallen. Der russische Widerstand kann noch eine zeitlang fortdauern, aber das Ergebnis nicht mehr in Frage stellen. Deutschland dürfte damit auf dem europäischen Kontinent endgültig eine militärisch unangreifbare Position errungen haben. Auf lange Sicht werden ihm auch die neugewonnenen Gebiete erlauben, der englischen Blockade standzuhalten.«

Was Frölicher betrifft, so war er zwei Wochen später ebenfalls der Ansicht, »daß die russische Wehrmacht durch die eingetretenen Verluste an Truppen, Material und Versorgungsgebieten derart geschwächt ist, daß sie im nächsten Jahr keine Gefahr mehr für Deutschland darstellt. Deutschland wird im Frühjahr ohne große Schwierigkeiten den russischen Feldzug praktisch beenden können. Der Entscheid ist, wie Hitler in seiner bereits erwähnten Rede ausführte, gefallen.«

Aus Bukarest hingegen gelangten ganz andere Töne nach Bern. Bereits Ende August hatte der Gesandte de Weck ein Gespräch mit dem ehemaligen rumänischen Außenminister, G. Gafenco, folgendermaßen zusammengefaßt: »Das Reich führt von nun an den Zermürbungskrieg, den es vermeiden wollte. Diese Zermürbung hat für beide Gegner jetzt bereits Ausmaße dergestalt angenommen, daß weder der eine noch der andere in der Lage ist, Europa seinen Willen aufzuzwingen.«

Am 19. Oktober gab er die Beurteilung eines höheren Offiziers einer der Armeen der »Achse« wieder, der, »besonders gut über Rumänien informiert«, zu nachstehender Schlußfolgerung gelangt war: »Was auch immer die kommenden Wendungen des Dramas sein mögen, das sich auf dem Kriegsschauplatz abspielt, eines ist sicher, nämlich der Zusammenbruch der Achse.«

Einen Monat später erreichten Bern auch aus Stockholm pessimistische Nachrichten über die Aussichten eines deutschen Erfolgs gegen die UdSSR: »Eine hochgestellte schwedische Persönlichkeit, die besonders gut informiert sein dürfte, bringt nunmehr ihre Meinung zum Ausdruck, daß die Deutschen den Krieg nicht mehr gewinnen können! Dasselbe wird mir von deutschen Offizieren berichtet, die an der russischen Front waren. Man ginge sogar soweit, sich zu fragen, ob nicht bald der Moment gekommen sei, wo militärische Führer sich veranlaßt sehen könnten, die oberste Kriegführung selbst in die Hand zu nehmen, um sich so erneut eine Chance zur Einleitung von Friedensverhandlungen zu eröffnen.« (Dinichert, 22. November)

Was den schweizerischen Nachrichtendienst betrifft, so hob auch er beständig die Bedeutung des sowjetischen Geräts (Flugzeuge, Panzer) sowie der personellen Reserven der Roten Armee hervor, die er noch auf 3 Millionen Mann schätzte. Den optimistischen Nachrichten aus Berlin begegnete er dementsprechend mit Skepsis. Der schweizerische Militärattaché in Berlin, Oberst v. Werdt, begann seinen Bericht vom 21. Oktober mit folgenden Worten: »Mit dem Siege über die russische Armee und dem Eintritt des Winters — auf den Schlachtfeldern schneit es doch schon und friert auch teilweise — ist das Ende für größere militärische Aktionen gekommen.«

Der Leiter des Deutschlandbüros des Nachrichtendienstes, Major A. Ernst, vermerkte dazu am Rande: »Von diesem Siege sind wir noch sehr weit entfernt!«

Mitte November stellte der Nachrichtendienst fest: »Die Anfang Oktober begonnene große deutsche Offensive hat trotz wichtiger Ergebnisse die Entscheidung im Osten, vor allem im Moskauer Abschnitt, nicht herbeigeführt. Am 3. November wurde der Beginn einer neuen Offensive angekündigt, bei der alle Angriffsrichtungen auf die sowjetische Hauptstadt zielen.«

Am 2. Dezember hielt er fest: »Der unerwartet zähe Widerstand der Russen hat nun zu einem Aufschub in der Rückverlegung deutscher Truppen gezwungen. Obgleich ursprünglich eine Fortführung der Operationen während des Winters anscheinend nicht beabsichtigt war, sieht sich nun die deutsche Heeresleitung gezwungen, den Angriff unbekümmert um das Wetter fortzusetzen, da aus Gründen des politischen Prestiges und um der Beschaffung von Winterquartieren willen der Kampf um Moskau nicht freiwillig abgebrochen werden kann.«

Ende des Jahres mußte sogar Frölicher zugeben, daß die Lage für das Reich ernst geworden war: »Ich möchte noch einmal betonen, daß man es bei uns unbedingt vermeiden sollte, Viktoria zu rufen, wenn jetzt die Achsenmächte gewisse Rückschläge erleiden und wenn sich in der nächsten Zeit die Schwierigkeiten vermehren sollten. Hier sollte der Bundesrat ein Machtwort sprechen und von der öffentlichen Meinung und vom Schweizer Bürger Disziplin verlangen. Ich kann mir nicht denken, daß ein vernünftiger Schweizer dem nicht beipflichten wird.«

Schlußwort

Sieht man einmal von jener kleinen Gruppe schweizerischer Diplomaten in Berlin ab, die — Ende der dreißiger Jahre dorthin entsandt, um eine Beschwichtigungspolitik gegenüber dem Reich zu betreiben — durch ihre ideologischen Sympathien blind und in ihren analytischen Fähigkeiten offenbar stark eingeschränkt war, so kann nicht gesagt werden, die schweizerischen Vertreter, die in den zur Beobachtung der Ereignisse geeigneten Hauptstädten Dienst taten, hätten die Verantwortlichen schlecht über den Verlauf der Operationen oder die jeweiligen Reaktionen informiert, die sie mittels zuverlässiger Informanten zusammentragen konnten. Ihre Informationen tendierten eindeutig dahin, daß das Reich diese Partie nicht gewinnen könne.

Die Beurteilungen des Nachrichtendienstes der schweizerischen Armee hinsichtlich der Widerstandsfähigkeit der Roten Armee sind im nachhinein gesehen recht bemerkenswert und frei von jeder antibolschewistischen Wertung. Die Meinung der Mehrheit der deutschschweizerischen Presse zeigt, wenn man dem deutschen Gesandten in Bern und der Kritik der deutschen Presse an der schweizerischen Meinung Glauben schenkt, daß sie dem Märchen vom »Kreuzzug« nicht erlag und nüchternen Verstand bewahrte.

Und doch formierte sich in eben dieser letztlich recht hellsichtigen Schweiz, die die gegen sie gerichteten Machenschaften der Nationalsozialisten bekämpfte und erhebliche Opfer für ihre Verteidigung brachte, ein ungeheurer Widerstand dagegen, den Kampf der Sowjets als Freiheitskampf zu betrachten. Daß genau das Gegenteil der Fall war, geht aus zahlreichen Blättern des französischen Landesteils, in gewissem Maße auch aus der Presse der übrigen Schweiz, vor allem den bürgerlichen Provinzblättern, hervor. Durchgesetzt gegenüber den Behörden in dieser offiziell neutralen Schweiz hat sich in erster Linie die unglaubliche Bircher-Expedition an die Ostfront. Sicher war dies keine »Legion«;

die Schweiz begab sich nun einmal nicht in militärische Abenteuer. Die Tatsache jedoch, medizinisches Personal zur Versorgung von Soldaten nur *einer* Kriegspartei und dazu unter der Schirmherrschaft des Roten Kreuzes zu entsenden, dessen Kerngedanke die *Neutralität* des verletzten Soldaten ist, kennzeichnet das Abrücken vom Geist der Neutralität und die eklatante Parteinahme zur Genüge.

Mit dem deutschen Angriff auf die UdSSR am 22. Juni wurden also in bestimmten Führungszirkeln des Landes geistige Barrieren eingerissen, gleichsam so, als hätte man während der Zeit des deutsch-sowjetischen Pakts in der Irrealität gelebt; erst der Angriff stellte den Primat des kommunistischen Feindes gegenüber dem nationalsozialistischen wieder her.

Die Bircher-Expedition für sich genommen war Teil eines fortwährenden Prozesses, der 1918 mit der Gründung des »Schweizerischen Vaterländischen Verbandes« durch Bircher selbst als Reaktion auf den Landesstreik begonnen und sich mit dem Besuch Hitlers in der Schweiz 1923 fortgesetzt hatte, bei dem der Gast von Industriellen aus dem Umfeld dieser Bewegung empfangen wurde und von ihnen Geld für sein Vorgehen in Deutschland erhielt. In den gleichen Zusammenhang gehört dann der zehn Jahre später erschienene berühmte Artikel des Oberstarztes, in dem es u. a. hieß: »Mit der Übernahme der Regierungsgewalt hat Hitler zweifellos ganz Mitteleuropa und damit auch uns Schweizern einen ganz gewaltigen Dienst erwiesen, indem er den Ansturm des Bolschewismus zurückwarf [...]. Von dieser Erwägung aus stellte die gegenwärtige deutsche Revolution eine rettende Tat für die Kultur Mitteleuropas dar.« Daß Bircher auf diesem Weg die Unterstützung einiger Kapitalisten zuteil wurde, ist nicht weiter erstaunlich.

Selbst wenn man die schweizerische Reaktion auf »Barbarossa« lediglich auf die Ärztemission an die Ostfront beschränken würde, so zeigt sich doch, wie sehr der Antikommunismus die Haltung eines Gutteils der führenden Kreise in der Schweiz pervertiert hatte. Erst nach vielen Monaten drückte der Chef der schweizerischen Diplomatie Köcher gegenüber in sehr vorsichtigen Worten die schreckliche Wahrheit über die nationalsozialistischen Pläne aus: »Bundesrat Pilet-Golaz erklärte mir bei einem Besuch aus anderem Anlaß — was er mir im übrigen schon einmal mitgeteilt hatte —, daß wir den Frieden verloren hätten. Wir würden vielleicht den Krieg gewinnen und mit Gewalt herrschen, aber ein Frieden, wie er ihn sich nach dem Zusammenbruch Frankreichs erhofft habe, sei ausgeschlossen wegen des Hasses, der in allen von uns besetzten Ländern gegen uns herrsche« (20. Oktober 1942).

Quellen und Literatur

Quellen

Schweizerisches Bundesarchiv, Bern: E 27/9693/5 (ND-Bulletins); E 27/12705, E 2001 (D) 2/176, J.II.15 1977/152 (Schweiz. Ärztemission); E 2001 (D) 3/467 (Krieg Deutschland—UdSSR); E 2300 Berlin, Bukarest, Helsinki, München, Stockholm (Politische Berichte); E 2809/2 (Pilet-Golaz).
Politisches Archiv des Auswärtigen Amtes, Bonn: St.Sekr., Schweiz, Bd 2; Pol. II. Schweiz. Handbuch III; Inland IIg Schweiz 445, Waffen-SS Schweiz 322; Deutsche Botschaft Paris 208; Deutsche Gesandtschaft Bern, 782/4 (Musy), 785/1, 793/4 (Einstellung bzw. Annahme von Schweizern zum Kampf gegen die Bolschewisten), 793/5 (Schweiz. Ärztemission), Berichterstattung über Haltung schweiz. Presse.

Literatur

J.-C. Biaudet, »Ed. Rossier et la censure, 1939—1945«, Etudes de Lettres, Lausanne 1968
E. Bonjour, Geschichte der Schweizerischen Neutralität, Basel, Stuttgart, Bde IV (⁴1975) und VII (1974)
D. Bourgeois, Le Troisième Reich et la Suisse, 1933—1941, Neuchâtel 1974
D. Bourgeois, Milieux d'affaires et politique étrangère suisse à l'époque des fascismes, in: Relations internationales, no 1
R. Bucher, Zwischen Verrat und Menschlichkeit, Erlebnisse eines Schweizer Arztes an der deutsch-russischen Front 1941/42, Frauenfeld, Stuttgart 1967
D. Dreyer, Schweizer Kreuz und Sowjetstern, Zürich 1989
H. Frölicher, Meine Aufgabe in Berlin, Wabern 1962
W. Gautschi, Geschichte des Kantons Aarau, 1885—1953, Baden 1978
D. Heller, Eugen Bircher, Zürich 1988
P. Hufschmid, Schweizer Ärzte unter dem Hakenkreuz, in: Tagesanzeiger Magazin, Zürich, 30./31.3.1990
G. Kreis, Zensur und Selbstzensur, Frauenfeld, Stuttgart 1973
A. Lasserre, La Suisse des années sombres, Lausanne 1989
J. Meurant, La presse et l'opinion de la Suisse romande fâce à l'Europe en guerre, 1939—1941, Neuchâtel 1976
W. Rings, Die Schweiz im Krieg, Zürich 1990

Bernd Wegner

Dezember 1941:
die Wende zum Weltkrieg als strategisches
Problem der deutschen Führung*

Die zweite Dezemberwoche des Jahres 1941 bescherte der Welt eine
Reihe von Ereignissen, welche aus deutscher Sicht in zweifacher Hinsicht eine grundlegende Veränderung der Gesamtkriegslage signalisier-
ten. Die am 5./6. Dezember einsetzende Winteroffensive zweier sowjetischer Fronten bewies endgültig das — bereits seit längerem absehbare
— Scheitern aller deutschen Blitzkriegsillusionen und die Unumgäng-
lichkeit, sich auf den »langen Krieg« einzurichten. Der japanische Überfall auf Pearl Harbor am 7. Dezember und die vier Tage später erfolgen-
de Kriegserklärung Deutschlands und Italiens an die USA markierten
zusammen mit dem im Gegenzuge erfolgenden Kriegseintritt Chinas
sowie der meisten lateinamerikanischen Staaten den Wandel vom europäischen zum globalen Krieg. Diese doppelte, zeitliche und räumliche
Ausweitung des Krieges zerstörte die Grundlagen jenes Kalküls, welches
— unbeschadet wiederholter Rückschläge — Hitlers Strategie während
zweieinviertel Jahren kontinentalatlantischer Kriegführung bestimmt
hatte. War dieses Kalkül auf die Annahme gegründet, dem Deutschen
Reich mittels einer Serie begrenzter Kriege gegen jeweils möglichst nur
einen Gegner die für den Durchbruch zur Weltvormachtstellung unangreifbare Ausgangsbasis verschaffen zu können, so sah man sich nunmehr in einen sämtliche Großmächte der Epoche umfassenden Krieg
verwickelt, dessen Dauer und Verlauf fürderhin nur noch sehr bedingt
vom Handeln des deutschen Diktators abhängig sein würden.

I.

Angesichts dieser Umstände erscheint auf den ersten Blick paradox,
daß Hitler durch seine Kriegserklärung an die USA selbst den Prozeß
forcierte, der seinen Handlungsspielraum in der Folge zunehmend ein-
engte und das Reich mehr und mehr vom Subjekt zum Objekt des
Krieges werden ließ. Indes stellte gerade der Akt dieser — in der Forschung sehr unterschiedlich interpretierten[1] — Kriegserklärung seinerseits bereits ein erstes folgenschweres Beispiel eben jener durch die Ab-

nahme politischer und strategischer Optionen gekennzeichneten Entwicklung dar. Betrachten wir nämlich die Genese der von Hitler persönlich und ohne vorherige Konsultation seiner militärischen Berater getroffenen Entscheidung, so erweist sich diese unverkennbar als der Versuch, aus einer als verfahren erkannten Kriegslage heraus die Flucht nach vorn anzutreten.

Tatsächlich hatte Hitler lange Zeit ein Eingreifen der USA in den europäischen Krieg zu vermeiden getrachtet. Zwar hielt er einen Konflikt des nach der Weltmacht greifenden Reiches auch mit den Vereinigten Staaten auf lange Sicht für unvermeidlich, hoffte aber, ihn bis zur Vollendung seiner kontinentaleuropäischen Herrschaftsziele vertagen zu können. Erst nach der Erkämpfung eines blockadefesten Kontinentalimperiums und dem Aufbau einer für die transozeanische Kriegführung geeigneten See- und Luftstreitmacht sollte, wenn möglich im Verein mit Großbritannien, der Kampf gegen die »drohende Welthegemonie des nordamerikanischen Kontinents« gewagt werden[2]. Hitlers Hoffnung auf ein zwischenzeitliches Stillhalten der durch die deutschen Expansionsbestrebungen auf dem europäischen Festland nicht unmittelbar betroffenen USA hatte freilich seit Beginn des Krieges immer wieder Rückschläge erfahren. Vor allem nach der Niederlage Frankreichs und der für Hitler unerwarteten, in der Tat nicht ohne amerikanische Rückendeckung zu verstehenden Entscheidung Londons, den Krieg fortzusetzen, konnte der deutsche Diktator keinen Zweifel mehr daran hegen, daß Roosevelt Englands Kampf gegen den deutschen Totalitarismus mit allen Mitteln, d.h. durch eine Politik »short of war«, notfalls aber durch einen offenen Eintritt seines Landes in den Krieg zu unterstützen entschlossen war. Vor diesem Hintergrund zielte der als Kern eines transkontinentalen euroasiatischen Blocks konzipierte Dreimächtepakt zwischen Deutschland, Italien und Japan (27. September 1940) vor allem darauf ab, die USA durch die Androhung eines Zwei-Ozean-Krieges von einem direkten Einschreiten gegen die deutsche wie auch japanische Expansion abzuschrecken und damit zugleich die englische Kriegspolitik ihrer entscheidenden Stütze zu berauben. Grundsätzlich ähnlich waren die Erwartungen, welche Hitler — in Ergänzung seiner weltanschaulichen Motive — mit dem in den folgenden Wochen und Monaten vorbereiteten Angriff gegen die Sowjetunion verband. Auch hier spielte neben der Hoffnung, England durch einen schnellen und vernichtenden Erfolg im Osten doch noch zu einem Einlenken zu bewegen, das Kalkül eine Rolle, die durch den Wegfall der russischen Gefahr bedingte »Aufwertung

Japans [...] in ungeheurem Maße« werde das Hauptaugenmerk der amerikanischen Politik vom europäisch-atlantischen Geschehen ablenken[3]. Doch selbst wenn diese Hoffnung trog, würden die militärisch nur unvollkommen gerüsteten Vereinigten Staaten, soviel schien offenkundig, erst nach einer gewissen Anlaufzeit zum Kriegseintritt bereit sein. Es komme mithin darauf an, so Hitler gegenüber Jodl im Dezember 1940, »daß wir 1941 alle kontinentaleuropäischen Probleme lösen müßten, da ab 1942 USA in der Lage wäre, einzugreifen«[4].

In Anbetracht dieser grundsätzlichen Lageeinschätzung kann nicht überraschen, daß Hitler — entgegen dem energischen Drängen der Seekriegsleitung und selbst unter Inkaufnahme von Nachteilen im atlantischen Zufuhrkrieg — auch in den Wochen und Monaten nach Beginn des »Barbarossa«-Unternehmens in auffallender Weise bemüht blieb, jeglichen Zusammenstoß mit der amerikanischen Militärmacht zu vermeiden. Dies zeigte sich im Falle der auch von Hitler als seestrategisch durchaus bedrohlich empfundenen Besetzung Islands durch amerikanische Truppen Anfang Juli 1941 ebenso wie anläßlich des von Roosevelt am 11. September gegenüber Schiffen der Achsenmächte erteilten »Shoot-on-sight«-Befehls. Zwar begann man in Deutschland nun, die Bevölkerung auf einen möglichen amerikanischen Kriegseintritt psychologisch vorzubereiten, doch läßt Hitlers Reaktion auf beide Vorfälle deutlich sein Bemühen erkennen, die USA wenigstens bis zum Abschluß des alle deutschen Kräfte aufs äußerste beanspruchenden Barbarossa-Unternehmens aus dem Krieg herauszuhalten. Genau dies kennzeichnete bis in den November hinein die deutsche Politik auch gegenüber dem japanischen Verbündeten, der zwar zu einem Ausgreifen gegen die britischen Ostasien-Positionen, vor allem Singapur, wie auch zum Angriff gegen die Sowjetunion ermutigt wurde, nicht aber zu einer Offensive gegen die amerikanischen Pazifikstützpunkte.

In dieser Situation waren es drei der Kontrolle durch den deutschen Diktator entzogene Umstände, die binnen weniger Wochen zu einem Umschwung der Hitlerschen Amerikapolitik führten. Der erste und wichtigste war das Ausbleiben des erwarteten Blitzsieges gegen die Sowjetunion, wodurch der bisherigen deutschen Abschreckungspolitik gegenüber den USA die machtpolitische Grundlage entzogen war. Damit aber gewann ein direktes amerikanisches Eingreifen in den europäischen Krieg noch vor einem Abschluß der Kämpfe im Osten erheblich an Wahrscheinlichkeit. Hinzu kam ein Zweites: Die Spannungen zwischen den USA und dem Deutschen Reich hatten infolge der offenen amerikanischen Unterstützung für die englischen und russischen

Kriegsanstrengungen, mehr noch aber durch die wachsende Zahl von Zusammenstößen amerikanischer Schiffe mit deutschen U-Booten im Atlantik sowie schließlich durch Washingtons spektakuläre Revision seiner Neutralitätsakte am 13. November 1941 ein Ausmaß erreicht, welches aus deutscher Sicht den Schritt zum offiziellen Kriegszustand nur noch klein erscheinen ließ. Unter dem Eindruck dieser Entwicklungen neigte Hitler seit Mitte November denn auch der ungewohnt pessimistischen Erkenntnis zu, »daß die beiden Feindgruppen sich gegenseitig nicht vernichten können« und ein Verhandlungsfrieden darum wahrscheinlich sei[5]. Auch die amerikanische Frage stellte sich angesichts einer derart veränderten Lageeinschätzung nunmehr anders: Wenn für das Reich ein Mehrfrontenkrieg schon nicht zu vermeiden war, war es dann nicht ratsam, ihn gemeinsam mit Japan zu führen, um so wenigstens einen Teil des angelsächsischen Kriegspotentials vom euro-atlantischen Kriegsschauplatz abzulenken?

Ein dritter Umstand, nämlich der Verlauf der seit dem Frühjahr 1941 andauernden Verhandlungen zwischen Japan und den USA, erleichterte es Hitler, diese Frage zu bejahen. Die deutscherseits schwer durchschaubaren Gespräche hatten sich nämlich für Berlin mehr und mehr zu einem Alptraum entwickelt, drohte doch eine Verständigung zwischen beiden Ländern nicht allein der amerikanischen Politik Rückenfreiheit gegenüber Deutschland zu verschaffen, sondern auch England von seinen Sorgen um seine Stellung in Ostasien zu befreien. Damit aber hätte sich das gesamte Potential aller alliierten Großmächte ausschließlich auf den europäischen Kriegsschauplatz konzentriert. Eine Zusage des Reiches an Japan, den Krieg gegen die USA gemeinsam zu führen, versprach, solche Gefahren mit einem Schlag zu beseitigen und, um ein von Hitler selbst bevorzugtes Bild zu benutzen, den fernen Verbündeten zu einem asiatischen »Degen« der deutschen Kriegspolitik zu machen. Es war mithin durchaus folgerichtig, wenn die zunächst vorsichtigen, seit dem 18. November dann dringlicheren Anfragen Tokios nach der Haltung des Reiches im Falle eines japanisch-amerikanischen Kriegsausbruches in Berlin auf eine grundsätzliche positive Resonanz stießen. Im Zuge des sich nun rasch vollziehenden Klärungsprozesses dürfte bei dem stets auf psychologische Effekte bedachten »Führer« persönlich nicht zuletzt die Überlegung eine Rolle gespielt haben, daß er, wenn der Krieg mit den USA schon unvermeidlich sei, lieber Initiator denn Adressat einer Kriegserklärung sein wollte, erhoffte er sich von dieser Geste doch eine dem einsetzenden Vertrauensverlust des Reiches entgegenwirkende Demonstration von Bündnissolidarität und Handlungsfreiheit. Nicht weniger plausibel ist, daß Hitler, nachdem er sich vermutlich am 4. Dezember, jedenfalls aber noch in Unkenntnis des bevorstehenden Angriffs auf Pearl Harbor, zum Entschluß einer Kriegserklärung an die USA durchgerungen hatte, bemüht war, auch das in seinem veränderten Kalkül noch enthaltene Restrisiko einer vorzeitigen Beendigung des pazifischen Krieges auszuschalten. Als geeignetes Mittel hierzu erschien eine von Tokio vorgeschlagene gegenseitige Verzichterklärung Japans, Deutschlands und Italiens, wonach keiner dieser Staaten ohne gegenseitiges Einverständnis einen Separatfrieden mit den USA oder England abschließen werde. Indem Hitler und Ribbentrop diese Idee zur Grundlage des in aller Eile ausgearbeiteten und am 11. Dezember — wohl noch unmittelbar vor Überreichung der deutschen Kriegserklärung — unterzeichneten sogenannten »Nicht-Sonderfriedensvertrages« machten, konnten sie sich in der Gewißheit wiegen, das — aus deutscher Sicht zu frühe, aber unter den gegebenen Umständen kaum vermeidbare — Eingreifen der USA in den Krieg zwar nicht verhindert, aber doch in seiner Wirksamkeit abgeschwächt zu haben.

II.

Die Genugtuung über diesen Erfolg stellte, durch die spektakulären japanischen Anfangserfolge im pazifischen Krieg scheinbar bestätigt, gegen Jahresende 1941 zunächst ein optimistisches Moment in den ansonsten vorwiegend von Hiobsbotschaften aus dem Osten bestimmten Lagebetrachtungen der deutschen Führung dar[6]. Die sich aus der räumlichen Ausweitung des Krieges in den Pazifik ergebenden Chancen schienen eine kurze Zeit lang die aus seiner zeitlichen Ausweitung erwachsenden Risiken aufzuwiegen. Dies zeigt in aller Deutlichkeit eine vom Wehrmachtführungsstab am 14. Dezember vorgelegte gesamtstrategische Lagebeurteilung, in welcher die den Westalliierten verbliebenen Optionen zur Fortführung des Krieges und die sich daraus ergebenden Forderungen an die deutsche Kriegführung trotz mancher Irrtümer mit bemerkenswertem Realismus analysiert wurden[7]. Ausgangspunkt dieser Betrachtung war die Feststellung, daß die japanische Kriegseröffnung den angelsächsischen Mächten die infolge der deutschen Bindung im Osten »mindestens bis Herbst 1942« sicher geglaubte strategische Initiative entrissen und die mit ihr verbundenen Pläne — »Sicherstellung der Seeverbindungen, engere Umklammerung des deutschen Machtbereiches durch Land- und Seeoperationen, Lähmungsangriffe zur Luft und schließlich entscheidungssuchende Landoffensive ab Sommer 1943« – zunichte gemacht habe. Dies und die sich im Pazifik vollziehende Verschiebung der Kräfteverhältnisse zwinge die Feindmächte zu einer strategischen Neuorientierung, wobei, grob gesprochen, drei Optionen möglich seien:

a) Priorität für den europäisch-atlantischen Krieg

b) Priorität für den pazifischen Krieg

c) Verzicht auf eine klare Schwerpunktbildung »mit dem Ziel, in der strategischen Defensive Zeit zu gewinnen, bis die eigene Machtverstärkung den Angriff nach einer Seite erlaubt«.

Jede der drei Optionen barg nach Einschätzung des OKW gleichermaßen Chancen wie Risiken. So erlaube Lösung a einerseits eine gewisse Kontinuität der bisherigen alliierten Planungen. Dieser Ansatz sei um so verlockender, als den Alliierten im Zuge der dann erforderlichen Aufmarschvorbereitungen mit einer Besetzung atlantischer Inselgruppen bzw. Operationen gegen Französisch-Westafrika oder Marokko »psychologisch wünschenswerte und militärisch verhältnismäßig sichere und billige Erfolge« winkten. Andererseits brächte eine Konzentration auf den atlantisch-europäischen Raum neben erheblichen logistischen Problemen die Gefahr irreversibler Nachteile im pazifischen Raum mit sich. Eine Expansion Japans in Richtung Indien oder Australien einschließlich ihrer kaum absehbaren logistischen und rohstoffwirtschaftlichen Folgen (Ausfall der Gummi- und Zinnversorgung) werde, so glaubte man, für die angelsächsischen Mächte strategisch und psychologisch schwerlich akzeptabel sein. Mit umgekehrtem Vorzeichen, doch grundsätzlich analog stellten sich dem OKW die Chancen und Risiken eines primär pazifischen Engagements der Westalliierten dar (Option b). Hier stünden der Aussicht, sich durch eine Niederringung Japans »die bisher innegehabte Rückenfreiheit« wiederzuerkämpfen, sowohl die Gefährdung der für England lebenswichtigen transatlantischen Seeverbindungen als auch eine Bedrohung der britischen Mittelmeerposition entgegen. Von der Wirkung der japanischen Kriegseröffnung beeindruckt, sah das OKW im übrigen »keine rechte operative Möglichkeit [...], wie bei der heutigen Gesamtlage die Angelsachsen Japan in absehbarer Zeit besiegen könnten«.

Am zurückhaltendsten zeigten sich die Experten bei der Beurteilung des als Option c bezeichneten Mittelweges, verlangte dieser doch die parallele Bewältigung eines ganzen Bündels strategischer Defensivaufgaben auf beiden Kriegsschauplätzen. Ob der Gegner es in Anbetracht der hierfür erforderlichen Aufspaltung seiner Kräfte für möglich halte, die Seeverbindungen sowohl im Atlantik wie im Indischen Ozean bei »erträglichen Verlusten« offenzuhalten, seine Positionen in Europa, Afrika und Nahost zu verteidigen sowie gleichzeitig Malaya mit Singapur, Sumatra und Hawaii zu behaupten, sei, so meinte man, »von uns kaum zu beurteilen«.

Angesichts der mit jeder Option verbundenen Unwägbarkeiten entschloß sich das OKW, in seiner Lagebeurteilung von dem für Deutschland ungünstigsten Fall einer schwerpunktmäßig eurozentrischen Strategie der Westmächte auszugehen. Dabei stehe eine »entscheidungsuchende« Offensive »mindestens für das nächste Jahr«, d. h. für 1942, von keiner der beiden Seiten zu erwarten: »Während Deutschland in der Hauptsache mit der Weiterführung des Ostfeldzuges belastet ist, erlaubt den Feindmächten der Rüstungsstand der USA nur vorbereitende Schritte.« Diese würden neben einer Sicherung der transatlantischen Seeverbindungen vor allem darauf abzielen, den Machtbereich der Achse allseitig einzuengen, um so einerseits die alliierte Blockade wirkungsvoller zu gestalten, andererseits geostrategisch günstige Absprungbasen für spätere Land- und Luftoffensiven zu gewinnen. Drei Räume erschienen dem OKW unter diesem Gesichtspunkt besonders gefährdet: die atlantische Küste Westafrikas und Marokkos, der Nahe Osten sowie Nordeuropa (England, Island).

Auf der Grundlage dieser Annahmen ging das OKW davon aus, daß die für einen späteren Zeitpunkt zu erwartenden angelsächsischen Luft- und Landoffensiven von verschiedenen Punkten aus angesetzt werden würden, »um die Abwehr zur Verteidigung auf weite Räume zu zwingen und zu zersplittern«. Dementsprechend hatte das Reich sich mittelfristig auf feindliche Offensiven aus unterschiedlichsten Richtungen einzurichten, wobei der kaukasische Raum, Sizilien und die italienische Küste, die Iberische Halbinsel, die Ärmelkanalzone sowie Norwegen als wahrscheinliche Angriffsziele angesehen wurden. Das OKW gab sich keinen Illusionen darüber hin, daß der Gegner die zur Vorbereitung seiner Angriffe erforderlichen Kräfteverschiebungen »auch in Zukunft [...] ungestört« würde vornehmen können, sah die Chance des Reiches jedoch darin, daß er »auf der äußeren Linie zu operieren« gezwungen sei. Der hierdurch bedingte Bedarf an Schiffsraum und Transportzeit gestatte, so glaubte man, ein rechtzeitiges Erkennen des feindlichen Aufmarsches, wo immer er auch stattfinde.

Aus dieser Einschätzung der gegnerischen Lage und Absichten ergab sich für das OKW eine Reihe von Folgerungen für die künftige deutsche Kriegführung. Zunächst einmal war absehbar, daß dem Reich bis zur Herstellung der vollen amerikanischen Kriegsbereitschaft noch eine gewisse zeitliche Frist verbleiben würde, um jene Landoperationen zum Abschluß zu bringen, »die zur Abrundung eines wirtschaftlich lebensfähigen und militärisch und politisch verteidigungsfähigen Machtbereichs erforderlich sind«. Bezogen auf die Fortführung des Rußlandfeldzuges bedeutete dies, daß nicht ein weiteres Ausgreifen nach Osten, sondern die Absicherung der strategisch wichtigeren Nord- und Südflanke das primäre Ziel der für 1942 ins Auge gefaßten deutschen Offensiven sein müsse. Dabei gehe es im Norden vor allem um eine Ausschaltung von Murmansk und Archangel'sk als den beiden wichtigsten Kontaktstellen Rußlands zu den angelsächsischen Verbündeten, im Süden um die Gewinnung der nord- und südkaukasischen Gebiete. Deren Bedeutung wurde zum einen in ihren für eine langfristige Kriegführung des Reiches schwerlich entbehrlichen Ölvorkommen, zum anderen in der Tatsache gesehen, daß sich von dort ein günstiger Ansatzpunkt zu einem Vorstoß gegen den als angelsächsischen Aufmarschraum vermuteten Vorderen Orient ergäbe. Entscheidend für den Versuch, die Verteidigung des »europäischen Kriegsreiches« von der Peripherie her zu organisieren, war auch eine Stabilisierung der Lage am Mittelmeer. Im Hinblick auf dessen östlichen Teil war eine solche nach Auffassung der Wehrmachtführung bei Verteidigung des Brückenkopfes in Libyen »angriffsweise nur von Nordosten her«, d. h. über den Kaukasus zu erreichen, während es im Westen auf eine — vorzugsweise mit politisch-diplomatischen Mitteln zu bewerkstelligende — Einbindung Spaniens und die Ausschaltung Gibraltars ankomme. Dies und die Behauptung des nordafrikanischen Festlandes als eines »Glacis Europas nach Süden« würden es der Achse vor allem erlauben, ihre zur Zeit noch im Mittelmeer gebundenen See- und Luftstreitkräfte für eine Verwendung im Atlantik freizumachen.

Natürlich war sich das OKW darüber im klaren, daß die verfügbaren deutschen Kräfte bei weitem nicht ausreichten, einen »gleichmäßig kampfstarken Gürtel« um den deutschen Machtbereich zu legen. Man empfahl darum eine schwerpunktmäßige Verstärkung der am meisten gefährdeten Zonen und vertraute im übrigen darauf, »durch Bereitstellung beweglicher Reserven und ganz besonders durch Ausbau der heute noch durchaus unzureichenden Landverbindungen auf der inneren Linie eine Überlegenheit der Verteidigung [...] gewährleisten« zu können.

Die Wehrmachtführung hatte mithin, wie ihre Denkschrift vom 14. Dezember zeigt, die strategischen Konsequenzen, die sich aus der doppelten, nämlich zeitlichen und geographischen Ausweitung des Krieges Ende 1941 ergaben, in ihrer ganzen Tragweite sehr rasch erkannt. Vor allem hatte sie erkannt, daß das Reich unabhängig vom Ausgang der Winterkämpfe im Osten seine bislang weitgehend unangefochtene Initiative auf dem europäischen Kriegsschauplatz in absehbarer Frist verlieren würde und darum gut daran tat, sich und seinen Machtbereich auf eine längere Zeit der strategischen Defensive einzurichten[8]. Wenn das OKW für 1942 gleichwohl noch Grund zum Optimismus sah, so basierte dieser vornehmlich auf vier Annahmen, von welchen sich freilich binnen Jahresfrist eine jegliche als unzutreffend erweisen sollte:

1. Das Reich werde innerhalb der ihm bis zur vollen Mobilisierung der amerikanischen Kriegsmaschinerie verbleibenden Frist seine im Osten, im Mittelmeer und im Atlantik gesetzten militärischen Ziele erreichen.

2. Es werde dem Reich politisch gelingen, nicht nur seine Verbündeten zu einem verstärkten Kriegseinsatz zu bewegen, sondern auch die zur Absicherung der Peripherie wichtigen, bislang neutralen Flankenmächte Türkei, Spanien, Portugal und Schweden in den kontinentalen Abwehrblock einzubeziehen.

3. Die japanische Offensive werde Dauer und Durchschlagkraft genug haben, einen nennenswerten Teil des angelsächsischen Potentials im Pazifik auf längere Zeit hin zu binden.

4. Die USA würden unter diesen Umständen auf absehbare Zeit zu einem offensiv geführten Zwei-Ozean-Krieg nicht in der Lage sein.

Wie weit der vorsichtige Zukunftsoptimismus des OKW in den Wochen um die Jahreswende 1941/42 von den übrigen zentralen Kommandobehörden des Reiches geteilt wurde, hing anscheinend vor allem von deren Nähe zu den demoralisierenden Ereignissen an der Ostfront ab. So trat für den Generalstab des Heeres angesichts seiner täglichen Sorgen um die operative Stabilisierung der Front im Osten die — noch wenige Monate zuvor von ihm selbst favorisierte — Option einer transkaukasischen Offensive gegen den Nahen Osten vorerst ganz in den Hintergrund. Vollends utopisch mußte Halder und seinen Mitarbeitern die Vorstellung erscheinen, den Schwerpunkt der künftigen deutschen Operationsführung von der Sowjetunion an andere Stellen der europäischen Peripherie zu verlagern, konnte eine jede solche Verschiebung infolge der beängstigenden Verknappung aller personellen und materiellen Reserven doch nur zu Lasten des ohnehin fast schon ausgebrannten Ostheeres erfolgen.

Ganz anders als für das OKH stellte sich die Lage aus der Sicht der Seekriegsleitung dar. Für sie war das Steckenbleiben der Landoperationen im Osten nur ein zusätzliches Argument für die von ihr nun vehement geforderte strategische Neuorientierung. Der Natur ihrer Waffe gemäß in großräumigen Dimensionen denkend, dabei der materiellen Begrenztheit der eigenen seestrategischen Möglichkeiten schmerzlich bewußt, begrüßte die Seekriegsleitung den Kriegseintritt der maritimen Großmacht Japan zunächst mit großer Erleichterung. Mit entschieden größerem Optimismus als der Wehrmachtführungsstab erwartete man im Umkreis Raeders von der japanischen Großoffensive im Pazifik eine Entlastung der Lage sowohl im Atlantik als auch im Mittelmeer. Angesichts »der entscheidenden Bedeutung des indisch-ostasiatischen und australischen Raumes für ihre eigene Wirtschaft und Lebensfähigkeit« könnten, wie eine Denkschrift der Seekriegsleitung vom Dezember feststellte[9], die angelsächsischen Mächte ihre dortigen Machtpositionen keinesfalls kampflos aufgeben, seien infolge der italienischen und deutschen Marineaktivitäten im Mittelmeer bzw. im Atlantik und Nordmeer aber andererseits nicht in der Lage, den Schwerpunkt ihrer Kriegführung allein und eindeutig auf den Pazifik zu verlagern. Die strategische Chance der Dreierpaktmächte lag nach Meinung der Seekriegsleitung mithin vor allem in der Wechselwirkung zwischen den einzelnen Kriegsschauplätzen sowie in dem sich aus ihr für den Gegner ergebenden Zwang zur Zersplitterung seiner Kräfte.

Auf der Basis einer solchermaßen optimistischen, die Entfaltungsmöglichkeiten des US-amerikanischen Seekriegspotentials gar nicht erst reflektierenden Lagebildes schien der Seekriegsleitung eine planmäßige euro-japanische Koalitionskriegführung das Gebot der Stunde. Die Stabilisierung der Lage im Mittelmeer, das Abklingen der Winterkrise im Osten seit etwa Ende Januar sowie vor allem der Fall Singapurs am 14. Februar 1942 ließen den Zeitpunkt günstig erscheinen, konkrete Planungen in Angriff zu nehmen. »Gelingt den Achsenmächten in diesem Jahr die Verbindung über den Indischen Ozean«, so meldete in jenen Tagen Vizeadmiral Wenneker, der deutsche Marineattaché in Tokio, als Auffassung der japanischen Marineführung, »ist der Krieg zu ihren Gunsten entschieden[10].« Anfang März unterbreitete die Seekriegsleitung dem »Führer« eine Denkschrift, in welcher sie ihren von Raeder in den Wochen zuvor bereits mündlich vorgetragenen strategischen Ansatz zur Verklammerung der euro-asiatischen Machtsphären erläuterte. Dreh- und Angelpunkt dieses Ansatzes war der Nahe Osten, und hier insbesondere der Raum Suez, wo »die z. Zt. stark geschwächte Stellung Englands [...] der deutschen Führung die geschichtliche Gelegenheit gibt, mit verhältnismäßig geringen Kräften in absehbarer Zeit im Zusammenwirken mit Japan den Einsturz der gesamten britischen Schlüsselstellung im Vorderen Orient herbeizuführen«[11]. Von der optimistischen Annahme eines bevorstehenden japanischen Ausgreifens in den Indischen Ozean bis hin nach Madagaskar ausgehend, schlug die Seekriegsleitung, Anregungen der japanischen Admiralität vom Dezember aufgreifend, einen schnellstmöglichen deutsch-italienischen Vorstoß gegen Suez vor — ein Ziel, hinter dem alle anderen Operationsziele im Osten »bis auf die Kaukasus-Operation und die Wegnahme von Murmansk« zurückstehen sollten.

III.

Wenn Hitler die Vorschläge der Marineführung auch nicht rundheraus ablehnte, so stellten sie für ihn doch vorerst keine realistische Option zur Fortsetzung des Krieges dar. Vielmehr war und blieb für den deutschen Diktator auch 1942 die Sowjetunion der entscheidende Prüfstein seiner Kriegführung. Bereits im Oktober des Vorjahres, als sich die Hoffnungen auf einen Blitzsieg mehr und mehr zerschlugen, die Notwendigkeit einer Fortführung der Operationen über den Winter hinaus immer unabweisbarer und die Mineralölprognosen immer pessimistischer wurden, hatte Hitler sich für die kaukasischen Erdölfelder als Hauptziel seiner nächsten Großoffensive entschieden und das OKH angewiesen, die diesbezüglichen Planungsgrundlagen zu erarbeiten. Die aus historischer Sicht entscheidende Frage ist, warum der »Führer« an dieser unter dem Horizont eines europäischen Kontinentalkrieges getroffenen Entscheidung festhielt, obwohl sich seit Dezember 1941 grundlegend neue Optionen globalstrategischer Kriegführung anboten.

In der Literatur bisweilen anklingende Vermutungen, Hitler und die deutsche Führung hätten den Umschlag vom europäisch-atlantischen zum globalen Krieg in seinem »wahren Charakter« verkannt, erscheinen wenig plausibel. Nicht nur sprechen die erwähnten Denkschriften des Wehrmachtführungsstabes und der Seekriegsleitung trotz mancher Fehleinschätzung im einzelnen eine andere Sprache, auch Hitlers eigenes Taktieren gegenüber den USA vor den Dezemberereignissen sowie seine Gespräche mit Oshima danach (am 13. Dezember 1941 und 3. Januar 1942) lassen erkennen, daß er sich der neuen Dimension eines weltweit geführten Krieges durchaus bewußt war. Die möglichen strategischen Konsequenzen der japanischen Anfangserfolge beschäftigten denn auch in jenen Monaten Hitlers Phantasie außerordentlich stark und ließen ihn schon Anfang Januar von einer »Wende von unvorstellbarem Ausmaß« sprechen[12]. Zu diesem Zeitpunkt rechnete er bereits nicht nur mit dem baldigen Fall Singapurs, sondern auch mit einem japanischen Ausgreifen gegen Indien und Australien. Sein wiederholt geäußertes Bedauern über den Verlust der gesamten ostasiatisch-pazifischen Welt für die »weiße Rasse« spiegelt geradezu seine diesbezüglich hochgespannten Erwartungen gegenüber dem japanischen Verbündeten. Wenn er also nicht bereit war, den durch die deutsch-italienisch-japanische Militärvereinbarung vom 18. Januar 1942 abgesteckten Rahmen kriegsschauplatzübergreifender Zusammenarbeit politisch oder gar militärisch auszuschöpfen, so nicht, weil er dem Geschehen am anderen Ende der Welt zu wenig, sondern weil er ihm — in Hinblick vor allem auf das britische Empire — zuviel Bedeutung beimaß. Nichts illustriert dies deutlicher als Hitlers Ablehnung der im April — unmittelbar nach dem Scheitern der von Sir Stafford Cripps geführten Verhandlungen über die Lösung der indischen Frage — von japanischer Seite angeregten und von Ribbentrop unterstützten Idee einer gemeinsamen Erklärung zugunsten der indischen Unabhängigkeitsbewegung. Diese Ablehnung hatte wenig mit Indien, aber viel mit England zu tun, das, wie der Diktator im stillen Vertrauen auf eine wachsende innenpolitische Opposition gegen Churchills Kriegskunst noch immer spekulierte, kapitulieren werde, »wenn es keine Gewinnchance mehr sieht«[13]. Dieser Fall würde nach Meinung des »Führers« dann eintreten, wenn infolge der doppelten Bedrohung durch Japan im Osten und Deutschland/Italien im Westen Indien und damit der Bestand des Empire selbst auf dem Spiele stehe; die Voraussetzungen dafür schienen ihm bislang aber nur im ostasiatischen Raum erfüllt, im Westen dagegen erst dann, wenn der russische Verbündete Englands ausgeschaltet wäre und die Truppen der Achsenmächte südlich des Kaukasus stünden[14]. Es war mithin das zeitliche Nachhinken der eigenen Operationen, nicht etwa eine Geringschätzung der Vorgänge im Pazifik, welches Hitler den Zeitpunkt für ein allzu enges Zusammenwirken mit Japan verfrüht erscheinen ließ. Die geplante Operation in den Kaukasus stellte sich für Hitler demnach also nicht als Alternative, sondern — falls England nicht rechtzeitig einlenken sollte — geradezu als Vorbedingung einer globalen Achsenstrategie dar. Wenn es zu einer solchen gemeinsamen Strategie niemals kam, so sicherlich nicht, weil es deutscherseits an Einsicht in deren Vorteilhaftigkeit gefehlt hätte, sondern weil die Ungleichzeitigkeit der operativen Erfolge auf dem europäischen und asiatischen Kriegsschauplatz ein im engeren Sinne koordiniertes Handeln letztlich unmöglich machte.

Eine operative und logistische Verknüpfung beider Kriegsschauplätze mittels einer gesicherten Land- und Seeverbindung, wie sie in der Literatur bisweilen als »einzige verbliebene Chance« der Achsenmächte für 1942 angesehen wird[15], verbot sich für Hitler aber auch aus einem anderen Grunde: der Nichtverfügbarkeit von Zeit und Kräften. Der Diktator nämlich war aus guten Gründen überzeugt, daß ihm bis zur vollen Entfaltung des amerikanischen Kriegspotentials und der dann durch Errichtung einer »Zweiten Front« in Europa drohenden strategischen Umklammerung des Reiches nur noch wenige Monate, vermutlich die Dauer eines Sommerfeldzuges, zur Verfügung stehen würden, um »im Osten reinen Tisch zu machen«[16] und den deutschen Machtbereich als ein auf lange Sicht verteidigungsfähiges Gebilde einzurichten. Dies würde aber nur möglich sein, wenn einerseits der Bedarf des Reiches an Rohstoffen, insbesondere an Öl, mittel- und langfristig sichergestellt, andererseits der Krieg im Osten, der alle personellen und materiellen Ressourcen in ungeahntem Umfang verschlang, zu einem wenigstens vorläufigen Abschluß gebracht werden konnte. In Anbetracht dieser unabdingbaren Voraussetzungen sowie unter Berücksichtigung der Tatsache, daß der Zustand der deutschen Land- und Luftstreitkräfte die Durchführung nur einer, keinesfalls aber mehrerer paralleler Großoffensiven gestattete, schien Hitler eine militärische Alternative zum Kaukasus-Unternehmen auch unter den seit Dezember veränderten strategischen Rahmenbedingungen nicht gegeben.

Wenn der deutsche Diktator hinsichtlich der Sowjetunion noch immer an einen militärischen Sieg, bezüglich Englands an ein politisches Einlenken glaubte, so war seine Haltung gegenüber den Vereinigten Staaten von Ratlosigkeit gekennzeichnet. »Wie man die USA besiege, wisse er noch nicht«, gestand Hitler dem japanischen Botschafter Anfang 1942 freimütig[17]. Doch war dies eine Untertreibung, denn im Grunde wußte er nicht einmal, wie er sich ihrer würde erwehren können. Weder wußte er, wann das ganze Potential dieses schier unermeßlichen Landes zur Entfaltung kommen, noch auf welchem Kriegsschauplatz es schwerpunktmäßig eingesetzt werden würde. Falls in Europa, gegen welche seiner ausgedehnten Küsten? Hitler versuchte seiner Umgebung gegenüber, seine Ratlosigkeit und Unruhe durch eine Flut verbaler Herabsetzungen nicht nur Roosevelts, sondern auch der USA ganz allgemein zu kompensieren. Sie seien ein »verderbter und korrupter Staat«, »eine halb verjudete und vernegerte Gesellschaft«[18], »das dümmste Volk, das man sich denken kann«, dessen Soldaten zudem lauter Feiglinge seien. Doch war all dies ein Pfeifen im dunklen Walde. Denn zugleich fürchtete Hitler die USA und war von der Ahnung befallen, gewinnen werde »in diesem Krieg, wenn überhaupt gewonnen wird, nur Amerika«. Seine Überzeugung, daß sich dessen Aufstieg auf Kosten auch und gerade des britischen Empire vollziehen werde (»wenn verloren wird, verliert nur England«), bestärkte ihn in der Erwartung eines baldigen Ausscherens Londons aus der alliierten Koalition, wenn nicht gar eines künftigen Krieges, welchen Deutschland und England Schulter an Schulter gegen die Vereinigten Staaten führen würden.

Dessenungeachtet sah Hitler durchaus die Notwendigkeit, die west- und nordeuropäischen Ausläufer seines Herrschaftsbereichs gegen die Gefahr angloamerikanischer Angriffe zu sichern. »Die von uns beherrschten Eismeer-, Nordsee- und Atlantik-Küstenbereiche sind«, so hatte das OKW schon am 14. Dezember angeordnet, »im Endziel zu einem neuen Westwall auszubauen, um dann bei möglichst geringem Einsatz ständig festgelegter Feldtruppen mit Sicherheit jedes feindliche Landungsunternehmen auch stärkster Kräfte abwehren zu können[19].« Vor allem der über 2 500 Kilometer langen norwegischen Küste als möglicher »Schicksalszone dieses Krieges« galt seit dem Kriegseintritt der USA und einigen kleineren englischen Landungsversuchen in den letzten Dezembertagen Hitlers ganz besondere Sorge.

Hitlers Maßnahmen nach Eintritt der USA in den Krieg lassen bereits im ersten Halbjahr 1942, also schon geraume Zeit vor Inangriffnahme des Atlantikwalls, deutliche Ansätze einer kontinentalen Defensivstrategie erkennen. Dahinter stand die klare, wenn auch mit Rücksicht auf die Stimmung der Bevölkerung nur zurückhaltend geäußerte Einsicht des Diktators, daß sich der Krieg wohl noch über Jahre hinziehen werde, ja, daß nicht einmal der Krieg im Osten in absehbarer Zeit zu einem definitiven Ende gebracht werden könne[20]. Was in Hitlers Neujahrsaufruf und in seinem aus demselben Anlaß an die Wehrmacht gerichteten Tagesbefehl aber allenfalls zwischen den Zeilen herauszulesen war[21], wurde im kleinen Kreise offener angesprochen. So äußerte Hitler im Februar gegenüber Antonescu, er werde sich auf die Möglichkeit auch »eines neuen Winterfeldzuges« vorbereiten, und ließ durchblicken, daß wohl »auch nach Niederschlagung der regulären russischen Armee noch hinter dem Ural lange Zeit ein Partisanenkrieg andauern würde«, für den er »50 bis 60 Divisionen der allerbesten Truppen« bereithalten werde[22]. Fünf Wochen später vertraute Goebbels sei-

nem Tagebuch an, es könne im Osten eventuell zu einem »hundert-
jährigen Kriege« kommen, doch wolle der Führer dort keineswegs »ins
Uferlose hinein« Krieg führen: »seine Ziele sind Kaukasus, Leningrad
und Moskau. Sind diese Ziele von uns realisiert, dann will er Anfang
des kommenden Oktober unter allen Umständen Schluß machen und
rechtzeitig in die Winterquartiere gehen. Eventuell hat er die Absicht,
eine riesenhafte Verteidigungslinie aufzubauen und dann den Ostfeldzug auf sich beruhen zu lassen[23].«

Goebbels Notizen demonstrieren sehr deutlich die unterschiedlichen,
ja gegensätzlichen Elemente, aus welchen sich Hitlers gesamtstrategi-
sches Lagebild während der ersten Monate des Jahres 1942 speiste: seine
Desillusionierung hinsichtlich eines schnellen Zusammenbruchs des
Bolschewismus, die mit Überwindung der Winterkrise neu aufkeimen-
de Euphorie bezüglich der eigenen militärischen Möglichkeiten im
Osten sowie die Befürchtung einer infolge westalliierten Eingreifens
allzubald notwendig werdenden Kräftezersplitterung. Doch trotz der
Erfahrungen des Winters und des Bewußtseins wachsender Zeitnot
blieb für Hitler die Option einer politischen Beendigung des Rußlandkrieges nach wie vor gänzlich außer Betracht. Japanische und schwedische Vermittlungsangebote im Februar/März wurden brüsk zurückgewiesen oder versandeten ohne jede Resonanz. Nicht besser erging es den
von sowjetischer Seite in jenen Wochen — vor allem über den in Stockholm eingesetzten deutschen Abwehragenten Edgar Klaus — direkt lan-
cierten Sondierungsversuchen, welche deutscherseits zwar nicht völlig
ignoriert, von Canaris, dem Chef des Amtes Ausland/Abwehr sogar
zu einem ersten eigenen Vorstoß in der Friedensfrage benutzt wurden,
gleichwohl niemals eine Chance hatten, von Hitler aufgegriffen zu werden. Die Gründe für Hitlers trotz aller Bedrängnisse kompromißlose
Haltung in der Frage eines deutsch-sowjetischen Sonderfriedens waren
primär weltanschaulicher, sekundär strategischer Natur. Die Vernichtung des »jüdisch-bolschewistischen Todfeindes« und die Eroberung
von »Lebensraum« im Osten bildeten für den deutschen Diktator die
»raison d'être« des von ihm entfesselten Krieges. Ein durch einen vorzeitigen Friedensschluß erzwungener Verzicht auf die Realisierung dieser Ziele hätte mithin den »Führer« um seine eigentliche historische
Mission und das deutsche Volk um den Sinn des Krieges gebracht und
kam für ihn schon darum nicht in Betracht. Die wachsenden Schwierigkeiten der Wehrmacht im Osten vermochten an dieser Haltung grundsätzlich nichts zu ändern, da sie von Hitler nicht als Indizien militärischer Überforderung, sondern als Bestätigung für den »schicksalhaften«

Charakter dieses Rassekrieges interpretiert wurden, der über Deutschlands geschichtliche Existenzberechtigung — verstanden als das Recht des Stärkeren — entscheiden würde. »Eiskalt« verkündete er denn auch schon im Januar 1942, mehr als drei Jahre vor dem Zusammenbruch des Reiches: »Wenn das deutsche Volk nicht bereit ist, für seine Selbsterhaltung sich einzusetzen, ganz gut: dann soll es verschwinden[24]!«

Der trotz solcher ideologischen Fixierung theoretisch denkbare und mit dem Hitler-Stalin-Pakt vom August 1939 schon einmal beschrittene Ausweg, sich ohne Aufgabe der eigenen Endziele durch einen Ausgleich mit der Sowjetunion eine Atempause im Osten zu sichern, um zunächst den Krieg im Westen zu einem siegreichen Ende zu bringen, verbot sich in der gegebenen Situation für Hitler aus einer Reihe vorwiegend strategischer Erwägungen. Zum einen glaubte er mit dem von ihm über kurz oder lang erwarteten Ausscheren Großbritanniens aus der Front der Feindmächte eine echte und im Vergleich zur Sowjetunion entschieden attraktivere Sonderfriedensalternative in greifbarer Nähe zu haben. Zum anderen wähnte er sich nach Bewältigung der Winterkrise der personell ausgeblutet und materiell erschöpft scheinenden Roten Armee gegenüber erneut im Vorteil, den er durch einen vorzeitigen Friedensschluß zu verspielen fürchtete. Infolge des niedrigen Lebensstandards in der Sowjetunion und deren Möglichkeit, große Volksmassen zur Massenproduktion von Kriegsgütern einzusetzen, würde das Land in einem solchen Falle nämlich, wie Hitler dem finnischen Verbindungsgeneral Talvela erläuterte, in fünf Jahren erneut eine Gefahr für Europa darstellen[25]. Eine solche Aussicht mußte, ob berechtigt oder nicht, den Diktator um so mehr schrecken, als er nicht damit rechnen konnte, die mit einer mehrfachen Schwerpunktverlagerung des Krieges jeweils verbundene Umsteuerung der Rüstung von den Bedürfnissen des Landkrieges auf jene des See- und Luftkrieges (und umgekehrt) zeitgerecht durchführen zu können.

IV.

Hitlers Perzeption der Gesamtkriegslage in der Phase des Übergangs vom europäischen zum globalen, vom kurzen zum langen Krieg zeigte die für ihn charakteristische Verbindung von strategischem Instinkt und zwanghaftem weltanschaulichen Wunschdenken. Dessen Dogmen bildeten für Hitler, wie es scheint, eine Art von Filter gegenüber der — in der Tat von einem einzelnen nicht mehr zu bewältigenden —

Flut kriegführungsrelevanter Einzelnachrichten. Zumeist drangen diese überhaupt nur in sein Bewußtsein, soweit sie seinem »kategorischen Imperativ« von der unbedingten Gewinnbarkeit des Krieges Rechnung trugen. Dem entgegenstehende Informationen und Erfahrungen haben das politisch-strategische Lagebild des »Führers« nur selten tiefgreifend beeinflußt, sondern wurden in der Regel sehr rasch in ideologisch konforme Argumente umgedeutet.

Unter solchen Umständen mußte die Kluft zwischen der Realität des Krieges und ihrer Perzeption durch den »Führer« in dem Maße wachsen, in welchem sich die Kriegslage im Widerspruch zu Hitlers Wünschen entwickelte. Vom Spätherbst 1942 an schließlich, als sich die Kriegslage an allen Fronten (mit Ausnahme des U-Boot-Krieges) dramatisch verschlechterte, begann sich in Hitlers Kopf — und in den Köpfen nicht weniger seiner Berater — das Bild des Krieges gegenüber der Wirklichkeit des Schlachtfeldes in einem Maße zu verselbständigen, das jedem rationalen strategischen Kalkül zunehmend den Boden entzog. Damit aber war jene über zweieinhalbjährige Agonie des Reiches vorgezeichnet, die an menschlichem Leid und materiellen Verlusten alle bisherigen Erfahrungen des Krieges in den Schatten stellen sollte.

Anmerkungen

[*] Gekürzte Fassung meiner Ausführungen in: Horst Boog u. a., Der globale Krieg. Die Ausweitung zum Weltkrieg und der Wechsel der Initiative 1941—1943, Stuttgart 1990 (= Das Deutsche Reich und der Zweite Weltkrieg, Bd 6), S. 97—115. Der wissenschaftliche Apparat wurde für den vorliegenden Beitrag fast ausschließlich auf Zitatnachweise reduziert.

[1] Vgl. die unterschiedlichen Interpretationsansätze von Gerhard L. Weinberg, Germany's Declaration of War on the United States. A New Look, in: Germany and America. Essays on Problems of International Relations and Immigration, hrsg. von Hans L. Trefousse, New York 1980, S. 54—70; Eberhard Jäckel, Die deutsche Kriegserklärung an die Vereinigten Staaten von 1941, in: Im Dienste Deutschlands und des Rechts. Festschrift für Wilhelm G. Grewe zum 70. Geburtstag, hrsg. von Friedrich J. Kroneck und Thomas Oppermann, Baden-Baden 1981, S. 117—137, ferner die Beiträge beider Autoren in: Kriegswende Dezember 1941, hrsg. von Jürgen Rohwer und Eberhard Jäckel, Koblenz 1984, S. 73—79 und 104—106, sowie Detlef Junker, Kampf um die Weltmacht. Die USA und das Dritte Reich 1933—1945, Düsseldorf 1988, S. 28 ff.

[2] Hitlers zweites Buch. Ein Dokument aus dem Jahre 1928, eingeleitet und kommentiert von Gerhard L. Weinberg, Stuttgart 1961 (= Quellen und Darstellungen zur Zeitgeschichte, Bd 7), S. 128.

[3] Franz Halder, Kriegstagebuch. Tägliche Aufzeichnungen des Chefs des Generalstabes des Heeres, 1939—1942, bearbeitet von Hans-Adolf Jacobsen, hrsg. vom Arbeitskreis für Wehrforschung, 3 Bde, Stuttgart 1962—1964, Bd 2, S. 49 (31.7.1940).

[4] Kriegstagebuch des Oberkommandos der Wehrmacht (Wehrmachtführungsstab) 1940—1945. Geführt von H. Greiner und P. E. Schramm. Im Auftrag des Arbeitskreises für Wehrforschung hrsg. von Percy E. Schramm, Bd 1—4, Frankfurt a. M. 1961—1979, Bd 1, S. 996 (Dok. 45).

[5] Halder, Kriegstagebuch (wie Anm. 3), Bd 3, S. 295 (19.11.1941); siehe auch ebd., S. 306 (23.11.1941).

[6] Walter Warlimont (Im Hauptquartier der deutschen Wehrmacht 1939—1945. Grundlagen, Formen, Gestalten, Frankfurt a. M., Bonn 1962, S. 221) berichtet von einem »Freudentaumel«, welchen die erfolgreiche Kriegseröffnung Japans gegen die USA im gesamten deutschen Hauptquartier ausgelöst habe.

[7] OKW, WFSt/Abt. L (IK Op), Vortragsnotiz vom 14.12.1941 betr. »Überblick über die Bedeutung des Kriegseintritts der USA und Japans«, Bundesarchiv-Militärarchiv Freiburg (BA-MA), RH 2/1521 (hiernach auch die folgenden Zitate).

[8] Wie allerdings aus dieser Situation heraus noch der »Endsieg« zu erringen sei, ließ auch diese Denkschrift der Wehrmachtführung im dunkeln.

[9] »Betrachtung der allgemeinen strategischen Lage nach Kriegseintritt Japan/USA«, zit. nach: Michael Salewski, Die deutsche Seekriegsleitung 1935—1945, Bd 3, Frankfurt a. M. 1973, S. 238.

[10] Zit. nach Salewski, ebd., S. 263 f.

[11] Denkschrift der Seekriegsleitung vom 25.2.1942, zit. ebd., S. 272 f.

[12] Adolf Hitler, Monologe im Führerhauptquartier 1941—1944. Die Aufzeichnungen Heinrich Heims, hrsg. von Werner Jochmann, Hamburg 1980, S. 179 (5.1.1942); siehe auch ebd., S. 269 f. (6.2.1942).

[13] Besprechung Hitlers mit Mussolini vom 30.4.1942, abgedruckt bei: Andreas Hillgruber, Jürgen Förster, Zwei neue Aufzeichnungen über »Führer«-Besprechungen aus dem Jahre 1942, in: Militärgeschichtliche Mitteilungen, 11 (1972), S. 109—126, hier S. 119. Vgl. auch Hitler, Monologe (wie Anm. 12), S. 183 (7.1.1942), sowie Halder, Kriegstagebuch (wie Anm. 3), Bd 3, S. 333 (8.12.1941).

[14] Vgl. hierzu und zum folgenden Hitlers Auslassungen gegenüber Mussolini am 29.4.1942, in: Staatsmänner und Diplomaten bei Hitler. Vertrauliche Aufzeichnungen über Unterredungen mit Vertretern des Auslandes 1942—1944, hrsg. von Andreas Hillgruber, Stuttgart 1970, Bd 2, S. 75 ff.

[15] So etwa Andreas Hillgruber, Der Zweite Weltkrieg 1930—1945. Kriegsziele und Strategie der Großen Mächte, Stuttgart 1982, S. 88.

[16] Hitler, zit. nach Stab OKH, Nr. 1441/41 g.Kdos. vom 28.12.1941, Notizen über den Vortrag des Chefs der Heeresrüstung und Befehlshabers des Ersatzheeres beim Führer am 23.12.1941, BA-MA, RH 14/4.

[17] Staatsmänner und Diplomaten (wie Anm. 14), S. 41.

[18] Hitler, Monologe (wie Anm. 12), S. 184 (7.1.1942); zu den folgenden Zitaten vgl. ebd., S. 178, 199 und 184.

[19] Kriegstagebuch OKW (wie Anm. 4), Bd 2, S. 1262.

[20] Schon in seiner Sportpalastrede vom 30.1.1942 (abgedr. bei Max Domarus, Hitler. Reden und Proklamationen 1932—1945, kommentiert von einem

deutschen Zeitgenossen, Bd 2, Würzburg 1963, S. 1826 ff.), deutlicher dann in einer Rede vom 26.4.1942 (abgedr. ebd., S. 1865 ff.) deutete Hitler die Möglichkeit an, daß der Krieg auch 1942 nicht gewonnen werden könne.

[21] Vgl. ebd., S. 1821 f.

[22] Staatsmänner und Diplomaten (wie Anm. 14), S. 46 f.

[23] Joseph Goebbels, Tagebücher aus den Jahren 1942—1943. Mit anderen Dokumenten hrsg. von Louis P. Lochner, Zürich 1948, S. 132 (20.3.1942).

[24] Hitler, Monologe (wie Anm. 12), S. 239 (27.1.1942).

[25] Er, Hitler, werde darum nicht eher Frieden mit der Sowjetunion schließen, bis der Bolschewismus aus Europa verdrängt sei; Paavo Talvela, Muistelmat. Sotilaan elämä (Erinnerungen. Ein Soldatenleben), Jyväskylä 1976/77, Bd 2, S. 134 (18.3.1942).

Autorenverzeichnis

Doron *Arazi*, z. Zt. Forschungsstipendiat des DAAD an der Universität Freiburg, arbeitet als Doktorand des Department of International History der London School of Economics and Political Science an einer Geschichte der deutschen Funkaufklärung im Zweiten Weltkrieg.

Omer *Bartov*, Dr. phil., z. Zt. Visiting Fellow an der Harvard Universität (Society of Fellows) in Cambridge, Mass., veröffentlichte 1985 »The Eastern Front, 1941—45, German Troops and the Barbarisation of Warfare«. Ein weiteres Buch mit dem Titel »Hitler's Army. Soldiers, Nazis, and War in the Third Reich« ist für 1991 angekündigt.

Ruth Bettina *Birn*, Dr. phil., ist als Historikerin u. a. für das Office of Special Investigations (Dept. of Justice, Washington D.C.) tätig. 1986 erschien ihr Buch: »Die Höheren SS- und Polizeiführer. Himmlers Vertreter im Reich und in den besetzten Gebieten«.

Bernd *Bonwetsch*, Dr. phil., ist Lehrstuhlinhaber für osteuropäische Geschichte an der Ruhr-Universität Bochum. Er ist Herausgeber von »Zeitgeschichte Osteuropas als Methoden- und Forschungsproblem« (1985) sowie Ko-Autor des im Erscheinen begriffenen Bandes: »Was einmal hinter dem eisernen Vorhang lag. Kleine Osteuropakunde vom Baltikum bis Bessarabien«.

Daniel *Bourgeois*, Dr. rer. pol., wissenschaftlicher Adjunkt im Bundesarchiv in Bern, veröffentlichte u. a. »Le Troisième Reich et la Suisse, 1933—1941« (1974) und ist als Mitglied der Nationalen Kommission für die Veröffentlichung Diplomatischer Dokumente der Schweiz Mitherausgeber der Bände VII/1 und VII/2 dieser Sammlung.

Anatolij G. *Chor'kov*, Prof. Dr. sc. hist., ist Generalmajor und stellvertretender Leiter des Instituts für Militärgeschichte des sowjetischen Verteidigungsministeriums. Zu seinen jüngsten Arbeiten gehört die Studie »Problemy boevoj gotovnosti prigraničnych voennych okrugov i puti ich rešenija nakanune Velikoj Otečestvennoj vojny« (1989) über die Probleme der Gefechtsbereitschaft in den Grenzmilitärbezirken 1941 sowie eine Ausarbeitung über die Kriegsgefangenen (»Voennoplennye«, 1990).

Ingeborg *Fleischhauer*, Dr. phil., lebt als Historikerin in Bonn. Ihr jüngstes Buch »Der Pakt. Hitler, Stalin und die Initiative der deutschen Diplomatie« erschien 1990. Die Veröffentlichung einer weiteren Studie über den diplomatischen Widerstand gegen das »Barbarossa«-Unternehmen steht bevor.

Jürgen *Förster*, Dr. phil., wissenschaftlicher Mitarbeiter am Militärgeschichtlichen Forschungsamt, veröffentlichte 1975 seine Studie »Stalingrad — Risse im Bündnis 1942/43«. Er ist Ko-Autor des vielbeachteten Bandes: »Der Angriff auf die Sowjetunion« (= Das Deutsche Reich und der Zweite Weltkrieg, Bd 4, 1983).

Gabriel *Gorodetsky*, Dr. phil, ist Professor für Neuere Geschichte an der Universität Tel Aviv und Direktor des »Russian and East European Research Center«. Sein Werk »Stafford Cripps' Mission to Moscow 1940—42« erschien 1984.

Jan T. *Gross*, Prof. Dr. phil., lehrt Soziologie an der Emory University in Atlanta (Georgia). Zum hier behandelten Thema publizierte er 1981 eine Dokumentation (»War through Children's Eyes«) und 1986 die Studie »Revolution from abroad«, von der eine gekürzte Fassung unter dem Titel »Und wehe, du hoffst ...« (1988) auch auf deutsch erschien.

Mark *Harrison*, Dr. phil., Senior Lecturer der Wirtschaftswissenschaften an der Universität Warwick (England), veröffentlichte 1985 sein Buch »Soviet Planning in Peace and War, 1938—1945«.

Andreas *Hillgruber*, Dr. phil., war bis zu seinem Tode 1989 Ordinarius für Neuere Geschichte an der Universität Köln. Zu seinen bekanntesten Arbeiten zählen »Hitlers Strategie. Politik und Kriegführung 1940—1941« ([2]1982) sowie »Der Zweite Weltkrieg 1939—1945. Kriegsziele und Strategie der Großen Mächte« (1982).

Joachim *Hoffmann*, Dr. phil., ist als wissenschaftlicher Mitarbeiter am Militärgeschichtlichen Forschungsamt tätig. Zuletzt veröffentlichte er »Die Geschichte der Wlassow-Armee« ([2]1986). Eine weitere Studie unter dem Titel »Deutsche Armeen im Kaukasus und die Orientvölker der Sowjetunion 1942/1943« ist im Erscheinen begriffen.

Lothar *Kettenacker*, Dr. phil. habil., ist stellvertretender Direktor des Deutschen Historischen Instituts London und Privatdozent an der Universität Frankfurt. Er ist Autor des Werkes »Krieg zur Friedenssicherung. Die Deutschlandplanung der britischen Regierung während des Zweiten Weltkrieges« (1989).

Warren F. *Kimball*, Dr. phil., ist Professor an der Rutgers University in Newark (New Jersey) und Herausgeber der großen Edition »Churchill and Roosevelt: The Complete Correspondence, 1939—1945« (3 Bde, 1984). Sein neuestes Buch »The Juggler: Franklin Roosevelt as Wartime Statesman« ist im Erscheinen begriffen.

Jurij J. *Kiršin*, Prof. Dr. phil., ist Generalmajor und stellvertretender Leiter des Instituts für Militärgeschichte des sowjetischen Verteidigungsministeriums. Zu seinen neueren Veröffentlichungen gehört das 1980/81 in mehreren Sprachen erschienene Werk »Naučnye osnovy rukovodstva vojskami« (»Wissenschaftliche Grundlagen der Truppenführung«) sowie »Armija mira« (»Armee des Friedens«) aus dem Jahre 1986.

Gerhard *Krebs*, Dr. phil., ist als wissenschaftlicher Mitarbeiter am Deutschen Institut für Japan-Studien in Tokyo tätig. Er ist Autor des zweibändigen Werkes »Japans Deutschlandpolitik 1935—1941« (1984).

Bernhard R. *Kroener*, Dr. phil. habil., ist wissenschaftlicher Mitarbeiter am Militärgeschichtlichen Forschungamt und Privatdozent an der Universität Freiburg. Neben größeren Arbeiten zur frühneuzeitlichen Geschichte Deutschlands und Frankreichs hat er als Ko-Autor eine umfassende Studie über »Kriegsverwaltung, Wirtschaft und personelle Ressourcen 1939—1941« (= Das Deutsche Reich und der Zweite Weltkrieg, Bd 5/1, 1988) vorgelegt.

Richard *Lakowsky*, Dr. sc. phil., ist wissenschaftlicher Mitarbeiter am Militärgeschichtlichen Institut in Potsdam. Zu seinen Büchern gehören: »1945. Das Jahr der endgültigen Niederlage der faschistischen Wehrmacht« ([2]1985) sowie »U-Boote. Zur Geschichte einer Waffengattung der Seestreitkräfte« ([3]1989).

Peter *Longerich*, Dr. phil, lebt als Historiker in München. Zuletzt erschienen von ihm u. a. eine Geschichte der SA (»Die braunen Bataillone«, 1989) sowie die Dokumentation »Die Ermordung der europäischen Juden« (1989).

Manfred *Menger*, Dr. phil., ist Professor für Nordeuropäische Geschichte an der Universität Greifswald und Autor des 1988 erschienenen Buches »Deutschland und Finnland im zweiten Weltkrieg. Genesis und Scheitern einer Militärallianz«.

Seppo *Myllyniemi*, Dr. phil, ist Leiter des Provinzialarchivs in Hämeenlinna (Finnland) und Dozent an der Universität Tampere. 1979 erschien sein Buch »Die baltische Krise 1938—1941« (= Schriftenreihe der Vierteljahrshefte für Zeitgeschichte, 38), drei Jahre später sein Werk »Suomi sodassa 1939—1945« (»Finnland im Krieg 1939—1945«).

Giorgio *Petracchi*, Dr. phil., lehrt als Professor für osteuropäische Geschichte an der Universität von Florenz. Zu seinen wichtigsten Veröffentlichungen zählt »La Russia rivoluzionaria nella politica italiana, 1917—1925« (1982).

Benjamin *Pinkus*, Dr. phil., ist Professor für Geschichte an der Ben-Gurion-Universität in Beersheba (Israel). Er ist Ko-Autor des Werkes »Die Deutschen in der Sowjetunion« (1987) und veröffentlichte zuletzt »The Jews of the Soviet Union. A History of a National Minority« (1988/89).

Klaus *Schönherr*, M.A., ist Major und wissenschaftlicher Mitarbeiter des Militärgeschichtlichen Forschungsamtes. Eine größere Studie von ihm über die deutsche Politik und Kriegführung in Ost- und Südosteuropa 1944 ist in Vorbereitung.

Gottfried *Schramm*, Dr. phil., lehrt als Professor für Neuere und Osteuropäische Geschichte an der Universität Freiburg. Er ist Autor diverser Studien über die ostmitteleuropäischen Ständestaaten der Frühen Neuzeit sowie zur Geschichte der ausgehenden Zarenzeit und Herausgeber des 1983 erschienenen 3. Bandes des »Handbuchs der Geschichte Rußlands«.

Hans Joachim *Schröder*, Dr. phil. habil., ist seit 1989 Privatdozent für Neuere deutsche Literatur an der Universität Hamburg. Die Veröffentlichung seiner Habilitationsschrift »Die gestohlenen Jahre. Erzählgeschichten und Geschichtserzählung im Interview: Der Zweite Weltkrieg aus der Sicht ehemaliger Mannschaftssoldaten« ist für 1991 angekündigt.

Klaus A. F. *Schüler*, Dr. phil., seit 1989 Referent in der CDU-Bundes-
geschäftsstelle (Bonn), ist Autor der 1987 veröffentlichten Studie »Logistik im Rußlandfeldzug. Die Rolle der Eisenbahn bei Planung, Vorbereitung und Durchführung des deutschen Angriffs auf die Sowjetunion
bis zur Krise vor Moskau im Winter 1941/42«.

Alfred *Streim*, Ltd. Oberstaatsanwalt, ist Leiter der Zentralen Stelle der
Landesjustizverwaltungen in Ludwigsburg. 1981 erschien seine große
Dokumentation »Die Behandlung sowjetischer Kriegsgefangener im
›Fall Barbarossa‹«.

Tomasz *Szarota*, Dr. phil., ist Professor an der polnischen Akademie
der Wissenschaften in Warschau. Zu seinen Werken zählt neben einer
Biographie des Kommandeurs der polnischen »Heimatarmee« (»Stefan Rowecki ›Grot‹«) die 1985 in deutscher Sprache erschienene Studie »Warschau unter dem Hakenkreuz«.

Hans *Umbreit*, Dr. phil., ist wissenschaftlicher Mitarbeiter des Militärgeschichtlichen Forschungsamtes und Verfasser mehrerer Werke zur
nationalsozialistischen Besatzungspolitik. Er ist Ko-Autor des 1988 veröffentlichten Bandes »Kriegsverwaltung, Wirtschaft und personelle Ressourcen 1939—1941« (= Das Deutsche Reich und der Zweite Weltkrieg,
Bd 5/1).

Dmitrij A. *Volkogonov*, Prof. Dr. phil., Generaloberst und Leiter des
Instituts für Militärgeschichte des sowjetischen Verteidigungsministeriums. Zu seinen Werken zählt die 1989 auch in deutscher Sprache veröffentlichte Stalin-Biographie »Triumph und Tragödie«. Biographische
Studien zu Lenin und Trockij befinden sich in Vorbereitung.

Bernd *Wegner*, Dr. phil., ist wissenschaftlicher Mitarbeiter am Militärgeschichtlichen Forschungsamt und Lehrbeauftragter der Universität Freiburg. Er ist Autor von »Hitlers Politische Soldaten: die Waffen-SS 1933—1945« ([4]1990) und Mitverfasser des jüngst erschienenen
Werkes »Der globale Krieg. Die Ausweitung zum Weltkrieg und der
Wechsel der Initiative 1941—1943« (= Das Deutsche Reich und der
Zweite Weltkrieg, Bd 6).

Sigrid *Wegner-Korfes*, Dr. phil., ist wissenschaftliche Mitarbeiterin des
Instituts für Deutsche Geschichte (Berlin). Ihr jüngstes Buch behan-

delt »Otto von Bismarck und Rußland. Des Reichskanzlers Rußland-politik und sein realpolitisches Erbe in der Interpretation bürgerlicher Politiker (1918—1945)« (1990).

Manfred *Zeidler*, Dr. phil., promovierte 1989 mit einer Arbeit über »Reichswehr und Rote Armee, 1920—1933« und ist z. Zt. wissenschaft-licher Projektmitarbeiter an der Universität Bonn.

Bücher zur Zeitgeschichte

Raymond Cartier
Vom Ersten zum Zweiten Weltkrieg
1918–1939. Aus dem Franz. von Ulrich F. Müller.
652 Seiten mit 205 Abbildungen und 15 Karten. Geb. im Schuber

Raymond Cartier
Der Zweite Weltkrieg
Aus dem Franz. von Max Harries-Kester, Wolf D. Bach und Wilhelm Thaler,
unter wissenschaftlicher Beratung von Hellmuth Dahms, Hermann Weiss
und Wolfgang Kneip. 1322 Seiten, 462 Seiten und 55 Karten.
Serie Piper 280

Joachim C. Fest
Das Gesicht des Dritten Reiches
Profile einer totalitären Herrschaft. 515 Seiten. Geb.
(Auch in der Serie Piper 199 lieferbar)

Georg Denzler
Widerstand oder Anpassung?
Katholische Kirche und Drittes Reich.
154 Seiten. Serie Piper 294

Theodor Eschenburg
Die Republik von Weimar
Beiträge zur Geschichte einer improvisierten Demokratie.
335 Seiten. Serie Piper 356

Werner Hilgemann
Atlas zur deutschen Zeitgeschichte
1918–1968. 208 Seiten und über 100 farbige Karten.
Serie Piper 328

PIPER

Bücher zur Zeitgeschichte

Peter Hoffmann
Widerstand gegen Hitler
Probleme des Umsturzes. 104 Seiten. Serie Piper 190

Peter Hoffmann
Widerstand Staatsstreich Attentat
Der Kampf der Opposition gegen Hitler.
1003 Seiten mit Karten, Skizzen und 8 Fotos. Serie Piper 418

Gerhard Tomkowitz / Dieter Wagner
»Ein Volk, ein Reich, ein Führer!«
Der »Anschluß« Österreichs 1938. 393 Seiten. Serie Piper 796

Der Weg ins Dritte Reich
1918–1933. 221 Seiten. Serie Piper 261

Der Widerstand gegen den Nationalsozialismus
Die deutsche Gesellschaft und der Widerstand gegen Hitler.
Vorwort von Peter Treue. Hrsg. von Jürgen Schmädeke und Peter Steinbach.
1185 Seiten. Serie Piper 685

A. P. Young
Die ›X‹-Dokumente
Die geheimen Kontakte Carl Goerdelers mit der britischen Regierung 1938/1939.
Herausgegeben von Sidney Aster.
Betreuung der deutschen Ausgabe und Nachwort: Helmut Krausnick.
Aus dem Englischen von Dieter Vogel. 331 Seiten. Kt.

Der Zweite Weltkrieg
Analysen, Grundzüge, Forschungsbilanz.
Im Auftrag des Militärgeschichtlichen Forschungsamtes,
herausgegeben von Wolfgang Michalka. 878 Seiten. Serie Piper 811

PIPER

Ralf Georg Reuth

Goebbels

760 Seiten mit 33 Schwarzweißfotos.
Leinen

Reuths Buch ist seit langem die erste Biographie des Mannes, der
zwölf Jahre lang das Bewußtsein der Deutschen gelenkt hat. Ohne
alle wissenschaftliche Gestelztheit zeichnet Reuth die Lebenslinien
dieser vielleicht schillerndsten Persönlichkeit aus der
Nazi-Führungsriege. Auf eine überwältigende Fülle bisher
unausgewerteter Dokumente gestützt, skizziert er das
kleinbürgerliche Milieu, dem Goebbels entstammte, schildert er das
Werden seiner geistigen Welt und die Mittel, deren er sich skrupellos
bediente, um nach oben zu kommen – bis zu seinem kläglichen
selbstmörderischen Ende.

»Die lang erwartete Goebbels-Biographie ist da, und – um es gleich
vorwegzunehmen – sie ist gut gelungen!«

Wolfgang Michalka, WELT

»Reuths Buch ist nicht nur ein Lesevergnügen ersten Ranges,
sondern darf mit Recht als die neue Standardbiographie des
nationalsozialistischen Demagogen bezeichnet werden.«

Enrico Syring, Das Parlament

»Anschaulich und flüssig lesbar.« Peter Reichel, DIE ZEIT

»Alles in allem liefert Reuth einen neuerlichen Beweis dafür, daß die
in der linken Historiker-Ecke verpönten Biographien sehr wohl
einen historischen Erkenntniszweck erfüllen können.«

DER SPIEGEL

PIPER